MW01712082

Stratégique

10e édition

Le présent ouvrage est la traduction adaptée de *EXPLORING STRATEGY Text and Cases* 10e Edition, publié par Financial Times/Prentice Hall, Copyright © Simon & Schuster Europe Limited 1998, © Pearson Education 2002, 2011, © Pearson Education Limited (papier et électronique) 2014.
This translation of EXPLORING STRATEGY Text and Cases 10 Edition is published by arrangement with Pearson Education Limited, United Kingdom.

Mise en page : APS-Chromostyle, Tours

Publié par Pearson France
Immeuble Terra Nova II
74 rue de Lagny
93100 Montreuil

ISBN : 978-2-3260-0042-1

Stratégique

10e édition

GERRY JOHNSON
RICHARD WHITTINGTON
KEVAN SCHOLES
DUNCAN ANGWIN
PATRICK REGNÉR

FRÉDÉRIC FRÉRY

www.strategique.biz

PEARSON

Sommaire

Table des matières

Partie I

Le diagnostic stratégique

Partie II

Les choix stratégiques

Liste des illustrations

Liste des controverses académiques

Liste des schémas et tableaux

Crédits photographiques

p. XXXII	PiyachaS/Shutterstock
p. 24	Ahmad Faizal Yahya/Shutterstock
p. 29	Richard Drew/AP/SIPA ; Dieter Mayr Photography ; Fondation Nature & Découvertes, www.natureetdecouvertes.com ; Ambito/Shutterstock
p. 34	Jenny Sturm/Shutterstock
p. 77	Richard Drew/AP/SIPA
p. 82	hxdbzxy/Shutterstock
p. 121	Dieter Mayr Photography
p. 126	Rui Ferreira/Shutterstock
p. 161	Fondation Nature & Découvertes, www.natureetdecouvertes.com
p. 166	CreativeNature.nl/Shutterstock
p. 200	Ambito/Shutterstock
p. 220	Simon Dawson/Bloombery via Getty Images
p. 225	Sébastien Rabany/Photononstop ; Steve Bel/Rex Features ; Ng Han Guan/Press Association Images ; Twin Design/Shutterstock ; Ownway/Shutterstock
p. 230	AKV/Shutterstock
p. 268	Sébastien Rabany/Photononstop
p. 274	Tobias Bischof/Shutterstock
p. 308	Steve Bel/Rex Features
p. 314	Lullabi/Shutterstock
p. 343	Ng Han Guan/Press Association Images
p. 348	Regien Paassen/Shutterstock
p. 381	Twin Design/Shutterstock
p. 386	Alan Bailey/Shutterstock
p. 417	Ownway/Shutterstock
p. 425	Philippe Turpin/Photononstop ; 1000 Words/Shutterstock ; Kobby Dagan/Shutterstock ; Getty Images/Alessia Pierdomencio ; JStone/Shutterstock
p. 428	Federicofoto/Shutterstock
p. 462	Philippe Turpin/Photononstop
p. 468	Panya7/Shutterstock
p. 496	1000 Words/Shutterstock
p. 500	Glenn W. Walker/Shutterstock
p. 532	Kobby Dagan/Shutterstock
p. 536	Henrique de Jesus/Shutterstock
p. 571	Getty Images/Alessia Pierdomencio
p. 576	igor.stevanovic/Shutterstock
p. 608	JStone/Shutterstock

Stratégique : mode d'emploi

Au début de chacune des trois parties, des **pages d'ouverture** présentent brièvement les questions traitées, avec le diagramme correspondant.

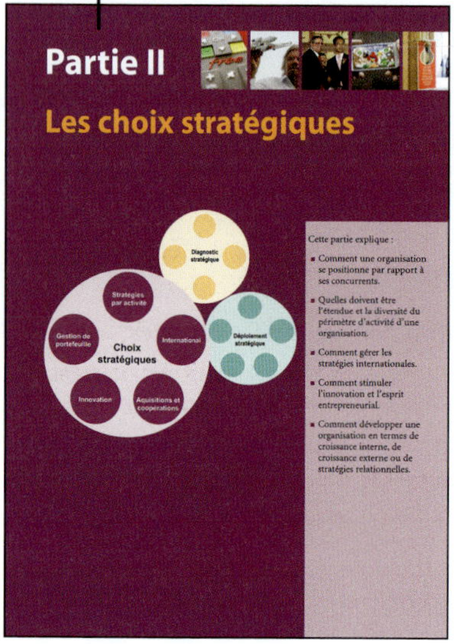

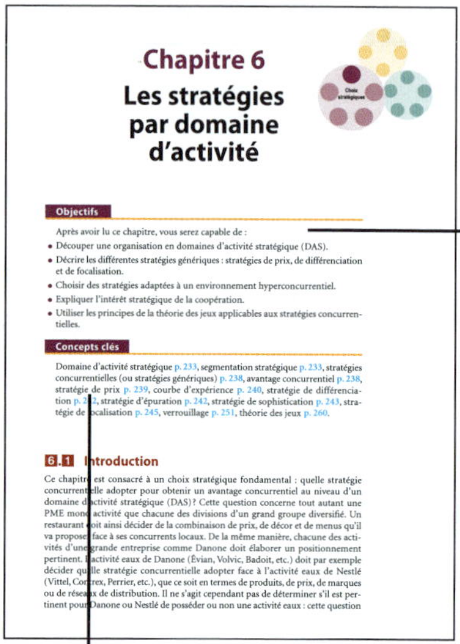

Au début de chacun des quinze chapitres, les **objectifs** présentent ce que vous devrez avoir assimilé à l'issue de la lecture.

Tous les **concepts clés** sont rappelés en début de chapitre. Leur définition est donnée dans des **lexiques** à la fin de l'ouvrage.

Les **illustrations** sont des mini cas agrémentés de questions qui mettent les concepts en pratique. À la fin de chaque chapitre, une **controverse académique** suscite un débat sur une question ciblée.

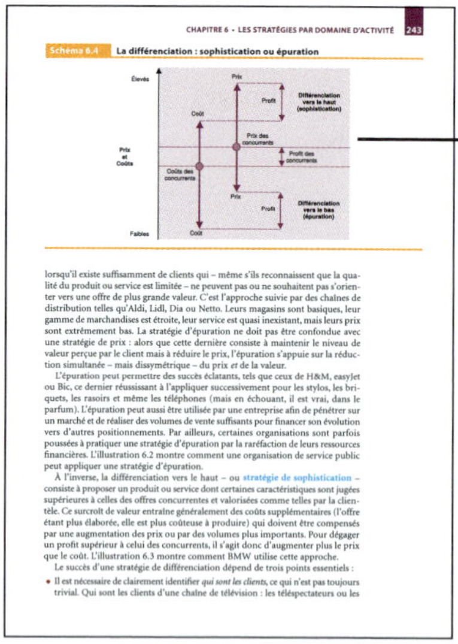

Les **schémas** donnent une vision claire et synthétique des idées fondamentales.

À la fin de chaque chapitre, un **résumé** synthétise les idées essentielles.

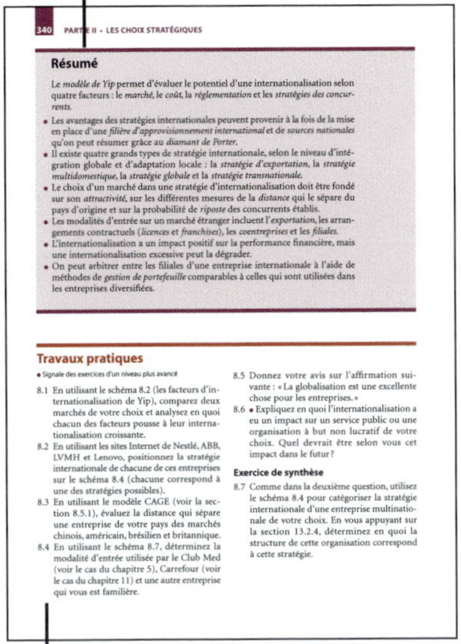

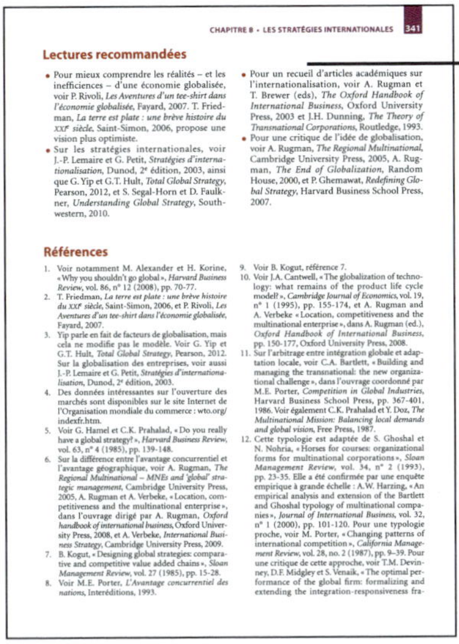

À la fin de chaque chapitre, des **lectures recommandées** permettent d'approfondir votre connaissance des concepts clés.

Une **bibliographie francophone** figure à la fin de l'ouvrage.

À la fin de chaque chapitre, des **travaux pratiques**, organisés en deux niveaux de difficulté, permettent de vérifier votre maîtrise des concepts. Par ailleurs, des exercices de synthèse aident à identifier les liens existant entre plusieurs chapitres.

À la fin de chaque chapitre, un **cas** de quelques pages permet de consolider votre maîtrise des principaux thèmes.

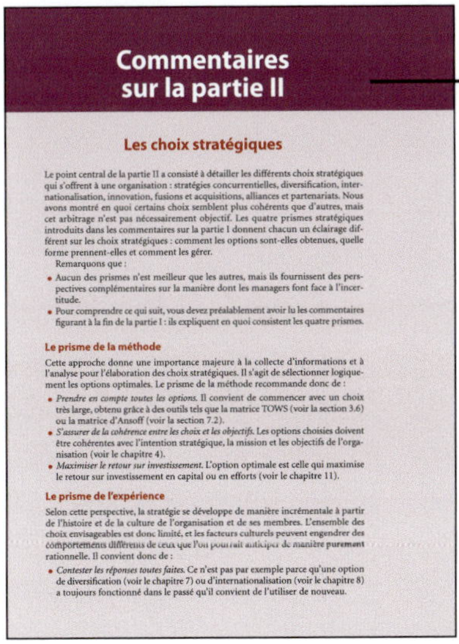

À la fin de chaque partie, des **commentaires** soulignent les liens entre les concepts étudiés et les interprètent selon plusieurs perspectives.

Pour aller plus loin, vous trouverez sur **www.strategique.biz** de nombreux compléments pédagogiques à *Stratégique*.

Préface

Cette nouvelle édition de *Stratégique* est l'adaptation française de la dixième édition de *Exploring Strategy*, l'ouvrage de management stratégique le plus vendu en Europe. De son côté, *Stratégique* est le manuel de stratégie le plus utilisé dans le monde francophone. Au total, ce sont plus d'un million d'exemplaires de l'ouvrage qui ont été diffusés dans le monde depuis la première édition (1984). Nous savons donc que nous comptons beaucoup de lecteurs fidèles. Pour autant, le champ de la stratégie est en perpétuelle évolution. Pour cette édition, nous avons donc modifié chacun des chapitres, en introduisant de nouveaux concepts, de nouveaux cas et de nouvelles illustrations. Dans cette préface, nous allons présenter les nouveautés de cette dixième édition, puis rappeler les caractéristiques essentielles de *Stratégique.*

Les principales innovations de cette édition sont ainsi :

- **Les structures de possession** : du fait du poids croissant des structures familiales, des structures entrepreneuriales et des entreprises publiques dans le monde, cette édition traite des conséquences des structures de possession sur les stratégies.
- **La performance** : étant donné la diversité des organisations, cette édition détaille les différentes manières d'évaluer la performance des stratégies et introduit le concept d'analyse décisionnelle (*business analytics*).
- **L'émergence des multinationales chinoises ou brésiliennes** : certains groupes originaires des pays émergents tiennent désormais des positions stratégiques clés dans plusieurs industries.
- **Les aspects non marchands de l'environnement** : les influences politiques et réglementaires bénéficient ainsi d'un traitement plus complet.
- **Les stratégies entrepreneuriales** : beaucoup d'étudiants envisagent de créer leur entreprise, cette édition leur est donc plus particulièrement destinée. Nous insistons notamment sur les notions de modèle économique, d'innovation frugale, d'informatique dans les nuages (*cloud*) et d'entrepreneuriat social.
- **L'ambidextrie organisationnelle** : alors que l'innovation et l'efficience sont deux impératifs souvent antagonistes, cette édition explore les approches qui permettent de les réconcilier.

Parallèlement, *Stratégique* offre toujours une vision aussi concrète que complète de la stratégie, ce qui implique notamment un accent tout particulier à l'égard de trois perspectives :

- *Les processus.* Nous pensons que par-delà les considérations économiques, les processus humains sont essentiels à l'obtention d'un succès organisationnel durable. Tout au long de l'ouvrage, nous soulignons l'importance de la dimension humaine et nous consacrons spécifiquement la partie III aux processus de formulation, de déploiement et de changement stratégique.

- *La pratique.* Nous concluons l'ouvrage par un chapitre consacré à la pratique de la stratégie, mais l'ensemble de notre approche s'appuie sur des illustrations et des exemples concrets, plutôt que sur des descriptions abstraites.
- *Un point de vue étendu sur les organisations.* Nous partons du principe que le management stratégique est aussi pertinent pour les organisations à but non lucratif et pour celles qui dépendent du secteur public que pour les entreprises industrielles et de services. Cette conviction est présente dans un grand nombre de discussions et d'exemples tout au long de l'ouvrage.

À côté de ces évolutions, cette dixième édition s'appuie sur les qualités reconnues de l'ouvrage :

- *Un véritable outil pédagogique.* Chaque chapitre comprend des objectifs, des illustrations agrémentées de questions, une controverse académique, un résumé, une bibliographie détaillée, des lectures complémentaires, une série de travaux pratiques et un cas de quelques pages. Tous les concepts clés sont soulignés dans le texte et leur définition rappelée en annexe. Les schémas sont nombreux et commentés. De plus, le lecteur pourra trouver des ressources complémentaires (glossaire, cas et illustrations supplémentaires, bibliographie étendue, etc.) sur le site compagnon de l'ouvrage : www.strategique.biz.
- *Un contenu adapté au public francophone.* Tous les exemples, cas et illustrations ont été modifiés afin de mieux correspondre à un public francophone. Certains ont été entièrement remplacés et ne figurent donc pas dans l'édition anglaise. Parmi les nouveautés, le lecteur pourra ainsi trouver des cas sur Accor, l'industrie de la publicité, Nokia, Rocket Internet, Sony, Wanda, Rovio ou Fiat et Chrysler, de même que des illustrations sur L'Opinion, Groupon, Mozilla, H&M, Kodak, Tesco, Netflix, Reckitt Benkiser, Occupy Wall Street, UBS, Hewlett-Packard, l'innovation frugale ou l'informatique dans les nuages (*cloud*). Par ailleurs, nous avons développé un certain nombre de notions à la lumière de travaux francophones (par exemple, l'analyse concurrentielle, les écosystèmes d'affaires, les alliances et partenariats ou la segmentation stratégique). En cela, *Stratégique* n'est en aucun cas une simple traduction de *Exploring Strategy*, mais bien un ouvrage différent, spécifiquement conçu pour le public de langue française, qui ne tombe pas dans le tropisme anglo-saxon trop souvent dénoncé en management.
- *Un point de vue critique.* Par-delà les quatre prismes de la stratégie, nous encourageons la démarche critique en terminant chacun des quinze chapitres par un débat qui fait le point sur une controverse académique liée au thème du chapitre. Cette controverse permet de souligner la vitalité de la recherche en management stratégique et de montrer dans quelle mesure les concepts et outils présentés dans l'ouvrage résultent de discussions fécondes et de débats parfois houleux entre chercheurs.
- *Une maquette et une conception attrayantes.* Nous utilisons des couleurs et des photographies afin d'améliorer la clarté des propos et de faciliter la « navigation » dans l'ouvrage.

Un guide rapide permettant de tirer le maximum de tous ces éléments suit cette préface.

Beaucoup de personnes nous ont aidés à développer cet ouvrage. Nous avons consulté notre comité de conseil, composé d'utilisateurs expérimentés. En outre, de nombreux lecteurs nous ont adressé des commentaires et des suggestions. Ce type de retour est extrêmement précieux. Nous tenons également à remercier nos étudiants à Paris, Londres, Berlin, Madrid, Turin, Sheffield, Lancaster, Stockholm et Oxford. Par leurs commentaires et leurs questions, ils constituent une source constante d'amélioration et de défi. Il serait impossible d'écrire un ouvrage de ce type sans pouvoir tester et valider son contenu auprès d'un public averti. Nous souhaitons également saluer nos contacts à travers le monde, notamment en Belgique, au Canada, aux Pays-Bas, au Danemark, en Suède, aux États-Unis, en Australie, en Nouvelle-Zélande et à Singapour.

Nous tenons à remercier tous ceux qui ont directement contribué à la rédaction de la version française : Aurélien Acquier, Thierry Boudès, Régis Coeurderoy, Hervé Laroche, Carla Mendoza, Valérie Moatti et Jean-Michel Saussois de l'ESCP Europe, Guilhem Bascle de la Louvain School of Management, mais aussi les membres de l'Association internationale de management stratégique (AIMS) pour leur apport conceptuel permanent et l'équipe de Pearson France pour sa réactivité.

Merci enfin aux organisations qui ont eu le courage d'accepter de faire l'objet des études de cas. À la demande d'un certain nombre de ces organisations, nous prions les lecteurs de ne pas les contacter afin d'obtenir des informations complémentaires sur les cas, exemples et illustrations.

Frédéric FRÉRY (frery@escpeurope.eu)
Gerry JOHNSON (gerry.johnson@lancaster.ac.uk)
Richard WHITTINGTON (richard.whittington@sbs.ox.ac.uk)
Kevan SCHOLES (kscholes@scholes.u-net.com)
Duncan ANGWIN (dangwin@brookes.ac.uk)
Patrick REGNÉR (patrick.regner@hhs.se)

Avril 2014

Les auteurs

Gerry Johnson est professeur émérite de management stratégique à la School of Management de l'Université de Lancaster (Royaume-Uni). Il a également enseigné à la Strathclyde Business School, à la Cranfield School of Management, à la Manchester Business School et à l'Aston University. Il est l'auteur de nombreux ouvrages, a publié dans les meilleures revues de management et intervient régulièrement dans des conférences académiques internationales. Il est partenaire au sein du cabinet de conseil Strategy Explorers (strategyexplorers.com) où il intervient auprès d'équipes de direction sur des questions de développement stratégique et de changement.

Richard Whittington est professeur de management stratégique à la Saïd Business School et Millman Fellow au New College de l'université d'Oxford. Il est l'auteur ou le coauteur de neuf ouvrages et a publié de nombreux articles. Il est membre du comité éditorial de plusieurs revues internationales. Il a été professeur ou professeur visitant à la Harvard Business School, à HEC Paris, à l'Imperial College de Londres, à l'université de Toulouse et à l'université de Warwick. Il est partenaire de Strategy Explorers et intervient fréquemment en formation permanente et en tant que consultant, tant en Europe qu'aux États-Unis et en Asie. Ses recherches portent sur la pratique de la stratégie et sur le management international.

Kevan Scholes est associé principal du cabinet de conseil en stratégie Scholes Associates. Il est également professeur émérite de management stratégique et ancien directeur de la Sheffield Business School (Royaume-Uni). Il a une grande expérience d'enseignement de la stratégie dans plusieurs universités. Il est membre du Chartered Management Institute.

Frédéric Fréry est professeur de stratégie à l'ESCP Europe, où il est directeur scientifique du programme Executive MBA et titulaire de la chaire KPMG « Gouvernance, Stratégie, Risques et Performance ». Il est professeur à l'École centrale Paris et a été visiting scholar à la Stanford University, ainsi que professeur visitant à l'université du Texas à Austin. Il a été vice-président de l'Association Internationale de Management Stratégique (AIMS). Outre de fréquentes interventions dans la presse économique, il est l'auteur ou le coauteur d'une vingtaine d'ouvrages et a publié de nombreux articles dans des revues françaises et internationales. Conférencier, il intervient régulièrement auprès de dirigeants afin de les assister dans leur réflexion stratégique. Ses recherches portent sur l'innovation stratégique.

Duncan Angwin est professeur de stratégie à la Oxford Brookes University et consultant. Il est l'auteur de six ouvrages et de trente-huit articles. Il siège au comité de conseil du M&A research centre de la Cass Business School et au conseil académique de l'ENPC à Paris. Il enseigne et conseille à l'international. Ses recherches portent sur les fusions acquisitions et sur le management international.

Patrick Regnér est professeur associé à la Stockholm School of Economics et consultant. Il est membre du comité éditorial de plusieurs revues et a publié de nombreux articles. Il enseigne dans plusieurs universités à l'international. Il est également consultant. Ses recherches portent sur le changement stratégique et le management international.

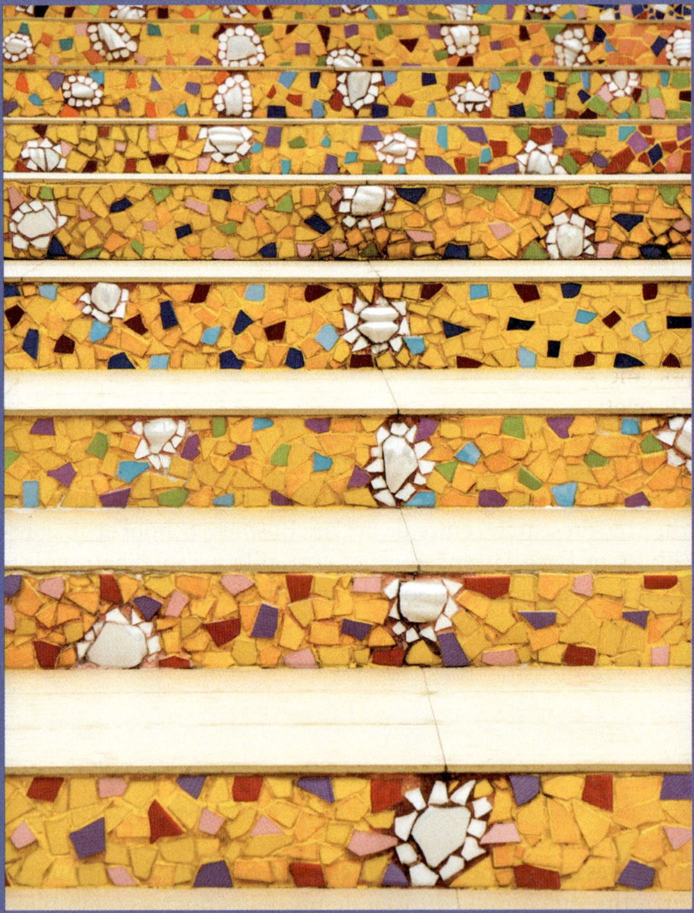

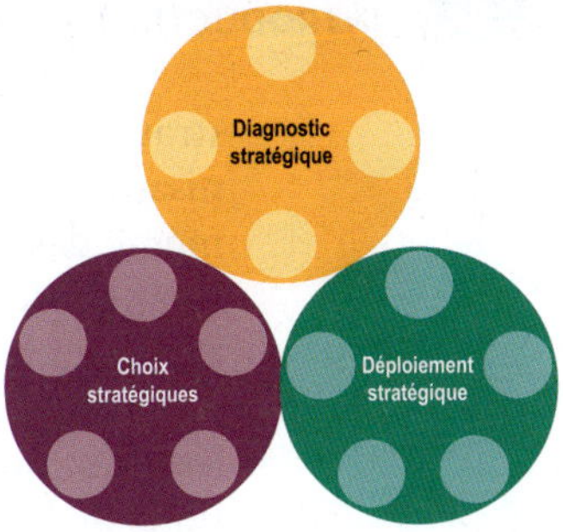

Chapitre 1
Introduction à la stratégie

Objectifs

Après avoir lu ce chapitre, vous serez capable de :

- Formuler la stratégie d'une organisation de manière synthétique.
- Distinguer les caractéristiques de la stratégie au niveau de la direction générale, au niveau de chaque domaine d'activité ou au niveau opérationnel.
- Expliquer les trois composantes du modèle de management stratégique développé dans cet ouvrage.
- Décrire comment le travail de différentes personnes contribue à la stratégie.
- Apprécier l'importance des différents contextes organisationnels, des disciplines académiques et de quatre prismes théoriques dans la compréhension de la stratégie.

Concepts clés

Stratégie p. 2, stratégie d'entreprise p. 7, stratégie par domaine d'activité p. 7, domaine d'activité stratégique (DAS) p. 7, décisions opérationnelles p. 7, modèle de *Stratégique* p. 10, diagnostic stratégique p. 11, choix stratégiques p. 12, déploiement stratégique p. 13, prismes stratégiques p. 20.

1.1 Introduction

La stratégie concerne les questions clés pour le futur d'une organisation. Par exemple, comment les producteurs de tabac doivent-ils réagir à l'apparition de la cigarette électronique ? Comment le groupe hôtelier Accor peut-il contrer les intermédiaires tels que Booking et les sites de location entre particuliers tels que Airbnb ? Les universités doivent-elles concentrer leurs ressources sur la recherche académique, sur la qualité d'enseignement ou sur les deux ? Comment un petit éditeur de jeux vidéo doit-il se positionner par rapport aux grands fabricants de consoles tels que Sony ou Microsoft ? Que doit faire un collectif d'artistes pour sécuriser ses revenus face au déclin des subventions publiques ?

Toutes ces questions sont stratégiques : elles sont vitales pour l'avenir des organisations concernées. Ces questions incombent naturellement aux entrepreneurs et aux dirigeants, mais pas uniquement : les managers doivent également comprendre les orientations stratégiques de leur organisation, à la fois pour obtenir le soutien de leurs supérieurs, mais également pour expliquer le sens de leur action à leurs subordonnés. Tout candidat à l'embauche doit se préparer à discuter de stratégie avec ses employeurs potentiels. En fait, avant de postuler dans une organisation, il est préférable de s'assurer qu'elle déploie une stratégie viable. Il existe même des métiers spécifiquement tournés vers la stratégie, par exemple dans les cabinets de conseil ou dans les départements stratégie des grandes organisations, et ce sont le plus souvent des positions clés pour de jeunes managers prometteurs.

Cet ouvrage adopte une perspective large sur la stratégie, en abordant à la fois les questions analytiques et financières et les aspects humains liés à la gestion pratique de la stratégie. La réalité de la stratégie est rarement faite d'évidences ou de décisions binaires. Il convient généralement d'explorer plusieurs options et de les tester avec soin avant de faire des choix. Cet ouvrage concerne toutes les organisations capables d'influer sur leurs orientations futures : grandes entreprises multinationales, PME et entreprises intermédiaires, start-up entrepreneuriales, organisations publiques (écoles, hôpitaux, etc.), organisations non gouvernementales et associations. La stratégie importe pour quasiment toutes les organisations et pour tous ceux qui y travaillent.

1.2 Qu'est-ce que la stratégie[1] ?

Dans cet ouvrage, la **stratégie** concerne l'orientation à long terme d'une organisation. L'orientation à long terme d'Amazon consiste ainsi à passer de la distribution de livres aux services en ligne. Celle de Disney part des dessins animés pour essaimer dans toute une gamme de divertissements. Cette section examine les implications pratiques de cette définition de la stratégie, distingue plusieurs niveaux de stratégie et explique comment résumer la stratégie d'une entreprise par la vision qu'elle affiche.

1.2.1 Définitions de la stratégie

Si la stratégie concerne effectivement l'orientation à long terme d'une organisation, elle ne se résume pas pour autant à une définition aussi simple. Le schéma 1.1 présente les définitions de la stratégie proposées par trois auteurs influents : Alfred Chandler et Michael Porter de la Harvard Business School et Henry Mintzberg de l'université McGill. Chacune de ces définitions de la stratégie souligne des éléments essentiels mais pourtant différents. Chandler insiste sur la démarche logique qui mène de la détermination des buts et des objectifs à l'allocation de ressources. Porter se concentre sur les arbitrages et la recherche d'un avantage concurrentiel. Quant à Mintzberg, il parle de « configurations » pour souligner que les stratégies ne suivent pas toujours un plan logique et délibéré, mais peuvent émerger de manière plus inattendue. C'est ainsi qu'une série de décisions incrémentales peuvent parfois progressivement converger pour donner naissance à une configuration identifiable, ou « stratégie ».

Ces trois définitions soulignent des éléments clés pour la stratégie. Pour autant, notre propre définition – « orientation à long terme d'une organisation » – présente deux avantages. Premièrement, l'orientation à long terme d'une organisation peut inclure à la fois des décisions délibérées et rationnelles et des aspects plus émergents et incrémentaux. Deuxièmement, l'orientation à long terme peut reposer sur la recherche d'un avantage concurrentiel, mais aussi sur la coopération, voire sur l'imitation.

Les trois éléments de cette définition – le long terme, l'orientation et l'organisation – peuvent être détaillés au travers de l'exemple du quotidien *L'Opinion* (voir l'illustration 1.1) :

Schéma 1.1 Définitions de la stratégie

« La détermination des buts et des objectifs à long terme d'une entreprise et l'adoption des actions et des allocations de ressources nécessaires pour atteindre ces buts. »
Alfred Chandler

« La stratégie concurrentielle consiste à être différent. Elle implique de choisir un périmètre d'activité distinct et de proposer une combinaison de valeur unique. »
Michael Porter

« Une configuration dans un flux de décisions. »
Henry Mintzberg

« L'orientation à long terme d'une organisation. »
Stratégique

Sources : A.D. Chandler, *Stratégies et structures de l'entreprise*, Éditions d'Organisation, 1972 ; M.E. Porter, « Plaidoyer pour un retour de la stratégie », *L'Expansion Management Review*, n° 84 (1997) ; H. Mintzberg, *Tracking Strategy: Towards a General Theory*, Oxford University Press, 2007, p. 3.

- Le *long terme*. Les stratégies se mesurent généralement sur des années, voire pour certaines organisations sur des décennies. L'importance d'une perspective à long terme est soulignée par le modèle des trois horizons présenté dans le schéma 1.2. Ce modèle suggère que toute organisation devrait considérer qu'elle comprend trois types d'activités, définies par leur « horizon », mesuré en années. L'horizon 1 concerne les principales activités actuelles. Dans le cas de *L'Opinion*, il s'agit du quotidien papier et du site d'information. Les activités de l'horizon 1 doivent être défendues et étendues, mais on peut estimer qu'à long terme elles cesseront de croître, pour finir par décliner, que ce déclin se mesure en termes de profit ou de tout autre indicateur clé pour l'organisation. L'horizon 2 concerne les activités émergentes qui devraient apporter de nouvelles sources de profit. Pour *L'Opinion*, il s'agit des réseaux sociaux et de l'édition sur tablette, qui pourrait se substituer à l'édition papier. Enfin, l'horizon 3 rassemble un éventail de possibilités pour lesquelles rien n'est encore sûr. Il s'agit souvent de projets de recherche et développement risqués, d'initiatives entrepreneuriales, ou de marchés pilotes dont certains seront porteurs de succès, mais dont la plupart échoueront. Pour un quotidien bimédia comme *L'Opinion*, l'horizon 3 peut se situer à moins de deux ans. En revanche, pour un laboratoire pharmaceutique, du fait des contraintes de R&D et des délais d'obtention des autorisations de mise sur le marché, l'horizon 3 peut se situer à plus de dix ans. Pour autant, même si les échelles de temps varient, le point essentiel de ce modèle est que les managers doivent éviter de se focaliser sur les problèmes à court terme et sur leurs activités actuelles. La stratégie consiste à repousser l'horizon 1 le plus loin possible, tout en anticipant les horizons 2 et 3, même si les stratégies correspondantes impliquent une large part d'incertitude.

Illustration 1.1

L'Opinion, premier quotidien bimédia

L'Opinion était le premier quotidien national d'information générale lancé en France depuis 1994.

Lancé en mai 2013, *L'Opinion* se présentait comme « un média nouvelle génération présent sur tous les supports : à la fois un site Internet, des applications pour mobiles et tablettes, une chaîne vidéo et un journal papier ». Son ambition consistait à « allier l'innovation et les coûts serrés d'Internet à la puissance du papier », afin d'additionner « l'audience que confère Internet à l'influence qui reste celle du papier ». Il se définissait comme « engagé et ouvert » avec une ligne éditoriale claire : « libérale, pro-business, européenne », centrée sur « la politique, l'économie, l'international ». Six mois après son lancement, ses résultats étaient encourageants.

Le projet personnel de Nicolas Beytout

L'Opinion avait été conçu et fondé par une personnalité respectée de la presse française, Nicolas Beytout, qui en était le principal actionnaire et en assurait la direction. Nicolas Beytout avait débuté au journal économique *Les Echos* dans les années 1980, lorsque la seconde épouse de son grand-père, Jacqueline Beytout, en était propriétaire. Il en était devenu le directeur de la rédaction de 1996 à 2004, avant de diriger *Le Figaro* de 2004 à 2007. Il était ensuite revenu aux *Echos* en tant que P-DG, avant d'être évincé en septembre 2011 par son actionnaire, le groupe de luxe LVMH, suite à un conflit avec la rédaction, qui lui reprochait notamment sa proximité avec le président de la République Nicolas Sarkozy.

Afin de financer son projet, Nicolas Beytout avait levé un capital d'une quinzaine de millions d'euros, ce qui lui donnait trois ans de financement pour atteindre l'équilibre opérationnel. Ses actionnaires étaient de riches investisseurs, parmi lesquels on évoquait les noms de Bernard Arnault, Xavier Niel, Claude Perdriel ou la famille Bettencourt. Fort de ces soutiens, Nicolas Beytout avait personnellement recruté toute son équipe, soit 39 personnes, dont 30 journalistes expérimentés, anciens du *Figaro*, des *Echos*, du *Parisien*, de *Challenges* ou de *L'Équipe*.

Un positionnement original

L'Opinion était le premier quotidien national créé en France depuis la généralisation d'Internet. De fait, cela lui donnait un avantage sur les quotidiens historiques tels que *Le Monde* ou *Libération*, qui avaient dû s'adapter – parfois dans la douleur – à l'information en ligne. Certains, comme *20 Minutes* ou *Metronews*, pratiquaient désormais le *reverse publishing*, qui consistait à donner la primeur au numérique, le journal papier se contentant de reprendre des articles déjà publiés sur le site.

Pour autant, Nicolas Beytout avait fait le choix, parallèlement au site lopinion.fr, de lancer un quotidien papier de 8 à 12 pages. Il justifiait ce positionnement en affirmant : « Il est trop tôt pour lancer de manière rentable un site Internet seul, et lancer un quotidien seulement papier serait anachronique. » Il affirmait également : « Être en kiosque, c'est un élément génétique d'un journal. C'est un élément d'affichage : on est dans la ville, on est cité dans les revues de presse. »

Nicolas Beytout s'inspirait notamment du média d'information américain *Politico*, lancé en 2007 par des anciens du *Washington Post*, qui cumulait avec succès un site Internet très fréquenté avec une version papier devenue une référence auprès des décideurs politiques américains. La pagination réduite de *L'Opinion* s'inspirait également de celle du quotidien italien *Il Foglio*.

En termes de lectorat, il s'agissait avant tout de toucher les CSP+, ce qui expliquait une distribution limitée à 8 000 points de vente en France, essentiellement à Paris et dans les métropoles régionales, dans les gares et les aéroports.

Un modèle économique multifacette

Les revenus de *L'Opinion* étaient multiples. Le quotidien papier était vendu 1,50 euro, alors qu'une grande partie de l'accès au site était payante. Un abonnement mensuel de 21 euros cumulant papier et numérique était également proposé. Parallèlement, *L'Opinion* se rémunérait par la publicité, à la fois sur le site et dans le journal, où l'on comptait 2,5 pages de publicité par numéro. Le papier générait encore 85 % du chiffre d'affaires publicitaire.

Réciproquement, les coûts étaient réduits au minimum. Avec 30 journalistes, la rédaction était trois fois moins nombreuse que chez les quotidiens concurrents (on comptait ainsi 160 journalistes aux *Echos*). De même, un grand nombre de fonctions étaient externalisées (abonnements, impression, photos, réalisation du site et des applications, etc.). Il s'agissait au total de concilier « une production *low-cost* avec une rédaction haut de gamme ».

L'objectif était d'atteindre une diffusion de 50 000 exemplaires vendus en numérique ou en papier et 1 million de visiteurs uniques par mois sur le site. Début 2014, *L'Opinion* se vendait déjà quotidiennement à 20 000 exemplaires et le site enregistrait 400 000 visiteurs uniques par mois. Il restait donc plus de la moitié du chemin à parcourir.

Sources : erwangaucher.com ; *Challenges*, 14 mai 2013 ; *Télérama*, 15 mai 2013 ; *Libération*, 15 décembre 2013.

Questions

1. En quoi la stratégie de *L'Opinion* correspond-elle aux différentes définitions du schéma 1.1 ?
2. Quelles recommandations feriez-vous à Nicolas Beytout ?

- L'*orientation stratégique*. Au cours des années, les stratégies suivent une forme d'orientation à long terme ou trajectoire. L'orientation stratégique de *L'Opinion* va d'un quotidien bimédia à une plateforme d'information cherchant à concilier l'audience et l'influence. Parfois, l'orientation stratégique n'émerge de manière cohérente qu'au bout d'un certain temps. Pour autant, les managers et les entrepreneurs tentent de définir l'orientation de leur stratégie selon des objectifs à long terme. Dans les entreprises, l'objectif qui sous-tend l'orientation à long terme est généralement la recherche du profit. Cependant, le profit n'est pas toujours le moteur de l'orientation stratégique. Les organisations publiques et les associations ont d'autres types d'objectifs : par exemple les résultats sportifs pour un club de football. Par ailleurs, même dans les entreprises, le profit n'est pas toujours l'unique objectif recherché. Dans les entreprises familiales, les actionnaires peuvent parfois accepter de sacrifier la maximisation du profit pour assurer la transmission à la prochaine génération. Les objectifs qui sous-tendent les orientations stratégiques doivent donc toujours être précisément analysés.

Schéma 1.2 Les trois horizons de la stratégie

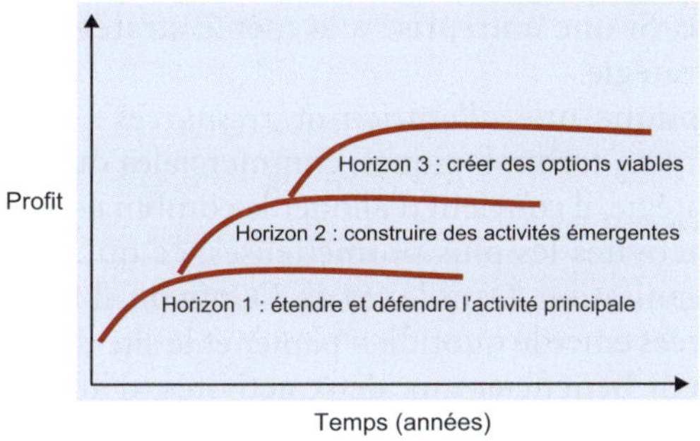

Note : « profit » sur l'axe vertical peut être remplacé par des objectifs non financiers ; le nombre d'années peut varier.

Source : M. Baghai, S. Coley et D. White, *The Alchemy of Growth*, 2000, Texere Publishers, p. 5.

- L'*organisation*. Dans cet ouvrage, les organisations ne sont pas considérées comme des entités unifiées et clairement délimitées. Les organisations impliquent en effet des relations complexes, en interne comme en externe, avec de multiples *parties prenantes*. Les parties prenantes – ou *ayants droit* – sont les individus ou les groupes qui dépendent d'une organisation pour atteindre leurs propres buts, et dont cette organisation dépend également. En interne, les organisations rassemblent des individus qui présentent généralement des opinions divergentes et plus ou moins pertinentes sur ce qu'il faudrait faire. Après avoir été évincé de son poste précédent au journal *Les Echos*, Nicolas Beytout, le fondateur de *L'Opinion*, a ainsi veillé à en conserver le contrôle en étant son principal actionnaire. D'un point de vue stratégique, il est donc toujours important de prendre en compte le contexte organisationnel, et notamment les points de vue et les intérêts des différentes personnes impliquées. En externe, les organisations entretiennent de multiples relations, par exemple avec des fournisseurs, des clients ou des partenaires. Pour *L'Opinion*, le lien avec les annonceurs et les distributeurs est crucial. La stratégie est donc fortement influencée par les frontières de l'organisation : qui inclure à l'intérieur du périmètre d'activité et quelles relations entretenir avec ce qui n'en fait pas partie.

Au travers de ces trois aspects, les décisions stratégiques présentent des caractéristiques distinctives :

- Les décisions stratégiques ont en général pour but l'obtention d'un *avantage concurrentiel*. *L'Opinion* a ainsi pour objectif d'atteindre une diffusion minimale afin d'asseoir sa crédibilité face aux autres quotidiens. Dans la sphère publique, un avantage stratégique peut consister à fournir de meilleurs services que les autres acteurs, de manière à obtenir le soutien et le financement des autorités de tutelle. Dans tous les cas, la pérennité de l'avantage concurrentiel repose sur deux conditions fondamentales. Premièrement, il s'agit de créer un surcroît de *valeur* pour les clients, c'est-à-dire leur proposer une offre pour laquelle ils seront disposés à payer un prix supérieur aux coûts (voir dans le chapitre 3 la notion de chaîne de valeur). Pour les entreprises, cette création de valeur au-delà des coûts est la condition indispensable à la génération de profit. Deuxièmement, ce système de création de valeur – ou *modèle économique* – doit être *difficilement imitable* par les concurrents, sans quoi il ne saurait procurer un avantage durable. Si une entreprise a la même stratégie que ses concurrents, elle n'a pas de stratégie.
- La stratégie implique une *allocation de ressources* : ressources financières, humaines, physiques, technologiques, commerciales ou relationnelles. Afin de déployer une stratégie, il convient d'allouer la combinaison de ressources la plus pertinente aux activités les plus prometteuses, ce qui détermine le *périmètre d'activité* de l'organisation. Dans le cas de *L'Opinion*, il faut ainsi arbitrer l'allocation de ressources entre le quotidien papier et le site d'information : certaines ressources peuvent bénéficier aux deux activités, d'autres sont spécifiques à chacune. Cependant, une entreprise qui modifierait la configuration de ses ressources au moindre revirement de conjoncture ne ferait certainement pas de la stratégie mais se contenterait de tactiques. Le stratège doit donc *s'engager* sur ses décisions, et une stratégie se manifeste avant tout par des décisions difficilement réversibles. Si une entreprise change de stratégie tous les six mois, elle n'a pas de stratégie.

Afin de résumer les caractéristiques distinctives des décisions stratégiques, on peut utiliser le *modèle VIP*, qui désigne les trois dimensions fondamentales de la stratégie[2] : la valeur, l'imitation et le périmètre. Selon ce modèle synthétique, la stratégie – en tant qu'orientation à long terme d'une organisation – consiste à répondre à trois questions :

- Sur quel modèle de création de *valeur* la performance de l'organisation repose-t-elle (quel est le modèle économique utilisé) ?
- Comment éviter l'*imitation* de ce modèle de création de valeur par les concurrents, afin d'assurer la pérennité de l'avantage concurrentiel sur le long terme ?
- Sur quel *périmètre* orienter ce modèle de création de valeur ? Que faire, que ne pas faire, sur quels marchés, au long de quelle filière ?

1.2.2 Les trois niveaux de stratégie

La stratégie intervient à plusieurs niveaux dans une organisation. Si on considère l'exemple de *L'Opinion*, il est possible d'identifier au moins trois niveaux distincts de stratégie.

- Le premier niveau, celui de la **stratégie d'entreprise** – ou stratégie *corporate* –, concerne le dessein et le périmètre de l'organisation dans sa globalité, et la manière dont elle ajoute de la valeur à ses différentes activités. Cela inclut les choix de couverture géographique, de diversité de l'offre de produits et services, et la manière dont les ressources sont allouées entre les activités. Dans le cas de *L'Opinion*, la décision de lancer simultanément deux supports relève incontestablement de la stratégie d'entreprise. Comprendre clairement ce niveau de stratégie est déterminant, car la détermination des activités devant être incluses dans le périmètre de l'organisation est la base de toutes les autres décisions stratégiques.
- Le deuxième niveau est celui de la **stratégie par domaine d'activité**, qui consiste à identifier comment les activités incluses dans la stratégie d'entreprise doivent se comporter sur leurs propres marchés. Cela concerne généralement les questions de positionnement et la réponse aux actions des concurrents. C'est la raison pour laquelle la stratégie par domaine d'activité est également appelée *stratégie concurrentielle*. Dans la sphère publique, les stratégies par domaine d'activité concernent la manière dont les unités (hôpitaux, écoles, etc.) peuvent procurer de meilleurs services à la collectivité. Alors que la stratégie d'entreprise implique des choix qui engagent l'organisation dans sa globalité, ces décisions sont pertinentes au niveau de chacun des domaines d'activité stratégique qui la composent. Un **domaine d'activité stratégique** (DAS) – ou *strategic business unit* (SBU) – est une sous-partie de l'organisation à laquelle il est possible d'allouer ou de retirer des ressources de manière indépendante, et qui correspond à une combinaison spécifique de facteurs clés de succès. *L'Opinion* comprend ainsi deux DAS, le quotidien papier et le site d'information. Lorsqu'une organisation inclut plusieurs activités, il doit nécessairement exister un lien entre les stratégies par domaine d'activité et la stratégie d'entreprise dans son ensemble.
- Le troisième niveau de stratégie se situe à la base de l'organisation. C'est là que sont élaborées les **décisions opérationnelles** qui déterminent comment les différentes composantes de l'organisation (ressources, processus, savoir-faire des individus) déploient effectivement les stratégies définies au niveau global et au niveau des DAS. Par exemple, *L'Opinion* doit recruter assez de journalistes et attirer suffisamment d'annonceurs pour accompagner sa croissance. Le succès stratégique repose nécessairement sur des décisions et des activités opérationnelles : ce sont grâce à elles que la stratégie peut effectivement exister. Si les décisions opérationnelles ne sont pas en phase avec la stratégie, celle-ci restera lettre morte. C'est la raison pour laquelle la stratégie est souvent appelée *management stratégique*. En termes de stratégie, le déploiement – c'est-à-dire le management – est au moins aussi important que l'analyse.

L'alignement entre les trois niveaux de stratégie est crucial. Du fait des multiples imbrications entre ces différents niveaux d'action et d'analyse, la stratégie est toujours un exercice complexe.

1.2.3 Le vocabulaire de la stratégie

David Collis et Michael Rukstad[3] de la Harvard Business School affirment que les entrepreneurs et les managers devraient être capables de résumer la stratégie de leur organisation en distinguant ses *buts fondamentaux*, qui incluent généralement sa mission, sa vision et ses objectifs, son *périmètre d'activité* et la nature de son *avantage concurrentiel* ou de ses *capacités distinctives*. L'illustration 1.2 présente des exemples de ces différents constituants de la stratégie, qu'on peut détailler comme suit :

- La *mission* est l'expression du but général de l'organisation. Elle répond généralement à la question apparemment simple mais pourtant souvent ardue : « Quel est notre métier ? » L'affirmation d'une mission aide les managers à se concentrer sur les éléments fondamentaux de la stratégie.
- La *vision* est l'état futur souhaité pour l'organisation, ce qu'on veut qu'elle devienne. C'est l'aspiration vers laquelle le stratège – le plus souvent le dirigeant – cherche à focaliser l'attention et l'énergie des membres de l'organisation. La vision répond généralement à la question : « Que voulons-nous atteindre ? »
- Les *objectifs* sont plus précis en termes d'horizon temporel et, de fait, sont le plus souvent quantitatifs. Ils concernent par exemple le niveau de rentabilité ou de part de marché souhaité par une entreprise, ou l'obtention d'une accréditation pour une école. Les objectifs permettent d'introduire plus de discipline dans la stratégie. La question est ici : « Que voulons-nous obtenir à court terme ? »
- Le *périmètre d'activité* – comme nous l'avons vu dans la section précédente – est une des dimensions fondamentales de la stratégie. Il concerne les clients, les marchés et le niveau d'intégration verticale. Pour une école ou une université, il s'agit ainsi de déterminer quelles seront les disciplines enseignées, quels diplômes seront décernés et quelle proportion de l'activité (académique, administrative ou logistique) sera sous-traitée auprès d'intervenants extérieurs.
- L'*avantage*. L'affirmation d'une stratégie doit décrire comment l'organisation compte atteindre les objectifs qu'elle s'est assignée, et donc ce qui la distingue de ses concurrents en termes d'activités, d'aptitudes et de savoir-faire, lui permettant d'offrir un surcroît de valeur à ses clients ou à ses usagers. Lorsqu'elle est placée en situation de concurrence – ce qui est le cas non seulement pour les entreprises, mais aussi par exemple pour les clubs sportifs –, l'organisation devra se révéler meilleure que celles qui cherchent à atteindre les mêmes objectifs qu'elle. Même dans la sphère publique, les organisations doivent souvent démontrer qu'elles présentent un avantage non seulement les unes par rapport aux autres, mais aussi vis-à-vis de prestataires privés.

Collis et Rukstad suggèrent que l'affirmation des buts, du périmètre et de l'avantage ne devrait pas dépasser 35 mots. La concision permet de s'assurer que le message est à la fois concentré sur l'essentiel et facile à mémoriser. Danone affirmait ainsi sur son site Internet : « Apporter à tous une alimentation de qualité, naturelle, au service de la santé, à toutes les étapes de la vie. Cultiver le goût qui fait du bien. Nourrir les tout-petits, les personnes vulnérables, tout comme celles en bonne santé. Adapter nos produits à toutes les cultures. Explorer ce que la recherche scientifique peut donner à notre alimentation quotidienne. C'est à cette aventure-là que notre Groupe choisit de participer. » De même, le groupe Thales déclarait : « Notre rôle est d'aider nos clients à remplir leur mission en leur fournissant les outils technologiques permettant de collecter les données, de les traiter, de les

Illustration 1.2

Le vocabulaire de la stratégie dans différents contextes

Le vocabulaire de la stratégie est utilisé dans des contextes très différents, mais il conserve toujours des traits caractéristiques.

Samsung

La philosophie de Samsung est simple : consacrer nos compétences humaines et nos ressources technologiques à la création de produits et de services de qualité pour contribuer à un monde meilleur.

Jour après jour, notre personnel met cette philosophie en pratique. Nos dirigeants recherchent les professionnels les plus brillants aux quatre coins de la planète et leur fournissent les ressources dont ils ont besoin pour exceller dans leur domaine de compétences. Résultat : tous nos produits – des puces mémoire, qui aident les entreprises à stocker des informations essentielles, aux téléphones mobiles, qui relient les individus d'un continent à un autre – sont conçus pour embellir le quotidien des utilisateurs. Telle est notre vision d'un monde meilleur.

La vision de Samsung Electronics pour la nouvelle décennie est la suivante : « Inspirer le monde, créer le futur. » Nous avons pour objectif d'inspirer les communautés à travers le monde, en mettant au point de nouvelles technologies, des produits innovants et des solutions créatives. En outre, Samsung souhaite promouvoir une nouvelle valeur pour ses réseaux principaux, à savoir son secteur d'activité, ses partenaires et ses salariés.

Dans le cadre de notre nouvelle vision, nous avons comme objectif d'atteindre 400 milliards de dollars de CA et de devenir l'une des cinq plus grandes marques au monde d'ici à 2020. Pour ce faire, nous nous appuyons sur trois grands axes stratégiques : la créativité, le partenariat et le talent.

L'avenir nous semble très prometteur. Tout en nous appuyant sur nos réalisations passées, nous avons hâte d'explorer de nouveaux domaines, tels que la santé, la médecine et la biotechnologie. Samsung s'est engagé à être un leader créatif sur les nouveaux marchés et à devenir un véritable numéro 1 orienté vers l'avenir.

L'École polytechnique

Une grande ambition pour répondre aux défis du XXIe siècle.

L'École polytechnique s'est engagée dans une forte transformation pour être plus compétitive sur le plan mondial. Elle doit aujourd'hui relever trois grands défis :

Le défi international

Dans un contexte international très compétitif, l'École polytechnique doit faire reconnaître la réputation de ses programmes de master et de doctorat, attirer les meilleurs étudiants, enseignants et chercheurs internationaux, et multiplier les partenariats à très haut niveau.

Le défi scientifique

En s'appuyant sur ses valeurs fondamentales, l'École polytechnique veut être un haut lieu scientifique d'enseignement, de recherche et d'innovation.

Le défi de responsabilité sociale

Il est au cœur de l'héritage d'une longue tradition d'excellence au service de la France, du progrès et de la science. L'École polytechnique défend l'égalité des chances au cœur de la société du savoir.

Sources : samsung.com ; polytechnique.fr.

Questions

1. Rédigez une courte formulation de la stratégie de Samsung et de l'École polytechnique, incluant les buts, le périmètre et l'avantage. En quoi le contexte différent influe-t-il sur la formulation ?
2. Rédigez la formulation de la stratégie de votre propre organisation (votre employeur, votre école ou votre université). Quelles implications cette formulation pourrait-elle avoir sur votre activité ou votre formation ?

diffuser et, ainsi, de les aider à décrypter l'environnement, à en maîtriser la complexité pour choisir la meilleure option, agir et obtenir les meilleurs résultats. » Bien entendu, les objectifs affichés ne sont pas toujours atteints. Les circonstances peuvent changer de manière imprévue. Pour autant, ce type d'ambition affichée constitue un guide précieux pour les managers dans leurs décisions quotidiennes, tout comme elle permet aux observateurs de mieux comprendre l'orientation générale de l'organisation. La capacité à formuler clairement et succinctement la stratégie constitue un bon test du niveau de compétence managériale dans une organisation.

De fait, la formulation de la stratégie est utile dans un grand nombre d'organisations. Une petite entreprise innovante peut l'utiliser pour convaincre des investisseurs de sa viabilité. Une organisation publique peut rassurer ses usagers et ses autorités de tutelle sur le fait que ses priorités sont les bonnes. Une association caritative peut attirer des volontaires et des donateurs.

1.3 Le modèle de *Stratégique*

La structure de cet ouvrage repose sur un modèle qui englobe les approches de contexte, de contenu et de processus. Le **modèle de *Stratégique*** comprend le *diagnostic stratégique* de l'organisation (contexte), l'évaluation des *choix stratégiques* (contenu) et le *déploiement stratégique* (processus). Le schéma 1.3 résume l'ensemble et établit ainsi le propos général de cet ouvrage. Ces trois éléments définissent une démarche pratique pour l'étude des situations stratégiques. Les sections suivantes de ce chapitre détaillent les questions soulevées par chacune des parties de ce modèle. Cependant, il est important d'expliquer l'aspect de ce schéma.

Le schéma 1.3 aurait pu présenter les trois éléments du modèle de manière linéaire, le diagnostic stratégique précédant les choix stratégiques, eux-mêmes suivis par le déploiement stratégique. En fait, cette séquence logique est implicite dans la définition de la stratégie donnée par Alfred Chandler (voir le schéma 1.1) et par de nombreux articles et ouvrages consacrés à la stratégie. Pourtant, comme le souligne Henry Mintzberg, dans la pratique, les composantes de la stratégie ne suivent pas ce cheminement linéaire. Les choix doivent souvent être effectués alors que le diagnostic n'est pas terminé. Une manière de mieux définir une stratégie peut également consister à la déployer. De même, le diagnostic stratégique peut utiliser l'expérience des stratégies déjà déployées. Le retour d'expérience terrain obtenu grâce au lancement effectif d'une nouvelle offre est souvent beaucoup plus pertinent en termes de diagnostic que les analyses menées par le département de planification.

L'interconnexion entre les cercles dans le schéma 1.3 souligne la nature non linéaire de la stratégie. Le diagnostic, les choix et le déploiement sont intimement liés ; et en pratique, aucun n'est prioritaire. Si dans cet ouvrage le processus stratégique a été divisé en sections distinctes, c'est uniquement pour des raisons de commodité structurelle et d'impact pédagogique. Cela ne signifie nullement que dans la réalité ce processus suit un itinéraire défini à l'avance. Comme nous le verrons dans les chapitres suivants, la stratégie ne suit que très rarement un cheminement ordonné, et il serait illusoire de penser le contraire.

Pour autant, le modèle de *Stratégique* permet de diagnostiquer de manière complète et intégrée le contexte d'une organisation, d'évaluer les choix qui s'offrent à elle et de définir comment les déployer. Chacun des chapitres est le moyen de poser des questions stratégiques essentielles et d'expliciter les concepts et les techniques permettant d'y répondre. C'est en détaillant ces questions et ces réponses qu'il est possible d'élaborer des recommandations stratégiques convaincantes.

1.3.1 Le diagnostic stratégique

Le **diagnostic stratégique** consiste à comprendre l'impact stratégique de l'environnement externe, de la capacité stratégique de l'organisation (ses ressources et compétences), de ses objectifs et de sa culture. Les questions que soulève l'analyse de ces différents éléments sont essentielles à la définition de la stratégie future et font l'objet des quatre chapitres de la partie I de l'ouvrage.

Schéma 1.3 Le modèle de *Stratégique*

- L'*environnement*. L'organisation évolue dans un contexte à la fois politique, économique, social, technologique, environnemental et légal qui peut être plus ou moins dynamique et plus ou moins complexe. Certaines de ces variables sont à même de générer des *opportunités* pour l'organisation, alors que d'autres recèlent des *menaces*. Le chapitre 2 décrit des modèles qui permettent de mieux décrypter la complexité et la dynamique environnementale.
- La *capacité stratégique*. Toute organisation présente une capacité stratégique, déterminée par ses ressources (par exemple des machines ou des bâtiments) et des compétences (qu'elles soient commerciales ou technologiques). La question fondamentale concerne l'évaluation des *forces* et des *faiblesses* de l'organisation, c'est-à-dire ce qui lui procure un avantage ou un désavantage par rapport à ses concurrents. Sa capacité stratégique lui permet-elle de répondre aux enjeux de son environnement et d'atteindre ses objectifs ? Le chapitre 3 présente les outils et les concepts permettant d'analyser la capacité stratégique.
- L'*intention stratégique*. Bien qu'elle soit parfois mal identifiée ou contestée, la plupart des organisations affichent une intention stratégique, qui s'exprime au travers d'une *vision*, d'une *mission* et d'*objectifs*. L'intention stratégique est un critère essentiel à l'évaluation des stratégies. Quel est le dessein de l'organisation ? Que cherche-t-elle à atteindre ? La question du *gouvernement d'entreprise* est ici particulièrement cruciale : parmi ses différentes parties prenantes, lesquelles

l'organisation doit-elle servir en priorité et comment les managers en seront-ils tenus pour responsables ? Cela soulève des questions de *responsabilité sociale de l'entreprise* et d'*éthique* : le dessein est-il approprié et les managers y contribuent-ils ? Le chapitre 4 fournit les concepts qui permettent de répondre à ces questions.

- La *culture.* La culture organisationnelle peut également influencer la stratégie, tout comme les cultures sectorielles ou les cultures nationales. Ces influences débouchent parfois sur une *dérive stratégique*, c'est-à-dire l'incapacité à mener un changement pourtant nécessaire. La question essentielle est ici : comment la culture façonne-t-elle la stratégie ? Pour y répondre, il est généralement nécessaire de comprendre l'histoire de l'organisation. Le chapitre 5 montre comment les managers peuvent analyser, contester, voire parfois infléchir à leur avantage les différentes influences culturelles.

Appliquer le modèle de *Stratégique* au diagnostic de *L'Opinion* permet de souligner certaines questions clés. Étant donné le poids croissant d'Internet dans les médias d'information, comment l'équilibre entre le quotidien papier et le site doit-il évoluer ? Comment *L'Opinion* doit-il renforcer son portefeuille de ressources et compétences afin d'assurer son positionnement ? Son positionnement libéral affiché est-il pertinent avec ses objectifs de diffusion et d'influence ? Sa culture issue de la presse papier risque-t-elle de devenir une contrainte ?

1.3.2 Les choix stratégiques

Les **choix stratégiques** concernent les options stratégiques envisageables pour une organisation, à la fois en termes d'orientations et de modalités permettant de les atteindre. Une organisation peut ainsi être confrontée à toute une série d'orientations stratégiques : se diversifier dans une nouvelle offre, entrer sur un nouveau marché à l'international, voire transformer son activité grâce à une innovation radicale. Ces différentes orientations peuvent être réalisées selon plusieurs modalités : l'organisation peut acquérir un concurrent déjà actif dans la nouvelle offre ou le nouveau marché, conclure une alliance ou un partenariat avec des organisations qui détiennent les ressources ou les compétences adéquates, ou encore mettre en œuvre sa stratégie par ses propres moyens. Ces questions liées aux choix stratégiques font l'objet de la partie II de l'ouvrage.

- Les *stratégies par domaine d'activité* concernent avant tout le positionnement vis-à-vis des concurrents (c'est pourquoi on les appelle également stratégies concurrentielles), notamment en termes de prix ou de différenciation. Les enjeux des stratégies au niveau des domaines d'activité stratégique seront discutés dans le chapitre 6.
- La *stratégie au niveau de l'entreprise* et la *diversification* concernent la définition du périmètre d'activité global. Il s'agit ici de déterminer quelles activités doivent faire partie du portefeuille et quel doit être le niveau de diversification entre celles-ci. La stratégie au niveau de l'entreprise concerne également les relations entre les différentes activités et la manière dont la direction générale est susceptible d'ajouter de la valeur à chacune. Ces questions sur l'étendue du portefeuille d'activité, le degré de diversification et les relations au sein de l'ensemble seront examinées dans le chapitre 7.
- L'*internationalisation* est une forme de diversification vers de nouvelles zones géographiques. Le chapitre 8 présente les critères permettant de choisir les zones géographiques à prospecter en priorité et la manière d'y pénétrer.

- L'*innovation et l'entrepreneuriat.* La plupart des organisations doivent constamment *innover* pour survivre. Quant à l'entrepreneuriat, il s'agit fondamentalement d'un acte d'innovation. La question consiste donc ici à déterminer si l'organisation innove de manière appropriée. Le chapitre 9 est consacré aux choix en termes d'innovation et d'entrepreneuriat.
- Les *acquisitions et coopérations.* Les organisations doivent faire des choix sur leurs *modalités* de développement. Beaucoup privilégient la croissance interne, alors que d'autres préfèrent croître par fusions et acquisitions, ou par alliances et partenariats. La question essentielle consiste ici à déterminer si l'organisation peut se développer par elle-même. Les différentes modalités de développement font l'objet du chapitre 10.

Là encore, on peut mobiliser le modèle de *Stratégique* pour identifier les choix stratégiques pertinents dans le cas de *L'Opinion.* Les questions clés sont alors : *L'Opinion* doit-il concurrencer à la fois les autres quotidiens papier et les autres sites d'information ? Quelle doit être l'étendue du portefeuille d'activité ? Faut-il envisager une internationalisation ? Sous quelle forme ? Quelles sont les innovations que *L'Opinion* doit développer pour ne pas être distancé par de nouveaux médias d'information tels que Twitter ? Des coopérations doivent-elles être envisagées avec des plateformes telles que Google (et son service de flux d'actualités) ou LinkedIn (et son agrégateur d'information Pulse) ?

1.3.3 Le déploiement stratégique

Le **déploiement stratégique** consiste à mettre la stratégie en pratique. En effet, une stratégie n'existe qu'à partir du moment où elle est effectivement mise en œuvre et traduite en actions opérationnelles. Ces questions sont traitées par les cinq chapitres qui composent la partie III de l'ouvrage :

- L'*évaluation.* Une fois que les options stratégiques sont établies, il convient de les évaluer. Ces options sont-elles *pertinentes* par rapport aux opportunités et aux menaces de l'environnement ? Sont-elles *faisables* étant donné la capacité stratégique de l'organisation ? Sont-elles *acceptables* au regard des principales parties prenantes ? Le chapitre 11 présente une gamme de techniques financières et non financières permettant d'évaluer la pertinence, la faisabilité et l'acceptabilité des options stratégiques.
- Les *processus de développement stratégique.* Les stratégies résultent généralement d'une combinaison de processus *délibérés* et de processus *émergents.* Les stratégies délibérées sont le produit de systèmes formels de planification et de décisions rationnelles, mais dans la pratique, les stratégies effectivement déployées sont toujours en partie émergentes : elles incorporent une part d'intuition, d'initiatives personnelles de certains membres de l'organisation, de réponse à des opportunités ou des menaces imprévues, voire tout simplement de chance. Quels processus stratégiques une organisation doit-elle alors adopter ? Le chapitre 12 présente le rôle respectif de l'intention et de l'émergence dans le développement stratégique.
- L'*organisation.* L'organisation doit permettre d'atteindre les objectifs attendus par la stratégie. Chaque organisation se caractérise par une configuration spécifique de structures et de systèmes. Quels types de *structures* et de *systèmes* faut-il déployer pour assurer le succès d'une stratégie donnée ? Le chapitre 13

présente une gamme de structures et de systèmes, et fournit les outils permettant de les choisir.

- Le *changement*. La stratégie implique le plus souvent la mise en œuvre de processus de changement. La gestion du changement peut mobiliser plusieurs styles et plusieurs leviers. Comment l'organisation doit-elle gérer les changements qu'implique sa stratégie ? Le chapitre 14 est consacré à la gestion du changement et aux différentes approches qu'elle peut nécessiter.
- La *pratique de la stratégie*. Le déploiement stratégique implique de nombreuses tâches quotidiennes. Quelles doivent être les tâches de chacun au long de ce processus ? Le chapitre 15 examine le détail des processus stratégiques afin d'identifier les *individus* concernés, les *activités* qu'ils doivent conduire et les *méthodes* qu'ils emploient. Ces questions pratiques constituent à la fois une conclusion à cet ouvrage et une introduction pour ceux et celles qui entendent faire de la stratégie.

Le modèle de *Stratégique* permet de soulever les questions suivantes de déploiement stratégique pour *L'Opinion* : Quelle est l'organisation adéquate pour gérer un quotidien bimédia, à la fois en termes de structures et de systèmes ? Comment *L'Opinion* va-t-il assurer la monétisation de son audience entre les abonnements et la publicité ? Que doit faire Nicolas Beytout pour assurer le succès futur de son entreprise ?

Le modèle de *Stratégique* permet ainsi d'effectuer le diagnostic stratégique d'une organisation, d'envisager différents choix stratégiques et de déployer les stratégies ainsi obtenues. Le tableau 1.1 résume les questions clés soulevées par chacun des quatorze chapitres. Pour analyser la stratégie de toute organisation, il est utile de poser systématiquement toutes ces questions. Les outils et concepts permettant d'y répondre figurent dans les chapitres correspondants.

Tableau 1.1 Les quatorze questions stratégiques

Quatorze questions clés en stratégie		
Diagnostic stratégique	**Choix stratégiques**	**Déploiement stratégique**
Quelles sont les opportunités et les menaces dans l'environnement ? Quelles sont les forces et les faiblesses de l'organisation ? Quelle est la mission fondamentale de l'organisation ? Comment la culture façonne-t-elle la stratégie ?	Quel doit être le positionnement de chacune des activités ? Quelles activités faut-il inclure dans le portefeuille ? Quel doit être le développement international de l'organisation ? L'organisation innove-t-elle correctement ? L'organisation devrait-elle se développer seule, par acquisitions ou par coopération ?	Quelles sont les stratégies pertinentes, faisables et acceptables ? Quels sont les processus de développement stratégiques nécessaires ? Quelles structures et quels systèmes mettre en place ? Comment l'organisation doit-elle gérer le changement ? Quelle doit être la tâche de chacun dans les processus stratégiques ?

La logique du modèle de *Stratégique* peut également être appliquée à notre vie personnelle. Nous devons tous prendre des décisions lourdes de conséquences, et les questions qu'elles soulèvent sont du même ordre. Par exemple, un candidat à l'embauche cherchant un poste en stratégie doit comprendre le marché du travail, évaluer ses forces et ses faiblesses, établir la liste des opportunités d'emploi et définir quels sont ses véritables objectifs (diagnostic). Puis il doit choisir un type de poste et candidater (choix). Enfin, il doit occuper ce poste et commencer à envisager le poste suivant (déploiement). Tout comme le modèle de *Stratégique* est non linéaire, l'expérience modifie généralement les objectifs initiaux. C'est en mettant concrètement en œuvre ses choix de carrière que chacun acquiert une meilleure compréhension de ses forces et de ses faiblesses, ce qui lui permet de définir de nouvelles ambitions.

1.4 La stratégie comme métier

La stratégie n'est pas la chasse gardée des dirigeants. Les managers opérationnels doivent eux aussi agir dans le cadre de la stratégie de leur organisation, atteindre les objectifs qui leur sont fixés et gérer un ensemble de contraintes. Les managers doivent communiquer leur stratégie à leurs équipes, et leur performance dépendra de leur capacité à l'exprimer avec conviction. En fait, les managers opérationnels jouent un rôle de plus en plus important dans l'élaboration de la stratégie. De nombreuses organisations impliquent leurs responsables intermédiaires dans des processus de réflexion stratégique. Étant plus proches des réalités quotidiennes, ceux-ci constituent une source précieuse d'information et d'innovations pour les équipes dirigeantes. L'obtention d'une promotion dépend souvent de la capacité à participer aux débats stratégiques et à en discuter avec les dirigeants[4].

La stratégie fait donc partie du travail ordinaire de nombreux managers. Il existe par ailleurs des spécialistes de la stratégie, que ce soit dans le secteur privé ou dans le secteur public. La plupart des grandes organisations possèdent un département stratégie. Ces services spécialisés, qui exigent généralement des candidats ayant reçu une formation en management, peuvent constituer un début de carrière intéressant en stratégie, en particulier après une expérience opérationnelle[5]. Une autre porte d'entrée est le conseil en stratégie, industrie qui a connu une forte croissance dans les dernières décennies. Les pionniers du domaine, le Boston Consulting Group, McKinsey ou Bain, ont été rejoints par des concurrents plus récents tels qu'Oliver Wyman ou des cabinets plus généralistes comme Accenture, IBM Consulting ou PwC, qui ont tous développé une branche dédiée à la stratégie[6]. Tous ces cabinets recrutent eux aussi des diplômés en management ou des ingénieurs[7].

L'illustration 1.3 précise en quoi peut consister le travail stratégique au quotidien, à la fois pour des managers opérationnels et pour des spécialistes. Svetlana, manager dans une multinationale, Ziad, conseiller dans un service gouvernemental, et Camille, consultante en stratégie, ont tous une expérience différente de la stratégie, mais on retrouve des thèmes communs dans leurs propos. Ils estiment tous les trois que la stratégie est un travail stimulant et gratifiant. Les deux spécialistes, Ziad et Camille, parlent plus que Svetlana des outils analytiques. Svetlana a personnellement expérimenté les limites d'un plan stratégique, ce qui la conduit à souligner l'importance de la flexibilité et la nécessité d'impliquer ses subordonnés dans l'élaboration de la stratégie. Ziad et Camille ne se limitent pas à des rôles d'analystes.

Illustration 1.3

Des stratèges

La stratégie constitue une large part du travail de Svetlana, Ziad et Camille.

Svetlana

Après une première expérience en marketing, Svetlana est devenue à 33 ans directrice de la filiale suisse d'une entreprise de technologies de l'information russe. Elle doit non seulement développer la stratégie de sa filiale, mais également interagir régulièrement avec la maison mère à Moscou :

> *Moscou ne s'intéresse pas aux détails, mais à l'avenir de l'activité.*

Le plan stratégique d'origine de la filiale a dû être fortement adapté :

> *Quand nous sommes arrivés ici, nous avions quelques idées sur la stratégie, mais nous avons vite compris que la réalité était très différente des plans. Notre stratégie n'était pas complètement fausse, mais à la deuxième phase nous avons quand même été obligés de la modifier en profondeur afin de nous adapter au marché. À présent, nous en sommes à la troisième phase : les fondamentaux sont en place et nous devons nous focaliser sur les tendances afin de prendre les devants et d'être au bon endroit au bon moment.*

Svetlana travaille étroitement avec ses équipes sur la stratégie. Pour cela, elle organise un séminaire de réflexion annuel (voir le chapitre 15) :

> *Réunir les gens leur permet de comprendre la situation d'ensemble, plutôt que de se focaliser sur leur propre champ de responsabilité. C'est une bonne chose de rassembler les réalités de chacun.*

Svetlana est enthousiaste sur son travail en stratégie :

> *J'aime beaucoup la stratégie. Le plus stimulant est de réfléchir à d'où nous venons et où nous pourrions aller. Nous avons commencé dans un café il y a cinq ans et aujourd'hui nous avons plus ou moins réalisé ce que nous espérions. La stratégie vous permet de mesurer votre succès, elle vous dit si vous avez bien travaillé.*

Voici son conseil :

> *Ayez toujours une stratégie. Ayez un but ultime en tête. Mais acceptez les réactions du marché et celles de vos collègues. Soyez prêt à ajuster votre stratégie : l'ajustement, c'est le plus important.*

Ziad

À 27 ans, Ziad est conseiller dans une unité de réflexion stratégique du gouvernement britannique. Il rédige des analyses et des recommandations pour des ministres, le plus souvent de manière interdépartementale. Il passe plusieurs mois sur chaque projet et continue à travailler avec les responsables des services concernés après leur avoir transmis ses recommandations. Les projets impliquent de rencontrer des experts internes et externes au gouvernement, de réaliser des analyses statistiques, des analyses de scénarios (voir le chapitre 2), des analyses de sensibilité (voir le chapitre 11) et des tests d'hypothèses (voir le chapitre 15), de rédiger des rapports et de faire des présentations. Au cours de son évolution au sein de l'unité, Ziad a été de plus en plus impliqué dans la réflexion stratégique, ses fonctions étant de moins en moins cantonnées à un travail d'analyste.
Il explique ce qu'il aime le plus dans son travail de stratège :

> *J'aime le défi. Je travaille sur des questions réellement importantes et, souvent, c'est ce que vous lisez dans les*

Camille insiste sur la construction d'un consensus avec les clients, de manière à s'assurer du déploiement de la stratégie. Ziad lui non plus ne considère pas que la mise en œuvre est automatique, c'est pourquoi il continue de travailler avec les départements après leur avoir transmis ses recommandations. Il estime que la stratégie et l'opérationnel sont intimement liés : les agents opérationnels doivent comprendre la stratégie pour être efficaces, et les stratèges doivent comprendre les contraintes opérationnelles pour être pertinents. Pour lui, la stratégie est une étape précieuse dans sa carrière, qui lui permettra d'évoluer vers un poste plus opérationnel.

La stratégie ne concerne pas des organisations abstraites : c'est un métier pour de nombreuses personnes. Cet ouvrage a ainsi pour objectif d'équiper le lecteur afin de lui permettre de mieux exercer ce métier ou de mieux travailler avec ceux qui l'exercent.

journaux. Ce sont des problèmes difficiles, qui concernent la société dans son ensemble.

Il pense que les gens devraient être impliqués dans la stratégie :

J'encourage les gens à faire de la stratégie, car cela vous conduit au cœur des problèmes. Dans toutes les organisations, il est très fructueux d'avoir eu une expérience en stratégie, même si ce n'est pas ce que vous voulez faire pendant toute votre carrière.

Ziad envisage d'évoluer vers un poste plus opérationnel, car il considère que la stratégie et l'opérationnel sont intimement liés :

Une grande part de la stratégie consiste à comprendre ce qui peut réellement être fait et une grande part de l'opérationnel consiste à comprendre ce qui doit réellement être fait.

Camille

Diplômée d'une école de commerce, Camille a rejoint un grand cabinet de conseil en stratégie à Paris. Elle y travaille maintenant depuis six ans. Elle a été attirée par le conseil car elle aimait l'idée d'aider les organisations à s'améliorer. Elle explique pourquoi elle a choisi ce cabinet :

J'ai aimé l'ambiance des entretiens, et les personnes que j'ai rencontrées étaient stimulantes. Je me voyais bien travailler avec ces personnes sur ce type de sujets.

Elle apprécie beaucoup le conseil en stratégie :

Ce que j'aime, c'est résoudre des problèmes. C'est un peu comme résoudre un mystère : vous avez un problème et vous devez trouver une solution qui convient pour aider l'entreprise à croître et à prospérer.

Son travail est exigeant intellectuellement :

Les délais sont courts. Vous devez résoudre le problème en deux ou trois mois. Il y a beaucoup de pression. Cela vous pousse et vous aide à vous connaître vous-même. Nous ne sommes que trois ou quatre dans une équipe, donc, même en tant que junior, vous devez apporter une contribution significative au projet. Vous avez beaucoup d'autonomie et vous êtes utile dès le départ, à un niveau plutôt élevé.

Son travail peut impliquer des modélisations financières et marketing (voir les chapitres 2 et 10), différents types d'entretiens et un travail étroit avec les équipes du client :

En tant que consultant, vous passez beaucoup de temps à construire des arguments solidement étayés par des faits, qui aideront votre client à prendre des décisions. Mais au-delà des faits, vous devez être capable d'impliquer vos interlocuteurs. Pour que vos recommandations soient effectivement suivies, vous devez obtenir un consensus. Les gens doivent être d'accord.

Camille résume ainsi l'attrait du conseil en stratégie :

J'aime apprendre à grande vitesse. J'ai l'opportunité d'accroître mes compétences. Une année dans le conseil c'est comme deux années dans une entreprise normale.

Sources : entretiens (les noms des interlocuteurs ont été changés).

Questions

1. Par lequel de ces rôles de stratège êtes-vous le plus attiré(e) : manager d'une filiale dans une multinationale, expert interne ou consultant ? Pourquoi ?
2. Que devriez-vous faire pour obtenir un tel poste ?

1.5 L'étude de la stratégie

Afin de mieux comprendre la démarche utilisée dans cet ouvrage, il est utile de présenter un bref historique de la stratégie comme objet d'étude. L'étude et l'enseignement de la stratégie résultent en effet de plusieurs influences majeures, en particulier de l'économie, de la sociologie et de la psychologie. Étudier sérieusement la stratégie implique de s'appuyer sur des recherches rigoureuses. C'est la raison pour laquelle la lecture d'une série d'articles et d'ouvrages est conseillée à la fin de chaque chapitre[8].

Dans cet ouvrage, nous examinons les trois principales branches de la stratégie comme objet d'étude : le *contexte*, le *contenu* et les *processus*. Chacune de ces branches est importante dans la réalisation d'une stratégie, et chacune est sous-tendue par des travaux de recherche dont l'approche analytique peut être utile à la pratique de la stratégie. Le schéma 1.4 présente ces trois branches et les champs de recherche qui leur correspondent, dans l'ordre chronologique de leur apparition. Les flèches indiquent que chacune de ces branches continue à se développer. De manière plus détaillée, ces trois branches présentent les caractéristiques analytiques suivantes :

- Le *contexte stratégique* désigne à la fois le contexte interne et externe de l'organisation. Toutes les organisations doivent prendre en compte les menaces et les opportunités présentes dans leur environnement. L'*analyse industrielle* devint une tradition de recherche à partir du début des années 1980, lorsque Michael Porter montra comment les outils de l'économie industrielle pouvaient être employés afin de déterminer dans quelle mesure une industrie était ou non attractive[9]. À partir de la même époque, l'*analyse culturelle* s'est appuyée sur des travaux de sociologie afin de souligner l'impact des valeurs partagées sur les comportements. Dans le contexte externe, il apparaît également que les stratégies doivent être en adéquation avec les cultures sectorielles ou nationales. L'*approche par les ressources* se focalise sur le contexte interne, afin de déterminer les caractéristiques distinctives de chaque organisation[10]. Selon cette approche, l'analyse économique des marchés, l'analyse psychologique des biais émotionnels ou perceptuels et l'analyse sociologique des cultures organisationnelles permettent d'identifier les caractéristiques particulières (ou ressources) qui contribuent à l'avantage concurrentiel spécifique d'une organisation ou à ses faiblesses.
- Le *contenu stratégique* concerne la nature des différentes stratégies et leur probabilité de succès. Il s'agit ici de déterminer le mérite de différentes options stratégiques. Le champ de la *mesure de la performance stratégique* a commencé par utiliser l'analyse économique pour comprendre le succès de différentes stratégies de diversification. Cette branche reste très active de nos jours, la diversité des questions abordées ne cessant de croître : mesure de l'intérêt des innovations stratégiques, des stratégies d'internationalisation, ou encore des multiples formes d'alliances ou de réseaux. La mesure de la performance stratégique s'appuie le plus souvent sur une analyse rigoureuse des options stratégiques et mobilise des concepts d'économie, de manière à établir quelles sont les stratégies les plus rentables et dans quelles conditions. Elle s'oppose à l'idée reçue selon laquelle certaines stratégies seraient bonnes dans l'absolu.

Schéma 1.4 Les trois branches de la stratégie

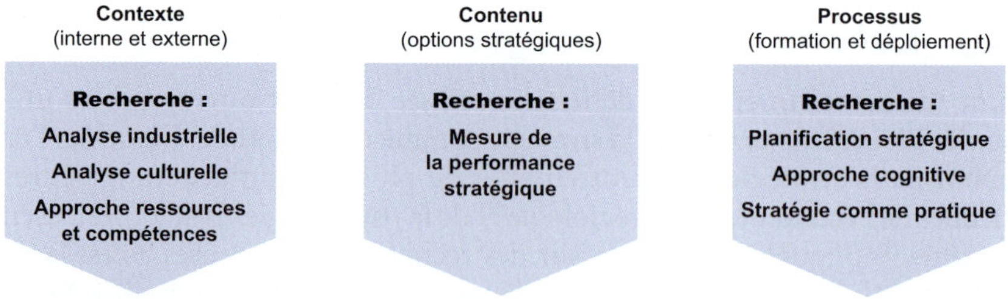

- Les *processus stratégiques* examinent de quelle manière les stratégies sont formées et déployées. Il s'agit ici d'aider les managers dans les processus pratiques de management stratégique[11]. À partir des années 1960, la *planification stratégique*

a consisté à s'appuyer sur l'économie et des approches scientifiques afin de construire des systèmes rationnels et analytiques permettant l'élaboration et le déploiement de la stratégie. Cependant, la stratégie n'est pas faite que de systèmes : elle implique également des individus. Depuis les années 1980, l'approche *cognitive* a montré comment les perceptions, les émotions et les jeux politiques mettent en cause les analyses rationnelles. Les spécialistes de cette approche recommandent d'accepter la réalité désordonnée et irrationnelle des organisations plutôt que d'essayer d'imposer une rationalité théorique[12]. Enfin, l'approche de la *stratégie comme pratique* utilise la microsociologie pour expliquer en détail les processus stratégiques, qu'ils soient formels ou informels[13]. Cette approche se concentre sur la manière dont les individus font de la stratégie et sur l'importance des outils et des compétences qu'ils doivent mobiliser pour cela.

Un demi-siècle de recherche en stratégie a ainsi produit de nombreuses approches. Chacune peut apporter des éclairages, et les problèmes stratégiques doivent toujours être abordés à partir de plusieurs points de vue. Une stratégie conçue à partir de critères uniquement économiques peut rapidement échouer du fait de facteurs psychologiques et sociologiques. Réciproquement, une stratégie qui ne repose que sur l'adhésion émotionnelle ou sur l'acceptation culturelle n'a aucune chance de succès si elle ne s'appuie pas également sur des conditions économiques favorables. Comme le montrent les quatre prismes présentés à la fin de ce chapitre, une seule perspective est généralement insuffisante pour obtenir une bonne stratégie. Une analyse complète requiert généralement des références économiques, psychologiques et sociologiques.

1.6 L'influence du contexte et les prismes stratégiques

Jusqu'ici, nous avons insisté sur le fait que les questions stratégiques sont complexes et qu'il est préférable de les aborder depuis plusieurs points de vue. Il n'existe pas de règles simples et universelles en stratégie. Cette section présente deux manières de considérer la stratégie différemment : selon le contexte et selon la perspective.

1.6.1 La stratégie dans différents contextes

Si le modèle de *Stratégique* est applicable dans de nombreux contextes, l'équilibre entre les questions stratégiques peut varier. Par exemple, pour reprendre l'illustration 1.2, il apparaît que Samsung et l'École polytechnique partagent certaines préoccupations fondamentales résumées par le modèle VIP (quelle valeur créer, avec quelles spécificités, sur quel périmètre ?). Cependant, la nature de leur activité, l'implication des parties prenantes externes et la posture vis-à-vis du changement sont significativement différentes. Lorsqu'on applique le modèle de *Stratégique*, il est donc utile de définir quelles seront les questions particulièrement pertinentes dans le contexte considéré. Pour illustrer ce point, cette section montre quels sont les enjeux spécifiques dans trois contextes particuliers.

- Les *petites et moyennes entreprises*. Lors du diagnostic stratégique, les PME doivent généralement porter une attention spéciale à l'environnement, car elles sont particulièrement vulnérables au changement. Cependant, dans les petites structures entrepreneuriales et dans les entreprises familiales, le point crucial du diagnostic est le plus souvent l'intention stratégique : l'objectif ne se limite généralement pas au profit, mais inclut d'autres considérations telles que l'indépendance, le contrôle familial, la transmission à la prochaine génération, voire le style de vie des dirigeants. La gamme de choix stratégiques disponibles est souvent plus étroite : il est rare qu'une PME puisse envisager des acquisitions, mais en revanche elle peut être rachetée par une autre organisation. Certains aspects du déploiement peuvent également être spécifiques : les processus de changement, par exemple, n'impliqueront pas les mêmes enjeux que dans une grande organisation complexe.

- Les *entreprises multinationales*. Dans ce contexte, le diagnostic d'un environnement complexe et global est crucial. Chaque marché doit faire l'objet d'une analyse spécifique. De la même manière, la présence dans de nombreux pays soulève d'importantes questions culturelles : les différences culturelles impliquent des adaptations de l'offre et des styles de management distincts. Les choix stratégiques concernent en priorité les questions d'internationalisation. L'échelle et l'étendue géographique de la plupart des multinationales soulèvent des questions importantes de déploiement, en particulier en matière de structure et de gestion du changement.
- Le *secteur public* et les *organisations à but non lucratif*. Même dans ces contextes, les questions de diagnostic restent importantes. Les associations caritatives sont souvent en concurrence pour la collecte des fonds auprès des donateurs, tout comme les écoles ou les hôpitaux sont soumis à de multiples classements. La question de l'intention stratégique risque d'être également essentielle. En l'absence d'un objectif clair comme le profit, l'intention stratégique dans le secteur public ou les organisations à but non lucratif peut devenir ambiguë et provoquer des controverses. Les choix stratégiques peuvent se révéler moins nombreux que dans le secteur privé : il peut ainsi y avoir des contraintes sur la diversification. Les questions de déploiement requièrent une attention particulière, la gestion du changement étant généralement problématique dans les grandes organisations publiques.

Comme on peut le constater, l'analyse stratégique peut varier selon le contexte. Il est donc généralement utile d'adopter plusieurs points de vue sur les questions stratégiques.

1.6.2 Les prismes stratégiques

La compréhension de l'ensemble de la stratégie d'une organisation nécessite de recourir à des perspectives distinctes. Les **prismes stratégiques** sont quatre points de vue au travers desquels les questions stratégiques peuvent être différemment interprétées. Considérer les problèmes selon différents points de vue permet de faire émerger de nouvelles questions et de nouvelles solutions. C'est la raison pour laquelle les quatre prismes, même s'ils sont issus de la recherche en stratégie, peuvent avoir un réel intérêt pratique pour les managers.

Ces quatre prismes sont introduits plus en détail à la fin de la partie I et feront l'objet de *commentaires* à l'issue des parties II et III de l'ouvrage. Cette section se contente de les présenter rapidement :

- Le *prisme de la méthode* est le point de vue selon lequel la stratégie peut être élaborée de manière abstraite, tout comme un architecte dessine un immeuble sur sa table à dessin ou son ordinateur, avant de transmettre les plans à une entreprise de bâtiment. Ce prisme met l'accent sur la planification et l'analyse, préalables indispensables à toute décision. Il tend à exclure l'improvisation et minimise les aspects imprévisibles, culturels ou politiques inhérents aux organisations humaines. Adopter le prisme de la méthode implique une approche systématique, analytique et rationnelle.

- Le *prisme de l'expérience* : ici, les stratégies futures sont censées découler d'une adaptation des stratégies passées, au travers de l'expérience des individus, des schémas de pensée implicites et des routines encastrées dans les processus culturels de l'organisation. Si différentes représentations et attentes coexistent au sein de l'organisation, les méthodes analytiques et rationnelles ne suffiront pas à les combiner. Leur cohabitation impliquera nécessairement des processus de marchandage et de négociation. Le prisme de l'expérience considère que la stratégie est avant tout la conséquence et la continuation de ce qui a été fait par le passé. Il implique de bien comprendre l'expérience et l'intérêt des principaux décisionnaires, et il écarte implicitement la possibilité de changements radicaux.
- Le *prisme de la complexité* : les deux prismes ci-dessus ne permettent pas d'expliquer les innovations stratégiques radicales. Le prisme de la méthode est généralement trop rigide et dirigiste, alors que le prisme de l'expérience se repose trop sur le passé. Comment les idées nouvelles se développent-elles ? Le prisme de la complexité met l'accent sur la variété et la diversité en tant que générateurs potentiels d'innovations. Ici, les stratégies ne résultent pas de la volonté délibérée des dirigeants. Ce sont tous les membres de l'organisation – voire de son entourage – quotidiennement confrontés à la complexité et à l'évolution de leur environnement qui font *émerger* des stratégies au travers de multiples initiatives. Les idées nouvelles émergent de processus imprévisibles et concurrentiels. Le prisme de la complexité souligne donc l'importance de la diversité dans et autour des organisations, afin d'assurer l'éclosion du plus grand nombre d'idées nouvelles. Il s'agit d'envisager les futures stratégies depuis la base et la périphérie de l'organisation et d'être préparé à l'imprévu.
- Le *prisme du discours*. Les managers passent l'essentiel de leur temps à parler, à persuader et à négocier. La maîtrise du langage stratégique constitue donc une ressource qui permet aux managers d'infléchir à leur avantage les analyses « objectives », afin d'accroître leur influence, leur pouvoir et leur légitimité. En considérant la stratégie du point de vue du discours, on devient particulièrement attentif au langage utilisé par les managers lorsqu'ils identifient les problèmes, formulent des propositions, débattent des solutions et finalement communiquent les décisions. Le prisme du discours s'intéresse aux dessous de la stratégie afin de révéler les intérêts personnels et les jeux politiques. Il peut donc s'accompagner d'une posture critique, voire sceptique.

Aucun de ces prismes ne peut donner une vision complète d'une situation stratégique. Il convient donc d'encourager l'adoption de multiples perspectives : le lecteur est ainsi invité à considérer une situation au travers de l'un des prismes (par exemple le prisme de la méthode), puis au travers des trois autres. Les prismes permettent de comprendre pourquoi des initiatives stratégiques logiques peuvent être anéanties par l'inertie organisationnelle, comment des idées inattendues peuvent surgir de la base ou de la périphérie des organisations, et comment interpréter un discours stratégique formel afin de déterminer quels intérêts il sert réellement.

Résumé

- La stratégie est l'orientation à long terme d'une organisation. Elle peut être résumée par le *modèle VIP* : quel modèle de création de *valeur*, quelle résistance à l'*imitation*, sur quel *périmètre* ?
- La *stratégie d'entreprise* concerne la définition du périmètre d'activité. La *stratégie par domaine d'activité* détermine l'approche concurrentielle de chacune des unités qui composent l'organisation. Les *décisions opérationnelles* définissent comment les ressources, les processus et les individus déploient les stratégies retenues au niveau global et à celui de chaque domaine d'activité.
- Le modèle de *Stratégique* comprend trois parties principales : le diagnostic stratégique, les choix stratégiques et le déploiement stratégique.
- La stratégie est mise en œuvre par les managers à l'intérieur de l'organisation, mais également par des spécialistes tels que les *départements stratégie* internes aux entreprises ou les *consultants en stratégie*.
- La recherche sur les *contextes*, les *contenus* et les *processus* montre comment les perspectives analytiques issues de l'économie, de la sociologie et de la psychologie peuvent être utiles à la compréhension des questions stratégiques.
- Par-delà les dimensions fondamentales du modèle VIP, la stratégie diffère selon le contexte organisationnel, par exemple entre une PME, une multinationale et une organisation publique.
- Les questions stratégiques peuvent être considérées selon plusieurs perspectives, comme le rappellent les quatre prismes stratégiques : le *prisme de la méthode*, le *prisme de l'expérience*, le *prisme de la complexité* et le *prisme du discours*.

Travaux pratiques

• Signale des exercices d'un niveau plus avancé

1.1 En vous inspirant du schéma 1.2, formulez la stratégie d'une organisation de votre choix (par exemple votre école ou votre université), en utilisant les informations disponibles sur son site Internet ou dans son rapport annuel.

1.2 En vous inspirant du schéma 1.3, identifiez les principaux éléments de diagnostic stratégique, de choix stratégiques et de déploiement stratégique pour une organisation de votre choix.

1.3 Visitez le site Internet d'un grand cabinet de conseil en stratégie tel que Bain, le Boston Consulting Group ou McKinsey. Que vous apprend le site sur la nature du métier de consultant ? Aimeriez-vous exercer ce métier ?

1.4 • En vous inspirant du schéma 1.3, montrez en quoi les composantes du management stratégique diffèrent dans :
(a) Une PME.
(b) Une grande multinationale.
(c) Une organisation à but non lucratif.

Lectures recommandées

Il est toujours utile d'approfondir un sujet. En plus des références utilisées tout au long de ce chapitre, nous recommandons les lectures suivantes :

- Pour un état de l'art complet, voir F. Tannery, A.-C. Martinet, T. Hafsi et J.-P. Denis, *Encyclopédie de la stratégie*, Vuibert, 2014. On peut également se référer à l'ouvrage collectif coordonné par T. Loilier et A. Tellier, *Les Grands Auteurs en stratégie*, EMS, 2007.
- Pour de bons ouvrages de stratégie à destination des praticiens, voir D. Sola et J. Couturier, *How to Think Strategically: Your Roadmap to Innovation and Results*, FT Publishing, 2013, C. Montgomery, *The Strategist: Be the Leader your Business Needs*, Harper Business, 2012 et R. Rumelt, *Good Strategy/Bad Strategy: the Difference and Why it Matters*, Crown Business, 2011.
- La meilleure source sur la recherche francophone en management stratégique est indiscutablement le site de l'Association internationale de management stratégique : strategie-aims.com.
- Sur la question de ce qu'est la stratégie – et ce qu'elle n'est pas –, le lecteur peut se reporter à M.E. Porter, « Plaidoyer pour un retour de la stratégie », *L'Expansion Management Review*, n° 84 (1997), et F. Fréry, « The Fundamental Dimensions of Strategy », *MIT Sloan Management Review*, vol. 48, n° 1 (2006), pp. 71-75.
- Le lecteur est invité à actualiser régulièrement sa connaissance des développements stratégiques par la lecture de journaux et magazines économiques. Les sites Internet des principaux cabinets de conseil en stratégie constituent également une bonne source d'information : mckinsey.com, bcg.com ou bain.com.

Références

1. La question fondamentale « Qu'est-ce que la stratégie ? » a notamment été abordée par R. Whittington, *What is Strategy – And Does it Matter?*, International Thomson, 1993/2000 et M. Porter, « Plaidoyer pour un retour de la stratégie », *L'Expansion Management Review*, n° 84 (1997).
2. Voir F. Fréry, « The Fundamental Dimensions of Strategy », *MIT Sloan Management Review*, vol. 48, n° 1 (2006), pp. 71-75.
3. D. Collis et M. Rukstad « Can you say what your strategy is? », *Harvard Business Review*, vol. 86, n° 4 (2008), pp. 82-90.
4. Voir F. Westley, « Middle managers and strategy: microdynamics of inclusion », *Strategic Management Journal*, vol. 11, n° 5 (1990), pp. 337-351.
5. Voir D. Angwin, S. Paroutis et S. Mitson, « Connecting up strategy: are strategy directors a missing link? », *California Management Review*, vol. 51, n° 3 (2009), pp. 74-94.
6. Les principaux cabinets de conseil en stratégie proposent beaucoup d'informations sur les carrières en stratégie et sur la stratégie en général. Voir par exemple mckinsey.com, bcg.com ou bain.com.
7. Sur les opportunités de carrières en stratégie, voir par exemple vault.com.
8. Pour un état des lieux de la stratégie en tant que discipline, voir F. Tannery, A.-C. Martinet, T. Hafsi et J.-P. Denis, *Encyclopédie de la stratégie*, Vuibert, 2014, J. Mahonney et A. McGahan, « The field of strategic management within the evolving science of strategic organization », *Strategic Organization*, vol. 5, n° 1 (2007), pp. 79-99 et R. Whittington, « Big strategy/Small strategy », *Strategic Organization*, vol. 10, n° 3 (2012), pp. 263-268.
9. Voir M.E. Porter, Choix stratégiques et concurrence : techniques d'analyse des secteurs et de la concurrence dans l'industrie, Economica, 1982.
10. Voir J.B. Barney, « Firm resources and sustained competitive advantage », *Journal of Management*, vol. 17, n° 1 (1991), pp. 91-120.
11. Sur l'approche par les processus, voir H. Sminia, « Process research in strategy formation: theory, methodology and relevance », *International Journal of Management Reviews*, vol. 11, n° 1 (2009), pp. 97-122.
12. Sur la dimension psychologique de la stratégie, voir le numéro spécial du *Strategic Management Journal* dirigé par T. Powell, D. Lovallo et S. Fox : « Behavioural Strategy », vol. 31, n° 13 (2011).
13. Sur la stratégie comme pratique, voir E. Vaara et R. Whittington, « Strategy-as-practice: taking social practices seriously », *Academy of Management Annals*, vol. 6, n° 1 (2012), pp. 5-27, ainsi que L. Cailluet, « La fabrique de la stratégie : regards croisés sur la France et les États-Unis depuis les années 1960 », *Revue Française de Gestion*, n° 188-189 (2008), pp. 143-159.

Étude de cas

Yahoo! se cherche

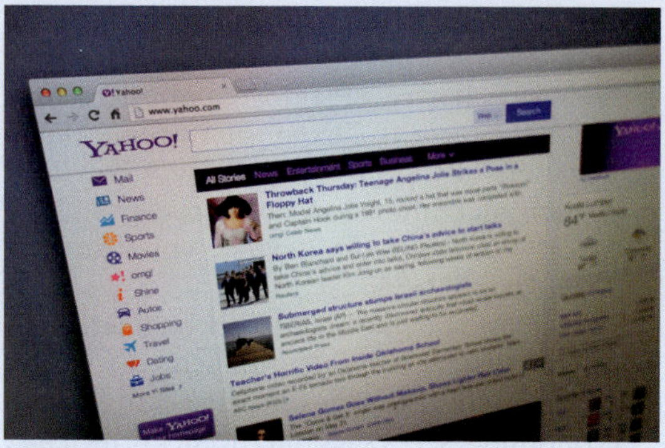

En janvier 2014, Yahoo! fêta ses 20 ans. Arrivée à la tête de l'entreprise en juillet 2012, Marissa Mayer avait multiplié les initiatives, n'hésitant pas à renvoyer une partie du comité de direction, à revoir les méthodes de management, à repositionner la plupart des produits et à lancer une vaste campagne d'acquisitions.

À première vue, les résultats étaient encourageants, avec une progression de 20 % de l'audience globale, soit 800 millions d'utilisateurs actifs, dont 390 millions sur mobiles. Yahoo! bénéficiait ainsi de la deuxième audience sur Internet aux États-Unis, après Google. Yahoo! News était le premier portail d'actualités généralistes au monde, le service de messagerie Yahoo! Mail comptait plus d'utilisateurs que Hotmail de Microsoft aux États-Unis, et les sites Yahoo! Questions/Réponses Yahoo! Finance, Yahoo! Sports et Yahoo! Jeux figuraient chacun parmi les trois premiers mondiaux dans leur domaine.

Pourtant, derrière ces succès apparents, la situation de Yahoo! restait préoccupante : beaucoup d'observateurs lui reprochaient une absence de vision stratégique, qui se traduisait par un arrêt quasi complet de sa croissance. Comme depuis plusieurs années, son chiffre d'affaires avait baissé de 6 % en 2013, à 4,7 milliards de dollars, et il se concentrait à 80 % sur les États-Unis, alors que ses résultats positifs provenaient essentiellement de sa participation dans le site chinois Alibaba et que Facebook lui avait ravi la place de numéro deux mondial de la publicité en ligne, derrière Google. Yahoo! était encore trop dispersé dans de trop nombreuses activités, là où une stratégie claire réclamait des arbitrages et une focalisation des ressources sur des objectifs prioritaires. De plus, l'entreprise, qui s'apparentait encore à un portail Internet, cherchait à jouer un véritable rôle dans les réseaux sociaux. En dépit de ses alliances avec Twitter et Facebook (qu'elle n'avait pas réussi à racheter en 2006), Yahoo! semblait encore être « une entreprise 1.0 dans un monde 2.0 », comme l'avait affirmé un analyste.

Les premiers symptômes de ce problème étaient apparus en novembre 2006, lorsque Brad Garlinghouse, jeune manager chez Yahoo!, avait rédigé une note interne à l'attention des dirigeants de l'entreprise.

Le mémo de la tartine beurrée

Dans sa note, Brad Garlinghouse affirmait que Yahoo! dispersait ses ressources de manière excessive. Il dénonçait plusieurs problèmes :

- Un manque de vision cohérente et focalisée. Yahoo! voulait « faire tout et être tout – pour tout le monde ». Par peur d'être distancée par ses concurrents, l'entreprise réagissait plutôt que de s'engager sur une trajectoire résolue. Sa stratégie revenait à « beurrer la vaste tartine constituée par les opportunités d'Internet, à la fois innombrables et en perpétuelle évolution ». Le résultat était une fine couche d'investissements étalée sur un trop vaste périmètre et une absence de focalisation.
- Des responsabilités qui n'étaient pas clairement définies, avec une prolifération de boulons dans l'organisation, devenue trop bureaucratique.
- Un manque d'initiative. Sans une vision claire et sans des responsabilités précisément définies, il manquait une perspective d'en-

semble capable de guider les décisions. Yahoo! était paralysé par des décisions aussi ambitieuses que contradictoires.

De fait, Brad Garlinghouse recommandait un plan en trois points :

1. Focaliser, afin d'affirmer ce qu'était Yahoo! et ce qu'il n'était pas. Cela impliquait de sortir des activités qui n'étaient pas au cœur de son métier et d'éliminer les projets redondants.
2. Responsabiliser, en nommant notamment des responsables transversaux capables d'arbitrer entre les priorités. Cela impliquait que certains dirigeants actuels, qui avaient provoqué plus de problèmes qu'ils n'en avaient résolus, devaient quitter Yahoo!.
3. Réorganiser, afin de décentraliser la prise de décision, d'éliminer la structure matricielle paralysante et de supprimer 15 à 20 % des postes, devenus inutiles.

Cette note, largement diffusée dans les médias, resta sans réponse de la part de la direction de Yahoo!. En juin 2007, le directeur général fut cependant remplacé par Jerry Yang, qui avait fondé l'entreprise en 1995 et qui cumulait désormais les postes de président et de directeur général. Quant à Brad Garlinghouse, il fut nommé vice-président en charge des communications et des communautés, en charge notamment de Yahoo! Mail et de la messagerie instantanée Yahoo! Messenger.

L'occasion manquée avec Microsoft

Le 1er février 2008, Microsoft annonça publiquement son intention de racheter Yahoo! pour 31 dollars par action, soit 44,6 milliards de dollars, payables en cash et en actions Microsoft. Pour Microsoft, qui n'avait jamais réussi à devenir une véritable entreprise Internet, il s'agissait essentiellement de combler une partie de son retard sur Google. L'offre de Microsoft était amicale (elle était adressée à la direction générale de Yahoo! et non à ses actionnaires) et elle était particulièrement généreuse : le prix proposé était supérieur de 62 % au cours de l'action Yahoo! de l'époque.

Pourtant, à la surprise des observateurs – qui estimaient que la complémentarité entre les deux groupes recélait de nombreuses synergies –, la direction générale de Yahoo! refusa l'offre de Microsoft. L'échec de l'opération fut très mal accueilli par les actionnaires de Yahoo!, qui accusèrent Jerry Yang d'avoir privilégié son indépendance.

C'est dans cette ambiance délétère que Brad Garlinghouse quitta Yahoo!. De nombreux autres dirigeants quittèrent d'ailleurs Yahoo! à la même époque.

La crise économique qui éclata fin 2008 frappa donc Yahoo! au plus mauvais moment. N'ayant pas réussi à relancer l'entreprise (l'action était descendue sous les 10 dollars, le résultat net était passé de 600 millions en 2007 à 424 millions en 2008, alors que près de 20 % des effectifs avaient été supprimés), Jerry Yang fut remplacé en janvier 2009 par la très énergique Carol Bartz, ancienne responsable de l'éditeur de logiciels Autodesk. Plutôt qu'une cession, celle-ci annonça la négociation d'un partenariat avec Microsoft, centré sur le moteur de recherche et la publicité en ligne. Ce partenariat fut finalisé en février 2010 : toutes les requêtes effectuées sur les sites de Yahoo! étaient désormais redirigées sur le moteur de recherche Bing de Microsoft. Cela libérait d'importantes ressources informatiques que Yahoo! pouvait consacrer au développement de nouveaux services. Réciproquement, Microsoft pouvait utiliser la régie publicitaire de Yahoo!.

Errements dans la direction

Le 6 septembre 2011, Carol Bartz apprit par un simple coup de téléphone que le conseil d'administration avait décidé de la remplacer au poste de directeur général par Tim Morse, jusque-là directeur financier de Yahoo!. Le conseil reprochait à Carol Bartz de ne pas avoir réussi à relancer le chiffre d'affaires, mais aussi de ne pas avoir réellement concrétisé le rapprochement avec Microsoft, ni clarifié les relations avec le

Étude de cas

site de commerce en ligne chinois Alibaba, qui était à l'époque une de ses filiales. De plus, Yahoo! avait été rattrapé par Facebook en termes d'audience et Google l'avait dépassé sur le marché clé des bannières publicitaires. Tim Morse devait assurer l'intérim, le temps qu'un nouveau directeur général soit nommé.

Lors de cette période de flottement, deux projets d'offre de rachat de Yahoo! furent évoqués. Le premier, d'un montant de 25 milliards de dollars, émanait des fonds d'investissement Blackstone et Bain Capital, en accord avec Alibaba et le groupe financier japonais Softbank. Le second venait de Microsoft, qui ne désespérait toujours pas de mettre la main sur Yahoo!, au moins pour éviter que celui-ci ne tombe entre les mains d'un concurrent tel que Google. Alors que l'offre de rachat de 44,6 milliards de Microsoft avait été refusée en 2008, la capitalisation boursière de Yahoo! n'était plus que de 20 milliards fin 2011.

Le nouveau directeur général de Yahoo! fut finalement nommé le 4 janvier 2012. Il s'agissait de Scott Thompson, jusque-là directeur de PayPal, la filiale de paiement électronique d'eBay. La nomination de ce dirigeant expérimenté et respecté semblait indiquer que le conseil d'administration de Yahoo! envisageait toujours une relance de l'activité et non une cession. Deux semaines après la nomination de Scott Thompson, Jerry Yang annonça qu'il démissionnait du conseil d'administration et de toutes ses autres fonctions chez Yahoo!.

En avril 2012, Scott Thompson annonça le plus vaste plan de licenciements jamais entrepris par Yahoo!, avec le départ de 2 000 salariés sur les 18 000 que comptait le groupe. Il justifiait cette décision, qui permettrait d'économiser environ 375 millions de dollars par an, en évoquant « un nouveau Yahoo!, plus petit, plus agile, plus rentable et mieux armé pour innover aussi rapidement que nos clients et notre industrie l'exigent ». Dans la foulée, Yahoo! fut réorganisé en trois grandes divisions : consommateurs (contenus médias, moteur de recherche, commerce en ligne et messagerie), régions (relations avec les annonceurs) et technologies (infrastructures et plateformes). Cette structure marquait une rupture avec la précédente organisation centralisée par produits.

Cependant, un mois plus tard, Scott Thompson était contraint à une humiliante démission pour avoir falsifié son CV : un document financier le présentait comme diplômé en informatique alors qu'il l'était en comptabilité. Il fut remplacé par Ross Levinsohn, jusque-là chargé du pôle médias.

En mai 2012, Yahoo! céda la moitié des 40 % qu'il détenait dans Alibaba pour 6,3 milliards de dollars en numéraire et 800 millions de dollars en actions. Ce total de 7,1 milliards de dollars constituait un apport considérable pour Yahoo! Cela équivalait à plus du tiers de sa valeur en Bourse, ou à près d'une fois et demie son chiffre d'affaires.

La tornade Marissa Mayer

En juillet 2012, Marissa Mayer succéda à Ross Levinsohn à la tête de Yahoo!, devenant ainsi la septième personne à occuper ce poste en une dizaine d'années. Marissa Mayer était une des dirigeantes historiques de Google, qu'elle avait rejoint dès 1999, un an après la création de la société par Sergey Brin et Larry Page. Après avoir supervisé le moteur de recherche et participé au lancement de Google News et de Gmail, elle était devenue responsable des services de cartographie et de géolocalisation de Google. Deux mois après sa nomination chez Yahoo!, Marissa Mayer annonça le remplacement du directeur financier, Tim Morse, et déclara qu'elle souhaitait augmenter le nombre d'utilisateurs et d'annonceurs en mettant l'accent sur la personnalisation des produits et sur les usages mobiles. Selon elle, il fallait sortir d'une « culture du consensus », proposer de nouveaux produits plus rapidement et penser à plus grande échelle, avec une « règle des 100 millions » (chaque nouveau produit devait attirer 100 millions d'utilisateurs).

Dans les mois qui suivirent, elle évoqua la suppression de 10 000 postes, soit plus de 50 %

des emplois à temps plein ou partiel du groupe. Elle commença par remplacer une grande partie des dirigeants, en réduisant le nombre de managers. Par ailleurs, elle mit fin au télétravail. Selon elle, il fallait que les salariés se croisent physiquement au bureau, notamment de manière impromptue, pour que des innovations émergent ; dans les faits, l'autorisation du travail à domicile se traduisait par de nombreux abus. Afin de s'attirer le soutien des salariés, elle leur offrit à tous un smartphone haut de gamme de leur choix et instaura, comme chez Google, la gratuité des repas. En avril 2013, elle recruta au poste de directeur opérationnel, grâce à une prime de 56 millions de dollars en actions et en stock-options, Henrique de Castro, un expert de la publicité en ligne travaillant jusque-là chez Google. Il fut pourtant renvoyé en janvier 2014, faute d'avoir su redresser la part de marché de Yahoo! dans la publicité en ligne. Il empocha à cette occasion un parachute doré de 42 millions. Marissa Mayer elle même reçut, pour ses six premiers mois à la tête du groupe, une rémunération de 36,6 millions, dont 35 millions en actions.

En avril 2013, Yahoo! tenta de racheter 75 % de la plateforme française de vidéo en ligne Dailymotion, filiale d'Orange, ce qui lui aurait permis à de concurrencer YouTube, filiale de Google. Évalué à environ 300 millions de dollars, Dailymotion, un des champions français d'Internet, était la 11e plateforme de vidéo en ligne au monde en termes de visiteurs uniques par mois (127 millions en mars 2013). Cependant, l'opération fut annulée fin avril 2013 suite à l'intervention du ministre français du Redressement productif, Arnaud Montebourg (27 % du capital d'Orange étaient encore possédés par l'État), qui exigea que la participation de Yahoo! dans Dailymotion reste inférieure à 50 %. Suite à ce blocage, Yahoo! annonça le mois suivant le rachat du réseau de blogs et de photos Tumblr, pour 1,1 milliard de dollars. Fondé en 2007, Tumblr comptait alors 175 employés et rassemblait 107,9 millions de blogs. Son ajout devait permettre à Yahoo! de dépasser le milliard d'utilisateurs. Par ailleurs, Yahoo! avait déjà racheté pour 10 millions de dollars la start-up Snip.it, qui proposait un service proche de celui de Pinterest (réseau social à base d'images), ainsi que Summly, une application facilitant la lecture d'informations sur les terminaux mobiles, pour 30 millions. Parallèlement, des services historiques comme la messagerie Yahoo! Mail et le site de partage de photos Flickr furent totalement refondus.

Pour la première fois depuis 2008, le chiffre d'affaires de Yahoo! augmenta en 2012 (de 2 %), pour atteindre 4,98 milliards de dollars, mais il baissa l'année suivante de 6 %. Depuis la prise de fonction de Marissa Mayer, le cours de l'action Yahoo! avait augmenté de 80 %. Symboliquement, Yahoo! adopta un nouveau logo, plus épuré, en septembre 2013. Une première depuis sa création en 1994.

Sources : *Le Monde*, 16 octobre et 17 juillet 2013 ; *Les Echos*, 18 juillet 2013 et 15 octobre 2010 ; *Challenges*, 29 janvier 2014.

Questions

1. Expliquez le caractère stratégique de la situation de Yahoo!. Trouvez des exemples de chacun des éléments du modèle VIP (valeur, imitation, périmètre). En utilisant la section 1.2.3, déduisez-en une formulation de la stratégie de Yahoo! en moins de 35 mots, selon les préceptes de Collis et Rukstad.
2. Menez une analyse des trois horizons (voir la section 1.2.1) pour Yahoo!, à la fois en termes d'activités existantes et de développements possibles. Comment cette analyse peut-elle affecter les orientations stratégiques de Yahoo! ?
3. En utilisant la section 1.3.1, dressez la liste des éléments du diagnostic stratégique de Yahoo! qui relèvent respectivement de l'environnement, de la capacité stratégique, de l'intention stratégique et des influences culturelles. À votre avis, quels sont les aspects les plus importants ?
4. À partir de votre réponse à la question précédente et en utilisant la section 1.3.2, quels choix stratégiques proposeriez-vous à Yahoo! ?
5. Convertir une stratégie en actions peut se révéler difficile. En utilisant la section 1.3.3, montrez comment Yahoo! a mené ce déploiement.

Partie I

Le diagnostic stratégique

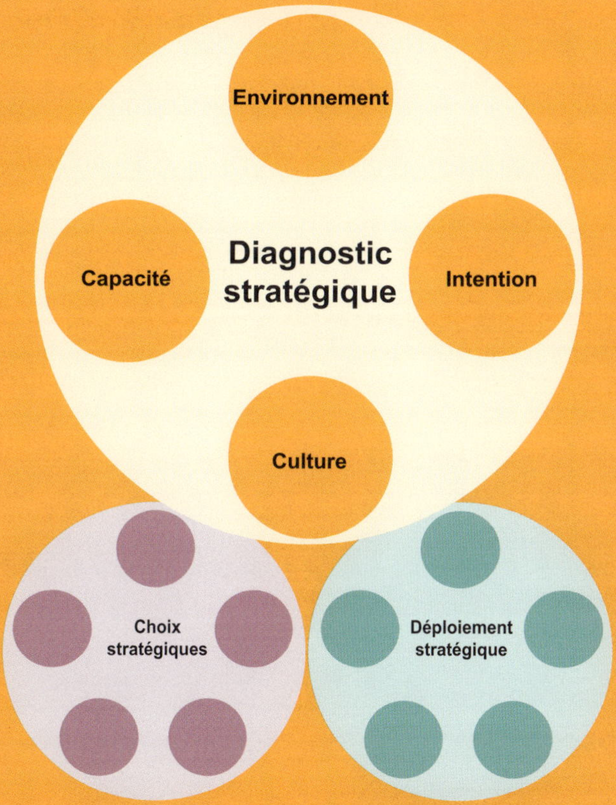

Cette partie explique :

- Comment évaluer la position d'une organisation par rapport à son environnement.
- Comment analyser les déterminants de la capacité stratégique : les ressources, les compétences et les liens entre les unes et les autres.
- Comment comprendre les objectifs d'une organisation, en prenant en compte le gouvernement d'entreprise, les attentes des parties prenantes et l'éthique.
- Comment prendre en compte l'influence de l'histoire et de la culture sur la situation d'une organisation.

Introduction à la partie I

Cette première partie de l'ouvrage est consacrée à la compréhension de la position stratégique d'une organisation, ce qui nécessite quatre chapitres organisés en deux thèmes. Le premier thème concerne le *potentiel stratégique* de l'organisation, en d'autres termes ce qu'elle *peut faire*. Le second thème concerne l'*ambition stratégique* de l'organisation, en d'autres termes ce qu'elle *veut faire*, que cette ambition soit délibérée ou non (voir le schéma I.i).

Schéma I.i **Le diagnostic stratégique**

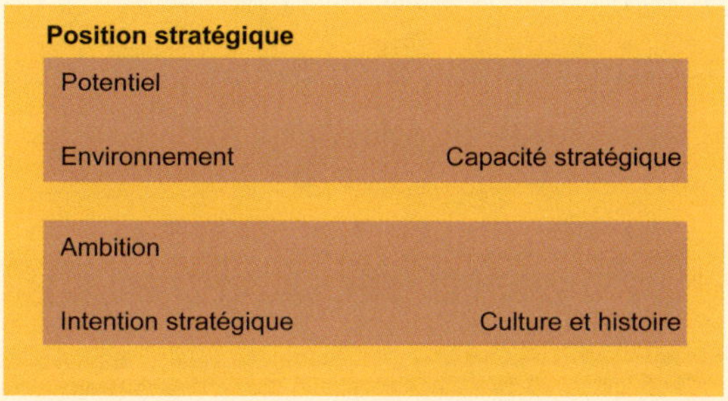

Le diagnostic du potentiel stratégique comprend deux chapitres :

- Le chapitre 2 montre en quoi différents environnements concurrentiels peuvent présenter des opportunités ou des menaces distinctes.
- Le chapitre 3 montre en quoi chaque organisation possède sa propre capacité stratégique (ressources et compétences) et comment cela peut sous-tendre ou contraindre sa stratégie.

Le diagnostic de l'ambition stratégique concerne les deux chapitres suivants :

- Le chapitre 4 détaille la manière dont les attentes de ses parties prenantes conditionnent les objectifs d'une organisation, notamment au travers de la formulation d'une intention stratégique.
- Le chapitre 5 montre comment la culture et l'histoire d'une organisation peuvent contraindre les ambitions de celle-ci d'une manière plus ou moins implicite.

Les chapitres 2 et 3 sous-tendent un dilemme fondamental en stratégie : vaut-il mieux se focaliser sur le diagnostic de l'environnement externe ou sur le développement de la capacité stratégique interne ? Du point de vue externe, de nombreux auteurs soutiennent que les facteurs environnementaux sont les plus importants : pour eux, la stratégie est essentiellement *déduite* des opportunités identifiées dans l'environnement. À l'inverse, les partisans de l'approche interne affirment que c'est à partir de la capacité stratégique d'une organisation que sa stratégie doit être *construite.* Il convient pourtant d'arbitrer entre ces deux postures. En effet, les ressources mobilisées pour développer la position concurrentielle de l'organisation au sein de son environnement (par exemple au travers de fusions ou d'acquisitions) ne sont pas disponibles pour accroître sa capacité stratégique interne (par exemple au travers de la recherche et développement). Cet arbitrage entre l'interne et l'externe fait l'objet de la controverse qui clôt le chapitre 2.

Les chapitres 4 et 5 soulèvent une autre question essentielle : les ambitions d'une organisation sont-elles libres ou contraintes ? Le chapitre 4 montre comment les attentes des investisseurs, des autorités de régulation, des employés ou des clients peuvent influencer la stratégie. Le chapitre 5 souligne que les managers sont conditionnés par l'histoire et la culture de leur organisation, même s'ils n'en ont pas toujours conscience. Il peut être dangereux de sous-estimer dans quelle mesure les ambitions stratégiques d'une organisation peuvent être bridées par ces limites implicites.

Le diagnostic stratégique permet d'évaluer le degré de liberté dont disposent les managers. Le diagnostic constitue donc un préalable fondamental à l'élaboration des choix stratégiques qui feront l'objet de la partie II.

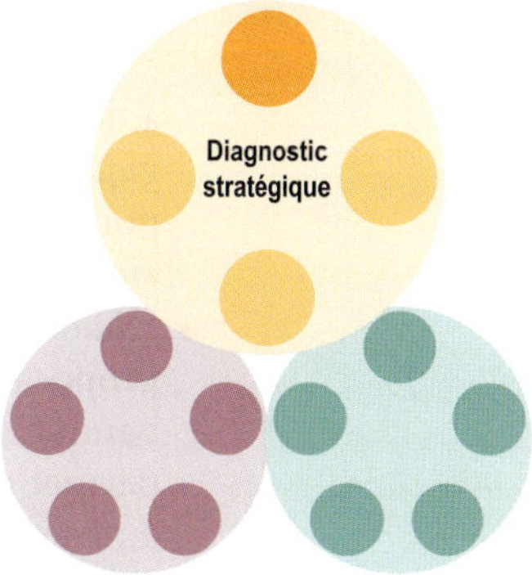

Chapitre 2
L'environnement

Objectifs

Après avoir lu ce chapitre, vous serez capable de :

- Décrire les forces du macroenvironnement en utilisant le modèle PESTEL.
- Identifier les variables pivots qui déterminent l'évolution du macroenvironnement, de manière à construire des scénarios alternatifs.
- Utiliser le modèle des 5(+1) forces de la concurrence afin de définir l'attractivité d'une industrie.
- Identifier les groupes stratégiques, les segments de marché et les possibilités de création d'Océans Bleus au sein d'une industrie.
- Résumer les conclusions de ces différentes analyses afin d'identifier les menaces et les opportunités de l'environnement.

Concepts clés

Modèle PESTEL p. 37, variables pivots p. 39, scénario p. 40, industrie p. 43, marché p. 44, modèle des 5 forces de la concurrence p. 44, barrières à l'entrée p. 45, substituts p. 49, acheteurs p. 51, fournisseurs p. 52, concurrents directs p. 54, hypercompétition p. 57, groupes stratégiques p. 63, segment de marché p. 66, Océans Bleus p. 67, canevas stratégique p. 67, facteurs clés de succès p. 69.

2.1 Introduction

L'environnement est ce qui donne aux organisations les moyens de leur survie. Il est source à la fois d'opportunités et de menaces. Le succès de Facebook a ainsi été une source d'opportunités pour les développeurs de jeux en ligne tels que Zynga (Farm Ville) ou King (Candy Crush Saga). À l'inverse, les évolutions environnementales peuvent être fatales pour certaines organisations : les encyclopédies – dont certaines avaient pourtant plus de deux siècles d'existence – ont été balayées par l'apparition de Wikipédia. Même s'il est impossible de prévoir le futur, il est donc vital pour les managers d'analyser leur environnement, afin d'anticiper et – si possible – d'influencer ses évolutions.

Dans ce chapitre, nous présentons des outils permettant de comprendre l'environnement d'une organisation, que nous subdiviserons en « strates » successives, comme le montre le schéma 2.1.

- Le *macroenvironnement* constitue la strate environnementale la plus générale. Il s'agit des facteurs globaux qui – dans une plus ou moins large mesure – ont un impact sur pratiquement toutes les organisations. Le modèle PESTEL peut aider à déterminer quelles tendances *politiques, économiques, sociologiques, technologiques, écologiques* et *légales* peuvent affecter les organisations. Cette analyse a pour objectif d'identifier les *variables pivots*, de manière à construire des *scénarios* sur les évolutions possibles de l'environnement.

- L'*industrie* est la strate suivante. Elle est définie par un ensemble d'organisations proposant la même offre de biens ou de services : par exemple l'automobile, la banque, les télécoms, le conseil, etc. L'*analyse des 5(+1) forces de la concurrence* permet de comprendre la dynamique concurrentielle au sein d'une industrie, au travers de l'identification et de la hiérarchisation des *facteurs clés de succès*. La controverse qui clôt ce chapitre examine le poids de l'industrie dans le succès ou l'échec des entreprises.
- Les *concurrents et les marchés* constituent la strate environnementale la plus proche de l'organisation. Le concept de *groupes stratégiques* consiste à établir la cartographie des organisations présentes dans une industrie, réparties selon les similarités et les divergences de leur stratégie. De la même manière, les attentes des clients ne sont pas les mêmes. Pour les identifier, on peut effectuer une *segmentation de marché*. Enfin, les positions relatives des concurrents peuvent être analysées au moyen d'un *canevas stratégique*, ce qui permet d'identifier des *Océans Bleus*.

Schéma 2.1 Les strates de l'environnement

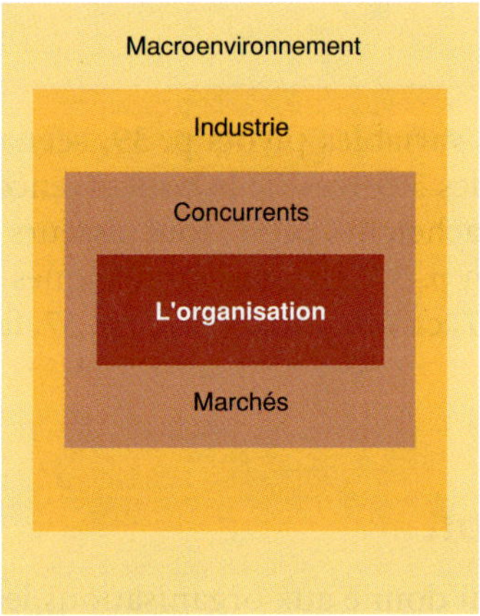

2.2 Le macroenvironnement

Les trois concepts présentés dans cette section – l'analyse PESTEL, les influences structurelles et les scénarios – s'utilisent conjointement pour analyser le macroenvironnement d'une organisation. Le modèle PESTEL donne une vue d'ensemble qui permet d'identifier les variables pivots grâce auxquelles il est possible de construire différents scénarios d'évolution du macroenvironnement. Cependant, si elle est mal maîtrisée, cette démarche peut déboucher sur un trop grand nombre de possibilités. C'est la raison pour laquelle nous insisterons sur les techniques et les concepts permettant de focaliser l'analyse sur les points réellement importants.

2.2.1 L'analyse PESTEL

Le **modèle PESTEL** répartit les influences environnementales en six grandes catégories : politiques, économiques, sociologiques, technologiques, écologiques et légales[1]. Les influences politiques soulignent le rôle des pouvoirs publics. Ce modèle souligne le fait que la stratégie ne doit pas se contenter de prendre en compte les aspects économiques : la dimension non marchande de l'environnement ne doit pas être négligée (voir l'illustration 2.1)[2].

En pratique, les différentes dimensions du modèle PESTEL sont souvent interdépendantes. Pour autant, détailler chacune d'entre elles permet de soulever une série de questions pertinentes :

- Les influences *politiques* soulignent le rôle des pouvoirs publics. L'état est souvent un acteur économique majeur, par exemple en tant que client, fournisseur ou financeur. Par-delà les pouvoirs publics, il convient également de prendre en compte l'influence des différents groupes de pression. Le schéma 2.2 est une matrice qui permet de positionner l'environnement en fonction de l'interventionnisme public direct et de l'exposition à d'autres influences politiques. L'industrie de la défense fait ainsi l'objet d'une forte implication de la part des pouvoirs publics, qui sont à la fois les propriétaires et les clients des principales entreprises, mais elle est également soumise à de fortes pressions politiques, par exemple en ce qui concerne le commerce des armes. Les entreprises agroalimentaires sont généralement privées, mais elles sont exposées à de fortes pressions politiques, notamment à propos du commerce équitable, des normes sanitaires ou du droit du travail. Les canaux sont pour la plupart nationalisés, mais ils ne constituent pas un enjeu politique. On peut remarquer qu'une industrie peut se déplacer sur cette matrice : après la crise financière de 2008, les banques ont ainsi vu l'interventionnisme étatique s'accroître (certaines ont même été nationalisées), alors que leur stratégie est devenue une question politique majeure.

Schéma 2.2 L'environnement politique

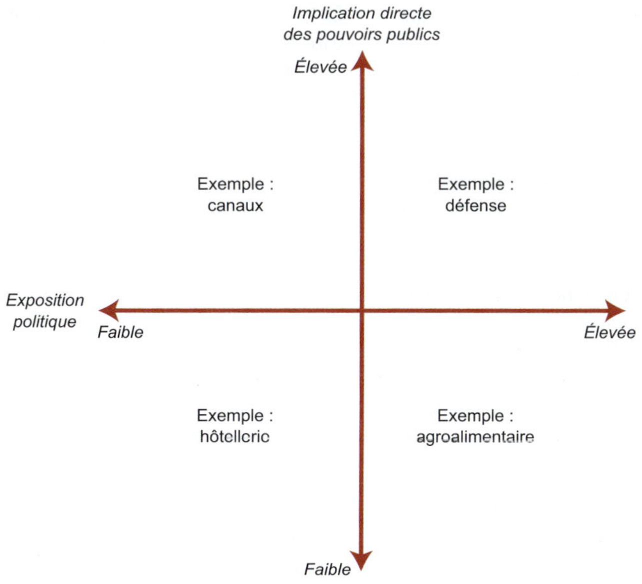

Illustration 2.1

Le pétrole en eaux troubles

Le géant pétrolier BP était confronté à un environnement complexe.

Au milieu des années 2010, BP était un des plus grands groupes pétroliers au monde. Ses activités comprenaient l'exploration, la production, le raffinage, la distribution et le marketing. Il détenait environ 21 000 stations-service, dont la moitié aux États-Unis et 40 % en Europe. Ses principales sources d'approvisionnement en pétrole étaient la Russie (environ 45 %) et les États-Unis (20 %). Les États-Unis fournissaient également un quart de ses approvisionnements en gaz naturel et la Russie 10 %. Depuis 2010, BP possédait une branche dédiée aux énergies renouvelables, active dans les biocarburants et les éoliennes. En 2010, la plateforme pétrolière BP Deepwater Horizon avait explosé, provoquant 11 morts et une marée noire de 180 000 km^2 dans le golfe du Mexique. En 2012, le gouvernement américain avait condamné BP à une amende de plus de 4 milliards de dollars pour ce désastre écologique, et d'autres procès étaient encore en cours.

BP, tout comme ses concurrents, devait rester attentif à une série d'influences :

- *Politiques* : plus de 80 % des réserves mondiales de pétrole appartenaient à des entreprises contrôlées par des états, les plus grandes étant la Saoudienne Aramco et l'Iranienne National Oil Company. En Russie, BP avait cessé sa collaboration controversée avec un groupe d'oligarques russes en 2013 pour traiter désormais avec la société d'état Rosneft, dont il avait pris 18 % du capital.
- *Économiques* : pour la période 2012-2020, le magazine Forbes prévoyait une croissance annuelle moyenne de 7 % en Chine, d'environ 2 % aux États-Unis et de 1 % en Europe. Le prix du pétrole avait connu un pic en 2008 à 120 dollars le baril, avant de s'effondrer à 30 dollars en 2009, pour remonter autour de 100 dollars début 2014. Grâce à de nouvelles technologies d'extraction, le prix du gaz aux États-Unis avait chuté de 30 % entre 2011 et 2012.
- *Sociales* : dans beaucoup de pays européens, l'usage de l'automobile déclinait. En France, l'utilisation de la voiture dans les villes avait reculé de 5 % entre 1994 et 2008. Au Royaume-Uni, le nombre de permis de conduire délivrés avait diminué de 17 % de 2008 à 2012, alors que les déplacements par train avaient atteint leur record, avec une progression de 50 % depuis le milieu des années 1990.
- *Technologiques* : les nouvelles technologies concernaient l'exploitation sous-marine d'hydrates de méthane (appelés « glace de méthane ») et l'extraction de gaz par fracturation hydraulique des roches (le « gaz de schiste »). Les réserves en glace de méthane étaient estimées à 4 000 fois la consommation de gaz aux États-Unis en 2010, alors que le gaz de schiste pouvait laisser espérer un doublement de la production mondiale de gaz avant 2020.
- *Écologiques* : la fracturation hydraulique pouvait polluer les nappes phréatiques et même déclencher de petits tremblements de terre. Selon l'université de Cornell, environ 8 % du gaz obtenu par ce procédé était directement dispersé dans l'atmosphère, ce qui pouvait contribuer significativement au réchauffement climatique. Aux États-Unis, la production de gaz naturel coûtait environ 50 dollars par mégawattheure, la production marémotrice, 450 dollars, la biomasse 130 dollars, et l'éolien terrestre, 80 dollars.
- *Légales* : le désastre de Deepwater Horizon avait conduit à un renforcement de la réglementation sur les plateformes pétrolières. L'Union européenne, où 90 % du pétrole était extrait de la mer, avait imposé des procédures d'obtention des licences d'exploitation plus strictes, des démarches d'évaluation des risques et des garanties financières contre le coût des accidents. Aux États-Unis, le renforcement de la réglementation s'était traduit par un surcoût de 1,5 million de dollars par puits. En 2012, le gouvernement américain avait banni BP de tous les appels d'offres publics.

Sources : rapport annuel 2012 de BP ; *Business Week*, 7 mars 2013 ; *Forbes*, 26 mars 2012.

Questions

1. Quelles influences du modèle PESTEL offrent le plus d'opportunités pour BP, et lesquelles présentent le plus de menaces ? La réponse serait-elle la même pour un concurrent de BP, par exemple le groupe Total ?
2. Quels éléments se retrouvent dans plusieurs dimensions du modèle PESTEL ? Est-ce que cela pose un problème ?

- Les influences *économiques* correspondent à des facteurs macroéconomiques tels que les taux de change, les différentiels de taux de croissance ou encore les cycles d'activité. Toute entreprise doit comprendre de quelle manière la prospérité générale de l'économie influence ses propres marchés. Les managers doivent se méfier de l'excès de confiance en cas de croissance, mais aussi de l'excès de prudence en cas de récession. Ils doivent également tenir compte de l'influence des taux de change sur la viabilité des opérations à l'étranger et sur le coût des produits importés.

- Les influences *sociologiques* incluent les évolutions culturelles et démographiques, par exemple le vieillissement de la population dans les pays occidentaux. Les économies occidentales créent à la fois des menaces et des opportunités pour le secteur public et pour le secteur privé. Les évolutions culturelles peuvent également poser des défis stratégiques : de nouvelles postures éthiques questionnent ainsi des stratégies jusqu'ici implicitement acceptées dans les services financiers.
- Les influences *technologiques* correspondent – selon l'environnement étudié – à l'impact d'innovations telles que les nanotechnologies, l'impression 3D ou encore le génie génétique. Comme Internet dans la distribution, les nouvelles technologies peuvent susciter des opportunités pour certains (par exemple Amazon) et des menaces pour d'autres (les magasins traditionnels).
- Les influences *écologiques* recensent les préoccupations environnementales : pollution, recyclage, réchauffement climatique, etc. De nouvelles réglementations peuvent entraîner des coûts supplémentaires (par exemple les normes d'émission de dioxyde de carbone pour l'industrie automobile), mais également déboucher sur de nouvelles activités (par exemple le recyclage des téléphones mobiles usagés).
- Les influences *légales* synthétisent les contraintes juridiques, les normes de sécurité, les restrictions qui peuvent frapper les opérations de fusion et acquisition ou encore les mesures destinées à lutter contre la fraude fiscale. Réciproquement, c'est grâce à des évolutions légales que des marchés historiquement fermés peuvent être ouverts à la concurrence, ce qui offre des opportunités inédites pour de nouveaux entrants, comme dans le transport ferroviaire en France.

Le modèle PESTEL doit être considéré comme une liste de contrôle, mais peu importe que telle influence soit nécessairement classée dans telle ou telle catégorie. Il n'est pas fondamental de se demander par exemple si le protectionnisme est un facteur avant tout politique ou économique, ou si les énergies renouvelables doivent être prises en compte sur un plan écologique ou sociologique. L'essentiel est de n'oublier aucune influence majeure, pas de classer méticuleusement chacune d'elles.

Cependant, comme on peut l'imaginer, l'analyse de tous ces facteurs et de leurs interdépendances peut déboucher sur des listes particulièrement fastidieuses. Afin d'éviter une surabondance de détails, il est donc nécessaire d'adopter une vision synthétique et d'identifier les **variables pivots**, c'est-à-dire les facteurs susceptibles d'affecter significativement la structure d'une industrie ou d'un marché. Les variables pivots varient d'une industrie à l'autre. Le commerce de détail est ainsi avant tout concerné par l'évolution des goûts et des comportements des consommateurs locaux, mais également par la conjoncture économique. De même, les managers du secteur public doivent rester attentifs à d'autres types de variables pivots : sociales (taux de chômage), politiques (orientations idéologiques du gouvernement) et légales (nouvelles réglementations). Grâce à l'identification des variables pivots, les managers peuvent se focaliser sur les éléments décisifs de l'analyse PESTEL, ceux qu'ils doivent traiter en priorité. C'est la raison pour laquelle une analyse PESTEL doit impérativement se conclure par l'identification des variables pivots.

Trois concepts peuvent être utiles à l'identification des variables pivots :

- Les *méga tendances* sont des changements politiques, économiques, sociaux, technologiques ou écologiques généralement lents à se mettre en place, mais dont l'influence peut être considérable, parfois sur des décennies[3]. Une méga tendance a généralement plusieurs répercussions. Le vieillissement de la population dans les pays occidentaux influence ainsi les systèmes de santé, la distribution ou le logement. La croissance économique rapide en Asie influence le marché du travail dans les pays riches et le prix des matières premières au niveau mondial. L'identification des méga tendances est donc essentielle, car leurs conséquences sont multiples.
- Les *points d'inflexion* sont les moments où les tendances changent de direction, notamment vers une brusque croissance ou un effondrement[4]. Par exemple, après des décennies de stagnation ou de récession, l'Afrique subsaharienne semble avoir atteint un point d'inflexion dans sa croissance économique, avec la promesse de gains substantiels au cours de la décennie 2010. Le commerce de centre-ville en Europe semble également avoir atteint un point d'inflexion : concurrencé par Internet et par les zones commerciales périurbaines, il est menacé de disparition. Il est utile de repérer les points d'inflexion au moment où ils se produisent, afin de réagir rapidement face aux opportunités et aux menaces qu'ils annoncent.
- Les *signaux faibles* sont des signes avant-coureurs de tendances futures, qui permettent notamment d'anticiper les points d'inflexion[5]. Ces signaux prennent souvent la forme de données non structurées et fragmentaires, que les observateurs considèrent comme des anomalies. L'augmentation des défauts de paiement sur les emprunts immobiliers en Californie en 2007 peut ainsi être considérée comme un signal faible annonçant la crise financière qui a frappé le monde en 2008. Le succès des écoles de commerce asiatiques au milieu des années 2010 pouvait être anticipé par le signal faible qu'a constitué l'entrée dès 2000 de l'université des sciences et de la technologie de Hong Kong dans le classement des 50 meilleures écoles établi par le *Financial Times*. Il est important d'être attentif aux signaux faibles, mais le risque est grand d'être submergé par le « bruit de fond », c'est-à-dire le flux constant de données isolées et aléatoires qui n'ont aucun intérêt stratégique. Les signaux faibles réellement significatifs (par opposition au simple bruit de fond) peuvent être repérés par une série d'indices : la répétition d'informations inattendues, l'émergence d'une forme de logique dans des données *a priori* contradictoires, l'apparition de vives controverses entre experts sur l'interprétation des signaux ou encore l'échec imprévu de quelque chose qui s'était jusque-là révélé fiable.

2.2.2 La construction de scénarios

Lorsque l'évolution de l'environnement est particulièrement incertaine du fait de la combinaison d'une grande complexité et d'une turbulence élevée, il peut devenir impossible – voire dangereux – de construire une vision unique de l'influence des variables pivots. La construction de scénarios permet d'envisager plusieurs possibilités, tout en aidant les managers à ne pas se fermer à d'éventuelles alternatives. Un **scénario** est une représentation plausible de différents futurs envisageables[6]. Même si les scénarios sont généralement obtenus en croisant les évolutions des variables pivots issues d'une analyse PESTEL, ils ne se résument pas à une simple prévision de l'évolution de l'environnement. L'objectif n'est pas de prévoir, mais d'encourager les managers à rester attentifs à une série de futurs possibles. Une démarche de construction de scénarios réussie permet ainsi d'élaborer des stratégies robustes face à l'incertitude.

L'illustration 2.2 présente un exemple de construction de scénarios pour l'industrie textile à l'horizon 2025. Plutôt que d'incorporer une multitude de facteurs, l'illustration se focalise sur deux variables pivots indépendantes qui (1) ont l'impact potentiel le plus élevé et (2) dont l'évolution est incertaine : l'interconnexion croissante du monde et la vitesse d'évolution de la société et donc de la mode. En fonction de l'évolution de ces deux variables, quatre scénarios cohérents peuvent être élaborés, auxquels on donne un titre aisément mémorisable, afin de faciliter la communication et les débats. Il ne s'agit pas de prédire quel scénario va effectivement se réaliser, ni d'attribuer une probabilité chiffrée à chacun, car cela limiterait non seulement la discussion et l'apprentissage, mais donnerait également à la méthode une pseudo-rigueur scientifique qui peut se révéler trompeuse.

La construction de scénarios peut comprendre les étapes suivantes[7] :

- Définir le *périmètre* de l'analyse, à la fois en termes de sujet et d'horizon temporel. On peut ainsi construire des scénarios pour une industrie entière ou pour une zone géographique particulière. Alors que les entreprises produisent généralement des scénarios à l'échelle d'une industrie ou d'un marché, les gouvernements travaillent le plus souvent au niveau de pays, de régions ou de secteurs (par exemple le futur du système de santé ou de l'éducation). On peut chercher à se projeter à plus de 10 ans (comme dans l'illustration 2.2) ou à moins de 5 ans. L'horizon temporel adéquat, au-delà duquel la capacité de prévision devient aléatoire et la construction de scénarios peu pertinente, est notamment déterminé par la durée des investissements. Dans l'énergie, où les champs de pétrole peuvent avoir une durée de vie de plusieurs décennies, les scénarios à plus de 20 ans sont courants.

Schéma 2.3 Le cube des scénarios : comment choisir les variables pivots

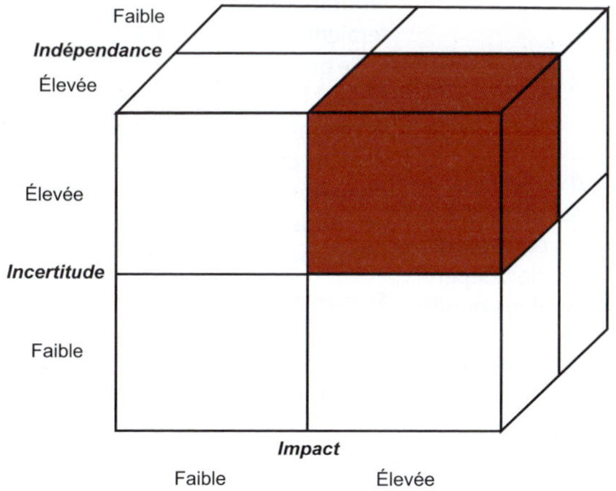

Choisir les variables pivots qui cumulent un haut degré d'impact, d'incertitude et d'indépendance

- Identifier les *variables pivots*, grâce à l'analyse PESTEL. Il s'agit de déterminer les influences qui auront le plus d'impact sur l'environnement futur. Dans le textile, cela va de la démographie à la technologie. Cependant, le *cube des scénarios* (voir le schéma 2.3) suggère deux autres critères : l'*incertitude*, afin que les

Illustration 2.2

Quatre scénarios pour l'industrie textile à l'horizon 2025

Levi's a demandé à des étudiants de bâtir des scénarios d'évolution de son industrie.

En 2010, l'entreprise de prêt-à-porter Levi Strauss & Co, mondialement célèbre pour ses jeans, travailla avec les étudiants d'un institut de la mode afin d'élaborer quatre scénarios pour l'industrie textile à l'horizon 2025. Levi Strauss savait que le vêtement serait confronté à des évolutions profondes, notamment en termes de technologies des matériaux, de localisation de la production ou de systèmes de distribution, mais l'entreprise voulait comprendre à quels types de futurs elle risquait de faire face.

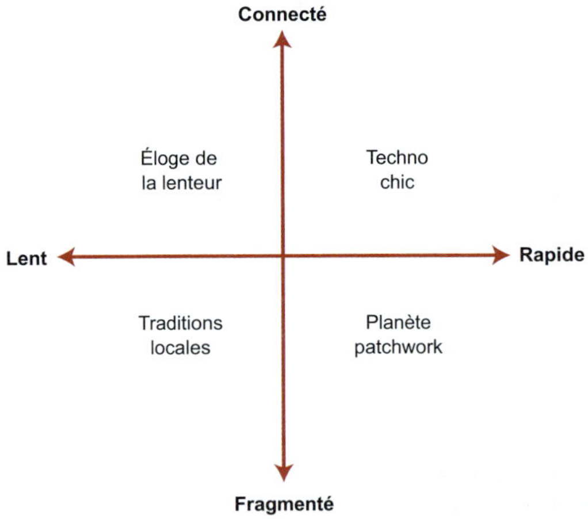

Les étudiants identifièrent un grand nombre d'influences qui semblaient évidentes : par exemple le vieillissement de la population ou les contraintes croissantes en termes de ressources naturelles. Cependant, ils repérèrent également deux variables pivots qui étaient à la fois très incertaines, mutuellement indépendantes et dont l'impact était considérable : l'interconnexion et la vitesse de changement. La première variable distinguait deux situations opposées : d'un côté un monde très connecté, avec des barrières commerciales limitées, des communications internationales intégrées et une homogénéisation des cultures ; de l'autre un monde fragmenté, avec un commerce international déclinant et un renforcement des cultures régionales. La seconde variable pivot opposait un changement rapide à un changement lent : dans un monde rapide, la communication serait toujours plus instantanée, alors que les individus et les capitaux seraient extrêmement mobiles ; dans un monde lent, le consumérisme reculerait au profit de valeurs plus conservatrices.

Le croisement des différents états des deux variables pivots définissait quatre scénarios pour 2025.

Le premier était « Éloge de la lenteur », fondé sur un monde lent mais interconnecté. Dans ce scénario, le développement durable serait devenu très important et la technologie permettrait aux individus de facilement échanger ou retoucher leurs vieux vêtements : en référence à eBay, un site vBay, consacré aux vêtements d'occasion, deviendrait ainsi très populaire.

Le deuxième scénario, « Traditions locales », serait caractérisé par un épuisement des ressources naturelles, le changement climatique et la pauvreté, alors que des barrières politiques croissantes réduiraient le commerce international. Les vêtements neufs et à la mode seraient réservés aux privilégiés.

Le troisième scénario, « Techno chic », résulterait d'un monde rapide et connecté. Les vêtements deviendraient intelligents, capables de changer de couleur, d'intégrer des moyens de communication, voire de surveiller l'état de santé de leur porteur. Les laboratoires pharmaceutiques et les géants d'Internet feraient ainsi leur entrée dans l'industrie textile.

Le quatrième scénario, « Planète patchwork », cumulerait changements rapides et fragmentation. Les économies émergentes resteraient chacune ancrée sur leur propre culture, et plutôt qu'une mode mondialisée, on verrait le développement d'une multitude de modes nationales. Dans certains pays, les vêtements occidentaux seraient même interdits.

Source : http://www.forumforthefuture.org/project/fashion-futures-2025/overview.

Questions

1. Quel scénario serait le plus favorable pour Levi's, et réciproquement lequel devrait-il le plus redouter ?
2. Quelles sont les implications de ces scénarios pour d'autres industries, par exemple l'hôtellerie ou la grande distribution ?

scénarios soient plus utiles, et l'*indépendance*, afin qu'ils produisent des futurs significativement divergents. Dans l'industrie pétrolière, la stabilité politique des pays producteurs constitue une incertitude majeure. L'émergence de nouvelles technologies d'extraction permettant d'exploiter de nouveaux gisements en est une autre. Ces deux facteurs peuvent être considérés comme des variables pivots car ils sont à la fois incertains et mutuellement indépendants.

- Construire des *scénarios « scénarisés »*. Comme pour les films, les scénarios sont avant tout des histoires. Il est donc nécessaire de construire à partir des variables pivots retenues des récits plausibles qui incorporent les différents éléments de l'analyse PESTEL en un tout cohérent. Dans l'illustration 2.2, le scénario « Techno chic » combine une culture globale et intégrée avec une évolution rapide de la société, de l'économie et de la technologie. Ce scénario inclut également d'autres facteurs de cohérence, comme le développement rapide de la Chine et de l'Inde, où l'avantage concurrentiel par les coûts laisserait la place à la sophistication technologique, la libéralisation accrue des échanges commerciaux, mais aussi l'apparition d'une population déclassée, dont les compétences techniques et les faibles coûts seraient devenus inutiles.
- Identifier l'*impact* des scénarios sur les organisations. Le scénario « Techno chic » pourrait avoir un impact très négatif sur la plupart des entreprises textiles traditionnelles et sur les distributeurs qui ne pourraient pas s'adapter aux nouvelles technologies. À l'inverse, le scénario « Traditions locales » renforcerait les artisans établis. De fait, il est important de vérifier la robustesse de l'organisation face à la survenue de chacun des scénarios et d'élaborer des plans de continuité permettant de renforcer cette robustesse.
- Mettre en place des *systèmes d'alerte précoce*. Une fois que les différents scénarios sont en place, l'organisation doit identifier des indicateurs permettant de déterminer si l'un d'entre eux est sur le point de survenir. Un jeu d'indicateurs effaces doit faciliter une réponse rapide et appropriée. Dans l'illustration 2.2, les indicateurs du scénario « Éloge de la lenteur » pourraient être une croissance faible des revenus et un regain de la pratique religieuse.

Étant donné le niveau d'incertitude inhérent à ce processus et l'intérêt majeur des débats et de l'apprentissage qu'il implique, certains experts déconseillent de se limiter à seulement trois scénarios. L'expérience montre que si on retient un scénario « optimiste », un scénario « pessimiste » et un scénario « médian », les managers se focalisent naturellement sur le troisième et négligent les deux premiers, ce qui réduit très fortement l'intérêt de la démarche. Il est donc préférable de retenir deux ou quatre scénarios, de manière à éviter la facilité d'une voie moyenne. Peu importe si *in fine* les scénarios ne se réalisent pas : l'intérêt de la démarche réside en fait dans le processus d'exploration et d'analyse, pas dans les plans obtenus.

2.3 L'industrie

Dans la section précédente, nous nous sommes concentrés sur la compréhension des aspects globaux de l'environnement. Cependant, l'impact de ces influences générales transparaît dans l'environnement immédiat de l'organisation au travers des évolutions des forces concurrentielles qui façonnent l'*industrie*. Une **industrie** – également appelée quelquefois *secteur d'activité* – peut être définie comme « un groupe d'entreprises proposant des offres étroitement substituables[8] ». On peut ainsi tout aussi bien parler de l'industrie automobile que de l'industrie du transport aérien. Le concept d'industrie concerne aussi les services publics : les services sociaux, les services de santé ou l'éducation rassemblent également de nombreux prestataires au moins partiellement concurrents. Un **marché** est un groupe de clients homogènes pour une offre spécifique (par exemple sur une zone géographique donnée). L'industrie automobile a ainsi trois principaux marchés, en Europe, en Amérique du Nord et en Asie.

Cette section est consacrée à l'analyse des industries. Pour cela, nous allons tout d'abord présenter le modèle des 5(+1) forces de la concurrence de Michael Porter, puis introduire les techniques qui permettent d'analyser la dynamique d'une industrie. La section suivante sera spécifiquement consacrée aux marchés, même si la plupart des concepts s'appliquent tout aussi bien aux industries qu'aux marchés.

2.3.1 Le modèle des 5(+1) forces de la concurrence

La notion de concurrence est inhérente à celle de stratégie. Une organisation qui n'a aucun concurrent n'a pas besoin de stratégie. De même, la pertinence d'une stratégie ne se juge jamais dans l'absolu, mais en termes relatifs. Or, les managers sont en général obnubilés par les concurrents immédiats, alors que bien d'autres forces peuvent influencer la compétitivité d'une organisation : ils se focalisent sur leur *part* de marché, alors qu'ils devraient chercher à accroître la *taille* du marché.

Le **modèle des 5 forces de la concurrence**, défini par Michael Porter[9] permet d'évaluer l'attractivité d'une industrie en termes d'intensité concurrentielle : il s'agit d'identifier la « structure » de l'industrie (voir le schéma 2.4). Le postulat de départ de Porter est que l'objectif fondamental d'une organisation est l'obtention d'un *avantage concurrentiel*, qui se mesure en dernier ressort par sa capacité à générer du profit (pour une entreprise) ou à capter les ressources nécessaires à son existence (pour une organisation publique). Dans cette optique, le propos ultime de Renault Nissan n'est pas de faire des voitures, mais des bénéfices, que ceux-ci soient ensuite réinvestis, distribués aux actionnaires, prélevés sous forme d'impôts ou utilisés pour accroître la masse salariale. Il découle de ce postulat que la notion de concurrence doit être élargie : sera considéré comme concurrent tout ce qui peut réduire la capacité d'une entreprise à générer du profit et plus largement tout ce qui peut empêcher une organisation de constituer un avantage concurrentiel en limitant son degré de liberté stratégique. Porter a identifié cinq types de forces qui ont cette capacité : la *menace d'entrants potentiels*, la *menace de substituts*, le *pouvoir de négociation des acheteurs*, le *pouvoir de négociation des fournisseurs* et l'*intensité de la concurrence* entre les acteurs déjà en place. La détermination de la structure concurrentielle d'une industrie passe donc par la mesure et la hiérarchisation de ces cinq forces de la concurrence, chacune pouvant capter une partie du profit généré globalement et déstabiliser ainsi l'équilibre du secteur à son avantage. Plus l'intensité de ces forces est élevée, moins l'industrie est attractive : la concurrence y sera trop forte pour pouvoir espérer dégager des profits acceptables.

Même si Porter ne l'a pas incluse dans son modèle original, une sixième force a été ajoutée ultérieurement sur ce schéma : le *rôle des pouvoirs publics*. Par leur pouvoir de réglementation, de subvention ou de taxation, les pouvoirs publics sont en effet capables de réduire ou d'accroître l'avantage concurrentiel des organisations, en particulier la capacité des entreprises à générer du profit. Or, si cet ajout est particulièrement important dans des pays où le poids de la sphère publique est déterminant – comme la France –, il a été proposé alors que le modèle de Porter

Schéma 2.4 Le modèle des 5(+1) forces de la concurrence

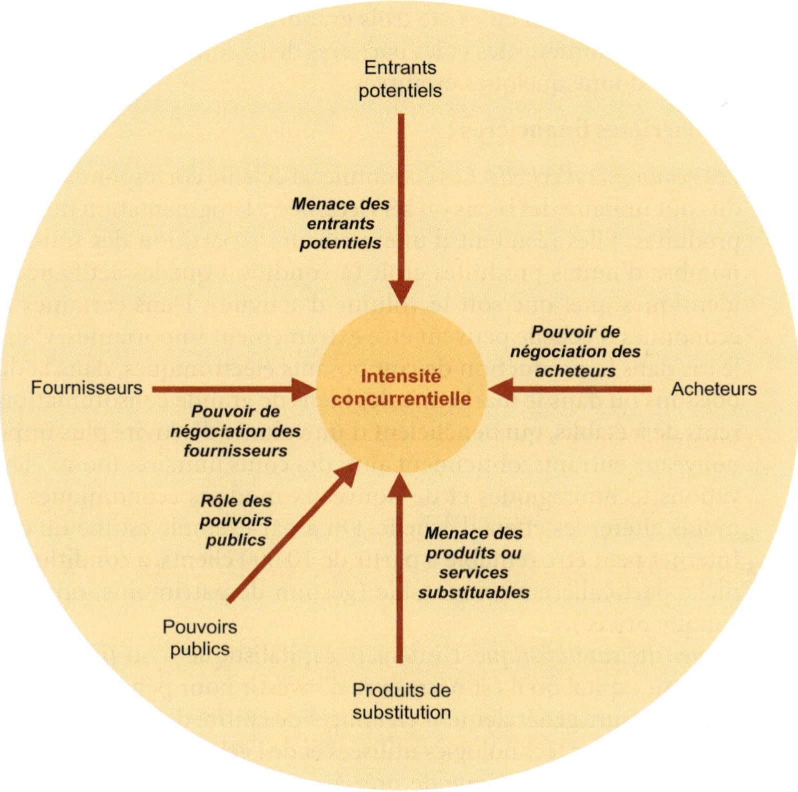

Source : adapté de M.E. Porter, *Choix stratégiques et concurrence*, Economica, 1982 (le rôle des pouvoirs publics a été ajouté).

avait déjà été largement popularisé au niveau international sous le nom d'analyse des CINQ forces de la concurrence. De fait, même si le modèle peut inclure six forces, il est toujours appelé *modèle des cinq forces*. Afin de se souvenir que les cinq forces sont au nombre de six – tout comme les héros des *Trois Mousquetaires* sont quatre –, on peut utiliser à l'écrit la notation *5(+1) forces*.

Il est important de souligner que le modèle des 5(+1) forces doit être utilisé au niveau d'un *domaine d'activité stratégique* ou DAS (voir la section 6.2 du chapitre 6) et non à celui de l'organisation dans son ensemble. En effet, une organisation inclut généralement plusieurs activités : une compagnie aérienne peut ainsi être présente sur plusieurs marchés, comme les long-courriers et les vols domestiques, en ciblant des clients distincts, tels que les touristes, les voyages d'affaires ou le fret. Chacune de ces activités constitue un DAS, dans lequel l'impact des forces de la concurrence peut être différent. Lorsqu'une organisation est présente sur plusieurs DAS, l'analyse des 5(+1) forces doit être menée pour chacun d'entre eux.

La menace des entrants potentiels

La plus ou moins grande facilité d'accès à l'industrie détermine nécessairement l'intensité de la concurrence. La menace de nouveaux entrants est fonction du niveau des **barrières à l'entrée**, c'est-à-dire des facteurs que les entrants potentiels doivent surmonter pour pouvoir concurrencer les organisations déjà en place. Les barrières à l'entrée correspondent à tout ce qui peut faire que les entrants potentiels resteront potentiels. Il en existe trois grandes catégories : les barrières financières, les barrières commerciales et les barrières de ressources et compétences. L'illustration 2.3 en donne quelques exemples.

1. Les barrières financières :

- Les *économies d'échelle.* Les économies d'échelle correspondent à une réduction du coût unitaire des biens ou services, liée à l'augmentation du nombre d'unités produites. Elles résultent d'une meilleure répartition des frais fixes lorsque le nombre d'unités produites croît (à condition que les actifs nécessaires soient identiques quel que soit le volume d'activité). Dans certaines industries, les économies d'échelle peuvent être extrêmement importantes. C'est par exemple le cas dans la production de composants électroniques, dans la distribution de boissons ou dans le marketing des biens de grande consommation. Les concurrents déjà établis, qui bénéficient d'un volume d'activité plus important que les nouveaux entrants, obtiennent ainsi des coûts unitaires moins élevés. Des innovations technologiques et de nouveaux modèles économiques peuvent néanmoins altérer les effets d'échelle. On a par exemple estimé qu'une banque sur Internet peut être rentable à partir de 10 000 clients, à condition de choisir une niche particulièrement rentable (gestion de patrimoine, optimisation fiscale, banque privée).
- L'*intensité capitalistique.* L'intensité capitalistique – ou *ticket d'entrée* – correspond au capital qu'il est nécessaire d'investir pour pénétrer dans une industrie. Elle se mesure généralement en années de chiffre d'affaires. Elle varie fortement en fonction des technologies utilisées et de l'échelle requise. Le capital nécessaire pour lancer une boutique de prêt-à-porter est minimal par rapport à ce qu'il faut investir pour entrer dans la pétrochimie, l'énergie ou la sidérurgie. De plus, il est en général impossible de fractionner l'investissement : une demi-aciérie n'est d'aucune utilité.
- Les *coûts de transfert.* Si les clients doivent supporter des coûts élevés lorsqu'ils changent de fournisseur, les concurrents en place sont naturellement protégés de l'intrusion d'un nouvel entrant. Dans cette logique, chaque concurrent a intérêt à établir un standard propriétaire qui enferme ses clients et les dissuade de se tourner vers une source alternative d'approvisionnement. Les fabricants de matériel et de logiciels informatiques ont longtemps utilisé ce principe. Cependant, en enfermant ses clients dans un standard spécifique, on risque de décourager d'éventuels clients potentiels. Ce phénomène a été particulièrement préjudiciable à Apple : le Mac a conservé une grande partie de ses clients historiques mais a eu beaucoup de mal à attirer de nouveaux utilisateurs, soucieux de ne pas s'enfermer dans un standard propriétaire. Les cartes de fidélité proposées par les distributeurs ou les compagnies aériennes sont des techniques de construction de coûts de transfert, tout comme les forfaits avec engagement proposés par les opérateurs de téléphonie ou les fournisseurs d'accès à Internet.

2. Les barrières commerciales :

- L'*accès aux réseaux de distribution.* Pendant des dizaines d'années, au Royaume-Uni, en Allemagne et en France, les brasseurs de bière ont investi dans le financement de bars et de pubs, ce qui leur a permis d'assurer la distribution de leurs

Illustration 2.3

Les barrières à l'entrée

Les barrières à l'entrée varient selon l'industrie et le domaine d'activité stratégique considéré.

L'industrie pharmaceutique

Historiquement, la principale barrière à l'entrée dans l'industrie pharmaceutique est constituée par l'intensité capitalistique, en particulier du fait des investissements en R&D (plus d'un milliard de dollars sont nécessaires pour lancer une nouvelle molécule) et du temps extrêmement long de retour sur investissement (généralement plus de dix ans). De plus, les standards cliniques et les réglementations varient d'un pays à l'autre, ce qui accroît les coûts de développement en multipliant les procédures d'autorisation de mise sur le marché.

Plus récemment, les gouvernements ont entrepris de réduire les dépenses de santé. Désormais, les entreprises pharmaceutiques doivent démontrer que leurs produits présentent des avantages cliniquement et financièrement quantifiables, faute de quoi ils ne sont pas référencés sur les listes de médicaments autorisés ou remboursés.

Les voitures de luxe

À quelques rares exceptions près (comme Lexus, la division haut de gamme de Toyota, ou Infinity, celle de Nissan), il est très difficile pour les constructeurs automobiles de pénétrer le marché des voitures de luxe. Le prestige de l'image de marque est une barrière à l'entrée déterminante, mais ce n'est pas la seule. Les modèles luxueux doivent être très clairement différenciés des voitures standardisées et posséder chacun une personnalité propre. Cela explique en particulier l'échec répété des versions haut de gamme des véhicules Renault ou Peugeot, trop proches dans leur image (ne serait-ce que dans leur nom) des modèles courants.

Cet impératif de différenciation oblige à constituer un réseau de distribution spécifique et à établir des relations avec les fournisseurs spécialisés dans les modèles de luxe, ce qui est à la fois long et incertain, car ces équipementiers peuvent parfois refuser de collaborer avec une marque trop éloignée de leur niveau de gamme. La meilleure stratégie de pénétration de ce marché consiste donc à racheter des marques déjà établies, comme Jaguar (acquis par Ford puis revendu à Tata), Bentley (possédé par Volkswagen) ou Rolls-Royce (propriété de BMW).

Citroën a initié en 2009 une approche originale, consistant à proposer, à côté de sa gamme classique, une nouvelle gamme baptisée DS. Depuis 2014 et le lancement du modèle DS 5LS en Chine, cette gamme ne fait plus référence à Citroën et développe son propre réseau de distribution.

La grande distribution en France

La principale barrière à l'entrée dans cette industrie a été constituée par une réglementation restrictive (notamment les lois Royer et Raffarin), qui a réduit le nombre de sites disponibles et donc exacerbé la concurrence pour les nouvelles implantations. De plus, l'investissement initial est très élevé, notamment en ce qui concerne les systèmes logistiques.

Un nouvel entrant n'aurait pas immédiatement accès aux économies d'échelle, considérables au niveau des achats. De même, l'utilisation de marques de distributeur (produits Carrefour, Auchan, etc.), très lucrative, est réservée aux concurrents établis, qui peuvent négocier des volumes considérables avec les fournisseurs. Un nouvel entrant n'aurait pas le même pouvoir de négociation.

La concurrence entre les distributeurs est intense, les six plus gros représentant l'essentiel du marché. De fait, le coût marketing d'implantation d'un nouvel entrant semble disproportionné. Cela explique en partie pourquoi l'Américain Walmart a décidé de s'implanter d'abord au Royaume-Uni et en Allemagne plutôt qu'en France. Cependant, Walmart a fini par revendre ses 85 magasins allemands à Metro en 2006, faute d'avoir su adapter au contexte local son modèle très intégré. On peut donc se demander si Walmart osera racheter une des chaînes de grande distribution françaises, même si c'est pour lui le seul moyen de contourner les barrières établies.

Les clubs de football

Dans quasiment tous les pays européens, il est de plus en plus difficile aux clubs de football professionnels de second rang d'avoir accès à la Ligue 1. Cela s'explique en partie par le fait que le football est devenu une industrie nécessitant des capitaux considérables, à la fois pour recruter les ressources rares que sont les meilleurs joueurs internationaux et pour construire les équipements sportifs nécessaires à une présence au niveau européen.

Questions

1. Identifiez les barrières à l'entrée dans une industrie de biens ou de services de votre choix.
2. Comment les évolutions de l'environnement peuvent-elles modifier les barrières à l'entrée dans les quatre exemples ci-dessus et dans celui que vous avez proposé en 1 ?

produits et d'empêcher leurs concurrents de pénétrer sur leurs marchés. Dans certaines industries, cette barrière a été contournée par des nouveaux entrants qui ont utilisé Internet pour s'adresser directement aux clients finaux sans passer par les réseaux de distribution établis (c'est ce qu'ont fait par exemple Dell ou Amazon).

- La *réputation*. Sur certains marchés – ceux où les clients ne peuvent juger de la qualité de l'offre que longtemps après l'achat –, la notoriété est essentielle. C'est notamment le cas dans l'automobile, la banque, l'électroménager, la formation ou l'assurance. Une entreprise qui souhaite intervenir sur ce type de marché devra en règle générale effectuer des dépenses de communication extrêmement importantes. On peut citer le cas du constructeur automobile coréen Kia, qui a été obligé de proposer dans la plupart des pays européens une garantie de sept ans sur l'ensemble de sa gamme pour compenser son déficit de notoriété.

3. Les barrières de ressources et compétences :

- La *technologie*. Pour intervenir sur certains marchés, il est essentiel de maîtriser certaines technologies, qui peuvent être protégées soit par des brevets, soit par des procédés tenus secrets. Dès lors, tout nouvel entrant devra mettre au point une technologie susceptible de se substituer à celle des concurrents établis, ce qui n'est pas toujours possible. C'est notamment en conservant secret le procédé de fabrication de ses rasoirs jetables que Bic a longtemps préservé sa position de leader sur ce marché. Il en est de même pour 3M et les Post-it, pour Bel et l'Apéricube, ou encore pour Michelin et ses pneus.
- Les *ressources rares*. L'accès à certains marchés peut nécessiter la possession de ressources rares qu'un nouvel entrant aura beaucoup de difficultés à acquérir. Ces ressources peuvent être une matière première spécifique ou un composant contrôlé par un fournisseur unique, comme certains matériaux de synthèse. Une main-d'œuvre extrêmement spécialisée peut également constituer un goulet d'étranglement, comme les *nez* dans le parfum (c'est-à-dire les compositeurs de fragrances) ou certains experts sur les marchés financiers. De même, certaines activités exigent la maîtrise d'emplacements spécifiques, que ce soit les fast-foods – toujours implantés dans des lieux extrêmement passants – ou encore les radios FM dans les grandes agglomérations, souvent plus nombreuses que les fréquences disponibles. Enfin, la rareté de certaines ressources vient du fait que leur accès est réglementé, comme les licences de taxi ou de débits de boisson, les autorisations de mise sur le marché pour les produits pharmaceutiques, ou encore les licences de téléphonie mobile.
- L'*expérience*. Il peut se révéler très difficile d'entrer sur un marché si les concurrents établis en connaissent tous les ressorts, entretiennent depuis longtemps d'excellentes relations avec les distributeurs et les fournisseurs, ont construit une solide réputation auprès des clients et maîtrisent parfaitement tous les savoir-faire nécessaires. Cependant, certaines innovations de procédé peuvent rendre obsolète l'expérience acquise.

On peut également se protéger des entrants potentiels en utilisant diverses *tactiques de dissuasion* :

- Le *prix plancher*. Une entreprise peut décourager les entrants potentiels en leur faisant croire que son activité est très peu lucrative. Cette tactique n'est applicable que dans le cas où l'évaluation des coûts est très difficile pour le nouvel entrant, notamment lorsque les charges indirectes sont très élevées et les gammes de produits très larges (pétrochimie, sidérurgie, etc.).

- La *différenciation*. La notion de stratégie de différenciation sera détaillée dans le chapitre 6. Elle consiste essentiellement à proposer aux clients une offre significativement différente de celle des concurrents, soit plus élaborée et plus chère, soit plus simple et meilleur marché. Une différenciation réussie peut protéger de l'intrusion de nouveaux entrants car elle renforce la loyauté des clients. Cependant, cette barrière s'effondre si les entrants potentiels réussissent à imiter l'offre proposée par les concurrents. La résistance à l'imitation constitue donc un point essentiel. De plus, les attentes des clients sont susceptibles d'évoluer, obligeant les concurrents à trouver de nouvelles bases de différenciation.
- La *prolifération*. Multiplier très fortement le nombre de références dans une gamme de produits oblige tout nouvel entrant à proposer d'emblée une gamme étendue, car chaque produit représente un chiffre d'affaires trop faible pour amortir les frais de lancement. Les fabricants de céréales pour le petit déjeuner utilisent largement cette tactique, tout comme les producteurs de lessives. On peut aussi recourir à la *prolifération dans le temps* en renouvelant très fréquemment les produits, ce qui contraint les nouveaux entrants à adopter le même rythme d'obsolescence. Les fabricants de micro-ordinateurs ou d'électronique grand public utilisent souvent cette approche, chaque génération de produit ayant une durée de vie de seulement quelques mois.
- La *réputation d'agressivité*. Si un entrant potentiel considère que les concurrents établis riposteront violemment à son intrusion – par exemple en déclenchant une guerre des prix –, cela peut suffire à le dissuader. Le chimiste néerlandais Akzo Nobel n'a pas hésité ainsi à mener une riposte extrêmement violente lorsqu'un petit concurrent britannique, ECS, s'est lancé dans la fabrication de peroxyde de benzoyle, un produit entrant dans la composition de matières plastiques. ECS y a perdu la moitié de son chiffre d'affaires et Akzo Nobel y a gagné une réputation d'agressivité[10].

La menace des substituts

Les **substituts** sont des produits ou services qui offrent un bénéfice équivalent aux clients, mais selon une approche différente. L'aluminium est ainsi un substitut pour l'acier dans l'industrie automobile, le train est un substitut pour la voiture, le cinéma et le théâtre peuvent se substituer l'un à l'autre. Les managers se focalisent trop souvent sur leurs concurrents directs et négligent la menace des substituts, alors que ceux-ci peuvent réduire la demande pour toute une catégorie de biens ou de services, jusqu'à la rendre obsolète. De plus, la menace peut exister alors même que la substitution n'est que potentielle : le simple risque de substitution peut fixer une limite aux prix pratiqués dans une industrie. Ainsi, même si l'Eurostar n'a pas de concurrent direct sur la ligne Paris-Londres, son tarif est limité par le prix des billets d'avion.

L'abandon pur et simple peut aussi être considéré comme une substitution. L'industrie du tabac est confrontée à ce type de phénomène, qui ne concerne pas les produits ou services absolument indispensables (l'énergie par exemple). De même, les substituts peuvent venir d'industries très éloignées, comme le train à grande vitesse pour le transport aérien, le tunnel sous la Manche pour les compagnies de ferries, les opérations chirurgicales de l'œil pour les lunettes et lentilles de contact, ou encore Internet pour les encyclopédies. À l'inverse, il existe également des substitutions internes à une même industrie, comme les tablettes pour les micro-ordinateurs.

Dans tous les cas, plus la menace de substitution est élevée, moins l'industrie est attractive. Les questions essentielles à se poser sur les substituts sont les suivantes :

- Le substitut menace-t-il les produits ou services existants d'obsolescence, notamment en améliorant très significativement le *rapport qualité/prix*? Un substitut peut constituer une menace même lorsqu'il est plus cher que l'offre existante, à la condition qu'il procure un surcroît de performance valorisé par les clients. L'aluminium est ainsi plus cher que l'acier, mais sa résistance à la corrosion et sa légèreté lui donnent un avantage pour certains types de pièces.
- Quel est le *coût de transfert* pour les acheteurs qui choisissent le substitut? Les clients cherchent en général à préserver leurs habitudes et à sécuriser leurs investissements. De fait, ils se méfient des innovations radicales qui risquent de mettre en cause leurs acquis. Cette question revient généralement à considérer la *base installée* du produit en place et la perturbation introduite par le substitut. Plus le produit existant a bénéficié d'une large diffusion et plus son usage a généré des habitudes et des investissements spécifiques, plus la substitution est difficile. Celle-ci n'est cependant pas impossible, comme l'a montré le DVD : devant la qualité proposée par rapport à la VHS, les consommateurs n'ont pas hésité à reconstituer leur vidéothèque. Cette tendance a été encouragée par le fait que les constructeurs ont eu l'intelligence de ne pas perturber les clients dans leurs habitudes : mêmes magasins, mêmes films, jaquettes identiques, boîtes de même taille, branchements semblables, etc. Une approche analogue a permis de faciliter d'autres substitutions : la photo numérique par rapport à la photo argentique (aspect des appareils identique, reproduction artificielle du bruit du déclencheur), ou encore les supermarchés Internet par rapport aux supermarchés réels (caddie virtuel, sites organisés en rayons, « caisses » à la sortie, etc.). Dans tous les cas, on a fait passer des ruptures pour des continuités.
- Le substitut est-il introduit par une entreprise qui a les moyens financiers d'assurer largement sa diffusion? Provient-il d'un secteur d'activité où les profits sont élevés? Les fabricants français de sucre de betterave ont ainsi été extrêmement inquiets lors de l'apparition de l'aspartame, car ils supposaient que l'industrie pharmaceutique n'hésiterait pas à investir lourdement pour son lancement. De fait, ils ont eux-mêmes financé des campagnes de publicité sur le sucre et élaboré des politiques marketing (modification des emballages, création de gammes diversifiées, etc.) qui ont permis de maintenir la consommation.
- Quelle est la capacité de riposte des entreprises en place? Peuvent-elles empêcher la substitution, soit en améliorant le rapport qualité/prix de leur offre – généralement par des services associés –, soit en augmentant les coûts de transfert pour les clients, soit en dénigrant le substitut par une campagne médiatique ou une rumeur? Beaucoup de nouvelles technologies (le four à micro-ondes, l'aspartame, le téléphone mobile, etc.) ont ainsi été accusées de causer divers traumatismes et maladies. Même si ces accusations ne sont pas fondées, elles peuvent suffire à semer le doute dans l'esprit d'une partie de la clientèle. Au-delà d'évidentes questions éthiques, cette technique n'est pas sans risque : la rumeur peut devenir incontrôlable.
- Lorsque la substitution est inévitable, il convient de déterminer si les entreprises établies peuvent faire le saut technologique leur permettant de proposer elles aussi le nouveau produit ou service. Cependant, l'expérience prouve que cette

rupture est en général extrêmement difficile à accepter pour les concurrents en place, qui ont fondé leur succès et leur réputation sur l'offre précédente. Le cas de la photo numérique est un bon exemple de cette situation extrême : spécialisés dans la chimie, les grands concurrents établis comme Kodak, Agfa ou Ilford ont été incapables de maîtriser ou d'acquérir les compétences en électronique devenues indispensables.

Le pouvoir de négociation des acheteurs

Les clients sont bien entendu indispensables à la survie de toute entreprise. Cependant, les **acheteurs** peuvent détenir un tel pouvoir de négociation qu'ils seront capables de capter une part significative du profit, au détriment de leurs fournisseurs. Certains industriels – notamment dans l'automobile – ont ainsi exercé leur pouvoir pour exiger de leurs fournisseurs des réductions de prix considérables, ce qui s'est traduit par la disparition de bon nombre d'entre eux. Ceux qui ont survécu y ont gagné des volumes de commande plus importants, mais ils ont dû se soumettre à des critères de coût et de qualité extrêmement stricts. Paradoxalement, ce processus de sélection quasi darwinien a entraîné une augmentation du pouvoir de négociation des fournisseurs survivants, car chacun représente désormais une part significative des achats des industriels.

Le *pouvoir de négociation des acheteurs* est particulièrement élevé lorsque :

- Ils sont *concentrés*. Moins une organisation a de clients, plus le pouvoir de négociation de chacun d'entre eux est fort. Cela sera d'autant plus vrai que leurs volumes d'achat sont importants. Une bonne illustration de ce phénomène est donnée par la grande distribution en France, où les grandes centrales d'achat d'Auchan, Carrefour, Casino, Cora, Super U, Intermarché et E. Leclerc monopolisent 90 % du commerce alimentaire. Cela leur donne un pouvoir de négociation considérable, qui leur permet notamment d'obtenir des réductions de prix extrêmement importantes, d'obliger leurs fournisseurs à tenir les stocks et à effectuer les livraisons à la demande, voire parfois à relier directement leur système logistique aux caisses enregistreuses des magasins. Les fournisseurs qui refusent de se soumettre à ces conditions courent le risque de ne plus être référencés auprès des centrales d'achat, ce qui implique leur disparition immédiate des linéaires des magasins affiliés. Étant donné le poids de ces centrales dans le chiffre d'affaires des fournisseurs, aucun d'entre eux ne peut risquer cette sanction.
- Les fournisseurs sont nombreux et dispersés, ce qui réduit leur pouvoir de négociation individuel. C'est donc la *concentration relative* entre acheteurs et fournisseurs qu'il convient de prendre en compte.
- Le coût supporté par le client lorsqu'il change de fournisseur – le *coût de transfert* – est faible et prévisible. Lorsque les clients peuvent aisément changer de fournisseur, ce qui est le cas pour les biens et services indifférenciés, ils peuvent imposer leurs conditions.
- Il existe des sources d'approvisionnement de substitution, ce qui permet de mettre les fournisseurs en concurrence. La déréglementation dans les services publics a provoqué ce type de phénomène.
- L'approvisionnement représente une part importante du coût complet des clients. En effet, dans ce cas, toute volonté de réduction de leurs dépenses va les pousser à exercer le plus de pression possible sur leurs fournisseurs.

- Il existe une menace d'*intégration vers l'amont* de la part des clients, comme dans le cas des marques de distributeurs lancées par les chaînes d'hypermarchés (produits Carrefour, Auchan, E. Leclerc, etc.), qui viennent concurrencer celles de leurs fournisseurs. De même, certains groupes sidérurgiques tels que ArcelorMittal ont significativement accru leur pouvoir de négociation envers leurs fournisseurs de minerais en acquérant leurs propres mines.

Il est important de distinguer les acheteurs des clients finaux. Pour des entreprises telles que L'Oréal ou Danone, les acheteurs sont les groupes de grande distribution, et non les consommateurs. Il est donc utile d'identifier les *clients stratégiques*, ceux vers lesquels la stratégie doit être orientée en priorité. Dans le secteur public, le client stratégique est très souvent l'autorité de tutelle qui contrôle l'utilisation des fonds, plutôt que l'usager. Les clients stratégiques des laboratoires pharmaceutiques sont les médecins, pas les patients.

Le pouvoir de négociation des fournisseurs

Les **fournisseurs** approvisionnent l'organisation avec ce dont elle a besoin pour produire ses propres biens ou services. Cela peut aller de l'énergie aux matières premières, en passant par les ressources financières ou la main-d'œuvre. Le *pouvoir des fournisseurs* est important lorsque :

Ils sont *concentrés*. C'est le cas dans certaines industries, comme le diamant avec De Beers, qui historiquement a imposé ses prix et ses procédures de vente. Cette situation est également celle de la plupart des services publics, qui n'ont pas d'autre source de financement que le budget de l'État.

Les *coûts de transfert* sont élevés. Le coût de transfert peut être constitué par le coût effectif de changement de fournisseur, par exemple parce que des machines ou des systèmes devront être remplacés, mais également par le fait que le risque engendré par ce changement est inacceptable, comme dans le cas d'un composant peu coûteux mais absolument critique, pour lequel toute rupture d'approvisionnement serait catastrophique. Dans l'industrie informatique, Microsoft est un fournisseur particulièrement puissant car il est très coûteux de changer de système d'exploitation. Les clients sont préparés à payer un surprix pour éviter ce désagrément, et bien entendu Microsoft en tire avantage.

Le fournisseur a réussi à se construire une *image de marque* particulièrement forte. Une marque puissante génère des coûts de transfert, car elle est rapidement exigée par les clients. C'est une des approches utilisées par les fournisseurs de la grande distribution, qui cherchent à populariser leur marque auprès du public afin d'obliger les centrales d'achat à les référencer. Cette volonté de prendre son client direct en tenailles en s'imposant auprès du client final est à l'origine des campagnes de publicité grand public d'Intel, DuPont ou TetraPak. Aucune de ces entreprises ne vend ses produits aux clients finaux, mais en s'imposant auprès d'eux comme des marques incontournables, elles obligent leurs propres clients industriels à les adopter.

- Il existe des menaces d'*intégration vers l'aval*. Les compagnies aériennes ont renforcé leur pouvoir de négociation face aux agences de voyage depuis qu'elles ont ouvert des sites de réservation en ligne, car cela leur a donné un accès direct aux clients finaux. De même, Samsung a fait irruption sur le marché des ordinateurs ou des téléphones portables tout en continuant à approvisionner les autres constructeurs en composants électroniques. En jouant sur le prix de ces composants, il est donc capable de positionner ses propres produits de manière très attractive.

- Les clients sont nombreux et dispersés, ce qui réduit leur propre pouvoir de négociation.
- Certaines organisations ont besoin d'approvisionnements qui ne sont pas des produits. Par exemple, pour les cabinets de conseil, les organismes de formation, les orchestres ou les clubs de sport, la disponibilité de ressources humaines qualifiées est cruciale. Dans ce cas, les fournisseurs – à savoir les individus recherchés – bénéficient également d'un pouvoir de négociation important, surtout s'ils sont capables de se rassembler – par exemple grâce à un syndicat. Ce pouvoir se traduit souvent par des salaires élevés.

Le rôle des pouvoirs publics

Même si Porter n'a pas inclus cette force dans son modèle (essentiellement pour des raisons idéologiques liées à sa vision libérale de l'économie), elle y a indiscutablement sa place. En effet, l'État – et plus généralement toutes les autorités de régulation, qu'elles soient locales ou supranationales – a le pouvoir de modifier profondément la capacité des organisations à générer du profit et plus globalement d'intervenir dans le jeu concurrentiel. Le rôle concurrentiel des pouvoirs publics comprend de multiples aspects :

- Le *pouvoir de régulation*, avec la fixation des impôts et des taxes, du droit du travail, des lois sur la protection de l'environnement, le contrôle des changes, le contrôle des prix ou l'établissement de normes, quotas et tarifs douaniers. Il faut noter que ce n'est pas tant le pouvoir de définir une réglementation qui importe que celui de l'imposer. De très nombreux règlements ne sont pas appliqués, faute d'une volonté ou de moyens suffisants de la part des autorités.
- Le *protectionnisme*. Les gouvernements peuvent dresser des barrières à l'entrée légales afin de protéger certaines industries de la concurrence étrangère. Cela passe par l'instauration de quotas, comme pour les automobiles japonaises en France ou en Italie jusqu'aux années 1990, par des droits de douane, comme pour les bananes américaines en Europe, par l'obligation d'obtenir un agrément administratif, ou encore par des réglementations très spécifiques qui nécessitent de coûteuses modifications, comme pour de nombreux produits occidentaux au Japon.
- Dans certaines industries, l'État est un *client* dominant – voire unique – soit directement, soit au travers de services publics nationalisés. C'est très souvent le cas pour l'industrie de l'armement. Réciproquement, l'État peut être un *fournisseur* en situation de quasi-monopole. En Europe, cela a longtemps été le cas en ce qui concerne le courrier ou le transport ferroviaire.
- L'État peut également être un *concurrent* particulièrement menaçant pour les entreprises privées. Le transport aérien, les télécommunications ou l'enseignement sont des cas classiques, même si l'évolution des réglementations tend à forcer les états à privatiser ces activités.
- Les pouvoirs publics peuvent jouer un rôle de *prescripteur* et de *rassembleur*, en décidant la réalisation de grands projets et en sélectionnant les fournisseurs correspondants. La création d'Airbus et l'échec de l'informatique européenne sont de bons exemples de cette volonté.
- Par le biais de subventions, crédits d'impôts et exemptions de taxes, les pouvoirs publics jouent un rôle de *financeur* qui peut favoriser certaines entreprises, en

fonction de leur activité, de leur implantation ou de leur âge. Ces aides publiques sont fréquemment mises en cause par les instances de libéralisation des échanges, telles que l'Organisation mondiale du commerce. Cependant, elles constituent une des spécificités des économies de l'Union européenne, où près de 100 milliards d'euros sont annuellement distribués par les États membres ou par la Commission européenne elle-même.

- Enfin, le rôle purement *politique* de l'État peut considérablement influer sur la capacité concurrentielle des organisations, notamment par l'établissement ou la rupture de relations diplomatiques, voire par l'instauration de blocus commerciaux à l'encontre de certains pays. À l'inverse, la création de zones de libre-échange, telles que le marché unique européen, l'ALENA, l'ASEAN ou le Mercosur, résulte également de volontés politiques.

Il est à noter que les instances de régulation n'interviennent généralement pas de leur propre initiative pour structurer, protéger ou réglementer une industrie. Le plus souvent, ce sont les concurrents eux-mêmes qui réclament cette ingérence, afin de construire des barrières à l'entrée vis-à-vis de concurrents potentiels. Les arguments utilisés pour inciter les pouvoirs publics à réguler une industrie sont de plusieurs types :

- L'*intérêt général*. La protection du secteur bénéficie à l'économie tout entière, car cela défend l'emploi, le commerce extérieur, la recherche, la défense, etc.
- L'*indépendance nationale*. La protection du secteur est motivée par des considérations de stratégie géopolitique : armement, pétrole, semi-conducteurs, aéronautique, etc.
- L'*exception culturelle ou agricole*. Le secteur n'est pas à proprement parler une industrie et il ne peut pas être appréhendé selon une vision purement économique : cinéma, disque, télévision, livre, etc. Les agriculteurs – à côté de leur poids dans les élections locales et de leurs manifestations parfois violentes – utilisent des arguments extrêmement proches pour justifier les subventions et le contrôle des prix, affirmant que l'exploitation de la terre ne peut pas être traitée comme une quelconque industrie.
- La *taille critique*. Le secteur doit être protégé car les entreprises ne sont pas encore assez grosses pour résister à la pression des concurrents étrangers : pharmacie, automobile, télécommunications, etc. L'objectif est d'atteindre une certaine taille critique, généralement indéfinie, qui permettra de faire partie des « cinq ou six concurrents globaux capables de survivre à terme ».

L'intensité concurrentielle

Toutes ces forces influent sur l'intensité concurrentielle entre l'organisation et ses rivaux immédiats : c'est le sens des flèches convergentes du schéma 2.4. L'intensité concurrentielle est particulièrement vive lorsque le secteur est soumis à une forte pression, c'est-à-dire lorsque les barrières à l'entrée sont faibles, la menace des substituts réelle, le pouvoir des acheteurs et des fournisseurs élevé, et la réglementation contraignante. Dans tous les cas, plus l'intensité concurrentielle est forte, moins l'industrie est attractive.

Les **concurrents directs** sont les organisations qui proposent des produits ou services semblables à de mêmes clients. Dans l'industrie du transport aérien en Europe, Air France et British Airways sont ainsi des concurrents directs, alors que les trains à grande vitesse sont leurs substituts. L'intensité concurrentielle dépend d'une série de facteurs :

- L'*équilibre des forces* en présence est déterminant. Lorsque tous les concurrents sont approximativement de la même taille, la concurrence est généralement âpre, car il est très probable que l'un d'entre eux cherche à dominer les autres. À l'inverse, l'intensité concurrentielle est moindre lorsque le secteur compte quelques organisations dominantes, dont la position n'est pas mise en cause par les autres.
- Le *taux de croissance* du marché peut affecter la rivalité. En phase de croissance, une organisation peut espérer assurer sa propre progression en s'appuyant sur celle de son marché, alors que lorsque le marché stagne ou se rétracte, la croissance ne peut être obtenue que par l'acquisition des parts de marché des concurrents. Les marchés en faible croissance sont donc généralement synonymes de concurrence sur les prix et de faible rentabilité. Le cycle de vie de l'industrie influence le taux de croissance et donc l'intensité concurrentielle (voir la section 2.3.2).
- Des *coûts fixes élevés*, par exemple du fait d'une forte intensité capitalistique ou de la nécessité de stocks importants, peuvent pousser les concurrents à réduire leurs prix afin d'atteindre le niveau de chiffre d'affaires correspondant au seuil de rentabilité. Cela peut déboucher sur une guerre des prix et donc sur des marges extrêmement faibles. Si l'addition de capacité supplémentaire ne peut se faire que par paliers d'investissements importants, il est probable que le concurrent qui réalise cette expansion crée une surcapacité temporaire, ce qui accroîtra la rivalité interne. La construction d'une nouvelle raffinerie de pétrole entraîne généralement ce type de conséquence.
- L'existence de *barrières à la sortie* provoque généralement une surcapacité, ce qui renforce l'intensité concurrentielle. Les barrières à la sortie, c'est-à-dire les éléments qui limitent la possibilité pour un concurrent de se retirer de l'industrie, peuvent résulter de multiples facteurs : forte intensité capitalistique, investissements non transférables, coût ou interdiction des licenciements, existence de synergies entre plusieurs domaines d'activité, obligation de proposer un produit – même s'il n'est pas rentable – afin d'être crédible sur un marché donné, etc. Il est possible de croiser les barrières à la sortie avec les barrières à l'entrée, afin de définir le niveau d'intensité concurrentielle sur un secteur. Il est clair que la pression sera particulièrement élevée lorsque les barrières à l'entrée sont fortes (il est nécessaire d'investir massivement pour devenir un concurrent) et les barrières à la sortie tout autant (les investissements ne sont pas transférables à d'autres domaines d'activité). Dans ce cas, typique de la sidérurgie ou de la chimie lourde, l'intensité concurrentielle est maximale.
- La *différenciation* entre les offres de concurrents est également déterminante. Sur un marché de produits de base, où les biens et services ne sont pas différenciés, les coûts de transfert sont très faibles pour les acheteurs, et les concurrents sont donc placés en position de forte rivalité.

Les types d'industries

Le modèle des 5(+1) forces permet d'identifier quatre principaux types d'industries. Même si en pratique aucune industrie ne correspond exactement à l'un de ces types, ceux-ci permettent de comparer l'attractivité des industries réelles et d'anticiper les comportements concurrentiels susceptibles d'être observés. Ces quatre types sont :

- Les industries *monopolistiques*. Un monopole est une industrie où n'intervient qu'un seul concurrent. L'intensité concurrentielle y est donc nulle. Du fait de l'absence de concurrence, le pouvoir de négociation des acheteurs et des fournisseurs est très faible, ce qui permet de dégager des profits très importants. En pratique, les monopoles sont très rares car les autorités de régulation les interdisent. Pour autant, certaines firmes peuvent bénéficier d'une position dominante, à l'image de Google qui en 2013 détenait 67 % du marché de la recherche sur Internet aux États-Unis, loin devant Microsoft (18 %) et Yahoo! (11 %). Une position dominante procure un pouvoir de négociation considérable, notamment en termes de niveaux de prix, comme pour Google vis-à-vis de ses clients annonceurs sur le marché de la publicité en ligne. Certaines industries sont monopolistiques du fait d'économies d'échelle : les compagnies d'approvisionnement en eau sont souvent en situation de monopole sur certaines zones géographiques où il serait impossible pour des concurrents plus petits d'intervenir de manière rentable. D'autres industries sont monopolistiques du fait d'effets de réseau, lorsque la valeur d'une offre augmente avec le nombre de ses utilisa-

Illustration 2.4

Consolidation dans l'industrie sidérurgique

Le modèle des 5(+1) forces de la concurrence permet d'analyser la nature concurrentielle d'une industrie.

Pendant des décennies, l'industrie sidérurgique a été considérée comme statique et peu rentable. Les producteurs étaient locaux, souvent nationalisés et déficitaires. Entre la fin des années 1990 et 2003, plus de 50 sidérurgistes indépendants firent faillite aux États-Unis. Le XXIe siècle débuta pourtant par un profond remaniement de cette industrie. En 2006, Mittal Steel devint leader mondial en rachetant pour 28 milliards d'euros le géant européen Arcelor (résultant lui-même de la fusion des producteurs français, espagnols et luxembourgeois). L'année suivante, le conglomérat indien Tata racheta l'Anglo-néerlandais Corus pour 13 milliards de dollars. Ces prix très élevés signalaient la confiance des investisseurs dans la rentabilité future de l'industrie sidérurgique. Cette confiance fut cependant fortement altérée par la crise qui débuta en 2008.

Menace des nouveaux entrants

En moins de vingt ans, la Chine était devenue un acteur majeur dans la sidérurgie. Entre 1990 et 2011, la capacité de production des producteurs chinois avait été multipliée par sept. Même si la Chine détenait en 2011 plus de 45 % de la capacité mondiale, l'essentiel de cette production était destiné à son marché domestique. Pour autant, la Chine était devenue le premier exportateur mondial d'acier en 2011, et on pouvait craindre qu'un ralentissement de la consommation locale n'entraîne un afflux massif sur les marchés mondiaux. Les entreprises chinoises Herbei et Baosteel étaient respectivement deuxième et troisième sidérurgistes au plan mondial.

Menace des substituts

L'acier était une technologie du XIXe siècle, de plus en plus souvent remplacé par d'autres matériaux : l'aluminium dans l'automobile, le plastique dans l'emballage, et les céramiques ou les composites dans beaucoup d'applications civiles ou militaires. Même les innovations développées par les sidérurgistes conduisaient parfois à une réduction des besoins : les canettes en acier étaient ainsi devenues un tiers plus fines en quelques décennies.

Pouvoir de négociation des acheteurs

Les principaux acheteurs d'acier étaient les constructeurs automobiles tels que GM, Toyota, Ford, Volkswagen ou Renault-Nissan et les fabricants d'emballages tels que Crown Holdings, qui produisait un tiers des emballages alimentaires en Amérique du Nord et en Europe. Ces entreprises achetaient en volume, en coordonnant leurs commandes au niveau mondial. Les fabricants automobiles étaient des utilisateurs particulièrement exigeants. Pour répondre à leurs attentes, les teurs : Facebook et Microsoft sont particulièrement puissants, précisément du fait du nombre de leurs utilisateurs[11].

- Les industries *oligopolistiques*. Un oligopole est une industrie où n'interviennent que très peu de concurrents. L'intensité concurrentielle y est généralement faible et le pouvoir de négociation des acheteurs et des fournisseurs est limité. Le marché du minerai de fer est ainsi un oligopole, dominé par Vale, Rio Tinto et BHP Billiton (voir l'illustration 2.4). Lorsqu'il n'existe que deux concurrents – comme dans le cas d'Airbus et de Boeing pour les gros avions de ligne –, on parle de duopole. En théorie, un duopole peut être très rentable, mais cela dépend du comportement des deux concurrents établis (et donc de la croissance du marché), de la menace des substituts (les trains à grande vitesse pour les avions de ligne) et de l'existence d'entrants potentiels (tels que Bombardier et Ambraer). Cependant, les concurrents en oligopole ont intérêt à limiter l'intensité concurrentielle – voire à proposer des offres équivalentes –, de manière à présenter un front commun face à leurs clients et leurs fournisseurs.
- Les industries *hypercompétitives*. L'**hypercompétition** caractérise un environnement dans lequel la fréquence, l'amplitude et l'agressivité des interactions concurrentielles génèrent une situation de déséquilibre permanent[12]. Dans un

sidérurgistes étaient fréquemment poussés à améliorer leurs produits.

Pouvoir de négociation des fournisseurs

La matière première clé pour les sidérurgistes était le minerai de fer, dont le marché était contrôlé à 70 % par trois producteurs : CVRD, Rio Tinto et BHP Billiton. Entre 2005 et 2008, ces fournisseurs profitèrent de la demande mondiale pour quadrupler leurs prix. En 2012, malgré la crise mondiale, les prix étaient encore deux fois plus élevés qu'en 2005.

Rôle des pouvoirs publics

La sidérurgie était une industrie traditionnellement très protégée par les pouvoirs publics, qui y voyaient un élément essentiel de leur indépendance industrielle et militaire. Cependant, depuis les restructurations des années 1980, alors que la plupart des groupes sidérurgiques avaient été nationalisés, les pouvoirs publics occidentaux avaient relâché leur emprise sur cette industrie, considérée comme moins stratégique. L'Union européenne avait d'ailleurs débuté par la mise en place d'un marché commun de l'acier. De même, les gouvernements européens ne s'étaient pas opposés au rachat d'Arcelor par Mittal. La situation était quelque peu différente en Inde, en Russie et surtout en Chine, où l'État restait très attentif à la puissance de ses producteurs nationaux. Le gouvernement français avait cependant menacé de nationaliser l'usine ArcelorMittal de Florange lorsque sa fermeture avait été annoncée en 2012.

Intensité concurrentielle

La production mondiale d'acier avait augmenté d'environ 50 % entre 2000 et 2008, avant de diminuer d'une dizaine de pourcents en 2009, pour retrouver un niveau record en 2012. En dépit des opérations d'acquisitions, la sidérurgie restait une industrie très fragmentée. En 2012, les cinq premiers fabricants mondiaux ne représentaient que 17 % de la production, soit 3 % de plus qu'en 2000. Le leader de l'industrie, ArcelorMittal, représentait seulement 7 % de la production mondiale. L'essentiel de l'acier était vendu à la tonne, de manière indifférenciée. Les prix étaient hautement cycliques : en cas de forte demande, les producteurs n'hésitaient pas à investir, ce qui se traduisait par des surcapacités (estimées à 25 % en Europe en 2012). Après le pic de 2008, les prix mondiaux avaient chuté de 40 % en 2012, soit à peu près leur niveau de 2005.

Questions

1. En vous inspirant du schéma 2.5, tracez l'hexagone sectoriel de l'industrie sidérurgique en 2005 et en 2014. Quelles conclusions en tirez-vous sur l'évolution de l'attractivité de cette industrie ?
2. Dans l'avenir, qu'est-ce qui pourrait rendre l'industrie sidérurgique plus ou moins attractive ? Comment pourrait évoluer le profil de l'hexagone sectoriel ?

tel environnement, les concurrents ont tendance à déployer des innovations radicales, à investir dans de coûteuses démarches marketing ou à déclencher des guerres des prix, ce qui détériore nécessairement leurs marges. L'hypercompétition peut survenir dans une industrie en oligopole, comme ce fut le cas de la téléphonie mobile : en 2012, Nokia détenait 27 % du marché, Samsung 23 % et Apple 9 %. Cependant, l'industrie était extrêmement dynamique : Apple n'était entré sur le marché qu'en 2007 et en 2013 la part de marché de Nokia était tombée à 15 % (dont seulement 4 % sur les smartphones, devenus la référence de l'industrie). Les situations d'hypercompétition sont détaillées dans la section 6.4.2.

- Les industries *parfaitement concurrentielles*. La concurrence parfaite existe lorsque les barrières à l'entrée sont faibles, lorsque de nombreuses offres équivalentes sont en compétition et lorsque l'information sur les concurrents est librement accessible. Très peu de marchés remplissent toutes ces conditions, mais un certain nombre d'entre eux s'en approchent. Dans cette situation, les concurrents ne peuvent dégager qu'un niveau de profit très limité. Ils s'affrontent essentiellement sur les prix, car ils sont incapables de financer des innovations ou des politiques marketing élaborées. C'est souvent le cas des petites entreprises de transport routier. Les entrepreneurs devraient éviter les industries dont les barrières à l'entrée sont faibles, car elles débouchent généralement sur ce type de configuration.

Implications du modèle des 5(+1) forces

Comme le montre l'illustration 2.4 à propos de l'industrie sidérurgique, le modèle des 5(+1) forces permet de mieux comprendre quelles sont les forces à l'œuvre dans l'environnement concurrentiel d'un domaine d'activité stratégique. Cependant, il est indispensable, lorsqu'on utilise ce modèle, de se concentrer sur l'évaluation de l'attractivité de l'industrie : faut-il ou non y intervenir ? Une seule force particulièrement élevée peut avoir une influence majeure : des acheteurs particulièrement puissants peuvent par exemple tirer les prix vers le bas au point qu'aucun concurrent ne pourra y dégager des bénéfices.

L'analyse doit donc être orientée par les implications suivantes :

- L'objectif du modèle n'est pas la simple énumération des 5(+1) forces, mais bien leur *hiérarchisation*, afin d'identifier quels sont les *facteurs clés de succès*, c'est-à-dire les éléments stratégiques qu'il convient de maîtriser pour obtenir un avantage concurrentiel au niveau d'un domaine d'activité stratégique (voir la section 2.5). L'identification des facteurs clés de succès est la conclusion logique d'une analyse des 5(+1) forces. Cet accent sur la hiérarchisation des forces en présence est illustré par la représentation proposée dans le schéma 2.5, l'*hexagone sectoriel*. Sur ce diagramme, le poids de chacune des 5(+1) forces est représenté sur un axe gradué de 1 à 10. Plus le poids de la force est important, plus sa coordonnée sur l'axe correspondant est élevée. Cette représentation graphique permet de visualiser aisément les caractéristiques concurrentielles d'une industrie et donc de déduire quels sont les facteurs clés de succès dont la maîtrise est essentielle à l'obtention d'un avantage concurrentiel. Les coordonnées sur chacun des axes sont relatives (par hiérarchisation des forces en présence dans l'industrie concernée). Le schéma 2.5 représente ainsi la dynamique concurrentielle du marché des consoles de jeux vidéo en 2013. L'hexagone sectoriel est un

Schéma 2.5 L'hexagone sectoriel : les consoles de jeux vidéo en 2013

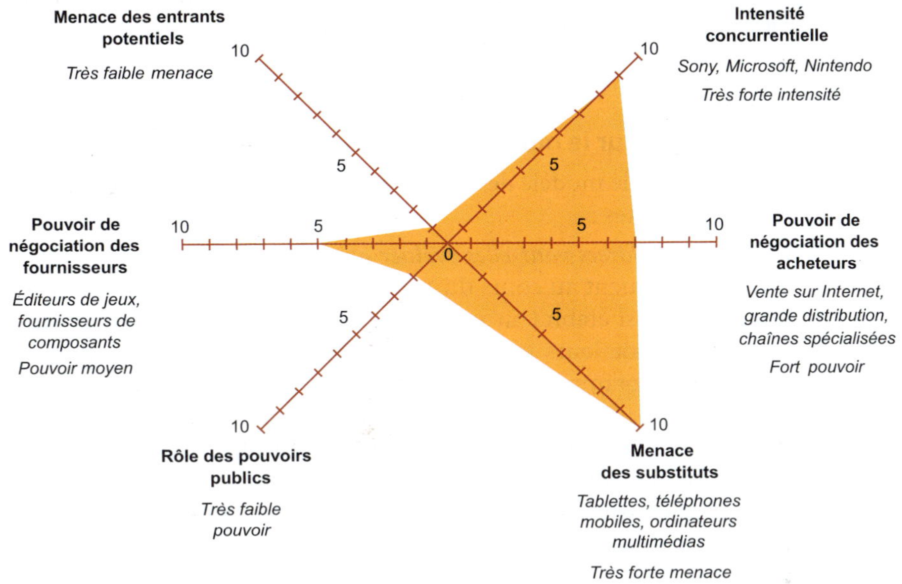

Source : adapté de V. Lerville-Anger, F. Fréry, A. Gazengel et A. Ollivier, *Conduire le diagnostic global d'une unité industrielle*, Éditions d'Organisation, 2001.

outil simple à utiliser, qui permet de visualiser rapidement la dynamique d'une industrie de biens ou de services.

- Dans quelle industrie faut-il entrer ? Une industrie est attractive lorsque les forces y sont peu intenses. Les entrepreneurs et les managers devraient investir en priorité dans les industries où les forces leur sont favorables, et à l'inverse quitter celles où elles leur sont opposées. Les entrepreneurs favorisent souvent les industries où les barrières à l'entrée sont faibles. Or, sauf dans le cas où ces barrières sont susceptibles de remonter rapidement, c'est un très mauvais choix, car cela implique que d'autres concurrents vont venir accroître l'intensité concurrentielle.
- Que peuvent faire les managers pour *influencer* les forces de la concurrence ? Peut-on ériger des barrières, fidéliser les clients et ainsi réduire leur pouvoir, accroître le pouvoir vis-à-vis des fournisseurs, amenuiser l'intensité concurrentielle en rachetant d'autres entreprises en présence ? Ces questions de *stratégie concurrentielle* feront l'objet du chapitre 6.
- La dynamique identifiée par l'analyse des 5(+1) forces ne détermine pas strictement le succès des concurrents, car tous n'en sont pas uniformément affectés. Si les barrières à l'entrée augmentent du fait d'investissements accrus en R&D ou en publicité, les concurrents les plus petits risquent de ne pas pouvoir suivre le rythme imposé par les plus gros. De la même manière, une augmentation du pouvoir de négociation des acheteurs risque d'avoir plus d'impact sur les concurrents les plus fragiles. Afin de mieux comprendre ces différences, on peut mener une analyse des groupes stratégiques (voir la section 2.4.1).

Bien que cet outil ait été conçu au départ pour les entreprises privées, les services publics ou les organisations caritatives peuvent également l'utiliser pour comprendre comment le pouvoir de certains fournisseurs modifie leurs coûts, ou comment éviter la multiplication d'offres concurrentes à destination des mêmes populations.

Questions clés sur le modèle des 5(+1) forces

Lorsqu'on utilise le modèle des 5(+1) forces, il convient de garder à l'esprit les trois questions suivantes :

- *Comment les forces vont-elles évoluer au sein de l'industrie ?* Il est probable que les forces évoluent au cours du temps. La plupart des laboratoires pharmaceutiques ont ainsi établi leur position concurrentielle grâce à leur expertise dans le marketing de leurs produits auprès de prescripteurs très fragmentés – les médecins –, notamment par le recours aux visiteurs médicaux. Cependant, dans de nombreux pays, les gouvernements poussent à l'utilisation de médicaments génériques, à l'introduction de nouveaux protocoles, à la réforme des procédures d'achat et à la réduction des prix, ce qui oblige les laboratoires à revoir en profondeur leurs stratégies et à reconsidérer les sources de leur avantage : le rôle des pouvoirs publics devient déterminant, la menace des substituts et des entrants potentiels augmente, le pouvoir de négociation des clients évolue. Tout cela peut être visualisé par une modification de l'hexagone sectoriel. Le schéma 2.5 n'aurait certainement pas le même aspect selon qu'on considère la situation avant ou après le lancement de l'iPad d'Apple en 2010, et il évoluera vraisemblablement avec le lancement à grande échelle des offres de webTV par Google, Apple ou les fournisseurs d'accès à Internet, qui incorporeront des jeux dans leurs services en ligne. De fait, il peut être intéressant de tracer l'hexagone sectoriel à intervalles réguliers, afin de montrer quelle est l'évolution de la dynamique de l'industrie.
- *Les frontières de l'industrie risquent-elles d'évoluer ?* Si le modèle a du sens au niveau de chacun des domaines d'activité stratégique d'une organisation, il est essentiel de souligner que les frontières d'une industrie peuvent évoluer au cours du temps, par exemple au travers de la *convergence*, qui correspond à la situation dans laquelle des industries préalablement distinctes commencent à se chevaucher en termes d'activités, de technologies, de produits et de clients[13]. L'évolution technologique a ainsi provoqué une convergence entre la téléphonie et la photographie, puisque les terminaux téléphoniques incluent quasi systématiquement un appareil photo. De fait, les frontières entre ces deux industries ont tendance à se brouiller, et Samsung est désormais le premier vendeur d'appareils photo au monde.
- *Existe-t-il des offres complémentaires ?* Dans certaines industries, il existe des biens ou des services complémentaires pour lesquels les clients sont disposés à payer plus cher s'ils sont proposés ensemble[14]. C'est le cas des offres d'Intel et de Microsoft : Microsoft a besoin qu'Intel fabrique des processeurs plus puissants, capables de tirer parti de ses logiciels les plus récents. Réciproquement, les processeurs d'Intel ont plus de valeur grâce aux logiciels Microsoft. Il en est de même pour les chaînes de télévision et les sociétés de production de programmes, ou pour les fabricants de machines à laver, de lessives et de textiles. La notion d'offres complémentaires soulève deux questions. Tout d'abord, les entreprises qui les proposent ont autant intérêt à coopérer qu'à se faire concurrence, ce qui les place en situation de *coopétition*[15]. Il est ainsi plus logique pour Intel et Microsoft de se tenir au courant de leurs développements technologiques respectifs. Cette

démarche collaborative constitue une entorse idéologique majeure au modèle des 5(+1) forces, exclusivement fondé sur l'affrontement : le champ lexical mobilisé par Michael Porter (menaces, pouvoir, barrières, concurrence, etc.) laisse bien peu de place à la coopération. Dans l'optique de la complémentarité, les entreprises peuvent avoir intérêt à accroître la taille du marché plutôt que de se concurrencer sur son partage. Cependant, même en cas de relations complémentaires, certains acteurs peuvent détenir assez de pouvoir pour accaparer l'essentiel du surcroît de valeur et créer autour de leur offre ce qu'il est convenu d'appeler un *écosystème d'affaires*[16]. Microsoft est ainsi bien plus rentable que les fabricants d'ordinateurs, et ses marges élevées sont très vraisemblablement obtenues au détriment des profits de constructeurs tels que HP ou Lenovo : la complémentarité n'implique donc pas un partage équitable au sein de l'écosystème.

Si le modèle des 5(+1) forces permet de dresser l'état des lieux de la dynamique concurrentielle au sein d'une industrie, rien n'empêche d'imaginer qu'une stratégie originale, fondée sur des ressources et compétences spécifiques, puisse rompre l'équilibre établi. Certaines entreprises peuvent ainsi supposer que leur succès dépend bien plus de leur capacité stratégique que des caractéristiques de leur industrie. Après tout, l'équilibre des forces en présence résulte le plus souvent de la stratégie des leaders, et tenter de le maîtriser ne permet au mieux que de devenir un suiveur. À l'inverse, refuser les règles concurrentielles établies peut permettre de construire un avantage unique, en s'appuyant sur ses propres spécificités stratégiques. Le chapitre 3 revient en détail sur ce thème.

2.3.2 La dynamique de la concurrence

L'analyse de la structure de l'industrie peut rapidement devenir statique : l'identification des 5(+1) forces de la concurrence implique d'ailleurs une forme de stabilité[17]. Or, dans les sections précédentes, nous avons montré que la concurrence est susceptible d'évoluer au cours du temps : une variable pivot peut modifier les structures d'une industrie, et un avantage concurrentiel peut s'éroder du fait de la modification des forces en présence. Un avantage concurrentiel est donc toujours temporaire et aucune stratégie ne saurait assurer un succès définitif.

Le cycle de vie d'une industrie

Le modèle du cycle de vie suggère que les industries émergent à petite échelle, puis connaissent une phase de croissance (une sorte d'équivalent de l'adolescence pour un être humain) qui se termine par une phase de sélection. Suivent alors une phase de maturité, caractérisée par une croissance faible ou nulle, puis une phase de déclin (vieillesse). Les 5(+1) forces de la concurrence n'ont pas le même impact dans chacune de ces phases[18].

La *phase d'émergence* est une phase d'expérimentation dans laquelle la concurrence est peu intense car les acteurs, souvent peu nombreux, proposent des offres très différenciées. Les 5(+1) forces sont généralement peu développées, même si les profits sont limités du fait de l'importance des investissements consentis. La phase suivante est la *croissance*, durant laquelle l'intensité concurrentielle reste faible car l'augmentation de la demande suffit à satisfaire tous les acteurs. Les acheteurs cherchent avant tout à obtenir le bien ou le service, et le prix n'est pas encore pour eux un critère déterminant. L'inconvénient majeur de la phase de croissance est que les barrières à l'entrée sont souvent limitées, les acteurs en place

Schéma 2.6 **Le cycle de vie d'une industrie**

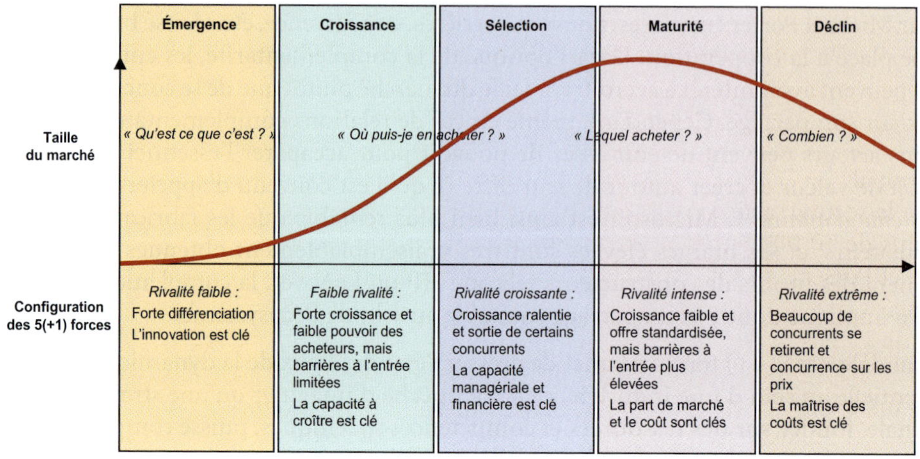

n'ayant pas encore eu le temps de consolider leur expérience, de profiter d'effets d'échelle ou de s'assurer de la loyauté de leurs clients. De même, les fournisseurs risquent de détenir un pouvoir de négociation important, car ils contrôlent les matières premières ou les composants dont les concurrents ont besoin pour assurer leur expansion. La *phase de sélection* débute lorsque le taux de croissance commence à s'essouffler, ce qui déclenche généralement une guerre des prix : l'intensité concurrentielle croît brusquement, au détriment des acteurs les moins solides. Lors de la *phase de maturité*, les barrières à l'entrée augmentent, car le contrôle des réseaux de distribution, les économies d'échelle et l'expérience acquise commencent à porter leurs fruits. L'offre tend alors à se standardiser, ce qui accroît mécaniquement le pouvoir de négociation des acheteurs. Les principaux concurrents cherchent avant tout à sécuriser leur part de marché, afin de résister aux pressions de leurs clients et d'obtenir un avantage de coût. Enfin, la *phase de déclin* se caractérise par une intensité concurrentielle extrême, en particulier lorsque des barrières à la sortie élevées poussent les acteurs vers une lutte sans merci pour attirer les derniers clients. Le schéma 2.6 résume les conditions concurrentielles qui caractérisent chacune des phases du cycle de vie.

Le modèle du cycle de vie n'est cependant pas systématique et en aucun cas prédictif : il est impossible de prédire combien de temps durera chacune des phases, et certaines industries connaissent un développement très différent de ce qui vient d'être décrit[19] : phases d'émergence ou de croissance extrêmement longues, dématuration rapide liée à une innovation radicale, déclin brutal, etc. L'industrie de la téléphonie, après un siècle de développement fondé sur le téléphone fixe, a ainsi été brusquement perturbée par l'arrivée des téléphones mobiles et de la téléphonie par Internet. Anita McGahan, de l'université de Toronto, décrit un « syndrome de la maturité » qui pousse les managers dans les industries matures à négliger les nouveaux concurrents[20]. Or, la maturité ne consiste pas seulement à attendre le déclin. Quoi qu'il en soit, le modèle du cycle de vie rappelle que les conditions concurrentielles évoluent au cours du temps. Il est donc nécessaire de vérifier régulièrement si l'équilibre des 5(+1) forces de la concurrence n'a pas changé et donc de tracer un nouvel hexagone sectoriel.

2.4 Les concurrents et les marchés

Un des problèmes de l'analyse de la concurrence est la pertinence parfois limitée de la notion d'industrie. En effet, les frontières d'une industrie sont parfois floues, ce qui empêche de délimiter la concurrence avec précision. Par exemple, Seiko et Patek Philippe sont apparemment dans la même industrie – l'horlogerie – mais peut-on les considérer comme des concurrents ? Le premier est une puissante multinationale diversifiée, qui commercialise plus de 3 000 modèles de montres, alors que le second, artisan suisse indépendant, se concentre sur des montres de luxe à plus de 10 000 euros. De la même manière, dans l'industrie automobile, Hyundai et Porsche ne sont pas protégés par les mêmes barrières à l'entrée, et les mouvements concurrentiels de l'un n'affecteront vraisemblablement pas l'autre.

Dans une même industrie de biens ou de services, il peut donc y avoir de nombreuses entreprises qui présentent des capacités différentes et des approches stratégiques distinctes, ce que le concept de *groupes stratégiques* permet de mieux comprendre. Par ailleurs, tout comme le positionnement des concurrents, les attentes des clients peuvent varier au sein d'une même industrie. Il est donc utile d'identifier les *segments de marché*. Réfléchir en termes de groupes stratégiques et de segments de marché permet d'élaborer des positionnements particulièrement distinctifs au sein d'une industrie, ce que nous présenterons au travers du concept d'*Océan Bleu*.

2.4.1 Les groupes stratégiques[21]

Au sein d'une industrie, la détermination des **groupes stratégiques** consiste à réunir les organisations dont les caractéristiques stratégiques sont semblables, qui suivent des stratégies comparables ou qui s'appuient sur les mêmes facteurs de concurrence. L'objectif consiste à déterminer quelles caractéristiques permettent de constituer des groupes d'organisations à la fois les plus homogènes (à l'intérieur d'un même groupe) et les plus distincts (d'un groupe à l'autre). Dans la distribution, les hypermarchés, les supermarchés et les épiceries de quartier appartiennent ainsi à des groupes stratégiques distincts. Les variables qui permettent de répartir les organisations d'une même industrie en groupes stratégiques sont multiples, mais il est possible de les rassembler en deux grandes catégories (voir le schéma 2.7[22]), qui sont d'une part les critères relevant du *périmètre d'activité* (largeur et niveau de gamme de produits ou services, couverture géographique, canaux de distribution utilisés, etc.) et d'autre part les critères d'*allocation de ressources* (notoriété de la marque, compétences technologiques, etc.). Le choix des indicateurs pertinents diffère d'une industrie à l'autre, mais il doit permettre d'identifier des groupes de concurrents pratiquant des stratégies clairement distinctes.

Les groupes stratégiques sont généralement représentés sur un schéma à deux dimensions, l'axe vertical mesurant un critère lié au périmètre d'activité (par exemple l'étendue de la gamme) et l'axe horizontal mesurant un critère lié à l'allocation de ressources (par exemple l'effort marketing). Pour obtenir les deux critères les plus pertinents, une méthode consiste à identifier les différences entre d'une part les concurrents les plus performants dans l'industrie (par exemple en termes de rentabilité ou de croissance) et d'autre part les concurrents les moins performants. Les caractéristiques partagées par les meilleurs mais pas par les moins bons peuvent généralement être retenues comme indicateurs de construction des groupes stratégiques. Si les meilleurs proposent par exemple une gamme étroite mais investissent massivement en publicité, alors que les moins bons présentent une gamme beaucoup plus large mais des dépenses publicitaires plus faibles, les deux critères à retenir seront vraisemblablement l'étendue de la gamme et l'investissement marketing.

Une autre méthode consiste à retenir pour chacun des axes un des facteurs clés de succès obtenus à l'issue de l'analyse des 5(+1) forces de la concurrence (voir la section 2.5). Il est en effet probable que tous les concurrents ne maîtrisent pas de la même manière les différents facteurs clés de succès de leur industrie, et qu'ils se différencient justement par leur capacité à maîtriser l'un plutôt que l'autre. Les facteurs clés de succès constituent donc généralement une bonne clé d'entrée pour la construction des groupes stratégiques.

Schéma 2.7 Indicateurs permettant de construire des groupes stratégiques

Les concurrents peuvent notamment différer en termes de :
Périmètre d'activité
Étendue de la gamme de produits ou services
Extension géographique
Nombre de segments de marché couverts
Niveau d'intégration verticale
Réseaux de distribution utilisés
Allocation de ressources
Nombre de marques détenues
Effort marketing (investissement publicitaire, taille de la force de vente)
Niveau de qualité des produits ou services
Leadership technologique (précurseur ou suiveur)

Dans les deux cas, les axes retenus doivent être indépendants : si jamais tous les concurrents se retrouvent positionnés sur la diagonale de la carte, cela signifie que les axes sont corrélés et qu'on ne mesure en fait qu'une seule dimension. Il convient alors de changer un des critères. De même, la taille des bulles sur le schéma doit être proportionnelle au chiffre d'affaires de chacun des concurrents (si les concurrents sont individuellement positionnés) ou au chiffre d'affaires de tous les concurrents du même groupe stratégique (si ce sont les groupes qui sont représentés).

Le schéma 2.8 présente une carte des groupes stratégiques des laboratoires pharmaceutiques en Inde, l'axe périmètre étant le niveau d'internationalisation (part du chiffre d'affaires à l'export et dépôts de brevets à l'étranger) et l'axe ressources étant l'investissement en recherche et développement (en proportion du chiffre d'affaires). Ces deux axes expliquent une large part de la différence de rentabilité entre les groupes. Le groupe le plus rentable est celui des *Futurs Globaux* (11,3 % de marge brute en moyenne), c'est-à-dire ceux qui dépensent beaucoup en R&D et sont les plus internationalisés. À l'opposé, le groupe des *Opérateurs* – qui dépense peu en R&D et reste focalisé sur son marché domestique – ne présente qu'une marge brute de 2 % en moyenne.

La détermination des groupes stratégiques est intéressante à plus d'un titre :

- Elle aide à identifier qui sont les *concurrents directs.* Les managers peuvent ainsi se focaliser sur leurs concurrents directs plutôt que de se mesurer à l'industrie entière. En déterminant les dimensions qui distinguent le plus les différents groupes, on peut également formuler des recommandations utiles à certains types de concurrents.
- La détermination des groupes stratégiques permet également d'*identifier des opportunités.* La cartographie des groupes stratégiques peut aider à repérer des espaces stratégiques encore vierges, relativement délaissés par les différents concurrents. Dans l'industrie pharmaceutique indienne, il s'agit par exemple de la possibilité d'investir massivement en R&D tout en restant focalisé sur le marché local. Ces espaces vierges peuvent recéler des opportunités inexploitées, mais il peut également s'agir de dangereux « trous noirs » impossibles à rentabiliser. La cartographie des groupes stratégiques n'est qu'une phase préparatoire à l'élaboration de choix stratégiques. Elle doit être utilisée avec précaution.
- L'analyse des *barrières à la mobilité.* Migrer vers une zone plus attractive sur le schéma a un coût : cela implique généralement des décisions difficiles en termes d'allocation de ressources. Les groupes stratégiques sont ainsi caractérisés par des barrières à la mobilité, c'est-à-dire des obstacles qui empêchent les déplacements entre groupes stratégiques. Ces barrières à la mobilité sont généralement de même nature que les barrières à l'entrée dans le modèle des 5(+1) forces. Dans l'industrie pharmaceutique indienne, pour rejoindre le groupe des *Futurs Globaux*, un *Producteur* devra procéder à des investissements importants et acquérir des compétences coûteuses. Comme pour les barrières à l'entrée, il est

Schéma 2.8 Les groupes stratégiques : l'industrie pharmaceutique indienne

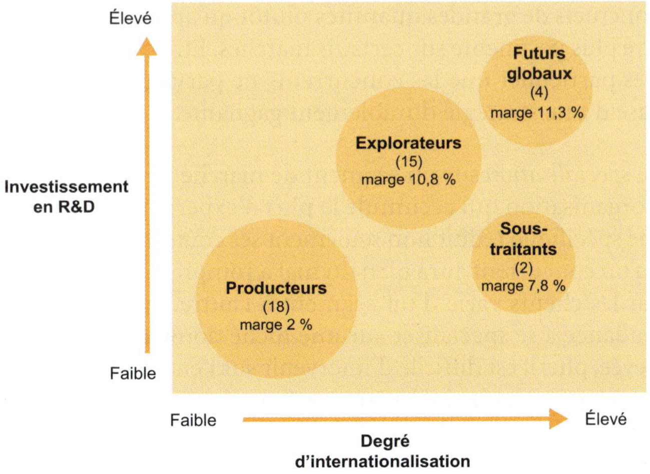

* entre parenthèses : nombre de concurrents dans le groupe

Source : adapté de R. Chittoor et S. Ray, « Internationalisation paths of Indian pharmaceuticals firms: a strategic group analysis », *Journal of International Management*, vol. 13 (2009), pp. 338-355.

intéressant de faire partie d'un groupe stratégique profitable et protégé par de solides barrières à la mobilité, car cela limite la capacité d'imitation des autres concurrents.

2.4.2 Les segments de marché

Le concept de groupe stratégique étudié ci-dessus aide à comprendre les similarités et les différences entre les concurrents actuels ou potentiels. Réciproquement, le concept de segment de marché distingue les besoins des clients. Un **segment de marché**[23] est un groupe de clients ou d'utilisateurs dont les besoins spécifiques diffèrent de ceux des autres clients ou utilisateurs présents sur le marché. Un segment de marché de taille relativement réduite est souvent appelé une *niche*. La domination d'une niche peut être tout aussi intéressante – à une moindre échelle – que la domination d'une industrie entière. Comme nous le soulignerons dans la section 6.2, la segmentation des marchés ne doit surtout pas être confondue avec la segmentation stratégique, qui consiste à découper l'organisation en domaines d'activité stratégique (DAS).

Si on souhaite conserver une position durable à partir d'une segmentation des marchés, il est indispensable de toujours garder à l'esprit les besoins des clients et donc de ne pas négliger les points suivants :

- Les *besoins des clients* peuvent varier selon de multiples dimensions, résumées dans le tableau 2.1. Théoriquement, chacun de ces critères pourrait être utilisé pour effectuer la segmentation. En pratique, il est nécessaire d'identifier quels sont les facteurs déterminants pour le marché considéré. Dans les marchés industriels, la segmentation s'appuie ainsi le plus souvent sur l'appartenance sectorielle des clients. Les sidérurgistes peuvent ainsi estimer qu'ils vendent à l'industrie automobile, à l'emballage et à la construction. Cependant, une segmentation selon les comportements d'achat (par exemple achats en direct plutôt que recours à un intermédiaire) ou la nature des transactions (achats ponctuels de grandes quantités plutôt qu'approvisionnement permanent) peut être plus pertinente sur certains marchés. Être capable de s'adresser à un segment très particulier que les concurrents ne parviennent pas à satisfaire peut être la base d'une stratégie durablement gagnante.

- La *spécialisation* sur un segment de marché peut être une stratégie intéressante. L'organisation qui accumule le plus d'expérience au sein d'un segment de marché spécifique réduit non seulement ses coûts, mais construit également des liens qu'un concurrent aura bien du mal à rompre. Étant donné que ce qui est valorisé par les clients varie d'un segment à l'autre, les concurrents ont naturellement tendance à se spécialiser sur une niche donnée. Or, plus cette spécialisation est élevée, plus il est difficile d'intervenir sur l'ensemble du marché. Certains concurrents en viennent ainsi à être confinés dans des segments de marché très étroits, ce qui peut se révéler parfois lucratif, mais également très dangereux en cas d'évolution des goûts de la clientèle.

2.4.3 L'approche Océan Bleu

Les notions de différenciation qui sous-tendent l'identification des groupes stratégiques et des segments de marché peuvent être prolongées par l'approche Océan

Tableau 2.1 Quelques critères de segmentation des marchés

Type de critère	Marchés de grande consommation	Marchés industriels Business to Business
Caractéristiques des clients	Âge, sexe, origine ethnique Revenu Nombre de personnes dans le foyer Lieu d'habitation Sensibilité à la nouveauté Style de vie	Secteur industriel Localisation Taille Technologies utilisées Rentabilité Dirigeants
Achat, utilisation	Volume d'achat Fidélité à la marque Type d'utilisation Comportement d'achat Critères de choix	Type d'utilisation Volume d'achat Fréquence d'achat Procédures d'achat Critères de choix Canal de distribution
Besoins des utilisateurs, caractéristiques recherchées	Préférences de prix Préférences de marques Similarité des produits Caractéristiques souhaitées Qualité	Exigences de performance Besoins de service Préférences de marques Caractéristiques souhaitées Qualité

Bleu, développée par W. Chan Kim et Renée Mauborgne de l'INSEAD. Les **Océans Bleus** sont de nouveaux espaces de marché où la concurrence est minime[24]. Les Océans Bleus s'opposent aux Océans Rouges, dans lesquels les stratégies sont déjà bien définies et l'intensité concurrentielle vive. L'image de l'Océan Bleu évoque un vaste espace vierge, alors que les Océans Rouges sont associés à l'idée de compétition âpre et coûteuse (le rouge évoque ici à la fois l'affrontement sanglant et la couleur des comptes qui en résultent).

L'approche Océan Bleu encourage les entrepreneurs et les managers à découvrir ou à créer des espaces de marché encore vierges : il s'agit donc de trouver des *espaces stratégiques*, c'est-à-dire des opportunités de marché insuffisamment exploitées par les concurrents. Pour identifier les Océans Bleus, on peut dessiner un canevas stratégique. Un **canevas stratégique** compare les concurrents selon leur capacité à répondre aux attentes des clients, de manière à identifier de nouveaux espaces stratégiques. Le schéma 2.9 présente le canevas stratégique pour trois entreprises de composants industriels.

Sur ce segment de marché, quatre critères de valeur sont traditionnellement considérés comme déterminants par les acheteurs (par ordre d'importance, la possibilité de tests, le service après-vente, la fiabilité des livraisons et l'innovation). Ces critères déterminent lequel des trois concurrents serait retenu, à prix égal. Dans l'industrie considérée, ces critères constituent des facteurs clés de succès (voir la section 2.5 ci-après).

Schéma 2.9 Le canevas stratégique de fabricants d'équipements industriels

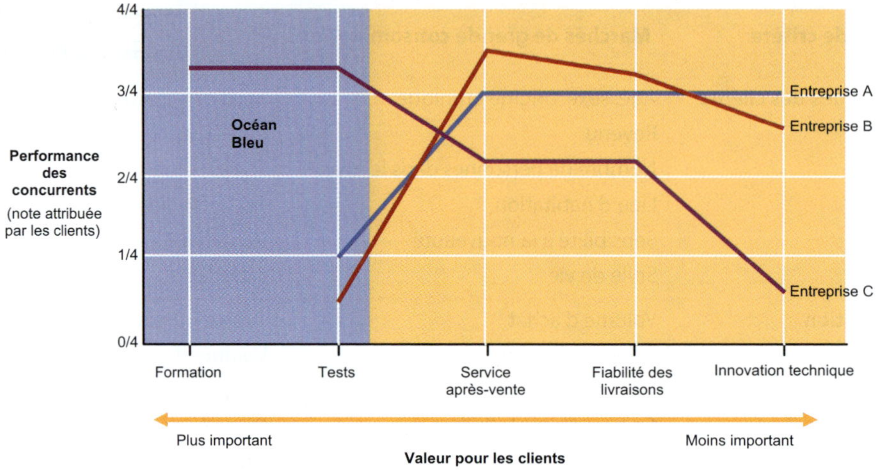

Source : adapté de C. Kim et R. Mauborgne, *Stratégie Océan Bleu*, Village Mondial, 2005.

Il est alors possible d'établir la courbe de valeur des trois concurrents, c'est-à-dire la manière dont les clients perçoivent leur performance relative sur chacun des quatre critères de valeur. Les entreprises A et B obtiennent ainsi une bonne performance sur le service après-vente, la fiabilité des livraisons et l'innovation technique, mais moins sur les tests. L'entreprise C, à l'inverse, présente une courbe de valeur radicalement différente, caractéristique d'un innovateur. Elle a en effet réussi à créer un Océan Bleu en concentrant sa performance sur les tests, mieux valorisés que les autres critères par les clients, mais surtout en introduisant un cinquième critère encore plus recherché – la formation – qu'aucun de ses concurrents ne propose.

La stratégie de l'entreprise C illustre ainsi deux principes essentiels de l'approche Océan Bleu : l'arbitrage et la divergence :

- L'*arbitrage*. L'entreprise C concentre ses efforts sur seulement deux critères, les tests et la formation, au détriment de son niveau de performance sur les autres critères, pour lesquels ses concurrents obtiennent de très bons résultats. Afin de dégager les ressources nécessaires à la mise en place de la formation, l'entreprise C a dû abandonner complètement son investissement dans l'innovation technique. Dans l'approche Océan Bleu, cet arbitrage est fondamental : les ressources qui ne sont pas allouées à certains critères peu valorisés par les clients doivent être réorientées sur d'autres critères qui contribuent beaucoup plus significativement à la performance concurrentielle. Dans beaucoup d'industries, on constate ainsi que les concurrents en place – par habitude ou par mimétisme – allouent des ressources significatives à des activités qui sont en fait peu valorisées par les clients. L'arbitrage consisterait pour eux à réduire leurs investissements sur ces critères pour les concentrer sur des activités plus appréciées des clients.
- La *divergence*. L'entreprise C a créé une courbe de valeur qui diverge fortement de celle de ses concurrents, ce qui a donné naissance à un Océan Bleu. Pour l'entreprise C, battre les entreprises A et B sur leurs critères d'excellence serait

extrêmement coûteux et au total peu avantageux car les clients sont déjà très satisfaits de ce qu'on leur propose. Concurrencer les entreprises A et B sur le service après-vente, la fiabilité des livraisons et l'innovation technique serait une stratégie Océan Rouge. Il est bien plus pertinent de se concentrer sur les critères pour lesquels un écart significatif peut être obtenu. L'entreprise C est peu concurrencée sur les critères de tests et de formation et peut donc en tirer une bonne rentabilité.

2.5 Les menaces et opportunités et les facteurs clés de succès

Les concepts et méthodes examinés ci-dessus permettent de mieux comprendre quels éléments du macroenvironnement, de l'industrie et du marché sont susceptibles d'avoir un impact sur l'organisation (la controverse qui clôt ce chapitre revient sur un débat clé en stratégie : dans quelle mesure les facteurs environnementaux déterminent-ils la performance des entreprises ?). Cependant, le point crucial consiste à comprendre de quelle manière chacun de ces facteurs – ou leurs différentes combinaisons – peut entraîner le succès ou l'échec d'une stratégie, c'est-à-dire en quoi ils constituent des opportunités ou des menaces. L'identification des menaces et opportunités – grâce aux techniques présentées dans ce chapitre – constitue un préalable essentiel aux choix stratégiques (voir les chapitres 6 à 10), qui consistent généralement à limiter les premières et à tirer avantage des secondes :

- L'analyse *PESTEL* du macroenvironnement permet de mettre en lumière des opportunités et des menaces pour chacune de ces composantes (par exemple un risque de rupture technologique, l'adoption d'une nouvelle réglementation, etc.).
- L'identification des *variables pivots* permet d'élaborer des scénarios, dont certains sont menaçants et d'autres plus favorables.
- Le *modèle des 5(+1) forces* peut aider à repérer des menaces (par exemple un effondrement des barrières à l'entrée) tout autant que des opportunités (le rachat d'un concurrent, qui se traduirait par une diminution de l'intensité concurrentielle).
- L'approche *Océan Bleu* montre comment les entreprises peuvent créer de nouveaux espaces stratégiques, mais elle permet également aux concurrents distancés de comprendre comment ils peuvent eux aussi investir les Océans Bleus pour les transformer en Océans Rouges.

La compréhension des menaces et opportunités existant sur un marché permet d'identifier les **facteurs clés de succès** (FCS) de l'environnement, c'est-à-dire les éléments stratégiques qu'une organisation doit maîtriser afin de surpasser la concurrence. En tant que tels, les FCS constituent la conclusion logique de toute analyse de l'environnement.

Les FCS correspondent en fait aux facteurs permettant de contrecarrer les 5(+1) forces de la concurrence. Comme nous l'avons vu dans la section 2.3.1, la menace des entrants potentiels dépend de la capacité de construction ou d'utilisation de barrières à l'entrée financières, commerciales, ou de ressources et compétences. La menace des substituts peut être contrecarrée en accroissant le rapport qualité/prix de l'offre existante, en provoquant une rupture technologique, en lançant une rumeur ou en s'assurant de la fidélisation des clients. Le pouvoir de négociation des acheteurs peut être limité en créant une marque valorisée par le client final, en établissant un coût de transfert, en multipliant les réseaux de distribution ou en entamant une intégration vers l'aval. De même, pour limiter le pouvoir de négociation des fournisseurs, on peut chercher à multiplier les sources d'approvisionnement, refuser les standards propriétaires et les actifs spécifiques, ou entamer une intégration vers l'amont. Le pouvoir de l'État peut constituer une menace ou une opportunité selon la capacité de lobbying de l'organisation. Enfin, l'intensité concurrentielle est fonction de la croissance du marché, de l'existence de barrières à la sortie et de la capacité à conclure des alliances, mais on peut y résister par la capacité d'innovation, le contrôle de ressources rares et de compétences distinctives, ou la réduction des coûts fixes. Le tableau 2.2 résume les éléments permettant de contrecarrer chacune des 5(+1) forces.

Selon la dynamique des forces concurrentielles qui caractérisent l'environnement, chacun de ces éléments peut constituer un FCS. Les FCS résultent donc explicitement de la hiérarchie des 5(+1) forces de l'environnement concurrentiel. L'élaboration d'un hexagone sectoriel (voir le schéma 2.5) apparaît ainsi comme un préalable à l'identification des FCS. Pour reprendre la situation décrite dans le schéma 2.5 – le marché des consoles de jeux vidéo en 2013 –, les principales forces de la concurrence étaient (1) la menace des substituts (tablettes, téléphones mobiles, ordinateurs), (2) l'intensité concurrentielle entre les trois fabricants (Sony, Microsoft et Nintendo) et (3) le pouvoir de négociation des clients (distributeurs). Dans ces conditions, si on applique le tableau 2.2, les fabricants de consoles de jeux vidéo devraient (1) améliorer le rapport qualité/prix, notamment en ajoutant de nouvelles fonctionnalités à leurs consoles, (2) chercher à protéger la ressource que constituent les meilleurs jeux, notamment en achetant des licences exclusives ou en développant eux-mêmes les jeux les plus attractifs, et (3) renforcer leur budget publicitaire afin de s'imposer auprès des distributeurs. C'est ce qu'ont fait Sony et Microsoft en lançant leurs nouvelles consoles PS4 et Xbox One fin 2013.

Dans les services publics, le concept de FCS est tout aussi valide : il s'agit là encore des éléments permettant de surpasser des organisations qui peuvent attirer les mêmes usagers et les mêmes financements, ou obtenir la préférence politique des autorités de tutelle. Comme pour les entreprises, la hiérarchie des 5(+1) forces de la concurrence – visualisée par l'hexagone sectoriel – permet d'identifier ces éléments.

Tous les concepts et techniques détaillés au long de ce chapitre aident à mieux comprendre l'environnement. Pour autant, toute analyse inclut une part de subjectivité, et les managers ou les entrepreneurs présentent bien souvent des biais évidents dans ce qu'ils voient et dans ce qu'ils valorisent. Les méthodes présentées dans ce chapitre peuvent permettre de contester en partie ces schémas de pensée établis, tout en élargissant la perspective des analystes, mais elles ne peuvent pas totalement éviter la subjectivité humaine.

Tableau 2.2 **La hiérarchie des 5(+1) forces détermine les FCS**

Chaque force de la concurrence peut être contrecarrée par une série d'éléments, qui constituent autant de FCS lorsque cette force est prépondérante

Force de la concurrence	Éléments permettant de la contrecarrer
Menace des substituts	Amélioration du rapport qualité/prix Fidélisation de la clientèle (réputation, services, qualité, etc.) Établissement de coûts de transfert (technologie spécifique) Création d'une rupture technologique Lancement d'une campagne de déstabilisation du substitut Possibilité de proposer soi-même le substitut
Menace des entrants potentiels	Fixation d'un niveau de prix non rentable pour les entrants Fidélisation de la clientèle (réputation, services, qualité, etc.) Établissement de coûts de transfert Protection des technologies (brevets, secrets) Contrôle de ressources rares ou de compétences distinctives
Pouvoir de négociation des acheteurs	Création d'une marque valorisée par le client final Établissement de coûts de transfert Multiplication des réseaux de distribution Intégration vers l'aval
Pouvoir de négociation des fournisseurs	Multiplication des sources d'approvisionnement Utilisation de technologies et composants génériques Intégration vers l'amont
Rôle des pouvoirs publics	Capacité de lobbying
Intensité concurrentielle	Capacité d'innovation Fidélisation de la clientèle (réputation, services, qualité, etc.) Établissement de coûts de transfert Protection des technologies (brevets, secrets) Contrôle de ressources rares ou de compétences distinctives Réduction des coûts fixes

Controverse académique

Quel est l'impact de l'industrie ?

Un bon préalable stratégique consiste à choisir une industrie profitable. Cependant, le choix de l'industrie importe-t-il plus que la possession des bonnes ressources et compétences ?

Dans ce chapitre, nous avons souligné le rôle de l'environnement dans la construction de la stratégie, en nous focalisant en particulier sur la structure de l'industrie, que ce soit pour les activités de biens ou de services. Cependant, ces dernières années, l'impact de l'industrie sur la performance a été contesté par plusieurs recherches. Cela a conduit à un débat sur la posture à adopter : vaut-il mieux élaborer la stratégie en partant de l'externe (stratégie *déduite* de l'environnement) ou en partant de l'interne (stratégie *construite* à partir des ressources et compétences)[1] ?

Les managers qui favorisent la première approche focalisent leur attention sur des éléments externes : ils cherchent par exemple à accroître leur part de marché au travers d'opérations de fusions et acquisitions ou par des campagnes marketing volontaristes. Ceux qui à l'inverse privilégient l'approche interne cherchent à développer le savoir-faire de leurs employés ou à mettre au point de nouvelles technologies. Étant donné que le temps des managers est limité, il est très difficile d'équilibrer les deux postures, et une forme d'arbitrage doit être trouvée.

Le principal partisan de l'approche externe est Michael Porter, professeur à la Harvard Business School. La stratégie construite à partir des ressources est quant à elle défendue notamment par Richard Rumelt, professeur à l'université de Californie à Los Angeles. Porter, Rumelt et quelques autres ont mené des séries d'études empiriques afin de déterminer dans quelle mesure l'impact de l'industrie peut expliquer la performance des entreprises.

En général, à partir d'un large échantillon d'entreprises, ces études cherchent à déterminer si la performance varie plutôt en fonction de l'industrie ou en fonction de chaque firme (en prenant en compte d'autres effets tels que la taille). Si les firmes appartenant à la même industrie tendent à présenter des niveaux de performance comparables, c'est bien que l'industrie explique l'essentiel de la performance et dans ce cas la stratégie déduite est la bonne posture. Si à l'inverse des firmes appartenant à la même industrie présentent des niveaux de performance très variés, ce sont les ressources et compétences spécifiques de chacune qui importent le plus et c'est la stratégie construite qui est la plus appropriée.

Les deux plus importantes études de ce type démontrent en fait que les écarts de performance sont plutôt dus aux entreprises qu'à l'industrie : les entreprises expliquent

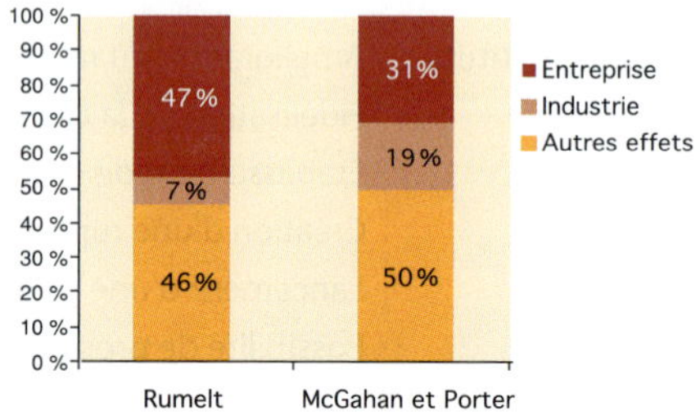

47 % de cet écart dans l'étude de Rumelt sur les industries de produits, alors que l'industrie n'en explique que 7 %[1]. Cependant, en incluant dans leur échantillon des industries de services (en plus d'industries de produits), McGahan et Porter ont trouvé un impact nettement plus élevé de l'industrie (19 %)[2].

Il ressort de ces travaux que les facteurs spécifiques à la firme influencent plus la rentabilité que les facteurs liés à l'industrie. Les entreprises doivent donc accorder une grande attention à leurs propres ressources et compétences. Cependant, l'impact plus fort de l'industrie démontré par McGahan et Porter suggère que l'influence de l'industrie varie fortement d'une industrie à l'autre : les facteurs externes peuvent être bien plus importants dans certaines industries.

Sources :

1. E.H. Bowman et C.E. Helfat, « Does corporate strategy matter? », *Strategic Management Journal*, vol. 22, n° 1 (2001), pp. 1-14.
2. R.P. Rumelt, « How much does industry matter? », *Strategic Management Journal*, vol. 12, n° 2 (1991), pp. 167-185.
3. M.E. Porter et A.M. McGahan, « How much does industry matter really ? », *Strategic Management Journal*, vol. 18, numéro spécial d'été (1997), pp. 15-30; M.E. Porter et A.M. McGahan, « The emergence and sustainability of abnormal profits », *Strategic Organization*, vol. 1, n° 1 (2003), pp. 79-108.

Questions

1. Pourquoi certaines industries auraient-elles un impact plus fort sur la rentabilité des entreprises qui y interviennent ?
2. Quels autres facteurs pourraient avoir un impact sur cette rentabilité ?

Résumé

- Les influences environnementales se répartissent en strates autour de l'organisation. La strate la plus générale est celle du *macroenvironnement*, la strate médiane est celle de l'*industrie* et la strate la plus immédiate est celle des *groupes stratégiques* et des *segments de marché*.
- Le macroenvironnement peut être analysé grâce au *modèle PESTEL*, qui permet d'identifier des *variables pivots*. Suivant l'évolution de ces variables pivots, différents *scénarios* peuvent être élaborés.
- La dynamique concurrentielle de l'industrie peut être analysée grâce au *modèle des 5(+1) forces de la concurrence*. En hiérarchisant la menace des entrants potentiels, la menace des substituts, le pouvoir de négociation des fournisseurs et des acheteurs, le rôle des pouvoirs publics et l'interaction concurrentielle, ce modèle permet de caractériser l'attractivité de l'industrie.
- Au sein d'une industrie, la concurrence est dynamique. Les industries suivent généralement un *cycle de vie*.
- Au niveau de la strate la plus proche de l'environnement, l'identification des *groupes stratégiques*, l'analyse des *segments de marché* et la construction de *canevas stratégiques* permettent d'identifier des espaces stratégiques encore vierges qui constituent des opportunités de développement.
- Aux stratégies d'Océan Rouge, caractérisées par un niveau de concurrence intense, on oppose les stratégies d'*Océan Bleu*, qui correspondent à un positionnement sur les espaces stratégiques vierges.
- Les *facteurs clés de succès* constituent la conclusion logique de toute analyse de l'environnement. Ce sont les éléments de l'environnement dont la maîtrise permet de surpasser la concurrence. On peut les identifier par la hiérarchisation des 5(+1) forces de la concurrence, résumée dans l'*hexagone sectoriel*.

Travaux pratiques

• Signale des exercices d'un niveau plus avancé

2.1 En vous inspirant de l'illustration 2.1, effectuez l'analyse PESTEL d'une industrie de biens ou de services de votre choix. Identifiez les variables pivots.

2.2 • En vous inspirant de l'illustration 2.2, établissez les quatre scénarios d'évolution de l'industrie de biens ou de services que vous avez retenue dans la question précédente. Quelles sont les implications pour les organisations présentes dans cette industrie ?

2.3 En utilisant la section 2.3, effectuez l'analyse des 5(+1) forces de la concurrence d'une industrie de biens ou de services de votre choix. Qu'en déduisez-vous sur l'attractivité de cette industrie ?

2.4 • En utilisant la section 2.3 et notamment l'hexagone sectoriel présenté dans le schéma 2.5, comparez l'attractivité de deux industries de biens ou de services de votre choix (a) aujourd'hui et (b) dans trois à cinq ans. Justifiez votre estimation de chacune des 5(+1) forces. Dans laquelle de ces deux industries investiriez-vous ?

2.5 En vous inspirant de la section 2.4.1 et du schéma 2.8, établissez la cartographie des groupes stratégiques dans une industrie de biens ou de services de votre choix, par exemple l'industrie automobile ou le prêt-à-porter (une ou plusieurs cartes peuvent être nécessaires). Les cartographies obtenues permettent-elles d'identifier des opportunités inexploitées ?

2.6 • En vous inspirant de la section 2.4.3 et du schéma 2.9, identifiez les critères particulièrement valorisés par les acheteurs dans une industrie de biens ou de services de votre choix, par exemple la téléphonie mobile ou le parfum. En utilisant vos propres estimations, construisez un canevas stratégique comparant les principaux concurrents (voir le schéma 2.9). Quelles recommandations formulez-vous pour ces concurrents ?

Exercice de synthèse

2.7 Analysez une industrie de biens ou services de votre choix en utilisant successivement l'analyse PESTEL, la construction de scénarios, le modèle des 5(+1) forces (en dressant l'hexagone sectoriel), le modèle du cycle de vie et l'identification des groupes stratégiques. Montrez en quoi cette industrie est affectée par la globalisation (voir le chapitre 8, notamment le schéma 8.2) et l'innovation (voir le chapitre 9, notamment le schéma 9.2).

Lectures recommandées

- Le grand classique de M.E. Porter, *Choix stratégiques et concurrence : techniques d'analyse des secteurs et de la concurrence dans l'industrie*, Economica, 1982, est une référence essentielle pour ceux qui souhaitent analyser l'environnement concurrentiel d'une organisation. L'ouvrage de W.C. Kim et R. Mauborgne, *Stratégie Océan Bleu*, Village Mondial, 2005, s'inscrit dans la continuité des travaux de Porter sur les espaces stratégiques et la différenciation.
- Pour des exemples pratiques d'utilisation de la plupart des outils présentés dans ce chapitre, voir A. Desreumaux, X. Lecocq et V. Warnier, *Stratégie*, Pearson Education, 2e édition, 2009, ainsi que O. Joffre, L. Plé et E. Simon (eds), *Cas en management stratégique*, EMS, 2007.
- Sur la dynamique de l'environnement, voir K. Van der Heijden, *Scenarios: The art of strategic conversation*, Wiley, 2005, et A. McGahan, *How Industries Evolve*, Harvard Business School Press, 2004.
- Sur l'évolution de la réflexion concernant la construction de scénarios ou le modèle PESTEL, voir le numéro spécial de la revue *International Studies of Management and Organization*, vol. 36, n° 3 (2006) édité par Peter McKiernan.
- Pour une analyse de l'impact de l'environnement sur les organisations, voir H. Dumez et A. Jeunemaître, *La Concurrence en Europe. De nouvelles règles du jeu pour les entreprises*, Seuil, 1991, et le livre 1 de l'ouvrage coordonné par A. Dayan, *Manuel de gestion*, Ellipse/AUF, 2e édition, 2004.
- La plupart des manuels de marketing comprennent au moins un chapitre sur la segmentation de marché. Voir par exemple P. Kotler, B. Dubois et D. Manceau, *Marketing Management*, 14e édition, Pearson, 2012.

Références

1. Cette analyse existe également sous la version simplifiée de modèle PEST. L'ajout des facteurs écologiques et légaux correspond mieux aux tendances structurelles actuelles. J.-P. Lemaire et P.-B. Ruffini, *Vers l'Europe bancaire*, Dunod, 1993, proposent une autre version, le modèle PREST (politico-réglementaire, économique et social, technologique). Il existe également une version étendue du PESTEL, le STEEPLE, qui inclut les facteurs éthiques. Pour une application du modèle PEST à l'environnement des écoles de commerce, voir H. Thomas, « An analysis of the

environment and competitive dynamics of management education », *Journal of Management Development*, vol. 26, n° 1 (2007), pp. 9-21.
2. Voir par exemple D. Bach et D. Allen, « What every CEO needs to know about nonmarket strategies », *Sloan Management Review*, vol. 51, n° 3 (2010), pp. 41-48 et J. Doh, T. Lawton et T. Rajwani, « Advancing nonmarket strategy research: institutional perspectives in a changing world », *Academy of Management Perspectives*, vol. 26, n° 3 (2012), pp. 22-38.
3. Voir R.A. Slaughter, « Looking for the real megatrends », *Futures*, vol. 25, n° 8 (1993), pp. 823-849.
4. Voir A. Grove, *Seuls les paranoïaques survivent*, Village Mondial, 2004.
5. Sur les signaux faibles, voir S. Mendonca, G. Caroso et J. Caraca, « The strategic strength of weak signals », *Futures*, vol. 44, n° 3 (2012), pp. 218-228 et P. Schoemaker et G. Day, « How to make sense of weak signals », *Sloan Management Review*, vol. 50, n° 3 (2009), pp. 81-89.
6. Pour une discussion sur la construction de scénarios en pratique, voir R. Ramirez, R. Osterman et D. Gronquist, « Scenarios and early warnings as dynamic capabilities to frame managerial attention », *Technological Forecasting and Strategic Change*, vol. 80 (2013), pp. 825-838. Sur la manière dont la construction de scénarios s'articule avec d'autres outils tels que l'analyse PESTEL, voir G. Burt, G. Wright, R. Bradfield et K. Van der Heijden, « The role of scenario planning in exploring the environment in view of the limitations of PEST and its derivatives », *International Studies of Management and Organization*, vol. 36, n° 3 (2006), pp. 50-76. Il existe également une riche tradition française de réflexion prospective, qui s'exprime notamment au travers de la revue *Futuribles* ou des écrits de Michel Godet. Voir par exemple M. Godet, *Manuel de prospective stratégique*, 2 tomes, Dunod, 2007.
7. Outre les références 2 ci-dessus, voir P. Shoemaker, « Scenario Planning: a tool for strategic thinking », *MIT Sloan Management Review*, vol. 36, n° 2 (1995), pp. 25-34.
8. Voir M.E. Porter, Choix stratégiques et concurrence : techniques d'analyse des secteurs et de la concurrence dans l'industrie, Economica, 1982.
9. Voir M. Porter, référence 8 ci-dessus, chapitre 1. Pour une actualisation du modèle des 5(+1) forces de la concurrence, voir M. Porter, « The five competitive forces that shape strategy », *Harvard Business Review*, vol. 86, n° 1 (2008), pp. 58-77, C. Christensen, « The past and future of competitive advantage », *Sloan Management Review*, vol. 42, n° 2 (2001), pp. 105-109, ainsi que le chapitre de F. Fréry « Michael Porter : Structures industrielles, positionnement stratégique et avantage concurrentiel » dans l'ouvrage coordonné par T. Loilier et A. Tellier, *Les Grands Auteurs en stratégie*, EMS, 2007.
10. Cet exemple est tiré de H. Dumez et A. Jeunemaître, La Concurrence en Europe. De nouvelles règles du jeu pour les entreprises, Seuil, 1991.
11. Voir D. McIntyre et M. Subramarian, « Strategy in network industries: a review and research agenda », *Journal of Management*, vol. 35 (2009), pp. 1494-1512.
12. Sur la notion d'hypercompétition, voir R. D'Aveni et R. Gunther, *Hypercompétition*, Vuibert, 1995.
13. Voir A. Malhotra et A. Gupta, « An investigation of firms' responses to industry convergence », *Academy of Management Proceedings* (2001), pp. G1-6.
14. Voir A. Brandenburger et B. Nalebuff, « The right game: use game theory to shape strategy », *Harvard Business Review*, vol. 73, n° 4 (1995), pp. 57-71.
15. Voir le numéro spécial de la *Revue Française de Gestion*, vol. 33, n° 76 (2007) consacré à la coopétition et notamment l'article de G. Dagnino, F. Le Roy et S. Yami, « La dynamique des stratégies de coopétition », pp. 87-98. Voir également K. Walley, « Coopetition: an introduction to the subject and an agenda for research », *International Studies of Management and Organization*, vol. 37, n° 2 (2007), pp. 11-31. Sur les risques liés aux relations complémentaires, voir D. Yoffie et M. Kwak, « With friends like these », *Harvard Business Review*, vol. 84, n° 9 (2006), pp. 88-98.
16. Sur les écosystèmes d'affaires, voir J. Moore, « Predators and Prey: a new ecology of competition », *Harvard Business Review*, vol. 71, n° 3 (1993), pp. 75-86, ainsi que le dossier spécial de la *Revue Française de Gestion*, coordonné par F. Fréry, A. Gratacap et T. Isckia, vol. 38/222, avril 2012.
17. Sur la nature statique du modèle de Porter, voir M. Grundy, « Rethinking and reinventing Michael Porter's five forces model », *Strategic Change*, vol. 15 (2006), pp. 213-229.
18. Sur la pertinence du modèle du cycle de vie, voir S. Klepper, « Industry life cycles », *Industrial and Corporate Change*, vol. 6, n° 1 (1996), pp. 119-143. Voir également A. McGahan, « How industries evolve », *Business Strategy Review*, vol. 11, n° 3 (2000), pp. 1-16.
19. Sur les industries qui ne suivent pas l'évolution prévue par le modèle du cycle de vie (industries ressuscitées, industries dématurées, industries éternellement émergentes), voir le chapitre de F. Fréry, « Les produits éternellement émergents :

l'exemple de la voiture électrique », dans l'ouvrage coordonné par A. Bloch et D. Manceau, *De l'idée au marché*, Vuibert, 2000.
20. Voir A. McGahan, référence 18.
21. Voir G. Leask et D. Parker, « Strategic groups, competitive groups and performance within the U.K. pharmaceutical industry: improving our understanding of the competitive process », *Strategic Management Journal*, vol. 28, n° 7 (2007), pp. 723-745, ainsi que W. Desarbo, R. Grewal et R. Wang, « Dynamic strategic groups: deriving special evolutionary paths », *Strategic Management Journal*, vol. 30, n° 8 (2009), pp. 1420-1439.
22. Les caractéristiques présentées dans le schéma 2.7 sont celles proposées par Porter (voir référence 8).
23. La notion de segmentation en relation avec le management stratégique est examinée par M.E. Porter dans *L'Avantage concurrentiel : comment devancer ses concurrents et maintenir son avance*, InterÉditions, 1986, chapitre 7. Voir également la discussion sur la segmentation des marchés dans P. Kotler, B. Dubois et D. Manceau, *Marketing Management*, 14e édition, Pearson Education, 2012.
24. C. Kim et R. Mauborgne, « How strategy shapes structure », *Harvard Business Review*, vol. 87, n° 9 (2009), pp. 72-80.

Étude de cas

Une nouvelle page pour la publicité

Le 28 juillet 2013, le directeur général d'Omnicom, John Wren, et le président de Publicis, Maurice Lévy, annoncèrent la fusion de leurs deux entreprises, respectivement numéro deux et trois mondiales de la publicité. Avec un chiffre d'affaires cumulé de 17,7 milliards d'euros en 2012 et près de 40 % du marché publicitaire aux États-Unis, la nouvelle entité ainsi créée, baptisée Publicis Omnicom Group, deviendrait le plus gros groupe de publicité mondial, devant le Britannique WPP. L'opération fut autorisée par les autorités de la concurrence américaines et européennes dans les mois qui suivirent, ce qui laissait entrevoir une réalisation effective pour mi-2014. Cette fusion n'était qu'un nouvel épisode du bouleversement que connaissait l'industrie de la publicité au milieu des années 2010.

Les agences de publicité étaient en effet confrontées à une série de défis inédits. Les marchés historiques et les méthodes établies, développés pour la plupart en Amérique du Nord et en Europe de l'Ouest suite à l'émergence de la société de consommation au XXe siècle, étaient radicalement remis en cause.

L'industrie devait faire face à deux évolutions qui bouleversaient sa dynamique et ses structures. La première était l'irruption de nouveaux acteurs tels que Google et Yahoo!, qui captaient une part croissante des budgets publicitaires. La seconde était un basculement des marchés vers de nouvelles zones géographiques. Tout cela réduisait les budgets publicitaires alloués par les clients aux agences historiques, ce qui attisait leur rivalité concurrentielle. La fusion entre Omnicom et Publicis résultait notamment de ces tendances.

Le modèle économique de la publicité

Traditionnellement, la tâche des agences de publicité consistait, au nom de leurs clients (les annonceurs), à cibler une audience spécifique afin de la convaincre de consommer un produit ou un service. Pour cela, les agences communiquaient sur les marques de leurs clients au travers de toute une série de supports. La marque permettait aux consommateurs de différencier les offres, et c'était aux agences de publicité de la positionner de telle manière qu'elle soit associée avec les attributs et les fonctions valorisées par la cible. Il pouvait s'agir de marques grand public (par exemple L'Oréal, Coca-Cola ou Toyota) ou de marques ciblant des entreprises (par exemple Airbus, IBM ou KPMG). Certaines marques s'adressaient à la fois aux consommateurs et aux entreprises (par exemple Apple ou Microsoft).

Outre les entreprises privées, la clientèle des agences de publicité comprenait aussi les pouvoirs publics, qui allouaient d'importants budgets pour accompagner leurs politiques de santé, d'éducation ou de sécurité routière (« Boire ou conduire, il faut choisir »). Le gouvernement britannique avait ainsi dépensé 285 millions de livres en publicité en 2012. Les associations, les partis politiques, les syndicats, voire les églises utilisaient également la publicité pour attirer des donateurs, recruter des adhérents ou véhiculer divers messages. Ces différents clients représentaient environ 3 % des dépenses publicitaires mondiales.

Les agences se comportaient effectivement comme des « agents » : c'est au nom de leurs clients qu'elles plaçaient les publicités dans les

Étude de cas

médias (télévision, presse, radio, Internet, etc.). Les annonceurs faisaient appel aux agences pour bénéficier de leur savoir-faire, de leurs compétences, de leur créativité et de leur expérience. Les agences se rémunéraient généralement au travers d'honoraires proportionnels au temps passé à concevoir les campagnes de publicité, plus une commission sur les services et les médias achetés au nom des clients. Cependant, depuis quelques années, de grands annonceurs tels que Coca-Cola ou Procter & Gamble instauraient un nouveau modèle, dans lequel la rémunération de l'agence était fonction du résultat de la campagne, mesuré par toute une série d'indicateurs (croissance des ventes, part de marché, etc.).

Afin d'éviter d'éventuels conflits d'intérêts, la fusion entre Publicis et Omnicom laissait entrevoir une recomposition de leur portefeuille de clients. Omnicom s'occupait en effet des campagnes de Pepsi, alors que Publicis travaillait pour Coca-Cola. De même, Omnicom gérait le budget d'Apple et de Microsoft, et Publicis celui de Samsung et de Google.

La croissance de l'industrie

Au cours des deux précédentes décennies, le montant global investi en publicité avait très fortement augmenté. Pour l'année 2012, il était estimé à plus de 165 milliards de dollars rien qu'aux États-Unis et à 483 milliards au niveau mondial. Même si la crise avait provoqué un recul temporaire, notamment en Europe, on estimait que le marché dépasserait les 560 milliards en 2015. En 2013, l'indice Dow Jones spécialisé dans les agences de médias (qui comptait notamment les grandes agences de publicité) avait augmenté 20 % plus vite que la moyenne de la Bourse de New York. Le marché mondial de la publicité avait ainsi connu une croissance de 3,5 % en 2012 et de 3,9 % en 2013, mais on s'attendait à une croissance de 5,6 % en 2015.

Au sein de cette croissance générale, l'équilibre du marché publicitaire connaissait cependant de fortes évolutions. Des régions négligeables en termes d'investissement publicitaire à la fin du XXe siècle prenaient une importance croissante, notamment les BRICS, mais aussi le Moyen-Orient et l'Afrique du Nord. On avait ainsi vu apparaître des agences spécialisées dans le marketing islamique, qui veillaient à véhiculer des messages respectueux des convictions des consommateurs musulmans. L'analyse des tendances futures montrait l'émergence de marques de grande consommation dans des régions du monde où les investissements publicitaires étaient encore embryonnaires (voir le tableau 1). On estimait au total que les marchés émergents contribueraient à 63 % de la croissance des investissements publicitaires entre 2012 et 2015, ce qui ferait passer leur poids de 34 à 38 % du total. En 2013, la Chine et le Brésil faisaient déjà partie des six premiers marchés mondiaux, et il était prévu que la Russie les rejoigne dans les dix premiers avant 2015.

En termes d'industries, sept des vingt plus gros annonceurs mondiaux étaient des constructeurs automobiles. Cependant, les deux entreprises dont les budgets publicitaires étaient les plus élevés étaient Procter & Gamble et Nestlé, suivis par Samsung. L'automobile, l'agroalimentaire, la santé, les cosmétiques, la distribution, les télécommunications et le divertissement figuraient parmi les vingt principaux clients de la publicité. Les marques globales étaient celles qui dépensaient le plus : les 100 plus gros annonceurs représentaient environ 50 % des dépenses publicitaires mondiales.

La concurrence

Il existait toutes sortes d'agences publicitaires, depuis de minuscules boutiques d'une ou deux personnes (qui sous-traitaient l'essentiel de leur activité à des créatifs indépendants), jusqu'à des groupes mondiaux rassemblant plus de 150 000 salariés. L'industrie avait connu une phase de concentration qui avait donné naissance à des réseaux d'agences globaux (voir le tableau 2), dont les plus gros avaient leur siège à New York, Londres ou Paris. Ces réseaux multi-agences s'appuyaient sur la créativité de leurs équipes (mesurée par de nombreux classements

Tableau 1

Dépenses publicitaires par région sur les principaux supports : journaux, magazines, télévision, radio, cinéma, affichage, Internet (en millions de dollars US, conversions au taux moyen de 2009)

	2009	**2010**	**2011**	**2012**	**2013**
Amérique du Nord	156 556	160 386	164 516	169 277	175 024
Europe de l'Ouest	100 143	104 225	107 520	111 300	114 712
Asie-Pacifique	99 746	106 021	113 345	122 000	130 711
Europe de l'Est	25 402	27 095	29 243	32 284	35 514
Amérique latine	25 711	29 315	31 673	34 082	36 836
Afrique Moyen-Orient	21 220	22 654	24 150	25 941	28 044
Monde	**428 778**	**449 696**	**470 447**	**494 884**	**520 841**

Source : ZenithOptimedia, septembre 2012

Tableau 2

Les cinq plus gros réseaux d'agences publicitaires mondiaux en 2011

Nom du réseau	**Chiffre d'affaires**	**Résultat brut**	**Nombre de salariés**	**Agences et marques**
WPP (Royaume-Uni)	10,2 milliards de livres	1 429 millions de livres	158 000	JWT, Grey, Ojilvy, Young & Rubicam
Omnicom (États-Unis)	13,9 milliards de dollars	952 millions de dollars	70 600	BBDO, DDB, TBWA
Publicis Groupe (France)	5,8 milliards d'euros	600 millions d'euros	53 807	Leo Burnett, Saatchi & Saatchi, Publicis, BBH
IPG (États-Unis)	7,0 milliards de dollars	520 millions de dollars	43 500	McCann Erikson, FCB, Lowe & Partners
Havas (France)	1,6 milliard d'euros	220 millions d'euros	15 186	Havas Conseil

Source : AdAge, Omnicom, WPP, Publicis, IPG, Havas.

et trophées), leur pouvoir de négociation dans l'achat d'espaces dans les médias, leur connaissance des marchés et leur présence internationale. Certains groupes s'étaient intégrés verticalement pour proposer toute une gamme de services à leurs clients. Omnicom avait ainsi fait l'acquisition d'imprimeurs et de centres d'appel.

Derrière les géants mondiaux, les concurrents de taille moyenne s'appuyaient sur leur connaissance approfondie de certains marchés, se spécialisaient dans certains services comme le numérique, ou construisaient une réputation d'innovation et de créativité grâce à des campagnes particulièrement remarquées. Cepen-

Étude de cas

dant, elles utilisaient plus souvent des créatifs indépendants que les grands réseaux.

Beaucoup de petites agences apparaissaient et beaucoup disparaissaient. La plupart étaient fondées par d'anciens salariés des grandes agences, à l'image de Adam+Eve, issue de Young & Rubicam. Réciproquement, les grands réseaux rachetaient fréquemment des petites agences spécialisées afin d'acquérir leurs compétences, de parfaire leurs gammes de services ou de s'adresser à de nouvelles cibles. Publicis avait ainsi acquis Razorfish pour 530 millions de dollars en 2009, alors que WPP avait mis la main sur AKQA pour 540 millions de dollars en 2012. Dans les deux cas, il s'agissait pour ces réseaux historiques d'accompagner le basculement vers la publicité en ligne.

Le marché de la publicité était en effet fortement bouleversé par l'irruption des géants d'Internet tels que Google, Yahoo! ou Bing, qui utilisaient les données qu'ils récoltaient sur leurs utilisateurs pour les monétiser auprès des annonceurs. Sir Martin Sorrell, le directeur général de WPP, soulignait que les interactions de son groupe avec Google prenaient une importance croissante, au point de concurrencer les relations historiques avec les chaînes de télévision ou la presse, voire de mettre en cause le partenariat avec certains annonceurs. WPP groupe avait ainsi dépensé plus de 2 milliards de dollars avec Google en 2012 (soit un doublement en quatre ans) et 400 millions avec Facebook. Martin Sorrell qualifiait Google de « ennami », la combinaison de « ennemi » et « ami ». Google était un ami car il permettait aux agences de placer des publicités très ciblées grâce à ses puissants algorithmes, mais c'était également un ennemi car il ne partageait pas ces algorithmes avec les agences et devenait donc un concurrent potentiel en termes de connaissance des consommateurs, une compétence historique des agences. Lors de la fusion avec Omnicom, Maurice Lévy avait déclaré : « Ensemble, nous allons former un acteur important avec lequel les géants du Net vont devoir négocier. Nous voulons avoir accès à toutes les données qu'ils détiennent sur les consommateurs. » Il affichait le souhait de devenir « le 5e continent de la publicité, derrière la bande des quatre du numérique, les GAFA (Google, Apple, Facebook, Amazon) ».

Avec le développement d'Internet et de la publicité en ligne, une nouvelle espèce d'agences était apparue, à l'image de Razorfish et d'AKQA. Elles offraient toute une série de services dédiés à Internet : conception de sites, référencement sur les moteurs de recherche, réalisation de bannières, conseil. Elles étaient qualifiées d'agences car elles créaient elles aussi des campagnes et négociaient l'achat d'espaces pour leurs clients sur des sites tels que Facebook, Twitter ou YouTube. Cependant, contrairement aux médias traditionnels tels que la télévision, il était souvent impossible de négocier le prix des emplacements sur les moteurs de recherche, où tout était automatisé par des algorithmes. Le modèle économique de la publicité était donc condamné à évoluer.

La publicité en ligne voyait ses budgets augmenter bien plus vite que les autres médias, car les annonceurs constataient son efficacité (voir le tableau 3). En 2013, Google détenait 32 % des 120 milliards de dollars dépensés en publicité en ligne dans le monde, alors que Facebook et Twitter augmentaient également leur présence.

Pour autant, alors que la publicité classique était une activité soumise à des réglementations variables d'un pays à l'autre (interdiction de la promotion de certains produits comme le tabac ou l'alcool, encadrement de la publicité comparative, respect des lois sur la liberté d'expression, implantation des supports), les géants d'Internet profitaient de leur présence mondiale pour échapper à de nombreuses contraintes légales et fiscales. On estimait ainsi qu'en France ou au Royaume-Uni Google payait de 20 à 30 fois moins d'impôts qu'il aurait dû, grâce à des montages financiers complexes entre ses multiples filiales (Irlande, Pays-Bas, Bermudes). Plusieurs gouvernements européens, fortement endettés, entendaient cependant mettre fin à ces pratiques et lever une « taxe Google ».

Tableau 3

Répartition des dépenses publicitaires par support (en millions de dollars US, conversions au taux moyen de 2009)

	2009	2010	2011	2012	2013
Journaux	97 237	94 199	93 019	92 300	91 908
Magazines	43 844	43 184	42 644	42 372	42 300
Télévision	165 260	180 280	191 198	202 380	213 878
Radio	31 855	31 979	32 580	33 815	35 054
Cinéma	2 104	2 258	2 393	2 538	2 681
Affichage	28 120	29 319	30 945	32 821	34 554
Internet	54 209	61 884	70 518	80 672	91 516
Total	**422 629**	**443 103**	**463 297**	**486 898**	**511 891**

Note : les totaux sont inférieurs à ceux du tableau 1 car celui-ci inclut des dépenses pour quelques pays qui ne distinguent pas les supports.

Source : ZenithOptimedia, septembre 2012.

Si Internet était la première cause d'évolution du marché de la publicité, beaucoup d'experts estimaient que l'inévitable convergence du Web, de la télévision, des smartphones, des tablettes et des ordinateurs aurait des conséquences majeures. La publicité sur mobiles (téléphones et tablettes) était ainsi passée de 3 à 22 % de la publicité en ligne aux États-Unis entre 2011 et 2013. Google et Facebook avaient procédé à plusieurs acquisitions afin de renforcer leurs positions sur les mobiles, mais de nouvelles entreprises (comme Instagram, Vine, Snapchat, etc.) apparaissaient régulièrement, chacune cherchant à prendre une part du marché publicitaire. Parallèlement, les plateformes de co-création publicitaire du type Eyeka, qui s'appuyaient sur de larges communautés d'internautes, risquaient à terme de concurrencer les agences.

Tout cela entraînait un déplacement des compétences dans la publicité. Traditionnellement, l'industrie estimait que la créativité de quelques individus particulièrement talentueux distinguait les meilleures agences. Or, avec l'émergence de Google, ou Facebook, on pouvait se demander si la capacité à extraire les données les plus précises grâce aux algorithmes les plus pertinents n'allait pas se substituer à la créativité individuelle. Au talent des créatifs succéderait la science des analystes.

Adapté d'un cas préparé par Peter Cardwell.

Sources : *Le Monde*, 27 juillet, 2 août, 7 août, 29 septembre et 17 décembre 2013 ; ZenithOptimedia, avril 2013 et septembre 2012 ; havas.com ; interpublic.com ; wpp.com ; publicisgroupe.com ; omnicomgroup.com.

Questions

1. En utilisant le modèle PESTEL, identifiez les variables pivots dans l'industrie mondiale de la publicité en 2013, en veillant notamment aux méga tendances, aux points d'inflexion et aux signaux faibles.
2. Effectuez une analyse des 5(+1) forces de la concurrence de la publicité en 2013. Quels facteurs clés de succès en déduisez-vous ?
3. Identifiez les groupes stratégiques en présence dans l'industrie mondiale de la publicité.
4. En vous appuyant sur les analyses menées dans les trois questions précédentes, quelle stratégie conseilleriez-vous aux dirigeants de Havas ?

Chapitre 3
La capacité stratégique

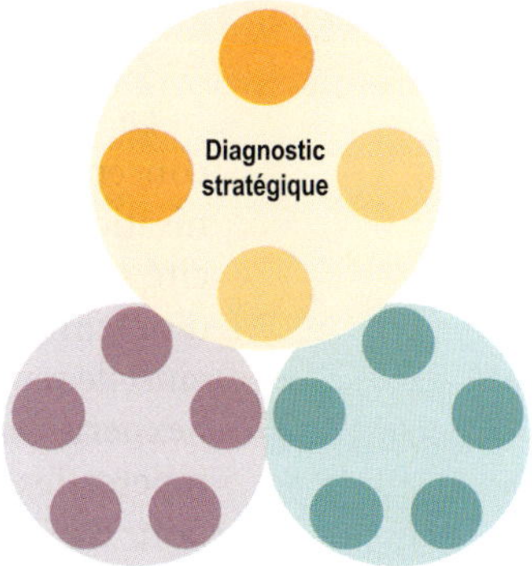

Objectifs

Après avoir lu ce chapitre, vous serez capable de :

- Décrire les différents éléments de la capacité stratégique d'une organisation en termes de ressources et de compétences.
- Montrer comment des ressources et compétences peuvent procurer un avantage concurrentiel durable grâce à leur valeur, leur rareté, leur inimitabilité et au fait que l'organisation permet de les exploiter (VRIO).
- Utiliser les outils permettant de diagnostiquer la capacité stratégique, notamment l'analyse des filières et de la chaîne de valeur, la cartographie des activités et l'étalonnage (benchmarking).
- Comprendre comment les managers peuvent développer la capacité stratégique de leur organisation.
- Résumer les points clés du diagnostic stratégique grâce à une analyse SWOT.

Concepts clés

Approche ressources et compétences p. 84, capacité stratégique p. 85, ressources p. 85, compétences p. 85, capacités dynamiques p. 87, capacités seuils p. 90, capacités distinctives p. 90, VRIO p. 91, valeur p. 91, capacité rare p. 92, capacité inimitable p. 92, organisation p. 94, connaissances organisationnelles p. 95, étalonnage p. 97, chaîne de valeur p. 99, filière p. 99, gisement de valeur p. 103, analyse SWOT p. 110, matrice TOWS p. 114.

3.1 Introduction

Dans le chapitre 2, nous avons montré que l'environnement peut influencer la stratégie d'une organisation en suscitant à la fois des menaces et des opportunités. Cependant, la structure de l'environnement n'explique pas à elle seule le succès ou l'échec stratégique : les différences entre les organisations en présence doivent également être prises en compte. Les constructeurs automobiles sont ainsi en concurrence dans la même industrie et avec le même environnement technologique. Pourtant, leurs résultats sont très différents. BMW connaît un succès continu, là où General Motors et PSA ont subi des revers financiers majeurs, alors que Saab ou Rover ont purement disparu. Ce n'est donc pas uniquement l'environnement qui conditionne les écarts de performance des concurrents en présence, mais leur *capacité stratégique* respective en termes de *ressources* et *compétences*.

Le schéma 3.1 résume les points clés de ce chapitre, qui reposent sur deux concepts sous-jacents. Premièrement, au sein d'un même environnement, les organisations ne sont pas toutes identiques : elles sont hétérogènes en termes de capacité stratégique. Deuxièmement, il peut se révéler difficile pour une organisation d'obtenir ou d'imiter la capacité d'une autre. Citroën, avec sa gamme DS, tente ainsi de reproduire le succès de BMW ou d'Audi, mais il lui sera difficile de répliquer l'expérience obtenue par des décennies de succès. Les managers doivent donc repérer les spécificités de leur organisation et voir de quelle manière les utiliser pour construire un avantage concurrentiel. Cette explication de l'avantage concurrentiel en termes de différentiel de capacité stratégique, notamment développée par Jay Barney de la Ohio State University, est généralement appelée **approche ressources et compétences**[1].

Ce chapitre comprend cinq sections :

- La section 3.2 présente les *fondements de la capacité stratégique* en distinguant notamment les notions de *ressources*, de *compétences* et de *capacités dynamiques.* Elle établit également une distinction entre les *capacités seuils* nécessaires pour intervenir sur un marché et les *capacités distinctives* qui permettent d'obtenir un avantage concurrentiel et une meilleure performance.
- La section 3.3 montre comment les capacités distinctives peuvent permettre à une organisation d'obtenir un avantage concurrentiel *durable* (ce qui correspond, dans le secteur public, à maintenir durablement le niveau de performance attendu). Pour cela, le *modèle VRIO* (valeur, rare, inimitable, organisation) est mobilisé.

Schéma 3.1 La capacité stratégique : les points clés

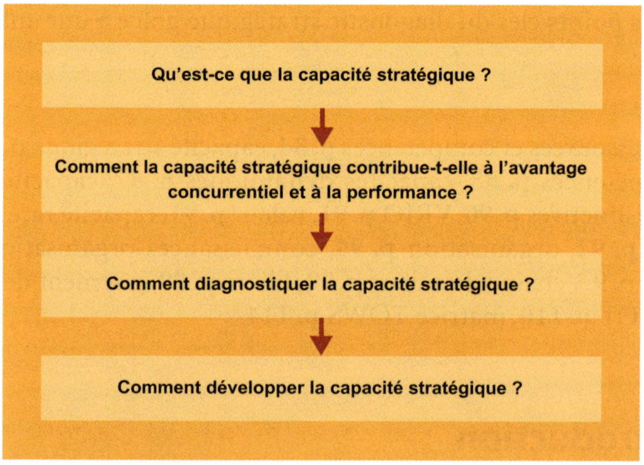

- La section 3.4 présente les outils d'analyse de la capacité stratégique. Pour cela, nous introduisons les concepts d'*étalonnage* (ou *benchmarking*), de *chaîne de valeur*, de *filière* et de *cartographie des activités.*
- La section 3.5 montre comment les managers peuvent *développer la capacité stratégique* de leur organisation en interne et en externe, au travers notamment de la gestion des ressources humaines.
- Ce chapitre se termine par la section 3.6, qui présente comment le modèle *SWOT* peut résumer l'ensemble du diagnostic stratégique, tant externe (chapitre 2) qu'interne (chapitre 3).

3.2 Les fondements de la capacité stratégique

De nombreux auteurs, consultants et managers n'emploient pas les mêmes termes et les mêmes notions pour expliquer en quoi consiste la capacité stratégique. Il est donc essentiel de clarifier notre terminologie. De manière générale, on peut définir la **capacité stratégique** d'une organisation comme l'ensemble des ressources et compétences qui contribuent à sa pérennité et à son avantage concurrentiel. Il est utile de détailler les différents constituants de la capacité stratégique : les ressources et compétences, les capacités dynamiques, les capacités seuils et les capacités distinctives[2].

3.2.1 Les ressources et compétences

La capacité stratégique comprend deux éléments : les ressources et les compétences. Les **ressources** sont les actifs qu'une organisation détient ou qu'elle est capable de mobiliser (lorsqu'ils sont détenus par des partenaires ou des fournisseurs). Les **compétences** sont les activités au travers desquelles une organisation utilise ou déploie ses ressources. De manière synthétique, les ressources sont « ce que nous avons » et les compétences, « ce que nous faisons bien ». D'autres terminologies sont utilisées. Gary Hamel et C.K. Prahalad parlent ainsi de *compétences fondamentales*, et de nombreux auteurs rassemblent sous la dénomination d'*actifs intangibles* tout à la fois les ressources intangibles (marques, connaissances, etc.) et les compétences.

Comme le montre le tableau 3.1, toute capacité stratégique incorpore des ressources et des compétences. Les ressources sont importantes en tant que telles, mais la manière dont l'organisation les utilise et les déploie l'est tout autant. Il ne servirait à rien de détenir un équipement dernier cri sans savoir l'utiliser. La valeur des ressources physiques, financières ou humaines ne dépend pas seulement de leur existence, mais également des systèmes et des processus qui permettent de les employer, des relations et de la coopération entre les individus, de leur adaptabilité, de leur capacité d'innovation, des relations avec les clients et les fournisseurs, et de l'expérience accumulée. Dans l'illustration 3.1, des dirigeants expliquent l'importance des ressources et des compétences dans leur organisation.

Tableau 3.1 Les composantes de la capacité stratégique

Capacité stratégique

Ressources : ce que nous avons		Compétences : ce que nous faisons bien
Machines, bâtiments, matières premières, produits, brevets, bases de données, systèmes d'information	Physiques	Compétences industrielles, efficience, productivité, flexibilité, marketing
Actifs, trésorerie, investisseurs	Financières	Capacité à lever des fonds et à gérer des flux de trésorerie, des créanciers, des débiteurs, etc.
Managers, employés, partenaires, fournisseurs, clients	Humaines	Comment les individus acquièrent de l'expérience, des connaissances, des savoir-faire, construisent des relations, motivent et innovent

Survie durable et avantage concurrentiel

Illustration 3.1

La capacité stratégique : quelques exemples

Des dirigeants soulignent la capacité stratégique de leur organisation.

Alstom

« Alstom a signé deux contrats d'un montant total d'environ 400 millions d'euros avec Queiroz Galvão, l'un des principaux groupes d'infrastructure au Brésil. Ces contrats concernent la fourniture, l'installation et la mise en service d'éoliennes ECO 122 au sein de deux parcs éoliens [qui] produiront suffisamment d'énergie pour approvisionner près de 600 000 habitants en électricité. Fabriquées dans l'usine Alstom de Camaçari (État de Bahia), les éoliennes ECO 122 seront livrées entre 2015 et 2017. Dotée d'un rotor de 122 m de diamètre, [l']ECO 122 constitue la plus récente évolution de la plateforme des éoliennes éprouvées ECO 100 d'Alstom (résultat de plus de 30 années d'expérience). [...] Alstom a déjà signé des contrats pour l'installation de plus de 1 700 MW d'énergie éolienne au Brésil, faisant du Groupe un des leaders sur le marché éolien du pays. Alstom construit et exploite des parcs éoliens dans le monde entier. Plus de 2 300 éoliennes sont actuellement installées ou en cours de construction dans plus de 130 parcs éoliens et produisent plus de 3 200 MW. »

Source : alstom.com.

Le Royal Opera House de Londres

Tony Hall, directeur général du Royal Opera House : « Vouloir faire partie des meilleurs mondiaux est une ambition ni vaine ni arrogante. Dans le contexte du Royal Opera House, cela repose sur la qualité de nos équipes, le niveau de nos productions et la diversité de nos initiatives. Unique ? Nous le sommes ouvertement. Il ne s'agit pas d'avoir une étiquette élitiste, toujours connotée négativement, mais je veux que mes équipes comprennent que nous faisons partie de l'élite parce que nous avons les meilleurs chanteurs, danseurs, metteurs en scène, décorateurs, musiciens, techniciens et administratifs. Nous sommes également parmi les meilleurs pour notre capacité à toucher un public aussi large et divers que possible. »

Source : rapport annuel 2005/2006, p. 11.

Infosys

Au départ simple sous-traitant informatique fondé en 1981 avec 250 dollars, l'entreprise indienne Infosys proposait en 2014 toute une gamme de services comprenant le conseil aux entreprises et en technologie, l'intégration de systèmes, l'ingénierie de produit, le développement, la maintenance et la configuration de logiciels personnalisés, les services de test et de validation indépendants, les services d'infrastructure informatique et l'externalisation des processus d'entreprise. Elle comprenait 155 000 salariés, répartis dans 67 bureaux et 69 centres de développement de par le monde. En 2011, Infosys annonça sa « stratégie 3.0 », qui consistait à mettre l'accent sur l'innovation et les logiciels à valeur ajoutée. La capacité d'innovation était centrale dans ce projet, comme le soulignait le site web de l'entreprise : « Au cœur de notre capacité d'innovation se trouve notre réseau de laboratoires, Infosys Labs, et l'état d'esprit insufflé par notre équipe de plus de 600 chercheurs. »

La nouvelle stratégie nécessitait des ressources humaines et des capacités de formation permettant d'attirer, de recruter, d'éduquer et de fidéliser des ingénieurs de haut niveau. Srikantan Moorthy, un des dirigeants, expliquait ainsi : « Nous sommes en train de recruter et de développer des talents dans les domaines du cloud, de la mobilité, du développement durable et du développement de produits. De plus, nous mettons l'accent sur les savoir-faire en termes de conseil. Tout cela est en phase avec notre stratégie 3.0. Nous valorisons l'apprentissage continu et le partage des connaissances. »

Le directeur général d'Infosys, S.D. Shibulal, expliquait la construction de la capacité de l'entreprise : « Nous continuons à investir spécifiquement sur nos compétences organisationnelles. [...] Notre stratégie 3.0 implique que nous focalisions nos acquisitions de manière à accroître nos capacités. » Infosys racheta ainsi le cabinet de conseil suisse Lodestone en septembre 2012 : « Un point clé de notre stratégie 3.0 est d'étendre notre activité de conseil et d'intégration de systèmes. Cette acquisition s'inscrit parfaitement dans notre stratégie. »

Sources : *Financial Times*, 13 août et 11 septembre 2012 ; infosys.com ; skillingindia.com.

Questions

1. En vous référant à la section 3.2 et au tableau 3.1, identifiez les types de capacités décrites dans chacun de ces exemples.
2. Parmi ces capacités, lesquelles vous semblent particulièrement importantes pour obtenir un avantage concurrentiel durable, et pourquoi ?
3. Répondez aux deux questions ci-dessus pour une organisation de votre choix.

3.2.2 Les capacités dynamiques[3]

Si elle doit procurer un avantage concurrentiel durable, une capacité stratégique ne peut pas être statique : elle doit évoluer au cours du temps. David Teece, économiste à l'université de Berkeley, a introduit le concept de **capacités dynamiques**, qui désigne l'aptitude d'une organisation à renouveler et à recréer sa capacité stratégique afin de répondre aux exigences d'un environnement mouvant. Il affirme que ce qui est nécessaire à une exploitation efficiente, par exemple la possession d'actifs tangibles, le contrôle des coûts, le maintien de la qualité, ou l'optimisation des stocks, ne suffit pas à assurer une performance durable[4]. Ces *capacités ordinaires* permettent aux entreprises de continuer à proposer les offres existantes aux clients habituels, mais elles ne suffisent pas pour assurer la pérennité et le maintien de l'avantage concurrentiel dans le futur. De plus, il souligne que Dorothy Leonard-Barton, de l'université de Harvard, montre que les capacités qui ne sont plus en phase avec l'environnement concurrentiel peuvent devenir des *rigidités*[5]. Nous reviendrons sur ce point dans le chapitre 5. Le point important ici est donc qu'une capacité doit évoluer au cours du temps.

En d'autres termes, Teece estime que toute capacité stratégique peut finir par être imitée par les concurrents jusqu'à devenir une pratique courante dans l'industrie, ou qu'elle peut être frappée d'obsolescence si le contexte change. Par conséquent, pour être efficaces dans la durée, les capacités doivent changer. Elles ne peuvent pas être statiques. Les capacités dynamiques sont celles qui correspondent à ce changement stratégique : elles permettent de créer, d'étendre ou de modifier les capacités opérationnelles de l'organisation. Teece suggère qu'il existe trois grands types de capacités dynamiques :

- *Repérer*. Les organisations doivent constamment rechercher, détecter et explorer des opportunités au travers de divers marchés et technologies. La recherche et développement ou l'étude de marché sont typiquement des activités de repérage. Les entreprises qui produisent des systèmes d'exploitation pour ordinateurs, comme Microsoft, ont clairement repéré les opportunités et les menaces suscitées par le développement des smartphones et des tablettes.
- *Saisir*. Une fois qu'une opportunité est repérée, elle doit être saisie et se traduire par le développement de nouvelles offres, de nouveaux processus ou de nouvelles activités. Microsoft a ainsi saisi une opportunité en développant sa propre gamme de tablettes, Surface, et en acquérant le fabricant de mobiles Nokia.
- *Reconfigurer*. Saisir une opportunité peut impliquer la reconfiguration et le renouvellement de capacités organisationnelles existantes et l'investissement dans de nouveaux marchés, de nouvelles technologies, etc. La réorientation de Microsoft dans les tablettes et les smartphones s'est ainsi traduite par une profonde reconfiguration de ses capacités stratégiques : il a fallu en abandonner, en acquérir, en construire et en recombiner.

Cette typologie correspond tout à fait à la structure de cet ouvrage (voir le schéma 1.3) : donner du sens concerne le diagnostic stratégique, saisir les opportunités relève des choix stratégiques, et la reconfiguration est indissociable du déploiement stratégique. L'illustration 3.2 donne un exemple de capacités dynamiques dans le contexte de la téléphonie mobile.

Le développement de nouveaux produits et la planification stratégique sont des exemples typiques de capacités dynamiques : ils impliquent des activités destinées à repérer et à saisir des opportunités afin de reconfigurer les capacités opération-

Illustration 3.2

Capacités dynamiques (et rigidités) dans la téléphonie mobile

Les capacités dynamiques peuvent aider les entreprises à repérer et à saisir les opportunités, de manière à reconfigurer leurs capacités opérationnelles face à un environnement mouvant.

Les acteurs de la téléphonie mobile s'appuyaient sur des capacités dynamiques pour s'adapter à un environnement particulièrement mouvant. Comme on peut le constater sur le tableau, ils avaient identifié et évalué de nouvelles opportunités (repérer), exploité ces opportunités avec de nouveaux produits (saisir) et renouvelé et redéployé leurs capacités en conséquence (reconfigurer).

Les pionniers de la téléphonie mobile, Ericsson et Motorola, avaient réussi à repérer et à saisir un marché alors inconnu. Ils avaient investi ce marché en recombinant et en redéployant leurs capacités en radio et en téléphonie. Cependant, ils restèrent bloqués sur ces capacités historiques et furent suivis par Nokia. Nokia avait repéré de nouvelles opportunités en remarquant que le design et les fonctionnalités des téléphones ne correspondaient pas aux attentes du grand public. L'entreprise saisit ces nouvelles opportunités en offrant des produits attirants et plus fonctionnels, grâce à ses capacités en design et en étude de comportement des consommateurs. Finalement, Apple, riche d'une longue tradition dans les produits de grande consommation, repéra à son tour des opportunités : la plupart des téléphones – y compris les smartphones qui venaient d'apparaître – conservaient une interface complexe et peu intuitive, avec des capacités multimédias limitées. Apple saisit ces opportunités en introduisant un smartphone doté d'une interface simple et intuitive, associé à une plateforme de services complémentaires tels que l'App Store et iTunes. Apple s'appuya sur une combinaison de ses capacités existantes en design, en logiciels et en marketing, et développa de nouvelles capacités en téléphonie.

Même si les capacités dynamiques des entreprises de téléphonie mobile les ont aidées à s'adapter, elles n'ont pas constitué une garantie de succès pérenne. En effet, elles se traduisent par la création de capacités opérationnelles qui risquent de devenir des rigidités lorsque les marchés et les technologies évoluent de nouveau. Si les capacités dynamiques ne permettent pas de détecter et de contourner ces rigidités, des concurrents qui n'en souffrent pas peuvent émerger et s'emparer de l'industrie.

Questions

1. Quels types de capacités dynamiques pourraient aider les entreprises à ne pas rester bloquées par leurs anciennes capacités opérationnelles ?
2. Quelles pourraient être les futures opportunités dans la téléphonie mobile ? Comment pourraient-elles être repérées et saisies ? Quels types de capacités ordinaires pourraient leur correspondre ?

nelles. La prolifération des implantations par une chaîne comme Starbucks constitue un autre exemple de capacité dynamique par extension des capacités opérationnelles[6]. Les capacités dynamiques peuvent également prendre la forme de systèmes relativement formels tels que le recrutement, la formation professionnelle ou la coopération avec d'autres organisations (alliances, partenariats, fusions, acquisitions), qui se traduisent généralement par le développement de nouvelles compétences[7].

Teece souligne cependant que les capacités dynamiques reposent généralement sur des *micro-fondations organisationnelles*[8], c'est-à-dire des aspects peu formalisés, tels que la manière spécifique de prendre des décisions, la nature des relations interpersonnelles, l'existence d'un esprit entrepreneurial, voire la place laissée aux intuitions. Cela met en lumière le comportement et l'importance des croyances, des relations sociales et de l'expérience dans la gestion des capacités, qui seront étudiées dans l'avant-dernière section de ce chapitre (la section 3.5).

Entreprises	Période approximative	Produits	Repérer	Saisir	Reconfigurer
Ericsson (d'abord en Europe) **Motorola** (d'abord aux États-Unis)	Milieu des années 1980 - fin des années 1990	Téléphones mobiles	Besoin de téléphones mobiles. Les téléphones fixes n'offraient pas la mobilité.	Créer le premier système de téléphonie mobile et les terminaux correspondants.	Créer un nouveau marché de la téléphonie mobile. Acquérir et construire des capacités en téléphonie mobile.
Nokia	Fin des années 1990 -début des années 2000	Téléphones mobiles fonctionnels et attractifs	Besoin de téléphones mobiles au design attractif. Les terminaux existants restaient trop proches de leurs ancêtres, les téléphones de voiture. Leur design était peu étudié et leur maniement, complexe.	Améliorer le téléphone mobile en offrant une expérience plus riche en termes de design et de fonctionnalités.	Entrer sur le marché de la téléphonie mobile. Acquérir et construire des capacités en téléphonie. Construire des capacités en marketing et en design.
Apple	Fin des années 2000	Smartphones multimédias dotés d'une interface évoluée, reposant sur un écosystème d'applications	Besoin de smartphones dotés de fonctions multimédias. Les smartphones existants conservaient une interface complexe et peu intuitive, avec des fonctionnalités limitées.	Améliorer les smartphones en incluant une interface intuitive et des fonctionnalités multimédias, reposant sur un écosystème d'applications.	Entrer sur le marché de la téléphonie mobile. Acquérir des capacités en téléphonie mobile et les recombiner avec les capacités existantes en design et en logiciels. Coopérer avec les maisons de disques et les concepteurs d'apps.

En bref, les capacités stratégiques incluent à la fois des capacités opérationnelles et des capacités dynamiques. Les secondes peuvent modifier les premières lorsque l'environnement le nécessite. Cependant, étant donné que les capacités dynamiques consistent à dépasser – voire à supprimer – les capacités opérationnelles, il est souvent difficile d'arbitrer entre ces deux dimensions au sein d'une même organisation. Cette tension fait écho au dilemme exploration/exploitation qui sera discuté dans le chapitre 14.

3.2.3 Les capacités seuils et les capacités distinctives

Il est important de distinguer les capacités (et donc les ressources et compétences) qui ne constituent qu'un niveau minimal nécessaire pour intervenir sur un marché et celles qui au contraire permettent à l'organisation d'obtenir un avantage concurrentiel.

Les **capacités seuils** sont celles qui sont indispensables pour pouvoir intervenir sur un marché donné, à parité avec les concurrents établis. En leur absence, une organisation serait incapable de survivre sur ce marché. Beaucoup de structures entrepreneuriales sont dans ce cas : elles ne possèdent pas et n'ont pas les moyens d'acquérir les ressources et compétences qui leur permettraient d'affronter les concurrents établis. Cependant, identifier les capacités seuils est tout aussi important pour les entreprises établies. Les capacités seuils peuvent inclure des *ressources seuils*, requises pour répondre aux exigences minimales des clients. Les chaînes de grande distribution exigent ainsi de leurs fournisseurs des équipements informatiques et logistiques de plus en plus perfectionnés, en l'absence desquels il n'est plus possible d'être référencé par leur centrale d'achat. De la même manière, il existe des *compétences seuils*, nécessaires au déploiement de certaines ressources. Pour reprendre le même exemple, un distributeur n'exige pas seulement que ses fournisseurs s'équipent d'une infrastructure informatique, il leur impose également de savoir la maîtriser, de manière à garantir un certain niveau de service.

L'identification et la gestion des capacités seuils constituent une préoccupation récurrente, car le niveau seuil de capacité tend à augmenter au cours du temps, en fonction de l'évolution des *facteurs clés de succès* (voir la section 2.5), notamment du fait de la pression de la concurrence, de l'influence des nouveaux entrants et des progrès technologiques. Toujours dans le cas de la grande distribution, les exigences imposées aux fournisseurs étaient moindres il y a une décennie qu'elles ne le sont aujourd'hui : la volonté des distributeurs de réduire leurs coûts, d'améliorer leur efficience et d'assurer la disponibilité de leurs produits s'est traduite par une pression accrue sur leurs approvisionnements. Ne serait-ce que pour pouvoir se maintenir sur le marché, les fournisseurs doivent donc impérativement améliorer continuellement leurs ressources et compétences.

Même si les capacités seuils sont extrêmement importantes, elles ne génèrent pas par elles-mêmes un avantage concurrentiel ni de meilleures performances. L'avantage concurrentiel provient du fait que l'organisation détient et maintient des **capacités distinctives** que les clients valorisent et que les concurrents ne parviennent pas à imiter. Il peut s'agir de *ressources distinctives* qui sous-tendent l'avantage concurrentiel, et que les concurrents ne peuvent ni imiter ni obtenir, par exemple une marque réputée. L'avantage concurrentiel peut également reposer sur des *compétences distinctives*, c'est-à-dire des manières d'agir spécifiques, valorisées par les clients et que les concurrents auront des difficultés à obtenir ou à imiter. Gary Hamel et C.K. Prahalad affirment que les compétences les plus distinctives sont celles qui résultent de la *combinaison* de savoir-faire et de technologies plutôt que d'un savoir-faire ou d'une technologie donnés. Ils utilisent pour les désigner la terminologie de compétences fondamentales[9]. Il s'agit ici de mettre l'accent sur les liens entre savoir-faire, ressources et activités.

L'avantage concurrentiel d'un fournisseur de la grande distribution peut ainsi reposer sur une ressource distinctive telle qu'une marque particulièrement appréciée des consommateurs, mais aussi sur une compétence distinctive telle que la construction de relations étroites avec les distributeurs, grâce à une combinaison de produits, de services et d'interactions, d'une manière que ses concurrents auront du mal à imiter. La section 3.3 examine plus en détail le rôle des ressources et compétences distinctives dans la construction d'un avantage concurrentiel durable. La section 3.4 est plus spécifiquement consacrée à l'importance des liens entre les activités.

3.3 Le VRIO d'une capacité stratégique

Comme nous l'avons vu dans la section précédente, les capacités distinctives sont nécessaires à l'obtention d'un avantage concurrentiel et d'une performance économique supérieure. Les capacités seuils permettent d'égaler les concurrents, mais pas d'obtenir un avantage. Comme nous l'avons vu, pour dégager des profits plus importants, l'organisation doit être différente de ses concurrents : soit elle fait autre chose, soit elle fait la même chose mais d'une autre manière. Cette section présente quatre critères permettant de déterminer si une capacité est distinctive, c'est-à-dire à même de procurer un avantage concurrentiel : sa valeur, sa rareté, son inimitabilité et le fait que l'organisation permet de bien l'exploiter (**VRIO**)[10]. Le schéma 3.2 présente ces quatre dimensions et les questions qu'elles soulèvent.

3.3.1 V – La valeur d'une capacité stratégique

Toute organisation qui cherche à construire un avantage concurrentiel doit impérativement répondre aux attentes de ses clients. La création de valeur pour les clients peut sembler un point évident, mais dans la pratique on le néglige trop souvent, pour se préoccuper avant tout d'efficience opérationnelle, de réduction des coûts ou de rentabilité pour les actionnaires. De manière très générale, la **valeur** d'une offre est le prix qu'un client est prêt à payer pour l'obtenir.

Les managers sont parfois tentés d'affirmer que certaines capacités distinctives de leur organisation présentent une valeur du simple fait qu'elles sont sans équivalent dans la concurrence. C'est une erreur : détenir des ressources et compétences différentes de celles des concurrents ne procure en soi aucun avantage concurrentiel. Il est inutile de posséder des capacités qui sont sans valeur aux yeux des clients. Pour être réellement qualifiée de stratégique, une capacité doit permettre d'obtenir ce que les clients valorisent en termes de produits ou services. Le modèle de la chaîne de valeur (voir la section 3.4.2) et la cartographie des activités (voir la section 3.4.3) permettent d'identifier quelles sont les activités les plus génératrices de valeur.

Cependant, une offre génératrice de valeur doit être obtenue à un coût qui permet à l'organisation de dégager une marge. Une capacité stratégique peut donc procurer un avantage concurrentiel uniquement si elle génère une *valeur supérieure à ses coûts*.

Schéma 3.2 Le VRIO

V	**Valeur :** la capacité génère-t-elle une valeur pour les clients ?
R	**Rareté :** la capacité n'est-elle détenue que par un nombre limité de concurrents ?
I	**Inimitabilité :** les concurrents éprouvent-ils des difficultés à imiter la capacité ?
O	**Organisation :** l'organisation permet-elle de bien exploiter la capacité ?

3.3.2 R – La rareté d'une capacité stratégique

Si les concurrents possèdent des capacités identiques, ils peuvent répondre rapidement aux manœuvres stratégiques de chacun. C'est ce qu'on peut constater dans l'industrie automobile, où tous les nouveaux équipements proposés par les uns (aide au stationnement, systèmes multimédias connectés, etc.) sont très rapidement proposés par les autres, dès qu'il est avéré que les clients les valorisent. À l'inverse, une **capacité rare** n'est possédée que par quelques organisations. L'avantage concurrentiel obtenu grâce à une capacité rare peut se révéler beaucoup plus durable.

Certaines organisations disposent ainsi de marques protégées ou de technologies brevetées, ce qui leur procure un réel avantage mais les oblige à attaquer les contrefacteurs en justice. Dans les organisations de services, les ressources uniques peuvent prendre la forme d'individus particulièrement talentueux (chirurgiens, professeurs, avocats, etc.) que les concurrents tenteront nécessairement d'attirer et qu'il faudra donc retenir au prix fort. De fait, si une organisation appuie sa performance sur quelques individus particulièrement talentueux, elle court un risque considérable. Certaines bibliothèques disposent d'ouvrages uniques qui ne sont disponibles nulle part ailleurs. De même, les distributeurs qui bénéficient d'une localisation privilégiée, comme les stations-service situées sur les aires d'autoroutes, peuvent pratiquer des prix supérieurs à la moyenne. L'avantage concurrentiel peut également reposer sur des compétences rares, comme des années d'expérience dans la construction de relations avec certains clients clés. Quoi qu'il en soit, dans tous les cas, il est dangereux de considérer que des ressources ou des compétences rares vont durablement le rester. La rareté peut être seulement temporaire.

3.3.3 | – L'inimitabilité d'une capacité stratégique

Pour procurer un avantage concurrentiel, les capacités stratégiques doivent être à la fois rares et valorisées par les clients, mais cela ne suffit pas. L'obtention d'un avantage concurrentiel durable implique également que les capacités soient inimitables. Une **capacité inimitable** est difficile à obtenir ou à copier par les concurrents. Si une organisation détient par exemple un avantage concurrentiel du fait de ses compétences commerciales, elle ne peut le préserver qu'à la condition que ses concurrents soient incapables de les imiter, de les obtenir ou de les remplacer par d'autres, ou que le coût que cela supposerait soit supérieur aux gains espérés. Le plus souvent, les barrières à l'imitation reposent sur des interactions organisationnelles complexes entre activités, savoir-faire et individus.

Il est très peu probable que l'avantage concurrentiel repose sur une différence de dotation en ressources tangibles, car celles-ci peuvent le plus souvent être aisément reproduites ou acquises (des implantations géographiques clés, certaines matières premières, une marque exceptionnelle, etc. peuvent cependant être des exceptions). Le succès est avant tout déterminé par la manière dont les ressources sont déployées au sein de chacune des fonctions de l'organisation, c'est-à-dire par les compétences[11]. Par exemple, un système d'information n'améliore pas par lui-même la performance de l'organisation qui s'en équipe, car les concurrents peuvent certainement acquérir un système équivalent : c'est la manière dont elle l'utilise, notamment pour mieux répondre aux attentes de ses clients, qui sera le plus difficile à imiter. Contrairement aux actifs physiques et aux brevets, les compétences impliquent le plus souvent des liens entre activités, savoir-faire, connaissances et individus, à la fois à l'intérieur et à l'extérieur de l'organisation. Ces liens peuvent rendre les capacités particulièrement difficiles à imiter par les concurrents, pour trois principales raisons, comme nous allons le voir à présent et comme le présente le schéma 3.3.

La complexité

Les compétences fondamentales d'une organisation peuvent être difficiles à imiter du fait de leur complexité, qui peut résulter de deux causes :

- Les *liens internes.* La capacité à relier des activités internes peut parfois sous-tendre la création de valeur pour les clients. La section 3.4.3 montre comment il est possible de cartographier ces combinaisons d'activités, de manière à mieux les comprendre. Pour autant, même si un concurrent obtenait une telle cartographie, il lui serait très difficile de reproduire le niveau de complexité qu'elle décrit et les multiples interactions entre activités et décisions qu'elle suppose[12]. En effet, non seulement la cartographie obtenue peut être complexe en elle-même, mais de plus elle résulte de pratiques spécifiques, dont la mise en place a souvent nécessité des années. Des entreprises telles qu'IKEA ou Ryanair continuent ainsi à détenir un avantage concurrentiel en dépit des innombrables cas, articles et rapports qui leur ont été consacrés.
- Les *interconnexions externes.* Les organisations peuvent protéger les sources de leur avantage concurrentiel en développant des activités conjointement avec leurs clients, les plaçant ainsi en situation de dépendance. Ce type d'interconnexion est parfois appelée de la *cospécialisation.* Le fabricant de gaz industriels Air Liquide est ainsi passé de la simple vente de ses produits en volume à la gestion complète des applications de ses gaz, directement sur les sites de production de ses clients, grâce à la connaissance intime de leurs processus industriels. De la même manière, les éditeurs de logiciels peuvent obtenir un avantage concurrentiel en développant des programmes spécifiquement dédiés aux besoins de leurs clients. Si les clients sont satisfaits de ces produits sur mesure, ils en deviendront rapidement dépendants et il est peu probable qu'ils s'adressent à un autre fournisseur.

L'ambiguïté causale[13]

L'inimitabilité des compétences peut également résulter de la difficulté à différencier les raisons et les effets qui sous-tendent l'avantage concurrentiel de l'organisation. L'incapacité à distinguer ce qui est la cause du succès de ce qui en est la conséquence est appelée l'*ambiguïté causale.* L'ambiguïté peut revêtir deux formes différentes[14] :

- L'ambiguïté sur les *caractéristiques*, lorsque les causes du succès sont elles-mêmes difficiles à discerner et à saisir, du fait par exemple qu'elles reposent sur des connaissances tacites ou encastrées dans la culture de l'organisation. Le savoir-faire des acheteurs d'une grande chaîne de prêt-à-porter peut ainsi être constaté au travers des ventes obtenues année après année, tout en restant très difficile à imiter par les concurrents : de quel savoir-faire s'agit-il exactement ? Comment les acheteurs anticipent-ils la mode ? Ne la provoquent-ils pas en partie ?
- L'ambiguïté sur les *liens*, lorsque les concurrents sont incapables d'expliquer quels liens et quelles combinaisons entre activités et processus sont à l'origine des compétences fondamentales. L'expertise des acheteurs de prêt-à-porter ne réside certainement pas dans le savoir-faire d'un seul individu, ni même d'une seule fonction. Elle s'appuie certainement sur un réseau de fournisseurs, de créateurs, de cabinets de tendance et d'observateurs des phénomènes de mode. Dans certaines organisations, les managers eux-mêmes admettent qu'ils ne comprennent pas complètement quels sont les multiples liens qui génèrent de la

valeur pour les clients. Dans ce cas, il est d'autant plus difficile pour les concurrents de les imiter.

La culture et l'histoire

Les compétences qui impliquent des interactions sociales complexes et des relations interpersonnelles peuvent être très difficiles à imiter par les concurrents. Dans la plupart des organisations, les compétences sont encastrées dans la culture. La coordination entre les différentes fonctions de l'organisation se déroule de manière apparemment « naturelle », car les individus connaissent leur rôle au sein de l'ensemble, et il existe des schémas de pensée implicites sur ce qu'il convient de faire ou d'éviter. Ce phénomène peut s'observer dans les meilleurs clubs de sport, dans les équipes qui rassemblent des talents multiples, dans le fonctionnement des meilleures salles de spectacle, mais aussi dans les entreprises qui intègrent diverses activités, afin de procurer un excellent niveau de service à leurs clients.

Schéma 3.3 Les sources de l'inimitabilité d'une capacité stratégique

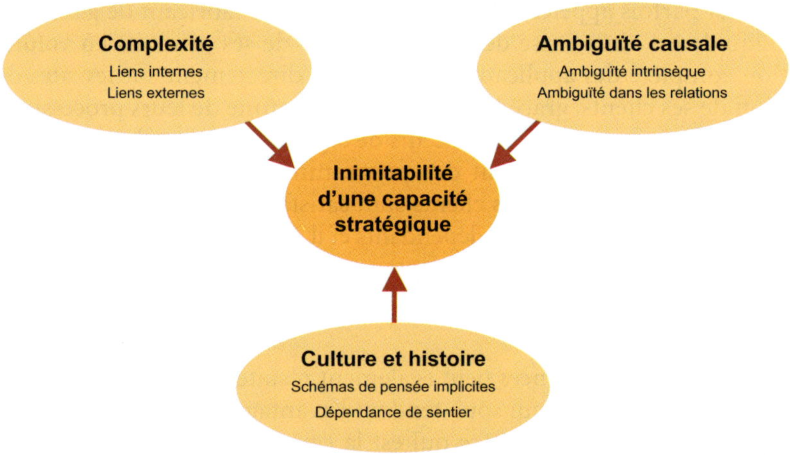

L'encastrement culturel est généralement lié au fait que les compétences se sont développées d'une certaine manière au cours du temps. La notion selon laquelle le développement est conditionné par le sillon des évolutions passées est connue sous le nom de *dépendance de sentier*[15]. Cette histoire est spécifique à chaque organisation et elle ne peut pas être imitée (voir la section 5.3.1). Pour autant, comme nous le verrons dans le chapitre 5, il existe un risque que des compétences encastrées dans la culture deviennent tellement indissociables de l'organisation qu'il soit quasiment impossible de les modifier. Elles peuvent alors devenir des rigidités.

3.3.4 O – L'organisation permet d'exploiter la capacité stratégique

Apporter de la valeur aux clients grâce à une capacité rare et inimitable permet de construire un avantage concurrentiel. Cependant, l'**organisation** doit être articulée de manière à bien exploiter cette capacité, notamment en termes de processus et de systèmes. Cela implique que pour obtenir un effet de levier maximal sur une capacité stratégique, la structure de l'organisation et ses systèmes de management formels et informels doivent faciliter son exploitation (à propos des structures et des systèmes organisationnels, voir les sections 13.1 et 13.2). La question de l'organisation est un facteur d'ajustement : un avantage concurrentiel potentiel peut être perdu si l'organisation n'est pas structurée d'une manière permettant de tirer pleinement profit d'une capacité valorisable, rare et inimitable. Cette capacité organisationnelle est parfois appelée une *capacité complémentaire*, car elle ne suffit généralement pas à elle seule à procurer un avantage concurrentiel. En revanche, elle est utile et efficace dans l'exploitation d'autres capacités stratégiques[16]. Même si une entreprise dispose de capacités valorisables, rares et inimitables, elle risque de ne pas concrétiser son avantage concurrentiel si son organisation ne lui permet pas de pleinement les exploiter.

Au total, selon l'approche par les ressources, les managers doivent s'assurer que leur organisation dispose de capacités stratégiques lui permettant d'obtenir et de préserver un avantage concurrentiel. Pour cela, ils doivent vérifier que ces capacités sont simultanément (i) génératrices de valeur, (ii) rares, (iii) inimitables et (iv) que l'organisation permet de les exploiter. Le tableau 3.2 résume le modèle VRIO et souligne l'aspect cumulatif de ses quatre dimensions. Plus une capacité stratégique répond à ces quatre critères, plus elle est à même de procurer un avantage concurrentiel. L'illustration 3.3 présente une utilisation de cette approche. La construction de capacités satisfaisant les quatre critères VRIO fait l'objet de la section 3.5.

Tableau 3.2 L'utilisation du modèle VRIO

La capacité est-elle...				
Génératrice de valeur ?	**Rare ?**	**Inimitable ?**	**Exploitée par l'organisation ?**	**Conséquences stratégiques**
Non	–	–	–	Désavantage concurrentiel
Oui	Non	–	–	Parité concurrentielle
Oui	Oui	Non	–	Avantage concurrentiel temporaire
Oui	Oui	Oui	Oui	Avantage concurrentiel durable

Source : adapté de J.B. Barney et W.S. Hesterly, *Strategic Management and Competitive Advantage*, Pearson, 2012.

3.3.5 Les connaissances organisationnelles et l'avantage concurrentiel

La combinaison de ressources et compétences peut s'analyser en termes de connaissances organisationnelles[17]. Les **connaissances organisationnelles** résultent de l'intelligence collective accumulée au travers des systèmes formels et des routines informelles d'une organisation.

Plusieurs raisons justifient l'importance des connaissances organisationnelles. Tout d'abord, au fur et à mesure que la taille et la complexité d'une organisation augmentent, la mise en commun de ce que savent ses membres devient de plus en plus difficile. Par conséquent, les organisations qui parviennent à partager leurs connaissances peuvent en faire un avantage concurrentiel. Des systèmes d'information permettent de codifier les connaissances génératrices de valeur (qu'elles relèvent de la technologie, de la finance ou des marchés). Cependant, ces systèmes d'information ne sont pas rares : plusieurs prestataires en proposent. Ce n'est donc pas au travers de ces processus codifiés qu'une organisation sera capable de générer

Illustration 3.3

Quelles capacités distinctives pour Groupon ?

Lorsqu'une entreprise défriche un nouveau marché, elle doit s'assurer qu'elle possède des capacités stratégiques génératrices de valeur, rares, inimitables, et que son organisation lui permet de les exploiter.

Groupon fut fondé à Chicago en 2008 par Andrew Mason. Son modèle consistait à envoyer à ses adhérents des messages électroniques quotidiens incluant des coupons de réduction pour des restaurants locaux, des théâtres, des spas, etc. Groupon vendait les coupons à ses adhérents et se finançait en conservant la moitié de leur valeur. Parallèlement, Groupon agissait comme une centrale d'achat auprès des prestataires, ce qui leur assurait visibilité et clientèle. Cela lui permettait de négocier des réductions allant de 50 à 90 %. Aucune entreprise Internet n'avait connu une croissance aussi rapide que celle de Groupon : en 2010, seulement deux ans après sa création, le site rejeta une offre de rachat de Google de 6 milliards d'euros, et préféra s'introduire en Bourse en novembre 2011, ce qui la valorisa à 10 milliards.

Si le modèle de Groupon attira de nombreux clients – l'entreprise s'étendit rapidement à plus de 40 pays –, il provoqua également l'apparition de centaines, puis de milliers de sites équivalents. Les investisseurs commencèrent à s'interroger sur le modèle économique de Groupon : l'entreprise possédait-elle des capacités rares et inimitables ? En 2012, dans le *Wall Street Journal*, le directeur général de Groupon, Andrew Mason, réfuta l'idée que son modèle était facile à imiter :

« C'est prouvé. Il y a plus de 2 000 clones directs du modèle économique de Groupon. Pourtant, il est tout aussi prouvé qu'il leur sera extrêmement difficile de franchir les barrières du succès. Parmi tous ces concurrents, seule une poignée sont véritablement crédibles. »

Cependant, cela ne rassura pas les investisseurs et l'action de Groupon s'effondra de 80 %. La question demeurait entière : dans quelle mesure les capacités de Groupon étaient-elles rares et inimitables ? Un de ses actifs les plus indiscutables était son impressionnante base de clientèle de plus de 50 millions d'adhérents. Plus le nombre de clients était élevé, plus les réductions négociées par Groupon étaient importantes, ce qui attirait en retour de nouveaux clients. L'acquisition de clients devenait ainsi de plus en plus coûteuse pour les concurrents. Les critiques soulignaient cependant que d'autres entreprises, comme Facebook, Google ou Amazon détenaient des bases de clientèles bien plus considérables et qu'elles pouvaient devenir des concurrents. Andrew Mason répondit que son modèle ne se limitait pas au simple envoi des coupons quotidiens : pour imiter Groupon, il fallait selon lui dupliquer la totalité de sa « complexité opérationnelle » :

« On néglige la complexité opérationnelle. Nous avons 10 000 salariés dans 46 pays. Nous avons des milliers de commerciaux qui chaque jour parlent à des dizaines de milliers de prestataires. Ce n'est pas facile à construire. »

Andrew Mason mettait également en avant la plateforme technologique de Groupon, qui lui permettait de « mieux cibler les clients et leur proposer des offres plus pertinentes ». Une partie de cette plateforme, cependant, avait été obtenue par acquisition, et les concurrents pouvaient faire de même.

Si, comme le dit le proverbe, l'imitation est la plus sincère des flatteries, Groupon croulait sous les compliments. Même si en quelques mois des centaines d'imitateurs disparurent et même si Groupon réussit à battre ses plus sérieux concurrents, l'entreprise continua à subir la pression des investisseurs. En février 2013, Andrew Mason fut finalement contraint à la démission, ce qui était le signe annonciateur d'importants changements au sein de l'entreprise.

Sources : All Things Digital, 2 novembre 2012 ; *Financial Times*, 14 mai 2012 et 2 mars 2013 ; *Wall Street Journal*, 31 janvier 2012.

Questions

1. Andrew Mason admettait que Groupon avait des centaines d'imitateurs, mais il estimait qu'imiter Groupon était difficile. Qu'en pensez-vous ?
2. Évaluez les capacités stratégiques de Groupon en utilisant les critères VRIO (schéma 3.2 et tableau 3.2).
3. Quelle est la principale capacité stratégique qui procure à Groupon – ou qui pourrait lui procurer – un avantage concurrentiel durable ?

un avantage concurrentiel, mais plutôt à partir de compétences plus larges, par exemple la manière dont elle utilise les systèmes d'information, mais aussi sa capacité à s'appuyer et à renforcer l'expérience accumulée, dispersée entre ses membres et ses partenaires.

La distinction entre les *connaissances explicites* et les *connaissances tacites*, proposée par Ikujiro Nonaka et Hirotaka Takeuchi[18], permet de mieux comprendre ce mécanisme. Les *connaissances explicites* sont objectives, codifiées, transmises par des moyens formels (par exemple des systèmes d'information, des études de marché ou des évaluations annuelles). À l'inverse, les *connaissances tacites* sont personnelles, contingentes, difficiles à formaliser et à communiquer. Il peut s'agir du savoir-faire des équipes commerciales, de la créativité des équipes de R&D ou de l'expérience des dirigeants en termes de fusions et acquisitions. Ces connaissances sont non seulement spécifiques à l'organisation, mais elles sont de plus difficiles à imiter (voir la section 3.3.3). Elles résultent souvent de *communautés de pratique*[19], c'est-à-dire des groupes d'individus qui voient un intérêt mutuel dans le développement et l'échange d'informations. Ces communautés évoluent continuellement, du fait de l'accumulation de leur expérience et de la diversité de leurs membres. Tout cela renforce la complexité et l'ambiguïté causale des connaissances organisationnelles.

Beaucoup d'organisations ont tenté d'améliorer le partage des connaissances par la mise en place de systèmes d'information. Cependant, il est rapidement apparu que si certaines connaissances peuvent être codifiées et stockées dans les bases de données réunies au sein d'un intranet, il est beaucoup plus difficile de rendre compte des connaissances reposant sur les interactions sociales et les relations de confiance entre les individus.

3.4 Le diagnostic de la capacité stratégique

Jusqu'ici dans ce chapitre nous avons expliqué ce que sont la capacité stratégique et les concepts qui lui sont associés. Cette section montre à l'aide de quels outils la capacité stratégique peut être diagnostiquée.

3.4.1 L'étalonnage[20]

La capacité stratégique d'une organisation est toujours une question relative : en matière de stratégie, il n'existe pas de réussite absolue ni définitive, puisque le succès se mesure toujours par rapport aux performances des autres. L'**étalonnage** – ou *benchmarking* (de l'anglais *benchmark*, point de référence) – consiste à comparer la capacité stratégique d'une organisation avec différentes pratiques de référence, internes ou externes à son industrie.

Il existe quatre niveaux d'étalonnage :

- *L'étalonnage historique.* Il est utile de définir dans quelle mesure une organisation améliore ses performances au cours du temps, à condition de bien choisir les critères à partir desquels l'évolution historique sera analysée. Cependant, se limiter à une comparaison historique reste insuffisant : ce qui importe réellement, c'est le degré d'amélioration par rapport aux concurrents.
- *L'étalonnage interne.* On peut comparer la performance de plusieurs unités à l'intérieur d'une même organisation, afin d'étendre les bonnes pratiques locales

– notamment celles qui ont été développées dans des sites pilotes – à l'ensemble de la structure. Tout le problème consiste cependant à s'assurer qu'on compare bien des entités comparables et qu'on ne crée pas des frustrations injustifiées dans les unités qui seront considérées comme les moins performantes. Par ailleurs, on peut être confronté au refus – le plus souvent implicite, voire inconscient – que manifestent certaines unités lorsqu'on les oblige à adopter des pratiques qui leur paraissent trop éloignées de leurs spécificités. Enfin, l'étalonnage interne présente les mêmes limites que l'étalonnage historique : ce n'est qu'en se comparant à d'autres qu'on prend réellement la mesure de sa propre valeur.

- *L'étalonnage avec les concurrents.* Il est généralement très utile de compléter l'analyse historique par une comparaison avec des entreprises concurrentes ou des services publics analogues. Dans certains services publics comme les hôpitaux, les autorités de tutelle ont mis en place des procédures systématiques de comparaison permettant de définir des normes de progrès. Cependant, un des risques des normes sectorielles – que ce soit dans le secteur privé ou dans le secteur public – réside dans le fait que l'industrie dans son ensemble peut souffrir d'un niveau de performance très insuffisant, au point d'être sévèrement concurrencée par des produits ou services de substitution qui répondent mieux aux attentes des clients. En ce cas, la comparaison avec les concurrents directs n'offre que peu d'intérêt. Un autre danger d'un étalonnage purement sectoriel est que les frontières des industries peuvent s'estomper du fait de la concurrence ou de la convergence. Les chaînes de grande distribution concurrencent ainsi peu à peu les banques en proposant des prêts, des cartes de paiement et des livrets d'épargne. Distributeurs et banquiers doivent donc incorporer cette nouvelle concurrence dans leurs normes sectorielles. Enfin, si tous les concurrents d'une même industrie s'étalonnent, cela risque d'entraîner une convergence des offres et des pratiques, nuisible à la différenciation et à l'innovation.
- *L'étalonnage avec les meilleures pratiques.* Les insuffisances de l'analyse des normes sectorielles ont poussé les organisations à rechercher des comparaisons plus larges, de manière à repérer les *meilleures pratiques* par-delà les frontières de leur industrie. Cette forme d'étalonnage permet notamment de dépasser les schémas de pensée établis dans l'organisation et dans l'industrie, jusqu'à suggérer des reconfigurations profondes de certaines activités. Southwest Airlines a ainsi réduit le temps d'escale de ses avions en s'inspirant des arrêts aux stands lors des grands prix de Formule 1[21]. De même, la division aciers pour emballage d'ArcelorMittal a transposé les procédures de réponse aux clients utilisées par British Airways, et un service de police a amélioré sa réponse aux appels d'urgence en s'étalonnant par rapport aux processus mis en place par des banques en ligne.

L'intérêt de l'étalonnage ne réside pas dans le détail mécanique des comparaisons mais dans l'impact qu'elles peuvent avoir sur les comportements. Il peut être un puissant outil de changement stratégique, permettant de vaincre les inerties et les certitudes, mais il recèle également des dangers :

- Étant donné que l'étalonnage compare les ressources et les résultats – et non les compétences –, il ne permet pas d'identifier les véritables raisons du succès ou de l'échec des organisations. Un étalonnage peut ainsi démontrer qu'une organisation est moins performante en matière de service clientèle qu'une autre, mais il n'expliquera pas pourquoi. Cependant, s'il est bien orienté, l'étalonnage peut encourager les managers à rechercher eux-mêmes ces raisons et donc à comprendre comment leurs compétences pourraient être améliorées.

- Grâce à l'étalonnage, il est possible de développer des capacités comparables à celles des organisations prises en référence, mais pas de les surpasser. De fait, l'étalonnage permet au mieux d'identifier les capacités seuils et donc d'atteindre la parité concurrentielle. Cela peut être utile pour les organisations qui présentent un désavantage concurrentiel, mais cette approche ne peut pas se substituer à la construction de véritables capacités distinctives.
- Une des plus sévères critiques adressées à l'étalonnage est qu'il conduit à une situation dans laquelle « on obtient ce que l'on mesure[22] ». L'aspect mécanique du processus peut prendre le dessus, voire déboucher sur des comportements contraires à l'objectif recherché. Les écoles de commerce sont ainsi fréquemment comparées par la presse économique, à partir de critères tels que les publications de recherche, la notoriété auprès des employeurs ou le salaire des diplômés. Cela contraint les chercheurs à publier leurs articles dans certaines revues (celles qui sont prises en compte dans le classement) et les responsables de programme à sélectionner des étudiants dont on peut prévoir (étant donné notamment leur niveau social d'origine) qu'ils auront moins de mal à atteindre les standards de salaire. Tout cela a bien peu de rapport avec la qualité de l'enseignement dispensé. Du fait du poids croissant des classements dans certaines industries (l'enseignement, la santé, la finance, le tourisme, etc.), les responsables sont ainsi tentés – voire contraints – de gérer en priorité les indicateurs et seulement accessoirement leur organisation.

3.4.2 La chaîne de valeur et la filière

La **chaîne de valeur** décrit les différentes étapes permettant à une organisation d'obtenir une offre valorisée par ses clients. La plupart des organisations s'inscrivent également dans une **filière**, c'est-à-dire dans la succession de liens interorganisationnels et d'activités nécessaires à la création d'une offre, qui va des fournisseurs de matières premières (en amont) aux clients finaux (en aval). Ces deux notions permettent de mieux comprendre la capacité stratégique d'une organisation.

La chaîne de valeur

Si une organisation cherche à obtenir un avantage concurrentiel en proposant une valeur à ses clients, ses managers doivent comprendre quelles activités contribuent à cette création de valeur et quelles activités n'y contribuent pas. L'objectif de toute entreprise consiste à définir une chaîne d'activités lui permettant de créer de la valeur au-delà de ses coûts. Dans cette optique, le concept de chaîne de valeur, présenté dans le schéma 3.4, a été développé par Michael Porter[23].

Les *fonctions primaires* assurent l'offre de produits ou de services. Elles sont directement impliquées dans la création de valeur. Elles incluent notamment :

- Les *approvisionnements*[24], qui concernent les processus d'acquisition des ressources permettant de produire l'offre de biens ou de services. À ce niveau, la création de valeur repose avant tout sur la sélection des matériaux, composants ou sous-ensembles qui seront valorisés par le client final.

Schéma 3.4 La chaîne de valeur

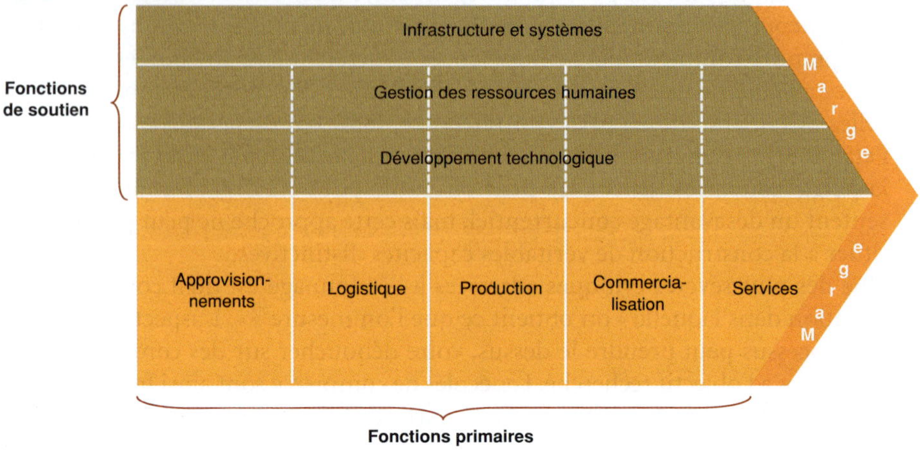

Source : adapté de M.E. Porter, *L'Avantage concurrentiel*, InterÉditions, 1986.

- La *production*, qui utilise ces matières premières et ces composants afin d'obtenir le produit ou service : transformation, assemblage, emballage, vérification, etc. Elle ajoute de la valeur au travers de la qualité perçue par le client.
- La *logistique*[25], qui regroupe la manutention, la gestion des stocks, le transport, la livraison, etc. Dans le cas de services, la logistique consiste à assurer la rencontre entre le client et l'offre. La logistique contribue à l'ajout de valeur, notamment en réduisant les délais de réponse aux commandes.
- La *commercialisation*, qui assure les moyens par lesquels les produits ou services seront proposés aux clients ou aux usagers, ce qui inclut la vente et le marketing. Le marketing ajoute de la valeur, notamment au travers de la construction de l'image ou de la réputation, alors que la vente doit être capable de convaincre les clients des avantages de l'offre.
- Les *services*, qui intègrent les activités préservant ou accroissant la valeur d'un bien ou d'un service, comme l'installation, la réparation, l'aide au financement, la formation et la fourniture de pièces détachées.

Les *fonctions de soutien* contribuent à améliorer deux caractéristiques des fonctions primaires : leur *efficacité* (le rapport entre les résultats atteints et les objectifs assignés) et leur *efficience* (le rapport entre les résultats atteints et les moyens utilisés). Les fonctions de soutien incluent notamment :

- Le *développement technologique*. Toutes les organisations utilisent une technologie, même s'il s'agit d'un savoir-faire immatériel (négociation, communication, etc.). Les technologies déterminantes sont celles qui sont directement liées à la conception et au développement des produits, des procédés ou d'une ressource particulière (par exemple l'amélioration d'une matière première).
- La *gestion des ressources humaines*. Il s'agit d'une activité particulièrement importante, qui influe sur toutes les fonctions primaires. Elle comprend le recrutement, la formation, le développement et la motivation des individus.
- L'*infrastructure*, qui comprend les systèmes d'information, de financement, de planification, de contrôle qualité, etc.

Dans le cadre d'un diagnostic stratégique, la chaîne de valeur peut être utilisée de trois manières :

- On peut la considérer comme une *description* des différentes activités susceptibles de créer de la valeur pour les clients. Une organisation peut ainsi être particulièrement performante dans la gestion des liens entre sa logistique, sa commercialisation et son développement technologique, mais moins compétente en termes d'approvisionnements et de production.
- Il est possible d'utiliser la chaîne de valeur pour diagnostiquer la capacité stratégique d'une organisation, grâce au modèle VRIO :

V : Quelles sont les activités particulièrement créatrices de valeur pour les clients et peut-on les développer ?

R : Les activités créatrices de valeur sont-elles rares ? Réciproquement, les concurrents présentent-ils une chaîne de valeur comparable ?

I : Quels sont les aspects de la création de valeur les plus difficiles à imiter par les concurrents, notamment du fait de leur encastrement dans les systèmes de l'organisation (voir la section 3.4.3) ?

O : La chaîne de valeur est-elle structurée de manière à permettre aux activités les plus génératrices d'avantage concurrentiel d'exploiter pleinement leur potentiel ?

- La chaîne de valeur peut également être utilisée parallèlement à une *chaîne de coûts*, même si confondre les deux notions relève du contresens. Il est cependant difficile de quantifier précisément la contribution de chacune des fonctions à la valeur totale perçue par le client, car celle-ci reste largement subjective : tel client valorisera plus l'image du produit, alors que tel autre s'attachera avant tout à la qualité de service. Quoi qu'il en soit, en comparant la contribution de chaque fonction au total des coûts de l'organisation, on peut estimer lesquelles sont rentables et à l'inverse lesquelles ne génèrent manifestement pas de valeur au-delà de leurs coûts. Cette analyse peut suivre les étapes suivantes :
  - *La valeur.* Identifier quels sont les maillons générateurs de valeur. On peut utiliser pour cela le schéma 3.5 ou l'adapter à la situation spécifique de l'organisation étudiée. Il convient donc d'identifier quels maillons de la chaîne de valeur contribuent le plus significativement à l'avantage concurrentiel. Dans un laboratoire pharmaceutique, les maillons essentiels sont ainsi la R&D et le marketing.
  - *Le différentiel coût/valeur.* Déterminer quelle est la part de chacun des maillons de la chaîne de valeur dans le total des coûts de l'organisation. On peut alors vérifier que le coût de chacun des maillons est cohérent avec sa contribution à l'avantage concurrentiel : certains maillons coûtent-ils plus qu'ils ne créent de valeur ? Réciproquement, quels sont les maillons qui maximisent le différentiel coût/valeur ? On peut représenter ce différentiel coût/valeur de chacun des maillons sur deux axes, comme le montre le schéma 3.5, ce qui permet de distinguer quatre situations : les activités *auxiliaires* (sans intérêt stratégique), les activités *banalisées* (elles sont dangereuses pour la rentabilité), les activités *clés* (leur coût et leur valeur sont élevés, elles contribuent fortement à la capacité stratégique) et enfin les activités *leviers* (elles génèrent une valeur supérieure à leur coût, ce qui justifie de les développer). Bien entendu, cette analyse concerne en priorité les activités primaires, les activités de support n'étant pas censées générer directement de la valeur. La plupart des organi-

sations qui ont effectué cette analyse ont d'ailleurs constaté que leurs services centraux – qui sont par définition des activités de support – ont un coût très supérieur à leur valeur. À cette étape, il est également possible d'identifier quels maillons sont intimement liés à d'autres et lesquels pourraient fonctionner de manière indépendante. Il convient d'ailleurs de souligner que c'est souvent la *combinaison de plusieurs maillons* – plutôt que chacun d'entre eux considéré séparément – qui génère une valeur difficilement imitable.

– *L'analyse comparative.* Comparer la valeur et le coût de chacun des maillons avec leurs équivalents chez les concurrents. C'est ainsi que BP et Shell, bien qu'étant deux compagnies pétrolières concurrentes, présentent des chaînes de valeur significativement différentes. BP est historiquement plus performant que Shell en termes d'exploration, mais bien moins au niveau de la production et de la distribution.
– *L'évolution de la chaîne de valeur.* À l'issue des étapes précédentes, il est possible d'explorer toute une série de questions : que faire des maillons dont le coût est supérieur à la valeur qu'ils génèrent ? Est-il possible de réduire le coût de certains maillons sans affecter la valeur ? Peut-on externaliser certains maillons (voir la section 7.5.2), notamment ceux qui fonctionnent de manière relativement indépendante et qui ne contribuent pas significativement à la création de valeur ? Y a-t-il un intérêt à regrouper certaines activités au niveau des fonctions centrales, de manière à bénéficier d'économies d'échelle ?

Schéma 3.5 Le différentiel coût/valeur au sein d'une chaîne de valeur

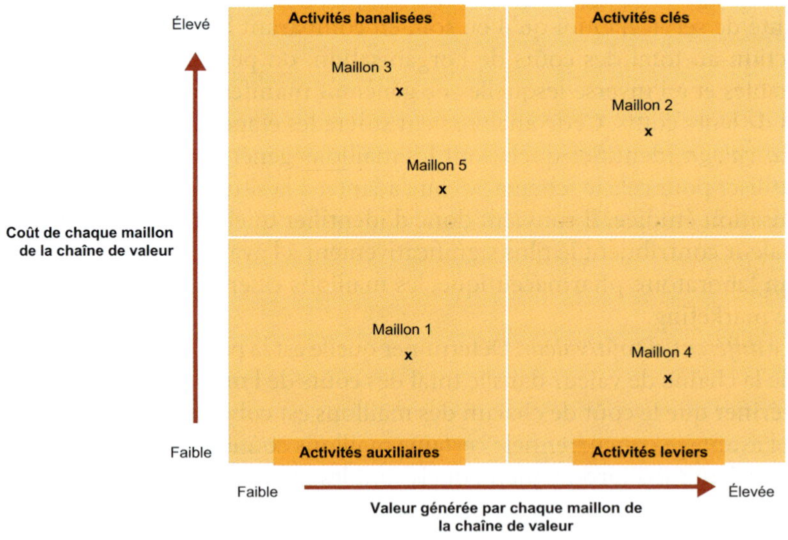

La filière

Dans la plupart des industries, il est rare qu'une seule organisation prenne en charge l'intégralité des fonctions de création de valeur, de la conception de l'offre jusqu'au service après-vente pour le client final. On constate plutôt une spécialisation de plusieurs organisations au sein d'une *filière* qui rassemble les chaînes de valeur de chacune d'elles, comme le montre le schéma 3.6. Les questions qu'il convient de se poser au niveau de la filière sont les suivantes :

- Quelles sont les activités *réellement déterminantes* au regard de la capacité stratégique ? Tout comme on peut identifier le différentiel coût/valeur au sein d'une chaîne de valeur, on peut faire de même au sein d'une filière. Une entreprise confrontée à un environnement particulièrement concurrentiel peut ainsi chercher à abaisser – ou variabiliser – brutalement ses coûts en externalisant une grande partie de son activité auprès de sous-traitants à bas prix. L'équipementier télécoms Alcatel a utilisé cette approche en devenant une « entreprise sans usines » : entre 2000 et 2003, son chiffre d'affaires est ainsi passé de 31,4 milliards d'euros (avec un bénéfice de 1,3 milliard) à seulement 12,5 milliards (avec une perte de 1,9 milliard), alors que plus de la moitié de ses effectifs était supprimée (de 130 000 personnes à 54 000). En 2012, fusionné avec l'Américain Lucent depuis 2006, Alcatel Lucent comptait 72 400 salariés et avait réalisé un chiffre d'affaires de 14,4 milliards d'euros (avec une perte de 1,8 milliard).
- Au long de la filière, peut-on identifier des *gisements de valeur*[26] ? Un **gisement de valeur** est une zone de la filière dans laquelle les profits sont particulièrement élevés. Faut-il déplacer la chaîne de valeur de l'organisation le long de sa filière, pour se rapprocher de ces zones de création de valeur ou pour éviter des zones de coût ? On a ainsi pu constater que, dans certaines industries comme l'informatique ou l'automobile, la valeur qui était auparavant localisée au cœur de la filière (fabrication d'ordinateurs ou de voitures) a migré vers ses extrémités amont (composants, sous-ensembles) ou aval (services). Ce phénomène de *migration de la valeur*[27] oblige les organisations à reconsidérer leur position afin de ne pas voir leur avantage concurrentiel s'éroder au cours du temps. Si certaines zones de la filière sont intrinsèquement plus profitables que d'autres (du fait de différences significatives dans le niveau d'intensité concurrentielle) et que ces zones se déplacent effectivement au cours du temps (là encore du fait d'une évolution de la pression concurrentielle), cela ne signifie pas nécessairement que

Schéma 3.6 La filière

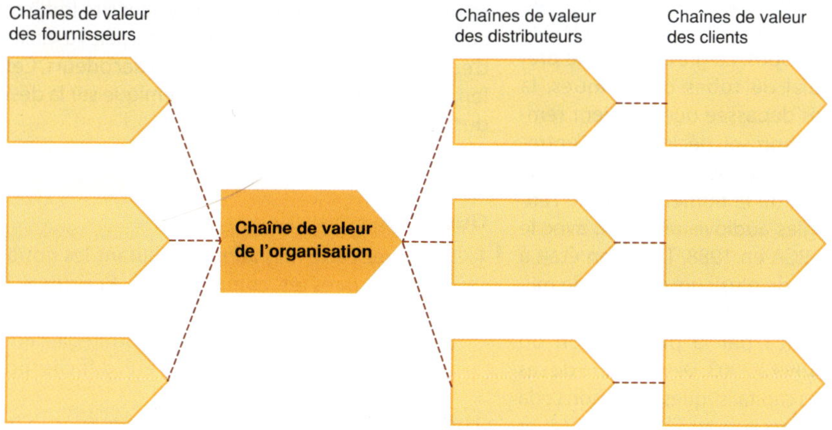

Source : M.E. Porter, *L'Avantage concurrentiel*, InterÉditions, 1986.

Illustration 3.4

Thomson mute en Technicolor

Une organisation peut avoir intérêt à migrer le long de la filière de son industrie, afin de se déplacer vers de nouveaux gisements de valeur.

Au milieu des années 1990, Thomson était un vaste conglomérat présent à la fois dans l'électronique militaire et spatiale (radars) et dans l'électronique grand public (téléviseurs, magnétoscopes, etc.). Nationalisé par le gouvernement français depuis 1982, le groupe était largement déficitaire, au point que le Premier ministre Alain Juppé déclara en 1996 à la télévision : « Thomson, ça ne vaut rien, ça vaut 14 milliards de dettes ! » Le gouvernement envisagea d'ailleurs de céder l'entreprise pour 1 franc symbolique au Sud-Coréen Daewoo, mais l'opération échoua. En 1997, il fut décidé de fusionner la branche militaire et spatiale, alors leader en Europe et deuxième dans le monde, avec des activités complémentaires d'Alcatel, Dassault et Aerospatiale afin de donner naissance à Thales.

Avec cette scission, Thomson se trouvait recentré sur l'électronique grand public, à un moment où celle-ci était bouleversée par une vague d'innovations numériques : apparition du MP3, lancement du DVD et développement à grande échelle des téléviseurs à écran plat. Afin de partager des investissements estimés à plusieurs milliards d'euros, les principaux concurrents de Thomson décidèrent de conclure des alliances : Philips et LG d'une part et Sony et Samsung d'autre part construisirent des usines communes. Voulant absolument absorber le coût de leurs investissements, les fabricants se livraient à une guerre des prix féroce : le prix d'un écran LCD de 107 centimètres avait ainsi été divisé par cinq entre 2005 et 2010.

Or, au tout début des années 2000, plus de 75 % du chiffre d'affaires de Thomson provenaient des téléviseurs et des magnétoscopes. Le groupe était le premier fabricant mondial de tubes cathodiques, la technologie désormais dépassée que venaient remplacer les écrans plats. Thomson décida alors d'entreprendre une audacieuse migration vers l'amont de sa filière, en faisant le pari de la numérisation de l'ensemble des technologies audiovisuelles. Or, avec le rachat de l'Américain RCA en 1988, Thomson était à la tête d'un portefeuille de plusieurs dizaines de milliers de brevets, sans équivalent dans son industrie.

L'opération commença par la privatisation du groupe, qui s'étala de 1999 à 2003. Devenu libre de ses mouvements en termes capitalistiques, Thomson céda en 2004 son activité téléviseurs au Chinois TCL (dont il prit une part du capital) et en 2005 son activité tubes cathodiques au groupe indien Videocon. Parallèlement, Thomson racheta une série d'entreprises spécialisées dans la diffusion audiovisuelle (dont Philips Professional Broadcast, Technicolor et Grass Valley).

En cinq ans, Thomson était ainsi passé d'industriel de l'électronique grand public à fournisseur de technologies (équipements vidéo, effets spéciaux, etc.) pour les professionnels de l'image (studios de cinéma, éditeurs de jeux vidéo, chaînes de télévision, opérateurs téléphoniques). Il fournissait notamment les technologies permettant de tourner des films de cinéma en numérique, de diffuser la télévision sur téléphones mobiles et sur Internet, et de protéger les contenus numériques. Son activité comprenait également des jeux interactifs pour la console Xbox de Microsoft, la fabrication de décodeurs et de box Internet, ou la reproduction de DVD (1,4 milliard de disques distribués en 2012). Cependant, l'exploitation de son portefeuille de 40 000 brevets représentait à elle seule les trois quarts de ses bénéfices.

Le périmètre de Thomson avait été profondément remanié par cette migration vers l'amont de la filière : entre 2001 et 2011, ses effectifs avaient été divisés par 3,8 et son chiffre d'affaires par 3. Cette mutation fut entériné par un changement de nom : Thomson fut rebaptisé Technicolor en janvier 2010.

L'entreprise se dégageait peu à peu de l'héritage de Thomson, composé notamment d'une dette de plus de 2,1 milliards d'euros, qui engloutissait chaque année 120 millions de frais financiers. L'arrivée d'un nouvel actionnaire (le fonds Vector Capital) et une augmentation de capital permirent de réduire cette dette à 718 millions d'euros en 2012. Parallèlement, l'entreprise mena un programme de réduction des coûts de 360 millions d'euros sur trois ans et céda les activités industrielles qui ne correspondaient plus à sa nouvelle stratégie, dont son dernier site industriel en France (Angers, 350 salariés) qui perdait 10 millions d'euros par an dans la fabrication de décodeurs. Cette fermeture déclencha une vive polémique sur la désindustrialisation de la France.

Source : technicolor.com.

Questions

1. Expliquez cette migration en utilisant les notions de ressources et compétences. Pourquoi les concurrents de Thomson (Samsung, Philips, Sony, LG, etc.) n'ont-ils pas suivi la même stratégie ? Pourquoi cette migration a-t-elle été difficile pour Thomson ?
2. Donnez d'autres exemples de migration d'une entreprise le long de sa filière (vers l'amont ou vers l'aval).

les entreprises sont capables de suivre ce mouvement. En effet, elles ne peuvent pas toujours construire la capacité stratégique nécessaire. L'illustration 3.4 montre comment Thomson a migré le long de la filière de l'audiovisuel.

- Vaut-il mieux *faire ou faire faire* une activité spécifique de la filière ? Cette décision concerne les politiques d'externalisation, qui reviennent à décider quelle « épaisseur » de filière l'organisation doit intégrer au sein de sa propre chaîne de valeur. Plus une organisation externalise sa chaîne de valeur, plus sa capacité à influencer la performance de celles qui la suivent ou la précèdent dans la filière peut constituer une compétence déterminante, qui joue un rôle crucial dans la construction de l'avantage concurrentiel. Par exemple, la qualité d'une automobile, au moment où elle est proposée au client final, n'est pas seulement influencée par l'action du constructeur lui-même. Elle est également déterminée par la qualité des composants fabriqués par les équipementiers et par la compétence commerciale du distributeur, qu'il soit concessionnaire ou agent. La question inverse est tout aussi pertinente : quelles activités faut-il absolument maintenir en interne, du fait de leur influence déterminante sur l'avantage concurrentiel ? Howard Schultz, le fondateur de Starbucks, a ainsi toujours insisté sur la possession et le contrôle de la plupart des activités de sa filière[28], car selon lui c'était la meilleure manière de garantir l'élément clé de son avantage concurrentiel : la qualité du café.
- Qui sont les *meilleurs partenaires* à chaque étape de la filière et quelle sorte de relations faut-il développer avec chacun d'eux, par exemple une relation client/fournisseur simple, un partenariat, une fusion (voir la section 10.4) ? Beaucoup d'organisations ont constaté qu'il est préférable d'établir des relations pérennes, généralement beaucoup plus génératrices de confiance, plutôt que de recourir à des fournisseurs ponctuels en fonction des besoins immédiats.

3.4.3 La cartographie des activités

D'une organisation à l'autre, les activités impliquées dans la création de valeur et l'obtention d'un avantage concurrentiel sont distinctes. Comme nous l'avons vu dans la section 3.3, c'est la manière dont les ressources sont déployées qui forme ces activités. La configuration spécifique des activités d'une organisation détermine son unicité et donc sa capacité stratégique. D'un point de vue stratégique, il est par conséquent important de comprendre cette configuration. Pour cela, l'analyse de la chaîne de valeur peut être complétée par une cartographie capable de mettre en lumière les multiples liens existant entre les différentes activités qui composent une organisation. De nombreux auteurs – parmi lesquels Michael Porter[29] – ont souligné l'importance de cette analyse.

La première étape consiste à identifier ce que Porter appelle les « priorités stratégiques », c'est-à-dire la manière dont l'organisation répond aux facteurs clés de succès de son environnement. Il convient ensuite de repérer les combinaisons d'activités qui sous-tendent chacune de ces priorités et de montrer dans quelle mesure elles forment un tout cohérent. On obtient ainsi une cartographie du même type que celle de l'illustration 3.5, qui décrit les activités du cabinet scandinave de conseil en communication Geelmuyden.Kiese[30]. Le succès de ce cabinet repose sur ses connaissances accumulées et sur sa capacité à influencer les « processus dynamiques de prise de décision » grâce à la communication. Cependant, comme le montre l'illustration 3.5, ces deux éléments sont liés à d'autres priorités, elles-mêmes sous-tendues par une combinaison d'activités. Trois points doivent être soulignés à propos d'une analyse de ce type :

- Le *lien avec la chaîne de valeur*. Les différentes activités de la cartographie composent également la chaîne de valeur. L'approche défendue par Geelmuyden. Kiese se retrouve dans les maillons de sa chaîne de valeur. Les processus de recrutement font partie de la gestion des ressources humaines, l'insistance sur l'intégrité et la circulation de l'information correspond à l'offre de services, etc. Cependant, la cartographie des activités met plus en lumière que la chaîne de valeur la complexité de la capacité stratégique et permet de souligner l'impor-

Illustration 3.5

La cartographie des activités de Geelmuyden.Kiese

La cartographie des activités d'une organisation permet d'analyser sa capacité stratégique.

Geelmuyden.Kiese était un cabinet de conseil en communication scandinave, une évolution de ce qu'on appelait traditionnellement du conseil en relations publiques. Ses clients comprenaient des organisations intervenant dans le pétrole, l'énergie, la pharmacie et la santé. Ces clients recouraient généralement à Geelmuyden.Kiese lorsqu'ils étaient confrontés à un problème qui imposait une approche de communication interne et externe particulièrement efficace. Dans ce contexte, les services proposés par Geelmuyden.Kiese incluaient une facilitation des contacts avec les pouvoirs publics, l'information auprès des investisseurs, les relations avec les médias, des campagnes de communication pour le lancement de nouveaux produits, la gestion de crise et la communication interne sur des questions stratégiques clés.

Le succès de Geelmuyden.Kiese s'expliquait notamment par les connaissances qu'il avait accumulées depuis sa création en 1989, notamment à propos de « la manière d'influer sur les processus dynamiques de prise de décision grâce au pouvoir d'une communication efficace », la plupart du temps en relation avec des acteurs influents tels que les gouvernements. Ces connaissances étaient sous-tendues par une combinaison d'activités clés.

- Le cabinet cherchait à intervenir à un niveau stratégique avec ses clients, en choisissant de préférence ceux qui valorisaient particulièrement cette approche. Il utilisait sa propre méthodologie, développée à partir d'une expérience accumulée au cours des années, en analysant systématiquement les missions qui lui étaient confiées, tant en interne qu'à partir de ses études clients.
- Il se positionnait clairement en faveur d'une communication intègre, en recommandant de ne jamais dissimuler la moindre information. Il ne travaillait qu'avec des clients qui partageaient ces principes, et le cabinet n'hésitait jamais à défendre sa posture d'ouverture dans des débats publics.
- Les consultants disposaient d'une grande liberté d'action, encadrés par des critères absolus de responsabilité. Geelmuyden.Kiese s'imposait ainsi des règles très strictes sur la manière d'utiliser l'information confidentielle de ses clients et appliquait des sanctions sévères si ces règles n'étaient pas respectées.
- Le processus de recrutement permettait de s'assurer du respect de ce principe de responsabilité. Les candidats étaient essentiellement sélectionnés sur leur ouverture, leur intégrité, mais aussi sur leur humour. Plutôt que des consultants confirmés, le cabinet recrutait des débutants afin de les faire évoluer. Pour cela, il avait mis en place un système de parrainage qui était selon lui la « meilleure opportunité de formation » pour les jeunes consultants en communication en Scandinavie.
- Geelmuyden.Kiese offrait également des rémunérations très attractives à ses consultants les plus performants. La performance mesurée concernait notamment la capacité de formation des nouvelles recrues et les qualités de leadership.

Les *activités superflues*. Comme dans l'analyse de la chaîne de valeur, mais à un niveau plus détaillé, la cartographie permet d'identifier des activités qui ne sont pas utiles à l'obtention d'une stratégie donnée. Si certaines activités ne génèrent pas de valeur, pourquoi les maintenir ? C'est ainsi que les transporteurs aériens à bas coût tels que Ryanair ont supprimé de nombreuses activités proposées par les compagnies traditionnelles, car ils considèrent qu'elles ne sont pas véritablement génératrices de valeur pour leurs clients.

tance du rôle que jouent les liens entre les activités dans l'obtention et le maintien de l'avantage concurrentiel.

- La *cohérence interne et externe*. La cartographie doit permettre de comprendre (i) la cohérence entre les différentes activités et de quelle manière elles se renforcent mutuellement, et (ii) de quelle manière elles sont liées aux attentes des clients. Il convient de veiller à deux conséquences :
  – Une modification, même mineure, d'une partie du système peut endommager de nombreux liens. Des démarches apparemment anodines – optimisation des coûts administratifs, non-remplacement d'un salarié, choix d'un nouveau fournisseur, etc. – peuvent donc avoir des conséquences considérables.

Questions

1. En supposant que Geelmuyden.Kiese détient effectivement des capacités génératrices d'avantage concurrentiel :
   a. Qu'est-ce que ses concurrents auraient le plus de difficultés à imiter et pourquoi ?
   b. Serait-il possible de se séparer de certaines activités sans menacer l'avantage concurrentiel ?
2. Si on décompose le système en adoptant un niveau d'analyse plus fin (voir la section 3.4.3), quelles activités élémentaires sous-tendent celles qui figurent sur la cartographie ?

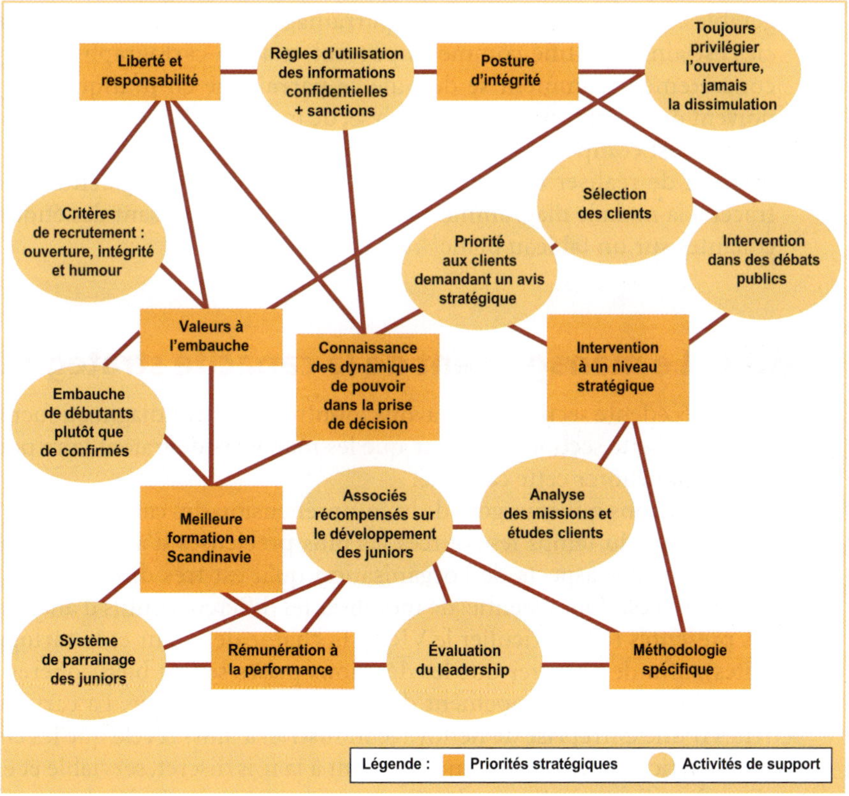

– La gestion du changement est donc complexe, car toute modification d'une partie du système affectera l'ensemble. Le changement doit donc être abordé avec une perspective d'ensemble.

- Le lien avec le *VRIO*. Les liens entre les activités et leur cohérence sous-tendent l'avantage concurrentiel. Leur combinaison est donc censée générer de la *valeur* d'une manière réellement distinctive et donc *rare*. De plus, alors que chaque composante de la cartographie peut être assez aisément copiée par les concurrents, leur combinaison aboutit à une complexité et une ambiguïté causale – liées à la culture et à l'histoire de l'organisation – qui sont bien souvent *non imitables*. Enfin, certaines activités peuvent ne pas être directement à l'origine de l'avantage concurrentiel, mais contribuer au fait que l'*organisation* soit capable de pleinement exploiter celles qui le sont.

Au-delà de ces considérations théoriques, la cartographie des activités peut également être mobilisée par les managers pour gérer la stratégie :

- La *décomposition*[31]. Lorsqu'ils utilisent la cartographie des activités pour expliquer les capacités qui sous-tendent leur stratégie, les managers risquent de rester à un niveau trop abstrait. Il est donc souvent nécessaire de décomposer chacune des activités, en identifiant les différents éléments qui la constituent. Les managers peuvent ainsi souligner l'importance de « l'innovation » ou du « service client », mais ces termes sont trop génériques : ils rassemblent en fait toute une série d'activités élémentaires au niveau opérationnel. Il est donc important de décomposer les activités jusqu'à ce qu'on atteigne des tâches effectivement gérables. Dans l'illustration 3.5, le parrainage des nouvelles recrues par les associés est ainsi identifié comme important, mais la cartographie ne montre pas concrètement comment se déroule ce parrainage en pratique. Les managers doivent donc approfondir leur analyse, de manière à véritablement comprendre de quoi est composée la capacité stratégique. Des logiciels informatiques permettent de réaliser cette décomposition[32], mais il est également possible de tracer à la main le diagramme correspondant, en disposant des étiquettes autocollantes sur un tableau blanc[33].

3.5 Le management de la capacité stratégique

Dans la précédente section, nous avons montré comment diagnostiquer la capacité stratégique. Cette section expose ce que les managers devraient faire pour gérer et si possible améliorer cette capacité.

Une des leçons qui émergent de la compréhension des capacités stratégiques est que la plupart du temps les sources les plus précieuses d'avantage concurrentiel résident dans des aspects de l'organisation qu'il est très difficile de discerner et d'expliciter. Il est donc essentiel de mobiliser les différents outils d'analyse que nous avons présentés (en particulier le VRIO, la chaîne de valeur et la cartographie des activités), afin de s'assurer que les décisions prises seront bien cohérentes avec la préservation et le développement de la capacité stratégique. La cartographie des activités d'une entreprise de nettoyage industriel a ainsi révélé que les clients valorisaient particulièrement le comportement à la fois discret, serviable et efficace des équipes de collecte du linge sale. Ce comportement s'était développé au cours du temps sur le terrain, l'approche des concurrents était beaucoup plus impersonnelle, et les managers de l'entreprise eux-mêmes n'en avaient pas conscience avant d'avoir élaboré la cartographie. Comble de l'ironie, ils étaient sur le point d'externaliser la collecte auprès d'un prestataire externe, ce qui leur aurait fait perdre le contrôle d'un élément clé de leur avantage concurrentiel au nom d'une simple réduction des coûts. Cela démontre l'intérêt du diagnostic des capacités stratégiques. Cependant, développer des capacités susceptibles de procurer un avantage concurrentiel peut se révéler extrêmement difficile, étant donné les critères stricts que nous avons énumérés dans la section 3.3. Par conséquent, que peuvent faire les managers pour créer, étendre ou améliorer les capacités stratégiques d'une organisation une fois qu'ils les ont diagnostiquées ?[34]

Les managers peuvent développer les capacités stratégiques de plusieurs manières :

- Le *développement des capacités internes.* Est-il possible d'ajouter ou de renforcer les capacités de manière qu'elles permettent de mieux maîtriser les facteurs clés de succès ? Trois approches sont envisageables :
  - *La construction et la recombinaison de capacités.* Créer des capacités entièrement nouvelles qui procurent un avantage concurrentiel implique un savoir-faire entrepreneurial. Pour cela, on peut encourager la création d'*isolats*, c'est-à-dire des nouvelles activités créées en dehors de la structure organisationnelle existante et de ses règles de fonctionnement établies. C'est souvent à la périphérie que naît l'innovation[35].
  - *La généralisation des meilleures pratiques.* Il est possible que les managers identifient des capacités stratégiques locales, qui bénéficient à une division ou à un domaine d'activité stratégique donné, mais pas à l'ensemble de l'organisation. Ils peuvent alors tenter d'étendre ces meilleures pratiques à toute la structure. Alors que cela peut sembler simple, des recherches[36] ont montré que ce n'est pas le cas. Les capacités développées par une partie de l'organisation peuvent en effet se révéler particulièrement difficiles à transférer à d'autres, essentiellement en raison de problèmes liés à la gestion du changement (voir le chapitre 14).
  - *L'extension des capacités.* Une organisation peut élaborer de nouvelles offres à partir de ses capacités existantes. Cette approche est un des fondements de la diversification liée, comme nous le verrons dans le chapitre 7.
- *Le développement de capacités externes.* Il peut également être possible de développer des capacités en externe. Les managers peuvent par exemple chercher à développer des capacités par acquisition ou en construisant des alliances ou des coentreprises avec d'autres organisations (voir le chapitre 10).
- *La suppression d'activités.* Parmi les activités qui composent la chaîne de valeur actuelle, celles qui ne sont pas réellement valorisées par les clients ne pourraient-elles pas être restructurées, externalisées[37], voire supprimées ? Chercher à réduire le coût d'une capacité stratégique – voire la céder à un prestataire externe – peut se révéler extrêmement nuisible à la pérennité de l'organisation. Il est donc indispensable de bien identifier quelles activités contribuent à l'avantage concurrentiel avant d'entreprendre toute action de ce type.
- *Le suivi des résultats.* Dans certaines organisations, même après de méticuleuses analyses, il peut être très difficile de comprendre précisément comment certaines activités ont un impact positif sur la construction et la pérennité de l'avantage concurrentiel. La valeur peut par exemple résulter de savoir-faire très spécialisés

et impossibles à codifier, ou de la combinaison complexe de très nombreuses tâches opérationnelles. Dans une situation de ce type, les managers doivent veiller à ne pas perturber les fondements de la capacité stratégique, tout en s'assurant qu'elle procure toujours les résultats attendus par les clients[38].

- *Développer l'attention.* Une des leçons à retenir de ce chapitre est que la capacité stratégique repose souvent sur les activités quotidiennes des individus au sein de l'organisation. Par conséquent, notamment grâce aux politiques de recrutement, de formation et de promotion, il est essentiel de *faire prendre conscience* aux individus de l'impact stratégique de leurs tâches. Dans beaucoup d'organisations, de nombreux individus se plaignent du fait que personne ne reconnaît la valeur de leurs actes. Pourtant, même si ce que font les membres d'une organisation au jour le jour n'est généralement pas qualifié de « stratégique », c'est bien à ce niveau que se construisent et se renforcent les capacités qui fondent l'avantage concurrentiel. Aider les individus à comprendre en quoi leur travail est lié à la stratégie peut à la fois renforcer leur implication et permettre de s'assurer qu'ils continueront à contribuer positivement à la construction du succès collectif.

La controverse qui clôt ce chapitre revient sur l'utilité pratique de l'approche par les ressources, qui reste un champ de recherche majeur en stratégie.

Schéma 3.7 L'analyse SWOT

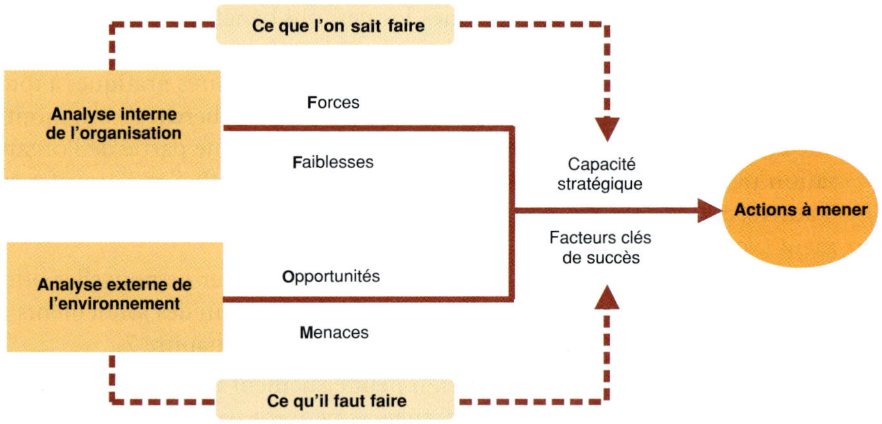

3.6 Le SWOT[39]

L'**analyse SWOT** résume les conclusions essentielles de l'analyse de l'environnement (présentée dans le chapitre 2) et de l'analyse de la capacité stratégique d'une organisation (introduite dans ce chapitre). La dénomination *SWOT* est l'acronyme de *strengths, weaknesses, opportunities, threats,* soit *forces, faiblesses* (de l'organisation), *opportunités* et *menaces* (de l'environnement). Le schéma 3.7 résume cette approche, et l'illustration 3.6 en donne un exemple.

L'analyse SWOT consiste à déterminer si la combinaison des forces et des faiblesses de l'organisation est à même de faire face aux évolutions de l'environnement (ce que nous avons appelé la stratégie *déduite*) ou s'il est possible d'identifier ou de créer d'éventuelles opportunités qui permettraient de mieux tirer profit des ressources et compétences distinctives de l'organisation (ce qui correspond à la stratégie *construite*). Dans les deux cas, on cherche à établir une adéquation entre d'une part la capacité stratégique de l'organisation et d'autre part les facteurs clés de succès de l'environnement, soit en modifiant l'une (par acquisition de nouvelles ressources et compétences), soit en modifiant les autres (en s'adressant à un nouveau marché ou en cherchant à transformer les pratiques établies sur le marché existant).

Pour cela, on peut suivre le cheminement suivant :

- Identifier les facteurs clés de succès de l'environnement de l'organisation grâce au modèle des 5(+1) forces (voir le tableau 2.2). Il est important que la liste des FCS retenus ne dépasse pas cinq ou six éléments, afin de se concentrer sur les points réellement déterminants.
- Le même processus doit être suivi en ce qui concerne le profil de ressources et compétences de l'organisation, à partir des outils introduits dans la section 3.4, afin de déboucher sur une liste des forces et faiblesses. Là encore, la liste ne doit pas dépasser cinq ou six entrées et ne comporter que des points réellement spécifiques.

L'analyse SWOT doit permettre de déterminer si l'organisation possède d'ores et déjà la capacité stratégique lui permettant de répondre aux évolutions de son environnement, si elle doit chercher à acquérir ou développer de nouvelles ressources et compétences, ou bien si elle doit plutôt se réorienter vers d'autres marchés.

L'illustration 3.6 présente ainsi une analyse SWOT du constructeur automobile Renault en 2013. Les menaces et des opportunités ont été obtenues grâce aux outils de diagnostic de l'environnement présentés dans le chapitre 2 (notamment l'analyse des 5(+1) forces). Les forces et des faiblesses ont été obtenues grâce aux outils de diagnostic de la capacité stratégique présentés dans ce chapitre (l'étalonnage, l'analyse de la chaîne de valeur et la cartographie des activités). Un système de notation (de –3 à +3) est utilisé pour évaluer l'adéquation entre la capacité de l'entreprise et son environnement. Une note positive signale que l'entreprise possède une force qui lui permet de tirer avantage d'une opportunité ou qui réduit l'impact d'une menace. Réciproquement, une note négative correspond à une faiblesse qui risque d'empêcher l'entreprise de profiter d'une opportunité ou qui peut l'exposer à une menace. Il ressort de cette analyse qu'en 2013 le véhicule électrique procurait à Renault un atout potentiel : il était un des seuls grands constructeurs à parier sur cette technologie. Il s'agissait d'un pari risqué, mais en cas de succès, Renault disposerait d'une confortable avance. Par ailleurs, Renault bénéficiait largement de son alliance avec Nissan, qui lui assurait de solides bénéfices par-delà les synergies techniques et industrielles. Enfin, la gamme Entry connaissait un succès important, au point de devenir le centre de gravité de l'ensemble de la gamme Renault, à la fois à l'international, mais également en Europe.

Cependant, Renault présentait des faiblesses vis-à-vis des facteurs clés de succès de son environnement. Il était absent du haut de gamme (pourtant générateur d'image et d'expérience) et encore trop centré sur le marché européen, sur lequel la surcapacité, l'intensité concurrentielle et la pression fiscale constituaient autant de menaces qui limitaient fortement sa croissance. Ces contraintes étaient moins présentes sur les marchés d'Europe de l'Est, d'Asie ou d'Amérique latine, ce qui en faisait des opportunités de développement prometteuses. Avec les prises de contrôle successives de Nissan, Samsung et Dacia, la capacité stratégique de Renault avait fortement évolué, lui donnant de bien meilleurs atouts dans la maîtrise des évolutions de son environnement : présence mondiale, taille beaucoup plus importante, portefeuille de marques permettant de couvrir tout un éventail de segments de marché, etc. Si sur le plan financier ces opérations de fusions-acquisitions avaient été risquées, sur le plan stratégique elles constituaient des orientations tout à fait pertinentes, typiques d'une approche de stratégie déduite. Il restait cependant à en tirer pleinement les fruits, ce que la crise économique avait malheureusement retardé.

Au total, l'analyse SWOT peut être utilisée pour déterminer les choix stratégiques et leur pertinence par rapport à l'adéquation entre la capacité stratégique et les facteurs clés de succès. Cependant, il convient d'éviter les deux écueils suivants :

- *La liste*. Une analyse SWOT peut déboucher sur une longue liste de forces, faiblesses, opportunités et menaces, alors que l'objectif consiste justement à identifier les points essentiels. Pour éviter cette dérive, on peut utiliser trois règles

Illustration 3.6

L'analyse SWOT de Renault

L'analyse SWOT permet de résumer les relations entre les principales influences environnementales et la capacité stratégique de l'organisation.

En février 2011, Carlos Ghosn, président du groupe Renault, annonça le plan « Renault 2016 – Drive the Change », dont les objectifs étaient d'« assurer la croissance du Groupe » et « générer du free cash flow de façon pérenne ». Douze ans après la prise de contrôle du Japonais Nissan en 1999, la situation de Renault restait en effet contrastée.

Renault avait été durement touché par la crise, avec une perte de 3,1 milliards d'euros en 2009, la plus importante de son histoire. Le constructeur était redevenu rentable dès l'année suivante, même si ses bons résultats de 2012 (1,7 milliard d'euros de profit pour 42 milliards de chiffre d'affaires) étaient liés à la cession de sa part dans AB Volvo (924 millions) et surtout à la contribution de Nissan (1,2 milliard), dont le chiffre d'affaires était désormais deux fois supérieur à celui de Renault et le résultat opérationnel six fois plus élevé.

Le succès mitigé de la gamme Renault, avec notamment une absence totale sur le segment des berlines de prestige et une série de modèles vieillissants tels que la Laguna ou l'Espace, était compensé par la réussite de sa filiale roumaine, Dacia. Grâce à une conception astucieuse, à l'utilisation de pièces déjà amorties sur d'autres modèles et au faible coût de la main-d'œuvre locale, les modèles de la gamme Dacia étaient vendus beaucoup moins cher que leurs équivalents Renault et rencontraient un grand succès. Rien qu'en 2012, les ventes de ce que Renault appelait désormais sa gamme Entry (les véhicules Dacia étant vendus sous la marque Renault dans plusieurs marchés, dont le Brésil et la Russie) avaient augmenté de 17 % en volume. Les analystes estimaient que la rentabilité de cette gamme, soit environ 700 millions d'euros en 2012, compensait les pertes engendrées par les autres modèles. De manière symbolique, le modèle badgé Renault qui avait été le plus été diffusé en 2013 était ainsi le 4x4 Dacia Duster.

Afin de contrebalancer cette dérive vers le *low-cost*, Carlos Ghosn avait mis l'accent sur le véhicule électrique, avec le lancement de quatre modèles en 2012 et 2013, dont la Zoe, premier véhicule Renault entièrement conçu pour l'électrique. Cependant, en dépit d'un investissement de 4 milliards partagé avec Nissan et d'une prime à l'achat de 7 000 euros en France, les ventes restèrent très modestes, à moins d'un dixième des objectifs affichés.

Au total cependant, la croissance faisait défaut : Renault avait vendu 2,5 millions de véhicules en 2012, soit à peu près le même nombre qu'en 1999. Face à la saturation des marchés européens, il était indispensable de trouver des relais de croissance sur les autres continents. L'essentiel des projets d'investissement à l'international (Colombie, Russie, Inde, Indonésie) concernait la gamme Entry. Renault avait ainsi établi une coentreprise en Chine avec Dongfeng Motor Group pour la création d'une usine et l'implantation de 170 concessions commerciales, pris le contrôle d'AvtoVAZ en Russie, consolidé son alliance avec Daimler sur les petites voitures, et annoncé le lancement d'un véhicule ultra low-cost (3 000 euros) sous la marque Datsun en Inde.

Le tableau ci-dessous présente l'analyse SWOT de Renault en 2013.

simples. Premièrement, ne retenir que les forces et les faiblesses spécifiques à l'organisation étudiée : inutile de détailler celles qui concernent tous les concurrents. Deuxièmement, ne retenir que les menaces et les opportunités qui ont un réel impact sur l'industrie : inutile de s'attarder sur celles dont les répercussions sont trop générales. Troisièmement, veiller à conclure l'analyse par des recommandations concrètes.

- *Un résumé, pas un substitut.* Les forces, faiblesses, opportunités et menaces ne doivent pas être trop générales. L'analyse SWOT est un modèle synthétique qui résume les approches présentées dans les chapitres 2 et 3, mais qui ne s'y substitue pas. En l'absence d'analyses détaillées, les managers risquent de simplement reproduire leurs schémas de pensée établis, souvent biaisés par l'histoire et la culture de l'organisation. Par ailleurs, si on en reste à des niveaux trop généraux, il est impossible de comprendre véritablement quels sont les facteurs clés de succès ou la capacité stratégique.

L'analyse SWOT peut également être utilisée pour identifier des choix de développement stratégique et dans quelle mesure l'organisation est capable de les

Questions

1. Que nous apprend l'analyse SWOT sur la position concurrentielle de Renault ?
2. Renault doit-il faire face à des concurrents dont les forces et les faiblesses sont significativement différentes ?
3. Parmi les évolutions clés de l'environnement, peut-on clairement identifier quelles sont les opportunités et quelles sont les menaces ?

	Évolutions clés de l'environnement					
Forces et faiblesses	**Saturation des marchés développés**	**Pression écologique et fiscale croissante en Europe**	**Potentiel des marchés émergents (Asie, Amérique latine)**	**Substitution des berlines par d'autres types de véhicules**	**+**	**–**
Principales forces						
Gamme Entry	+2		+2	+1	+5	
Véhicules électriques	+2	+2		+2	+6	
Alliance avec Nissan	+1		+1	+1	+3	
Principales faiblesses						
Trop centré sur l'Europe	–3	–3	–3			–9
Absence de croissance	–2		–1			–3
Pas de haut de gamme	–2			–2		–4
+	+5	+2	+3	+4		
–	–7	–3	–4	–2		

déployer. Pour cela, on peut utiliser la **matrice TOWS**[40], comme le montre le schéma 3.8. La matrice TOWS est construite à partir des conclusions de l'analyse SWOT. Chaque case de cette matrice permet de générer des options stratégiques qui correspondent à différentes combinaisons de facteurs internes (forces et faiblesses, soit *strengths* et *weaknesses*) et de facteurs externes (menaces et opportunités, soit *threats* et *opportunities*). La case en haut à gauche présente ainsi les options qui utilisent les forces de l'organisation pour saisir les opportunités de son environnement.

Schéma 3.8 La matrice TOWS

		Facteurs internes	
		Forces (S)	**Faiblesses (W)**
Facteurs externes	**Opportunités (O)**	Options stratégiques SO Utilisent les forces pour saisir les opportunités	Options stratégiques WO Minimisent les faiblesses pour saisir les opportunités
	Menaces (T)	Options stratégiques ST Utilisent les forces pour éviter les menaces	Options stratégiques WT Minimisent les faiblesses pour éviter les menaces

Dans le cas de Renault, cela pourrait consister à déployer plus largement la gamme Dacia – voire les véhicules électriques – sur les marchés émergents. Réciproquement, la case en bas à droite présente les options qui minimisent les faiblesses afin de détourner les menaces, par exemple en évitant les principaux concurrents et en se focalisant sur des niches spécialisées. Pour Renault, cela consisterait à lancer en Europe de l'Ouest des 4x4 ou des berlines statutaires développés par ses filiales (Samsung) ou ses alliés (Nissan). La case en haut à droite rassemble les options qui permettent de tirer avantage des opportunités en surmontant les faiblesses, alors que la case en bas à gauche suggère d'utiliser les forces pour éviter les menaces (ce qui signifie pour Renault de poursuivre son investissement dans les voitures électriques).

Controverse académique

L'approche par les ressources est-elle inutile ?

Même si l'approche par les ressources tient une place centrale dans la recherche en stratégie depuis une vingtaine d'années, elle a fait l'objet d'une série de critiques.

Trois critiques récurrentes ont été considérées comme particulièrement sérieuses :

1. *Le risque de tautologie.* Le fondement de l'approche par les ressources est que ce sont les capacités valorisables et rares qui conduisent à l'avantage concurrentiel. Cependant, l'avantage concurrentiel est lui aussi défini en termes de valeur et de rareté. Selon Richard Priem et John Butler[2], l'avantage concurrentiel est donc défini par lui-même. De plus, dire qu'une organisation surpasse les autres du fait qu'elle dispose de meilleures ressources ou de meilleures compétences peut sembler quelque peu trivial. Cela n'a d'intérêt que si on est capable de déterminer quelles capacités sont importantes et pourquoi.
2. *Le manque de précision.* L'approche par les ressources reste généralement vague sur ce que sont réellement les ressources. La définition des ressources est tellement large qu'elle peut inclure à peu près n'importe quel actif. Or, si tout est ressource, le concept est peu activable en pratique. Selon Priem et Butler, c'est particulièrement vrai pour la notion de connaissance tacite, certainement correcte sur le plan descriptif, mais très difficile à utiliser par les praticiens : comment peut-on gérer ce qui par essence est insaisissable ? D'autres auteurs, comme Kraaijenbrink, Spender et Groen, estiment que l'évaluation pratique des ressources implique la subjectivité, la création de connaissances et un esprit entrepreneurial, dimensions que la théorie néglige en grande partie.
3. *La stabilité.* L'approche par les ressources n'est pertinente que dans des conditions relativement stables où les « règles du jeu » de l'industrie sont fixes. Dans un environnement imprévisible, la valeur des ressources diminue rapidement. Pour s'adapter au changement, les ressources doivent évoluer, mais la théorie n'explique pas l'origine des ressources qui procurent un avantage concurrentiel.

Jay Barney[4], l'un des principaux partisans de l'approche par les ressources, rejette la plupart de ces critiques, même s'il reconnaît qu'il est nécessaire de mieux comprendre comment les ressources contribuent à la pérennité de l'avantage concurrentiel :

1. Barney défend l'intérêt pratique de la théorie, car elle pousse les managers à identifier et à développer des ressources stratégiques, même si elle ne précise pas exactement comment procéder. Selon lui, beaucoup de théories stratégiques peuvent être présentées comme tautologiques et la plupart d'entre elles sont au départ bien plus descriptives que prescriptives. Même s'il n'accepte pas que la théorie est tautologique, il admet que la valeur des ressources doit être déterminée de manière exogène sur un marché.
2. Barney reconnaît que les ressources sont définies de manière large, mais il estime que cela ne réduit pas leur utilité managériale : s'il est impossible d'établir une liste complète de toutes les ressources procurant un avantage concurrentiel, la théorie fournit les critères permettant de les identifier. Les managers n'ont qu'à appliquer ces critères lorsqu'ils évaluent et développent des ressources.
3. Les défenseurs de l'approche par les ressources affirment que la théorie reconnaît explicitement que les évolutions de l'environnement peuvent entamer l'avantage concurrentiel procuré par une ressource. Barney reconnaît cependant que les questions de changement et de création de ressources ne sont pas couvertes par la théorie et qu'elle doit être intégrée avec la notion de capacité dynamique.

Sources : R. Priem et J.E. Butler, « Is the resource-based view a useful perspective for strategic management research? », *Academy of Management Review*, vol. 26, n° 1 (2001), pp. 22-40 ; J. Kraaijenbrink, J.-C. Spender et A.J. Groen, « The resource-based view: A review and assessment of its critiques », *Journal of Management*, vol. 36, n° 1 (2010), pp. 349-372 ; J. Barney, « Is the resources-based «view» a useful perspective for strategic management? Yes », Academy of Management Review, vol. 26, n° 1 (2001), pp. 41-56.

Questions

1. Pensez-vous qu'il est facile d'identifier et d'imiter les capacités stratégiques qui procurent à une entreprise un avantage concurrentiel ?
2. Quels rôles jouent selon vous l'imagination et la créativité dans l'identification de nouvelles capacités stratégiques et dans la combinaison de capacités existantes ?
3. L'approche par les ressources est-elle inutile ?

Résumé

- L'*avantage concurrentiel* d'une organisation résulte de ses *capacités stratégiques* valorisées par ses clients et difficiles à obtenir par ses concurrents. Les capacités stratégiques rassemblent des *ressources* et des *compétences.*
- Le concept de *capacités dynamiques* souligne que les capacités stratégiques doivent changer avec l'évolution du marché et des conditions concurrentielles.
- La pérennité de l'avantage concurrentiel repose sur les capacités distinctives, qui sont à la fois génératrices de *valeur*, *rares*, *inimitables* et que l'*organisation* permet de bien exploiter (*VRIO*).
- Plusieurs analyses permettent de diagnostiquer la capacité stratégique d'une organisation :
  - L'*étalonnage* peut être utile pour comprendre la performance relative des organisations.
  - L'analyse de la *chaîne de valeur* et de la *filière* aide à comprendre comment la valeur est générée et comment elle peut être développée.
  - La *cartographie des activités* permet d'identifier en détail les activités qui fondent les capacités stratégiques.
- Les managers doivent comprendre en quoi consiste le *management des capacités stratégiques* de leur organisation, en termes de développement des capacités internes et externes et de gestion des ressources humaines.
- L'*analyse SWOT* permet de synthétiser l'adéquation entre les forces et faiblesses de l'organisation et les menaces et opportunités de son environnement.

Travaux pratiques

● Signale des exercices d'un niveau plus avancé

3.1 Utilisez le tableau 3.1 pour identifier les ressources et compétences d'une organisation qui vous est familière.

3.2 ● Effectuez une analyse de la capacité stratégique d'une organisation qui vous est familière. Identifiez les capacités qui satisfont éventuellement aux critères de (a) génération de valeur, (b) rareté, (c) inimitabilité et (d) structure de l'organisation (voir la section 3.3, le schéma 3.2 et le tableau 3.2).

3.3 ● Montrez comment les compétences fondamentales au sein d'une industrie ou d'un service public de votre choix ont évolué au cours du temps. Quelles ont été les causes de ces évolutions ? Comment la position relative des différents concurrents a-t-elle été modifiée dans le même temps ? Pourquoi ? Les capacités dynamiques ont-elles joué un rôle ? Lequel ?

3.4 Représentez la chaîne de valeur d'une organisation qui vous est familière (voir le schéma 3.4).

3.5 ● À partir d'un exemple d'étalonnage auquel vous pouvez avoir accès (par exemple un classement d'écoles ou d'universités), réalisez une analyse critique des avantages et des dangers de l'approche qui a été retenue.

Exercice de synthèse

3.6 En vous inspirant de l'illustration 3.6, effectuez une analyse SWOT pour une organisation de votre choix. Justifiez la liste des indicateurs que vous avez retenus, notamment par rapport aux autres analyses que vous avez pu réaliser dans les chapitres 2 et 3. À quelles conclusions parvenez-vous et comment cela influe-t-il sur votre évaluation de la stratégie (voir le chapitre 11) ?

Lectures recommandées

- Pour une compréhension de l'approche par les ressources, voir B. Quélin et J.-L. Arrègle (eds), *Le Management stratégique des compétences*, Ellipses, 2000. L'article le plus cité à propos de cette approche reste celui de J. Barney, « Firm resources and sustained competitive advantage », *Journal of Management*, vol. 17 (1991), pp. 99-120. Pour une évaluation de la portée de cette approche, voir notamment F. Brulhart, G. Guieu, L. Maltese et F. Prévot, « Théorie des ressources. Débats théoriques et applicabilités », *Revue Française de Gestion*, vol. 36/204 (2010), pp. 83-86, ainsi que J.B. Barney, D.J. Ketchen Jr et M. Wright, « The future of resource-based theory: revitalization or decline? », *Journal of Management*, vol. 37, n° 5 (2011), pp. 1299-1315.
- Pour une vision moins académique du concept de compétences, voir G. Hamel et C.K. Prahalad, *La Conquête du futur*, InterÉditions, 1995.
- Le concept de capacités dynamiques est expliqué par E. Josserand, « Le pilotage des réseaux. Fondements des capacités dynamiques de l'entreprise », *Revue Française de Gestion*, vol. 33/175 (2006), pp. 95-102, ainsi que par C. Helfat, S. Finkelstein, W. Mitchell, M. Peteraf, H. Singh, D. Teece, S. Winter, *Dynamic Capabilities: Understanding Strategic Change in Organizations*, Blackwell Publishing, 2007, et I. Barreto, « Dynamic capabilities: a review of past research and an agenda for the future », *Journal of Management*, vol. 36, n° 1 (2010), pp. 256-280.
- Une présentation détaillée du concept de chaîne de valeur et de ses applications figure dans M. Porter, *L'Avantage concurrentiel*, InterÉditions, 1986. Porter a également présenté le concept de « systèmes d'activités » – proche de la cartographie des activités – dans son article « Plaidoyer pour un retour de la stratégie », *L'Expansion Management Review*, n° 84 (1997).
- Pour une discussion critique sur l'utilisation et l'analyse SWOT, voir T. Hill et R. Westbrook, « SWOT analysis: it's time for a product recall », *Long Range Planning*, vol. 30, n° 1 (1997), pp. 46-52.

Références

1. Le concept de stratégie fondée sur les ressources a été introduit par B. Wernerfelt, « A resource-based view of the firm », *Strategic Management Journal*, vol. 5, n° 2 (1984), pp. 171-180. Un autre article largement cité est celui de J.B. Barney, « Firm resources and sustained competitive advantage », *Journal of Management*, vol. 17, n° 1 (1991), pp. 91-120. L'idée de construire le développement stratégique d'une organisation à partir des ressources est présentée dans G. Hamel et C.K. Prahalad, « La stratégie à effet de levier », *Harvard L'Expansion* (été 1993), pp. 43-54. Voir également l'article introductif de D. Hoopes, T. Madsen et G. Walker dans le numéro spécial du *Strategic Management Journal*, « Why is there a resource based view? », vol. 24, n° 10 (2003), pp. 889-902, ainsi que J. Barney et D. Clark, *Resource-Based Theory: Creating and Sustaining Competitive Advantage*, Oxford University Press, 2007.
2. La littérature distingue généralement les ressources et les compétences. Voir par exemple R. Amit et P.J.H. Schoemaker « Strategic assets and organizational rent », *Strategic Management Journal*, vol. 14 (1993), pp. 33-46, ainsi que l'ouvrage de J.B. Barney, *Gaining and sustaining competitive advantage*, 3e édition, Prentice Hall, 2006. La dénomination « compétences fondamentales » a été introduite par Gary Hamel et C.K. Prahalad au début des années 1990 : Hamel G., Prahalad C.K., « The core competence of the corporation », *Harvard Business Review*, vol. 68, n° 3 (1990), pp. 79-91. Le terme « capacités » est cependant plus largement employé de nos jours – parfois sous la forme « capabilités » – et sans toujours de différences claires avec le terme « compétences ». Par ailleurs, une distinction a été établie entre les « capacités opérationnelles » et les « capacités dynamiques ». David Teece et ses co-auteurs ont été les premiers à introduire la notion de capacités dynamiques : Teece D.J., Pisano G., Shuen A., « Dynamic Capabilities and strategic management », *Strategic Management Journal*, vol. 18, n° 7 (1997), pp. 509-533. Sid Winter a expliqué

par la suite les différences entre les capacités dynamiques et les capacités ordinaires : Winter S.G., « Understanding dynamic capabilities », *Strategic Management Journal*, vol. 24 (2003), n° 10, pp. 991-995.

3. Pour un résumé sur les capacités dynamiques, voir E. Josserand, « Le pilotage des réseaux. Fondements des capacités dynamiques de l'entreprise », *Revue Française de Gestion*, vol. 33/175 (2006), pp. 95-102, I. Barreto, « Dynamic capabilities: a review of past research and an agenda for the future », *Journal of Management*, vol. 36, n° 1 (2010), pp. 256-280, et C.L. Wang et P.K. Ahmed, « Dynamic capabilities: a review and research agenda », *International Journal of Management Reviews*, vol. 9, n° 1 (2007), pp. 31-52, V. Ambrosini et C. Bowman, « What are dynamic capabilities and are they a useful construct in strategic management? », *International Journal of Management Reviews*, vol. 11, n° 1 (2009), pp. 29-49. L'ouvrage le plus complet sur les capacités dynamiques est celui de C. Helfat, S. Finkelstein, W. Mitchell, M. Peteraf, H. Singh, D. Teece et S. Winter, *Dynamic Capabilities: Understanding Strategic Change in Organizations*, Blackwell Publishing, 2007.
4. Voir D.J. Teece, G. Pisano et A. Shuen, « Dynamic capabilities and strategic management », *Strategic Management Journal*, vol. 18, n° 7 (1997), pp. 509-534. Plus récemment, David Teece a approfondi la notion dans D.J. Teece, « Explicating dynamic capabilities: the nature and foundations of (sustainable) enterprise performance », *Strategic Management Journal*, vol. 28 (2007), pp. 1319-1350 et dans l'ouvrage *Dynamic capabilities and strategic management – organizing for innovation and growth*, Oxford University Press, 2009.
5. Sid Winter a expliqué les différences entre capacités ordinaires et capacités stratégiques dans S.G. Winter, « Understanding dynamic capabilities », *Strategic Management Journal*, vol. 24 (2003), n° 10, pp. 991-995.
6. Voir S.G. Winter (référence 5).
7. Voir K. Eisenhardt et J. Martin, « Dynamic capabilities: what are they? », *Strategic Management Journal*, vol. 21 (2000), pp. 1105-1121.
8. Pour une discussion sur les *micro-fondations* des capacités dynamiques, voir G. Gavetti, « Cognition and hierarchy: rethinking microfoundations of capabilities development », *Organization Science*, vol. 16 (2005) pp. 599-617.
9. Voir notamment G. Hamel et C.K. Prahalad, « The core competence of the corporation », *Harvard Business Review*, vol. 68, n° 3 (1990), pp. 79-91. L'idée de faire reposer la stratégie sur les ressources et compétences est exposée dans G. Hamel et C.K. Prahalad, « Strategic intent », *Harvard Business Review*, vol. 67, n° 3 (1989), pp. 63-76, et G. Hamel et C.K. Prahalad, « La stratégie à effet de levier », *Harvard L'Expansion* (été 1993), pp. 43-54.
10. Le VRIO a été proposé par J. Barney, *Gaining and Sustaining Competitive Advantage*, 3e édition, Prentice Hall, 2006. à l'origine, l'acronyme VRIN était utilisé pour mettre l'accent sur la non substituabilité de la capacité stratégique : les concurrents ne doivent pas pouvoir la substituer par une autre, Or, selon Jay Barney, cette dimension est désormais incluse dans l'inimitabilité : J. Barney, « Firm resources and sustained competitive advantage », *Journal of Management*, vol. 17 (1991), pp. 99-120.
11. Voir S.L. Newbert, « Empirical research on the resource-based view of the firm: an assessment and suggestions for future research », *Strategic Management Journal*, vol. 28 (2007), pp. 121-146.
12. Sur la manière dont la complexité des capacités contribue à l'inimitabilité, voir J.W. Rivkin, « Imitation of complex strategies », *Management Science*, vol. 46, n° 6 (2000), pp. 824-844.
13. Voir S. Lippman et R. Rumelt, « Uncertain imitability: an analysis of interfirm differences in efficiency under competition », *Bell Journal of Economics*, vol. 13 (1982), pp. 418-438, et A.W. King, « Disentangling interfirm and intrafirm causal ambiguity: a conceptual model of causal ambiguity and sustainable competitive advantage », *Academy of Management Review*, vol. 32, n° 1 (2007), pp. 156-178.
14. La distinction entre l'ambiguïté des caractéristiques et l'ambiguïté des liens est expliquée en détail par A.W. King et C.P. Zeithami, « Competencies and firm performance: examining the causal ambiguity paradox », *Strategic Management Journal*, vol. 22 (2001), pp. 75-99.
15. Pour une discussion détaillée du concept de dépendance de sentier, voir D. Holbrook, W. Cohen, D. Hounshell et S. Klepper, « The nature, sources and consequences of firm differences in the early history of the semiconductor industry », *Strategic Management Journal*, vol. 21, n° 10-11 (2000), pp. 1017-1042.
16. Sur les capacités complémentaires, voir D.J. Teece, « Profiting from technological innovation », *Research Policy*, vol. 15, n° 6 (1986), pp. 285-305.
17. Le rôle des connaissances organisationnelles a tout d'abord été souligné par B. Kogut et U. Zander, « Knowledge of the firm, combinative capabilities, and the replication of technology », *Organization Science*, vol. 3, n° 3 (1992), pp. 383-397. L'importance de l'analyse et de la compré-

hension des connaissances organisationnelles est examinée dans I. Nonaka, H. Takeuchi et M. Ingham, *La Connaissance créatrice : la dynamique de l'entreprise apprenante*, De Boeck, 1997. Il existe également des recueils d'articles sur les connaissances organisationnelles, notamment un numéro spécial du *Strategic Management Journal* dirigé par R. Grant et J.-C. Spender, vol. 17 (1996) ou la *Harvard Review on Knowledge Management*, HBR Press, 1998. Voir enfin M. Easterby-Smith et I. Prieto, « Dynamic capabilities and knowledge management: an integrative role for learning », *British Journal of Management*, vol. 19 (2008), pp. 235-249.

18. Voir I. Nonaka, H. Takeuchi et M. Ingham (référence 17 ci-dessus).
19. Voir E. Vaast, « Les communautés de pratique sont-elles pertinentes ? », *Actes de la XIe conférence de l'AIMS*, juin 2002, disponible sur www.strategie-aims.com. Voir également E.C. Wenger, *Communities of Practice: Learning, Meaning and Identity*, Cambridge University Press, 1999, et E.C. Wenger et M.W. Snyder, « Communities of practice: the organizational frontier », *Harvard Business Review*, vol. 73, n° 3 (2000), pp. 201-207.
20. Voir L. Hermel et P. Achard, Le Benchmarking, Afnor, 2010, et R. Camp, Benchmarking: The Search for Industry Best Practices that Lead to Superior Performance, Quality Press, 2006.
21. A. Murdoch, « Lateral benchmarking, or what Formula One taught an airline », *Management Today* (novembre 1997), pp. 64-67.
22. On appelle ce phénomène la *loi de Goodhart*, du nom de l'ancien économiste en chef de la Banque d'Angleterre de 1997 à 2000, qui avait déclaré (dans le cadre des indicateurs économiques d'un pays) : « Quand une mesure devient une cible, elle cesse d'être une bonne mesure. »
23. Une présentation détaillée du concept de chaîne de valeur et de ses applications figure dans M. Porter, *L'Avantage concurrentiel*, InterÉditions, 1986.
24. Porter présente les approvisionnements comme une *fonction de support* et non comme une *fonction primaire*. Or, les achats peuvent réellement contribuer, au même titre que la logistique, à la création de valeur, notamment en incorporant des composants et matériaux valorisés par les clients. Considérer les achats comme une fonction de support, c'est les ramener le plus souvent à une simple fonction de réduction des coûts d'approvisionnement, ce qui ne saurait procéder d'un raisonnement pérenne, donc stratégique.
25. Porter distingue la logistique *amont* (liée aux approvisionnements) et la logistique *aval* (liée aux produits finis) que l'on peut inclure dans la commercialisation, mais cela n'ajoute rien de fondamental au modèle.
26. La notion de gisement de valeur est examinée par O. Gadiesh et J.L. Gilbert, « Profit pools: a fresh look at strategy », *Harvard Business Review* (mai-juin 1998), pp. 139-147.
27. Sur la notion de migration de la valeur, voir A. Slywotzky, *La Migration de la valeur*, Village Mondial, 1998.
28. Voir H. Schultz et D. Yang Young, *Put Your Heart Into It*, Hyperion, 1997.
29. Voir M.E. Porter, « Plaidoyer pour un retour de la stratégie », *L'Expansion Management Review*, n° 84 (1997) et N. Siggelkow, « Evolution towards fit », *Administrative Science Quarterly*, vol. 47, n° 1 (2002), pp. 125-159.
30. Cet exemple a été élaboré par Bjorn Haugstad, doctorant à la Saïd Business School de l'université d'Oxford en 2009.
31. Plutôt que « déconstruction », D. Collis et C. Montgomery « Competing on resources », *Harvard Business Review*, vol. 86, n° 8 (2008), pp. 140-150, utilisent le terme de « disagreggation ».
32. Un bon exemple de ce type de logiciels permettant d'analyser les capacités organisationnelles est présenté par C. Eden et F. Ackermann, « Mapping distinctive competencies: a systemic approach », *Journal of the Operational Society*, vol. 51 (2000), pp. 12-20.
33. Pour une présentation détaillée de l'utilisation de cette méthode, voir V. Ambrosini, *Tacit and Ambiguous Resources as Sources of Competitive Advantage*, Palgrave Macmillan, 2003. Voir également F. Ackermann, C. Eden et I. Brown, *The Practice of Making Strategy*, Sage, 2005, chapitre 6.
34. Sur le management des capacités stratégiques, voir C. Bowman et N. Collier, « A contingency approach to resource-creation processes », *International Journal of Management Reviews*, vol. 8, n° 4 (2006), pp. 191-211.
35. Voir J.Broustail et F. Fréry, *Le Management Stratégique de l'Innovation*, Dalloz, 1993 et P. Regnér, « Strategy creation in the periphery: inductive versus deductive strategy making », *Journal of Management Studies*, vol. 40, n° 1 (2003), pp. 57-82.
36. Voir C.A Maritan et T.H. Brush, « Heterogeneity and transferring practices: implementing flow practices in multiple plants », *Strategic Management Journal*, vol. 24, n° 10 (2003), pp. 945-960.
37. Sur l'intérêt de l'externalisation, voir J. Barthélémy, *Stratégies d'externalisation*, 3e édition, Dunod, 2006.

38. Voir V. Ambrosini (ed.), Exploring Techniques of Strategy Analysis and Evaluation, Prentice Hall, 1998.
39. L'idée d'utiliser le SWOT comme liste récapitulative est ancienne. Voir par exemple S. Tilles, « Making strategy explicit », dans I. Ansoff (ed.), *Business Strategy*, Penguin, 1968. Voir également le chapitre de T. Jacobs, J. Shepherd et G. Johnson sur l'analyse SWOT dans V. Ambrosini (ed.), *Exploring Techniques of Strategy Analysis and Evaluation*, Prentice Hall, 1998. Sur l'utilisation parfois inadéquate du SWOT, voir également T. Hill et R. Westbrook, « SWOT analysis: it's time for a product recall », *Long Range Planning*, vol. 30, n° 1 (1997), pp. 46-52.
40. Voir H. Weihrich, « The TOWS matrix – a tool for situational analysis », *Long Range Planning* (avril 1982), pp. 54-66.

Étude de cas

Rocket Internet : le cloneur sera-t-il cloné ?

Rocket Internet était un incubateur de start-up et une entreprise de capital-risque implantée à Berlin. Son activité consistait à fonder, à développer et à financer des entreprises Internet. Début 2014, l'entreprise comptait 28 bureaux dans 26 pays, qui rassemblaient 700 salariés. Elle avait aidé à créer plus de 100 start-up, dont 50 – qui employaient au total 150 000 personnes dans 40 pays – faisaient encore partie de son portefeuille.

Rocket Internet avait été fondé par trois frères, Alexander, Oliver et Marc Samwer. Après avoir vécu dans la Silicon Valley dans les années 1990, ils avaient été inspirés par la culture entrepreneuriale locale, et en particulier par eBay. En 1999, ils proposèrent à eBay de créer une version allemande du site, mais ils ne reçurent aucune réponse. Ils décidèrent alors de lancer un clone d'eBay adapté au marché allemand, Alando. Un mois plus tard, eBay racheta Alando pour 50 millions de dollars. Ce fut le premier succès des frères Samwer, mais ce n'allait pas être le dernier.

Ils créèrent ensuite Jamba, une plateforme de contenus pour téléphones mobiles qu'ils revendirent à VeriSign en 2004, pour 273 millions de dollars. Depuis cette date, ils étaient devenus experts dans le repérage de modèles économiques prometteurs, en particulier aux États-Unis, qu'ils clonaient et internationalisaient plus vite que l'original. Ce principe était à la base de Rocket Internet, qu'ils fondèrent en 2007. Plusieurs de leurs créations furent rachetées par les entreprises qu'ils avaient clonées (voir le tableau). Après Alando, deux de leurs plus remarquables succès furent CityDeal, qu'ils revendirent à Groupon et eDarling, racheté par eHarmony.

Rocket Internet était fréquemment accusé d'être un simple imitateur sans aucune idée originale, et certains le présentaient même comme une vaste escroquerie qui ne faisait que plagier d'authentiques entrepreneurs. Cependant, une question subsistait : si Rocket Internet connaissait un tel succès en se contentant de copier, pourquoi personne n'avait jusqu'à présent réussi à copier Rocket Internet ? Les frères Samwer, par la voix d'Oliver, défendaient leur modèle dans la revue *Wired* :

« Mais regardez la réalité en face. Combien y a-t-il de constructeurs automobiles ? Combien y a-t-il de constructeurs de machines à laver ? Combien de Best Buy [distributeur américain d'électroménager, d'informatique et d'audiovisuel] ? Est-ce que quelqu'un a déjà dit que Dixons [l'équivalent britannique de Best Buy] a copié Best Buy, ou que Best Buy a copié Dixons, ou encore que Media Markt [l'équivalent allemand de Best Buy] a copié Dixons ? Non, on parle de Media Markt. On parle de Dixons. On parle de Best Buy. Où est la différence ? C'est la même chose. »

Le financement et les équipes d'experts

Rocket Internet bénéficiait du soutien financier de son principal investisseur, le fonds suédois Kinnevik, qui lui faisait également profiter de sa longue expérience dans l'investissement dans des start-up et mettait son vaste réseau de contacts à sa disposition. D'autres investisseurs finançaient directement la création ou la croissance des start-up, parmi lesquels la banque américaine J.P. Morgan. Pour travailler avec ces investisseurs et établir ses montages financiers, Rocket Internet disposait d'une équipe d'environ 35 experts dans ses bureaux de Berlin.

Étude de cas

Entreprise	Fondation	Activité	Acheteur	Fondation	Prix, millions $	Date de la transaction
Alando	1999	Place de marché en ligne	eBay	1995	50	1999
cember.net	2005	Réseau social professionnel	Xing	2003	6,4	2008
eDarling	2009	Site de rencontres	eHarmony	1998	Rachat de 30%*	2010
GratisPay	2009	Devise virtuelle pour jeux	SponsorPay	2009	?	2010
CityDeal	2009	Coupons de réduction	Groupon	2008	126†	2010
viversum	2003	Astrologie en ligne	Questico	2000	?	2010

* avec une option d'achat supplémentaire † dont une part dans Groupon

Source : Gründerszene.de

Rocket Internet détenait les savoir-faire financiers nécessaires à un incubateur et à un capital-risqueur, mais il développait également le concept de ses start-up, fournissait les plateformes technologiques requises et combinait les différentes compétences indispensables à la création d'entreprises. Il employait pour cela à Berlin environ 250 spécialistes, répartis en plusieurs équipes. L'ingénierie et les systèmes informatiques, la programmation et la conception de site web monopolisaient par ailleurs environ 200 ingénieurs qui avaient accès aux technologies et aux outils les plus modernes.

On comptait également des équipes d'experts en marketing, en relations clients, en études de marché et en ressources humaines. Rocket Internet disposait par ailleurs d'une équipe mobile de spécialistes en entrepreneuriat, capables d'intervenir sur tous les marchés internationaux.

Cette équipe rassemblait des experts fonctionnels en développement de produits, en achats, en production et en marketing. Ils se déplaçaient tous les quatre à six mois pour intervenir dans une autre start-up, dans une autre région du monde.

La gestion des ressources humaines et la culture

Le département des ressources humaines ne recrutait pas uniquement le personnel de Rocket Internet, mais également les spécialistes qui composaient les différentes équipes d'experts et surtout les fondateurs des start-up. Conformément à l'esprit entrepreneurial de la Silicon Valley, les frères Samwer privilégiaient le dynamisme et la conviction par rapport aux notes et aux diplômes. La responsable des ressources humaines, Vera Termuhlen, déclarait ainsi à VentureVillage.com :

« Tout compte fait, cela ne compte pas qu'un candidat soit diplômé d'une excellente université. Pour le développement de nos start-up, nous recherchons des candidats avec une orientation terrain, de haut niveau, qui possèdent de solides compétences analytiques, qui se définissent eux-mêmes comme des entrepreneurs, qui ont une passion pour la création d'entreprise sur Internet et qui ont envie de travailler à l'international, y compris dans des endroits exotiques comme les Philippines ou le Nigeria. »

Les cofondateurs et les dirigeants des start-up étaient chargés de créer l'entreprise, de recruter leurs équipes et de développer l'activité. Ils se comportaient comme des entrepreneurs et détenaient une part du capital de leur entreprise. Leur recrutement était une activité clé pour Rocket Internet, qui privilégiait des diplômés de niveau MBA, ambitieux, dotés de solides capacités analytiques et généralement originaires de la région où l'entreprise serait créée. Comme l'affirmait Alexander Kudlich, un des quatre directeurs généraux de Rocket Internet :

« Nous recherchons ceux qui comprennent la beauté d'un modèle économique d'un point de vue analytique, qui comprennent sa logique et qui comprennent que son potentiel est énorme. Nous disons parfois que nous recherchons des entrepreneurs analytiques plutôt que des milliardaires chanceux. »

L'entreprise insistait non seulement sur une forte expertise, mais aussi sur « une grande proximité culturelle avec Rocket Internet ». La culture de Rocket Internet était exigeante, fortement tournée vers la performance, avec une forte pression, des horaires de travail intenses (souvent de 9 h à 23 h), et peu de sécurité de l'emploi. Alors que cette culture était attirante pour certains, elle avait été accusée d'être trop brutale et agressive. Alexander Kudlich la décrivait comme suit :

« Je qualifierais notre culture de très focalisée. Nos équipes sont jeunes – l'âge moyen est inférieur à 30 ans. Nulle part vous n'aurez plus de liberté et nulle part vous ne pourrez avoir autant de responsabilités. La seule chose que nous voulons en échange, c'est que vous répondiez personnellement de vos actes. »

L'identification des modèles économiques et l'exécution

Si certaines compétences de Rocket Internet étaient relativement communes parmi les incubateurs de Berlin et du reste de l'Europe, c'est son périmètre d'activité international qui faisait la différence. L'expertise du siège profitait à l'ensemble du portefeuille, et les meilleures pratiques pouvaient être appliquées à tous les modèles économiques représentés (de la vente en ligne au paiement, en passant par les réseaux sociaux). Par rapport aux autres incubateurs, les fonctions centrales jouaient un rôle beaucoup plus déterminant. Alors que des entrepreneurs étaient recrutés pour diriger les start-up, la stratégie d'ensemble de Rocket Internet restait conçue avant tout au siège de Berlin, notamment en ce qui concernait l'identification de nouvelles idées, de nouveaux concepts et de nouveaux modèles économiques. Les quatre directeurs généraux du siège supervisaient le repérage de modèles économiques marchands originaux, qui avaient prouvé leur pertinence sur Internet et sur mobile, et qui pouvaient être rapidement étendus à l'international. L'ancien directeur général Florian Heinemann expliquait ainsi dans *Wired* : « Nous examinons systématiquement les modèles économiques existants et nous essayons de déterminer lesquels correspondent à nos compétences et ont assez de potentiel pour que nous y investissions. »

Un autre aspect spécifique du modèle centralisé de Rocket Internet, par rapport aux autres incubateurs européens ou américains, était la vitesse à laquelle il lui était possible de lancer une nouvelle activité à l'international. Rocket Internet disposait d'une infrastructure internationale et d'un réseau de distribution qui lui permettaient d'étendre ses start-up dans de multiples pays en seulement quelques mois. Sa capacité à dupliquer des modèles économiques dans différents contextes culturels et géographiques avait été démontrée à plusieurs reprises. Comme le soulignait Alexander Kudlich dans le *Wall Street Journal* :

« Lorsque nous identifions un modèle économique, nos équipes centrales peuvent élaborer une plateforme en quelques semaines. Pendant ce temps, nos bureaux locaux recrutent les personnels qui seront chargés de l'appliquer. [...] Cela nous donne de la vitesse. Nous combinons les meilleurs talents locaux avec une approche très centralisée ou modulaire en termes de plateformes et de systèmes au niveau de notre siège. »

En fait, Rocket Internet était spécialisé dans l'exécution et non dans l'innovation. C'est aussi de cette manière que les dirigeants défendaient son approche lorsqu'on l'accusait d'être une simple machine à cloner. Oliver Samwer disait qu'ils étaient des « entrepreneurs opérationnels » plutôt que des « entrepreneurs pionniers ». Alexander Kudlich expliquait ainsi dans *Inc. Magazine* : « Qu'est-ce qui est le plus difficile ? Avoir l'idée de vendre des chaussures en ligne ou construire toute une chaîne logistique en Indonésie ? Les idées c'est important. Mais leur mise en œuvre l'est encore plus. »

Étude de cas

Paradoxalement, même si Rocket Internet s'appuyait le plus souvent sur les idées des autres, il préférait ne pas ébruiter ses propres projets, comme le rappelait Oliver Samwer dans le *New York Times* : « Nous n'aimons pas du tout parler de nos investissements, car notre succès encourage l'apparition de sites concurrents, [...] Les idées circulent de plus en plus vite de nos jours. »

Le futur

Rien ne semblait altérer le succès de Rocket Internet. Sa filiale Zalando, à l'origine une imitation du site de vente de chaussures en ligne américain Zappos (racheté depuis par Amazon), s'était diversifiée dans les vêtements et les bijoux. Lancé en 2008, Zalando était présent quatre ans plus tard dans 14 pays, comptait 10 millions de clients, un portefeuille de 150 000 références et de 1 500 marques, pour un chiffre d'affaires dépassant les 1,1 milliard d'euros (en croissance de 100 % sur un an). Rocket Internet avait également lancé un clone d'Amazon en Asie du Sud-Est, Lazada, et une entreprise de paiement sur mobile, Payleven, inspirée du site américain Square.

Cependant, Rocket Internet commençait à provoquer des réactions de la part des sites qu'il clonait. Lorsque, avec sa filiale Wimdu, il avait ainsi imité Airbnb, le site américain de location immobilière entre particuliers, celui-ci avait rapidement conclu un partenariat avec un autre incubateur berlinois, Springstar, afin de déployer son propre modèle à l'international. De la même manière, quand Rocket Internet avait cloné avec sa filiale Bamarang le site de vente privée de mobilier et d'objets design Fab.com, celui-ci avait racheté un site européen équivalent, Casacanda, et l'avait utilisé pour étendre Fab à l'international. Rocket Internet avait été contraint de fermer Bamarang seulement six mois après son lancement.

Rocket Internet était même confronté à ses propres clones. Deux de ses anciens directeurs généraux, suivis par un groupe d'anciens employés, avaient ainsi lancé en 2012 leur propre incubateur à Berlin, Project A Ventures, pour dupliquer le modèle à leur propre compte. Un an plus tard, ce clone du cloneur avait déjà lancé 15 start-ups.

Sources :

Joel Kaczmarek, « An inside look at Rocket Internet », VentureVillage.com, 18 novembre 2012.

Max Chafkin, « Lessons from the world's most ruthless competitor », *Inc. Magazine*, 29 mai 2012.

Ben Rooney, « Rocket Internet leads the clone war », *The Wall Street Journal*, 14 mai 2012.

Gerrit Wiesmann, « Zalando to set foot in seven new countries », *Financial Times*, 26 mars 2012.

Tim Bradshaw, « Facebook backers to take stake in Zalando », *Financial Times*, 2 février 2012.

Matt Cowan, « Inside the clone factory », *Wired UK*, 2 mars 2012.

Robert Levine, « The kopy kat kids », Cnnmoney.com, 2 octobre 2007.

New York Times, 3 décembre 2006.

The Economist, « Attack of the clones », 6 août 2011.

Questions

1. En utilisant les outils présentés dans ce chapitre, analysez la capacité stratégique de Rocket Internet :
   (a) Quelles sont ses ressources et compétences ?
   (b) Quelles sont ses capacités seuils, ses capacités distinctives et ses capacités dynamiques ?
2. En utilisant vos réponses à la question précédente, conduisez une analyse VRIO de Rocket Internet. Qu'en déduisez-vous ? Dans quelle mesure Rocket Internet dispose-t-il de capacités stratégiques lui procurant un avantage concurrentiel durable ?
3. Quelle est l'importance des frères Samwer pour l'avenir de l'entreprise ? Que se passerait-il s'ils décidaient de quitter ou de vendre l'entreprise ?

5
3

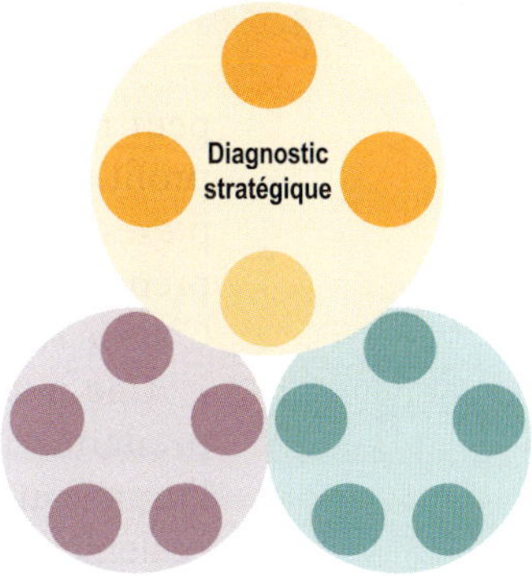

Chapitre 4
L'intention stratégique

Objectifs

Après avoir lu ce chapitre, vous serez capable de :

- Comparer les différents moyens de communiquer l'intention stratégique d'une organisation en termes de valeurs, vision, mission et objectifs.
- Analyser les conséquences stratégiques de la structure de possession d'une organisation.
- Discuter les avantages et inconvénients des différents modèles de gouvernement d'entreprise.
- Mener une cartographie des parties prenantes afin de déterminer leur pouvoir et leur intérêt.
- Analyser le lien entre la responsabilité sociale, l'éthique et l'intention stratégique.

Concepts clés

Parties prenantes p. 128, mission p. 129, vision p. 129, valeurs fondamentales p. 129, objectifs p. 130, gouvernement d'entreprise p. 134, chaîne de gouvernement p. 135, cartographie des parties prenantes p. 146, pouvoir p. 149, responsabilité sociale de l'entreprise (RSE) p. 151.

4.1 Introduction

Au printemps 2012, Sir Stelios Haji-Ioannou, le fondateur d'easyJet, poursuivit son ancienne entreprise en justice pour infléchir ce qu'il considérait comme une croissance excessive. Même s'il s'était retiré de la direction d'easyJet, il en était toujours un actionnaire important, avec 38 % du capital, et il critiquait régulièrement sa stratégie de croissance. Selon lui, les dirigeants d'easyJet investissaient dans la croissance aux dépens des dividendes destinés aux actionnaires. La question de la raison d'être de l'entreprise était au cœur de ce conflit : fallait-il privilégier la croissance à long terme ou la rentabilité immédiate ? Qui devait contrôler la stratégie, les actionnaires ou les dirigeants ?

Dans les deux précédents chapitres, nous avons vu comment l'environnement (l'externe) et les capacités (l'interne) influencent la position stratégique d'une organisation. Ce chapitre examine de quelle manière les pressions externes et les aspirations internes interagissent avec l'*intention stratégique* poursuivie. Celle-ci peut rarement se réduire à une formule aussi simple que « la maximisation du profit » ou « la croissance ». Les objectifs organisationnels sont généralement complexes et divers. Il est donc nécessaire de clarifier ce qui guide la stratégie, de comprendre qui en influence les objectifs et de déterminer qui en évalue la performance. C'est le sujet de ce chapitre.

Une notion importante à cet égard est celle de parties prenantes. Les **parties prenantes** – ou *ayants droit* – sont les individus ou les groupes qui dépendent de l'organisation pour atteindre leurs propres buts et dont l'organisation dépend également. Une question sous-jacente dans ce chapitre consiste à déterminer si l'intention stratégique doit répondre aux attentes d'une catégorie particulière de parties prenantes – notamment les actionnaires dans une entreprise privée – ou plus largement satisfaire tous les ayants droit, dont les salariés, voire œuvrer pour le bien collectif au sens large. Le schéma 4.1 résume les différents points discutés dans ce chapitre.

- La section 4.2 revient sur la discussion du chapitre 1 pour présenter les différents moyens qu'une organisation peut mobiliser pour *exprimer* son intention stratégique : *valeurs*, *vision*, *mission* et *objectifs*.
- La section 4.3 traite du *gouvernement d'entreprise* et de la *structure de possession* dans laquelle l'organisation évolue. De quelle manière les structures formelles destinées à superviser les décisions et les actions des dirigeants, telles que les conseils d'administration ou les assemblées d'actionnaires, influent-elles sur l'intention stratégique ?
- La section 4.4 concerne les *attentes des différentes parties prenantes* et leur influence respective sur l'intention stratégique. Comprendre l'influence des parties prenantes nécessite une analyse du *pouvoir* et des *intérêts* de chacune d'elles.
- La section 4.5 concerne la *responsabilité sociale de l'entreprise* et les questions *éthiques* : quels objectifs une organisation *doit-elle* rechercher ? Comment les managers doivent-ils se conformer aux attentes et aux valeurs de la société, que ce soit au niveau organisationnel ou en termes de comportements individuels ?

4.2 Mission, vision, valeurs et objectifs

Cynthia Montgomery, de l'université de Harvard, affirme que la définition et l'expression d'une intention stratégique explicite et motivante constituent l'une des tâches essentielles de tout stratège[1]. En effet, en l'absence d'une intention stratégique claire, la stratégie choisie reste un mystère pour ceux qui sont censés l'appliquer ou l'analyser. Ils sont donc contraints d'interpréter par eux-mêmes ce que fait l'organisation et pourquoi. Selon Montgomery, l'intention affichée de l'organisation doit répondre à une question essentielle : en quoi et pour qui l'organisation fait-elle une différence ? Les parties prenantes seront d'autant plus motivées qu'elles comprendront quel est leur lien avec cette intention. Par conséquent, les dirigeants doivent parvenir à résumer l'intention stratégique de leur organisation d'une manière qui suscite l'adhésion. Jim Collins et Jerry Porras affirment que le succès durable de nombreuses entreprises américaines – par exemple GE, Disney ou 3M – peut être attribué (du moins en partie) à la force de leurs valeurs fondamentales[2].

Schéma 4.1 Les influences qui s'exercent sur l'intention stratégique

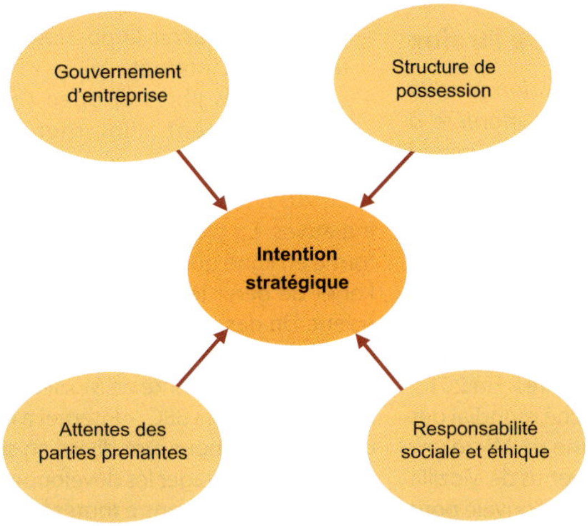

L'intention stratégique d'une organisation comprend généralement quatre aspects :

- La **mission** d'une organisation est l'affirmation de son intention fondamentale, de sa raison d'être. Elle répond parfois à la question – apparemment – simple : « Quel est notre métier ? », qui en appelle d'ailleurs deux autres : « Qu'est-ce qui serait perdu si l'organisation n'existait plus ? » et « Quelle est notre différence ? ». Elle permet de s'assurer que les salariés et les parties prenantes comprennent la stratégie et ont confiance dans son déploiement. Collins et Porras[3] suggèrent que pour formuler une mission – bien qu'ils n'utilisent pas ce terme – les managers peuvent commencer par décrire ce que fait leur organisation de manière générale, puis affiner progressivement en enchaînant les « pourquoi ? », de manière à révéler les causes profondes de ses actions. Ils relatent ainsi l'exemple d'une entreprise de graviers et d'asphalte qui a conclu que sa mission consistait à accroître la qualité des routes pour améliorer le bien-être des populations.

- La **vision** décrit le futur que l'organisation aspire à créer. Son but est de dessiner une image du futur capable d'impliquer et de motiver. La question est donc ici : « Que voulons-nous réussir ? » Collins et Porras suggèrent que pour cela les managers se demandent : « Si nous étions ici dans vingt ans, que serions-nous fiers d'avoir réalisé ou créé ? » Ils citent l'exemple de la vision initiale de Henry Ford, qui voulait que chacun puisse posséder une automobile. À la différence de la mission, qui caractérise ce que fait l'organisation, la vision présente le futur qui résultera de son action.
- Les **valeurs fondamentales** sont les principes qui sous-tendent la stratégie d'une organisation et définissent de quelle manière elle devrait agir. Google a ainsi inclus dans ses valeurs « On peut être sérieux sans costume », « Rapide vaut mieux que lent » et « Ne pas faire le mal ». Ces valeurs doivent être pérennes : si elles sont susceptible d'évoluer au gré des circonstances, alors elles ne sont pas fondamentales. C'est ainsi que certaines universités n'abandonneront jamais la recherche fondamentale, quelles que soient les contraintes budgétaires qui pèseront sur elles. À l'inverse, Google est devenu tellement omniprésent que certains

Illustration 4.1

La mission de Mozilla : au-delà de Firefox

La mission et les principes de la Fondation Mozilla peuvent-ils la guider et la motiver de manière à développer la nouvelle génération de produits qui succédera à son navigateur Firefox ?

La Fondation Mozilla était une organisation à but non lucratif issue à la fin des années 1990 de l'entreprise qui avait conçu le navigateur Internet Netscape. Le produit le plus connu de Mozilla était le logiciel libre Firefox, un navigateur conçu gratuitement par une communauté de développeurs volontaires. Fin 2013, Firefox détenait environ 20 % du marché mondial des navigateurs, derrière Google Chrome et Microsoft Internet Explorer. Environ 85 % des revenus de Mozilla provenaient d'un contrat avec Google, renouvelé pour trois ans en 2011, qui rémunérait la fondation en échange de la déclaration de Google comme moteur de recherche par défaut dans Firefox.

Mozilla se présentait de la manière suivante :

« La mission de Mozilla est de promouvoir l'ouverture, l'innovation et la bonne santé du Web.

Mozilla est une communauté mondiale de technophiles, de penseurs et d'artisans travaillant ensemble afin de conserver un Internet intact et accessible à tous, pour que chacun soit en mesure de l'utiliser pleinement et de l'enrichir. Nous croyons que collaborer ensemble sur une plateforme ouverte est fondamental, tant au niveau de l'épanouissement individuel que du bien collectif. »

Mozilla avait également publié un « Manifeste » présentant une série de principes destinés à « rendre nos contributeurs fiers de ce que nous faisons et à nous motiver à poursuivre ». Ces principes incluaient notamment les points suivants :

- Internet est une ressource publique mondiale qui doit demeurer ouverte et accessible.
- Internet doit enrichir la vie de tout le monde.
- La sécurité des personnes sur Internet est fondamentale et ne peut pas être considérée comme optionnelle.
- Chacun doit avoir la possibilité de façonner son utilisation d'Internet.
- Les logiciels libres et open source favorisent le développement d'Internet comme ressource publique.

En 2012, Mozilla avait lancé une série de nouvelles initiatives. La plus notable était Pancake, une plateforme en ligne qui permettait aux internautes de stocker et de gérer leurs données personnelles où qu'ils soient. Un des objectifs de Pancake était de remédier à la façon dont les applications mobiles fragmentaient Internet. La présidente de Mozilla, Mitchell Baker, avait ainsi expliqué à la BBC : « Internet a été conçu pour être connecté, pas pour être divisé en silos. Nous voulons vraiment encourager les développeurs à concevoir des solutions ouvertes entre toutes les plateformes, en utilisant le même type de pouvoir, d'innovation et de liberté que ce que le Web nous a donné depuis 15 ans. »

Elle ajoutait : « Nos initiatives ne sont pas guidées par la recherche du profit. Ce qui nous guide, c'est la conviction que la mission de Mozilla n'est pas remplie tant que nous ne sommes pas présents dans toutes les strates d'Internet. » En référence aux utilisateurs et aux développeurs de Mozilla, elle précisait : « Nos parties prenantes – nous n'avons pas d'actionnaires – ne recherchent pas un retour sur investissement. La rémunération de leur temps, de leur énergie et de leur bonne volonté, c'est un produit qu'ils aiment et un Internet qui respecte la souveraineté de l'utilisateur. »

Sources : mozilla.com, 2014 ; bbc.co.uk, 10 avril 2012.

Questions

1. Mozilla publie une mission et des principes, mais pas une vision. Selon vous, quelle pourrait être cette vision ?
2. Comment la mission et les principes de Mozilla influencent-ils ses développements futurs ? Y a-t-il un danger dans ses priorités apparentes ?
3. Identifiez d'autres déclarations de mission, vision ou valeurs. En quoi vous semblent-elles pertinentes ?

se demandent si son principe « Ne pas faire le mal » est toujours respecté (voir le cas à la fin du chapitre 12).

- Les **objectifs** sont l'affirmation des résultats spécifiques qui doivent être atteints. Ils sont souvent formulés en termes financiers : niveau de profit souhaité, taux de croissance, dividendes attendus ou valorisation du cours de l'action[4]. Les objectifs peuvent également s'exprimer en termes de part de marché, de niveau de qualité, de taux de rétention des clients, etc. Quelquefois, les objectifs concernent directement des indicateurs de mesure de l'avantage concurrentiel.

Les compagnies aériennes à bas coût comme Ryanair se donnent ainsi pour objectif de minimiser leur temps d'escale, car c'est une des clés de leur succès. De plus en plus d'organisations se fixent des objectifs de « triple résultat », c'est-à-dire non seulement économiques, mais également environnementaux et sociétaux, ce qui souligne leur responsabilité sociale sens large (voir la section 4.4.1).

Certains observateurs considèrent la mission, la vision et les valeurs comme des déclarations vagues et vides de sens[5]. Au contraire, les objectifs peuvent sembler extrêmement opérationnels. Cependant, la mission, la vision et les valeurs dessinent une vue à long terme de l'organisation et de sa stratégie. Alors que les objectifs sont utiles pour orienter et piloter la performance à court terme, la mission, la vision et les valeurs peuvent être des sources d'adhésion et de conviction, à condition cependant qu'elles aient une véritable signification.

Trois points doivent être pris en compte lorsqu'on fixe une mission, une vision et des valeurs fondamentales[6] :

- *Exclusivité.* Les déclarations d'intention doivent focaliser l'attention et guider la prise de décision. Pour être efficaces, la mission, la vision et les valeurs doivent préciser ce qui est exclu de la stratégie tout autant que ce qu'elle inclut. Chez Apple, Steve Jobs considérait comme cruciale la capacité à dire « non » aux activités non essentielles. Les déclarations doivent également être des outils pratiques d'aide à la décision. Chez Google, la valeur « rapide » permet de choisir entre différentes options stratégiques : les managers savent ainsi qu'ils ne doivent pas explorer des fonctionnalités éventuellement intéressantes si elles risquent de ralentir les deux fonctions essentielles du site : la recherche et la publicité.
- *Motivation.* Les déclarations doivent encourager les employés à faire de leur mieux. Il convient donc de veiller à ce qu'elles ne soient pas vides de sens ou trop génériques au point de pouvoir s'appliquer à n'importe quelle organisation. Il convient de veiller à la spécificité et à l'authenticité. La motivation passe notamment par la recherche de performance de plus haut niveau, tout en veillant à maintenir des cibles crédibles. La vision d'origine d'Apple, rendre les ordinateurs accessibles à tous, a ainsi inspiré ses employés pendant ses premières années.
- *Clarté.* Le troisième principe qui doit guider la rédaction de la mission, de la vision et des valeurs est la clarté. Afin de motiver les employés dans leurs tâches quotidiennes, la mission, la vision et les valeurs doivent être faciles à communiquer, à comprendre et à mémoriser. Il est donc essentiel de rester simple et clair. Le fondateur de Facebook, Mark Zuckerberg, a ainsi identifié trois valeurs : « bouger vite », « être audacieux » et « être ouvert ». Elles sont claires, mémorisables et concrètes.

Quels que soient la mission, la vision, les valeurs ou les objectifs, il est important de déterminer qui les influence. C'est ce que nous allons voir dans la suite de ce chapitre.

4.3 Les propriétaires et les dirigeants

L'intention stratégique est généralement fixée par les propriétaires et les dirigeants. Or, ce ne sont pas nécessairement leurs mêmes personnes, et leurs intérêts peuvent différer significativement. Cette section présente différentes structures de possession et les questions de gouvernement posées par la divergence d'intérêt entre propriétaires et managers.

4.3.1 Les structures de possession

Il existe beaucoup de structures de possession, et leurs différences ne sont pas toujours claires[7]. Cependant, on peut distinguer quatre modèles principaux, qui ont chacun des conséquences différentes sur l'intention stratégique. Le schéma 4.2 classe ces quatre modèles selon deux axes. L'axe horizontal décrit le mode de management dominant au sein de l'organisation, depuis une logique purement professionnelle (les managers sont recrutés pour leur expertise) jusqu'à une logique fondée sur les relations personnelles (les managers sont recrutés en fonction des relations personnelles qu'ils entretiennent avec les propriétaires). L'axe vertical distingue les organisations selon que leur objectif est exclusivement la recherche de profit ou que celle-ci n'est qu'un objectif parmi d'autres. Dans chaque cas, il ne s'agit pas de catégories strictes, mais d'un continuum : les organisations peuvent varier d'un extrême à l'autre, voire ne pas se comporter selon le modèle prévu. Pour autant, selon leur modèle de structure de possession, les organisations ont tendance à présenter des différences significatives :

- *Les entreprises cotées* constituent un modèle classique en Amérique du Nord, en Europe de l'Ouest ou au Japon. Ces entreprises vendent leurs actions au public, leur capital étant ainsi partagé entre des investisseurs de référence (banques, fonds de pension, compagnies d'assurance) et des actionnaires individuels[8]. Les actionnaires n'interviennent généralement pas directement dans la gestion de ces entreprises, mais délèguent cette tâche à des managers professionnels. Le plus souvent, les managers ont pour mission d'assurer une rentabilité aux actionnaires, car c'est ce qui a avant tout motivé leur investissement. Si les actionnaires ne sont pas satisfaits financièrement, ils peuvent vendre leurs actions ou chercher à remplacer les managers. Par conséquent, sur le schéma 4.2, la majorité des entreprises cotées recherchent avant tout le profit. Cependant, cet objectif n'est pas toujours exclusif. Il convient notamment de respecter l'équilibre délicat entre la rentabilité immédiate et la survie à long terme de l'entreprise. Il est ainsi facile d'augmenter les profits en supprimant la recherche et développement ou en abusant de clients fidèles, mais cela peut gravement entamer la pérennité de l'entreprise. Sur le schéma 4.2, les entreprises cotées varient donc en fonction de leur degré de focalisation sur la rentabilité actionnariale.
- *Les entreprises publiques* sont possédées en totalité ou en majorité par des états ou des collectivités territoriales. Dans certaines économies émergentes, ce modèle est dominant : les entreprises publiques représentent ainsi 80 % de la capitalisation boursière en Chine, 60 % en Russie et 40 % au Brésil[9]. Les vagues de privatisation ont réduit le poids des entreprises publiques dans beaucoup de pays développés, mais elles sont encore fréquentes, notamment en France (EDF, La Poste, SNCF, etc.) en Belgique (Belgacom, RTBF, etc.) ou en Suisse (Swisscom, La Poste, etc.). Dans les entreprises publiques, les responsables politiques délèguent le plus souvent le contrôle quotidien à des managers professionnels, même s'ils peuvent intervenir sur certaines questions stratégiques majeures. Les entreprises publiques doivent généralement veiller à leur rentabilité financière afin d'assurer leur capacité d'investissement, mais on leur assigne également d'autres objectifs d'ordre politique : aménagement du territoire, continuité de service, etc. Pour les entreprises publiques chinoises, un objectif clé consiste ainsi à sécuriser l'accès aux ressources et à l'énergie dont le pays a besoin pour son développement.

Schéma 4.2 La possession, le management et l'intention stratégique

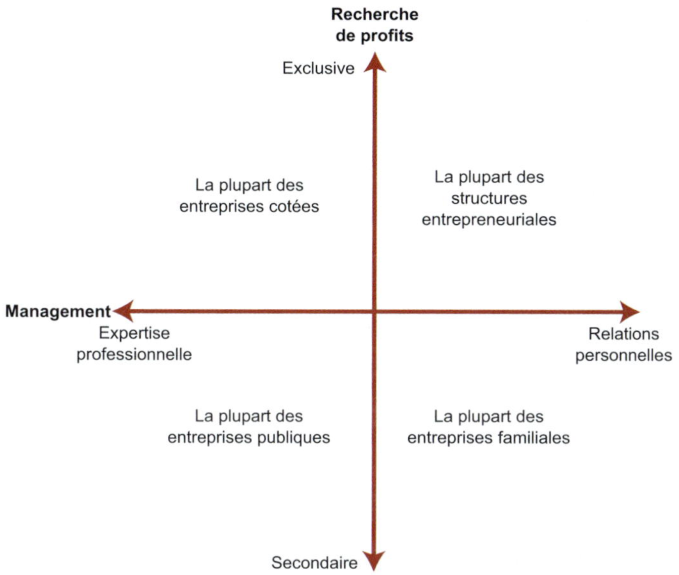

- *Les structures entrepreneuriales* sont possédées et contrôlées par leurs fondateurs. Xavier Niel est ainsi le vice-président et le principal actionnaire du groupe Iliad (Free) qu'il a fondé en 1991. De même, Richard Branson est le président du groupe Virgin qu'il a créé en 1972, Mark Zuckerberg reste le directeur général de Facebook – dont il possède près de 30 % du capital –, et Lakshmi Mittal est le P-DG et le premier actionnaire d'ArcelorMittal. Bien entendu, au fur et à mesure de leur croissance, les structures entrepreneuriales font généralement appel à des managers professionnels et à des investisseurs extérieurs. C'est ainsi qu'Antoine Riboud, le fondateur de Danone, ou Paul Dubrule et Gilles Pélisson, les fondateurs d'Accor, ont très tôt accepté de perdre le contrôle de leur entreprise pour obtenir les fonds nécessaires à leurs ambitions, en faisant entrer au capital des actionnaires de référence. Le plus souvent, les structures entrepreneuriales ont pour objectif premier le profit, car elles doivent financer leur croissance et satisfaire les actionnaires ayant rejoint les fondateurs. Cependant, elles peuvent aussi avoir une mission plus personnelle, par exemple le développement d'une technologie[10].
- *Les entreprises familiales* sont généralement des entreprises dont le contrôle est passé du fondateur à ses héritiers lorsque celui-ci s'est retiré ou a disparu. Ce sont le plus souvent des PME, mais certaines sont de grands groupes : Ford, Fiat, Bouygues, PSA, Samsung, Auchan ou Walmart sont sous contrôle familial et les familles fondatrices continuent d'être présentes au sein de leurs instances de direction. Le plus souvent, la famille conserve une majorité des droits de vote (ou une minorité de blocage), et introduit le reste du capital en Bourse. C'est ainsi que la moitié des entreprises cotées dans les dix plus gros marchés boursiers d'Asie sont en fait contrôlées par des familles[11]. Le management peut également être délégué en partie à des professionnels, même si les décisions clés sont contrô-

lées par la famille : par exemple, le directeur général de Ford n'est pas un membre de la famille, mais le président est toujours William Ford Jr. Pour les entreprises familiales, conserver le contrôle, transmettre le patrimoine aux générations suivantes et assurer la pérennité constituent souvent des objectifs clés, ce qui peut écarter des stratégies visant purement la maximisation du profit, généralement risquées et nécessitant des investisseurs extérieurs. Les entreprises familiales se diversifient la plupart du temps dans de nombreuses activités, car cela réduit leur niveau de risque et permet aux plus jeunes membres de la famille d'occuper rapidement des postes de direction[12].

À côté de ces quatre modèles dominants de structures de possession, il existe de multiples variantes qui jouent un rôle significatif dans l'économie[13]. Les *organisations à but non lucratif*, comme Mozilla (voir l'illustration 4.1), ont généralement une structure associative ou sont possédées par une fondation. Elles doivent dégager un certain bénéfice pour assurer leur croissance, mais elles poursuivent fondamentalement des missions sociales. Il existe également des structures possédées par certains dirigeants ayant le rang d'*associés*, particulièrement fréquentes dans les cabinets de conseil et d'audit, ou les cabinets d'avocats. On trouve également des *organisations coopératives*, dont les salariés et/ou les clients sont les propriétaires, comme le distributeur britannique John Lewis ou le groupe basque Mondragon. En France notamment, on distingue également des *organisations mutualistes*, notamment des banques telles que le Crédit Agricole, la Caisse d'épargne, le Crédit Mutuel et la Banque Populaire, ou des compagnies d'assurance telles que Groupama, MMA ou la Matmut. Ces mutuelles sont possédées par leurs clients – appelés adhérents ou sociétaires – mais ce sont juridiquement des coopératives.

Il est important de comprendre les conséquences de la structure de possession de l'organisation pour laquelle on travaille, qui seront significativement différentes pour une entreprise cotée et une entreprise publique. De la même manière, il est utile d'identifier la structure de possession des concurrents auxquels on peut être confronté ou des partenaires avec lesquels on peut être amené à collaborer, car cela permet d'anticiper certaines de leurs décisions stratégiques. Plusieurs entreprises minières occidentales ont ainsi perdu des marchés face à des entreprises publiques chinoises qui, plutôt que la recherche de profits, donnent souvent la priorité à la garantie des approvisionnements.

4.3.2 Le gouvernement d'entreprise

Les différents rôles des propriétaires et des managers soulèvent des questions de gouvernement d'entreprise[14]. Le **gouvernement d'entreprise** désigne les structures et les systèmes de contrôle qui définissent les responsabilités des managers à l'égard des parties prenantes d'une organisation[15]. Remarquons que l'expression *gouvernement d'entreprise* (en référence à la terminologie anglo-saxonne *corporate governance*) ne concerne pas seulement le pilotage et la prise de décision au sein d'une entreprise, comme pourrait le laisser supposer le terme *gouvernement* qui, par référence aux sciences politiques, renvoie implicitement à un pouvoir uniquement exécutif. Le gouvernement d'entreprise englobe également le législatif (définition des règles) et le judiciaire (contrôle).

Les parties prenantes clés dans le gouvernement d'entreprise sont généralement les propriétaires, mais également les salariés et leurs représentants, les dirigeants, les investisseurs et parfois les principaux clients et fournisseurs. On peut remarquer à ce propos que, contrairement à l'idée reçue, les actionnaires d'une entreprise cotée ne sont pas assimilables à des propriétaires, mais à des investisseurs. En effet, leur responsabilité est strictement limitée à leur apport financier, alors que le propriétaire d'un bien est juridiquement responsable de l'ensemble des dommages que celui-ci pourrait provoquer. Lorsque la plateforme Deepwater Horizon exploitée par BP a explosé en 2010 dans le golfe du Mexique, causant la plus vaste marée noire de l'histoire, la seule conséquence pour les actionnaires de BP a ainsi été une érosion de la rentabilité de leur investissement.

Quoi qu'il en soit, il est important de bien comprendre les conséquences des attentes des parties prenantes sur les décisions stratégiques. Si une décision stratégique *a priori* pertinente va à l'encontre de l'intérêt de certaines parties prenantes influentes, elle a peu de chances d'être appliquée. De même, des failles dans le gouvernement d'entreprise ont entraîné des choix stratégiques calamiteux dans de nombreuses organisations, allant parfois jusqu'à provoquer leur destruction, comme dans les cas du courtier en énergie Enron en 2001 ou de la banque d'investissement Lehman Brothers en 2008. La survie des organisations étant en jeu, le gouvernement d'entreprise doit donc être considéré comme un enjeu stratégique majeur.

Les managers et les parties prenantes sont liés par une chaîne de gouvernement. La **chaîne de gouvernement** montre les rôles et les interactions entre les différents acteurs impliqués dans le gouvernement d'une organisation. Dans une petite entreprise familiale, la chaîne de gouvernement est simple : elle comprend les actionnaires familiaux, un conseil d'administration où siègent certains d'entre eux et les managers, dont certains peuvent également faire partie de la famille. On ne compte donc en ce cas que trois niveaux dans la chaîne. Dans des organisations de plus grande taille, la situation est plus compliquée. Le schéma 4.3 décrit ainsi la chaîne de gouvernement dans une grande entreprise cotée en Bourse. Ici, la taille de l'organisation implique qu'il existe de nombreux niveaux hiérarchiques en interne, mais également plusieurs niveaux d'investisseurs en externe. Les investisseurs individuels investissent souvent au travers de fonds, que ce soit des fonds de pension ou des fonds d'investissement. Ces fonds sont contrôlés par des administrateurs, et les activités quotidiennes sont réalisées par des gestionnaires spécialisés, ce qui fait que les investisseurs individuels ne savent même pas dans quelles entreprises ils investissent et n'ont que très peu de pouvoir ou d'influence sur leurs dirigeants.

La *théorie de l'agence* – et plus particulièrement le *modèle principal/agent*[16] – peut être utilisée pour expliquer comment fonctionnent les relations au sein de cette chaîne. Ce modèle s'applique dans toutes les situations dans lesquelles un ou plusieurs acteurs (le principal) mandatent d'autres acteurs (l'agent) pour agir en leur nom et dans leur intérêt, comme un agent immobilier est chargé par le vendeur d'une maison de lui trouver des acheteurs. Classiquement, dans une entreprise, le propriétaire est le principal et le manager, son agent. Cependant, la réalité des grandes organisations est généralement bien plus complexe. Dans le schéma 4.3, les bénéficiaires sont les principaux ultimes, et les administrateurs et gestionnaires de fonds sont leurs agents. De même, les membres du conseil d'administration de l'entreprise sont des principaux dont les directeurs généraux sont les agents. On compte donc de nombreuses strates d'agents entre les investisseurs individuels et les managers, les différents mécanismes de contrôle et d'information entre chacune des strates étant toujours imparfaits. Des failles à plusieurs niveaux de cette chaîne

Schéma 4.3 La chaîne de gouvernement

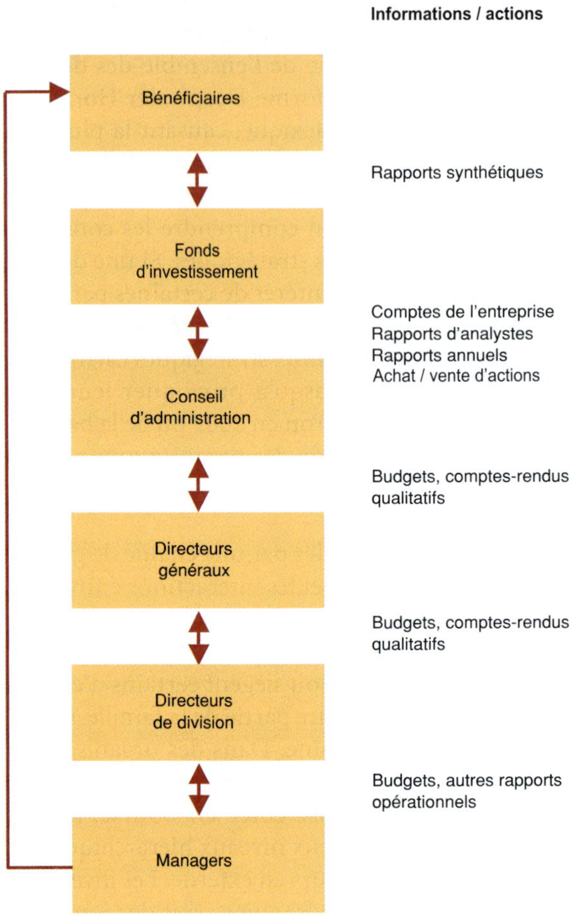

Source : adapté de David Pitt-Watson, Hermes Funds Management.

de gouvernement ont conduit par exemple aux scandales qui ont touché News Corporation (voir l'illustration 4.2).

La théorie de l'agence postule qu'en l'absence d'un système d'incitation approprié, les agents n'agiront pas prioritairement dans l'intérêt de leur principal : ils chercheront avant tout, par opportunisme, à satisfaire leur intérêt personnel. Or, comme on peut le constater dans le schéma 4.3, les managers qui déploient effectivement la stratégie d'une organisation peuvent être très éloignés des bénéficiaires ultimes de sa performance. Trois problèmes renforcent ce risque :

- *L'asymétrie d'information.* Les agents disposent généralement de plus d'informations que les principaux sur ce qui doit être fait. Après tout, ce sont eux qui en sont chargés et ils ont été *a priori* recrutés pour leur compétence.
- *Les limites du contrôle.* Il est très difficile pour les principaux de contrôler précisément la performance de leurs agents. Cette limite est renforcée par le fait que les investisseurs détiennent généralement des actions dans de multiples entreprises et que leur attention est donc dispersée.

Illustration 4.2

News Corporation : scandale dans la presse à scandale

La chaîne de gouvernement de News Corporation a failli à plusieurs niveaux, mettant en cause le contrôle familial.

En 2014, Rupert Murdoch, âgé de 83 ans, était toujours P-DG de News Corporation, le plus grand groupe de médias du monde qu'il avait fondé en Australie dans les années 1950. Les activités de News Corporation incluaient notamment les chaînes de télévision *Fox News* et National Geographic, le *Wall Street Journal*, les studios de cinéma 20th Century Fox, mais également l'agence Dow Jones, l'éditeur HarperCollins, les journaux britanniques *The Sun*, *The Times*, *The Sunday Times* et le journal à scandale *News of the World*, ainsi que 39 % du capital de la principale chaîne de télévision payante du Royaume-Uni, BSkyB. La famille Murdoch détenait 39,4 % des droits de vote au sein de News Corporation, alors qu'un de ses proches, le prince saoudien Al Waleed bin Talal, en possédait 7 %. Parmi les actionnaires de News Corporation, on comptait également la Bank of New York, la banque d'investissement Invesco, ainsi que Calpers, le fonds de pension des enseignants californiens.

News Corporation était dirigé comme un fief familial. Rupert Murdoch, dont la fortune était évaluée à 12 milliards de dollars, avait eu six enfants : une fille avec sa première épouse, une fille et deux garçons avec sa deuxième et deux filles avec sa troisième. Son fils aîné, Lachlan, avait été directeur général adjoint du groupe avant de démissionner brusquement en 2005, sans donner de raisons.

La deuxième fille de Rupert Murdoch, Elisabeth, avait été directrice générale de BSkyB avant de lancer sa propre société de production télévisée, Shine, grâce à une participation de BSkyB. En 2011, Shine avait été rachetée par News Corporation pour 290 millions de livres, Elisabeth recevant personnellement plus de la moitié de cette somme, alors qu'elle conservait son poste de P-DG de Shine et entrait au conseil d'administration de News Corporation. Certains actionnaires avaient accusé l'entreprise d'avoir payé un prix trop élevé pour Shine.

Fin 2011, le second fils de Rupert Murdoch, James, alors âgé de 39 ans, était directeur général adjoint de News Corporation, président de BSkyB et P-DG de News Corporation pour l'Europe et l'Asie, ce qui incluait notamment les journaux britanniques. Or, un scandale éclata en 2011-2012 à propos d'écoutes téléphoniques réalisées par des journalistes de *News of the World*. Dans un marché très concurrentiel, le rédacteur en chef du tabloïd avait encouragé ses journalistes à obtenir les informations les plus sensationnelles possibles, ce qui les avait conduits à soudoyer des policiers pour pirater les téléphones mobiles et les messageries électroniques d'une série de célébrités, dont les acteurs Jude Law et Hugh Grant ou l'ancien vice-premier ministre John Prescott. Il n'avait pas été prouvé que James Murdoch était au courant de ces pratiques. Devant une commission d'enquête du Parlement britannique, il avait déclaré qu'il n'en savait rien à l'époque. Cependant, sa capacité à contrôler ses propres journaux semblait déficiente et sa réaction vis-à-vis du comportement illégal de ses salariés, quelque peu laxiste. Début 2012, après avoir décidé l'arrêt définitif de *News of the World*, James Murdoch démissionna de tous ses mandats au Royaume-Uni, mais il conserva son poste de directeur général adjoint de News Corporation, en charge notamment de toutes les activités du groupe en Europe continentale. Il restait également directeur opérationnel de 21st Century Fox.

Les actionnaires étaient profondément mécontents de la gestion de News Corporation par la famille Murdoch, en dépit d'une forte rentabilité, supérieure à celle des concurrents depuis 2009. En octobre 2011, plus de la moitié des actionnaires indépendants votèrent contre ou s'abstinrent à propos du maintien de Rupert Murdoch au poste de président, alors qu'une même proportion s'opposait au maintien de James Murdoch comme membre du conseil d'administration. Bien entendu, la famille possédait suffisamment d'actions pour remporter ces deux votes, mais Anne Simpson, la directrice du gouvernement d'entreprise du fonds Calpers, déclara à propos des votes hostiles : « Cela envoie un signal fort au conseil. Les investisseurs souhaitent plus d'indépendance. C'est un vote en faveur d'un rajeunissement. »

En juin 2013, le groupe News Corporation fut scindé en deux. Les activités presse et édition ainsi que l'agence Dow Jones restaient sous la dénomination News Corp, tandis que les activités télévision et cinéma étaient réunies sous la marque 21st Century Fox. La famille contrôlait toujours 39,4 % de l'ensemble, James et Elisabeth continuaient à y jouer des rôles importants, et Rupert, qui venait de divorcer de sa troisième épouse, s'interrogeait sur sa succession au poste de P-DG.

Sources : *Financial Times*, 25 octobre 2011 et 3 avril 2012 ; *Les Echos*, 28 juin 2013 ; *Le Monde*, 29 octobre 2013.

Questions

1. En utilisant le schéma 4.3, identifiez à quels niveaux la chaîne de gouvernance de News Corporation a failli.
2. Étant donné que la performance de l'action de News Corporation était supérieure à celle de ses concurrents, pourquoi les actionnaires ont-ils voté contre les Murdoch ? Qu'auraient-ils pu faire d'autre ?

- *Des incitations en décalage.* Si les incitations des agents ne sont pas précisément alignées avec les intérêts des principaux, les agents risquent de privilégier des décisions qui leur sont plus favorables. Les principaux peuvent mettre en place des systèmes de bonus afin d'encourager des résultats allant dans leur intérêt, mais les agents sont généralement capables de contourner ce système, par exemple en négociant – grâce à leur meilleure connaissance de la situation – des objectifs qu'il leur sera facile d'atteindre.

La théorie de l'agence souligne donc l'importance de principaux bien informés, de systèmes de contrôle efficaces et d'incitations bien conçues, de manière à s'assurer que les grandes organisations poursuivent bien les objectifs que leurs propriétaires leur ont assignés.

4.3.3 Les différents modèles de gouvernement d'entreprise

La principale structure de gouvernement dans une entreprise est généralement le conseil d'administration, dont la responsabilité statutaire est de garantir que l'organisation répond effectivement aux demandes et aux objectifs des principaux ayants droit. Cependant, la définition de ces ayants droit peut varier. Dans certains pays, plusieurs sortes de parties prenantes sont prises en compte, alors que dans d'autres il s'agit exclusivement des actionnaires. Dans le secteur public, l'instance de gouvernement doit être responsable devant la tutelle politique, par exemple par l'intermédiaire d'une agence. Il existe d'importantes différences entre les pays en ce qui concerne le rôle, la composition et le fonctionnement des conseils d'administration. Ces différences ont elles-mêmes une considérable influence sur l'élaboration des objectifs et des stratégies des organisations.

Au niveau le plus général, on distingue deux grands types de structures de gouvernement : le modèle centré sur l'actionnaire (*shareholder model*) et le modèle étendu à de multiples parties prenantes (*stakeholder model*)[17]. Ces deux modèles présentent de nombreuses variantes, et les managers doivent s'interroger sur la position de leur organisation entre ces deux extrêmes.

Le modèle de gouvernement centré sur l'actionnaire

Le modèle centré sur l'actionnaire est caractéristique des pays anglo-saxons (États-Unis, Royaume-Uni, Australie, etc.). Dans ce modèle, les actionnaires sont légitimement les premiers bénéficiaires de la richesse générée par l'entreprise, avant les autres parties prenantes, que ce soit les employés, les syndicats ou les banques. Les actionnaires élisent les membres du conseil d'administration en fonction du nombre d'actions qu'ils détiennent, et en théorie il y a suffisamment d'actionnaires pour qu'aucun d'entre eux ne domine. Les actionnaires peuvent également exercer indirectement un contrôle sur l'entreprise en vendant leurs actions (ou en menaçant de le faire). En effet, la vente des actions réduit leur prix sur le marché et augmente ainsi la menace d'une OPA hostile, qui entraîne généralement un renvoi des dirigeants.

Les observateurs soulignent à la fois les avantages et les inconvénients du modèle de gouvernement centré sur l'actionnaire. Les avantages supposés sont les suivants :

- *Une rentabilité supérieure.* La focalisation explicite sur l'actionnaire implique que les investisseurs bénéficient d'une rentabilité plus élevée. Les managers ne sont pas distraits par les intérêts d'autres parties prenantes.

- *Un risque réduit.* Les actionnaires courent moins de risques, en particulier si le marché boursier est efficient. En effet, ils peuvent diversifier leurs investissements en prenant des parts dans de nombreuses entreprises et revendre les actions qui leur semblent trop risquées.
- *Un encouragement à l'innovation et à l'entrepreneuriat.* Étant donné que le système facilite la prise de risque pour les investisseurs, cela peut bénéficier à la croissance de l'économie, à l'innovation et à la création d'entreprises. Il est plus facile d'attirer des capitaux lorsque les actionnaires savent qu'ils peuvent facilement diversifier leurs investissements et revendre leurs actions.
- *De meilleures décisions.* La séparation entre la possession et la gestion assure que les décisions stratégiques sont plus en phase avec les exigences et les contraintes potentiellement divergentes des investisseurs, des salariés et des clients. Un actionnariat dilué signifie également que si la performance de l'entreprise reste bonne, aucun investisseur ne cherchera à contrôler les décisions des dirigeants.

Cependant, le modèle centré sur les actionnaires fait également l'objet de critiques :

- *Une dilution du contrôle.* Un actionnariat dilué ne permet pas de contrôler les managers, surtout lorsque chaque actionnaire possède des parts dans un grand nombre d'entreprises. Le problème de la divergence entre principal et agent risque alors d'être exacerbé, aucun actionnaire ne jugeant nécessaire de surveiller personnellement les dirigeants, en espérant que les autres le feront pour lui. Les dirigeants peuvent ainsi être tentés de privilégier leurs propres objectifs aux dépens des intérêts des actionnaires, par exemple en décidant des opérations de fusions-acquisitions qui n'ajoutent pas de valeur actionnariale, mais qui satisfont leur propre soif de pouvoir. L'absence de contrôle permet également aux dirigeants de s'octroyer d'énormes rétributions, que ce soit sous forme de salaire, de primes, de stock-options ou d'actions gratuites. Aux États-Unis, certains dirigeants reçoivent ainsi une rémunération 531 fois supérieure à celle de leurs employés de base. Au Japon, l'écart n'est que de 1 à 10[18].
- *La vulnérabilité des actionnaires minoritaires.* Lorsque les structures de gouvernement sont faibles, le modèle peut être détourné par l'émergence d'actionnaires majoritaires qui peuvent utiliser leurs droits de vote au détriment des actionnaires minoritaires. En vertu de la théorie de l'agence, les actionnaires majoritaires (les principaux) chargent ainsi les managers (les agents) de faire des acquisitions, de garantir des dettes ou de vendre des actifs alors que cela va à l'encontre des intérêts des actionnaires minoritaires, qui n'ont pas assez de droits de vote pour s'y opposer[19].
- *Le court-termisme.* La nécessité de dégager des profits pour les actionnaires peut encourager les managers à privilégier les gains à court terme au détriment des projets à long terme, en sacrifiant par exemple la recherche et développement. Afin de limiter cette dérive, certaines entreprises Internet comme Google ou Facebook ont délibérément adopté une structure actionnariale duale, dans laquelle les fondateurs et leurs associés disposent de droits de vote étendus, ce qui protège l'engagement de l'entreprise en faveur de l'innovation à long terme.

Le modèle de gouvernement étendu à de multiples parties prenantes

L'autre modèle de gouvernement repose sur le principe que la richesse doit être distribuée à de multiples parties prenantes. Cela peut inclure les actionnaires, mais aussi les employés et leurs représentants syndicaux, les principaux clients et fournisseurs, les banques, les élus locaux et la communauté au sens large. Dans ce modèle, les actionnaires sont supposés prendre une part du capital plus importante et surtout la garder plus longtemps. Les managers doivent être responsables envers tous ces ayants droit, qui eux-mêmes doivent être représentés dans les instances de direction. L'Allemagne et le Japon sont souvent cités comme exemples de cette approche où l'actionnariat est généralement concentré, jusqu'à constituer des *minorités de blocage*. Un ou deux groupes d'investisseurs contrôlent alors le capital de l'entreprise. À titre d'exemple, les trois quarts des entreprises allemandes cotées ont un actionnaire majoritaire, et les banques y jouent un rôle dominant, non seulement en tant que prêteurs, mais également en tant qu'actionnaires de référence.

Le modèle de gouvernement étendu à de multiples parties prenantes est défendu par un certain nombre d'observateurs :

- *Un horizon à long terme.* Les actionnaires de référence – notamment les banques et les autres entreprises qui appartiennent au même groupe – considèrent que leur investissement est pérenne, ce qui réduit la pression sur les résultats à court terme. Il est plus difficile de revendre un grand nombre d'actions lorsque l'entreprise est en difficulté, ce qui incite à s'assurer que la valeur de l'investissement sera pérenne. Par conséquent, la prédominance d'actionnaires de référence réduit la pression court-termiste.
- *Une prise de risque plus mesurée.* La plupart des parties prenantes sont moins tentées de prendre des risques que des actionnaires disposant d'un portefeuille diversifié. Les employés veulent préserver leur emploi. Les actionnaires de référence ont plus à perdre et peuvent plus difficilement se désengager en cas de problème. Les collectivités territoriales cherchent à maintenir la présence d'employeurs locaux. Par conséquent, le modèle décourage la prise de risque excessive.
- *Un meilleur management.* Du fait de la préoccupation des parties prenantes pour la prospérité à long terme de l'entreprise, les managers sont plus précisément contrôlés, on exige d'eux plus d'informations sur leurs décisions et au total ils doivent assurer une meilleure performance. La présence de minorités de blocage permet éventuellement d'intervenir en cas de défaillance des dirigeants.

Cependant, ce modèle fait également l'objet d'un certain nombre de critiques :

- *Des décisions de moins bonne qualité.* Le contrôle exercé par les actionnaires de référence peut créer des interférences, ralentir la prise de décision et faire perdre leur objectivité aux dirigeants en cas de crise.
- *Des investissements moins rentables.* Du fait de l'absence de pression à court terme, des investissements dont la rentabilité est inférieure à celle du marché peuvent être réalisés.
- *Moins d'innovation et d'entrepreneuriat.* Étant donné que les investisseurs ne veulent pas entrer en conflit avec les intérêts des autres parties prenantes, et qu'il leur est plus difficile de revendre leurs actions, ils sont moins tentés de miser sur de nouvelles opportunités structurellement plus risquées.

Le modèle étendu à de multiples parties prenantes entérine le fait que les organisations évoluent dans un ensemble complexe d'interactions, qui dépasse les considérations strictement économiques. Comme nous le verrons dans la section 5.3, les organisations s'inscrivent dans un champ sectoriel dans lequel la légitimité importe autant que les profits[20]. La légitimité implique plus que le strict respect de la loi, elle impose de suivre des normes de conduite appropriées aux yeux des acteurs clés du champ sectoriel (par exemple les gouvernements, les autorités de régulation, les syndicats, les associations de consommateurs, mais aussi les actionnaires). La légitimité constitue un objectif surplombant, dans lequel les profits, l'éthique et la loyauté à l'égard des différentes parties prenantes jouent un rôle. Même si une organisation ne suit pas explicitement le modèle de gouvernement étendu à de multiples parties prenantes, sa stratégie doit être légitime aux yeux de ces acteurs clés. Même les entreprises qui se focalisent sur la satisfaction de leurs actionnaires doivent être légitimes dans leur champ sectoriel si elles veulent éviter des interventions des autorités de régulation, des boycotts de la part des clients et une démotivation de leurs salariés.

4.3.4 L'influence des conseils d'administration sur la stratégie

Le rôle du conseil d'administration et sa composition forment une question essentielle dans le gouvernement d'entreprise. Le conseil d'administration étant responsable en dernier ressort du succès ou de l'échec de la stratégie, mais également de la défense des intérêts des actionnaires et des autres parties prenantes, il doit être impliqué dans la définition de la stratégie.

Le modèle centré sur l'actionnaire repose généralement sur un conseil d'administration unique, avec une majorité d'administrateurs non exécutifs, c'est-à-dire des personnalités externes n'ayant pas de fonction managériale dans l'entreprise, mais qui supervisent les décisions au nom des actionnaires. Ces administrateurs non exécutifs sont censés garantir l'indépendance du conseil vis-à-vis de son rôle fondamental : protéger les intérêts des actionnaires. Cependant, le directeur général intervient souvent dans la nomination des administrateurs externes, ce qui réduit leur indépendance. De plus en plus souvent, notamment au Royaume-Uni, la norme impose une séparation entre les fonctions de président et de directeur général (le président étant le plus souvent non exécutif), alors que la proportion des administrateurs non exécutifs au sein du conseil varie entre la moitié et les deux tiers.

Le modèle étendu à de multiples parties prenantes implique généralement un conseil d'administration composé de deux instances distinctes. En Allemagne, dans les entreprises de plus de 500 salariés, on distingue ainsi le *conseil de surveillance* (*Aufsichtsrat*) et le *directoire* (*Vorstand*). Le directoire est en charge du pilotage de l'organisation, mais son activité est supervisée et contrôlée par le conseil de surveillance. Les intérêts de différents groupes sont représentés au conseil de surveillance : actionnaires, salariés, banquiers ou encore analystes boursiers. La planification stratégique et le contrôle opérationnel reviennent au directoire, mais les décisions majeures telles que les fusions et acquisitions nécessitent une autorisation du conseil de surveillance.

En France, la structure dominante reste le conseil d'administration unique, sous la direction d'un président-directeur général (P-DG) qui cumule les fonctions de président du conseil d'administration et de directeur général de l'entreprise, responsable devant les administrateurs : il est donc juge et partie. Cette situation est cependant en train d'évoluer sous la pression réglementaire et déontologique. La structure en directoire et conseil de surveillance, également autorisée par la loi, a ainsi été choisie par un certain nombre de grandes entreprises telles que Areva, Michelin, Publicis, Vallourec ou Vinci, alors que d'autres, telles que Pernod Ricard ou Sanofi, ont séparé les fonctions de président et de directeur général.

Illustration 4.3

Pas de *glasnost* chez ENRC

Le gouvernement d'entreprise de la multinationale kazakhe ENRC a connu bien des vicissitudes.

La Eurasian Natural Resources Company (ENRC) fut fondée suite à la privatisation des industries nationales du Kazakhstan entre 1994 et 1996, par Patokh Chodiev (originaire d'Ouzbékistan, résident suisse ayant la nationalité belge, réputé proche de Vladimir Poutine), Alijan Ibragimov (originaire du Kirghizistan) et Alexander Machkevitch (de nationalité kazakhe et israélienne). Grâce à cette opération qui les avait faits milliardaires, ils détenaient à eux trois 35 % d'une multinationale de 70 000 salariés. ENRC était un des plus gros producteurs mondiaux de ferrochrome, un des premiers exportateurs de minerai de fer et le neuvième producteur mondial d'alumine. Le groupe possédait d'importants actifs au Brésil, en Afrique et au Kazakhstan. L'état kazakh possédait lui-même 12 % du capital, et un autre entrepreneur local en détenait 26 %.

Depuis son introduction à la Bourse de Londres en 2007, qui avait permis de lever 1,4 milliard de livres, 25 % du capital d'ENRC étaient entre les mains d'investisseurs individuels. Il s'agissait de financer l'expansion internationale du groupe, l'état kazakh souhaitant créer un champion national. L'introduction en Bourse avait également été l'occasion de mettre de l'ordre dans le gouvernement d'entreprise d'ENRC, afin de répondre aux exigences de transparence du marché et d'obtenir une légitimité en tant qu'acquéreur international. Cela avait également donné la possibilité aux trois fondateurs de revendre leurs actions.

Pour autant, les trois hommes n'étaient pas autorisés à siéger au conseil d'ENRC, car ils faisaient l'objet d'une enquête pour blanchiment d'argent de la part des autorités belges. De fait, le groupe recruta des personnalités respectées comme membres de son conseil : Ken Olisa (banquier d'affaires, ancien dirigeant d'IBM et Wang) et Sir Richard Sykes (ancien président du géant pharmaceutique GlaxoSmithKline et recteur de l'Imperial College de Londres). Le président du conseil était l'Allemand Johannes Sittard, un ancien dirigeant d'une filiale d'ArcelorMittal.

Tout ne se passa pas pour le mieux pour ces administrateurs non exécutifs. Après des rumeurs récurrentes sur des désaccords à propos du gouvernement d'entreprise et de la stratégie internationale, Sir Richard Sykes et Ken Olisa furent exclus du conseil en 2011 par les trois fondateurs, grâce au vote d'actionnaires qui étaient leurs alliés. Immédiatement après, Ken Olisa déclara : « Même si les fondateurs s'étaient engagés par écrit à respecter l'indépendance du conseil, il était rapidement devenu évident que leurs liens historiques informels avec les dirigeants et certains administrateurs rendraient leur influence incontournable. [...] Le Président jouait le rôle de simple messager des fondateurs – parfois de manière inexacte – et non celui d'un administrateur indépendant. [...] Mon renvoi rappelle plus l'Union soviétique que la City. »

ENRC répondit en modifiant son gouvernement d'entreprise. En février 2012, un nouveau président fut nommé : le Chypriote Mehmet Dalman, ancien dirigeant de la banque allemande Commerzbank. À la suite de sa première réunion avec les investisseurs, il déclara : « Nous souhaitons nommer au conseil de nouveaux administrateurs experts en stratégie et en finance, ayant l'expérience des meilleures pratiques de gouvernement d'entreprise. »

Pourtant, en avril 2013, suite à l'annonce d'une perte de 1,5 milliard d'euros en raison d'un contrat passé avec l'entreprise russe Rusal, à laquelle ENRC avait acheté de l'alumine à un prix très inférieur à celui du marché, *The Sunday Times* révéla que les trois fondateurs envisageaient de lancer une OPA sur leur propre entreprise. Cela provoqua la démission de quatre des principaux dirigeants d'ENRC, puis celle de Mehmet Dalman, que remplaça Gerhard Ammann, le président de la banque privée suisse Von Roll. Dans les jours qui suivirent, on apprit qu'ENRC était visé par une enquête criminelle du bureau des fraudes graves de la Bourse de Londres, pour corruption d'hommes politiques africains lors du rachat d'une mine de cuivre en République démocratique du Congo et d'une fonderie en Zambie, ainsi que pour versements de pots-de-vin à des mafieux au Kazakhstan.

En novembre 2013, ENRC fut retiré de la Bourse de Londres, pour la moitié du prix d'émission de 2007, et le groupe fut relocalisé au Luxembourg. En sept années de cotation, ENRC avait été un des placements les moins rentables de la Bourse de Londres pour ses actionnaires. L'un d'entre eux déclara au *Financial Times* à cette occasion : « ENRC n'aurait jamais dû être coté. [...] Cette histoire illustre les risques qu'il y a à acheter les actions d'une entreprise dont le gouvernement est opaque et dont les structures de contrôle s'apparentent à une oligarchie. »

Sources : *Financial Times*, 8 juin 2011, 3 février 2012, 22 novembre 2013 ; *Daily Telegraph*, 21 mars 2012 ; *Le Monde*, 30 avril 2013.

Questions

1. Dans l'idéal, quel type d'administrateurs aurait-il fallu nommer au conseil d'ENRC ?
2. Qu'auraient dû faire (i) les actionnaires indépendants et (ii) la Bourse de Londres ?

Quel que soit le système retenu, deux points sont clés :

- *La délégation.* Le management stratégique peut être intégralement délégué aux managers, le conseil d'administration se contentant d'approuver les plans et les décisions. Dans cette situation, la tâche principale des administrateurs consiste à s'assurer que les objectifs et les stratégies ne sont pas détournés par les managers aux dépens des autres parties prenantes. La structure en directoire et conseil de surveillance est très exactement conçue dans ce but. La situation est moins claire dans le cas d'un conseil d'administration unique, où la confusion des fonctions de décision et de supervision peut entraîner des dérives.
- *L'implication.* Le conseil d'administration peut participer à l'élaboration de la stratégie, mais cela soulève de nombreux problèmes pratiques liés à la vitesse de décision et au niveau d'information ou de qualification des administrateurs, notamment les administrateurs non exécutifs. Ce problème peut être particulièrement ardu dans des organisations telles que des associations caritatives ou des organisations publiques, dans lesquelles on trouve souvent des administrateurs prêts à s'impliquer mais qui ne disposent pas des compétences requises.

De nombreux pays ont réformé leurs systèmes de gouvernement d'entreprise au cours des deux dernières décennies. Le cas le plus emblématique a été la loi Sarbanes-Oxley (SOX) aux États-Unis[21], qui à partir de 2002 a fortement rehaussé les standards comptables, accru le contrôle de la rémunération des dirigeants et renforcé l'indépendance entre les auditeurs et les managers, ainsi que le rôle des administrateurs non exécutifs. En France, trois lois se sont succédé : la loi sur les nouvelles régulations économiques (NRE) en 2001, la loi Mer de sécurité financière (LSF) en 2003, et la loi Breton pour la confiance et la modernisation de l'économie en 2005. Dans tous les cas, il s'agissait d'accroître la responsabilité des dirigeants, de renforcer le contrôle interne et de réduire les sources de conflit d'intérêt.

Dans toute l'Europe, même s'il existe des différences entre les pays, les réglementations tentent de veiller à ce que les administrateurs agissent bien dans l'intérêt des actionnaires ou des bénéficiaires :

- Les administrateurs doivent être *indépendants* des managers de l'organisation. Le rôle des administrateurs extérieurs (dirigeants d'autres sociétés, personnalités, experts, etc.) est donc souligné.
- Les administrateurs doivent être suffisamment *compétents* pour pouvoir superviser les activités des managers. L'expérience collective du conseil d'administration, sa formation et l'information dont il dispose sont donc essentielles.
- Les administrateurs doivent avoir le *temps* d'accomplir leur tâche. Cela implique de limiter le nombre de conseils d'administration auxquels un individu peut être autorisé à siéger.

Ce sont cependant les *aspects comportementaux* qui distinguent les conseils d'administration les plus efficaces[22] et qui déterminent dans une large mesure le succès ou l'échec des stratégies. Cela concerne notamment le respect, la confiance et les « frictions fécondes » entre les administrateurs, la fluidité des rôles, la responsabilité individuelle et collective, ou l'évaluation intègre et rigoureuse des performances de chacun. C'est notamment ce qui a fait défaut au sein du conseil d'ENRC (voir l'illustration 4.3).

4.4 Les attentes des parties prenantes[23]

Les décisions que doivent prendre les managers concernant l'intention stratégique de leur organisation sont influencées par les attentes des parties prenantes. Même dans le modèle centré sur l'actionnaire, les managers ne peuvent pas négliger totalement les autres parties prenantes telles que les salariés ou les collectivités locales : qu'elles soient ou non représentées au conseil d'administration, leur soutien est important pour le succès à long terme. Or, le nombre d'ayants droit à satisfaire peut rapidement devenir élevé (voir le schéma 4.4), et leurs attentes peuvent être divergentes, voire opposées. Cela implique que les managers doivent déterminer (i) quelles parties prenantes ont la plus grande influence, (ii) à quelles attentes ils doivent donc prêter le plus attention et (iii) dans quelle mesure les attentes et l'influence des différentes parties prenantes sont susceptibles d'évoluer.

4.4.1 Les types de parties prenantes

Les parties prenantes externes se répartissent en quatre catégories, selon la nature de leurs relations avec l'organisation, qui détermine la façon dont elles influent sur le succès ou l'échec des stratégies :

- Les *parties prenantes économiques* rassemblent les fournisseurs, les distributeurs, les concurrents, les banques et les actionnaires.
- Les *parties prenantes politiques*, c'est-à-dire les pouvoirs publics, les régulateurs ou les agences gouvernementales, qui influencent le contexte dans lequel la stratégie est déployée.
- Les *parties prenantes technologiques*, comme les clients clés, les agences de standardisation ou les membres de l'écosystème dans lequel évolue l'organisation

Schéma 4.4 Les parties prenantes d'une grande organisation

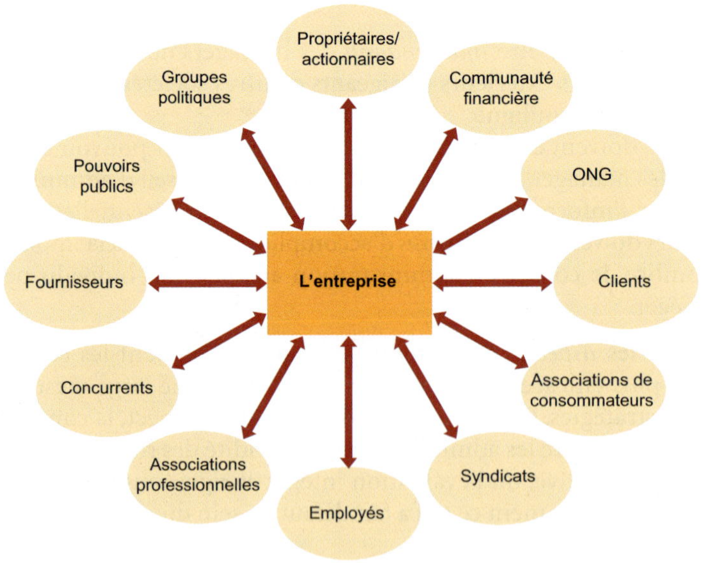

Source : adapté de R.E. Freeman, Strategic Management: A Stakeholder Approach, Pitman, 1984.

(par exemple les concepteurs d'applications pour un fabricant de smartphones ou de tablettes).

- Les *parties prenantes sociétales*, qui sont affectées par ce que fait l'organisation – par exemple les riverains d'une usine –, voire la société au sens large dans le cas des grandes entreprises. À titre d'exemple, McDonald's nourrit chaque jour plus de 0,5 % de la population mondiale (et près de 5 % de la population française) et influe donc sur notre alimentation, même si nous n'en sommes pas clients. Les parties prenantes sociétales n'ont pas de relations formelles avec l'organisation, mais elles peuvent cependant exercer des pressions (par lobbyisme ou activisme) afin d'influencer sa stratégie.

L'influence de ces différents groupes de parties prenantes externes varie selon la situation. Par exemple, le groupe « technologique » est crucial pour les stratégies d'introduction de nouveaux produits, alors que le groupe « politique » est généralement très influent dans la sphère publique ou dans les organisations qui interviennent dans des pays ayant des systèmes politiques différents.

Il existe aussi des parties prenantes internes à l'organisation, par exemple les différentes fonctions, les implantations géographiques ou les différents niveaux hiérarchiques. Un individu peut appartenir à plusieurs de ces groupes, qui peuvent se positionner différemment selon la stratégie envisagée. Les parties prenantes externes cherchent en général à influencer la stratégie en jouant sur leurs liens avec les parties prenantes internes. Les clients exercent ainsi des pressions sur les commerciaux pour qu'ils fassent valoir leurs intérêts au sein de l'entreprise.

Étant donné que les attentes des parties prenantes diffèrent, il est normal que des conflits émergent à propos de l'importance ou de l'opportunité de beaucoup d'aspects de la stratégie. Dans la plupart des situations, il est nécessaire d'arriver à

Tableau 4.1 Quelques exemples d'objectifs contradictoires

Pour privilégier la croissance, on peut choisir de sacrifier la rentabilité à court terme, la marge brute d'autofinancement et les salaires.
• Le court-termisme peut aider les ambitions de carrière des managers, mais il s'oppose aux investissements dans des projets à long terme. • Quand une entreprise familiale croît, les propriétaires peuvent perdre le contrôle s'ils doivent recourir à des managers professionnels. • De nouveaux développements peuvent nécessiter des fonds supplémentaires, au travers d'émission d'actions ou d'emprunts. Dans les deux cas, l'indépendance financière est sacrifiée. • L'introduction en Bourse de l'entreprise oblige les managers à plus d'ouverture et de responsabilités. • La recherche de l'efficience par l'automatisation peut menacer l'emploi. • Le lancement d'une production en grande série peut entraîner une réduction du niveau de qualité. • Dans les services publics, il peut y avoir un conflit entre la production de masse et les services spécialisés (par exemple le choix entre la dentisterie préventive et les transplantations cardiaques). • Toujours dans les services publics, les économies dégagées sur certains postes (par exemple la réduction des aides aux plus démunis) peuvent entraîner l'inflation d'autres budgets (par exemple la dégradation de la santé publique). • Dans les grandes multinationales, les conflits peuvent résulter du fait que les divisions dépendent de deux niveaux de responsabilité : les filiales locales et la direction centrale.

des compromis entre des objectifs contradictoires. Dans les grandes organisations multinationales, la probabilité de conflit est encore plus élevée. Les filiales peuvent ainsi développer des attentes et des objectifs distincts de ceux de la maison mère. De plus, elles évoluent dans un contexte local qui peut être politiquement et idéologiquement très éloigné de celui du siège, jusqu'à créer des incompatibilités de comportement. Le tableau 4.1 présente quelques-unes des attentes typiques des différentes parties prenantes et en quoi elles peuvent s'opposer. Veiller à la compatibilité des attentes des parties prenantes à l'égard d'une stratégie constitue un prérequis indispensable.

Le concept de parties prenantes est particulièrement utile lorsqu'on cherche à comprendre dans quel contexte politique les stratégies sont élaborées et déployées. Comme nous le verrons dans le chapitre 11, les décisions stratégiques doivent nécessairement prendre en compte les attentes et l'influence de tous les ayants droit.

4.4.2 La cartographie des parties prenantes[24]

Pour comprendre l'influence des différentes parties prenantes, il est utile d'en établir la cartographie. La **cartographie des parties prenantes** identifie les attentes et le pouvoir de chaque groupe d'ayants droit, ce qui permet d'établir des priorités politiques. Elle consiste à déterminer quelles sont les parties prenantes qui détiennent le *pouvoir* d'influencer la stratégie et quel est leur intérêt de le faire.

En utilisant ces deux dimensions, la matrice pouvoir/intérêt présentée dans le schéma 4.5 répartit les parties prenantes en fonction du pouvoir qu'elles sont susceptibles d'exercer et de l'intérêt qu'elles ont à soutenir ou à s'opposer à une stratégie donnée. Cette matrice permet de positionner les parties prenantes les unes par rapport aux autres selon ces deux dimensions. La position de chacune des parties prenantes est susceptible de varier en fonction de la question stratégique posée, notamment en ce qui concerne l'intérêt. Le pouvoir des parties prenantes dépend également des structures de gouvernement (voir la section 4.3) et de la posture de l'organisation en termes de responsabilité sociale (voir la section 4.5.1). Dans certains pays, les syndicats sont ainsi très peu influents, alors que dans d'autres ils siègent dans les instances de direction. De même, dans la tradition anglo-saxonne, les banques tiennent un strict rôle de prêteur, alors qu'en Allemagne ou au Japon elles sont le plus souvent actionnaires.

Lorsqu'on cherche à formuler une stratégie compatible avec les attentes des parties prenantes, la matrice permet de comprendre quel type de relation il convient d'établir avec chacune. L'acceptabilité de la stratégie par les *acteurs clés* (case D) est essentielle. On compte en général parmi les acteurs clés les principaux actionnaires, mais également certains individus ou institutions particulièrement influents (par exemple le fondateur dans une entreprise familiale, l'autorité de tutelle pour un organisme public, etc.). C'est souvent avec les parties prenantes de la case C que les relations sont le plus difficiles à planifier. Bien que ces acteurs restent la plupart du temps passifs, ils peuvent parfois basculer dans la case D, auquel cas la sous-évaluation de leur niveau d'intérêt risque de provoquer l'abandon précipité de certaines stratégies. Les investisseurs institutionnels tels que les fonds de pension ou les compagnies d'assurance entrent généralement dans cette catégorie : ils montrent peu d'intérêt, sauf si le cours de l'action s'effondre, auquel cas ils exigeront des explications. De la même manière, les besoins des parties prenantes figurant dans la case B (par exemple les collectivités locales ou l'opinion publique en général) doivent être correctement estimés, car ces parties prenantes peuvent consti-

Schéma 4.5 La cartographie des parties prenantes : la matrice pouvoir/intérêt

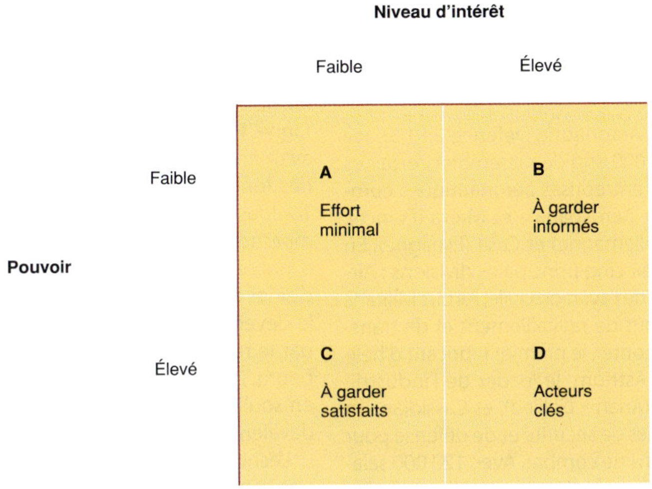

Source : adapté de A. Mendelow, Actes de la Second International Conference on Information Systems, Cambridge, MA, 1986.

tuer des alliés précieux lorsqu'il est nécessaire d'influencer l'attitude d'acteurs importants, par exemple au moyen du *lobbying*.

Au total, la cartographie des parties prenantes permet de répondre aux questions suivantes :

- Quelles sont les parties prenantes qui s'*opposent* ou *facilitent* la stratégie, et comment faut-il se comporter à leur égard ?
- Peut-on envisager de *repositionner* certaines parties prenantes dans la matrice ? Cela peut permettre de réduire l'influence d'un acteur clé ou de s'assurer que la stratégie sera défendue par un nombre suffisant de partisans. Ce point est souvent déterminant dans le secteur public.
- Dans quelle mesure faut-il aider ou encourager les parties prenantes afin qu'elles *maintiennent* leur niveau d'intérêt ou de pouvoir, ce qui peut permettre d'assurer le déploiement des stratégies ? Le soutien public de la part de fournisseurs ou de clients influents peut ainsi se révéler déterminant pour le succès d'une stratégie. De la même manière, il peut être nécessaire de décourager certaines parties prenantes de se repositionner sur la matrice. C'est ce que signifient « à garder satisfaits » dans la cellule C et dans une moindre mesure « à garder informés » dans la cellule B.

Ces points soulèvent cependant des questions éthiques particulièrement épineuses quant au rôle que doivent jouer les managers dans les débats politiques (voir l'illustration 4.4). Les managers sont-ils impartiaux dans l'arbitrage des conflits d'intérêts des parties prenantes ou sont-ils au contraire au service d'une seule d'entre elles – par exemple les actionnaires –, avec pour mission de faire accepter les stratégies par les autres ? On peut également considérer – comme le font de nombreux auteurs – que les managers constituent le seul véritable pouvoir au sein de l'organisation, qu'ils conçoivent des stratégies qui servent leurs propres intérêts et qu'ils orientent les attentes des parties prenantes de manière à faire entériner leurs propres choix.

Illustration 4.4

Luttes de pouvoir chez Airbus

Les tensions entre les parties prenantes peuvent déboucher sur des conflits politiques.

Le groupe European Aeronautic Defence and Space (EADS) fut fondé en 2000 afin de rassembler certaines des plus importantes entreprises aéronautiques européennes, notamment Aerospatiale et Matra (France), Daimler Aerospace (Allemagne) et Casa (Espagne). En 2013, EADS comprenait cinq principales divisions : Airbus, le leader mondial de l'aviation civile, Airbus Military, le constructeur d'avions de ravitaillement et de transport de troupes, Eurocopter, le premier fabricant d'hélicoptères au monde, Astrium, le leader de l'industrie spatiale européenne (Ariane, Galileo), et Cassidian, un fournisseur de systèmes de sécurité et de défense pour les missiles et les avions de combat. Avec 120 000 salariés et un chiffre d'affaires de 56 milliards d'euros et un profit net de 1,2 milliard, EADS était une des principales entreprises industrielles et un des principaux exportateurs du continent européen. Par ailleurs, le groupe achetait chaque année pour plus de 30 milliards d'euros à ses fournisseurs, eux aussi principalement européens.

La structure de possession d'EADS était complexe : 50,66 % du capital étaient détenus par un consortium tripartite, qui rassemblait la SOGEADE (22,36 %), détenue aux deux tiers par l'état français et à un tiers par le groupe de médias Lagardère, le constructeur automobile allemand Daimler (22,36 %), qui représentait le gouvernement allemand, et la SEPI (5,44 %), un fonds public espagnol. Le reste du capital était coté en Bourse (mais l'état français en détenait 0,06 %). Par ailleurs, le groupe avait été doté d'une structure de management bicéphale respectant strictement la parité franco-allemande, que certains observateurs avaient surnommée le « management lasagne » : une couche de Français, une couche d'Allemands.

En 2011, le président exécutif du groupe, le Français Louis Gallois, encouragea une stratégie d'internationalisation accrue, qui passait notamment par une montée en puissance de l'activité militaire, afin de concurrencer frontalement Boeing. Il était prévu que le civil et le militaire arrivent à parité en 2020. Cependant, cette croissance imposait une redéfinition du rôle des états au capital. En effet, pour d'évidentes raisons politiques, leur présence limitait la capacité d'EADS à réaliser des acquisitions aux États-Unis et dans les pays émergents. Cependant, Louis Gallois ne parvint pas à faire plier ses puissants actionnaires. Il fut remplacé en mai 2012 par l'Allemand Thomas Enders, jusqu'alors président exécutif d'Airbus. Dès sa prise de fonction, celui-ci lança un ambitieux projet de fusion avec le Britannique BAE Systems, dont l'activité était comparable à celle de Cassidian, mais qui était beaucoup plus présent aux États-Unis.

En octobre 2012, la chancelière allemande Angela Merkel bloqua ce projet de fusion, redoutant que l'activité de défense d'EADS, alors essentiellement localisée en Allemagne, se déplace en Grande-Bretagne. Parallèlement, avant son départ, Louis Gallois avait annoncé sa volonté de déménager une partie des fonctions des sièges de Paris et de Munich vers Toulouse, ce que Thomas Enders confirma. Le vice-ministre allemand de l'économie qualifia cette décision d'inacceptable, soulignant que les 500 millions d'euros d'aides consentis par le gouvernement allemand pour le développement de l'A350 ne s'étaient pas traduits par le renforcement des sites de Brême et de Hambourg. Thomas Enders maintint cependant la décision, en soulignant que « seuls les intérêts de l'entreprise devaient justifier les implantations industrielles ».

L'échec de la fusion avec BAE Systems eut pourtant une conséquence positive : afin d'éviter qu'à l'avenir le groupe ne soit de nouveau l'otage de considérations politiques, une profonde refonte de l'actionnariat d'EADS fut décidée. Le gouvernement français réduisit sa participation de 15 à 12 %, le gouvernement allemand (jusqu'ici absent du capital), prit également 12 % et le gouvernement espagnol 4 %. Aucun des états ne disposait plus d'un droit de veto. Les deux autres actionnaires, Lagardère et Daimler, cédèrent tous les deux leurs parts début 2013 (Lagardère réalisant ainsi une plus value de 1,8 milliard). La part du capital du groupe coté en Bourse passa ainsi de 50 à 72 %. À cette occasion, Thomas Enders déclara : « Le changement le plus important est la dissolution du pacte d'actionnaires [entre Lagardère, Daimler et l'État français] qui a régi EADS pendant 13 ans [...] Dans ce contexte, le conseil d'administration sera renforcé et deviendra réellement indépendant. EADS deviendra une entreprise normale. »

Le symbole de cette profonde réorganisation fut le changement de nom du groupe : en janvier 2014, EADS fut rebaptisé Airbus Group. Au passage, Astrium et Cassidian furent rebaptisés Airbus Défense & Espace et Eurocopter, Airbus Hélicoptères. L'activité militaire ne représentait plus que 21 % du chiffre d'affaires.

Sources : Les Echos, 2 janvier 2014 ; *Financial Times*, 2 mars et 8 mars 2012.

Questions

1. En utilisant la matrice pouvoir/intérêt (schéma 4.5), déterminez comment les positions des parties prenantes les plus puissantes ont évolué par rapport à la stratégie d'internationalisation et à l'implantation géographique.
2. Comment selon vous Thomas Enders a-t-il politiquement utilisé le projet de fusion avec BAE Systems pour obtenir une refonte du gouvernement d'entreprise ?

4.4.3 Le pouvoir[25]

Dans la section précédente, nous avons souligné le besoin d'évaluer le pouvoir de chacune des parties prenantes. Nous avons également montré que dans la plupart des organisations le pouvoir est inégalement partagé entre les ayants droit. Dans le cadre du management stratégique, le **pouvoir** définit dans quelle mesure des individus ou des groupes sont capables de persuader, d'inciter ou de forcer les autres à modifier leur comportement. Comme le montre le tableau 4.2, les sources de pouvoir sont nombreuses et variées. Il convient en particulier de bien distinguer d'une part le pouvoir que les individus retirent de leur position hiérarchique dans l'organisation – au travers de la structure formelle de gouvernement – et d'autre part le pouvoir qu'ils détiennent par d'autres moyens, par exemple leur expertise, les ressources qu'ils contrôlent ou les réseaux qu'ils ont tissés.

L'importance relative de ces sources de pouvoir peut changer au cours du temps. Certaines évolutions de l'environnement peuvent profondément modifier l'équilibre de pouvoir entre des organisations et leurs parties prenantes. Le pouvoir des clients s'est ainsi considérablement accru grâce à la facilité avec laquelle – à l'aide d'Internet – ils peuvent comparer les offres de différents fournisseurs et passer aisément de l'un à l'autre. Le pouvoir des parties prenantes varie également selon la stratégie considérée. Une direction financière sera ainsi vraisemblablement plus influente à propos de développements nécessitant une augmentation de capital ou un endettement supplémentaire que lorsqu'il s'agit d'une stratégie autofinancée.

Les *signes de pouvoir* sont des indicateurs visibles qui signalent quelles sont les parties prenantes les plus influentes. Il s'agit notamment du *statut* d'un individu ou d'un groupe (qui peut être mesuré par le niveau hiérarchique ou la réputation), du *niveau de ressources* détenues (qui peut se mesurer par la taille du budget d'un département ou par ses effectifs), de la *représentation* à des postes de pouvoir au sein de l'organisation ou encore des *symboles de pouvoir* (mise à disposition d'une assistante personnelle, taille et localisation des bureaux, voire épaisseur de la moquette, nombre de fenêtres – et la vue qu'elles offrent –, ou encore qualité du mobilier). Généralement, plus le pouvoir d'un individu est élevé, plus l'étage où se trouve son bureau l'est aussi. On peut également repérer des différences de pouvoir selon qu'un individu est désigné par son nom ou son prénom, voire par la manière dont il ou elle s'habille. Dans les organisations bureaucratiques, l'existence de *listes de destinataires* pour les notes et les rapports internes désigne naturellement les individus les plus influents.

Le pouvoir des parties prenantes externes est notamment signalé par leur niveau de *maîtrise de ressources clés*, par exemple le montant du capital détenu par chaque actionnaire, le niveau des emprunts consentis par chaque créancier, la part de chiffre d'affaires représentée par chaque client, ou la proportion des achats assurée par chaque fournisseur. Plus cette part de ressources clés est élevée, plus l'organisation est dépendante de la partie prenante qui les détient. Les *symboles* sont aussi de bons indices du pouvoir des parties prenantes externes : on peut par exemple mesurer le pouvoir d'un fournisseur ou d'un client à la valeur des cadeaux de fin d'année qui leur sont offerts ou à la qualité des restaurants où ils sont invités. Le niveau hiérarchique de la personne chargée de traiter avec la partie prenante externe est également un indicateur précieux. Enfin, le soin et l'attention portés aux relations courantes – par exemple les échanges de courriers – varient fortement selon l'influence de chacun.

Tableau 4.2 Les sources et les signes de pouvoir

Sources de pouvoir	
(a) À l'intérieur de l'organisation	**(b) Pour les parties prenantes externes**
Hiérarchie (pouvoir formel) Exemple : pouvoir de décision Influence (pouvoir informel) Exemple : charisme Contrôle de ressources stratégiques Exemple : responsable d'un produit phare Possession de savoirs et de compétences Exemple : informaticiens, techniciens de maintenance Contrôle de l'environnement Exemple : capacité de négociation Jeu avec les zones d'incertitude des procédures Exemple : capacité d'interprétation des règlements Implication dans le déploiement de la stratégie Exemple : responsable opérationnel	Contrôle de ressources stratégiques Exemple : matières premières, main-d'œuvre, fonds, information Implication dans le déploiement de la stratégie Exemple : distributeurs, agents Possession de savoirs et de compétences Exemple : sous-traitants, consultants Jeu avec les zones d'incertitude des procédures Exemple : capacité d'interprétation des règlements Par l'intermédiaire de liens internes Exemple : influence officieuse
Signes de pouvoir	
(a) À l'intérieur de l'organisation	**(b) Pour les parties prenantes externes**
Statut Ressources Représentation Symboles	Statut Maîtrise de ressources clés Pouvoir de négociation Symboles

Tout au long de ce chapitre, nous avons insisté sur l'importance de l'intention stratégique. La controverse sur la nature profonde de cette intention – notamment dans les grandes entreprises cotées – reste cependant ouverte, comme le montre la controverse qui clôt ce chapitre.

4.5 La responsabilité sociale de l'entreprise et l'éthique[26]

Une question sous-tend le débat sur les structures de gouvernement : le but de l'organisation et de sa stratégie est-il de satisfaire une seule catégorie de parties prenantes (notamment les actionnaires) ou l'objectif est-il plus large ? Quelles sont les attentes sociétales à l'égard des organisations et en quoi cela influe-t-il sur leur intention stratégique ? Cette section est consacrée tout d'abord à la *responsabilité sociale de l'entreprise*, c'est-à-dire au rôle que peuvent tenir les entreprises et les autres formes d'organisations dans la société. Ensuite, nous examinerons le caractère *éthique* du comportement et des actes des individus en relation avec la stratégie.

4.5.1 La responsabilité sociale de l'entreprise

Du fait même de leur taille, beaucoup d'entreprises ont une influence significative sur la société. De plus, au cours des deux dernières décennies, de nombreux scandales ont alimenté le débat sur le rôle que doivent jouer les entreprises. Le contexte réglementaire et la structure de gouvernement d'une organisation déterminent les obligations minimales qu'elle doit remplir vis-à-vis de ses différentes parties prenantes. Étant donné que la réglementation ne fixe pas de la même manière les droits respectifs de toutes les parties prenantes, il est utile de distinguer celles qui ont une relation contractuelle avec l'organisation (les clients, les fournisseurs ou les employés) et les autres (la collectivité au sens large, les groupes de pression ou les associations de consommateurs) qui ne bénéficient pas des mêmes protections légales. La **responsabilité sociale de l'entreprise (RSE)** est l'engagement des organisations à se comporter de manière éthique et à contribuer au développement économique tout en améliorant la qualité de vie de leurs salariés, de leur famille et de la société au sens large[27]. Il s'agit donc de déterminer de quelle manière une organisation excède ses obligations réglementaires minimales envers ses différentes parties prenantes.

Les organisations peuvent adopter des postures très différentes vis-à-vis de la responsabilité sociale. Le tableau 4.2 présente quatre stéréotypes qui permettent de souligner la diversité de ces positionnements, en fonction du nombre croissant de parties prenantes bénéficiaires et de la diversité des indicateurs qui servent à évaluer la performance[28]. L'illustration 4.5 montre comment la marque de prêt-à-porter H&M cherche à endosser sa responsabilité sociale, de manière à présenter un profil plus éthique que certains de ses concurrents, mais aussi à désamorcer les mouvements de protestation contre les pratiques dont son industrie est traditionnellement accusée (exploitation des ouvriers, gaspillage).

Le *laisser-faire* postule que les organisations doivent seules décider de leurs obligations. Selon cette position extrême, l'unique responsabilité des entreprises est de faire du profit afin de garantir l'intérêt des actionnaires[29]. C'est aux pouvoirs publics de protéger la société en définissant la réglementation. Les organisations doivent se contenter de respecter ces obligations minimales, mais sans aller au-delà. Si les entreprises cherchent à jouer un rôle social, cela risque de nuire à la qualité de leurs décisions et de brouiller leurs engagements vis-à-vis de leurs actionnaires. La société bénéficie de toute façon des profits, qui assurent l'investissement et sont captés sous forme d'impôts et de taxes afin de financer les services publics et la protection sociale. Cette posture est adoptée par certains dirigeants pour des raisons idéologiques ou dans de petites entreprises qui ne détiennent pas des ressources suffisantes pour excéder leurs obligations légales.

Les organisations qui adoptent la posture d'*individualisme éclairé* considèrent que l'intérêt à long terme des actionnaires peut profiter d'une gestion intelligente des relations avec les autres parties prenantes. Un comportement socialement responsable est considéré comme une bonne chose pour les affaires. Il s'agit notamment de préserver la réputation de l'organisation, car cela influe sur son succès financier à long terme. Travailler constructivement avec les fournisseurs ou la population locale peut accroître la quantité de richesse à partager : aider au développement de la qualité de petits fournisseurs dans les pays pauvres peut renforcer la chaîne d'approvisionnement globale, contribuer à l'éducation de la population locale accroît la disponibilité de main-d'œuvre qualifiée. Il a effectivement été démontré qu'un comportement socialement responsable profite aux actionnaires[30].

Illustration 4.5

H&M se lance dans la mode durable

La marque de prêt-à-porter suédoise H&M affirme qu'elle déploie une stratégie qui assure à la fois des profits, des gains environnementaux et de meilleures conditions de travail.

En 2014, H&M était le deuxième distributeur de vêtements au monde, derrière l'Espagnol Inditex, propriétaire de Zara. On comptait 2 500 magasins H&M, répartis dans 44 pays, qui vendaient environ 550 millions de vêtements par an. H&M était considéré comme un champion de la mode jetable, c'est-à-dire des vêtements peu coûteux, destinés à être portés un petit nombre de fois avant d'être jetés.

Or, la mode jetable était une industrie vorace. Loin des traditionnelles collections printemps/été et automne/hiver, on dénombrait désormais chaque année une succession ininterrompue de 30 à 50 tendances de mode. Plus de 80 milliards de vêtements étaient fabriqués tous les ans. On comptait 40 millions d'ouvriers textiles dans le monde, dont la plupart travaillaient pour la mode jetable. Au Bangladesh, un des premiers pays producteurs, un ouvrier gagnait 40 dollars par mois et un caleçon coûtait environ un centime d'euro à produire.

La mode jetable était la cible de groupes de pression internationaux tels que la Campagne Clean Clothes (CCC), basée à Amsterdam et relayée en France par le Collectif éthique sur l'étiquette. En 2012, ce groupe organisa des séries de « simulations d'évanouissement » dans des magasins Gap, Zara et H&M dans toute l'Europe, afin de dénoncer le fait que des ouvrières mal nourries perdaient fréquemment connaissance dans les ateliers textiles du tiers monde. Un des porte-paroles du collectif déclara : « Des marques telles que H&M ou Zara payent des salaires de misère aux ouvrières. Le coût humain de ces pratiques, ce sont des centaines d'ouvrières qui s'évanouissent du fait de l'épuisement et de la malnutrition. [...] Pendant des décennies, les grandes marques de prêt-à-porter se sont trouvé des excuses pour ne pas payer des salaires décents. Mais ce n'est pas un choix, c'est une nécessité impérieuse. Se cacher derrière [...] des codes de bonne conduite n'est plus acceptable. »

En février 2011, H&M avait lancé sa collection Conscious, utilisant en priorité des matériaux recyclés et des matières plus respectueuses de l'environnement comme le chanvre. Sur son site, H&M expliquait en 2014 : « Notre vision est claire : toutes nos activités doivent être menées de façon durable, que ce soit d'un point de vue économique, social ou environnemental. Par durable, nous entendons que les besoins des générations présentes et à venir soient satisfaits. » Cette démarche était accompagnée de la publication annuelle d'un rapport de développement durable qui, dans son édition 2012 présentait quelques statistiques impres-

Dans cette optique, défendre une réglementation favorable à la protection sociale ou soutenir des actions philanthropiques, des manifestations sportives ou des événements artistiques peut être considéré comme un investissement pertinent. Les entreprises ne sont pas seulement responsables envers leurs actionnaires, elles ont également en charge la gestion de leurs relations avec les autres parties prenantes. La communication avec les ayants droit est donc en général beaucoup plus interactive que dans le cas du laisser-faire, et l'organisation a tendance à mettre en place des systèmes et des politiques qui lui permettent de veiller au respect des bonnes pratiques (certification ISO 14000, protection des droits de l'homme à l'international, etc.), afin de commencer à piloter sa responsabilité sociale. Bien entendu, les dirigeants doivent être impliqués dans cette démarche.

La troisième posture consiste à explicitement intégrer les intérêts et les attentes de *multiples parties prenantes* (et pas seulement des actionnaires) dans les buts et les stratégies de l'organisation[31]. Selon cette perspective, la performance de l'organisation ne doit pas être mesurée uniquement par sa rentabilité financière. Il s'agit alors d'inscrire la stratégie dans une démarche de développement durable, qui a pour but d'assurer une meilleure qualité de vie en veillant à trois dimensions qui constituent ce qu'il est convenu d'appeler le *triple résultat* (voir la section 11.2.1) : la protection de l'environnement, la responsabilité sociale et la prospérité éconosionnantes : H&M avait ainsi fabriqué 7,4 millions de paires de chaussures en utilisant des adhésifs à base d'eau, comptait 170 salariés spécifiquement dédiés aux questions de développement durable et était le premier acheteur mondial de coton bio.

Le site Internet de la marque détaillait la philosophie de la démarche H&M Conscious :

« Population – Planète – Profit : chez H&M, nous pensons que le fait de prendre conscience de l'imbrication de ces trois éléments constitue la clé du succès de notre entreprise. Afin de parvenir à concrétiser notre vision, nous l'avons divisée en sept engagements stratégiques inscrits sur le long terme : (1) Proposer une mode plus durable à des clients responsables, (2) Choisir et récompenser des partenaires responsables, (3) Adopter un comportement éthique, (4) Faire des choix judicieux pour le climat, (5) Réduire, réutiliser, recycler, (6) Utiliser les ressources naturelles de manière responsable, (7) Soutenir les communautés par des actions caritatives. »

Interrogée sur le fait de savoir si H&M pouvait garantir que ses produits respectaient ces engagements, Helena Helmersson, responsable RSE de l'entreprise, avait répondu :

« Je ne pense pas que garantir soit le bon terme. Beaucoup de monde nous demande des garanties : « Pouvez-vous garantir les conditions de travail ? Pouvez-vous garantir que vous n'utilisez aucun produit chimique ? » C'est bien entendu impossible pour une entreprise de notre taille, confrontée aux enjeux qui sont les nôtres. Ce que je peux dire, c'est que nous faisons du mieux que nous pouvons avec beaucoup de ressources et une vision claire de ce que nous sommes supposés faire. Nous nous investissons vraiment [...] Souvenez-vous que H&M ne possède aucune usine. Dans une certaine mesure, nous sommes dépendants de nos fournisseurs. Il est impossible de parfaitement tout contrôler. »

Entre 2006 et 2012, le cours de l'action H&M avait augmenté de plus d'un tiers, bien plus que l'index de la Bourse de Stockholm. Le chiffre d'affaires avait également progressé d'un tiers, et le bénéfice sur la période avait été d'environ 11 milliards d'euros. Le retour sur capitaux engagés de H&M en 2011 avait été de 47,1 %.

Sources : *Guardian*, 7 avril 2012 ; *écouterre*, 21 septembre 2012 ; hm.com ; cleanclothes.org.

Questions

1. Comment caractériseriez-vous la posture éthique de H&M, en utilisant le tableau 4.3 ?
2. Quels sont les indicateurs de mesure de triple résultat qui vous sembleraient appropriés pour un distributeur de prêt-à-porter (voir également la section 11.2.1) ?

mique. Les entreprises qui adoptent cette posture peuvent conserver des activités déficitaires pour préserver l'emploi, éviter de fabriquer et de vendre des produits socialement sensibles, et accepter une diminution de leur profit pour le bien de la collectivité. Cela nécessite généralement que des dirigeants soient partisans de cette posture.

La dernière catégorie est celle de la posture activiste adoptée par les organisations qui ont pour ambition de *transformer la société*. Dans ce cas, les considérations financières ne sont qu'un moyen ou une contrainte, et en tout cas un problème secondaire. Ces organisations visionnaires cherchent à changer les normes sociales pour le bien collectif. Cette posture est typique des services publics ou des organisations caritatives. Elle caractérise également la démarche d'*entrepreneuriat social*, qui consiste à créer des organisations qui réalisent un chiffre d'affaires afin de poursuivre un objectif social (voir le chapitre 9). C'est le principe fondateur du *commerce équitable*, tel qu'il est pratiqué par des chaînes de magasins comme Artisans du monde. Le rôle social est ici la raison d'être de l'organisation, et la viabilité financière n'a d'intérêt que si elle permet de le maintenir.

Le tableau 4.4 présente quelques questions permettant d'évaluer l'action d'une organisation au regard de la responsabilité sociale.

Tableau 4.3 Les postures face à la responsabilité sociale de l'entreprise

	Laisser-faire	Individualisme éclairé	Prise en compte des parties prenantes	Activisme sociétal
Logique	Respecter les lois, faire du profit, payer les impôts et donner des emplois	Avoir le sens des affaires et des responsabilités	Obtenir des résultats équilibrés à long terme	Être un acteur du changement économique et social
Type de direction	Périphérique	Assistance	Champion	Visionnaire
Type de management	Responsabilité des managers opérationnels	Systèmes afin de s'assurer des bonnes pratiques	Décisions et contrôle par les dirigeants	Responsabilité individuelle dans toute l'organisation
Posture	Défensive vis-à-vis des pressions externes	Réactive vis-à-vis des pressions externes	Proactive	Volontariste
Relations avec les parties prenantes	Unilatérales	Interactives	Partenariales	Alliances avec d'autres organisations

Tableau 4.4 Quelques questions sur la responsabilité sociale des entreprises

Les organisations devraient-elles être tenues responsables de…	
Aspects internes	**Aspects externes**
Protection sociale des salariés … l'instauration d'une mutuelle santé, l'attribution de prêts bonifiés, l'extension des congés maladie et parentaux, l'aide aux conjoints et dépendants, etc. ? **Conditions de travail** … l'amélioration de l'environnement de travail, la création d'associations, le renforcement des normes de sécurité, etc. ? **Conception des tâches** … la conception des tâches de manière à accroître la satisfaction des salariés plutôt que l'efficience économique ? **Propriété intellectuelle** … respecter le savoir privé des individus et ne pas tenter de le breveter au nom de l'organisation ?	**Aspects écologiques** … la réduction de la pollution en deçà des normes légales, même si les concurrents ne le font pas ? … la préservation de l'énergie ? **Produits** … la prévention des dangers pouvant résulter de l'utilisation négligente des produits par les clients ? **Aspects commerciaux** … la décision de ne pas intervenir sur certains marchés ? … la définition d'un code de bonne conduite concernant la publicité ? **Fournisseurs** … l'instauration de procédures d'achat équitables ? … la décision de ne pas travailler avec certains fournisseurs ? **Emploi** … favoriser les minorités à l'embauche ? … la préservation de l'emploi ? **Vie de la collectivité** … le parrainage d'événements locaux et l'implication dans les bonnes œuvres ? **Droits de l'homme** … le respect des droits de l'homme, notamment en termes de travail des enfants, de liberté syndicale, de lutte contre les dictatures, à la fois directement et par le choix des marchés, des fournisseurs et des partenaires ?

4.5.2 L'éthique des individus et des managers

Les questions éthiques exposent les individus et les managers à un certain nombre de dilemmes. Ces dilemmes soulèvent notamment des questions à propos de la responsabilité d'un individu qui estime que la stratégie de l'organisation à laquelle il appartient n'est pas éthique – par exemple en termes de pratiques commerciales – ou ne représente pas équitablement les intérêts légitimes de certaines parties prenantes. Cet individu doit-il quitter l'organisation pour incompatibilité de valeurs ? Est-il préférable de dénoncer ces pratiques auprès d'organismes de contrôle, voire dans la presse ? Cette réaction de *lanceur d'alerte* est appelée *whistleblowing* (c'est-à-dire *coup de sifflet*) dans la littérature anglo-saxonne. Dans plusieurs pays, notamment les États-Unis et le Royaume-Uni, les employés qui dénoncent les pratiques répréhensibles de leur organisation sont protégés par la loi. En France, les réticences culturelles sont nombreuses à l'égard de ce qui reste souvent considéré comme une délation[32].

Étant donné que l'élaboration de la stratégie peut devenir un processus politique dans lequel se joue la carrière de ceux qui y participent, les managers éprouvent souvent de réelles difficultés à établir et à conserver une position intègre. Il existe un conflit potentiel entre les décisions favorables aux intérêts des managers et celles qui privilégient le développement à long terme de l'organisation. Certaines entreprises, comme Texas Instruments, ont édité des règles de conduite explicites que leurs managers se doivent de suivre :

Cette action est-elle légale ?	Si non, arrêtez immédiatement
Est-elle en phase avec nos valeurs ?	Si non, arrêtez
Si vous le faites, vous sentirez-vous mal à l'aise ?	Interrogez votre conscience
De quoi cela aurait-il l'air dans la presse ?	Si cela devient public demain, le feriez-vous aujourd'hui ?
Si vous savez que ce n'est pas bien…	Ne le faites pas
Si vous n'êtes pas sûr(e)…	Demandez
	Et continuez à demander tant que vous n'avez pas eu de réponse

Un des principaux défis auxquels les managers sont confrontés consiste à rester attentifs à leur propre comportement vis-à-vis des questions soulevées ci-dessus[33]. Cela peut se révéler relativement difficile car il s'agit parfois de s'écarter de croyances implicites et de comportements routiniers, ancrés dans la culture de l'organisation. Nous reviendrons sur ce point dans le prochain chapitre.

Controverse académique

À quoi sert une entreprise ?

Étant donné qu'il n'existe pas de définition absolue de l'utilité des entreprises, les parties prenantes – et en particulier les managers – doivent prendre position.

Milton Friedman et la maximisation du profit

Le célèbre économiste Milton Friedman a déclaré[1] :

> *Dans une entreprise privée, le dirigeant est un employé des actionnaires. Il est directement responsable devant ses employeurs. Sa responsabilité est de diriger l'entreprise selon leurs souhaits, qui consistent généralement à gagner le plus d'argent possible tout en respectant les lois de la société […] Que signifie la notion de responsabilité sociale de l'entreprise ? S'il ne s'agit pas de pure rhétorique, cela doit vouloir dire que le dirigeant doit agir d'une manière qui ne sert pas les intérêts de ses employeurs […] Si jamais ses actions « socialement responsables » réduisent la rentabilité pour les actionnaires, il dépense leur argent. Si jamais ses actions se traduisent par une hausse des prix pour les clients, il dépense l'argent des clients. Si jamais ses actions conduisent à réduire le salaire des employés, il dépense l'argent des employés.*

La devise de Milton Friedman était : « Le business du business, c'est le business. » Il ajoutait que « la seule responsabilité sociale d'une entreprise est d'accroître son profit ». Les mécanismes de marché se justifient eux-mêmes : si les clients ne sont pas satisfaits, ils achètent ailleurs. Si les employés ne sont pas satisfaits, ils travaillent ailleurs. Les pouvoirs publics doivent s'assurer de l'existence d'un marché libre qui permet à ces conditions d'être réalisées.

Charles Handy et les parties prenantes

Charles Handy[2] a proposé une vue différente. En référence aux différentes affaires qui ont marqué le monde économique ces dernières années, il a affirmé que l'obsession de la création de valeur actionnariale et l'attribution massive de stock-options aux dirigeants ont débouché sur un système qui « crée de la valeur là où il n'y en avait pas » :

> *Il est important de répondre aux attentes de ceux que l'on présente comme les propriétaires de l'entreprise : ses actionnaires. Cependant, il serait plus juste de les appeler des investisseurs, voire des parieurs. Ils n'assument ni la fierté ni la responsabilité de leur propriété et – convenons-en – ils ne sont là que pour l'argent. De fait, transformer la satisfaction des besoins des actionnaires en un objectif est illogique : cela revient à confondre une condition nécessaire avec une condition suffisante. Nous devons manger pour vivre : la nourriture est une condition nécessaire à la vie. Cependant, si nous vivions principalement pour manger, si nous faisions de la nourriture le seul objectif de notre existence – ou sa condition suffisante –, nous deviendrions obèses. En d'autres termes, l'objectif d'une entreprise n'est pas seulement de*

Résumé

- Les managers doivent déterminer comment exprimer l'intention stratégique de leur organisation, que ce soit par l'affirmation d'une *mission*, d'une *vision*, de *valeurs* ou d'*objectifs*.
- L'intention stratégique d'une organisation est influencée par les *attentes de ses parties prenantes*.
- L'influence de certaines parties prenantes clés est formellement représentée par la *structure de gouvernement* de l'organisation. Cela peut prendre la forme d'une *chaîne de gouvernement*, qui montre les liens entre les bénéficiaires ultimes de l'activité de l'organisation et ses managers.
- Il existe deux grands types de systèmes de gouvernement d'entreprise : le modèle *centré sur l'actionnaire* et le modèle *étendu à de multiples parties prenantes*. Selon les pays, on constate des variations entre ces deux systèmes.

faire du profit, mais de faire du profit de manière à faire quelque chose mieux ou plus. C'est ce « quelque chose » qui est la véritable justification d'une entreprise.

L'argument des nouveaux capitalistes : la société et les actionnaires ne font plus qu'un

Dans leur ouvrage *The New Capitalists*, Stephen Davies, Jon Lukomnik et Daniel Pitt-Watson[3] soulignent que ce sont « des millions de retraités et d'épargnants [qui] possèdent les grandes entreprises ». Ces « nouveaux capitalistes ont généralement un portefeuille d'investissements très diversifié ». Les fonds d'investissement et les fonds de pension sont leurs représentants et ils « détiennent une petite part dans des centaines ou des milliers d'entreprises à travers le monde ». Dans ces conditions :

> *Imaginez que toutes vos économies soient investies dans une seule entreprise. Le succès de cette entreprise serait votre seul intérêt. Vous voudriez qu'elle survive, prospère et croisse, même aux dépens du système économique dans son ensemble. Cependant, votre perspective est différente si vous détenez des investissements dans un grand nombre d'entreprises. Dans ce cas, vous n'avez pas intérêt à ce qu'une entreprise se comporte de manière irresponsable à l'égard de ses fournisseurs, de ses clients, de ses employés ou de la société au sens large : cela réduirait la performance de votre investissement dans les autres entreprises. Le nouveau capitaliste a intérêt à ce que toutes les entreprises dans lesquelles il a investi se comportent de manière socialement responsable. Il s'agit de créer des règles qui conduisent au succès du système économique dans son ensemble, même si dans certaines circonstances ces règles entravent les décisions de certaines entreprises. Un dirigeant doit se concentrer sur le succès de son entreprise, mais il ne sert pas les intérêts de ses actionnaires s'il prend des décisions qui semblent bonnes au niveau de son entreprise, alors qu'elles sont néfastes pour le système économique dans son ensemble.*

Sources :

1. M. Friedman, « The social responsability of business is to increase its profits », *New York Times Magazine*, 13 septembre 1970.
2. C. Handy, « What's a business for? », *Harvard Business Review*, vol. 80, n° 12 (2002), pp. 49-55.
3. S. Davies, J. Lukomnik et D. Pitt-Watson, *The New Capitalists*, Harvard Business School Press, 2006.

Questions

1. Laquelle de ces trois opinions partageriez-vous :
   (a) En tant que manager ?
   (b) En tant qu'actionnaire ?
   (c) En tant que retraité ?
2. Quelles sont les implications de ces différentes interprétations sur l'élaboration de la stratégie ?

- L'influence des parties prenantes dépend de leur pouvoir et de leur intérêt. La *cartographie des parties prenantes* est une méthode permettant d'analyser ces différences.
- Les organisations peuvent adopter plusieurs postures en termes de *responsabilité sociale de l'entreprise*. Les managers peuvent également être individuellement confrontés à des dilemmes éthiques si leurs valeurs personnelles entrent en conflit avec les actions de leur organisation.

Travaux pratiques

● Signale des exercices d'un niveau plus avancé

4.1 Rédigez la mission et la vision d'une organisation de votre choix. Quels objectifs stratégiques les dirigeants devraient-ils fixer ? Pourquoi ?

4.2 ● Pour une organisation de votre choix, dressez la chaîne de gouvernement qui identifie clairement tous les acteurs clés jusqu'aux bénéficiaires ultimes. Selon vous, dans quelle mesure les managers :
   (a) Sont-ils avertis des attentes des bénéficiaires ?
   (b) Cherchent-ils à satisfaire les intérêts de ces bénéficiaires ?
   (c) Maintiennent-ils ces bénéficiaires informés ?

4.3 Quels sont selon vous les avantages et les inconvénients des deux modèles de gouvernement d'entreprise : le modèle centré sur l'actionnaire et le modèle étendu à de multiples parties prenantes ?

4.4 Identifiez des organisations qui correspondent à chacune des postures de responsabilité sociale présentées dans le tableau 4.3.

4.5 Identifiez les problèmes essentiels de responsabilité sociale d'entreprise dans une industrie ou un service public de votre choix (voir le tableau 4.4). Comparez l'approche d'au moins deux organisations de cette industrie et expliquez en quoi elle est liée à leur position concurrentielle.

4.6 Identifiez et positionnez sur une matrice pouvoir/intérêt les parties prenantes d'une organisation de votre choix (voir le schéma 4.5), en fonction :
   (a) Des stratégies en cours.
   (b) De différentes stratégies futures de votre choix.

Quelles sont les implications de votre analyse pour les managers ?

Exercice de synthèse

4.7 À partir d'exemples, expliquez en quoi les évolutions du gouvernement d'entreprise et de la responsabilité sociale poussent les organisations à aborder différemment les menaces et les opportunités de l'environnement (voir le chapitre 2) et à développer de nouvelles capacités stratégiques (voir le chapitre 3).

Lectures recommandées

- L'importance de la clarté de la vision stratégique est soulignée par J. Collins et J. Porras, *Bâties pour durer : les entreprises visionnaires ont-elles un secret ?*, First, 1996.
- Sur le gouvernement d'entreprise, on peut consulter F. Bancel, *La Gouvernance des entreprises*, Economica, 1998, G. Charreaux et P. Wirtz, *Gouvernance des entreprises, nouvelles perspectives*, Economica, 2006, et S. Benn et D. Bolton, *Key Concepts in Corporate Responsibility*, Sage, 2011.
- Sur la responsabilité sociale des entreprises, voir M. Capron et F. Quairel-Lanoizelée, *La Responsabilité sociale d'entreprise*, La Découverte, 2e édition, 2010, B. Tricker, *Corporate Governance: Principles, Policies and Practices*, 2e édition, Oxford University Press, 2012, et A. Crane, A. McWilliams, D. Matten et D. Siegel, *The Oxford Handbook of Corporate Social Responsibility*, Oxford University Press, 2009.
- Le lecteur peut se familiariser avec le contexte politique de la décision stratégique grâce à M. Crozier et E. Friedberg, *L'Acteur et le Système. Les contraintes de l'action collective*, Seuil, 1977, et S. Clegg, D. Courpasson et N. Philips, *Power and Organizations*, Sage, 2006.

Références

1. Voir C.A. Montgomery, « Putting leadership back into strategy », *Harvard Business Review*, vol. 86, n° 1 (2008), pp. 54-60.
2. Voir J. Collins et J. Porras, Bâties pour durer : les entreprises visionnaires ont-elles un secret ?, First, 1996.
3. Voir J. Collins et J. Porras, « Building your company's vision », *Harvard Business Review*, vol. 74, n° 5 (1996), pp. 65-77.
4. Voir S. Chatterjee, « Core objectives: clarity in designing strategy », *California Management Review*, vol. 47, n° 2 (2005), pp. 33-49. Sur les avantages de l'ambiguïté, voir J. Sillince, P. Jarzabkowski et D. Shaw, « Shaping strategic action through the rhetorical construction and exploitation of ambiguity », *Organization Science*, vol. 22, n° 2 (2011), pp. 1-21.
5. Voir par exemple B. Bartkus, M. Glassman et B. McAfee, « Mission statements: are they smoke and mirrors? », *Business Horizons*, vol. 43, n° 6 (2000), pp. 23-28, et B. Bartkus, M. Glassman et B. McAfee, « Mission statement quality and financial performance », *European Management Journal*, vol. 24, n° 1 (2006), pp. 86-94.
6. Voir P. Lencioni, « Make your values mean something », *Harvard Business Review*, vol. 80, n° 7 (2002), pp. 113-117, et S. Kantabutra et G. Avery, « The power of vision: statements that resonate », *Journal of Business Strategy*, vol. 31, n° 1 (2009), pp. 37-45.
7. Voir par exemple M. Nordqvist et L. Melin, « Entrepreneurial families and family firms », *Entrepreneurship and Regional Development*, vol. 22, n° 3-4 (2010), pp. 211-239.
8. Ces entreprises sont appelées Sociétés Anonymes (SA) en France, Public Limited Companies (plc) au Royaume-Uni et Aktiengesellschaft (AG) en Allemagne.
9. Voir *The* Economist, « The rise of state capitalism », 21 janvier 2012.
10. Voir R. Rumelt, « Theory, strategy and entrepreneurship », *Handbook of Entrepreneurship Research*, vol. 2 (2005), pp. 11-32.
11. Crédit Suisse, Asian Family Business Report 2011: Key Trends, Economic Contribution and Performance, Singapour, 2011.
12. Voir N. Kachaner, G. Stalk et A. Bloch, « What you can learn from family business », *Harvard Business Review*, vol. 90, n° 11 (2012), pp. 1-5, et I. Le Bretton-Miller, D. Miller et R.H. Lester, « Stewardship or agency? A social embeddedness reconciliation of conduct and performance in public family businesses », *Organization Science*, vol. 22, n° 3 (2011), pp. 704-721.
13. The Ownership Commission, *Plurality, stewardship and engagement*, Londres, 2012.
14. Pour une bonne synthèse de la question, et notamment une présentation des spécificités françaises, voir F. Bancel, *La Gouvernance des entreprises*, Economica, 1998, ainsi que G. Charreaux et P. Wirtz, *Gouvernance des entreprises, nouvelles perspectives*, Economica, 2006. On peut également consulter R. Monks et N. Minow (eds), *Corporate Governance*, 4e édition, Blackwell, 2008, et R. Aguilera et G. Jackson, « The cross-national diversity of corporate governance: dimensions and determinants », *Academy of Management Review*, vol. 28, n° 3 (2003), pp. 447-465.
15. Cette définition est adaptée de celle proposée par S. Jacoby, « Corporate governance and society », *Challenge*, vol. 48, n° 4 (2005), pp. 69-87.
16. Sur le modèle principal/agent et la théorie de l'agence, voir notamment D. Miller et C. Sardais, « Angel agents: agency theory reconsidered », *Academy of Management Perspectives*, vol. 25, n° 2 (2011), pp. 6-13, et V. Mehrotra, « Angel agents: what we can (and cannot) learn from Pierre Lefaucheux's stewardship of Régie Renault », *Academy of Management Perspectives*, vol. 25, n° 2 (2011), pp. 14-20.
17. Voir M. Albert, *Capitalisme contre capitalisme*, Seuil, 1993, et S. Letza, X. Sun et J. Kirkbride, « Shareholding versus stakeholding: a critical review of corporate governance », *Corporate Governance*, vol. 12, n° 3 (2005), pp. 242-262. D'autres modèles ont été proposés. Voir notamment A. Murphy et K. Topyan, « Corporate governance: a critical survey of key concepts, issues, and recent reforms in the US », *Employee Responsibility and Rights Journal*, vol. 17, n° 2 (2005), pp. 75-89.
18. Voir Jacoby (référence 15).
19. Voir M.N. Young, M.W. Peng, D. Ahlstrom, G.D. Bruton et Y. Jiang, « Corporate governance in emerging economies: a review of the principal–principal perspective », *Journal of Management Studies*, vol. 45, n° 1 (2008), pp. 1467-1486.
20. Voir R. Greenwood, M. Raynard, F. Kodeih, E. Micelotta et M. Lounsbury, « Institutional complexity and organisational responses », *Academy of Management Annals*, vol. 5, n° 1 (2011), pp. 317-371.
21. Sur la loi Sarbanes-Oxley, voir par exemple H. Stolowy, E. Pujol et M. Molinari, « Audit financier et contrôle interne. L'apport de la loi Sarbanes-Oxley », *Revue Française de Gestion*, vol. 29/147 (2003), pp. 133-143.

22. Voir J. Sonnenfeld, « What makes great boards great », *Harvard Business Review*, vol. 80, n° 9 (2002), pp. 106-113.
23. Dans la littérature anglo-saxonne, les parties prenantes sont appelées « stakeholders », c'est-à-dire « porteurs de mise », ce qui met l'accent sur les intérêts détenus par chacune. Voir notamment R.E. Freeman, *Strategic Management: A Stakeholder Approach*, Pitman, 1984, et L. Bidhan, A. Parmar et R.E. Freeman, « Stakeholder theory: the state of the art », *Academy of Management Annals*, vol. 4, n° 1 (2010), pp. 403-445. La technique de cartographie des parties prenantes est adaptée de A. Mendelow, *Proceedings of the 2nd International Conference on Information Systems*, Cambridge, MA, 1991. Voir également G. Kenny, « From the stakeholder viewpoint: designing measurable objectives », *Journal of Business Strategy*, vol. 33, n° 6 (2012), pp. 40-46.
24. Voir D. Walker, L. Bourne et A. Shelley, « Influence, stakeholder mapping and visualization », *Construction Management and Economics*, vol. 26, n° 6 (2008), pp. 645-658.
25. Voir M. Crozier et E. Friedberg, *L'Acteur et le Système. Les contraintes de l'action collective*, Seuil, 1977, D. Buchanan et R. Badham, *Power, Politics and Organisational Change: Winning The Turf Game*, Sage, 1999, ainsi que S. Clegg, D. Courpasson et N. Philips, *Power and Organizations*, Sage, 2006. Ces ouvrages permettent de comprendre les liens entre pouvoir et stratégie.
26. Il existe une importante littérature sur l'éthique des affaires. Le lecteur peut notamment consulter J. Moussé, *Éthique des affaires, liberté, responsabilité*, Dunod, 2001, et Y. Pesqueux et Y. Biefnot, *L'éthique des affaires, management par les valeurs et la responsabilité sociale*, éditions d'Organisation, 2002 ; les praticiens peuvent également se référer à F. Seidel, *Guide pratique et théorique de l'éthique des affaires et de l'entreprise*, ESKA, 1995, et à B. Kelley, *Ethics at Work*, Gower, 1999, qui couvre la plupart des points abordés dans cette section. Voir aussi M.T. Brown, *Corporate Integrity: Rethinking Organizational Ethics and Leadership*, Cambridge University Press, 2005.
27. Cette définition est reprise du World Business Council for Sustainable Development (www.wbcsd.org).
28. Voir P. Mirvis et B. Googins, « Stages of corporate citizenship », *California Management Review*, vol. 48, n° 2 (2006), pp. 104-126, ainsi que M. Capron et F. Quairel, *La Responsabilité sociale d'entreprise*, La Découverte, 2007.
29. Ce point de vue a été ardemment défendu dans les années 1970 par M. Friedman, « The social responsability of business is to increase its profits », *New York Times Magazine*, 13 septembre 1970. Friedman et d'autres se sont alors inquiétés du fait que les managers s'écartent de ce qu'ils considéraient comme leur rôle essentiel : l'accroissement du profit. Voir également A. McWilliams et D. Seigel, « Corporate social responsibility: a theory of the firm perspective », *Academy of Management Review*, vol. 26 (2001), pp. 117-127.
30. Voir M.E. Porter et M.R. Kramer, « Creating Shared Value », *Harvard Business Review*, vol. 89, n° 1/2 (2011), pp. 92-77, et D. Vogel, « Is there a market for virtue? The business case for corporate social responsibility », *California Management Review*, vol. 47, n° 4 (2005), pp. 19-45. Pour un point de vue plus sceptique, voir A. Karnani, « Doing well by doing good: the grand illusion », *California Management Review*, vol. 53, n° 2 (2011), pp. 69-86. Voir également C.E. Hull et S. Rothenberg, « Firm performance: the interactions of corporate social performance with innovation and industry differentiation », *Strategic Management Journal*, vol. 29 (2008), pp. 781-789.
31. Voir H. Hummels, « Organizing ethics: a stakeholder debate », *Journal of Business Ethics*, vol. 17, n° 13 (1998), pp. 1403-1419.
32. Sur la situation en France, voir les recommandations publiées sur le site Internet de la Commission nationale informatique et libertés : www.cnil.fr.
33. Voir M. Banaji, M. Bazeman et D. Chugh, « How (un)ethical are you? », *Harvard Business Review*, vol. 81, n° 12 (2003), pp. 56-64.

Étude de cas

Nature & Découvertes et le commerce vertueux

En juin 2011, Antoine Lemarchand, 38 ans, succéda à son père au poste de P-DG de la chaîne de magasins Nature & Découvertes. Un mois plus tôt, l'enseigne avait ouvert son 80e magasin dans le centre commercial Montparnasse à Paris. Vingt et un ans après sa création, Nature & Découvertes concrétisait le rêve de son fondateur, François Lemarchand : créer une entreprise citoyenne et engagée pour la planète.

À première vue, il s'agissait d'une entreprise de distribution de 1 200 salariés qui, avec 78 magasins en France, deux en Belgique, quatre en Suisse et un au Luxembourg, avait réalisé en 2011 un chiffre d'affaires de 177 millions d'euros. Sa gamme de produits (matériel de plein air et de randonnée, livres, aromathérapie, outillage de jardin, jumelles pour l'observation des oiseaux, etc.) était centrée sur la découverte de la nature à l'usage des citadins.

Cependant, au-delà de cette activité commerciale, Nature & Découvertes répondait à une vocation militante. Chaque année, 20 % de son bénéfice net étaient réinvestis dans une fondation qui finançait des projets associatifs de protection de la planète : réintroduction de vautours dans la Drôme, préservation de la loutre d'Europe, etc. De même, le Club associatif Nature & Découvertes organisait chaque week-end des stages et des animations pédagogiques destinés à faire découvrir la nature à des milliers de citadins : savoir écouter les oiseaux, utiliser une lunette astronomique ou suivre des conférences sur la faune et la flore dans la vallée de la Loire. Enfin, la gestion de l'entreprise elle-même était un cas à part dans le paysage de la distribution : chaque étape de la chaîne de valeur faisait l'objet d'une réflexion approfondie en termes de protection de l'environnement, de développement durable ou de responsabilité sociale.

Même s'il était fier de sa création, François Lemarchand tenait à ne pas utiliser de manière trop commerciale ce positionnement éthique : « Utiliser de bonnes actions comme levier marketing serait épouvantable. [...] Il faut le faire, sans trop en dire. »

Pour autant, l'équilibre entre une activité commerciale et une démarche de développement durable était parfois difficile à réaliser.

Le tremplin Pier Import

En 1975, François Lemarchand, alors âgé de 25 ans, poursuivait ses études à l'université de Harvard après avoir été diplômé de l'ESCP Europe. C'est aux États-Unis qu'il fut séduit par le concept des magasins de décoration Pier 1 Imports. Créée en 1962 à San Francisco, cette chaîne spécialisée dans les stocks d'invendus en provenance d'Asie s'était rapidement étendue à toute l'Amérique du Nord et à l'Europe avant d'être cotée à la Bourse de New York en 1972. Cependant, après cette trop rapide expansion, l'activité connaissait quelques difficultés. François Lemarchand fut chargé par la direction américaine du groupe de fermer la dizaine de magasins – tous déficitaires – que comptait la chaîne en France et en Belgique. Au bout de trois mois, en mobilisant toutes ses économies, il proposa à la maison mère de racheter ces magasins, qu'il renomma Pier Import. Il constitua une gamme de produits originale qui devint rapidement à la mode : meubles en rotin,

Étude de cas

encens, statuettes indiennes, etc. En dix ans, il multiplia le nombre de magasins par cinq et le chiffre d'affaires par trente, passant de 2,3 à 67 millions d'euros, avant de vendre l'entreprise à ses salariés en 1988, pour 22 millions d'euros.

Grâce à ce capital, il fonda avec son épouse Françoise la chaîne Nature & Découvertes, là encore en adaptant à la France un concept de magasin repéré aux États-Unis.

Le concept Nature & Découvertes

François Lemarchand décrivait ainsi son intention stratégique : « À l'origine de Nature & Découvertes, il y a un désir : celui de mettre la nature à la portée de tous. » Pour cela, il ouvrit ses trois premiers magasins à Paris en novembre 1990.

Les magasins, d'une surface moyenne de 350 m², étaient implantés dans les plus grands centres commerciaux ou en centre-ville, et proposaient une ambiance calme et détendue (musique évoquant les vagues, diffusion de parfums d'ambiance, lumière tamisée) et l'utilisation de matériaux naturels (lave, bois brut, enduits en terre, peinture à l'eau dépourvue de solvants, etc.). L'idée générale était de reproduire l'atmosphère d'une forêt et de faire du magasin au moins autant un lieu de promenade qu'un lieu de vente. Les produits étaient originaux et « porteurs de sens ». Trois gammes jouaient un rôle prépondérant : éveil enfants, librairie et senteurs représentaient à eux seuls 40 % du chiffre d'affaires. Fidèle à la démarche qu'il avait établie avec Pier Import, François Lemarchand continuait à parcourir le monde pour trouver des fournisseurs, et plus de 30 % des produits étaient achetés auprès de créateurs artisans.

La fondation et le club associatif

Parallèlement à l'ouverture des magasins, François et Françoise Lemarchand instituèrent deux concepts originaux : la Fondation Nature & Découvertes et le club associatif.

La Fondation Nature & Découvertes fut créée en 1994 grâce aux premiers bénéfices dégagés par l'entreprise. Cette fondation était placée sous l'égide de la Fondation de France et était membre de l'Union internationale pour la conservation de la nature (UICN). Chaque année, la fondation recevait 20 % des bénéfices de l'entreprise, ce qui lui avait permis de financer plus de 1 500 projets associatifs de protection de la nature, d'éducation à l'environnement et de sensibilisation des publics en France, en Afrique francophone, en Belgique et en Suisse, pour un montant global de 9 millions d'euros. Une seconde fondation avait été créée en 2012, plus orientée sur les questions sociales, la Fondation Lemarchand pour l'équilibre entre les hommes et la Terre. Cette seconde fondation avait déjà financé 71 projets pour 1,4 million d'euros.

Parallèlement, le Club Nature & Découvertes fut lancé en 1997 afin de « renforcer la sensibilisation du public à l'environnement et lui faire découvrir l'extraordinaire diversité de la nature ». Ce club proposait aux clients des magasins des activités naturalistes (balades, stages, ateliers enfants) organisées dans toute la France en partenariat avec plus de 1 200 associations. Dans un souci d'authenticité, le programme de ces ateliers était inscrit à la craie sur un tableau noir à l'entrée de chaque magasin. Depuis 1997, 300 000 personnes avaient participé à ces activités.

De plus, depuis 2005, une « Université de la Terre » se tenait régulièrement sous l'égide de la fondation. Il s'agissait d'une journée de conférences et de débats dont la 5e édition se déroula en avril 2013, à la Maison de l'UNESCO à Paris sur le thème « Le meilleur est à venir ».

Enfin, Nature & Découvertes avait été à l'origine de la création d'une licence professionnelle « Management du point de vente option commerce », en collaboration avec l'université Paris-XII. D'autres projets de formations spécialisées étaient à l'étude.

Une démarche intégrée

La mission de Nature & Découvertes était exprimée sur son site Internet :

Source infinie d'émerveillement, de découvertes et de passion, la nature est un ingrédient indispensable à l'équilibre des hommes. Aussi, à l'heure où la ville prend parfois le pas dans nos vies sur l'expérience de la nature, Nature & Découvertes s'est donné pour mission d'offrir les meilleurs produits et services pour vous reconnecter à la nature.

Se faire passeur, être le lien, le traducteur entre la nature et le grand public, voici ce qui anime chacun des 1 200 collaborateurs de Nature & Découvertes et qui guide nos grands projets :

- proposer des produits et des services inspirés de la nature et qui donnent envie de partir à sa rencontre,
- concevoir des magasins comme des bulles de nature et d'harmonie dédiées à l'expérience sensorielle,
- emmener petits et grands en balade pour leur faire découvrir les merveilles qui les entourent,
- vous engager avec nous dans la protection de la diversité de l'homme et de la nature grâce à nos fondations à qui nous reversons 20 % de nos bénéfices chaque année,
- susciter la curiosité et contribuer à questionner les grands enjeux du monde de demain grâce au cycle de débats de l'Université de la Terre et à la revue prospective *Canopée.*

De fait, l'ensemble de la chaîne de valeur était conforme à ces principes fondateurs :

- Dans le choix de ses fournisseurs, l'enseigne veillait au respect des conditions de travail et des droits de l'homme, notamment en ce qui concernait le travail des enfants. Des partenariats avec des fournisseurs artisans avaient été conclus, prévoyant une exclusivité des produits en échange d'une garantie d'achat, voire de facilités de paiement (préfinancement de la fabrication, paiement au comptant) et d'aides à l'exportation. Chaque année, une série de fournisseurs faisaient l'objet d'audits indépendants.

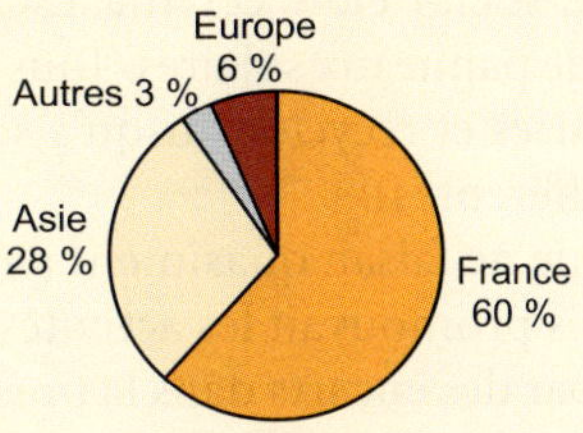

Figure 1

Origine des achats en 2011

- Le personnel des magasins bénéficiait d'une école de formation interne. Au travers de sa politique salariale, de la reconnaissance, de l'implication et de la responsabilisation de ses équipes, Nature & Découvertes affirmait « développer le professionnalisme et veiller à l'épanouissement de ses collaborateurs ». Grâce au vote de ses salariés Nature & Découvertes était entré dans le classement « Great Place to Work », baromètre international des entreprises les plus accueillantes pour leurs employés. Il était apparu à cette occasion que le turnover de ses salariés était de 19 %, bien inférieur aux 35 % de la profession, alors que son budget de formation atteignait 7 % de la masse salariale.
- L'entrepôt principal, certifié ISO 14001, était construit selon la démarche HQE (haute qualité environnementale) : isolation haute performance, panneaux solaires pour le chauffage des bureaux et la production d'eau chaude, éclairage à détecteur de présence.
- Les magasins étaient conçus dans l'objectif de diminuer leur « empreinte écologique ». Chaque nouvelle construction utilisait des matières premières locales ainsi que des matériaux respectueux de l'environnement.
- La logistique utilisait majoritairement le ferroutage et limitait strictement le transport aérien. L'entreprise avait acquis une flotte de camions fonctionnant au gaz naturel, ce qui permettait de réduire de 25 % le rejet de dioxyde de carbone. Parallèlement, la flotte automobile de l'entreprise était constituée de Toyota Prius hybrides.

Étude de cas

- Le siège social était certifié ISO 14001 et équipé de panneaux solaires. Tous les déchets étaient triés et recyclés (jusqu'à seize opérations différentes).
- Le groupe ne faisait quasiment pas de publicité, mais promouvait les activités de sa fondation par des encarts dans la presse écrite et en parrainant des émissions de télévision consacrées à l'écologie.
- Nature & Découvertes utilisait une comptabilité carbone. Le contrôleur de gestion recruté dans ce but expliquait ainsi : « Les collaborateurs remplissent des notes de frais carbone et un budget CO_2 est mis en place. Le directeur marketing aura son budget à ne pas dépasser : ses choix de fournisseurs, d'emballages, etc., devront impérativement prendre en compte leurs émissions de gaz à effet de serre. » Dans chaque magasin, un vendeur était désigné comme relais et garant de la politique environnementale de l'entreprise. Il devait sensibiliser les équipes *via* des réunions bimensuelles et éventuellement recadrer les comportements inadéquats.

Au total, Nature & Découvertes avait été dès 1993 la première entreprise française à éditer un rapport annuel consacré au développement durable. François Lemarchand, militant engagé auprès de Greenpeace et du WWF, expliquait ainsi : « Le développement durable, ce n'est ni pour l'image ni pour nous donner bonne conscience que nous nous y sommes engagés ! C'est la raison d'être de Nature & Découvertes. »

Les dilemmes du commerce vertueux

L'engagement systématique à l'égard de l'environnement n'avait cependant pas toujours été convergent avec l'activité commerciale.

Dans les années 1990, Nature & Découvertes fut victime d'une rumeur affirmant que l'entreprise appartenait à une secte. Cette rumeur avait été officiellement démentie, mais comme le rappelait François Lemarchand : « Nous sortions de l'épure rationaliste, mécaniste, du rôle que l'on s'attend à voir jouer par un commerçant. Le fait d'aller au-delà du rôle «acheter/vendre» était suspect. En plus, nous avons une charte, une fondation, un club, un programme de sorties découvertes pour nos clients... L'amalgame a été fait. »

De plus, même si le site Internet de l'entreprise rappelait que « Nature & Découvertes n'est pas une association, mais bien une entreprise », certains éléments du modèle économique pouvaient limiter la croissance du chiffre d'affaires. Les magasins, conçus comme des lieux de promenade, reposaient sur une atmosphère qui était volontairement peu incitative à l'achat. De même, le nombre de références disponibles était délibérément limité, de manière à ne pas inciter à une surconsommation contradictoire avec l'engagement écologique : il s'agissait de se concentrer sur des produits moins nombreux mais plus « porteurs de sens ». François Lemarchand affirmait ainsi « ne pas prendre le client par son porte-monnaie mais par son intelligence ».

L'originalité du modèle de Nature & Découvertes en faisait une entreprise particulièrement atypique, partiellement comparable à The Body Shop avant son rachat par L'Oréal début 2006, mais moins ouvertement militante que le fabricant de vêtements de plein air Patagonia, dont l'ambition n'était pas économique, mais politique : créer un contre-pouvoir en finançant des associations écologistes.

François Lemarchand confiait : « C'est l'intérêt et la complexité de Nature & Découvertes : nous sommes d'abord une entreprise commerciale. Avant tout militantisme, notre personnel cherche un boulot intéressant, bien rémunéré et où il peut progresser. Les clients viennent d'abord chercher un bon service et des bons produits. C'est le b.a.-ba du bon commerçant. Ensuite, il y a des valeurs ajoutées, ce que l'on apporte en plus : la vertu. »

Pour autant, l'entreprise (qui était encore détenue à 80 % par la famille Lemarchand, à 11 % par les collaborateurs et à 9 % par la banque CIC) fut sévèrement touchée par la crise économique, avec une baisse du chiffre d'affaires à partir de 2009 :

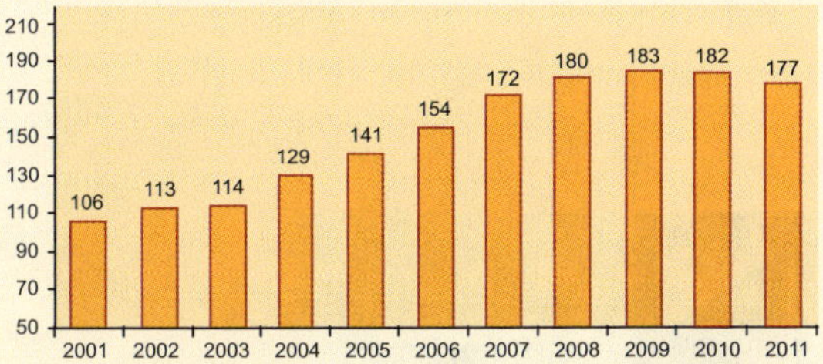

Figure 2
Évolution du chiffre d'affaires de Nature & Découvertes (millions d'euros)

Au moment où François Lemarchand – qui se consacrait désormais à ses fondations – cédait la place de P-DG à son fils Antoine, plusieurs magasins durent même être fermés, et on estimait qu'il restait moins d'une vingtaine de nouveaux emplacements envisageables en France. Le concept de Nature & Découvertes avait-il atteint ses limites ?

Fin 2013, Antoine Lemarchand annonça un début de repositionnement : « On a d'abord été très orienté nature avec un côté un peu baroudeur, boy-scout. On a ensuite fait entrer la nature dans la ville chez nos clients en leur proposant, par exemple, des plants potagers de balcon. Nous constatons maintenant une forte aspiration à l'autonomie, qu'il s'agisse de santé, d'éducation ou d'alimentation. Défiants vis-à-vis de l'autorité quelle qu'elle soit, les citoyens veulent reprendre les commandes. » Il s'agissait donc de donner plus de place aux petits producteurs locaux, non seulement dans les magasins – avec l'apparition d'un rayon gastronomie du terroir – mais également sur le site Internet de l'entreprise (qui réalisait 6 % du chiffre d'affaires), où allait être créée une place de marché devant réunir une centaine de vendeurs avant la fin 2014.

Selon Antoine Lemarchand, il s'agissait de créer un « circuit court de la terre à l'assiette ». Il citait en exemple la chaîne Eataly, qui s'implantait dans les grandes capitales du monde en distribuant des produits de la gastronomie traditionnelle italienne. Restait cependant à assurer la cohérence de ce nouveau positionnement avec la démarche de développement durable qui caractérisait Nature & Découvertes.

Sources : natureetdecouvertes.com ; *Les Echos*, 30 octobre 2009 et 5 décembre 2013 ; *Marketing Magazine*, 1er mars 1998 ; *Marketing Direct*, 1er mai 2000 ; 80hommes.com ; L'Expansion, 1er octobre 2005 ; *Le Journal du Net*, 22 février 2006 ; *Metro*, 28 novembre 2007 ; C. Chiche et P.-H. Moreau, monographie ESCP Europe, décembre 2007.

Questions

1. En vous appuyant sur les trois perspectives exprimées dans la controverse qui clôt le chapitre et sur les quatre postures présentées dans le tableau 4.3, discutez la logique de Nature & Découvertes en la comparant à celle d'un distributeur classique (par exemple celle de Carrefour, voir le cas à la fin du chapitre 11).
2. Selon vous, si l'entreprise Nature & Découvertes était introduite en Bourse, devrait-elle modifier son approche ?
3. Que pensez-vous du repositionnement annoncé par Antoine Lemarchand ?
4. Si vous étiez actionnaire d'une grande entreprise et que vous souhaitiez convaincre ses dirigeants d'adopter une posture du même type que celle de Nature & Découvertes, comment procéderiez-vous (vous pouvez utiliser l'analyse des parties prenantes) ?

Chapitre 5
Culture et stratégie

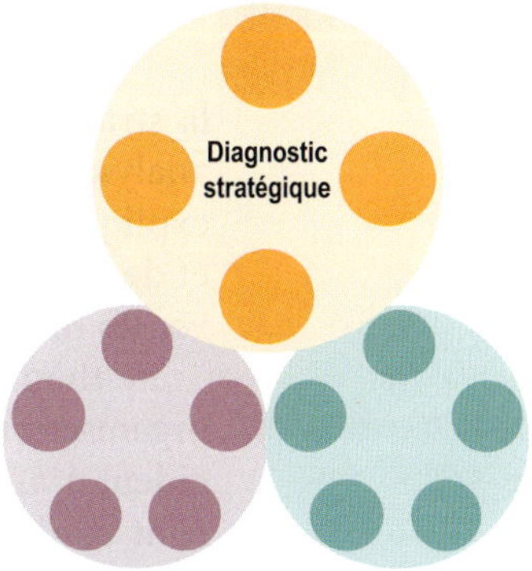

Objectifs

Après avoir lu ce chapitre, vous serez capable de :

- Montrer comment l'histoire influence la situation stratégique d'une organisation.
- Analyser l'influence de la culture organisationnelle en utilisant le tissu culturel.
- Expliquer pourquoi il est important de contester les schémas culturels implicites.
- Comprendre ce qu'est une dérive stratégique et quels en sont les symptômes.

Concepts clés

Dépendance de sentier p. 169, culture organisationnelle p. 174, champ sectoriel p. 175, recette p. 175, légitimité p. 177, paradigme p. 180, tissu culturel p. 182, dérive stratégique p. 189.

5.1 Introduction

Dans les chapitres 2, 3 et 4, nous avons vu comment l'environnement, la capacité stratégique de l'organisation et les attentes des parties prenantes influent sur l'élaboration de la stratégie. Cependant, d'autres éléments doivent également être pris en compte lors de l'analyse d'une stratégie. Beaucoup d'organisations ont une longue histoire : Saint-Gobain a été créé en 1665 dans le cadre du plan de relance économique de la France voulu par Louis XIV et Colbert ; l'origine de Peugeot remonte à 1810 ; Air Liquide mène une stratégie d'internationalisation depuis 1907 ; les employés d'Accor se réfèrent systématiquement aux valeurs et aux principes des deux cofondateurs Paul Dubrule et Gérard Pélisson, dont les photos figurent dans le hall des 3 500 hôtels du groupe. De même, beaucoup d'organisations du secteur public – ministères, services de police, universités, etc. – sont fortement influencées par leur héritage historique, devenu indissociable de leur culture. L'héritage culturel d'une organisation peut constituer un avantage, car il est très difficile à imiter par ses concurrents. Cependant, la culture peut également devenir un problème en faisant barrière au changement. Dans les deux cas, lorsqu'on cherche à comprendre la stratégie d'une organisation, son histoire et sa culture doivent être prises en compte. C'est l'objet de ce chapitre.

Le schéma 5.1 résume la structure du chapitre. La section 5.2 détaille l'influence de l'histoire d'une organisation sur sa stratégie et montre comment elle peut être analysée. La section 5.3 explique ce qu'est la culture et comment les influences culturelles au niveau national, institutionnel et organisationnel ont un impact sur la stratégie actuelle et future. Nous verrons aussi comment la culture peut être analysée et comment évaluer son influence sur la stratégie. Enfin, la section 5.4 explique le phénomène de *dérive stratégique* qui illustre l'importance de l'histoire et de la culture dans le développement de la stratégie et les défis que doivent relever les managers face à cet héritage.

Le thème central de ce chapitre est donc que le diagnostic stratégique d'une organisation doit prendre en compte son histoire et sa culture. L'histoire et la culture aident à analyser les opportunités et les contraintes auxquelles les organisations sont confrontées. Pour comprendre l'environnement (voir le chapitre 2), il est nécessaire d'observer son évolution au cours du temps. Les capacités stratégiques d'une organisation (voir le chapitre 3), en particulier celles qui lui procurent un avantage concurrentiel, peuvent avoir des racines historiques et s'être développées au cours du temps d'une manière très spécifique, jusqu'à faire partie de sa culture sous la forme de comportements implicites. Si ces routines culturelles peuvent être particulièrement difficiles à imiter par les concurrents, elles risquent aussi de devenir de considérables sources d'inertie. De même, le pouvoir et l'influence des parties prenantes (voir le chapitre 4) peuvent avoir des origines historiques qu'il est important de comprendre. Les aspects culturels et historiques doivent aussi être inclus dans l'évaluation de la faisabilité d'une stratégie (voir le chapitre 11) : ils constituent un élément essentiel des processus stratégiques (voir le chapitre 12) et ils sont particulièrement utiles à la gestion du changement (voir le chapitre 14).

Schéma 5.1 L'influence de la culture et de l'histoire

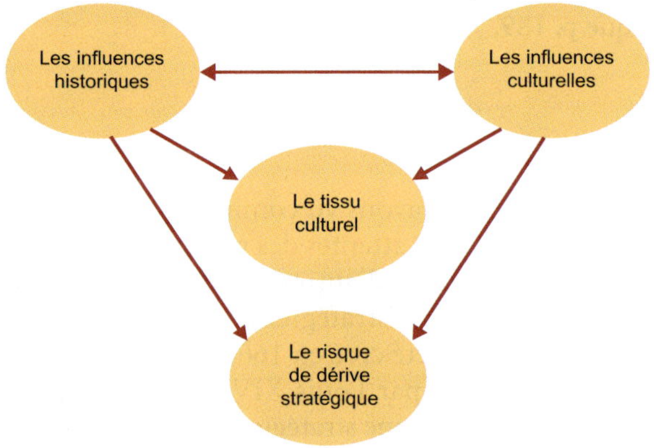

5.2 L'influence de l'histoire

Comprendre l'impact de l'histoire peut avoir au moins quatre avantages distincts[1] :

- *La prise de conscience du poids de l'histoire.* L'expérience sur laquelle les managers fondent leurs décisions est donc fortement influencée par cette histoire (voir la discussion sur le prisme de l'expérience dans les commentaires figurant après la partie I). Ils peuvent avoir passé de nombreuses années dans la même organisation ou dans la même industrie. Il peut être utile que les managers prennent du recul par rapport à cette histoire, de manière à mieux comprendre comment elle les influence.

- *Les leçons du passé.* Interpréter le présent à la lumière du passé peut se révéler particulièrement utile. Y a-t-il par exemple des tendances passées susceptibles de se répéter ? Comment les concurrents ont-ils réagi à une manœuvre stratégique dans le passé ? Une perspective historique aide les managers à comprendre quels ont été les déclencheurs d'événements qui ont été considérés comme des surprises dans le passé, et comment leur organisation y a réagi. L'analyse historique encourage aussi les managers à se demander ce qui aurait pu se produire si les influences de l'environnement, les réactions des clients et des concurrents ou les décisions prises en interne avaient été différentes. Cela permet de souligner que le présent est le produit des circonstances passées, ce qui élargit les perspectives futures.
- *L'innovation fondée sur des capacités historiques.* Dans le musée BMW à Munich, on peut lire : « Quiconque veut construire le futur doit parcourir le passé[2]. » Ce musée est consacré à l'histoire de BMW, mais il entend aussi montrer comment le passé peut être une source d'idées nouvelles et d'innovations. D'ailleurs, le département innovation et technologie de BMW est situé juste à côté du musée et des archives de la marque. L'innovation peut s'enrichir de capacités historiques de deux manières. Premièrement, lorsque les technologies évoluent, les entreprises qui détiennent le plus d'expérience et de compétences construites au cours du temps ont tendance à plus innover que les autres[3]. Deuxièmement, des connaissances construites dans des technologies adjacentes peuvent se combiner de manière innovante face à de nouvelles opportunités technologiques. Les réseaux électriques ont ainsi été conçus comme une adaptation des réseaux de gaz qui les avaient précédés[4]. De même, parmi les entreprises qui ont développé les premiers téléviseurs, celles qui étaient préalablement présentes sur le marché de la radio se sont montrées les plus innovantes[5]. Si les managers cherchent à construire leur stratégie future à partir de capacités historiques, ils doivent comprendre dans quelle mesure l'environnement a changé. Pour cela, il est possible d'utiliser les techniques décrites dans le chapitre 2. L'important est de s'assurer que les évolutions de l'environnement convergent avec les capacités historiques.
- *L'histoire comme légitimation.* L'histoire peut être utilisée comme une ressource afin de légitimer les stratégies futures ou les changements stratégiques (voir l'illustration 5.1). Les changements passés peuvent être utilisés pour démontrer la capacité d'évolution de l'organisation. Les succès passés – que ce soit en termes d'innovation, de développement de produits ou de marché – permettent d'obtenir l'adhésion des membres de l'organisation vis-à-vis de changements futurs. Les managers peuvent également s'appuyer sur le passé pour légitimer la stratégie d'une organisation au sein de son marché, comme le font des entreprises aussi variées que la banque Rothschild, les grandes maisons de champagne, la SNCF ou la plupart des écoles et universités.

5.2.1 La dépendance de sentier

Le concept de *dépendance de sentier* aide à mieux comprendre le rôle et l'influence de l'histoire. La **dépendance de sentier** décrit le fait que les événements et les décisions sont conditionnés par la succession d'événements et de décisions qui les ont précédés[6]. Cela suggère que les décisions organisationnelles sont conditionnées par l'histoire.

Illustration 5.1

La Cornue distille son héritage

Les dirigeants peuvent appuyer leur stratégie sur l'histoire et l'héritage de leur organisation.

En 1908, Albert Dupuy, parfumeur de profession, inventa un nouveau type de fourneau, la « Rôtisseuse-Pâtissière », un petit four en tôle et en fonte dont la forme arrondie rappelait la voûte d'une station de métro parisien. Pour la commercialiser, il fonda l'entreprise La Cornue. Peu après, profitant de l'installation du gaz dans les beaux quartiers de Paris, il eut l'idée d'une cuisinière à circulation à gaz, équipée d'un contrôle de température permettant de conserver le goût des aliments. C'était un produit haut de gamme, révolutionnaire pour l'époque, qui visait le client aisé « gourmand, gourmet, gastronome ». Grâce à l'exceptionnelle qualité de ses produits et à un marketing soigné, La Cornue se développa au cours des décennies suivantes, traversant sans difficultés majeures la crise de 1929 et les deux guerres mondiales. Profitant de l'invention de la bouteille de gaz, elle put même toucher les petites villes et le marché des colonies françaises.

Au début des années 1950, Albert Dupuy, gravement malade, céda la direction de l'entreprise à son fils André. Surnommé « le couturier de la cuisine », André Dupuy décida de renforcer le positionnement élitiste de La Cornue. Il considérait que la cuisine était un sanctuaire où on ne devait pas introduire la modernité. À contre-courant d'une industrie électroménager alors symbole de modernité et de démocratisation, il fit donc le pari de cuisinières prestigieuses, uniques, qui confinaient à l'objet d'art. Il introduisit de la couleur et de nouveaux matériaux (bois massif, métal, verre et cuir), tout en conservant la forme voûtée des fours, devenue emblématique de la marque. Avec la gamme « Château », qui alliait tradition et innovation technologique, André Dupuy fidélisa une clientèle haut de gamme désireuse de cuisiner comme les professionnels. Il inventa notamment la Flamberge, la seule rôtissoire verticale utilisable en intérieur et conforme aux normes de sécurité, même américaines.

En 1985, André Dupuy fut remplacé à la tête de l'entreprise par son fils Xavier. La situation financière de La Cornue était alors précaire, mais Xavier Dupuy réussit brillamment à la redresser en pariant sur l'export. Son père – qui ne parlait pas un mot d'anglais – n'avait jamais cru à cette solution, qui se révéla pourtant extrêmement judicieuse. En 2004, le groupe britannique Aga Foodservice, leader de la cuisinière haut de gamme au Royaume-Uni (1 500 salariés, 200 000 cuisinières vendues chaque année), devint l'actionnaire principal de La Cornue (55 salariés, 800 unités par an), mais décida de lui laisser une grande autonomie.

En 2012, 80 % du chiffre d'affaires de La Cornue (un peu plus de 15 millions d'euros) étaient réalisés hors de France, dans 40 pays, avec notamment un succès éclatant aux États-Unis, où ses produits étaient devenus des symboles de réussite et de bon goût. Outre de grands chefs comme Alain Passard ou Michel Rostang, qui utilisaient ses cuisinières pour leur usage personnel, l'entreprise comptait ainsi parmi ses fidèles quelques célébrités, dont Brad Pitt, George Clooney, Sandra Bullock, Céline Dion ou le Duc de Windsor. Si le prix moyen d'une cuisinière La Cornue était aux environs de 15 000 euros, certains passionnés allaient jusqu'à dépenser plusieurs centaines de milliers d'euros pour des modèles sur mesure, fabriqués à la main dans les ateliers de Saint-Ouen-l'Aumône, près de Paris. Afin d'accompagner ses cuisinières tout au long de leur vie, La Cornue avait mis en place un service après-vente dans chaque pays où la marque était présente.

À l'occasion du centenaire de la marque, la gamme « Château » fut équipée de brûleurs usinés, polis et gravés dans un seul bloc de laiton massif, une prouesse technologique et écologique dans l'optimisation de la combustion. Xavier Dupuy, qui souhaitait doubler le chiffre d'affaires avant 2015 (dont 90 % à l'international, notamment en Russie, en Chine et au Brésil), déclara : « L'important pour nous n'est pas de faire étalage de virtuosité technologique, mais de garantir aux amoureux de la cuisine d'excellentes performances culinaires. [...] Nous fabriquons des meubles de mémoire qui se transmettent de génération en génération. »

En 2012, La Cornue lança une cuisinière à gaz baptisée « 1908 », moins chère que ses modèles habituels (7 500 euros), mais respectueuse de son héritage historique. Il était prévu d'en vendre 400 unités par an. Parallèlement, l'entreprise ouvrit un « atelier La Cornue » à Paris, dans lequel des chefs renommés dispensaient des cycles de cours de cuisine pour ce que Xavier Dupuy appelait désormais les « 3 G » (gourmands, gourmets, gastronomes).

Sources : Les Echos, 7 juin et 18 novembre 2013 ; La Tribune, 5 octobre 2010 ; *Le Point*, 17 janvier 2007 ; histoires-entreprises.fr ; maisonapart.com ; atabula.com.

Questions

1. Pourquoi Xavier Dupuy fait-il référence à l'histoire de son entreprise pour légitimer sa stratégie ?
2. Identifiez d'autres organisations qui ont appuyé leur stratégie sur leur héritage historique.
3. Quels sont les avantages et les inconvénients d'une stratégie légitimée par l'histoire ?

Les exemples de dépendance de sentier ont souvent un rapport avec la technologie. Un certain nombre de technologies que nous utilisons à l'heure actuelle résultent bien plus d'un enchaînement de choix et de contraintes que d'une optimisation rationnelle : pourquoi utilisons-nous des tournevis cruciformes et des tournevis plats ? Pourquoi avons-nous le choix entre des ampoules à vis et des ampoules à baïonnette ? Pourquoi un four électrique s'allume-t-il en tournant un bouton vers la droite, alors que pour un four à gaz il faut tourner un bouton vers la gauche ? Un des cas les plus célèbres est l'agencement des touches sur le clavier des ordinateurs. Dans la plupart des pays du monde, la première ligne de touches commence par la séquence QWERTY. Cette disposition s'explique par deux raisons qui n'ont rien à voir avec une recherche d'optimisation de la vitesse de frappe : (i) éviter – sur les machines à écrire du XIXe siècle –, que la machine se bloque en cas de frappe trop rapide, et (ii) aider les commerciaux qui devaient faire la démonstration de la machine en plaçant sur la première ligne toutes les lettres permettant d'écrire « type writer » (machine à écrire). Il existe des dispositions beaucoup plus rationnelles, qui permettraient à n'importe quel utilisateur de taper significativement plus vite, mais pourtant, 150 ans plus tard, le QWERTY (et en France le AZERTY) est toujours là, en dépit des progrès des machines à écrire et de leur remplacement par les ordinateurs[7]. Les choix initiaux verrouillent le système, du fait de l'usage répété par des réseaux d'utilisateurs et de fournisseurs, qui à leur tour construisent leurs propres systèmes autour de la technologie dominante.

La dépendance de sentier ne concerne pas uniquement les technologies. Elle caractérise aussi tous les comportements passés qui deviennent figés avec le temps. Cela prend en général la forme d'une première décision *a priori* anodine, dont les conséquences n'ont pas été anticipées au départ. Par exemple, Hollywood a été choisi par certains cinéastes au début du XXe siècle car c'était alors un lieu paisible et isolé, ensoleillé toute l'année. Cette décision a attiré d'autres équipes de tournage, jusqu'à ce que la concentration locale en compétences, en services dédiés au cinéma, et en acteurs disponibles fasse d'Hollywood le lieu de référence mondial pour le cinéma. Une décision initiale, même fortuite, peut ainsi enclencher un mécanisme d'auto-renforcement et de boucles de rétroaction positives (de plus en plus de cinéastes et d'acteurs sont présents au même endroit). Cela peut concerner le développement de technologies, de systèmes de production, de logistique, de vente, de marketing ou de recrutement[8], renforcé par l'usage répété qu'en font les clients et les fournisseurs. Le résultat peut être un phénomène d'*enfermement*, lorsque l'infrastructure d'une industrie se fige autour d'un produit ou d'un service, au point que les coûts qu'il faudrait engager pour en changer deviennent prohibitifs.

C'est ce phénomène de dépendance de sentier et d'enfermement qui explique la concentration des constructeurs automobiles américains à Détroit, celle des équipes de Formule 1 dans le centre de l'Angleterre ou celle des parfumeurs à Grasse. Un autre exemple est celui des systèmes comptables. Leur sédimentation progressive est le résultat combiné de multiples influences : les habitudes acquises par les comptables, les normes établies, les programmes de formation, les logiciels, etc. Comme le montre le schéma 5.2, ces différents éléments se sont développés au cours du temps et se sont mutuellement renforcés. Comme dans le cas du QWERTY, les systèmes comptables résultent de normes implicitement acceptées, qui auraient très bien pu être différentes. Les systèmes comptables traditionnels ont tendance à persister, en dépit du nombre croissant de professionnels qui dénoncent leurs insuffisances et qui déploient d'importants efforts pour les réformer[9].

La dépendance de sentier permet de comprendre comment des événements et des décisions passés, que ce soit dans l'organisation ou dans son environnement, ont un effet positif ou négatif, notamment :

- La *construction de la stratégie* à partir de capacités déjà établies. Cet argument est souvent utilisé pour expliquer l'obtention d'un avantage concurrentiel (voir les chapitres 3 et 6). La dépendance de sentier permet en effet d'expliquer beaucoup de stratégies[10]. Les entreprises choisissent d'investir sur certains marchés, de se concentrer sur certains segments ou de se diversifier vers certaines activités en fonction des capacités qu'elles ont préalablement développées. Elles ont donc tendance à s'adresser aux concurrents qu'elles connaissent et à perfectionner les technologies qu'elles maîtrisent. Cela peut parfois renforcer leur succès, comme le montre l'illustration 5.1, mais aussi déboucher sur des dérives stratégiques. La dépendance de sentier joue le rôle d'un sillon qui devient de plus en plus profond au fur et à mesure que le trafic s'intensifie. Malheureusement, si le sillon devient trop profond, chacun est obligé de le suivre. C'est ainsi que les capacités qui ont fondé l'avantage concurrentiel et le succès passé peuvent progressivement devenir des points de blocage et provoquer une dérive stratégique (voir la section 5.4).
- Le concept de *création de sentier* est aussi utile. Il suggère que certains managers, après avoir compris l'influence de l'histoire sur la stratégie de leur organisation, peuvent tenter de modifier et d'infléchir la trajectoire établie. Il peut être risqué de trop vouloir s'écarter du sentier (voir la discussion sur la légitimité dans la section 5.3.2), mais la capacité à initier des évolutions acceptables par l'organisation et ses partenaires peut permettre de construire un nouvel avantage concurrentiel. C'est notamment ce qu'a fait la grande distribution en entrant sur le marché de l'assurance ou du tourisme : l'objectif n'était pas de contester les principes fondamentaux de ces activités mais de modifier la manière dont elles sont vendues.
- Le *style de management* peut aussi avoir des origines historiques. Il peut être hérité des valeurs du fondateur – qui ont parfois une influence considérable –, mais également des interactions entre les pratiques établies et les enseignements retirés des évolutions de l'environnement. Le style de management pratiqué au sein du groupe Danone est ainsi encore largement influencé par les valeurs de son fondateur, Antoine Riboud[11], décédé en 2002. Son attachement aux aspects humains et sa réputation de patron « social » ont encore de fortes répercussions dans la gestion quotidienne du groupe. Cependant, là encore, ces avantages peuvent être contrebalancés par des inconvénients. Un style de management peut être trop strictement hérité du passé et pas assez en phase avec les évolutions de l'environnement. De même, des capacités qui puisent leurs racines dans l'histoire peuvent devenir extrêmement difficiles à modifier (voir le chapitre 14).

5.2.2 L'analyse historique

Il peut donc être très utile aux managers d'analyser l'histoire stratégique de leur organisation. Pour cela, plusieurs approches sont envisageables[12] :

- L'*analyse chronologique*. Cela implique *a minima* d'établir la chronologie des événements clés qui illustrent les évolutions de l'environnement (en particulier l'environnement concurrentiel) et de la stratégie de l'organisation (avec quelles

Schéma 5.2 La dépendance de sentier et l'enfermement

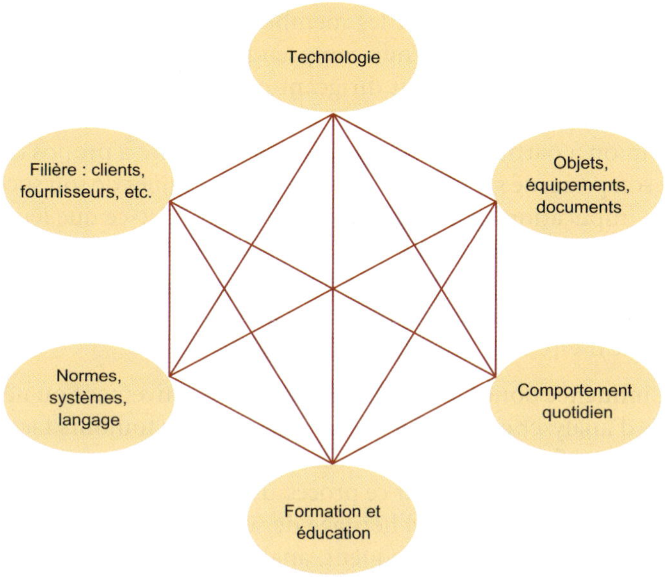

conséquences financières ?). Certaines entreprises ont effectué cette analyse chronologique de manière relativement exhaustive, parfois en faisant appel à des historiens. Le résultat dépasse quelquefois le simple exercice de relations publiques pour constituer d'authentiques recherches historiques[13]. Cette compréhension de l'histoire peut permettre d'exposer les managers aux différentes questions soulevées dans les sections précédentes.

- Les *influences cycliques*. Peut-on identifier des influences cycliques qui se sont manifestées à plusieurs reprises dans le passé et qui pourraient réapparaître dans le futur ? Cela inclut les cycles économiques, mais aussi les cycles industriels, marqués par exemple par des vagues d'acquisitions ou de restructurations. Comprendre la fréquence et les causes de ces cycles peut aider à concevoir des stratégies qui les évitent ou au contraire les utilisent.
- Les *points d'ancrage*. L'histoire peut être considérée comme continue, mais certains événements historiques – appelés des points d'ancrage – ont parfois un impact significatif sur certaines organisations. Il peut s'agir d'événements majeurs, par exemple une rupture technologique ou l'irruption d'un nouveau concurrent, mais aussi de valeurs héritées du fondateur ou de certains dirigeants particulièrement influents, ou encore de succès ou d'échecs majeurs. Même si ces points d'ancrage sont anciens dans l'histoire de l'organisation, ils peuvent avoir un impact profond sur sa stratégie actuelle et exercer des contraintes majeures sur ses orientations futures. Tout cela peut bien entendu être positif : cela permet de conserver une orientation stratégique claire et d'élaborer une vision comme celles que nous avons décrites dans le chapitre 4. Pour autant, cet héritage peut aussi empêcher de contester les stratégies existantes ou bloquer toute tentative de réforme. Un exemple emblématique de ce risque est la maxime d'Henry Ford : « Vous pouvez choisir la couleur de votre voiture du moment

que c'est du noir», qui a initié une trajectoire exclusivement orientée vers la production de masse de voitures indifférenciées.

- Les *récits historiques*. Comment les membres de l'organisation expliquent-ils l'histoire de leur entreprise ? Pour comprendre les fondements de la stratégie d'une organisation, un nouveau dirigeant ou un consultant externe passe en général beaucoup de temps à discuter avec les employés, afin de construire sa propre opinion à partir de leurs récits. Qu'ont-ils à dire à propos de l'organisation et de son passé, de ses points d'ancrage et des origines de son succès ? Quelles en sont les implications pour ses stratégies futures ? Est-ce que leurs récits suggèrent que l'organisation possède des capacités historiques particulièrement pertinentes face à certains marchés et certains clients, qu'elle est capable d'innover et de changer, ou à l'inverse qu'elle est tellement figée sur ses pratiques établies qu'elle risque d'être très réticente au changement ?

L'histoire influence donc la stratégie, que ce soit positivement ou négativement. Il est possible d'analyser cette influence, mais il n'est pas toujours facile de retrouver les origines parfois anciennes des comportements organisationnels actuels. L'analyse de la culture peut faciliter ce processus. En effet, la culture d'une organisation est dans une large mesure l'héritage de son histoire : l'histoire est « encapsulée dans la culture[14] ». Par conséquent, analyser la culture d'une organisation permet de comprendre le poids des influences historiques. La prochaine section explique ce qu'est la culture organisationnelle et comment il est possible de l'analyser.

5.3 La culture organisationnelle

Pour Edgar Schein, la culture organisationnelle est l'ensemble des croyances et des convictions partagées par les membres d'une organisation qui déterminent inconsciemment et implicitement la représentation que celle-ci se fait d'elle-même et de son environnement[15]. Cette représentation collective renforcée au cours du temps se reflète dans les routines mises en place par l'organisation, « notre manière de faire[16] ». La **culture organisationnelle** peut ainsi être considérée comme un ensemble de croyances implicites et de comportements au travers desquels les individus donnent du sens au contexte organisationnel. Elle contribue à la manière dont les groupes d'individus se comportent face aux situations auxquelles ils sont confrontés. Elle a donc une réelle influence sur l'élaboration et l'évolution de la stratégie.

Comme l'illustre le schéma 5.3, les influences culturelles se manifestent à plusieurs niveaux. Les sections suivantes détaillent différents cadres de référence culturelle et montrent comment la culture organisationnelle peut être caractérisée, afin de comprendre quel est son impact sur les objectifs présents et futurs de l'organisation. La controverse qui clôt ce chapitre soulève des questions quant à la faisabilité d'une analyse culturelle.

5.3.1 Les cultures nationales et régionales

Beaucoup d'auteurs – dont le plus connu est certainement Geert Hofstede[17] – ont montré que le comportement au travail, le respect de l'autorité ou l'acceptation des inégalités diffèrent, notamment selon les pays. L'histoire, la religion et même

Schéma 5.3 Les cadres de référence culturelle

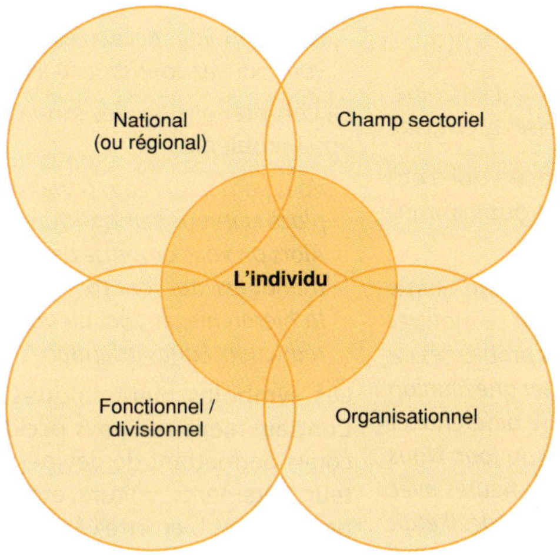

le climat peuvent expliquer ces différences. De fait, les entreprises qui interviennent à l'échelle internationale doivent tenir compte des différentes normes et attentes qui prévalent dans tous les pays où elles sont présentes[18]. Disney a ainsi été taxé « d'impérialisme culturel » par les médias français lors de l'ouverture de son parc européen : ses méthodes de management à l'américaine étaient localement considérées comme inacceptables. La réalisatrice Ariane Mnouchkine a même qualifié EuroDisney de « Tchernobyl culturel ». De même, Walmart n'est pas parvenu à s'imposer ni en Allemagne ni en Chine, faute d'avoir su comprendre le comportement des consommateurs locaux. L'illustration 5.2 montre à quelles difficultés peuvent être confrontées les entreprises occidentales qui souhaitent se développer en Chine.

Même si elles n'apparaissent pas dans le schéma 5.3 (pour des raisons de simplification), les cultures *subnationales* (le plus souvent régionales) doivent aussi être prises en considération, car les attitudes vis-à-vis de l'emploi, des relations avec les fournisseurs ou des attentes des consommateurs peuvent significativement différer à l'intérieur d'un même pays, comme on peut le constater dans la plupart des pays d'Europe, et notamment en Suisse (où les cantons alémaniques ont un comportement distinct de leurs voisins francophones), en Italie (où le Nord industriel ne saurait être confondu avec le Mezzogiorno), ou *a fortiori* en Belgique. De fait, la fusion de deux entreprises originaires d'un même pays peut être problématique du fait de différences régionales en termes de comportement des clients ou d'attitude des salariés[19].

5.3.2 Le champ sectoriel[20]

La culture est aussi influencée par l'industrie ou la profession, qui forment ce qu'on appelle un **champ sectoriel**, c'est-à-dire une communauté d'organisations partageant le même système d'interprétation[21]. Des organisations qui utilisent les mêmes technologies, la même réglementation et les mêmes systèmes de formation ont tendance à développer une **recette**[22] : un ensemble de présupposés, de normes et de routines à propos des objectifs et des stratégies considérés comme appropriés.

Illustration 5.2

Le management à la chinoise

Pour les entreprises occidentales qui s'installent en Chine, comprendre les spécificités culturelles chinoises est crucial.

Voici le témoignage d'un manager européen qui a été chargé d'implanter à Pékin la filiale d'un groupe immobilier :

> *Il y a un nombre incroyable d'opportunités en Chine, mais tout n'est pas bon à prendre et il faut se montrer très sélectif. Au début, nous avons eu des problèmes de gestion du temps. Essayez donc d'organiser une réunion lorsque tout le monde arrive à une heure différente et que personne n'a pensé à fixer un ordre du jour. Nous avons aussi eu trois réunions de plusieurs heures avec un client qui en fait ne nous a rien commandé. Il était très difficile de faire comprendre à nos interlocuteurs l'intérêt de l'analyse des coûts ou la notion de valeur pour le client.*

Si les Chinois sont habitués à payer pour obtenir des produits, l'idée de payer pour des services leur était étrangère. Il leur faut du temps pour valoriser les conseils d'une entreprise de services :

> *Vous devez apprendre à avancer par petits pas et à donner un peu chaque fois. Vous ne pouvez pas débarquer dans le bureau d'un client et lui dire : « Payez-moi à l'avance. » Vous devez réellement leur montrer comment vous pouvez contribuer à leur activité.*

La compréhension des structures hiérarchiques pose aussi problème :

> *Vous pensez que vous parlez au responsable le plus haut placé et il vous demande une réduction. Vous acceptez. Alors on vous organise des rencontres avec cinq autres managers, qui sont tous placés encore plus haut dans la hiérarchie, et chacun vous demande une nouvelle réduction. Faites attention !*

Les symboles hiérarchiques sont aussi différents. Contrairement aux pays occidentaux où il existe des codes permettant de deviner le statut d'un interlocuteur (vêtements, voiture, etc.), en Chine les dirigeants peuvent très bien être vêtus de manière tout à fait insignifiante :

> *Dans une culture gangrenée par la corruption, il est important de s'habiller de manière très peu ostentatoire, car cela signale que vous êtes incorruptible. Pour autant, comme partout, les chefs veulent affirmer leur autorité. Pour cela, ils s'entourent d'une cour d'assistants. J'ai vite compris que je devais en faire autant : si j'allais seul aux réunions, on ne me prenait jamais au sérieux.*

D'un point de vue occidental, certains comportements peuvent aussi sembler peu courtois :

On rencontre ainsi de nombreux acteurs et organisations dans le champ sectoriel « santé ». Même si les médecins, les infirmières, les aides-soignants et les personnels administratifs des hôpitaux manifestent chacun des attentes différentes lorsqu'on entre dans le détail des décisions, des priorités et des allocations de ressources, ils sont liés au même système politico-économique et s'entendent d'ordinaire sur l'objectif général : améliorer la santé. On peut observer le même type de convergence autour d'une recette dans d'autres champs sectoriels, par exemple dans les cabinets d'audit (voir l'illustration 5.3).

On retrouve ici la notion de dépendance de sentier. Les interactions entre les membres d'un champ sectoriel renforcent leurs convictions et leurs comportements, ce qui peut conduire à un enfermement sur une trajectoire commune. Beaucoup d'industries et de professions formalisent les recettes tacites au sein d'un code de conduite, voire instaurent une obligation légale d'appartenance, comme dans le cas de l'ordre des experts-comptables. Ces pratiques ont l'avantage – du point de vue des clients – de maintenir des standards de qualité et une forte cohésion entre les différents intervenants d'un même secteur. Cependant, les managers risquent de ne pas regarder au-delà de leur industrie lorsqu'ils identifient des opportunités ou des menaces. La recette devient un schéma de pensée unique, institutionnalisé, qu'il est extrêmement difficile de faire évoluer.

Fondamentalement, une fois qu'ils vous ont payé, ils pensent que vous leur appartenez, comme leur montre ou leur voiture.

Pour les employés, il est plus important d'entretenir des relations avec leur chef que de se montrer loyaux envers leur entreprise :

C'est la raison pour laquelle vous verrez des employés laver la voiture de leur patron le week-end. Nous avons dû expliquer à nos employés que ce n'était pas la meilleure façon d'obtenir une promotion.

Un autre interlocuteur témoigne de son expérience de la bureaucratie chinoise :

Quand vous négociez avec le gouvernement, vous devez trouver quelqu'un qui estime pouvoir tirer personnellement bénéfice de l'accord. Une fois que votre intérêt et le sien sont alignés, il vous aidera à vous frayer un chemin à travers le labyrinthe. Il ne s'agit pas d'obtenir la carte de visite de quelqu'un et de l'inviter à prendre un verre. En Chine, vous devez gagner sa gratitude et sa confiance, et pour cela il faut lui accorder des faveurs. Plus grandes sont ces faveurs, plus il vous aidera, professionnellement et en privé.

Le responsable de la filiale chinoise d'une entreprise française de restauration collective raconte ainsi que ses premières années en Chine lui ont fait prendre 30 kilos du fait des nombreux et longs dîners très arrosés de « baijiu » (alcool de céréales), finissant à minuit dans un bar à karaoké :

À minuit, on s'est fait des amis. Demain, on pourra parler business. On ne signe jamais de contrats dans ces soirées. Mais c'est un passage obligé pour mettre en place ce que les Chinois nomment le « guanxi », votre réseau personnel qui vous servira plus tard à trouver des clients, à faciliter des procédures administratives ou à recruter un cadre de valeur. Ici, tout fonctionne à l'échange de coups de main.

Sources : D. Slater, « When in China... », *Management Today*, mai 2006 ; Y. Rousseau, « Les tribulations d'une PME en Chine », *Les Echos*, 26 novembre 2007.

Questions

1. À partir de ces témoignages, identifiez en quoi diffèrent les normes culturelles et les schémas de pensée implicites entre les managers chinois et les managers occidentaux.
2. Si vous deviez établir des relations avec un pays dont la culture est significativement différente de la vôtre, au-delà de la lecture de témoignages, comment procéderiez-vous pour comprendre les normes et les comportements locaux ?

Cette institutionnalisation des recettes est liée à la notion de légitimité. La **légitimité** concerne la concordance avec les hypothèses, les comportements et les normes qui caractérisent un champ sectoriel. Tout comme les forces environnementales (voir le chapitre 2), les capacités stratégiques (voir le chapitre 3) et les attentes des parties prenantes (voir le chapitre 4), la légitimité au sein d'un champ sectoriel influe fortement sur la stratégie. Cette légitimité peut découler de plusieurs éléments, comme une réglementation (décidée par un régulateur ou promulguée par une association professionnelle), des attentes normatives (de la part de la collectivité) ou plus simplement des présupposés partagés (la recette). Au cours du temps, un consensus tend à se développer entre les managers d'un même champ sectoriel à propos des stratégies censées être gagnantes ou tout simplement légitimes. En se conformant à ce consensus, les stratégies peuvent recevoir l'approbation et le soutien des parties prenantes. À l'inverse, celles qui sortent de ce cadre stratégique risquent d'être considérées comme illégitimes, par exemple par les clients ou les banquiers. Les organisations ont donc tendance à imiter mutuellement leurs stratégies. Les stratégies des concurrents peuvent bien entendu différer significativement, mais elles se cantonnent généralement aux limites de la légitimité collective[23]. Cet aspect est présenté dans l'illustration 5.3. Bien entendu, certaines organisations qui s'écartent de la norme peuvent parfois rencontrer le succès – c'est par exemple le cas du fournisseur d'accès à Internet Free (voir le cas qui figure à la fin du chapitre 6) –, mais elles doivent alors construire une légitimité à part entière qui peut rebuter la plupart des clients traditionnels, qui préfèrent rester loyaux aux concurrents établis. De fait, les banquiers sont parfois réticents à financer ces francs-tireurs.

Étant donné que les recettes varient selon les industries, le passage d'un manager d'un secteur à un autre peut se révéler difficile. De nombreux responsables du secteur privé ont ainsi été encouragés à rejoindre le service public, afin d'y insuffler de nouvelles perspectives et de nouvelles pratiques. Beaucoup ont été surpris par la difficulté d'ajuster leur style de management aux traditions et attentes des organisations publiques, par exemple en ce qui concerne la nécessité du consensus dans l'élaboration des décisions. Dans l'illustration 5.3, l'expérience professionnelle originale de Michel Caruso impliquait qu'il avait une perspective relativement distincte de celle de ses collègues comptables.

Schéma 5.4 Les quatre niveaux de la culture organisationnelle

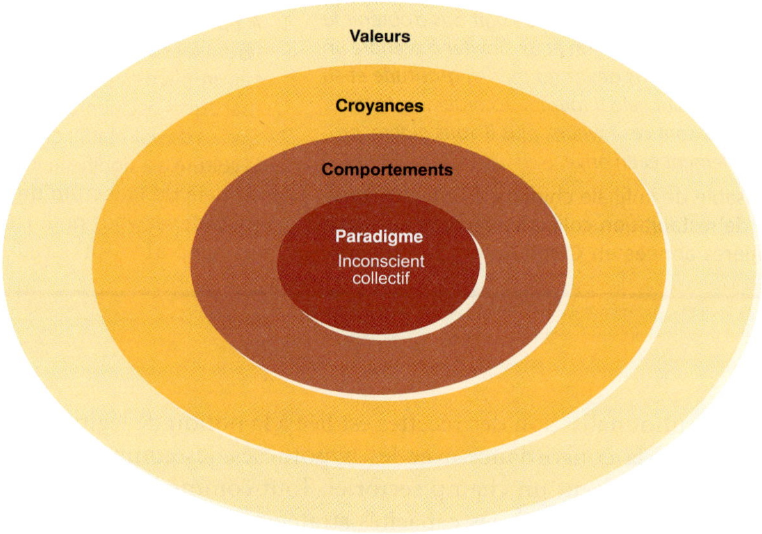

5.3.3 La culture organisationnelle

Il est possible de décomposer la culture d'une organisation en quatre niveaux d'analyse, comme le propose Edgar Schein[24] (voir le schéma 5.4) :

- Les *valeurs* semblent en général aisément identifiables, car elles sont le plus souvent explicitées dans les missions et objectifs affichés par l'organisation (voir la section 4.2). Cependant, ces déclarations d'intention peuvent rester au niveau de vagues généralités, sans refléter les véritables priorités. Au cours de la dernière décennie, beaucoup de banques ont ainsi affiché des valeurs telles que « satisfaire nos clients », « rémunérer nos actionnaires », « gérer prudemment les risques » ou « servir la collectivité ». Or, dans les faits, elles ont couru des risques excessifs, qui ont nécessité de considérables plans publics de sauvetage en 2009. Les valeurs qui sous-tendaient leurs stratégies étaient donc très différentes de celles qu'elles

Illustration 5.3

Débat stratégique dans un cabinet d'audit

La légitimité perçue d'une stratégie peut avoir différentes origines.

Paul-Édouard Malinky, le directeur associé de QDG, un grand cabinet d'audit comptable, discutait de développement stratégique avec deux de ses associés : Alain Lacaze, qui avait fait toute sa carrière au sein du cabinet et qui jouissait d'une grande réputation dans le métier de l'audit, et Michel Caruso, qui venait d'être recruté chez QDG après avoir été consultant en systèmes d'information. À la différence de ses collègues, Michel Caruso n'avait pas une formation de comptable.

La globalisation avait été le principal thème évoqué lors du comité de direction international qui s'était tenu la semaine précédente. Comme la plupart des cabinets d'audit, QDG était organisé par pays. La coopération internationale reposait sur les contacts personnels entre les associés des différents bureaux de par le monde. Cependant, un nombre croissant de grands clients demandaient un service intégré au niveau mondial.

Paul-Édouard Malinky donna son opinion :

Si nous ne devenons pas une entreprise plus globale, nous risquons de perdre notre position de leader mondial de l'audit. Nos concurrents évoluent dans ce sens, nous devons faire de même. Reste à savoir comment.

Alain Lacaze était d'accord, mais il restait prudent. Il souligna que les clients étaient en train d'investir dans des économies émergentes telles que la Chine :

Dans ces pays, les gouvernements vont exiger le respect des normes internationales, mais cela ne se fera pas sans mal. En Chine, par exemple, il n'y a souvent pas de véritable notion de profit et encore moins de manière de le mesurer. Si l'économie de marché s'y développe, les opportunités pour notre cabinet seront énormes. Il y a cependant de sérieux problèmes, en particulier le nombre de personnes nécessaires. On ne peut pas former des comptables expérimentés d'un coup de baguette magique. Nos standards professionnels risquent d'en souffrir. Le cabinet ne doit pas privilégier les attentes du marché aux dépens du respect de nos standards. Je vois un autre problème : notre activité est fondée sur les relations personnelles et la confiance. Tout cela ne peut pas être balayé au nom de « l'intégration globale ».

Michel Caruso souligna l'urgence de la question :

Tous nos concurrents se globalisent. Ils vont démarcher les mêmes clients, proposer les mêmes offres, avec les mêmes niveaux de service. Où est notre différence ? Pour avoir un avantage concurrentiel, nous devons agir différemment et bousculer nos certitudes. Pourquoi ne pas mettre en place une nouvelle structure, dans laquelle les dirigeants des petits pays n'entreraient pas dans le capital du cabinet ? Cela nous permettrait d'accélérer nos processus de prise de décision, d'imposer localement nos standards et de donner plus d'autorité formelle aux associés en charge des principaux clients internationaux.

Alain Lacaze avait anticipé cet argument :

Cela ne nous avancera à rien de changer une structure qui fonctionne très bien depuis des décennies. Il ne s'agit pas seulement de faire de l'argent, mais du développement de systèmes comptables adaptés à des économies qui jusqu'à maintenant étaient fermées. Nous devons coopérer avec d'autres cabinets pour nous assurer que les standards locaux seront compatibles avec les nôtres.

Paul-Édouard Malinky intervint :

Lors du comité de direction de la semaine dernière, il est clairement ressorti que nous devions mieux nous coordonner à l'international, avec un meilleur système de gestion des clients, et moins nous reposer sur les relations personnelles.

Alain Lacaze réagit vivement :

Au contraire, je pense que notre grande force internationale, c'est notre réseau unique de relations interpersonnelles que nous avons construit au cours du temps. Ce que nous devons faire, c'est renforcer ce réseau en utilisant les technologies modernes.

Cela déclencha une longue discussion.

Source : adapté d'une étude de cas de G. Johnson et R. Greenwood, « Institutional theory and strategic management », dans l'ouvrage coordonné par M. Jenkins et V. Ambrosini, *Strategic Management: A Multiple-Perspective Approach*, Palgrave, 2007.

Questions

1. Quelles sont les hypothèses implicites qui soustendent les arguments employés par les trois associés ?
2. Quelles sont les origines de ces hypothèses ?
3. En quoi ces perspectives différentes correspondent-elles aux discussions sur les capacités stratégiques (voir le chapitre 3) et sur les stratégies concurrentielles (voir le chapitre 6) ?

affichaient. Il est par conséquent important de creuser sous la surface des discours officiels afin de révéler les valeurs – parfois implicites – qui expliquent véritablement les stratégies (voir la section 5.3.7).

- Les *croyances* sont plus révélatrices. On peut généralement les discerner dans la manière dont les individus s'expriment à propos des problèmes auxquels l'organisation est confrontée. Elles peuvent inclure par exemple la conviction que l'organisation ne devrait pas commercer avec des pays totalitaires ou que les services administratifs ne devraient pas avoir le pouvoir d'évaluer le travail des responsables opérationnels. Dans l'illustration 5.3, Alain Lacaze est ainsi convaincu que les impératifs de marché ne doivent pas remettre en cause les systèmes et les standards comptables.

Lorsqu'on veut comprendre la culture d'une organisation, ce sont les valeurs et les croyances collectives qu'il convient d'identifier, et non les valeurs et croyances individuelles. Il est d'ailleurs possible que les unes et les autres divergent notablement, ce qui peut provoquer des tensions et des problèmes éthiques (voir la section 4.5.2).

- Les *comportements* sont les activités quotidiennes grâce auxquelles l'organisation fonctionne. Cela inclut la structure, les modes de contrôle et les pratiques d'ordre symbolique (voir la section 5.3.6). Ces comportements peuvent devenir des routines implicites, génératrices de capacités stratégiques inimitables (voir la section 3.3.3), mais aussi des obstacles significatifs à tout changement (voir le chapitre 14).
- L'*inconscient collectif* constitue le véritable cœur de la culture d'une organisation. Il rassemble les hypothèses implicites qui définissent ce qu'il est convenu d'appeler le *paradigme organisationnel.* Le **paradigme** désigne l'ensemble des convictions implicites partagées au sein d'une organisation. Pour qu'une organisation fonctionne de manière efficace, elle a besoin de ces convictions partagées, qui rassemblent l'expérience collective sans laquelle les individus devraient « réinventer le monde » chaque fois qu'ils sont confrontés à une nouvelle situation. Le paradigme peut faciliter l'élaboration d'une stratégie en aidant les membres de l'organisation à partager les mêmes interprétations. Cependant, il peut aussi devenir un problème lorsqu'un changement majeur est nécessaire (voir le chapitre 14) ou lorsque deux organisations culturellement incompatibles cherchent à fusionner. Nous reviendrons sur l'importance du paradigme dans la section 5.3.6.

5.3.4 Les sous-cultures organisationnelles

Lorsqu'on cherche à décrire, analyser et comprendre les relations entre la culture et la stratégie, il est parfois impossible de caractériser la totalité de l'organisation à partir d'un seul type de culture. Il peut en effet exister plusieurs *sous-cultures* au sein d'une même organisation. Ces sous-cultures peuvent résulter de la structure même de l'organisation. Par exemple, les différences entre les divisions géographiques dans une entreprise multinationale ou entre les fonctions comme la finance, le marketing ou la production peuvent être considérables. Les différences entre divisions peuvent être particulièrement flagrantes dans les organisations résultant de fusions ou acquisitions. De plus, les divisions d'une même organisation peuvent occuper des positions concurrentielles distinctes et déployer des stratégies spécifiques. Ces différences de positionnement nécessitent et encouragent des cultures distinctes. De fait, l'adéquation entre le positionnement stratégique et la culture organisationnelle constitue un facteur essentiel au succès d'une organisation. Les différences entre les fonctions peuvent aussi provenir de conditions de travail spécifiques : tâches routinières ou complexes, horizon à long terme ou à court terme, focalisation interne ou externe, etc. Dans un groupe pétrolier comme Total ou Shell, la fonction exploration peut ainsi compter sur un horizon temporel d'au moins dix ans, alors que la fonction distribution doit répondre aux exigences des marchés à court terme. C'est une des raisons pour lesquelles les groupes pétroliers déploient des efforts importants afin de forger une culture d'entreprise partagée par toutes leurs fonctions.

5.3.5 L'influence de la culture sur la stratégie

La nature implicite de la culture lui donne un rôle stratégique, pour trois raisons :

- La culture comme *liant*. Josephine Rydberg-Dumont, présidente d'IKEA, affirme que le fait que tous ses salariés considèrent la manière dont l'entreprise fonctionne comme normale réduit très significativement la nécessité d'une supervision constante. De plus, puisque cette culture encourage la mise en cause des acquis, elle incite à l'innovation.
- La culture comme *frein*. Les organisations peuvent devenir « captives » de leur culture et se révéler incapables d'élaborer des stratégies qui la contestent. Confrontés à un environnement changeant, les managers cherchent en général à interpréter la situation au travers de leur culture et donc à se cantonner à des évolutions incrémentales, d'où un risque de dérive stratégique (voir la section 5.4). La culture est un moteur inconscient de la stratégie.
- Comment *gérer la culture*? Il est très délicat de gérer ce qu'on peut difficilement observer, identifier et contrôler (voir la controverse qui clôt ce chapitre). C'est la raison pour laquelle il est important de disposer d'outils d'analyse qui permettent d'expliciter la culture (voir la prochaine section).

Mark Fields, le président de Ford en 2006, est célèbre pour avoir déclaré que « la culture mange la stratégie au petit déjeuner », ce qui souligne l'influence décisive de la culture sur la stratégie. Le schéma 5.5 explicite cet effet[25]. Confrontés à la nécessité d'une action – par exemple face à un déclin des performances –, les managers cherchent tout d'abord à améliorer le déploiement de la stratégie existante (étape 1), notamment en renforçant les contrôles et en optimisant les pratiques établies. Si cela ne réussit pas, une modification de la stratégie est envisagée, à condition qu'elle reste cohérente avec la culture (étape 2). Les managers vont par exemple chercher à étendre leur marché, tout en estimant que les nouveaux clients ont les mêmes comportements que les anciens et que l'approche doit donc rester la même. Or, même lorsque les managers savent pertinemment qu'il est nécessaire de changer – et qu'il est technologiquement possible de le faire –, ils restent contraints à l'inertie par les routines organisationnelles, les convictions et les processus politiques, comme l'a prouvé le cas de Kodak (voir l'illustration 5.5). Même lorsque les individus acceptent intellectuellement la nécessité d'un changement culturel, sa mise en pratique reste problématique. L'idée selon laquelle une argumentation raisonnée est capable de faire évoluer des comportements profondément encastrés dans l'expérience collective est erronée. Ce phénomène est comparable à la difficulté que l'on peut rencontrer lorsqu'on tente de persuader rationnellement

Schéma 5.5 L'influence de la culture sur la stratégie

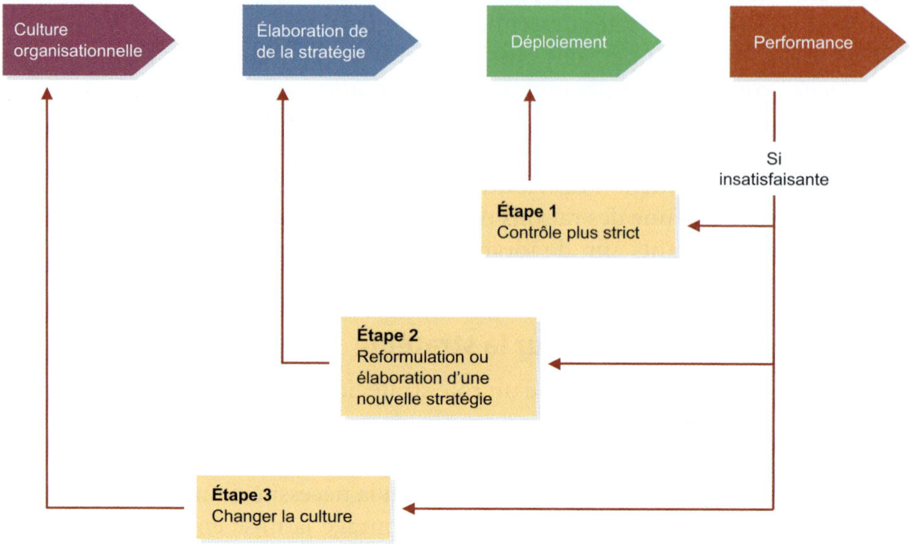

Source : adapté de P. Gringer et J-C. Spender, *Turnaround: Managerial Recipes for Strategic Success*, Associated Business Press, 1979, p. 203.

autrui d'amender ses convictions religieuses, voire seulement son soutien à un club sportif. Les changements stratégiques impliquant une refonte de la culture organisationnelle (étape 3) sont donc rares et généralement provoqués par des événements dramatiques, comme une crise financière ou l'effondrement d'une part de marché.

5.3.6 L'analyse de la culture : le tissu culturel

Le **tissu culturel**[26] est un outil qui permet de mieux comprendre la culture d'une organisation. Il s'agit d'une représentation des manifestations comportementales, physiques et symboliques des croyances implicites d'une organisation – son paradigme (voir le schéma 5.6). Le tissu culturel correspond aux deux cercles intérieurs du schéma 5.4. Il peut être employé pour analyser la culture dans chacun des cadres de référence du schéma 5.3, mais il est plus fréquemment utilisé au niveau de l'organisation et/ou au niveau fonctionnel et divisionnel[27].

Les éléments du tissu culturel sont les suivants :

- Le *paradigme* est le cœur de la culture organisationnelle (voir le schéma 5.6). Fruit de l'expérience collective, il rassemble les schémas de pensée implicites qui donnent du sens et orientent les comportements. Il synthétise la manière dont l'organisation se voit et se vit, sa représentation du monde et d'elle-même. Les hypothèses sous-jacentes du paradigme peuvent être très élémentaires, mais elles ne sont pas nécessairement en phase avec la stratégie. Par exemple, les journalistes estiment généralement qu'informer est la mission essentielle des journaux, alors que d'un point de vue stratégique leur viabilité financière est de plus en plus déterminée par leur capacité à vendre des espaces publicitaires. De même, le paradigme d'une organisation caritative peut consister à aider les indigents, mais cela repose notamment sur la capacité à susciter et collecter efficacement des dons. Il est donc important de comprendre ce qu'est le paradigme et en quoi il peut provoquer des débats stratégiques internes. Or, étant donné qu'il est implicite, le paradigme est souvent difficile à identifier. Les observateurs externes sont paradoxalement mieux placés pour l'expliciter, notamment par l'analyse des conversations quotidiennes et des comportements spontanément adoptés au sein de l'organisation. Pour ce qui est des membres mêmes de l'organisation, ils peuvent prendre conscience de leurs hypothèses implicites en se concentrant tout d'abord sur les autres aspects plus visibles du tissu culturel.

Schéma 5.6 Le tissu culturel

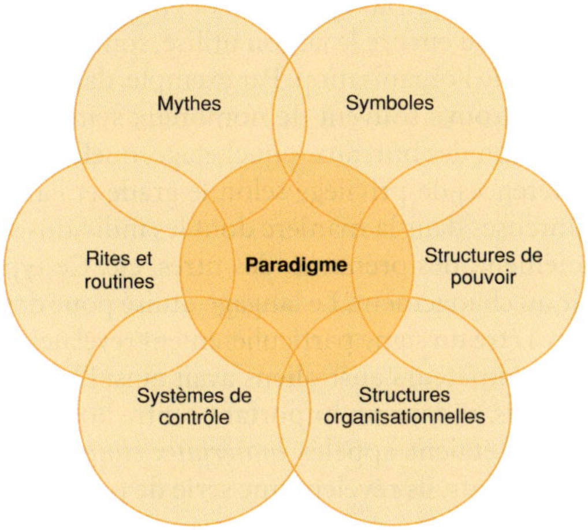

- Les *routines* constituent la manière dont les membres de l'organisation se comportent les uns avec les autres et avec l'extérieur. Elles définissent les manières d'agir au quotidien. Elles peuvent résulter d'une longue tradition et être parfois partagées par plusieurs organisations d'une même industrie. L'existence des routines permet de « lubrifier » le fonctionnement de l'organisation, ce qui peut être une compétence distinctive. Cependant, elles ont aussi tendance à renforcer les schémas de pensée implicites, ce qui peut faire obstacle au changement. Les managers qui tentent de renforcer l'orientation client dans les sociétés d'ingénierie se voient parfois répondre par les ingénieurs commerciaux que l'entreprise est la mieux placée pour expliquer aux clients ce dont ils ont besoin et qu'il n'est donc pas nécessaire de les écouter.
- Les *rites*[28] sont les événements qui ponctuent la vie de l'organisation et de ses membres, afin de signifier ce qui est réellement important, de marquer l'appartenance au groupe ou de rythmer la chronologie interne. Certaines procédures formelles peuvent devenir des rites, comme les programmes de formation, les enquêtes de satisfaction, les séminaires, ou encore les promotions et les évaluations. L'entraînement destiné à inculquer la discipline de combat aux jeunes recrues militaires est extrêmement ritualisé, tout comme les différents types de bizutages encore pratiqués dans certaines écoles et universités. Les rites incluent par ailleurs des processus relativement informels, comme les discussions autour

de la machine à café ou de la photocopieuse, les repas de fin d'année ou les pots d'adieu. Dans tous les cas, il s'agit de permettre à chacun de bien comprendre quelle est sa place dans l'organisation. Une liste des différents types de rites figure dans le chapitre 14 (voir le tableau 14.2).

- Les *mythes*, qu'ils soient racontés à l'extérieur ou à l'intérieur de l'organisation (en particulier aux nouvelles recrues), servent à inscrire le présent dans la continuité historique et à mettre en valeur certains événements ou personnalités. Généralement, ils parlent de succès, de désastres, de héros, de traîtres ou d'anticonformistes qui ont osé braver la norme. Les mythes distillent l'essence du passé de l'organisation, légitiment certains comportements et en condamnent d'autres. Ils constituent des règles de conduite qui permettent aux individus de comprendre ce qui est réellement important.
- Les *symboles*, tels que les logos, la répartition des bureaux et des voitures de fonction, les titres décernés ou encore le jargon utilisé, sont une représentation codée de la nature profonde de l'organisation. Par exemple, dans les organisations âgées et conservatrices, on trouve souvent de nombreux symboles de hiérarchie, tels que la stricte attribution des bureaux – quel étage, quelle superficie, combien de fenêtres –, des différences de privilège selon le grade et l'ancienneté, ou encore des subtilités rigoureuses dans la manière dont les individus s'adressent la parole – emploi du tutoiement, des prénoms, des titres, etc. Ce type de formalisation peut faire obstacle au changement. Le langage utilisé pour désigner les clients ou les usagers peut aussi être un signe particulièrement révélateur. Le président d'une association de consommateurs australiens avait ainsi l'habitude de qualifier ses membres de *plaignants*, et dans un important centre hospitalo-universitaire britannique, les patients étaient appelés *matériaux cliniques*. Si de tels exemples peuvent sembler amusants, ils révèlent une série de présupposés tacites à l'égard des usagers – ou des patients – qui peuvent significativement influencer la stratégie de l'organisation. Bien que les symboles forment une catégorie spécifique, il convient de rappeler que la plupart des éléments constitutifs du tissu culturel ont une dimension symbolique : leur signification va au-delà de leur simple rôle fonctionnel. Les routines, les systèmes de contrôle et les procédures de récompense symbolisent ainsi le type de comportement valorisé par l'organisation.
- Les *structures de pouvoir* sont aussi liées aux croyances fondamentales et aux valeurs partagées. Les individus les plus influents sont généralement associés au paradigme et aux pratiques établies. Pour analyser les structures de pouvoir, on peut utiliser les éléments présentés dans la section 4.5.2.
- La *structure organisationnelle* fait écho en général à la structure de pouvoir. Une structure fortement hiérarchisée signale d'ordinaire que la stratégie relève exclusivement des dirigeants, alors qu'elle s'impose à tous les autres. De même, les structures fortement décentralisées (voir le chapitre 13) caractérisent des organisations dans lesquelles la compétition prime sur la collaboration.
- Les *systèmes de contrôle*, de mesure et de récompense mettent l'accent sur ce qu'il est important de surveiller dans l'organisation et sur ce qui doit focaliser l'attention. Les organisations de service public sont ainsi fréquemment accusées de se préoccuper plutôt de l'attribution des budgets que de la qualité de service et donc de se soucier plus, dans leurs procédures, de la comptabilisation des dépenses que de l'obtention de résultats. Les systèmes de récompense ont une influence déterminante sur les comportements et peuvent aussi empêcher le déploiement de nouvelles stratégies. Une organisation dans laquelle la rétribution

est indexée sur la mesure quantitative de la performance individuelle aura généralement bien du mal à introduire une stratégie nécessitant le travail d'équipe et l'obtention de résultats qualitatifs.

L'illustration 5.4 présente le tissu culturel de la chaîne de télévision Canal+. Au milieu des années 2010, cette culture achevait de se reconstruire, partagée entre un héritage fondé sur un esprit d'innovation, de différence et d'impertinence, et la volonté de contrôle et de normalisation imposée par l'équipe de direction. Cette révolution culturelle avait créé de très vives tensions en interne, mais celles-ci commençaient à s'apaiser.

5.3.7 Conduire une analyse de la culture

Lorsqu'on souhaite analyser la culture d'une organisation, certains points importants doivent être gardés à l'esprit.

- Les *questions à poser*. Le schéma 5.7 rassemble quelques-unes des questions qui peuvent aider à comprendre une culture organisationnelle grâce au tissu culturel.

Schéma 5.7 L'analyse du tissu culturel : quelques questions utiles

Mythes et anecdotes
- Quelles sont les croyances fondamentales reflétées par les mythes et les anecdotes ?
- Quelles histoires circulent dans l'organisation (que raconte-t-on par exemple aux nouveaux venus) ?
- Qui sont les « bons » et qui sont les « méchants » dans les mythes et les anecdotes ?
- De quelles normes les anticonformistes s'écartent-ils ?

Symboles
- À quels objets, événements ou individus les membres de l'organisation s'identifient-ils ?
- À quoi cela correspond-il dans l'histoire de l'organisation ?
- Quelle est la symbolique du nom de l'organisation ?
- Quelle est la symbolique du logo de l'organisation ?
- Quels sont les aspects de la stratégie mis en valeur dans les communications et dans la publicité ?

Rites et routines
- Quelles sont les routines mises en avant ?
- Quelles sont les routines héritées de l'histoire ?
- Quels sont les comportements encouragés par les routines ?
- Quels sont les rites essentiels ?
- Quelles croyances fondamentales reflètent-ils ?
- Quelles sont les qualités mises en avant par les programmes de formation ?
- Est-il facile de modifier les rites et les routines ?

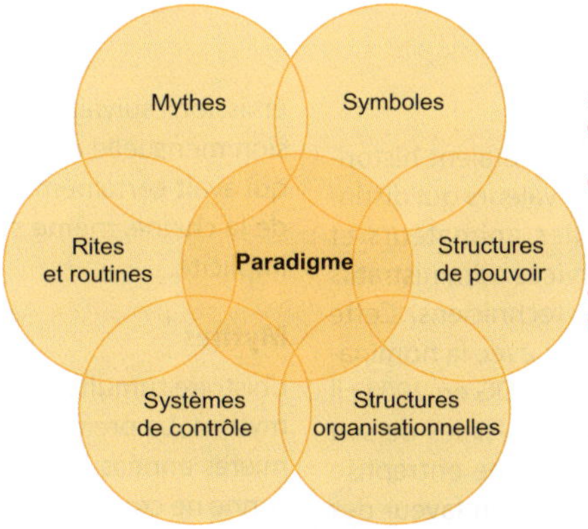

Structures de pouvoir
- Comment le pouvoir est-il réparti dans l'organisation ?
- Qui détient le statut le plus élevé ? Qui contrôle le plus de ressources ? Quels sont les symboles du pouvoir les plus visibles ?
- Qui fait que les choses arrivent ?
- Qui empêche les choses d'arriver ?

Systèmes de contrôle
- Qu'est-ce qui est le plus contrôlé ou suivi ?
- Préfère-t-on récompenser ou sanctionner ?
- Les contrôles sont-ils hérités de l'histoire ou liés aux stratégies en cours ?
- Y a-t-il beaucoup ou peu de contrôle ?

Structures de l'organisation
- Les structures sont-elles souples ou rigides ?
- Les structures encouragent-elles la collaboration ou la compétition ?
- Quel est le type de structure de pouvoir qui est favorisé ?

Au total
- Quelle est la culture dominante ?
- Cette culture est-elle facile à changer ?

Illustration 5.4

La mutation culturelle de Canal+

Le tissu culturel permet d'analyser les aspects implicites d'une organisation.

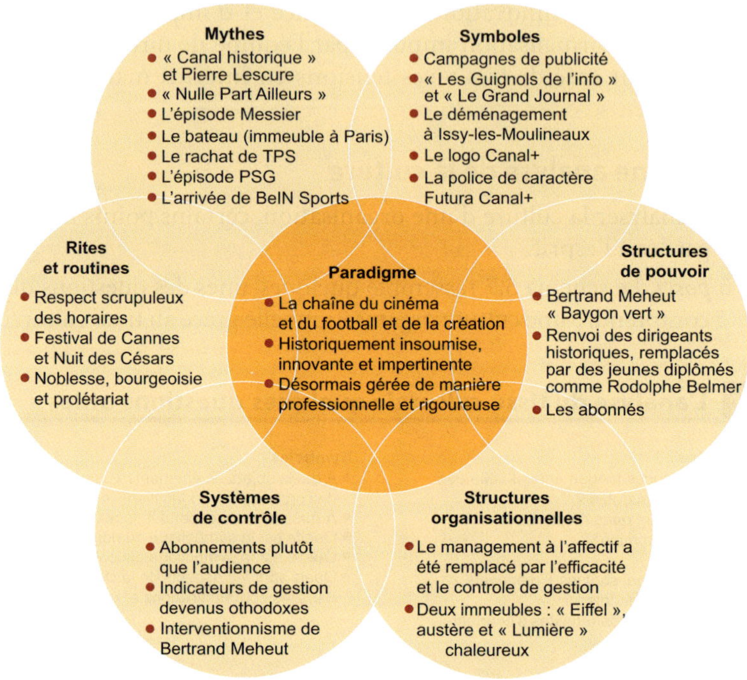

Rites et routines

Les comportements au sein de Canal+ étaient historiquement régulés par un système de valeurs qui distinguait implicitement la *noblesse* (les animateurs et journalistes), la *bourgeoisie* (les services administratifs et commerciaux) et le *prolétariat* (les techniciens). Cette représentation traditionnelle disparut avec la nomination de Bertrand Meheut au poste de P-DG en 2003 : il imposa des méthodes de management issues de son expérience précédente (la direction d'une entreprise chimique), ce qui rééquilibra le pouvoir en faveur des administratifs et des managers – encore appelés les *géomètres* en interne.

Les rites qui rythmaient l'existence de Canal+ reposaient avant tout sur les émissions *en clair* – c'est-à-dire accessibles à tous les téléspectateurs et pas uniquement aux abonnés. Le Festival de Cannes et la Nuit des Césars étaient des rites annuels qui signalaient le poids déterminant de Canal+ dans la production cinématographique française. Plus généralement, les horaires étaient scrupuleusement respectés et l'ordre de passage des émissions suivait une planification immuable. La diffusion mensuelle d'un film pornographique était un rite qui avait certainement contribué aux premiers succès de la chaîne, même s'il n'était évoqué que de manière implicite.

Mythes

L'histoire tumultueuse de Canal+ avait nourri plusieurs mythes. Le premier était le souvenir idéalisé des premières années (1984 à 1986), pendant lesquelles personne ne croyait à l'avenir de la chaîne. Les vétérans de cette période héroïque avaient joui d'un grand prestige. Le deuxième mythe était la crise qui avait suivi le rachat par Vivendi (2000), qui s'était traduite par le départ des membres de l'équipe fondatrice, notamment du dirigeant historique Pierre Lescure, puis par celui du président surmédiatisé de Vivendi, Jean-Marie Messier. Les managers qui avaient survécu à la période Messier (ils se surnommaient eux-mêmes « Canal historique » en référence frondeuse au mouvement indépendantiste corse) avaient été renvoyés les uns après les autres à la suite de la nomination de Bertrand Meheut. Trois autres épisodes étaient devenus mythiques : la fusion avec la chaîne concurrente TPS en 2005, la revente du club de football PSG (structurellement déficitaire) en 2006, et l'irruption de la chaîne qatari beIN Sports en 2012, qui menaçait la suprématie de Canal+ sur le sport, notamment le football.

Symboles

Canal+ était riche de symboles, que ce soit son logo, sa propre police de caractère Futura Canal+, ses campagnes de publicité récurrentes et généralement décalées ou les marionnettes des « Guignols de l'info » et l'émission « Le Grand Journal ». Par ailleurs, Canal+ ne faisait jamais référence aux *téléspectateurs*, mais aux *abonnés*, afin de rappeler constamment sa spécificité de chaîne cryptée à péage. À sa création en 1984, Canal+ avait même été la seule chaîne hertzienne cryptée au monde. Bertrand Meheut avait marqué sa rupture avec la culture de la chaîne en vendant le siège historique du groupe situé à Paris et surnommé « Le bateau », pour s'installer dans deux immeubles moins coûteux et plus fonctionnels : Eiffel à Issy-les-Moulineaux (fonctions administratives) et Lumière à Boulogne (programmes).

Structures de pouvoir

Historiquement, la chaîne s'était toujours vécue comme indépendante des pouvoirs établis, que ce soit le pouvoir politique (ridiculisé dans « Les Guignols de l'info ») ou celui de ses propres actionnaires. Cependant, cet esprit frondeur n'avait pas survécu à la rigueur gestionnaire de Bertrand Meheut : dès 2010, les dirigeants historiques avaient tous été remplacés par des managers de son choix, généralement diplômés de grandes écoles et passés par des entreprises comme McKinsey ou L'Oréal, à l'image du directeur général adjoint, Rodolphe Belmer. Ce vaste plan de restructuration, associé à son passé de chimiste, avait valu à Bertrand Meheut le surnom de « Baygon vert », en référence à une marque de pesticide. En dernier ressort, les abonnés de la chaîne constituaient aussi un pouvoir à ne pas négliger.

Structures organisationnelles

Les réseaux relationnels, l'affectif et les questions d'ego revêtaient une importance toute particulière, en raison de la nature même de l'industrie, mais aussi des crises successives qui avaient engendré des amitiés et des haines extrêmement vives. L'arrivée de Bertrand Meheut s'était traduite par le déploiement d'un style de management beaucoup plus efficace, voire directif. Outre la mise en place d'équipes projet et de réunions d'information, il avait donné beaucoup plus de pouvoir aux contrôleurs de gestion. La séparation structurelle entre les administratifs et les créatifs était symbolisée par les deux immeubles de Boulogne (réputé chaleureux) et Issy-les-Moulineaux (réputé austère)

Systèmes de contrôle

Alors que les autres chaînes hertziennes de télévision mesuraient leur succès par leur taux d'audience, Canal+ mesurait le sien au nombre de ses abonnés. Pendant les années 1990, les dirigeants de la chaîne avaient massivement investi dans l'internationalisation et les diversifications, au point de négliger la qualité de la chaîne, ce qui avait provoqué une baisse du nombre d'abonnés et fait exploser l'endettement. Grâce aux méthodes de gestion rigoureuses imposées par Bertrand Meheut (mais aussi à la cession de multiples filiales et à la suppression d'un septième des effectifs), Canal+ était redevenue rentable. En 2013, Canal+ comptait un peu plus de 9,6 millions d'abonnés en France.

Paradigme

À l'issue de cette analyse, il apparaissait que le paradigme de Canal+ avait connu une profonde mutation. Historiquement, Canal+ se vivait comme une chaîne *pas comme les autres*, opposée à la fois aux chaînes privées financées par la publicité (dont TF1 était le symbole constamment raillé) et aux chaînes publiques de France Télévisions (dont la lourdeur bureaucratique était sujette à moqueries). Cependant, ce paradigme avait été violemment mis à mal par Vivendi. Au milieu des années 2010, il ne restait plus grand-chose de cet esprit contestataire. En la sauvant du naufrage, Bertrand Meheut avait transformé Canal+ en une entreprise certes moins dispendieuse, mais nettement plus orthodoxe.

Questions

1. En utilisant les informations présentées ci-dessus, résumez en quatre phrases la culture de Canal+ telle que vous la percevez.
2. Vous êtes chargé(e) de faire évoluer le paradigme d'une organisation dans des proportions comparables à celles qui sont décrites ici. Comment allez-vous procéder ?

- Le *discours officiel.* Les organisations affichent de plus en plus volontiers leurs valeurs, leurs croyances et leurs buts, par exemple dans leurs rapports annuels ou sur leur site Internet (voir les sections 4.2 et 5.4.3). Pour autant, ces déclarations présentent un intérêt très limité lorsqu'on cherche à analyser la culture organisationnelle. En effet, il ne s'agit pas de descriptions utiles et fidèles des comportements et du paradigme, mais au mieux de visions déformées, voire trompeuses, de la culture véritable. Cet écart ne résulte pas la plupart du temps d'une volonté délibérée de dissimulation, mais simplement du fait que le plus souvent les valeurs et les croyances affichées ne font que refléter l'intention stratégique et les aspirations d'une des parties prenantes (en général les dirigeants), plutôt que de reproduire fidèlement la culture telle qu'elle est vécue par les membres et les proches de l'organisation. Les déclarations officielles d'une administration de police peuvent ainsi laisser penser à un équilibre des tâches entre l'arrestation des criminels, les actions de prévention et les relations avec la population. Cependant, une analyse plus rigoureuse montre qu'en termes culturels il existe une nette différence entre le « véritable » travail de police (l'arrestation des criminels) et les « tâches subalternes » (la prévention et les relations avec la population).
- *Résumer la culture.* Le tissu culturel est un outil particulièrement utile lorsqu'on souhaite comprendre quelles sont les croyances implicites d'une organisation, mais cet effort d'analyse peut être utilement complété par un exercice de synthèse. Il est parfois possible de capturer l'essence de la culture d'une organisation grâce au surnom que lui donnent ses membres, ses clients, ses fournisseurs ou ses concurrents. Il peut s'agir d'une formule lapidaire, voire caricaturale, mais il arrive qu'elle résume l'essentiel du paradigme. Au début des années 2000, lorsque la vénérable Compagnie générale des eaux s'est diversifiée dans l'industrie du divertissement pour donner naissance au groupe Vivendi Universal, les managers de l'activité d'origine – le retraitement et la distribution d'eau –, opposés à cette nouvelle stratégie, se sont ainsi trouvé un surnom : « Vivendi Univers Propre ». De même, le cabinet de conseil en stratégie McKinsey est surnommé « la Firme », ce qui met l'accent sur l'esprit professionnel et élitiste – mais froid – qui caractérise sa culture. Le plus souvent, les tissus culturels des grandes organisations se répartissent schématiquement entre trois modèles, qui ne sont bien entendu que des stéréotypes : (1) « la machine » indifférente et bureaucratique, (2) « la jungle » cruelle et compétitive, et (3) « la mère » attentionnée et (sur)protectrice. Bien que cette approche soit plutôt fruste et peu scientifique, elle est parfois utile lorsqu'on cherche à comprendre ce qui n'est pas immédiatement apparent à l'issue de l'analyse des composantes du tissu culturel. Ce raccourci permet de prendre conscience du fait que la culture peut largement encourager – ou au contraire formellement prescrire – certaines stratégies, selon qu'elles sont ou non cohérentes avec ses postulats fondamentaux.

Si les managers souhaitent élaborer des stratégies différentes de celles du passé, ils doivent être capables de mettre en cause la culture organisationnelle qui les sous-tend. Dans ce contexte, l'analyse de la culture est aussi liée à d'autres notions traitées dans cet ouvrage :

- Les *capacités stratégiques.* Comme nous l'avons vu dans le chapitre 3, les capacités sont bien souvent indissociables de la culture de l'organisation. L'analyse de la culture constitue donc un complément utile à l'analyse de la capacité stratégique : elle permet de comprendre plus intimement les routines, les systèmes de contrôle et les comportements quotidiens qui forgent implicitement les compétences distinctives de l'organisation.

- L'*élaboration de la stratégie.* L'analyse de la culture permet aux managers de comprendre dans quelle mesure les influences historiques et culturelles pèsent sur l'élaboration de la stratégie. Nous reviendrons sur ce point dans le chapitre 12.
- La *gestion du changement.* L'analyse de la culture est aussi une étape essentielle de la gestion du changement, car elle permet de mieux comprendre avec quels freins ou moteurs un réformateur devra nécessairement composer. Comme nous le verrons dans le chapitre 14, le changement stratégique implique quasiment toujours un changement culturel.
- Le *style de management.* Le chapitre 14 insiste aussi sur le rôle déterminant du style de management dans la gestion du changement. Une des qualités essentielles du stratège est sa capacité à questionner l'implicite. Pour cela, on peut utiliser les outils d'analyse que nous avons présentés dans ce chapitre. Cependant, cela requiert aussi un style de management – et donc une culture – qui encourage ce type de questionnement. Si la culture dominante proscrit l'introspection et la contestation, les leçons de l'histoire ne seront certainement pas comprises et le passé continuera à régenter le présent. Comme le disait justement André Malraux : « Ceux qui ne connaissent pas leur passé sont destinés à le revivre. »
- La *culture et l'expérience.* Nous avons souligné à plusieurs reprises au cours de ce chapitre que la culture permet aux membres d'une organisation de donner du sens à leur action. À ce titre, on peut considérer que la culture, en façonnant l'expérience, est tout à la fois le creuset et le réceptacle de la stratégie. Cette perspective est détaillée dans les commentaires qui figurent à la fin de chacune des parties de l'ouvrage.

5.4 La dérive stratégique

L'influence de l'histoire et de la culture d'une organisation sur sa stratégie engendre parfois le phénomène présenté dans le schéma 5.8, la dérive stratégique. Une **dérive stratégique**[29] apparaît lorsque les stratégies se développent de manière incrémentale à partir d'influences historiques et culturelles, jusqu'à empêcher l'organisation de rester en phase avec les évolutions de son environnement. L'illustration 5.5 donne un exemple de dérive stratégique chez Kodak. Il est important de comprendre les causes et les conséquences de la dérive stratégique car elles expliquent pourquoi certaines organisations n'arrivent pas à conserver leur avantage concurrentiel au cours du temps. La dérive stratégique constitue donc un défi pour les managers, qui doivent chercher à l'éviter.

5.4.1 Les stratégies évoluent de manière incrémentale

Comme nous le verrons dans le chapitre 12, les stratégies évoluent généralement de manière incrémentale : les organisations ont tendance à reproduire ce qui a fonctionné dans le passé, surtout si cela a été porteur de succès[30]. C'est ce qui est arrivé à Kodak, qui a dominé le marché de la photographie pendant tout le XXe siècle.

Schéma 5.8 Le risque de dérive stratégique

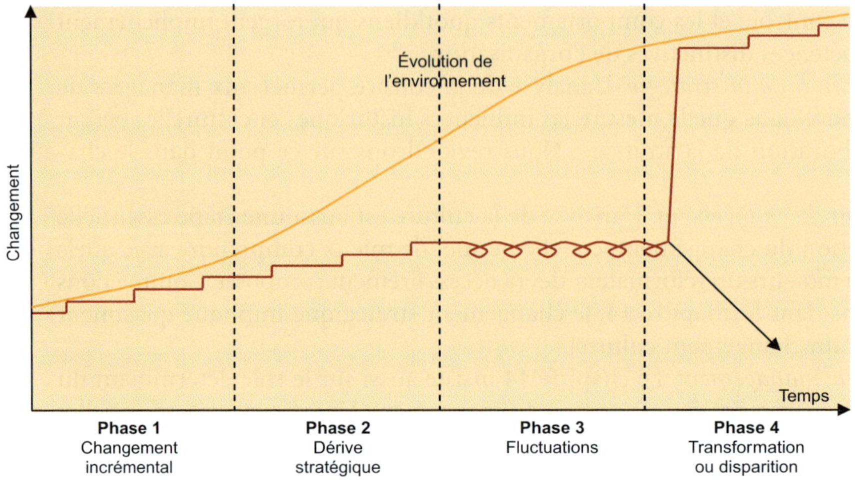

De même, forte de son concept de magasins culturels et de son réseau d'adhérents, la Fnac a ouvert un grand nombre de magasins en France et en Europe au cours des années 1990 et 2000. C'est ce qu'exprime la phase 1 du schéma 5.8. Dans les organisations qui connaissent le succès, on trouve de longues périodes de relative continuité durant lesquelles les stratégies établies restent passablement inchangées ou évoluent de manière très incrémentale. Ce phénomène découle de trois causes principales :

L'*alignement avec les évolutions de l'environnement*. L'organisation peut rester en phase avec des évolutions graduelles de l'environnement en ne modifiant sa stratégie que de manière incrémentale. Il serait peu pertinent de changer radicalement la stratégie si l'environnement ne le nécessite pas.

Les *succès passés*. Les managers sont naturellement peu enclins à significativement modifier une stratégie qui a été porteuse de succès dans le passé, en particulier si elle s'appuie sur des capacités qui fondent l'avantage concurrentiel de l'organisation (voir les chapitres 3 et 6) ou si elle est porteuse d'innovation (voir le chapitre 9). Les managers préfèrent naturellement continuer à faire ce qu'ils connaissent et font le mieux.

L'*expérimentation concentrique*. Les managers peuvent avoir tendance à construire des variations autour d'une formule gagnante, ce qui leur permet d'expérimenter de nouvelles approches sans trop s'écarter de leur portefeuille de compétences (cette démarche, appelée l'*incrémentalisme logique*, est détaillée dans la section 12.3.1).

Tout cela reste cependant difficile à mettre en œuvre. Pendant combien de temps et dans quelle mesure peut-on se contenter de changements incrémentaux ? Comment savoir à quel moment un changement radical est préférable ?

5.4.2 Le risque de dérive stratégique

Pendant des années, la Fnac a persisté à croire qu'il y avait un marché pour la vente de CD, de DVD et de livres dans des magasins physiques. Le format a été ajusté et la gamme de produits élargie afin de préserver l'avantage concurrentiel, mais les dirigeants n'ont pas voulu admettre que la concurrence de la vente sur Internet

Illustration 5.5

Kodak dans le flou

La connaissance des évolutions technologiques et commerciales n'empêche pas toujours la dérive stratégique.

Pendant tout le XXe siècle, le fabricant de pellicules et d'appareils photographiques Kodak fut une des marques les plus valorisées au monde. En 1976, l'entreprise – dont le siège était localisé à Rochester dans l'état de New York – représentait à elle seule 90 % du marché de la pellicule et 85 % du marché des appareils photo aux États-Unis. En 1996, son chiffre d'affaires était de 16 milliards de dollars et en 1999 ses profits atteignirent 2,5 milliards. Célèbre pour ses innovations technologiques et ses compétences en marketing, Kodak avait mis au point l'appareil photo numérique dès 1975. Pourtant, il n'avait lancé son premier modèle que quinze ans plus tard, en 1990.

En 2011, le marché de la photographie argentique avait presque entièrement disparu, remplacé par les appareils photo numériques, puis par les smartphones. Le chiffre d'affaires de Kodak s'était effondré à 6 milliards, l'entreprise était en déficit, et le cours de son action était en chute libre. En 2012, Kodak fut finalement déclaré en faillite. Comment un leader aussi dominant avait-il pu passer à côté d'une telle évolution de son marché ?

Selon Steve Sasson, l'ingénieur de Kodak qui avait inventé le premier appareil photo numérique, l'entreprise n'avait pas développé cette technologie à temps car cela aurait impliqué la disparition de son activité la plus rentable, la pellicule. De même, les dirigeants n'avaient pas réagi aux premiers rapports concernant l'avenir du numérique : « Larry Matteson, un ancien dirigeant de Kodak [...], avait rédigé un rapport en 1979 détaillant de manière relativement précise comment les différents segments de marché allaient passer de l'argentique au numérique, à commencer par les applications militaires, puis la photographie professionnelle, et enfin le marché grand public, le tout avant 2010[1]. » Un autre rapport interne du début des années 1980 concluait qu'il faudrait environ dix ans au numérique pour remplacer l'argentique, dix ans pendant lesquels Kodak devait orchestrer sa réponse.

La réponse de Kodak fut en fait d'utiliser le numérique pour renforcer son activité pellicule. En 1996, l'entreprise lança ainsi un système à base de film argentique utilisant une technologie numérique permettant de prévisualiser les photos et d'indiquer le nombre de clichés encore disponibles. Ce fut un échec.

Les dirigeants de la division pellicule étaient les plus influents au sein de Kodak et ils avaient une confiance excessive dans la valeur de la marque. Ils sous-estimèrent également la vitesse d'évolution des goûts des consommateurs. Ils pensaient par exemple que dans les pays en forte expansion comme la Chine, les clients achèteraient beaucoup de pellicules, alors qu'en fait ils se tournèrent directement vers le numérique.

Qui plus est, le taux de rentabilité du numérique était très faible par rapport à celui de la pellicule, et Kodak craignait un phénomène de cannibalisation. En 1985, Leo J. Thomas, vice-président et directeur de la recherche de Kodak, déclara ainsi : « Il est très difficile de trouver quelque chose de légal qui soit plus rentable que la pellicule. » à cette époque, Kodak réalisait une marge d'environ 80 % sur la pellicule.

Rosabeth Moss Kanter, de la Harvard Business School soulignait également le rôle de la culture de Kodak : « à Rochester, presque tout le monde travaillait chez Kodak ou avait un parent qui travaillait chez Kodak. [...] De fait, les patrons de Kodak n'entendaient jamais de critiques. [...] Leur mentalité dominante était celle du produit parfait ; ils n'avaient pas du tout la culture de la *high-tech*, dans laquelle on lance d'abord et on améliore ensuite[1]. » Leur vitesse de réaction était également trop lente : « Même quand Kodak décida de se diversifier, cela leur prit des années pour faire leur première acquisition[1]. » Les tentatives de Kodak pour se diversifier dans la pharmacie en s'appuyant sur les milliers de produits chimiques que ses chercheurs avaient mis au point pour la photographie furent aussi des échecs.

En 1989, le conseil d'administration de Kodak dut désigner un nouveau directeur général. Il fallait choisir entre Kay R. Whitmore, un dirigeant historique de la division pellicule, et Phil Samper, qui défendait plutôt la technologie numérique. Le conseil choisit Whitmore, qui insista sur le fait qu'il allait s'assurer que Kodak resterait au plus près de son cœur de métier, la pellicule et les produits chimiques associés.

Jusqu'en 2007, une publicité de Kodak annonçait « Kodak est de retour » et « Nous n'allons plus jouer à cache-cache avec le numérique »[3].

Sources :

1. *The Economist*, « The last Kodak moment », 14 janvier 2012.
2. *New York Times*, 9 décembre 1989.
3. *Forbes*, « How Kodak Failed », 18 janvier 2012.

Questions

1. Quelles sont les raisons qui ont provoqué la dérive stratégique de Kodak ?
2. Utilisez les chapitres 2 à 5 pour expliquer comment les problèmes de Kodak auraient pu être évités.

imposait de fondamentalement reconsidérer leur modèle économique. Kodak a connu le même type de persistance de sa stratégie établie.

Si la stratégie d'une organisation continue à se modifier de manière incrémentale, elle peut s'écarter petit à petit de son environnement sans que celui-ci ne connaisse de changements brusques. Dans la phase 2 du schéma 5.8, l'évolution de l'environnement s'accélère, mais elle n'est pas soudaine. De nouveaux concurrents peuvent apparaître et s'emparer progressivement d'une partie du marché, de nouvelles technologies peuvent peu à peu remplacer les processus existants, de nouvelles gammes de produits peuvent attirer un nombre croissant de clients, mais tout cela peut prendre des années. La dérive stratégique survient lorsque l'organisation n'est pas capable d'évoluer au même rythme que son environnement. Au moins cinq raisons peuvent expliquer ce phénomène :

- Le *manque de recul.* Dans le chapitre 2, nous avons vu comment analyser les évolutions de l'environnement. Cependant, comment les managers peuvent-ils être certains de la nature, de l'importance et de la pérennité de ces évolutions ? On peut comprendre qu'ils hésitent à modifier une stratégie jusque-là gagnante pour s'adapter à ce qui ne pourrait être qu'une mode ou une baisse temporaire de la demande. Avec du recul, il est toujours facile de prévoir les évolutions majeures d'une industrie, mais il est beaucoup plus ardu de les identifier au moment où elles ont lieu. Rebecca Henderson, du MIT, a imaginé comment un dirigeant de Kodak aurait pu réagir à un rapport soulignant la menace de la photographie numérique : « Vous êtes en train de me dire que nous devrions investir des millions de dollars dans un marché qui pourrait peut-être – ou peut-être pas – exister, mais qui sera certainement plus petit que notre marché actuel, afin de développer un produit que nos clients voudront – ou ne voudront pas – acheter, mais qui sera certainement moins rentable que nos produits existants… Mais pourquoi donc devrions-nous faire cet investissement[31] ? »
- La *focalisation sur des réponses familières.* Les managers peuvent repérer des évolutions environnementales qu'ils ne comprennent pas totalement. Leur tendance naturelle est alors de minimiser cette incertitude en mobilisant des réponses qui leur sont familières, qu'ils comprennent et qu'ils ont déjà utilisées dans le passé, ce qui peut provoquer des biais d'interprétation.
- Les *points de blocage.* Les capacités sur lesquelles repose l'avantage concurrentiel peuvent devenir des points de blocage[32] extrêmement difficiles à faire évoluer. Au cours du temps, les capacités produisent des routines organisationnelles qui se renforcent et s'imbriquent de manière inextricable. Elles se traduisent la plupart du temps en schémas de pensée implicites. Comme nous l'avons vu dans la section 3.3.3, cela rend leur imitation très problématique pour les concurrents, ce qui peut être une source d'avantage concurrentiel. Cependant, les capacités implicites sont rarement remises en cause et elles risquent de persister alors qu'elles ne sont plus pertinentes.
- Les *relations deviennent des entraves*[33]. Le succès s'est peut-être construit grâce à d'excellentes relations avec les clients, les fournisseurs et les employés. Le maintien de ces relations peut être considéré comme une source de performance durable. Pour autant, ces relations empêchent des ruptures stratégiques qui impliqueraient de s'adresser à de nouveaux clients, de faire appel à de nouveaux fournisseurs ou de modifier les savoir-faire de l'organisation, au risque de détériorer les relations avec le personnel.

- L'*inertie de la performance.* Il faut en général un certain temps avant que les effets d'une dérive stratégique n'apparaissent sur les résultats d'une organisation. La performance financière peut se maintenir dans les premières phases de la dérive. Les clients peuvent rester loyaux et l'organisation peut maintenir son efficience en réduisant ses coûts ou en augmentant son niveau d'activité. Il peut donc très bien ne pas y avoir de signes patents du besoin de changement, que ce soit du point de vue des managers ou de celui d'observateurs externes.

Pour toutes ces raisons, comme le soulignent les consultants de McKinsey : « la plupart des entreprises ont tendance à allouer les mêmes ressources aux mêmes activités année après année[34] ».

Cependant, au cours du temps, si la dérive stratégique se maintient, certains symptômes deviennent évidents : une baisse de la performance financière, une perte de parts de marché, un déclin du cours de l'action. Même les organisations qui connaissent les plus grands succès sont soumises à ce type de dérive. Danny Miller affirme ainsi que les entreprises développent une tendance naturelle – qu'il appelle le *paradoxe d'Icare* – à devenir les victimes de leurs succès passés[35]. Elles s'enferment dans leurs formules gagnantes.

5.4.3 Une période de fluctuations

La phase suivante (la phase 3) est une période de fluctuations déclenchées par le déclin des performances. La stratégie évolue, mais dans une direction qui reste incertaine. Cela peut se traduire par des bouleversements dans l'équipe de direction, alors que les parties prenantes principales – et notamment les actionnaires s'il s'agit d'une entreprise – exigent une réaction. On peut alors observer des luttes internes sur le choix de la stratégie à adopter, qui opposent généralement les partisans du maintien des capacités historiques à ceux qui estiment qu'elles ne sont plus pertinentes. S'ils deviennent publics, ces conflits risquent d'entamer un peu plus la confiance dans l'organisation, d'où une nouvelle détérioration de la performance et du cours de l'action, une difficulté accrue pour recruter des managers de qualité ou une perte de loyauté des clients. Après avoir fermé ses huit magasins italiens, et s'être lancée dans la vente de petit électroménager, la Fnac a ainsi été cédée par son actionnaire, Kering, qui a annoncé son introduction en Bourse en 2013.

5.4.4 Transformation ou disparition

Alors que la situation s'envenime, trois résultats sont possibles (phase 4) : (i) l'organisation peut disparaître, comme ce fut le cas de Kodak en 2012, parfois après avoir été temporairement reprise par ses managers dans le cadre d'un plan de rachat d'entreprise par les salariés (RES), (ii) elle peut être rachetée par un concurrent, ou (iii) elle peut connaître un *changement radical.* Ce type de changement peut se traduire par de multiples ruptures dans la stratégie en place : lancement d'un nouveau modèle économique (voir la section 9.2.4), remplacement des dirigeants, et restructuration de l'organisation.

Le changement radical n'est pas fréquent dans les organisations. Il résulte en général d'un effondrement de la performance. Ce type de changement permet aux dirigeants qui le conduisent de construire leur réputation, car c'est dans ces circonstances extrêmes que leur action est la plus visible. Le redressement spectaculaire de Nissan par Carlos Ghosn au début des années 2000 lui a ainsi conféré une aura internationale de premier plan : ses exploits de chef d'entreprise font même l'objet

Controverse académique

Peut-on analyser la culture d'une organisation ?

Si la culture organisationnelle a une telle influence sur la stratégie, il est très important de la comprendre. Mais est-ce réellement possible ?

Il existe beaucoup d'outils et de techniques permettant d'analyser les cultures organisationnelles. Le cabinet Denison Consulting[1] propose un modèle qui distingue quatre éléments culturels ayant un effet sur des indicateurs de performance tels que la rentabilité, la croissance du chiffre d'affaires, la qualité et la valeur de marché[2] :

« De manière générale, la *Mission* et l'*Adaptabilité* d'une organisation permettent d'assez bien prévoir son taux de croissance. Une entreprise qui cherche à croître inclut dans sa vision des marchés externes et est sensible aux évolutions de son environnement. Elle comprend clairement les signaux que le marché lui envoie et le rôle qu'elle peut y jouer. Si une entreprise a une forte *Implication* et un haut niveau de *Cohérence*, et que sa culture est très « interne », elle risque de ne pas croître rapidement, mais son niveau de qualité et son efficience sont généralement plutôt bons. Les entreprises innovantes ont toujours de bons scores en termes d'*Adaptabilité* et d'*Implication*. Celles qui ont une forte Mission et une bonne Cohérence dégagent des performances solides de manière pérenne. »

Pour mesurer ces quatre dimensions, les managers sont invités à répondre à 60 questions qui utilisent une échelle en 5 points. Le résultat est une image de la culture. Denison Consulting affirme que les entreprises les plus performantes sont celles qui ont le score le plus élevé sur les quatre dimensions. Le cabinet suggère également que cet outil peut être utilisé pour identifier les faiblesses de la culture d'une organisation, pour identifier des changements culturels et pour se comparer à d'autres entreprises.

Cependant, Mats Alvesson[3] suggère qu'il y a une tendance à simplifier et à instrumentaliser la culture organisationnelle. Selon lui, les managers s'exposent à sept « péchés » :

La culture réifiée. Considérer la culture comme un objet activable, gérable et directement lié à la performance est trompeur. Ce qui importe, c'est le sens partagé par un collectif, ce qui est une idée beaucoup plus complexe.

La culture superficielle. Résumer la culture à l'aide de quelques traits fondamentaux comme une « orientation client », « adaptable », « ouverte » ou « individualiste » est une posture superficielle. Il convient d'interpréter la culture plus finement et d'accepter qu'elle présente des variations.

La culture homogène. Il est impropre de considérer les frontières culturelles de la même manière que les frontières légales, voire de parler de « culture nationale » ou de « culture d'entreprise ». Les orientations culturelles ne recoupent pas nécessairement les limites juridiques. Il convient donc d'éviter de considérer les organisations comme des entités homogènes fondées sur ce type de catégories.

La culture abstraite. Il faut éviter de rester dans une sorte d'apesanteur immatérielle au niveau des idées, des symboles et des croyances. Les idées sont forgées et infléchies par la réalité concrète et les comportements quotidiens, chargés de symboles et de sens, qui influencent les schémas culturels et les processus.

Le consensus culturel. Assumer que la culture implique l'harmonie, le consensus et l'unité autour de valeurs partagées est une erreur. Les membres d'une organisation peuvent ainsi partager des valeurs et des croyances fondées sur l'individualisme forcené, la compétition féroce et la loi de la jungle.

La culture totalisante. Ce qui importe, ce n'est pas de résumer la culture en quelques phrases, mais de comprendre quelle sera l'interprétation collective d'éléments déterminants comme les compétences fondamentales ou l'avenir de l'industrie.

L'antagonisme culturel. Il est toujours risqué de comparer plusieurs cultures, en supposant notamment que l'une est supérieure ou inférieure aux autres. Ce type de contraste outré peut gêner une compréhension fine et plus nuancée.

Alvesson conclut son avertissement en ajoutant que « ce sont souvent des raisons pragmatiques de simplification et de meilleure compréhension qui conduisent à ces sept péchés [...] Ces pièges et ces tentations doivent être pris très au sérieux. Il ne faut pas théoriser la culture d'une manière qui permette à ces sept péchés de prévaloir ».

Sources :

1. denisonconsulting.com.
2. Xuejun Yi, « The yin and yang of corporate culture », *Harvard Business Review China*, janvier 2008, pp. 70-82.
3. M. Alvesson, Understanding Organizational Culture, Sage, 2002.

Questions

1. Lesquels des « péchés » dénoncés par Alvesson s'appliquent au modèle de Denison Consulting ?
2. Dans quelle mesure les critiques d'Alvesson s'appliquent au tissu culturel ?
3. Si comme le suggère Alvesson certains des péchés sont difficiles à éviter en pratique, comment les managers doivent-ils procéder pour ne pas y succomber ?
4. Analysez la culture d'une organisation. Dans quelle mesure êtes-vous exposé(e) à ces « sept péchés » ?

d'une série de mangas au Japon. Néanmoins, du point de vue des actionnaires, des salariés ou des clients, le changement radical survient souvent trop tard. L'avantage concurrentiel est peut-être déjà perdu, la valeur actionnariale a été détruite, et beaucoup d'emplois risquent d'être sacrifiés. C'est en fait dans les phases 1 et 2 du schéma 5.8 que tout se joue, au moment où l'organisation commence à dériver. Une étude portant sur 215 entreprises a ainsi montré que seules 28 d'entre elles avaient évité une dérive stratégique sur la période 1983-2003, et parmi celles-ci seulement six avaient été capables de mener un changement radical tout en conservant leur niveau de performance[36]. Le principal problème consiste donc à repérer la dérive avant que la performance ne commence à décliner. Il est donc essentiel d'identifier dans quelle mesure des influences historiques – qu'elles soient encore légitimes ou désormais préjudiciables – pèsent sur l'élaboration de la stratégie. Les entreprises qui parviennent régulièrement à changer avant d'y être contraintes affichent de meilleures performances financières[37].

Résumé

- L'*histoire* et la *culture* d'une organisation peuvent contribuer à sa capacité stratégique.
- La trajectoire stratégique héritée de l'histoire joue un rôle majeur dans le succès ou l'échec d'une organisation en créant une *dépendance de sentier*. Une analyse historique peut aider les managers à expliciter cette influence.
- Les influences culturelles et institutionnelles nourrissent et contraignent l'élaboration des stratégies.
- La *culture* d'une organisation désigne l'ensemble des croyances fondamentales partagées par ses membres.
- Le *tissu culturel* est un outil qui permet de comprendre la culture d'une organisation et son impact sur la stratégie.
- Les influences historiques et culturelles peuvent provoquer une *dérive stratégique* en empêchant la stratégie de suivre les évolutions de l'environnement.

Travaux pratiques

● Signale des exercices d'un niveau plus avancé

5.1 ● En vous référant à la section 5.2, menez l'analyse historique d'une organisation de votre choix et répondez à la question suivante : « Le management stratégique doit-il tenir compte de l'histoire ? »

5.2 Identifiez le champ sectoriel (voir la section 5.3.2) auquel appartient une organisation de votre choix (par exemple un cabinet d'audit comptable, un hôpital ou une chaîne de télévision).

5.3 Identifiez (a) une organisation dont les valeurs affichées correspondent effectivement à l'expérience que vous en avez et (b) une organisation où ce n'est pas le cas. Expliquez les raisons de ces deux situations.

5.4 Utilisez les questions du schéma 5.7 pour dresser le tissu culturel d'une organisation de votre choix.

5.5 Identifiez quatre organisations qui selon vous sont aux différentes phases d'une dérive stratégique (voir le schéma 5.8). Justifiez votre choix.

5.6 ● En utilisant l'exemple des organisations identifiées ci-dessus et en prenant en compte les questions soulevées dans la controverse qui clôt le chapitre, discutez le bien-fondé de la déclaration suivante : « La culture ne peut être utilement analysée qu'à partir des symptômes obtenus par l'observation de son comportement. » Vous pouvez vous aider des ouvrages de Reitter et de Schein (voir les lectures recommandées).

Exercice de synthèse

5.7 ● Choisissez l'exemple d'un changement stratégique de grande ampleur dans une organisation. Expliquez dans quelle mesure et comment ses capacités stratégiques et sa culture ont changé (voir les chapitres 3, 5, 6 et 14).

Lectures recommandées

- Pour une perspective historique de la stratégie, voir A. Chandler, *Stratégies et structures de l'entreprise*, éditions d'Organisation, 1972, ainsi que M. Hensmans, G. Johnson et G. Yip, *Strategic Transformation: Changing while Winning*, Palgrave Macmillan, 2013 (résumé dans G. Johnson, G. Yip et M. Hensmans, « Achieving successful strategic transformation », *MIT Sloan Management Review*, vol. 53, n° 3 (2012), pp. 25-32), et J.T. Seaman Jr et G.D. Smith, « Your company's history as a leadership tool », *Harvard Business Review*, vol. 90, n° 12 (2012), pp. 25-32.
- Pour une présentation du lien entre la stratégie et la culture organisationnelle, voir R. Reitter (ed.), *Cultures d'entreprises, études sur les conditions de réussite du changement*, Vuibert, 1991, et M. Alvesson, *Understanding Organizational Culture*, Sage, 2002. On peut aussi consulter le chapitre de H. Laroche, « Culture organisationnelle » dans l'ouvrage de N. Aubert et *al.*, *Management, aspects humains et organisationnels*, PUF, 2005.
- Sur l'impact de la culture nationale sur la stratégie, voir G. Hofstede, *Vivre dans un monde multiculturel : comprendre nos programmations mentales*, Éditions d'Organisation, 1994. Pour une excellente comparaison entre la France, les États-Unis et les Pays-Bas, voir P. D'Iribarne, *La Logique de l'honneur*, Seuil, 1989.
- Une explication détaillée du tissu culturel figure dans J. Balogun, V. Hope Hailey et é. Viardot, *Stratégies du changement*, 2e édition, Pearson Education, 2005.
- Sur la dérive stratégique, voir J.-P. Detrie, F. Dromby et B. Moingeon, « Comment perdre par raison et gagner par chance. Effets pervers et stratégie d'entreprise », *Gérer et Comprendre*, n° 35 (juin 1994), ainsi que

G. Johnson, « Rethinking incrementalism », *Strategic Management Journal*, vol. 9, n° 1 (1988), pp. 75-91, et « Managing strategic change: strategy, culture and action », *Long Range Planning*, vol. 25, n° 1 (1992), pp. 28-36.

Références

1. Voir J.T. Seaman Jr et G.D. Smith, « Your company's history as a leadership tool », *Harvard Business Review*, vol. 90, n° 12 (2012), pp. 1-10, et J.R. Kimberly et H. Bouchikhi, « The dynamics of organizational development and change: how the past shapes the present and constraints the future », *Organization Science*, vol. 6, n° 1 (1995), pp. 9-18.
2. Cette phrase est inspirée d'une citation d'André Malraux : « Le futur est un présent que le passé nous donne. »
3. Voir D. Holbrook, W. Cohen, D. Hounshell et S. Klepper, « The nature, sources and consequences of firm differences in the early history of the semiconductor industry », *Strategic Management Journal*, vol. 21, n° 10-11 (2000), pp. 1017-1042.
4. D'après une correspondance avec l'historienne Mary Rose.
5. Voir S. Klepper et K.L. Simmons, « Dominance by birthright: entry of prior radio producers and competitive ramifications in the US television receiver industry », *Strategic Management Journal*, vol. 21, n°s 10-11 (2000), pp. 987-1016.
6. Voir W.B. Arthur, « Competing technologies, increasing returns and lock in by historical events », *Economic Journal*, vol. 99 (1989), pp. 116-131.
7. Sur l'exemple des claviers, voir le chapitre « Le pouce du panda de la technologie » dans S.J. Gould, *La Foire aux dinosaures*, Seuil, 1993, ainsi que P.A. David, « Clio and the economics of QWERTY », *Economic History*, vol. 75, n° 2 (1985), pp. 332-337. Plus largement sur la pérennité des standards dépassés et la difficulté à les remplacer, voir B. Jacomy, *L'âge du plip*, Seuil, 2002, ainsi que le chapitre de F. Fréry, « Les produits éternellement émergents : le cas de la voiture électrique », dans l'ouvrage coordonné par A. Bloch et D. Manceau, *De l'idée au marché*, Vuibert, 2000. L'idée que des standards imparfaits peuvent se maintenir durablement du fait d'un verrouillage est violemment réfutée par certains économistes, convaincus de l'efficience des marchés. Cela entraîne des débats parfois houleux. Voir notamment S. Liebowitz et S. Margolis, *The Economics of Qwerty*, New York University Press, 2001.
8. Voir J. Sydow, G. Schreyögg et J. Koch, « Organisational path dependence: opening the black box », *Academy of Management Review*, vol. 34, n° 4 (2009), pp. 698-708, et G. Schreyögg, J. Sydow et P. Holtman, « How history matters in organisations: the case of path dependence » *Management & Organizational History*, vol. 6, n° 1 (2011), pp. 81-100.
9. Voir A. Le Manh et C. Maillet, *Le Meilleur des normes comptables internationales IAS-IFRS*, 4e édition, Foucher, 2010. Les plus grands cabinets d'experts-comptables au monde réclament une réforme radicale : « Big four in call for real time accounts », *Financial Times*, 8 novembre 2006.
10. Voir D. Holbrook et *al.* (référence 3).
11. Voir F. Torres et P. Labasse, *Mémoire de Danone*, Le Cherche midi, 2003, et P. Labasse, *Antoine Riboud, un patron dans la cité*, Le Cherche midi, 2007.
12. Voir D.J. Jeremy, « Business history and strategy » dans l'ouvrage coordonné par A. Pettigrew, H. Thomas et R. Whittington, *Handbook of Strategy and Management*, Sage, 2002, pp. 436-460.
13. Voir par exemple les ouvrages de l'historien Félix Torres et son site public-histoire.com. Voir aussi la revue *Histoire d'Entreprises* et son site histoire-entreprises.fr.
14. Citation tirée de S. Finkelstein, « Why smart executives fail: four case histories of how people learn the wrong lessons from history », *Business History*, vol. 48, n° 2 (2006), pp. 153-170.
15. Cette définition est reprise de E. Schein, *Organisational Culture and Leadership*, 2e édition, Jossey-Bass, 1997, p. 6. Pour une critique du concept de culture organisationnelle, voir M. Alvesson, *Understanding Organizational Culture*, Sage, 2002.
16. C'est ainsi que T. Deal et A. Kennedy définissent la culture dans leur ouvrage *Corporate Cultures: The Rites and Rituals of Corporate Life*, Addison-Wesley, 1982.
17. Voir G. Hofstede, *Culture's Consequences*, 2e édition, Sage, 2001. On peut aussi consulter G. Hofstede, *Vivre dans un monde multiculturel :*

comprendre nos programmations mentales, Éditions d'Organisation, 1994. Pour une critique des travaux de Hofstede, voir B. McSweeney, « Hostede's model of national cultural differences and their consequences: a triumph of faith – a failure of analysis », *Human Relations*, vol. 55, n° 1 (2002), pp. 89-118, et A.M. Soares, M. Farhangmeher et A.S. Shoham, « Hofstede's dimensions of culture in international marketing studies », *Journal of Business Research*, vol. 60, n° 3 (2007), pp. 277-284. Voir aussi P. D'Iribarne, *La Logique de l'honneur*, Seuil, 1989 ; P. D'Iribarne, A. Henry et J.-P. Segal, *Cultures et mondialisation : gérer par-delà les frontières*, Seuil, 1998.

18. Sur les différents types de cultures et styles de management, voir O. Meier, *Management interculturel, Stratégie, organisation, performance*, 4e édition, Dunod, 2010, ainsi que R. Lewis, *When Cultures Collide : Managing Successfully Across Cultures*, 2e édition, Bearley, 2000, qui propose un panorama. Voir aussi S. Schneider et J.-L. Barsoux, *Managing Across Cultures*, 2e édition, Prentice Hall, 2003.
19. Voir par exemple E. Gomes, D. Angwin et K. Melahi, « HRM practices throughout the mergers and acquisition (M&A) process: a study of domestic deals in the Nigerian banking industry », *International Journal of Human Resource Management*, vol. 23, n° 14 (2012), pp. 2874-2900.
20. Pour une bonne synthèse sur les champs sectoriels, voir T. Dacin, J. Goodstein et R. Scott, « Institutional theory and institutional change: introduction to the special research forum », *Academy of Management Journal*, vol. 45, n° 1 (2002), pp. 45-57. Voir aussi G. Johnson et R. Greenwood, « Institutional theory and strategy », dans l'ouvrage coordonné par M. Jenkins et V. Ambrosini, *Strategic Management: A Multiple-Perspective Approach*, Palgrave, 2007.
21. Cette définition est reprise de W. Scott, Institutions and Organizations: Foundations for Organizational Science, Sage, 1995.
22. La notion de recette (*industrial recipe*) a été introduite par J. Spender, *Industry Recipes: The Nature and Sources of Management Judgement*, Blackwell, 1989. Initialement limitée aux industries, nous l'étendons ici aux champs sectoriels. L'idée générale est que les comportements sont orientés par un jeu de normes et de valeurs collectives.
23. Voir D. Deephouse, « To be different or to be the same? It's a question (and theory) of strategic balance », *Strategic Management Journal*, vol. 20, n° 2 (1999), pp. 147-166.
24. Voir E. Schein (référence 15). Voir aussi R. Reitter (ed.), *Cultures d'entreprises, études sur les conditions de réussite du changement*, Vuibert, 1991 ; le chapitre de H. Laroche, « Culture organisationnelle » dans l'ouvrage de N. Aubert et *al.*, *Management, aspects humains et organisationnels*, PUF, 2005 ; A. Brown, *Organisational Culture*, Prentice Hall, 1998. Pour une critique du concept de culture organisationnelle, voir A. Alvesson, *Understanding Organizational Culture*, Sage, 2002.
25. Ce schéma est adapté de P. Grinyer et J-C. Spender, *Turnaround : Managerial Recipes for Strategic Success*, Associated Business Press, 1979.
26. Une explication détaillée du tissu culturel est présentée dans G. Johnson, *Strategic Change and the Management Process*, Blackwell, 1987, et dans G. Johnson, « Managing strategic change: strategy, culture and action », *Long Range Planning*, vol. 25, n° 1 (1992), pp. 28-36.
27. Une présentation pratique de l'utilisation du tissu culturel figure dans le chapitre de G. Johnson, « Mapping and re-mapping organisational culture », dans V. Ambrosini, G. Johnson et K. Scholes (eds), *Exploring Techniques of Analysis and Evaluation in Strategic Management*, Prentice Hall, 1998.
28. Voir A.C.T. Smith et B. Stewart, « Organizational rituals: features, functions and mechanisms », *International Journal of Management Reviews*, vol. 13, n° 2 (2011), pp. 113-133, et G. Islam et M.J. Zyphur, « Rituals in organizations: a review and expansion of current theory », *Group & Organization Management*, vol. 34 (2009), pp. 114-139.
29. Pour une explication de la dérive stratégique, voir G. Johnson, « Rethinking incrementalism », *Strategic Management Journal*, vol. 9, n° 1 (1988), pp. 75-91, et G. Johnson, « Managing strategic change: strategy, culture and action », *Long Range Planning*, vol. 25, n° 1 (1992), pp. 28-36. Voir aussi E. Romanelli et M.L. Tushman, « Organisational transformation as punctuated equilibrium: an empirical test », *Academy of Management Journal*, vol. 37, n° 5 (1994), pp. 1141-1161. Cet article explique la tendance des stratégies à se développer de manière incrémentale avec de temps à autre des périodes de transformation.
30. Voir D. Miller et P. Friensen, « Momentum and revolution in organisational adaptation », *Academy of Management Journal*, vol. 23, n° 4 (1980), pp. 591-614.
31. J. Naughton, « The lessons we can learn from the rise and fall of Kodak », *Observer Discover*, 22 janvier 2012.
32. D. Leonard-Barton, « Core capabilities and core rigidities: a paradox in managing new product development », *Strategic Management Journal*, vol. 13, n° 5 (1992), pp. 111-125.

33. Voir D.S. Sull, « Why good companies go bad », *Harvard Business Review*, vol. 77, n° 4 (1999), pp. 42-52.
34. S. Hall, D. Lovallo et R. Musters, « How to put your money where your strategy is », *McKinsey Quarterley* (mars 2012).
35. Selon D. Miller, *Le Paradoxe d'Icare*, ESKA, 1993, le succès mène à l'échec car l'organisation se spécialise sur ses recettes de succès, qui deviennent incontestables. Miller fait référence au mythe grec d'Icare, qui avait réussi à construire des ailes lui permettant de voler. Il s'approcha alors trop près du soleil, ce qui fit fondre ses ailes.
36. Voir G. Yip, T. Devinney et G. Johnson, « Measuring long-term superior performance: the UK's long term superior performers 1984-2003 », *Long Range Planning*, vol. 43, n° 3 (2009), pp. 390-413.
37. P. Klarner et S. Raisch, « Move to the beat – rhythms of change and firm performance », *Academy of Management Journal*, vol. 56, n° 1 (2013), pp. 160-184.

Étude de cas

Le Club Med : des bronzés aux bobos

En 2014, le repositionnement du Club Med comme « spécialiste mondial des vacances tout compris, haut de gamme, conviviales et multiculturelles » semblait enfin toucher à sa fin, avec l'achèvement du plan de refonte de son parc de villages de vacances, mené depuis le début des années 2000, lorsque le Club Med avait été confronté à l'essoufflement de son modèle historique.

Le repositionnement haut de gamme ne faisait aucun doute. Depuis 2004, plus de 60 villages, jugés trop peu qualitatifs, avaient été fermés – soit environ la moitié des implantations. Parallèlement, une vingtaine d'autres avaient été ouverts ou profondément rénovés. L'ouverture de nouveaux villages de luxe était annoncée (notamment en Chine, à l'île Maurice, à Oman ou au Brésil). Ce vaste programme avait été financé par les cessions des murs des villages, que le Club Med louait désormais à des investisseurs.

Cependant, ce repositionnement marquait une rupture majeure avec l'histoire et la culture du Club Med, associées à l'ambiance décontractée, au confort sommaire et aux mœurs libérées, popularisés à la fin des années 1970 par les deux films comiques à succès *Les Bronzés* de Patrice Leconte. Selon les mots du P-DG de l'entreprise, Henri Giscard d'Estaing, il s'agissait de passer du « plus cher du moyen de gamme » au « plus accessible du haut de gamme ».

Reste que les résultats se faisaient encore attendre : alors que le Club Med était redevenu légèrement bénéficiaire en 2011 et en 2012, contre des pertes en 2010 et en 2009, l'année 2013 fut de nouveau marquée par un déficit, avec un recul de 3,5 % du chiffre d'affaires. Même si les concurrents Pierre & Vacances ou Thomas Cook affichaient des résultats encore plus dégradés, et que le marché français du tourisme avait baissé de 6 % dans son ensemble en 2013, le Club Med avait accumulé une perte de plus de 70 millions d'euros depuis 2006.

Quoi qu'il en soit, cette rupture avec l'histoire et la culture du Club Med devait impérativement réussir, car elle avait mobilisé l'essentiel des efforts et pas moins d'un milliard d'euros d'investissements depuis 2004.

L'histoire du Club Med : les années de croissance

Le Club Med fut fondé dans l'après-guerre par deux anciens résistants : un athlète belge et un communiste français.

En février 1950, le Belge Gérard Blitz passa quelques jours de vacances dans un village de tentes près de Calvi en Corse. Issu d'une famille

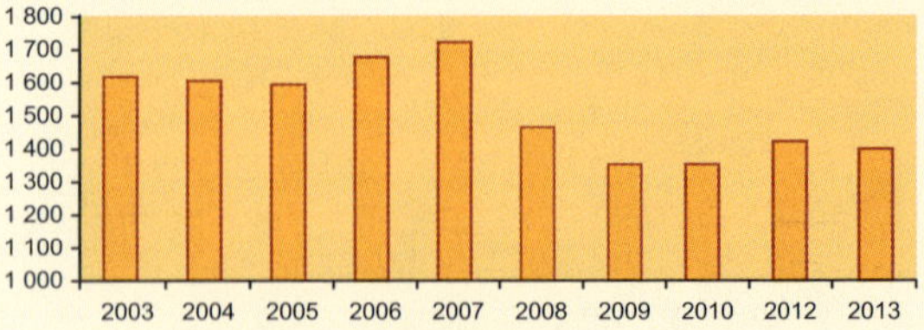

Figure 1

Évolution du chiffre d'affaires du Club Med (millions d'euros).

de diamantaires, il avait été l'un des rares athlètes à s'être distingué dans deux disciplines : la natation (recordman du monde du 400 mètres dos de 1921 à 1927) et le water-polo (trois fois médaillé olympique entre 1920 et 1936). Après la Seconde Guerre mondiale, le gouvernement belge lui avait demandé d'ériger un camp de tentes pour les soldats. Cela lui donna l'idée de créer un « camp de vacances » sous le soleil. Il créa alors l'association de droit belge « Club Méditerranée » en avril 1950 et inaugura en juin son premier village sur une plage déserte, à Alcúdia aux Baléares.

Les 300 premiers clients furent hébergés sous des tentes récupérées dans des surplus militaires, puis fournies par l'entreprise familiale du Français Gilbert Trigano, militant communiste et ancien grand reporter au journal *L'Humanité*. Séduit par le concept du village de vacances, fasciné par la personnalité de Gérard Blitz, bercé par les récits d'un père né sous le soleil de l'Algérie, Gilbert Trigano devint trésorier de l'association en 1953, puis P-DG en 1963, l'année où le Club Méditerranée abandonna le statut associatif pour devenir une société anonyme.

En 1955, le Club Méditerranée ouvrit un second village de tentes à Tahiti, île dont Claudine, l'épouse de Gérard Blitz, était originaire. En 1956, ce fut le tour d'un village de neige, à Leysin en Suisse. En 1960, un village fut inauguré à Corfou en Grèce, non plus avec des tentes mais sur le modèle des cases polynésiennes.

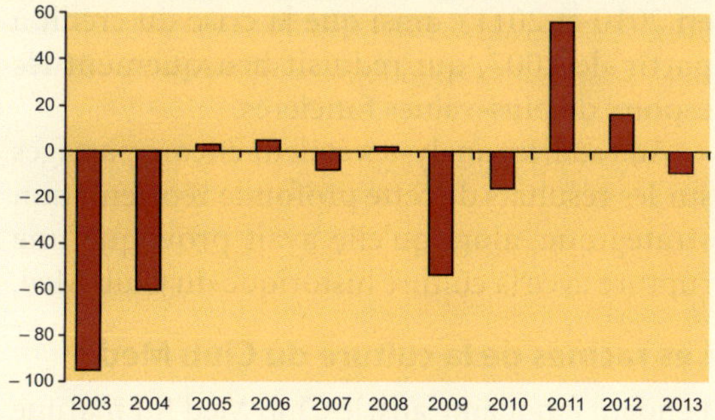

Figure 2

Évolution du résultat net du Club Med (millions d'euros).

Enfin, en 1965, le Club Méditerranée ouvrit son premier village permanent à Agadir au Maroc, en ajoutant une formule d'excursions et de rencontres avec les cultures locales.

L'année suivante, l'entreprise fut introduite à la Bourse de Paris, afin de financer un large développement international, en Afrique du Nord, en Europe, mais aussi en Amérique et en Asie. Cette expansion fut couronnée par le lancement de deux voiliers de croisière à cinq mâts, le *Club Med 1* et le *Club Med 2*.

Le début des difficultés

En 1991, année du décès de Gérard Blitz, la première guerre du Golfe entraîna une crise du tourisme et le Club Med enregistra de lourdes pertes. Gilbert Trigano céda son poste de P-DG à son fils Serge en 1993, mais celui-ci n'arriva pas à redresser la situation, malgré un plan de restructuration particulièrement sévère en 1996 qui se manifesta symboliquement par la vente du voilier *Club Med 1*. Devant l'inquiétude des actionnaires, Serge Trigano fut donc remplacé dès 1997 par un manager recruté à l'extérieur, Philippe Bourguignon, qui avait été formé chez le groupe hôtelier Accor, et occupait depuis 1992 le poste de P-DG du parc de loisirs EuroDisney.

Bouillant, sportif, solitaire, parfois hautain, adepte du « management par le chaos permanent », Philippe Bourguignon entreprit de redresser la situation financière du Club Med, avec l'ambition de « transformer une société de villages de vacances en une société de services ». Pour cela, il décida de mettre l'accent sur la croissance, à la fois en interne avec la baisse des prix, le renforcement du marketing et le lancement de nouveaux concepts tels que Oyyo (un village bon marché destiné exclusivement aux jeunes), et en externe avec le rachat du tour-opérateur Jet Tours en 1999 et de la société de clubs de remise en forme Gymnase Club en 2001. Cette ambitieuse politique d'expansion, accompagnée d'un plan de réduction des coûts (qui provoqua une érosion de la qualité des prestations), du remplacement d'une partie du personnel par des prestataires locaux et d'une

Étude de cas

informatisation des processus (jusque-là, la gestion restait en grande partie manuelle), permit un retour aux bénéfices dès 1998. En 1999, le résultat net augmenta de 48 %. En 2000, le chiffre d'affaires connut une croissance de 28 % et le résultat net, de 51 %. Plus de 300 000 nouveaux clients rejoignirent le Club Med en trois ans. En 2001, année de la mort de Gilbert Trigano, le Club Med comptait 127 villages, 24 200 employés et 1,8 million de clients.

Cependant, les attentats du 11 septembre 2001 provoquèrent un effondrement brutal du marché mondial du tourisme. Constatant que sa stratégie de volume n'était plus tenable, désavoué par le personnel du Club Med – qui lui reprochait son comportement autocrate, en rupture avec le paternalisme des Trigano –, Philippe Bourguignon céda sa place en 2002 à son directeur général, qu'il avait personnellement recruté chez Danone, Henri Giscard d'Estaing, par ailleurs fils aîné de l'ancien président de la République française.

Le plan de repositionnement

Lorsque Henri Giscard d'Estaing en devint le P-DG, le Club Med faisait face à deux menaces externes :

- D'une part, le tourisme continuait à être victime de la menace terroriste. Si le marché avait connu une hausse régulière de 5 à 7 % par an, il était en régression depuis la fin 2001.
- D'autre part, notamment grâce à Internet, de nouveaux entrants à bas coût tels que Lastminute ou Promovacances connaissaient une expansion rapide. Certains concurrents, tels que Fram, Look ou Marmara, proposaient eux aussi des villages de vacances sur le même principe que le Club Med, mais à des tarifs inférieurs. Or, la différence de prix pratiqués par le Club Med par rapport à ces imitateurs ne se justifiait plus, notamment depuis le plan de réduction des coûts.

Tout cela poussa Henri Giscard d'Estaing à provoquer un repositionnement vers le haut de gamme : fermeture des villages d'entrée de gamme (et notamment d'Oyyo), revente de Jet Tours et de Gymnase Club, réhabilitation du parc restant, ouverture de nouvelles implantations de prestige, hausse significative des prestations (confort des chambres, nourriture et boissons à volonté), mais aussi des tarifs. Ce repositionnement, qui ramena le nombre de villages à 80, fut accompagné par une campagne publicitaire très qualitative intitulée « Il reste tant de monde à découvrir », en rupture avec la communication décontractée utilisée jusque-là. Entre 1998 et 2013, la proportion des villages haut de gamme passa de 18 % à 66 %, alors que les villages d'entrée de gamme disparaissaient. De même, la clientèle évolua significativement, à la fois en termes de niveaux de revenus et d'origine géographique. En 2013, un tiers des clients venaient de « pays à croissance rapide » (essentiellement la Chine, la Russie et le Brésil).

Ce repositionnement fut notamment financé par la vente de l'immobilier. En devenant locataire plutôt que propriétaire de ses villages, le Club Med réduisait ses frais financiers et ses amortissements, allégeait sa dette et présentait un meilleur bilan au marché boursier, afin de financer son programme de rénovation.

Cependant, cette stratégie se heurta à deux écueils externes : la morosité persistante du marché du tourisme (à la menace terroriste s'ajoutèrent le tsunami de décembre 2004 en Asie et les révolutions en Tunisie et en Égypte en 2010 et 2011), ainsi que la crise du crédit à partir de 2007, qui réduisit brusquement les espoirs de plus-values foncières.

Au total, les analystes étaient encore partagés sur les résultats de cette profonde réorientation stratégique, alors qu'elle avait provoqué une rupture avec la culture historique du Club Med.

Les racines de la culture du Club Med

Pendant cinquante ans, le Club Med fut marqué par une culture particulièrement forte, qui faisait dire à Gilbert Trigano qu'il avait créé une « industrie profondément psychologique ».

Marqué par la Seconde Guerre mondiale, Gérard Blitz avait créé le Club Med notamment parce qu'il estimait que tous les Européens – sans distinction de classe – avaient droit à des vacances à la mer et au soleil. Il avait défini son concept, fondé sur la vie en communauté et le partage des bienfaits du sport, comme « l'antidote de la civilisation ». Comme l'avait souligné Gilbert Trigano : « Nous étions des survivants. Nous voulions nous mettre au service de l'homme. Plus que Gérard, j'ai cherché à concilier le monde capitaliste et l'utopie. Je me souviens de ces petits matins où nous bâtissions le monde avec une audace, une vraie folie furieuse et, en même temps, une grande lucidité : nous savions que nous pouvions influencer l'être et le devenir des gens. » Pour l'idéaliste Gérard Blitz et le pragmatique Gilbert Trigano, il s'agissait de « recueillir les hommes que détruit la société moderne en un lieu de paix et de douceur où ils peuvent récupérer leurs forces. Fabriquer un milieu artificiel destiné à réapprendre aux hommes à sourire ».

Pour cela, ils conçurent une culture riche de symboles, de rituels et de mythes. Les villages étaient volontairement isolés de leur environnement, afin de constituer une parenthèse dans la vie quotidienne. Leur confort était sommaire : d'abord des toiles de tentes, puis des cases, souvent sans électricité, avec sanitaires partagés. Dans ce monde clos, dès 1951, les clients furent appelés Gentils Membres (GM) et les animateurs, Gentils Organisateurs (GO) : cette insistance sur la gentillesse faisait partie intégrante du projet, qui se voulait à la fois primitif et chaleureux. Une fois arrivés à destination, accueillis par les GO, les GM devaient bannir le langage de leur profession et de leur milieu social, se tutoyer, ne conserver que leur prénom et donner libre cours à leurs fantasmes sexuels. Au restaurant (célèbre pour ses buffets à volonté), on ne trouvait que des tables de huit personnes, afin d'obliger les GM à faire connaissance. De même, dès 1956 – dans le but de faire disparaître l'argent dans l'enceinte du village lors du paiement des consommations au bar –, le Club Med instaura des colliers composés de boules de couleur : à chaque couleur correspondait une valeur fiduciaire. Ce système fut utilisé jusqu'en 1995, puis remplacé par des carnets de tickets, qui eux-mêmes disparurent en 2004 lorsque les boissons à volonté furent incluses dans le prix du séjour.

Clés de voûte du système, les GO étaient chargés d'entretenir l'illusion de la fête permanente : danse du village, spectacles, compétitions sportives. Pendant les premières années, ils furent personnellement choisis par Gérard et Claudine Blitz. Comme le soulignait Gilbert Trigano : « Claudine a joué le rôle informel de directrice du personnel, un rôle fondamental car toute l'animation du Club repose sur les GO. Elle et Gérard ont été les parents tutélaires du Club, qui ont su choisir des enfants à leur image, avec lesquels ils ont entretenu des relations familiales. » Certains GO eurent par la suite une carrière extérieure au Club Med, soit comme artistes (les chanteurs Patrick Bruel et Gérard Lenorman, les humoristes Nicolas Canteloup, Anne Roumanoff ou Alex Métayer), soit comme animateurs de télévision (Vincent Lagaf ou Denis Brogniart).

Sur le plan organisationnel, les meilleurs GO pouvaient espérer devenir chefs de village, c'est-à-dire responsables de l'ensemble du fonctionnement d'un club, de l'animation à l'hôtellerie en passant par la restauration et la sécurité. Les meilleurs chefs de village – un poste qu'il était difficile d'occuper après 45 ans, étant donné la nécessité d'une présence quasi permanente, nuit et jour, auprès des GM – pouvaient accéder à des postes administratifs au siège du Club Med à Paris, même si ces animateurs de terrain ne faisaient pas nécessairement de bons managers de direction générale. Serge Trigano lui-même avait débuté comme GO au village de Corfou en 1963.

Sous le logo au trident (en référence à Poséidon et à la Méditerranée), le Club Med avait ainsi généré une alchimie « sea, sex and sun » qui connut son apogée dans les années 1970.

Étude de cas

Vers une nouvelle culture

Moquée dans les films *Les Bronzés* et *Les Bronzés font du ski*, cette culture communautaire se trouva en déphasage avec les évolutions de la société à partir des années 1990. Les mœurs dans certains villages étaient devenues trop libres (d'où la fuite de la clientèle familiale, qui se tournait vers les concurrents), les villages eux-mêmes étaient souvent perçus comme des ghettos, sans lien avec les cultures locales (alors que les vacances culturelles étaient de plus en plus recherchées), la familiarité des relations entre GO et GM pouvait rebuter certains clients, et enfin la quasi-obligation de participer à chacune des activités, au nom de l'esprit de communauté, était parfois vécue comme un embrigadement.

À partir de 2002, au-delà du repositionnement stratégique, Henri Giscard d'Estaing avait donc engagé une profonde mutation culturelle. Le directeur de la qualité du Club Med, malgré ses trente années passées dans l'entreprise, déclarait ainsi : « Nous ne voulons plus des vieilles soupes d'avant. Nous sommes passés de l'animation à l'ambiance […], une ambiance qui laisse les GM libres de choisir. » Une charte d'ambiance rappelant les principales valeurs du groupe – multiculturel, pionnier, gentillesse, liberté, responsabilité – fut éditée à cet effet. Elle soulignait notamment les comportements désormais inadaptés pour les GO : copinages, jugements hâtifs, individualisme. De même, un « book » d'ambiance épais comme un annuaire présentait le nouveau mode d'emploi et limitait notamment les animations jugées « vulgaires » (jeux d'eau ou déguisements en travestis). Un village école fut ouvert à Vittel en France, afin de former les 10 000 salariés présents dans les villages (sur un total de 16 000). Il s'agissait de revoir les comportements relationnels, les tenues vestimentaires et les attitudes. Au passage, l'organisation des villages fut aussi modifiée. Autrefois omniprésent et directement responsable de quinze chefs de service, le chef de village était désormais épaulé par deux adjoints (l'un en charge de l'hôtellerie et l'autre, des loisirs).

Une transformation en devenir

Volontiers souriant, prudent, à l'écoute de ses subordonnés, économe, ancien élu politique (à l'âge de seulement 22 ans, il était devenu en 1979 conseiller général du Loir-et-Cher), Henri Giscard d'Estaing pouvait réussir à modifier profondément la culture du Club Med. Il avait personnellement négocié sur le terrain la fermeture des 60 villages jugés indignes du nouveau positionnement. Parallèlement, il avait consulté Serge Trigano, pourtant renvoyé par son prédécesseur Philippe Bourguignon, sur la culture historique du Club Med.

Cependant, cette évolution était encore à parfaire dans l'esprit des clients et notamment de la clientèle potentielle visée : les hauts revenus. Si la satisfaction des GM augmentait, ce n'était pas le cas de leur fréquentation. En fait, le Club Med avait perdu un tiers de ses clients en dix ans, et sa valeur boursière avait été divisée par dix.

Après un épisode mouvementé pendant lequel l'ex-homme d'affaires, ministre et acteur Bernard Tapie avait vainement tenté de racheter le Club Med en 2009, affirmant que le repositionnement haut de gamme était une erreur et qu'il fallait revenir aux fondamentaux du Club et à son caractère populaire, l'entreprise annonça une augmentation de capital afin de limiter le risque d'OPA. Pour cela, elle fit appel à des investisseurs auxquels elle avait cédé la propriété de ses villages au cours des années précédentes, dont la Caisse de dépôt et de gestion du Maroc, à Rolaco (actionnaire saoudien de longue date), à Air France et à la famille Benetton. En juin 2010, c'est le conglomérat privé chinois Fosun qui acquit 7,1 % du capital du Club Med, dans le cadre de ce qu'Henri Giscard d'Estaing présenta comme un partenariat stratégique : « L'objectif est de toucher 5 % à 7 % des 0,2 % de Chinois les plus riches, soit 200 000 clients répartis à travers cinq villages à l'horizon 2015. » Le premier de ces villages chinois ouvrit dans la station de ski de Yabuli en novembre 2010. à terme, les Chinois devaient devenir la deuxième clientèle du Club Med après les Français.

En mai 2013, les deux principaux actionnaires du Club Med, Fosun (désormais détenteur de 9,96 %) et le fonds AXA Private Equity (9,4 % du capital) – avec le soutien d'Henri Giscard d'Estaing et de 400 managers du groupe – lancèrent une OPA amicale sur le Club Med. Cette opération, qui allait se traduire par un retrait de la Bourse de Paris, devait permettre au groupe de « disposer d'un actionnariat stable afin de parachever son triple repositionnement stratégique » : (1) montée en gamme, (2) déplacement de l'activité vers l'Asie et (3) cession des murs. Au total, Fosun et AXA Private Equity devaient chacun détenir 46 % du capital du Club Med, le solde revenant aux dirigeants. À terme, une cotation à Hong Kong ou à Shanghai était évoquée. Cependant, ce projet d'OPA fit l'objet d'un recours de la part de deux associations d'actionnaires minoritaires, qui estimaient que le prix proposé était insuffisant. Ils avançaient notamment le fait qu'ils n'avaient pas reçu de dividendes depuis dix ans et que le Club Med risquait de passer sous pavillon chinois.

Quoi qu'il en soit, même si plus de 70 % de ses clients étaient français et que le marché français représentait encore près de la moitié de son chiffre d'affaires, tout indiquait que le centre de gravité du Club Med allait continuer à évoluer.

Sources : clubmed.net; psychologies.com; *Le Monde*, 25 juillet et 6 décembre 2013; *Les Echos*, 10 décembre 2010, 14 juin 2010 et 14 décembre 2009; *Challenges*, 11 décembre 2009; monographie ESCP Europe 2007 par J. de Florival et C. Hamard.

Questions

1. Analysez la culture du Club Med jusqu'en 2000.
2. Sur quoi a reposé le succès du Club Med entre les années 1950 et les années 1990 ?
3. Comment expliquez-vous les difficultés du Club Med au début des années 1990 ?
4. Pourquoi le plan de Philippe Bourguignon a-t-il échoué ? Pensez-vous que le plan d'Henri Giscard d'Estaing connaîtra un meilleur succès ?

Commentaires sur la partie I

Les prismes stratégiques et le diagnostic stratégique

Dans les cinq chapitres précédents, nous avons introduit de nombreux concepts et outils stratégiques. Certains adoptent un point de vue économique sur les structures de marché, à l'image du modèle des 5(+1) forces de la concurrence du chapitre 2. D'autres sont plus sociologiques, comme la notion de légitimité des chapitres 4 et 5. Certains permettent de faciliter l'innovation, comme le canevas stratégique (voir le chapitre 2), alors que d'autres soulignent le conservatisme, comme la dérive stratégique (voir le chapitre 5). En règle générale, les modèles supposent l'objectivité d'analyse, mais le problème de la relation principal-agent (voir le chapitre 4) rappelle que les intérêts politiques peuvent diverger au sein d'une organisation, tout comme la culture peut être une source de biais (voir le chapitre 5). Ce qui ressort de tout cela, c'est qu'il existe de multiples manières de considérer la stratégie. Les prismes stratégiques constituent quatre approches qui permettent d'envisager les questions stratégiques, chacun reposant sur un ensemble spécifique de concepts et de modèles, et chacun entraînant des implications pratiques distinctes.

Ces quatre prismes sont :

- Le **prisme de la méthode**, selon lequel l'élaboration de la stratégie est un processus logique d'analyse et d'évaluation. C'est la représentation la plus fréquemment adoptée. Elle encourage une démarche objective qui mobilise des outils formalisés et des concepts rationnellement définis.
- Le **prisme de l'expérience**, qui s'appuie sur l'idée que la stratégie découle de schémas de pensée implicites et de routines d'actions individuelles et collectives. Étant donné que les stratégies sont choisies et déployées par des individus, leur expérience doit être prise en compte. Ce prisme donne donc un rôle stratégique central à la culture et à l'histoire.
- Le **prisme de la complexité**, qui postule que la stratégie émerge de la variété et de la diversité qui irriguent et entourent l'organisation. Les dirigeants ne peuvent pas tout savoir sur leur organisation et ses marchés. Selon le prisme de la complexité, la stratégie ne résulte pas uniquement de la volonté du sommet de l'organisation, elle est également issue de sa base et de sa périphérie.
- Le **prisme du discours**, qui suppose que le langage permet de comprendre et de faire évoluer la stratégie, mais aussi d'affirmer le pouvoir et l'identité des managers. Les managers utilisent toujours le langage pour poursuivre leurs objectifs. Par conséquent, décrypter le discours des managers permet de révéler des intentions politiques cachées.

Considérer la stratégie selon ces quatre prismes est utile, car chacun soulève des questions différentes et suggère des réponses distinctes. Dans les conversations quotidiennes, il n'est pas rare d'entendre des arguments du type : « Peut-être, mais d'un autre point de vue… » Se limiter à une seule interprétation d'un phénomène peut mener à des conclusions partielles, voire biaisées. Lorsqu'on cherche à obtenir une représentation plus complète, il est toujours fructueux de multiplier les points de vue. La stratégie envisagée résulte-t-elle d'une analyse objective, ou est-elle plutôt le reflet de l'expérience personnelle ou de l'intérêt politique de celui qui la propose ? Les prismes permettent également d'envisager de plus nombreuses solutions face aux questions stratégiques. L'organisation doit-elle s'appuyer uniquement sur ses dirigeants pour concevoir de nouvelles stratégies, ou plutôt laisser la stratégie émerger des initiatives et des expérimentations menées à la base ? Adopter plusieurs perspectives sur la stratégie permet ainsi d'aider les managers à prendre en compte un plus grand spectre de questions et de réponses.

La suite de ces commentaires explique chacun de ces quatre prismes plus en détail, en mobilisant notamment certaines dimensions clés de la stratégie :

- La *rationalité*. Dans quelle mesure le développement stratégique est-il un acte rationnel ? Bien entendu, le prisme de la méthode postule que c'est le cas, alors que les autres prismes soulèvent diverses questions à cet égard.
- L'*innovation* et le changement. Le développement stratégique débouche-t-il sur des organisations innovantes et ouvertes aux réformes, ou au contraire consolide-t-il les orientations passées, les routines établies et les structures de pouvoir existantes ?
- La *légitimité*. Dans quelle mesure la stratégie et l'implication dans les tâches stratégiques procurent-elles aux individus du pouvoir, de l'autorité et de l'influence sur leur organisation ?

Ces commentaires se concluent par un cas consacré à Nokia, qui illustre de quelle manière les quatre prismes peuvent aider à analyser la stratégie d'une entreprise. Dans la suite de l'ouvrage figurent des commentaires plus courts, qui permettent d'interpréter les concepts présentés dans les parties II et III, de manière à encourager le lecteur à approfondir les questions soulevées.

Le prisme de la méthode

Selon le prisme de la méthode, le stratégiste est un concepteur impartial, qui conçoit des plans précis capables de s'extraire du désordre de l'action quotidienne. Au regard des trois dimensions, le prisme de la méthode donne donc une grande importance à la rationalité et à la prise de décision (voir le schéma C.i)[1]. Du fait de sa focalisation explicite sur l'optimisation de la performance organisationnelle, le prisme de la méthode tend à être très légitime, en particulier aux yeux des actionnaires et des régulateurs. C'est l'analyse rationnelle qui compte, pas les passions ou l'intuition. Cependant, cette volonté de dépassionner l'analyse peut parfois nuire à l'innovation.

Le prisme de la méthode est globalement associé à des théoriciens tels que l'ancien planificateur stratégique de Lockheed Igor Ansoff, ou le professeur de la Harvard Business School et docteur en économie industrielle Michael Porter[2]. Cette approche puise ses racines dans les théories économiques traditionnelles, qui postulent l'information parfaite et la rationalité absolue des acteurs. Elle est renforcée par les techniques de sciences de gestion qui recherchent l'optimisation des ressources, et elle connaît un regain d'intérêt avec l'essor des techniques d'*analyse décisionnelle* – ou *business analytics* – (voir la section 11.2.3). Le prisme de la méthode est très fréquent dans les manuels de stratégie. Les professeurs de stratégie commencent d'ailleurs généralement leur cours en demandant aux participants ce qu'ils entendent par « stratégie », et les réponses les plus fréquentes sont : « définition d'objectifs », « planification », « analyse » ou encore « évaluation d'options ». Cette conception de la stratégie. La plupart des managers sont certainement convaincus que c'est exactement ce qu'ils font. Le prisme de la méthode repose sur trois hypothèses sur l'élaboration des décisions stratégiques :

- *L'analyse systématique est essentielle.* Bien que la performance d'une organisation résulte de nombreux facteurs, une analyse rigoureuse permet d'identifier les plus importants. Calculer l'attractivité d'une industrie en utilisant l'hexagone sectoriel (voir le chapitre 2) et identifier les capacités stratégiques grâce aux critères VRIO (voir le chapitre 3) sont des méthodes standard d'évaluation de la performance future.
- *L'analyse précède l'action.* La stratégie est considérée comme un processus linéaire. Les décisions précèdent leur mise en œuvre. De fait, l'analyse de l'environnement – notamment concevoir des scénarios ou identifier les facteurs clés de succès (voir le chapitre 2) – constitue une première étape cruciale de la démarche stratégique.

Schéma C.i Le prisme de la méthode

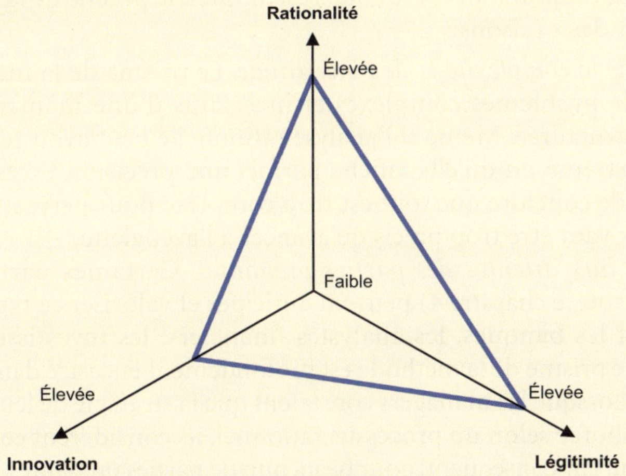

- *Les objectifs sont clairs.* Une analyse rationnelle nécessite des critères objectifs afin d'évaluer les différentes options issues du diagnostic. Par conséquent, la mission et la vision (voir le chapitre 4) doivent être définies par avance de manière aussi précise que possible. Peu de place est laissée à d'éventuels ajustements au cas où de nouvelles opportunités ou contraintes apparaîtraient au cours de la mise en œuvre.

Le prisme de la méthode repose également sur trois hypothèses sur la nature des organisations :

- *Les organisations sont des hiérarchies.* Il incombe aux dirigeants de planifier le destin de leur organisation. Ils prennent les décisions importantes, les managers intermédiaires les déclinent en objectifs quotidiens et finalement les exécutants les appliquent.

- *Les organisations sont des systèmes rationnels.* La complexité étant censée être analysable, les conclusions des dirigeants sont logiquement acceptées par tous les membres de l'organisation. Différents *systèmes de contrôle* tels que les budgets, les calculs d'écarts ou le management par objectifs permettent aux dirigeants de vérifier que les membres de l'organisation se comportent conformément à la stratégie et atteignent les objectifs qui leur ont été assignés. Si nécessaire, les dirigeants peuvent ainsi prendre des mesures correctives.
- *Les organisations sont des mécanismes.* Cette approche hiérarchique conçoit les organisations comme des systèmes mécaniques. Actionner le bon levier organisationnel doit permettre de produire le résultat attendu. Les questions de relation principal/agent peuvent être contrôlées par la mise en œuvre d'incitations appropriées (voir le chapitre 4). Même la culture organisationnelle (voir le chapitre 5) peut être gérée de manière rationnelle.

Implications

Plusieurs implications découlent du prisme de la méthode. Selon cette approche, il est fructueux de consacrer beaucoup de temps à l'analyse formelle, en particulier à ses dimensions économiques. La planification stratégique rigoureuse et les calculs de rentabilité financière sont essentiels, et même si les plans stratégiques ne débouchent pas toujours sur les résultats escomptés, le prisme de la méthode reste pertinent pour deux raisons :

- *La gestion de la complexité et de l'incertitude.* Le prisme de la méthode permet de parler de problèmes complexes et incertains d'une manière rationnelle, logique et structurée. Même si l'analyse rationnelle peut avoir tendance à simplifier à l'extrême ou qu'elle affiche parfois une précision excessive, elle vaut mieux que de conclure que tout est trop complexe pour permettre le moindre plan. Mieux vaut être trop précis qu'avancer à l'aveuglette.
- *La réponse aux attentes des parties prenantes.* Certaines parties prenantes influentes (voir le chapitre 4) peuvent anticiper et valoriser ce type d'approche, notamment les banques, les analystes financiers, les investisseurs, voire les employés. Le prisme de la méthode est profondément encastré dans le psychisme occidental. Lorsque les managers constatent que la stratégie de leur organisation n'est pas élaborée selon un processus rationnel, ils considèrent cela comme une imperfection. Par conséquent, pour beaucoup de parties prenantes, une démarche rigoureusement analytique est légitime. Y recourir constitue ainsi une manière de gagner leur soutien et leur confiance.

Utiliser les techniques d'analyse stratégique rationnelle peut aussi avoir des implications sur le pouvoir et l'identité des managers. Ce point sera discuté dans la section consacrée au prisme du discours.

En résumé, le prisme de la méthode permet de souligner la valeur d'une analyse systématique, d'une démarche méthodique et d'une élaboration rigoureuse des objectifs et des systèmes organisationnels. Cependant, ce prisme a des limites. Il sous-estime le rôle positif de l'intuition et de l'expérience, l'impact des initiatives non planifiées et l'influence des jeux de pouvoir. D'autres prismes concernent justement ces différents points.

Le prisme de l'expérience

Le prisme de l'expérience repose sur l'idée que la stratégie provient moins d'une analyse objective à partir d'une page blanche que de l'expérience accumulée des managers. L'histoire et la culture doivent être prises en compte, et la stratégie est orientée par les routines et les schémas de pensée implicites et individuels. Comme le montre le schéma C.ii, le prisme de l'expérience donne ainsi moins d'importance à la rationalité que le prisme de la méthode. Il accorde également peu de poids à l'innovation et au changement. En revanche, la légitimité – non pas à l'égard des faits, mais de la culture et de l'histoire – joue un rôle déterminant.

Le prisme de l'expérience repose sur des recherches effectuées sur la manière dont les stratégies sont effectivement élaborées dans les organisations. Dès les années 1950, le Prix Nobel d'économie Herbert Simon[3] a développé la théorie comportementale de la firme, qui repose sur le comportement réel des managers. Cette théorie souligne deux types de problèmes lorsqu'une approche d'analyse rationnelle est déployée :

- *Les contraintes externes.* La théorie comportementale insiste sur ce qui limite la rationalité dans la pratique. Il est ainsi pratiquement impossible d'obtenir toute l'information nécessaire à une analyse complète. Il est difficile de prévoir précisément face à un futur incertain. Conduire une analyse détaillée implique des coûts et des délais. Dans ces conditions, les managers se satisfont généralement de solutions adéquates plutôt que de rechercher les solutions optimales.
- *La rationalité limitée.* La théorie comportementale souligne que les managers ont une « rationalité limitée » : la capacité intellectuelle des êtres humains à traiter l'information et à conduire des analyses n'est pas parfaite. Ils sont également exposés à des « biais cognitifs » : ils tendent à être sélectifs dans l'attention qu'ils portent aux problèmes et à favoriser automatiquement certains types de solutions.

Les biais cognitifs sont généralement issus de l'expérience des managers, qu'elle soit individuelle ou collective :

- *L'expérience individuelle* peut orienter les hypothèses implicites des managers sur ce qui est important et sur les solutions qui ont le plus de chances de fonctionner. L'expérience résulte notamment de l'éducation et de la formation. Par exemple, les comptables et les responsables marketing ne partagent généralement pas les mêmes points de vue. De même, les managers ayant un MBA sont souvent accusés de favoriser des approches trop analytiques pour résoudre les problèmes. La carrière passée est également une source d'expérience individuelle. À titre d'exemple, les dirigeants des chaînes de télévision ont toujours eu du mal à considérer que les sites Internet tels que YouTube ou DailyMotion étaient des concurrents. Les différences d'expériences individuelles au sein d'une organisation peuvent provoquer des débats et des négociations entre managers ayant des vues divergentes sur ce qui doit être fait. La cartographie des parties prenantes (voir le chapitre 4) du pouvoir et de l'intérêt de chacun peut permettre de résoudre ce type de situation.
- *L'expérience collective* tend à produire des schémas habituels de pensée et d'action qui se traduisent en réponses standardisées aux problèmes stratégiques. L'expérience collective est partiellement encapsulée dans la culture organisationnelle, mais elle résulte également de la culture nationale ou régionale. Par exemple, les managers chinois et leurs homologues occidentaux voient le monde différem-

ment (voir le chapitre 5). Un troisième type d'expérience collective prend la forme des recettes sectorielles, résultant d'années d'interactions répétées entre concurrents. Les managers de l'industrie textile ont tendance à penser que le style détermine le succès, même si un regard extérieur tend à montrer que la technologie sera vraisemblablement une source d'avantage concurrentiel dans le futur. À la différence de l'expérience individuelle, l'expérience collective tend à supprimer les débats au sein des équipes et il devient difficile de rompre le consensus. Cela peut déboucher sur une dérive stratégique (voir la section 5.4), tout le monde étant d'accord pour continuer comme auparavant, même si l'environnement change.

Implications

Le prisme de l'expérience a des conséquences significatives sur la stratégie. Il souligne tout d'abord deux problèmes majeurs :

- *L'analyse est généralement biaisée.* Tous les managers interprètent les problèmes stratégiques avec leur propre expérience. Il est très difficile d'analyser une situation sans la moindre idée préconçue. La prétention à l'objectivité doit toujours être sujette à caution. Il faut se demander d'où viennent les analystes qui l'affichent.
- *Le conservatisme est généralement fort.* L'expérience conduit généralement à des réponses routinières, même face à de nouveaux problèmes. Les solutions validées par l'expérience deviennent trop légitimes et les dirigeants tiennent leur pouvoir de leurs succès passés. La dépendance de sentier et l'enfermement sont des risques tenaces (voir le chapitre 5). Les organisations peuvent finir par ressembler à d'anciens combattants, ressassant toujours les guerres passées.

Réciproquement, le prisme de l'expérience permet de dégager des conseils pratiques :

- *L'analyse peut coûter plus cher qu'elle ne rapporte.* Étant donné que la recherche de bonnes informations et leur analyse peuvent nécessiter un temps considérable, il est parfois raisonnable de décider d'y mettre fin. Selon la disponibilité des données et la capacité à les analyser, au-delà d'un certain point, mieux vaut ne pas persévérer.
- *L'expérience peut suffire pour agir.* Si l'analyse ne produit pas de réponses parfaites, s'appuyer sur le savoir empirique et sur l'instinct de managers expérimentés peut se révéler tout aussi efficace. Mieux vaut avoir approximativement raison à temps que plus précisément raison trop tard.

- *Il faut contester le consensus établi.* Si les règles empiriques peuvent être efficaces, il est parfois nécessaire de contester le consensus dans une organisation. Le risque de pensée unique est réel (voir le chapitre 12). Il est donc utile d'encourager une diversité de points de vue au sein de l'organisation, par exemple en nommant des administrateurs non exécutifs (voir le chapitre 4), en recrutant des dirigeants à l'extérieur (chapitre 11), ou en encourageant la participation de tous les salariés à une session de réflexion collective (voir le chapitre 15).

Schéma C.ii **Le prisme de l'expérience**

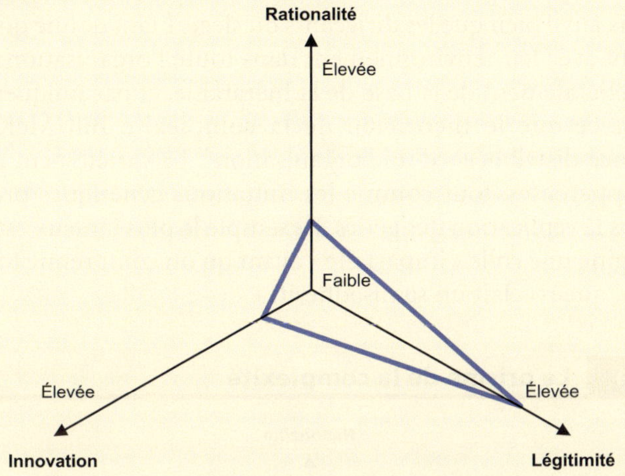

Le prisme de la complexité

Les deux prismes décrits jusqu'ici n'expliquent pas les phénomènes d'innovation. Seul le prisme de la complexité permet de rendre compte des stratégies innovantes et du changement. Cependant, comme le montre le schéma C.iii, le prisme de la complexité donne peu de poids à l'analyse rationnelle et à la légitimité au sein de l'organisation. Vue au travers du prisme de la complexité, la stratégie émerge des différentes idées qui résultent de la variété interne et externe à l'organisation.

Le prisme de la complexité s'appuie sur deux perspectives théoriques issues des sciences naturelles. La première est la *théorie de l'évolution*, dans laquelle les phénomènes naturels évoluent au travers d'un processus darwinien de variation, sélection et rétention[4] : les mutations génétiques émergent de variations plus ou moins aléatoires, certaines sont sélectionnées du fait de leur meilleure adéquation à l'environnement et sont retenues grâce à leur propagation au sein de l'espèce. La deuxième est la *théorie de la complexité*, dans laquelle les phénomènes sont caractérisés par un ensemble d'interactions dynamiques, au travers desquelles peuvent émerger des structures étonnamment stables et ordonnées[5] : c'est ainsi que des centaines d'oiseaux peuvent former un vol harmonieux, alors qu'aucun n'en est apparemment à la tête. Dans la théorie de l'évolution et la théorie de la complexité, la variété, sous la forme de nombreuses expérimentations et interactions, conduit à des résultats efficaces et cohérents. Ces résultats sont spontanément créés, avec très peu de relations hiérarchiques.

En dressant une analogie entre la nature et la stratégie, le prisme de la complexité réduit l'importance de la prise de décision délibérée qui caractérise le prisme de la méthode. De même, l'accent mis sur la spontanéité contraste avec le conservatisme du prisme de l'expérience. Pour les organisations humaines, les trois éléments de la théorie de l'évolution fonctionnent de la manière suivante :

- *Variété.* Les organisations et leur environnement offrent un terreau potentiellement riche pour la génération d'idées et les initiatives nouvelles. Il y a de nombreux individus et de nombreuses circonstances. Les commerciaux travaillant au contact des clients peuvent être capables de repérer de nouvelles opportunités au moins aussi bien que les dirigeants du siège. Étant donné que les individus interagissent avec leur environnement dans toute l'organisation, les idées proviennent généralement de la base de la hiérarchie, et pas uniquement du sommet[6]. C'est ce que le théoricien de la complexité Bill McKelvey appelle « l'intelligence distribuée » d'une organisation[7]. La variété peut même résulter d'erreurs apparentes, tout comme les mutations génétiques proviennent des erreurs dans la réplication des gènes. L'exemple le plus fameux est le Post-it, qui était à l'origine une colle « imparfaite » avant qu'on comprenne tout le potentiel commercial que recelait un semi-adhésif.

Schéma C.iii Le prisme de la complexité

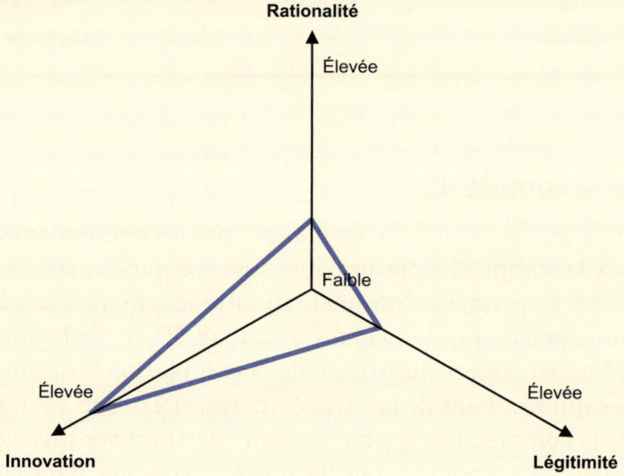

- *Sélection.* Dans la nature, la sélection est aveugle : elle est déterminée par l'adéquation avec l'environnement et non par une intention délibérée. Dans les organisations, la sélection peut être presque aussi aveugle, les stratégies étant retenues en fonction de leur cohérence avec la culture dominante ou les critères d'investissement utilisés. Selon ce point de vue, il existe dans les organisations une « écologie interne » des idées, où certaines l'emportent sur les autres du fait de leur meilleure adéquation interne[8]. Une bonne idée peut échouer simplement parce qu'elle ne correspond pas aux règles de sélection établies, quels que soient par ailleurs ses mérites. Une entreprise peut ainsi continuer à appliquer des critères de retour sur investissement pourtant dépassés au regard du coût réel du capital (voir le chapitre 11) et écarter ainsi d'excellents projets. Réciproquement, comme dans la théorie de la complexité, les idées peuvent s'imposer rapidement en initiant des boucles de rétroaction positives : le soutien d'un acteur important peut provoquer l'adhésion de tout un groupe, puis de toute une division, et ainsi de suite. Les mécanismes de sélection peuvent donc être autoalimentés, et accélérer la diffusion des bonnes idées comme des mauvaises.

- *Rétention.* La rétention désigne la préservation et la reproduction au cours du temps des variations sélectionnées[9]. Elle peut résulter de procédures formelles, par exemple des descriptions de poste, des programmes de formation, des systèmes comptables, des systèmes d'information ou des structures. Elle peut également être la conséquence de processus plus informels de routinisation, dans lesquels la simple répétition de certains comportements conduit à leur encastrement dans la culture et les capacités de l'organisation.

Implications

Selon le prisme de la complexité, les managers doivent relativiser leur capacité à contrôler la génération et l'adoption d'idées nouvelles. Ils peuvent cependant faire plusieurs choses pour encourager les initiatives et empêcher l'élimination des bonnes idées qui peuvent en résulter Le prisme de la complexité permet également de mieux comprendre comment les innovations apparaissent dans les organisations. Trois points méritent d'être retenus :

- *Autoriser l'émergence.* Plutôt que d'être délibérément conçues, les stratégies émergent souvent de la base ou de la périphérie de l'organisation et gagnent en cohérence au cours du temps. Comme dans la définition donnée par Henry Mintzberg (voir le chapitre 1), la stratégie est plus une configuration émergeant d'un flux de décisions qu'une déclaration explicite. Les managers ne doivent donc pas nécessairement croire les missions et visions officielles (voir le chapitre 4), mais plutôt observer ce qui se passe réellement, en particulier sur le terrain. Le futur d'une organisation peut très bien émerger tout à fait en dehors des initiatives formalisées des dirigeants.
- *Encourager les interactions, l'expérimentation et le changement.* Selon le prisme de la complexité, une organisation peut être trop stable et trop ordonnée. Afin de créer de la variété, les managers doivent susciter des interactions inattendues, à la fois en interne et en externe : les initiatives interdépartementales sont importantes, tout comme la communication avec les clients, les fournisseurs et les partenaires. Google encourage ainsi les expérimentations en permettant à ses ingénieurs de consacrer 20 % de leur temps à leurs propres projets. Les théoriciens de la complexité prescrivent des changements réguliers afin que l'organisation reste à la « lisière du chaos », le point d'équilibre subtil entre la stabilité et le désordre[10].
- *Veiller aux règles.* Si les stratégies ont tendance à être adoptées en fonction de leur adéquation avec la culture organisationnelle établie et les critères d'investissement en vigueur, les managers doivent être au moins aussi attentifs à établir le contexte de la stratégie qu'à définir précisément chacune des décisions qui la composent. Ils doivent faciliter les interactions, l'expérimentation et le changement, mais également veiller aux règles de rétention et de sélection qui permettent aux stratégies d'émerger. En s'appuyant sur la théorie de la complexité, Katherine Eisenhardt recommande la formulation de « règles simples », des directives claires permettant la sélection et la rétention[11]. Par exemple, la maison de production cinématographique Miramax sélectionne uniquement des films qui sont centrés sur un sentiment (par exemple l'amour), dont le personnage principal est attachant mais présente un défaut, et qui ont une structure narrative très claire. Chez Oticon, le fabricant danois de prothèses auditives, si un membre clé d'une équipe choisit de quitter un projet pour travailler sur un autre au sein de l'entreprise, ce projet est abandonné.

Le prisme du discours

À bien des égards, le management relève du discours. Les managers consacrent 75 % de leur temps à communiquer, à collecter de l'information ou à persuader leurs interlocuteurs du bien-fondé d'une décision[12]. La stratégie inclut elle aussi une forte dimension discursive. La stratégie est débattue lors de réunions, écrite dans des plans formels, expliquée dans des rapports annuels et des communiqués de presse, présentée sur des diapositives PowerPoint et communiquée aux salariés[13]. Le prisme du discours donne à cette dimension discursive de la stratégie un rôle central. Ici, comme le montre le schéma C.iv, la légitimité du discours est particulièrement importante. Elle peut cependant s'opposer à la rationalité et à l'innovation.

Le prisme du discours s'appuie notamment sur les travaux du philosophe français Michel Foucault, qui a souligné les effets subtils que peut avoir le langage sur la compréhension, le pouvoir et l'identité. Il a montré par exemple comment l'évolution du discours scientifique aux XVIIe et XVIIIe siècles a redéfini la folie, qui n'était plus considérée comme un retard mental, mais comme une maladie[14]. Les fous avaient désormais une identité, médicale, et ils étaient soumis à un nouveau pouvoir, les médecins chargés de les soigner. Le prisme du discours explique de la même manière comment le langage de la stratégie peut orienter la compréhension, modifier les identités personnelles et distribuer le pouvoir.

Schéma C.iv Le prisme du discours

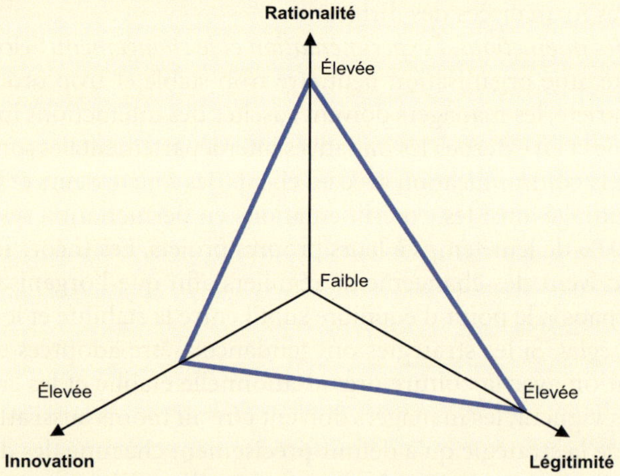

Les trois effets du discours stratégique sont les suivants :

- *Orienter la compréhension.* Le langage de la stratégie a des caractéristiques qui le rendent convaincant[15]. Ses concepts et son jargon jouissent d'une grande légitimité dans beaucoup d'organisations. Le prisme du discours permet donc d'interpréter différemment le prisme de la méthode. La légitimité du discours stratégique donne à l'appareillage analytique du prisme de la méthode une force de persuasion qui va souvent au-delà de la pure efficacité technique des analyses. S'appuyer sur des modèles aussi reconnus que les 5(+1) forces de la concurrence de Porter (voir la section 2.3.1) ou aussi en vogue que les stratégies Océans Bleus (voir la section 2.4.3) peut ajouter de l'autorité à des recommandations stratégiques. Une mission ou une vision bien rédigées (voir le chapitre 4) peuvent aider à motiver toute une organisation. La justification d'un changement stratégique par la rhétorique de l'hypercompétition (voir le chapitre 2) ou de l'innovation disruptive (voir le chapitre 8) peut légitimer des actions radicales qui auraient pu être considérées comme excessives. En d'autres termes, les managers s'appuient sur les concepts stratégiques et sur leur logique apparente pour convaincre leurs collaborateurs, leurs collègues ou leurs supérieurs.

- *Définir les identités.* Que ce soit délibéré ou non, la manière dont les managers parlent de la stratégie les positionne par rapport à leurs interlocuteurs. Le discours est donc lié à leur identité et à leur légitimité[16]. Le discours influence leur identité et leur légitimité de managers en tant que « stratèges ». La capacité à mobiliser le langage analytique rationnel du prisme de la méthode permet aux managers de se positionner comme des participants légitimes dans le processus stratégique. Bien entendu, d'autres formes d'identité discursive peuvent être appropriées. Dans certains contextes, le langage du leader héroïque (voir le chapitre 14) ou celui de l'entrepreneur innovant (voir le chapitre 9) peuvent se révéler plus adaptés que celui de l'analyste rationnel. Quelle que soit l'identité précise, les hypothèses sous-jacentes du discours stratégique ont une influence sur les comportements. Des managers intermédiaires qui internalisent le discours stratégique de la concurrence et de la performance en viennent à donner la priorité à ces valeurs dans leurs tâches quotidiennes, au point de mettre au second plan des valeurs professionnelles ou éthiques (comme l'équité ou le service) qui pourraient avoir tout autant d'importance dans leurs fonctions.
- *Instrument de pouvoir.* Le discours stratégique est également lié au pouvoir et au contrôle[17]. En comprenant les concepts stratégiques, ou en étant vus comme tels, les dirigeants ou les spécialistes de la stratégie sont positionnés comme ayant le savoir requis pour gérer les problèmes véritablement difficiles auxquels l'organisation est confrontée. La détention de ce savoir leur donne du pouvoir sur ceux qui ne l'ont pas. Le discours stratégique, avec son recours à des formes d'analyse technique, peut être particulièrement exclusif et élitiste. Maîtriser le langage du prisme de la méthode offre donc à la fois un avantage analytique et un avantage politique. De plus, l'internalisation du discours stratégique par les salariés les rend plus accommodants vis-à-vis de la stratégie : ils considèrent que suivre la stratégie est une des composantes naturelles de leur rôle. Le langage est donc un instrument de pouvoir par le fait qu'il attire des suiveurs qui le reproduisent et le renforcent. Cependant, dans la mesure où le discours stratégique sert les intérêts des puissants, il peut éradiquer l'innovation et altérer l'objectivité des analyses rationnelles, au risque d'entraîner toute l'organisation sur une dérive stratégique.

Implications

Le prisme du discours souligne qu'une argumentation rationnelle a une importance non seulement par son fond mais également par sa forme. De ce point de vue, les stratégies ne doivent pas seulement être exactes, elles doivent être légitimes. Le prisme du discours permet en outre de définir qui peut légitimement participer aux choix stratégiques et il donne du pouvoir aux décisions prises. Le langage de la stratégie est donc important.

Deux implications du prisme du discours doivent être soulignées :

- *Le discours stratégique doit être utilisé avec précaution.* Le langage permet de renforcer la légitimité des stratégies et des individus. Cependant, le langage à mobiliser doit correspondre au contexte et aux circonstances. Pour expliquer une stratégie à des investisseurs potentiels, il convient d'utiliser des arguments rationnels, quantitatifs et financiers. Pour présenter la même stratégie aux membres de l'organisation, il est préférable d'insister sur l'impact positif sur l'emploi et sur la progression de carrière. Dans certaines organisations, mobiliser le discours analytique du prisme de la méthode renforce la légitimité, alors que dans d'autres mieux vaut recourir au vocabulaire technique et se référer aux valeurs professionnelles. Utiliser le langage adéquat permet de justifier – voire d'imposer – les stratégies et de légitimer qu'on participe à leur discussion.
- *Le discours stratégique doit être considéré avec scepticisme.* Étant donné que le langage de la stratégie peut être instrumentalisé, les managers doivent conserver une distance critique par rapport aux discours. Les concepts et les modèles peuvent être utilisés comme des écrans de fumée, afin de promouvoir des intérêts particuliers ou renforcer le pouvoir de certains acteurs. Les forces, faiblesses, menaces et opportunités (voir la section 3.6) peuvent être exagérées. Les ambitions grandioses et les missions exaltées peuvent être une rhétorique vide de sens (voir la section 4.2). Voir la stratégie comme un discours permet de questionner les concepts, les idées et les arguments qui pourraient être acceptés sans discussion. Le prisme du discours encourage les managers à dépasser la surface du langage de la stratégie pour révéler les intérêts sous-jacents et leurs motivations. Adopter le prisme du discours, c'est être sceptique.

Conclusion

Les hypothèses fondamentales et les implications clés des prismes de la méthode, de l'expérience, de la complexité et du discours sont résumées dans le tableau T.i. Il ne s'agit pas d'une liste exhaustive, mais plutôt d'une tentative de synthèse de différentes approches et différents points de vue sur la stratégie. Ces commentaires ne sont qu'une introduction, et il peut être utile d'explorer plus en détail chacun des prismes. Le prisme de la complexité puise à la fois dans la théorie de la complexité et dans la théorie de l'évolution, qui offrent chacune un point de vue distinct. Au-delà de chacun des prismes, il est donc possible de développer des approches plus fines. De nombreux auteurs – comme Richard Whittington[18], Henry Mintzberg[19], Stephen Cummings et David Wilson[20] ou Frédéric Fréry[21] – ont tenté de dresser un panorama des différentes perspectives stratégiques.

Le message fondamental que l'on peut retenir des quatre prismes est que pour aborder un sujet aussi complexe que la stratégie, mieux vaut adopter plusieurs perspectives. L'analyse rationnelle du prisme de la méthode ne suffit pas, il faut la compléter en prenant en compte les biais inconscients liés à l'expérience, être sensible aux initiatives spontanées qui émergent à la marge de l'organisation, et rester sceptique face aux déclarations et aux discours. Le cas sur Nokia qui suit ces commentaires permet de mieux comprendre comment mobiliser ces différents points de vue en pratique. Étant donné que les quatre prismes sont importants, nous les utiliserons de nouveau dans d'autres commentaires à la fin des parties II et III.

Tableau T.i **Résumé des quatre prismes stratégiques**

La stratégie vue au travers du				
	Prisme de la méthode	**Prisme de l'expérience**	**Prisme de la complexité**	**Prisme du discours**
La stratégie résulte…	D'un processus logique d'analyse et d'évaluation	De l'expérience individuelle et collective, des croyances implicites et des pratiques établies	D'idées qui émergent de la variété et de la diversité internes et externes à l'organisation	Des managers qui mobilisent le langage stratégique pour obtenir de l'influence, du pouvoir et de la légitimité
Les organisations sont censées être des…	Structures mécaniques, hiérarchiques, rationnelles	Cultures fondées sur l'histoire, la légitimité et les succès passés	Systèmes complexes, spontanés et diversifiés	Arènes de pouvoir et d'influence
Rôle des dirigeants	Décideurs stratégiques	Metteurs en scène de l'expérience	Entraîneurs, créateurs de contextes et détecteurs de configurations	Acteurs politiques qui cherchent à accroître leur influence
Principales implications	Mener des analyses exhaustives des problèmes stratégiques	Reconnaître le rôle central de l'expérience, à la fois comme moteur et comme frein	Repérer les idées qui émergent de la base et de la périphérie de l'organisation	Analyser le discours utilisé par les managers afin de révéler leurs hypothèses implicites et leurs intentions politiques

Étude de cas

Nokia au travers des prismes

En 2012, Nokia était en crise. Samsung lui avait ravi la position de leader mondial de la téléphonie mobile, et le prix de son action avait chuté de 90 % par rapport à son niveau de 2007. Cependant, le directeur général de Nokia, Stephen Elop, rappelait aux salariés et aux investisseurs l'histoire de l'entreprise. Nokia avait déjà traversé d'autres crises et d'autres transitions. Elle le ferait encore.

Nokia avait débuté en 1865 en Finlande comme producteur de pulpe de bois. L'entreprise ne commença à prendre sa forme moderne qu'en 1966, lorsqu'elle fusionna avec deux autres groupes finlandais, un fabricant de produits en caoutchouc et un fabricant de câbles. Le résultat était un conglomérat proposant une gamme de produits allant de bottes en caoutchouc à des pièces en aluminium. Le fabricant de câbles avait lancé un petit département d'électronique en 1960, dans un coin de son usine principale. Ce département engendra à son tour différentes activités, dont une unité de production de téléphones mobiles en 1979, au travers d'une coentreprise avec un autre groupe finlandais, Salora.

Pendant les années 1980, Nokia se diversifia activement, en particulier à l'international, avec des acquisitions dans la fabrication de téléviseurs et d'ordinateurs. Salora fut également racheté en 1984. En 1987, un document interne de planification stratégique rassemblait dans une matrice BCG (voir le chapitre 7) plus de 30 domaines d'activité stratégique au sein du portefeuille de Nokia, la téléphonie mobile apparaissant comme une étoile, en forte croissance et nécessitant des investissements.

Cependant, Nokia connut alors une période de crise. Son directeur général se suicida en 1988, et beaucoup de ses marchés industriels furent durement touchés par l'effondrement de l'Union soviétique. Les déficits s'accumulèrent et les dirigeants se succédèrent, jusqu'à l'arrivée d'un nouveau directeur général, Jorma Ollila. Il n'était arrivé chez Nokia qu'en 1985, après une carrière dans la banque d'investissement américaine Citibank. Depuis 1990, il était à la tête de la division téléphonie mobile, qui représentait alors 10 % du chiffre d'affaires de Nokia.

Au moment de sa prise de fonction comme directeur général, Jorma Ollila avait promis la continuité. Dans les faits, l'entreprise se focalisa rapidement sur la téléphonie mobile. En 1996, cette activité représentait 60 % du chiffre d'affaires, et l'année suivante Nokia devint le leader mondial de l'industrie. Les autres activités furent rapidement cédées et la seule autre division d'importance conservée à côté de la téléphonie mobile fut les réseaux et infrastructures de télécommunication (fusionnés avec Siemens en 2007).

Pendant plus d'une décennie, l'activité téléphonie mobile connut un succès éclatant, Nokia devenant même en 2000 la première capitalisation boursière européenne (198 milliards d'euros, soit deux fois le PIB de la Finlande). Deux événements catastrophiques mirent fin à cette période d'euphorie : le lancement de l'iPhone par Apple en 2007, puis celui du système d'exploitation pour smartphone Android par Google en 2009, utilisé notamment par Samsung. Au même moment les fabricants chinois commencèrent à attaquer les positions de Nokia sur les appareils d'entrée de gamme, en particulier dans les pays en voie de développement. En 2010,

Nokia nomma son premier directeur général non finlandais, le Canadien Stephen Elop.

Stephen Elop dirigeait auparavant la division en charge de la suite Office chez Microsoft. Dès son arrivée chez Nokia, il lança un vaste programme d'analyse stratégique : « Le jour même de ma prise de fonction, j'ai envoyé un message électronique à tous les salariés et je leur ai demandé : selon vous, qu'est-ce que je dois changer ? Qu'est-ce que je ne dois pas changer ? Que craignez-vous que je rate ? » Un problème clé qu'il dut affronter pendant la première année était de décider si Nokia devait conserver son propre système d'exploitation. Les systèmes d'exploitation sont très coûteux à développer et à maintenir et ils doivent être attractifs aux yeux des développeurs externes afin d'assurer une gamme convaincante d'applications. Au bout de quelques mois, Stephen Elop et son équipe décidèrent d'abandonner le système d'exploitation de Nokia, Symbian (qui cessa définitivement d'exister en 2014). Deux systèmes étaient alors envisageables pour équiper les smartphones Nokia : Android de Google ou Windows Phone de Microsoft. Stephen Elop pencha pour Microsoft. Sa logique était que Microsoft était le plus faible des deux, et qu'il avait donc besoin de Nokia, ce qui n'était pas le cas de Google. De plus, Nokia ne voulait pas être un fabricant de smartphones sous Android comme les autres, forcé de concurrencer Samsung avec les mêmes armes.

En février 2011, Stephen Elop envoya à tous les salariés de Nokia son célèbre message de la « plateforme en feu ». Nokia y était comparé à une plateforme pétrolière en flammes, qui ne pouvait survivre qu'en plongeant dans la mer. L'entreprise avait été trop lente et elle devait maintenant lancer une réforme majeure : « Nous avons arrosé notre plateforme avec de l'essence alors qu'elle était en flammes. Je crois que nous avons manqué de dirigeants capables de rendre compte de leurs actes et de fixer des orientations claires, au moment où l'environnement connaissait des ruptures majeures. Nous avons raté une série d'initiatives. Nous n'avons pas innové assez vite. Nous ne collaborons pas en interne. Nokia, notre plateforme, brûle. » Quelques jours après, il annonça l'abandon du système d'exploitation de Nokia et l'adoption de Windows Phone, ce qui fut officialisé par une poignée de main publique avec Steve Ballmer, le directeur général de Microsoft. Un dirigeant de Google déclara à cette occasion : « Deux dindes ne font pas un aigle. »

Les premiers smartphones Nokia utilisant le nouveau système d'exploitation ne connurent pas un succès immédiat et les pertes se creusèrent. Au printemps 2012, Stephen Elop compara Nokia au célèbre coureur de fond finlandais Lasse Virén, qui bien qu'ayant chuté pendant une course en 1972 avait réussi à l'emporter : « Comme Virén, nous sommes sortis de l'herbe, nous sommes de nouveau sur la piste et nous recommençons à courir. » Cependant, la valeur de l'action Nokia n'était plus qu'un cinquième de ce qu'elle était au moment de l'annonce de l'alliance avec Microsoft. Beaucoup d'observateurs doutaient de la capacité de Nokia à survivre en tant qu'entreprise indépendante. En effet, au printemps 2013, Nokia annonça la vente de son activité téléphonie mobile à Microsoft pour 7,2 milliards de dollars, soit près de 40 fois moins que sa valeur boursière record de 2000.

Stephen Elop retournait ainsi chez son précédent employeur, et il fut même un moment pressenti pour succéder à Steve Ballmer, qui devait quitter son poste de directeur général en 2014.

Sources : J. Aspara, J.A. Lamberg, A. Laukia et H. Tikkanen, « Strategic management of business model transformation: lessons from Nokia », *Management Decision*, vol. 49, n° 4 (2011), pp. 622-647 ; *Financial Times*, 9 février et 11 avril 2011, 3 mai 2012 ; *Libération*, 3 septembre 2013.

Questions

1. Utilisez le prisme de la méthode, le prisme de l'expérience et le prisme de la complexité pour rendre compte du développement de l'activité téléphonie mobile de Nokia.
2. Utilisez le prisme de la méthode et le prisme de l'expérience pour expliquer l'adoption du système d'exploitation de Microsoft par Stephen Elop.
3. Utilisez le prisme du discours pour commenter l'évolution du langage utilisé par Stephen Elop.

Références

1. J.G. March, *A Primer on Decision Making: How Decisions Happen*, Simon & Schuster, 1994, chapitre 1, pp. 1-35. Sur la rationalité, voir également la partie Organisation dans l'ouvrage dirigé par A. Dayan, *Manuel de gestion*, vol. 1, 2e édition, Ellipses/AUF, 2004.
2. Sur Ansoff, voir R. Moussetis, « Ansoff revisited », *Journal of Management History*, vol. 17, n° 1 (2011), pp. 102-25. Porter discute son approche dans N. Argyres et A. McGahan, « An interview with Michael Porter », *Academy of Management Executive*, vol. 16, n° 2, (2002), pp. 43-52. Voir également le chapitre de F. Fréry « Michael Porter : Structures industrielles, positionnement stratégique et avantage concurrentiel » dans l'ouvrage coordonné par T. Loilier et A. Tellier, *Les Grands Auteurs en stratégie*, EMS, 2007.
3. Voir H.A. Simon et J. Lesourne, *Le Nouveau Management, la décision par les ordinateurs*, Economica, 1980. Pour une explication détaillée du rôle des processus psychologiques dans la stratégie, voir H. Laroche, « Les approches cognitives de la stratégie », dans l'ouvrage coordonné par A.C. Martinet et R.A. Thiétart, *Stratégies : actualité et futurs de la recherche*, Vuibert, 2001. Voir également G. Gavetti, D. Levinthal et W. Ocasio, « The Behavioral Theory of the Firm: assessment and prospects », *Academy of Management Annals*, vol. 6, n° 1 (2012) pp. 1-40, et M. Augier, « The early evolution of the foundations for behavioral organization theory and strategy », *European Management Journal*, vol. 28 (2012), pp. 84-102.
4. Pour ceux qui souhaitent en savoir plus sur la théorie de l'évolution, voir les livres de S.J. Gould, par exemple *Darwin et les grandes énigmes de la vie*, Pygmalion, 1979, ou *Le Pouce du panda*, Grasset, 1982. Pour une discussion des implications de la théorie de l'évolution sur la stratégie, voir W.P. Barnett et R. Burgelman, « Evolutionary perspectives on strategy », *Strategic Management Journal*, vol. 17, n° 1 (2007), pp. 5-19.
5. Pour une discussion de la théorie de la complexité dans le cadre de la stratégie, voir R.A. Thiétart et B. Forgues, « Chaos Theory and Organization », *Organization Science*, vol. 6, n° 1 (1995), pp. 19-31, et P. Anderson, A. Meyer, K.M. Eisenhardt, K. Carley et A. Pettigrew, « Introduction to the special issue: applications of complexity theory to organization science », *Organization Science*, vol. 10, n° 3 (1999), pp. 233-236.
6. Voir « Everyday innovation/everyday strategy » de G. Johnson et A.S. Huff dans *Strategic Flexibility – Managing in a Turbulent Environment*, G. Hamel, C.K. Prahalad et D. O'Neal (eds), Wiley, 1998, pp. 13-27. Patrick Regnér montre également comment de nouvelles orientations stratégiques peuvent émerger de la périphérie des organisations par opposition au centre. Voir P. Regnér « Strategy creation in the periphery : inductive versus deductive strategy making », *Journal of Management Studies*, vol. 40, n° 1 (2003), pp. 57-82.
7. Bill McKelvey affirme que la variété au sein de cette intelligence distribuée augmente lorsque les managers cherchent à être mieux informés sur leur environnement. Voir B. McKelvey, « Simple rules for improving corporate IQ: basic lessons from complexity science » dans P. Andriani et G. Passiante (eds), *Complexity Theory and the Management of Networks*, Imperial College Press, 2004.
8. R.A. Burgelman, A.S. Grove, « Let chaos reign, then rein in chaos – repeatedly: managing strategic dynamics for corporate longevity », Strategic Management Journal vol. 28 (2007), pp. 965-979.
9. B. McKelvey et H. Aldrich, « Populations, natural selection, and applied organizational science », *Administrative Science Quarterly*, vol. 28, n° 1 (1983), pp. 101-28.
10. Voir S.L. Brown et K.M. Eisenhardt, *Competing on the Edge*, Harvard Business School Press, 1998.
11. C.B. Bingham et K.M. Eisenhardt, « Rational heuristics: the "simple rules" that strategists learn from process experience », *Strategic Management Journal*, vol. 32, n° 13 (2011) pp. 1437-1464.
12. H. Mintzberg, *Le Manager au quotidien*, Éditions d'Organisation, 2006.
13. Voir A. Spee et P. Jarzabkowski, « Strategic planning as communicative process », *Organization Studies*, vol. 32, n° 9 (2011), pp. 1217-1245. Voir également W. Küpers, S. Mantere et M. Statler, « Strategy as storytelling: a phenomenological collaboration », *Journal of Management Inquiry*, vol. 22, n° 1 (2013), pp. 83-100.
14. M. Foucault, Histoire de la folie à l'âge classique, Gallimard, 1972.
15. Voir D. Barry et M. Elmes, « Strategy retold: toward a narrative view of strategic discourse », *Academy of Management Review*, vol. 22, n° 2 (1997).
16. S. Mantere et E. Vaara, « On the problem of participation in strategy: a critical discursive perspective », *Organization Science*, vol. 19, n° 2 (2008), pp. 341-358.
17. C. Hardy et R. Thomas, « Strategy, discourse and practice: the intensification of power », *Journal of*

Management Studies, vol. 51, n° 2 (2014), pp. 320-348.

18. R. Whittington, *What is Strategy – And Does it Matter?*, International Thomson, 1993/2000.
19. H. Mintzberg, B. Ahlstrand, J. Lampel, *Safari en pays stratégie*, Village Mondial, 1999.
20. S. Cummings et D. Wilson, *Images of Strategy*, Sage, 2003.
21. F. Fréry, « Propositions pour une axiomatique de la stratégie », dans P. Joffre, J. Lauriol et A. Mbengue (eds), *Perspectives en management stratégique*, EMS, 2005, pp. 17-36. Disponible en téléchargement sur le site de l'AIMS, www.strategie-aims.com. Voir également F. Fréry « The Fundamental Dimensions of Strategy », *MIT Sloan Management Review*, vol. 48, n° 1 (2006), pp. 71-75.

Partie II

Les choix stratégiques

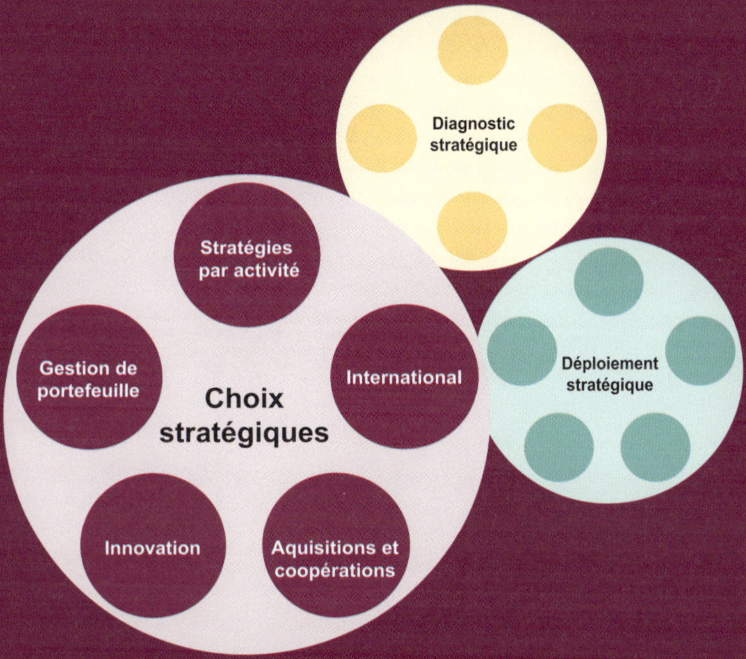

Cette partie explique :

- Comment une organisation se positionne par rapport à ses concurrents.
- Quelles doivent être l'étendue et la diversité du périmètre d'activité d'une organisation.
- Comment gérer les stratégies internationales.
- Comment stimuler l'innovation et l'esprit entrepreneurial.
- Comment développer une organisation en termes de croissance interne, de croissance externe ou de stratégies relationnelles.

Introduction à la partie II

Cette partie présente la palette de choix stratégiques – ou options – qu'une organisation peut envisager à la suite du diagnostic conduit dans la partie I. Comme le montre le schéma II.i, il existe trois choix stratégiques essentiels :

- *Comment positionner chacun des domaines d'activité par rapport aux concurrents?* Pour obtenir une performance durablement supérieure à celle des concurrents, vaut-il mieux proposer la même offre que la leur à un prix inférieur, ou plutôt proposer une offre différenciée, soit plus élaborée et plus chère, soit moins élaborée et moins chère? Peut-on construire un avantage concurrentiel durable en étant simplement plus agile et plus flexible que ses concurrents? Plutôt que d'affronter la concurrence, ne vaut-il pas mieux coopérer avec elle? Le chapitre 6 est consacré à ces questions de *stratégie concurrentielle.*
- *Quel doit être le périmètre de l'organisation en termes de produits et de marchés?* Doit-elle rester focalisée sur une offre étroite? Doit-elle au contraire chercher à se diversifier, à la fois en termes de produits et de marchés? Le chapitre 7 traite de ces questions sous l'angle du portefeuille d'activités, le chapitre 8 les examine en termes de stratégie internationale, et le chapitre 9 les étudie du point de vue de l'innovation et de l'entrepreneuriat.
- *Selon quelles modalités déployer une stratégie?* Pour chacun de ces choix, vaut-il mieux procéder par croissance organique, par acquisitions ou au travers de collaborations avec d'autres organisations? Cette question fait l'objet du chapitre 10.

Les concepts et outils présentés dans ces cinq chapitres permettent d'envisager de nombreuses options stratégiques. Il convient cependant de souligner deux points essentiels :

- Les *options découlent du diagnostic stratégique.* Dans la partie I, nous avons expliqué comment les stratèges peuvent identifier les forces à l'œuvre dans leur

Schéma II.i **Les choix stratégiques**

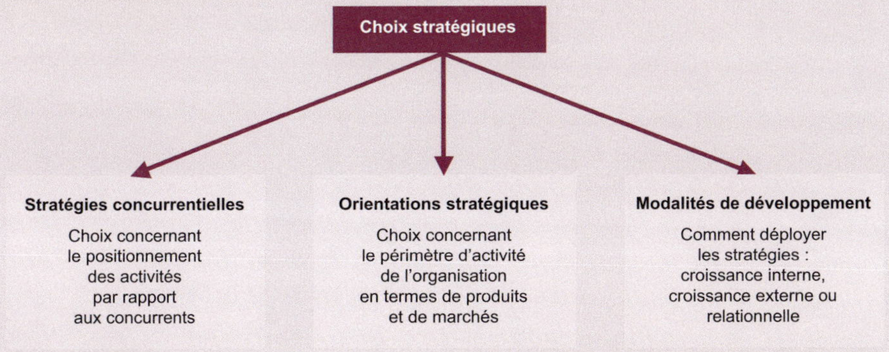

environnement (voir le chapitre 2), identifier les capacités stratégiques de leur organisation (voir le chapitre 3), répondre aux attentes des parties prenantes (voir le chapitre 4) et prendre en compte les contraintes historiques et culturelles (voir le chapitre 5). Ces différents éléments de diagnostic constituent le socle des options envisageables. Réciproquement, comme le montre le modèle de *Stratégique* (voir le schéma 1.3), la réflexion sur les choix stratégiques peut conduire à approfondir ou à reconsidérer certains éléments du diagnostic. De même, le potentiel de certains choix stratégiques ne se révèle qu'au moment du déploiement, qui fait l'objet de la partie III.

- Les *questions stratégiques clés.* Les choix n'ont de sens que dans le contexte de la situation stratégique de l'organisation. Il convient donc de bien clarifier les questions stratégiques clés : parmi tous les éléments obtenus grâce au diagnostic stratégique, à quels problèmes réellement importants faut-il répondre en priorité ? Trop souvent, le produit fini d'un diagnostic est une longue liste d'observations et de recommandations, d'où les questions essentielles n'émergent pas de manière assez explicite. Malheureusement, il n'existe pas de « méta outil » permettant de synthétiser les apports de toutes les analyses. Pour cela, les meilleures méthodes restent le jugement individuel et le débat collectif. Les outils stratégiques constituent une aide à la réflexion, mais ils ne s'y substituent pas.

Chapitre 6
Les stratégies par domaine d'activité

Objectifs

Après avoir lu ce chapitre, vous serez capable de :

- Découper une organisation en domaines d'activité stratégique (DAS).
- Décrire les différentes stratégies génériques : stratégies de prix, de différenciation et de focalisation.
- Choisir des stratégies adaptées à un environnement hyperconcurrentiel.
- Expliquer l'intérêt stratégique de la coopération.
- Utiliser les principes de la théorie des jeux applicables aux stratégies concurrentielles.

Concepts clés

Domaine d'activité stratégique p. 233, segmentation stratégique p. 233, stratégies concurrentielles (ou stratégies génériques) p. 238, avantage concurrentiel p. 238, stratégie de prix p. 239, courbe d'expérience p. 240, stratégie de différenciation p. 242, stratégie d'épuration p. 242, stratégie de sophistication p. 243, stratégie de focalisation p. 245, verrouillage p. 251, théorie des jeux p. 260.

6.1 Introduction

Ce chapitre est consacré à un choix stratégique fondamental : quelle stratégie concurrentielle adopter pour obtenir un avantage concurrentiel au niveau d'un domaine d'activité stratégique (DAS) ? Cette question concerne tout autant une PME mono activité que chacune des divisions d'un grand groupe diversifié. Un restaurant doit ainsi décider de la combinaison de prix, de décor et de menus qu'il va proposer face à ses concurrents locaux. De la même manière, chacune des activités d'une grande entreprise comme Danone doit élaborer un positionnement pertinent. L'activité eaux de Danone (Évian, Volvic, Badoit, etc.) doit par exemple décider quelle stratégie concurrentielle adopter face à l'activité eaux de Nestlé (Vittel, Contrex, Perrier, etc.), que ce soit en termes de produits, de prix, de marques ou de réseaux de distribution. Il ne s'agit cependant pas de déterminer s'il est pertinent pour Danone ou Nestlé de posséder ou non une activité eaux : cette question plus fondamentale fera l'objet du chapitre 7, consacré aux stratégies au niveau de l'entreprise.

Le schéma 6.1 présente les thèmes qui structurent ce chapitre :

- La *segmentation stratégique*. Beaucoup d'organisations sont composées de plusieurs DAS, qui interviennent sur des marchés distincts, dont les clients ont des besoins différents et qui nécessitent des capacités spécifiques. Ce chapitre débute donc par la présentation des techniques permettant de découper une organisation en DAS. Cette segmentation stratégique est un préalable obligatoire à la définition des stratégies au niveau des DAS, même s'il s'agit d'une démarche partiellement intuitive, toujours contestable et en tout cas jamais triviale.
- Les *stratégies génériques*. Nous présenterons ensuite les différentes stratégies concurrentielles pouvant être déployées au niveau d'un DAS : stratégies de prix, stratégies de différenciation et stratégies de focalisation. Cela nous conduira à présenter l'*horloge stratégique*. Nous verrons aussi dans quelle mesure ces stratégies sont pérennes et comment le *verrouillage d'un marché* peut jouer un rôle déterminant.
- Les *interactions stratégiques*. À partir des stratégies génériques, nous détaillerons les interactions entre concurrents, en particulier dans les situations d'*hypercompétition*, en nous intéressant notamment à la *coopération* et à la *théorie des jeux*. La stratégie concurrentielle consiste souvent à éviter un affrontement contre-productif, pour préférer une coopération tacite ou explicite.

L'intérêt des stratégies concurrentielles dépasse le cadre des entreprises privées et concerne aussi les associations caritatives (qui se concurrencent pour récolter les dons) ou les services publics (qui doivent soutenir la comparaison avec des organisations comparables, afin de satisfaire leurs parties prenantes et sécuriser leur financement). Les écoles se concurrencent en termes de résultats, alors que les hôpitaux se concurrencent en termes de qualité des soins. À chaque fois qu'une comparaison est possible entre des organisations, les principes de la stratégie concurrentielle s'appliquent. Très peu d'organisations peuvent se permettre d'être ouvertement inférieures à leurs concurrents actuels ou potentiels, et presque toutes doivent faire des choix sur les variables clés que sont le prix, les coûts et la qualité.

Schéma 6.1 Les stratégies par domaine d'activité

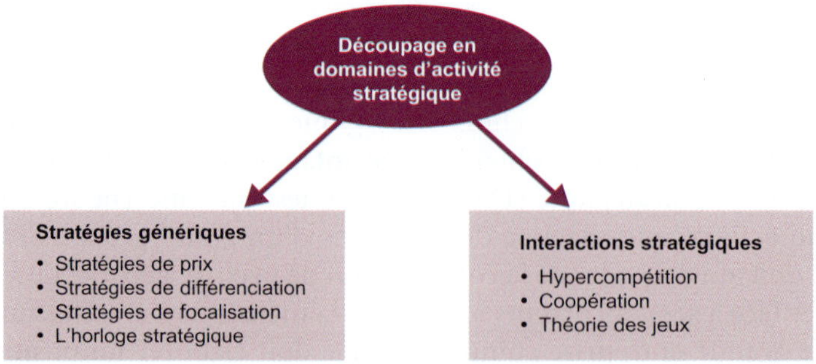

6.2 La segmentation stratégique : l'identification des DAS[1]

Dans la section 1.2.2, nous avons défini un **domaine d'activité stratégique** (DAS) – ou *strategic business unit* (SBU) – comme une sous-partie de l'organisation à laquelle il est possible d'allouer ou de retirer des ressources de manière indépendante et qui correspond à une combinaison spécifique de facteurs clés de succès. La **segmentation stratégique**, à laquelle cette section est consacrée, consiste à subdiviser l'organisation en DAS.

Une petite entreprise focalisée sur un seul marché – par exemple un restaurant ou une boutique de quartier – constitue un seul DAS. À l'inverse, une grande organisation diversifiée peut inclure plusieurs dizaines de DAS, qu'on appelle quelquefois « divisions », « unités d'affaires » ou « centres de profit ». Chacun de ces DAS est alors responsable de sa stratégie concurrentielle. De même, dans une grande organisation du secteur public, on peut aussi identifier des DAS distincts : pour le ministère de l'éducation nationale, les écoles primaires n'appartiennent pas au même DAS que les collèges ou les lycées.

La dénomination de *segmentation stratégique* ne doit pas être confondue avec celle de *segmentation marketing* : alors qu'en marketing on segmente la clientèle afin de définir des *couples produits/clients* (on obtient ainsi des *segments de marché*, par exemple une catégorie d'individus présents sur une zone géographique donnée, voir la section 2.4.2), la segmentation stratégique consiste à subdiviser l'organisation selon des *triplets marchés/concurrents/compétences*. Le niveau d'analyse de la segmentation stratégique et de la segmentation marketing est donc différent. Pour chacun de ses modèles, un constructeur automobile généraliste comme Peugeot fabrique par exemple plusieurs dizaines de variantes (type de motorisation, cylindrée, niveau de finition, carrosserie trois ou cinq portes, berline, break ou cabriolet, etc.), ce qui correspond à autant de segments marketing. Pourtant, la totalité de la gamme de Peugeot (hors utilitaires et compétition) relève du même DAS : mêmes technologies, mêmes usines, même réseau de distribution et mêmes concurrents. On peut faire la même remarque en ce qui concerne un laboratoire pharmaceutique : chaque produit correspond à un segment marketing (ce qui peut aboutir à plusieurs centaines de segments), alors que les DAS se situent en général au niveau des classes thérapeutiques (cardio-vasculaires, antiulcéreux, anti-infectieux, etc.), auxquelles s'ajoutent quelquefois des DAS définis selon des axes réglementaires (médicaments éthiques, génériques et de confort) ou technologiques (chimiques ou biotechnologiques).

6.2.1 Une méthode pratique de segmentation stratégique

Le découpage d'une organisation en DAS doit éviter deux écueils opposés :

- On peut être tenté d'utiliser un niveau de découpage trop fin, en considérant que chaque produit, chaque implantation géographique, chaque division organisationnelle constitue un DAS indépendant. Le risque est alors d'aboutir au mieux à une segmentation marketing (voir ci-dessus), au pire à une dispersion des ressources aberrantes ne laissant aucune possibilité de synergies ou d'économies d'échelle. La gestion du portefeuille d'activités (voir le chapitre 7) peut alors devenir extrêmement problématique.

- À l'inverse, on peut considérer que l'organisation dans son ensemble constitue un seul DAS, en refusant de la subdiviser en sous-parties autonomes. Dans ce cas, il sera impossible de privilégier certaines activités par rapport à d'autres, d'envisager des cessions ou d'adopter des positionnements stratégiques cohérents avec les différents environnements concurrentiels auxquels les DAS sont confrontés.

Afin d'éviter ces deux écueils, une méthode pratique de segmentation stratégique consiste à considérer que deux sous-parties d'une organisation (deux divisions, deux filiales, deux implantations géographiques, deux unités opérationnelles, voire deux lignes de produits, etc.) appartiennent au même DAS à condition qu'elles partagent les deux séries de critères présentés dans le tableau 6.1.

Les critères de segmentation externes

Une première série de critères de segmentation stratégique est externe à l'organisation. Ces critères soulignent que chaque DAS correspond à une sous-partie de l'environnement concurrentiel, caractérisée par une *combinaison spécifique de facteurs clés de succès* (voir la section 2.5) :

- Même *clientèle*. On peut distinguer par exemple les clients individuels et les clients institutionnels, les clients civils et militaires, les administrations et les entreprises, etc. Pour appartenir à un même DAS, deux sous-parties de l'organisation (appelées A et B dans le tableau 6.1) doivent s'adresser à la même clientèle.
- Même *périmètre géographique*. Il s'agit de l'échelle géographique à laquelle les produits ou services sont proposés. Dans les grandes entreprises, on distingue

Tableau 6.1 **Les critères de segmentation stratégique**

	Activité A	Activité B	Activité A	Activité B
Critères externes • Clientèle • Périmètre géographique • Distribution • Concurrence	Mêmes clients Même périmètre Même réseau Mêmes concurrents		Clients différents Périmètres différents Réseaux différents Concurrents différents	
Facteurs clés de succès	Même combinaison		Combinaisons différentes	
Critères internes • Compétences • Technologies • Synergies • Structure de coûts	Identiques Identiques Fortes Coûts partagés prépondérants		Différentes Différentes Faibles Coûts spécifiques prépondérants	
Chaîne de valeur	Une seule chaîne de valeur		Deux chaînes de valeur	
Conclusion	**Les activités A et B appartiennent au même DAS**		**Les activités A et B appartiennent à deux DAS différents**	

généralement le niveau local (un pays), le niveau régional (l'Union européenne, l'Amérique du Nord, etc.) et le niveau global (le monde). Dans une organisation de plus petite taille ou dans une entreprise de réseau (banque de dépôt, distribution, service postal), le niveau local peut correspondre à une zone géographique beaucoup plus réduite. Pour appartenir à un même DAS, deux sous-parties de l'organisation doivent intervenir sur le même périmètre géographique.

- Mêmes *réseaux de distribution*. Si deux sous-parties de l'organisation mobilisent des réseaux de distribution distincts (distributeurs, grossistes, vente directe, vente en ligne, équipes commerciales intégrées, etc.), on peut considérer qu'elles n'appartiennent pas au même DAS.
- Mêmes *concurrents*. Pour appartenir au même DAS, deux sous-parties de l'organisation doivent être confrontées aux mêmes concurrents. On peut d'ailleurs considérer que la présence de concurrents spécialisés est un signe probant d'existence d'un DAS autonome.

Les critères de segmentation internes

Une deuxième série de critères de segmentation stratégique est interne à l'organisation. Il s'agit ici de découper l'organisation à partir d'éléments qui lui sont propres. Ces critères rappellent que chaque DAS peut se voir *attribuer ou retirer des ressources de manière autonome* :

- Mêmes *compétences*. Si les compétences mobilisées par deux sous-parties de l'organisation sont significativement différentes, on est en présence de deux DAS distincts. À l'inverse, si les deux sous-parties partagent les mêmes compétences, on peut estimer qu'elles relèvent du même DAS. Cependant, certaines entreprises cherchent à faire bénéficier l'ensemble de leurs activités de technologies partagées, tout en continuant à les considérer comme des DAS distincts (voir la discussion sur les diversifications liées dans la section 7.2).
- Mêmes *technologies*. Plus spécifiquement, si les technologies utilisées par deux sous-parties de l'organisation sont significativement différentes, elles n'appartiennent pas au même DAS.
- *Synergies*. Plus les synergies entre deux sous-parties d'une organisation sont élevées, plus il est vraisemblable qu'elles appartiennent au même DAS. Comme nous le verrons dans la section 7.2, les synergies peuvent concerner n'importe laquelle des étapes de la chaîne de valeur.
- *Coûts partagés* prépondérants. Si deux sous-parties de l'organisation présentent des structures de coûts distinctes, elles ont peu de chances d'appartenir au même DAS. On parle alors de prépondérance de *coûts spécifiques* : les seuls coûts partagés par les deux activités seront des frais de structure liés au fonctionnement de la direction générale ou à une série de fonctions centrales (recherche et développement, gestion de trésorerie, gestion des ressources humaines, communication institutionnelle, etc.). À l'inverse, si deux sous-parties de l'organisation partagent de nombreux coûts, elles relèvent certainement du même DAS.

À travers ces différents critères, on retrouve l'idée qu'*un DAS correspond à une chaîne de valeur spécifique* (voir la section 3.4.2). De fait, la notion de triplet marché/concurrent/compétences caractéristique de chaque DAS, ne fait que recouvrir celle de chaîne de valeur indépendante. Cette constatation permet d'ailleurs de définir un critère général de segmentation : chaque DAS pourrait devenir une entreprise autonome, avec ses propres ressources, ses propres capacités et son propre marché, caractérisé par une combinaison spécifique de facteurs clés de succès.

6.2.2 Limites et utilité de la segmentation stratégique

La segmentation stratégique est une tâche complexe, devant laquelle les managers sont souvent hésitants. Elle consiste en effet à prendre une série de décisions qui peuvent avoir des répercussions considérables sur les processus d'allocation de ressources et sur les positionnements stratégiques : selon qu'une activité appartient à un DAS ou à un autre – voire qu'elle constitue un DAS à part entière –, elle peut se voir attribuer ou retirer les ressources nécessaires à son développement. En théorie, les divisions structurelles qui composent les organisations devraient être définies en fonction des DAS, mais ce n'est pas toujours le cas.

Une des raisons qui contribuent le plus à la difficulté d'une identification incontestable des DAS est l'existence de *synergies*. Par définition (voir la section 7.2.4), une synergie correspond au partage de certains maillons entre les chaînes de valeur de deux DAS distincts. Par conséquent, s'il existe des synergies, il est possible de trouver des points communs entre deux DAS, ce qui peut laisser supposer qu'ils n'en font qu'un seul. Le risque est alors de confondre des activités distinctes, confrontées à des environnements caractérisés par des facteurs clés de succès différents, ce qui peut déboucher sur une érosion de leur avantage concurrentiel. De fait, les notions de synergie et de segmentation stratégique sont antagonistes : plus les synergies sont élevées, moins la segmentation est possible, et réciproquement.

Il est donc indispensable de rester pragmatique et surtout de s'interroger sur les conséquences de la segmentation retenue. Pour cela, deux indicateurs clés doivent permettre de valider ou d'invalider une segmentation *a priori* :

- Quelles sont les répercussions de la segmentation stratégique retenue en termes d'allocation de ressources ? Le découpage adopté conduit-il à des absurdités (abandon d'activités prometteuses, adoption d'une stratégie de niche pour une activité fondée sur les économies d'échelle, mélange d'activités de volume et d'activités différenciées, etc.) ? Si à l'inverse il apparaît que la segmentation retenue est homogène avec le type d'avantage concurrentiel recherché pour chaque DAS et que les décisions d'attribution des ressources ne présentent pas d'incohérences notoires, on peut supposer que cette segmentation est correcte.
- L'identification des facteurs clés de succès est-elle cohérente avec la segmentation retenue ? Si les environnements concurrentiels respectifs de deux DAS partagent la même combinaison de facteurs clés de succès – et nécessitent donc la même capacité stratégique –, on peut largement supposer qu'ils ne font qu'un. Réciproquement, si on doit distinguer au sein d'un même DAS deux sous-parties caractérisées par des combinaisons de facteurs clés de succès distinctes (une partie de l'activité requiert une solide réputation et pas l'autre, une partie impose une grande taille et pas l'autre, une partie repose sur un type de technologie et pas l'autre, etc.), on est en présence de deux DAS différents.

Quoi qu'il en soit, il convient de garder à l'esprit que la segmentation stratégique n'a rien de définitif. Les évolutions technologiques, réglementaires, commerciales, sociales, etc., peuvent conduire à reconsidérer les frontières des DAS :

- Plusieurs DAS peuvent fusionner en un seul. Les smartphones résultent ainsi de la convergence entre les assistants numériques personnels, les lecteurs MP3, les consoles de jeux portables, les appareils photo et les téléphones mobiles. Les

Illustration 6.1

La segmentation stratégique de Valeo

La segmentation stratégique, qui consiste à subdiviser l'organisation en triplets marchés/concurrents/compétences, n'est pas un exercice trivial.

Valeo se présentait comme un « groupe indépendant entièrement focalisé sur la conception, la fabrication et la vente de composants, de systèmes intégrés et de modules pour l'industrie automobile ». Avec un chiffre d'affaires de 11,58 milliards d'euros en 2012, le groupe employait 73 300 personnes dans 28 pays, et comprenait 123 sites de production, 20 centres de recherche et 35 de développement.

En 2014, le groupe comptait quatre pôles, composés de 14 groupes de produits, qui fournissaient les marchés de première monte (vente aux constructeurs automobiles) et de deuxième monte (pièces détachées pour les distributeurs indépendants et pour le service après-vente des constructeurs) :

1. Le pôle « systèmes de propulsion » développait des solutions de propulsion visant à réduire la consommation de carburant et les émissions de CO_2. Avec 28 % du chiffre d'affaires et 31 sites de production, il incluait cinq groupes de produits : systèmes électriques, systèmes de transmission, électronique, systèmes de moteur à combustion, et expertise et services.
2. Le pôle « systèmes thermiques » développait et fabriquait des systèmes, des modules et des composants assurant la gestion de l'énergie thermique et le confort des passagers. Avec 28 % du chiffre d'affaires et 43 sites de production, il incluait quatre groupes de produits : thermique habitacle, systèmes thermiques du groupe motopropulseur, compresseurs de climatisation, et modules face avant.
3. Le pôle « systèmes de confort et d'aide à la conduite » développait des systèmes d'interface entre le conducteur, le véhicule et son environnement. Avec 21 % du chiffre d'affaires et 31 sites de production, il incluait trois groupes de produits : contrôles intérieurs, aide à la conduite, et électronique habitacle.
4. Le pôle « systèmes de visibilité » concevait et produisait des systèmes assurant au conducteur une parfaite visibilité par tous les temps, de jour comme de nuit. Avec 23 % du chiffre d'affaires et 32 sites de production, il incluait deux groupes de produits : systèmes d'éclairage et systèmes d'essuyage.

L'activité deuxième monte, Valeo Service, proposait les 14 groupes de produits des 4 pôles sur 5 « marchés transversaux » : réparation (embrayage, alternateurs, démarreurs, etc.), entretien (balais d'essuie-glace, filtres, liquides de refroidissement, plaquettes de freins, lampes, etc.), choc (blocs optiques, radiateurs, etc.), solutions de post-équipement (aide à la conduite et au stationnement, accessoires de tuning), et poids lourds.

Certains groupes de produits affrontaient des concurrents spécifiques (ZKW et Hella pour l'éclairage, TRW et VDO pour l'électronique), mais tous devaient aussi faire face à de grands équipementiers (Bosch, Delphi, Denso, etc.), dont le périmètre d'activité était comparable à celui de Valeo, voire encore plus vaste. Leurs clients étaient toujours les mêmes : d'une part les grands constructeurs automobiles et d'autre part les réseaux de réparation et de maintenance (garages affiliés ou non aux constructeurs, centres autos, rayons automobile des super et hypermarchés). On pouvait cependant distinguer les marchés par zones géographiques : du fait des conditions climatiques et des réglementations, les automobiles ne nécessitaient pas toujours les mêmes équipements d'un continent à l'autre.

Cette segmentation stratégique était la troisième en cinq ans. Jusqu'en 2005, Valeo avait compté 12 familles de produits réparties en quatre activités : électrique-électronique (sept familles), thermique (deux familles), transmissions (une famille) et service (deux familles). De 2005 à 2010, un nouveau découpage avait été adopté, afin de proposer aux constructeurs des solutions globales et renforcer les synergies entre les familles de produits. Outre la branche deuxième monte (Valeo Service), il comprenait trois grands domaines rassemblant 11 familles de produits : aide à la conduite (trois familles), efficacité de la propulsion (cinq familles) et amélioration du confort (trois familles).

L'organisation actuelle avait été adoptée en 2010, mais jusqu'en 2012, sur le site Internet de l'entreprise, certains groupes de produits étaient confondus (par exemple « contrôles intérieurs » et « électronique habitacle »), des produits étaient cités dans plusieurs groupes, et jusqu'en 2013 le découpage adopté par Valeo Service correspondait encore – approximativement – à celui de 2005.

De fait, sur le terrain, le personnel continuait à réfléchir en termes de groupes de produits.

Source : adapté de valeo.com.

Questions

1. En utilisant le tableau 6.1, proposez une segmentation stratégique de Valeo. Cette segmentation doit-elle être réalisée au niveau des groupes de produits ou au niveau des pôles ? Faut-il prendre en compte la dimension géographique ?
2. Expliquez les raisons de l'abandon des deux précédentes segmentations stratégiques.

fabricants tels que Sony qui proposaient ces différentes gammes de produits – et qui avaient donc pour cela mis en place des DAS distincts, chacun disposant de son budget et de ses responsables – ont dû reconsidérer leur segmentation stratégique (voir le cas qui figure à la fin du chapitre 13).

- Réciproquement, un DAS unique peut être fragmenté en plusieurs DAS autonomes. L'histoire de l'informatique a été marquée par une série de divergences de ce type : les ordinateurs se sont séparés en gros et mini-systèmes, ensuite sont apparus les micros, puis les portables, puis les assistants numériques. Chacun de ces nouveaux produits a provoqué l'apparition d'un nouveau DAS, avec ses propres technologies, son propre marché et ses propres concurrents.

La volonté des dirigeants peut aussi provoquer des resegmentations, selon qu'ils souhaitent encourager des rapprochements entre activités (le plus souvent pour accroître les marges) ou au contraire stimuler l'autonomie de chacune (le plus souvent pour accroître les chiffres d'affaires). Ce phénomène est tout aussi présent dans les entreprises (d'où de très fréquentes réorganisations) que dans la sphère publique. En France, au cours des dernières décennies, le ministère de la Santé a ainsi été successivement rattaché à la Protection sociale, à la Famille et aux Personnes handicapées, à l'Assurance-maladie, à la Solidarité, à la Jeunesse, au Sport, etc.

L'illustration 6.1 propose un exercice de segmentation stratégique à partir de l'exemple de l'équipementier automobile Valeo.

6.3 Les stratégies génériques

Cette section est consacrée aux **stratégies concurrentielles** (ou **stratégies génériques**), c'est-à-dire les positionnements (réduction des prix, différenciation, focalisation) qui permettent d'établir un avantage concurrentiel au niveau d'un DAS. Un DAS détient un **avantage concurrentiel** lorsque l'écart entre la valeur qu'il crée pour ses clients et les coûts engagés pour cela est supérieur à l'écart équivalent chez ses concurrents. La notion d'avantage concurrentiel inclut donc deux dimensions : non seulement les clients doivent être disposés à payer un prix supérieur aux coûts pour obtenir l'offre, mais de plus cette différence doit être supérieure à ce qu'elle est chez les concurrents. En l'absence d'avantage concurrentiel, un DAS est vulnérable face aux offres qui proposent une valeur supérieure ou des prix inférieurs.

Selon Michael Porter[2], il existe deux manières d'obtenir un avantage concurrentiel : soit (a) on propose une offre de même valeur que celle des concurrents mais en l'obtenant à un coût inférieur, soit (b) on propose une offre différente, qu'elle soit supérieure mais plus coûteuse ou bien inférieure mais moins chère. Porter ajoute une autre dimension, qui est l'étendue du marché que le DAS décide de couvrir. Un DAS peut ainsi se focaliser sur un segment de marché étroit ou au contraire viser une cible plus large, qui couvre de multiples segments.

Porter définit ainsi trois stratégies « génériques », c'est-à-dire des types fondamentaux de stratégies qui peuvent s'appliquer à de multiples situations concurrentielles. Le schéma 6.2 présente ces trois stratégies génériques. La case en haut à gauche correspond à la *domination par les coûts*, telle que la pratique par exemple Zara dans la distribution de vêtements : il s'agit de s'appuyer sur de larges économies d'échelle et sur une gestion rigoureuse des coûts afin de répondre aux attentes

Schéma 6.2 Les trois stratégies génériques selon Michael Porter

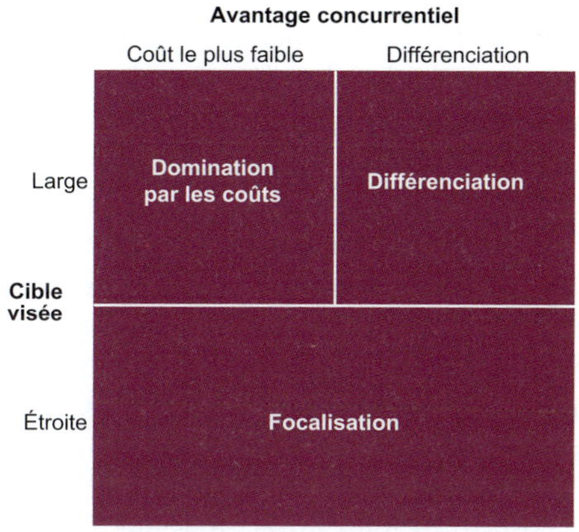

Source : adapté de M. Porter, *L'Avantage concurrentiel*, InterÉditions, 1986.

d'une vaste clientèle en lui proposant une offre raisonnablement attractive à des prix peu élevés. De son côté, Desigual applique une approche de *différenciation* en proposant à sa clientèle des vêtements originaux à des prix significativement plus élevés. La troisième stratégie générique est la *focalisation*, qui implique de cibler un marché plus étroit[3]. Toujours dans le prêt-à-porter, plusieurs marques se spécialisent par exemple dans les vêtements pour femmes enceintes. La suite de cette section examine plus en détail ces trois stratégies.

6.3.1 La stratégie de prix

La *stratégie de prix* est celle qui repose sur la domination par les coûts. On rencontre dans de nombreux ouvrages la dénomination de *stratégie de coûts* – et Porter lui-même parle de *stratégie de domination par les coûts* –, mais nous préférons cependant parler de stratégie de prix car la réduction des coûts se traduit toujours par une réduction des prix : dans toutes les industries où les coûts baissent, ce ne sont pas les marges qui augmentent, mais les prix qui diminuent. Ce phénomène s'explique par le fait qu'aucune technique de réduction des coûts n'est inimitable, qu'il s'agisse de l'utilisation d'un procédé innovant, de l'obtention de matières premières à moindre frais, d'économies d'échelle, ou *a fortiori* d'efficience de gestion. Les entreprises qui espèrent accroître durablement leurs marges en abaissant leurs coûts ne font donc que décaler leur profit vers le bas, jusqu'à finir par buter sur leur coût salarial. Or, en baissant individuellement leur coût salarial, elles entament collectivement le pouvoir d'achat de leur clientèle, ce qui les oblige à baisser leurs prix. Par conséquent, si baisser les coûts peut permettre de rétablir ponctuellement des marges de manœuvre nécessaires au déploiement d'une stratégie, il ne s'agit pas d'une stratégie en tant que telle : une « stratégie de coûts » n'est donc pas une stratégie, mais le moteur de la stratégie de prix.

La **stratégie de prix** consiste à proposer une offre dont la valeur est comparable à celle des offres concurrentes, mais à un prix inférieur. L'objectif est donc de réduire les coûts d'année en année, sans rien perdre de la qualité des prestations.

Quatre facteurs de coûts peuvent être mobilisés pour obtenir une stratégie de prix :

- Les *coûts d'approvisionnement* influencent fortement la rentabilité globale de nombreuses organisations. La localisation des sites de production auprès des sources d'approvisionnement en matière première ou en énergie a longtemps permis de substantielles économies, notamment dans l'acier, l'aluminium ou le verre. La capacité à renforcer les liens avec les fournisseurs s'est révélée cruciale, jusqu'à conduire dans certains cas à leur rachat pur et simple. De même, l'avantage concurrentiel des distributeurs provient en général de leur capacité à gérer leurs coûts d'approvisionnement : ce sont des intermédiaires entre les fournisseurs et les clients finaux. Cependant, à force de réduire les coûts d'approvisionnement, on sélectionne mécaniquement les fournisseurs les plus efficients, qui finissent – une fois que tous les autres ont disparu – par détenir un pouvoir de négociation difficile à contrecarrer. L'industrie automobile illustre ce type de revirement. Une organisation peut aussi chercher à réduire ses coûts en sous-traitant toutes les fonctions qui peuvent être assurées de manière plus efficiente par des spécialistes externes. Cependant, les concurrents peuvent généralement agir de même, ce qui réduit à néant l'avantage ainsi obtenu. Par ailleurs – et c'est plus problématique –, l'organisation peut être tentée d'externaliser des activités qu'elle n'a pas été capable d'identifier comme des sources potentielles de création de valeur, ce qui lui ferme d'éventuelles opportunités de différenciation.
- Les *économies d'échelle* consistent – au cours d'une période donnée – à répartir les frais fixes sur un volume de production plus élevé. Les coûts fixes sont toutes les dépenses indépendantes du niveau d'activité, par exemple la R&D dans un laboratoire pharmaceutique : avant de vendre une seule boîte de médicaments, il est indispensable d'investir en R&D. Cependant, lorsque le volume de production augmente, chaque produit se voit imputer une part plus faible des coûts fixes, et son coût moyen est alors inférieur à celui des concurrents plus petits. En faisant passer sa production d'un à deux millions de boîtes, un laboratoire pharmaceutique divise ainsi par deux la part des frais de R&D que doit couvrir chaque boîte : il réalise des économies d'échelle. Surtout utilisées dans les organisations industrielles où les coûts fixes peuvent être considérables (automobile, sidérurgie, composants électroniques, etc.), les économies d'échelle se retrouvent aussi dans des activités de services comme l'assurance, la grande distribution ou le transport aérien. De plus, la taille permet de bénéficier d'un pouvoir de négociation plus élevé auprès des fournisseurs et donc de réduire certains coûts d'approvisionnement. Néanmoins, à force d'augmenter la taille d'une organisation, on finit par provoquer des *déséconomies d'échelle* (coûts de contrôle et de gestion excessifs, inertie croissante, moindre capacité d'innovation, etc.) qui viennent contrebalancer les gains obtenus. Il existe donc théoriquement une taille d'efficience optimale, et la courbe des économies d'échelle présente une forme en U (voir le schéma 6.3). Enfin, dans certains secteurs comme le textile, le conseil ou les produits de luxe, les effets d'échelle sont extrêmement limités.
- L'*expérience*[4] est une source essentielle d'efficience. De nombreuses analyses ont mis en lumière le lien entre l'expérience cumulée par une organisation et la décroissance de ses coûts unitaires, représenté par une **courbe d'expérience** (voir le schéma 6.3). Pour certains composants électroniques, le coût unitaire peut ainsi baisser de 95 % chaque fois que le volume de production cumulé

double. Il ne s'agit pas ici de mesurer une évolution sur une période de temps donnée : plus l'expérience augmente (ce qui peut se produire plus ou moins vite), plus le coût unitaire diminue. L'expérience résulte à la fois de l'amélioration du savoir-faire de la main-d'œuvre (ce qu'on appelle l'*effet d'apprentissage*) et de l'optimisation progressive des procédés de production. L'effet d'expérience a trois implications stratégiques. Premièrement, il est en général intéressant d'être parmi les premiers à entrer dans une nouvelle industrie, car on peut accumuler plus rapidement de l'expérience et ainsi bénéficier d'un avantage de coûts par rapport aux entrants plus tardifs. Deuxièmement, il est essentiel de conquérir et de conserver des parts de marché, car ce sont les entreprises générant les plus gros volumes qui bénéficient de la meilleure expérience cumulée. Troisièmement, même si les gains liés à l'expérience sont généralement plus élevés au départ (ce que montre la pente initiale de la courbe sur le schéma 6.3), les améliorations continuent au cours du temps. Le schéma 6.3 compare ainsi la courbe d'expérience avec les économies d'échelle pour souligner leur différence. À l'inverse des économies d'échelle, où des déséconomies apparaissent au-delà d'un certain point, la courbe d'expérience continue à baisser, mais à un taux moindre.

- Les *innovations* de produits et de procédés peuvent avoir plusieurs impacts sur l'efficience. Tout d'abord, une innovation peut réduire à néant les effets de l'expérience accumulée. Par ailleurs, de nombreuses organisations ont dégagé d'importantes économies en améliorant la productivité de leur main-d'œuvre, le rendement de leurs actifs, l'utilisation de leur capacité de production ou la répartition de leur fonds de roulement. L'optimisation de la capacité est par exemple devenue un problème concurrentiel déterminant dans beaucoup d'activités de services (transports, hôtellerie, parcs d'attraction, etc.) sous le nom de *yield management*, expression qui rassemble un ensemble de techniques (analyse des taux de remplissage, modulation des tarifs selon le moment de réservation, etc.) permettant de maximiser le profit. Le design d'un produit peut aussi influer sur la rentabilité d'une entreprise. La mise au point des brouettes empilables par le fabricant français Hæmmerlin lui a ainsi permis de réduire considérablement ses coûts de transport et de distribution. Le gain est comparable pour les chips Pringles de Procter & Gamble, qui du fait de leur forme rigoureusement standardisée et de leur présentation en tube ont la particularité d'occuper un volume beaucoup moins important que les chips classiques.

Schéma 6.3 Les économies d'échelle et la courbe d'expérience

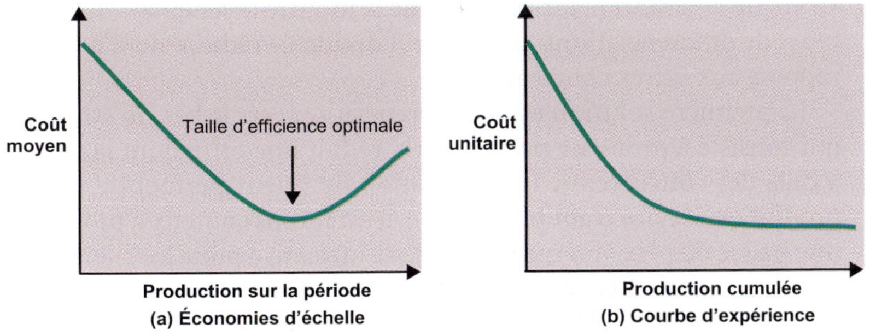

Une stratégie de prix fondée sur l'obtention d'une taille supérieure à celle des concurrents – afin de jouer sur les avantages de coûts dégagés par les économies d'échelle, le pouvoir de négociation et l'effet d'expérience – est appelée une *stratégie de volume.* Cependant, la corrélation entre la part de marché et l'avantage concurrentiel n'est pas toujours vérifiée. Les firmes dominantes ne sont pas nécessairement les plus rentables et elles peuvent rapidement perdre leur part de marché au profit de concurrents plus petits mais plus dynamiques. De plus, si la notion de domination par le volume doit être retenue, elle ne peut être positive que pour une seule firme, celle qui présente déjà les coûts les plus faibles. Dans sa forme pure, elle conduit par itérations successives à des situations de monopole, la diminution des coûts autorisant une baisse de prix et donc un accroissement des parts de marché qui à leur tour – par effet de volume et d'expérience – permettent de réduire les coûts : plus la part de marché est élevée, plus les coûts baissent, et plus la part de marché augmente. L'observation de la réalité économique permet de réfuter cette boucle de rétroaction théorique.

Au total, la réduction des coûts n'apporte aucun avantage concurrentiel intrinsèque. Ce qui importe, c'est la manière dont les managers décident de l'utiliser (baisse des prix, investissement, redistribution à certaines parties prenantes, etc.). Dans tous les cas, le client n'a pas conscience – et ne se préoccupe probablement pas – des coûts supportés par l'entreprise, mais bien des prix qu'elle pratique et de la valeur qu'elle propose.

De fait, une stratégie de prix expose à deux risques majeurs :

- La baisse des prix finit nécessairement par provoquer une *baisse de la valeur* dans l'esprit du client. La stratégie de prix évolue alors de manière non intentionnelle vers une stratégie d'épuration (voir la section suivante), avec le risque que le différentiel de prix ne soit plus considéré comme légitime par rapport au différentiel de valeur.
- À force de se concentrer sur la baisse des prix, les entreprises risquent de perdre la capacité à concevoir leur offre en termes de *création de valeur.* On peut ainsi constater que les entreprises mettent en place des systèmes extrêmement élaborés pour suivre l'évolution de leurs coûts, mais qu'elles analysent beaucoup moins finement leur chaîne de valeur. Or, l'avantage concurrentiel consiste pourtant bien à créer un différentiel entre le coût et la valeur.

6.3.2 Les stratégies de différenciation[5]

La deuxième stratégie générique consiste à jouer non pas sur une réduction des prix mais sur un différentiel de valeur perçue par les clients. On parle alors de **stratégie de différenciation**. Comme le montre le schéma 6.4, il existe deux grands types de différenciations, selon qu'on décide de réduire ou d'accroître la valeur par rapport aux offres concurrentes.

La première solution est la différenciation vers le bas ou **stratégie d'épuration**, qui consiste à proposer pour un prix réduit une offre dont la valeur est inférieure à celle des concurrents. La diminution de valeur permet de réduire les coûts (le produit ou service étant plus simple, il est moins coûteux à produire), mais impose une baisse de prix afin que l'offre reste attractive pour les clients. Pour dégager un profit supérieur à celui des concurrents, il s'agit donc de réduire plus le coût que le prix. Cette stratégie – aussi appelée *low-cost* ou *hard discount* – s'adresse en priorité aux clients dont le principal critère d'achat est le prix. Elle n'est viable que

Schéma 6.4 **La différenciation : sophistication ou épuration**

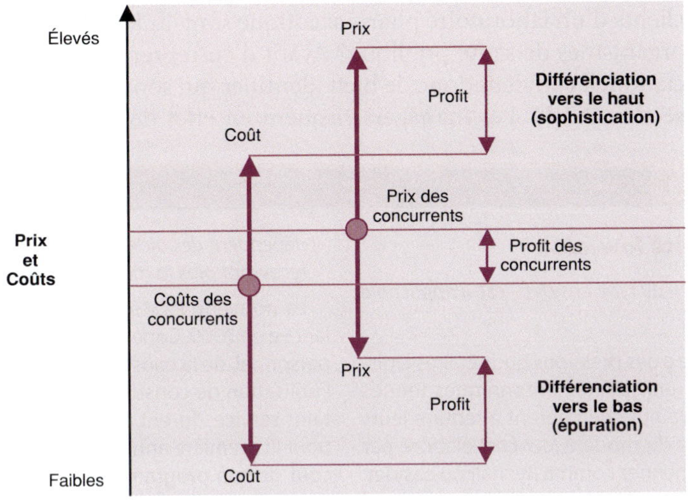

lorsqu'il existe suffisamment de clients qui – même s'ils reconnaissent que la qualité du produit ou service est limitée – ne peuvent pas ou ne souhaitent pas s'orienter vers une offre de plus grande valeur. C'est l'approche suivie par des chaînes de distribution telles qu'Aldi, Lidl, Dia ou Netto. Leurs magasins sont basiques, leur gamme de marchandises est étroite, leur service est quasi inexistant, mais leurs prix sont extrêmement bas. La stratégie d'épuration ne doit pas être confondue avec une stratégie de prix : alors que cette dernière consiste à maintenir le niveau de valeur perçue par le client mais à réduire le prix, l'épuration s'appuie sur la réduction simultanée – mais dissymétrique – du prix *et* de la valeur.

L'épuration peut permettre des succès éclatants, tels que ceux de H&M, easyJet ou Bic, ce dernier réussissant à l'appliquer successivement pour les stylos, les briquets, les rasoirs et même les téléphones (mais en échouant, il est vrai, dans le parfum). L'épuration peut aussi être utilisée par une entreprise afin de pénétrer sur un marché et de réaliser des volumes de vente suffisants pour financer son évolution vers d'autres positionnements. Par ailleurs, certaines organisations sont parfois poussées à pratiquer une stratégie d'épuration par la raréfaction de leurs ressources financières. L'illustration 6.2 montre comment une organisation de service public peut appliquer une stratégie d'épuration.

À l'inverse, la différenciation vers le haut – ou **stratégie de sophistication** – consiste à proposer un produit ou service dont certaines caractéristiques sont jugées supérieures à celles des offres concurrentes et valorisées comme telles par la clientèle. Ce surcroît de valeur entraîne généralement des coûts supplémentaires (l'offre étant plus élaborée, elle est plus coûteuse à produire) qui doivent être compensés par une augmentation des prix ou par des volumes plus importants. Pour dégager un profit supérieur à celui des concurrents, il s'agit donc d'augmenter plus le prix que le coût. L'illustration 6.3 montre comment BMW utilise cette approche.

Le succès d'une stratégie de différenciation dépend de trois points essentiels :

- Il est nécessaire de clairement identifier *qui sont les clients*, ce qui n'est pas toujours trivial. Qui sont les clients d'une chaîne de télévision : les téléspectateurs ou les annonceurs qui payent pour diffuser leurs publicités ? Les clients d'une école ou d'une université sont-ils les étudiants ou les organisations qui les recrutent ? Les clients d'un laboratoire pharmaceutique sont-ils les patients, les médecins ou les organismes de santé publique ? Avant d'entreprendre une stratégie de différenciation, il convient donc de bien identifier qui sont les *clients stratégiques* (voir la section 2.3.1). Les managers risquent en effet de se méprendre sur ce que ces

Illustration 6.2

Une municipalité *low-cost*

Un modèle low-cost – du type easyJet – est-il applicable à un service public ?

En 2009, en réponse à des pressions budgétaires croissantes, plusieurs municipalités britanniques tenues par le Parti conservateur cherchèrent à réduire leurs coûts en s'inspirant du modèle *low-cost* élaboré par des compagnies aériennes comme Ryanair ou easyJet. La municipalité de Barnet (300 000 habitants), au nord de Londres, était l'une des plus avancées dans cette démarche.

Le maire conservateur de Barnet était Mike Freer, un ancien consultant en management de PwC. Confrontée à l'assèchement des subventions gouvernementales et refusant d'augmenter les impôts locaux, la municipalité chercha à réduire ses coûts de fonctionnement de plus de 16 millions d'euros par an. Après un processus de consultation publique en 2008, Mike Freer annonça en 2009 son intention d'adopter un modèle inspiré du transport aérien *low-cost*.

Il donna quelques exemples. Tout comme les compagnies aériennes à bas coût permettaient à leurs passagers de payer un supplément pour embarquer en priorité, les habitants pourraient payer un extra pour que leurs demandes de permis de construire soient traitées plus vite. De la même manière, tout comme les repas à bord étaient optionnels chez Ryanair ou easyJet, les citoyens de Barnet qui percevaient des aides sociales pourraient choisir leurs propres options :

Dans le passé, nous faisions des choses pour nos administrés plutôt que de les laisser choisir par eux-mêmes. Nous leur disions qu'ils avaient besoin d'une prestation santé, d'un ticket repas ou d'une allocation, et qu'ils soient d'accord ou non, ils devaient l'accepter. Désormais, nous allons évaluer de quel niveau d'aide ils ont besoin et leur confier le budget correspondant. S'ils préfèrent l'utiliser pour aller passer un week-end au bord de la mer, c'est leur choix.

Alison Moore, une des responsables locales de l'opposition, manifestait son inquiétude :

« Il existe un véritable danger. Nos concitoyens les plus fragiles risquent de perdre pied. Les personnes qui dépendent des aides sociales vont réaliser qu'elles ne recevront plus la même qualité de prestation. »

La nouvelle stratégie *low-cost* fut tout de même lancée en 2009. Cependant, les coûts de formation du personnel, de la constitution d'une équipe dédiée, de l'utilisation de consultants et de la fermeture de certains services furent plus élevés que prévu. Rien que pour la première année, la municipalité estima que le coût de son programme de réforme avait été supérieur à 1,8 million d'euros. Parallèlement, les économies se révélèrent moins importantes que prévu, avec une série de mouvements de grève des employés municipaux, qui s'opposaient aux suppressions de postes et au transfert de certains d'entre eux à des prestataires privés. Au total, les économies pour la première année ne dépassèrent pas les 1,7 million d'euros, soit moins de la moitié de ce qui était initialement prévu.

Alison Moore commenta :

« Barnet affirme que son approche est guidée par une recherche permanente de l'efficience. Il est donc absurde qu'en un an ils aient dépensé plus qu'ils n'ont économisé. »

Dans l'intervalle, Mike Freer avait été élu membre du Parlement. Cependant, sa remplaçante, Lynn Hillan, affirmait qu'il était trop tôt pour juger. Les principales économies étaient pour bientôt :

« Le programme a mis plus de temps que prévu à se mettre en place car nous avons décidé de créer une équipe interne de responsables. Je ne doute pas que cela nous permettra de déployer les processus les plus efficients et de dégager les économies les plus importantes à long terme. »

Sources : The Guardian, 27 août 2009, 2 septembre 2009 et 26 octobre 2010 ; *The Economist*, 22 septembre 2012.

Questions

1. Quels sont les avantages et les inconvénients de cette approche de municipalité à bas coût ?
2. Dans quelle mesure les municipalités sont-elles concernées par la concurrence ?

clients valorisent effectivement. Beaucoup d'entreprises conçoivent par exemple leur stratégie de sophistication en termes de raffinements techniques. Or, même si le produit obtenu présente des performances inégalées, il n'apporte aucun avantage concurrentiel si les consommateurs ne le valorisent pas.

- Il est tout aussi important d'identifier *qui sont les concurrents* et donc quel est le marché visé. S'agit-il de conquérir une clientèle large – et donc de contrer l'offre de nombreux concurrents – ou au contraire de pratiquer une très forte différenciation qui s'adresse à une frange réduite de clientèle? Pour cela, il est utile de bien distinguer les groupes stratégiques présents dans l'industrie (voir la section 2.4.1).
- Dans une même industrie, plusieurs concurrents peuvent utiliser des critères de différenciation distincts, selon ce que valorisent les clients. L'utilisation d'un canevas stratégique (voir le schéma 2.9) permet alors d'identifier plusieurs sources de différenciation. Une approche Océan Bleu (voir la section 2.4.3) consiste ainsi à définir un positionnement qui améliore certains critères de valeur tout en en dégradant d'autres. Un Océan Bleu n'est donc ni une sophistication ni une épuration, mais plutôt une forme de *différenciation oblique*, qui revient à déplacer le champ de concurrence. La Wii de Nintendo, lancée fin 2006, était ainsi moins perfectionnée que la PS3 de Sony ou la Xbox 360 de Microsoft, mais sa jouabilité était supérieure. Ses concurrents ont mis quatre ans à répliquer (avec Kinect pour Microsoft et PlayStation Move pour Sony).

La détention d'une capacité stratégique permettant d'établir un avantage concurrentiel difficilement imitable est indispensable à la pérennité de la différenciation (voir la section 3.3.3). Pour autant, il est en général peu pertinent de fonder une stratégie de différenciation sur des bases statiques. En effet, les concurrents finissent toujours par imiter une différenciation réussie. L'organisation peut alors être tentée de proposer une offre encore plus sophistiquée ou encore plus épurée, mais elle s'expose en ce cas à un risque de différenciation excessive. L'offre n'étant plus attractive pour une grande partie de la clientèle, les concurrents ne cherchent plus à l'imiter, et on évolue vers une stratégie de *focalisation.*

6.3.3 Les stratégies de focalisation

La **stratégie de focalisation** – ou *stratégie de niche* – consiste à se limiter à un segment de marché très spécifique, sur lequel on peut espérer être protégé des assauts de la concurrence. Il s'agit alors de proposer une offre très fortement différenciée qui ne peut attirer qu'une frange de clientèle.

La focalisation peut consister en un prolongement extrême des stratégies de sophistication et d'épuration. On peut ainsi se focaliser sur une clientèle particulièrement aisée, en lui proposant un surcroît de valeur et de prix considérable par rapport à l'offre de référence, ou au contraire s'adresser aux moins fortunés, qui n'ont pas de moyens suffisants pour acquérir les produits de la concurrence. Dans un cas, on aboutit aux produits et aux services de luxe, comme les palaces, les vols en première classe ou les vêtements de haute couture, dont le marché mondial est limité à quelques milliers de privilégiés. L'autre extrême correspond à des offres minimalistes, réservées aux clients les plus démunis, comme le vin en brique ou les transports internationaux en autocar.

La stratégie de focalisation peut aussi s'appuyer sur une différenciation qualitative, qui consiste à se spécialiser sur une clientèle qui ne recherche pas une offre

Illustration 6.3

Une stratégie de sophistication réussie : BMW

La sophistication ou stratégie de différenciation vers le haut consiste à accroître la valeur de l'offre plus qu'à augmenter son coût.

Grâce à des ventes mondiales de 1,85 million de voitures (et 117 100 motos), les plus élevées en 99 ans d'activité, le constructeur automobile allemand Bayerische Motoren Werke (BMW) réalisa en 2012 un bénéfice record de 5,12 milliards d'euros (+4,4 %) pour un chiffre d'affaires de 76,8 milliards (+11,7 %). Possédé à 49 % par la famille Quandt, BMW affichait une capitalisation boursière d'environ 52 milliards d'euros, soit deux fois celle de Mercedes-Benz.

Si BMW avait été fondé en 1913, c'est sa stratégie de différenciation vers le haut déployée depuis les années 1960 qui en avait fait le deuxième constructeur automobile le plus rentable au monde après Porsche. Si 56 % de la production étaient toujours localisés en Allemagne, près de 80 % du chiffre d'affaires étaient réalisés à l'étranger, et la marque possédait 28 usines réparties dans 13 pays. C'était le premier importateur européen aux États-Unis, son deuxième marché en volume, derrière la Chine et devant l'Allemagne. L'innovation – notamment en termes de moteurs – était au cœur de la stratégie de BMW : sur ses 105 800 salariés, plus de 8 500 travaillaient dans ses 9 centres de R&D répartis dans 4 pays. Le groupe consacrait 5 % de son CA à la R&D, un ratio très élevé pour l'industrie. Entre 2003 et 2012, avec seulement 1,2 % de salariés en plus, BMW avait augmenté son volume de production de 66 %.

L'approche de BMW pouvait être symbolisée par la comparaison entre son produit phare, la Série 3, et une voiture de taille comparable proposée par un constructeur généraliste, la Citroën C5. En 2012, Citroën avait vendu 76 300 exemplaires de sa C5, essentiellement en France, pour un prix de vente moyen de 28 000 euros (le tarif catalogue variant de 23 750 euros pour l'entrée de gamme à 42 200 euros pour le modèle à moteur 200 chevaux). De son côté, BMW avait vendu 406 750 exemplaires de sa Série 3 (dont un tiers rien qu'aux États-Unis et en Chine), pour un prix de vente moyen de 39 000 euros (le tarif catalogue variant de 26 400 euros pour l'entrée de gamme à 80 900 euros pour le modèle à moteur 431 chevaux). Or, si l'écart de prix de vente moyen entre les deux voitures atteignait environ 40 % (soit 11 000 euros de plus pour une Série 3 que pour une C5), leur écart de coût ne dépassait pas 15 % (soit 2 500 euros de plus pour la BMW). Le coût supérieur de la BMW Série 3 s'expliquait par la complexité de ses moteurs (4 et 6 cylindres essence, diesel et hybride) et par le fait que plus de 50 % de ses composants étaient fabriqués par des équipementiers allemands plus chers (électronique Fuba, connectique AMP,

plus ou moins élaborée que celle des concurrents, mais dont les besoins sont très particuliers. On peut citer par exemple les vêtements pour femmes enceintes, les voiturettes sans permis ou encore les véhicules pour aéroports.

Dans tous les cas, la focalisation doit respecter quelques conditions de réussite :

- Le marché doit être d'une *taille suffisamment réduite* pour ne pas attirer les concurrents plus puissants. Le volume des ventes ne doit pas permettre à une grosse entreprise de couvrir ses frais de structure. De fait, l'entreprise qui choisit la focalisation est obligée de conserver une taille modeste, mais cela la protège de ses puissants concurrents.
- Les actifs permettant de répondre aux besoins de la cible retenue doivent être *spécifiques* : technologie propriétaire, machines spéciales, réseau de distribution dédié, etc. Si les concurrents qui s'adressent au marché général peuvent utiliser leurs ressources et compétences génériques pour intervenir sur la niche, celle-ci n'est pas protégée.
- Une niche judicieusement choisie est protégée des gros concurrents qui s'affrontent sur le marché général, mais elle peut très bien être convoitée par *plusieurs entreprises de petite taille* – ou par des divisions spécialisées d'organisations plus vastes. Il existe ainsi plusieurs dizaines de concurrents sur le marché des montres mécaniques de luxe. En fait, on peut retrouver au niveau d'une seule

sellerie EYBL, etc.). Cependant, ces coûts directs plus élevés étaient compensés par un volume de production très supérieur à celui de la Citroën C5. À l'inverse, le coût moindre de la Citroën C5 s'expliquait par le fait qu'elle partageait de nombreux composants avec d'autres modèles du groupe PSA. De plus, ses équipements (sellerie Faurecia, éclairage Valeo, etc.) étaient moins coûteux et plus diversifiés que ceux de la BMW. Enfin, la clientèle de la BMW Série 3 délaissait les versions d'entrée de gamme au profit des versions plus sophistiquées et plus chères. Ce mouvement était particulièrement net aux États-Unis et en Chine. Au total, la marge réalisée par BMW sur chacune de ses voitures était trois fois supérieure à celle qui était réalisée par Citroën.

BMW était expert en sophistication mais peu doué pour les stratégies de prix. L'entreprise l'avait appris à ses dépens avec l'épisode Rover. Racheté au Japonais Honda en 1994, ce constructeur généraliste britannique avait été revendu pour la somme symbolique de 15 euros en 1999. Habitué aux marges confortables et à la puissance de son image, BMW n'avait pas su gérer un constructeur généraliste au positionnement incertain. Cette opération ratée lui avait coûté au total 4 milliards d'euros.

BMW bénéficiait cependant du succès de deux marques héritées de cet épisode britannique et plus cohérentes avec son positionnement : Mini et Rolls-Royce. En 2012, le groupe avait ainsi vendu 301 500 Mini et 3 575 Rolls-Royce, là encore avec des marges particulièrement élevées.

En 2012, alors que l'industrie automobile européenne ne parvenait pas à se remettre de la crise la plus grave de son histoire, Norbert Reithofer, président du directoire, soulignait que sa stratégie permettait à BMW de « tracer son propre futur », et estimait que la marque devait notamment son succès à la « désirabilité de ses produits ».

Sources : bmw.com ; psa-peugeot-citroen.com ; G. Naudy, « Les poules aux œufs d'or », *L'Auto Journal*, n° 564 (2001), pp. 15-16.

Questions

1. Expliquez la stratégie de sophistication de BMW à partir du schéma 6.4. Discutez la viabilité d'une stratégie inverse (épuration) dans l'automobile.
2. Sur quelles capacités stratégiques s'appuie la différenciation de BMW ? Son avantage concurrentiel vous paraît-il décisif, durable et défendable ?
3. comparez le rapport qualité/prix de la BMW Série 3 avec celui de la Citroën C5. Comment expliquez-vous que la BMW se vende cinq fois plus que la Citroën ?

niche les différentes stratégies génériques, certains concurrents cherchant une différenciation encore plus élaborée, alors que d'autres peuvent viser l'épuration (relative) ou la stratégie de prix (mais pas de volume).

- La plupart des nouvelles entreprises débutent par une stratégie de focalisation qui leur permet, avec des moyens limités, de ne pas subir les assauts des concurrents établis. Cependant, en cas de succès et de croissance, leur niche finit par devenir attractive pour de gros concurrents. Il est alors nécessaire d'abandonner la focalisation, mais la transition vers une autre stratégie générique doit être menée avec soin : vaut-il mieux s'entraîner à affronter les gros concurrents ou chercher à être racheté par l'un d'eux ? La sortie de niche passe-t-elle par la salle de musculation ou par l'institut de beauté ? Dans tous les cas, l'accroissement de clientèle implique en général une recomposition de la structure de financement de l'entreprise, et en particulier l'appel à de nouveaux actionnaires.

6.3.4 « Coincé au milieu » ?

Porter estime que les managers doivent impérativement choisir entre les trois stratégies génériques. Si on choisit une stratégie de prix, modifier la proposition de valeur n'est pas pertinent. De même, une différenciation peut s'éroder si des réductions de coûts modifient la perception de valeur pour les clients. Enfin, la focalisation doit rester cantonnée au segment de marché qu'elle vise, car une offre conçue pour une cible spécifique peut se révéler inappropriée sur un marché plus vaste. C'est ainsi par exemple que BlackBerry a constaté que son système de cryptage des données, essentiel pour sa clientèle d'origine (les entreprises), était sans valeur pour le grand public. Porter recommande donc de choisir une seule stratégie générique et de s'y tenir rigoureusement, faute de quoi il existe un risque d'être « coincé au milieu » de plusieurs positionnements, sans proposition de valeur compréhensible par les clients.

Cet impératif de choix constitue une saine discipline pour les managers. Tout positionnement risque en effet d'être compromis par une succession de décisions incrémentales. Une stratégie de prix particulièrement profitable peut ainsi encourager un certain relâchement sur la maîtrise des coûts. De même, confrontée à des difficultés, une entreprise différenciée peut être tentée d'économiser sur les maillons de sa chaîne de valeur qui sous-tendent son positionnement. Avant de prendre une décision, il convient donc de vérifier qu'elle respecte les principes de la stratégie générique retenue. Se refuser à définir son positionnement est une erreur majeure, car la stratégie consiste avant tout à choisir ce qu'on ne fera pas.

Cependant cette vision orthodoxe est débattue[6]. Certains auteurs ont ainsi suggéré que la nécessité de choisir une seule stratégie générique reflétait la préférence de la culture occidentale pour les oppositions binaires, là où des Orientaux chercheraient plutôt l'équilibre et la synthèse. C'est ainsi que Singapore Airlines a été capable de combiner une sophistication de ses services avec une réduction de ses coûts, ce que les compagnies aériennes occidentales ne sont pas parvenues à faire. Porter lui-même admet que dans certaines circonstances les stratégies génériques peuvent être combinées[7] :

- Une entreprise peut suivre des stratégies génériques *différentes pour chacun de ses DAS*. Elle doit veiller dans ce cas à bien séparer ses activités. Une entreprise essentiellement tournée vers la différenciation risque par exemple de développer des coûts de structure importants, ce qui l'empêchera de réussir une stratégie de prix. C'est ce qui explique par exemple l'échec du rachat du constructeur généraliste Rover par BMW (voir l'illustration 6.3). Réciproquement, une entreprise spécialisée dans les stratégies de prix risque de développer une image nuisible pour ses DAS tournés vers la sophistication. En pratique, une entreprise aura donc des difficultés à appliquer à des DAS proches des stratégies génériques différentes. En dépit du succès de Singapore Airlines, ses concurrents européens ont eu beaucoup de mal à combiner leurs activités historiques avec des filiales à bas coûts (Germanwings pour Lufthansa et Transavia pour Air France).
- Les innovations technologiques et managériales peuvent *simultanément modifier les coûts et la valeur* d'une offre. La vente de livres sur Internet a ainsi radicalement réduit le coût de distribution, tout en augmentant considérablement l'offre et en améliorant le conseil (grâce aux avis des lecteurs). Les innovations managériales peuvent avoir le même type d'impact. L'introduction de la qualité totale par les constructeurs automobiles japonais a ainsi provoqué à la fois une réduction des coûts de fabrication et une amélioration de la qualité des véhicules.
- En l'absence de réelle concurrence ou lorsque les concurrents sont eux aussi coincés au milieu, le strict respect d'une des trois stratégies génériques devient moins crucial.

6.3.5 L'horloge stratégique

L'horloge stratégique[8] est une autre manière de présenter les stratégies génériques (voir le schéma 6.5), en insistant tout particulièrement sur deux éléments. Premièrement, ce modèle est plus tourné vers le marché : il met plus l'accent sur les prix et la valeur que sur les coûts. Deuxièmement, la forme circulaire du schéma autorise un spectre de choix plus continu que les strictes distinctions défendues par Michael Porter : il existe toute une gamme d'ajustements incrémentaux entre l'épuration maximale (à 7 heures sur l'horloge) et la sophistication extrême (à 2 heures). De fait, les organisations sont souvent conduites à affiner leur positionnement, ce que ce modèle permet d'illustrer.

L'horloge stratégique distingue trois zones pertinentes et une zone économiquement non viable :

- La *zone de sophistication*. Cette zone représente tous les positionnements qui consistent à accroître le prix et la valeur. Près de 12 heures sur l'horloge on trouve la *sophistication sans surprix*, qui propose d'accroître la valeur sans augmenter le prix. Cette approche est généralement utilisée pour gagner des parts de marché, mais elle n'est pas tenable sur le long terme car elle implique une augmentation des coûts. Une fois la part de marché obtenue, ce positionnement évolue donc souvent vers la *sophistication avec surprix*, à 1 heure sur l'horloge. En allant jusqu'à 2 heures, on risque de basculer sur une stratégie de focalisation, par différenciation exacerbée.
- La *zone d'épuration*. Réciproquement, cette zone correspond à une réduction du prix et de la valeur. À 9 heures on trouve la stratégie de prix, qui consiste à gagner des parts de marché en réduisant le prix sans modifier la valeur pour le client. Comme nous l'avons vu, ce positionnement risque d'être difficile à tenir à long terme, car les techniques de réduction de coûts sont imitables et la baisse des

Schéma 6.5 L'horloge stratégique

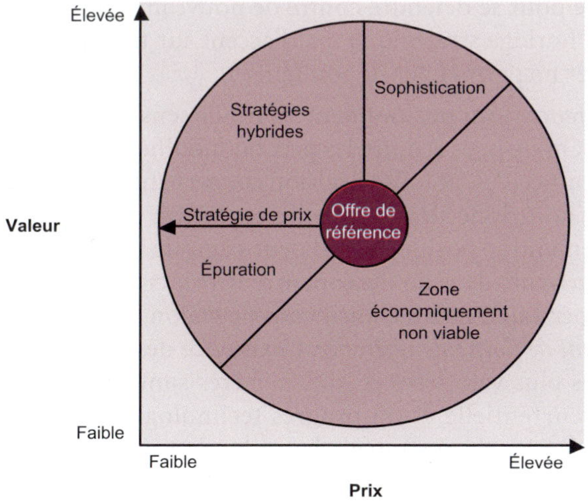

Source : adapté de D. Faulkner et C. Bowman, *The Essence of Competitive Strategy*, Prentice Hall, 1995.

prix finit par éroder la valeur. On passe alors à l'épuration, à 8 heures, qui implique de réduire les coûts plus que les prix. Une épuration extrême – à l'image de Ryanair, qui a proposé de rendre les toilettes payantes dans ses avions – peut déboucher, à 9 heures, sur une focalisation.

- La *zone de stratégie hybride*. L'horloge stratégique permet de souligner la possibilité d'un positionnement entre la sophistication et l'épuration. La stratégie hybride[9] consiste à proposer simultanément des prix plus bas que la sophistication et une valeur plus élevée que l'épuration. Elle est généralement utilisée pour gagner rapidement des clients ou pour pénétrer sur un nouveau marché. Il peut en effet se révéler pertinent, même si on apporte un surcroît de valeur, de pratiquer des prix bas afin d'accroître rapidement son expérience ou de verrouiller son marché (voir la section 6.3.6). Certaines entreprises pratiquent cependant des stratégies hybrides sur des durées longues. C'est le cas par exemple d'IKEA, qui exploite les avantages de coût liés à sa taille pour combiner des prix bas avec des apports de valeur spécifiques (ouverture le dimanche, disponibilité immédiate des meubles, design distinctif).
- La *zone économiquement non viable*. La zone comprise entre 2 heures et 7 heures correspond à une situation où le prix est inférieur à la valeur, ce que les clients finiront toujours par refuser. Il s'agit d'une stratégie que des organisations en situation de monopole peuvent être tentées de suivre. Cependant, même une organisation farouchement protégée par la force publique et jouissant d'une situation de monopole sur une offre indispensable (santé, énergie, etc.) ne peut durablement subsister avec un tel positionnement, en tout cas pas dans une démocratie.

L'horloge stratégique donne une vision plus fine et plus dynamique que celle de Porter. Plutôt que d'en rester à une seule stratégie générique, les organisations peuvent passer d'une zone de l'horloge à l'autre. Un concurrent peut ainsi débuter par une stratégie d'épuration afin d'acquérir des parts de marché, puis passer à une sophistication pour répondre aux attentes de ses clients, avant de basculer sur une stratégie hybride pour se défendre contre de nouveaux entrants.

Par ailleurs, l'horloge stratégique met l'accent sur trois points essentiels que le modèle de Porter ne permet pas de souligner :

- L'*offre de référence*. Tout positionnement n'a de sens que par rapport à une offre de référence. On ne peut réduire les prix ou modifier la valeur que relativement à une offre donnée. Avant toute décision concernant sa stratégie générique, une organisation doit donc décider quelle est l'offre de référence par rapport à laquelle elle entend se positionner. Il peut s'agir de l'offre moyenne des concurrents sur le marché, de celle du concurrent principal, ou encore de celle d'un concurrent spécifique qu'on choisit comme étalon.
- Le *déplacement de l'offre de référence*. L'existence des stratégies hybrides montre que des offres plus valorisées et moins chères sont possibles. Or, du fait de la pression concurrentielle et du progrès technologique, *toute* stratégie tend à évoluer dans le sens de la stratégie hybride, c'est-à-dire vers un accroissement de la valeur pour une réduction du prix. On peut constater cette tendance en comparant par exemple une automobile ou un vol transatlantique des années 1990 avec leurs équivalents actuels : la valeur est nettement supérieure (gains de qualité, de service, de rapidité, de fiabilité, etc.) pour un prix – en pourcentage du pouvoir d'achat – qui a été fortement réduit. Le cas de l'infor-

matique est encore plus impressionnant, puisqu'en vertu de la *loi de Moore*, constatée en 1965 par Gordon Moore – un des fondateurs d'Intel –, la vitesse et la puissance des ordinateurs doublent tous les dix-huit mois à prix constant.

- Le *progrès*. Le progrès correspond à l'évolution générale des stratégies génériques vers plus de valeur pour un prix plus faible. Puisque, du fait de la concurrence, la valeur de l'offre de référence augmente alors que son prix diminue, les stratégies de sophistication doivent continuellement ajouter des caractéristiques nouvelles pour ne pas être rattrapées par la concurrence banalisée, les stratégies d'épuration doivent veiller à ne pas proposer un produit ou un service trop minimaliste par rapport à une offre concurrente toujours plus élaborée, alors que les stratégies de prix ne doivent pas sacrifier l'amélioration de la valeur. En fait, la stratégie hybride consiste essentiellement à être en avance sur l'évolution de l'offre de référence et par là même – en fixant de nouveaux standards de prix et de valeur – à précipiter son avancée. Cette évolution n'est pas toujours graduelle : de temps à autre, une *innovation disruptive* (voir la section 9.4.3) peut provoquer un déplacement brutal de l'offre de référence, ce qui repositionne l'ensemble des offres sur le marché. C'est par exemple l'effet qu'a eu l'apparition de la photographie numérique ou du MP3.

6.3.6 Le verrouillage du marché

Les stratégies génériques devraient idéalement être pérennes, ce qui repose sur la détention d'un avantage concurrentiel inimitable. Dans la section 3.3, nous avons vu que les stratégies sont pérennes lorsqu'elles sont sous-tendues par des capacités qui combinent les critères VRIO : génératrices de valeur, rares, inimitables et une organisation permettant de les utiliser au mieux. Une autre manière de concevoir la pérennité des stratégies de prix ou de différenciation passe par la notion de verrouillage.

Le **verrouillage**[10] consiste pour une organisation à rendre ses clients dépendants de son offre, si bien qu'ils devront supporter des coûts de transfert élevés pour changer de fournisseur. Le concept de verrouillage est lié à celui de dépendance de sentier (voir la section 5.2.1) et étend les principes d'inimitabilité et de non-substituabilité. Si un marché est verrouillé, les imitateurs et les substituts sont incapables d'attirer les clients. Le verrouillage est particulièrement précieux dans le cadre d'une stratégie de sophistication : lorsque les clients sont captifs, il est possible de pratiquer des prix élevés.

Deux approches sont envisageables pour verrouiller un marché :

- *Contrôler des produits ou des services complémentaires*. Le verrouillage est facilité lorsque les clients ont besoin de produits ou de services complémentaires pour utiliser l'offre. Cette situation est souvent décrite comme une stratégie « rasoir et lames » : une fois que le client a acheté un type de rasoir, il est obligé d'acheter des lames compatibles pour l'employer. Jusqu'en 2009, Apple a privilégié cette technique en protégeant son offre de musique en ligne par des droits numériques (DRM) qui empêchaient de lire sur d'autres appareils que des iPod tout ce qui était acheté sur iTunes. Passer à un autre lecteur MP3 signifiait pour les clients la perte de tous les morceaux préalablement achetés sur iTunes.
- *Créer un standard de l'industrie*. Certaines entreprises réussissent à établir un standard dans leur industrie. Les clients qui investissent dans les systèmes utilisant ce standard sont alors réticents à l'abandonner. Ce phénomène est encore

renforcé par des *effets de réseau* : plus les clients et les concurrents ayant adopté le standard sont nombreux, plus ceux qui ne l'ont pas encore rejoint sont tentés de le faire. Pour les concurrents, il s'agit d'assurer leurs débouchés. Pour les clients, c'est une manière de limiter le risque de leur investissement. Microsoft a établi ce type de standard propriétaire avec son système d'exploitation Windows, qui détient plus de 90 % du marché. Une organisation qui souhaite changer de système d'exploitation doit former son personnel, convertir ses fichiers, voire acheter de nouveaux périphériques, tout en créant des problèmes de communication avec ses clients ou ses fournisseurs restés sous Windows. Cet exemple montre d'ailleurs que les technologies qui accèdent au rang de standard ne sont pas nécessairement les meilleures sur le plan technique. La victoire du MS-DOS sur l'Apple OS dans les années 1980 nous rappelle que la prolifération rustique l'emporte toujours sur le raffinement sélectif.

6.4 Les interactions stratégiques

Une stratégie générique doit être choisie en fonction de celle des concurrents. Si tout le monde s'affronte sur les prix, une différenciation est certainement préférable. Par conséquent, les choix de stratégies génériques interagissent avec ceux des concurrents. Cette section présente tout d'abord les stratégies génériques à la lumière des manœuvres concurrentielles – en particulier dans un contexte d'hypercompétition – avant d'examiner les situations de coopération. Enfin, nous verrons la théorie des jeux, qui permet notamment de choisir entre la concurrence et des approches plus coopératives.

6.4.1 Les interactions de prix et de valeur

À l'image de l'horloge stratégique, Richard D'Aveni (voir le schéma 6.6) décrit les interactions concurrentielles en termes de mouvements sur deux dimensions[11] : le prix (l'axe vertical) et la valeur (l'axe horizontal). Même si D'Aveni applique son modèle aux situations d'hypercompétition (voir la section 2.3.1), on peut utiliser la même approche dans toutes les situations d'interaction concurrentielle.

Le schéma 6.6 présente plusieurs concurrents qui s'affrontent à la fois en termes de prix et de valeur. Dans la situation (i), la première ligne de valeur décrit les arbitrages de prix et de valeur acceptables par les clients. L'entreprise (E) pratique une stratégie d'épuration, avec une valeur faible, compensée par un prix attractif. Même si les positions relatives sur le schéma ne sont qu'indicatives, dans le marché automobile, cette position pourrait être celle de Dacia. Le concurrent (S) pratique des prix plus élevés, mais offre une valeur supérieure. Cela pourrait correspondre au positionnement de Mercedes. Entre ces deux situations il existe toute une gamme de combinaisons tout à fait envisageables, dont celle de l'offre de référence du concurrent (R), qui propose une valeur moyenne pour un prix moyen. Cela pourrait correspondre au positionnement d'un constructeur généraliste tel que Peugeot ou Ford. La stratégie de (R) est sur la ligne de valeur, elle est donc parfaitement viable à ce stade. En revanche, le concurrent (C) occupe une position qui n'est pas viable, derrière la ligne de valeur : son prix est supérieur à celui de l'offre de référence (R), alors que sa valeur est moindre. Pour utiliser la terminologie de Porter,

Schéma 6.6 Les interactions de prix et de valeur

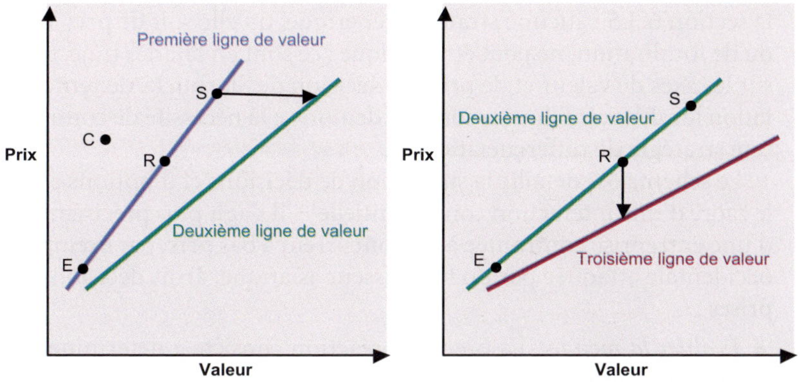

(i) Le concurrent S (sophistication) ajoute de la valeur

(ii) Le concurrent R (offre de référence) contre-attaque sur le prix

Remarque : les échelles des axes ne sont pas nécessairement linéaires.

Source : adapté de R. D'Aveni et R. Gunther, *Hypercompétition*, Vuibert, 1995.

on peut supposer que (C) est « coincé au milieu » : soit il se repositionne rapidement sur la ligne de valeur, soit il est condamné à l'échec.

Quel que soit le marché, les manœuvres et contre-manœuvres des concurrents peuvent être repérées sur les deux axes de prix et de valeur. Par exemple, dans la situation (i) du schéma 6.6, le concurrent (S) tente une approche agressive en augmentant significativement la valeur de son offre, sans modifier le prix. Cette amélioration de la valeur modifie les attentes des clients dans l'ensemble du marché. Cela provoque l'apparition d'une deuxième ligne de valeur, à cause de laquelle même le concurrent (E), qui pratique une stratégie d'épuration, doit soit réduire son prix, soit améliorer sa proposition de valeur. Cependant, la menace la plus sérieuse concerne le concurrent (R) qui, pour se repositionner sur la nouvelle ligne, doit très significativement réduire son prix ou fortement augmenter sa valeur, voire les deux.

Cependant, (R) a aussi la possibilité de mener une contre-attaque. S'il en a les capacités, il peut choisir de repousser encore plus loin la ligne de valeur – ce qui peut déstabiliser le concurrent (S) – en créant une troisième ligne, encore plus exigeante en termes d'arbitrage prix/valeur. Dans la situation (ii) sur le schéma 6.6, les trois concurrents ont rejoint avec succès la deuxième ligne de valeur, alors que le concurrent (C) a disparu. Or, la manœuvre de (R) consiste à dépasser cette deuxième ligne en réduisant radicalement son prix tout en conservant sa valeur. De nouveau, les attentes des clients changent et une troisième ligne de valeur apparaît. À présent le concurrent (S) court le risque d'être exclu du marché : il doit faire des choix très difficiles en termes de prix et de valeur.

Repérer les manœuvres et contre-manœuvres des concurrents de cette manière met l'accent sur la nature dynamique des interactions stratégiques. Les positionnements économiquement viables sur une ligne de valeur courent toujours le risque d'être supplantés lorsqu'un concurrent décide soit d'accroître sa valeur, soit de réduire son prix, soit les deux. On retrouve ici la notion de progrès présentée dans la section 6.3.5 : aucune stratégie générique, qu'elle soit de prix, de différenciation ou de focalisation, ne peut être statique : ce sont en fait des trajectoires dynamiques sur les axes de valeur et de prix. La décision de Starbucks de renforcer son implantation locale (voir l'illustration 6.4) démontre la nécessité de continuellement revoir une stratégie de différenciation.

Le schéma 6.7 détaille la succession de décisions et d'options envisageables dans le cadre d'une interaction concurrentielle[12]. Il s'agit plus précisément de la situation d'une entreprise confrontée à un concurrent à bas prix, par exemple une entreprise occidentale attaquée par un fournisseur asiatique. Trois décisions clés doivent être prises :

- *Évaluer la menace.* La première réaction consiste à déterminer si la menace est réelle ou non. Si elle l'est, le concurrent établi ne doit pas automatiquement répliquer à l'irruption de l'offre à bas prix en réduisant ses propres tarifs, car étant donné sa structure de coûts, il risque de perdre la guerre des prix qui ne manquera pas d'en résulter. Il doit envisager une réponse plus élaborée.
- *Renforcer la différenciation.* S'il existe suffisamment de clients pour le valoriser, le concurrent établi peut rechercher de nouveaux critères de différenciation, par

Schéma 6.7 Répondre à des concurrents à bas prix

Lorsqu'un concurrent à bas prix pénètre dans votre industrie :

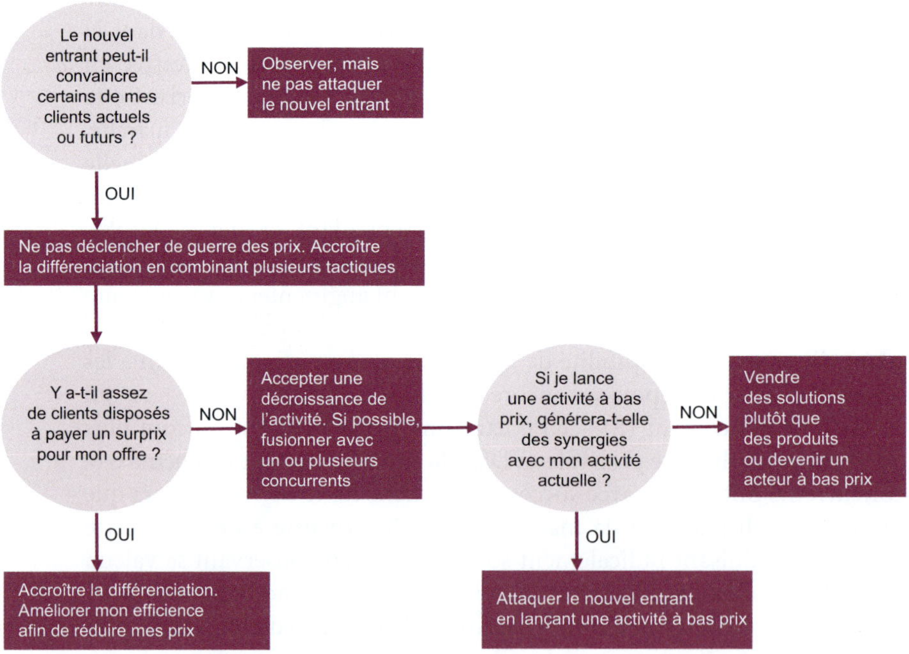

Source : d'après N. Kumar, « Strategies to fight low-cost rivals », *Harvard Business Review*, vol. 84, n° 12 (2006), pp. 104-113.

Illustration 6.4

Les McCafés défient Starbucks

Pour répondre à McDonald's, Starbucks a dû changer de stratégie.

La chaîne de restauration rapide McDonald's avait lancé un défi au géant du café Starbucks avec son concept de McCafés. Les premiers McCafés avaient ouvert en Australie dans les années 1990. Ils étaient généralement implantés dans des restaurants McDonald's ou à proximité. Ils utilisaient des machines de qualité et vendaient différentes sortes de cafés, en fonction des goûts locaux. Leurs prix étaient significativement inférieurs à ceux pratiqués par Starbucks. En 2012, on comptait 1 500 McCafés aux États-Unis et 600 en Allemagne. L'enseigne se développait rapidement à travers l'Europe, de l'Espagne à l'Ukraine. L'objectif était d'égaler rapidement le nombre de salons de café de Starbucks au niveau européen, c'est-à-dire environ 1 300.

Starbucks était la première chaîne de salons de café au monde, avec près de 20 000 implantations dans 60 pays, du Canada à la Chine. Fondée en 1971, Starbucks n'avait été au départ qu'une petite chaîne locale de Seattle, au nord-ouest des États-Unis, avant d'être rachetée par Howard Schultz en 1988. Son concept consistait à proposer un bon café préparé par des « baristas » qualifiés, que l'on dégustait dans des salons confortables. L'internationalisation fut rapide, avec la première ouverture à Tokyo en 1996. En 2001, Howard Schultz quitta le poste de directeur général, mais Starbucks poursuivit son expansion. Cependant, en 2007, la performance commença à fléchir. Howard Schultz envoya au directeur général alors en poste un célèbre « mémo de la Saint-Valentin », dans lequel il regrettait que la croissance de la chaîne ait conduit à la banalisation du concept. L'introduction de machines à expresso automatiques, afin d'accélérer le service, avait fait oublier l'odeur de café caractéristique des salons et les baristas perdaient peu à peu leur savoir-faire. En 2008, Howard Schultz redevint directeur général.

Dès sa prise de fonctions, il déclara :

> *« Nous sommes totalement dédiés à servir la meilleure qualité de café et à permettre à nos clients de toujours éprouver la meilleure expérience. [...] Notre métier n'est pas de faire du café et de servir les gens, c'est d'abord de servir les gens, en leur offrant du café. [...] Nous nous sommes mis à la place de nos clients, ce qui nous permet de répondre directement à leurs besoins. Nos clients nous disent qu'ils veulent de la valeur et de la qualité, ce que nous leur offrirons d'une manière qui fera sens à leurs yeux et qui sera authentiquement la nôtre. »*

Howard Schultz décida la fermeture de tous les salons du monde pendant un après-midi, afin de former de nouveau les baristas à la préparation d'un bon café. L'offre de nourriture fut également améliorée : en 2012, Starbucks racheta la chaîne californienne de 19 cafés-boulangeries La Boulange pour 100 millions de dollars. Traditionnellement, tous les salons de café Starbucks utilisaient la même palette de couleurs et de mobilier dans le monde entier. Afin d'encourager l'innovation et de permettre une meilleure adaptation aux goûts locaux, le format des salons Starbucks fut assoupli. Pour renforcer l'individualité de chaque implantation, des décors spécifiques, des couleurs plus vives, des panneaux d'affichage de petites annonces et même des meubles d'occasion firent leur apparition. En plus des cheese-cakes et des muffins, des produits locaux étaient désormais proposés à la clientèle : du porridge en Angleterre ou des viennoiseries en France. Les seules choses qui devaient rester partout identiques étaient « notre café, notre culture et notre savoir-faire ». Le wifi fut offert à tous les clients, et pour symboliser ce plan de reconquête, Starbucks fit évoluer son logo en mars 2011. Sur cette nouvelle identité visuelle, la mention « coffee » avait disparu.

McDonald's décida d'offrir également le wifi et proposa en France des macarons achetés au groupe Holder, propriétaire de la célèbre maison Ladurée. Cependant, son principal argument restait le rapport qualité/prix. Un café mocha chez McDonald's coûtait environ 2,30 euros en 2014 (contre 3,90 euros pour un Big Mac), alors que l'équivalent chez Starbucks, le Frappuccino, s'affichait à 4,80 euros. Le journal canadien *Globe and Mail* compara les produits des deux enseignes en 2011. Sur McCafé, le commentaire était : « Le goût évoque un mélange entre une forêt humide et une cafetière mal rincée. » En ce qui concerne Starbucks, le verdict était : « C'est amer, brûlé. Quel dommage, c'est l'antithèse du café. » Au total, le *Globe and Mail*, bien que sévère à l'égard des deux concurrents, donnait sa préférence au McCafé.

Sources : Les Echos, 10 septembre 2013 ; *Le Figaro*, 6 juin 2012 ; *Financial Times*, 26 mai 2009 ; smartmoney.com, 23 juillet 2012 ; *Globe and Mail*, 8 novembre 2011.

Questions

1. Positionnez les mouvements de McDonald's et de Starbucks en termes de prix et de qualité sur le schéma 6.6.
2. Quelle pourrait être la réponse d'une entreprise ayant un positionnement initial comparable à celui de Starbucks (par exemple Columbus Café en France) ?

exemple en s'appuyant sur sa proximité pour accroître son niveau de service. Il peut simultanément réduire les coûts qui ne contribuent pas à sa différenciation. Si ce renforcement de la différenciation n'est pas envisageable, une solution plus radicale en termes de coûts doit être recherchée.

- *Réduire les coûts.* Une fusion avec un autre concurrent établi peut permettre de dégager des économies d'échelle afin de réduire les coûts et donc les prix. Si ce concurrent dispose lui-même d'une structure de coûts déjà réduite, la fusion peut constituer une bonne plateforme de réponse agressive en termes de prix. Si aucune de ces solutions n'est possible, l'activité doit être abandonnée tôt ou tard. Pour une entreprise occidentale, une option consisterait à sous-traiter toute la production à des prestataires à bas coût de main-d'œuvre, en se concentrant sur la conception et le marketing. Une autre option serait d'abandonner la production pour devenir un *fournisseur de solutions*, qui agrège des composants obtenus auprès de plusieurs industriels et ajoute de la valeur en termes de conception d'ensemble, de conseil ou de services.

Des décisions équivalentes doivent être prises par un concurrent à bas prix confronté à une offre sophistiquée. Lorsque Apple a pénétré sur le marché du téléphone avec son iPhone, les concurrents établis tels que Nokia ont eu à déterminer : (1) si Apple constituait une réelle menace, (2) s'ils devaient égaler l'iPhone en termes de valeur ou (3) s'ils devaient réduire leurs prix afin de justifier l'écart de valeur.

6.4.2 Les interactions stratégiques et l'hypercompétition

Selon Richard D'Aveni, les manœuvres et contre-manœuvres décrites dans la section précédente caractérisent une situation d'hypercompétition. Comme nous l'avons dit dans la section 2.3.1, l'hypercompétition correspond à des marchés en état de déséquilibre et de changement permanent, à l'image de la musique de variétés ou de l'électronique grand public. Dans ce contexte, il n'est pas possible de planifier des positions pérennes liées à la maîtrise durable d'un avantage concurrentiel. Au contraire, la planification à long terme risque de détruire l'avantage concurrentiel car elle allonge les délais de réponse. Les managers doivent donc être capables d'agir plus vite que leurs concurrents, car out avantage n'est qu'éphémère et finit nécessairement par s'éroder. Dans ce cadre, une stratégie pertinente est toujours imitée et une bonne idée ne peut jamais être une bonne idée longtemps[13].

Les interactions réussies en situation d'hypercompétition exigent de la rapidité et de l'initiative plutôt que des postures défensives. Richard D'Aveni dégage ainsi quatre principes :

- *Accepter la cannibalisation.* Maintenir obstinément un avantage passé peut empêcher de développer de nouvelles conditions de succès. Un leader doit être capable de renoncer délibérément à la stratégie qui l'a conduit au succès plutôt que de mourir avec elle[14]. Intel a ainsi été forcé de mettre en cause sa position d'acteur historique dominant dans les processeurs pour ordinateurs lorsqu'il a décidé de se réorienter vers le marché des processeurs pour tablettes et smartphones.
- *Avancer à petits pas.* Plutôt que de tenter d'élaborer et de déployer un plan magistral capable de remettre en cause toute la stratégie établie, mieux vaut multiplier les initiatives modestes qui contribuent chacune à infléchir l'orientation générale. L'objectif à long terme est ainsi moins aisément discernable par les concurrents, et la liberté de mouvement est beaucoup plus grande. Chaque

nouvelle version de l'iPhone ou de l'iPad d'Apple ne constitue ainsi qu'une évolution incrémentale par rapport à celle qu'elle remplace.

- *être imprévisible.* Si le comportement d'une entreprise est prévisible, ses manœuvres seront nécessairement anticipées et/ou imitées par les concurrents. La surprise est donc essentielle. Dans ces conditions, l'imprévisibilité et l'irrationalité – au moins apparentes – peuvent être préférables. Les managers doivent paraître imprévisibles vus de l'extérieur, tout en étant cohérents en interne. Apple maintient ainsi une forte incertitude sur ses nouveaux produits : au lancement de l'iPad, beaucoup de concurrents attendaient plutôt son entrée sur le marché de la télévision.
- Il peut être particulièrement utile de *tromper les concurrents* sur les intentions stratégiques réelles[15]. On peut pour cela s'inspirer de la théorie des jeux (voir la section 6.4.4) et afficher des manœuvres qui relèvent avant tout du bluff, le déploiement des stratégies effectives bénéficiant alors de l'effet de surprise. On peut ainsi parler d'alliances avant d'entreprendre une acquisition, ou dissimuler son succès sur un marché, afin de mieux se préparer à répondre à l'irruption d'un nouvel entrant.

6.4.3 Les stratégies de coopération

Jusqu'ici nous avons mis l'accent sur la concurrence et sur l'avantage concurrentiel. Cependant les manœuvres et contre-manœuvres décrites dans la section 6.4.1 montrent que la concurrence peut provoquer des escalades dangereuses pour tous les acteurs impliqués. Les organisations peuvent donc avoir intérêt à limiter la concurrence. D'ailleurs, l'avantage concurrentiel ne résulte pas toujours uniquement de l'affrontement : la collaboration entre plusieurs organisations sur un marché peut leur donner un avantage sur les autres concurrents présents ou sur des entrants potentiels. La collaboration peut être soit explicite – sous forme d'accords formels de coopération –, soit tacite – elle se traduit alors par des pactes informels entre les concurrents. L'analyse des stratégies concurrentielles doit donc aussi concerner les stratégies de coopération[16].

Le schéma 6.8 illustre les différents avantages de la coopération entre des entreprises du point de vue du modèle des 5(+1) forces de Michael Porter (voir la section 2.3.1) :

- *Fournisseurs.* Sur le schéma 6.8, la coopération entre les concurrents A et B augmente leur pouvoir de négociation vis-à-vis de leurs fournisseurs. Cela peut aussi leur donner la possibilité de standardiser leurs demandes, permettant ainsi à leurs fournisseurs de faire des économies, ce qui profite à tous les acteurs en présence. Deux constructeurs automobiles peuvent ainsi s'entendre sur les spécifications d'un composant, ce qui permettra aux équipementiers de réaliser des économies d'échelle.
- *Acheteurs.* De même, la collaboration entre les concurrents A et B accroît leur pouvoir de négociation vis-à-vis de leurs acheteurs. Ce type de *collusion* entre concurrents leur permet de maintenir ou d'augmenter leurs prix, ce qui est bien évidemment condamnable (voir l'illustration 6.5). Cependant, les acheteurs peuvent bénéficier d'une standardisation des offres proposées par leurs fournisseurs. Si des entreprises agroalimentaires s'entendent sur une taille unique de palettes, les distributeurs pourront plus aisément gérer leurs entrepôts.

Schéma 6.8 Compétition et collaboration

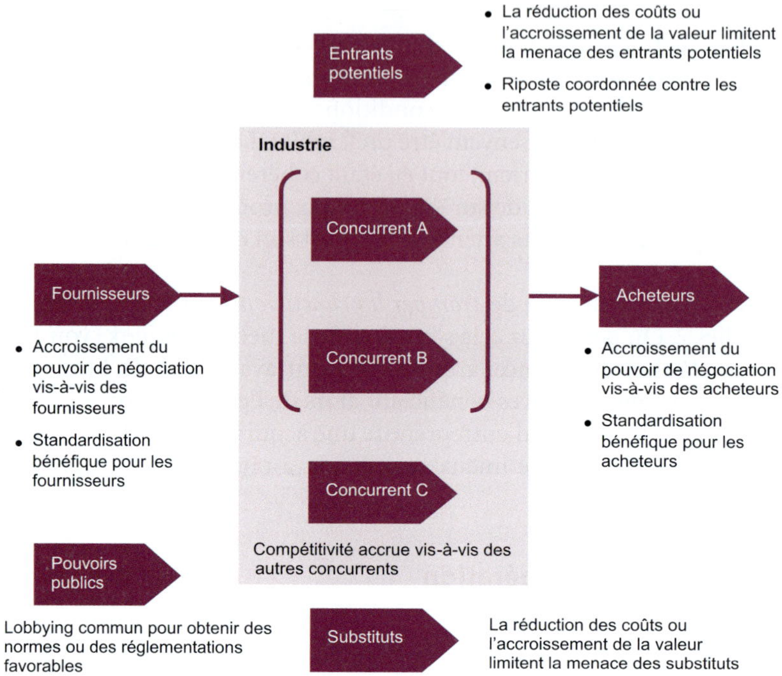

Source : adapté de M.E. Porter, *Choix stratégiques et concurrence*, Economica, 1982 (le rôle des pouvoirs publics a été ajouté).

- *Concurrents.* Si les concurrents A et B s'entendent au bénéfice de leurs fournisseurs et de leurs clients, d'autres concurrents – c'est le cas de C sur le schéma 6.8 – subiront un désavantage, au point de courir le risque d'être exclus du marché.
- *Entrants potentiels.* De la même manière, les entrants potentiels ne disposeront pas des avantages de A et B, qui peuvent en plus coordonner leurs stratégies de riposte. Ils peuvent par exemple réduire leurs prix dans les mêmes proportions afin de protéger leurs positions respectives tout en érodant la compétitivité du nouvel entrant.
- *Substituts.* Les réductions de coûts permises par la coopération entre A et B restreignent l'intérêt que peuvent avoir les acheteurs à se tourner vers des substituts. Les entreprises sidérurgiques ont ainsi collectivement financé des recherches pour réduire le poids de l'acier dans les automobiles, afin de décourager les constructeurs qui risquaient de préférer l'aluminium ou le plastique.
- *Pouvoirs publics.* En collaborant, les concurrents peuvent mutualiser leurs efforts de lobbying auprès des pouvoirs publics, pour obtenir par exemple la promulgation de réglementations protectrices ou de normes qui leur sont favorables. En France, les grandes maisons de disques – pourtant concurrentes – ont ainsi coopéré afin d'inciter le gouvernement à créer l'Hadopi, l'autorité administrative chargée d'appliquer la loi sur le téléchargement illégal sur Internet.

Nous détaillerons d'autres types de stratégies de coopération, sous la forme de partenariats et d'alliances, dans la section 10.4.

Illustration 6.5

Bruxelles sanctionne le cartel du fret aérien

Des concurrents font parfois le pari de s'entendre, au risque de très lourdes amendes.

En janvier 2014, l'agence de contrôle de la concurrence suisse prononça 11 millions de francs de sanctions à l'encontre de 11 compagnies aériennes pour entente sur les prix dans le fret. Cette procédure faisait suite à celle entamée par la Commission européenne, qui en 2010, après plus de quatre ans d'enquête, avait infligé à ces mêmes compagnies une amende de 799 millions d'euros. Il leur était reproché d'avoir « coordonné leur action sur les surtaxes carburant et la sécurité, tout en refusant tout rabais pendant six ans ». Les compagnies avaient commencé par s'entendre pour imposer une surtaxe carburant forfaitaire par kilo sur tous les envois à partir de 1999. Après les attentats du 11 septembre 2001, elles avaient élargi leur collusion à des surtaxes pour la sécurité.

À l'annonce de cette amende, le commissaire européen à la Concurrence déclara :

> *« Il est déplorable qu'autant de grandes compagnies aériennes aient coordonné leur prix au détriment des entreprises et des consommateurs européens. [...] La hausse des prix du kérosène ou l'augmentation des coûts liés à la sécurité après les attaques terroristes du 11 septembre ne sont pas une raison acceptable pour arrêter de se faire de la concurrence. [...] Si la Commission n'était pas intervenue, le cartel ne se serait pas terminé en 2006. Il aurait probablement continué pendant la récession économique et jusqu'à aujourd'hui, avec tout le mal que cela aurait causé à leurs clients et aux consommateurs finaux. »*

Au total, sur les 27 compagnies initialement mises en cause, seules 11 furent condamnées, dont British Airways (104 millions d'euros d'amende), Cargolux (80 millions), Singapore Airlines (74,8 millions), SAS (70 millions), Cathay Pacific (57 millions), Japan Airlines (35,7 millions), Air Canada (21 millions), Qantas (9 millions) et LAN Chile (8,2 millions).

La compagnie la plus lourdement sanctionnée – avec près de 40 % du total – fut cependant le numéro un mondial du secteur, Air France-KLM, avec une amende de 339,6 millions d'euros, répartie entre Air France (183 millions), KLM (127 millions) et leur filiale Martinair (29,6 millions).

Les autorités de la concurrence surveillaient depuis plusieurs années les pratiques des compagnies aériennes en matière de fret au niveau mondial. Début 2006, les premières perquisitions furent menées en parallèle en Europe et aux États-Unis, la Commission ayant décidé de collaborer avec le département de la Justice américain. Bien qu'ayant été à l'initiative du cartel, la compagnie allemande Lufthansa le dénonça alors à la Commission, ce qui lui permit de bénéficier d'une immunité totale et ainsi d'échapper à toute sanction financière. En 2008, les autorités américaines condamnèrent quatre compagnies à une amende de 504 millions de dollars, dont déjà 350 millions pour Air France-KLM. Des condamnations furent aussi prononcées en 2009 au Canada et en Australie.

Afin de réduire le montant des amendes, la plupart des compagnies mises en cause reconnurent leur entente dès 2008. Elles collaborèrent aussi à l'enquête, ce qui permit notamment à Air France et à KLM de bénéficier d'une réduction de 20 % (de 50 % pour Martinair), contre 10 % pour British Airways.

Toutes les compagnies incriminées invoquèrent la crise pour tenter de bénéficier de baisses supplémentaires, mais la Commission refusa, confirmant ainsi sa position dure face aux cartels, contre lesquels elle avait décidé de lutter très sévèrement, avec des sanctions toujours plus lourdes. Les années précédentes, elle avait ainsi infligé des amendes de 896 millions d'euros à Saint-Gobain pour sa participation au cartel du verre pour l'industrie automobile, de 480 millions d'euros à ThyssenKrupp pour le marché des ascenseurs, et de 462 millions d'euros à Roche pour celui des vitamines. Légalement, en cas d'entente avérée, la Commission pouvait infliger une amende égale à 10 % du chiffre d'affaires des sociétés concernées.

Sources : Les Echos, 9 et 10 novembre 2010 ; *L'Expansion*, 9 et 10 novembre 2010.

Questions

1. Quels sont les avantages et les inconvénients d'une entente de ce type ?
2. Que pensez-vous de l'immunité dont a bénéficié Lufthansa pour avoir dénoncé l'entente qu'elle avait initiée ?

6.4.4 La théorie des jeux

La théorie des jeux permet de mieux analyser les interactions stratégiques[17]. Par « jeu » on entend la succession de décisions prises par les joueurs lors d'une partie d'échecs par exemple. La **théorie des jeux** encourage l'organisation à anticiper les manœuvres de ses concurrents avant d'envisager sa propre stratégie. Les spécialistes de la théorie des jeux s'intéressent tout particulièrement à deux types d'interactions. Premièrement, ils cherchent à comprendre de quelle manière l'anticipation de la *réaction des concurrents* à une manœuvre stratégique peut influencer cette manœuvre : la prise en compte de la contre-attaque menée par ses concurrents peut ainsi dissuader une organisation de pénétrer sur un marché. Deuxièmement, la théorie des jeux s'intéresse aux signaux stratégiques – ou messages – que chaque manœuvre envoie aux concurrents : dans quelle mesure par exemple les décisions d'une organisation démontrent sa volonté de défendre ses positions ? À la lumière de l'enchaînement des attaques et des contre-attaques, la théorie des jeux recommande fréquemment une approche coopérative plutôt qu'une concurrence directe.

La théorie des jeux se révèle particulièrement utile lorsque les concurrents sont interdépendants, c'est-à-dire lorsque le résultat des choix effectués par un des concurrents dépend des choix faits par les autres. Le succès d'une baisse de prix décidée par un distributeur dépend ainsi de la réponse de ses concurrents : s'ils ne réagissent pas, sa baisse de prix lui permettra d'accroître sa part de marché ; à l'inverse, s'ils baissent eux aussi leurs prix, personne ne profitera de la manœuvre, qui sera même néfaste pour tous. Avant d'entreprendre une baisse des prix, il est donc vital d'anticiper la réaction des concurrents.

Deux postulats fondamentaux découlent de la notion d'interdépendance :

- *Prendre le point de vue du concurrent.* Le stratège doit se mettre dans la position du concurrent afin de déterminer quelles décisions il est le plus à même de prendre, ce qui permet d'envisager la meilleure manière d'y réagir. Pour choisir sa stratégie, il faut comprendre celle de l'adversaire.
- *Penser le futur pour en déduire le présent.* Le stratège doit déterminer ses actions à la lumière des réactions probables des concurrents. Il doit d'abord penser à la situation future, avant d'en déduire ce qu'il doit décider au présent.

La théorie des jeux peut être utilisée de deux manières différentes. La première, lorsque le nombre de situations possibles est incertain, consiste à organiser un *jeu de rôle* afin de permettre à plusieurs parties prenantes de mieux comprendre leurs positions respectives et leurs interactions. L'illustration 6.6 montre comment le cabinet Deloitte a arbitré une décision de politique publique en Afrique du Sud grâce à un jeu de guerre. La seconde utilisation de la théorie des jeux consiste en une *modélisation mathématique*, qui est concevable lorsque les situations possibles sont peu nombreuses et clairement définies, et que les variables associées à chacune sont raisonnablement quantifiables.

Une des illustrations les plus célèbres de la théorie des jeux est le *dilemme du prisonnier.* Il existe beaucoup de situations d'interactions stratégiques comparables à celle des deux prisonniers accusés d'avoir commis un crime ensemble et que la police interroge dans deux cellules séparées, sans leur laisser la possibilité de communiquer l'un avec l'autre. Les prisonniers doivent-ils se dénoncer mutuellement ou au contraire refuser de parler aux policiers ? S'ils restent silencieux tous les deux, ils ne seront condamnés que pour des délits mineurs. Les enquêteurs vont cependant leur proposer un marché en leur promettant la liberté immédiate, mais à

Illustration 6.6

Jeux de guerre en Afrique du Sud

Le cabinet Deloitte a utilisé un jeu de guerre pour élaborer une solution stratégique à un problème de pollution majeur en Afrique du Sud.

Deloitte, un des quatre grands cabinets d'audit et de conseil mondiaux, employait en 2014 plus de 200 000 personnes dans 150 pays. En 2010, le cabinet lança une activité de jeux de guerre. Pour cela, il racheta notamment une petite entreprise de simulations fondée par le département de stratégie militaire du King's College de l'université de Londres.

Les jeux de guerre apparurent au sein de l'armée prussienne à la fin du XIXe siècle et se développèrent surtout pendant la guerre froide au milieu du XXe. Ils consistent à mettre les joueurs dans les positions d'alliés et d'ennemis et à leur demander de simuler des séquences de manœuvres et de ripostes telles que les acteurs réels auraient pu les mener. Deux fameux principes guident le jeu. Le premier a été formulé par Sun Tzu, le général chinois qui rédigea le traité militaire *L'Art de la guerre* vers 500 avant Jésus Christ : « Pour connaître l'ennemi, il faut devenir l'ennemi. » Le second principe a été énoncé par le général allemand Helmuth von Moltke : « Aucun plan ne survit jamais à la première confrontation avec l'ennemi. » Les jeux de guerre aident à comprendre comment les joueurs agiront au fur et à mesure du déroulement des événements. Deloitte utilisait ce type de simulations pour aider ses clients à élaborer des stratégies pour l'introduction de nouveaux produits, des changements de prix ou des pénétrations de nouveaux marchés, c'est-à-dire des situations où les réactions des concurrents étaient déterminantes. Cette approche pouvait également être utilisée pour arbitrer des décisions politiques complexes.

Le problème du drainage des mines dans la région de Johannesburg en Afrique du Sud était un bon exemple. Ces mines avaient produit de l'or jusqu'en 1886, mais le processus d'extraction avait combiné de l'eau, de l'oxygène et des métaux lourds, jusqu'à l'apparition d'acide sulfurique dilué. Cet acide s'écoulait dans les nappes phréatiques et polluait désormais 10 % des réserves d'eau potable locales. Dans une région fréquemment sujette à la sécheresse, il s'agissait d'un véritable désastre. De plus, les mines devaient être drainées en permanence afin d'éviter l'inondation de plusieurs villes et d'une réserve naturelle d'oiseaux. Or, la plupart des mines n'appartenaient plus aux entreprises minières qui les avaient originellement exploitées, et les propriétaires actuels rechignaient à endosser leurs responsabilités, potentiellement extrêmement coûteuses.

Beaucoup de parties prenantes étaient impliquées. Il y avait tout d'abord les compagnies minières, dont l'activité était à la source du problème. Il y avait aussi les collectivités locales, qui craignaient les inondations et la pollution des nappes phréatiques. Pas moins de cinq ministères étaient concernés, dont l'Industrie et l'Agriculture, chacun avec leurs propres intérêts à défendre. Les agriculteurs étaient également très inquiets de la pollution de l'eau, indispensable à leur activité.

Un jeu de guerre aida les joueurs à réagir à différents scénarios. Que se passerait-il en cas de pollution majeure ? Ce serait une catastrophe pour les habitants, mais cela menacerait aussi la capacité de recrutement des compagnies minières : ce coût pouvait être inclus dans leurs calculs d'anticipations. Que se passerait-il si les compagnies minières étaient forcées de prendre intégralement en charge le coût du problème ? Préféreraient-elles abandonner les mines, ou au moins réduire leurs investissements, mais quelles seraient les conséquences pour l'emploi local ? Mettre les joueurs dans la position des différentes parties prenantes les aidait à comprendre tous les intérêts impliqués et aussi à élaborer d'éventuelles solutions partagées.

Source : adapté de Deloitte, « War gaming may just be the answer to solving South Africa's own Chernobyl », 2011.

Questions

1. Les jeux de guerre sont utilisés pour anticiper les conséquences de l'introduction d'un nouveau produit, d'un changement de prix ou de l'entrée sur un nouveau marché. Pouvez-vous citer d'autres situations stratégiques dans lesquelles les jeux de guerre seraient utiles ?
2. Y a-t-il des limites ou des dangers à comparer la stratégie d'entreprise à la guerre ?

l'unique condition qu'ils trahissent leur complice. Or, si tous les deux trahissent, le juge ne sera certainement pas clément et ils seront tous les deux punis pour leur crime. Le dilemme pour chacun des prisonniers se résume donc à évaluer leur loyauté mutuelle : s'ils résistent tous les deux à la tentation de trahir, la punition subie sera réduite, mais si l'un des deux est certain que l'autre ne trahira pas, il est plus logique pour lui de le dénoncer car ainsi il retrouvera immédiatement la liberté. Les deux prisonniers sont clairement en situation d'interdépendance, mais puisqu'ils ne peuvent pas communiquer, chacun doit prendre le point de vue de l'autre et penser le futur (que va-t-il faire ?) pour en déduire le présent (est-ce que je le trahis ?).

Lorsque deux entreprises concurrentes sont placées en situation d'interdépendance, on retrouve le même dilemme. C'est notamment le cas d'Airbus et Boeing pour les avions de ligne, de Sony et Microsoft pour les consoles de jeu, ou de Hertz et Avis pour la location de voitures. Le dilemme du prisonnier peut s'appliquer à toute une série de situations : lorsqu'un des concurrents envisage de pénétrer sur le marché domestique de l'autre, souhaite investir dans une nouvelle offre innovante que l'autre pourrait imiter, ou si tous les deux projettent de racheter un troisième concurrent. Pour ces deux entreprises, il serait illégal de communiquer directement. Elles doivent donc prendre leur point de vue respectif et penser le futur pour en déduire le présent. Comment l'autre entreprise va-t-elle agir ou réagir, et par conséquent quelle est la meilleure stratégie ?

Le schéma 6.9 présente le dilemme du prisonnier qui résulte de ce type d'interdépendance entre deux concurrents. Supposons qu'Airbus et Boeing soient confrontés à une baisse de leurs ventes. Chacun doit choisir entre réduire ses prix ou les maintenir à leur niveau actuel. Si tous les deux maintiennent leurs prix, aucun n'obtient un avantage, ce qui correspond à la case en haut à gauche sur le schéma 6.9 : un profit de 500 millions d'euros pour chacun. Si un seul concurrent décide de réduire ses prix, il augmentera significativement sa part de marché, ce qui lui permettra d'obtenir un profit de 700 millions grâce aux économies d'échelle, alors que l'autre concurrent ne gagnera que 100 millions (ce qui correspond aux cases en haut à droite et en bas à gauche). Cette situation peut encourager l'un des deux concurrents à baisser ses prix pour deux raisons : pour espérer dégager un profit plus important, mais aussi pour ne pas courir le risque de voir l'autre le faire. Le problème est que si tous les deux suivent le même raisonnement, ils vont certainement décider d'abaisser leurs prix au même moment, ce qui déclenchera une guerre des prix, figera les parts de marché et ne leur permettra de gagner que 300 millions (la case en bas à droite).

La situation présentée dans le schéma 6.9 est paradoxale, car la coopération est à la fois attractive et difficile à obtenir. La stratégie la plus intéressante à la fois pour

Schéma 6.9 Airbus, Boeing et le dilemme du prisonnier

		Boeing	
		Maintenir les prix	Baisser les prix
Airbus	Maintenir les prix	500 / 500	100 / 700
	Baisser les prix	700 / 100	300 / 300

Montants fictifs choisis pour illustrer le modèle

Airbus et Boeing consiste à maintenir leurs prix. Pourtant, dans la pratique, ils risquent de les baisser car chacun anticipera que l'autre va le faire. De fait, la théorie des jeux démontre souvent que la coopération est préférable à la compétition. D'ailleurs, la coopération n'a pas besoin de prendre la forme d'un contrat explicite : elle peut reposer sur la compréhension de l'intérêt mutuel à refuser une agression. La théorie des jeux encourage donc les managers à considérer comment passer d'une compétition délétère à une coopération bénéfique. Cinq principes peuvent faciliter cette démarche :

- La *répétitivité*. Le dilemme du prisonnier suppose une seule interaction. La projection dans le futur reste donc limitée. Or, dans beaucoup de cas, il est plus facile d'obtenir une coopération tacite si les joueurs savent qu'ils devront répéter leur interaction au cours du temps. La répétitivité encourage en effet la coopération car toute action agressive provoque une réaction agressive en retour, ce qui nuit aux intérêts de chacun. Il a ainsi été démontré qu'en règle générale il est préférable d'adopter une approche coopérative et de ne se montrer agressif qu'en réponse à une agression du concurrent. Selon cette logique, Airbus et Boeing devraient donc commencer par maintenir leurs prix. Si l'un baisse ses prix, l'autre devra faire de même, en espérant que le premier reviendra sur sa décision. Si c'est le cas, le second reviendra lui aussi à ses prix de départ. Grâce à la répétitivité des interactions, les concurrents peuvent ainsi apprendre à coopérer.
- La *visibilité*. La théorie des jeux nous apprend aussi que les décisions stratégiques constituent des signaux pour les concurrents. Les stratèges doivent être conscients des messages que leurs décisions envoient, et être capables d'interpréter les messages envoyés par les décisions concurrentes. Si Airbus ne réagit visiblement pas à une baisse des prix décidée par Boeing, celui-ci peut considérer qu'Airbus ne tient pas à défendre son marché et continuer sa stratégie de prix. Répondre ouvertement et agressivement à une baisse des prix peut donc favoriser la coopération à long terme dans un jeu répété.
- La *dissuasion*. Signaler ses intentions permet de dissuader les concurrents de mener certaines actions. Selon les spécialistes de la théorie des jeux, les États-Unis et l'Union soviétique ne se sont pas directement affrontés durant la guerre froide, car les deux puissances possédaient une arme de dissuasion redoutable : la bombe atomique. Si l'un des camps attaquait l'autre, le second aurait répliqué avec l'arme nucléaire. Cet équilibre de la terreur fonctionna jusqu'à la chute de l'Union soviétique. De la même manière, des concurrents interdépendants doivent démontrer qu'une agression de la part de l'un d'eux aura des conséquences extrêmement néfastes. La dissuasion peut consister à conserver une capacité de production excédentaire, de manière à inonder le marché en cas d'attaque, ou à maintenir une présence sur un marché clé pour le concurrent, avec la possibilité de l'envahir si nécessaire. Même si le coût de ces mesures de dissuasion est élevé, elles présentent l'avantage d'encourager la coopération.
- L'*engagement*. Il est important de signaler son engagement. Lorsque Agathocle de Syracuse envahit Carthage au IVe siècle av. J.-C., il brûla ses navires afin de bien faire comprendre à ses ennemis – et à sa propre armée – qu'il combattrait jusqu'à la victoire ou la mort. Ce signal d'engagement coûteux et irréversible poussa les Carthaginois à négocier un traité de paix. Guillaume le Conquérant fit de même en 1066 lorsqu'il envahit l'Angleterre, ainsi que Hernán Cortés lors de son débarquement au Mexique en 1519. De la même manière, si une entre-

prise investit lourdement pour développer une marque ou pour établir un portefeuille de brevets, ses concurrents sauront que son engagement est décisif et qu'elle sera contrainte de réagir violemment à toute attaque. Là encore, le poids et la visibilité de l'investissement initial peuvent aider à construire une coopération durable.

- La *rationalité*. La théorie des jeux postule la rationalité des joueurs. Les concurrents sont censés éviter les décisions contraires à leur propre intérêt. Pour pouvoir anticiper leurs décisions, ils doivent eux-mêmes être capables d'analyser logiquement les décisions de leurs concurrents. Or, les organisations ne se comportent pas nécessairement de manière rationnelle : la vanité, l'inertie ou la précipitation peuvent l'emporter sur le calcul. Face à un concurrent guidé par ses passions plutôt que par sa raison, la théorie des jeux ne s'applique plus.

Résumé

Les *stratégies par domaine d'activité* consistent à obtenir un avantage concurrentiel au niveau d'un domaine d'activité stratégique.

- La *segmentation stratégique* consiste à subdiviser l'organisation en domaines d'activité stratégique (DAS), qui correspondent à des combinaisons spécifiques de triplets marchés/concurrents/compétences auxquels il est possible d'allouer ou de retirer des ressources de manière indépendante.
- Trois stratégies génériques sont envisageables :
  - La *stratégie de prix*, qui consiste à proposer une offre comparable à celle des concurrents, mais à un prix inférieur.
  - La *stratégie de différenciation*, qui consiste à proposer soit une offre plus élaborée que celle des concurrents, mais à un prix supérieur (*stratégie de sophistication*), soit une offre moins élaborée que celle des concurrents, mais à un prix inférieur (*stratégie d'épuration*). Dans les deux cas, il s'agit d'accroître le différentiel entre le coût et le prix.
  - La *stratégie de focalisation*, qui consiste à se concentrer sur une niche de marché dont les besoins sont spécifiques.
- Pour conserver un avantage concurrentiel, il peut être nécessaire de détenir des capacités stratégiques et/ou de *verrouiller* un marché.
- Dans une situation d'*hypercompétition*, il est très difficile de maintenir un avantage concurrentiel. Les organisations doivent alors renoncer à leurs stratégies établies, multiplier les initiatives modestes, être imprévisibles et tromper leurs concurrents.
- Dans certaines conditions, la *collaboration* peut être préférable à la compétition ou compatible avec elle.
- La *théorie des jeux* encourage les managers à prendre le point de vue des concurrents et à penser le futur pour en déduire le présent.

Controverse académique

Être ou ne pas être différencié ?

Les stratégies de différenciation ne risquent-elles pas de rendre les organisations qui les adoptent inutilement excentriques au lieu de leur assurer un avantage concurrentiel ?

Dans ce chapitre, nous avons présenté l'intérêt des stratégies de différenciation, au travers desquelles une organisation affiche sa spécificité. Ce choix est cohérent avec l'approche par les ressources (voir le chapitre 3), qui insiste sur le caractère distinctif et inimitable de la capacité stratégique. Pour autant, jusqu'à quel point doit-on encourager la différenciation ? Ne risque-t-elle pas de déboucher sur une simple manifestation d'excentricité ?

Philipp Natterman, consultant chez McKinsey, est un fervent défenseur de la différenciation[1]. Dans deux industries – la micro-informatique et la téléphonie mobile –, il a étudié la relation entre la rentabilité et la différenciation (à la fois en termes de prix et de caractéristiques de l'offre) sur de longues périodes. Il a constaté qu'au fur et à mesure que la différenciation s'amenuise au cours du temps, les profits se réduisent. Il accuse certaines méthodes de management telles que l'étalonnage (voir le chapitre 3), qui tendent à encourager la convergence vers les « meilleures pratiques » de l'industrie. Le problème avec les meilleures pratiques, c'est qu'elles deviennent rapidement des standards adoptés par tous. Or, suivre le troupeau n'apporte aucun avantage concurrentiel.

Cependant, les « institutionnalistes », tels que Paul DiMaggio et Walter Powell, soulignent au contraire les avantages d'un comportement grégaire[2]. Ils conçoivent les industries comme des « champs sectoriels » dans lesquels toutes sortes d'acteurs doivent interagir : clients, fournisseurs, employés, autorités de régulation, etc. La capacité de chacun de ces acteurs à interagir efficacement dépend de sa légitimité aux yeux des autres. Au cours du temps, les industries développent des normes institutionnalisées sur les comportements légitimes, qu'il est donc rationnel d'adopter. Il est plus facile pour les clients et les fournisseurs de traiter avec des organisations qui sont plus ou moins les mêmes. Il est rassurant pour les candidats à l'embauche et pour les autorités de régulation de ne pas être confrontés à des organisations trop différentes les unes des autres. Dans les cas où les facteurs qui déterminent la performance sont particulièrement incertains – par exemple lorsque les connaissances jouent un rôle clé –, mieux vaut être légitime qu'original. Dans la mesure où les clients, les fournisseurs, les employés et les régulateurs valorisent la conformité, elle devient indiscutablement préférable. Être un marginal peut se révéler coûteux.

L'interprétation institutionnaliste de la conformité explique de nombreux comportements stratégiques. Les vagues de fusions dans certaines industries semblent ainsi répondre à des frénésies collectives, dans lesquelles les organisations sont paniquées à l'idée d'être tenues à l'écart de la tendance générale. De la même manière, bien des pratiques managériales, telles que le reengineering, le Six-Sigma, les progiciels de gestion intégrée ou la gestion de la relation client, sont tout autant le résultat de modes que d'analyses factuelles. Pour autant, l'approche institutionnaliste soutient que suivre la mode n'est pas une mauvaise chose.

Il semble donc que l'approche par les ressources et les théories institutionnalistes s'opposent sur la valeur de la différenciation. David Deephouse a étudié le dilemme apparent entre la différenciation et la conformité dans l'industrie bancaire américaine et il a découvert une relation curvilinéaire entre la différenciation et la performance financière[3]. Une forte conformité correspond à une performance médiocre, une différenciation moyenne est associée à une performance supérieure, mais une différenciation exacerbée semble réduire la performance.

Deephouse conclut en faveur d'un équilibre entre la différenciation et la conformité. Il suggère aussi que l'intérêt de la différenciation diffère selon que les acteurs clés de l'industrie – les clients, les fournisseurs, les employés, etc. – ont convergé ou non vers des normes institutionnalisées sur ce qu'ils considèrent comme une stratégie légitime. Il est donc possible d'être trop différencié, mais le niveau de différenciation acceptable dépend de l'industrie.

Sources :

P.M. Natterman, « Best practices does not equal best strategy », *McKinsey Quarterly*, n° 2 (2000), pp. 22-31.

P.J. DiMaggio et W.W. Powell, « The iron cage revisited: institutional isomorphism and collective rationality in organisational fields », *American Sociological Review*, vol. 48 (1983), pp. 147-160.

D. Deephouse, « To be different, or to be the same? It's a question (and theory) of strategic balance », *Strategic Management Journal*, vol. 20 (1999), pp. 147-166.

Questions

1. Dans quelle mesure (a) les universités et (b) les constructeurs automobiles vous semblent-ils différenciés ?
2. Étant donné la nature de leur industrie respective et les acteurs clés qui y interviennent, dans quelle mesure ces organisations devraient-elles adopter une approche de différenciation ou de conformité ?

Travaux pratiques

• Signale des exercices d'un niveau plus avancé

6.1 Les principes de stratégie concurrentielle sont-ils adaptés aux organisations du secteur public ou aux organisations caritatives ? Illustrez votre réponse à travers l'exemple d'un service public de votre choix.

6.2 En utilisant les stratégies génériques de Porter et l'horloge stratégique, identifiez des organisations qui suivent des stratégies de prix, de sophistication et d'épuration. Identifiez aussi des organisations « coincées au milieu » et des organisations qui suivent une stratégie hybride. Quel est le succès de ces différentes stratégies ?

6.3 • Vous venez d'être nommé(e) assistant(e) du directeur général d'une grande entreprise industrielle qui vous demande d'expliquer ce qu'on désigne par « différenciation » et quelles sont ses conditions de réussite. Rédigez un bref rapport qui traite de ces questions.

6.4 • Choisissez une industrie dans laquelle l'intensité concurrentielle s'accroît (par exemple la banque, les jeux vidéo ou le prêt-à-porter). Dans quelle mesure les principes de l'hypercompétition s'appliquent-ils à cette industrie ?

6.5 • En vous appuyant sur la section 6.4.3 (stratégies de coopération), rédigez un bref rapport à l'attention du directeur général d'une activité évoluant dans un environnement fortement concurrentiel, afin d'expliquer dans quelles conditions la coopération peut être préférée à la compétition.

Exercice de synthèse

6.6 En appliquant la théorie des jeux (voir la section 6.4.4) à des questions de stratégie internationale (voir le chapitre 8), déterminez comment une entreprise occidentale peut décourager un nouvel entrant asiatique de pénétrer sur son marché ?

Lectures recommandées

- La notion de stratégie générique a été introduite par les deux ouvrages de M.E. Porter, Choix stratégiques et concurrence : techniques d'analyse des secteurs et de la concurrence dans l'industrie, Economica, 1982, et L'Avantage concurrentiel, InterÉditions, 1986. Ces deux ouvrages sont fortement recommandés aux lecteurs qui souhaitent approfondir les discussions introduites dans la section 6.3 sur les stratégies génériques et sur l'avantage concurrentiel.
- La notion d'hypercompétition et les stratégies associées sont présentées dans R. D'Aveni et R. Gunther, *Hypercompétition*, Vuibert, 1995.
- Beaucoup de choses ont été écrites sur la théorie des jeux, mais la plupart s'appuient sur des développements théoriques qui vont bien au-delà des prétentions de cet ouvrage. Pour une synthèse accessible, voir P. Cahuc, *La Nouvelle Microéconomie*, La Découverte, 1993. Voir aussi R. McCain, *Game Theory: A Non-Technical Introduction to the Analysis of Strategy*, South Western, 2003 et A. Dixit et B. Nalebuff, *The Art of Strategy: A Game Theorist's Guide to Success in Business Life*, Norton, 2008.

Références

1. Sur les principes et les méthodes de segmentation stratégique, voir T. Atamer et R. Calori, *Diagnostic et décisions stratégiques*, Dunod, 1993 ; C. Marmuse, *Politique générale*, 2e édition, Economica, 1996 ; *Strategor*, 5e édition, Dunod, 2009 ; E. Adler et J. Lauriol, « La segmentation, fondement de l'analyse stratégique », *Harvard l'Expansion* (printemps 1986), pp. 99-112. Voir aussi K. Eisen-

hardt et S. Brown, « Patching », *Harvard Business Review*, vol. 77, n° 3 (1999), pp. 72-82.
2. Cette section s'appuie essentiellement sur M. Porter, *L'Avantage concurrentiel*, InterÉditions, 1986. Pour une discussion plus récente des stratégies génériques, voir J. Parnell, « Generic strategies after two decades: a reconceptualisation of competitive strategy », *Management Decision*, vol. 48, n° 8 (2006), pp. 1139-1154.
3. Porter distingue la *focalisation fondée sur les coûts* et la *focalisation fondée sur la différenciation*, mais pour lui la taille du marché visé est un principe tellement fondamental que ces deux stratégies ne sont que des variations sur le même thème.
4. P. Conley, « *Experience curves as a planning tool* », brochure disponible auprès du Boston Consulting Group. Voir aussi A.C. Hax et N.S. Majluf dans R.G. Dyson (ed.), *Strategic Planning : Models and Analytical Techniques*, Wiley, 1990.
5. B. Sharp et J. Dawes, « What is differentiation and how does it work? », *Journal of Marketing Management*, vol. 17, n° 7/8 (2001), pp. 739-759.
6. Parmi les chercheurs et auteurs qui affirment que les stratégies de coûts ne sont pas incompatibles avec la différenciation, on compte notamment J. Broustail et R. Greggio, *Citroën : essai sur quatre-vingts ans d'anti-stratégie*, Vuibert, 2000 ; D. Miller, « The generic strategy trap », *Journal of Business Strategy*, vol. 13, n° 1 (1992), pp. 37-42, C.W.L. Hill, « Differentiation versus low cost or differentiation and low cost: a contingency framework », *Academy of Management Review*, vol. 13, n° 3 (1988), pp. 401-412, et S. Thornhill et R. White, « Strategic purity: a multi-industry evaluation of pure vs. hybrid business strategies », *Strategic Management Journal*, vol. 28, n° 5 (2007), pp. 553-561; L. Heracleous et J. Wirtz, « Singapore Airlines' balancing act », *Harvard Business Review*, vol. 88, n° 7/8 (2010), pp. 145-149.
7. C. Markides et C. Charitou, « Competing with dual business models: a contingency approach », *Academy of Management Executive*, vol. 18, n° 3 (2004), pp. 22-36.
8. Voir D. Faulkner et C. Bowman, *The Essence of Competitive Strategy*, Prentice Hall, 1995.
9. Pour une vérification empirique des stratégies hybrides, voir E. Pertusa-Ortega, J. Molina-Azorin et E. Claver-Cortés, « Competitive strategies and firm performance: a comparative analysis of pure, hybrid and "stuck in the middle" strategies of Spanish firms », *British Journal of Management*, vol. 20, n° 4 (2008), pp. 508-523.
10. Sur le verrouillage des marchés, voir notamment F. Jallat, *À la reconquête du client, stratégies de capture*, Village Mondial, 2001, et A.C. Hax et D.L. Wilde II, « The Delta Model – discovering new sources of profitability in a networked economy », *European Management Journal*, vol. 19, n° 4 (2001), pp. 379-391, ainsi que W.B. Arthur, « Increasing returns and the new world of business », *Harvard Business Review*, vol. 74, n° 4 (1996), pp. 100-109.
11. R. D'Aveni et R. Gunther, *Hypercompétition*, Vuibert, 1995. Dans son analyse, D'Aveni utilise en fait comme axe horizontal la qualité perçue, mais cela ne modifie pas la portée du modèle.
12. Cette section est construite à partir de l'article de N. Kumar, « Strategies to fight low-cost rivals », *Harvard Business Review*, vol. 84, n° 12 (2006), pp. 104-113.
13. Sur les stratégies en situation d'incertitude, voir F. Fréry, « Les postures stratégiques de l'incertitude », *L'Expansion Management Review*, n° 133 (2009), pp. 20-27.
14. L'idée qu'il convient de détruire soi-même les sources de son succès est au centre de l'ouvrage du cofondateur d'Intel, A. Grove, *Seuls les paranoïaques survivent*, Village Mondial, 2004.
15. Sur la capacité à tromper les concurrents, voir G. Stalk Jr, « Curveball: strategies to fool the competition », *Harvard Business Review*, vol. 84, n° 12 (2006), pp. 115-122.
16. Les avantages et inconvénients des stratégies de collaboration entre organisations sont présentés dans B. Garette et P. Dussauge, *Les Stratégies d'alliance*, Éditions d'Organisation, 1995. Voir aussi Y. Doz et G. Hamel, *L'Avantage des alliances*, Dunod, 2000, et C. Huxham, *Creating Collaborative Advantage*, Sage Publications, 1996, ainsi que D. Faulkner, *Strategic Alliances: Co-operating to Compete*, McGraw-Hill, 1995.
17. Sur la théorie des jeux, voir A.K. Dixit et B.J. Nalebuff, *Thinking Strategically*, W.W. Norton & Co., 1991, ainsi que P. Cahuc, *La Nouvelle Microéconomie*, La Découverte, 1993 et A. Brandenburger et B.J. Nalebuff, *La Coopétition*, Village Mondial, 1996, ou encore R. McCain, *Game Theory: A Non-Technical Introduction to the Analysis of Strategy*, South Western, 2003, et le chapitre de S. Regan, « Game theory perspective » dans l'ouvrage dirigé par M. Jenkins et V. Ambrosini, *Strategic Management: A Multiple-Perspective Approach*, Palgrave, 2007. Pour un exemple récent d'utilisation de cette approche, voir H. Lindstädt et J. Müller, « Making game theory work for managers », *McKinsey Quarterly* (décembre 2009), et F. Fréry, « Le contrôle de l'opportunisme dans les entreprises virtuelles », *Revue Française de Gestion*, vol. 34/185, (2008), pp. 65-79.

Étude de cas

L'odyssée d'Iliad

Le 10 janvier 2014, Free Mobile fêta ses 2 ans. Depuis janvier 2012, l'opérateur de téléphonie mobile, filiale d'Iliad, avait attiré 7,5 millions d'abonnés et profondément bouleversé le paysage de la téléphonie française, tout comme Free l'avait fait dix ans auparavant pour l'accès à Internet.

Deux jours auparavant, Xavier Niel, fondateur et propriétaire d'Iliad, avait annoncé la reprise du magazine *Le Nouvel Observateur* par *Le Monde*, dont il était le premier actionnaire. Tout cela confirmait le poids qui était désormais le sien dans le paysage économique français, après quinze années particulièrement riches en rebondissements.

Du Minitel à Internet

C'est en 1994 qu'apparurent les premiers fournisseurs d'accès à Internet (FAI) français. L'accueil du public fut mitigé, car plusieurs millions de Français étaient déjà équipés d'un Minitel. Présenté en 1983, ce petit terminal cubique, lent mais fiable, était devenu un véritable phénomène de société : les Français utilisaient les services 3615 du Minitel pour consulter l'annuaire ou leur compte en banque, réserver des billets de train ou d'avion, mais surtout pour discuter en ligne. Des milliers de forums existaient, sur à peu près tous les sujets (le charme – surnommé Minitel rose – y tenait une place importante). Le modèle économique du Minitel était très attractif : les prestataires de services louaient les lignes pour un prix fixe à France Telecom – alors en monopole – et facturaient le temps de connexion aux utilisateurs. Pour certains services, notamment le Minitel rose, les jeux et la voyance, les marges pouvaient atteindre 4 000 %. Du point de vue des utilisateurs du Minitel, le Web semblait plus complexe et plus coûteux : il fallait disposer d'un ordinateur, d'un modem et d'un abonnement, avec une connexion souvent aléatoire.

Pourtant, avec l'augmentation de la vitesse et de la fiabilité des modems, le Web finit par se substituer au Minitel. Même France Telecom, opérateur historique et inventeur du Minitel, devint fournisseur d'accès. En 1999, plusieurs FAI (les Français France Telecom, Neuf Telecom et Club Internet, l'Italien Tiscali ou l'Américain AOL) se partageaient un marché de l'accès à Internet qui reposait sur le paiement d'un abonnement d'au minimum 45 euros par mois. En contrepartie, ils proposaient un portail d'accès offrant un bouquet de services (météo, actualités, e-mail, etc.) et recensaient les sites intéressants (Google n'existait pas encore).

Xavier Niel était alors un jeune entrepreneur autodidacte (il avait arrêté sa préparation aux écoles d'ingénieur pour fonder sa première entreprise). Il avait fait fortune à 20 ans à la fin des années 1980 après avoir imaginé et revendu des services de Minitel rose, puis créé le premier fournisseur d'accès à Internet en France, WorldNet, qu'il avait revendu en 2000 pour 40 millions d'euros. En 1999, il lança un nouveau FAI, Free, en tant que filiale de son entreprise Iliad, fondée l'année précédente. À la différence des autres FAI, Free proposait uniquement un accès à Internet, sans abonnement et au prix d'une communication locale. Cette offre était simple et moins chère que celle de la concurrence, mais le succès resta limité, car la majorité des internautes avait encore besoin de l'aide d'un portail.

L'explosion de la bulle et l'ADSL

Dans les trois années qui suivirent, l'industrie fut secouée par de profonds bouleversements : l'explosion des bulles Internet puis télécoms et le lancement à grande échelle de la technologie ADSL qui permettait de décupler les débits de données passant par les lignes téléphoniques déjà en place. Ces bouleversements entraînèrent une série de consolidations : Club Internet fut revendu à Deutsche Telekom, AOL fusionna avec Time Warner, alors que Cegetel faisait son apparition.

C'est dans cet environnement perturbé qu'en octobre 2002 Free lança une offre radicalement nouvelle : un accès illimité par ADSL (à 512 Kbit/s) pour 29,99 euros par mois. À cette époque, l'offre comparable la moins chère était toujours à 45 euros. Les concurrents – qui disposaient eux aussi de la technologie ADSL – réagirent en abaissant leurs prix : fin 2003, tous ou presque proposaient un accès à 512 Kbit/s pour environ 30 euros, ce qui était devenu la nouvelle offre de référence.

La Freebox

Cependant, dans l'intervalle, Free proposa trois innovations majeures : alors que son tarif était maintenu à 29,99 euros, l'opérateur doubla sa vitesse d'accès à 1 024 Kbit/s et surtout ajouta en août 2003 un service de téléphonie gratuit et illimité, puis en décembre 2003 une offre de télévision numérique (une centaine de chaînes dont 60 gratuites), le tout grâce à la Freebox, un terminal de connexion ADSL remis gratuitement à tous les nouveaux abonnés, auquel il suffisait de relier son ordinateur, son téléphone et son téléviseur. Il s'agissait de la première offre « triple play » (Internet, téléphone, télévision) au monde.

La Freebox avait été conçue en interne chez Iliad, ce qui avait nécessité deux ans de mise au point. Parallèlement, profitant de l'explosion de la bulle télécoms – qui laissait de nombreuses infrastructures inutilisées –, Iliad s'était endetté pour consacrer un milliard d'euros à la construction d'un réseau câblé de 40 000 kilomètres. Cela lui permettait de s'affranchir de sa dépendance à France Telecom et de fixer ses propres tarifs pour l'ADSL.

Tous les autres FAI furent obligés de contrer cette offre en lançant leur propre « box » : Livebox pour France Telecom, Neufbox pour Neuf, AOLbox pour AOL, Alicebox pour Alice (Telecom Italia). Chacun se positionnait par rapport à Free : France Telecom, fort de son statut d'opérateur historique, de son réseau et de sa part de marché dominante, proposait une offre équivalente mais significativement plus chère. Neuf, qui avait fusionné avec Cegetel en 2005, puis racheté AOL France en 2006 et Club Internet en 2007 avant d'être racheté à son tour par l'opérateur mobile SFR, était au coude à coude avec Free, en proposant une offre comparable. De son côté, Alice multipliait les promotions pour séduire de nouveaux abonnés avec une offre moins élaborée.

Gloire et déboires

Début 2004, le groupe Iliad fut introduit en Bourse avec succès, mais Xavier Niel – qui en restait actionnaire à 70 % – fut subitement rattrapé par ses débuts dans le Minitel rose : suite à une dénonciation par lettre anonyme, il fut accusé de recel d'abus de biens sociaux et de proxénétisme pour avoir conservé une participation minoritaire dans des peep-shows. Condamné à 250 000 euros d'amende et à deux ans d'emprisonnement avec sursis pour le premier motif, il bénéficia d'un non-lieu sur le second, mais fut placé pendant un mois en détention provisoire à la prison de la Santé. Ce rebondissement ne freina en rien l'expansion de Free. Toujours sans augmenter le prix de l'abonnement, le débit fut porté à 6 Mbit/s, puis à 15 Mbit/s en octobre 2004.

Début 2005, Free était devenu le numéro deux français de l'accès à Internet, avec plus d'un million de clients en ADSL et 17 % de part de marché. Le chiffre d'affaires d'Iliad avait atteint les 491 millions d'euros en 2004, en croissance de 68 % par rapport à 2003. Entre

Étude de cas

2004 et 2006, le cours de l'action Iliad avait été multiplié par 5,4.

Cette expansion effrénée n'allait pas cependant sans quelques déboires pour les clients. Si entre 2002 et 2004 le nombre d'abonnés ADSL de Free avait été multiplié par 500, le service clientèle n'avait pas crû en conséquence. De fait, les délais d'activation des lignes ou le temps d'attente pour obtenir le support téléphonique pouvaient être très longs, au point de décourager certains clients. Les investissements prioritaires de Free concernaient son infrastructure technologique et non le service clientèle. Le maintien de l'abonnement à 29,99 euros, malgré la multiplication de la vitesse par 30 et l'ajout du téléphone et de la télévision, semblait être à ce prix. Parti d'une simple offre d'accès à Internet à bas prix en 1999, Free avait bouleversé son marché, au point de se retrouver cinq ans plus tard positionné comme le fournisseur de référence. En avril 2006, l'offre de Free fut considérée comme la plus attractive des pays de l'OCDE.

Du « triple play » au « quadruple play »

En juin 2008, Free racheta Alice à Telecom Italia pour 800 millions d'euros, ce qui modifia brutalement la taille d'Iliad, restée jusque-là une entreprise de taille très modeste par rapport à son volume d'activité : en 2010, le département marketing de Free ne comptait que quatre salariés, pour 4,5 millions d'abonnés. L'intégration des activités d'Alice fut relativement difficile, y compris pour les clients, dont beaucoup partirent à la concurrence.

Si Free avait gagné la bataille du « triple play » (Internet, téléphonie, télévision), l'ajout de la téléphonie mobile laissait prédire une guerre du « quadruple play ». Or, sur ce terrain, France Telecom (rebaptisé Orange) et SFR, déjà opérateurs de téléphonie mobile, étaient largement avantagés. C'est Bouygues Telecom, le troisième opérateur mobile français, qui lança la première offre « quadruple play » en mai 2009, pour 45 euros par mois. L'offre de référence se déplaçait de nouveau, mais cette fois Free n'en était pas le moteur.

Iliad n'obtint l'attribution de la quatrième licence de téléphonie mobile française qu'en décembre 2009. Xavier Niel annonça à cette occasion qu'il visait une part de marché de 25 % dans la téléphonie mobile et qu'entre 2010 et 2015 le chiffre d'affaires d'Iliad doublerait, pour dépasser les 4 milliards d'euros. Sur l'abonnement mensuel facturé 29,99 euros, Free gagnait environ 5 euros, ce qui lui permettait de dégager plus de 300 millions d'euros de trésorerie chaque année.

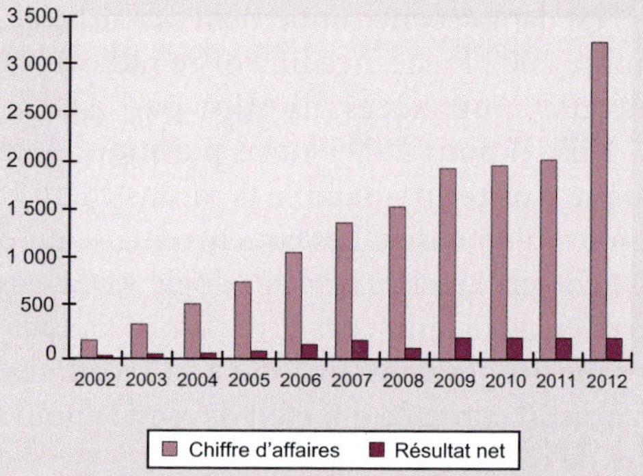

Figure 1

Évolution du chiffre d'affaires et du résultat d'Iliad (millions d'euros).

Orange lança son offre « quadruple play » en août 2010 (pour 54,90 euros par mois), juste après SFR. Encore incapable de lancer son service de téléphonie mobile, qui nécessitait le déploiement d'au moins 1 500 antennes, Iliad riposta dès janvier 2011 avec les appels illimités vers les mobiles inclus dans sa nouvelle Freebox Révolution. Conçue avec le designer Starck, cette nouvelle version incluait notamment un lecteur de DVD Blu-ray, un disque dur réseau et les appels illimités vers les téléphones mobiles en France (Orange et SFR proposèrent le même service quelques semaines après), le tout pour un abonnement de 37,97 euros par mois : pour la première fois depuis 2002, le prix de l'abonnement Free avait donc augmenté. La Freebox Révolution permit à Free de capter 25 % du marché de l'ADSL.

En juin 2010, Xavier Niel devint l'un des trois actionnaires du journal *Le Monde*, ce qui lui assurait un bon levier de lobbying auprès des responsables politiques, indispensable dans son activité de médias et de téléphonie, soumise à de nombreuses réglementations et licences.

La déferlante Free Mobile et la 4G

Free Mobile dévoila son offre en janvier 2012. Elle comprenait un forfait « tout illimité » à 19,99 euros par mois (et à 15,99 euros pour les abonnés Internet de Free). Chez les concurrents, l'offre équivalente la moins chère (et avec des fonctionnalités moindres) dépassait les 50 euros. Un second forfait incluait 1 heure de communication et 60 SMS pour 2 euros mensuels. Pour les abonnés Freebox, ce forfait était gratuit. Chez les concurrents, il n'existait rien de comparable à moins de 10 euros.

Le lancement commercial de Free Mobile fut chaotique. L'entreprise fut rapidement débordée par le très grand nombre de clients attirés par ces offres (près de 2 millions en un mois). De nombreuses erreurs de facturation furent à déplorer, et plusieurs pannes touchèrent le réseau, encore en cours de déploiement. Pour les zones non encore couvertes, Iliad avait signé un accord d'itinérance lui permettant d'utiliser le réseau d'Orange, pour un montant estimé au départ à 1 milliard d'euros sur six ans.

L'impact de Free Mobile sur le marché français de la téléphonie fut considérable. Sur l'année 2012, le volume de minutes consommées depuis un mobile augmenta de 22 %, le nombre de SMS de 20 % et la consommation d'Internet mobile de 70 %, alors que la facture moyenne d'un client détenant un mobile baissa de 14,5 %. En un an, Free Mobile recruta 5,2 millions d'abonnés, soit près de 8 % du marché, et ses deux offres mobiles (la seconde intégrant depuis fin 2012 les SMS illimités et 2 heures d'appel au lieu d'une seule) représentaient plus du quart du chiffre d'affaires d'Iliad. Par ailleurs, Free avait capté près de la moitié des recrutements nets sur le marché de l'ADSL, devant tous ses concurrents. La stratégie de Xavier Niel semblait fonctionner : les clients mobile étaient attirés par l'offre Internet (afin notamment de bénéficier d'un forfait gratuit), dont les abonnements dégageaient les ressources nécessaires à l'extension du réseau mobile (pour mettre fin au coûteux accord d'itinérance avec Orange). Début 2014, ce réseau ne couvrait encore que 60 % de la population.

Les concurrents ripostèrent en lançant chacun dès 2012 une marque *low-cost* exclusivement distribuée sur Internet, afin de proposer des forfaits équivalents à ceux de Free Mobile : B&You pour Bouygues, Sosh pour Orange et Red pour SFR. Chacune de ces marques comptait début 2014 près de 2 millions d'abonnés, mais le plus souvent au détriment des offres historiques. Les distributeurs souffraient eux aussi du déplacement des offres vers Internet : l'enseigne Phone House annonça son retrait du marché français, et les réseaux de boutiques des opérateurs étaient menacés, avec par exemple la fermeture de 150 boutiques SFR sur un total de 850. De son côté, Iliad avait ouvert en deux ans une quarantaine de « Free Centers », des magasins inspirés des Apple Stores, où l'ensemble des offres du groupe (mobile et fixe) était en démonstration. Dans son dossier de candidature à la licence mobile, le groupe avait annoncé 420 boutiques avant 2018.

Le marché connut une nouvelle péripétie en décembre 2013, avec comme enjeu les abonnements 4G qui permettaient un accès à Internet en mobilité beaucoup plus rapide que la 3G. Orange, SFR et Bouygues avaient engagé des investissements publicitaires massifs pour convaincre les clients de souscrire des forfaits 4G à environ 50 euros par mois, ce qui leur aurait permis de rétablir leurs marges. Or, Free Mobile annonça contre toute attente que l'accès 4G était désormais inclus dans ses deux forfaits (dont celui à 2 euros). Pourtant, Free ne disposait alors que d'une couverture 4G extrêmement limitée, réduite à quelques grandes villes. Les concurrents – et même certains ministres – dénoncèrent un coup de bluff et une destruction de valeur. Bouygues réagit

Étude de cas

le plus violemment, en annonçant le lancement d'une offre ADSL (sans télévision) pour 15,99 euros. L'objectif était d'attaquer Free sur l'accès Internet, qui lui permettait de financer son expansion dans le mobile. Parallèlement, Sosh, B&You et Red ajoutèrent l'accès 4G à leurs forfaits à 25 euros.

En avril 2013, la capitalisation boursière d'Iliad dépassa pour la première fois les 10 milliards d'euros, et on évoqua son entrée à l'indice CAC 40. Sur un an, l'action Iliad avait bondi de 90 à 170 euros. Xavier Niel, qui contrôlait toujours 70 % du groupe, était devenu en 2013 la 9e fortune de France, avec un patrimoine de 5,4 milliards d'euros.

Sources : iliad.fr ; *La Tribune*, 9 janvier 2014 ; *Le Monde*, 3 décembre 2013 ; *Les Echos*, 9 janvier 2014 ; A. André et E. Virag, « Free à l'assaut de la téléphonie mobile », monographie ESCP Europe, 2010.

Questions

1. Sur l'horloge stratégique (voir le schéma 6.5), comment la position des différents fournisseurs d'accès à Internet a-t-elle évolué au cours du temps ?
2. En quoi peut-on dire que Free a suivi une stratégie hybride ?
3. Conseilleriez-vous à Xavier Niel de considérer son activité téléphonie mobile comme un DAS différent de l'activité accès à Internet ?
4. Quelle stratégie générique conseilleriez-vous aux concurrents d'Iliad ?
5. Pour une industrie de votre choix, positionnez les différents concurrents sur l'horloge stratégique.

Chapitre 7
La diversification et la gestion d'un portefeuille d'activités

Objectifs

Après avoir lu ce chapitre, vous serez capable de :

- Décrire plusieurs orientations stratégiques, dont la pénétration de marché, le développement de produits, le développement de marché et la diversification.
- Distinguer la diversification liée de la diversification conglomérale et expliquer les facteurs de diversification.
- Évaluer les avantages respectifs de l'intégration verticale et de l'externalisation.
- Montrer comment une maison mère ou une direction générale peut améliorer la performance de son portefeuille d'activités.
- Analyser un portefeuille d'activités et décider lesquelles doivent se voir allouer des ressources.

Concepts clés

Périmètre p. 276, diversification p. 277, diversification liée p. 277, diversification conglomérale p. 278, pénétration de marché p. 278, développement de produits p. 279, développement de marchés p. 279, synergie p. 281, économies de champ p. 283, logique dominante p. 283, intégration verticale p. 286, intégration vers l'amont p. 286, intégration vers l'aval p. 286, externalisation p. 287, gestionnaire de portefeuille p. 293, gestionnaire de synergies p. 293, développeur p. 294, matrice BCG p. 296, vache à lait p. 297, étoile p. 297, dilemme p. 297, poids mort p. 297, matrice attraits/atouts p. 299.

7.1 Introduction

Dans le chapitre 6, nous avons présenté les choix stratégiques envisageables au niveau d'un domaine d'activité stratégique (DAS), par exemple les stratégies de prix ou de différenciation. Cependant, une organisation peut choisir d'être présente sur plusieurs DAS. Tata, une des plus grandes entreprises indiennes, a ainsi débuté comme une société de négoce, puis s'est diversifiée dans l'hôtellerie et le textile, l'acier, les moteurs, le conseil, le thé, la chimie, l'énergie et les communications. Au fur et à mesure que les organisations ajoutent de nouveaux DAS à leur portefeuille d'activités, leur stratégie doit évoluer en conséquence : sur quels nouveaux marchés entrer ? Avec quelle logique d'ensemble ? Comment allouer les ressources entre les

DAS ? Le schéma 7.1 reprend ces questions de *stratégie au niveau de l'entreprise* ou *stratégie corporate*, qui concernent le périmètre d'activité de l'organisation.

Le **périmètre** d'une organisation correspond à son degré de diversification en termes de produits et de marchés. La section 7.2 présente les différentes orientations stratégiques envisageables en utilisant la matrice d'Ansoff, ou matrice produits/marchés. La section 7.3 présente les facteurs qui peuvent légitimer la diversification, comme l'accroissement du pouvoir de marché, la réduction des risques ou la recherche d'effet de levier sur des processus internes. Les implications de la diversification sur la performance font l'objet de la section 7.4.

Le périmètre d'une organisation peut aussi être modifié au moyen de l'*intégration verticale*, lorsqu'elle décide d'acquérir une étape adjacente dans sa filière (voir la section 3.4.2), que ce soit en amont ou en aval : une compagnie pétrolière peut ainsi décider de vendre à ses propres stations-service. Réciproquement, il convient de s'interroger sur les opportunités d'*externalisation*, lorsqu'une organisation décide de pratiquer une « désintégration verticale » en confiant une partie de son activité à des prestataires externes. La section 7.5 est consacrée à ces différentes possibilités.

Lorsqu'une organisation décide d'intervenir sur plusieurs domaines d'activité, quel doit être le rôle de la maison mère ou de la direction générale ? La section 7.6 présente ce que doivent faire les managers lorsqu'ils sont en position de « parents » vis-à-vis des filiales qui composent leur portefeuille d'activités. Dans quelle mesure les activités, les décisions et les ressources de la maison mère – ce qu'on peut appeler sa *performance parentale* – bénéficient-elles aux DAS ? Comme nous le verrons dans la controverse qui clôt ce chapitre, beaucoup d'observateurs se montrent sceptiques quant à l'impact positif des stratégies au niveau de l'entreprise.

Les *matrices d'allocation de ressources* présentées dans la section 7.7 aident les organisations à décider sur quels DAS elles doivent investir et à l'inverse lesquels elles doivent abandonner. Il s'agit ici de déterminer quels DAS doivent être inclus dans le portefeuille d'activités et comment les financer.

Cette discussion n'est pas uniquement valable pour les grandes organisations diversifiées. Même une petite entreprise peut être constituée de plusieurs domaines d'activité stratégique. Une PME de maçonnerie peut ainsi travailler à la fois pour les collectivités locales, pour une clientèle industrielle et pour des particuliers. Or,

Schéma 7.1 La gestion d'un portefeuille d'activités

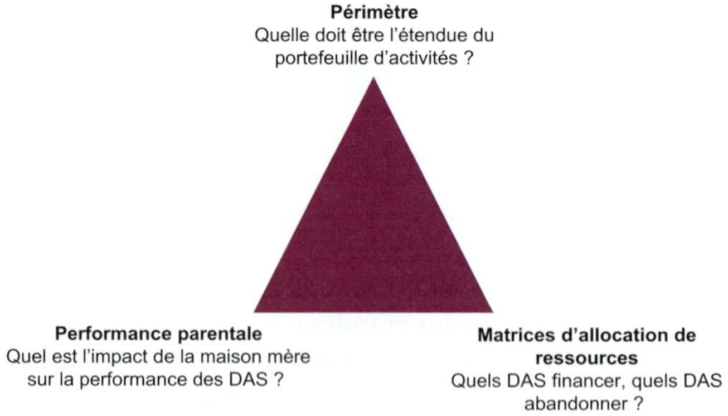

ces trois activités s'adressent non seulement à des segments marketing différents, mais elles nécessitent de plus des compétences distinctes et ne sont pas caractérisées par les mêmes facteurs clés de succès. Ce sont donc trois DAS pour lesquels le dirigeant de l'entreprise doit prendre des décisions d'allocation de ressources. Les organisations du secteur public, comme les hôpitaux ou les collectivités territoriales, comprennent également différents services qui sont les équivalents des DAS dans une entreprise. La notion de stratégie au niveau de l'entreprise les concerne donc aussi. Dans une certaine mesure, la privatisation ou l'externalisation de certains services publics résultent de l'incapacité des pouvoirs publics à accroître – ou maintenir – la performance de ces activités.

7.2 Les orientations stratégiques

La *matrice produits/marchés*[1] – ou *matrice d'Ansoff* – permet d'identifier simplement les orientations de développement stratégique qui s'offrent à une organisation (voir le schéma 7.2). La plupart des organisations débutent dans la case A, en haut à gauche de la matrice. Elles peuvent alors choisir soit de *renforcer la pénétration* de leur offre sur le marché où elle est déjà proposée (rester dans la case A), soit d'étendre leur périmètre selon deux dimensions : de nouvelles offres ou de nouveaux marchés. La **diversification** consiste à étendre la gamme de produits ou de marchés sur laquelle intervient une organisation. La **diversification liée** correspond à un développement vers de nouvelles activités qui présentent des points communs avec les activités existantes. Par conséquent, une organisation peut pratiquer une diversification liée en suivant les deux axes de la matrice d'Ansoff : soit au travers du développement de *nouveaux produits* sur les marchés actuels (case B), soit en lançant les produits actuels sur de *nouveaux marchés* (case C). Dans chaque cas,

Schéma 7.2 Les orientations stratégiques : la matrice d'Ansoff

Marchés \ Produits	Existants	Nouveaux
Existants	A Pénétration de marché	B Nouveaux produits et services
Nouveaux	C Développement de marchés	D Diversification conglomérale

Source : adapté de I. Ansoff et E. McDonnel, *Stratégie du développement de l'entreprise*, Éditions d'Organisation, 1989.

plus l'organisation s'avance sur l'axe horizontal ou vertical, plus le niveau de diversification est élevé. L'organisation peut aussi évoluer simultanément sur les deux axes en lançant de nouveaux produits sur de nouveaux marchés, ce qui traduit une *diversification conglomérale* (case D). La **diversification conglomérale** correspond au développement d'activités qui ne présentent aucun point commun avec les activités existantes.

Les axes de la matrice d'Ansoff peuvent être utilisés pour élaborer de nouvelles options stratégiques et pour vérifier que les options déjà déployées ont été bien conçues. Cette section détaille les quatre orientations proposées par la matrice d'Ansoff. La section 7.5 présentera une autre orientation stratégique : l'*intégration verticale.*

7.2.1 La pénétration de marché

Pour une organisation non diversifiée, l'option stratégique la plus évidente est généralement la **pénétration de marché**, qui consiste à augmenter la diffusion de l'offre existante sur les marchés actuels. Puisqu'elle se traduit par un simple accroissement de la part de marché, elle s'appuie sur des capacités stratégiques établies et ne nécessite pas d'incursion sur des territoires inconnus. Le périmètre d'activité de l'organisation reste exactement le même. De plus, un accroissement de la part de marché implique généralement un renforcement du pouvoir de négociation vis-à-vis des acheteurs et des fournisseurs, une meilleure exploitation des économies d'échelle et un gain d'expérience.

Cependant, la pénétration de marché implique deux contraintes :

- Le risque de *riposte des concurrents.* La pénétration de marché peut exacerber l'intensité concurrentielle (voir le modèle des 5(+1) forces dans la section 2.3.1) car les concurrents chercheront à défendre leur part de marché. Cela peut provoquer des guerres des prix ou une escalade des investissements publicitaires, au point d'anéantir l'intérêt du gain de parts de marché. Ce risque est particulièrement aigu sur les marchés stagnants, où tout accroissement des volumes de vente se fait nécessairement aux dépens des concurrents. Lorsqu'il existe un risque de riposte, les organisations qui choisissent la pénétration de marché doivent s'appuyer sur des capacités stratégiques qui leur procurent un avantage concurrentiel incontestable. Sur un marché déclinant, il peut être plus simple de gagner des parts de marché en rachetant des concurrents. En suivant cette approche, certaines entreprises ont connu une croissance fulgurante. C'est par exemple le cas du groupe ArcelorMittal, constitué à partir d'une série continue de rachats et de fusions : parti de la petite fonderie que possédait son père dans le désert du Rajasthan au début des années 1970, l'entrepreneur indien Lakshmi Mittal est devenu en 2004 le premier producteur mondial d'acier. Les acquisitions peuvent ainsi réduire l'intensité concurrentielle en consolidant l'industrie.
- Les *contraintes légales.* Les autorités de la concurrence, comme le Conseil de la concurrence en France ou le Bureau de la concurrence au Canada, peuvent s'opposer à la pénétration de marché afin d'éviter l'apparition de concurrents détenant un pouvoir de marché jugé trop important. Pour cela, elles utilisent généralement l'indice de Herfindahl-Hirschmann (somme des carrés des parts de marché des concurrents), qui permet de mesurer la concentration d'un marché. Dès que cet indice dépasse 1 000 ou dès qu'il augmente de 100, la situation fait généralement l'objet d'une enquête. Lorsqu'en 2010 l'Allemand T-Mobile

et le Français Orange ont proposé de fusionner leurs activités de téléphonie mobile au Royaume-Uni, la Direction de la concurrence de la Commission européenne a ainsi exigé que les deux entreprises cèdent un quart de leur part de marché combinée à des concurrents[2].

La pénétration de marché peut également être une option envisageable lorsque la conjoncture est difficile, par exemple pendant une crise économique ou quand les sources de financement d'une organisation publique se tarissent. On parle alors de *retranchement* : il s'agit de se retirer des activités marginales pour se concentrer sur les produits et les marchés les plus lucratifs.

7.2.2 Le développement de produits

Le **développement de produits** consiste à proposer une offre nouvelle sur les marchés existants. Cela peut impliquer une plus ou moins forte diversification au long de l'axe horizontal du schéma 7.2. Pour Apple, le développement de produits s'est traduit par exemple par le passage de l'iPod à l'iPhone, puis à l'iPad. La diversification est dans ce cas restée limitée : les technologies étaient proches, et Apple a continué à cibler les mêmes clients et à utiliser les mêmes processus de production et les mêmes canaux de distribution. Une forme de développement de produits plus radicale est illustrée par la diversification d'Axel Springer dans les sites Internet : les clients sont les mêmes que pour les magazines papier, mais les technologies de production et le mode de distribution sont radicalement différents (voir l'illustration 7.1). On peut considérer qu'il s'agit d'une *diversification liée*, l'activité Internet d'Axel Springer ayant les mêmes clients que son activité traditionnelle.

En dépit de la possibilité de conserver les clients existants, le développement de produits peut être une approche coûteuse et risquée, pour deux raisons :

- Il implique de *nouvelles capacités stratégiques*. Le développement de produits nécessite généralement la maîtrise de nouvelles technologies avec lesquelles l'organisation est peu familiarisée. Beaucoup de banques ont ainsi développé une offre sur Internet, avant de réaliser que les compétences nécessaires étaient trop éloignées de leur activité historique. La plupart ont été contraintes d'acquérir de nouvelles capacités stratégiques en informatique et en marketing, grâce à l'assistance de spécialistes. Le développement de produits requiert le plus souvent de lourds investissements, avec une probabilité de réussite incertaine.
- Le *risque d'échec dans la gestion du projet*. Même en cas d'extension vers des domaines relativement familiers, le développement de produits peut entraîner des délais et des coûts imprévus. La mise au point du Boeing 787 Dreamliner constitue un cas extrême : du fait de l'utilisation innovante de matériaux composites, cet avion a accumulé les retards. Le premier appareil a été livré en 2011, trois ans après la date prévue, ce qui a entraîné un surcoût de plus de 2,5 milliards de dollars pour Boeing (voir l'illustration 8.2). En 2013, ce sont des cas d'incendies de batteries qui ont cloué les appareils au sol pendant trois mois.

Les stratégies de développement de produits nouveaux sont détaillées dans le chapitre 9.

7.2.3 Le développement de marchés

Face au risque et au coût du développement de produits nouveaux, les organisations peuvent préférer le développement de marchés. Le **développement de marchés** consiste à proposer l'offre existante sur de nouveaux marchés. Cela correspond à une diversification au long de l'axe vertical du schéma 7.2. Bien entendu, le développement de marchés implique généralement une forme de développement du produit, par exemple l'adaptation à des normes locales ou la modification de l'emballage. Pour autant, il s'agit bien d'une forme de diversification liée puisque l'offre reste fondamentalement la même. Le développement vers de nouveaux marchés peut prendre deux formes :

- L'extension vers de *nouveaux usages*. L'aluminium, historiquement employé dans l'emballage et les ustensiles de cuisine, est désormais majoritairement utilisé dans l'aéronautique et l'automobile.

Illustration 7.1

Axel Springer devient numérique

Le groupe de médias allemand Axel Springer détient suffisamment de ressources pour envisager de nombreuses opportunités stratégiques.

En juillet 2013, Mathias Döpfner, le P-DG du groupe de médias allemand Axel Springer, annonça la cession à son concurrent Funke d'une dizaine de ses titres historiques de presse papier, dont deux grands quotidiens régionaux, le *Hamburger Abendblatt* et le *Berliner Morgenpost*, ses magazines féminins et ses guides de programmes de télévision, dont le célèbre *Hörzu*. Le groupe ne conservait que deux grands titres, le quotidien *Die Welt* et l'hebdomadaire *Bild*. Cette cession de grande envergure (920 millions d'euros) n'était qu'un nouvel épisode de la réorientation d'Axel Springer dans le numérique. Au total le groupe disposait de plus de 2 milliards d'euros pour investir dans de nouvelles activités.

Fondé en 1946 par Axel Springer, le groupe était devenu le premier éditeur de journaux et de magazines en Allemagne, avec plus de 170 titres et 10 000 salariés. En dehors de l'Allemagne, Axel Springer était surtout présent en Europe de l'Est. Le groupe détenait aussi une série de participations minoritaires dans plusieurs entreprises de radio et de télévision allemandes. Son objectif stratégique affiché tenait en trois points : domination du marché germanophone, internationalisation et numérisation.

Mathias Döpfner pouvait envisager d'augmenter la pénétration de ses produits existants sur ses marchés actuels. Cependant, la numérisation des journaux et des magazines était indispensable et elle nécessitait des ressources importantes. Il pouvait aussi envisager de lancer de nouveaux titres numériques en Allemagne.

Cependant, Mathias Döpfner s'intéressait aussi à de nouveaux marchés et à de nouveaux produits, ce qui impliquait des acquisitions. Il précisa ainsi : « Si un groupe international de médias est à vendre, nous l'examinerons attentivement, que ce soit un éditeur, un groupe de télévision ou un groupe Internet. » Il décrivit plusieurs types de cibles, par exemple un groupe de télévision européen, même non germanophone, ou un éditeur sous-évalué : « J'adorerais acheter une entreprise pour la restructurer et démultiplier sa performance, en introduisant notre management et notre expertise. »

En juin 2007, Axel Springer racheta ainsi le site Internet français auFeminin.com pour 284 millions d'euros. Fondé en 1999, auFeminin.com était alors le leader des portails Internet consacrés aux femmes en Europe, numéro un en France, en Allemagne, en Italie, en Espagne, en Belgique et en Suisse, et numéro deux au Royaume-Uni. Fin 2010, Axel Springer lança aussi une offre d'achat sur le site d'annonces immobilières français SeLoger.com, tout en proposant en Allemagne une version payante de son magazine *Bild* sur Apple iPad. En 2011, ce fut au tour de la banque de recettes de cuisine marmiton.org de rejoindre son portefeuille, puis en 2013 de Runtastic, un concepteur autrichien d'applications mobiles pour le sport et la santé. Mi-2013, avec 47 000 abonnés payants, les activités numériques assuraient 45 % du chiffre d'affaires d'Axel Springer (pour seulement 2 % en 2004).

Sources : axelspringer.de ; *Le Monde*, 25 juillet 2013 ; *Les Echos*, 28 septembre 2010 ; *L'Expansion*, 27 juin 2007 ; *Financial Times Deutschland*, 2 avril 2007.

Questions

1. En utilisant la matrice d'Ansoff (schéma 7.2), classez les différentes orientations de développement stratégique envisageables pour Axel Springer.
2. Quelles autres options pourriez-vous recommander à Mathias Döpfner ?

- L'extension *géographique*. Il peut s'agir du développement vers de nouvelles régions pour une petite entreprise, mais aussi de l'internationalisation pour une plus grande.

Dans tous les cas, le nouveau marché doit être caractérisé par des *facteurs clés de succès* identiques à ceux du marché d'origine (voir la section 2.5). Les stratégies qui consistent à simplement exporter l'offre existante sur de nouveaux marchés sont en général condamnées à l'échec. De plus, le développement de marchés entraîne les mêmes risques que le développement de produits : il est nécessaire de disposer des ressources (marque reconnue) et compétences (notamment en marketing) permettant de toucher de nouveaux clients. Le problème est aussi de coordonner des DAS géographiquement distincts, qui peuvent avoir des besoins très spécifiques. Le développement de marchés à l'international fait l'objet du chapitre 8.

7.2.4 La diversification conglomérale

La diversification conglomérale correspond au développement d'activités qui ne présentent aucun point commun avec les activités existantes (la case D du schéma 7.2). Contrairement à la diversification liée, elle étend radicalement le périmètre de l'organisation. Les analystes financiers ont tendance à faire subir aux groupes conglomérats une *décote de holding*, c'est-à-dire une moindre valorisation de leur cours de Bourse. Selon les analystes, chacune des activités rapporterait plus aux actionnaires si elle était cotée indépendamment. Par ailleurs, les gestionnaires de fonds peuvent considérer que la direction générale d'un conglomérat leur fait concurrence, puisque c'est à eux de diversifier leurs risques entre plusieurs activités. Enfin, les logiciels utilisés par les analystes répartissent les entreprises par industries afin de comparer leur performance. De fait, un conglomérat qui intervient dans plusieurs industries ne peut pas être évalué à l'aide de ces outils, ce qui complexifie la tâche des analystes. Toutes ces raisons poussent les marchés boursiers à sanctionner les diversifications conglomérales. C'est ainsi qu'en 2012 l'action du conglomérat Vivendi – qui intervenait à la fois dans le cinéma, la téléphonie mobile, la télévision et les jeux vidéo – subit une décote de holding d'environ 24 % par rapport à la valeur de ses actifs. Les marchés poussaient en fait Vivendi à coter séparément ses activités les plus rentables, afin de pouvoir directement y investir. La direction générale répondit que c'était envisageable.

Cependant, la distinction entre diversification liée et diversification conglomérale n'est bien souvent qu'une question de degré. La diversification liée consiste en effet à profiter de *synergies* entre différents domaines d'activité stratégique. Une **synergie** correspond à la situation où deux DAS ou plus sont complémentaires, de telle manière que leur performance combinée est supérieure à la somme de leurs performances individuelles[3]. Une synergie se manifeste par le fait que les chaînes de valeur respectives de plusieurs DAS partagent un ou plusieurs maillons (voir la section 3.4.2). L'illustration 7.2 montre comment l'entreprise Zodiac s'est diversifiée en utilisant plusieurs pivots de synergie successifs. Par opposition à la diversification liée, une diversification conglomérale consiste donc à accoler des chaînes de valeur totalement indépendantes, qui ne partagent aucun maillon. Or, les synergies ne sont pas toujours aussi profitables que le croient les managers, ou les banquiers d'affaires qui les encouragent à mener des acquisitions[4]. Bien des opérations de croissance sont justifiées par des hypothèses de synergies qui ne se concrétisent jamais. La plupart des grands cabinets d'audit comptable ne sont ainsi pas parve-

Illustration 7.2

Zodiac dégonfle son portefeuille d'activités

En jouant sur différents pivots permettant des diversifications liées successives, une entreprise peut constituer un portefeuille d'activités varié tout en maintenant des synergies.

L'entreprise Zodiac fut fondée à Boulogne-Billancourt en banlieue parisienne en 1896 par Maurice Mallet, après que celui-ci eut effectué sa première ascension en ballon. L'activité consistait alors à fabriquer des dirigeables, ce qui faisait de Zodiac la plus ancienne entreprise aéronautique au monde encore en activité. À la suite de l'explosion du zeppelin *Hindenburg* près de New York en 1937, Zodiac décida de s'écarter de la production de dirigeables – jugés trop dangereux par le grand public – pour se recentrer sur la fabrication de canots pneumatiques. Cela lui permettait d'exploiter sa technologie des structures gonflables. Cette diversification fut judicieuse, puisqu'en 1996 l'entreprise célébra la vente de son millionième canot. Ce produit, pratique et peu coûteux (moins de 10 000 euros), était très populaire tant auprès des militaires que des plaisanciers, au point de devenir un nom commun.

Pour autant, face à une concurrence de plus en plus active, notamment italienne, Zodiac avait tenu à ne pas s'enfermer dans cette seule activité. En 1978, l'entreprise racheta Aerazur, spécialisé dans les gilets de sauvetage et les radeaux de survie gonflables (ce qui était cohérent avec l'activité marine), mais aussi dans les parachutes. Cette acquisition, suivie en 1979 de celle d'EFA, un autre spécialiste des parachutes, permit à Zodiac de revenir en force sur le marché de l'aéronautique. En effet, les compagnies aériennes étaient les premiers clients mondiaux de gilets de sauvetage et de radeaux de survie. Cette réorientation fut confirmée en 1987 par le rachat d'Air Cruisers, un fabricant de toboggans d'évacuation gonflables. Zodiac devint ainsi un fournisseur de premier plan de Boeing et Airbus. Cette position fut encore renforcée par l'acquisition des deux principaux fabricants mondiaux de sièges d'avion, le Français Sicma Aero Seat en 1987 et l'Américain Weber Aircraft en 1992. En 1997, Zodiac racheta pour 150 millions d'euros l'Américain MAG Aerospace, leader mondial des toilettes et compacteurs de déchets pour avions. Enfin, avec le rachat d'Intertechnique en 1999 et d'Esco en 2002, Zodiac accéda à un portefeuille d'équipements aéronautiques « actifs » comme la gestion de l'oxygène, de la puissance électrique ou des systèmes de freinage et d'arrêt d'urgence. Ces nouvelles compétences lui permirent de se diversifier dans les équipements automobiles (notamment les airbags, mais cette activité fut revendue en 2005) et dans les systèmes de mesure et de transmission (dont une activité téléphonie, également revendue en 2005).

Parallèlement, Zodiac conforta sa position dans les canots gonflables en rachetant plusieurs concurrents : Bombard-L'Angevinière en 1980, Sevylor en 1981, Hurricane et Metzeler en 1987.

Enfin, Zodiac développa à partir de 1981 une division de fabrication de piscines. Si les premières tentatives reprenaient la technologie de la structure gonflable, le groupe s'étendit par la suite – là encore par croissance externe – vers les piscines hors sol à structure rigide, les systèmes de nettoyage et de purification d'eau (grâce à des technologies également utilisées dans les avions) et les articles gonflables de sport et de jeux nautiques (cette dernière activité fut revendue en 2004).

Au total, le chiffre d'affaires du groupe dépassa les 2,3 milliards d'euros en 2006, pour un résultat net de 163 millions, avec une très forte présence à l'international, notamment aux États-Unis.

En 2007, sous la pression des analystes financiers qui souhaitaient une meilleure visibilité de son activité, Zodiac se sépara de sa division marine (qui incluait les piscines). Cette division, qui représentait 19 % du chiffre d'affaires du groupe, fut reprise en majorité par le fonds américain Carlyle, après une fusion avec le spécialiste californien des piscines Jandy Pool Products. C'est ainsi que 111 ans après sa fondation, Zodiac se recentra sur l'aéronautique en se rebaptisant Zodiac Aerospace.

En 2013, le groupe détenait plus de 40 % du marché mondial de certains équipements des avions de ligne. Il réalisait 57 % de ses 3,9 milliards d'euros de chiffre d'affaires dans l'aménagement de cabines, 15 % dans les équipements de sécurité et 28 % dans les systèmes électroniques, avec notamment la fourniture du système de distribution électrique des Airbus A350 et Boeing 787.

L'action Zodiac Aerospace était cotée à la Bourse de Paris, et des rumeurs d'OPA étaient fréquentes. En juillet 2010, Safran, groupe français spécialisé dans l'aéronautique, la défense et la sécurité, avait proposé une fusion, que les actionnaires de Zodiac Aerospace refusèrent.

Sources : zodiacaerospace.com ; *Les Echos*, 12 juillet 2010, 21 avril et 9 janvier 2006.

Questions

1. Identifiez sur quels pivots a reposé chacune des diversifications de Zodiac.
2. Pensez-vous que les analystes financiers ont eu raison de pousser Zodiac à se spécialiser sur son activité aéronautique ?

nus à utiliser leurs compétences et leur clientèle pour développer des activités de conseil, alors que ces deux DAS semblent relativement liés. De plus, tout comme la segmentation stratégique (voir la section 6.2), les synergies entre différentes activités peuvent changer au cours du temps, avec l'évolution des technologies et/ou des attentes des clients. Cela peut notamment expliquer la décision de Zodiac de céder son activité marine.

7.3 Les facteurs de diversification

Une décision de diversification peut être justifiée par des raisons plus ou moins pertinentes[5]. La croissance est rarement une justification par elle-même, car l'augmentation du chiffre d'affaires n'implique pas nécessairement celle de la rentabilité. Les dirigeants sont souvent attirés par la diversification car elle leur permet d'étendre leur périmètre de responsabilité à de nouvelles activités. De fait, les décisions de diversification doivent être examinées avec soin. On considère généralement que la diversification peut contribuer à la performance pour quatre raisons principales :

- Les *économies de champ*. Les **économies de champ** consistent à accroître l'efficience d'une organisation en appliquant ses ressources et compétences à de nouveaux marchés ou à de nouvelles offres[6]. Si une organisation possède des ressources ou compétences sous-utilisées qu'elle ne peut pas aisément céder ou supprimer, il peut être logique de les employer dans de nouvelles activités. En d'autres termes, il est possible de réaliser des économies en étendant le périmètre d'activité de l'organisation. Beaucoup d'écoles et d'universités disposent ainsi de larges ressources en termes d'amphithéâtres ou de résidences étudiantes, qui sont sous-utilisées pendant les vacances. Il peut être judicieux pour ces institutions de se diversifier dans l'organisation de conférences, voire dans le tourisme, ce qui permettrait de mieux exploiter ces ressources. Les économies de champ peuvent concerner des ressources *tangibles* (telles que les résidences universitaires), mais aussi des ressources *intangibles* (comme des marques, voire des compétences et des savoir-faire).
- La *logique dominante*. La diversification permet de mobiliser la capacité managériale de la direction générale d'une organisation sur de nouveaux marchés ou de nouvelles offres. Cette justification est proche de la précédente, mais elle met l'accent sur les compétences des managers du siège (ce que nous appelons la *performance parentale* dans la section 7.6). La **logique dominante** d'une organisation désigne les compétences de sa direction générale qui bénéficient à son portefeuille de DAS[7]. Les managers du siège peuvent en effet détenir des compétences utiles à des DAS qui ne partagent pourtant aucune ressource au niveau opérationnel. Le groupe de luxe LVMH est un bon exemple de cette approche. Il s'agit d'un conglomérat rassemblant des activités très différentes – du champagne à la mode, des parfums à l'horlogerie en passant par la distribution et l'information financière – qui partagent très peu de ressources et compétences opérationnelles, mais qui nécessitent toutes des compétences que le siège de LVMH a su développer : la capacité à réveiller des marques anciennes et à stimuler de talentueux créatifs (voir aussi l'illustration 7.4 sur Bolloré).
- Les *marchés internes*. Les conglomérats peuvent être une bonne solution dans les pays où les marchés ne sont pas matures. Ils peuvent en effet faire office de marchés internes de capitaux et de ressources humaines lorsque les marchés externes

ne fonctionnent pas bien. Dans ces circonstances, un conglomérat bien géré peut tout à fait se justifier, même si ses activités ne présentent aucune synergie. On trouve ainsi beaucoup de conglomérats en Chine car ils sont capables de mobiliser des investissements, de former des managers et de construire des réseaux qu'une entreprise chinoise indépendante, confrontée à des marchés de capitaux et du travail imparfaits, ne saurait égaler. Le plus gros conglomérat privé chinois, le groupe Fosun, possède ainsi des usines sidérurgiques, des laboratoires pharmaceutiques, le premier distributeur chinois (Yuyuan Tourist Mart), et même 10 % du capital du Club Med (voir le cas du chapitre 5)[8].

- Le *pouvoir de marché*. La diversification sur de multiples activités permet d'accroître le pouvoir vis-à-vis des concurrents d'au moins deux manières. Premièrement, maîtriser un portefeuille d'activités aussi large que celui d'un concurrent peut le dissuader de tenter des manœuvres agressives. La capacité à riposter sur toute une gamme d'offres et de marchés décourage tout acte d'agression. Deux concurrents également diversifiés sont ainsi peu enclins à s'affronter. Deuxièmement, si elle contrôle un vaste portefeuille d'activités, une organisation diversifiée peut se permettre de subventionner certains DAS à l'aide des surplus dégagés par un autre, ce qui sera impossible pour un concurrent spécialisé. Cela procure un avantage concurrentiel au DAS qui bénéficie de cette manne, jusqu'à éventuellement pousser les concurrents en dehors du marché. De plus, il suffit que les concurrents potentiels soient conscients de cette possibilité de subventions croisées pour que cela les dissuade d'attaquer un conglomérat[9].

Les dirigeants invoquent parfois d'autres raisons pour justifier une diversification, mais leur impact sur la performance des activités est moins évident. Quelquefois, la diversification sert plutôt les ambitions des managers que les intérêts des actionnaires :

- *Réagir au déclin du marché* est parfois une raison invoquée pour justifier une diversification, mais elle est souvent discutable. Plutôt que de laisser les responsables d'une activité déclinante investir dans de nouvelles opportunités, la théorie financière recommande que les actionnaires le fassent eux-mêmes. Afin de compenser le déclin de son activité principale, la pellicule, Kodak (voir l'illustration 5.5) a ainsi dépensé des milliards de dollars dans des diversifications comme la chimie, la radiothérapie, les photocopieurs, les télécommunications ou les imprimantes. Cependant, la plupart de ces initiatives ont échoué et le déclin s'est poursuivi jusqu'à la disparition du groupe. Les actionnaires auraient certainement préféré que Kodak, plutôt que de se lancer dans de coûteuses acquisitions, leur verse directement les profits dégagés pendant des décennies par la pellicule. S'ils avaient souhaité investir dans la chimie, la radiothérapie ou les imprimantes, ils auraient pu le faire eux-mêmes en achetant directement des actions d'entreprises spécialisées.
- *Répartir les risques* au long d'une plus grande série d'activités est une deuxième motivation fréquente de la diversification. Là encore, la théorie financière est très critique à l'égard de cette approche. Elle stipule que les investisseurs peuvent plus efficacement répartir leurs risques en investissant eux-mêmes dans un plus grand nombre d'entreprises. Alors que les managers peuvent apprécier le sentiment de sécurité procuré par un portefeuille diversifié, les investisseurs n'ont pas besoin que chacune des entreprises dans lesquelles ils investissent soit diversifiée. De leur point de vue, il est préférable que chacune se concentre sur son cœur de métier. Cette logique ne s'applique pas aussi bien aux entreprises non

cotées en Bourse, car leurs propriétaires y ont généralement immobilisé une grande partie de leurs actifs, ce qui les empêche de diversifier leurs investissements. Par conséquent, il est plus logique pour une entreprise non cotée d'intervenir sur un portefeuille d'activités diversifiées : si l'une d'entre elles périclite, elle n'entraînera pas l'ensemble dans sa chute.

- *Les ambitions des dirigeants* peuvent conduire à des diversifications hasardeuses. Entre 2002 et 2008, les dirigeants de nombreuses banques déployèrent des stratégies de croissance et de diversification beaucoup trop ambitieuses. Cela leur procurait des bénéfices immédiats en termes de prestige et de rémunération, mais leur expansion au-delà de leur domaine d'expertise provoqua un désastre financier. Lehman Brothers fit faillite, la Royal Bank of Scotland fut nationalisée, et Fortis fut rachetée par son concurrent BNP Paribas.

7.4 La diversification et la performance

Étant donné que la plupart des grandes entreprises sont diversifiées, mais aussi que la diversification peut quelquefois servir avant tout les intérêts des managers, de très nombreux travaux de recherche ont été consacrés au lien entre la diversification et la performance : les entreprises diversifiées réussissent-elles mieux que celles qui ne le sont pas ? Il serait en effet quelque peu inquiétant de constater que les grandes entreprises se diversifient avant tout pour répartir les risques de leurs dirigeants, pour préserver les postes des managers alors que leur activité décline, ou pour satisfaire des ambitions personnelles.

Les recherches ont montré que les entreprises qui se développent au travers de diversifications liées obtiennent une performance supérieure à celles qui restent spécialisées et à celles qui choisissent les diversifications conglomérales. En d'autres termes, la rentabilité augmente avec la diversification, mais seulement jusqu'à un certain seuil au-delà duquel cette relation s'inverse[10] (voir le schéma 7.3).

Schéma 7.3 La diversification et la performance

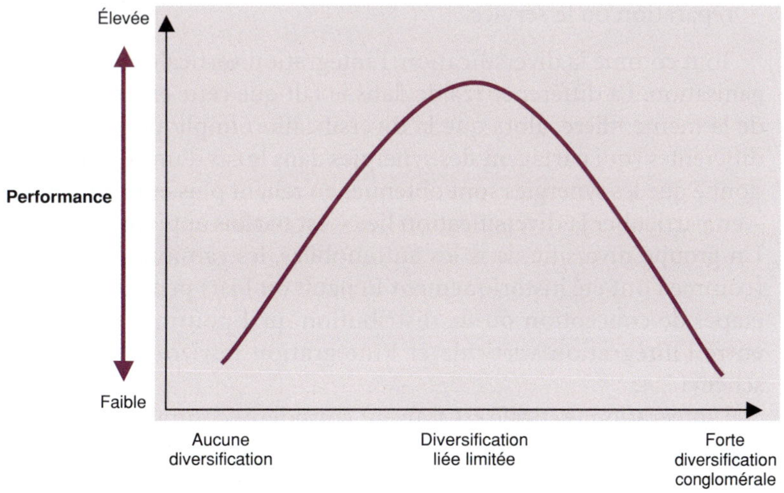

Cependant, s'il s'agit d'une règle statistique qui est vérifiée en moyenne, il existe de nombreuses exceptions. Certaines diversifications liées échouent – comme le développement d'une activité de conseil par certains cabinets d'audit – alors que certains conglomérats sont des réussites – comme dans le cas de LVMH. Les reproches adressés à la diversification conglomérale sont très largement exagérés : une logique dominante ou un contexte national spécifique peuvent largement plaider en sa faveur. En fait, ce n'est pas tant le degré de diversification qui détermine la performance, mais la capacité à gérer la diversité. Même si en moyenne la diversification liée rapporte plus que la diversification conglomérale, toute stratégie de diversification doit faire l'objet d'un examen attentif.

7.5 L'intégration verticale

Si la diversification consiste à étendre le périmètre de l'organisation vers de nouveaux produits et/ou de nouveaux marchés, une autre orientation stratégique serait d'élargir le périmètre à d'autres étapes de la filière (voir la section 3.4.2) : c'est l'intégration verticale. L'**intégration verticale** désigne l'extension d'une organisation vers des activités adjacentes de sa filière, que ce soit vers l'amont ou vers l'aval. Au travers de l'intégration verticale, l'organisation devient son propre fournisseur et/ou son propre client. Cette section est consacrée à l'intégration verticale et à sa réciproque, la désintégration verticale ou externalisation.

7.5.1 L'intégration vers l'aval et l'intégration vers l'amont

L'intégration verticale peut prendre deux directions :

- L'**intégration vers l'amont** consiste en un développement vers les étapes situées en amont de l'organisation dans la filière. L'organisation se positionne ainsi au niveau de ses fournisseurs. Pour un constructeur automobile, l'intégration vers l'amont repose sur l'acquisition d'un équipementier.
- Réciproquement, l'**intégration vers l'aval** consiste en un développement vers les étapes situées en aval de l'organisation dans la filière. Pour un constructeur automobile, l'intégration vers l'aval consiste à investir dans la distribution, la réparation ou le service.

Tout comme la diversification, l'intégration verticale étend le périmètre de l'organisation. La différence réside dans le fait que cette extension se produit au long de la même filière, alors que la diversification implique généralement des filières différentes (qui partagent des synergies dans le cas d'une diversification liée). Étant donné que les synergies sont obtenues en reliant plusieurs filières, la diversification – en particulier la diversification liée – est parfois appelée intégration horizontale. Un groupe diversifié dans les automobiles, les camions et les tracteurs agricoles (comme l'ont été historiquement Renault ou Fiat) peut avoir intérêt à intégrer les étapes de conception ou de distribution qu'il pourra ainsi partager. La relation entre l'intégration verticale et l'intégration horizontale est présentée dans le schéma 7.4.

L'intégration verticale est souvent considérée comme une manière de s'emparer d'une part supplémentaire des profits générés au long de la filière : le constructeur automobile peut estimer qu'en vendant lui-même ses voitures il récupère les profits de ses concessionnaires. Cependant, l'avantage n'est pas aussi évident, et il

Schéma 7.4 Les options de diversification et d'intégration pour un constructeur automobile

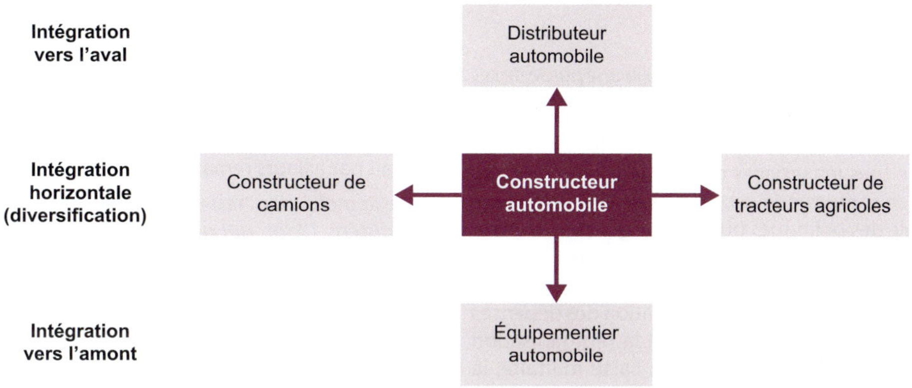

convient de veiller à deux écueils. Premièrement, l'intégration verticale peut impliquer des investissements considérables dans des activités qui se révèlent parfois moins profitables que l'activité d'origine, ce qui ne manque pas d'attirer les critiques des actionnaires, soucieux de maintenir le taux de rentabilité moyen de leur investissement. Deuxièmement, le fait que deux activités appartiennent à la même filière et présentent donc certaines synergies n'implique pas qu'elles reposent sur les mêmes capacités stratégiques. À la fin des années 1990, plusieurs constructeurs automobiles ont ainsi entrepris une diversification vers l'aval en rachetant des spécialistes de la réparation et du service après-vente (Midas pour Fiat en 1998 et Kwik-Fit/Speedy pour Ford en 1999). Or, ces constructeurs ont rapidement constaté que ces activités impliquaient des capacités différentes, reposant non pas sur l'optimisation de grandes unités industrielles, mais au contraire sur la couverture de larges territoires grâce à de petites unités de service. L'absence de réelles synergies et la dilution de leur rentabilité ont contraint ces constructeurs à renoncer à ces intégrations vers l'aval. Ford a ainsi revendu Kwik-Fit/Speedy en 2002 (pour un prix trois fois inférieur à celui auquel il l'avait acheté trois ans plus tôt) et Fiat a cédé Midas en 2004. De fait, la plupart des organisations préfèrent désormais se désintégrer verticalement.

7.5.2 Intégrer ou externaliser ?

L'**externalisation** consiste à confier à des prestataires externes des activités qui étaient auparavant réalisées en interne[11]. Cela peut concerner tout ou partie de la production, mais aussi la gestion de la paie, les systèmes d'information, les centres d'appel téléphonique ou le nettoyage. Le recours à des prestataires externes spécialisés s'appuie souvent sur la notion de capacité stratégique : des spécialistes sont censés détenir de meilleures capacités qu'une organisation dont cette activité n'est pas le cœur de métier. Un prestataire informatique est ainsi généralement meilleur que le département informatique de ses clients.

Pour autant, le Prix Nobel d'économie Oliver Williamson a souligné que le choix entre intégrer ou externaliser ne doit pas uniquement reposer sur des questions de

Illustration 7.3

L'armée française expérimente l'externalisation

L'armée française souhaite externaliser une partie de ses services logistiques, mais quel sera l'impact sur la sécurité ?

Comme tous les services de l'état, l'armée française devait se conformer aux objectifs de la RGPP (revue générale des politiques publiques), qui visait notamment à réduire la dépense publique par le non-remplacement d'un fonctionnaire sur deux partant à la retraite, mais aussi par la rationalisation des dépenses de fonctionnement. Combinée à la réorganisation des armées et à la refonte de la carte militaire, la RGPP devait permettre au ministère de la Défense d'arriver à une réduction de 17 % de ses effectifs civils et militaires entre 2010 et 2015 (soit une baisse de 54 000 postes).

Afin de parvenir à ces objectifs, le ministère décida d'externaliser certaines fonctions ou missions traditionnellement dévolues à l'État. Il était notamment envisagé de transférer à des prestataires privés toute la logistique de l'habillement des armées (2 000 personnes concernées, projet abandonné en 2013) et la restauration (8 000 à 9 000 personnes, projet toujours en phase de test en 2014). Depuis 2006, EADS assurait la formation des pilotes de la base de Cognac, et celle des pilotes de la base de Dax s'effectuait sur des hélicoptères privés. De même, la restauration des personnels du site du boulevard Saint-Germain à Paris avait été confiée à l'entreprise Eurest.

Une opération d'externalisation de plus grande ampleur fut annoncée en janvier 2011. Un consortium regroupant les entreprises DCNS, Veolia Environnement et Avenance (filiale du groupe Accor) se vit confier toute la gestion de la base aérienne 110, située à Creil, au nord de Paris, où travaillaient environ 3 000 personnes des armées de terre, de l'air et de la marine. Le contrat – évalué à 10 millions d'euros sur cinq ans – prévoyait l'entretien des installations techniques et des bâtiments, ainsi que les services de restauration, de transport, de nettoyage et de courrier. Au total, environ 150 personnes devaient être transférées au consortium retenu, sur la base du volontariat, ou recasées dans leurs corps d'origine. Ce consortium avait remporté le marché face à des groupements menés par Sodexo, Suez Environnement et Vinci.

Dans « Le Phénix », le journal interne de la base de Creil, le commissaire lieutenant-colonel Jean-Marc Bissonnier soulignait :

> *« L'externalisation ne constitue pas une fin en soi mais elle répond à trois impératifs : (1) opérationnel, avec la préservation des missions assignées aux armées ; (2) économique, grâce au retour sur investissement de l'opération à plus ou moins court terme et une réduction des coûts de la prestation de service à qualité égale, voire supérieure ; (3) social, avec un reclassement assuré de l'ensemble du personnel concerné. »*

Il faisait par ailleurs remarquer :

> *« L'externalisation n'est pas un sujet nouveau pour le Ministère. L'État, qui a perpétuellement cherché à reprendre des compétences assurées par des particuliers ou par des sociétés privées, entre aujourd'hui dans une logique d'externalisation de fonctions ne constituant pas le « cœur de métier ». Notons que l'externalisation était déjà employée avant la constitution d'armées professionnalisées. Ainsi, aux XVIIe et XVIIIe siècles, les armées partant en guerre étaient souvent composées de mercenaires recrutés pour l'occasion et pour des périodes limitées. Enfin, pendant les guerres de la Révolution et celles du début du 1er Empire, et en l'absence de moyens dédiés à l'approvisionnement, le gouvernement établissait souvent des contrats avec des sociétés de transport commerciales pour assurer l'approvisionnement des armées au combat. »*

Or, certains observateurs rappelaient que la base de Creil hébergeait un service particulièrement sensible, la Direction du renseignement militaire (DRM), qui fournissait des informations confidentielles aux responsables politiques et militaires, notamment grâce aux données reçues des satellites espions Hélios (français), Sar Lupe (allemand) et Cosmo Skymed (italien) et à l'interception des systèmes radar et de télécommunications. On pouvait en effet s'interroger sur l'opportunité de confier le nettoyage, le courrier et l'entretien d'un site aussi stratégique à des sociétés privées.

Sources : opex360.com ; vendrealadefense.com ; *L'Usine Nouvelle*, 5 janvier 2011 ; defense.blogs.lavoixdunord.fr ; *Les Echos*, 5 janvier 2011 ; www.ba110.air.defense.gouv.fr.

Questions

1. Analysez la décision d'externaliser des activités liées à la défense du point de vue des capacités stratégiques et de celui des coûts de transaction.
2. Si vous étiez chargé(e) d'externaliser une partie des activités d'une base militaire, quels points feriez-vous figurer dans le contrat de sous-traitance et comment choisiriez-vous les prestataires ?

capacité stratégique. Son approche par les *coûts de transaction* permet d'analyser les coûts d'une activité, selon qu'elle est réalisée en interne ou en externe (voir la controverse qui clôt ce chapitre)[12]. Une décision d'externalisation doit notamment prendre en compte le coût de l'opportunisme des prestataires. Ceux-ci peuvent en effet être tentés de profiter de leur pouvoir de négociation pour réduire la qualité de leur prestation et/ou pour exiger des prix plus élevés. Il est particulièrement difficile de contrôler l'opportunisme des prestataires lorsque :

- Ils sont *peu nombreux* et difficilement substituables.
- L'activité est *complexe et dynamique*, ce qui empêche de rédiger un contrat stipulant précisément les obligations des prestataires.
- L'externalisation a nécessité l'acquisition d'*actifs spécifiques*, qui perdront une grande partie de leur valeur si le prestataire se retire.

L'approche par les coûts de transaction suggère que les coûts d'opportunisme peuvent annuler les bénéfices de l'externalisation auprès d'un prestataire détenant de meilleures capacités stratégiques. C'est la raison pour laquelle les entreprises minières isolées dans des régions désertiques d'Afrique ou d'Australie possèdent et gèrent elles-mêmes les logements de leurs mineurs. En effet, l'isolement crée des actifs spécifiques (le logement n'a plus aucune valeur si la mine ferme) et une absence de substituts (la ville la plus proche peut être située à des centaines de kilomètres). Par conséquent, il serait très risqué d'externaliser cette activité auprès d'une entreprise spécialisée, à la fois pour la mine et pour le prestataire (quelle que soit sa compétence). S'il existe peu de concurrents ou de substituts, si l'activité est complexe et évolutive, et si des actifs spécifiques sont nécessaires, l'approche par les coûts de transaction recommande donc d'intégrer plutôt que d'externaliser.

Au total – comme le montre l'illustration 7.3 à propos de l'armée française –, la décision d'intégrer ou de sous-traiter une activité dépend de l'équilibre entre deux facteurs distincts :

- Les *capacités stratégiques relatives.* Le prestataire est-il significativement plus compétent ?
- Le *risque d'opportunisme.* Le prestataire risque-t-il de tirer avantage de la relation de dépendance ?

De plus, l'externalisation ne donne pas toujours les résultats escomptés : le prestataire peut se révéler défaillant, ou une fonction autrefois périphérique peut être replacée au cœur de l'activité du fait d'une évolution de l'environnement. De fait, au moment de l'externalisation, afin de ne pas se trouver enfermées dans une dépendance de sentier irréversible (voir la section 5.2.1), les organisations devraient envisager des options de *réinternalisation*[13].

7.6 La performance parentale

Certaines directions générales ne parviennent pas à contribuer à la performance des DAS qui composent leur portefeuille d'activités. Lorsque c'est le cas, il est généralement préférable de céder les activités concernées. En 2010, le groupe d'hôtellerie Accor a ainsi décidé de se scinder en deux sociétés distinctes, la première restant en charge des hôtels, et la seconde (sous le nom d'Edenred) récupérant les activités de services et de cartes prépayées, dont les tickets-restaurant (voir le cas qui figure à la fin du chapitre 10). Accor étant un groupe hôtelier, sa contribution à la performance des tickets-restaurant n'était pas assez convaincante pour les analystes. De même, dans le secteur public, un certain nombre d'établissements (hôpitaux, universités, etc.) voient leur autonomie s'accroître vis-à-vis de leur autorité de tutelle, sous prétexte qu'une plus grande indépendance leur permettra d'améliorer leur performance. Certains observateurs vont jusqu'à mettre en doute l'intérêt des directions générales dans les groupes diversifiés (voir la controverse qui clôt ce chapitre). Cette section concerne la *performance parentale* : comment les maisons mères, les sièges ou les directions générales des organisations diversifiées sont-ils susceptibles d'améliorer ou de détruire la performance de leurs DAS, et quelles *logiques parentales* peuvent-ils adopter pour cela ?

7.6.1 L'ajout ou la destruction de performance par la direction générale[14]

Toute direction générale – dans les entreprises comme dans la sphère publique – doit démontrer qu'elle rapporte plus qu'elle ne coûte. Pour les organisations du secteur public, l'incapacité à améliorer la performance des activités se traduit par leur privatisation ou par le recours à des prestataires privés (voir l'illustration 7.3). Les entreprises cotées sont confrontées à un défi supplémentaire : elles doivent faire la preuve qu'elles contribuent plus à la performance de leurs activités que ne le feraient d'autres propriétaires. En cas d'échec, elles risquent d'être victimes d'une OPA hostile ou d'un démantèlement. Les concurrents qui estiment être plus à même d'accroître la performance des DAS peuvent être tentés de racheter l'entreprise dans son ensemble, de reprendre les activités qui les intéressent et de revendre les autres. Si l'offre de ces repreneurs est plus attractive et plus crédible que ce que la direction générale en place peut promettre, les actionnaires risquent fort d'y être sensibles, aux dépens des managers en place.

De fait, on peut considérer qu'il existe une concurrence entre les directions générales sur le droit de posséder ou non certaines activités. Sur le marché du contrôle des DAS, les équipes de direction générale doivent démontrer qu'elles disposent d'un *avantage parental*, sur le même principe que les DAS doivent obtenir un avantage concurrentiel. Elles doivent faire la preuve que les activités qu'elles contrôlent ne pourraient pas être plus performantes si elles étaient rattachées à une autre entreprise ou si elles étaient indépendantes. Les directions générales doivent donc avoir une vision très claire de la manière dont elles ajoutent de la performance. En pratique, cependant, beaucoup de leurs activités ne font que consommer les ressources générées par les DAS.

Les activités génératrices de performance[15]

Une direction générale peut accroître la performance des DAS de cinq manières différentes :

- La *cohérence*. La direction générale peut insuffler une *intention stratégique*[16] capable de guider et motiver les responsables d'activités, de manière qu'ils contribuent à la maximisation de la performance du groupe, en adhérant à ses objectifs communs. La vision doit aussi participer à la lisibilité pour les parties prenantes externes, en aidant notamment les actionnaires à comprendre pourquoi certains DAS font partie du portefeuille d'activités. Enfin, une orientation explicite permet de discipliner la direction générale, de manière à éviter qu'elle se perde dans des activités aussi coûteuses qu'inappropriées.

- *Faciliter les synergies.* La direction générale peut faciliter la coopération et le partage entre les DAS et renforcer ainsi leurs performances respectives.
- L'*accompagnement.* La direction générale peut aider les responsables d'activités à développer des capacités stratégiques en leur apprenant à améliorer leurs compétences et leurs initiatives. La mise en place de programmes de formation à la stratégie au niveau du groupe permet de faciliter ce type d'échanges. En réfléchissant ensemble à leur stratégie, les managers de différents DAS peuvent apprendre à se connaître et à coopérer.
- La mise à disposition de *services centraux* et de *ressources.* Le siège peut utiliser sa capacité d'investissement. Il peut aussi fournir des services – par exemple en termes de gestion des ressources humaines, de gestion de trésorerie ou de gestion fiscale – qui une fois centralisés bénficient d'une échelle suffisante pour construire une véritable expertise. Les services centraux disposent généralement de capacités hors de portée des DAS, notamment en termes de pouvoir de négociation auprès des fournisseurs ou des autorités de régulation. Ils peuvent aussi tisser des relations avec d'autres entreprises dans le cadre de la définition d'alliances ou de partenariats. Enfin, le siège peut gérer l'expertise au sein du groupe, par exemple en transférant les managers d'un DAS à l'autre ou en créant des systèmes de management des connaissances.
- L'*intervention.* Enfin, la direction générale peut intervenir au niveau des DAS afin d'améliorer leur performance. Elle doit être capable de contrôler et d'améliorer leur performance, que ce soit en remplaçant les managers les moins compétents ou en les aidant à redresser leur activité. Le siège doit aussi stimuler et développer les ambitions stratégiques des DAS, de manière à les pousser à toujours s'améliorer.

Les activités destructrices de performance

Cependant, les directions générales peuvent aussi détruire la performance des DAS de trois manières :

- L'*augmentation des coûts.* Les frais de personnel et de fonctionnement du siège sont généralement élevés ; c'est souvent là qu'on trouve les managers les mieux payés et les bureaux les plus luxueux. Les DAS doivent générer assez de chiffre d'affaires pour couvrir ces coûts de structure. Si ces coûts excèdent le surcroît de performance obtenu grâce à l'activité du siège, celui-ci détruit de la performance.
- La *complexité bureaucratique.* Au-delà de ses coûts de fonctionnement, la direction générale peut créer un « brouillard bureaucratique » : l'ajout de niveaux de management supplémentaires et la nécessité de se coordonner avec les autres DAS ralentissent les décisions et conduisent à des compromis.
- Le *manque de visibilité des performances.* Un des problèmes des grandes entreprises diversifiées est que la médiocre performance de certaines activités peut être masquée par l'ensemble. Les DAS les plus rentables subventionnent ceux qui le sont moins. En interne, la possibilité de compenser les performances décevantes diminue la motivation des responsables d'unités : ils disposent d'un filet de sécurité. En externe, les actionnaires et les analystes financiers ne peuvent pas évaluer la performance de chaque DAS. De fait, les actions des entreprises

diversifiées sont souvent sous-cotées : les investisseurs préfèrent les entreprises mono activité, dans lesquelles les faibles performances ne peuvent pas être dissimulées[17].

Ces risques suggèrent l'approche que doivent suivre les directions générales soucieuses de ne pas entamer la performance de leurs DAS. Elles doivent toujours garder un œil sur leurs propres coûts, à la fois financiers et bureaucratiques, de manière à s'assurer qu'ils ne croissent pas au-delà de ce qui est requis par leurs stratégies. Elles doivent aussi faire tout ce qui est en leur pouvoir pour améliorer la transparence financière, afin que les DAS restent exposés à la pression des marchés et que les actionnaires soient confiants dans le fait qu'on ne leur dissimule rien.

Les directions générales peuvent contribuer à la performance de leur DAS de multiples façons. Toutes ne sont pas compatibles les unes avec les autres, et certaines sont difficiles à combiner. Par exemple, un siège interventionniste a peu de chances d'être considéré par les responsables d'activités comme un facilitateur. Les managers risquent alors de se concentrer sur la maximisation de leur performance individuelle plutôt que de trouver des sources de coopération avec leurs collègues des autres DAS, ce qui pourrait pourtant bénéficier à l'ensemble. Du fait de ces incompatibilités, on distingue en général trois *logiques parentales*, chacune étant intrinsèquement cohérente mais clairement distincte des deux autres[18]. Ces trois logiques parentales sont résumées dans le schéma 7.5.

Schéma 7.5 Trois logiques parentales

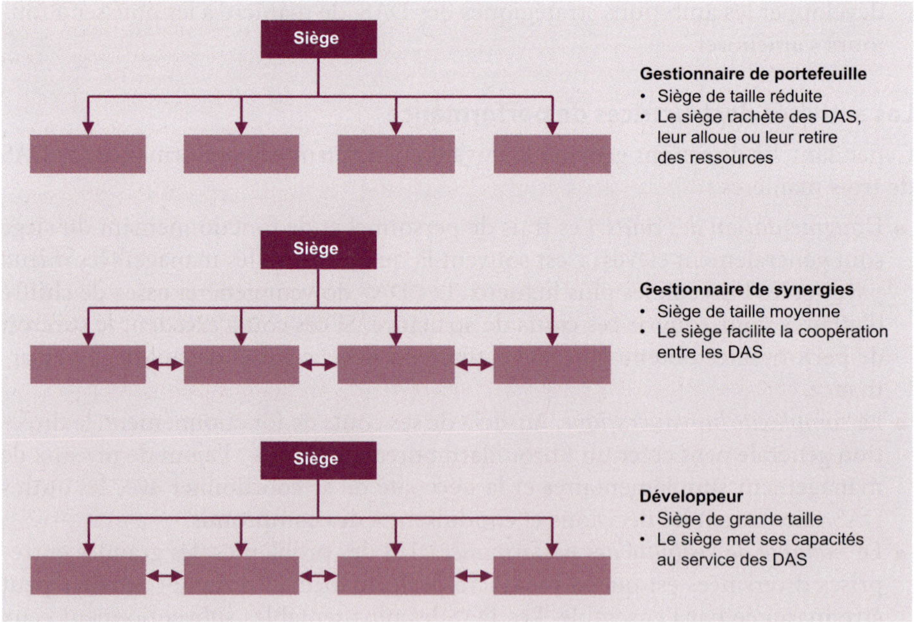

Source : adapté de M. Goold, A. Campbell et M. Alexander, *Corporate Level Strategy*, Wiley, 1994.

7.6.2 Le gestionnaire de portefeuille

Le **gestionnaire de portefeuille** agit comme un investisseur actif lorsque les actionnaires sont soit trop dispersés, soit trop inexpérimentés pour le faire. En pratique, il se comporte comme un agent, au nom des marchés financiers ou des actionnaires, afin d'accroître la performance créée par les différents DAS d'une manière plus efficiente ou efficace qu'ils ne pourraient le faire eux-mêmes. Son rôle consiste à identifier et à acquérir des entreprises ou des actifs sous-évalués et à leur permettre d'améliorer leur performance. Cela peut passer par exemple par l'acquisition d'une autre entreprise, dont les DAS les moins performants seront cédés, alors que ceux dont le potentiel semble prometteur seront encouragés à le réaliser. Les directions générales de ce type ne se préoccupent généralement pas des synergies au sein de leur portefeuille d'activités et ne s'impliquent que de manière très limitée dans la gestion opérationnelle des DAS. Elles se contentent de repérer les opportunités de restructurations, et d'allouer ou de retirer des investissements.

Le gestionnaire de portefeuille cherche généralement à maintenir les coûts du siège à un niveau modeste en limitant la taille des services centraux, tout en laissant une forte autonomie aux responsables des DAS. Cette autonomie est contrebalancée par la fixation d'objectifs de performance clairement affichés. Les responsables des DAS sont explicitement avertis du fait que leur rémunération, voire leur poste, dépend directement de leur capacité à atteindre les niveaux de performance attendus. Du fait qu'elle n'intervient pas directement dans leur stratégie, une direction générale de ce type peut gérer un nombre relativement élevé de DAS. Son rôle consiste avant tout à fixer des objectifs financiers, à évaluer le potentiel des activités et à leur allouer ou leur retirer des ressources en conséquence.

Certains observateurs affirment que l'époque des gestionnaires de portefeuille est révolue. Le meilleur fonctionnement des marchés financiers implique qu'il est de plus en plus difficile de repérer et d'acquérir à faible prix des entreprises dont la performance peut être significativement améliorée. Pourtant, certains gestionnaires de portefeuille continuent de rencontrer un grand succès. C'est notamment le cas des fonds d'investissement tels que Blackstone, Apax Partners, KKR, Texas Pacific Group ou AXA Private Equity (rebaptisé Ardian en septembre 2013), qui rachètent, améliorent puis revendent des entreprises. En 2010, Blackstone détenait ainsi des participations dans des entreprises très diverses, allant des hôtels Hilton au chimiste chinois BlueStar, qui rassemblaient un total de 990 000 salariés de par le monde. Un autre exemple de cette logique est illustré par Wendel, le holding familial dont le président d'honneur est le baron Ernest-Antoine Seillière. La direction de Wendel intervient peu dans la gestion de ses filiales, parmi lesquelles le groupe industriel Saint-Gobain ou la société de certification Bureau Veritas. Elle laisse les responsables des DAS faire leur travail, du moment que les objectifs qu'elle leur fixe sont atteints. Les frais de structure du siège doivent rester limités, mais en cas de besoin les managers des DAS peuvent utiliser les considérables ressources financières du groupe pour réaliser leurs projets d'investissement.

7.6.3 Le gestionnaire de synergies

La recherche de synergies est souvent considérée comme la raison d'être des directions générales et des maisons mères[19]. C'est la justification la plus fréquente des stratégies de diversification. En termes d'activités génératrices de performance pour les DAS, un **gestionnaire de synergies** poursuit trois objectifs : construire une vision commune, faciliter la coopération entre les DAS, et fournir des ressources et des services centraux. Par exemple, chez Apple, la vision de Steve Jobs selon laquelle l'ordinateur personnel devait être le cœur d'un nouveau style de vie numérique a guidé les managers des différentes lignes de produits (iMac, iPod, iPhone, iPad), afin qu'ils assurent une compatibilité sans faille entre toutes leurs offres. Le résultat est un surcroît de valeur pour l'utilisateur. De même, une entreprise métallurgique diversifiée dans l'acier et l'aluminium peut centraliser ses approvisionnements en énergie et ainsi bénéficier de synergies en accroissant son pouvoir de négociation auprès de ses fournisseurs.

Cependant, l'obtention de synergies peut se révéler difficile pour trois principales raisons :

- Des *coûts excessifs*. Le partage et la coopération peuvent générer des coûts de coordination supérieurs aux gains qu'ils sont censés apporter (qu'il s'agisse de coûts financiers ou de coûts d'opportunité). La gestion des synergies implique de lourds investissements en termes de management.
- Surmonter les *intérêts locaux*. Les managers des DAS doivent accepter de coopérer. Étant donné que leur rétribution est le plus souvent liée à la performance spécifique de leur DAS, ils risquent de se montrer réticents à sacrifier leur temps et leurs ressources pour le bien commun.
- Les synergies ne sont parfois qu'une *illusion*. Il est facile de surestimer la valeur des compétences ou des savoir-faire des autres DAS, notamment lorsque la direction générale doit justifier l'acquisition d'une nouvelle entreprise. Les synergies espérées sont souvent impossibles à mettre en pratique.

L'incapacité de beaucoup d'entreprises à réaliser les gains annoncés a conduit à mettre en doute la notion même de synergie. Les synergies ne sont pas aussi faciles à obtenir qu'on pourrait le croire ou l'affirmer. Fin 2011, Hewlett-Packard a ainsi racheté la société de logiciels Autonomy pour 11,1 milliards de dollars, mais a été contraint de comptabiliser une charge exceptionnelle de 8,8 milliards dès l'année suivante, faute d'avoir pu dégager les synergies espérées (voir l'illustration 12.4). HP a décidé de poursuivre les anciens dirigeants d'Autonomy en justice pour dissimulation frauduleuse. Pour autant, la recherche des synergies est toujours un des thèmes dominants de la stratégie d'entreprise, comme le montre le cas de Zodiac dans l'illustration 7.2.

7.6.4 Le développeur[20]

Le **développeur** est une direction générale qui cherche à utiliser ses propres compétences pour améliorer la performance de ses DAS. Le problème ici n'est pas de créer des synergies ou de transférer des connaissances entre activités, mais d'utiliser des ressources et compétences centrales afin de développer le potentiel des DAS. Une direction générale peut ainsi avoir développé une marque puissante (comme L'Oréal) ou accumulé une expertise spécifique en gestion financière ou en recherche et développement. Si des compétences centrales de ce type existent, les managers du siège doivent identifier des opportunités de développement, c'est-à-dire des DAS dont la performance est inférieure à ce qu'elle pourrait être grâce à une marque reconnue ou à une R&D de haut niveau. Ces opportunités de développement sont plus probables dans le cas d'une diversification liée que dans le cas d'une diversification conglomérale et elles impliquent généralement l'échange de managers et de ressources entre les DAS.

Illustration 7.4

Bolloré : un conglomérat florissant

Les conglomérats fortement diversifiés constituent une forme d'entreprise de moins en moins fréquente mais qui peut cependant se révéler profitable.

En 2012, Vincent Bolloré, lointain héritier des papeteries familiales fondées en 1822 en Bretagne, infléchit une nouvelle fois le cap de son groupe, une des 500 plus grosses entreprises mondiales qui avec un bénéfice 2012 de 669 millions d'euros pour un chiffre d'affaires de 10,2 milliards rassemblait alors plus de 400 sociétés et 55 000 salariés. Il décida en effet de céder l'essentiel du pôle « communication », qui avait pourtant fait l'objet d'importants investissements depuis 2004, et réaffirma son engagement sur le véhicule électrique. Il aimait annoncer qu'il se retirerait à l'âge de 70 ans, en 2022, date du bicentenaire du groupe. Le groupe comprenait quatre pôles :

- Un pôle « transport et logistique » : avec 57 % du chiffre d'affaires cette activité avait rapporté 490 millions d'euros en 2012. C'était le leader de la logistique intégrée en Afrique, avec 25 000 salariés dans 55 pays, une flotte de navires porte-conteneurs, plusieurs lignes de chemin de fer, 3,5 millions de mètres carrés de bureaux et d'entrepôts.
- Un pôle « logistique pétrolière » : avec la reprise d'une partie des réseaux de distribution de Shell et de BP en France, Bolloré détenait 15 % du marché français de la distribution de fioul domestique, en plus d'un réseau de stations-service, d'un oléoduc et de vastes dépôts pétroliers dans le nord de l'Europe. Ce pôle représentait 38 % du chiffre d'affaires et avait rapporté 39 millions d'euros en 2012.
- Un pôle « stockage d'électricité et solutions » : avec 2 % du chiffre d'affaires et une perte de 168 millions d'euros en 2012, ce pôle rassemblait une activité systèmes de contrôle d'accès (cartes d'embarquement, billetterie, lecteurs de codes-barres, etc.), une activité batteries et films plastiques (condensateurs, emballage) et une activité véhicules électriques. Le groupe avait investi 1,6 milliard dans la mise au point d'une batterie lithium métal polymère de haute performance permettant à un véhicule électrique de rouler à 125 km/h et de disposer d'une autonomie de 250 km. En décembre 2010, cette innovation lui avait permis d'obtenir la concession du service de voitures électriques en libre-service, Autolib', à Paris. Trois ans plus tard, Autolib' comptait 100 000 abonnés et 1 750 véhicules en Île-de-France. Étendu à Lyon et à Bordeaux, le service devait ouvrir à Indianapolis en 2014. Bolloré introduisit avec succès 10 % du capital de l'activité batteries en octobre 2013 sous le nom Blue Solutions.
- Un pôle « communication » : avec 2 % du chiffre d'affaires et un gain de 57 millions, ce pôle rassemblait Euro Média (prestataires techniques audiovisuels), le quotidien gratuit *Direct Matin*, la société de sondage CSA et une participation dans le groupe de publicité et de communication Havas (dont son fils Yannick Bolloré, 34 ans, avait été nommé P-DG début 2014). En revanche, le groupe avait vendu les chaînes de télévision D8 et D17 à Canal+ en 2011, ainsi que le groupe d'achat d'espace Aegis en 2012.

Par ailleurs, Bolloré détenait pour 2 milliards de participations dans une dizaine de grandes entreprises cotées (dont Vivendi, Vallourec ou Mediobanca) et une plantation de 9 000 hectares de palmiers à huile et d'hévéas au Cameroun.

En dehors des participations purement financières, Vincent Bolloré tenait à prendre le contrôle de ses filiales et à placer ses managers aux commandes. Il veillait à son indépendance financière, recourant le moins possible aux banques (les dettes s'élevaient à un quart des capitaux propres) et à la Bourse (le groupe était coté, mais contrôlé majoritairement par la famille). La structure financière du groupe était très complexe (holdings, sous-holdings, participations croisées multiples), de manière à assurer à Vincent Bolloré un contrôle personnel de l'ensemble.

Le groupe était notamment financé par des opérations d'allers et retours éclair en Bourse, qui suivaient toujours le même scénario : prise de participation minoritaire dans une entreprise sous-valorisée et confrontée à d'importants défis stratégiques, montée en puissance dans le capital afin d'encourager la spéculation, puis revente brusque des titres. De 1998 à 2013, ces opérations (sur Bouygues, Lazard, Pathé, Olivetti, Vivendi, PSA, Vallourec ou Aegis) avaient rapporté plus de 2 milliards d'euros.

Vincent Bolloré, surnommé « le petit prince du cash-flow », réinvestissait ces plus-values selon une règle stricte : un tiers pour les métiers existants, un tiers pour le rachat en Bourse de filiales cotées et un tiers pour de nouvelles diversifications.

Sources : bollore.com ; *L'Usine Nouvelle*, 30 octobre 2013 et 10 janvier 2014 ; *Les Echos*, 9 janvier 2014.

Questions

1. Que pensez-vous de l'approche de Vincent Bolloré ?
2. Comment expliquez-vous que les groupes diversifiés tels que Bolloré soient de moins en moins nombreux ?

Diriger un groupe sur la base d'une logique de développeur soulève deux défis :

- La *focalisation*. Le siège doit se focaliser sur les capacités stratégiques qui lui permettent d'accroître la performance des DAS et ne doit pas chercher à se développer au-delà, à moins de le faire à un coût minimal. Les managers de la direction générale doivent consacrer leur temps et leur énergie aux activités véritablement génératrices de performance pour leurs DAS. Les autres services centraux traditionnels peuvent être avantageusement sous-traités à des prestataires spécialisés.
- Le *syndrome de la poule aux œufs d'or*. Certaines entreprises diversifiées détiennent des DAS qui arrivent à un excellent niveau de performance par eux-mêmes, indépendamment des compétences centrales. Ils deviennent alors des « poules aux œufs d'or », dont il est hors de question de se séparer. Or, la logique du développeur veut qu'à partir du moment où le siège ne peut pas contribuer à la performance, il la réduit car il devient de fait un centre de coûts. Il doit donc vendre ces activités, même si elles sont rentables, et investir la plus-value dans le développement de ses autres DAS[21]. C'est ce qu'Accor s'est résolu à faire en 2010 en se séparant de son activité tickets restaurant, extrêmement rentable mais trop extérieure à ses compétences.

L'illustration 7.4 présente la logique parentale du groupe Bolloré.

7.7 Les matrices de gestion de portefeuille

Dans la section précédente, nous avons décrit les différentes logiques que la direction générale d'une organisation multi-activités est susceptible d'adopter. Cette section est consacrée aux outils – ou *matrices d'allocation de ressources* – qui permettent aux managers de la direction générale de gérer leur portefeuille d'activités et notamment de sélectionner les DAS qu'il convient de conserver et ceux qu'il vaut mieux céder[22]. Chacun de ces outils donne plus ou moins d'importance à l'un ou l'autre des trois critères fondamentaux suivants :

- L'*équilibre* du portefeuille, c'est-à-dire sa cohérence interne (notamment en termes de génération et de consommation de liquidités financières) et sa pertinence par rapport à la logique parentale.
- L'*attrait* des DAS en termes de génération de profit ou de potentiel de croissance.
- Le degré de *compatibilité* entre les DAS, que ce soit en termes d'exploitation des synergies ou de capacité du siège à accroître leur performance.

7.7.1 La matrice BCG[23]

La matrice de gestion de portefeuille la plus célèbre est celle du Boston Consulting Group, développée dans les années 1960 (voir le schéma 7.6). Le principe de la **matrice BCG** consiste à positionner chacun des DAS selon deux axes : la *part de marché relative* du DAS (c'est-à-dire le fait qu'il soit ou non leader sur son marché) et le *taux de croissance* du marché. Une part de marché élevée et une croissance forte sont bien entendu attractives. Cependant, une croissance forte exige d'importants investissements, par exemple pour renforcer la capacité de production ou pour développer les marques. Il doit donc exister un équilibre au sein du porte-

Schéma 7.6 **La matrice BCG**

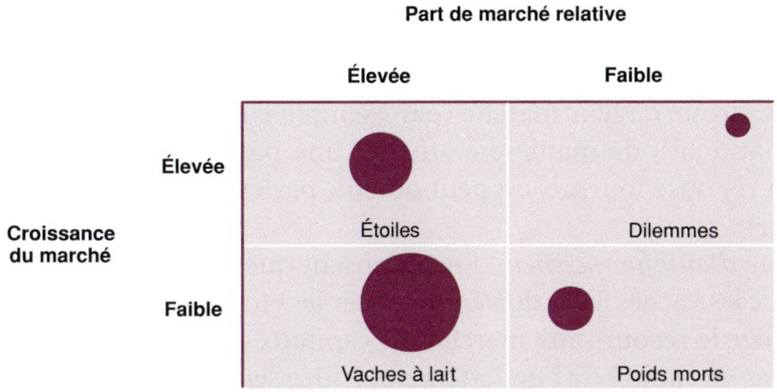

feuille, les surplus générés par les DAS dont la croissance est faible servant à financer ceux dont la croissance est forte. Sur la matrice, chaque DAS est représenté par une bulle, dont la surface est proportionnelle à son chiffre d'affaires.

La matrice BCG permet ainsi de distinguer quatre types d'activités :

Une **vache à lait** est un domaine d'activité leader sur un marché mature. Étant donné que la croissance est faible et que les conditions de marché sont stables, le besoin d'investissement est souvent limité. Par ailleurs, les volumes supérieurs à ceux de la concurrence permettent d'obtenir des coûts inférieurs et donc des marges plus élevées (voir la section 6.3.1 et le schéma 6.3). Par conséquent, les vaches à lait sont utilisées pour financer les autres activités.

Une **étoile** (ou *star*) est un domaine d'activité leader sur un marché en croissance. Il faut généralement investir lourdement pour obtenir et conserver cette position, mais les gains d'expérience générés par des volumes supérieurs laissent là encore espérer une rentabilité positive. De plus, les étoiles bénéficient des flux de trésorerie générés par les vaches à lait. Lorsque la croissance de leur marché ralentit, les étoiles deviennent à leur tour des vaches à lait.

Un **dilemme** est un domaine d'activité suiveur sur un marché en croissance. On peut tenter d'investir massivement (grâce aux vaches à lait) pour accroître la part de marché du dilemme afin d'en faire une étoile, mais il n'est pas certain que cette politique porte ses fruits avant que le marché n'atteigne sa phase de maturité, auquel cas le dilemme devient un poids mort. Étant donné que tous les dilemmes ne deviennent pas des étoiles, le BCG recommande d'en détenir plusieurs.

Un **poids mort** est un domaine d'activité suiveur sur un marché statique ou en déclin, ce qui constitue la pire des situations, pouvant mener à une consommation disproportionnée de temps et de ressources. Le BCG recommande de céder ou de mettre fin à ces activités.

La matrice BCG présente plusieurs avantages. Elle permet de visualiser aisément les besoins et le potentiel de chacune des activités qui composent le portefeuille d'une entreprise diversifiée. Elle alerte la direction générale sur les exigences financières liées à la croissance et sur le fait que les étoiles finissent toujours par décliner. Enfin, elle force les responsables d'activités à la discipline, en leur rappelant que la direction générale récupérera le surplus qu'ils génèrent pour le réallouer en fonction des intérêts globaux. Les vaches à lait ne sont pas censées amasser leurs profits.

Cependant, la matrice BCG présente quatre défauts majeurs :

- L'*imprécision des termes.* Il peut être difficile de définir ce que signifient en pratique « croissance élevée » ou « part de marché faible » pour un domaine d'activité stratégique donné. Les managers peuvent avoir tendance à donner une définition étroite de leur marché (par exemple en ne prenant en compte que le marché national), de manière à afficher une part de marché plus élevée. Or, suivant la réponse fournie, on peut obtenir par exemple une vache à lait ou un poids mort.
- L'*hypothèse d'autofinancement.* En supposant que le portefeuille doit être équilibré et que les vaches à lait doivent financer les étoiles et les dilemmes, la matrice BCG néglige le recours aux marchés de capitaux externes, par exemple les augmentations de capital ou l'endettement. L'idée selon laquelle le financement est nécessairement interne n'a de sens que dans les pays où les marchés financiers sont sous-développés ou dans les entreprises familiales qui souhaitent limiter leur dépendance vis-à-vis d'actionnaires ou de prêteurs externes.
- L'*hypothèse de l'effet d'expérience.* La matrice BCG n'est pertinente que dans les industries où l'effet d'expérience est important (voir la section 6.3.1). En effet, par construction, le modèle suppose que c'est la détention d'une part de marché dominante qui permet de dégager un profit supérieur. Or, lorsque l'effet d'expérience est limité, la part de marché n'est pas un gage de rentabilité et un leader peut se révéler moins rentable que ses suiveurs. La matrice BCG ne s'applique donc qu'aux stratégies de volume. Si on peut généralement l'utiliser sans problème dans la sidérurgie ou les composants électroniques, elle est inadaptée dans les industries où les concurrents s'appuient sur des stratégies de différenciation : entreprises de luxe, cabinets de conseil, institutions d'enseignement. Dans ces activités, ce ne sont pas nécessairement les leaders qui sont les plus rentables.
- La *simplification excessive.* Par construction, les vaches à lait sont censées générer les liquidités nécessaires à la création et au développement des étoiles et des dilemmes. Cependant, ce raisonnement ne prend pas en compte les *répercussions comportementales* de ces transferts de bénéfices. Comment la direction générale peut-elle motiver les managers des vaches à lait, qui voient leurs gains systématiquement réinvestis dans d'autres domaines d'activité ? La catégorisation des DAS peut même précipiter leur évolution : une fois qualifiée de vache à lait, une activité doit financer le reste du portefeuille, ce qui accélère son déclin. Enfin, l'idée qu'un poids mort doit nécessairement être vendu ou fermé suppose qu'il n'existe *pas de synergies* au sein du portefeuille et que l'entreprise pratique la diversification conglomérale. Or, certains poids morts peuvent être très utiles, par exemple pour offrir une gamme complète, pour gêner un concurrent ou pour empêcher l'irruption d'un nouvel entrant.

Au total, la matrice BCG aurait dû rester cantonnée à ce pourquoi elle avait été conçue au départ : l'arbitrage entre les DAS de grands conglomérats pratiquant des stratégies de volume et l'autofinancement. Elle a pourtant connu une gloire allant très au-delà de ce contexte spécifique, car elle a laissé croire qu'il était possible d'automatiser des choix aussi complexes que la définition d'un portefeuille d'activités. Or, la complexité des décisions stratégiques ne peut se réduire à un arbitrage entre quatre cases réparties sur deux axes. Prendre la carte pour le territoire, c'est devenir au mieux un cartographe, mais certainement pas un explorateur. En dépit de ces limitations – souvent mal connues ou mal comprises –, la matrice BCG reste une méthode fréquemment utilisée, dont la terminologie est profondément ancrée dans le langage courant des managers.

7.7.2 La matrice attraits/atouts (McKinsey)

Une autre manière d'analyser un portefeuille d'activités consiste à utiliser la *matrice attraits/atouts*[24]. Développée à l'origine par le cabinet de conseil McKinsey pour aider le conglomérat General Electric à gérer son portefeuille d'activités, elle repose sur le classement des DAS selon leur potentiel de performance, évalué en fonction de l'attractivité de leur environnement et de leur capacité à y dégager un avantage concurrentiel. Plus précisément, la **matrice attraits/atouts** positionne chacun des DAS selon (a) l'attrait de leur marché et (b) les atouts concurrentiels de l'organisation sur ce marché. L'attrait peut être identifié grâce à une analyse PESTEL ou une analyse des 5(+1) forces de la concurrence (voir le chapitre 2), alors qu'un canevas stratégique, une cartographie des activités ou une analyse de la chaîne de valeur (voir le chapitre 3) peuvent permettre de définir les atouts. De fait, la matrice McKinsey est une forme de visualisation du SWOT (voir la section 3.6), dans laquelle les attraits correspondent aux facteurs clés de succès de l'environnement et les atouts représentent la capacité stratégique de chacun des DAS.

Afin d'enrichir la matrice attraits/atouts, certains analystes choisissent de représenter graphiquement la taille de chacun des marchés et la part qu'en détient l'entreprise. Le résultat s'apparente alors au schéma 7.7, sur lequel on peut s'inquiéter du fait que l'entreprise bénéficie d'une position concurrentielle forte et de parts de marché élevées sur des marchés qui présentent peu d'intérêt, alors que respec-

Schéma 7.7 La matrice attraits/atouts

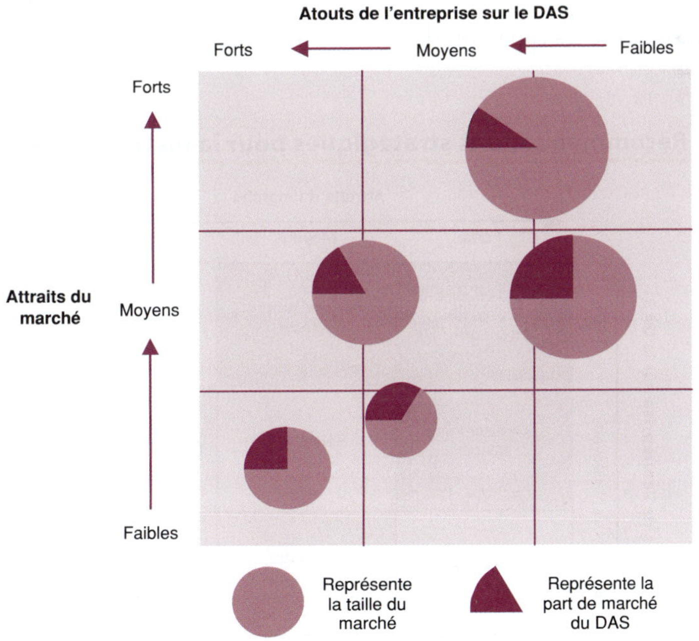

tivement elle a peu d'atouts et des parts de marché réduites sur les marchés réellement attrayants.

Comme le montre le schéma 7.8, la matrice attraits/atouts permet aussi de déterminer quelles stratégies doivent être déployées en fonction du positionnement des DAS. Les activités qui présentent le plus fort potentiel de croissance et les atouts les plus importants sont celles qui doivent se voir allouer des ressources en priorité. Réciproquement, les activités les plus faibles ou qui pâtissent de marchés relativement peu attractifs doivent être cédées ou faire l'objet d'une récolte (c'est-à-dire être ponctionnées au maximum avant leur disparition).

La matrice McKinsey est plus complexe que la matrice BCG, mais elle présente deux avantages. Premièrement, contrairement aux quatre cases de la matrice BCG, les neuf cases de la matrice McKinsey laissent la possibilité d'une situation moyenne. Les managers doivent donc être particulièrement sélectifs dans leurs conclusions. En encourageant les arbitrages sur les cas indécis, la matrice McKinsey est moins mécanique que la matrice BCG. Deuxièmement, les deux axes de la matrice McKinsey ne reposent pas sur des mesures aussi simples que les parts de marché relatives et les taux de croissance. Les atouts peuvent résulter de bien d'autres facteurs que la part de marché, et les attraits ne se limitent pas au taux de croissance de l'industrie. La matrice McKinsey repose donc implicitement sur une véritable démarche de diagnostic stratégique, ce qui en fait un outil plus élaboré que la matrice BCG. Cependant, les notions d'atouts et d'attraits étant par essence subjectives, le véritable intérêt de la matrice McKinsey réside plus dans les analyses et les débats qu'il convient de mener pour la construire que dans le schéma obtenu : son apport principal est certainement dans sa démarche. Par ailleurs, la matrice McKinsey partage certaines des limites de la matrice BCG : les termes sont tout aussi imprécis, l'autofinancement reste la norme, et la confusion entre les causes et les conséquences demeure.

Jusqu'ici nous avons présenté des modèles d'analyse de portefeuille qui reposent sur les notions d'équilibre ou d'attrait. La troisième logique est celle de la compatibilité avec les capacités de la maison mère.

Schéma 7.8 **Recommandations stratégiques pour la matrice attraits/atouts**

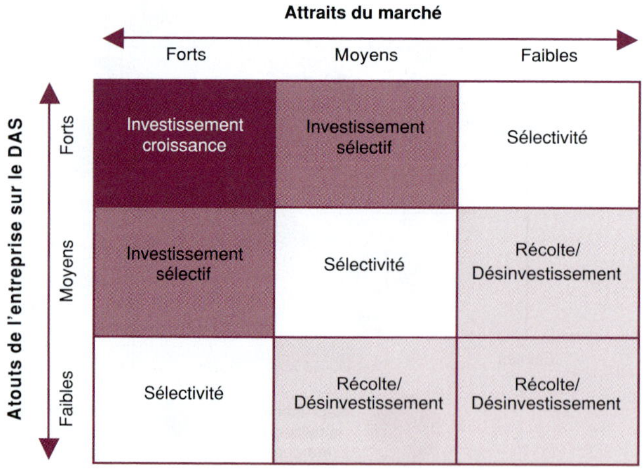

7.7.3 La matrice Ashridge

La *matrice Ashridge*, développée par Michael Goold et Andrew Campbell, introduit le critère de compatibilité des DAS avec les compétences de la direction générale[25]. Une activité peut être attractive du point de vue de la matrice BCG ou de la matrice McKinsey, mais si la direction générale ne peut pas contribuer à sa performance, mieux vaut ne pas la conserver dans le portefeuille.

La matrice Ashridge est construite à partir de deux axes (voir le schéma 7.9) :

- La compatibilité entre les *facteurs clés de succès* que doivent maîtriser les DAS (voir la section 2.5) et la capacité stratégique de la direction générale. Il s'agit de la faculté du siège à comprendre les DAS qui composent son portefeuille. On appelle parfois cette dimension le *flair*.
- La compatibilité entre les besoins des DAS et les capacités de la direction générale. Il s'agit de mesurer le gain de performance que les DAS sont susceptibles de dégager grâce aux compétences, aux ressources et aux caractéristiques de la direction générale. On appelle parfois cette dimension le *bénéfice*.

Si la direction générale n'est pas capable de comprendre quels facteurs clés de succès doivent maîtriser ses DAS, si elle n'a pas le « flair », elle risque de compromettre leur développement stratégique. Le deuxième axe, qui évalue dans quelle mesure les DAS peuvent tirer « bénéfice » du siège, implique que la direction générale devrait céder les activités qu'elle comprend mais dont elle ne peut pas accroître les performances.

Schéma 7.9 La matrice Ashridge

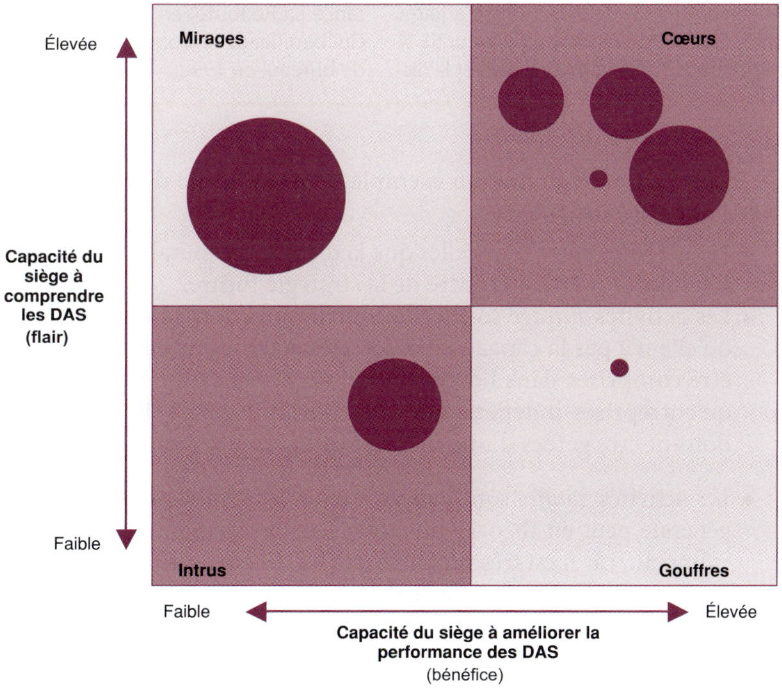

Source : adapté de M. Goold, A. Campbell et M. Alexander, *Corporate Level Strategy*, Wiley, 1994.

Illustration 7.5

Kering change de périmètre

Une direction générale doit comprendre sur quoi repose la performance de ses domaines d'activité stratégique et être capable d'y contribuer.

En 2014, le portefeuille d'activités de Kering (9,7 milliards d'euros de chiffre d'affaires et 1 milliard de résultat net en 2012, 33 400 salariés) comprenait deux pôles distincts :

- Un pôle « luxe » (64 % du chiffre d'affaires et 90 % du résultat opérationnel). Kering était le numéro trois mondial du luxe (derrière le Français LVMH et le Suisse Richemont) au travers de marques telles que Gucci, Saint-Laurent, Bottega Veneta, Alexander McQueen, Balenciaga, Boucheron ou Stella McCartney.
- Un pôle « sport et *life style* » (36 % du chiffre d'affaires et 10 % du résultat opérationnel) avec notamment l'équipementier de sport Puma, racheté en 2007, auquel s'ajoutaient depuis 2011 le spécialiste californien des sports de glisse Volcom et la marque suédoise de bottes en caoutchouc Tretorn.

En quinze ans, le bouleversement du périmètre de Kering avait été considérable. En 1997, le groupe – qui s'appelait encore PPR – était partagé entre la distribution professionnelle pour 38 % de son chiffre d'affaires (Rexel, Guibert), la distribution grand public pour 55 % (La Redoute, le Printemps, Conforama, la Fnac) et la distribution en Afrique pour 7 % (CFAO). Entre 2011 et 2013, Kering avait cédé toute son activité distribution, qui représentait encore en 2009 65 % de son chiffre d'affaires et 29 % de son résultat opérationnel : vente à Steinhoff International de Conforama (numéro deux mondial de l'équipement du foyer derrière IKEA), cession progressive de Redcats (numéro trois mondial de la vente à distance, avec notamment La Redoute), introduction en Bourse de la Fnac (leader en France, en Belgique, en Espagne et au Portugal pour les produits culturels et technologiques). Au total, en deux ans, Kering avait perdu 41 % de son chiffre d'affaires et 40 000 salariés, mais conservé le même bénéfice.

L'aventure de PPR avait commencé en 1962, lorsque François Pinault, alors âgé de 26 ans, avait repris la société de négoce de bois dans laquelle il travaillait. Il avait rapidement racheté des concurrents puis – avec l'aide d'investisseurs institutionnels et une introduction à la Bourse de Paris en 1988 – était devenu un acteur majeur dans la filière bois. Anticipant une crise de surproduction, il décida de se diversifier dans la distribution avec le rachat en 1990 de la CFAO (leader de la distribution automobile et pharmaceutique en Afrique, qui comprenait le distributeur de matériel électrique Rexel), de Conforama en 1991, des magasins du Printemps (propriétaires du spécialiste de la vente à distance La Redoute) en 1992, de la Fnac en 1994, et de Guilbert (leader européen de fournitures et de mobilier de bureau) en 1998.

Le schéma 7.9 donne un exemple de portefeuille d'activités analysé au moyen de la matrice Ashridge :

- Les activités *cœur* sont celles que la direction générale peut valoriser sans risque. Elles doivent être au centre de la stratégie future.
- Les activités *mirage* sont celles que la direction générale comprend bien mais qu'elle n'a pas la capacité d'aider. Ces activités ne gagnent généralement rien à être comprises dans l'organisation et seraient tout aussi performantes en tant qu'entreprises indépendantes. Si elles font partie d'une stratégie future, elles doivent être gérées d'une manière qui préserve leur autonomie.
- Les activités *gouffre* sont dangereuses. Elles semblent attrayantes car la direction générale peut en théorie améliorer leur performance. Cependant, cet attrait est trompeur, car il est très probable que les décisions de la direction générale nuisent à ces activités – dont elle ne comprend pas réellement la logique – plutôt qu'elles ne leur profitent. Dans cette situation, le siège dispose des capacités nécessaires pour améliorer la performance des DAS, mais il ne les utilise pas à bon escient. La direction générale devra acquérir de nouvelles capacités pour faire évoluer ces activités *gouffre* en activités *cœur*. Il peut être plus facile de les céder à une autre entreprise plus à même d'améliorer leur performance et qui paiera pour cela un bon prix.

C'est en 1999 que commença la diversification dans le luxe, avec la prise de contrôle de Gucci, à l'époque convoité par LVMH. Certains observateurs affirmaient que François Pinault n'avait pas supporté que Bernard Arnault, le président de LVMH, rachète la chaîne de parfumeries Sephora avant lui, et que le rachat de Gucci avait été conçu en représailles. Quoi qu'il en soit, les marges de Gucci avaient convaincu François Pinault de poursuivre dans cette voie, ce qu'il fit avec les rachats successifs de Saint-Laurent, Boucheron, Balenciaga et Bottega Veneta.

Parallèlement, afin d'éviter une décote de holding, PPR céda toutes ses activités professionnelles (Guilbert, Pinault bois et matériaux, et Rexel), trop éloignées de ces nouvelles diversifications.

En 2003, François Pinault, devenu quatrième fortune de France, se retira pour se consacrer à sa passion pour l'art contemporain. Son fils François-Henri lui succéda et poursuivit la refonte du portefeuille d'activités en cédant en 2006 les magasins du Printemps, en rachetant en 2007 l'équipementier de sport Puma, puis en vendant la CFAO fin 2009.

Peu de groupes de cette taille avaient connu une telle mutation en si peu de temps. Début 2013, PPR entérina son repositionnement en annonçant son nouveau nom : Kering, un jeu de mot entre l'anglais « caring », (prendre soin) et le breton « Ker » (maison), en hommage aux racines bretonnes de la famille Pinault.

Sur son site Internet, Kering détaillait sa stratégie :

« La stratégie de Kering se fonde principalement sur la croissance organique de ses marques existantes. [...] Parallèlement, des acquisitions ciblées, portant sur des entités de taille petite ou moyenne et présentant des perspectives d'évolution prometteuses, renforceront et compléteront notre portefeuille de marques. [...] En contrôlant l'ensemble de la chaîne de valeur, nous mettons à la disposition de nos marques notre puissance financière, notre expertise et nos ressources partagées, et nous mettons en place une discipline financière garante de leur rentabilité. Nous mettons en œuvre des synergies au sein du groupe et de chacun de nos pôles et optimisons les meilleures pratiques et le partage de connaissances entre nos marques. »

Sources : kering.com ; *Le Monde*, 14 novembre 2013 ; *Les Echos*, 10 janvier 2014 et 10 décembre 2010.

Questions

1. Comment la direction de Kering peut-elle contribuer à la performance de ses DAS ? Comment peut-elle la réduire ?
2. Quelle est la logique parentale la plus appropriée pour Kering (gestionnaire de portefeuille, gestionnaire de synergies, développeur) ?

- Les activités *intrus* sont clairement inadaptées. Elles ne sont pas cohérentes avec les capacités de la direction générale, qui est de surcroît incapable d'améliorer leur performance. La meilleure solution est de ne pas les conserver.

Cette approche met l'accent sur ce que la direction générale apporte aux DAS. Elle implique une analyse pertinente des capacités du siège et des besoins des DAS. Elle peut se révéler particulièrement utile lorsqu'une entreprise estime comprendre très bien les besoins d'une activité alors qu'elle n'a pas les capacités nécessaires pour la faire progresser, ou à l'inverse lorsqu'elle détient les capacités nécessaires mais se méprend sur les besoins de son DAS. L'illustration 7.5 montre comment le groupe Kering a su évoluer en évitant ces deux écueils. Les directions générales devraient se concentrer sur les activités cœur et sur celles qui peuvent le devenir, celles qui cumulent le flair et le bénéfice.

Le concept de compatibilité du portefeuille d'activités avec les capacités du siège est tout aussi pertinent dans le secteur public. Il implique que les managers publics ne devraient contrôler directement que les services et les activités pour lesquels ils possèdent une expertise spécifique. Les autres activités devraient être déléguées, privatisées ou établies en tant qu'agences indépendantes (voir la section 7.5).

Controverse académique

L'entreprise n'est-elle qu'une défaillance du marché ?

Étant donné que la diversification présente de nombreux risques et inconvénients, dans quelle mesure doit-on chercher à étendre le périmètre d'activité d'une organisation ?

La notion de stratégie au niveau de l'entreprise concerne des organisations qui possèdent et contrôlent des DAS diversifiés, éventuellement localisés dans des zones géographiques distinctes. Le Prix Nobel d'économie Oliver Williamson, un des pères de l'approche par les coûts de transaction (voir la section 7.5.2), affirme que ce type de structure ne devrait exister qu'en cas de « défaillance du marché[1] ». Si les marchés fonctionnaient correctement, les activités n'auraient pas besoin d'être coordonnées au travers d'une hiérarchie de managers. Elles pourraient parfaitement prospérer par elles-mêmes et se coordonner si nécessaire au travers de transactions de marché. La « main invisible » du marché pourrait ainsi remplacer la « main visible » des managers de la direction générale. Le besoin d'une stratégie au niveau de l'entreprise ne serait donc que la conséquence d'une imperfection des marchés, liée à deux causes principales :

- La *rationalité limitée*. Les individus ne sont pas capables de savoir et d'analyser tout ce qui se passe sur un marché. Des transactions pures et parfaites sont donc impossibles en pratique. Cependant, les flux d'informations sont parfois d'une meilleure qualité au sein d'une entreprise.
- L'*opportunisme*. Des activités indépendantes, préoccupées par leur propre intérêt, risquent de se comporter de manière opportuniste, par exemple en trichant sur les délais de livraison ou sur la qualité. Cet opportunisme sera plus facilement repéré et sanctionné au sein d'une hiérarchie.

Selon Oliver Williamson, des DAS ne devraient être placés sous la responsabilité d'une direction générale que dans la mesure où celle-ci permet de réduire les « coûts de transaction » provoqués par la rationalité limitée (systèmes d'information) et l'opportunisme (systèmes de contrôle et de sanction).

Cette comparaison entre les coûts de transaction d'une hiérarchie et ceux d'un marché a des implications majeures sur la diversification :

- L'amélioration des marchés de capitaux peut réduire l'avantage relatif des conglomérats en termes de gestion d'un portefeuille d'activités diversifiées. Au fur et à mesure que les marchés sont mieux capables de récolter et de traiter l'information, les conglomérats sont de moins en moins justifiés.
- L'amélioration de la protection de la propriété intellectuelle (notamment la possibilité de collecter des redevances) peut encourager les organisations à céder des licences de leurs technologies, plutôt que de tout faire elles-mêmes.

En d'autres termes, si les défaillances du marché sont combattues, la diversification et l'internationalisation des entreprises perdent leur raison d'être.

L'approche par les coûts de transaction proposée par Oliver Williamson oblige les organisations diversifiées à justifier leur existence. Deux réponses sont possibles. Premièrement, les défenseurs de la diversification peuvent souligner la difficulté à échanger des informations sur un marché. Un acheteur ne peut ainsi constater la valeur de nouvelles connaissances qu'après les avoir acquises. Étant donné qu'ils peuvent se faire confiance, des managers appartenant à la même structure sont plus enclins à partager et à transférer des connaissances. Deuxièmement, les organisations diversifiées n'ont pas seulement pour rôle de réduire les coûts d'information et de contrôle. Elles doivent aussi accroître la performance des ressources et compétences qu'elles combinent. Rassembler des individus créatifs au sein d'une même structure stimule les échanges, l'innovation et la motivation. Le rôle des entreprises diversifiées est plus d'accroître la valeur que de réduire les coûts.

Après quarante ans de recherches empiriques, il n'a pas été possible de démontrer que la diversification réduit la performance, même si dans les marchés sophistiqués, on admet généralement qu'elle suit une courbe en cloche (voir la section 7.4). Des conglomérats continuent à prospérer, comme Berkshire Hathaway, 3M ou Bolloré, et la diversification constitue même la règle en Chine et en Inde. Cela semble indiquer que même si la théorie des coûts de transaction est vraie, elle reste incomplète.

Sources : O.E. Williamson, « Strategy research: governance and competence perspectives », *Strategic Management Journal*, vol. 12 (1998), pp. 75-94. B. Kogut et U. Zander, « What firms do? Coordination, identity and learning », *Organization Science*, vol. 7, n° 5 (1996), pp. 502-519. S. Ghoshal, C.A. Bartlett et P. Moran, « A new manifesto for management », *Sloan Management Review*, vol. 40, n° 3 (1999), pp. 9-20. Zhou Y.M., « Synergy, coordination costs, and diversification choices », *Strategic Management Journal*, vol. 32, n° 6 (2011), pp. 624-639.

Questions

1. Quels types de connaissances difficiles à échanger sur un marché un groupe diversifié tel que Bolloré (voir l'illustration 7.4) ou Kering (voir l'illustration 7.5) peut-il transférer entre ses activités et ses implantations géographiques ? Que pensez-vous du rôle stratégique de ces connaissances ? Ce rôle a-t-il tendance à augmenter ou à diminuer ?
2. Pourquoi les entreprises diversifiées sont-elles plus fréquentes dans les économies en développement ?

Résumé

Beaucoup d'organisations rassemblent plusieurs – parfois de nombreux – domaines d'activité stratégique. Il est alors nécessaire de gérer ce *portefeuille d'activités.*

- Le périmètre d'une organisation est généralement analysé en termes de *diversification liée* ou de *diversification conglomérale*, c'est-à-dire en fonction de l'existence de *synergies* entre les DAS.
- Une direction générale ou une maison mère peut améliorer la performance des DAS en adoptant plusieurs *logiques parentales* : gestionnaire de portefeuille, gestionnaire de synergies ou développeur.
- La possibilité de céder ou d'externaliser des activités peut être évaluée en termes d'*amélioration de la capacité stratégique* ou de *réduction des coûts de transaction.*
- Plusieurs modèles – ou *matrices d'allocation de ressources* – peuvent aider les managers de la direction générale à gérer leur portefeuille d'activités. Les plus courants sont la matrice BCG, la matrice attraits/atouts, la matrice Ashridge.

Travaux pratiques

• Signale des exercices d'un niveau plus avancé

7.1 En utilisant la matrice d'Ansoff (voir le schéma 7.2), identifiez et expliquez les orientations stratégiques envisageables pour une organisation de votre choix, ainsi que pour Virgin (voir le cas à la fin de ce chapitre) et Zodiac (voir l'illustration 7.2).

7.2 Évaluez dans quelle mesure le portefeuille d'activités d'une grande organisation diversifiée (par exemple Google, Siemens ou Tata Group) relève de la diversification liée ou de la diversification conglomérale, et correspond à une logique dominante (voir la section 7.3).

7.3 Grâce à quelle logique parentale (gestionnaire de portefeuille, gestionnaire de synergies, développeur, voir la section 7.6) la direction générale d'une grande organisation multi-activités (voir la question précédente) est-elle susceptible d'améliorer la performance de ses DAS ? Cette logique serait-elle uniformément adaptée à tous les DAS ?

7.4 • Analysez le portefeuille d'activités d'une grande organisation multi-activités (voir la deuxième question) à l'aide de la matrice d'allocation de ressources de votre choix (voir la section 7.7). Justifiez la position de chacun des DAS dans la matrice. Quelles conclusions tirez-vous de cette analyse ?

Exercice de synthèse

7.5 Prenez l'exemple d'une opération de fusion-acquisition récente (voir le chapitre 10) et déterminez dans quelle mesure elle a relevé d'une diversification liée ou d'une diversification conglomérale. Dans quelle mesure était-elle cohérente avec la logique dominante des entreprises concernées ? En analysant l'évolution du cours de Bourse (utilisez par exemple boursorama.com), expliquez la réaction des investisseurs face à cette fusion-acquisition.

Lectures recommandées

- Sur les orientations stratégiques, voir notamment A. Campbell et R. Park, *The Growth Gamble: When Leaders Should Bet Big on New Businesses*, Nicholas Brealey, 2005.
- Sur la diversification, on peut consulter le chapitre de M. Goold et K.S. Luchs, « Why diversify: four decades of management thinking » dans l'ouvrage coordonné par D. Faulkner et A. Campbell, *The Oxford Handbook of Strategy*, vol. 2, Oxford University Press, 2003, pp. 18-42.
- Sur les différentes modalités de croissance, voir L. Capron et W. Mitchell, *Build, Borrow or Buy: Solving the Growth Dilemma*, Harvard Business Press, 2012.
- Une synthèse des différents modèles d'analyse de portefeuille, de leurs avantages et de leurs inconvénients figure dans l'ouvrage coordonné par A. Dayan, *Manuel de gestion*, vol. 1, livre 1, partie 3, chapitre V, 2e édition, Ellipses/AUF, 2004, ainsi que dans M. Nippa, U. Pidun, et H. Rubner, « Corporate portfolio management: appraising four decades of academic research », *Academy of Management Perspectives*, vol. 25, n° 4 (2011), pp. 50-66.

Références

1. Ce schéma est une extension de la matrice produits/marchés, élaborée par I. Ansoff et E. McDonnel, *Stratégie du développement de l'entreprise*, Éditions d'Organisation, 1989.
2. Sur la Direction de la concurrence de la Commission européenne et son utilisation de l'indice de Herfindahl-Hirschmann, voir ec.europa.eu/comm/competition.
3. Voir M. Goold et A. Campbell, « Desperately seeking synergy », *Harvard Business Review*, vol. 76, n° 2 (1998), pp. 131-145, et Y.M. Zhou, « Synergy, coordination costs, and diversification choices », *Strategic Management Journal*, vol. 32, n° 6 (2011), pp. 624-639.
4. Voir A. Pehrson, « Business relatedness and performance: a study of managerial perceptions », *Strategic Management Journal*, vol. 27 n° 3 (2006), pp. 265-282, et F. Neffke et M. Henning, « Skill relatedness and firm diversification », *Strategic Management Journal*, vol. 34, n° 3 (2013), pp. 297-316.
5. Sur la croissance et la diversification, voir A. Campbell et R. Parks, *The Growth Gamble*, Nicholas Brearly, 2005, et D. Laurie, Y. Doz et C. Sheer, « Creating new growth platforms », *Harvard Business Review*, vol. 84, n° 5 (2006), pp. 80-90.
6. Sur les économies de champ, voir le grand classique de A. Chandler, *Scale and Scope. The Dynamics of Industrial Capitalism*, Belknap Press, 1994, ainsi que D.J. Teece, « Towards an economic theory of the multi-product firm », *Journal of Economic Behavior and Organization*, vol. 3 (1982), pp. 39-63.
7. Voir C.K. Prahalad et R. Bettis, « The dominant logic: a new link between diversity and performance », *Strategic Management Journal*, vol. 6, n° 1 (1986), pp. 485-501, R. Bettis et C.K. Prahalad, « The dominant logic: retrospective and extension », *Strategic Management Journal*, vol. 16, n° 1 (1995), pp. 5-15.
8. Voir C. Markides, « Corporate strategy: the role of the center », dans A. Pettigrew, H. Thomas et R. Whittington (eds), *Handbook of Strategy and Management*, Sage, 2002. Pour une discussion récente sur les conglomérats chinois, voir A. Delios, N. Zhou et W.W. Xu, « Ownership structure and the diversification and performance of publicly-listed companies in China », *Business Horizon*, vol. 51, n° 6 (2008), pp. 802-821.
9. On parle souvent à ce propos de « concurrence multipoint ». Voir H. Dumez et A. Jeunemaître, « Les stratégies de déstabilisation de la concurrence : déverrouillage et recombinaison du marché », *Revue Française de Gestion*, vol. 30/148 (2004), pp. 196-206, et J. Anand, L. Mesquita et R. Vassolo, « The dynamics of multimarket competition in exploration and exploitation activities », *Academy of Management Journal*, vol. 52, n° 4 (2009), pp. 802-821.
10. Voir A. Pehrson, (reference 4), et L.E. Palich, L.B. Cardinal et C. Miller, « Curvilinearity in the diversification-performance linkage: an examination over three decades of research », *Strategic Management Journal*, vol. 21 (2000), pp. 155-174. La courbe en cloche fait l'objet d'un consensus chez les chercheurs, mais certains travaux sou-

lignent des différences temporelles ou géographiques. Voir par exemple M. Mayer et R. Whittington, « Diversification in context: a cross national and cross temporal extension », *Strategic Management Journal*, vol. 24 (2003), pp. 773-781, ainsi que A. Chakrabarti, K. Singh et I. Mahmood, « Diversification and performance: evidence from East Asian firms », *Strategic Management Journal*, vol. 28 (2007), pp. 101-120.

11. Sur les stratégies d'externalisation, voir J.-L. Bravard, R. Morgan et F. Fréry, *Réussir une externalisation*, Pearson Education, Paris, 2007, et J. Barthélémy, *Stratégies d'externalisation*, 3e édition, Dunod, 2006.
12. Sur l'intérêt relatif de l'approche par les capacités ou par les coûts de transaction, voir R. McIvor, « How the transaction cost and resource-based theories of the firm inform outsourcing evaluation », *Journal of Operations Management*, vol. 27, n° 1 (2009), pp. 45-63. Voir aussi T. Holcomb et M. Hitt, « Toward a model of strategic outsourcing », *Journal of Operations Management*, vol. 25, n° 2 (2007), pp. 464-481.
13. Voir F. Fréry et F. Law-Kheng, « La réinternalisation, chaînon manquant des théories de la firme », *Revue Française de Gestion*, vol. 33/177 (2007), pp. 163-179.
14. Pour une discussion des logiques parentales, voir Markides (référence 8). Voir aussi D. Collis, D. Young et M. Goold, « The size, structure and performance of corporate headquarters », *Strategic Management Journal*, vol. 28, n° 4 (2007), pp. 383-406.
15. M. Goold, A. Campbell et M. Alexander, *Corporate Level Strategy*, Wiley, 1994, présentent à la fois la capacité de création et de destruction de performance par les directions générales.
16. Pour une discussion du rôle et du degré de précision de la mission, voir A. Campbell, M. Devine et D. Young, *A Sense of Mission*, Hutchinson Business, 1990.
17. E. Zuckerman, « Focusing the corporate product: securities analysts and de-diversification », *Administrative Science Quarterly*, vol. 45, n° 3 (2000), pp. 591-619.
18. Les deux premières logiques présentées ici sont tirées d'un article de M. Porter, « From competitive advantage to corporate strategy », *Harvard Business Review*, vol. 65, n° 3 (1987), pp. 43-59.
19. Voir A. Campbell et K. Luchs, *Strategic Synergy*, Butterworth Heinemann, 1992.
20. La logique de développeur est expliquée en détail dans M. Goold, A. Campbell et M. Alexander (référence 15). Sur la dynamique de la structure organisationnelle, voir J. Joseph et W. Ocasio, « Architecture, attention, and adaptation in the multi-business firm: General Electric from 1951 to 2001 », *Strategic Management Journal*, vol. 33, n° 6 (2013), pp. 633-660.
21. Voir J. Xia et S. Li, « The divestiture of acquired subunits: a resource dependence approach », *Strategic Management Journal*, vol. 34, n° 2 (2013), pp. 131-148.
22. Pour un état de la recherche sur la gestion de portefeuille d'activités, voir M. Nippa, U. Pidun et H. Rubner, « Corporate portfolio management: appraising four decades of academic research », *Academy of Management Perspectives*, vol. 25, n° 4 (2011), pp. 50-66.
23. Pour une présentation détaillée de la matrice BCG, voir le chapitre de A.C. Hax et N.S. Majluf dans l'ouvrage coordonné par R.G. Dyson (ed.), *Strategic Planning: Models and Analytical Techniques*, Wiley, 1990 ; voir aussi le chapitre de D. Faulkner, « Portfolio matrices », dans V. Ambrosini, G. Johnson et K. Scholes, *Exploring Techniques of Analysis and Evaluation in Strategic Management*, Prentice Hall, 1998. Sur les origines de cette matrice, voir B. Henderson, *Henderson on Corporate Strategy*, Abt Books, 1979. On peut aussi consulter le chapitre consacré aux matrices d'allocation de ressources dans le livre 1 de l'ouvrage coordonné par A. Dayan, *Manuel de gestion*, Ellipses/AUF, 2e édition, 2004.
24. Voir le chapitre de A. Hax et N. Majluf, « The use of the industry attractiveness-business strength matrix in strategic planning » dans l'ouvrage coordonné par R. Dyson (référence 23).
25. Cette section s'appuie sur M. Goold, A. Campbell et M. Alexander (référence 15).

Étude de cas

Où va Virgin ?

Avec un chiffre d'affaires supérieur à 13 milliards de livres et plus de 50 000 salariés dans 34 pays, Virgin était une des principales entreprises britanniques non cotées en Bourse. Le groupe comprenait 200 entreprises dont les activités étaient aussi diverses que le transport aérien et ferroviaire, les clubs de gym ou la téléphonie mobile, mais aussi Virgin Galactic, qui prévoyait d'envoyer des touristes dans des vols suborbitaux (110 km d'altitude) pour 200 000 dollars par personne. Mi-2013, 500 clients avaient déjà payé tout ou partie de leur billet, dont le célèbre astrophysicien Stephen Hawking et l'acteur américain Ashton Kutcher.

L'image de Virgin était étroitement liée à la personnalité de son fondateur, Sir Richard Branson. Son goût immodéré pour la publicité l'avait poussé à jouer des petits rôles dans plusieurs films, mais aussi à tenter un tour du monde sans escale en ballon. Il avait battu le record de traversée de l'Atlantique en hors-bord et celui de la Manche en voiture amphibie. Il n'hésitait pas à se déguiser pour promouvoir certaines de ses offres, et ses interventions médiatiques étaient toujours remarquées. Tout cela avait un impact indéniable sur la marque Virgin. Cependant, il était désormais âgé de 64 ans et se consacrait de plus en plus à des activités caritatives.

De fait, les analystes se demandaient quel serait l'avenir de Virgin, et dans quelle mesure son succès était dû au talent entrepreneurial de Richard Branson plus qu'à une stratégie clairement établie. Le siège contribuait-il à la performance des filiales ? Le portefeuille d'activités était-il cohérent ? Quelle était exactement la rentabilité de l'ensemble ? Le groupe Virgin survivrait-il au départ de son fondateur ?

Origines et style

Virgin avait été fondée en 1970 par Richard Branson, alors âgé de 20 ans, en tant que société de vente de disques par correspondance. Il avait ensuite ouvert un magasin sur Oxford Street à Londres, baptisé Virgin Records afin de refléter sa jeunesse et sa naïveté. Devenu producteur de musique, il avait lancé Mike Oldfield en 1973, puis le groupe de punk rock Sex Pistols, dont le comportement provocateur lui avait attiré une grande publicité. La prise de risque, l'optimisme, l'irrévérence et la recherche d'exposition médiatique avaient marqué la philosophie de Branson dès l'origine.

En 1984, il créa la compagnie aérienne transatlantique Virgin Atlantic, qui dès le départ se posa en concurrent de British Airways. Lorsque Virgin Atlantic obtint des droits d'accès à l'aéroport londonien de Heathrow en 1991, British Airways riposta par une série de manœuvres destinées à déstabiliser son adversaire. Virgin Atlantic gagna le procès qui s'ensuivit, ce qui contribua à son image d'innovateur capable d'affronter les puissants.

La compagnie aérienne avait cependant des besoins de financement considérables, et même la vente de Virgin Records à EMI, pour 500 millions de livres, ne suffit pas à les couvrir. Le groupe procéda alors à l'introduction à la Bourse de Londres et au Nasdaq de 35 % de son capital. Cependant, la personnalité de Branson n'était pas compatible avec les obligations d'un dirigeant de société cotée. Il détestait devoir se justifier auprès d'analystes et de gestionnaires de fonds, qui – selon lui – ne comprenaient rien à son activité. En 1988, il retira son entreprise de la Bourse en rachetant la totalité des actions à leur prix d'émission.

Le développement

À partir de son retrait de la Bourse, le groupe connut une croissance soutenue, par une combinaison d'acquisitions, de coentreprises et de créations de filiales (voir le tableau p. 312).

La plupart des lancements de nouvelles activités semblaient résulter de l'opportunisme ou de la volonté personnelle de Branson. Il avait ainsi déclaré à propos de la création de Virgin Records America en 1987 : « Nous allions souvent aux États-Unis, il était donc logique d'y investir. » Alors qu'au début des années 1990 le groupe était centré sur la musique et les voyages, il s'étendit par la suite à toute une série d'industries. Le développement des technologies numériques lui permit de développer son activité distribution, avec la vente en ligne de musique, mais aussi d'automobiles, de produits financiers et de vin. La déréglementation de la téléphonie se traduisit par le lancement de Virgin Mobile, et celle du transport ferroviaire au Royaume-Uni par le rachat de deux lignes à l'ancienne compagnie nationale British Rail afin de créer Virgin Rail. De même, la déréglementation du transport aérien en Australie et au Nigeria permit à Virgin de lancer deux nouvelles compagnies à bas coût. Branson visait en priorité les marchés qui selon lui souffraient d'un excès de conservatisme, d'un manque d'innovation et d'un niveau de service insuffisant. C'est ainsi que le groupe entra dans les salles de sport (Virgin Active), les biocarburants (Virgin Fuels), les boissons (Virgin Drinks), les vêtements, les cosmétiques, les bandes dessinées, les robes de mariée (Virgin Brides) et les vols spatiaux en 2012 (Virgin Galactic). À propos de cette dernière activité, Branson avait déclaré : « Virgin est une entreprise qui a le goût de l'aventure car je suis un aventurier autant qu'un entrepreneur. » La même année, pour 747 millions de livres, Virgin Money racheta au gouvernement britannique une banque de taille moyenne, Northern Rock, qui avait été nationalisée en 2007 suite à la crise du crédit hypothécaire. Ce rachat permit à Virgin de renforcer significativement sa présence dans les services financiers. Au cours de l'année 2012, 75 agences Northern Rock furent rebaptisées Virgin Money. Plusieurs analystes soulignèrent que le prix payé par Virgin n'avait pas permis de rembourser les fonds publics investis lors du sauvetage de la banque.

Depuis 2007, Branson s'intéressait de plus en plus aux questions environnementales. Il avait lancé un Virgin Earth Challenge ayant pour but de réduire la proportion de dioxyde de carbone dans l'atmosphère, une initiative People & Planet pour s'assurer que toutes les entreprises Virgin s'inscrivaient dans une démarche de développement durable, Virgin Unite, qui se consacrait à des questions sociales et environnementales, et un fonds Virgin Green, qui investissait dans des entreprises d'énergies renouvelables et dans la préservation des ressources naturelles. Branson semblait se recentrer sur les questions de responsabilité sociale de l'entreprise et sur les activités non lucratives.

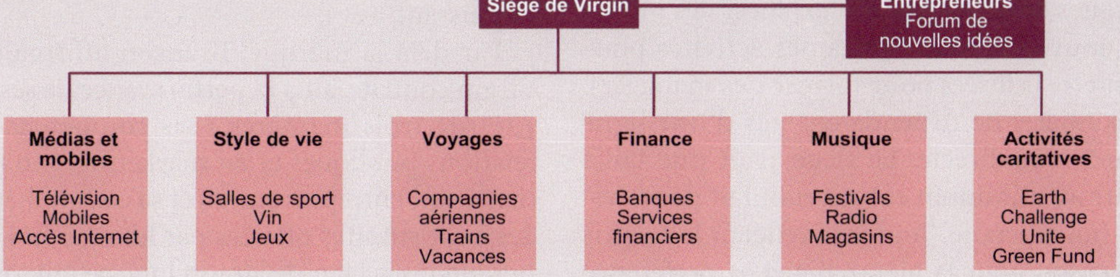

Le groupe Virgin

Étude de cas

La logique parentale

En 2013, Virgin n'arborait toujours pas les attributs traditionnels d'une multinationale. Le groupe ne publiait aucun organigramme. S'il était possible de regrouper les activités en six grandes catégories (voir la figure p. 309), cette classification restait vague : l'activité style de vie rassemblait ainsi des salles de sport, des livres, des jeux et des vols en ballon.

Les filiales étaient des entités juridiques autonomes, financées séparément. La plupart étaient de nouvelles entreprises qui devaient réussir au bout d'une année d'exploitation, faute de quoi elles étaient arrêtées. Pour décider d'investir dans une nouvelle activité, Virgin appliquait la règle suivante : « Existe-t-il une opportunité de restructuration du marché et d'obtention d'un avantage concurrentiel ? » Pour cela, le groupe se mettait à la place des clients et se demandait ce qu'il pouvait améliorer. Si chaque filiale était indépendante, c'était aussi pour que les créanciers de chacune n'aient aucun droit sur les actifs des autres. Par ailleurs, les résultats n'étaient pas consolidés. Selon Branson, consolider les profits et les actifs des filiales était trompeur et sans objet pour un groupe non coté.

Certaines filiales étaient cotées individuellement, d'autres non, certaines étaient de petites structures entrepreneuriales, d'autres de grandes entreprises. Chacune pouvait avoir une logique stratégique différente : certaines avaient clairement pour rôle de maintenir la présence de la marque Virgin dans les médias, d'autres étaient conçues pour contester la position historique d'entreprises établies, d'autres cherchaient à proposer aux clients des alternatives à des offres classiques ou au contraire à explorer des industries nouvelles. Enfin, certaines activités pouvaient être utilisées pour former des managers.

Les filiales ne dépendaient pas d'une ligne hiérarchique directe. Le siège avait une taille réduite au minimum et tout était fait pour éviter la bureaucratie. Tout cela reflétait le mépris de Branson pour la hiérarchie et sa préférence pour la responsabilité individuelle et les interactions informelles. Les entreprises étaient cependant reliées par un réseau complexe de participations impliquant une cascade de holdings, la société coiffant l'ensemble étant localisée aux îles Vierges, un paradis fiscal. Le groupe pensait que la séparation des activités permettait de préserver l'esprit entrepreneurial, qui reposait sur l'enthousiasme et l'engagement des salariés. Virgin se présentait sur son site Internet comme « une société de capital-risque avec une marque », tout en précisant que ses filiales faisaient partie d'une famille et non d'une hiérarchie : « Le conseil d'administration est minuscule, il n'y a pas de siège imposant, mais c'est très bien comme ça. »

Les managers disposaient d'une grande autonomie une fois que leur activité était lancée. Selon Branson, les organisations devaient être construites autour des individus. Le niveau de confiance était élevé, tout comme le niveau de responsabilité et celui des rémunérations. Certains managers étaient ainsi devenus millionnaires, ce dont Branson tirait une grande fierté.

Un point commun entre toutes les filiales était la marque Virgin, qui selon le groupe était synonyme de rapport qualité/prix, d'excellent service client, d'innovation, de contestation et d'humour. Ces attributs étaient le socle sur lequel le groupe différenciait ses offres. Dans certains cas, l'humour irrévérencieux l'emportait même sur l'efficacité commerciale. Lorsque British Airways avait retiré le drapeau britannique de la queue de ses avions, Virgin Atlantic s'était empressé de l'ajouter sur les siens. De même, alors que British Airways ne parvenait pas à ériger la grande roue de Londres, Virgin affréta un dirigeable avec le slogan : « BA est impuissant. »

Par-delà la marque, Branson affirmait que Virgin contribuait à la performance de ses activités de trois manières : ses compétences en relations publiques et en marketing, son expérience de l'entrepreneuriat, et sa compréhension des opportunités offertes par les marchés *institutionnalisés*. Dans le jargon interne, un marché institutionnalisé était un secteur dominé par quelques concurrents qui ne créaient pas assez de valeur pour leurs clients, soit par inefficience, soit par focalisation sur leur rivalité. Le groupe disposait également d'un vaste réseau de contacts et de partenaires.

La croyance partagée était que n'importe quelle activité pouvait réussir si Virgin était capable d'appliquer ses compétences distinctives à une nouvelle opportunité. Le groupe démontrait également un sens du risque particulièrement judicieux : « Virgin excelle dans la combinaison du savoir-faire, des connaissances et de l'expertise opérationnelle de ses partenaires. » La diversification dans le vêtement et les cosmétiques n'avait ainsi nécessité initialement que 1 000 livres, alors que le partenaire Victory Corporation – pourtant propriétaire à part égale de la filiale nouvellement créée – avait investi près de 20 millions.

Les développements récents

Toutes les filiales de Virgin n'étaient pas des succès et toutes ne correspondaient pas aux standards de service client affichés. Virgin Media et Virgin Rail avaient ainsi fait l'objet de nombreuses réclamations. En août 2012, Virgin faillit perdre sa franchise d'exploitation ferroviaire, face à son concurrent FirstGroup qui pour l'obtenir avait proposé au Trésor public britannique 5,5 milliards de livres. Richard Branson déclencha une vaste opération médiatique suite à cette attribution. Grâce à une pétition réunissant plus de 140 000 signatures, il put obtenir l'annulation de l'appel d'offres, le gouvernement reconnaissant que le processus d'attribution du marché avait été entaché « d'erreurs profondément regrettables et complètement inacceptables ». Virgin Rail restait cependant une faiblesse notoire au sein du portefeuille d'activités.

En février 2013, Liberty Global racheta Virgin Media pour 15 milliards de livres, dont 2 % revinrent directement à Branson. Virgin continuerait à recevoir 10 millions par an pendant trente ans pour l'utilisation de sa marque, même si l'usage qu'en ferait Liberty restait incertain.

Une grande partie de l'attrait de la marque Virgin était liée à Branson lui-même, à ses frasques et à ses valeurs. Il était parvenu à créer une image « d'entrepreneur effronté », capable de combattre le puissant « monopole » de British Airways. Cependant, certains estimaient que la marque avait été utilisée sur trop d'activités, que sa valeur internationale restait limitée et que même les consommateurs britanniques risquaient de se lasser des bouffonneries de Branson. Il existait d'ailleurs une autre image de Branson, celle d'un homme d'affaires retors et brutal, cherchant toujours à l'emporter sur ses rivaux.

La situation financière globale de Virgin était difficile à analyser, puisque le groupe, non consolidé, était composé de multiples sociétés, la plupart non cotées. Les investissements transitaient souvent d'une entreprise à l'autre. Branson affirmait qu'il s'intéressait à la croissance et non aux profits, et qu'il bâtissait pour le long terme. Selon lui, la rentabilité du groupe provenait de l'effet de levier et du recours à des investisseurs externes. Pour autant, Virgin Atlantic avait affiché une perte de 80,2 millions de livres en 2011, et Virgin America avait accumulé 500 millions de dollars de déficit en cinq ans d'activité. Virgin Media avait dégagé un profit de 93 millions de livres en 2011, mais ses pertes cumulées s'élevaient à 3,2 milliards. Virgin Rail avait été bénéficiaire de 41 millions en 2011.

Branson n'évoquait jamais son retrait des affaires, mais il soulignait que l'entreprise avait été organisée pour continuer sans lui, et que la marque était assez connue pour lui survivre. Au moment où l'on évoquait d'éventuels successeurs pour diriger Virgin, les observateurs restaient hésitants sur la nature du modèle économique du groupe : s'agissait-il d'une société de capital investissement (mais qui lançait ses propres start-up), d'un fonds de capital-risque avec une marque (mais le groupe ne faisait pas que financer ses activités, il les développait), ou encore d'un conglomérat (mais Virgin faisait rarement des acquisitions) ? Les dirigeants récemment recrutés au siège étaient des experts

Étude de cas

en finance, peu réputés pour le style informel et collaboratif incarné par Branson. La question de savoir si Virgin pourrait exister sans Branson restait donc ouverte.

Sources : virgin.com ; R. Branson, *Like a Virgin*, Virgin Books, 2012 ; T. Bower, *Branson*, Harper Perennial, 2008 ; *The Economist*, 12 septembre 2008 et 12 décembre 2009 ; *Financial Times*, 8 janvier 2010 ; *The Guardian*, 6 février 2013 ; *Les Echos*, 11 janvier 2010.

Questions

1. Décrivez les diversifications de Virgin à l'aide de la matrice d'Ansoff (voir le schéma 7.2).
2. Quelle est la logique parentale de Virgin ?
3. Comment le groupe Virgin contribue-t-il à la performance de ses filiales ? Toutes les filiales profitent-elles autant des compétences du groupe ?
4. Quelle stratégie recommanderiez-vous au groupe Virgin ?

Développement stratégique du groupe Virgin de 1970 à 2012

1970	Branson fonde l'activité de vente de disques par correspondance
1971	Ouverture du premier magasin Virgin Records
1977	Création du label Virgin Records
1984	Lancement de la compagnie aérienne long-courrier Virgin Atlantic
1985	Création de Virgin Holidays
1986	Création du groupe Virgin et introduction en Bourse
1987	Lancement de Virgin Records America
1988-90	Ouverture des premiers Virgin Megastores in Europe, aux États-Unis et au Japon (coentreprise avec Marui) Rachat par Branson des actions cotées du groupe Virgin pour 248 millions de livres
1991	Création de Virgin Publishing par la fusion de Virgin Books et de WH Allen Création de Virgin Games
1992	Vente de Virgin Records pour 510 millions de livres
1993	Introduction en Bourse de Virgin Games sous le nom de Virgin Interactive Entertainment, Hasbro et Blockbuster actionnaires minoritaires Virgin Radio commence à émettre
1994	Virgin Retail rachète la chaîne de magasins Our Price Lancement de Virgin Vodka et de Virgin Cola en coentreprises avec Cott Corp Lancement de Virgin City Jet service entre Londres et Dublin
1995	Virgin Direct propose un produit d'investissement en coentreprise avec Norwich Union
1996	Création de la compagnie aérienne à bas coût et court-courrier Virgin Express Lancement du fournisseur d'accès à Internet Virgin Net
1997	Création de Virgin Trains pour exploiter la franchise de deux lignes de chemin de fer au Royaume-Uni Lancement de Virgin Cosmetics avec quatre magasins Lancement de la banque par téléphone Virgin One en collaboration avec la Royal Bank of Scotland Lancement de la chaîne de magasins Virgin Brides (robes de mariée)

1999	Lancement de Virgin Mobile en coentreprise avec Deutsche Telekom Virgin Health ouvre un réseau de salles de sport Virgin Cinemas est vendu pour 215 millions de livres Cession de 49 % de Virgin Atlantic à Singapore Airlines pour 500 millions de dollars
2000	Virgin Mobile lance un service de téléphonie mobile aux États-Unis (coentreprise avec Sprint) Virgin Mobile lance un service de téléphonie mobile en Australie (coentreprise avec Cable and Wireless) Création de la compagnie aérienne à bas coût Virgin Blue en Australie Lancement de Virgin Cars, vente d'automobiles sur Internet
2001	Cession de 50 % de Virgin Blue
2002	Lancement de Virgin Bikes
2004	Lancement de Virgin Digital, vente de musique sur Internet
2005	Lancement de Virgin Mobile au Canada
2006	Virgin rachète la chaîne de salles de sport Holmes Place Lancement de Virgin Media en partenariat avec NTL-Telewest Lancement de Virgin Mobile et de Virgin Money en Afrique du Sud Lancement de Virgin Fuels Fermeture de Virgin Cars
2007	Lancement de Virgin Health Bank Lancement de la compagnie aérienne Virgin America aux États-Unis Lancement des organisations caritatives Virgin Earth Challenge et de World Citizen
2008	Lancement de Virgin Mobile en Inde (coentreprise avec Tata Teleservices)
2009	Lancement de l'organisation caritative Virgin Green Fund
2010	Lancement de Virgin Hotels Lancement de Virgin Racing (équipe de Formule 1) Lancement de Virgin Gaming Lancement de Virgin Produced (maison de production de films et d'émissions télévisées) Virgin Money se retire du marché aux États-Unis Virgin Money rachète la banque Church House Trust et obtient ainsi une licence bancaire au Royaume-Uni
2011	Fermeture de Virgin Cosmetics Lancement de Virgin Oceanic, un sous-marin d'exploration des grands fonds Virgin Active rachète Esporta pour 80 millions de livres La fondation caritative Virgin Unite lance le Centre Branson pour l'entrepreneuriat
2012	Virgin Galactic complète sa première série de tests et développe une solution de lancement de satellites

Source : virgin.com.

Chapitre 8
Les stratégies internationales

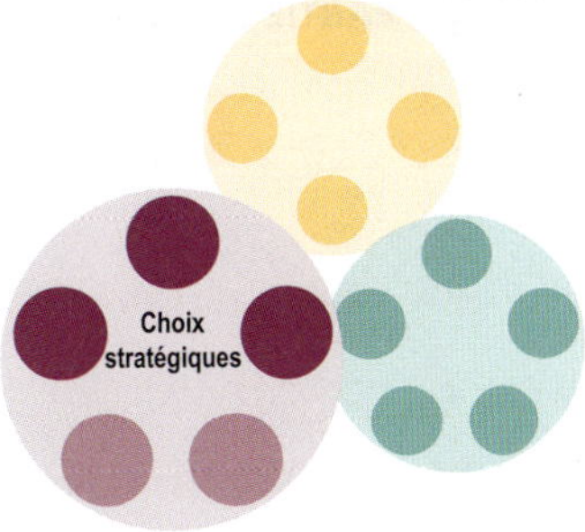

Objectifs

Après avoir lu ce chapitre, vous serez capable de :

- Déterminer le potentiel d'internationalisation de différents marchés.
- Identifier les sources d'avantage concurrentiel liées à l'international, que ce soit grâce à l'approvisionnement global ou au travers de l'exploitation des facteurs locaux présentés par le diamant de Porter.
- Distinguer quatre principaux types de stratégies internationales.
- Évaluer le potentiel des marchés internationaux grâce à leur attrait, les différences culturelles et d'autres formes de distance, ainsi que la menace de riposte des concurrents établis.
- Déterminer le mérite relatif de différentes modalités d'internationalisation, dont les coentreprises, la cession de licences et l'investissement direct.

Concepts clés

Stratégie internationale p. 316, stratégie globale p. 317, Yip p. 317, diamant de Porter p. 321, approvisionnement global p. 323, dilemme global-local p. 325, CAGE p. 329, internationalisation progressive p. 335.

8.1 Introduction

Dans le chapitre précédent, nous avons présenté le développement de marchés comme une orientation stratégique grâce à la matrice d'Ansoff. Ce chapitre est consacré à un type particulier de développement de marchés, l'internationalisation. Cette question concerne de très nombreuses organisations. C'est bien entendu le cas des grandes multinationales comme Carrefour, Toyota ou McDonald's, auxquelles se joignent maintenant des groupes brésiliens, russes, indiens ou chinois. De plus en plus de petites organisations s'internationalisent dès leur création. Les organisations du secteur public doivent elles aussi faire des choix en termes de collaboration, de sous-traitance et même de concurrence avec des organisations étrangères. L'Union européenne oblige les services publics à ouvrir leurs appels d'offres à des fournisseurs internationaux.

Le schéma 8.1 présente les cinq principaux thèmes du chapitre :

- Les *facteurs d'internationalisation*. Ces facteurs qui poussent une organisation à sortir de son marché domestique sont l'évolution de la demande, les avantages

Schéma 8.1 Les stratégies internationales

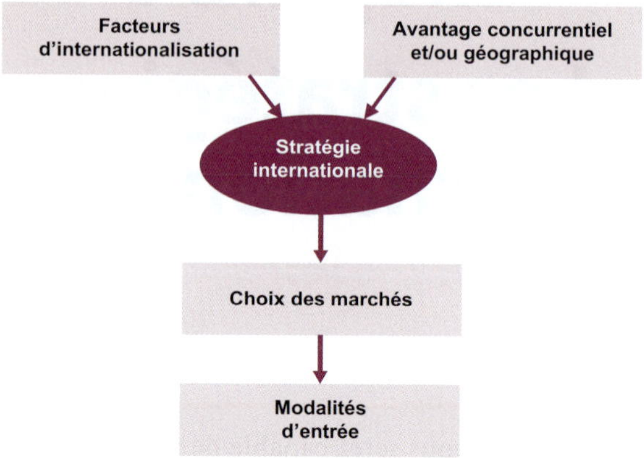

de coûts, les pressions et les incitations gouvernementales, et la nécessité de répondre aux manœuvres des concurrents. Étant donné le coût et le risque des stratégies internationales, les managers doivent être capables d'analyser ces différents facteurs.

- L'*avantage concurrentiel et l'avantage géographique.* Face à la concurrence internationale, l'avantage peut provenir de l'avantage concurrentiel spécifique à l'entreprise ou de critères géographiques. L'avantage concurrentiel découle de la capacité stratégique de l'entreprise (voir le chapitre 3). L'avantage géographique est lié à la localisation géographique d'origine de l'entreprise et à la configuration globale de sa filière. Ces différents éléments doivent être évalués avec soin : si elle ne procure aucun avantage concurrentiel, l'internationalisation est condamnée à l'échec.
- Les *stratégies internationales.* Si les facteurs et les avantages sont suffisamment forts pour justifier une internationalisation, toute une série d'approches est alors envisageable, depuis la simple exportation jusqu'à des stratégies globales complexes.
- Le *choix des marchés.* Une fois que l'approche est choisie, il convient de décider sur quels marchés investir en priorité et, à l'inverse, sur lesquels éviter de le faire. Les critères d'évaluation sont tout aussi bien économiques que culturels et politiques.
- Les *modalités d'entrée.* Lorsque les pays cibles sont identifiés, les managers doivent déterminer comment entrer sur chacun des marchés. Là encore, l'exportation est l'étape la plus simple, mais on peut aussi envisager la licence, la franchise, la coentreprise ou la filiale.

En dépit des discours récurrents sur la globalisation, les stratégies internationales impliquent de nombreux défis qu'il serait dangereux de négliger[1]. Nous examinerons donc les conséquences financières de l'internationalisation croissante, et la controverse qui clôt ce chapitre sera consacrée à l'arbitrage entre les stratégies globales, locales et régionales.

Il convient notamment de distinguer la stratégie internationale et la stratégie globale. La **stratégie internationale** comprend toute une gamme d'options permettant à une organisation d'intervenir en dehors de son pays d'origine. La **stratégie globale** est une de ces options : elle implique une forte coordination de multiples activités géographiquement dispersées dans de nombreux pays de par le monde. Or, selon le contexte, ce n'est pas nécessairement l'option la plus pertinente.

8.2 Les facteurs d'internationalisation

De nombreuses raisons poussent les organisations à s'internationaliser. Les barrières qui freinent le commerce international sont beaucoup moins élevées que par le passé. La réglementation internationale s'est améliorée, ce qui rend les investissements à l'étranger moins risqués. Les progrès des technologies de communication (de l'avion à Internet) facilitent le déplacement des personnes et la diffusion des idées. Enfin, le succès des nouvelles puissances que sont les BRICS (Brésil, Russie, Inde, Chine, Afrique du Sud) offre de nouvelles opportunités et de nouveaux défis pour les organisations internationales[2].

Cependant, la plupart de ces tendances sont ambivalentes et elles n'ont pas le même impact sur toutes les industries. Les mouvements migratoires entre certaines zones sont plus difficiles que par le passé. Des barrières commerciales existent encore, notamment pour les technologies liées à la défense. Beaucoup de pays protègent leurs champions nationaux pour éviter qu'ils soient rachetés par des intérêts étrangers. Si pour certaines industries on constate une forte globalisation (par exemple, les systèmes d'exploitation pour ordinateurs), à l'inverse, les goûts des consommateurs continuent à varier significativement d'une zone à l'autre pour de nombreuses catégories de produits (notamment, tout ce qui relève de l'alimentation). Nombre de prétendues multinationales sont concentrées sur quelques marchés (notamment, l'Europe de l'Ouest et l'Amérique du Nord) ou n'entretiennent des relations ponctuelles qu'avec un ou deux pays étrangers, exclusivement utilisés comme sources d'approvisionnement ou de sous-traitance. Les managers ne doivent donc pas être dupes des discours qui proclament l'émergence d'un monde plat, homogène et intégré (voir la controverse qui clôt ce chapitre). Comme le montre l'exemple de la distribution en Chine (voir l'illustration 8.1), les facteurs d'internationalisation sont généralement bien plus complexes que cela : non seulement les marchés chinois sont distincts des marchés occidentaux, mais en outre ils diffèrent fortement d'une région de la Chine à une autre.

Pour éviter toute simplification excessive, les stratégies internationales doivent donc être élaborées à partir d'un diagnostic précis des tendances d'évolution des marchés visés. Le modèle des *facteurs d'internationalisation* proposé par George Yip, de la CEIBS, permet de réaliser ce diagnostic (voir le schéma 8.2)[3]. Le modèle de **Yip** considère que les stratégies internationales sont déterminées par des facteurs de marché, des facteurs de coûts, des facteurs réglementaires et des facteurs concurrentiels :

- Les *facteurs de marché*. La convergence des marchés est un moteur essentiel de l'internationalisation. Trois éléments contribuent à ce phénomène. Le premier est la *convergence des besoins et des goûts des clients* : le fait que dans la plupart des pays, les clients aient les mêmes besoins en termes de crédit a ainsi permis l'émergence de quelques acteurs globaux tels que Visa. Le deuxième de ces éléments concerne l'existence de *clients globaux* : lorsque le groupe PSA a implanté une usine à Porto Real au Brésil en 2001, certains de ses grands équipementiers

Illustration 8.1

La distribution en Chine : globale ou locale ?

L'internationalisation n'est pas un processus simple, comme Carrefour et Walmart l'ont découvert en Chine.

Depuis le début des années 2000, la Chine attirait irrésistiblement les groupes de grande distribution occidentaux. Avec une croissance annuelle de 13 %, le marché chinois devait dépasser les 1 500 milliards de dollars en 2015. Près de 520 millions de Chinois allaient rejoindre la classe moyenne avant 2025.

Deux grands distributeurs occidentaux étaient fortement présents en Chine : le Français Carrefour et l'Américain Walmart. En 1995, après une expérience de six ans à Taïwan, Carrefour fut le premier à entrer sur le marché chinois de manière significative. En 2013, même si Walmart et Carrefour avaient connu une croissance rapide et faisaient désormais partie des dix plus gros distributeurs en Chine (avec 235 magasins pour Carrefour et 370 pour Walmart), leur marge d'expansion restait considérable, en particulier par rapport à leur présence sur leur marché d'origine respectif, où chacun dépassait les 4 500 magasins. Cependant, tous les deux avaient rencontré des difficultés, notamment en termes d'adaptation aux spécificités locales.

Les deux rivaux poursuivaient des stratégies très différentes. Carrefour suivait une stratégie décentralisée : à l'exception de Shanghai – où il possédait plusieurs magasins –, il autorisait les managers de ses magasins, dispersés dans tout le pays, à s'approvisionner auprès de fournisseurs locaux. À l'inverse, Walmart s'était appuyé au départ sur son approche standardisée et centralisée, tous ses magasins étant censés s'approvisionner à partir de son entrepôt logistique de Shenzhen. à partir de 2009, Walmart expérimenta un format de magasins plus petits, qu'il comptait étendre à tout le pays.

Une des découvertes de Walmart avait été que les consommateurs chinois préféraient faire leurs courses souvent, en achetant de petites quantités chaque fois. À la différence des Américains, qui se déplaçaient une fois par semaine dans de vastes hypermarchés de banlieue pour remplir le coffre de leur voiture de nourriture surgelée et de packs de boissons, les Chinois ne prenaient que la quantité dont ils avaient besoin, n'hésitant pas à ouvrir les conditionnements en gros volume pour n'acheter qu'une bouteille de lait ou une seule boîte de conserve. Walmart avait donc décidé de vendre une partie de ses surgelés à l'unité, en laissant les consommateurs prendre exactement la quantité qu'ils désiraient. Le géant américain alla même jusqu'à autoriser les syndicats dans ses magasins chinois, ce qu'il n'avait jamais fait dans un autre pays.

Une autre surprise pour les distributeurs occidentaux était l'existence de différences régionales parfois considérables. Dans le nord de la Chine, les sauces au soja étaient importantes. Dans le centre, les sauces au piment étaient nécessaires. Dans le sud, c'était la sauce aux huîtres qui importait. Pour les fruits, le nord voulait des dattes et le sud, des litchis. Dans le nord, le froid stimulait la consommation de viande rouge, et étant donné que les clients portaient d'épaisses couches de vêtements il fallait que les allées des magasins soient plus larges. Les habitants du nord n'avaient pas tous accès à l'eau chaude : ils se lavaient donc les cheveux moins souvent, ce qui impliquait que le shampoing se vendait mieux en petits sachets qu'en grandes bouteilles. À la différence des autres Chinois, les habitants de la province de Zhejiang achetaient de préférence du papier toilette « aussi rêche que du papier de verre ».

La croissance de Carrefour, de Walmart et de leurs concurrents locaux démontrait qu'il existait déjà un marché substantiel pour les hypermarchés en Chine. Carrefour importait le concept de marque de distributeur, alors que Walmart déployait son expertise logistique. Pour autant, les progrès restaient lents, les concurrents locaux imitaient vite et se montraient parfois plus adaptables et plus innovants. Walmart n'était devenu bénéficiaire qu'à partir de 2008 et avait décidé de ralentir son expansion en Chine. Quant à Carrefour, sa marge de 2 à 3 % était significativement inférieure aux 5 % obtenus en France. En 2011, Walmart avait été accusé d'avoir vendu du porc ordinaire en le faisant passer pour du porc bio et avait dû fermer 13 magasins pendant deux semaines. Parallèlement, Carrefour était régulièrement obligé de démentir des rumeurs annonçant son retrait du marché chinois.

Sources : carrefour.com ; *Financial Times*, *Wall Street Journal* et Euromonitor.

Questions

1. Quels sont les avantages et les inconvénients respectifs de l'approche de Carrefour et de celle de Walmart ?
2. Quels risques court un grand distributeur occidental en restant en dehors du marché chinois ?

Schéma 8.2 Les facteurs d'internationalisation

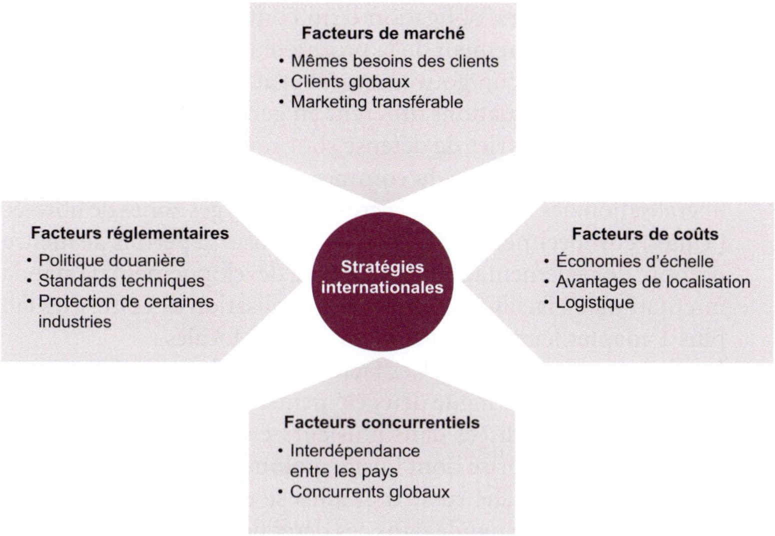

Source : adapté de G. Yip, *Total Global Strategy II*, Prentice Hall, 2003, chapitre 2.

comme Faurecia ou Vallourec l'ont accompagné. Troisièmement, l'apparition de politiques de *marketing global* implique que les marques, les modes de distribution et la communication peuvent être transférés au niveau mondial, comme le montrent les exemples de Coca-Cola ou de L'Oréal.

- Les *facteurs de coûts.* L'internationalisation peut permettre de réduire certains coûts. Là encore, on distingue trois raisons à ce phénomène. Premièrement, l'augmentation des volumes au-delà d'un seul marché national peut permettre de dégager des *économies d'échelle*, que ce soit en termes de production ou de pouvoir de négociation avec les fournisseurs. Des entreprises issues de petits pays tels que la Suisse, Taïwan ou les Pays-Bas ont ainsi tendance à être beaucoup plus internationalisées que les entreprises américaines, qui disposent d'un vaste marché à domicile. Les économies d'échelle sont particulièrement déterminantes dans les industries où les coûts de développement sont très élevés, comme l'industrie aéronautique : il est indispensable de les répartir sur le volume permis par une présence internationale. Deuxièmement, l'internationalisation est encouragée par l'existence d'avantages liés à la *localisation.* Dans l'industrie textile, il est ainsi pertinent de localiser la production là où la main-d'œuvre est peu coûteuse, notamment en Afrique ou au Bangladesh, mais de maintenir la création dans les quelques endroits où l'expertise des créateurs est concentrée, à Paris, à New York ou à Milan. Troisièmement, il convient de prendre en compte l'aspect *logistique*, et notamment le coût de transport des biens ou des services par rapport à leur prix final. Il est ainsi pertinent de délocaliser la production de composants électroniques, mais nettement moins celle de produits encombrants tels que les meubles.
- Les *facteurs réglementaires.* L'intervention des gouvernements peut favoriser ou limiter la globalisation des marchés. Les variables dont disposent les autorités

pour influencer le commerce international sont nombreuses : droits de douane, standards techniques, subventions aux entreprises locales, restrictions des investissements étrangers, obligation d'un contenu local, contrôle des transferts de technologie, encadrement de la propriété intellectuelle, contrôle des changes et de la monnaie. Aucun gouvernement n'autorise une parfaite ouverture de son économie, et les situations diffèrent en général d'une industrie à l'autre. L'agriculture et les industries de défense sont souvent les plus protégées. Pour autant, l'Organisation mondiale du commerce continue à encourager une plus grande libéralisation des marchés, et la création de larges zones de libre-échange, comme l'Union européenne, l'ALENA ou le Mercosur, a permis de mettre fin à un grand nombre de réglementations locales[4]. Le développement de standards techniques internationaux facilite également la globalisation des offres, les fabricants n'ayant plus à adapter leurs produits à des normes locales.

- Les *facteurs concurrentiels*. Ces facteurs sont plus spécifiquement liés aux stratégies globales. On distingue deux éléments. Le premier est l'*interdépendance* entre les opérations localisées dans plusieurs pays, qui encourage une coordination globale. Une entreprise dont l'usine polonaise approvisionne à la fois le marché allemand et le marché russe doit ainsi se montrer particulièrement attentive à l'évolution de la demande dans ces deux pays, afin d'éviter des surstocks ou des ruptures. Le second élément est lié à la présence de *concurrents globaux*. Plus les concurrents globaux sont nombreux, plus ceux qui ne le sont pas encore sont poussés à le devenir. En effet, les concurrents globaux peuvent utiliser les profits qu'ils génèrent sur un marché pour subventionner leurs opérations dans d'autres zones. Un concurrent moins global est alors vulnérable, car il sera incapable de contrer ce type d'attaque. Le danger est alors un retrait progressif de toutes les filiales touchées et la disparition graduelle des économies d'échelle envisagées[5].

L'élément clé de ce modèle est que le potentiel d'internationalisation des industries est variable. De nombreux facteurs peuvent l'encourager ou le freiner. Avant toute décision d'internationalisation, il est donc indispensable de mener cette analyse dans le cadre spécifique de l'industrie concernée. Dans le cas de la grande distribution en Chine (voir l'illustration 8.1), les facteurs principaux étaient vraisemblablement les facteurs de marché et de concurrence.

8.3 Les sources d'avantage géographique

Comme toute stratégie, l'internationalisation doit reposer sur des capacités stratégiques qui procurent un avantage concurrentiel durable. Cet avantage doit être significatif, car les nouveaux venus pénètrent généralement sur un marché étranger avec une série de handicaps par rapport aux concurrents locaux : moins bonne connaissance du marché, relations à construire avec les clients, chaîne de valeur à adapter, etc. Les déboires de Walmart en Europe illustrent cette situation : si le géant de la distribution américain a connu le succès dans un certain nombre de pays latino-américains où les marchés étaient encore peu développés, il a été contraint de se retirer d'Allemagne en 2006, après une décennie de déconvenues face à des concurrents locaux mieux établis. Par rapport aux distributeurs allemands, Walmart ne possédait pas d'avantage concurrentiel décisif. L'internationalisation doit donc s'appuyer sur les sources d'avantage concurrentiel durable dont nous avons discuté dans les chapitres 3 et 6, notamment sur les capacités stratégiques spécifiques à l'organisation. Cependant, par-delà cet *avantage concurrentiel*, il existe aussi un *avantage géographique*[6].

La localisation des activités est une source majeure d'avantage et l'une des caractéristiques distinctives de l'internationalisation par rapport aux autres stratégies de diversification. Comme l'a expliqué Bruce Kogut de la Columbia University, une organisation peut améliorer la configuration de sa chaîne de valeur – et au-delà, de sa filière – en s'appuyant sur des spécificités nationales (voir la section 3.4.2)[7]. Deux types d'opportunité sont possibles : l'exploitation d'un *avantage de localisation*, le plus souvent dans le pays d'origine de l'entreprise, et les avantages liés à la mise en place d'une *filière internationale*.

8.3.1 L'avantage de localisation : le diamant de Porter[8]

Dans le chapitre 3, nous avons considéré l'avantage concurrentiel en général. Le contexte international ajoute une dimension supplémentaire : certaines régions ou certains pays bénéficient d'avantages concurrentiels particulièrement difficiles à imiter. C'est le cas de la Suisse pour la banque privée, de l'Italie du Nord pour la maroquinerie et la chaussure, ou de Taïwan pour les ordinateurs portables. Michael Porter a proposé un modèle, le **diamant de Porter**, qui explique pourquoi les nations ont tendance à être plus compétitives dans certaines industries que dans d'autres (voir le schéma 8.3).

Le diamant de Porter suggère que l'avantage national, qui varie d'une industrie à l'autre, repose sur quatre facteurs interdépendants :

- Les *facteurs spécifiques*. Certains pays bénéficient de facteurs de production particuliers qui profitent aux entreprises locales et leur procurent un avantage concurrentiel à l'international. Le multilinguisme des Suisses leur a ainsi donné un avantage significatif dans la banque, alors que la disponibilité d'énergie à bas prix a avantagé l'industrie nord-américaine de l'aluminium.

Schéma 8.3 Le diamant de Porter – les déterminants de l'avantage national

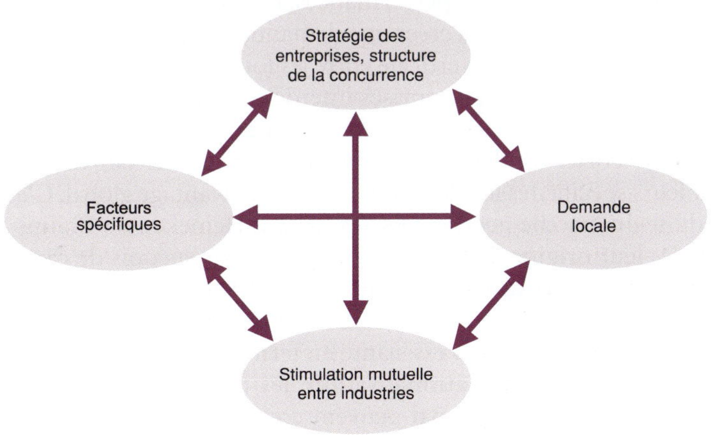

Source : M. Porter, *L'Avantage concurrentiel des nations*, InterÉditions, 1993.

- La *demande locale*. Les caractéristiques des clients locaux peuvent devenir une source d'avantage concurrentiel à l'international. L'étendue du territoire des États-Unis a ainsi favorisé les constructeurs de camions équipés de très gros moteurs. De même, la présence de clients locaux aux goûts sophistiqués a permis à la France et à l'Italie de dominer l'industrie mondiale du luxe depuis plusieurs décennies.
- La *stimulation mutuelle*. L'existence de « grappes » d'industries interdépendantes peut largement contribuer à la construction d'un avantage concurrentiel. Ces grappes sont souvent régionales, ce qui renforce les coopérations. En Italie du Nord, l'industrie de la chaussure en cuir, celle de la machine-outil pour la cordonnerie et les bureaux de design et de style ont ainsi connu un développement synchrone. De même, la Silicon Valley constitue un district technologique qui rassemble des constructeurs d'ordinateurs, des éditeurs de logiciels, des centres de recherche et des sociétés de capital-risque, dont la combinaison entretient un cercle vertueux.
- La *concurrence*, la *stratégie* et la *structure des industries*. Les caractéristiques de l'interaction concurrentielle dans un pays donné permettent aussi d'expliquer certains avantages. La recherche d'excellence technique des entreprises allemandes leur donne ainsi un avantage dans l'industrie mécanique, tout en construisant de larges réservoirs d'expertise. De même, la structure de la concurrence locale peut devenir un puissant stimulant : s'ils sont trop dominants sur leur marché d'origine, les concurrents risquent de devenir arrogants et de perdre leur avantage international. L'existence d'une forte concurrence locale peut ainsi aider les organisations dans leur développement global. C'est une des explications du succès des entreprises japonaises, fortement stimulées par un marché local très concurrentiel. Il en est de même pour l'industrie chimique allemande ou pour les entreprises pharmaceutiques suisses.

Différents gouvernements ont utilisé le diamant de Porter afin d'améliorer l'avantage concurrentiel de leurs industries locales. L'idée selon laquelle la rivalité locale est la source de la compétitivité globale a poussé de nombreux pays à encourager la concurrence plutôt qu'à protéger leurs champions nationaux. Il est également possible de stimuler les entreprises locales en fixant des niveaux d'exigence très élevés en termes de performances, de sécurité ou de protection de l'environnement (ce qui revient à créer une demande locale plus sophistiquée) ou en encourageant la coopération verticale entre les fournisseurs et leurs clients (ce qui revient à créer des grappes d'entreprises interdépendantes).

Au niveau des organisations elles-mêmes, cependant, l'intérêt principal du diamant de Porter est de définir dans quelle mesure il leur est possible de s'appuyer sur leurs spécificités locales pour établir leur avantage global. C'est ainsi que la taille réduite du marché néerlandais a contraint Heineken ou Philips à s'internationaliser dès leur origine. De même, le constructeur suédois de camions et d'engins de chantier Volvo Trucks a construit son expansion internationale en s'appuyant sur un réseau de partenaires et de fournisseurs techniquement très compétents et sur une demande locale très exigeante en termes de qualité et de fiabilité. Avant d'entreprendre une internationalisation, les managers doivent déterminer quelles sources d'avantage national peuvent contribuer à la capacité stratégique de leur propre organisation.

8.3.2 Les filières internationales

Cependant, les sources d'avantage ne sont pas seulement nationales. En outre, plus une entreprise s'internationalise, plus son origine géographique devient secondaire en termes d'avantage concurrentiel[9]. Pour celles dont la majorité de l'activité est à l'international, comme le groupe de télécommunications Ericsson, dont seulement 5 % du chiffre d'affaires est réalisé en Suède, la structure des marchés sur lesquels elles interviennent est au moins aussi importante que celle de leur pays d'origine. Certaines organisations obtiennent ainsi un avantage concurrentiel grâce à la configuration internationale de leur filière (voir la section 3.4.2). Une entreprise peut systématiquement exploiter les différentes expertises, ressources et conditions de coûts disponibles à travers le monde, de manière à localiser chacun des maillons de sa chaîne de valeur dans un pays ou une région où il sera conduit de manière plus efficace et plus efficiente. Pour cela, il est possible d'investir directement, de former des coentreprises, mais aussi de mettre en place une politique d'**approvisionnement global** – ou *global sourcing* – qui consiste à acheter les services et les composants auprès des fournisseurs les plus appropriés à l'échelle mondiale, quelle que soit leur localisation. C'est l'approche que Boeing a voulu pousser à son paroxysme pour son 787 (voir l'illustration 8.2). Certains pays occidentaux font ainsi appel à du personnel médical étranger afin de compenser des pénuries locales, en particulier en ce qui concerne les chirurgiens ou les infirmières.

Différents avantages peuvent découler de cette approche :

- Les *avantages de coûts* incluent les coûts de transport et de communication, la fiscalité, et les possibilités d'obtention de subventions. Les coûts de main-d'œuvre sont bien souvent un élément crucial dans les décisions de localisation. Les entreprises américaines et européennes délocalisent ainsi de plus en plus leurs activités informatiques en Inde, où un programmeur coûte quatre fois moins cher qu'aux États-Unis, pour une compétence équivalente. Or, cet afflux d'investissements a provoqué une hausse des salaires locaux, et certaines entreprises informatiques indiennes commencent désormais à délocaliser leur activité vers des zones encore moins coûteuses, notamment au Vietnam et en Thaïlande.
- Des *capacités locales uniques* peuvent permettre à une organisation d'accroître son avantage concurrentiel. Dans un nombre croissant d'entreprises multinationales, les activités d'innovation sont souvent dispersées entre de multiples pôles d'excellence[10]. Plusieurs laboratoires pharmaceutiques européens ont ainsi implanté des laboratoires de R&D à Boston et en Caroline du Nord afin d'établir des collaborations de recherche avec les universités et les hôpitaux locaux. L'internationalisation ne concerne plus seulement l'exploitation de compétences existantes sur de nouvelles zones géographiques, mais aussi le développement de la capacité stratégique en s'appuyant sur certaines spécificités locales.
- Les *caractéristiques nationales* de certaines zones peuvent permettre aux organisations de développer des offres différenciées destinées à couvrir différents segments de marché. Gibson, le fabricant américain de guitares électriques, complète ainsi sa gamme de produits fabriqués aux États-Unis par des instruments souvent semblables, mais bien moins coûteux, fabriqués en Corée du Sud sous la marque Epiphone. Cependant, pour des raisons de réputation, ses guitares haut de gamme sont toujours fabriquées aux États-Unis.

Illustration 8.2

Boeing et le cauchemar du Dreamliner

La décision de Boeing de sous-traiter la production de son 787 Dreamliner a viré au cauchemar.

Le 15 janvier 2014, un Boeing 787 Dreamliner de la compagnie Japan Airlines fut bloqué au sol suite à un début d'incendie sur ses batteries lithium-ion. Cet incident eut lieu presqu'exactement un an après qu'une panne similaire avait contraint l'autorité fédérale américaine de l'aviation civile à interdire de vol tous les 787 pendant 3 mois, faisant perdre plusieurs centaines de millions de dollars à Boeing.

Boeing avait commencé à travailler sur le 787 en 2003, mais les premiers tests en vol ne furent effectués qu'en 2009, avec deux ans de retard. Des compagnies aériennes avaient déjà annulé leurs commandes et Boeing devait payer des pénalités de retard à tous ses clients. Son directeur général, Jim McNerney, admit en 2009 : « Si c'était à refaire, nous procéderions différemment. Beaucoup de choses sont à revoir. Ce n'est pas seulement la faute des fournisseurs, c'est aussi la nôtre. »

Historiquement, Boeing avait déjà subi des retards sur ses programmes 737 et 747. En 2007, Airbus avait aussi connu bien des difficultés avec l'A380 (1,7 milliard d'euros de dépassement de budget et un retard de 18 mois). Or, pour Boeing, le 787 était une carte maîtresse dans sa concurrence acharnée avec Airbus, qui signalait un positionnement radicalement différent : alors que l'A380 était un très gros porteur (jusqu'à 853 sièges), le 787 était un long-courrier avec une capacité de 250 à 300 passagers. Le projet devait coûter à Boeing 10 milliards de dollars en développement et il impliquait des technologies radicalement nouvelles censées réduire la consommation de 20 % (grâce notamment au recours massif au carbone à la place de l'aluminium). Tout aussi radicale avait été la décision d'externaliser 70 % de la production de l'avion à des fournisseurs dispersés de par le monde.

On comptait ainsi pas moins de 50 sous-traitants. Au Japon, Mitsubishi fabriquait les ailes, Kawasaki, l'avant du fuselage, et Fuji, les caissons de voilure. Le Suédois Saab était chargé des portes de soute, alors que l'Italien Alenia produirait les stabilisateurs et la partie centrale du fuselage. D'autres fournisseurs provenaient de France (dont Latécoère pour les portes et Zodiac Aerospace pour les toboggans d'évacuation), d'Allemagne, de Corée du Sud et du Royaume-Uni. Rien qu'aux États-Unis, on comptait dix sous-traitants, dont General Electric et Moog. Trois Boeing 747 cargo, surnommés les « Dreamlifters », étaient chargés de rapatrier les différents composants jusqu'à l'usine d'assemblage d'Everett, près de Seattle, le plus grand bâtiment du monde en volume.

Cette externalisation était intéressante à plusieurs titres. Boeing pouvait mobiliser l'expertise technologique de spécialistes internationaux, qui participaient financièrement à la conception de l'appareil. La fabrication des éléments dans de nombreux pays encourageait les ventes aux compagnies nationales correspondantes. Le coût du travail des sous-traitants était souvent inférieur à celui des salariés de Boeing, et l'entreprise disposait ainsi d'une main-d'œuvre plus facile à gérer lors des cycles de croissance et de contraction que connaissait régulièrement son industrie.

Cependant, les imprévus furent nombreux. Alenia fut obligé de déplacer une oliveraie vieille de 300 ans pour construire son usine dans le sud de l'Italie. Le fournisseur américain Vought avait sous-traité à son tour à une entreprise israélienne, qui n'avait pas transmis d'instructions d'assemblage en anglais. Boeing devait envoyer ses ingénieurs aux quatre coins du monde pour résoudre des problèmes techniques. Aux États-Unis, les salariés du groupe, furieux des délocalisations, avaient suivi une grève de 58 jours en 2008.

En dépit de tous ces problèmes, le 787 semblait promis à un bel avenir commercial. Même après les annulations, 840 appareils figuraient au carnet de commandes, à 145 millions de dollars l'unité.

Le premier 787 fut livré en septembre 2011. L'avion avait vu son poids à vide augmenter de 9 % par rapport au cahier des charges, du fait du remplacement de certaines pièces en composite par du métal, ce qui réduisait son rayon d'action. Le coût total du programme et des retards provoqués par l'externalisation était estimé à 32 milliards de dollars, alors qu'à l'origine, cette organisation était supposée permettre des économies de 5 à 6 milliards. De fait, même si le succès commercial était sans précédent, le 787 risquait de ne pas être rentable avant 2034, avec un point mort à 1 500 appareils vendus.

La défaillance des batteries lithium-ion, fabriquées par le Japonais GS Yuasa, laissait cependant présager de nouveaux retards, de nouvelles annulations de commandes et de nouveaux dédommagements à verser par Boeing.

Sources : boeing.com ; *Guardian*, 15 janvier 2014 ; *L'Expansion*, 27 août 2010 ; *Flight International*, 12 septembre 2008 ; *Financial Times*, 14 juillet 2008 ; Reuters, 22 septembre 2009.

Questions

1. Quels sont les avantages et les inconvénients de l'externalisation à l'international ?
2. Boeing va continuer à externaliser certains éléments des futures variantes du 787. Quels devraient être ses critères pour choisir ses sous-traitants ?

8.4 Les stratégies internationales

Même si elles peuvent obtenir un avantage concurrentiel grâce à des facteurs locaux ou en exploitant une filière globale, les organisations doivent choisir quelles stratégies internationales elles vont déployer. Le principal problème auquel elles sont confrontées est appelé le **dilemme global-local**, qui désigne l'arbitrage entre la standardisation internationale des offres ou leur adaptation aux spécificités locales[11]. Certains produits – par exemple, les téléviseurs – sont globalement identiques dans tous les pays du monde, ce qui permet de bénéficier de considérables économies d'échelle si la conception, la production et la logistique sont centralisées. À l'inverse, d'autres offres – par exemple, les programmes télévisés – répondent à des goûts très spécifiques, ce qui oblige les entreprises à décentraliser leur production aussi près que possible de chacun des marchés. Le dilemme global-local peut ainsi entraîner toute une gamme de réponses en termes de centralisation ou de décentralisation.

L'arbitrage entre intégration globale et adaptation locale suggère plusieurs stratégies internationales. Les organisations doivent déterminer dans quelle mesure elles peuvent dégager un avantage de coûts et de qualité grâce à l'intégration globale, tout en prenant en compte le besoin d'adapter leurs offres aux spécificités locales. Il existe ainsi quatre types de stratégies internationales (voir le schéma 8.4)[12] :

- La *stratégie d'exportation*. Cette stratégie implique que l'organisation utilise les capacités, les innovations et les produits de son implantation d'origine dans les différentes zones où elle est présente. Elle est avantageuse lorsque l'intégration globale et l'adaptation locale sont limitées, comme le montre le schéma 8.4. Les entreprises qui disposent de capacités stratégiques spécifiques, d'une forte réputation et de marques reconnues suivent souvent cette stratégie. Google centralise ainsi sa recherche et développement et l'architecture centrale de ses services en Californie, et les exploite internationalement avec peu d'adaptations locales. L'inconvénient de cette approche est que la centralisation des compétences peut donner un avantage à des concurrents locaux. Google est ainsi opposé à Baidu en Chine et à Naver en Corée, dont les offres sont mieux adaptées aux comportements des consommateurs locaux.
- La *stratégie multidomestique*. Cette stratégie maximise l'adaptation locale. Elle s'appuie sur des offres spécifiques à chaque zone, conçues selon les conditions de marché et les attentes des consommateurs. Chaque pays est traité indépendamment et les responsables de filiales bénéficient d'une large autonomie pour répondre aux besoins de leurs clients. Comme dans le cas de l'exportation simple, la coordination internationale reste très limitée. L'organisation devient ainsi une collection d'unités relativement indépendantes, disposant chacune d'une chaîne de valeur adaptée aux conditions locales. Cette approche est particulièrement adaptée lorsque l'intégration apporte peu de gains en termes d'efficience, mais qu'à l'inverse l'adaptation est importante. On la rencontre souvent dans les biens de grande consommation et surtout dans l'agroalimentaire, où les préférences locales peuvent être déterminantes. Danone crée ainsi des produits spécifiques pour certains de ses marchés, comme du porridge enrichi aux vitamines en Indonésie ou des yaourts grecs hyperprotéinés aux États-Unis[13]. Les inconvénients de cette approche sont une faible exploitation des économies d'échelle, une prolifération des offres et un risque de réputation si les pratiques nationales deviennent trop dispersées.

Schéma 8.4 Quatre stratégies internationales

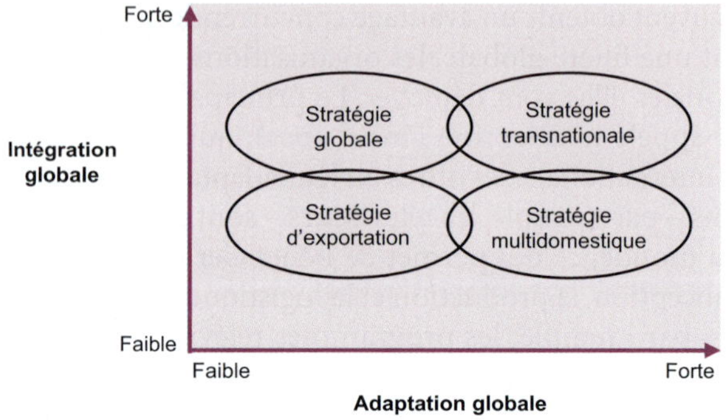

- La *stratégie globale.* Cette stratégie maximise l'intégration globale. Le monde est ici considéré comme un marché unique avec des offres standardisées qui permettent d'exploiter pleinement l'intégration et l'efficience. Il s'agit de bénéficier d'économies d'échelle et de s'assurer que les différentes implantations géographiques sont coordonnées et contrôlées par le siège. Il s'agit donc de l'exact opposé de la stratégie multidomestique. Une stratégie globale est adaptée lorsque la standardisation permet de dégager d'importantes économies et que les attentes des clients sont relativement homogènes d'un pays à l'autre. Elle est fréquemment adoptée dans l'industrie lourde et les biens indifférenciés. Le producteur mexicain de ciment Cemex centralise ainsi ses fonctions R&D, finances, ressources humaines et systèmes d'information, qui sont partagées entre toutes ses filiales[14]. De même, IKEA standardise ses produits et son approche marketing afin de dégager le plus d'efficience possible en termes d'intégration. L'inconvénient de cette approche est une flexibilité limitée, qui empêche de tenir compte des conditions locales[15]. Cela a conduit par exemple IKEA à légèrement modifier certains de ses produits.
- L'*approche transnationale.* Cette stratégie est la plus complexe. Elle consiste à maximiser à la fois l'intégration globale et l'adaptation locale. Il s'agit donc de combiner les avantages de la stratégie multidomestique avec ceux de la stratégie globale, tout en évitant leurs inconvénients. Dans cette approche, les offres sont adaptées à chacun des marchés, mais elles s'appuient sur une démarche d'apprentissage et d'innovation globale. La chaîne de valeur repose à la fois sur une centralisation de la production, afin de bénéficier d'économies d'échelle, et sur l'existence de variantes locales. La coordination n'est ni centralisée au siège ni dispersée dans les filiales, mais elle encourage les flux de connaissances, d'où que viennent les idées et les innovations. Le principal avantage de cette approche est sa capacité à cumuler l'efficience globale avec l'adéquation aux besoins locaux. General Electric est connu pour sa stratégie transnationale, qui lui permet d'exploiter globalement les meilleures idées, quelle que soit leur origine[16]. En pratique, même si le recours à une approche transnationale semble de plus en plus nécessaire, beaucoup d'entreprises peinent à l'appliquer, du fait de sa complexité et de sa nécessité d'arbitrer constamment entre l'intégration et l'adaptation. Le groupe helvético-suédois ABB, historiquement présenté comme un exemple de stratégie transnationale, a ainsi rencontré de sérieuses difficultés qui l'ont conduit à tempérer cette approche[17].

Dans la pratique, ces quatre stratégies internationales ne sont jamais totalement distinctes, comme le montre l'enchevêtrement des ovales sur le schéma 8.4. Il s'agit plutôt d'exemples illustratifs de différents types de stratégies internationales. L'intégration globale et l'adaptation locale sont des phénomènes graduels et non des catégories strictes. De plus, le choix entre l'une ou l'autre est influencé par les facteurs d'internationalisations présentés dans la section 8.2. Il est rare qu'une entreprise adopte une forme pure de stratégie d'internationalisation. On rencontre plutôt des combinaisons entre ces quatre approches. IKEA déploie ainsi une stratégie globale, mais avec des adaptations mineures qui s'apparentent à une stratégie transnationale.

Les grandes régions géographiques (par exemple, l'Amérique du Nord ou l'Europe de l'Ouest) jouent souvent un rôle plus important que les pays qui les composent. Nombre de multinationales réalisent ainsi un compromis entre le local et le global en choisissant une *stratégie régionale*[18], dont l'objectif est là encore de cumuler les avantages de l'intégration et de l'adaptation. Les régions sont traitées comme des marchés relativement homogènes, disposant de leur propre chaîne de valeur[19]. Plus de 85 % des voitures vendues en Europe, en Amérique du Nord et au Japon y sont ainsi fabriquées. Cette approche régionale souligne que les distances et les différences entre les nations sont toujours importantes (voir la section 8.5.1), ce qui rend l'intégration globale difficile (voir la controverse qui clôt ce chapitre).

Ces différences peuvent cependant être utilisées par les multinationales, qui sont capables d'acheter des offres sur un marché pour un coût relativement avantageux pour les revendre ailleurs à un prix plus élevé. Walmart est ainsi connu pour acheter en Chine la plupart de ce qu'il vend aux États-Unis. Par-delà les différences de prix, il est également possible de tirer avantage des différences de coût de main-d'œuvre, de coût du capital ou de niveau de taxation. Google a ainsi été plusieurs fois dénoncé pour ses pratiques d'optimisation fiscale, qui lui font par exemple localiser la plupart de ses activités européennes en Irlande. Le gain que peuvent retirer les multinationales de ces pratiques d'arbitrages entre les zones où elles opèrent peut être substantiel, au point que certains recommandent d'en faire une troisième dimension, par-delà l'intégration globale et l'adaptation locale[20]. Signalons enfin que les différentes stratégies internationales requièrent des modes d'organisation spécifique (voir la section 13.2.4).

8.5 Le choix des marchés et les modalités d'entrée

Une fois qu'ils ont choisi une stratégie internationale à partir de sources significatives d'avantage concurrentiel et en fonction de facteurs d'internationalisation, les managers doivent décider sur quels pays investir. En effet, tous les pays n'ont pas la même attractivité. On peut les comparer en utilisant des outils d'analyse de l'environnement, tels que le modèle PESTEL (voir la section 2.2.1) ou le modèle des 5(+1) forces de la concurrence (voir la section 2.3). Cependant, il existe également des déterminants permettant de définir spécifiquement l'attractivité des marchés. Ces déterminants peuvent être classés selon deux principales dimensions : les caractéristiques intrinsèques de chaque marché et la nature de la concurrence. L'estimation initiale de l'attractivité d'un pays peut être précisée en considérant d'une part différentes mesures de la *distance* qui le sépare du pays d'origine du nouvel entrant et d'autre part la probabilité de *riposte* des concurrents établis. De même, différentes *modalités d'entrée* peuvent être envisagées.

8.5.1 Les caractéristiques de marché

Au moins quatre des éléments de l'analyse PESTEL permettent de comparer des pays :

- *Politique*. L'environnement politique peut varier fortement d'un pays à l'autre, tout comme il peut évoluer rapidement. Depuis la fin du communisme, la Russie a ainsi eu de fréquents revirements à l'égard des entreprises étrangères. Les

Illustration 8.3

Le NIP fait sas

Lorsqu'une entreprise de petite taille souhaite entrer sur un marché distant, elle a intérêt à choisir son point d'entrée.

L'attractivité du marché chinois a conduit de nombreuses entreprises occidentales à s'aventurer dans un contexte qui leur est peu familier et souvent déconcertant. C'est notamment vrai pour les PME, qui ne disposent pas des ressources des multinationales. Pour les petites entreprises, il peut être rassurant de disposer d'un point d'entrée faisant office de sas, ce qui est le rôle des parcs industriels tel que le Nordic Industrial Park (NIP).

Le NIP met des bureaux et des terrains à disposition des entreprises qui souhaitent s'implanter en Chine. Le NIP leur propose également toute une série de services : juridiques (immatriculation de l'entreprise et rédaction de contrats), gestion des ressources humaines (recrutement, paye, installation des expatriés), comptabilité (tenue de comptes) et support technologique (accès Internet).

Le NIP a été fondé par Ove Nodland, un Norvégien qui est allé en Chine pour la première fois en 1994 pour diriger une entreprise publique dans laquelle des fonds norvégiens avaient été investis. Par la suite, il a aidé une autre entreprise norvégienne, spécialisée dans la détection des terres rares, à s'implanter dans le port de Ningbo, dans la province du Zhejiang, connue pour son esprit entrepreneurial, et située au sud de Shanghai. Ove Nodland savait que même si les règles devaient être fixées à Pékin, le centre politique du pays, elles étaient ensuite mises en œuvre par des officiels locaux, qui jouaient donc un rôle déterminant. Il investit par conséquent une énergie considérable pour établir des relations étroites avec le maire de la ville et d'autres élus locaux. Il s'assura que l'entreprise respectait toujours la réglementation locale et qu'elle contribuait aux objectifs que la ville s'était fixés. Le guanxi (réseau de relations) d'Ove Nodland crût rapidement. Cependant, l'activité de son entreprise s'effondra lors de l'explosion de la bulle Internet au début des années 2000. Ove Nodland disposait ainsi de tout ce qui était nécessaire pour faire des affaires à Ningbo, sauf d'un marché.

Il décida alors d'utiliser différemment ses locaux et son réseau de relations, en aidant des PME européennes à s'implanter en Chine. Il se spécialisa dans le domaine qu'il connaissait le mieux : des entreprises scandinaves (Danemark, Finlande, Norvège et Suède) souhaitant ouvrir une filiale à Ningbo. C'est ainsi que fut fondé le NIP en 2002. Il devint opérationnel deux ans plus tard.

Pour une entreprise scandinave, utiliser les services du NIP présentait plusieurs avantages :

- *Processus*. Le NIP permettait de réduire les coûts d'implantation grâce à sa connaissance de l'environnement local et des difficultés pratiques de la création et du fonctionnement d'une entreprise en Chine. Les PME pouvaient ainsi consacrer leur temps et leur énergie à leur activité proprement dite.
- *Environnement physique*. L'architecture du NIP et son design correspondaient au goût scandinave, ce qui permettait aux PME de disposer d'une ambiance familière. Cela aidait les expatriés à se sentir chez eux, et réciproquement cela rappelait aux salariés chinois qu'ils travaillaient pour des entreprises étrangères.
- *Personnel*. En faisant partie de la plus forte concentration d'entreprises scandinaves en Chine, les expatriés avaient l'opportunité d'échanger leurs expériences et leurs pratiques de manière informelle, par exemple lors des déjeuners, avec des personnes partageant la même culture que la leur.

Bien entendu, l'accès au NIP était payant pour les PME, mais ce coût était compensé par une « réduction des distances ».

Source : préparé par Shameen Prashantham, Nottingham University Business School China.

Questions

1. En utilisant le modèle CAGE, montrez comment les services du NIP peuvent aider à réduire la distance.
2. Quels pourraient être les inconvénients d'une implantation dans un parc industriel tel que le NIP ?

gouvernements peuvent aussi créer des opportunités significatives pour les investisseurs. Le gouvernement français a ainsi accordé des avantages spécifiques à Disney pour l'implantation de son parc d'attractions à Marne-la-Vallée en 1987, ou à Toyota pour la construction de son usine à Valenciennes en 1998. Avant d'investir dans un pays, il est important de déterminer son niveau de *risque politique*. En 2008, Carrefour a ainsi été confronté à un boycott chinois après qu'une manifestation pro-Tibet eut perturbé le passage de la flamme olympique à Paris. De même, en 2012, le gouvernement argentin a exproprié la compagnie pétrolière espagnole Repsol, qui possédait 51 % de la compagnie locale YPF.

- *Économique*. Les critères clés qu'il convient de prendre en compte pour comparer l'attractivité de plusieurs pays sont la richesse nationale et le revenu disponible, qui permettent d'estimer le marché potentiel. Les économies en croissance rapide offrent aussi des opportunités : dans les pays en développement comme la Chine ou l'Inde, la croissance se traduit par l'émergence d'une vaste population de consommateurs avides de nouveaux produits et services. De nouvelles zones de croissance apparaissent désormais en Afrique.
- *Social*. Les facteurs sociaux sont importants, par exemple la disponibilité d'une main-d'œuvre bien formée ou la structure démographique de la population. Lorsqu'on définit les attentes des consommateurs, il convient de prendre en considération d'éventuelles spécificités culturelles.
- *Légal*. Le droit peut varier significativement d'un pays à l'autre, notamment en ce qui concerne la capacité à faire respecter les contrats, la propriété intellectuelle ou la protection contre la corruption. Comme l'ont montré dans le passé les difficultés de certaines entreprises étrangères dans plusieurs pays d'Afrique, le maintien de l'ordre joue un rôle important dans la sécurité des employés.

Il est fréquent de classer les pays les uns par rapport aux autres en fonction de critères tels que ceux-là, puis de choisir ceux dont les scores sont les plus élevés. Cependant, Pankaj Ghemawat, de l'IESE, a souligné que le point majeur n'est pas seulement l'attractivité relative des pays, mais surtout la compatibilité de chacun avec l'entreprise elle-même[21]. Pour l'organisation qui s'internationalise, certains pays sont en effet plus lointains – ou plus « incompatibles » – que d'autres. En d'autres termes, des entreprises de différentes nationalités n'obtiendront pas les mêmes résultats dans les pays les mieux classés : un pays latino-américain peut être aussi bien classé qu'un pays d'Asie en termes d'attractivité, mais une entreprise espagnole y sera certainement plus à l'aise. Au-delà du classement des pays, chaque entreprise doit donc ajouter sa propre évaluation en fonction de sa proximité avec chacun.

Afin de mesurer la compatibilité entre les entreprises et les pays, Ghemawat propose le modèle **CAGE**, qui repose sur quatre dimensions : la distance culturelle (C), la distance administrative (A), la distance géographique (G) et la distance économique (E).

- La *distance culturelle*. Il s'agit ici de mesurer les différences en termes de langue, d'ethnie, de religion et de normes sociales. La proximité culturelle ne concerne pas uniquement les similarités entre les goûts des consommateurs, mais s'étend aussi aux pratiques managériales. Une entreprise américaine sera ainsi plus proche du Canada que du Mexique, l'inverse étant vrai pour une entreprise espagnole. En s'appuyant sur l'étude GLOBE, qui a comparé 17 000 managers de 62 cultures différentes, le schéma 8.5 montre les différences entre des Américains et des Chinois sur certaines dimensions : selon cette étude, les managers américains sont plus disposés à prendre des risques, alors que les managers chinois sont plus autonomes.

- La *distance administrative et politique.* Il s'agit ici d'estimer la distance en termes de traditions administratives, politiques ou légales. L'héritage colonial peut atténuer ces différences, comme le montre la proximité entre la France et la plupart des pays d'Afrique du Nord et de l'Ouest qui, au-delà de la langue, partagent la même organisation administrative. Cela explique aussi la réussite de l'entreprise brésilienne Vale au Mozambique, grâce à un même héritage portugais (voir l'illustration 8.4). Par ailleurs, les faiblesses institutionnelles – par exemple une administration lente ou corrompue – peuvent accroître la distance entre les pays. Les différences politiques peuvent avoir le même effet : les entreprises chinoises sont ainsi capables d'intervenir dans des pays où les entreprises américaines rencontrent certaines difficultés, par exemple en Algérie ou au Moyen-Orient.
- La *distance géographique.* Il ne s'agit pas seulement de mesurer le nombre de kilomètres qui séparent deux pays, mais de considérer aussi d'autres caractéristiques géographiques telles que la taille, l'accès maritime et la qualité des infrastructures de communication. Les difficultés de Walmart en Europe sont ainsi liées au fait que son système logistique a été conçu pour couvrir les vastes étendues du territoire américain, ce qui le rend peu pertinent dans les pays européens, à la fois plus petits et plus densément peuplés. Les infrastructures de transport peuvent également réduire ou augmenter les distances physiques. La France est

Schéma 8.5 Une comparaison culturelle internationale

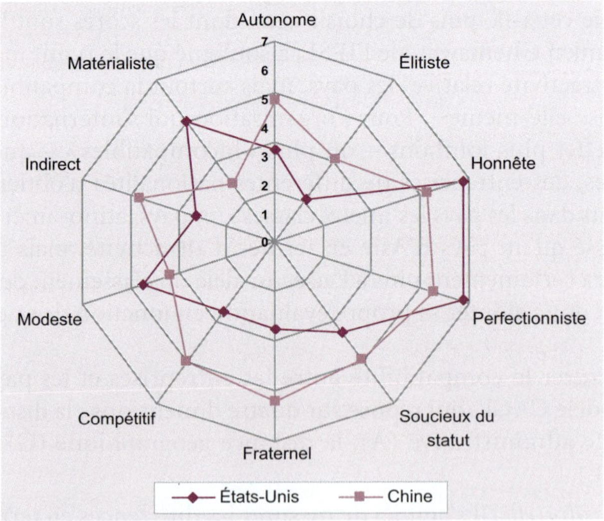

Note : extrait d'une étude de managers sur des dimensions standard.

Source : M. Javidan, P. Dorfman, M. de Luque et R. House, « In the eye of the beholder: cross-cultural lessons in leadership from project GLOBE », *Academy of Management Perspectives*, vol. 20, n° 1 (2006), pp. 67-90, schéma 4 (p. 82). GLOBE est l'acronyme de *Global Leadership and Organizational Behavior Effectiveness.*

Illustration 8.4

Vale face à la distance culturelle

La rapide internationalisation de la multinationale brésilienne Vale l'expose à des fortunes diverses.

Jusqu'à la fin des années 1990, le groupe brésilien Vale était une grosse entreprise publique assoupie. Lors de sa privatisation en 1997, c'était pourtant le premier producteur mondial de minerai de fer et la deuxième entreprise minière mondiale en termes de volume et de valeur boursière. Depuis lors, Vale s'est transformé en un conglomérat dynamique et s'est fortement internationalisé. Comme le soulignait son ancien directeur général Roger Agnelli en 2010 : « Nous étions spécialisés dans le minerai de fer. Nous intervenions essentiellement au Brésil. Aujourd'hui, nous sommes présents dans 36 pays. » Même si Vale avait été décrit comme « une des entreprises minières les plus puissantes et les plus agressives au monde », son expérience internationale avait été contrastée, ce qui avait poussé le nouveau directeur général, Murilo Ferreira, à ralentir quelque peu son expansion.

En 2006, le rachat pour 17,6 milliards de dollars du Canadien Inco – le plus gros producteur mondial de nickel – avait été la première acquisition majeure de Vale en dehors du Brésil. Le journal canadien *Globe and Mail* avait décrit l'arrivée de Vale comme « le grand désastre minier du Canada ». Beaucoup de Canadiens acceptaient mal ce qu'ils considéraient comme le rachat d'un champion national par une entreprise d'un pays en voie de développement. Le premier directeur brésilien envoyé par Vale parlait un anglais approximatif. Sur 29 dirigeants canadiens d'Inco en poste début 2007, 23 étaient partis – pour la plupart volontairement – trois ans plus tard. Lors d'une réunion particulièrement tendue, un manager brésilien riposta en lançant aux Canadiens : « Si vous êtes si intelligents, pourquoi c'est nous qui vous avons rachetés ? » En juillet 2009, les salariés canadiens d'Inco déclenchèrent une grève qui dura presque un an. Le conflit fut enfin résolu, mais il illustra les difficultés auxquelles étaient confrontées les entreprises d'économies émergentes comme le Brésil, la Chine ou l'Inde lorsqu'elles s'étendaient en dehors de leurs frontières.

L'explosion de la demande chinoise pour le minerai de fer contribua largement à la croissance de Vale, la Chine représentant environ 30 % de son chiffre d'affaires. Par rapport à ses concurrents australiens BHP et Rio Tinto, Vale souffrait pourtant d'un désavantage considérable : la distance. Pour résoudre ce problème, Vale déploya une flotte de cargos géants, surnommés les « valemax », destinés au transport de minerai de fer. Une centaine de ces navires permettrait de réduire le coût de transport vers la Chine de 20 % et les émissions de carbone de 35 %. Leur déploiement avait cependant déclenché une controverse auprès des autorités chinoises lorsque l'un d'entre eux présenta une brèche sur un de ses ballasts. De plus, les chantiers navals chinois étaient très critiques car selon eux, ces navires allaient faire chuter les coûts de transport. Finalement, les valemax furent interdits dans les ports chinois, ce qui obligea Vale à décharger en Malaisie et aux Philippines.

La situation était tout à fait différente au Mozambique. Comme beaucoup d'entreprises brésiliennes, pour des raisons culturelles et linguistiques, Vale avait été attiré par les deux anciennes colonies portugaises qu'étaient l'Angola et le Mozambique. Environ la moitié des 3 millions d'esclaves noirs envoyés au Brésil entre 1 700 et 1 800 venaient d'Angola, et dans les années 1820, des colons angolais et mozambicains avaient proposé au Brésil – qui venait de gagner son indépendance – de créer une fédération. Vale investit tout d'abord 1,7 milliard de dollars dans la mine de Moatize, qui était considérée comme une des plus importantes réserves de charbon au monde. Un second investissement de 6 milliards de dollars devait permettre de faire passer la capacité de production de Moatize de 11 à 26 millions de tonnes par an, tout en développant le réseau ferroviaire et l'infrastructure. Mulio Ferreira déclara à cette occasion : « l'Afrique est très importante. C'est une nouvelle frontière [...] Nous voulons croître ici. »

Sources : *L'Expansion*, 15 janvier 2010 ; *Financial Times*, 12 avril et 1er octobre 2012, 9, 11 et 25 février 2010 ; mining-technology.com ; miningweekly.com.

Questions

1. Donnez trois raisons qui expliquent selon vous pourquoi Vale est très différemment perçu au Canada et au Mozambique.
2. Que peut faire Vale pour résoudre les problèmes liés à son expansion internationale ?

ainsi plus proche de l'Europe continentale que du Royaume-Uni, du fait de la barrière représentée par la Manche et de la vétusté de l'infrastructure routière et ferroviaire britannique. Certaines entreprises parviennent cependant à réduire les distances géographiques, comme le montre le développement de cargos géants par le groupe minier brésilien Vale (voir l'illustration 8.4).

Illustration 8.5

Quelles stratégies pour la base de la pyramide ?

Les stratégies s'adressant aux clients les plus pauvres – ceux qui occupent la base de la pyramide des revenus – impliquent bien plus que des prix bas : il faut revoir concevoir de nouveaux produits, conclure des partenariats, redessiner les circuits de distribution et introduire de nouvelles solutions de financement.

La conception des produits

Un problème clé des pays en développement est la mauvaise qualité des réseaux d'alimentation en eau. Unilever Hindustan, la plus grande entreprise indienne de biens de grande consommation, filiale du groupe anglo-néerlandais Unilever, a développé un filtre qui permet d'avoir une eau aussi saine que si elle avait été bouillie. Ce filtre est vendu dans tout le réseau de distribution de l'entreprise. Il a attiré plus de 3 millions de foyers, surtout dans les grandes villes. Cependant, avec un prix de 35 dollars, il reste beaucoup trop cher pour les millions d'Indiens qui vivent avec moins de 1 dollar par jour. Afin de toucher les populations rurales, Unilever a donc lancé une version plus petite de son filtre. Le succès a convaincu le groupe de vendre ses filtres dans d'autres pays d'Asie, en Europe de l'Est et en Afrique du Sud.

Les partenariats

Coca-Cola a développé Vitingo, une boisson fortifiante en poudre parfumée à l'orange. Elle est vendue en Inde au prix de 4 centimes d'euro le sachet de 18 grammes. Cette boisson contient des nutriments (fer, vitamine C, vitamine A, zinc, acide folique) permettant de compenser les carences alimentaires de beaucoup de consommateurs pauvres. Après une phase de test réussie, Coca-Cola a déployé Vitingo dans 30 districts de l'état d'Orissa (côte nord-est de l'Inde) en partenariat avec des organisations non gouvernementales locales et l'institution de microcrédit BISWA.

Les circuits de distribution

La division agriculture de Bayer, spécialisée dans la protection des récoltes, vend au Kenya des doses de pesticides et constitue un réseau de petits distributeurs chargés de former les agriculteurs à l'utilisation de ce produit. Des messages diffusés à la radio permettent de promouvoir cette initiative. Bayer a rigoureusement sélectionné les distributeurs à partir de leur réputation auprès des communautés locales et de leur volume d'activité. Au total, un quart de l'activité horticulture de Bayer au Kenya résulte de cette initiative.

Les solutions de financement

Le groupe cimentier mexicain Cemex a mis en place un système innovant de microfinancement, appelé « Patrimonio Hoy » (propriétaire aujourd'hui), destiné tout d'abord aux populations défavorisées du Mexique, et qui a été étendu ensuite au reste de l'Amérique latine. Auparavant, il était long et risqué de construire des maisons pour ces populations, car elles n'avaient pas accès au crédit et elles étaient forcées d'échelonner leurs dépenses. Patrimonio Hoy est une solution à ce problème. Il s'agit de combiner du crédit, financé par Cemex, avec de l'épargne. Les clients démontrent leur capacité à épargner en versant tous les mois un montant convenu et Cemex leur livre des matériaux de construction grâce au crédit. Ce programme est un succès considérable : selon Cemex, il a déjà aidé 235 millions de familles.

Sources : Agence Suisse pour le développement et la coopération, 2011 ; *Institute for Financial and Management Research*, 2012 ; A. Karamchandani, M. Kubzansky et N. Lalwani, « Is the bottom of the pyramid really for you? », *Harvard Business Review*, mars 2011 ; *Business Today*, décembre 2011.

Questions

1. À quels risques ou dangers une multinationale occidentale s'expose-t-elle lorsqu'elle souhaite s'adresser à la base de la pyramide ?
2. Quels enseignements les multinationales occidentales peuvent-elles tirer de la base de la pyramide dans les pays en voie de développement qui peuvent leur être utiles sur leurs marchés d'origine ?

- La *distance économique*. Le dernier élément du modèle CAGE concerne la distance en termes de richesse. Les disparités de richesse sont en effet considérables au niveau mondial : en 2010, on compte ainsi 4 milliards de personnes vivant en dessous du seuil de pauvreté, fixé à 2 dollars par jour[22]. Dans les économies en développement, les multinationales issues des pays riches finissent en général par se focaliser sur les classes les plus aisées. De fait, elles perdent des marchés considérables. C.K. Prahalad, de l'université du Michigan, souligne que la richesse cumulée des populations situées « à la base de la pyramide » en termes de distribution des revenus est pourtant considérable : les 4 milliards d'individus qui gagnent moins de 2 dollars par jour représentent un marché de plus de 2 000 milliards par an. Si les multinationales des pays riches réussissent à s'adresser à eux, elles peuvent réduire la distance économique et donc accroître très significativement leur présence dans des économies telles que la Chine ou l'Inde, tout en apportant à ces consommateurs pauvres les avantages des produits occidentaux. L'illustration 8.5 présente des exemples de stratégies de ce type.

8.5.2 Les caractéristiques concurrentielles

L'évaluation de l'attractivité relative des marchés au moyen des modèles PESTEL et CAGE n'est qu'une première étape. Il convient ensuite d'analyser la concurrence. Pour cela, on peut mobiliser le modèle des 5(+1) forces de la concurrence (voir la section 2.3). Les pays où les concurrents sont nombreux, où les clients sont puissants (par exemple, des chaînes de grande distribution en Europe ou en Amérique du Nord), et où les barrières à l'entrée pour les investisseurs étrangers sont faibles sont généralement peu attractifs. Cependant, il convient également de prendre en compte la probabilité de riposte des concurrents locaux.

Si dans le modèle des 5(+1) forces, la probabilité de riposte correspond à l'intensité concurrentielle, on peut parfaire cette analyse en mobilisant la théorie des jeux (voir la section 6.4.4). Le principe consiste à évaluer l'attractivité d'un marché en fonction de trois critères (voir le schéma 8.6)[23] :

- L'*attractivité du marché* pour le nouvel entrant, mesurée notamment grâce aux analyses PESTEL et CAGE et au modèle des 5(+1) forces. Sur le schéma 8.6, les pays A et B sont les plus attractifs pour le nouvel entrant.
- La *réactivité du défenseur*, qui est le plus souvent déterminée par l'attractivité du marché de son propre point de vue, mais aussi par sa structure, intégrée ou multidomestique. La riposte du défenseur sera plus intense si le marché est important pour lui et s'il a la capacité managériale nécessaire pour coordonner sa contre-attaque. Dans notre exemple, le défenseur est particulièrement réactif dans les pays A et D.
- Le *poids relatif* du défenseur, c'est-à-dire son pouvoir de riposte. Celui-ci est généralement fonction de sa part de marché locale, mais il peut aussi dépendre de ses relations avec des acteurs importants tels que les distributeurs ou les gouvernements. Sur le schéma 8.6, le poids relatif, représenté par la taille des bulles, est plus important dans les pays A, C, D et F.

Le choix d'un marché peut être significativement modifié par ces différentes dimensions. Si on ne considère que l'attractivité, le pays le mieux placé sur le schéma 8.6 est le pays A. Malheureusement, la réactivité du défenseur est très forte dans ce pays, et c'est aussi celui où son poids relatif est le plus élevé. De fait, le

Schéma 8.6 Les ripostes concurrentielles internationales

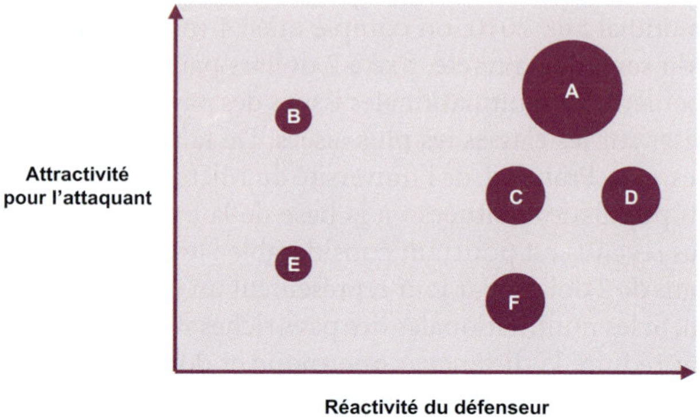

Note : la taille des bulles indique le poids relatif du défenseur.

Source : adapté de I. MacMillan, S. Van Putten et R. McGrath, « Global gamesmanship », *Harvard Business Review*, vol. 81, n° 5 (2003), pp. 62-71.

pays B est un meilleur choix d'internationalisation que le pays A. De même, le pays C est plus intéressant que le pays D car même si leur attractivité est équivalente, la réactivité du défenseur y est moindre. Un des résultats les plus surprenants obtenus grâce à la prise en compte de la réactivité et du poids relatif du défenseur est la réévaluation du pays E : alors qu'il est classé cinquième en termes d'attractivité, il est deuxième lorsque tous les critères sont pris en considération.

Une analyse de ce type est particulièrement féconde lorsqu'on observe l'internationalisation de deux concurrents comparables tels que Danone et Nestlé, ou Air France et British Airways. Dans ce cas, l'analyse peut être utilisée pour toutes les manœuvres stratégiques, que ce soit l'extension sur un marché ou l'entrée sur un autre. Dans le cas de concurrents globalement intégrés, c'est le poids relatif d'ensemble du défenseur qui doit être pris en considération, car il peut choisir de riposter sur d'autres marchés où son impact sur l'attaquant sera le plus dévastateur. Bien entendu, ce genre d'analyse peut être appliqué aux interactions entre des entreprises diversifiées, même en dehors d'un contexte d'internationalisation. Dans ce cas, chacune des bulles représente un domaine d'activité.

8.5.3 Les modalités d'entrée

Une fois qu'un marché a été choisi, l'organisation doit décider selon quelle modalité elle va s'y implanter. Les modalités d'entrée diffèrent selon le montant des ressources engagées et le degré d'implication opérationnelle de l'organisation. Ces modalités incluent notamment : l'exportation, les arrangements contractuels (licences et franchises avec des partenaires locaux), les coentreprises (création d'une entreprise possédée conjointement) et enfin les investissements directs, qui peuvent impliquer soit l'acquisition d'une organisation déjà établie localement, soit la création *ex nihilo* d'une filiale.

L'internationalisation permet souvent à l'organisation d'accumuler des connaissances et de renforcer son expérience. En effet, elle l'entraîne sur des territoires nouveaux et généralement mal connus, ce qui force les managers à apprendre de nouvelles méthodes de gestion[24]. Le modèle d'**internationalisation progressive** propose un processus séquentiel au travers duquel l'organisation accroît graduellement son engagement envers ses nouveaux marchés grâce à l'accumulation de connaissances et au renforcement de compétences. Les entreprises débutent ainsi généralement par l'exportation ou la cession de licences, ce qui leur permet de parfaire progressivement leur compréhension des marchés locaux tout en minimisant leur engagement financier. Elles peuvent ensuite accentuer leur engagement, d'abord en créant une coentreprise, et enfin une filiale détenue à 100 %. Un bon exemple est l'entrée de BMW sur le marché automobile américain. Après une longue période pendant laquelle le constructeur allemand s'est contenté d'exporter ses modèles aux États-Unis, il a construit une usine à Spartanburg en Caroline du Sud, afin de conforter sa position sur un marché stratégique pour son avenir, mais aussi pour s'affranchir en partie des risques de taux de change entre le dollar et l'euro.

Cependant, ce modèle d'internationalisation progressive est contesté par deux phénomènes :

- Les *entreprises « nées globales »*. De nombreuses organisations de petite taille s'internationalisent à un stade très précoce de leur développement[25]. Les technologies actuelles permettent en effet à de petites organisations de travailler avec des experts, des fournisseurs et des clients au niveau mondial. Pour ce type d'entreprises, attendre d'accumuler de l'expérience avant de s'internationaliser est inenvisageable : l'internationalisation est pour elles une nécessité vitale. Par exemple, Twitter et Instagram se sont internationalisées alors qu'elles n'étaient encore que des start-up, ce qui devient la norme dans ce type d'activité.
- Les *multinationales issues des pays émergents* déploient elles aussi rapidement les différentes modalités d'internationalisation. Parmi les exemples les plus remarquables, on peut citer le groupe d'électroménager chinois Haier, le laboratoire pharmaceutique indien Ranbaxy et le producteur de ciment mexicain Cemex[26]. Les stratégies internationales de ces entreprises ne se limitent pas à l'exportation de produits à bas coûts. Elles développent généralement des capacités uniques sur leur marché d'origine, qu'elles cherchent ensuite à internationaliser rapidement, avant que leurs concurrents ne les imitent. Du fait des besoins du marché chinois, Haier a ainsi développé une capacité de production très efficiente de produits électroménagers simples, ce qui lui a donné un avantage de coûts transférable sur d'autres marchés. Haier possède désormais des usines aux États-Unis, en Italie, aux Philippines, en Malaisie, en Indonésie, en Égypte ou au Nigeria. L'internationalisation rapide des multinationales chinoises s'est faite notamment au moyen d'acquisitions, à l'image de celle du deuxième réseau de salles de cinéma aux États-Unis par le conglomérat Wanda (voir le cas à la fin de ce chapitre)[27].

Lorsque les contraintes et l'intensité de la concurrence internationale excluent une expansion graduelle, deux principes fondamentaux peuvent aider à choisir entre les différentes modalités d'entrée :

- La *transférabilité de l'avantage concurrentiel* sur le marché visé. L'entreprise peut-elle pénétrer sur le nouveau marché grâce à ses propres capacités, ou doit-elle au contraire s'appuyer sur celles de partenaires locaux, par exemple des producteurs ou des distributeurs ? Existe-t-il des contraintes logistiques majeures ?

- La *qualité des relations contractuelles.* Lorsqu'un marché est stratégiquement déterminant, mais que le système juridique local ne permet pas de poursuivre un partenaire qui n'aurait pas exécuté un contrat, de rompre un partenariat déficient ou de faire respecter la propriété intellectuelle (brevets et marques), une implantation directe est préférable à des relations contractuelles.

D'autres facteurs spécifiques peuvent influer sur le choix de la modalité d'entrée, comme la disponibilité de partenaires locaux. Cependant, ces deux principes suggèrent la démarche suivante (voir le schéma 8.7) :

- L'*exportation* est l'option par défaut. Elle est particulièrement adaptée lorsque l'offre est facilement transportable d'un pays à l'autre, et surtout lorsque l'avantage concurrentiel de l'entreprise est suffisamment transférable pour éviter le recours à des partenaires locaux.
- La *licence* et la *franchise* sont préférables lorsque l'avantage concurrentiel n'est pas aisément transférable, mais que le système juridique local assure le respect des contrats.
- La *coentreprise* – ou *joint-venture* – est adaptée lorsque l'avantage concurrentiel n'est pas transférable et que des franchisés ou des licenciés locaux ne seraient pas facilement contrôlables. Étant conjointement possédée par la multinationale et par des partenaires locaux, une coentreprise permet à la première de mieux contrôler la performance et le respect des engagements, tout en impliquant les seconds dans le succès commun plutôt que dans la défense de leurs intérêts propres.
- Une *filiale à 100 %* est préférable lorsque l'avantage concurrentiel est suffisamment transférable pour ne pas recourir à des partenaires locaux, mais que des difficultés juridiques ou logistiques excluent l'exportation simple. Ce type de filiale peut être créée *ex nihilo* (comme l'ont fait la plupart des constructeurs japonais en Europe) ou *via* le rachat d'une entreprise locale, ce qui permet d'enrichir le portefeuille de compétences.

Schéma 8.7 Les modalités d'entrée sur un marché international

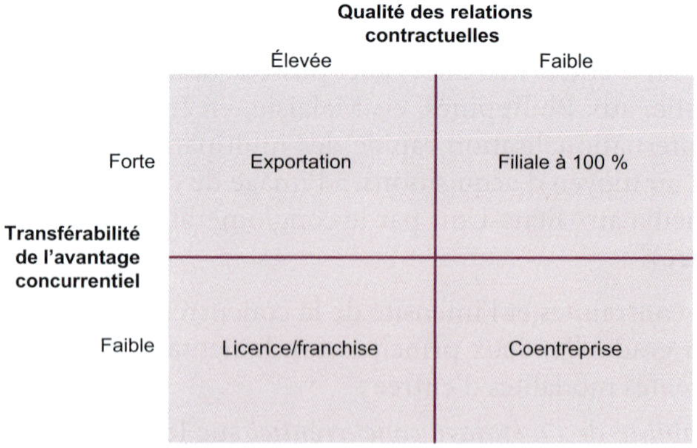

8.6 L'internationalisation et la performance

L'impact de l'internationalisation sur la performance a fait l'objet d'un grand nombre de recherches, au même titre que celui de la diversification (voir la section 7.4). Les principales conclusions de ces recherches sont les suivantes[28] :

- Une *courbe en cloche*. Même si les avantages potentiels de l'internationalisation sont non négligeables (économies d'échelle, utilisation de ressources locales, etc.), la nécessité de combiner de multiples activités sur un vaste périmètre géographique génère une complexité dont le coût peut parfois excéder les bénéfices. Comme pour la diversification, il apparaît que la relation entre l'internationalisation et la performance suit une courbe en cloche (voir le schéma 7.3 et la section 7.4), d'où il ressort que les meilleurs résultats correspondent à un niveau d'internationalisation modéré. Cependant, les recherches de George Yip sur les grandes entreprises britanniques montrent que la performance à l'international s'améliore significativement lorsque le pourcentage du chiffre d'affaires réalisé hors des frontières dépasse les 40 %[29]. L'accumulation d'expérience et d'engagement en termes d'internationalisation permet apparemment d'obtenir des niveaux de performance élevés.
- Le *désavantage des activités de services*. Un certain nombre d'études suggèrent que si la performance des entreprises industrielles croît avec leur internationalisation, ce n'est pas le cas pour les entreprises de services. Trois raisons peuvent expliquer ce phénomène. Premièrement, dans de nombreux pays, les activités de services (par exemple la banque ou la comptabilité) sont plus réglementées que les activités industrielles. Deuxièmement, du fait de leur nature intangible, les services sont généralement plus sensibles aux différences culturelles et nécessitent donc une plus grande adaptation que les produits manufacturés, ce qui peut impliquer des coûts d'apprentissage plus élevés. Troisièmement, dans les services, la production et la consommation sont simultanées, ce qui impose une plus forte présence locale et réduit d'autant la possibilité de dégager des économies d'échelle[30].
- L'*internationalisation et la diversification*. Il est important de prendre en compte l'interaction entre l'internationalisation et la diversification. Les entreprises diversifiées obtiennent généralement de meilleurs résultats à l'international, car elles disposent déjà des compétences et des structures requises pour gérer une grande diversité[31]. En revanche, les entreprises qui sont à la fois très diversifiées et très internationalisées risquent de supporter des coûts de coordination excessifs. Cependant, étant donné que bien des entreprises n'ont pas encore atteint le seuil d'internationalisation au-delà duquel les effets négatifs l'emportent sur les gains et que par ailleurs la diversification est actuellement considérée avec un scepticisme affiché – notamment par les marchés boursiers –, beaucoup choisissent de réduire la diversité de leur offre pour se concentrer sur leur expansion internationale. C'est le choix qu'ont fait par exemple Danone ou Unilever.

8.7 Le rôle des filiales dans un portefeuille international

Comme la diversification, l'internationalisation peut impliquer différentes formes de relations entre les filiales et la maison mère. La complexité des stratégies menées par des entreprises telles que Boeing ou General Electric peut déboucher sur des

Schéma 8.8 Le rôle des filiales dans les organisations internationales

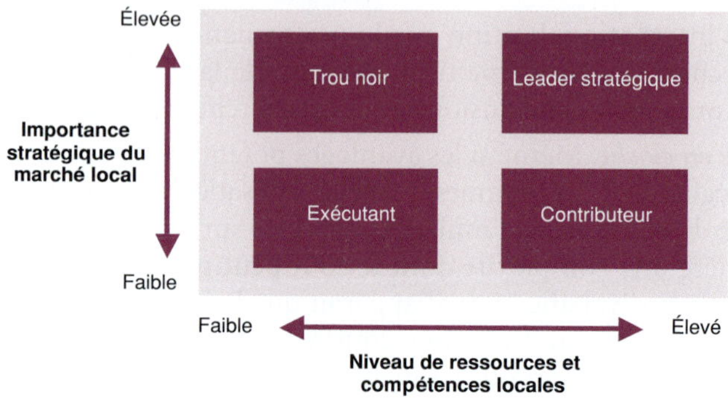

Source : C.A. Bartlett et S. Ghoshal, *Le Management sans frontières*, Éditions d'Organisation, 1991.

réseaux de filiales très différenciées, qui jouent des rôles stratégiques distincts, en fonction du niveau de ressources et compétences mises à leur disposition et de l'importance stratégique de leur marché local (voir le schéma 8.8)[32] :

- Les *leaders stratégiques* sont les filiales qui détiennent des ressources et compétences de haut niveau et qui sont implantées sur des marchés dont l'importance est cruciale (par exemple du fait de leur taille ou de l'accès à des technologies clés). Les filiales américaines des entreprises européennes ou japonaises jouent fréquemment ce rôle. De plus en plus souvent, des filiales jouent un rôle de développement entrepreneurial pour l'ensemble de l'organisation[33]. Certaines se voient attribuer un rôle clé, ou prennent des initiatives stratégiques de manière autonome. Hewlett-Packard est connu pour avoir utilisé ces deux approches[34].
- Les *contributeurs* sont des filiales localisées dans des zones géographiques de faible importance stratégique, mais qui détiennent des ressources clés, ce qui leur donne un rôle majeur dans le succès concurrentiel de l'organisation. La filiale australienne de l'équipementier de télécommunications suédois Ericsson a ainsi développé des systèmes qui ont contribué au succès de l'ensemble du groupe.
- Même s'ils ne contribuent pas significativement à l'avantage concurrentiel de l'organisation, les *exécutants* peuvent générer des ressources financières nécessaires à l'ensemble du groupe. Ils sont comparables aux « vaches à lait » de la matrice BCG. Le risque principal est de ponctionner tous leurs profits jusqu'à en faire l'équivalent des « poids morts ».
- Les *trous noirs* sont des filiales situées dans des pays essentiels au succès concurrentiel de l'organisation, mais qui ne disposent pas des ressources et compétences nécessaires. C'est la situation qu'ont connue bien des filiales de groupes américains et européens au Japon. Les trous noirs possèdent certaines des caractéristiques des « dilemmes » de la matrice BCG : ils nécessitent des investissements élevés afin de consolider leur position concurrentielle. Pour améliorer la situation d'un trou noir, on peut tenter de conclure des alliances avec des entreprises locales ou développer certaines ressources et compétences de manière ciblée.

Là encore, il convient de compléter cette analyse en déterminant de quelle manière les filiales sont gérées et contrôlées, comme nous le verrons dans le chapitre 13.

Controverse académique

Global, local ou régional ?

Les entreprises deviennent-elles réellement globales ou les pressions régionales et locales demeurent-elles fortes ?

Theodore Levitt, professeur de la Harvard Business School et ancien membre du conseil d'administration du groupe de publicité international Saatchi & Saatchi, s'est fait l'avocat de la globalisation des marchés. Selon lui, les technologies de communication homogénéisent les besoins sur tous les marchés, alors que les technologies de production augmentent l'intérêt des stratégies de volume. Étant donné les avantages obtenus grâce aux économies d'échelle et le nivellement des goûts des consommateurs, les entreprises qui déploient des stratégies réellement globales sont capables de pratiquer des prix assez bas pour éliminer tous leurs concurrents encore focalisés sur les besoins locaux. Il affirme ainsi que « l'entreprise globale cherchera systématiquement à standardiser son offre… Les entreprises qui n'accepteront pas cette nouvelle réalité globale seront les victimes de celles qui le feront ». Il cite Coca-Cola, Rolex, Sony et McDonald's en exemple. Selon lui, les entreprises devraient cesser de prêter attention aux différences héritées du passé pour s'impliquer dans la globalisation à venir.

Gerry Wind et Susan Douglas ont intelligemment répondu à cette argumentation en soulignant les dangers du « mythe de la globalisation ». Ils mettent en doute à la fois la tendance à l'homogénéisation des marchés et le rôle croissant des économies d'échelle. Même les entreprises apparemment globales s'adaptent aux besoins locaux : Coca-Cola vend ainsi des produits spécifiques au Japon, et son eau en bouteille Dasani – grand succès aux États-Unis – a été un échec en Europe. Pour ce qui est des avantages de volume, ils sont contrebalancés par de nouvelles technologies de production automatisées et flexibles, qui permettent de fabriquer à moindre coût de courtes séries adaptées aux besoins locaux. De plus, alors que le niveau de vie mondial augmente, les consommateurs sont de moins en moins sensibles aux prix et sont disposés à dépenser plus pour des offres qui répondent plus précisément à leurs besoins. Selon Wind et Douglas, la confiance aveugle dans l'inéluctabilité de la globalisation débouchera sur d'amères déceptions.

Entre le global et le local, il existe une voie moyenne, le régional. Pankaj Ghemawat souligne ainsi que l'essentiel du commerce international est intrarégional. Les pays européens, par exemple, commercent avant tout les uns avec les autres. De plus, cette tendance s'accroît : les échanges intrarégionaux sont passés de 40 % du commerce mondial il y a quarante ans à 55 % au début des années 2000. Ce régionalisme se traduit dans la structure des entreprises multinationales : Alan Rugman a calculé qu'au début du XXIe siècle, plus de 300 des plus grandes entreprises du monde réalisent encore la majorité de leurs ventes dans leur région d'origine. Une entreprise apparemment aussi globale que McDonald's est en fait birégionale, car 80 % de son chiffre d'affaires sont toujours concentrés en Amérique du Nord et en Europe. De grandes multinationales telles que Procter & Gamble et General Electric réalisent encore respectivement 55 % et 60 % de leurs ventes en Amérique du Nord.

Face à ces statistiques, Theodore Levitt peut rétorquer que ce qui importe, c'est la tendance : quelle sera la situation dans le futur ? Il y aura encore certainement quelques différences locales, mais ne vont-elles pas décliner ? Le commerce intrarégional est peut-être en croissance, mais n'est-ce pas simplement le résultat de la création d'entités supranationales telles que l'Union européenne ou l'ALENA ? Sur la route qui nous mène à l'intégration globale, nous ne devons pas être distraits par des péripéties temporaires.

Sources : T. Levitt, « The globalization of markets », *Harvard Business Review*, vol. 61, n° 3 (1983), pp. 92-102 ; S. Douglas et G. Wind, « The myth of globalization », *California Journal of World Business*, vol. 22, n° 4 (1987), pp. 19-30 ; P. Ghemawat, « Regional strategies for global leadership », *Harvard Business Review*, vol. 83, n° 12 (2005), pp. 98-108 ; A. Rugman, *The Regional Multinationals*, Cambridge University Press, 2005.

Questions

1. Établissez la liste des produits ou services qui selon vous sont de plus en plus globaux. De même, établissez la liste de ceux qui le sont de moins en moins.
2. Combien de pays avez-vous visités au cours de votre vie ? Combien vos parents en avaient-ils visités lorsqu'ils avaient votre âge ?

Résumé

Le *modèle de Yip* permet d'évaluer le potentiel d'une internationalisation selon quatre facteurs : le *marché*, le *coût*, la *réglementation* et les *stratégies des concurrents*.

- Les avantages des stratégies internationales peuvent provenir à la fois de la mise en place d'une *filière d'approvisionnement international* et de *sources nationales* qu'on peut résumer grâce au *diamant de Porter*.
- Il existe quatre grands types de stratégie internationale, selon le niveau d'intégration globale et d'adaptation locale : la *stratégie d'exportation*, la *stratégie multidomestique*, la *stratégie globale* et la *stratégie transnationale*.
- Le choix d'un marché dans une stratégie d'internationalisation doit être fondé sur son *attractivité*, sur les différentes mesures de la *distance* qui le sépare du pays d'origine et sur la probabilité de *riposte* des concurrents établis.
- Les modalités d'entrée sur un marché étranger incluent l'*exportation*, les arrangements contractuels (*licences* et *franchises*), les *coentreprises* et les *filiales*.
- L'internationalisation a un impact positif sur la performance financière, mais une internationalisation excessive peut la dégrader.
- On peut arbitrer entre les filiales d'une entreprise internationale à l'aide de méthodes de *gestion de portefeuille* comparables à celles qui sont utilisées dans les entreprises diversifiées.

Travaux pratiques

• Signale des exercices d'un niveau plus avancé

8.1 En utilisant le schéma 8.2 (les facteurs d'internationalisation de Yip), comparez deux marchés de votre choix et analysez en quoi chacun des facteurs pousse à leur internationalisation croissante.

8.2 En utilisant les sites Internet de Nestlé, ABB, LVMH et Lenovo, positionnez la stratégie internationale de chacune de ces entreprises sur le schéma 8.4 (chacune correspond à une des stratégies possibles).

8.3 En utilisant le modèle CAGE (voir la section 8.5.1), évaluez la distance qui sépare une entreprise de votre pays des marchés chinois, américain, brésilien et britannique.

8.4 En utilisant le schéma 8.7, déterminez la modalité d'entrée utilisée par le Club Med (voir le cas du chapitre 5), Carrefour (voir le cas du chapitre 11) et une autre entreprise qui vous est familière.

8.5 Donnez votre avis sur l'affirmation suivante : « La globalisation est une excellente chose pour les entreprises. »

8.6 • Expliquez en quoi l'internationalisation a eu un impact sur un service public ou une organisation à but non lucratif de votre choix. Quel devrait être selon vous cet impact dans le futur ?

Exercice de synthèse

8.7 Comme dans la deuxième question, utilisez le schéma 8.4 pour catégoriser la stratégie internationale d'une entreprise multinationale de votre choix. En vous appuyant sur la section 13.2.4, déterminez en quoi la structure de cette organisation correspond à cette stratégie.

Lectures recommandées

- Pour mieux comprendre les réalités – et les inefficiences – d'une économie globalisée, voir P. Rivoli, *Les Aventures d'un tee-shirt dans l'économie globalisée*, Fayard, 2007. T. Friedman, *La terre est plate : une brève histoire du XXIe siècle*, Saint-Simon, 2006, propose une vision plus optimiste.
- Sur les stratégies internationales, voir J.-P. Lemaire et G. Petit, *Stratégies d'internationalisation*, Dunod, 2e édition, 2003, ainsi que G. Yip et G.T. Hult, *Total Global Strategy*, Pearson, 2012, et S. Segal-Horn et D. Faulkner, *Understanding Global Strategy*, South-western, 2010.
- Pour un recueil d'articles académiques sur l'internationalisation, voir A. Rugman et T. Brewer (eds), *The Oxford Handbook of International Business*, Oxford University Press, 2003 et J.H. Dunning, *The Theory of Transnational Corporations*, Routledge, 1993.
- Pour une critique de l'idée de globalisation, voir A. Rugman, *The Regional Multinational*, Cambridge University Press, 2005, A. Rugman, *The End of Globalization*, Random House, 2000, et P. Ghemawat, *Redefining Global Strategy*, Harvard Business School Press, 2007.

Références

1. Voir notamment M. Alexander et H. Korine, « Why you shouldn't go global », *Harvard Business Review*, vol. 86, n° 12 (2008), pp. 70-77.
2. T. Friedman, *La terre est plate : une brève histoire du XXIe siècle*, Saint-Simon, 2006, et P. Rivoli, *Les Aventures d'un tee-shirt dans l'économie globalisée*, Fayard, 2007.
3. Yip parle en fait de facteurs de globalisation, mais cela ne modifie pas le modèle. Voir G. Yip et G.T. Hult, *Total Global Strategy*, Pearson, 2012. Sur la globalisation des entreprises, voir aussi J.-P. Lemaire et G. Petit, *Stratégies d'internationalisation*, Dunod, 2e édition, 2003.
4. Des données intéressantes sur l'ouverture des marchés sont disponibles sur le site Internet de l'Organisation mondiale du commerce : wto.org/indexfr.htm.
5. Voir G. Hamel et C.K. Prahalad, « Do you really have a global strategy? », *Harvard Business Review*, vol. 63, n° 4 (1985), pp. 139-148.
6. Sur la différence entre l'avantage concurrentiel et l'avantage géographique, voir A. Rugman, *The Regional Multinational – MNEs and 'global' strategic management*, Cambridge University Press, 2005, A. Rugman et A. Verbeke, « Location, competitiveness and the multinational enterprise », dans l'ouvrage dirigé par A. Rugman, *Oxford handbook of international business*, Oxford University Press, 2008, et A. Verbeke, *International Business Strategy*, Cambridge University Press, 2009.
7. B. Kogut, « Designing global strategies: comparative and competitive value added chains », *Sloan Management Review*, vol. 27 (1985), pp. 15-28.
8. Voir M.E. Porter, *L'Avantage concurrentiel des nations*, Interéditions, 1993.
9. Voir B. Kogut, référence 7.
10. Voir J.A. Cantwell, « The globalization of technology: what remains of the product life cycle model? », *Cambridge Journal of Economics*, vol. 19, n° 1 (1995), pp. 155-174, et A. Rugman and A. Verbeke « Location, competitiveness and the multinational enterprise », dans A. Rugman (ed.), *Oxford Handbook of International Business*, pp. 150-177, Oxford University Press, 2008.
11. Sur l'arbitrage entre intégration globale et adaptation locale, voir C.A. Bartlett, « Building and managing the transnational: the new organizational challenge », dans l'ouvrage coordonné par M.E. Porter, *Competition in Global Industries*, Harvard Business School Press, pp. 367-401, 1986. Voir également C.K. Prahalad et Y. Doz, *The Multinational Mission: Balancing local demands and global vision*, Free Press, 1987.
12. Cette typologie est adaptée de S. Ghoshal et N. Nohria, « Horses for courses: organizational forms for multinational corporations », *Sloan Management Review*, vol. 34, n° 2 (1993), pp. 23-35. Elle a été confirmée par une enquête empirique à grande échelle : A.W. Harzing, « An empirical analysis and extension of the Bartlett and Ghoshal typology of multinational companies », *Journal of International Business*, vol. 32, n° 1 (2000), pp. 101-120. Pour une typologie proche, voir M. Porter, « Changing patterns of international competition », *California Management Review*, vol. 28, no. 2 (1987), pp. 9–39. Pour une critique de cette approche, voir T.M. Devinney, D.F. Midgley et S. Venaik, « The optimal performance of the global firm: formalizing and extending the integration-responsiveness fra-

mework», *Organization Science*, vol. 11, n° 6 (2000), pp. 674-695. Sur les stratégies internationales, voir aussi l'ouvrage de J.-P. Lemaire et G. Petit (référence 3 ci-dessus).
13. Voir A. Rugman et R. Hodgetts, « The end of global strategy », *European Management Journal*, vol. 19, n° 4 (2001), pp. 333-343.
14. Sur la stratégie de Cemex, voir P. Ghemawat, *Redefining Global Strategy*, Harvard Business School Press, 2007.
15. Voir A. Rugman et R. Hodgetts, référence 13.
16. Sur la stratégie de « glocalisation » de General Electric, voir J.R.I. Immelt, V. Govindarajan et C. Trimble, « How GE is disrupting itself », *Harvard Business Review*, vol. 87, n° 10 (2009), pp. 57-65.
17. Voir C.A. Bartlett, et S. Ghoshal, *Le Management sans Frontières*, Éditions d'Organisation, 1991, et S. Ghoshal et C. Bartlett, *The Individualized Corporation*, Harper Business, 1997.
18. Sur les stratégies régionales, voir A.M. Rugman, *The Regional Multinational – MNEs and 'global' strategic management*, pp. 48-53 et 201-212, Cambridge University Press, 2005, et P. Ghemawat, « Regional strategies for global leadership », *Harvard Business Review*, vol. 83, n°°12 (2005), pp. 98-108.
19. Voir A. Rugman et A. Verbeke, « A perspective on regional and global strategies of multinational enterprises », *Journal of International Business*, vol. 35 (2004), pp. 3-18, et A.M. Rugman, *The End of Globalization*, Random House, 2000, A.M. Rugman et S. Girod, « Retail multinationals and globalization: the evidence is regional », *European Management Journal*, vol. 21, n°°1 (2003), pp. 24-37, and A.M. Rugman, référence 18.
20. Voir P. Ghemawat, « Reconceptualizing international strategy and organization », *Strategic Organization*, vol. 6, n° 2 (2008), pp. 195-206.
21. Voir C.K. Prahalad et A. Hammond, « Serving the world's poor, profitably », *Harvard Business Review*, vol. 80, n° 9 (2002), pp. 48-57.
22. Voir P. Ghemawat, « Distance still matters », *Harvard Business Review*, vol. 79, n° 8 (2001), pp. 137-147.
23. Ce modèle est introduit par I. MacMillan, A. Van Putten et R. McGrath, « Global gamesmanship », *Harvard Business Review*, vol. 81, n° 5 (2003), pp. 62-71.
24. Pour une discussion sur le rôle de l'apprentissage et de l'expérience dans l'implantation sur un nouveau marché, voir M.F. Guillén, « Experience, imitation, and the sequence of foreign entry: wholly owned and joint-venture manufacturing by South Korean firms and business groups in China, 1987-1995 », *Journal of International Business Studies*, vol. 83 (2003), pp. 185-198, et M.K. Erramilli, « The experience factor in foreign market entry modes y service firms », *Journal of International Business Studies*, vol. 22, n° 3 (1991), pp. 479-507.
25. G. Knights et T. Cavusil, « A taxonomy of born-global firms », *Management International Review*, vol. 45, n° 3 (2005), pp. 15-35.
26. Pour une analyse des entreprises issues des pays émergents, voir T. Khanna et K. Palepu, « Emerging giants: building world-class companies in developing countries », *Harvard Business Review*, vol. 84, n° 10 (2006), pp. 60-67.
27. Sur les spécificités des multinationales chinoises, voir M.W. Peng, « The global strategy of emerging multinationals from China », *Global Strategy Journal*, vol. 2, n° 2 (2012), pp. 97–107.
28. M. Hitt et R.E. Hoskisson, « International diversification: effects on innovation and firm performance in product-diversified firms », *Academy of Management Journal*, vol. 40, n° 4 (1997), pp. 767-798.
29. Voir G. Yip, A. Rugman et A. Kudina, « International success of British companies », *Long Range Planning*, vol. 39, n° 1 (2006), pp. 241-264.
30. Voir N. Capar et M. Kotabe, « The relationship between international diversification and performance in service firms », *Journal of International Business Studies*, vol. 34 (2003), pp. 345-355, et F.J. Contractor, S.K. Kundu et C. Hsu, « A three-stage theory of international expansion: the link between multinationality and performance in the service sector », *Journal of International Business Studies*, vol. 34 (2003), pp. 5-18.
31. Voir SC. Chang et C.-F. Wang, « The effect of product diversification strategies on the relationship between international diversification and firm performance », *Journal of World Business*, vol. 42, n° 1 (2007), pp. 61-79.
32. Voir C. Bartlett et S. Ghoshal, *Le Management sans frontières*, éditions d'Organisation, 1991, et A.M. Rugman et A. Verbeke, « Extending the theory of the multinational enterprise: internationalization and strategic management perspectives », *Journal of International Business Studies*, vol. 34 (2003), pp. 125-137.
33. Sur le rôle stratégique des filiales, voir J. Birkinshaw et A.J. Morrison, « Configurations of strategy and structure in multinational subsidiaries », *Journal of International Business Studies*, vol. 26, n° 4 (1996), pp. 729-794, et A. Rugman et A. Verbeke, « Subsidiary-specific advantages in multinational enterprises », *Strategic Management Journal*, vol. 22, n° 3 (2001), pp. 237-250.
34. Pour une analyse détaillée du rôle des filiales dans les organisations internationalisées, voir J. Birkinshaw, *Entrepreneurship and The Global Firm*, Sage, 2000.

Étude de cas

Les Chinois à Hollywood : Wanda rachète AMC

En 2011, les acquisitions d'entreprises américaines par des investisseurs chinois atteignirent leur record historique, à 35 milliards de dollars. Cependant, l'achat d'AMC, la deuxième chaîne de salles de cinéma aux États-Unis par son concurrent chinois Wanda déclencha une véritable onde de choc, en particulier à Hollywood. Cette acquisition donnait naissance à la plus vaste entreprise de cinéma au monde par le chiffre d'affaires et permettait à Wanda de contrôler environ 10 % du marché mondial du cinéma. Il s'agissait de la plus vaste acquisition chinoise aux États-Unis, qui symbolisait une nouvelle ère dans les relations entre les deux pays : désormais, les investissements chinois atteignaient le cœur de la culture et du divertissement américains. Même si les acquisitions chinoises avaient déjà suscité des controverses, celle-ci constituait un défi à part et un dénouement heureux n'était pas assuré. Selon un analyste, l'opération renforçait très significativement la position globale de Wanda :

« Wanda était le premier propriétaire de salles de cinéma sur le deuxième marché du monde. Avec ce rachat, ils deviennent aussi propriétaires de la deuxième chaîne de salles de cinéma sur le premier marché du monde. »

Wanda Cinema Line était le premier opérateur de salles de cinéma en Chine, avec plus de 730 salles dans 86 multiplexes répartis dans tout le pays, qui avaient généré un chiffre d'affaires de 282 millionsde dollars en 2011. Son plan prévoyait d'étendre le réseau à 2 000 salles en 2015. Un mois avant le rachat d'AMC, Wang Jianlin, le fondateur et P-DG de Wanda évoqua « une fusion qui étonnera le monde » et lorsque l'acquisition fut officiellement annoncée, il la compara à « une vaste campagne de publicité internationale ». Selon lui, le rachat d'AMC constituait une étape clé, qui ferait de Wanda une entreprise multinationale en moins de dix ans et la transformerait en un groupe qui durerait « un siècle ».

Selon l'accord, Wanda reprenait 100 % du capital d'AMC, récupérait l'intégralité de ses dettes, et prévoyait d'investir 500 millions de dollars dans la rénovation des salles et dans la publicité. AMC était alors la deuxième chaîne de salles de cinéma en Amérique du Nord, qui était le premier marché au monde, avec un chiffre d'affaires supérieur à 10 milliards de dollars. AMC exploitait plus de 5 000 salles dans 346 multiplexes. C'était le premier opérateur mondial des technologies IMAX (120 salles) et 3D (2 170 salles).

Même si l'acquisition était considérable, elle restait modeste par rapport à la taille de l'ensemble du conglomérat immobilier Dalian Wanda, qui avec des actifs de plus de 35 milliards de dollars et 55 000 salariés dégageait un chiffre d'affaires annuel de 17 milliards. Wanda, qui signifiait « un millier de routes mènent ici », comprenait des hôtels cinq-étoiles, des résidences de vacances, des parcs d'attraction et des centres commerciaux. Les complexes Wanda Plaza, qui combinaient des centres commerciaux, des salles de spectacle, des logements et des hôtels, connaissaient un grand succès en Chine : on pouvait les trouver dans plus de

70 villes et une vingtaine d'autres étaient en construction.

Wang Jianlin était l'homme le plus riche de Chine. Il avait rejoint l'armée lorsqu'il était adolescent et y était resté pendant 17 ans. En 1988, il avait fondé Wanda dans la ville portuaire de Dalian, afin de profiter de l'incroyable croissance chinoise en investissant dans l'immobilier. Son passé militaire et ses relations avec des élus locaux lui avaient permis de racheter de vastes terrains commerciaux mis en vente par les provinces et les municipalités. Il était devenu célèbre pour accepter de reprendre tous les biens immobiliers que les gouvernements locaux étaient prêts à céder. Wanda était ainsi rapidement devenu la première société immobilière travaillant dans plusieurs villes chinoises.

Une opération hors normes

L'acquisition d'AMC était considérée comme un symbole par l'industrie américaine du divertissement, mais aussi par les analystes et les investisseurs. Comme le soulignait Wang Jianlin :

« Cette acquisition va aider Wanda à devenir un véritable exploitant global, avec des salles et des technologies qui enrichissent l'expérience cinématographique du public dans les deux premiers marchés mondiaux du cinéma. »

Il considérait le rachat d'AMC comme un tremplin permettant d'étendre la présence globale de Wanda, avec pour objectif une part de marché mondiale de 20 % en 2020. Il annonça qu'il envisageait d'autres acquisitions à l'étranger, dans le divertissement, les hôtels et la distribution. Il parlait notamment du rachat d'une grande marque d'hôtellerie internationale, tout en rappelant que Wanda ne voulait pas être une grande entreprise « seulement en Chine, mais dans le monde entier. »

Au moment de l'annonce de l'acquisition, le P-DG d'AMC, Gerry Lopez, expliqua :

« L'industrie du cinéma poursuit son expansion globale. C'est le moment idéal pour accueillir le soutien enthousiaste de nos nouveaux propriétaires. Wanda et AMC font tout ce qui est possible pour que leurs clients vivent des expériences uniques dans des salles dernier cri, et nous partageons la même culture de croissance et d'innovation. Avec Wanda comme partenaire, AMC va continuer étendre l'expérience cinématographique. »

Afin de poursuivre son expansion sur son marché d'origine, Wanda allait bénéficier du savoir-faire d'AMC, qui exploitait un marché cinq fois plus grand en termes de chiffre d'affaires. AMC disposait d'un réseau mondial de salles et sa marque était réputée. De plus en plus de films étrangers sortaient en Chine et la transaction permettait à Wanda de distribuer plus facilement les productions américaines sur son marché domestique. En février 2012, la Chine accepta d'ouvrir un peu plus ses frontières aux films américains, alors que Wanda – grâce au rachat d'AMC, disposait d'un pouvoir de négociation supérieur vis-à-vis des studios d'Hollywood, qui étaient impatients de s'étendre sur le marché chinois. Wanda cherchait aussi à obtenir une licence lui permettant de distribuer des films étrangers en Chine, licence qui pour le moment était détenue par deux entreprises publiques. Cependant, rien n'indiquait à ce moment que les autorités chinoises lui accorderaient cette licence. En dehors des cinémas, Wanda envisageait d'autres opportunités aux États-Unis, où AMC pouvait servir de plateforme pour le développement d'hôtels, de logements ou de centres commerciaux.

Wanda et l'industrie chinoise du divertissement

Wanda investissait depuis longtemps dans la culture et dans le divertissement, ce qui était en phase avec l'ambition générale de la Chine. Quand le rachat fut annoncé, Wang Jianlin déclara ainsi :

« Wanda consacre d'important investissements à l'industrie du divertissement et est déjà leader dans ce domaine en Chine. Nous avons investi plus de 1,6 milliard de dollars dans la culture et le divertissement depuis 2005. Nous partageons avec AMC une passion pour la croissance mondiale de l'industrie du cinéma. Nous sommes impatients de travailler avec les équipes d'AMC et de nous appuyer sur leurs remarquables atouts. »

Le communiqué de presse de Wanda publié lors de l'acquisition poursuivait :

« Le groupe Wanda a commencé à investir massivement dans les industries culturelles en 2005. Il est entré dans cinq industries, qui couvrent les expositions, les spectacles vivants, la production et l'exploitation de films, les chaînes de divertissement, la calligraphie chinoise et les collections de tableaux. Wanda a investi plus de 1,6 milliard dans les industries culturelles, ce qui en fait le premier investisseur privé dans ce domaine en Chine. »

L'acquisition d'AMC s'inscrivait dans un effort plus général de développement de l'industrie de la culture et du divertissement en Chine. Le cinéma y connaissait un succès croissant, avec une forte expansion du marché du film. Les entrées en salles avaient augmenté de 30 % en deux ans, pour atteindre 2,1 milliards de dollars en 2011, ce qui faisait désormais de la Chine le premier marché à l'export d'Hollywood, devant le Japon. Le pays investissait fortement dans le cinéma et l'animation et envisageait la construction d'un grand nombre de multiplexes afin de répondre à la demande de la classe moyenne. Chaque jour, 8 nouvelles salles s'ajoutaient aux 9 200 déjà en exploitation. L'objectif était de disposer d'un parc de 25 000 salles dans les cinq ans. Le gouvernement prévoyait un parc de 40 000 salles en 2040, soit approximativement le même nombre qu'aux États-Unis en 2012. La production de films devait aussi se développer. Au total, le marché du cinéma était une industrie en forte croissance, portée par l'augmentation du niveau de vie de la population.

La gestion de l'entrée aux États-Unis

L'acquisition d'AMC par Wanda suscita quelques inquiétudes aux États-Unis. AMC était une marque très connue du grand public, et un de ses slogans avait été « L'expérience cinéma américaine ultime ». Son rachat soulignait l'accroissement de l'influence chinoise sur l'industrie cinématographique américaine. Certains observateurs rappelaient que de nombreux films américains étaient censurés ou même interdits en Chine. Wang Jianlin était après tout un membre du parti communiste chinois. Il était même représentant à la Conférence consultative politique du peuple de Chine. On pouvait donc craindre qu'au travers du rachat d'AMC, la censure de films politiquement contestataires devienne courante aux États-Unis. Comme le rappelait le journal *USA Today* : « Pékin investit fortement dans l'extension de son influence culturelle, en renforçant la présence des médias officiels chinois à l'étranger, y compris aux États-Unis, où le gouvernement chinois a même diffusé des publicités sur Time Square à New York. »

Les investissements chinois aux États-Unis avaient déjà déclenché des réactions officielles : le gouvernement américain avait ainsi interdit des prises de participation dans les télécommunications et dans l'énergie, pour des raisons de sécurité nationale. Cependant, le cinéma avait peu de chance d'être considéré comme une industrie stratégique pour les États-Unis. Pour autant, l'acquisition devait être formellement approuvée par les autorités américaines et chinoises.

Wang Jianlin assurait que Wanda n'avait « aucune intention de promouvoir les films chinois aux États-Unis » et que le directeur général d'AMC continuerait à « décider quels films seraient projetés » dans les salles du groupe. Il précisa aussi qu'AMC serait toujours dirigé depuis son siège de Kansas City. L'équipe dirigeante serait maintenue et continuerait à prendre les décisions quotidiennes, notamment celles concernant la programmation. Wanda n'interférerait pas dans ces choix. Wang Jianlin rappelait que l'opération avait notamment été conditionnée au maintien des 40 principaux dirigeants d'AMC : « Le point crucial, c'est de garder l'enthousiasme de l'équipe en place et de tous les collaborateurs

Étude de cas

[…] Ce qui compte avant tout, c'est le facteur humain. La seule chose qui a changé, c'est le patron. »

Dès 2013, AMC, en pertes chroniques depuis des années, était redevenu bénéficiaire.

Sources : Communiqué de presse d'AMC, 20 mai 2012 ; *Le Monde*, 13 septembre 2013 ; Chinadaily.com, 23 mai 2012 ; Communiqué de presse de Dalian Wanda, 21 mai 2012 ; *Financial Times*, 22, 23, 26 et 28 mai 2012 ; LAtimes.com, 20 mai 2012 ; *New York Times*, 20 mai 2012 ; Reuters, 21 mai 2012 ; *The Washington Post*, 21 mai 2012 ; *Wall Street Journal*, 21 mai 2012.

Questions

1. En utilisant le modèle de Yip (voir le schéma 8.2), déterminez quels facteurs d'internationalisation ont été les plus importants lorsque Wanda est entré sur le marché américain en rachetant AMC.
2. De quelles sources d'avantage concurrentiel Wanda a-t-il bénéficié du fait de son origine chinoise ? Réciproquement, quels désavantages cette origine a-t-elle entraînés ?
3. En utilisant le modèle CAGE, déterminez à quels défis Wanda a dû faire face lors de son entrée aux États-Unis.

Chapitre 9
L'innovation et l'entrepreneuriat

Objectifs

Après avoir lu ce chapitre, vous serez capable de :

- Comprendre les principaux dilemmes liés à l'innovation : proposer des technologies ou répondre aux marchés, développer des produits ou développer des procédés, pratiquer ou non l'innovation ouverte et élaborer un nouveau modèle économique.
- Anticiper et éventuellement influencer la diffusion des innovations.
- Décider s'il est opportun d'être le premier entrant sur un marché et définir de quelle manière les concurrents établis peuvent répondre à un nouvel entrant innovant.
- Décrire les défis auxquels les entrepreneurs sont confrontés à chaque phase du développement de leur entreprise.
- Comprendre les impératifs et les spécificités des entrepreneurs sociaux lorsqu'ils créent de nouvelles organisations afin de répondre à des problèmes de société.

Concepts clés

Innovation p. 351, innovation ouverte p. 355, écosystème d'affaires p. 356, modèle économique p. 358, diffusion p. 359, courbe de diffusion p. 361, point de bascule p. 361, avantage au premier entrant p. 363, innovation disruptive p. 365, entrepreneuriat social p. 373.

9.1 Introduction

L'innovation et l'entrepreneuriat sont des moteurs fondamentaux de l'économie, mais ils impliquent des choix difficiles. Vaut-il mieux être le pionnier d'une nouvelle technologie, ou plutôt un suiveur rapide ? Samsung suit généralement la seconde approche, avec un grand succès. Comment une entreprise doit-elle réagir à une innovation radicale qui menace de détruire son activité ? Kodak a été confronté à cette situation avec l'avènement de la photographie numérique (voir l'illustration 5.5). Comment un entrepreneur doit-il réagir à une proposition de rachat par une entreprise établie ? En 2014, les fondateurs du service de messagerie WhatsApp ont persuadé Facebook de racheter leur entreprise, qui n'avait été fondée que cinq ans auparavant, pour 19 milliards de dollars.

Ce chapitre est consacré à l'innovation et à l'entrepreneuriat. L'entrepreneuriat est à l'origine de toutes les entreprises, mais il concerne aussi les entreprises établies, au travers de l'intrapreneuriat (voir la section 10.2) et les organisations caritatives sous la forme de l'entrepreneuriat social. Comme nous l'avons vu dans le chapitre 6, l'innovation constitue un aspect essentiel des stratégies concurrentielles, dont elle peut établir ou au contraire mettre en cause la pérennité. Pour les entreprises privées confrontées à un environnement concurrentiel, l'innovation est souvent une condition de survie. Pour les organisations de service public, la pression budgétaire et les exigences croissantes des usagers imposent des innovations toujours plus nombreuses, voire des formes particulières d'entrepreneuriat.

Deux thèmes structurent l'ensemble du chapitre (voir le schéma 9.1). Le premier est la chronologie. En termes d'innovation, vaut-il mieux être un *premier entrant* ou un *suiveur rapide*? À quel moment une innovation est-elle susceptible d'atteindre le *point de bascule* où la demande décolle brusquement? Pour un entrepreneur, quand faut-il faire appel à des managers externes et quand faut-il envisager de se retirer? Le second thème est la collaboration. L'élaboration d'innovations et de nouvelles organisations est rarement un travail solitaire. Les innovations et les créations d'entreprise réussies résultent généralement de collaborations fructueuses. Ces collaborations peuvent prendre plusieurs formes : entre une organisation et ses clients, entre de grandes entreprises et de petites start-up, voire entre des entreprises privées et des entrepreneurs sociaux.

Au sein de cette structure d'ensemble, ce chapitre détaille tour d'abord l'innovation, puis l'entrepreneuriat :

- La section 9.2 présente les *dilemmes fondamentaux* que doivent résoudre les managers : développer des technologies ou répondre aux attentes du marché, proposer des innovations de produit ou des innovations de procédé, pratiquer ou non l'innovation ouverte, et enfin choisir entre l'innovation technologique ou l'élaboration d'un nouveau modèle économique. Même si ces choix ne sont pas totalement exclusifs, les managers doivent décider où allouer leurs ressources.
- La section 9.3 est consacrée à la *diffusion* de l'innovation sur le marché. Ce processus suit généralement une *courbe de diffusion* caractérisée par deux *points critiques* : le point de bascule et le point d'effondrement.
- La section 9.4 expose les choix concernant la chronologie, en détaillant notamment la notion d'*avantage au premier entrant*, les opportunités offertes aux

Schéma 9.1 La logique innovation/entrepreneuriat

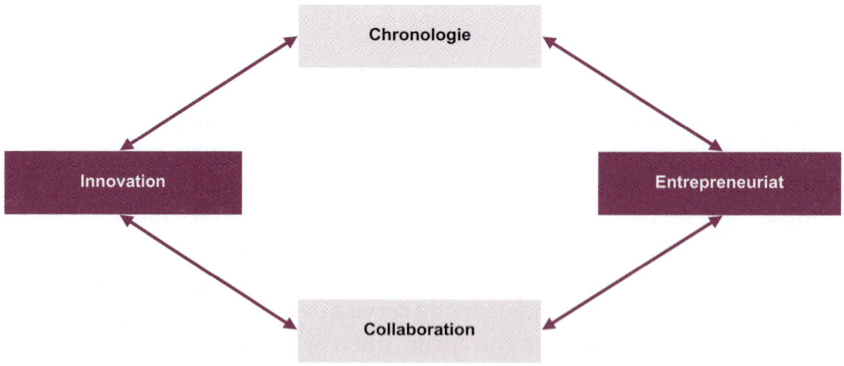

suiveurs rapides et la manière dont les concurrents établis peuvent riposter face à des innovateurs.

- La section 9.5 concerne l'entrepreneuriat. Elle présente les choix auxquels les entrepreneurs sont confrontés à chaque *phase de développement* de leur projet, du démarrage à la sortie. Elle examine aussi les types de collaborations que les entrepreneurs doivent établir, en particulier avec des entreprises de plus grande taille pratiquant l'*innovation ouverte.*
- La section 9.6 est dédiée à la notion d'*entrepreneuriat social*, grâce auquel des individus ou des petits groupes de personnes peuvent lancer des initiatives flexibles et innovantes que des agences publiques de grande taille ne sont généralement pas capables d'entreprendre. Les entrepreneurs sociaux sont eux aussi confrontés à des choix concernant la collaboration, en particulier avec les grandes entreprises.

La controverse qui clôt ce chapitre rassemble les notions d'innovation et d'entrepreneuriat, puisqu'elle compare la capacité d'innovation des grandes entreprises à celle des petites start-up.

9.2 Les dilemmes de l'innovation

L'innovation soulève des dilemmes fondamentaux pour les stratèges. Elle est en effet plus complexe que l'invention. L'invention implique la conversion de nouvelles connaissances dans un nouveau produit, un nouveau service ou un nouveau procédé. L'**innovation**, quant à elle, ajoute la phase critique de la mise à disposition de cette nouvelle offre sur le marché, que ce soit par la commercialisation dans le cas des entreprises privées ou par d'autres moyens de diffusion dans le cas des services publics[1]. Les dilemmes stratégiques résultent de cette seconde phase. Les stratèges doivent se prononcer sur quatre questions fondamentales : jusqu'où cultiver les opportunités technologiques plutôt que de répondre aux attentes du marché, combien investir dans les innovations de produit par rapport aux innovations de procédé, quelle place donner aux idées innovantes venues de l'extérieur de l'organisation, et dans quelle mesure se focaliser sur l'innovation technologique plutôt que d'élaborer un nouveau modèle économique[2] ?

9.2.1 Innovation poussée par la technologie ou tirée par le marché ?

On considère souvent que l'innovation est la conséquence de la technologie. Selon ce point de vue (communément appelé le *technology push*), les scientifiques et les ingénieurs mettent au point des innovations dans leurs laboratoires de R&D, puis ces innovations sont transformées en nouveaux produits, services ou procédés que le reste de l'organisation est chargé de fabriquer et de vendre : ce sont donc les avancées technologiques qui déterminent ce qui sera commercialisé. De fait, les managers devraient avant tout écouter les scientifiques et les ingénieurs, les laisser suivre leurs intuitions et ne pas hésiter à financer leurs recherches : de généreux budgets de R&D seraient indispensables à l'apparition d'innovations. Le laboratoire pharmaceutique Pfizer a ainsi dépensé 750 millions de dollars pour la mise au point d'un traitement contre la maladie d'Alzheimer, avant d'abandonner le projet en 2012.

Or, il existe une autre approche (qu'on appelle en général le *market pull*) qui souligne que l'innovation se différencie fondamentalement de l'invention par le fait qu'elle fait intervenir des utilisateurs. Dans de nombreuses industries ce sont les utilisateurs – et non les producteurs – qui sont à l'origine de nombreuses innovations. Par conséquent, les managers devraient bien plus observer leurs utilisateurs que financer leurs chercheurs. Il existe deux manières de conduire une démarche d'innovation tirée par le marché :

- *Les utilisateurs pilotes.* Selon Eric von Hippel, du MIT, ce ne sont pas les utilisateurs ordinaires qui sont les meilleures sources d'innovation, mais ceux qu'il appelle les utilisateurs pilotes (ou *lead users*), c'est-à-dire ceux qui – du fait de leurs compétences ou des contraintes spécifiques qui sont les leurs – développent un usage imprévu et original des technologies mises à leur disposition[3]. Les meilleurs chirurgiens adaptent ainsi bien souvent leurs instruments médicaux pour réaliser de nouveaux types d'opérations. De même, dans les sports extrêmes comme le snowboard ou la planche à voile, ce sont les champions qui apportent des améliorations à leurs équipements afin d'atteindre de meilleurs niveaux de performance. Selon ce point de vue, ce sont donc les attentes des utilisateurs qui provoquent l'innovation. Les managers doivent ainsi construire des relations étroites avec les utilisateurs pilotes, que ce soient les meilleurs chirurgiens ou les champions sportifs. Une fois que les fonctions marketing et commerciales ont identifié les usages inattendus, les scientifiques et les ingénieurs sont chargés de les traduire en offres nouvelles destinées à l'ensemble du marché. Le fabricant de jouets danois Lego a mis en place un programme « Ambassadeurs » pour rester en contact étroit avec 150 groupes d'utilisateurs spécialisés à travers le monde. C'est un groupe réunissant des architectes qui a ainsi été à l'origine de la gamme Lego Architecture.
- *L'innovation frugale.* Les utilisateurs ordinaires peuvent également être à l'origine d'innovations, notamment dans les populations pauvres des pays émergents[4]. Plutôt que de recourir à une recherche et développement coûteuse, l'innovation frugale consiste à répondre directement aux besoins des plus pauvres. Puisqu'elle concerne des populations qui manquent de ressources et qui vivent dans des conditions difficiles, l'innovation frugale met l'accent sur des solutions extrêmement peu chères, simples, robustes et faciles à entretenir (voir l'illustration 9.1). La Tata Nano, une voiture à 2 000 dollars spécifiquement conçue pour le marché indien, constitue un exemple célèbre.

Le recours aux utilisateurs pilotes (option élitiste) et l'innovation frugale (option basique), sont des solutions situées aux deux extrêmes de la même démarche d'innovation poussée par le marché. Les entreprises choisissent généralement des positionnements intermédiaires. Cependant, ces deux approches partagent la même conviction : les innovations ne résultent pas seulement poussées par la recherche scientifique, elles sont aussi tirées par les utilisateurs.

Cependant, en s'appuyant trop sur la réponse aux besoins de ses clients actuels, une entreprise peut devenir trop conservatrice et vulnérable aux innovations disruptives qui répondent à des attentes encore non identifiées (voir la section 9.4.3). De même, il existe de très nombreux exemples d'entreprises qui ont aveuglément poursuivi leur quête de l'excellence technologique sans prendre en compte les besoins réels du marché. De fait, le *technology push* et le *market pull* sont deux positions extrêmes, qu'on peut mobiliser pour attirer l'attention sur un choix

Illustration 9.1

L'innovation frugale : l'ingéniosité des plus démunis

L'innovation frugale consiste à s'appuyer sur l'ingéniosité des plus démunis pour qu'ils trouvent eux-mêmes des alternatives aux technologies venues des pays riches.

Navi Radjou était un Français d'origine indienne qui avait grandi à Pondichéry. De retour en France, il avait obtenu un diplôme d'ingénieur à l'École centrale, avant de partir étudier aux États-Unis à l'université de Yale, puis de devenir consultant en stratégie et en innovation dans la Silicon Valley. En 2012, il publia un ouvrage intitulé *L'innovation Jugaad, redevenons ingénieux !*, qui faisait l'éloge de l'innovation frugale. Le terme « jugaad » était un mot hindi signifiant « débrouillardise ou capacité ingénieuse d'improviser une solution efficace dans des conditions difficiles » ou « fais avec ce que tu as, réutilise, bricole et n'abandonne jamais », qui avait des équivalents au Brésil (*jeitinho*) ou en Chine (*zizhu chuangxin*). Dans tous les cas, il s'agissait de trouver des alternatives très bon marché, robustes, faciles à utiliser et simples à entretenir aux technologies issues du système de R&D des grandes entreprises des pays riches, décrit comme « onéreux, élitiste, manquant d'agilité et d'ouverture. »

Selon Navi Radjou, l'innovation jugaad était pratiquée par des milliers d'entrepreneurs en Inde, en Chine, au Brésil ou en Afrique. Il s'agissait pour ces « innovateurs de base » de faire « plus avec moins » en concevant des solutions abordables et durables en termes de santé, d'énergie, d'éducation ou encore d'alimentation. Confrontés à l'extrême rareté des ressources et au manque de moyens des populations, ces entrepreneurs concevaient des innovations souvent très ingénieuses. Navi Radjou expliquait :

> *« Si la nécessité est la mère de l'invention, son père est l'adversité. Face à l'adversité, l'ingéniosité est indispensable. Il faut utiliser l'adversité comme le sol sur lequel on danse et non le plafond qui vous étouffe [...] L'innovateur jugaad, convertit l'adversité en opportunité. »*

Parmi les exemples le plus frappants de ces technologies nées de l'adversité, on pouvait citer le réfrigérateur en argile MittiCool, capable de conserver les aliments au frais pendant plusieurs jours alors qu'il fonctionnait sans électricité, une bouteille d'eau javellisée qui pouvait éclairer autant qu'une ampoule de 50 watts, ou encore un sac de couchage capable de tenir les bébés prématurés au chaud pendant 6 heures. Parfois, les innovations frugales résultaient aussi d'une coopération entre une grande entreprise et des innovateurs des pays pauvres, à l'image du Mac 400, un électrocardiographe à 800 dollars conçu par General Electric, que l'on pouvait porter dans un sac en bandoulière et qui fonctionnait sur batteries. De son côté, Siemens avait développé un moniteur cardiaque qui utilisait des micros bon marché plutôt que de coûteux capteurs d'ultrasons. De grandes entreprises des pays émergents proposaient aussi des solutions, à l'image du conglomérat indien Tata, qui outre la fameuse Tata Nano, la voiture à 2 000 dollars, commercialisait un petit appareil permettant de connecter les téléviseurs à Internet via un téléphone mobile, afin de contourner le problème du faible nombre d'ordinateurs dans les campagnes indiennes.

Navi Radjou soulignait que l'innovation jugaad pouvait aussi bénéficier aux entreprises des pays riches :

> *« L'innovation frugale peut revigorer l'économie européenne. En Europe et en France en particulier, il est impératif pour les entreprises de faire preuve d'agilité et de frugalité vu qu'elles sont confrontées à une complexité grandissante et à une rareté des ressources. Les structures et processus industriels de l'après-guerre (gros budgets R&D, hiérarchies, etc.) ne sont plus adaptés au monde complexe dans lequel nous vivons. Il faut trouver une nouvelle formule de croissance qui soit inclusive et durable. »*

Il ajoutait :

> *« Mon livre est un éloge du système D qu'en France on pratique tout le temps dans la vie privée et qui je crois peut injecter plus d'agilité et de dynamisme dans le milieu du travail [..]. Il est temps de [...] se reconnecter avec notre esprit de « débrouillardise » pour improviser des solutions ingénieuses (et frugales !) en transformant les contraintes en opportunités. Il est temps que la France reconnue comme un grand pays d'ingénieurs se métamorphose en un grand pays d'ingénieux ! »*

Sources : N. Radjou, J. Prabhu, S. Ahuja, J.-J. Boillot, *Innovation Jugaad. Redevons ingénieux !*, Diateino, 2013 ; mines-paristech.fr ; courantpositif.fr ; atelier.net ; *Les Echos*, 5 décembre 2013 ; *Le Monde*, 15 avril 2013 ; *Le Nouvel Économiste*, 7 octobre 2011.

Questions

1. Selon Navi Radjou le système d'innovation des grandes entreprises des pays riches est « onéreux, élitiste, manquant d'agilité et d'ouverture ». Partagez-vous cet avis ?
2. Que conseilleriez-vous à une grande entreprise occidentale souhaitant développer une démarche d'innovation frugale ?

crucial : dans la recherche de nouvelles innovations, quelle importance relative donner à la science et à la technologie par rapport à l'observation des usages effectifs des clients ? En pratique, la plupart des organisations trouvent un compromis entre ces deux approches, mais cet arbitrage est susceptible de varier au cours du temps et en fonction de l'industrie. Pour une organisation en déclin à la recherche d'une innovation radicale, le conseil est de changer de perspective : se tourner davantage vers les clients si la R&D est traditionnellement prédominante, et à l'inverse investir en recherche si l'écoute des clients est la norme.

9.2.2 Innovation de produit ou innovation de procédé ?

Tout comme les managers doivent trouver un équilibre entre le développement technologique et l'écoute du marché, ils doivent déterminer l'influence relative des innovations de produit et des innovations de procédé. L'*innovation de produit* concerne le produit ou service qui est commercialisé, notamment en termes de fonctionnalités, alors que l'*innovation de procédé* caractérise la manière dont cette offre est élaborée et distribuée, notamment en termes de coûts et de qualité. Certaines entreprises se spécialisent dans l'innovation de produit, d'autres dans l'innovation de procédé. Dans l'informatique, Apple s'est concentré sur l'attractivité de ses produits (par exemple, l'iPad), alors que Dell a introduit ou amélioré de nombreuses innovations de procédé (la vente directe, la fabrication à la demande et la personnalisation).

Dans une industrie donnée, l'importance relative des innovations de produit et des innovations de procédé change généralement au cours du temps[5]. Au départ, on compte surtout des innovations de produit, où on introduit de nouvelles fonctionnalités. À son origine, l'industrie automobile a ainsi été dominée par la concurrence sur les caractéristiques des produits[6] : types de motorisation (essence, électrique ou à vapeur), position du moteur (à l'avant ou à l'arrière), nombre de roues (trois ou quatre), etc. à l'issue de cette première phase, toute industrie finit par voir émerger un *design dominant*. Avec l'introduction de la Model T en 1908 par Henry Ford, l'industrie automobile a ainsi instauré sur une configuration standard : moteur à essence, situé à l'avant, quatre roues. Dès que le design dominant est établi, la concurrence se déplace vers les innovations de procédé permettant d'obtenir le produit de manière aussi efficiente que possible. Là encore, c'est Henry Ford, avec l'invention de la chaîne d'assemblage en 1913, qui fixa la norme pour au moins un siècle.

Le cycle peut cependant reprendre, si des innovations significatives contestent le design dominant : dans l'automobile, cela pourrait prendre la forme de nouveaux types de motorisations (notamment les hybrides essence/électrique).

Le schéma 9.2 présente le modèle général de la séquence entre innovations de produit et innovations de procédé. Ce modèle a plusieurs implications :

- Les *nouvelles industries* privilégient souvent l'innovation de produit, car la concurrence se focalise sur la définition des fonctionnalités essentielles du produit ou du service.
- Les *industries matures* privilégient généralement l'innovation de procédé, car la concurrence se focalise sur la recherche de production efficiente d'un design dominant de produit ou de service.
- Les *nouveaux entrants* de petite taille ont en général le plus de chances de succès dans la première phase, lorsque la concurrence concerne encore la définition des

Schéma 9.2 Innovation de produit et innovation de procédé

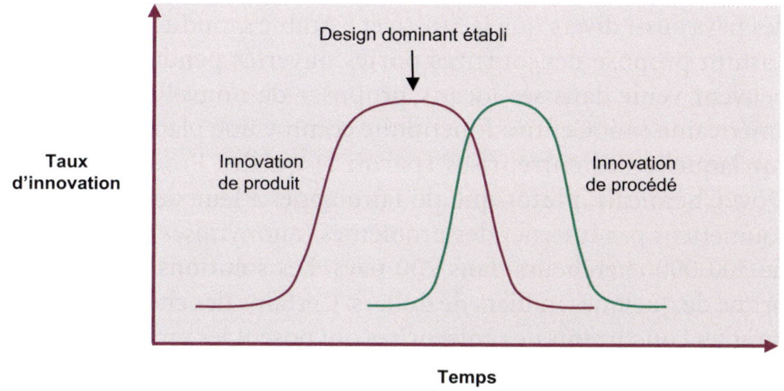

Source : adapté de J. Abernathy et W. Utterback, « A dynamic model of process and product innovation », *Omega*, vol. 3, n° 6 (1975), pp. 142-160.

fonctionnalités de l'offre. Avant la Ford Model T, on comptait plus de 100 constructeurs automobiles aux États-Unis.

- Les *concurrents établis* bénéficient plutôt d'un avantage dans la seconde phase, une fois que le design dominant est fixé. Les économies d'échelle et la capacité à améliorer les processus de manière continue peuvent alors jouer à plein. En 1930, il ne restait que quatre constructeurs automobiles aux États-Unis (Ford, General Motors, Chrysler et American Motors), qui produisaient tous des voitures très comparables.

Cette séquence n'est pas toujours aussi nette. Dans la pratique, les innovations de produit et de procédé sont souvent simultanées[7]. Chaque nouvelle génération de microprocesseurs exige ainsi des innovations de procédé, sans lesquelles la précision requise serait inatteignable. Cependant, ce modèle aide les managers à focaliser leur attention et leurs investissements. Il souligne aussi quel est l'avantage concurrentiel des nouveaux entrants et des firmes établies. Toutes choses égales par ailleurs, les petites start-up devraient pénétrer dans l'industrie lors des phases d'instabilité du design dominant et se concentrer sur les innovations de produit plutôt que sur les innovations de procédé.

9.2.3 Innovation secrète ou innovation ouverte ?

Traditionnellement, l'innovation s'appuie sur les ressources internes de l'organisation, notamment ses propres chercheurs et son département marketing. L'innovation est ainsi un processus secret, dont la confidentialité permet de protéger la propriété intellectuelle et de limiter les risques d'imitation par les concurrents. Ce modèle « fermé » s'oppose à une nouvelle approche, l'*innovation ouverte*[8]. Afin d'accélérer et de renforcer l'innovation, l'**innovation ouverte** implique des échanges de connaissances entre une organisation et son environnement. Échanger ouvertement des idées avec des universités, des fournisseurs ou des clients est censé déboucher plus rapidement sur de meilleures solutions que l'approche interne classique. Le pari est que l'ouverture apporte plus d'avantages que la confidentialité.

L'innovation ouverte est désormais largement adoptée. IBM a ainsi établi un réseau de dix « collaboratoires » avec d'autres entreprises et des universités, dans des pays aussi divers que la Suisse et l'Arabie saoudite. Le site de musique en ligne Last.fm propose des journées portes ouvertes pendant lesquelles les utilisateurs peuvent venir dans ses locaux proposer de nouvelles applications. L'entreprise américaine InnoCentive fonctionne comme une place de marché de l'innovation, sur laquelle des entreprises (parmi lesquelles Procter & Gamble, Eli Lilly ou Dow Chemical), plutôt que de faire appel à leur département de R&D interne, soumettent par Internet des problèmes (anonymisés) à une communauté de plus de 300 000 chercheurs dans 200 pays. Les solutions sont récompensées par une prime de quelques milliers de dollars. Certains des chercheurs travaillent peut-être pour les concurrents des entreprises qui posent les problèmes, voire pour ces entreprises elles-mêmes, mais InnoCentive souligne que cela n'a aucune importance : ce qui compte, c'est d'obtenir une solution[9].

L'innovation ouverte nécessite souvent la mise en place d'un réseau de partenaires, que les entreprises dominantes cherchent à structurer sous la forme d'un écosystème d'affaires. Un **écosystème d'affaires** est une communauté de fournisseurs, de distributeurs et de concepteurs de produits ou services complémentaires à une offre définie par une entreprise dominante[10]. Apple a ainsi créé un écosystème autour de son iPhone, rassemblant plusieurs centaines d'entreprises qui fabriquent des accessoires et des périphériques tels que des étuis, des écouteurs et des stations d'accueil. En constituant un écosystème, les grandes entreprises bénéficient d'un niveau de satisfaction plus élevé de leurs clients, heureux de trouver des produits compatibles. Pour leur part, les membres de l'écosystème peuvent profiter d'un marché vaste et lucratif. Pour autant, les grandes entreprises doivent veiller à gérer leur écosystème pour qu'il continue à évoluer dans leur intérêt : il s'agit pour elles d'établir et surtout de régulièrement mettre à jour une *plateforme technologique* sur laquelle l'écosystème peut croître et prospérer[11]. Intel, dont les microprocesseurs sont utilisés par de nombreux fabricants d'ordinateurs et de téléphones mobiles, publie régulièrement des « feuilles de route » annonçant plusieurs années à l'avance les nouveaux produits qu'il prévoit de lancer, ce qui permet à ses clients de planifier le développement de leurs propres produits (pour un exemple de feuille de route, voir l'illustration 9.2).

L'équilibre entre l'innovation ouverte et l'innovation classique repose sur trois facteurs :

- L'*intensité concurrentielle.* Dans les industries très compétitives, les partenaires risquent de se comporter de manière opportuniste et de détourner à leur profit les innovations. Lorsqu'un comportement de ce type est probable, mieux vaut protéger les innovations.
- L'*innovation continue.* Les comportements opportunistes sont plus fréquents lorsqu'une innovation donne brusquement un avantage décisif à ceux qui la détiennent. L'innovation ouverte fonctionne mieux lorsque l'innovation est continue : la répétitivité des relations encourage en effet la confiance réciproque.
- L'*innovation intégrée.* Lorsque les technologies sont complexes et interdépendantes, l'innovation ouverte risque d'introduire des éléments incohérents, avec des effets délétères sur l'ensemble de l'offre. Apple, qui insiste sur l'intégration de sa gamme de produits, préfère donc une approche fermée afin d'assurer la qualité de l'expérience utilisateur.

Illustration 9.2

Le nuage change la donne

L'entreprise informatique japonaise Fujitsu a élaboré une feuille de route pour anticiper la transition vers l'informatique dans les nuages.

En 2014, Fujitsu était le numéro trois mondial des services informatiques, derrière IBM et Hewlett-Packard. Le groupe japonais proposait toute une gamme de produits ou de services en informatique, télécommunications et microélectronique. En 2010, il lança une activité d'informatique dans les nuages (*cloud computing*). David Gentle, directeur de la prospective de la division *Cloud* et services stratégiques de Fujitsu, expliquait que cette transition était radicale : « C'est un peu comme un saumon qui remonte le courant et qui doit sauter pour atteindre la prochaine étendue d'eau calme. »

L'informatique dans les nuages consistait à utiliser Internet pour externaliser auprès de prestataires la puissance de calcul et de stockage. Dropbox, iCloud d'Apple, OneDrive de Microsoft et Drive de Google étaient des services d'informatique dans les nuages pour les particuliers. Pour les entreprises, le *cloud* prenait trois formes distinctes : « Software as a Service » (SaaS), comme Microsoft Office disponible en ligne ; « Infrastructure as a Service » (IaaS), comme la capacité de calcul virtuel EC2 proposée par Amazon ; et « Platform as a Service » (PaaS), qui combinait une plateforme de calcul avec un système d'exploitation, un serveur web et un stockage de données, comme l'offre App Engine de Google.

Fujitsu avait décrit la transition vers l'informatique dans les nuages au moyen d'une feuille de route intitulée « Le changement de paradigme du nuage ». La feuille de route présentait l'évolution de l'informatique comme une progression en termes de valeur. L'approche client-serveur classique, dans laquelle la puissance de calcul était localisée chez le client, avait permis un accroissement de l'efficience technologique, qui avait culminé avec le « nuage privé », dans lequel le client organisait ses propres services en interne. La transition vers le nuage public (avec l'adoption du SaaS, du IaaS et du PaaS) représentait un saut en termes de valeur. En utilisant les ressources partagées de prestataires externes, les clients pouvaient bénéficier de considérables économies d'échelle et de la capacité d'innovation de spécialistes. Cette nouvelle trajectoire contribuait à la valeur en améliorant l'efficience économique.

Ce changement était cependant radical. Les départements informatiques n'auraient plus besoin d'autant d'investissement, de matériel et de personnel. Face à un déclin d'une partie de ses activités classiques, Fujitsu se réorganisait pour répondre aux nouvelles exigences du marché. David Gentle situait le rôle de la feuille de route dans ce contexte : « Cette feuille de route est le premier pas de toute conversation avec nos clients, partenaires et salariés internes. Elle présente le futur, tout en s'ancrant dans le passé. Elle permet à tout le monde d'être sur la même longueur d'onde. »

Sources : *Making the Transition to Cloud*, Fujitsu Services, 2011.

Questions

1. Qui peut légitimement craindre l'avènement de l'informatique dans les nuages ?
2. Quels sont les avantages d'une feuille de route visuelle de ce type ? Quelles sont les limites de cette approche ?

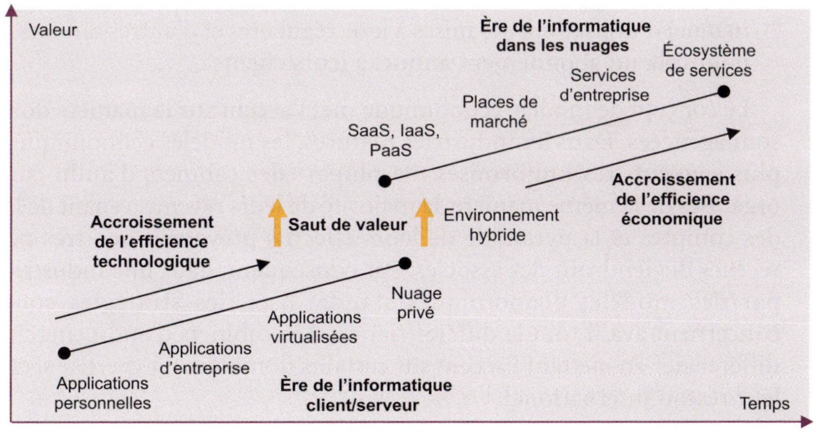

9.2.4 Innovation technologique ou innovation de modèle économique ?

Beaucoup d'innovations réussies ne s'appuient pas uniquement sur des avancées scientifiques ou technologiques, mais sur la recombinaison des différents éléments du modèle économique[12]. Souvent, les innovateurs créent de nouveaux liens entre les clients, les producteurs et les fournisseurs sans nécessairement recourir à de nouvelles technologies. Un **modèle économique** – ou *business model* – décrit de quelle manière une organisation gère ses revenus et ses coûts par la combinaison de ses activités. Ryanair a ainsi contourné les agences de voyages en vendant directement ses billets sur Internet, mais l'utilisation d'aéroports secondaires, moins coûteux et moins encombrés, a également contribué à la redéfinition de l'offre. La simplification du service et le choix d'aéroports ont été aussi importants que l'innovation technologique. Internet n'a évidemment pas été inventé par Ryanair, tout comme ses avions sont les mêmes que ceux de la plupart de ses concurrents. L'innovation de modèle économique peut donc être aussi efficace que l'innovation technologique.

L'innovation de modèle économique peut être analysée grâce aux concepts de chaîne de valeur, de filière et de cartographie des activités présentés dans les sections 3.4.2 et 3.4.3. Ces modèles permettent de souligner deux éléments essentiels :

- L'*offre*. Un nouveau modèle économique peut redéfinir l'offre et la manière dont elle est obtenue. En termes de chaîne de valeur, cela concerne le développement technologique, les achats, la logistique et la production. Le modèle économique du logiciel libre (système d'exploitation Linux, navigateur Internet Firefox, etc.) repose ainsi sur une communauté de plusieurs milliers de programmeurs volontaires, qu'ils soient indépendants ou salariés de grandes entreprises telles que IBM ou HP[13]. Cette approche est très différente de celle de Microsoft, dont le modèle économique est fondé sur un développement technologique réalisé en interne.
- Le *mode de distribution*. Un nouveau modèle économique peut aussi modifier la manière dont l'entreprise génère ses revenus, ce qui influe sur la commercialisation et la distribution. En termes de chaîne de valeur, cela concerne le marketing, les ventes, la logistique et les services. Linux est ainsi gratuitement diffusé auprès des utilisateurs, alors que les logiciels Microsoft sont vendus. Les distributeurs de Linux comme Red Hat réalisent un profit en ajoutant au logiciel un manuel d'utilisation, des mises à jour régulières et d'autres services. Ils réclament pour cela un abonnement annuel à leurs clients.

Le concept de modèle économique met l'accent sur la manière dont les activités sont agencées. Dans les industries matures, les modèles économiques sont ainsi le plus souvent très uniformisés : la plupart des cabinets d'audit comptable sont organisés de la même manière, la majorité de leurs revenus venant de la certification des comptes et la pyramide de leurs effectifs prévoyant que très peu des jeunes recrues deviendront des associés. Par conséquent, dans une industrie caractérisée par des modèles économiques standardisés, les stratégies concurrentielles concernent avant tout la différenciation. Les cabinets d'audit cherchent ainsi à se différencier en mettant l'accent sur certains domaines d'expertise sectorielle ou sur leur réseau international.

Cependant, une innovation de modèle économique implique généralement un changement radical : elle n'induit pas uniquement une évolution technologique, mais un réagencement de l'ensemble de l'activité de l'organisation. Le concept de modèle économique rappelle donc aux managers que les avancées technologiques et scientifiques ne sont qu'un des constituants possibles de l'innovation. L'innovation peut provenir de tous les maillons de la chaîne de valeur, pas uniquement de la recherche et développement. Les innovations technologiques radicales provoquent d'ailleurs le plus souvent une innovation de modèle économique, comme le montre l'illustration 9.3 dans le cas de la vidéo.

9.3 La diffusion de l'innovation

Au-delà de la question des types d'innovation, il convient de s'interroger sur sa **diffusion**[14]. Afin d'amortir ses coûts de développement, il est important qu'une innovation soit rapidement et largement adoptée par le marché. Les managers peuvent influencer la vitesse d'adoption d'une innovation, à la fois du côté de l'offre et du côté de la demande, en s'appuyant notamment sur le modèle de la *courbe de diffusion*.

9.3.1 La vitesse de diffusion

La vitesse de diffusion d'une innovation peut varier considérablement en fonction de la nature du produit concerné. Il a fallu trente-huit ans pour que le téléviseur soit diffusé à 150 millions d'unités, alors que l'iPod d'Apple n'a mis que sept ans pour atteindre le même nombre. La vitesse de diffusion est influencée par une combinaison de facteurs liés à l'offre et à la demande, que les managers peuvent en grande partie contrôler. Du côté de l'*offre*, on peut citer les caractéristiques de produit suivantes :

- Le *degré d'amélioration* de la performance par rapport à l'offre existante, du point de vue du client. Par exemple, sur la plupart des marchés, la téléphonie 3G n'a pas apporté un gain de performance suffisant pour provoquer une adoption rapide. Il convient donc de s'assurer que les avantages d'une innovation dépassent suffisamment ses coûts.
- La *compatibilité* avec d'autres éléments de l'offre. Par exemple, les téléviseurs numériques sont devenus plus attractifs lorsque les chaînes de télévision ont commencé à émettre dans ce format. La compatibilité avec l'offre existante peut aussi faciliter l'adoption : les téléviseurs numériques se seraient beaucoup moins bien vendus s'ils n'avaient pas été capables de recevoir des émissions en analogique.
- La *complexité* doit rester limitée pour le consommateur, l'idéal étant de lui permettre de conserver la plupart des habitudes qu'il a développées en tant qu'utilisateur de l'offre précédente, notamment en termes de structure de prix. Bien souvent, les nouveaux produits d'investissement ou d'assurance rebutent inutilement les clients par la complexité de leur tarification. Des tarifs aisément compréhensibles accroissent la vitesse d'adoption.
- L'*expérimentation*, c'est-à-dire la possibilité de tester l'offre avant de l'acheter, soit directement, soit grâce au témoignage d'autres clients, peut favoriser la diffusion. Proposer des périodes d'essai gratuit encourage la diffusion.
- Les *services associés*. Il doit rester facile d'obtenir des informations, de passer une commande ou de solliciter une assistance. En 2010, le lancement du Nexus One, le premier téléphone de Google, a été handicapé par le fait que l'entreprise n'avait

Illustration 9.3

Dernière séance pour les vidéoclubs

L'existence des vidéoclubs est condamnée par de nouveaux modèles économiques de diffusion des films.

Au début des années 2010, les cinéphiles avaient à leur disposition toute une gamme de solutions pour visionner un film. Ils pouvaient aller au cinéma, acheter un DVD dans un magasin ou le commander sur Amazon (neuf ou d'occasion), télécharger le film sur Internet (légalement ou non), le visionner directement sur leur télévision grâce aux multiples plateformes de vidéo à la demande (VAD) proposées par les fournisseurs d'accès à Internet, ou encore – de manière bien plus classique – le louer dans un vidéoclub.

Le leader mondial des vidéoclubs, l'Américain Blockbuster, déposa son bilan en septembre 2010. Il employait alors 48 000 salariés dans 6 000 boutiques réparties dans 18 pays. Le premier de ses vidéoclubs avait ouvert en 1985 à Dallas. Après une croissance rapide, l'entreprise fut rachetée en 1994 par le groupe de médias Viacom pour 7,6 milliards de dollars. Dix ans plus tard, la croissance ayant cessé, Viacom revendit Blockbuster pour 7,5 milliards.

Au départ, le modèle économique de Blockbuster avait été attractif. Au début des années 1990, alors que les chaînes de télévision étaient encore peu nombreuses, la location de films offrait aux clients un choix sans précédent. Blockbuster utilisait alors son considérable pouvoir de négociation pour obtenir à faible coût les films les plus récents. La chaîne reversait 40 % de son chiffre d'affaires aux studios et leur fournissait de précieuses données sur les goûts de ses clients. Les studios acceptaient généralement de réserver l'exclusivité de leurs films à Blockbuster pour quelque temps, ce qui lui donnait un avantage décisif sur les autres loueurs et distributeurs. Blockbuster réussit à étendre ce modèle au travers d'un vaste réseau de franchises, d'acquisitions et de magasins en propre, tout en se diversifiant dans la location de jeux vidéo.

Cependant, à partir du milieu des années 2000, le marché devint beaucoup plus complexe. Les chaînes de télévision commencèrent à proliférer. De nouveaux concurrents apparurent, à l'image de Netflix, le spécialiste américain de la location de DVD par correspondance. En 2009, Netflix avait loué plus de 2 milliards de DVD et comptait 15 millions d'abonnés. Ce modèle de location par correspondance offrait aux clients un choix beaucoup plus large. L'équivalent français de Netflix, Glowria, proposait ainsi sur son site Internet pas moins de 20 000 films, alors qu'un vidéoclub classique n'en offrait que quelques centaines. De plus, avec l'augmentation des débits sur Internet, Netflix, Glowria et leurs concurrents (dont Lovefilm au Royaume-Uni) pouvaient proposer aux clients de télécharger directement les films sur leur ordinateur. Depuis le début des années 2000, un autre modèle économique était également apparu : la location par automates, avec RedBox aux États-Unis (22 000 machines) ou CineBank et Video Futur en Europe (1 900 machines).

Blockbuster tenta de réagir de plusieurs manières à ces menaces. En 2004, la chaîne lança son propre système de location en ligne, les clients étant livrés par la Poste, puis invités à retourner les DVD dans le magasin de leur choix. En 2009, Blockbuster mit aussi en place son propre réseau d'automates aux États-Unis. À cette occasion, l'entreprise ferma plus de 1 800 magasins et se retira de plusieurs marchés, dont l'Espagne, le Portugal, l'équateur et le Pérou. Pourtant, cela n'empêcha pas le dépôt de bilan : en 2010, l'action Blockbuster – qui avait culminé à 30 dollars en 2002 – était tombée à 41 cents. En 2011, l'entreprise fut rachetée 233 millions de dollars par Dish Networks. Tous les magasins furent fermés et tout leur personnel renvoyé.

En France, où il se loua 20 millions de DVD en 2010 (alors qu'il s'en était vendu 100 millions en 2009), le marché connut le même bouleversement. Glowria, filiale du fabricant de décodeurs Netgem depuis 2007, racheta le réseau de vidéoclubs Video Futur (500 franchisés et 1 900 automates) en octobre 2008. En 2012, il ne restait que 38 magasins. Les petits vidéoclubs de quartier avaient aussi fermé les uns après les autres. Leurs propriétaires accusaient les 25 chaînes gratuites de la télévision numérique terrestre, Canal+, les soldes de DVD à 5 euros proposées par les supermarchés, la VAD, mais surtout le téléchargement illégal de films sur Internet, que les autorités semblaient impuissantes à juguler. Enfin, en 2014, Netflix annonça son entrée sur le marché français, ce qui déclencha de vives inquiétudes parmi les directeurs des principales chaînes de télévision.

Sources : glowria.fr ; *L'Express*, 12 février 2014 ; Capital.fr, 23 janvier 2013 ; *Le Figaro*, 24 septembre 2010 ; *Financial Times*, 24 février 2010 ; *Le Monde*, 17 janvier 2010 ; *The Times*, 28 février 2010.

Questions

1. Comparez les avantages et les inconvénients des différents modèles économiques de consommation de films.
2. De quels avantages potentiels Blockbuster disposait-il lorsque les nouveaux modèles économiques émergèrent dans les années 2000 ?

pas fourni un niveau de service suffisant. Il est donc indispensable d'anticiper la mise en place d'un service d'aide et d'assistance permettant de rassurer les clients.

Du côté de la *demande*, les facteurs qui influencent la vitesse de diffusion sont les suivants :

- La *communication* est une condition préalable. Beaucoup d'innovations potentiellement gagnantes ont échoué du fait que les clients étaient insuffisamment avertis de leur existence, en particulier lorsque les efforts de communication des innovateurs se sont limités à des campagnes de promotion auprès de leurs distributeurs.
- La *base installée*, suivant son ampleur, permet ou non d'enclencher un cercle vertueux. L'idée générale est que personne ne souhaite être seul à adopter une technologie nouvelle et qu'à l'inverse, tout le monde se rassure en achetant les technologies qui connaissent déjà le succès : la diffusion actuelle encourage la diffusion future, l'absence de diffusion dissuade les clients potentiels. Il est donc essentiel d'assurer dès la phase de lancement une large diffusion de l'innovation (d'où les considérables budgets de lancement des nouveaux modèles de consoles de jeux vidéo) ou plus subtilement de convaincre les clients que l'innovation – même si c'est une rupture – n'est qu'une simple évolution d'une offre déjà répandue[15].
- Le *comportement des consommateurs*. Le comportement des clients pionniers (les innovateurs) diffère de celui des retardataires (les conservateurs), mais le comportement des derniers est largement influencé par celui des premiers. Cela implique qu'il convient généralement de cibler au départ les innovateurs (souvent les clients les plus jeunes et les plus aisés) afin de constituer la masse critique qui encouragera les plus conservateurs (en général les plus âgés et les moins riches) à adopter eux aussi la nouvelle offre. Les innovations ciblant d'emblée les retardataires risquent de connaître une diffusion plus lente. Dans tous les cas, les lancements de produits doivent être orchestrés avec la plus grande attention, en particulier lorsqu'on cherche à la fois à convaincre de nouveaux clients sans perdre la clientèle existante : il faut alors séduire les uns sans perturber les autres.

9.3.2 La courbe de diffusion

La vitesse de diffusion n'est généralement pas constante. Les innovations réussies se diffusent souvent selon la courbe présentée dans le schéma 9.3[16]. Cette **courbe de diffusion** montre que l'adoption est lente dans une première phase, suivie d'une deuxième phase d'accélération, puis d'un plateau correspondant à la limite de la demande. La hauteur de la courbe montre l'ampleur de la diffusion, alors que sa largeur illustre sa vitesse.

La diffusion des innovations ne suit pas toujours exactement ce schéma, mais cette courbe peut aider les managers à anticiper certains problèmes. Quatre points de décision clés peuvent en effet être identifiés :

- Le *point de bascule*. La demande pour une nouvelle offre peut être faible, jusqu'à atteindre un **point de bascule** à partir duquel elle explose brusquement[17]. Le point de bascule est particulièrement frappant lorsqu'il existe des *effets de réseaux*, c'est-à-dire lorsque la valeur de l'offre croît avec le nombre d'utilisateurs. Les réseaux sociaux connaissent ce type de basculement : une fois qu'un nombre

Schéma 9.3 La courbe de diffusion d'une innovation

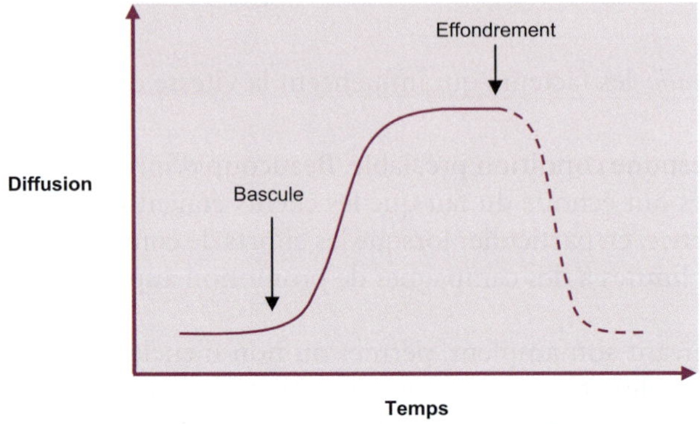

suffisant d'utilisateurs se sont inscrits, il devient intéressant pour les autres de le faire. L'anticipation d'un point de bascule peut aider les managers à concevoir des plans d'investissement, à définir un niveau de production ou à prévoir une stratégie de distribution. Les entreprises ont en effet tendance à sous-estimer la demande. Au milieu des années 1980, Motorola prévoyait de vendre au cours de l'année 2000 environ 900 000 téléphones mobiles dans le monde. En réalité, au cours de l'année 2000, 900 000 téléphones ont été vendus toutes les 19 heures, et c'est Nokia qui s'est emparé du marché. L'incapacité à anticiper un point de bascule peut donc se traduire par une diminution brutale de la part de marché.

- L'*anticipation du plateau.* La courbe de diffusion alerte les managers sur le fait que la croissance de la demande finit toujours par ralentir. Il est en effet tentant d'extrapoler la croissance actuelle, surtout lorsqu'elle est élevée. Or, un investissement destiné à accroître la capacité de production, décidé juste avant le ralentissement de la demande, peut avoir de lourdes conséquences sur la structure de coûts de l'entreprise.
- L'*ampleur de la diffusion.* La courbe ne conduit pas nécessairement à une adoption de l'offre par tous les utilisateurs potentiels. La plupart des innovations ne parviennent pas à remplacer en totalité les offres existantes. Les disc-jockeys et les mélomanes les plus exigeants continuent ainsi à utiliser des disques vinyle plutôt que des CD – et encore moins des MP3. Les managers doivent donc être capables d'anticiper le point maximal de diffusion, en admettant que la croissance ne s'étendra généralement pas à la totalité du marché potentiel.
- Le *point d'effondrement.* Le point d'effondrement est l'opposé du point de bascule : il correspond au moment où la demande s'effondre brusquement[18]. La présence d'effets de réseaux peut signifier que la défection de quelques clients peut déclencher un abandon massif. Ce type de phénomène est très difficile à inverser. C'est ce qui est arrivé au réseau social MySpace lorsque les utilisateurs se sont tournés vers Facebook. La notion de point d'effondrement rappelle aux managers qu'une légère baisse des ventes peut être le signe avant-coureur d'un profond retournement de tendance.

La courbe de diffusion aide les managers à éviter de simplement extrapoler les ventes de l'année suivante à partir des ventes de l'année précédente. Elle montre aussi que la diffusion d'une innovation n'est pas un processus linéaire : le succès d'une innovation peut être interrompu ou compromis à n'importe quel point. De plus, la plupart des innovations n'atteignent même pas le point de bascule et encore moins le point d'effondrement. Comme le souligne Geoffrey Moore, il faut souvent traverser un abîme entre les quelques premiers utilisateurs et le marché de masse[19]. Le véhicule électrique Segway, présenté en 2001 comme une technologie révolutionnaire censée remplacer l'automobile, ne s'est vendu qu'à 6 000 unités en deux ans, alors que sa capacité de production était de 500 000 unités.

9.4 Innovateurs et suiveurs

Un choix crucial pour les managers consiste à décider s'il vaut mieux déclencher les innovations ou se contenter de les suivre. La courbe de diffusion semble privilégier les innovateurs : ils peuvent facilement récolter des parts de marché lors de la phase de croissance et établir ainsi une position dominante. Les exemples d'innovateurs qui ont durablement bénéficié de leur statut de premier entrant sont nombreux, que ce soit Coca-Cola dans les sodas ou Otis dans les ascenseurs. Cependant, beaucoup de premiers entrants échouent. Alors que c'est Microsoft qui a introduit (sans succès) la première tablette en 2001, c'est un suiveur, Apple, qui neuf ans plus tard s'est emparé du marché avec l'iPad. De même, l'iPod n'a été lancé que deux ans après le premier baladeur numérique, le Lyra de Thomson, et Amazon n'est entré sur le marché de la vente de livres sur Internet que quatre ans après le véritable pionnier, la librairie californienne Computer Literacy.

9.4.1 L'avantage au premier entrant

L'**avantage au premier entrant** donne au concurrent qui est le premier à proposer une nouvelle offre un avantage sur ceux qui le suivent. Le premier entrant bénéficie d'un monopole, ce qui lui permet de pratiquer des prix élevés sans craindre une riposte de la concurrence. En pratique, cependant, les innovateurs préfèrent souvent sacrifier leurs marges pour accélérer la croissance de leurs ventes. De plus, ce monopole est par essence temporaire. L'avantage au premier entrant repose fondamentalement sur cinq arguments[20] :

- L'*effet d'expérience* profite aux premiers entrants. En accumulant rapidement de l'expérience, ils peuvent disposer d'une expertise plus élevée que celle des suiveurs, encore peu familiarisés avec la nouvelle offre (voir la section 6.3.1).
- L'*effet d'échelle* joue le même rôle. Les premiers entrants peuvent profiter de volumes plus importants, ce qui leur permet de mieux amortir leurs investissements ou de disposer d'un meilleur pouvoir de négociation auprès de leurs fournisseurs.
- La *préemption des ressources rares*. Les premiers entrants peuvent s'emparer des matières premières, de la main-d'œuvre compétente ou des composants nécessaires à un coût moindre que celui que devront supporter les suiveurs.
- La *réputation*. Les premiers entrants peuvent bénéficier du fait que les clients auront tendance à associer leur marque à la nouvelle offre. De fait, les suiveurs auront plus de mal à imposer leur propre marque.
- Les *coûts de transfert* des acheteurs. Les premiers entrants peuvent verrouiller le marché en créant un standard propriétaire ou des formules d'abonnement ou de fidélisation que les suiveurs pourront difficilement contourner (voir la section 6.3.6).

Tous ces éléments confèrent un avantage aux premiers entrants. Grâce aux effets d'échelle et d'expérience, ils peuvent riposter aux suiveurs en déclenchant une guerre des prix. De même, leur réputation et le verrouillage du marché leur procurent un avantage marketing : ils peuvent ainsi pratiquer des prix plus élevés et dégager les marges nécessaires au confortement de leur position vis-à-vis des suiveurs.

Pour autant, l'exemple de la tablette de Microsoft montre que l'avantage au premier entrant n'est pas toujours décisif. En effet, les suiveurs disposent eux aussi de deux avantages potentiels[21] :

- Le phénomène du *passager clandestin*. Les suiveurs peuvent imiter les innovations pour un coût nettement inférieur à celui consenti par le pionnier pour les élaborer. D'après certaines recherches, le coût de l'imitation serait 35 % moins élevé que celui de l'innovation.
- L'*apprentissage*. Les suiveurs peuvent observer ce qui a bien fonctionné et ce qui a échoué. Ils commettent donc moins d'erreurs que les pionniers et peuvent appliquer d'emblée les meilleures solutions.

9.4.2 Premier entrant ou second gagnant ?

Afin d'arbitrer entre les avantages respectifs des premiers entrants et des suiveurs, les managers doivent évaluer la situation spécifique de leur propre entreprise. Costas Markides et Paul Geroski, de la London Business School, affirment que la meilleure posture – en particulier dans le cas d'une innovation radicale – est celle de « suiveur rapide[22] ». Une stratégie de suiveur rapide consiste à être parmi les premiers à imiter l'innovateur, afin de dominer la deuxième génération de concurrents. Sur le marché des livres électroniques, l'innovateur a ainsi été l'entreprise française Bookeen au début des années 2000, mais elle a été suivie par l'eReader de Sony en 2006, puis par le Kindle d'Amazon en 2007.

Trois facteurs contextuels peuvent être pris en considération pour réaliser cet arbitrage :

- La *capacité à capturer du profit*. David Teece, de l'université de Berkeley, souligne que les innovateurs sont capables de capturer le profit de leurs innovations[23]. Cela dépend cependant de la facilité avec laquelle les suiveurs peuvent les imiter, qui elle-même est fonction de deux principaux facteurs. Premièrement, une innovation est aisément imitable lorsqu'elle implique peu de savoir tacite, quand elle est disponible sur le marché (ce qui n'est pas le cas de la plupart des innovations de procédé) et donc quand il est possible de pratiquer de la « rétro-ingénierie » (voir la section 3.3). Deuxièmement, l'imitation est facilitée si les droits de propriété intellectuelle sont limités, par exemple lorsque l'innovation n'est pas brevetée ou que le brevet est difficile à définir et à défendre[24]. En 2012, Apple a ainsi poursuivi Samsung pour la contrefaçon de certains des brevets de l'iPhone, ce qui lui a permis d'obtenir un dédommagement de 1 milliard de dollars. Cependant, Apple demandait le double, et cette somme est à comparer avec les 18 milliards de profit réalisés par Samsung la même année.
- Les *actifs complémentaires*. La possession des actifs et des ressources nécessaires au déploiement industriel et commercial de l'innovation est souvent indispensable[25]. Dans l'industrie pharmaceutique, de nombreuses petites entreprises européennes de biotechnologie sont confrontées à cette contrainte : alors que le plus vaste marché mondial, les États-Unis, requiert de considérables ressources

en marketing et en distribution, ces dernières sont contrôlées par les concurrents établis. Les start-up sont donc obligées soit de se vendre aux principaux acteurs qui détiennent déjà les actifs complémentaires, soit de leur céder des licences à des conditions souvent désavantageuses. Les organisations qui souhaitent rester indépendantes et exploiter elles-mêmes leurs innovations ont peu d'intérêt à se comporter en premiers entrants si elles ne disposent pas des actifs complémentaires nécessaires.

- Un *environnement turbulent.* Lorsque les marchés et les technologies évoluent rapidement, les premiers entrants ont peu de chance d'établir un avantage durable. La première console de jeux vidéo, l'Odyssey, a ainsi été lancée par l'entreprise américaine Magnavox en 1972. à cette époque, la technologie et le marché étaient très dynamiques. Magnavox n'a fait que survivre jusqu'à la deuxième génération de consoles, puis a fini par quitter l'industrie en 1984. En 2014, la huitième génération de consoles est dominée par Sony (entré en 1994), Microsoft (entré en 2001) et Nintendo (entré en 1983)[26]. Dans les industries moins dynamiques, les premiers entrants peuvent généralement construire un avantage plus pérenne, comme le montre l'exemple de Coca-Cola sur le marché des sodas. Les managers doivent donc estimer la turbulence future du marché pour déterminer la valeur de l'avantage au premier entrant.

9.4.3 La riposte des concurrents établis

Pour les entreprises déjà établies sur le marché, l'innovation constitue souvent plus une menace qu'une opportunité. La domination de Kodak sur le marché de la pellicule photo a ainsi été réduite à néant par l'apparition de la photographie numérique (voir l'illustration 5.5). De la même manière, le réseau de vidéoclubs établi par Blockbuster est devenu inutile avec l'apparition du téléchargement sur Internet (voir l'illustration 9.3).

Comme l'a montré Clayton Christensen, de la Harvard Business School, le problème des entreprises établies est double[27]. Premièrement, leurs managers sont souvent trop attachés aux ressources et compétences sur lesquelles ils ont bâti leur carrière. Deuxièmement, les relations entre les concurrents en place et leurs clients peuvent devenir trop proches. Les clients préfèrent généralement des améliorations incrémentales des technologies existantes et sont incapables d'imaginer des innovations réellement radicales. Les entreprises établies, soucieuses de ne pas cannibaliser leurs activités existantes, évitent aussi les innovations radicales. Comme l'illustre le schéma 9.4, les concurrents en place se contentent donc d'améliorer régulièrement les technologies existantes selon une trajectoire ascendante (technologie 1), en fonction d'une démarche d'*innovation continue* qui permet de répondre aux attentes des clients qu'ils ont déjà.

Le défi pour les entreprises établies est alors d'être capables de sortir de la trajectoire de l'innovation continue pour passer sur la trajectoire de l'**innovation disruptive** et rejoindre la technologie 2. Même si, au départ, sa performance est inférieure à celle des technologies existantes, une innovation disruptive peut finir par les supplanter. Ce gain de performance peut provoquer une croissance spectaculaire, soit en créant de nouveaux segments de clients, soit en s'emparant de la clientèle des concurrents établis. Une innovation disruptive provoque en fait un déplacement brutal de l'offre de référence sur le marché, ce qui bouleverse les stratégies concurrentielles en place : un concurrent peut se retrouver subitement

Schéma 9.4 L'innovation disruptive

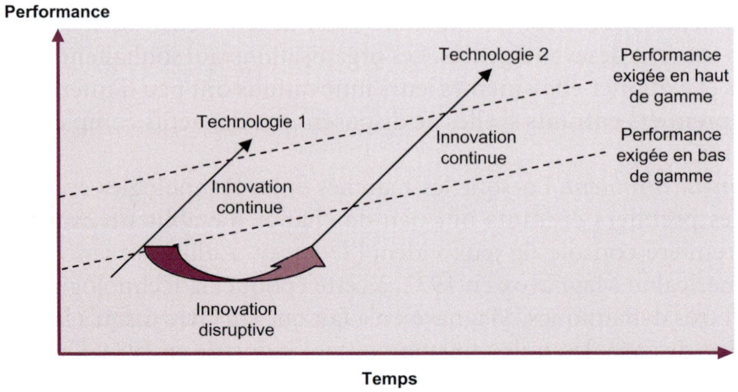

Source : adapté de C. Christensen et M.E. Raynord, *The Innovator's Solution*, Harvard Business School Press, 2003.

en différenciation vers le haut, alors que jusque-là, il constituait l'offre de référence dans son industrie (voir la section 6.4). S'il n'accompagne pas ce repositionnement par une modification de son modèle économique, il peut se voir exclu du marché.

Il est particulièrement difficile pour les concurrents en place de répondre à une innovation disruptive, car sa faible performance initiale rend la menace peu crédible dans un premier temps et son adoption impliquerait un profond bouleversement des modèles économiques existants. Dans l'industrie musicale, les grandes maisons de disques ont établi un modèle qui consiste à vendre leurs CD grâce aux réseaux de distribution et à les promouvoir à l'aide de la radio et de la télévision. Elles ont réagi à la diffusion des fichiers MP3 sur Internet en se contentant de poursuivre en justice des sites tels que Napster pour non-respect des droits d'auteur et en soulignant la médiocre qualité sonore des fichiers échangés. Depuis 2011, le téléchargement a pourtant dépassé les ventes de CD aux États-Unis, et ce sont maintenant des services tels qu'iTunes d'Apple qui contrôlent la distribution. Face au risque d'innovation disruptive, les concurrents établis peuvent utiliser deux approches :

- *Développer un portefeuille d'options réelles.* Les entreprises les plus vulnérables aux innovations disruptives sont celles qui s'appuient sur un seul modèle économique et dont l'activité repose principalement sur un unique produit ou service. Rita McGrath et Ian MacMillan, de l'université Columbia, recommandent aux entreprises de constituer un portefeuille d'*options réelles* afin de maintenir leur dynamique organisationnelle[28]. Les options réelles sont des investissements limités qui génèrent plusieurs opportunités de développement futur (pour une discussion plus technique, voir la section 11.3.2). Charger une équipe de R&D d'explorer une technologie émergente ou prendre des parts dans le capital d'une petite start-up innovante sont de bons exemples d'options réelles. Dans les deux cas, il s'agit de s'assurer qu'il est possible de conduire un développement rapide au cas où l'opportunité se révélerait substantielle. Il existe ainsi

Schéma 9.5 Un portefeuille d'options d'innovations

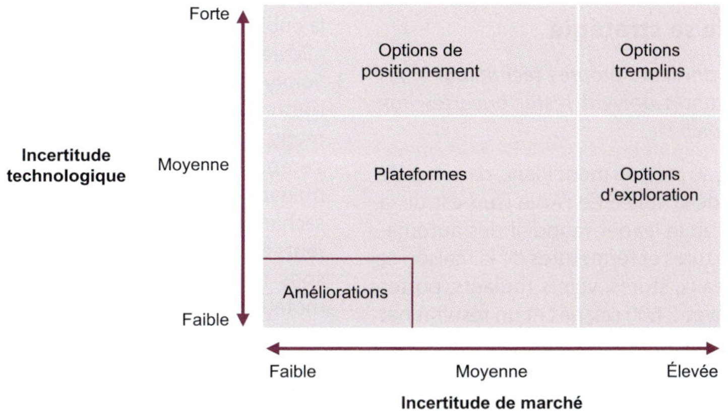

Source : I. MacMillan et R.G. McGrath, *The Entrepreneurial Mindset*, Harvard Business School Press, 2000, p. 176.

trois sortes d'options (voir le schéma 9.5). Lorsque le marché est relativement bien connu, mais que les technologies sont incertaines, on parle d'*options de positionnement* : il est préférable d'en détenir plusieurs afin d'assurer sa position sur le marché, quelle que soit la technologie finalement retenue. Réciproquement, si l'entreprise détient une technologie intéressante, mais qui doit être testée sur plusieurs marchés, on parle d'*option d'exploration*. Enfin, il est important de détenir quelques *options tremplins* : si elles ont peu de chances d'aboutir en tant que telles et ne sont pas profitables, elles peuvent conduire néanmoins à des opportunités intéressantes dans le futur et constituent des sources d'apprentissage. Le principe de l'approche par les options réelles est « échouer vite et pour pas cher, puis essayer autre chose » (voir l'illustration 9.4).

- *Développer des isolats.* Les nouveaux projets, en particulier lorsqu'ils s'inscrivent dans une démarche d'options réelles, doivent être protégés des systèmes et des contraintes de l'activité principale de l'entreprise. Leurs managers ne doivent pas supporter les mêmes impératifs de croissance ou de rentabilité que le reste de l'organisation, car leur mission fondamentale relève de l'apprentissage et de la préparation. Les grandes organisations établies placent donc souvent leurs projets innovants au sein de structures dédiées et relativement autonomes, appelées des *isolats*[29]. En 2011, BMW a ainsi lancé un isolat appelé Project i à New York, avec un investissement de 100 millions de dollars. L'objectif de Project i était d'acquérir de nouvelles idées innovantes à l'extérieur de l'entreprise. Un de ses premiers investissements a été le rachat de la start-up Parkatmyhouse, qui met en relation les automobilistes à la recherche d'une place de stationnement avec les propriétaires de garages. Ce type d'activité indépendante soulève cependant deux problèmes[30]. Premièrement, la nouvelle division peut se voir refuser certaines ressources dont dispose l'activité principale, comme la marque ou les systèmes d'information. Deuxièmement, l'innovation se retrouve isolée du reste de l'organisation, qui risque alors de s'enfermer dans sa routine.

Illustration 9.4

Somfy déroule sa stratégie

Tout en développant leurs propres technologies, les entreprises innovantes doivent rester ouvertes aux attentes de leur marché.

Implanté à Cluses, au pied du mont Blanc, dans le pôle de compétitivité de la vallée de l'Arve (sud-est de la France), Somfy était le leader mondial des automatismes pour ouvertures et fermetures de la maison et du bâtiment (rideaux, stores, volets roulants, portes de garage, etc.). Avec 7 600 salariés et un résultat net de 83 millions d'euros pour un chiffre d'affaires de 990 millions en 2012, le groupe était présent dans 60 pays avec un réseau de 76 filiales et 51 agences. Somfy réalisait 73 % de ses ventes hors de France.

L'entreprise s'appuyait sur sa proximité terrain pour anticiper les attentes des consommateurs locaux et surtout pour guider ses programmes d'innovation. Somfy était en effet la septième entreprise la plus innovante en France en termes de dépôts de brevets (une quarantaine de nouveaux brevets par an et autant de nouveaux produits).

Créé en 1969, Somfy avait depuis toujours été contraint à l'innovation, du fait de trois risques stratégiques majeurs :

1. En tant que groupe industriel, Somfy était confronté à la concurrence des pays à bas coûts de main-d'œuvre (Europe de l'Est et surtout Chine). Il lui était donc indispensable de baisser ses coûts de production (d'environ 4 % par an). Pour cela, à côté des économies d'échelle dégagées par ses usines situées en France et en Italie (70 000 moteurs fabriqués par jour, et 100 millions depuis 1980), le groupe avait ouvert un site de production en Tunisie en 2006 et avait créé une coentreprise avec Yuequin, son principal concurrent chinois. Somfy bénéficiait également du fait que ses fournisseurs avaient aussi pour clients les constructeurs automobiles ou leurs équipementiers (fabricants de moteurs pour vitres électriques ou toits ouvrants), qui les contraignaient à de constantes baisses de prix.
2. Somfy fabriquait des moteurs, mais pas les rideaux, volets et portes, conçus et installés par des assembleurs. Or, les plus importants d'entre eux (à l'image de l'Alsacien Bubendorff) menaçaient de procéder à une intégration vers l'amont en produisant eux-mêmes leurs moteurs. Face à cette menace, Somfy jouait sur sa capacité d'innovation (il était passé de la motorisation à l'électronique, puis aux systèmes radiocommandés), sa politique d'affiliation et de formation des installateurs (plus de 20 000 d'entre eux étaient passés par les « écoles Somfy »), et sur la publicité auprès du grand public (selon la logique « Powered by Somfy », inspirée de « Intel Inside »).
3. Somfy était un acteur modeste face aux géants de l'automatisme tels que Legrand, Schneider ou Siemens, qui pouvaient à tout moment décider de s'emparer de son marché. Pour contrer cette menace, Somfy avait mis l'accent sur le sans-fil, sachant que culturellement, ses puissants concurrents étaient des électriciens, très attachés aux liaisons filaires. Grâce à ces innovations, certains moteurs Somfy intégraient un système radio, alors que le prix moyen de vente d'un moteur radio était de 50 % supérieur à celui d'un moteur filaire. Ce choix avait permis à Somfy de devenir un acteur important sur le marché de la domotique.

Wilfrid Le Naour, directeur général de Somfy participations, rappelait que « chez Somfy, 1 000 personnes font de la stratégie ». Son approche consistait en effet à donner une grande liberté d'innovation aux filiales étrangères, selon le principe « je m'implante, je comprends, j'agis », afin qu'elles puissent adapter l'offre aux spécificités locales. En Allemagne, où les clients avaient des exigences techniques élevées, des compétences spécifiques avaient ainsi été développées. Aux États-Unis, où les stores d'extérieur n'existaient pas, l'entreprise motorisait des écrans de home cinéma. Fin 2010, Somfy racheta 70 % du capital du numéro un chinois des moteurs pour les rideaux et les volets roulants. Parallèlement, le groupe fit passer sa participation dans sa coentreprise avec Yuequin à 95 %. L'objectif n'était pas uniquement de profiter du coût de la main-d'œuvre locale : en 2012, les ventes en Chine progressèrent de 22 %. En 2013 Somfy annonça ainsi la construction d'une deuxième usine locale permettant de doubler la capacité de production. Parallèlement, Le groupe racheta Garen Automação, le spécialiste brésilien de la sécurité (portails, barrières). La Turquie et la Russie faisaient partie de ses futures cibles.

Sources : somfy.com ; *Les Echos*, 28 février 2012, 20 décembre et 5 mars 2010.

Questions

1. Que pensez-vous de l'affirmation du directeur général de Somfy selon laquelle « chez Somfy, 1 000 personnes font de la stratégie » ? Quels sont selon vous les avantages et les inconvénients de cette approche en termes d'innovation ?
2. Que pensez-vous de l'équilibre réalisé par Somfy entre l'innovation poussée par la technologie et l'innovation tirée par le marché ?

9.5 L'entrepreneuriat et la collaboration

Compte tenu des difficultés qu'ont les grandes entreprises établies à encourager l'innovation, on pourrait en conclure que la meilleure approche consiste à fonder une nouvelle entreprise. Des créateurs d'entreprise tels que les frères Samwer (voir le cas du chapitre 3), Xavier Niel (voir le cas du chapitre 6) ou Larry Page et Sergey Brin (voir le cas du chapitre 12) sont des exemples emblématiques de l'approche entrepreneuriale de l'innovation[31]. Cette section présente quelques-unes des questions clés pour les entrepreneurs innovants et aborde la question complexe des relations avec les grandes entreprises. Elle se conclut par la question de l'entrepreneuriat social.

9.5.1 Les étapes du développement entrepreneurial

Le développement entrepreneurial suit en général quatre phases (voir le schéma 9.6) : le démarrage, la croissance, la maturité et la sortie[32]. Bien entendu, beaucoup d'entreprises disparaissent avant d'avoir parcouru l'intégralité de cette séquence : on estime ainsi que la probabilité de disparition d'une nouvelle entreprise au cours de sa première année est de 20 % et que les deux tiers cessent leur activité en moins de six ans[33]. Cependant, chacune des quatre phases soulève des questions clés pour les entrepreneurs :

- Le *démarrage*. Les défis sont nombreux dans cette phase, mais la question cruciale pour la survie et la croissance de l'entreprise est celle du financement. Les prêts accordés par la famille et les amis sont fréquents, mais ils sont généralement limités. De plus, étant donné la probabilité d'échec, ils sont aussi sources de brouilles. Les emprunts bancaires peuvent aussi constituer une source de financement, mais leurs exigences de remboursement sont souvent trop rigides par rapport aux rentrées d'argent irrégulières que connaît une start-up. Les sociétés de *capital-risque* sont spécialisées dans ce type de financement, mais elles exigent en général un siège au conseil d'administration et elles peuvent placer leurs propres managers dans l'équipe de direction. Les recherches montrent que le soutien de capital-risqueurs augmente significativement la probabilité de succès d'une start-up, mais en moyenne, sur 400 propositions d'investissement, ils n'en acceptent qu'une seule[34].

Schéma 9.6 Les étapes et les défis du développement entrepreneurial

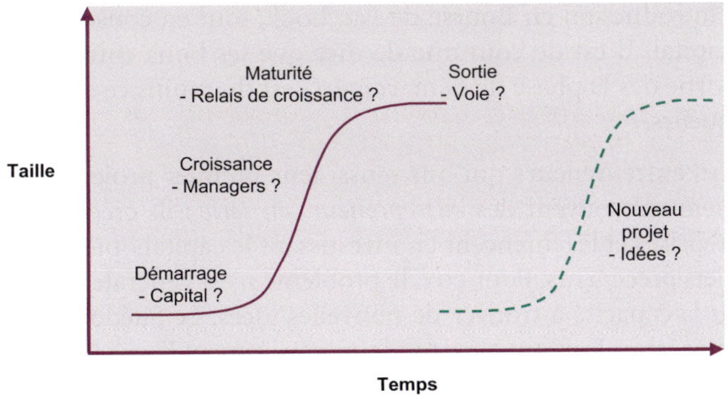

- La *croissance*. Le problème clé lors de la croissance est celui des managers. Les entrepreneurs doivent accepter de laisser leur entreprise entre les mains de managers expérimentés. Cette transition est généralement nécessaire au-delà de vingt employés. En effet, beaucoup d'entrepreneurs sont de piètres managers : s'ils avaient voulu être managers, ils auraient probablement travaillé pour une entreprise déjà établie. Ils doivent donc choisir entre continuer à assurer eux-mêmes la direction de leur entreprise ou s'en remettre à des managers professionnels. En 2010, le cofondateur de Twitter, Evan Williams, a ainsi laissé son poste à Dick Costolo, ancien entrepreneur lui-même, mais qui bénéficiait surtout d'une solide expérience managériale chez Google.
- La *maturité*. À cette phase, le défi pour les entrepreneurs consiste à retenir leur enthousiasme et leur engagement vis-à-vis du modèle économique de départ afin de trouver de nouveaux relais de croissance. L'entrepreneuriat doit céder la place à l'*intrapreneuriat*, c'est-à-dire la génération de nouveaux projets venus de l'organisation elle-même. Cela prend souvent la forme de diversifications. Aux États-Unis, Amazon est ainsi passé de la vente de livres à celle de pièces détachées automobiles, de fruits et légumes et de vêtements. Cette phase est critique : beaucoup de start-up ne réussissent pas leur transition vers un nouveau modèle économique. De fait, il est souvent moins risqué d'envisager une sortie à ce stade[35].
- La *sortie*. La dernière étape désigne le moment où l'entrepreneur et/ou les investisseurs de départ se retirent du projet et espèrent une rémunération pour leur apport et le risque qu'ils ont couru. Les entrepreneurs peuvent envisager trois principales voies de sortie. La vente de l'affaire à une autre entreprise est une solution fréquente : en 2012, les fondateurs du service de partage de photos en ligne Instagram ont ainsi cédé leur entreprise à Facebook pour 1 milliard de dollars, et en 2013 l'application mobile de navigation GPS Waze a été rachetée par Google pour 1,15 milliard. Certains entrepreneurs vendent l'entreprise à leurs propres managers : c'est ce qu'on appelle la technique de la reprise d'entreprise par les salariés (RES ou MBO, pour *management buy-out*). Enfin, une voie de sortie pour certaines entreprises à succès est l'introduction en Bourse. Dans ce cas, le capital de l'entreprise est vendu au public, généralement sur des marchés dédiés tels que le Nasdaq à la Bourse de New York ou Alternext en Europe. L'introduction en Bourse ne peut concerner qu'une partie du capital, ce qui permet aux entrepreneurs de rester dans l'entreprise et de disposer d'un apport de capital. En 2012, Mark Zuckerberg a ainsi levé 16 milliards de dollars lors de l'introduction en Bourse de Facebook, tout en conservant lui-même 28 % du capital. Il est de coutume de dire que les bons entrepreneurs planifient leur sortie dès la phase de démarrage. C'est du moins ce qu'espèrent les capital-risqueurs.

Les entrepreneurs qui ont réussi leur premier projet de création d'entreprise deviennent souvent des *entrepreneurs en série* : ils créent une série de nouvelles entreprises et les financent en investissant le capital obtenu par la revente de leurs projets précédents. Pour eux, le problème n'est généralement plus le financement, mais la capacité à trouver de nouvelles idées. Le Suédois Niklas Zennström et le Danois Janus Friis ont ainsi fondé successivement Kazaa (site de *peer-to-peer*), Skype et Joost (plateforme vidéo). Marck Pincus, avant de fonder la plateforme de jeux Zynga en 2007, a créé puis revendu trois autres entreprises. Jean-Baptiste Rudelle a cédé Kiwee, son entreprise de sonneries pour portables, avant de créer le service publicité ciblée sur Internet Criteo. Xavier Niel a financé la création de Free par la revente de WorldNet (voir le cas du chapitre 6).

9.5.2 Les stratégies entrepreneuriales

Les entrepreneurs débutent généralement avec une seule activité, même si au cours du temps, ils expérimentent souvent d'autres domaines d'activité stratégique et que l'activité de départ peut connaître des évolutions significatives. Par conséquent, les questions de stratégie concurrentielle (voir le chapitre 6) prédominent, au moins au départ. Les entrepreneurs doivent ainsi choisir entre les stratégies de prix, de différenciation et de focalisation (voir la section 6.3).

Pour une structure entrepreneuriale, les questions de stratégie concurrentielle sont cependant différentes de celles qui se posent à une grande entreprise établie[36]. Deux caractéristiques influent particulièrement sur les choix stratégiques :

- *La rareté des ressources* : les start-up doivent généralement faire face à d'importantes contraintes de ressources, notamment en termes d'investissement et de capacité managériale. Elles doivent donc se montrer particulièrement sélectives dans leurs choix stratégiques, de manière à ne pas gaspiller ces ressources sur de trop nombreux projets. De même, mieux vaut pour elles éviter la confrontation directe avec des concurrents plus riches, qui risque de rapidement assécher le volant de ressources disponibles.
- *La faible visibilité* : en tant que nouveaux acteurs, les structures entrepreneuriales sont souvent peu visibles pour les concurrents en place. Cette relative invisibilité implique que face à une manœuvre agressive, les réactions de la part des concurrents établis sont moins immédiates. Les start-up disposent donc souvent de plus de temps pour mener leurs attaques avant de subir des contre-offensives.

Cette combinaison de fortes contraintes et de faible visibilité influence les choix stratégiques de manière différente selon le marché :

- *Nouveaux marchés* : sur des marchés nouveaux, où les offres et les clients ne sont pas encore bien définis, les structures entrepreneuriales bénéficient généralement d'un avantage du fait de leur capacité à explorer rapidement les opportunités. La vitesse d'entrée est donc importante pour concurrencer les entreprises de grande taille. Cependant, une start-up qui bénéficie d'un avantage au premier entrant peut avoir intérêt à abandonner le marché lorsque des concurrents plus puissants interviennent à leur tour. Il est préférable pour elle de continuer à prospecter de nouveaux marchés. Dans les marchés en croissance rapide, les grandes entreprises sont généralement mieux à même de réunir les ressources nécessaires pour tirer avantage des économies d'échelle. Par conséquent, pour les structures entrepreneuriales, la chronologie est vitale : le choix du bon moment pour entrer et pour se retirer est une décision cruciale.
- *Marchés établis* : sur les marchés établis, où des entreprises de grande taille sont déjà présentes, les structures entrepreneuriales doivent identifier des niches non occupées. Ces niches correspondent souvent à des adaptations à bas prix des offres existantes, plutôt qu'à des innovations radicales, généralement trop coûteuses et trop risquées pour de petites entreprises. La clé consiste donc à ne pas affronter directement les puissants concurrents établis, mais à cibler en priorité les segments de marché qu'ils délaissent.

Ces stratégies sont prudentes. Elles sont dictées par les contraintes de ressources et la crainte de la riposte des grandes entreprises. Ce ne sont donc pas les stratégies entrepreneuriales héroïques qui font la une des magazines, mais plutôt celles qui sont effectivement adoptées par les créateurs d'entreprise. Pour chaque entrepreneur révolutionnaire qui a créé de nouveaux marchés et supplanté des concurrents plus puissants, on compte d'innombrables échecs. À cet égard, Google ou Facebook font figure d'exception. L'entrepreneuriat est une activité risquée et il ne faut pas généraliser une poignée de succès spectaculaires.

9.5.3 L'entrepreneuriat et la collaboration

Dans la mythologie contemporaine des affaires, l'entrepreneuriat est synonyme d'indépendance, voire d'individualisme. On présente les entrepreneurs de manière stéréotypée, comme des héros solitaires ayant eu une inspiration géniale dans le dortoir de leur université ou au fond d'un garage. William Hewlett et David Packard, les fondateurs de HP, Steve Jobs et Steve Wozniak, les fondateurs d'Apple, ou encore Michael Dell sont des archétypes de cette représentation. Or, si on cherche à aller au-delà du mythe, on découvre en général des trajectoires plus complexes, dans lesquelles les relations avec de grandes entreprises peuvent jouer un rôle essentiel. Bien souvent, les entrepreneurs ont commencé par travailler pour des organisations de grande taille et ont continué à entretenir avec elles une forme de collaboration[37]. Alors que William Hewlett était tout juste diplômé de l'université de Stanford, David Packard travaillait pour General Electric et Lutton Industries. HP utilisa au départ l'outil industriel de Lutton Industries et s'appuya ensuite sur ses relations avec General Electric pour recruter des managers expérimentés. À l'âge de 12 ans, Steve Jobs travailla comme stagiaire auprès de William Hewlett et il devint quelques années plus tard le quarantième employé de l'éditeur de jeux vidéo Atari. Steve Wozniak était lui aussi salarié chez HP avant de fonder Apple. Pour sa part, Michael Dell reçut un soutien actif de l'université du Texas à Austin, où il était étudiant.

L'entrepreneuriat implique généralement des collaborations étroites avec d'autres organisations, en particulier de grandes entreprises. Trois concepts jouent un rôle majeur à cette occasion :

- Les *fonds captifs*. Beaucoup de grandes entreprises telles que Intel, Nokia, Sanofi, Orange ou Air Liquide ont constitué des fonds d'investissement internes qui prennent des participations dans des start-up, afin de se prémunir contre des innovations disruptives ou dans le but de générer des opportunités de croissance future[38]. Les entrepreneurs ont ainsi accès à du capital, mais aussi aux connaissances et aux réseaux relationnels d'une grande entreprise (voir le cas de Trace TV dans l'illustration 9.5). Il est essentiel que les entrepreneurs et le fonds captif restent conscients de l'objectif de la prise de participation : s'agit-il simplement d'obtenir une rentabilité de l'investissement ou plutôt d'une vision stratégique (exploration de nouvelles opportunités de marché, développement d'une nouvelle technologie, etc.) ? Si la grande entreprise change d'orientation vis-à-vis de son fonds captif, elle risque de perturber le développement entrepreneurial des start-up dans lesquelles elle a investi. Ericsson et Nokia ont ainsi été contraints de céder tout ou partie de leurs fonds captifs.
- L'*essaimage*. L'essaimage suit la démarche inverse de celle des fonds captifs : plutôt que d'acquérir une participation dans de petites organisations innovantes,

une grande entreprise peut céder certaines de ses activités aux salariés qui les ont développées, ces activités devenant ainsi de nouvelles entreprises[39]. Le groupe américain Fairchild Semiconductors est particulièrement célèbre pour avoir engendré de nombreuses entreprises innovantes, telles que Intel, AMD et LSI Logic. La grande entreprise peut proposer à ses anciens salariés devenus entrepreneurs un accès à ses ressources financières, technologiques ou marketing. La nouvelle entreprise bénéficie ainsi de plus de flexibilité, alors que son ancien propriétaire conserve une participation dans son succès potentiel. Quelquefois, l'entreprise finit même par racheter la start-up qu'elle a contribué à créer et la réintègre dans son portefeuille d'activités. Google est connu pour pratiquer ce type d'approche[40]. Il est donc intéressant pour les entreprises résultant d'un essaimage de maintenir des relations constructives avec leur employeur initial.

- Les *écosystèmes*. Dans l'optique de l'innovation ouverte (voir la section 9.2.3), les grandes entreprises innovantes telles que Cisco, IBM ou Intel entretiennent en général un écosystème d'entreprises plus petites : fournisseurs, clients, partenaires, franchisés, agents, etc.[41]. Apple et Google ont ainsi réussi à créer deux écosystèmes concurrents dans les smartphones, ce que BlackBerry n'est pas parvenu à faire. À chaque nouvelle génération technologique, les entrepreneurs qui appartiennent à un écosystème doivent miser sur son succès, alors qu'ils ne peuvent généralement pas directement influencer la grande entreprise qui se trouve à sa tête. Un choix crucial pour eux consiste donc à envisager de quitter l'écosystème lorsque celui-ci commence à péricliter.

9.5.4 L'entrepreneuriat social

L'entrepreneuriat ne concerne pas uniquement le secteur privé. La sphère publique est elle aussi l'objet d'un nombre croissant de projets qui impliquent une approche entrepreneuriale. De même, la notion d'entrepreneuriat social a connu récemment un remarquable essor. L'**entrepreneuriat social** désigne la création d'organisations non lucratives qui mobilisent des idées et des ressources dans le but de résoudre des problèmes sociaux[42]. L'indépendance et les revenus générés par le marché confèrent aux entrepreneurs sociaux une flexibilité et un dynamisme que les organisations du secteur public – trop bureaucratiques ou trop soumises aux impératifs politiques – sont souvent incapables d'égaler. L'entrepreneuriat social couvre ainsi un large spectre d'activités, du microcrédit accordé aux paysans du Bangladesh par la banque Grameen à la création d'emplois locaux par la coopérative Mondragon au Pays basque espagnol, en passant par les nombreuses entreprises de commerce équitable qui se développent dans la plupart des pays occidentaux (voir par exemple le cas de Nature & Découvertes à la fin du chapitre 4). Au-delà de cette diversité, les entrepreneurs sociaux sont confrontés à trois choix principaux :

- La *mission sociale*. Pour les entrepreneurs sociaux, la mission sociale est fondamentale. Elle comprend généralement deux éléments : les objectifs finaux et les processus opérationnels. La banque Grameen a ainsi l'objectif de réduire la pauvreté rurale, en particulier pour les femmes. Son processus consiste à aider les pauvres à monter leur propre activité lucrative en leur accordant des prêts d'un montant trop faible pour intéresser des banques traditionnelles.
- La *forme organisationnelle*. Beaucoup d'entreprises sociales prennent la forme d'une coopérative, ce qui permet d'impliquer les salariés et d'autres parties prenantes sur une base démocratique et de s'assurer d'un engagement collectif.

Illustration 9.5

Métissage entrepreneurial chez Trace TV

Les entrepreneurs savent utiliser avec profit leurs relations avec de grandes entreprises.

En 2013, Trace TV était la troisième chaîne de télévision française la plus exportée dans le monde, derrière TV5 Monde et Euronews (l'international représentant 75 % de son chiffre d'affaires). Émise dans 160 pays, diffusée sur tous les supports de distribution numérique (câble, satellite, ADSL, mobile, Internet), elle touchait 82 millions de foyers dans le monde. Son contenu était consacré à tous les genres musicaux urbains (rap, R'n'B, raï, raga, zouk, électro, dance, etc.) présentés sous différentes formes (clips, concerts, interviews, documentaires, magazines). Ses revenus provenaient des redevances payées par les diffuseurs, des ressources publicitaires, des produits dérivés et des licences de marques et de contenus. En Afrique du Sud, Trace TV avait été élue chaîne préférée des jeunes, devant MTV et Disney.

Trace TV avait été fondée en mars 2003 par trois entrepreneurs, Olivier Laouchez, Richard Wayner et Claude Grunitzky, dont les expertises étaient très complémentaires. Le Martiniquais Olivier Laouchez avait accumulé une expérience de plus de dix ans dans la télévision et la musique. Après des études à l'ESCP Europe et deux ans de coopération pour Renault en Indonésie, il était revenu en Martinique où il avait fondé ATV, le premier groupe privé de télévision aux Antilles. En 1998, inspiré par le succès de la chaîne américaine Black Entertainment Television, Olivier Laouchez noua des contacts avec une filiale du groupe Canal+. C'est par l'intermédiaire de Denis Olivennes, alors directeur général de Canal+, qu'il rencontra Richard Wayner.

Jeune banquier américain d'origine jamaïcaine, diplômé de l'Institut d'études politiques de Paris, Richard Wayner était alors en charge au sein de la banque d'affaires Goldman Sachs du fonds d'investissement Urban Development Group, dédié aux minorités ethniques. Il fut tout de suite conquis par le projet et accepta pour la première fois de financer un projet en dehors des États-Unis, pour 6 millions d'euros. Olivier Laouchez et Richard Wayner rachetèrent ainsi la chaîne MCM Africa au groupe Lagardère, ce qui leur permit de disposer dès le départ de ses accords de diffusion sur les différents réseaux câblés. C'est alors qu'une autre rencontre paracheva leur projet, celle de Claude Grunitzky. Togolais élevé à Washington et lui aussi diplômé de l'Institut d'études politiques de Paris, Claude Grunitzky avait fondé en Angleterre et aux États-Unis la revue transculturelle *Trace*, grâce au financement du groupe Lagardère. En 2003, il rejoignit Olivier Laouchez et Richard Wayner.

L'actionnariat de Trace TV – sous la forme d'une holding basée aux Pays-Bas – comprenait au départ les trois fondateurs, Goldman Sachs (*via* son fonds Urban Development Group) à 39 % et le groupe Lagardère à 20 %. Ce dernier revendit sa participation à Universal

Il convient cependant de s'interroger sur le choix des parties prenantes impliquées. Les coopératives peuvent aussi souffrir d'une forte lenteur dans la prise de décisions importantes. C'est la raison pour laquelle certaines entreprises sociales adoptent parfois des structures plus hiérarchiques, par exemple en créant une fondation, voire en prenant un statut d'entreprise classique. Cafédirect, une entreprise britannique de commerce équitable, a même été introduite en Bourse. Elle a versé ses premiers dividendes à ses actionnaires en 2006.

- Le *modèle économique*. Au-delà des subventions publiques et des dons, les entreprises sociales s'appuient généralement sur des revenus obtenus auprès de clients. Les associations d'aide au logement et les sociétés de microcrédit réclament des intérêts, et les entreprises de commerce équitable vendent leurs produits. Par conséquent, comme tous les autres entrepreneurs, les entrepreneurs sociaux doivent concevoir un modèle économique efficient, qui peut cependant impliquer certaines adaptations en termes de chaîne de valeur. Les entreprises de commerce équitable sont ainsi souvent beaucoup plus proches de leurs fournisseurs que les entreprises classiques : elles conseillent les agriculteurs ou contribuent à l'éducation et à la création d'infrastructures dans les régions concernées.

Music Group, alors que le personnel de la chaîne ainsi que plusieurs « personnalités françaises et américaines, dirigeants d'institutions financières et de sociétés audiovisuelles » (d'après le site Internet de la chaîne) devenaient aussi actionnaires.

Olivier Laouchez était alors le premier Noir à diriger une chaîne de télévision française. Installée dans le XVe arrondissement de Paris, Trace dégagea dès 2004 un chiffre d'affaires de 5 millions d'euros. L'entreprise parvint à l'équilibre dès 2006. Olivier Laouchez s'amusait alors :

> *« Les banquiers français, qui me prenaient parfois pour le coursier, m'ont tous envoyé promener. Mais certains me rappellent aujourd'hui pour entrer au capital. [...] Je rencontre souvent des patrons d'autres chaînes qui me tiennent des discours très modernes et qui font exactement le contraire en me proposant de racheter Trace et de me laisser juste le poste de directeur général, [...] comme si on était incapable d'être P-DG parce qu'on est noir. »*

En 2009, Trace devint la première chaîne musicale du continent africain et ouvrit un bureau à New York. En 2010, Goldman Sachs revendit sa participation, ce qui permit aux fondateurs de prendre le contrôle de l'entreprise, à côté de deux fonds d'investissement, Citizen Capital et Entrepreneur Venture.

En 2014, Trace TV se déclinait en quatre chaînes : Trace Urban, Trace Tropical, Trace Africa et Trace Sports. Le groupe était également présent dans la radio et le téléphone aux Caraïbes, avec Trace FM et un accord de licence de téléphonie mobile avec Orange. Son activité mobile (2 à 3 millions d'euros en 2013), devait devenir à terme son troisième pilier, avec la musique et le sport. Le groupe comptait investir 10 millions d'euros en Afrique avant 2015, notamment grâce à une levée de fonds. Les objectifs affichés étaient très ambitieux : Trace TV visait entre 80 et 100 millions d'euros de chiffre d'affaires en 2018, pour 18,2 millions en 2012. Cela passait notamment par MyTrace, une chaîne musicale payante disponible sur tablette, PC et téléviseur.

Sources : trace.tv ; *Les Echos*, 13 février 2013 et 21 juillet 2010 ; grioo.com , ecrans.fr ; csa.fr ; *Le Monde*, 6 juin 2007.

Questions

1. De quelles collaborations les fondateurs de Trace ont-ils bénéficié ? À quelles difficultés auraient-ils été confrontés sans ces relations avec de grandes entreprises ?
2. Quelles ont été selon vous les motivations de Goldman Sachs et de Lagardère pour prendre (puis revendre) leur participation dans Trace ?
3. Avez-vous des idées de création d'entreprise ? Quelles relations pourriez-vous mobiliser pour les réaliser ?

Les entrepreneurs sociaux, comme tous les autres entrepreneurs, doivent généralement tisser des relations avec de grandes entreprises privées. Rosabeth Moss Kanter, de la Harvard Business School, souligne que les entreprises privées peuvent retirer d'importants bénéfices de leur implication dans l'entrepreneuriat social[43] : cela peut leur permettre de développer de nouvelles technologies et de nouveaux services, d'accéder à de nouveaux types de candidats à l'embauche et de créer des relations avec des collectivités locales qui peuvent à terme devenir clientes de leurs produits ou services. Dans cette optique, les grandes entreprises devraient élaborer leurs stratégies en prenant en compte l'entrepreneuriat social, qui ne doit pas être uniquement considéré comme une activité caritative destinée à se donner bonne conscience.

Controverse académique

Les grandes entreprises sont-elles plus ou moins innovantes que les petites ?

Les petites entreprises sont-elles réellement innovantes ?

Le célèbre économiste autrichien Joseph Schumpeter a affirmé que les grandes entreprises sont proportionnellement plus innovantes que les petites. Cette affirmation a fait l'objet d'une controverse. Si elle était vérifiée, les chercheurs ou les managers qui travaillent dans une grande entreprise ne devraient jamais la quitter pour créer leur propre start-up, tandis que Google ou Cisco devraient continuer à absorber de petites entreprises innovantes. De même, les autorités de régulation devraient se montrer plus bienveillantes à l'égard des grandes firmes dominantes telles que Microsoft lorsqu'elles affirment que leur taille leur permet d'être plus innovantes.

Plusieurs arguments plaident en faveur de l'affirmation de Schumpeter concernant la capacité d'innovation plus élevée des grandes entreprises :

- Les grandes entreprises disposent de ressources plus importantes et plus variées, ce qui leur permet de rassembler les divers éléments nécessaires à l'innovation.
- Les grandes entreprises peuvent se permettre de prendre plus de risques, car elles savent qu'elles peuvent amortir le coût d'un échec.
- Les grandes entreprises sont plus motivées pour innover, car elles disposent des actifs complémentaires (par exemple, les canaux de distribution) leur permettant de capitaliser sur leurs innovations.

Réciproquement, les petites entreprises peuvent apparaître comme plus innovantes pour plusieurs raisons :

- Les petites entreprises, du fait de leur taille, bénéficient d'un meilleur partage des connaissances.
- Les petites entreprises sont plus flexibles et moins bureaucratiques, ce qui leur permet d'innover plus rapidement et de manière plus audacieuse.
- Les petites entreprises sont plus motivées pour innover, car leur survie en dépend. À l'inverse, les grandes entreprises peuvent se contenter de défendre et d'exploiter leurs positions acquises.

De nombreuses recherches ont porté sur la capacité d'innovation relative des grandes et des petites entreprises. Certains de ces travaux comparent l'effort de recherche, en mesurant par exemple le budget de R&D par rapport au chiffre d'affaires. D'autres se concentrent sur le résultat de la R&D en observant par exemple si les grandes entreprises déposent proportionnellement plus ou moins de brevets que les petites. Si aucun consensus général ne se dégage de toutes ces recherches, on peut cependant affirmer que :

- Dans les industries de haute technologie, par exemple dans l'électronique ou dans les logiciels, les grandes entreprises sont proportionnellement moins innovantes que les petites.
- Les grandes entreprises sont plus innovantes dans les services que dans l'industrie.

Jusqu'ici, la recherche ne permet pas d'affirmer qu'en règle générale, les grandes entreprises sont plus ou moins innovantes que les petites. Pour autant, les scientifiques, les fonds d'investissement et les gouvernements doivent prendre en compte les spécificités de chaque industrie.

Sources :

C. Camisón-Zomosa, R. Lapiedra-Alcani, M. Segarra-Ciprés et M. Boronat-Navarro, « A meta-analysis of innovation and organizational size », *Organization Studies*, vol. 25, n° 3 (2004), pp. 331-361.

C.-Y. Lee et T. Sung, « Schumpeter's legacy: a new perspective on the relationship between firm size and R&D », *Research Policy*, vol. 34 (2005), pp. 914-931.

Question

Que feriez-vous si vous étiez chargé(e) d'accroître la capacité d'innovation d'une grande entreprise industrielle dans une activité de haute technologie ?

Résumé

L'innovation soulève quatre *dilemmes* fondamentaux : vaut-il mieux (1) proposer des technologies ou répondre au marché, (2) se focaliser sur les innovations de produit ou les innovations de procédé, (3) adopter une posture d'innovation ouverte ou préserver scrupuleusement la confidentialité, et (4) se concentrer sur l'innovation technologique ou sur l'élaboration de nouveaux modèles économiques ?

- L'innovation suit une *courbe de diffusion* dans laquelle un démarrage lent est suivi par une croissance rapide lorsque le *point de bascule* est franchi, puis par une saturation de la demande. Les managers doivent alors rester attentifs à la survenue d'un *point d'effondrement*.
- Les managers doivent choisir entre pénétrer les premiers sur un marché ou être des suiveurs. Être le *premier entrant* sur un marché sans disposer des actifs complémentaires et de la capacité à capturer les profits mène généralement à l'échec. Les stratégies de *suiveur rapide* sont souvent plus pertinentes.
- Les entreprises établies peuvent être victimes d'*innovations disruptives*. Pour l'éviter, elles peuvent développer des *portefeuilles d'options réelles* ou mettre en place des *isolats*.
- À chacune des quatre phases du *développement entrepreneurial* (démarrage, croissance, maturité et sortie), les entrepreneurs doivent définir quels types de *collaborations* ils entretiennent avec les grandes entreprises, en particulier s'ils sont impliqués dans leur *écosystème*. Les stratégies entrepreneuriales ont l'avantage de la *faible visibilité*, mais l'inconvénient de la *rareté des ressources*.
- L'*entrepreneuriat social* est une façon flexible de traiter les problèmes sociaux, mais il soulève plusieurs dilemmes concernant la mission, la forme organisationnelle et le modèle économique retenus.

Travaux pratiques

• Signale des exercices d'un niveau plus avancé

9.1 • Déterminez la stratégie d'innovation qui a conduit à un nouveau produit ou service que vous avez récemment utilisé. En référence aux dilemmes présentés dans la section 9.2, déterminez si cette innovation était plutôt poussée par la technologie ou tirée par le marché, s'il s'agissait d'une innovation de produit ou de procédé et si elle concernait uniquement la technologie ou plus largement le modèle économique.

9.2 En utilisant un site qui analyse le trafic sur Internet (tel que alexa.com), comparez les évolutions de la fréquentation pour des sites établis tels que Amazon ou eBay et pour des sites plus récents tels que Instagram, WhatsApp ou Snapchat. En référence à la section 9.3, comment expliquez-vous ces évolutions et quelles projections en faites-vous ?

9.3 • Déterminez la réponse des entreprises établies face à un nouveau produit ou service que vous avez récemment utilisé (voir la première question). Dans quelle mesure cette innovation a-t-elle été disruptive (voir la section 9.4.3) ?

9.4 Identifiez la phase de développement entrepreneurial dans laquelle se trouvent Rocket

Internet (voir le cas du chapitre 3), *L'Opinion* (voir l'illustration 1.1) et Trace TV (voir l'illustration 9.5). À quelles questions ces entreprises devraient-elles être confrontées dans les années à venir ?

9.5 En utilisant la section 9.6, définissez la mission sociale, la forme organisationnelle et le modèle économique d'un exemple d'entrepreneuriat social de votre choix.

Exercice de synthèse

9.6 Vous et vos amis ou collègues souhaitez créer une entreprise. En utilisant la section 15.4.4, exposez brièvement les éléments du plan stratégique de ce projet. De quelles informations avez-vous besoin ?

Lectures recommandées

- Il existe de nombreux ouvrages consacrés à l'innovation et à ses répercussions stratégiques, par exemple J.-Y. Prax, B. Buisson, P. Silberzahn, *Objectif : innovation*, Dunod, 2005 ; J. Broustail et F. Fréry, *Le Management stratégique de l'innovation*, Dalloz, 1993 ; S. Le Loarn et S. Blanco (éd.), *Management de l'innovation*, 2e édition, Pearson, 2012 ; S. Fernez-Walch et F. Romon, *Management de l'innovation*, 3e édition, Vuibert, 2013, ou M. Schilling et F. Thérin, *Gestion de l'innovation technologique*, Maxima, 2006.
- Sur les modèles économiques, voir B. Demil, X. Lecocq et V. Warnier, *Stratégie et Business Models*, Pearson, 2013, ainsi que A. Osterwalder et Y. Pigneur, *Business model : nouvelle génération*, Pearson, 2011.
- Sur la diffusion des innovations, voir notamment B. Chakravorti, *The Slow Pace of Fast Change*, Harvard Business School Press, 2003, ainsi que E. Le Nagard-Assayag et D. Manceau, *Marketing des nouveaux produits : de la création au lancement*, Dunod, 2005, et A. Bloch et D. Manceau, *De l'idée au marché*, Vuibert, 2000.
- L'ouvrage de P.A. Wickham, *Strategic Entrepreneurship*, 5e édition, Prentice Hall, 2013, est certainement la référence sur la stratégie entrepreneuriale en Europe.
- Sur l'entrepreneuriat social, voir par exemple A. Barthélémy et R. Slitine, *Entrepreneuriat social : innover au service de l'intérêt général*, Vuibert, 2011, et R. Ridley-Duff et M. Bull, *Understanding Social Enterprise: Theory and Practice*, Sage, 2011.

Références

1. Cette définition est adaptée de celle que propose P. Trott, *Innovation, Management and New Product Development*, 3e édition, Prentice Hall, 2005.
2. Une bonne discussion des modèles académiques qui sous-tendent ces dilemmes figure dans R. Rothwell, « Successful industrial innovation: critical factors for the 1990s », *R&D Management*, vol. 22, n° 3 (1992), pp. 221-239.
3. Voir E. von Hippel, *Democratizing Innovation*, MIT Press, 2005, et Y.M. Antorini, A. Muniz et T. Askildsen, « Collaborating with customer communities: lessons from the Lego Group », *MIT Sloan Management Review*, vol. 53, n° 3 (2012), pp. 73-79.
4. Voir N. Radjou, J. Prabhu, S. Ahuja, J.-J. Boillot, *Innovation Jugaad. Redevons ingénieux !*, Diateino, 2013, D. Nocera, « Can we progress from solipsistic science to frugal innovation? », *Daedalus*, vol. 143, n° 3 (2012), pp. 45-52, et M. Sarkar, « Moving forward by going in reverse: emerging trends in global innovation and knowledge strategies », *Global Strategy Journal*, vol. 1 (2011), pp. 237-242.
5. Voir J. Abernathy et W. Utterback, « A dynamic model of process and product innovation », *Omega*, vol. 3, n° 6 (1975), pp. 142-160.
6. Voir P. Anderson et M.L. Tushman, « Technological discontinuities and dominant design: a cyclical model of technological change », *Administrative Science Quarterly*, vol. 35 (1990), pp. 604-633.

7. Voir J. Tang, « Competition and innovation behaviour », *Research Policy*, vol. 35 (2006), pp. 68-82.
8. Voir H. Chesbrough et M. Appleyard, « Open innovation and strategy », *California Management Review*, vol. 50, n° 1 (2007), pp. 57-73, et O. Gasman, E. Enkel et H. Chesbrough, « The future of open innovation », *R&D Management*, vol. 38, n° 1 (2010), pp. 1-9. Sur les approches collaboratives – pas uniquement en R&D – voir F. Fréry, « Le management 2.0 ou la fin de l'entreprise », *L'Expansion Management Review*, n° 137 (2010), pp. 52-60.
9. Voir F. Fréry, « Le management 2.0 ou la fin de l'entreprise », *L'Expansion Management Review*, n° 137 (2010), pp. 52-60, ainsi que L.B. Jeppesen et K. Lakhani, « Marginality and problem solving: effectiveness in broadcast search », *Organization Science*, vol. 21, n° 5 (2010), 1016-1033.
10. Sur les écosystèmes d'affaires, voir J. Moore, "Predators and preys: a new ecology of competition », *Harvard Business Review*, vol. 71, n° 3 (1993), pp. 75-86, ainsi que Fréry F., Gratacap A. et Isckia T., « Les écosystèmes d'affaires, par-delà la métaphore », *Revue Française de Gestion*, vol. 38, n° 222 (2012), pp 69-75.
11. Voir A. Gawer et M. Cusumano, *Platform Leadership : How Intel, Microsoft and Cisco Drive Industry Innovation*, Harvard Business School Press, 2002.
12. Voir B. Demil, X. Lecocq et V. Warnier, *Stratégie et Business Models*, Pearson, 2013, ainsi que B. Demil et X. Lecoq, « Repenser le développement des organisations : les apports du modèle économique », *Revue Française de Gestion*, vol. 34/181 (2008), pp. 113-122. Voir aussi le numéro spécial de *Long Range Planning* consacré aux modèles économiques en 2010, dont l'article de D.J. Teece, « Business models, business strategy and innovation », *Long Range Planning*, vol. 43, n° 3/4 (2010), H. Chesbrough, « Business model innovation: it's not just about technology anymore », *Strategy & Leadership*, vol. 35, n° 6 (2007), pp. 12-17, et R. Amit et C. Zott, « Creating value through business model innovation », *MIT Sloan Management Review*, vol. 53, n° 3 (2012), pp. 41-49.
13. Sur les aspects organisationnels du logiciel libre, voir T. Loilier et A. Tellier, « Comment peut-on se faire confiance sans se voir? Le cas du développement des logiciels libres », *M@n@gement*, vol. 7, n° 3 (2004), pp. 275-306.
14. Sur la diffusion, voir E. Rogers, *Diffusion of Innovations*, Free Press, 1995; E. Le Nagard-Assayag et D. Manceau, *Marketing des nouveaux produits : de la création au lancement*, Dunod, 2005; W.C. Kim et R. Mauborgne, « Knowing a winning business idea when you see one », *Harvard Business Review*, vol. 78, n° 5 (2000), pp. 129-138; B. Chakravorti, *The Slow Pace of Fast Change*, Harvard Business School Press, 2003; J. Cummings et J. Doh, « Identifying who matters: mapping key players in multiple environments », *California Management Review*, vol. 42, n° 2 (2000), pp. 83-104.
15. Voir F. Fréry, « Le management des ruptures technologiques », dans *L'art du management 2.0*, Village Mondial, 2001.
16. Voir J. Nichols et S. Roslow, « The S-curve : an aid to strategic marketing », *Journal of Consumer Marketing*, vol. 3, n° 2 (1986), pp. 53-64, et F. Suarez et G. Lanzolla, « The half-truth of first-mover advantage », *Harvard Business Review*, vol. 83, n° 4 (2005), pp. 121-127.
17. Voir M. Gladwell, *Le point de bascule*, Intercontinental, 2003. On retrouve le phénomène de point de bascule dans les événements sociaux auxquels sont confrontés de nombreux services publics, par exemple la réduction de la criminalité ou la diffusion d'une épidémie.
18. Voir S. Brown, « The tripping point », *Marketing Research*, vol. 17, n° 1 (2005), pp. 8-13.
19. Voir G. Moore, *Crossing the Chasm: marketing and selling high-tech products to mainstream customers*, 3e édition, HarperBusiness, 2014.
20. Voir G. Markides et P. Geroski, *Fast Second: how smart companies Bypass Radical Innovation to Enter and Dominate New Markets*, Jossey-Bass, 2005; M. Lieberman et D. Montgomery, « First-mover (dis)advantages: retrospective and link with the resource-based view », *Strategic Management Journal*, vol. 19, n° 12 (1998), pp. 1111-1125, et P.F. Suarez et G. Lanzolla (référence 16).
21. Voir P.F. Suarez et G. Lanzolla (référence 16), ainsi que S. Min, U. Manohar et W. Robinson, « Market pioneer and early follower survival risks: a contingency analysis of really new versus incrementally new product-markets », *Journal of Marketing*, vol. 70, n° 1 (2006), pp. 15-33.
22. Voir G. Markides et P. Geroski (référence 20), mais aussi B. Buisson et P. Silberzahn, « Blue Ocean or fast-second innovation? », *International Journal of Innovation Management*, vol. 14, n° 3 (2010), pp. 359-378.
23. Voir D.J. Teece, *Managing Intellectual Capital*, Oxford University Press, 2000.
24. Voir P. Corbel, *Management stratégique des droits de la propriété intellectuelle*, Gualino, 2007, et A. Poltorak et P.J. Lerner, *Essentials of Intellectual Property: Law, Economics and Strategy*, Wiley, 2009.
25. Voir D.J. Teece (référence 23).

26. Sur l'interaction concurrentielle dans l'industrie des consoles de jeux vidéo, voir M. Schilling, « Technological leapfrogging: lessons from the US video game console industry », *California Management Review*, vol. 45, n° 3 (2003), pp. 6-32.
27. Voir J. Bower et C. Christensen, « Disruptive technologies: catching the wave », *Harvard Business Review*, vol. 73, n° 1 (1995), pp. 43-53, C. Christensen, *The Innovator's Dilemma*, Harvard Business School Press, 1997, et C. Christensen et M.E. Raynord, *The Innovator's Solution*, Harvard Business School Press, 2003.
28. Voir R. McGrath et I. MacMillan, *The Entrepreneurial Mindset*, Harvard Business School Press, 2000.
29. Voir C. Christensen et M.E. Raynord (référence 27). Sur la notion d'isolat, voir J. Broustail et F. Fréry, *Le Management stratégique de l'innovation*, Dalloz, 1993.
30. Voir V. Govindarajan et C. Trimble, « Organizational DNA for strategic innovation », *California Management Review*, vol. 43, n° 3 (2005), pp. 47-75.
31. Sur l'entrepreneuriat, voir par exemple J.A. Timmons, *New Venture Creation: Entrepreneurship in the 21st Century*, 6e édition, Irwin, 2004, O. Basso et P. Bieliczky, *Guide pratique du créateur de start-up*, éditions d'Organisation, 1999, et P.A. Wickham, *Strategic Entrepreneurship*, 5e édition, Prentice Hall, 2013.
32. Le cycle de développement entrepreneurial est discuté par D. Flynn et A. Forman, « Life cycles of new venture organizations: different factors affecting performance », *Journal of Developmental Entrepreneurship*, vol. 6, n° 1 (2001), pp. 41-58.
33. Voir D. Flynn et A. Forman (référence 32).
34. Voir D. Flynn et A. Forman (référence 32).
35. Voir D. Mayer et M. Kenney, « Economic action does not take place in a vacuum: understanding Cisco's acquisition and development strategy », *Industry and Innovation*, vol. 11, n° 4 (2004), pp. 293-325.
36. Voir R. Katila, E. Chen et H. Piezunka, « All the right moves: how entrepreneurial fi rms compete effectively », *Strategic Entrepreneurship Journal*, vol. 6, no° 2 (2012), pp. 116-132 et M. Chen et D. Hambrick, « Speed, stealth and selective attack: how small firms differ from large firms in competitive behavior », *Academy of Management Journal*, vol. 35, n° 3 (1995), pp. 453-482.
37. Voir P. Audia et C. Rider, « A garage and an idea: what more does an entrepreneur need? », *California Management Review*, vol. 40, n° 1 (2005), pp. 6-28.
38. Voir H. Chesbrough, « Making sense of corporate venture capital », *Harvard Business Review*, vol. 80, n° 3 (2002), pp. 4-11, et A. Campbell, J. Birkinshaw, A. Morrison et R. Van Basten Batenburg, « The future of corporate venturing », *MIT Sloan Management Review*, vol. 45, n° 1 (2003), pp. 33-41.
39. S. Keppler « Spinoffs: a review and synthesis », *European Management Review*, vol. 6 (2009), pp. 159-171.
40. A. Parhankangas et P. Arenius, « From a corporate venture to an independent company: a base for a taxonomy for corporate spin-off firms », *Research Policy*, vol. 32 (2003), pp. 463-481.
41. Voir B. Iyer, C.-H. Lee et N. Venkatraman, « Managing in a small world ecosystem », *California Management Review*, vol. 48, n° 3 (2006), pp. 28-47.
42. Voir A. Barthélémy et R. Slitine, *Entrepreneuriat social : innover au service de l'intérêt général*, Vuibert, 2011, A. Nichols (ed.), *Social Entrepreneurship : New Paradigms of Sustainable Social Change*, Oxford University Press, 2006, et J. Austin, H. Stevenson et J. Wei-Skillern, « Social and commercial entrepreneurship: same, different, or both? », *Entrepreneurship Theory and Practice*, vol. 30, n° 1 (2006), pp. 1-23.
43. Voir R. Moss Kanter, « From spare change to real change », *Harvard Business Review*, vol. 77, n° 3 (1999), pp. 122-132.

Étude de cas

Rovio, le Disney du smartphone

Rovio Entertainment était une entreprise finlandaise connue pour son jeu pour smartphone Angry Birds, dans lequel des oiseaux colorés étaient catapultés sur des cochons leur ayant dérobé leurs œufs. Son équipe de direction comprenait Mikael Hed, directeur général, Niklas Hed, directeur de la R&D, et Peter Vesterbacka, directeur du marketing, qui se faisait appeler « Aigle puissant ». Angry Birds était devenue l'application la plus vendue sur l'App Store d'Apple en 2010, ce qui avait donné naissance à toute une série d'activités, allant des programmes télévisés aux produits dérivés, en passant par l'édition, les magasins spécialisés et les aires de jeux pour enfants. Avec environ 500 salariés à la fin 2012, Peter Vesterbacka avait annoncé au magazine *Wired* que Rovio s'inspirait de la première entreprise de divertissement au monde : « Notre modèle est incontestablement Disney. »

L'équipe

Rovio avait été fondé en 2003 par Niklas Hed et deux de ses camardes de l'université de technologie d'Helsinki. Peu de temps auparavant, ils avaient gagné un concours de développement de jeu parrainé par Nokia et Hewlett-Packard. Au départ, Rovio développa des jeux pour le compte de grands éditeurs comme Electronic Arts, Nokia et Real Networks. Le cousin de Nikals, Mikael Hed, diplômé d'un MBA de l'université Tulane aux États-Unis, rejoignit rapidement l'équipe. Le père de Mikael, Kaj Hed, avait fait fortune en revendant l'entreprise de logiciels qu'il avait créée pour 110 millions d'euros. C'est donc tout naturellement qu'il décida d'investir 1 million dans Rovio, dont il devint le président. En 2014, il détenait toujours 70 % du capital. Peter Vesterbacka rejoignit Rovio à plein temps en 2010, au moment où Angry Birds commençait à connaître le succès. Acteur connu du milieu entrepreneurial finlandais, ancien responsable de Hewlett-Packard, il avait conseillé Rovio dès 2003.

Même si Rovio avait développé avec succès des programmes pour des entreprises établies, son ambition était de créer son propre jeu. Niklas Held estimait qu'il faudrait 15 essais avant de décrocher un succès mondial, mais Angry Birds fut en fait la 52e tentative. Pendant ce temps, il y eut des conflits sur la stratégie à mener. En 2005, Mikael Held quitta l'entreprise après une dispute avec son père, qu'il accusait de vouloir tout contrôler. En 2008, Rovio avait dû réduire ses effectifs de 50 salariés à seulement 12. Cependant, en 2009, Mikael revint, fit la paix avec son père et repéra une opportunité avec le nouvel iPhone d'Apple et son App Store. La combinaison des personnages percutants d'Angry Birds et du succès de l'iPhone fut la recette gagnante.

Rovio utilisa Chillingo, un éditeur de jeux britannique bien introduit auprès d'Apple pour négocier l'introduction d'Angry Birds. En février 2010, Chillingo persuada Apple de présenter Angry Birds comme le jeu de la semaine sur la page d'accueil de l'App Store, ce qui le propulsa à la première place au Royaume-Uni. Cinq mois plus tard, c'était la première application téléchargée aux États-Unis. Elle resta classée dans les 10 premiers téléchargements sur l'App Store pendant deux ans.

Étude de cas

En 2010, Chillingo fut racheté par Electronic Arts, et Rovio annonça qu'il n'utiliserait plus d'intermédiaires. En octobre 2010, la version gratuite d'Angry Birds fut lancée sur Android, ce qui déclencha 2 millions de téléchargements en trois jours. En 2011, les différentes versions d'Angry Birds avaient rapporté 50 millions d'euros, alors que le développement du jeu initial n'avait coûté que 100 000 euros. En mars 2011, Mikael Hed déclara dans *Wired* : « Je sais que l'industrie du jeu est fragile. Je suis totalement paranoïaque. Mais je pense qu'en ce moment, nous ne faisons que marcher. Nous devrions être en train de courir. »

Le nouveau Disney ?

Comme Disney avec le personnage de Mickey, Rovio comprit tout le potentiel qu'il y avait à transférer sa marque vers d'autres produits. Grâce à un partenariat avec le fabricant de jouets américain Commonwealth Toy & Novely, Rovio put distribuer des peluches et des tee-shirts Angry Birds aux États-Unis dès 2010. L'entreprise se constitua rapidement un réseau de 400 partenaires, dont Coca-Cola, Intel et Kraft. Plus de 20 000 produits Angry Birds furent développés, dont des jeux de plateau, des coques de téléphone et des clés USB. Le magazine *Fast Company* estima en 2012 que les ventes totales de produits dérivés Angry Birds approchaient les 650 millions d'euros. Rovio recevait de 5 à 20 % du prix des produits.

Rovio conclut également un partenariat avec Samsung pour inclure un jeu Angry Birds à détection de mouvements sur ses téléviseurs Smart TV, dont les ventes prévisionnelles étaient de 25 millions d'unités en 2012. En novembre 2012, l'entreprise lança Rovio Channel, un service qui permettait aux utilisateurs de téléviseurs Samsung de télécharger des jeux, mais aussi le dessin animé Angry Birds Toons et une série de bandes dessinées. Rovio Channel s'appuyait sur le succès de la chaîne Angry Birds sur YouTube, qui avait attiré plus de 750 millions de spectateurs. Rovio Channel devait aussi être lancé sur Mac, PC, iOS et Android, mais Rovio donnait la priorité à la télévision, que des millions de foyers regardaient quotidiennement. Un film Angry Birds 3D était prévu pour 2016.

Dans le même temps, Rovio avait lancé sa première aire de jeux pour enfants Angry Birds en Finlande, en partenariat avec le concepteur finlandais Lappset, le designer américain BDR Design et le fabricant italien de manèges Antonia Zamperla. Dans une certaine mesure, ces aires de jeux imitaient les parcs d'attraction Disney, même si leur taille n'avait rien de comparable. Cependant, Rovio voulait créer une interaction physique plus fréquente entre ses personnages et le public. Alors que les familles ne visitaient Disneyland que de manière très occasionnelle, les aires de jeux Angry Birds étaient locales et il était possible de s'y rendre tous les jours. Le concept fut étendu à l'international en 2012, alors qu'il existait déjà des contrefaçons d'aires de jeux Angry Birds en Chine.

L'international avait été un objectif de Rovio dès l'origine. La Finlande était un petit pays et l'entreprise avait de grandes ambitions. Rovio avait ainsi des bureaux à Shanghai, Stockholm, Tokyo, Seoul et Santa Monica en Californie. Le premier marché de Rovio était les États-Unis, suivi par la Chine, où l'entreprise avait ouvert trois magasins à Pékin et Shanghai en 2012, avec un objectif de 200 magasins supplémentaires. Des aires de jeux officielles commençaient également à ouvrir en Chine. Comme le déclarait Peter Vesterbacka à *Fast Company* : « La Chine va devenir notre plus gros marché. Il est important pour nous d'être très locaux. Nous voulons être plus chinois que les entreprises chinoises. »

Rovio n'avait pas négligé son activité d'origine. Alors que le jeu de départ incluait 63 niveaux, on en comptait désormais 360. Toutes sortes de versions existaient, dont Angry Birds Star Wars, développé en collaboration avec Lucasfilm. En 2012, Rovio connut de nouveau le succès avec le lancement de Bad Piggies, un jeu dans lequel les cochons échoués sur une île déserte recherchaient des œufs. Le jeu devint l'application la plus téléchargée sur l'App Store. En revanche, le jeu Amazing Alex, centré sur un personnage humain et lancé en 2012, connut relativement moins de succès.

L'alternance de succès et d'échecs était la norme dans le jeu. Le marché des applications était extrêmement dynamique, de nouveaux programmes apparaissant constamment (voir le tableau 1 pour le classement des applications payantes les plus téléchargées). Cinq jeux Disney Mobile occupèrent ainsi la première place des téléchargements en 2012, Le jeu Plague Inc, conçu pour seulement 5 000 dollars par le développeur indépendant Ndemic, fut lui aussi classé numéro un. Peter Parmentier, le directeur général de Electronic Arts Mobile (qui distribuait notamment Tetris, les Sims et Fifa), expliqua dans le *Guardian* : « Le marché des jeux sur mobile est le plus concurrentiel de tous. De plus en plus d'applications sont lancées chaque jour, ce qui crée un environnement très difficile pour les développeurs, mais aussi pour les clients. Même si je pense qu'il y aura toujours des succès inattendus, j'estime que dans un environnement aussi confus, les clients vont rechercher la qualité et les marques de référence. »

Quelle croissance ?

La croissance de Rovio exigeait des investissements. Début 2011, l'entreprise obtint 42 millions de dollars d'un fonds de capital-risque, contre 21 % du capital Après cette opération, Niklas Hed, Mikael Hed et Peter Vesterbacka en détenaient à eux trois 8 %. Un des capital-risqueurs était Niklas Zennström, cofondateur de Skype, qui rejoignit le conseil d'administration de Rovio. Cet investissement aida Rovio à réaliser deux acquisitions dès 2011 : Kombo Animation Studio, puis Futuremark Games Studio. En 2012, Rovio évoqua une introduction en Bourse, avec l'objectif de lever 1 milliard de dollars afin de financer son développement. Cependant, début 2013, Peter Vesterbacka sembla écarter ce projet : « Nous connaissons un succès incroyable, notre croissance est extrêmement rapide et notre rentabilité est extraordinaire. Donc nous pouvons nous financer tous seuls. » De fait, début 2014, aucune introduction en Bourse n'était encore planifiée, même si certains analystes évaluaient désormais l'entreprise à 4 milliards de dollars.

La croissance de Rovio s'appuyait sur un nouveau modèle économique pour les jeux.

Tableau 1

Classement des applications iPhone payantes les plus téléchargées en février 2013 (avec le nom des développeurs, leur pays et leur date de création)

1. Clear Vision 2 (FDG Entertainment, Allemagne, 2002)
2. WhatsApp Messenger (Whats App Inc., états-Unis, 2009)
3. Minecraft - Pocket Edition (Mojang AB, Suède, 2009)
4. Angry Birds Star Wars (Rovio, Finlande, 2003)
5. Wood Camera (Bright Mango, états-Unis, 2012)
6. Sleep Cycle alarm clock (Maciek Drejak Labs, Suède, 2008)
7. Plague Inc (Ndemic Creations, Royaume-Uni, 2012)
8. Arms Cartel Global (Pixel Addicts, états-Unis, 2001)
9. Fruit Ninja (Halfbrick Studios, Australie, 2001)
10. Bloons TD 5 (Ninja Kiwi, Nouvelle Zélande, 2007)

Source : AppData, 2013.

Étude de cas

Traditionnellement, les jeux étaient vendus sur un support physique (cartouche ou disque) pour un prix de 20 à 70 euros. Or, Rovio distribuait ses jeux en ligne sur l'App Store d'Apple, pour un prix de 1 à 4 euros, voire gratuitement en incluant des publicités sur Google Play d'Android. La principale différence entre le modèle économique de Rovio et celui des autres développeurs de jeux pour mobile résidait cependant dans les revenus tirés des produits dérivés (peluches, boissons, etc.). Le chiffre d'affaires se répartissait de manière à peu près équilibrée entre la vente sur l'App Store, la publicité et les licences, mais ces dernières gagnaient en importance. Si le chiffre d'affaires (195 millions d'euros en 2012), avait doublé en un an, les revenus tirés des produits dérivés avaient triplé.

Les Angry Birds étaient l'actif principal de Rovio, qui estimait que cette marque garderait sa valeur tant que de nouvelles versions et améliorations du jeu seraient proposées aux joueurs. En toute logique, Rovio se concentrait donc sur le développement des jeux et sur la gestion de la marque, alors que la production des produits dérivés était licenciée à des fabricants externes. Même si les premiers magasins physiques étaient possédés par Rovio, les magasins en ligne et la logistique avaient été externalisés auprès de spécialistes.

Construire sa croissance sur des personnages devenus des marques globales était une stratégie que Disney avait déployée depuis longtemps (voir le tableau 2 pour une comparaison entre Disney et ses concurrents). Rovio était plus qu'un simple développeur de jeux, tout comme Disney était plus qu'simple studio d'animation. À terme, plus de la moitié du chiffre d'affaires de Rovio devait venir de produits physiques. Mikael Held détailla les ambitions de Rovio dans *Fast Company* en dessinant deux courbes. La première était étroite et elle chutait brusquement après avoir atteint son apogée. La seconde était beaucoup plus large et trois fois plus haute : « Beaucoup de nos concurrents partagent la même myopie. Ils atteignent le point le plus élevé de la première courbe et ils se disent "c'est le maximum d'argent qu'on peut se faire avec un jeu sur mobile". Nous, ce que nous construisons, c'est la seconde courbe, celle de la valeur d'un client à vie. C'est beaucoup plus intéressant. »

En 2012, Zynga, l'entreprise américaine de jeux sur réseaux sociaux qui avait notamment développé Farmville et Mafia Wars, proposa de racheter Rovio pour 2 milliards de dollars. Le succès des jeux sur Facebook connaissant un

Tableau 2
Quelques grands éditeurs de jeux (chiffres 2012)

	Activités principales	Chiffre d'affaires (milliards de dollars)	Nombre de salariés
Activision Blizzard (France*, États-Unis)	Jeux sur PC, consoles, mobiles et réseaux sociaux	4,8	7 000
Disney (États-Unis)	Films, télévision, parcs à thème, produits dérivés, etc.	42,2	166 000
Electronic Arts (États-Unis)	Jeux sur PC, consoles, mobiles et réseaux sociaux	4,1	9 200
Zynga (États-Unis)	Jeux sur réseaux sociaux, paris sur Internet et mobiles	1,3	2 900

*En octobre 2013, le group français Vivendi a cédé l'essentiel de sa participation dans Activision Blizzard pour 8,2 milliards de dollars.

fort ralentissement, Zynga souhaitait se diversifier dans les jeux pour mobiles. Cependant, Rovio refusa cette offre, préférant conserver son indépendance dans sa course vers son modèle, Disney.

Pour le moment, le succès de Rovio ne se démentait pas : sur l'année 2013, alors que Zynga accumulait les pertes, perdait son statut de partenaire privilégié sur Facebook et devait licencier 5 % de son personnel, Angry Birds Star Wars avait été le 4e téléchargement sur iPhone et le 5esur iPad. Rovio espérait un chiffre d'affaires 2013 d'environ 360 millions d'euros. En 2014, on estimait que le marché mondial des jeux sur mobiles et tablettes dépasserait quant à lui les 7,6 milliards d'euros, sans compter les produits dérivés.

Sources : *L'Expansion*, 21 décembre 2013; *Wired*, 7 mars 2011; *Guardian*,15 novembre 2012; *Fast Company*, 26 novembre 2012; *The Next Web*, 21 décember 2012.

Questions

1. Quels sont les avantages et les inconvénients du modèle économique de Rovio ?
2. Quelle aurait pu être la stratégie de Zynga si sa proposition d'acquisition de Rovio avait été acceptée ?

Chapitre 10
Fusions et acquisitions, alliances et partenariats

Objectifs

Après avoir lu ce chapitre, vous serez capable de :

- Présenter le rôle de la croissance interne.
- Identifier les points clés permettant de réussir une fusion ou une acquisition.
- Identifier les points clés permettant de réussir une alliance ou un partenariat.
- Choisir entre les différentes modalités de développement stratégique que sont la croissance interne, les fusions et acquisitions, les alliances et partenariats.
- Comparer les critères de réussite des différentes modalités de développement stratégique.

Concepts clés

Modalités de développement p. 387, croissance interne p. 388, intrapreneuriat p. 389, acquisition p. 389, fusion p. 390, avantage collaboratif p. 401, alliance p. 401, partenariat p. 403.

10.1 Introduction

Les médias se font fréquemment l'écho de fusions, acquisitions, alliances et partenariats. En 2012, le numéro un mondial de la distribution de colis, l'Américain UPS, a ainsi racheté son concurrent néerlandais TNT Express pour 6,77 milliards de dollars. Cette acquisition avait pour but de renforcer la position d'UPS en Europe et de créer un groupe global de 60 milliards de dollars de chiffre d'affaires. La même année, le Chinois Tingyie a conclu une alliance avec PepsiCo afin de fabriquer et distribuer ses sodas en Chine. La Chine pourrait en effet rapidement devenir le premier marché mondial pour les boissons.

Comme le montre le schéma 10.1, chacune des *orientations* stratégiques examinées dans les trois précédents chapitres (diversification, internationalisation, innovation) peut être menée au travers de différentes **modalités de développement**. Ces méthodes permettant de poursuivre une stratégie peuvent être réparties en trois catégories : la *croissance interne*, la *croissance externe* (fusions, acquisitions, cessions) et la *collaboration* (alliances et partenariats). Bien entendu, ces modalités peuvent aussi concer-

Schéma 10.1 Les modalités de développement stratégique

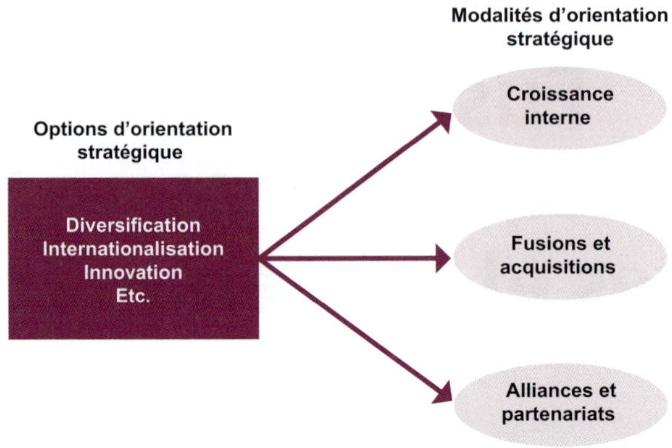

ner d'autres orientations, telles que la consolidation d'une position concurrentielle ou la constitution d'un avantage au moyen d'économies d'échelle.

Le chapitre commence par présenter la croissance interne, qui constitue l'option par défaut : s'appuyer sur les ressources internes de l'organisation est l'approche la plus naturelle. Les deux sections suivantes sont consacrées aux différentes modalités de *croissance externe* : les fusions et acquisitions et les alliances et partenariats. La dernière section compare systématiquement ces différentes modalités. Étant donné le taux d'échec extrêmement élevé des opérations de croissance externe, la question essentielle revient donc à déterminer quand il faut acquérir, quand il faut coopérer et quand il vaut mieux compter sur soi-même. La dernière section présente également des critères de réussite des différentes modalités de croissance externe, et la controverse qui clôt le chapitre est consacrée à la justification des opérations de fusion et acquisition.

10.2 La croissance interne

La **croissance interne** – ou *croissance organique* – consiste à développer des stratégies à partir des propres capacités de l'organisation. Pour le développement de sa liseuse électronique Kindle, Amazon s'est ainsi principalement appuyé sur ses ressources et compétences internes, notamment sur sa filiale Lab126 et sur son expertise dans la vente de livres sur Internet. Pour Amazon, cette modalité de diversification a été préférable à un partenariat avec un fabricant d'électronique grand public tel que Sony ou au rachat d'un constructeur spécialisé tel que l'entreprise française Bookeen.

La croissance interne présente cinq avantages principaux :

- L'*apprentissage*. Conduire une nouvelle stratégie au moyen des capacités internes d'une organisation permet d'accroître l'apprentissage et les connaissances. L'implication directe dans un nouveau marché ou une nouvelle technologie facilite bien mieux l'acquisition et l'internalisation des connaissances que ne le ferait par exemple une alliance.
- L'*étalement de l'investissement*. L'acquisition d'une entreprise nécessite un investissement immédiat. À l'inverse, la croissance interne permet d'étaler les coûts

sur la totalité de la durée du développement stratégique. Cet étalement de la dépense permet éventuellement de renoncer à une stratégie ou de l'infléchir si jamais le contexte évolue.
- Pas de *contrainte de disponibilité*. La croissance externe postule la disponibilité d'une cible potentielle avec laquelle il est possible de se rapprocher, ce qui est parfois problématique. Il existe ainsi très peu d'opportunités d'acquisitions pour les entreprises étrangères souhaitant s'implanter au Japon. La croissance interne permet d'éviter cette contrainte.
- L'*indépendance stratégique*. L'indépendance permise par la croissance interne signifie que l'organisation n'est pas soumise aux mêmes compromis que ceux qui seraient rendus nécessaires par la conclusion d'une alliance ou d'un partenariat : l'alliance avec un concurrent étranger implique ainsi généralement des clauses de non-intervention sur son marché domestique.
- *Compatibilité culturelle*. La croissance interne permet de créer les nouvelles activités dans l'environnement culturel existant, ce qui réduit le risque d'incompatibilité.

Recourir à la croissance interne peut cependant se révéler lent, coûteux et risqué. S'appuyer sur les capacités existantes n'est pas toujours la solution la plus facile lorsqu'on souhaite promouvoir l'innovation, l'internationalisation ou la diversification. Cependant, certaines organisations développent une véritable culture d'*intrapreneuriat*[1], parfois appelé *entrepreneuriat interne* (voir aussi la section 9.5.2 sur les structures d'isolat). C'est notamment ce qui a permis le développement du Kindle par Amazon, de la Freebox par Iliad (voir le cas du chapitre 6) ou de plusieurs services de Google (voir le cas du chapitre 12). L'**intrapreneuriat** – ou *entrepreneuriat interne* – consiste pour une organisation à permettre à ses membres de développer de nouvelles activités en interne, comme ils pourraient le faire en tant qu'entrepreneurs en externe. Cela peut déboucher sur des innovations radicales, tout en utilisant principalement les propres capacités de l'organisation.

Encourager une attitude entrepreneuriale à l'intérieur d'une entreprise existante est intéressant, mais les organisations doivent parfois mobiliser des ressources et compétences externes pour déployer leurs stratégies. C'est à ces situations qu'est consacrée la suite de ce chapitre.

10.3 Les fusions et acquisitions

Les fusions et acquisitions accaparent souvent les unes des médias économiques, car elles impliquent des montants considérables et d'âpres luttes de pouvoir. Si elles permettent de conduire rapidement certaines orientations stratégiques, elles peuvent provoquer aussi des échecs spectaculaires. En 2007, l'acquisition par la Royal Bank of Scotland de son concurrent néerlandais ABN AMRO, pour 70 milliards d'euros, a ainsi entraîné un désastre commercial et financier qui s'est traduit par la nationalisation de la banque par le gouvernement britannique en 2009.

10.3.1 Les types de fusions et acquisitions

Une **acquisition** correspond au rachat d'une organisation par une autre organisation. La plupart des acquisitions sont *amicales* : les deux parties s'entendent sur les termes du rachat, et la direction de la cible recommande à ses actionnaires d'accepter l'offre. C'est une bonne situation pour l'acheteur, car les managers de la cible seront généralement disposés à travailler avec lui afin de réaliser l'intégration des deux organisations. Cependant, certaines acquisitions sont *hostiles* : l'acquéreur propose alors un prix aux actionnaires de la cible contre l'avis de ses dirigeants. Le choix des actionnaires est alors décisif. Ces situations peuvent rapidement devenir très tendues, les dirigeants de la cible refusant de transmettre des informations clés et gênant l'intégration une fois le rachat conclu. Les acheteurs sont généralement plus gros que les cibles, mais l'inverse est également possible.

Une **fusion** est la décision mutuellement consentie par deux organisations distinctes de former une organisation unique. En 2013, les deux agences de publicité Omnicom et Publicis ont ainsi annoncé leur fusion (voir le cas à la fin du chapitre 2) afin de mieux résister à la concurrence de Google ou Facebook. La plupart des fusions sont réalisées entre organisations de taille comparable, chacun espérant tenir le même rôle dans la nouvelle entité.

Il n'est pas toujours aisé de déterminer si une opération de rapprochement capitalistique entre deux entreprises constitue une fusion ou une acquisition : certaines opérations sont initialement annoncées comme des fusions alors qu'une des organisations finit par être absorbée par l'autre, et certaines acquisitions ne se traduisent pas du tout par une fusion, l'entreprise acheteuse prenant soin – généralement dans une démarche de gestionnaire de portefeuille (voir la section 7.6.2) – de l'isoler du reste de son activité afin de pouvoir ultérieurement la revendre. De fait, faute de pouvoir faire la distinction entre les deux approches, on parle souvent de « fusions/acquisitions » ou de « M&A » (en référence à l'expression anglaise *mergers and acquisitions*).

Les fusions et acquisitions sont également possibles dans le secteur public et entre des organisations à but non lucratif. En 2010, le gouvernement finlandais a ainsi créé l'université Aalto en fusionnant la Helsinki School of Economics, la Helsinki University of Art and Design et la Helsinki University of Technology. Sans aller jusqu'à les fusionner, le gouvernement français a également rapproché des universités et des grandes écoles en créant des PRES (pôles de recherche et d'enseignement supérieur). Même si dans le cas d'organisations publiques, il ne s'agit pas formellement d'un changement d'actionnaire, l'amplitude et la difficulté des problèmes managériaux qu'implique ce type d'opération s'apparentent à ce que l'on rencontrerait effectivement lors d'une fusion/acquisition entre deux entreprises privées.

10.3.2 Les motivations des fusions et acquisitions

Les fusions et acquisitions sont un phénomène cyclique, constitué d'une alternance de pics et de creux. C'est ainsi que 2007 fut une année record, avec un montant cumulé de toutes les opérations dépassant les 4 140 milliards de dollars au niveau mondial, soit trois fois le montant du précédent creux en 2002. Avec la récession mondiale, le montant pour 2011 a chuté à 2 560 milliards de dollars[2]. Au-delà des influences réglementaires, économiques ou technologiques, ces cycles sont la conséquence d'un excès d'optimisme de la part des dirigeants d'entreprise, des actionnaires et des banquiers pendant les phases de croissance, puis d'une défiance exagérée lors des phases de récession. De fait, à côté des considérations stratégiques ou financières, les opérations de fusions et acquisitions peuvent suivre un effet de mode. En période de pic, les dirigeants doivent donc réellement s'interroger sur l'opportunité d'une opération de ce type, à un moment où les coûts d'acquisition – du fait de la loi de l'offre et de la demande – sont au plus haut.

La plupart des opérations de fusions et acquisitions concernent traditionnellement l'Amérique du Nord et l'Europe de l'Ouest, alors qu'elles sont beaucoup moins fréquentes dans d'autres parties du monde – notamment au Japon –, où les systèmes de gouvernement d'entreprise limitent les possibilités d'acquisitions, surtout lorsqu'elles sont hostiles (voir la section 4.3.2). Cependant, les entreprises des économies en développement rapide telles que la Chine ou l'Inde conduisent des opérations de fusions et acquisitions de plus en plus importantes dans le but d'intervenir sur les marchés occidentaux ou d'acquérir des technologies clés. Le groupe pétrochimique chinois Sinopec a ainsi racheté en 2012 la compagnie pétrolière américaine Devon Energy pour 2,2 milliards de dollars, et c'était alors sa 11e acquisition de l'année. De même, le conglomérat indien Tata a acquis Jaguar et Land Rover (voir l'illustration 10.2), ainsi que le groupe sidérurgique anglo-néerlandais Corus (voir l'illustration 2.4).

10.3.3 Les motivations des fusions et acquisitions

Il existe trois grands types de motivations permettant de justifier les fusions et acquisitions[3] : les motivations stratégiques, les motivations financières et les motivations managériales (voir l'illustration 10.1).

Les motivations stratégiques des fusions et acquisitions

Les motivations stratégiques des fusions et acquisitions concernent globalement l'amélioration de la situation de l'organisation. Elles correspondent en grande partie aux raisons invoquées pour justifier les diversifications (voir la section 7.3). Ces motivations peuvent être classées en trois catégories[4] :

- L'*extension*. Les fusions et acquisitions peuvent être utilisées pour étendre le périmètre d'une organisation en termes de géographie, d'offres ou de marchés (voir le chapitre 7). Elles permettent notamment une internationalisation très rapide, à l'image du rachat du constructeur automobile Volvo par le Chinois Geely en 2010.
- La *consolidation*. Les fusions et acquisitions peuvent être utilisées pour consolider la position d'une organisation au sein de son industrie. Rassembler deux concurrents peut ainsi avoir au moins trois effets bénéfiques. Premièrement, cela accroît le pouvoir de négociation en réduisant la concurrence, ce qui peut permettre à l'entreprise résultant de la fusion d'augmenter ses prix. Deuxièmement, la consolidation de deux concurrents peut se traduire par une meilleure efficience, grâce à la réduction de capacités devenues excédentaires ou au partage de certaines ressources, par exemple les frais de fonctionnement du siège ou les réseaux de distribution. Troisièmement, le surcroît de volume de production permet de bénéficier d'économies d'échelle et d'obtenir des coûts d'approvisionnement plus faibles.
- Les *capacités*. Les fusions et acquisitions permettent enfin d'accroître les capacités d'une organisation. Des entreprises technologiques telles que Cisco ou Microsoft considèrent l'acquisition de start-up innovantes comme un élément essentiel de leur effort de recherche et développement. Plutôt que de concevoir de nouvelles technologies en interne, elles préfèrent souvent racheter les entreprises qui les ont déjà élaborées afin de les incorporer dans leur propre porte-

Illustration 10.1

Disney peut-il absorber des super-héros ?

Contrairement aux prévisions, l'acquisition de Marvel par Disney a été un succès, mais l'histoire n'est pas encore terminée.

À Hollywood, l'été est traditionnellement la saison des films à gros budget, supposés attirer les spectateurs dans les salles. Cependant, en 2012, un seul film écrasa tous les autres avec des recettes mondiales de 1,5 milliard de dollars, le troisième plus grand succès de tous les temps : *Avengers*. Produit par Marvel – qui depuis 2009 était une division de Disney –, le film réunissait plusieurs super-héros, dont Iron Man, Thor et Hulk. Son incroyable succès éclipsa les critiques des analystes, qui trois ans plus tôt, avaient estimé que Disney, en déboursant 4 milliards de dollars pour acquérir Marvel, avait payé beaucoup trop cher. Sur le papier, cette acquisition semblait pourtant très cohérente. Comme tous les studios de Hollywood, Disney repensait toute son approche en réponse au déclin des ventes de DVD. Outre une réduction des coûts, sa stratégie consistait à construire des franchises globales, avec des films et des marques pouvant susciter des suites et des dérivés. C'est notamment ce qui poussa Disney à racheter Pixar en 2006, puis Marvel en 2009 : ses super-héros permettaient d'imaginer des histoires qui séduiraient les adolescents, un segment de marché que Disney avait traditionnellement du mal à attirer.

L'acquisition ne concernait pas que les films. Disney entendait utiliser les super-héros de Marvel dans toutes ses activités, des parcs à thème aux émissions de télévision, en passant par les produits dérivés. Le short de Hulk et le déjeuner Iron Man devaient être vendus dans les magasins Disney. De plus, l'accord prévoyait le maintien du directeur général de Marvel, Isaac Perlmutter, surnommé Ike. Disney appréciait son style très direct, en vertu duquel chaque dollar investi devait rapporter gros : « Marvel pourrait faire un film à grand spectacle pour une fraction du prix d'une production de Jerry Bruckheimer (le producteur de la série *Pirates des Caraïbes*). »

Cependant, le rachat suscita de vives tensions au sein de Disney. Le style de management d'Ike s'accordait mal avec le positionnement familial de Disney. En tant que premier actionnaire de Marvel avant le rachat, Ike reçut 1,5 milliard de dollars lors de l'acquisition, dont l'essentiel en actions Disney. Cela lui permettait de siéger au conseil d'administration du groupe. Il était ainsi devenu un décideur clé. Son obsession pour la réduction des coûts était légendaire : « S'il trouve du papier utilisé dans un bureau, il le coupe en huit morceaux pour s'en faire un bloc-notes. »

L'obsession d'Ike pour les économies déclencha des conflits avec ses nouveaux collègues. Son intérêt pour les produits dérivés et les licences de jouets avait créé de vastes bouleversements au sein de la division produits dérivés de Disney. Cette division était une des plus petites du groupe, mais en 2011 elle avait dégagé 10 % de ses profits. Le directeur de la division, en opposition frontale avec Ike, démissionna en 2012, bientôt suivi par les directeurs de la communication, de l'édition, des ressources humaines, des magasins Disney et de l'activité jouets. Trois dirigeantes eurent recours à un avocat pour obtenir des compensations financières et une quatrième déposa une plainte en interne dans laquelle elle accusait Ike de l'avoir menacée. La division produits dérivés fut réorganisée autour des principales franchises Disney, et non en fonction des catégories de produits.

Les succès de Marvel, à la fois dans les salles et dans les magasins, avaient valu à Ike des compliments en interne et en externe. Des suites de *Thor*, *Captain America* et *Avengers* étaient d'ores et déjà prévues et les analystes décrivaient désormais les avantages du rachat. Cependant, certains anciens employés de Disney s'alarmaient du choc des cultures : « On aurait vraiment pu penser que Disney, avec son héritage et sa culture, l'aurait emporté, mais la question la plus fréquente dans les couloirs de la division produits dérivés, c'était : au fait, lequel a racheté l'autre ? »

Sources : *Financial Times*, 1er et 4 septembre 2009, 7 septembre 2011,13 juillet et 8 août 2012.

Questions

1. Pourquoi Disney a-t-il acheté Marvel ?
2. Évaluez la compatibilité stratégique et la compatibilité organisationnelle de ces deux entreprises.

feuille de ressources et compétences (voir la section 9.5.2). Les acquisitions sont souvent justifiées par des arguments liés à la capacité stratégique dans les industries en convergence (voir la section 2.3.1). Google et Apple ont ainsi procédé à d'importantes acquisitions pour accroître leur présence dans la publicité sur mobile : en 2010, Google a racheté AdMob pour 750 millions de dollars et Apple Quattro Wireless pour 275 millions.

Les motivations financières des fusions et acquisitions

Les motivations financières concernent l'utilisation optimale des ressources financières plutôt que l'amélioration de la capacité stratégique. On distingue trois principales motivations financières :

- L'*efficience financière*. Il est souvent efficient de rassembler une entreprise détenant des excédents de trésorerie et une entreprise fortement endettée. La seconde pourra ainsi réduire ses frais financiers et lever plus facilement des fonds, alors que la première pourra généralement réaliser la fusion ou l'acquisition à bon compte. De même, une entreprise dont le cours de Bourse est élevé peut racheter d'autres entreprises de manière très efficiente en proposant à leurs actionnaires de les payer en actions plutôt qu'en numéraire.
- L'*optimisation fiscale*. Il existe parfois des avantages fiscaux à rassembler deux entreprises. Si l'une d'elles est implantée dans un pays où la fiscalité est réduite, l'autre aura intérêt à lui transférer ses bénéfices. Une entreprise très profitable peut aussi chercher à racheter une autre entreprise qui a accumulé des pertes, afin de réduire son niveau de taxation. Bien entendu, ces pratiques sont encadrées par la loi.
- La *vente par appartements*. Certaines entreprises ont une valeur inférieure à celle des actifs qu'elles détiennent. Une autre entreprise peut donc chercher à les racheter, afin de revendre leurs différentes activités pour un prix total supérieur au coût d'achat initial. Cette pratique – parfois surnommée « dépeçage » –apparaît souvent comme un symbole de l'opportunisme financier, mais si les activités sont cédées à une entreprise qui saura mieux les utiliser, cela peut se traduire par un gain économique réel.

Les motivations managériales des fusions et acquisitions

Comme les diversifications (voir la section 7.3), les fusions et acquisitions peuvent parfois servir les intérêts des dirigeants plutôt que ceux des actionnaires. Ces motivations managériales sont de deux ordres :

- Les *ambitions personnelles*. Indépendamment de leur pertinence financière ou économique, les fusions et acquisitions peuvent satisfaire les ambitions personnelles des dirigeants de trois manières. Premièrement, la rémunération des dirigeants peut être liée à des objectifs de croissance à court terme ou de valorisation boursière, qui seront plus facilement atteints au moyen d'une opération d'acquisition spectaculaire qu'avec une croissance interne plus lente et moins visible. Deuxièmement, une vaste opération d'acquisition ne manquera pas d'attirer l'attention des médias, ce qui permettra d'accroître significativement la notoriété des dirigeants et flattera leur vanité. Les dirigeants qui ont déjà réussi des acquisitions par le passé risquent d'ailleurs de se montrer trop présomptueux et de multiplier des opérations de plus en plus risquées[5]. Troisièmement, les acquisitions sont l'occasion de donner à des collègues et à des proches des responsabilités accrues, ce qui aide à renforcer leur loyauté. De plus, grâce aux perturbations qu'elle provoque et à l'attention qu'elle suscite, une fusion ou une acquisition peut permettre à une équipe dirigeante de masquer temporairement des difficultés de gestion ou une carence stratégique. Réciproquement, les dirigeants de la cible peuvent s'opposer à une acquisition hostile afin de préserver leur poste, en dépit du prix proposé à leurs actionnaires.

- Les *effets de mode*. Comme nous l'avons déjà souligné, les fusions et acquisitions surviennent par vagues. En période d'euphorie, les dirigeants peuvent être soumis à trois types de pression. Premièrement, lorsque les fusions et acquisitions sont nombreuses, les analystes financiers et les médias économiques risquent de critiquer les entreprises prudentes, en leur reprochant leur conservatisme. Deuxièmement, les actionnaires peuvent craindre que leur entreprise laisse échapper des opportunités à la concurrence. Troisièmement, les employés peuvent s'inquiéter que l'entreprise soit elle-même rachetée si elle ne se lance pas la première dans l'acquisition de concurrents. Finalement, les dirigeants auront une vie bien plus facile s'ils se joignent à la fièvre acheteuse. Le danger est alors de payer bien trop cher une acquisition inutile.

Au total, certaines recherches suggèrent que 70 % des opérations de fusions et acquisitions se traduisent par une réduction de valeur pour les actionnaires[6]. La tentation de payer trop cher et de surestimer les synergies potentielles est d'ailleurs parfois attisée par les banques d'affaires, rémunérées en pourcentage de la transaction. Une posture sceptique est donc de mise face à toute stratégie de croissance par fusion ou acquisition.

10.3.4 Les processus de fusion et acquisition[7]

Les fusions et acquisitions prennent du temps. Il convient d'abord d'identifier la cible idéale, puis de négocier le bon prix et enfin d'intégrer les deux entreprises afin de tirer le meilleur bénéfice de l'opération. En d'autres termes, une fusion ou une acquisition est un processus dont chaque étape implique des tâches différentes (voir le schéma 10.2). Cette section détaille trois étapes clés : le choix de la cible, l'évaluation et l'intégration.

Le choix de la cible

Deux critères principaux peuvent s'appliquer : la compatibilité stratégique et la compatibilité organisationnelle[8].

- La *compatibilité stratégique*. Dans quelle mesure l'opération renforce et complète-t-elle la stratégie des organisations impliquées ? La réponse dépend des motiva-

Schéma 10.2 Le processus d'acquisition

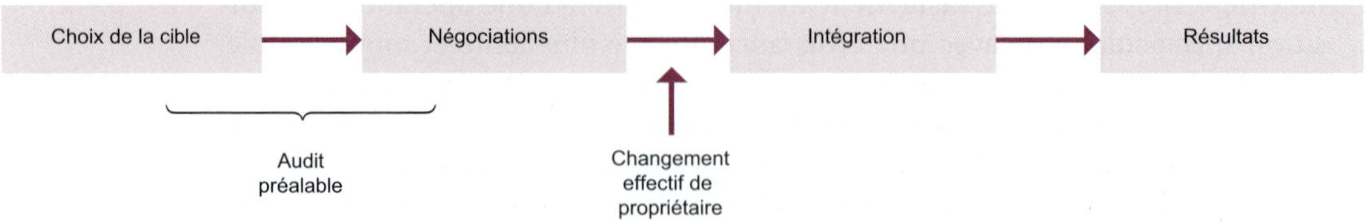

tions stratégiques de l'acquisition : extension, consolidation et capacités. Les managers doivent évaluer la compatibilité stratégique avec soin. En effet, les synergies attendues (voir la section 7.3) sont souvent surestimées afin de justifier le prix d'achat. De plus, les synergies négatives (ou *antagonismes*) entre les deux organisations sont tout aussi souvent négligées[9]. Après que Bank of America a racheté Merrill Lynch en 2008 pour 47 milliards de dollars, cette dernière a perdu une large part de son activité, car elle n'était plus autorisée à intervenir dans des opérations impliquant les très nombreux clients de sa nouvelle maison mère. Merrill Lynch est donc devenue moins performant après son acquisition, celle-ci ayant largement réduit son champ d'intervention.

- La *compatibilité organisationnelle*. Les pratiques de management, les cultures et les caractéristiques des salariés des deux organisations sont-elles compatibles ? De fortes divergences peuvent provoquer de considérables problèmes d'intégration. L'acquisition de Marvel par Disney soulève de nombreuses questions de compatibilité organisationnelle (voir l'illustration 10.1). Les fusions et acquisitions internationales sont particulièrement sensibles aux incompatibilités organisationnelles, du fait des différences linguistiques et culturelles. C'est la raison pour laquelle certaines fusions ne se traduisent pas par une intégration entre les deux organisations, chacune restant relativement indépendante en termes de management, afin de préserver les spécificités culturelles et d'éviter les conflits. Renault-Nissan et Air France-KLM sont de bons exemples de ce type d'approche[10]. Lorsqu'on souhaite estimer la compatibilité organisationnelle, une comparaison des tissus culturels des deux organisations (voir la section 5.3.6) peut se révéler utile.

La compatibilité stratégique et la compatibilité organisationnelle permettent d'évaluer la capacité potentielle de l'acheteur à améliorer la performance de la cible. On retrouve donc les questions de performance parentale évoquées dans la section 7.6. Lorsque la compatibilité organisationnelle est médiocre, l'acheteur risque de réduire la performance de la cible, même si la compatibilité stratégique est bonne. La fusion entre Alcatel et Lucent s'est ainsi traduite par de nombreux conflits qui ont entraîné de lourdes pertes et le départ des dirigeants.

Les deux critères de compatibilité stratégique et de compatibilité organisationnelle sont des éléments clés de l'audit préalable – ou *due diligence* –, c'est-à-dire de l'analyse rigoureuse de la cible qui précède généralement une acquisition. En 2012, Hewlett-Packard a été contraint de retirer de ses comptes 8,8 milliards de dollars suite au rachat l'année précédente – pour 11 milliards de dollars – de l'entreprise de logiciels britannique Autonomy. La direction de HP a accusé celle d'Autonomy d'avoir frauduleusement exagéré la valeur de l'entreprise pendant l'audit préalable (voir la controverse à la fin de ce chapitre et l'illustration 11.4). La compatibilité stratégique et la compatibilité organisationnelle peuvent permettre de sélectionner les cibles potentielles pour une fusion ou une acquisition. Cependant, étant donné qu'il existe généralement très peu d'entreprises qui non seulement satisfont ces deux critères, mais qui de plus sont disponibles pour une acquisition ou une fusion, il est tentant pour les managers de réduire leurs exigences. Des conditions strictes de compatibilité stratégique et organisationnelle sont souvent assouplies après un premier échec de fusion ou d'acquisition. Une fois qu'une équipe dirigeante a publiquement affiché son intention de réaliser une opération, le risque est grand de la voir négliger les critères de compatibilité.

La négociation

Il est absolument critique de négocier le bon prix lors d'une acquisition. Si on offre trop peu, la proposition sera rejetée : les dirigeants perdront alors en crédibilité et l'entreprise aura gaspillé beaucoup de temps et d'énergie. Si on offre trop, l'opération ne sera pas rentable.

Les méthodes d'évaluation incluent des techniques d'analyse financière telles que le délai de retour sur investissement, l'actualisation des flux de trésorerie et l'analyse de la valeur actionnariale (voir le chapitre 11)[11]. Pour l'acquisition de sociétés cotées en Bourse, un indicateur initial est bien entendu le cours de l'action de l'entreprise cible. Cependant, les acquéreurs paient généralement un prix supérieur au cours : ils offrent ce qu'il est convenu d'appeler une *prime de contrôle*, correspondant au montant additionnel dont l'acquéreur doit s'acquitter pour obtenir le contrôle total. Selon l'état des marchés financiers, cette prime peut représenter un surcoût d'au moins 30 % par rapport au cours de Bourse. Lorsque la cible résiste à une première offre – ou lorsqu'une bataille boursière s'engage avec un autre acquéreur –, les prix peuvent rapidement s'envoler bien au-delà de la véritable valeur économique de la cible. En 2007, suite à la surenchère de son concurrent Garmin, le fabricant de terminaux GPS TomTom a ainsi acheté son fournisseur de données cartographiques Tele Atlas 1 milliard d'euros de plus qu'il n'aurait dû, ce qui a gravement entamé sa rentabilité.

Il est donc important pour l'acquéreur de rester très lucide et discipliné. Les acquisitions peuvent provoquer ce qu'il est convenu d'appeler la *malédiction du vainqueur* : pour l'emporter, l'acheteur paie tellement que le coût de l'acquisition n'est jamais remboursé[12]. C'est ce qui est arrivé lorsque la Royal Bank of Scotland a affronté Barclays pour le rachat d'ABN AMRO. La Royal Bank of Scotland l'a emporté, mais le prix excessif (70 milliards d'euros) a provoqué son effondrement et sa nationalisation. Les effets négatifs d'un prix excessif peuvent encore être accentués si l'acquéreur tente de compenser sa dépense en supprimant certains investissements indispensables afin d'améliorer sa rentabilité à court terme. Entraînés dans ce *cercle vicieux de la surévaluation*, les acheteurs ayant trop dépensé peuvent rapidement anéantir l'intérêt de leur acquisition en imposant des économies aux actifs (marque, R&D, personnel clé, etc.) qui constituaient la valeur stratégique de leur cible.

L'intégration de la cible

Le succès d'une fusion ou d'une acquisition dépendra fortement de la réussite de l'intégration entre les deux organisations. L'intégration est souvent problématique du fait d'une insuffisante compatibilité organisationnelle. Il peut ainsi exister de fortes différences culturelles entre les deux organisations (voir la section 5.3), qui peuvent aussit utiliser des systèmes financiers ou des systèmes d'information incompatibles (voir la section 13.3).

L'illustration 10.2 décrit le modèle d'intégration adopté par le conglomérat indien Tata après son acquisition du constructeur automobile britannique Jaguar Land Rover, et les difficultés rencontrées dans un contexte de crise mondiale. Une mauvaise intégration peut faire échouer une opération de fusion ou d'acquisition. Il est donc crucial de choisir la bonne démarche d'intégration.

Philippe Haspeslagh et David Jemison, de l'INSEAD, affirment que le choix du type d'intégration dépend de deux critères essentiels[13] :

- L'*interdépendance stratégique.* Lorsque les stratégies des deux entreprises sont fortement interdépendantes, l'intégration devra être forte. Si l'acquisition est justifiée

Illustration 10.2

De la Nano à Jaguar

En 2008, l'acquisition de Jaguar et Land Rover par le groupe indien Tata, fabriquant notamment la voiture à très bas prix Nano, fut considérée comme une hérésie. Cinq ans plus tard, le succès était pourtant éclatant.

En 2014, le groupe Tata était la plus vaste entreprise privée en Inde, avec des activités extrêmement diverses, allant de la sidérurgie à l'hôtellerie en passant par le conseil, les télécoms et l'automobile. Son président, Ratan Tata, déployait une stratégie d'internationalisation qui s'était notamment traduite par le rachat du groupe sidérurgique anglo-néerlandais Corus en 2007. En janvier 2008, Tata Motors, qui produisait déjà toute une gamme de véhicules, lança la Nano, la voiture la moins chère du monde (2 000 euros). Deux mois plus tard, Tata Motors racheta à Ford ses marques de prestige, Jaguar et Land Rover, pour 2,2 milliards de dollars. Les analystes étaient sceptiques. Comment Tata serait-il capable de mieux gérer Jaguar et Land Rover que ne l'avait fait Ford, qui n'avait pourtant pas ménagé ses investissements. Quelles étaient les synergies ?

Malheureusement, le rachat coïncida avec l'éclatement de la crise. Le prix du pétrole s'envola, les faillites bancaires effrayèrent les clients, le crédit se fit rare et la demande pour les voitures de luxe s'effondra. Jaguar Land Rover (JLR) perdit 807 millions d'euros en un an et ses ventes plongèrent de 32 % en 10 mois. La dette de Tata doubla pour atteindre 12,9 milliards d'euros, le cours de son action plongea et la confiance des prêteurs s'éroda. Allait-on vers une délocalisation des 16 000 employés de JLR, répartis dans cinq sites au Royaume-Uni ? Comme le remarqua un banquier : « S'ils continuent comme cela, JLR ne survivra pas. » Tata demanda l'aide du gouvernement britannique, sans succès.

Ratan Tata se voulut rassurant. Lors d'une visite personnelle sur place, il rappela que son père avait acheté une Jaguar plus d'un demi-siècle auparavant. Il évoqua la renaissance de la marque Daimler (une filiale de Jaguar qui fournissait les véhicules de la famille royale d'Angleterre) et le retour de Jaguar en sport automobile. Jaguar Land Rover annonça dans la foulée son intention de recruter plus de 600 personnes qualifiées afin de conduire un projet de développement de véhicules respectueux de l'environnement.

Les défis restaient cependant importants. En tant que filiale de Ford, JLR s'était appuyé sur l'activité de crédit de sa maison mère pour financer ses opérations et ses ventes. Il lui fallait désormais négocier directement avec les banques. Tout son système d'information était aussi partagé avec Ford. Le directeur général de JLR, David Smith, commenta : « Le système d'information est une véritable hydre. » Pour accroître l'efficience et sauver l'entreprise, 2 200 emplois furent supprimés et la direction décida un plan de réduction drastique des coûts.

Tata ne chercha cependant pas à intégrer fortement sa filiale. Il se contenta de former un comité stratégique qui se réunissait tous les deux mois et qui comprenait trois membres : Ratan Tata, le directeur de Tata Motors et David Smith. Le comité de direction de JLR n'incluait aucun représentant de Tata. David Smith expliqua : « Tata veut que nous soyons autonomes. J'ai toute la latitude dont j'ai besoin. [...] Nous pouvons prendre des décisions rapidement. C'est ce qui va le plus nous changer par rapport à Ford [...] Le rôle des relations individuelles est nettement plus important. » à propos de Ratan Tata, David Smith remarqua : « Il est très impliqué. Les concepteurs l'adorent car c'est un architecte : non seulement il est capable de leur dire ce qu'il pense, mais il peut le leur dire avec leurs mots. » Pour autant, JLR pouvait utiliser l'expertise de Tata Motors en termes de contrôle des coûts, ainsi que celle de Tata Consulting en systèmes d'information.

Le redressement de JLR fut spectaculaire. En 2012, JLR lança le Range Rover Evoque, un modèle à carrosserie en aluminium dont le projet avait été initié du temps de Ford, et qui rencontra un grand succès en Europe avec plus de 100 000 exemplaires vendus en un an. En 2013, ce fut au tour de la Jaguar F-Type de gagner le prix international du design automobile. Entre 2011 et 2013, plus de 7 000 salariés furent recrutés, le chiffre d'affaires augmenta de 60 % et le résultat avant impôts de 50 %. La demande pour les modèles de JLR était particulièrement forte en Inde et en Chine, où une nouvelle usine fut construite en partenariat avec Geely. En revanche, David Smith fut remplacé en 2010 par l'Allemand Ralph Speth, ancien vice-président de BMW.

Sources : jaguarlandrover.com ; *Management Today*, 1er mai 2009 ; *Financial Times*, 7 novembre 2012.

Questions

1. En utilisant la matrice de Haspeslagh et Jemison (voir le schéma 10.2), évaluez l'approche utilisée par Tata pour intégrer JLR.
2. Comment expliquez-vous le succès de Tata dans la gestion de JLR ?

par la volonté de transférer des capacités (par exemple, une technologie) ou de partager des ressources (par exemple un réseau de distribution), les deux organisations devront être complètement intégrées. Bien entendu, certaines acquisitions prennent la forme d'une diversification conglomérale (voir la section 7.2), auquel cas le besoin d'intégration peut se limiter aux systèmes financiers et comptables.
- Le *besoin d'autonomie organisationnelle*. La nature des organisations impliquées peut cependant modifier la logique de l'interdépendance stratégique. Il est préférable de ne pas intégrer – du moins pas dans un premier temps – une entreprise acquise qui présente une culture très spécifique, qui est géographiquement très distante ou qui est dominée par des professionnels jaloux de leur indépendance. Quelquefois, l'acquisition est justement légitimée par le fait que le caractère très distinctif de la cible est valorisé par l'acquéreur[14]. Dans ce cas, bien entendu, mieux vaut apprendre progressivement de la culture de la cible plutôt que de risquer de la détruire par une intégration trop maladroite.

Comme le montre le schéma 10.3, ces deux critères permettent d'identifier quatre types d'intégration[15], qui ont des implications importantes sur la durée de la période d'intégration et sur le choix des nouveaux dirigeants[16] :

- L'*absorption* est préférable lorsque l'interdépendance stratégique est forte et que le besoin d'autonomie organisationnelle est faible. L'absorption implique un alignement rapide des stratégies de la cible avec celles de l'acquéreur et les changements correspondants dans sa culture et ses systèmes. Dans cette situation, il est habituel de recruter à la tête de l'organisation acquise un nouveau dirigeant, mieux à même de rompre avec les schémas de pensée établis.
- La *préservation* est appropriée lorsque l'interdépendance stratégique est limitée et que le besoin d'autonomie organisationnelle est fort, par exemple dans le cas d'un conglomérat. La préservation permet aux stratégies établies, aux cultures et aux systèmes de se maintenir, les changements étant confinés au strict minimum, notamment les règles d'information financière nécessaires au contrôle des activités.
- La *symbiose* est indiquée lorsque l'interdépendance stratégique est forte et que le besoin d'autonomie organisationnelle est élevé, par exemple dans les entre-

Schéma 10.3 La matrice d'intégration d'une acquisition

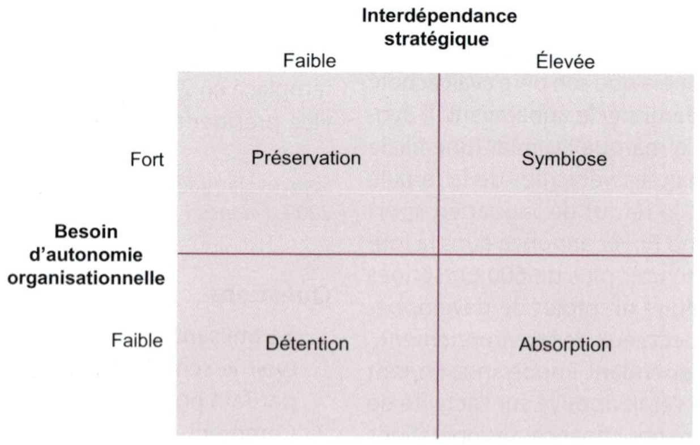

Source : P. Haspeslagh et D. Jemison, *Managing Acquisitions: Creating Value Through Corporate Renewal*, Free Press, 1991.

prises de services qui dépendent de la compétence et de la créativité de leurs membres. La symbiose implique que la cible et l'acquéreur apprennent l'un de l'autre et partagent leurs qualités. Ce processus est long et c'est le mode d'intégration le plus complexe.

- La *détention* est une situation dans laquelle l'intégration a peu d'intérêt. C'est notamment le cas lorsque la cible rencontre d'importantes difficultés financières et qu'une importante restructuration est nécessaire. Mieux vaut alors éviter l'intégration afin de limiter la propagation des difficultés au reste de l'entreprise[17]. En revanche, l'acquéreur doit directement intervenir pour résoudre ces problèmes. L'autonomie de la cible est donc réduite. Cependant, il est souvent préférable de conserver les managers en place, car ils pourront agir plus rapidement. Ces activités ne sont généralement détenues que temporairement, avant d'être revendues à un autre acheteur.

Dans les cas d'absorption et de symbiose, le succès ou l'échec de l'acquisition dépend avant tout de la manière dont l'intégration sera réalisée. Les méthodes de gestion du changement présentées dans le chapitre 14 peuvent être utiles à ce stade. Cependant, étant donné qu'une acquisition implique souvent des suppressions d'emplois, des évolutions de carrière soudaines, des transferts de personnel et l'annulation de projets, la *justice organisationnelle* est particulièrement déterminante dans la réussite d'une intégration. La justice organisationnelle[18] désigne l'équité des actions managériales en termes de distribution, de procédures et d'information :

- La *justice distributive* se rapporte à la distribution des postes et des rétributions. Il sera ainsi considéré comme injuste lors d'une fusion entre égaux de réserver la grande majorité des postes de direction à un seul des deux partenaires.
- La *justice procédurale* concerne les procédures grâce auxquelles les décisions sont prises. Si les décisions d'intégration sont issues de comités ou de groupes projets dans lesquels siègent des représentants des deux parties, alors les procédures seront certainement considérées comme justes.
- La *justice informationnelle* désigne la manière dont l'information est utilisée et communiquée lors de l'intégration. Si les décisions sont bien expliquées à toutes les personnes impliquées, il est plus probable qu'elles les acceptent.

Kraft n'a pas respecté les principes de justice procédurale et de justice informationnelle : avant son OPA sur Cadbury en 2010, il a assuré aux investisseurs et aux salariés qu'il préserverait les sites de production britanniques, et un mois après le succès de son rachat, il a délocalisé l'usine de Bristol (400 salariés) en Pologne. Cette décision a déclenché une controverse politique et provoqué une perte de confiance des anciens salariés de Cadbury.

10.3.5 L'évolution des fusions et acquisitions

Les fusions et acquisitions connaissent une évolution temporelle. Premièrement, elles sont rarement isolées : les organisations ont tendance à multiplier les acquisitions au cours de leur développement stratégique. Deuxièmement, avec l'évolution du contexte stratégique, certaines activités acquises peuvent perdre de leur intérêt, ce qui peut finir par justifier leur cession :

- Les *fusions et acquisitions en série.* Certaines entreprises multiplient les acquisitions, parfois même en parallèle. Travailler sur plusieurs fusions et acquisitions simultanées exige beaucoup de compétence et de savoir-faire. Cependant, la répétitivité du processus permet d'accumuler de l'expérience. Cisco est connu pour sa maîtrise du processus : entre 1993 et 2012, le groupe a ainsi mené à bien 157 acquisitions, qui représentent plus de 50 % de son chiffre d'affaires. Certaines entreprises mettent ainsi en place des équipes spécialisées, chargées de piloter l'intégralité de la démarche, du choix des cibles à la négociation du prix et à l'intégration. Pour réaliser une cinquantaine d'acquisitions IBM a ainsi évalué 500 cibles potentielles, dont la plupart ont été écartées. IBM a ensuite constitué 50 équipes d'intégration – une pour chaque opération –, ce qui fait que jusqu'à dix équipes ont parfois travaillé simultanément[19].

- Les *cessions*. Une organisation peut être conduite parfois à céder une activité qui n'est plus compatible avec sa stratégie[20]. Tout dépend de l'avantage parental (voir la section 7.4) : la maison mère permet-elle à sa filiale de dégager une performance supérieure à celle qu'elle dégagerait si elle avait un autre propriétaire ? Si tel n'est pas le cas, une cession doit être envisagée, au meilleur prix possible. Les dirigeants sont souvent réticents à céder certaines activités, car ils perçoivent cela comme un échec. Pourtant, une vision dynamique du périmètre d'activité devrait les encourager à considérer les cessions de manière positive. Les fonds retirés de la revente d'activités stratégiquement peu cohérentes peuvent être investis dans des activités dont la compatibilité stratégique est supérieure. Obtenir un bon prix de la cession d'une activité peut rembourser une partie des pertes qu'elle a éventuellement subies. Les cessions peuvent cependant être motivées par une tout autre raison : la pression des autorités de la concurrence, qui obligent parfois des entreprises en position dominante à céder une partie de leurs activités. En 2012, pour obtenir l'autorisation de racheter la maison de disque EMI pour 1,9 milliards d'euros, Vivendi Universal a ainsi été contraint de vendre 10 % de ses activités musicales.

Les fusions et acquisitions constituent donc une modalité de développement stratégique courante. Elles sont cependant complexes à mener et parfois choisies pour de mauvaises raisons. Il est donc important de considérer d'autres modalités de croissance externe : les alliances et les partenariats.

10.4 Les alliances et partenariats

La collaboration entre deux organisations peut prendre deux formes : les *alliances* (lorsque les organisations sont concurrentes) et les *partenariats* (lorsqu'elles ne le sont pas). Les alliances et partenariats varient considérablement en termes de forme et de complexité, du simple partenariat entre un producteur et un distributeur jusqu'aux alliances entre de multiples concurrents dans le but de proposer des solutions élaborées. Selon le cabinet Accenture, les plus grosses entreprises mondiales participent ainsi en moyenne à 30 alliances ou partenariats simultanés[21].

L'approche collaborative modifie certains des aspects fondamentaux de la stratégie. Plutôt que de se limiter à l'avantage concurrentiel d'une seule entreprise, elle incite à réfléchir en termes de succès collectif du réseau de partenaires ou d'alliés[22]. On parle ainsi de *stratégie collective* pour décrire comment le réseau d'alliances ou de partenariats dont une organisation fait partie affronte d'autres réseaux équivalents. Le succès de la console Xbox de Microsoft repose fortement sur la force collective de son réseau de studios de développement de jeux, comprenant par exemple Bungie Studio (les auteurs du jeu Halo), Crystal Dynamics (Tomb Raider),

Rockstar North (Grand Theft Auto) ou Crytek Studios (Crysis). La stratégie de Microsoft consiste notamment à mobiliser un réseau plus puissant que celui de ses concurrents Sony et Nintendo. Le succès repose donc autant sur la collaboration que sur la compétition. Comme pour l'avantage concurrentiel et l'avantage parental, on parle d'ailleurs d'**avantage collaboratif** pour décrire la capacité d'une organisation à mieux gérer les alliances et partenariats que ses concurrents[23]. Microsoft doit ainsi être capable de mieux travailler avec les membres de son réseau pour s'assurer qu'ils produisent les meilleurs jeux. Plus la collaboration sera efficace, plus le succès de Microsoft sera au rendez-vous. L'illustration 10.3 décrit la stratégie collective d'Apple pour l'iPad.

Il est possible de distinguer les types de collaborations selon leur *nature* (alliances ou partenariats) et selon la *forme* qu'il prennent (licences, franchises, coentreprises, consortiums, etc.).

10.4.1 La nature de la collaboration : alliances ou partenariats

La nature de la collaboration diffère selon que les organisations impliquées sont ou non concurrentes. Dans le premier cas, on parle d'alliance et dans le second de partenariat. Le schéma 10.4 résume les différents types d'alliances et de partenariats.

Les alliances

Une **alliance** est une collaboration entre deux organisations concurrentes. Des concurrents peuvent être tentés de collaborer pour plusieurs raisons, ce qui permet de distinguer deux grands types d'alliances : les alliances *complémentaires* (qui reposent sur la combinaison des chaînes de valeur des alliés) et les alliances *supplémentaires* (qui reposent sur l'obtention d'une masse critique)[24] :

- Les *alliances complémentaires* correspondent à la situation dans laquelle deux concurrents ou plus décident de collaborer afin de bénéficier de leurs ressources et compétences respectives. Au long de la chaîne de valeur, un des alliés peut avoir développé une expertise supérieure sur certains maillons, mais être moins compétent sur d'autres. L'alliance complémentaire consiste donc à échanger des pôles d'excellence et à assurer un apprentissage commun en s'appuyant sur l'expertise de chacun. Un cas particulier concerne des alliés qui ne sont pas

Schéma 10.4 La nature des alliances et partenariats

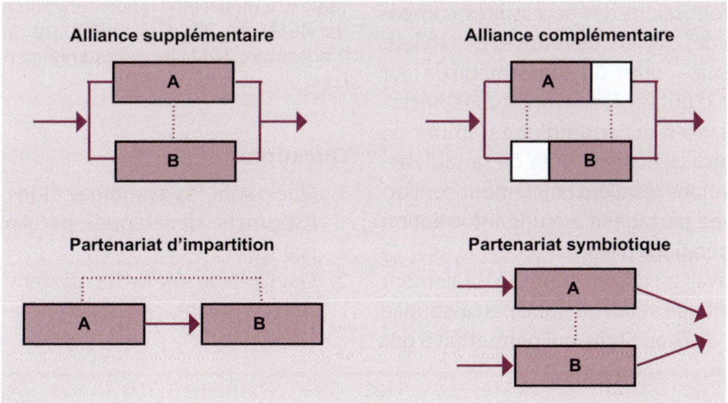

Illustration 10.3

Apple et l'avantage collaboratif de l'iPad

Peut-on obtenir un avantage concurrentiel par la collaboration ?

Comme tous les ans depuis 2010, une nouvelle version de l'iPad d'Apple fut lancée en grande pompe le 16 mars 2012. Cela faisait alors deux ans qu'Apple dominait le marché des tablettes. L'ergonomie de l'iPad, son superbe écran, ainsi que la performance de son système d'exploitation, iOS, spécialement conçu pour une utilisation mobile, lui valaient de très nombreux admirateurs. Cependant, certains des premiers clients de ce nouvel iPad souhaitaient avant tout le démonter, afin de mieux comprendre son succès.

Le cabinet d'étude de marché iSuppli révéla ainsi que les coût de fabrication du modèle haut de gamme vendu 829 dollars s'élevaient à 409 dollars, soit seulement 49 % de son prix de vente. Broadcom et Qualcomm fournissaient les puces wifi et Bluetooth, STMicroeletronics le gyroscope, Cirrus Logic le circuit audio, trois entreprises taiwanaises les capteurs tactiles et Sony la caméra. Samsung, un des principaux concurrents d'Apple sur le marché des tablettes, fournissait une proportion significative de l'iPad : l'écran, la batterie et le processeur.

Apple était ainsi au cœur d'un réseau, ce qui ne l'avait pas empêché de toujours jalousement protéger sa propriété intellectuelle. Apple ne proposait aucune licence. Il était donc impossible de fabriquer des iPad à bas prix, comme l'avaient fait les fabricants taïwanais avec les ordinateurs compatibles PC dans les années 1980. Apple pouvait ainsi contrôler la production de ses tablettes et préserver sa politique de prix particulièrement élitiste.

À l'image de l'Américain Griffin et du Suisse Logitech, le succès de l'iPad avait attiré de nombreuses entreprises qui proposaient des accessoires compatibles, notamment des claviers, des étuis et des stylets. Apple leur permettait – contre un pourcentage de leur chiffre d'affaires – d'utiliser les technologies nécessaires, et bénéficiait en échange d'une gamme de produits qui renforçait encore l'attrait de sa tablette. Cependant, les relations restaient strictement concurrentielles : Apple ne partageait aucune information sur les futures générations d'iPad.

Alors qu'Apple avait au départ contrôlé totalement l'accès à iOS, sa politique s'était quelque peu assouplie avec le lancement de l'App Store, qui permettait à des centaines de milliers de développeurs externes de vendre leurs applications. L'attractivité d'iOS et la forte demande encourageaient les développeurs à se tourner en priorité vers Apple.

Les clients appréciaient la facilité d'utilisation et le vaste écosystème de l'iPad. Cependant, la concurrence se faisait plus pressante. La tablette à bas prix d'Amazon, la Kindle, proposait un considérable catalogue de films et de livres, mais son aspect était en retrait par rapport à l'iPad et elle n'offrait pas le même nombre d'applications. La Nexus de Google, fabriquée par Samsung, s'appuyait sur ses logiciels, sur la résolution de son écran, sur son système d'exploitation Android, sur un écosystème bien plus ouvert que celui d'Apple et – là encore – sur un prix de vente significativement inférieur à celui de l'iPad. La tablette de Samsung, la Galaxy Tab, en plus des avantages de celle de Google, ajoutait un design convaincant. Enfin, Microsoft, avec sa tablette Surface, ne proposait pas encore un écosystème aussi vaste que ses concurrents, et sa compatibilité avec Windows était un argument pour les clients professionnels, elle perturbait quelque peu l'expérience utilisateur.

En septembre 2012, Apple devint brièvement la première capitalisation boursière mondiale, devant ExxonMobil. Cependant, le taux de croissance des ventes d'iPad ralentissait, alors que le marché des tablettes explosait. Le prix de l'action Apple chuta de 30 % en six mois. Le groupe était également accaparé par plusieurs procédures juridiques à l'encontre de Samsung, accusé d'avoir copié l'aspect de l'iPad pour sa Galaxy Tab. Or, Samsung avait répliqué en accusant Apple de contrefaçon de plusieurs de ses brevets. De fait, en fin 2012, Apple décida de changer de fournisseur de batteries et remplaça Samsung par des fabricants chinois.

Sources : G. Linden, K. Kraemer et J. Dedrick, « Who captures value in a global innovation network? », *Communications of the ACM*, vol. 52, n° 3 (2009), pp. 140-145 ; Telegraph, 6 novembre 2012 ; broadcastengineering.com ; allthingsd.com.

Questions

1. Quels sont les avantages et les inconvénients de l'approche développée par Apple en termes de licences ?
2. Quel a été le rôle de l'écosystème dans la construction de l'avantage concurrentiel d'Apple ?

présents sur les mêmes zones géographiques d'origine et qui coopèrent afin de profiter de leurs implantations réciproques. On peut citer notamment les multiples accords conclus entre les grandes compagnies aériennes (SkyTeam, One World ou Star Alliance), qui mettent en commun leurs réseaux de correspondances et d'escales, en général développés sur des zones géographiques distinctes.

- Les *alliances supplémentaires* consistent à cumuler les forces de plusieurs organisations – notamment en termes de part de marché – de manière à atteindre une visibilité et une crédibilité permettant de renforcer les chances de succès d'un projet. Elles concernent des organisations qui souhaitent additionner leurs ressources et compétences afin de dépasser un seuil de rentabilité ou une taille critique. On peut citer le consortium européen Airbus : chacun de ses membres serait capable de concevoir, produire et commercialiser un avion sans recourir à une alliance, mais en participant au projet commun, il s'assure une progression plus rapide le long de la courbe d'expérience, un pouvoir de négociation supérieur auprès des fournisseurs, et des débouchés plus larges auprès des compagnies aériennes. Les alliances supplémentaires sont aussi utilisées pour imposer des normes industrielles, notamment dans l'électronique grand public. Étant donné qu'une norme a d'autant plus de chances de s'imposer qu'elle bénéficie dès son apparition d'une diffusion importante (voir la section 6.3.6 sur le verrouillage des marchés et la section 9.3 sur la diffusion des innovations), un standard qui rassemble plusieurs concurrents est plus à même de connaître le succès. On peut citer l'alliance entre Sony, Apple, Hitachi, LG, Sharp, TDK, Samsung, Mitsubishi, Panasonic, Philips, Thomson et Sun pour imposer le DVD Blu-ray en 2005, face au standard concurrent HD-DVD proposé – jusqu'à son abandon en février 2008 – par Toshiba, Microsoft, Intel, Sanyo, NEC et Acer.

Une alliance – et *a fortiori* une alliance supplémentaire – doit recevoir l'aval des autorités de la concurrence, faute de quoi elle risque d'être assimilée à une entente. En constituant des cartels, des concurrents peuvent chercher à imposer des tarifs plus élevés à leurs clients ou des coûts d'approvisionnement plus faibles à leurs fournisseurs. Ce type d'entente est généralement illégal et condamné comme tel (voir l'illustration 6.5 sur le cartel du fret aérien). En 2012, les trois principaux opérateurs de téléphonie mobile français ont ainsi été condamnés à verser une amende de 534 millions d'euros pour entente illicite sur les prix.

Les partenariats

Si une alliance est une collaboration entre concurrents, à l'inverse, un **partenariat** est une collaboration entre des organisations qui ne sont *pas* concurrentes. Deux cas de figure peuvent se présenter :

- Les *partenariats d'impartition*[25] désignent les collaborations entre des organisations qui entretiennent des relations de client/fournisseur. Le fournisseur s'assure ainsi un débouché commercial et le client peut obtenir une offre adaptée à ses besoins. La participation de certaines compagnies aériennes à la conception des avions de ligne relève des partenariats d'impartition, à l'image de Singapore Airlines qui s'est associé à Airbus pour le projet de l'A380. De même, le constructeur de microprocesseurs Intel finance les deux tiers des campagnes publicitaires des fabricants de micro-ordinateurs qui utilisent son slogan « Intel Inside ».
- Les *partenariats symbiotiques* sont des collaborations entre des organisations qui non seulement ne sont pas concurrentes (c'est la définition d'un partenariat),

mais en plus n'entretiennent aucune relation de client/fournisseur. Si les causes de ces accords peuvent être multiples, il s'agit généralement d'exploiter conjointement une clientèle ou une ressource. On peut évoquer le partenariat historique entre Disney, McDonald's et Nestlé : les enfants poussaient leurs parents à manger chez McDonald's ou à acheter des produits Nestlé pour retrouver les personnages des films Disney, ou réciproquement, ils insistaient pour aller au cinéma voir le film dont leur restaurant ou leurs céréales faisaient la promotion. Ce partenariat a été rompu par Disney en 2006, le groupe ne souhaitant plus que son image soit associée à celle de McDonald's, accusé de contribuer à l'augmentation de l'obésité chez les enfants.

10.4.2 La forme de la collaboration

En dehors de ces différences de *nature* entre alliances et partenariats, il existe de multiples *formes* de collaboration entre organisations. Certaines relations incluent des prises de participations croisées ou la création d'organisations communes :

- Les *coentreprises* – ou *joint-ventures* – correspondent à la situation dans laquelle les organisations restent indépendantes, mais possèdent conjointement une structure juridique créée pour la circonstance. Cette solution a notamment été privilégiée dans les collaborations entre des entreprises occidentales et leurs homologues chinoises. Les Occidentaux apportent des technologies, de l'expertise managériale et des financements, alors que les Chinois fournissent la main-d'œuvre et l'accès aux marchés locaux. Le constructeur automobile français PSA a ainsi conclu deux coentreprises en Chine, l'une avec Dongfeng pour sa gamme classique et l'autre avec Changan pour sa gamme DS.
- Les *consortiums* impliquent généralement deux organisations ou plus dans une forme de coentreprise focalisée sur un projet particulier. Cela inclut notamment les grands projets d'ingénierie ou de génie civil comme Eurotunnel, Airbus ou Arianespace. Il est également possible d'établir des consortiums entre des organisations du secteur public, par exemple dans les infrastructures de transport (gestion partagée de certaines lignes du RER parisien entre la RATP et la SNCF).

D'autres types d'alliances et partenariats sont de nature contractuelle et n'impliquent généralement pas de participations croisées :

- La *franchise*. Le franchisé se concentre sur certaines activités comme la production, la distribution ou la vente, alors que le franchiseur est responsable de la publicité, du marketing et de la formation. L'exemple le plus connu est certainement celui de McDonald's, dont environ 90 % des restaurants sont en franchise.
- Les accords de *licence* sont courants dans les industries à fort contenu technologique, dans lesquelles le droit de fabriquer un produit breveté est accordé en échange du versement d'une commission.
- Dans le cas de la *sous-traitance*, une entreprise délègue un service ou une partie d'un processus à un prestataire externe. Dans les services publics, c'est de plus en plus souvent le cas pour le nettoyage, le gardiennage ou les systèmes d'information, sous-traités à des entreprises privées (voir l'illustration 7.3).

Les organisations à but non lucratif sont elles aussi de plus en plus souvent impliquées dans des alliances et des partenariats. Afin de maximiser l'impact de leur action, les associations caritatives doivent ainsi collaborer avec des organisations publiques ou des entreprises privées. Même si on les considère comme naturellement plus collaboratives que les entreprises, ces organisations sont également concernées par les points présentés dans la section suivante.

10.4.3 Les processus de collaboration

Tout comme les fusions et acquisitions, les alliances et partenariats doivent être considérés comme des processus qui se développent au cours du temps. Les alliances peuvent ainsi durer très longtemps, à l'image de celle qui lie l'Américain General Electric et le Français Snecma pour le développement de moteurs d'avions, qui a débuté en 1974 et qui a été récemment prolongée jusqu'à 2040. Cependant, sur des durées aussi longues, les besoins et les capacités des alliés ou des partenaires risquent d'évoluer. Or, la nature de la collaboration fait qu'il n'existe généralement pas d'autorité pouvant décider unilatéralement de revoir la relation : tout doit être négocié entre les alliés ou les partenaires. Cette absence de contrôle au sein d'une alliance ou d'un partenariat implique des processus managériaux exigeants. Deux aspects méritent une attention particulière :

- La *coévolution*. Plutôt que d'imaginer une alliance ou un partenariat comme un événement ponctuel, mieux vaut les concevoir comme un processus de coévolution[26] au sein duquel les partenaires, les stratégies et les contextes – voire la nature et la forme de la collaboration – changent au cours du temps. Il est peu probable que la relation reste telle que les alliés ou les partenaires l'envisageaient au départ.
- La *confiance*. Compte tenu de la nature évolutive des alliances et partenariats et le contrôle limité entre les organisations impliquées, la confiance joue un rôle majeur dans ce type de relations[27]. Toutes les situations futures ne peuvent pas être décrites par le contrat initial. Chaque allié devra faire des investissements vulnérables à l'opportunisme des autres parties. Tout cela implique une attitude de confiance réciproque pendant toute la durée de la relation. La confiance est particulièrement fragile dans les alliances (qui par nature rassemblent des concurrents) ou dans les relations entre des services publics et des entreprises privées (le service public soupçonne l'entreprise de cupidité, qui pour sa part craint des revirements politiques).

Les principes de partenariat mis en place par l'Alliance internationale VIH/sida concernent spécifiquement la coévolution et la confiance, comme le montre l'illustration 10.4.

La coévolution et la confiance jouent des rôles différents lors des étapes successives d'une alliance ou d'un partenariat. Le schéma 10.5 présente un modèle simple d'évolution d'une alliance ou d'un partenariat. Le montant des ressources engagées diffère d'une étape à l'autre :

- L'*approche*. La première phase d'une collaboration est l'approche des partenaires ou des alliés potentiels. La principale ressource engagée est alors le temps des managers. L'approche ne doit pas être précipitée, car il convient de s'assurer de la volonté des deux parties. Comme pour une fusion ou une acquisition, chacun doit trouver son intérêt en termes de compatibilité stratégique et de compatibilité organisationnelle (voir la section 10.3.4). De plus, étant donné que la collaboration n'implique pas le même degré de contrôle, la confiance mutuelle joue dès le départ un rôle particulièrement important.

Illustration 10.4

Confiance et coévolution au sein de l'Alliance internationale VIH/sida

Une organisation non gouvernementale internationale aide les populations locales à lutter contre le Sida.

En 2012, 34 millions de personnes dans le monde étaient porteuses du virus VIH. Le sida avait fait 1,7 million de victimes pour la seule année 2011. Des millions de séropositifs vivaient dans l'exclusion, l'insécurité et la misère. Pourtant, la plupart des décès causés par le virus VIH auraient pu être évités grâce à la thérapie antirétrovirale.

L'Alliance internationale VIH/sida avait été fondée en 1993 pour répondre à ce problème criant. Elle avait pour but de développer les capacités locales de réponse au VIH, et non d'intervenir directement auprès des malades. L'essentiel de son action (expertise technique, soutien financier à des initiatives communautaires) passait par des organisations de liaison à but non lucratif, implantées nationalement, dont les capacités, la taille et l'étendue étaient très variables. Fin 2012, l'Alliance était ainsi constituée d'un réseau de 41 organisations de liaison, de sept centres de support technique et d'un secrétariat international, ce qui lui permettait de toucher 4,4 millions de personnes. Chacun des sept centres de support technique, hébergé par une organisation de liaison, rassemblait une équipe de prestataires de services et d'experts locaux qui avaient pour mission de renforcer la capacité de lutte contre le sida, notamment auprès des gouvernements.

L'Alliance était dirigée par un conseil d'administration qui approuvait sa stratégie et s'assurait qu'elle remplissait sa mission. Les administrateurs nommaient le directeur général de l'Alliance. Le secrétariat était localisé à Brighton, au Royaume-Uni, et comptait des bureaux à Washington, Bruxelles et Genève. Au départ, l'Alliance s'était comportée comme une agence de financement et d'expertise, s'appuyant sur la capacité des organisations locales et distribuant les fonds récoltés auprès de donateurs, dans une approche par projets strictement technique. Progressivement, les activités stratégiques – transfert des meilleures pratiques, accréditation des organisations, amélioration de la qualité, renforcement des ressources disponibles – avaient pris de l'importance. Au fur et à mesure du développement des organisations de liaison, le rôle du secrétariat évolua vers le transfert de connaissances au sein du réseau et la promotion de l'Alliance auprès des responsables politiques. Le secrétariat évaluait les programmes et levait des fonds, essentiellement auprès d'agences gouvernementales. Toutes les organisations de liaison signaient une charte qui décrivait les objectifs de l'Alliance, son fonctionnement, ses valeurs, ses engagements et la manière dont elle comptait les honorer. Un système d'accréditation permettait d'évaluer les organisations de liaison et de certifier qu'elles répondaient à une série de standards. Awo Ablo, le directeur des relations extérieures de l'Alliance, soulignait cependant qu'il était important de comprendre les relations historiques entre le secrétariat et les organisations de liaison : « Le principe d'égalité entre les organisations et de liaison et le secrétariat est dans l'ADN de l'Alliance. Le secrétariat n'est pas au-dessus d'elles. » De fait, l'Alliance se considérait elle-même comme une « famille » dans laquelle le consentement mutuel était important.

Cependant, la structure de l'Alliance évoluait. Jusqu'aux années 2000, les experts techniques du secrétariat avaient régulièrement été envoyés auprès des organisations de liaison, ce qui s'était révélé trop coûteux. De plus, les organisations de liaison avaient développé leur propre expertise et elles étaient devenues capables de s'aider mutuellement. Les plus importantes organisations de liaisons levaient elles-mêmes des fonds. De fait, le secrétariat se comportait de plus en plus comme un architecte de la coopération, chargé de regrouper des organisations civiles afin de remplir sa mission de lutte contre le sida.

En 2012, les fonds collectés commencèrent à diminuer. Dans certains pays, la collecte fut même nulle, les autorités locales soulignant que leur économie était désormais suffisamment développée pour qu'ils puissent subvenir eux-mêmes à leurs besoins. Cette évolution posait directement la question du rôle futur de l'Alliance et du secrétariat.

Source : aidsalliance.org.

Questions

1. Quel rôle la confiance joue-t-elle au sein de l'Alliance ?
2. L'Alliance a-t-elle évolué au cours du temps ? Continue-t-elle à évoluer ?

Schéma 10.5 **L'évolution des alliances et des partenariats**

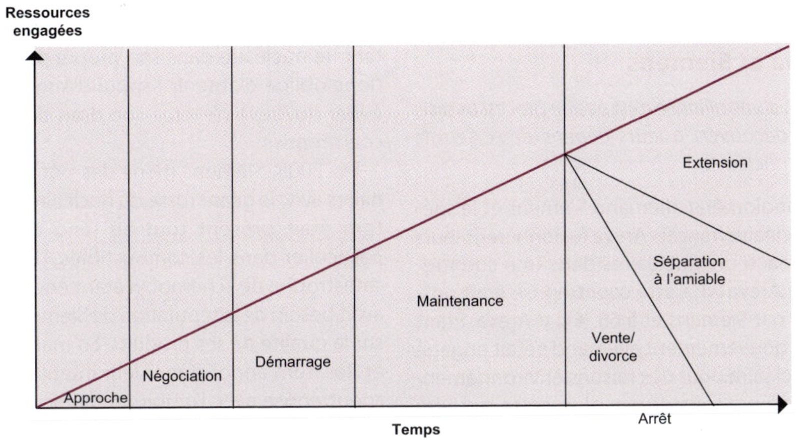

Source : adapté de E. Murray et J. Mahon, « Strategic alliances: gateway to new Europe », *Long Range Planning*, vol. 26 (1993), p. 109.

- La *négociation*. Les futurs alliés doivent négocier avec soin leurs rôles mutuels. Lorsque la relation implique la création d'une entité commune – notamment une coentreprise –, l'apport de chacun doit être précisé. L'obtention d'un contrat clair et équitable implique là encore que les managers investissent beaucoup de leur temps. Dans le cas de la coentreprise Areva/Siemens (voir l'illustration 10.5), Siemens a regretté de ne pas détenir une part plus importante. Même si la négociation des parts dans une coentreprise est comparable au processus d'évaluation mené lors d'une fusion ou d'une acquisition, les contrats d'alliance ou de partenariat exigent aussi que chacun s'engage sur son comportement futur. Une négociation trop précipitée peut entamer la confiance réciproque et le besoin de coévolution implique que le contrat soit suffisamment flexible pour permettre des aménagements. Lors d'une acquisition, il est possible de faire des ajustements en utilisant l'autorité hiérarchique, alors que dans une alliance ou un partenariat, le contrat initial engage les cosignataires, même si le contexte évolue.
- Le *démarrage*. L'étape suivante est le démarrage, qui nécessite souvent l'allocation de considérables ressources humaines et matérielles. La confiance est capitale à ce stade. En premier lieu, le démarrage effectif de la relation constitue un test pour la validité du contrat, ce qui peut impliquer de nombreux ajustements informels. En second lieu, des individus n'ayant pas participé à la négociation doivent désormais travailler ensemble, alors qu'ils ont souvent une compréhension différente de la relation. Sans une confiance réciproque permettant d'aplanir les difficultés, l'alliance ou le partenariat risque d'être rompu. C'est à ce stade que le risque d'échec de la relation est le plus élevé.
- La *maintenance*. Le fonctionnement de la relation au quotidien implique un montant croissant des ressources engagées. Du fait de la coévolution, la maintenance de la relation ne consiste pas à entretenir une forme de stabilité : il est indispensable de gérer le processus afin de s'adapter aux circonstances internes et externes. La confiance joue donc là encore un rôle clé. Yves Doz et Gary Hamel ont remarqué que les alliances et les partenariats dérivent souvent vers une

Illustration 10.5

Fission dans le nucléaire : le divorce entre Areva et Siemens

La coévolution d'une alliance n'est pas un processus aisé, comme l'ont découvert à leurs dépens deux géants européens du nucléaire.

En 2001, le conglomérat allemand Siemens et le spécialiste du nucléaire français Areva fusionnèrent leurs activités de réacteurs nucléaires dans une coentreprise appelée Areva NP. Cette coentreprise était possédée à 34 % par Siemens et à 66 % par Areva. Étant donné que le gouvernement allemand s'était engagé à sortir du nucléaire pour des raisons environnementales, Siemens ne considérait plus cette activité comme un élément clé de sa stratégie. L'accord donnait d'ailleurs aux Français le droit de racheter la part des Allemands.

En 2009, le nouveau directeur général de Siemens, Peter Löscher, envoya à Anne Lauvergeon, présidente du directoire d'Areva, un court message électronique annonçant son intention de se retirer d'Areva NP et invitant Areva à exercer son droit de rachat. Anne Lauvergeon fut très étonnée par ce message : « Cela m'a fait penser à ces hommes qui quittent leur épouse en laissant une lettre sur la table de la cuisine. » En effet, en huit ans, Areva NP avait été un succès : c'était le leader d'un marché en pleine expansion. L'augmentation des prix du pétrole et la crainte du réchauffement climatique rendaient le nucléaire de plus en plus attractif pour de nombreux pays. En 2009, après de nombreuses années d'immobilisme, 51 centrales étaient en construction dans le monde entier et 171 autres étaient prévues. Areva NP était actif en Europe, aux États-Unis et en Chine.

La renaissance de l'industrie nucléaire était en fait l'une des sources du problème : Siemens voulait y jouer un rôle important, mais sa part minoritaire dans la coentreprise – ainsi que sa dépendance vis-à-vis des délais de décision souvent importants chez Areva – l'en empêchait. De plus, Siemens ne voulait pas se limiter aux réacteurs : l'essentiel du profit tout au long de la filière nucléaire était réalisé dans les combustibles et le retraitement, étapes sur lesquelles Areva était déjà très présent.

En 2007, Siemens envisagea d'accroître sa participation dans la coentreprise à 50 %, voire d'entrer directement au capital d'Areva. Or, Areva était possédé à plus de 80 % par le gouvernement français et n'était donc pas à vendre. Nicolas Sarkozy, alors ministre d'état et bientôt président de la République française, signifia à la chancelière allemande Angela Merkel que la France ne tolérerait pas un rôle accru de Siemens tant que le gouvernement allemand refuserait de soutenir le nucléaire dans son propre pays. Siemens fut donc obligé d'obtenir l'appui d'Angela Merkel pour éviter qu'Areva n'exerce son droit de rachat dans la coentreprise.

Fin 2008, Siemens mena des pourparlers préliminaires avec le géant russe du nucléaire Rosatom. Rosatom était présent tout au long de la filière, en particulier dans les combustibles. Le souvenir de la catastrophe de Tchernobyl étant encore vif, Rosatom avait besoin de la réputation de Siemens pour rassurer sur la qualité de ses produits. En mars 2009, Siemens et Rosatom annoncèrent leur intention de créer une coentreprise avec l'ambition de prendre la place de leader mondial occupée par Areva NP.

Cependant, il n'était pas facile pour Siemens de mettre fin à sa participation dans Areva NP. La force de Siemens résidait dans ses équipements, mais Areva possédait les logiciels permettant de les faire fonctionner. Areva était obligé d'acheter les parts de Siemens pour environ 4 milliards d'euros, mais ne disposait pas des fonds nécessaires. De plus, le contrat initial prévoyait une clause de non-concurrence d'une durée de huit ans en cas de rupture. Siemens essayait de faire annuler cette clause en invoquant le droit à la concurrence, ce qui conduisit la Commission européenne à mener une enquête à partir de juin 2010. Du point de vue d'Areva en revanche, la coentreprise entre Siemens et Rosatom constituait une trahison, alors que les deux entreprises travaillaient toujours ensemble sur plusieurs projets de construction de centrales. Elles avaient d'ailleurs toutes les deux été condamnées à une pénalité de 2 milliards d'euros pour leur retard accumulé dans la réalisation d'une centrale en Finlande. Début 2011, Areva prit entièrement le contrôle d'Areva NP, mais le conflit ne s'arrêta pas là. En 2012, la Commission européenne considéra que la clause de non-concurrence était excessive, anti concurrentielle, et indûment onéreuse pour Siemens : elle devait être ramenée à trois ans. Dans tous les cas, le divorce était laborieux.

Sources : L'Expansion, 6 juin 2010 et 1er avril 2009 ; *Financial Times*, 28 avril 2009.

Questions

1. Pourquoi la coévolution n'a-t-elle pas fonctionné dans la relation entre Areva et Siemens ?
2. Pourquoi la fin de la relation a-t-elle été aussi difficile ?

concurrence pour la compétence[28]. Étant donné que les alliés travaillent en relation étroite, ils apprennent à maîtriser leurs compétences respectives, ce qui peut créer une forme de compétition, celui qui apprend le plus vite de l'autre devenant le plus puissant. Le partenaire ayant gagné cette concurrence à la compétence est alors en position de renégocier les termes du contrat, voire de rompre la relation et de continuer l'activité seul. C'est ce qui est arrivé dans la relation entre Renault et Matra Automobile pour l'Espace. Après trois générations de véhicules (de 1984 à 2002), Renault a considéré qu'il pouvait continuer seul et a rompu son alliance, ce qui a provoqué la disparition de Matra Automobile. Si des partenaires souhaitent maintenir leur relation, ils doivent s'interdire tout comportement menaçant à l'égard de leurs compétences respectives.

- L'*arrêt*. Toute relation finit par s'arrêter. Souvent, le contrat initial prévoit dès le départ une séparation à l'amiable une fois que les objectifs communs sont atteints. La relation peut aussi avoir été si profitable que les deux parties décident de l'étendre en concluant un nouvel accord nécessitant encore plus d'engagements mutuels. C'est ainsi qu'Airbus – qui était au départ un consortium – est devenu une entreprise à part entière en 2001. Il peut aussi arriver que l'un des alliés décide de racheter l'autre : la vente de la moitié d'une coentreprise n'est pas nécessairement un constat d'échec. Certaines relations finissent cependant en divorce, comme lorsque Areva a menacé de poursuivre Siemens en justice (voir l'illustration 10.5). Dans tous les cas, l'arrêt de la relation doit être géré avec soin. La coévolution implique que la confiance perdure après la fin du contrat. De plus, les partenaires peuvent être simultanément engagés sur plusieurs projets. Cisco et IBM travaillent ainsi ensemble sur divers projets (communications sans fil, sécurité des systèmes d'information, sauvegarde de données, etc.). Par ailleurs, d'anciens alliés se retrouvent souvent sur de nouveaux programmes. Nokia, Ericsson et Siemens ont ainsi développé des technologies communes depuis le milieu des années 1990. Maintenir un bon niveau de confiance au moment de l'arrêt d'une relation permet d'en envisager de nouvelles.

10.5 Le choix d'une modalité de développement

Les différentes modalités de développement – croissance interne, fusions et acquisitions, alliances et partenariats – ont toutes leurs avantages et leurs inconvénients. Elles présentent aussi des analogies. Cette section montre comment choisir une modalité, puis présente quelques critères de réussite pour la croissance externe.

10.5.1 Acheter, coopérer ou faire soi-même ?

Les acquisitions et les alliances présentent un taux d'échec très élevé. Comme le souligne la controverse qui clôt ce chapitre, les fusions et acquisitions échouent dans au moins la moitié des cas, notamment du fait d'une évaluation excessive, de la surestimation de la compatibilité stratégique et de la sous-estimation de la compatibilité organisationnelle. Cependant, les alliances et partenariats ont également une probabilité de succès inférieure à 50 %[29] : ils souffrent eux aussi d'erreurs d'estimation de la compatibilité stratégique et de la compatibilité organisationnelle, auxquelles s'ajoutent les questions spécifiques de coévolution et de confiance. Du fait de ces taux d'échec très élevés, les acquisitions et les collaborations doivent être considérées avec prudence par rapport à la croissance interne.

Le schéma 10.6 présente une matrice qui résume les quatre critères permettant de choisir la modalité la plus adaptée selon les circonstances[30] :

- L'*urgence*. Une acquisition permet de déployer rapidement une stratégie. Il aurait certainement fallu des décennies à Tata pour développer des marques équivalentes à Jaguar et Land Rover (voir l'illustration 10.2). La collaboration permet aussi d'ajouter rapidement des ressources ou des compétences nécessaires à une stratégie, mais elle nécessite généralement plus de temps qu'une acquisition. La croissance interne est la modalité la plus lente : tout doit être développé à partir de zéro.
- L'*incertitude*. Lorsque les marchés et les technologies sont particulièrement incertains, une alliance ou un partenariat est souvent préférable à une fusion ou à une acquisition. Si l'opération est un succès, on pourra toujours envisager de racheter la coentreprise, en particulier si une option de ce type a été incluse dans le contrat initial. Si c'est un échec, la perte sera partagée avec le partenaire ou l'allié. Une acquisition offre aussi la possibilité de revendre les activités dont l'intégration est un échec, même si le prix sera généralement inférieur à la somme qui a été déboursée pour les acquérir. À l'inverse, l'échec d'une activité développée par croissance interne risque de se traduire par sa suppression pure et simple, sans valeur de revente.
- Le *type de capacités*. Les acquisitions sont préférables lorsque les capacités recherchées (ressources ou compétences) sont tangibles, par exemple des investissements physiques ou des ateliers de fabrication. Il est beaucoup plus difficile de valoriser des actifs intangibles tels que des marques ou des talents. Les capacités tangibles sont aussi plus aisément contrôlables une fois l'acquisition réalisée. Comme le montre l'exemple du rachat de Marvel par Disney (voir l'illustration 10.1), les acquisitions peuvent poser des problèmes considérables en termes de culture. Il est également possible que l'image de l'acquéreur ternisse celle de l'entreprise qu'il a rachetée. De fait, l'acquisition de ressources et compétences intangibles doit être considérée avec prudence. Pour ce type de capacités, la

Schéma 10.6 Acheter, collaborer ou faire soi-même ?

	Acheter	Collaborer	Faire soi-même
Urgence	Très rapide	Rapide	Lent
Incertitude	Possibilité de revente en cas d'échec	Pertes partagées, possibilité de rachat	Vente difficile en casd'échec
Capacités intangibles	Problèmes de culture et d'évaluation	Problèmes de culture et de contrôle	Cohérence de la culture
Capacités autonomes	Nécessité d'acheter la totalité	Collaborer avec l'activité concernée	Créer un isolat

croissance interne est préférable : la culture de la nouvelle activité sera ainsi généralement cohérente avec celle de l'organisation. Même les alliances et partenariats peuvent provoquer des chocs culturels qu'il sera difficile de contrôler.

- L'*autonomie des capacités*. Si les capacités convoitées sont fortement autonomes – c'est-à-dire confinées à une partie spécifique de chacune des organisations –, on peut privilégier une alliance ou un partenariat. Une coentreprise concernant uniquement les ressources et compétences recherchées des deux organisations peut être envisagée, le reste de leurs activités continuant à fonctionner indépendamment. Il serait coûteux et risqué de racheter la totalité d'une organisation pour obtenir seulement quelques compétences spécifiques. Dans le cadre d'une croissance interne, les nouvelles ressources et compétences peuvent être développées sous la forme d'un isolat (voir la section 9.4.3), de manière à ne pas impliquer la totalité de l'organisation, avec ses procédures, ses budgets et sa culture.

Bien entendu, le choix entre les trois modalités de fusion et acquisition, alliance et partenariat ou croissance interne n'est pas exonérée de contraintes. Bien souvent, il n'existe pas de cible pertinente pour un rachat ou de partenaire disponible pour une coopération. Pour les organisations à but non lucratif, le changement de structure de propriété impliqué par une fusion ou une acquisition est bien plus difficile à réaliser que dans le secteur privé, ce qui restreint le plus souvent leur choix à la collaboration ou à la croissance interne. Le schéma 10.6 permet cependant d'insister sur le fait que les modalités de développement doivent être systématiquement évaluées afin de limiter la subjectivité du choix.

10.5.2 Les critères de réussite d'une croissance externe

Le schéma 10.6 souligne que dans certaines circonstances, en dépit de leur taux d'échec élevé, les fusions et acquisitions et les alliances et partenariats peuvent être la meilleure modalité de développement stratégique. Dans ces conditions, comment gérer au mieux une croissance externe ?

La *compatibilité stratégique* est essentielle dans tous les cas. La cible ou le partenaire doit être compatible avec la stratégie visée. Or – comme nous l'avons souligné dans la section 10.3.3 –, il est aisé de surestimer les synergies et de sous-estimer les antagonismes. De la même manière, la *compatibilité organisationnelle* est vitale dans tous les cas. Les différences culturelles sont difficiles à gérer, en particulier lorsque les ressources humaines ont un rôle clé. Du fait de l'absence de contrôle, les problèmes de compatibilité organisationnelle risquent d'être encore plus aigus dans le cas d'une alliance ou d'un partenariat. Dans le cas d'une fusion ou d'une acquisition, les droits de propriété permettent en effet d'exercer une certaine autorité managériale vis-à-vis de ces questions. L'*évaluation* joue un rôle fondamental dans toutes les acquisitions comme dans les alliances et les partenariats (notamment lorsqu'il y a création d'une coentreprise). Les acquisitions risquent de provoquer une *malédiction du vainqueur* (voir la section 10.3.4), en particulier lorsqu'elles résultent d'une bataille entre plusieurs acheteurs. Cependant, même les alliés et les partenaires doivent évaluer précisément leurs contributions respectives afin de vérifier qu'ils n'engagent pas trop de ressources qu'ils ne pourront que difficilement contrôler.

À l'inverse, les fusions et acquisitions et les alliances et partenariats posent des problèmes qui leur sont spécifiques. Le processus d'une alliance ou d'un partenariat repose ainsi sur une phase d'*approche* entre deux organisations consentantes, alors que ce n'est pas nécessairement le cas pour les acquisitions. Les fusions nécessitent elles aussi une volonté partagée, mais si les négociations échouent, une *acquisition hostile* est souvent envisageable. Il s'agit alors de traiter avec les actionnaires de la cible et non plus avec ses dirigeants. Dans le cadre des fusions et acquisitions, la phase d'*intégration* est critique : absorption, préservation ou symbiose. En ce qui concerne les alliances et partenariats, il n'est pas possible d'intégrer totalement les deux organisations : elles doivent donc veiller à leur *coévolution* dans la phase de maintenance. Finalement, la *cession* dans le cas des fusions et acquisitions et l'*arrêt* de la relation dans celui des alliances et partenariats sont deux processus distincts. Une cession est le plus souvent une transaction ponctuelle avec un acheteur, qui n'implique pas de relations futures. À l'inverse, la manière dont une alliance ou un partenariat s'arrête peut avoir des répercussions sur de futures relations ou sur d'autres projets que les deux organisations conduisent en parallèle. Au total, la nécessité d'une phase d'approche, d'une coévolution et d'un arrêt réussi fait que les alliances et les partenariats constituent des modalités de développement plus délicates que les fusions et les acquisitions.

Résumé

- Il existe trois *modalités* de développement stratégique :
  - La *croissance interne*, qui permet d'accroître l'apprentissage organisationnel, d'étaler l'investissement, de s'abstraire de l'indisponibilité d'une cible ou d'un allié, et de préserver l'indépendance stratégique. Cependant, sauf si elle repose sur une véritable démarche d'*intrapreneuriat*, la croissance interne n'est pas adaptée lorsque la stratégie nécessite des capacités radicalement nouvelles.
  - Les *fusions et acquisitions*, qui peuvent être motivées par des raisons stratégiques, financières ou managériales. Elles impliquent le choix d'une cible, son évaluation et son intégration.
  - Les *alliances* et les *partenariats* peuvent ou non impliquer la création d'une organisation commune telle qu'une *coentreprise*. On distingue les alliances *complémentaires* et les alliances *supplémentaires*, mais aussi les partenariats *symbiotiques* et les partenariats d'*impartition*. Une croissance par coopération entre plusieurs organisations implique la *coévolution* et la *confiance*.
- Le choix entre les différentes modalités de développement stratégique dépend de quatre *critères de réussite* : l'*urgence*, l'*incertitude*, le *type de capacités* et l'*autonomie des capacités*.

Controverse académique

À qui profitent les fusions ?

Les fusions et acquisitions impliquent des montants exorbitants. Cet argent est-il judicieusement dépensé ?

Dans ce chapitre, nous avons montré l'importance des fusions et acquisitions en tant que modalité de développement stratégique, mais nous avons aussi souligné certaines de leurs limites. Les échecs retentissants ont en effet été nombreux. En 2011, Hewlett-Packard racheta l'éditeur de logiciels britannique Autonomy pour 11,1 milliards de dollars. Le 24 novembre 2012, plutôt que le profit attendu de 2,2 milliards, HP annonça une perte de 12,6 milliards, liée à une dépréciation d'actifs de 8,8 milliards sur Autonomy. Selon HP, cette perte s'expliquait par une fraude massive de la part des dirigeants d'Autonomy, qui auraient falsifié les comptes et dissimulé des informations lors du rachat. L'action HP s'effondra de 22,1 à 8,7 dollars, son plus bas niveau en dix ans.

Michael Porter, professeur à la Harvard Business School, s'est montré particulièrement sceptique à l'égard des fusions et acquisitions, en soulignant qu'une entreprise achetée sur deux est revendue après quelques années. La figure ci-contre montre l'évolution de la capitalisation boursière des entreprises impliquées dans des opérations d'acquisition aux États-Unis entre 1993 et 2007. En 2000, les actionnaires des acquéreurs ont ainsi perdu collectivement plus de 275 milliards de dollars. Les auteurs de cette étude ont calculé que sur la période 1993-2007, les actionnaires des acquéreurs ont perdu au total plus de 550 milliards.

Selon certains observateurs, ces énormes pertes résultent du fait que les fusions et acquisitions ne font que servir l'appétit de pouvoir des managers, au détriment de l'intérêt de leurs actionnaires : il apparaît d'ailleurs que plus de la moitié des dirigeants perdent leur poste après une fusion ratée. Si cette interprétation est correcte, il serait judicieux d'encadrer plus strictement les fusions et acquisitions sur le plan légal, afin d'aider les cibles à résister ou à refuser des offres publiques d'achat hostiles. Si les OPA sauvages étaient plus sévèrement réglementées, des milliards de dollars seraient économisés chaque année.

Cependant, cet encadrement présenterait aussi des inconvénients. Même si les entreprises qui recourent à des acquisitions ne créent généralement pas de valeur pour leurs actionnaires, elles contribuent à améliorer le système économique dans son ensemble :

- La menace d'une OPA hostile force les managers à veiller aux intérêts de leurs actionnaires.
- Les fusions et acquisitions peuvent efficacement restructurer des firmes ou des industries stagnantes. L'absence de menace d'OPA hostiles a souvent été présentée comme une des causes de l'incapacité de l'économie japonaise à se restructurer depuis le début des années 1990.

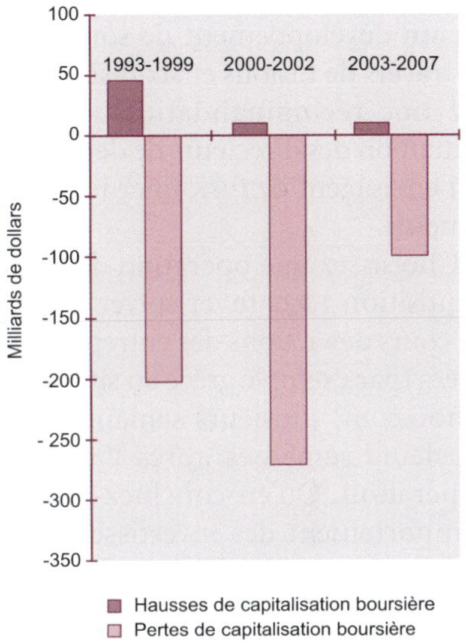

Sources : M. Porter, « From competitive advantage to corporate strategy », *Harvard Business Review*, mai-juin 1987, pp. 43-60 ; S.B. Moeller, F.P. Schlingman et R.M. Stulz, « Wealth destruction on a massive scale? A study of acquiring firm returns on the recent merger wave », *Journal of Finance*, vol. 60, n° 2 (2006), pp. 757-782 ; K.M. Lehn et M. Zhao, « CEO turnover after acquisitions: are bad bidders fired? », *Journal of Finance*, vol. 61, n° 4 (2006), pp. 1759-1811 ; *Financial Times*, 3 juin 2012 ; G. Alexandridis, C.F. Mavrovitis et N.G. Travlos, « How have M&As changed? Evidence from the sixth merger wave » *The European Journal of Finance*, vol. 18, n° 8 (2012), pp. 663-688.

Questions

1. Choisissez une opération de fusion ou acquisition récente, et suivez l'évolution du cours des actions des entreprises impliquées (par exemple grâce au site bourse.lesechos.fr) plusieurs semaines avant et plusieurs semaines après l'annonce de l'opération. Que vous suggèrent ces évolutions sur la pertinence de l'opération ?
2. Identifiez dans les médias un cas d'OPA hostile. Quelles ont été les actions menées par les dirigeants de la cible pour résister à la prise de contrôle ?

Travaux pratiques

• Signale des exercices d'un niveau plus avancé

10.1 Rédigez une courte recommandation (une dizaine de lignes) à l'attention d'un directeur général qui vous a demandé un avis sur un développement de son entreprise au travers de fusions et acquisitions. Rédigez une recommandation identique à l'attention des directeurs de deux hôpitaux qui envisagent de fusionner leurs établissements.

10.2 • Choisissez une opération de fusion ou acquisition récente, et suivez l'évolution du cours des actions des entreprises impliquées (par exemple grâce au site fr.finance.yahoo.com) plusieurs semaines avant et plusieurs semaines après l'annonce de l'opération. Qu'en concluez-vous sur le comportement des investisseurs ? Quels actionnaires ont le plus bénéficié de l'opération ?

10.3 • Comparez les processus d'intégration dans le cas de deux opérations de fusion ou d'acquisition de votre choix. Qu'en concluez-vous sur les pratiques à recommander et à proscrire ?

10.4 • À partir de l'exemple du rachat de Marvel par Disney et d'une autre opération récente de votre choix, expliquez pourquoi, lorsque l'objectif est la création de valeur pour les actionnaires, l'acquisition est préférée à la collaboration.

10.5 Expliquez pourquoi les entreprises familiales préfèrent souvent la croissance interne aux fusions et acquisitions ou aux alliances et partenariats.

Exercice de synthèse

10.6 • Étant donné le taux d'échec très élevé des fusions et acquisitions, expliquez pourquoi les dirigeants continuent à s'engager dans cette voie. Quelles autres modalités de développement pourraient-ils utiliser ? Quelles seraient les conséquences pour une entreprise qui ne pratiquerait pas d'acquisitions ? Interprétez vos réponses du point de vue de chacune des parties prenantes impliquées dans l'opération. Quelles conclusions en tirez-vous ?

Lectures recommandées

- Sur les fusions et acquisitions, voir D. Rankine, P. Hawson et F. Fréry, *Réussir une acquisition*, Pearson Education, 2006, S. Sudarsanam, *Creating value from mergers and acquisitions: the challenges*, 2e édition, FT Prentice Hall, 2010, ainsi que l'ouvrage dirigé par D.N. Angwin (ed.), *Mergers and Acquisitions*, Blackwell, 2007.
- Sur les différentes modalités de développement, voir L. Capron et W. Mitchell, *Build, Borrow or Buy: solving the growth dilemma*, Harvard Business Press, 2012.
- Sur les alliances et partenariats, on peut consulter Y. Doz et G. Hamel, *L'Avantage des alliances*, Dunod, 2000, P. Dussauge et B. Garette, *Les Stratégies d'alliance*, Éditions d'Organisation, 1995, ainsi que J. Child, D. Faulkner et S. Tallman, *Cooperative Strategy*, Oxford University Press, 2005.

Références

1. Voir notamment V. Bouchard, *Intrapreneuriat, innovation et croissance*, Dunod, 2009 et O. Basso et J. Rojot, *L'Intrapreneuriat*, Economica, 2004, ainsi que P. Sharma et J. Chrisman, « Towards a reconciliation of the definitional issues in the field of corporate entrepreneurship », *Entrepreneurial Theory and Practice* (printemps 1998), pp. 11-27 ; D. Garvin et L. Levesque, « Meeting the challenge of corporate entrepreneurship », *Harvard Business Review*, vol. 84, n° 10 (2006), pp. 102-112.
2. Voir le *Financial Times*, 29 février 2012. Il est intéressant de souligner que le nombre d'opérations s'est maintenu à 41 000 en 2011, ce qui suggère que les fusions/acquisitions constituent une tendance lourde quel que soit le contexte.
3. Voir D.N. Angwin, « Motive archetypes in mergers and acquisitions (M&A): the implications of a configurational approach to performance », *Advances in Mergers and Acquisitions*, vol. 6 (2007), pp. 77-105. Voir aussi J. Haleblian, C.E. Devers, G. McNamara, M.A. Carpenter et R.B. Davison, « Taking stock of what we know about mergers and acquisitions: a review and research agenda », *Journal of Management*, vol. 35 (2009), pp. 469-502.
4. J. Bower, « Not all M&As are alike – and that matters », *Harvard Business Review*, vol. 79, n° 3 (2001), pp. 92-101.
5. Voir M. Hayward et D. Hambrick, « Explaining the premium paid for large acquisitions: evidence of CEO hubris », *Administrative Science Quarterly*, vol. 42 (1997), pp. 103-127 et J.-Y. Kim, J. Haleblian et S. Finkelstein, « When firms are desperate to grow via acquisition: the effect of growth patterns and acquisition experience on acquisition premiums », *Administrative Science Quarterly*, vol. 56, n° 1 (2011), pp. 26-60.
6. Voir par exemple M. Zey et T. Swenson, « The transformation and survival of Fortune 500 industrial corporations through mergers and acquisitions, 1981-1995 », *Sociological Quarterly*, vol. 42, n° 3 (2001), pp. 461-486, et A. Gregory, « An examination of the long term performance of UK acquiring firms », *Journal of Business Finance and Accounting*, vol. 24 (1997), pp. 971-1002.
7. Voir D. Rankine, P. Hawson et F. Fréry, *Réussir une acquisition*, Pearson Education, 2006.
8. Voir D. Jemison et S. Sitkin, « Corporate acquisitions: a process perspective » *Academy of Management Review*, vol. 11, n° 1 (1986), pp. 145-169.
9. J.M. Shaver, « A paradox of synergy: contagion and capacity effects in mergers and acquisitions » *Academy of Management Review*, vol. 31, n° 4 (2006), pp. 962-978.
10. Sur le cas Air France-KLM, voir T. Melkonian, P. Monin, N. Noorderhaven, A. Rouziès et A. Timmers, « Être juste, ou être exemplaire ? La fusion Air France-KLM à la loupe » *Revue Française de Gestion*, vol. 32/164 (2006), pp. 229-252. Plus largement, voir J. Child, D. Faulkner et R. Pitkethly, *The Management of International Acquisitions*, Oxford University Press, 2001.
11. Sur les méthodes d'évaluation, voir D. Rankine, P. Hawson et F. Fréry (référence 7), ainsi que D. Sadlter, D. Smith et A. Campbell, *Smarter Acquisitions*, Prentice Hall, 2008, chapitre 9.
12. N. Varaiya et K. Ferris, « Overpaying in corporate takeovers: the winner's curse » *Financial Analysts Journal*, vol. 43, n° 3 (1987), pp. 64-70.
13. P. Haspeslagh et D. Jemison, *Managing Acquisitions: Creating Value Through Corporate Renewal*, Free Press, 1991 ; P. Puranam, H. Singh et S. Chaudhuri, « Integrating acquired capabilities: when structural integration is (un)necessary », *Organization Science*, vol. 20, n° 2 (2009), pp. 313-328.
14. G. Stahl et A. Voigt, « Do cultural differences matter in mergers and acquisitions? A tentative model and examination », *Organization Science*, vol. 19, n° 1 (2008), pp. 160-178.
15. Voir D.N. Angwin, « Typologies in M&A research », dans l'ouvrage coordonné par D. Faulkner, S. Teerikangas, et R. Joseph (ed.), *Oxford Handbook of Mergers and Acquisitions*, Oxford University Press, 2012, pp. 40-70.
16. Voir D.N. Angwin et M. Meadows, « The choice of insider or outsider top executives in acquired companies », *Long Range Planning*, vol. 37 (2009), pp. 239-257.
17. Voir D.N. Angwin et M. Meadows, « Acquiring poorly performing companies during recession », *Journal of General Management*, vol. 38, n° 1 (2012), pp. 1-22.
18. K. Ellis, T. Reus et B. Lamont, « The effects of procedural and informational justice in the integration of related acquisitions », *Strategic Management Journal*, vol. 30 (2009), pp. 137-161.
19. R. Uhlaner et A. West, « Running a winning M&A shop », McKinsey Quarterly, (mars 2008), pp. 106-112.
20. L. Dranikoff, T. Koller et A. Schneider, « Divesture: strategy's missing link », *Harvard Business Review*, vol. 80, n° 5 (2002), pp. 75-83, M. Brauer, « What have we acquired and what should we acquire in divesture research? A review and research agenda », *Journal of Management*, vol. 32,

n° 6 (2006), pp. 751-785, ainsi que H. Berry, « When do firms divest foreign operations? », *Organization Science*, vol. 24, n° 1 (2013), pp. 246-261 et J. Xia et S. Li, « The divestiture of acquired subunits: a resource dependence approach », *Strategic Management Journal*, vol. 34, n° 2 (2013), pp. 131-148.
21. Voir Andersen Consulting, *Dispelling the Myths of Strategic Alliances*, 1999.
22. R. Bresser, « Matching collective and competitive strategies », *Strategic Management Journal*, vol. 9, n° 4 (1988), pp. 375-385.
23. J. Dyer, *Collaborative Advantage*, Oxford University Press, 2000.
24. Cette typologie est inspirée de B. Garrette et P. Dussauge, *Les Stratégies d'alliance*, Éditions d'Organisation, 1995.
25. La notion d'impartition, qui désigne le partage des tâches et des bénéfices entre clients et fournisseurs, a été définie par P.Y. Barreyre, *L'Impartition, politique pour une entreprise compétitive*, Hachette, 1968.
26. A. Inkpen et S. Curral, « The coevolution of trust, control, and learning in joint ventures », *Organization Science*, vol. 15, n° 5 (2004), pp. 586-599; R. ul-Huq, *Alliances and co-Evolution: Insights from the Banking Sector*, Palgrave, 2005.
27. A. Arino et J. de la Torre, « Relational quality: managing trust in corporate alliances », California Management Review, vol. 44, n° 1 (2001), pp. 109-131.
28. Y. Doz et G. Hamel, *L'Avantage des alliances*, Dunod, 2000.
29. Voir Andersen Consulting (référence 21).
30. J. Dyer, P. Kale et H. Singh, « When to ally and when to acquire? », *Harvard Business Review*, vol. 82, n° 7/8 (2004), pp. 108-15, et X. Yin et M. Shanley, « Industry determinants of the merger versus alliance decision », *Academy of Management Review*, vol. 31, n° 2 (2008), pp. 473-491.

Étude de cas

Accor et désaccords

En novembre 2013, trois mois après être devenu le quatrième P-DG du groupe hôtelier Accor en huit ans, Sébastien Bazin prit les analystes boursiers à contre-pied en annonçant qu'il ne procéderait pas à une cession des murs des hôtels dont le groupe était propriétaire. Il entendait « faire confiance aux équipes d'Accor pour que le groupe devienne le plus performant et le plus valorisé » de l'hôtellerie mondiale. Cette annonce était d'autant plus surprenante que Sébastien Bazin était depuis des années le plus fervent défenseur de la stratégie à laquelle il semblait désormais renoncer.

Financier et non industriel, Sébastien Bazin était l'ancien directeur général de la filiale européenne du fonds d'investissement américain Colony Capital, un des deux actionnaires de référence d'Accor avec Eurazeo. À eux deux, ils détenaient 21,42 % du capital, 30,08 % des droits de vote et quatre des dix sièges du conseil d'administration, dont celui qu'occupait Sébastien Bazin depuis 2005. En tant qu'administrateur, il s'était montré très actif dans les multiples évolutions qu'avait connues Accor en quelques années : développement massif de la franchise, introduction en Bourse de la très lucrative activité services (juillet 2010), cession de l'essentiel de l'activité aux États-Unis (mai 2012) et surtout, pression constante pour la vente des murs des hôtels à une société foncière, de manière à faire remonter un dividende exceptionnel aux actionnaires, c'est-à-dire notamment à son employeur d'alors, Colony Capital.

Son retour à une stratégie moins financière, s'il étonnait les investisseurs, marquait un nouvel épisode dans l'histoire mouvementée d'Accor, devenu en 45 ans le premier opérateur hôtelier mondial, avec 3 500 hôtels et 160 000 collaborateurs dans 92 pays, pour un total de 450 000 chambres.

La construction d'un groupe mondial

Les origines d'Accor remontaient à 1967, lorsque Paul Dubrule et Gérard Pélisson ouvrirent leur premier hôtel. Paul Dubrule, diplômé d'HEC Genève, était volubile et entreprenant. Gérard Pélisson, diplômé de l'École centrale et du MIT, était plus posé et plus méthodique. Il avait été directeur des plans, des contrôles et des études de marché chez IBM Europe. Tous les deux étaient convaincus qu'il fallait importer en France des idées d'entreprises venues des États-Unis. Ils décidèrent donc de s'inspirer des hôtels Holiday Inn pour ouvrir un hôtel baptisé Novotel dans la banlieue de Lille, grâce à des financements familiaux. Cet hôtel 3-étoiles contrastait fortement avec ce qui existait à l'époque en France : il était moderne, avec 62 chambres identiques, chacune équipée d'une salle de bains. Alors que le marché français de l'hôtellerie était occupé par des petits établissements de qualité très variable, Dubrule et Pélisson décidèrent d'emblée de créer une chaîne d'hôtels standardisés – afin de réduire les coûts – et localisés au bord des routes et à proximité des aéroports – pour réduire les frais d'implantation. Le succès fut très rapide : en 1974, on comptait déjà 45 Novotel, dont un de 600 chambres Porte de Bagnolet près de Paris et plusieurs à l'étranger (Suisse, Belgique, Royaume-Uni, Pologne). Cette première croissance s'était faite exclusivement par croissance interne, mais les années 1970 virent la signature

Étude de cas

des premiers contrats de franchise auprès d'entrepreneurs indépendants attirés par le concept Novotel. Dubrule et Pélisson décidèrent alors de répliquer la formule de Novotel, mais avec des hôtels 2-étoiles sous la marque Ibis. Le premier Ibis, avec un tarif 30 % moins cher que Novotel et des chambres 30 % plus petites, ouvrit en 1974 à Bordeaux. En quinze ans, 300 Ibis furent construits.

Selon Dubrule et Pélisson, il fallait croître le plus vite possible, afin que des concurrents copiant leur concept ne s'emparent pas des meilleurs emplacements. La construction d'un nouvel hôtel prenant jusqu'à deux ans, il était donc nécessaire – parallèlement à la croissance interne – de procéder au rachat d'hôtels existants. En 1975, la première acquisition fut celle des 14 hôtels de la chaîne Mercure, qui avait été créée en 1973 pour concurrencer directement Novotel. En 1983, ce qui s'appelait encore le groupe Novotel lança une OPA hostile sur Jacques Borel International, propriétaire de la chaîne de 43 hôtels 4-étoiles Sofitel, mais aussi d'une vingtaine d'enseignes rassemblant 1 500 restaurants.

Le rachat de Jacques Borel International permit de mettre la main sur une autre activité : le ticket-restaurant. Du fait de l'intelligence de son modèle économique, qui permettait de cumuler plusieurs sources de revenus, cette activité se révéla extrêmement rentable. Le ticket était ainsi vendu aux entreprises qui le distribuaient à leurs salariés. Ceux-ci l'utilisaient chez des restaurateurs qui versaient une commission à l'émetteur contre remboursement. Entre la distribution et le remboursement, il était possible de placer les fonds, et certains tickets étaient perdus ou inutilisés avant leur date de péremption. Le ticket-restaurant connut une internationalisation rapide, notamment en Amérique Latine, et devint la première source de rentabilité du groupe et un moteur de sa croissance, sous le nom Accor Services.

En 1983, le groupe Novotel fut rebaptisé Accor et introduit à la Bourse de Paris. Paul Dubrule et Gérard Pélisson, devenus actionnaires minoritaires, acceptaient ainsi de céder le contrôle de leur entreprise afin d'en assurer la croissance.

Cette croissance continua à être fulgurante, avec notamment l'ouverture du concept d'hôtel ultra économique Formule 1 et la prise de contrôle du traiteur Lenôtre en 1985, le rachat de la chaîne Motel 6 aux États-Unis en 1990 pour 2,3 milliards de dollars, une OPA hostile sur la Compagnie des Wagons-Lits en 1991 (restauration, location de voitures Europcar, hôtellerie), ainsi que le rachat des casinos Lucien Barrière, de Go Voyages et de 28,9 % du capital du Club Med en 2004.

En 1997, trente ans après l'ouverture du premier hôtel, Paul Dubrule et Gérard Pélisson confièrent la direction d'Accor à Jean-Marc Espalioux, eux-mêmes devenant co-présidents du conseil de surveillance. Ils avaient insufflé à Accor une culture du service, de l'entrepreneuriat et de l'économie. Par respect pour leurs collaborateurs, ils continuaient à se vouvoyer.

Le recentrage

Si Accor était devenu le premier opérateur mondial de l'hôtellerie, il n'était que le 6e groupe par le nombre de chambres (voir le tableau ci-contre). En effet, la particularité d'Accor était que ses équipes géraient directement 336 800 chambres (en 2013), là où ses concurrents, IHG (Holiday Inn), Hilton ou Marriott étaient avant tout des réseaux de franchiseurs, qui déléguaient la possession et la gestion des hôtels à des tiers pour se concentrer sur la gestion de leurs marques. Cette spécificité d'Accor était liée en grande partie au mode de croissance qu'avaient choisi Paul Dubrule et Gérard Pélisson et à l'exceptionnelle rentabilité du ticket-restaurant, qui leur avait permis de dégager les fonds nécessaires à la croissance par la construction et le rachat de milliers d'hôtels, et pas seulement par la franchise ou la location. De fait, ce considérable investissement immobilier, dont les concurrents n'avaient pas besoin, faisait penser à certains financiers qu'Accor recelait une énorme plus-value potentielle : en revendant les murs des hôtels, voire les hôtels eux-mêmes à des franchisés ou à des investisseurs externes (Accor continuant alors à en assurer l'exploitation), puis l'activité services devenue moins indispensable au sein du groupe, il était possible de réaliser une extraordinaire opération « d'extraction de valeur. »

C'est exactement le raisonnement que suivit Sébastien Bazin lorsqu'au nom de Colony Capital, il devint actionnaire d'Accor. Il avait déjà réalisé des opérations comparables (prise de contrôle d'un groupe, cession de son immobilier, captation de la plus-value, retrait) avec la chaîne de restaurants Buffalo Grill et plusieurs immeubles de bureaux de La Défense à Paris. Cette approche était appelée par les spécialises *asset light* : il s'agissait de préserver l'activité opérationnelle, mais en étant « léger sur les actifs », c'est-à-dire en réduisant les capitaux investis, afin de les reverser aux actionnaires. Accor était cependant une cible d'importance et Colony dut investir 1 milliard d'euros et trouver un partenaire, la société d'investissement française Eurazeo, pour entrer au conseil d'administration en 2005.

Quelques mois plus tard, le P-DG d'Accor, Jean-Marc Espalioux, en désaccord avec le projet de Colony et Eurazeo, fut poussé à la démission. Il fut remplacé par un tandem formé de Serge Weinberg, ancien haut fonctionnaire et ex-dirigeant de plusieurs grands groupes, et Gilles Pélisson, le neveu de Gérard. Poursuivant sa pression sur la direction, Sébastien Bazin obtint en 2009 le départ de Serge Weinberg et le ralliement de Gilles Pélisson à sa stratégie. À l'été 2009, l'assemblée générale d'Accor approuva la scission du groupe. Accor Services fut introduit en Bourse avec succès l'année suivante sous le nom de Edenred, permettant à Accor de dégager une plus-value de plus de 4 milliards d'euros et un résultat net 2010 de 3,6 milliards.

Cependant, Gilles Pélisson, dont l'engagement stratégique était jugé trop timide, et qui payait toujours son opposition initiale au projet *asset light* de Sébastien Bazin entre 2005 et 2009, fut contraint à la démission en novembre 2010.

L'épisode Hennequin

Gilles Pélisson fut remplacé en janvier 2011 par Denis Hennequin, qui était jusque-là directeur Europe de McDonald's. Il était célèbre pour avoir fait de McDonald's France le deuxième pays le plus rentable du groupe, avec notamment l'in-

Classement mondial des groupes hôteliers au premier janvier 2013

Nom	Pays	Hôtels	Chambres
1. IHG	GB	4 602	675 982
2. Hilton	États-Unis	3 992	631 131
3. Marriott	États-Unis	3 672	622 279
4. Wyndham	États-Unis	7 342	613 126
5. Choice	États-Unis	6 198	502 460
6. Accor	France	3 515	531 710
7. Starwood	États-Unis	1 121	315 346
8. Best Western	États-Unis	4 024	295 254
9. Home Inns	Chine	1 772	176 562
10. Carlson	États-Unis	1 077	165 802

Source : MKG Hospitality, 2013.

Étude de cas

troduction de salades dans les menus ou le remplacement du rouge du célèbre logo par du vert, jugé plus « qualitatif ». Denis Hennequin avait été nommé avant tout pour s'inscrire dans le projet de Sébastien Bazin en développant la franchise, un mode de fonctionnement qui concernait 90 % des restaurants McDonald's. Cependant, en homme de marketing, il procéda à une profonde réorganisation du groupe, désormais centré sur ses marques : Novotel, Mercure, Sofitel, Pullman (lancé en 2007), Formule 1, et surtout Ibis, qui était devenue la première marque du groupe (environ la moitié de son parc), la plus rentable (plus de 40 % de marge opérationnelle) et son principal vecteur de croissance, notamment en Asie. Accor ouvrait alors un nouvel hôtel Ibis tous les trois jours.

Cette stratégie ne convainquit pas les actionnaires, qui attendaient toujours une plus-value exceptionnelle liée à la mise en place de l'approche *asset light*. Le cours de l'action Accor, qui avait été stimulé par les perspectives de rentabilité depuis la vente de l'activité Services commença à plonger dès la nomination de Denis Hennequin (voir la figure ci-dessous). Eurazeo avait acheté ses actions à 47 euros et Colony Capital à 42 euros. Tous deux attendaient un prix de 75 euros pour se retirer, très loin des 18,80 euros de fin 2012, année où la performance boursière d'Accor fut une des plus mauvaises de la Bourse de Paris.

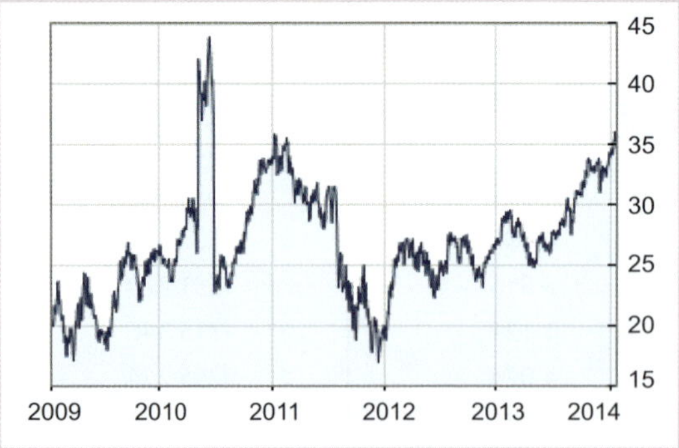

Évolution du cours de Bourse d'Accor

Source : daily-bourse.fr

Tout en accélérant le développement de la franchise (il annonçait 2,2 milliards d'euros de cessions d'hôtels de 2011 à 2015), Denis Hennequin procéda alors à une profonde reconfiguration du périmètre du groupe : vente des casinos Lucien Barrière, du traiteur Lenôtre, de la Compagnie des Wagons-Lits, de la participation dans le Club Med et surtout, en mai 2012, de la chaîne américaine Motel 6 pour 1,9 milliard d'euros. Avec 1 104 hôtels d'entrée de gamme, Motel 6 représentait un quart du parc d'Accor, qui vit ainsi son nombre d'hôtels passer de plus de 4 400 à environ 3 300 et son chiffre d'affaires baisser de 532 millions. Les actionnaires espéraient que le fruit de ces cessions leur serait reversé, mais Denis Hennequin préféra donner la priorité à la croissance, au désendettement du groupe et au renforcement des marques.

De fait, en avril 2013, le conseil d'administration d'Accor décida de mettre fin au mandat de Denis Hennequin pour « désaccord stratégique ». Sur les 2,5 milliards d'euros qui avaient été reversés aux actionnaires en dividendes exceptionnels et en rachats d'action depuis 2008, seulement 115 millions l'avaient été sous sa direction, soit trop peu pour les satisfaire, alors que cours de l'action avait baissé de 23 % depuis sa prise de fonctions.

Le financier devenu hôtelier

Après quelques mois d'hésitation, c'est finalement Sébastien Bazin lui-même qui remplaça Denis Hennequin à la tête d'Accor. Il dut pour cela quitter son poste de directeur de Colony Capital Europe. Alors que tous les analystes s'attendaient à une forte accélération de l'approche *asset light*, c'est donc avec scepticisme qu'ils accueillirent l'annonce de sa stratégie fin 2013 : alors qu'il avait été le plus ardent défenseur de la cession des hôtels, il semblait se rallier à la position des deux précédents P-DG – qu'il avait pourtant contribué à évincer – en mettant l'accent sur les marques du groupe et sur leur performance opérationnelle. Il annonça même qu'Accor allait continuer à construire des hôtels.

Cependant, au-delà de la stricte approche capitalistique, d'autres menaces stratégiques devenaient de plus en plus inquiétantes pour Accor. Les sites Internet tels que Booking et Expedia monopolisaient désormais près de la moitié des réservations. Didier Chenet, le président du Syndicat National des Hôteliers Restaurateurs, Cafetiers et Traiteurs, dénonçait les commissions prélevées par ces intermédiaires : « Ces commissions représentent entre 12 et 25 % de la facture payée par le client, la fourchette est même de 20 à 25 % pour les hôteliers indépendants [...]. Sur les 16 milliards d'euros de chiffre d'affaires réalisés par les hôteliers Français en 2012, 1 milliard a été reversé aux agences de voyages en ligne. » En tant que numéro un incontesté en France, Accor était particulièrement touché par ce phénomène : lorsqu'il vendait une nuit par l'intermédiaire de Booking, il gagnait au total moitié moins que le site. Or, le service de réservation développé par Accor, accorhotels.com, peinait à concurrencer les sites généralistes.

Une autre menace, plus diffuse, était celle des sites Internet de location de chambres entre particulier, tels qu'Airbnb ou Wimdu. Cette activité, encore non réglementée, se développait à grande vitesse : début 2014, le nombre de logements disponibles sur Airbnb dépassait les 500 000, ce qui lui conférait virtuellement une taille comparable à celle d'Accor. Le mandat de Sébastien Bazin ne serait donc pas de tout repos.

Sources : accor.com ; edenred.com ; *Les Echos*, 21 janvier 2014, 28 et 27 novembre, 29 et 28 août, 24 avril 2013, 24 février 2011, 24 novembre et 29 mai 2010, 25 février et 14 décembre 2009 ; *Le Figaro*, 23 mai 2012 ; *La Tribune*, 13 septembre 2013 ; mkg-hospitality.com.

Questions

1. Détaillez les différentes modalités de croissance qu'a utilisées Accor au cours de son histoire. Quels sont les avantages et les inconvénients de chacune ?
2. Qu'est-ce qui peut selon vous expliquer le revirement stratégique de Sébastien Bazin ?
3. Face aux nouvelles formes de concurrence qui se développent sur Internet, quelles modalités de croissance recommanderiez-vous à Sébastien Bazin ?

Commentaires sur la partie II

Les choix stratégiques

Le point central de la partie II a consisté à détailler les différents choix stratégiques qui s'offrent à une organisation : stratégies concurrentielles, diversification, internationalisation, innovation, fusions et acquisitions, alliances et partenariats. Nous avons montré en quoi certains choix semblent plus cohérents que d'autres, mais cet arbitrage n'est pas nécessairement objectif. Les quatre prismes stratégiques introduits dans les commentaires sur la partie I donnent chacun un éclairage différent sur les choix stratégiques : comment les options sont-elles obtenues, quelle forme prennent-elles et comment les gérer.

Remarquons que :

- Aucun des prismes n'est meilleur que les autres, mais ils fournissent des perspectives complémentaires sur la manière dont les managers font face à l'incertitude.
- Pour comprendre ce qui suit, vous devez préalablement avoir lu les commentaires figurant à la fin de la partie I : ils expliquent en quoi consistent les quatre prismes.

Le prisme de la méthode

Cette approche donne une importance majeure à la collecte d'informations et à l'analyse pour l'élaboration des choix stratégiques. Il s'agit de sélectionner logiquement les options optimales. Le prisme de la méthode recommande donc de :

- *Prendre en compte toutes les options.* Il convient de commencer avec un choix très large, obtenu grâce à des outils tels que la matrice TOWS (voir la section 3.6) ou la matrice d'Ansoff (voir la section 7.2).
- *S'assurer de la cohérence entre les choix et les objectifs.* Les options choisies doivent être cohérentes avec l'intention stratégique, la mission et les objectifs de l'organisation (voir le chapitre 4).
- *Maximiser le retour sur investissement.* L'option optimale est celle qui maximise le retour sur investissement en capital ou en efforts (voir le chapitre 11).

Le prisme de l'expérience

Selon cette perspective, la stratégie se développe de manière incrémentale à partir de l'histoire et de la culture de l'organisation et de ses membres. L'ensemble des choix envisageables est donc limité, et les facteurs culturels peuvent engendrer des comportements différents de ceux que l'on pourrait anticiper de manière purement rationnelle. Il convient donc de :

- *Contester les réponses toutes faites.* Ce n'est pas par exemple parce qu'une option de diversification (voir le chapitre 7) ou d'internationalisation (voir le chapitre 8) a toujours fonctionné dans le passé qu'il convient de l'utiliser de nouveau.

- *Respecter les différences culturelles.* Lors des phases d'intégration d'une acquisition (voir le chapitre 10), de coopération avec des alliés ou des partenaires (voir le chapitre 10) ou d'internationalisation (voir le chapitre 8), le prisme de l'expérience suggère qu'à côté de critères objectifs, il est très important de prendre en compte l'histoire et la culture.
- *Ajuster l'analyse concurrentielle.* Si l'expérience oriente la stratégie, une analyse de l'interaction concurrentielle, par exemple au moyen de la théorie des jeux (voir le chapitre 6), doit être ajustée afin d'éviter de surestimer la vitesse de réaction des concurrents ou la rationalité de leurs réponses.

Le prisme de la complexité

L'accent est mis ici sur la variété et la spontanéité des choix stratégiques et sur le fait qu'ils peuvent émerger de la périphérie de l'organisation. Ce prisme est centré sur l'innovation. Selon cette approche, il convient donc de :

- *Ne pas se focaliser sur les dirigeants.* Les stratégies élaborées par les dirigeants risquent d'être limitées. Il faut donc multiplier les possibilités d'idées nouvelles, par exemple en pratiquant l'innovation ouverte ou en adoptant une démarche tirée par le marché (voir le chapitre 9).
- *Apprendre des acquisitions et des collaborations.* Si les dirigeants n'ont pas le monopole de la sagesse, les acquisitions et les collaborations sont des sources d'initiatives et de capacités d'où peuvent émerger des choix stratégiques inattendus, allant bien au-delà de ce qui était planifié au départ.
- *S'attendre à des surprises.* Si les innovations sont spontanées, il faut rester attentif au potentiel des disruptions soudaines et s'assurer que l'on détient un portefeuille d'options réelles (voir la section 7.4).

Le prisme du discours

Selon ce prisme, les choix stratégiques affichés résultent du discours légitime de l'organisation et des intérêts sous-jacents des managers. Le prisme du discours souligne le pouvoir du langage. Il convient donc de :

- *Surveiller son langage.* Être très attentif à la manière dont on formule les options stratégiques, avoir conscience de la dimension émotionnelle d'intitulés tels que « étoile », « poids mort », « gouffre » ou « intrus » dans les méthodes de gestion de portefeuille (voir le chapitre 7) et veiller à la signification qu'ils peuvent avoir dans différentes cultures.
- *Se méfier des discours.* Les choix stratégiques qui s'appuient sur des formules séduisantes comme les synergies (voir le chapitre 7), l'innovation et l'entrepreneuriat (voir le chapitre 9) ou les partenariats et les écosystèmes (voir le chapitre 10) doivent être considérés avec suspicion, afin de vérifier qu'ils ne dissimulent pas des intérêts personnels ou tout simplement une vacuité stratégique.
- *Repérer les ambitions politiques.* Le langage utilisé pour présenter les choix stratégiques peut dissimuler des intérêts personnels des managers, en particulier lorsqu'il s'agit de diversifications conglomérales (voir le chapitre 7) ou d'acquisitions hostiles (voir le chapitre 10), qui se font généralement au détriment des actionnaires.

Partie III

Le déploiement stratégique

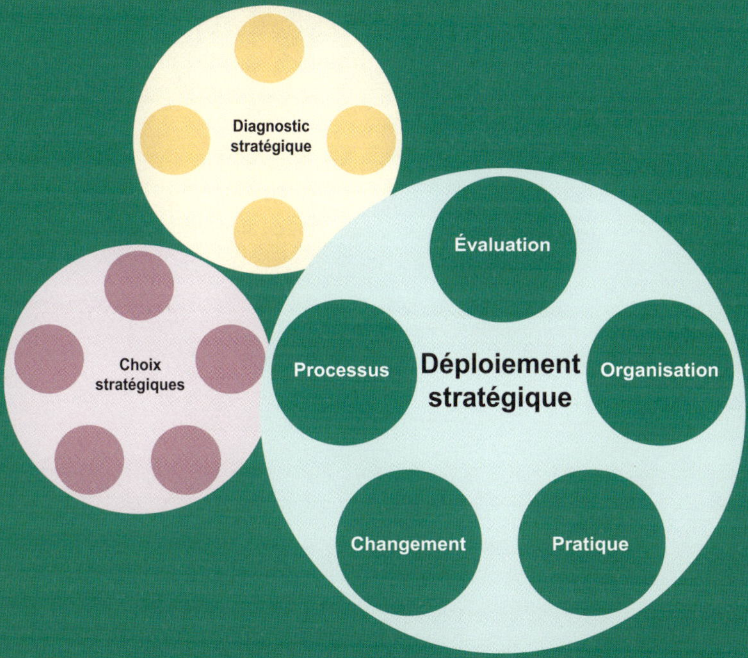

Cette partie explique :

- Les critères et les techniques permettant d'évaluer la performance d'une organisation et de ses options stratégiques.
- L'élaboration des stratégies dans les organisations et en particulier les processus organisationnels qui débouchent sur des stratégies délibérées ou des stratégies émergentes.
- Le rôle de l'organisation et des systèmes de contrôle dans le déploiement des stratégies.
- La gestion du changement stratégique.
- Qui sont les stratèges et ce qu'ils font en pratique.

Introduction à la partie III

Dans les deux premières parties, nous avons présenté les étapes du diagnostic stratégique et les différents choix qui s'offrent aux stratèges. Cette troisième et dernière partie est consacrée à la traduction de la stratégie en actions. Comment une stratégie prend-elle forme dans une organisation et que font les stratèges ?

Le chapitre 11 explique comment *évaluer* les choix stratégiques présentés dans la partie II. Pour cela, trois critères peuvent être utilisés. La pertinence détermine si une stratégie répond aux opportunités et aux menaces auxquelles l'organisation est confrontée. L'acceptabilité vérifie qu'une stratégie répond aux attentes des parties prenantes. La faisabilité s'assure que la stratégie peut fonctionner en pratique. Dans chaque cas, des outils et des techniques d'évaluation sont fournis, expliqués et illustrés.

Le chapitre 12 explique selon quels *processus* les stratégies se développent dans les organisations. Peut-on considérer que la stratégie résulte d'une intention planifiée ? Si oui, il existe clairement deux étapes successives : la conception, puis la mise en œuvre. Cependant, on peut aussi estimer que la stratégie est avant tout émergente, qu'elle résulte de l'expérience des individus ou des interactions entre concurrents. Quelles sont les implications de ces différents processus ?

Le chapitre 13 concerne le lien entre stratégie et *organisation*, notamment en termes de structures et de systèmes. Le niveau de formalisme de l'organisation peut être plus ou moins important, mais dans tous les cas, il affecte la capacité de l'organisation à déployer sa stratégie. Ce chapitre montre comment les structures et les systèmes peuvent être combinés afin de créer des configurations cohérentes.

Le chapitre 14 examine comment le *changement stratégique* peut être géré. Cela conduit tout d'abord à reconnaître qu'il est capital de comprendre le contexte spécifique de l'organisation. Différentes approches du changement ainsi que les leviers pouvant être mobilisés par les réformateurs sont ensuite détaillés. Ce chapitre se conclut en montrant comment différents leviers de changement peuvent être employés selon le contexte.

Le chapitre 15 est consacré à trois questions qui concernent la pratique de la stratégie : qui faut-il inclure dans les activités d'élaboration de la stratégie (non seulement les dirigeants, mais aussi les managers intermédiaires, les consultants et membres du département stratégie), la nature effective de ces activités (de la capacité à « vendre » un problème stratégique à la communication des stratégies choisies) et les types de méthodes utilisées par les stratèges (notamment les séminaires de réflexion, les projets, les tests d'hypothèses et les plans d'affaire).

Chapitre 11
L'évaluation des stratégies

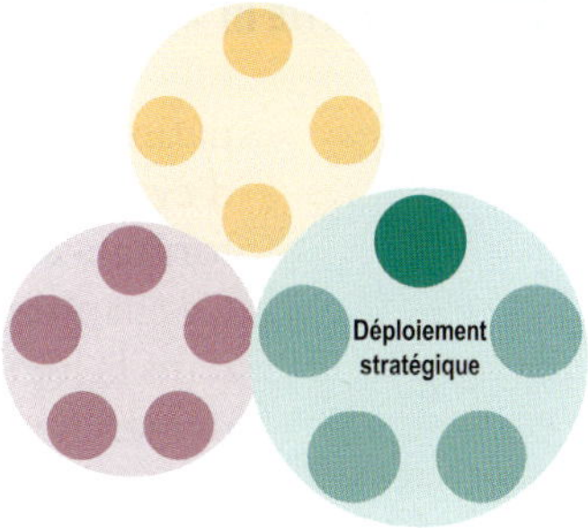

Objectifs

Après avoir lu ce chapitre, vous serez capable de :

- Mesurer la performance de différentes stratégies, à la fois en termes de *performance économique* et d'*efficacité organisationnelle.*
- Mobiliser trois critères d'évaluation des choix stratégiques :
  - La *pertinence* : la stratégie répond-elle aux opportunités et aux menaces auxquelles l'organisation est confrontée ?
  - L'*acceptabilité* : la stratégie répond-elle aux attentes des parties prenantes ?
  - La *faisabilité* : la stratégie peut-elle fonctionner en pratique ?
- Utiliser toute une gamme de *techniques d'évaluation* des options stratégiques, qu'elles soient financières ou non financières.

Concepts clés

Analyse décisionnelle p. 433, pertinence p. 435, acceptabilité p. 442, risque p. 442, gains p. 445, faisabilité p. 454.

11.1 Introduction

En 2012, le fabricant canadien de téléphones mobiles BlackBerry nomma un nouveau directeur général, Thorsten Heins. Il succédait aux cofondateurs de l'entreprise, Mike Lazaradis et Jim Balsillie, dont la performance avait fait l'objet de vives critiques. Les objectifs annoncés n'avaient pas été atteints, le prix de l'action BlackBerry avait chuté de 75 % en douze mois et le lancement de nouveaux produits avait été retardé. Selon Thorsten Heins, la situation n'était pourtant pas désespérée : le nombre d'abonnés aux services BlackBerry avait augmenté de 35 % en un an. Cependant, il fallait absolument faire quelque chose pour améliorer la performance. Parmi les options à envisager, figuraient le recentrage sur le marché des entreprises, qui avait fait historiquement le succès de la marque, et l'abandon du système d'exploitation développé en interne au profit d'Android, beaucoup plus répandu. Pour Thorsten Heins, deux questions clés se posaient : quel niveau de performance devait-il atteindre et quels critères devait-il utiliser pour évaluer les options ?

Ce chapitre est consacré à la mesure de la performance et à l'évaluation des différentes options stratégiques. Dans la partie II, nous avons présenté un grand nombre de choix stratégiques, comme la différenciation, la diversification, l'internationalisation, l'innovation ou les fusions et acquisitions. Or, il est indispensable d'évaluer ces options. Les managers doivent déterminer quel est le niveau de performance de leur organisation et envisager quels sont les choix les plus appropriés. Ce chapitre adopte pour cela une démarche rationnelle et systématique qui s'inscrit dans la logique du prisme de la méthode. Le chapitre 12 considère la place de cette démarche au sein de l'ensemble des processus stratégiques.

Ce chapitre débute par la question de la performance organisationnelle et de sa mesure, à la fois en termes de *performance économique* et de manière plus large en termes d'*efficacité organisationnelle.* À quoi la performance doit-elle être comparée ? Comment analyser les écarts entre les objectifs annoncés et la performance obtenue ? L'*analyse d'écart* peut aussi être utilisée de manière prédictive, afin de déterminer quelles initiatives stratégiques sont nécessaires pour passer du niveau de performance actuel à celui qui est souhaité. Le chapitre présente ensuite trois critères permettant d'évaluer les choix stratégiques : la *pertinence*, l'*acceptabilité* et la *faisabilité.*

Le schéma 11.1 résume les éléments clés du chapitre selon une démarche logique : il convient tout d'abord d'analyser la performance, puis d'identifier d'éventuels écarts entre la performance actuelle et celle qui était attendue ou qui est espérée, puis enfin d'évaluer les options stratégiques permettant de combler cet écart. Les options retenues contribuent à leur tour à la performance future.

Schéma 11.1 L'évaluation des stratégies

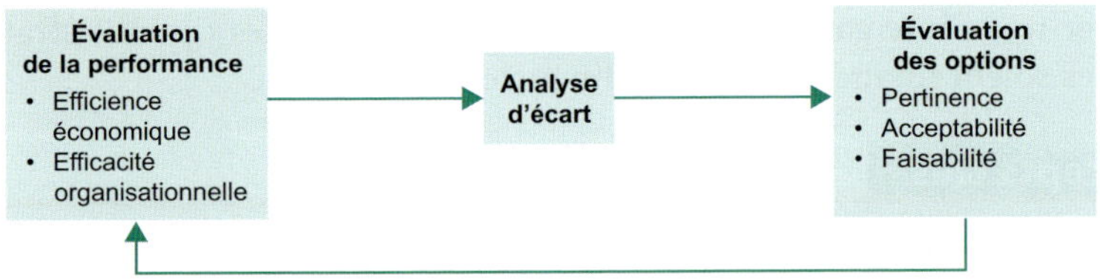

11.2 La performance organisationnelle

Il existe de nombreuses manières de mesurer la performance organisationnelle, et aucune n'est clairement supérieure aux autres. Cette section présente une série de critères, à la fois purement économiques, mais aussi plus larges. Les référentiels de performance et l'analyse d'écart permettent aussi de mieux l'évaluer.

11.2.1 Les mesures de performance

Il est possible de distinguer deux approches fondamentales de la performance : la performance économique et l'efficacité organisationnelle[1] :

- *La performance économique.* Il s'agit de la mesure directe du succès en termes économiques, qui peut prendre trois formes. La première est la performance *commerciale*, notamment la croissance des ventes ou des parts de marché. La deuxième est la performance *financière*, par exemple le taux profit ou le retour sur capitaux engagés (voir la section 11.3.2). La troisième est la performance *boursière*, mesurée par l'évolution du cours de l'action. Ces mesures semblent objectives, mais elles peuvent être contradictoires et elles doivent être correctement interprétées. La croissance des ventes, par exemple, peut être obtenue en réduisant les prix, ce qui entame les marges. Pour revenir à l'exemple introductif de BlackBerry, la performance boursière était médiocre (chute du cours de l'action), alors que la performance commerciale était bonne (croissance du nombre d'abonnés). Ces divergences impliquent que la performance économique doit être évaluée au moyen de plusieurs indicateurs. Il en est d'ailleurs de même pour l'efficacité organisationnelle.

- *L'efficacité organisationnelle.* La mesure de la performance ne doit pas être limitée à des indicateurs économiques, afin de prendre en compte des critères opérationnels (niveau de qualité, délais de livraison, etc.) ou des mesures liées à certaines parties prenantes, notamment les salariés ou les populations locales. L'efficacité organisationnelle peut être mesurée à l'aide d'un *tableau de bord prospectif* – ou *balanced scorecard* – qui prend simultanément en compte quatre points de vue[2] : le client (satisfaction, qualité, etc.), l'activité (productivité, avancée des projets, etc.), l'innovation et l'apprentissage (introduction de nouveaux produits, qualification des salariés, etc.), et enfin la perspective financière (rentabilité, évolution du cours de l'action, etc.). On peut également utiliser le *triple résultat*, qui donne une importance particulière à la responsabilité sociale de l'entreprise et à l'environnement. Le triple résultat s'intéresse ainsi à la dimension économique (ventes, profits, cours de l'action, etc.), à la dimension sociale (formation, santé, sécurité, contribution aux populations locales, etc.), et à la dimension environnementale (pollution, recyclage, réduction des déchets, etc.). Le tableau de bord prospectif et le triple résultat partagent le point de vue selon lequel l'efficacité organisationnelle ne dépend pas uniquement de la performance économique, mais que la prospérité à long terme d'une organisation implique toute une série de facteurs.

11.2.2 Les référentiels de performance

Afin d'évaluer la performance, il est important de se donner des référentiels : par rapport à quoi l'évalue-t-on ? Trois types de référentiels peuvent être utilisés :

- *Les objectifs organisationnels.* L'organisation peut avoir exprimé des buts, que ce soit sous forme d'une mission générale ou de manière plus précise, par exemple une croissance des ventes ou un taux de rentabilité. Les investisseurs sont particulièrement sensibles aux objectifs financiers, notamment ceux qui ont trait à la valeur actionnariale (voir la section 11.4.2). L'incapacité à atteindre les objectifs annoncés entraîne souvent la démission du dirigeant ou de son responsable financier[3]. Pour reprendre l'exemple de BlackBerry, c'est notamment ce qui a conduit au départ des deux cofondateurs. De la même manière, le directeur général de la compagnie d'assurances Aviva a perdu son poste du fait d'objectifs non atteints (voir l'illustration 11.1). La mesure de la performance par rapport aux objectifs organisationnels peut être étudiée au moyen de l'analyse d'écart (voir la section 11.2.3).
- *L'évolution temporelle.* Les investisseurs et les autres parties prenantes sont particulièrement attentifs à l'amélioration ou à la détérioration de la performance au cours du temps. Une amélioration laisse supposer une bonne stratégie et l'anticipation de progrès futurs. À l'inverse, une détérioration souligne de mauvais choix stratégiques et la nécessité d'un changement. Cependant, il est important de prendre en considération la bonne période pour évaluer une tendance.

Sauf dans les marchés extrêmement volatils, c'est généralement sur plusieurs années qu'il faut mesurer l'évolution, ce qui permet par exemple de réduire l'impact des variations saisonnières. Par ailleurs, il ne faut pas espérer prolonger indéfiniment une tendance positive : il a ainsi été démontré que seulement environ 5 % des entreprises sont capables de maintenir une performance supérieure à la moyenne de leur industrie pendant plus de 10 ans[4]. Dans ce cas, le meilleur signe d'un déclin futur est certainement une longue période de succès ininterrompu.

- *Les comparables.* La performance peut également être mesurée par rapport à celle d'organisations comparables, comme dans le cadre d'un étalonnage (voir la section 3.4.1). Les comparables sont généralement des concurrents. Lorsqu'il n'existe pas de concurrents, où lorsqu'on souhaite encourager de nouvelles approches, on peut également se comparer avec des organisations proposant des offres équivalentes (par exemple, une compagnie de distribution d'eau peut comparer l'efficacité de son service de facturation ou de son service client avec celle des mêmes services d'une compagnie d'assurances). Pour les entreprises établies, il est souvent possible de se comparer avec la performance des concurrents en utilisant des indicateurs comptables tels que la rentabilité ou la croissance des ventes. Pour cela, là encore, il est préférable de comparer des tendances sur des durées relativement longues. Les entreprises cotées peuvent comparer l'évolution du prix de leur action avec celle de certains concurrents, avec un index rassemblant tous les acteurs de leur industrie, voire avec l'index général du marché sur lequel leur action est cotée (une action qui rapporte moins que le marché est généralement délaissée par les investisseurs). Une détérioration continue du prix de l'action signale une dégradation de la confiance des actionnaires à l'égard des performances futures. Cependant, il est souvent trompeur de se comparer avec les actions qui connaissent la plus forte progression. En effet, la performance financière étant liée au risque, les entreprises dont les actions progressent le plus vite sont souvent celles qui ont déployé les stratégies les plus risquées, qu'il n'est pas nécessairement avisé d'imiter[5]. En effet, si d'autres entreprises ont suivi la même stratégie, et que cela les a conduites à la faillite, leurs résultats ne sont plus disponibles pour la comparaison. Ce phénomène est appelé le *biais du survivant* : tirer des règles générales des caractéristiques des meilleurs, c'est oublier que ces mêmes caractéristiques ont peut-être été utilisées par d'autres, auxquels elles ont été fatales.

11.2.3 L'analyse d'écart

L'analyse d'écart compare la performance réalisée ou prévue avec la performance souhaitée[6]. Elle est particulièrement utile pour identifier des dérives de performance et peut aider à anticiper des problèmes à venir. L'ampleur de l'écart donne une mesure du changement stratégique nécessaire. Le schéma 11.2 présente ainsi un écart de performance (par exemple, la croissance des ventes ou la rentabilité) qui se creuse au cours du temps. La ligne supérieure présente la performance souhaitée par l'organisation, par exemple une agrégation d'objectifs ou un étalon déterminé par l'observation des concurrents. La ligne inférieure représente à la fois la performance réalisée dans le passé et la performance prévue dans le futur, estimée à partir de la poursuite de la stratégie actuelle. On constate qu'il y a déjà un écart entre la performance réalisée et la performance souhaitée, ce qui est clairement insatisfaisant.

Schéma 11.2 L'analyse d'écart

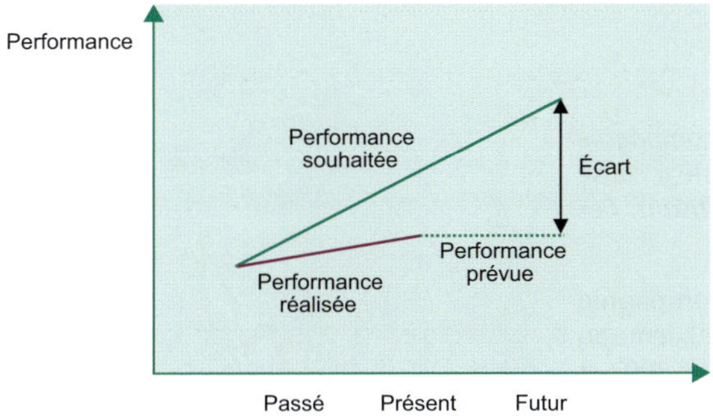

Cependant, la projection sur le schéma 11.2 montre que l'écart va encore s'accroître. Si elle souhaite maintenir son niveau de performance souhaité, l'organisation doit donc ajuster sa stratégie afin de réduire cet écart. Dans la suite du chapitre, nous verrons comment évaluer les différentes options qui peuvent permettre d'y parvenir.

L'émergence récente des techniques d'*analyse décisionnelle* – ou *business analytics* – conduit à reconsidérer l'intérêt de l'analyse d'écart, mais aussi des pratiques d'analyse de marché, de contrôle des coûts ou plus largement de pilotage de la performance. L'**analyse décisionnelle** est une approche prometteuse qui consiste à expliquer et à prévoir la performance en identifiant des corrélations au sein de masses de données (*big data*)[7].

11.2.4 La complexité de l'analyse de la performance

L'analyse de la performance est une démarche complexe. Comme nous l'avons vu, certaines mesures peuvent être contradictoires, au moins à court terme : une croissance des ventes peut se faire au détriment de la rentabilité. Les mesures multidimensionnelles telles qu'un tableau de bord prospectif ou un triple résultat mettent en lumière de difficiles arbitrages : réduire les dépenses de protection de l'environnement peut ainsi accroître le profit à court terme.

Cependant, la complexité résulte de trois autres sources. Premièrement, les organisations peuvent avoir tendance à manipuler leurs résultats afin d'atteindre les indicateurs de performance[8]. On peut ainsi retarder des dépenses non urgentes ou à l'inverse, comptabiliser des commandes comme des ventes afin de maquiller la performance réelle. Les constructeurs automobiles sont coutumiers du fait lorsqu'ils immatriculent des véhicules dans leur propre réseau de distribution en laissant croire que ce sont des ventes. Deuxièmement, les organisations peuvent influencer la perception de leurs performances réelles, qui ne sont pas toujours absolument objectives. Les dirigeants communiquent ainsi avec les investisseurs, les analystes financiers et les journalistes afin de s'assurer que l'interprétation de leurs stratégies et de leurs résultats sera la plus favorable possible[9]. Enfin, les points clés de la performance peuvent évoluer au cours du temps. Les indicateurs de responsabilité sociale de l'entreprise ont ainsi pris une importance croissante, alors que depuis la crise financière de 2008, les banques doivent être plus attentives à leurs ratios de fonds propres afin de démontrer leur résistance.

Illustration 11.1

Qu'est-ce qu'une mauvaise performance ?

En 2012, le directeur général de la compagnie d'assurances Aviva a perdu son poste à cause d'un niveau de performance insuffisant. Ces accusations étaient-elles légitimes ?

Source : Yahoo Finance

Aviva était la plus importante compagnie d'assurances du Royaume-Uni, la deuxième au Canada et la sixième au monde. Entre 2007 et 2012, elle fut dirigée par Andrew Moss, qui était auparavant son directeur financier. Sous sa direction, l'entreprise s'est fortement étendue en Europe continentale, qui représentait environ 37 % de son activité assurance en 2012.

Beaucoup d'observateurs étaient cependant déçus par les résultats obtenus. Lorsqu'il avait été nommé directeur général, Andrew Moss avait affirmé que le bénéfice par action doublerait avant la fin 2012, passant de 48,5 à 97 pence. En 2011, le bénéfice par action ne fut que de 5,8 pence. Andrew Moss commença à céder les activités les moins profitables. Pourtant, entre 2007 et 2012, la performance de l'action Aviva fut significativement inférieure à celle des principaux indices : –52 % par rapport à l'indice de la Bourse de Londres, et –47 % par rapport à l'indice des compagnies d'assurances. Des comparaisons furent faites avec Prudential, la troisième compagnie d'assurances du Royaume-Uni, qu'Aviva avait vainement tenté de racheter en 2006. Depuis l'échec de cette OPA, Prudential avait fortement investi sur les marchés asiatiques, qui rassemblaient plus de 40 % de ses clients en 2012.

Le tableau compare les ventes et le résultat opérationnel des deux compagnies entre 2007 et 2011. Le schéma compare l'évolution de leur cours de Bourse de 2007 à 2012.

Le départ d'Andrew Moss résulta non seulement des performances d'Aviva, mais aussi de son style d'interaction avec les investisseurs et les analystes. Un d'entre eux expliquait : « Il a été accusé d'être suffisant, arrogant et inaccessible. Mais en termes de stratégie, qu'est-ce qu'il aurait vraiment pu faire de plus ? » Le président d'Aviva, Lord Sharman, défendit son bilan et celui de son directeur général, et blâma la crise financière de 2008 et une exposition excessive aux marchés européens, particulièrement touchés : « Je ne suis pas disposé à endosser la responsabilité de la crise bancaire ou de la crise de la dette européenne, qui l'une comme l'autre ont eu un impact significatif sur la compagnie. » Andrew Moss payait-il pour des erreurs dont il n'était pas responsable ? Avec un peu plus de diplomatie et de charme personnel, aurait-il pu en atténuer les conséquences ?

Sources : Financial Times, 8 mai et 30 avril 2012.

Questions

1. Quelles sont les erreurs qu'Andrew Moss a commises ?
2. Andrew Moss et Lord Sharman doivent-ils être tenus responsables d'avoir parié sur les marchés européens plutôt que sur les marchés asiatiques ?

Milliards de livres	2007	2008	2009	2010	2011
Chiffre d'affaires					
Aviva	50,2	51,4	45,1	47,1	40,6
Prudential	18,1	18,8	20,0	24,2	25,3
Résultat opérationnel					
Aviva	2,2	2,3	2,0	2,6	2,3
Prudential	1,2	1,3	1,6	1,6	2,1

11.3 La pertinence

La section précédente a identifié l'analyse d'écart comme un moyen d'évaluer dans quelle mesure de nouvelles initiatives sont nécessaires pour atteindre le niveau de performance souhaité. Le reste du chapitre discute les outils et techniques permettant d'évaluer ces initiatives en utilisant les critères de pertinence, d'acceptabilité et de faisabilité (voir le tableau 11.1). Cette section est consacrée à la pertinence.

La **pertinence** désigne l'adéquation entre une stratégie et les menaces et opportunités auxquelles l'organisation est confrontée. Elle concerne donc la logique intrinsèque de la stratégie. L'analyse de la pertinence s'appuie sur les concepts et les outils introduits dans les parties I et II. Il s'agit donc avant tout d'évaluer dans quelle mesure une stratégie :

- Exploite les opportunités de l'environnement et surmonte ses menaces.
- Capitalise sur les forces de l'organisation et corrige ses faiblesses.

Tableau 11.1 La pertinence, l'acceptabilité et la faisabilité

Pertinence	La stratégie proposée répond-elle aux opportunités et aux menaces auxquelles l'organisation est confrontée ?
Acceptabilité	La stratégie proposée répond-elle aux attentes des parties prenantes ? Le niveau de risque est-il acceptable ? Le niveau de gain est-il acceptable ? Les parties prenantes accepteront-elles cette stratégie ?
Faisabilité	La stratégie proposée fonctionnera-t-elle en pratique ? La stratégie peut-elle être financée ? Les compétences nécessaires sont-elles disponibles ou peut-on les obtenir ? Les ressources nécessaires sont-elles disponibles ou peut-on les obtenir ?

Les outils et méthodes présentés dans les chapitres 2 à 5 peuvent aider à évaluer la pertinence, comme le montre le tableau 11.2. L'utilisation de ces outils et méthodes risque de déboucher sur une longue liste de facteurs parmi lesquels il est indispensable d'identifier les points réellement importants. Or, une des compétences majeures du stratège est la capacité à discerner les questions clés : faire de la stratégie, c'est définir des véritables priorités. Les listes doivent être évitées.

Dans les discussions sur les orientations stratégiques de la partie II, nous avons expliqué non seulement quelles options sont envisageables, mais aussi pour quelles raisons certaines peuvent se révéler préférables. Les différents exemples utilisés dans ces sections peuvent donc permettre d'illustrer en quoi une stratégie peut être considérée comme pertinente. Le tableau 11.3 résume ces différents points et propose une liste de contrôle des raisons pour lesquelles on peut estimer que certaines orientations ou modalités de développement sont pertinentes. Il existe un ensemble de techniques permettant d'évaluer la pertinence des stratégies proposées en mesurant leurs mérites respectifs au regard des principales opportunités et menaces.

Tableau 11.2 Évaluer la pertinence grâce aux outils du diagnostic stratégique

Outil ou concept	Sections	Permet de comprendre	Les stratégies concernées doivent répondre à (exemples)
PESTEL	2.2.1	Variables pivots d'une industrie Évolution de la structure d'une industrie	Cycles économiques Convergence de deux industries Modifications structurelles d'une industrie
Scénarios	2.2.2	Niveau d'incertitude et de risque Options mutuellement exclusives	Nécessité de plans de continuité d'activité ou d'expérimentations
5(+1) forces	2.3.1	Attractivité d'une industrie Forces concurrentielles	Réduction de l'intensité concurrentielle Développement de barrières à l'entrée
Groupes stratégiques	2.4.1	Attractivité de certains groupes Barrières à la mobilité Créneaux stratégiques	Besoin de se repositionner sur un groupe plus attractif
Capacités stratégiques	3.2 et 3.3	Niveaux seuils de performance Fondements de l'avantage concurrentiel	Élimination des faiblesses Exploitation des forces
Chaîne de valeur	3.4.2	Opportunités d'intégration verticale ou d'externalisation	Niveau d'intégration verticale ou externalisation
Tissu culturel	5.3	Lien entre la culture organisationnelle et la stratégie	Alignement des options stratégiques avec la culture

11.3.1 Le classement des options stratégiques

Le classement des options stratégiques se fait par rapport à des facteurs clés obtenus grâce au diagnostic stratégique. L'illustration 11.2 en fournit un exemple détaillé. Un des avantages de cette approche est qu'elle suppose un débat sur les implications de certains facteurs clés sur les choix stratégiques. Elle permet donc de surmonter un des risques potentiels de l'évaluation stratégique : la subjectivité dans l'interprétation du contexte et les préférences implicites pour certains choix.

Des formes de classement plus sophistiquées donnent un poids à chacun des facteurs, en fonction de leur impact sur le contexte stratégique. Rappelons cependant que le fait d'attribuer des coefficients ne constitue pas une évaluation en tant que telle, mais reflète seulement la qualité de l'analyse et des débats qui les sous-tendent.

Une approche comparable peut être utilisée pour anticiper les réactions des concurrents. La section 6.4.4 a montré comment la théorie des jeux peut être mobilisée pour déterminer la viabilité d'une stratégie et notamment pour prendre en compte la réaction probable des concurrents. On peut utiliser une méthode de classement dans cette optique : les facteurs clés sont alors les concurrents. Chaque stratégie est ainsi évaluée en fonction des réactions concurrentielles qu'elle risque de déclencher.

Tableau 11.3 Quelques exemples de pertinence des options stratégiques

Option stratégique	Cette option est pertinente en termes de...	
	Environnement	Capacité stratégique
Orientations		
Retranchement	Retrait d'un marché déclinant Maintien de la part de marché	S'appuyer en priorité sur les forces existantes
Pénétration de marché	Gain de parts de marché	Exploiter des ressources et compétences supérieures
Développement de produits	Utlisation la connaissance des besoins des clients	Exploiter la R&D
Développement de marchés	Marchés actuels saturés Nouvelles opportunités géographiques, de clients ou de besoins	Exploiter les produits actuels
Diversification	Marché actuel saturé ou déclinant Nouvelles opportunités au-delà du cœur de métier actuel	Exploiter les capacités stratégiques sur de nouveaux marchés
Modalités		
Croissance interne	Pas d'alliés ou de cibles disponibles	Utilisation des capacités internes Apprentissage et développement de compétences
Fusions et acquisitions	Vitesse Offre et demande	Acquisition de compétences Économies d'échelle et de champ
Alliances et partenariats	Vitesse Définition d'un standard	Capacités complémentaires Transfert de connaissances

11.3.2 La pertinence vis-à-vis des scénarios

Les options stratégiques peuvent être évaluées en fonction d'une série de scénarios futurs (voir la section 2.2.2). Cette approche est particulièrement utile lorsque le degré d'incertitude est élevé. Une analyse de ce type peut aussi conduire à laisser plusieurs options ouvertes, ou à identifier les options qui restent pertinentes avec plusieurs scénarios. Pour une compagnie pétrolière comme Total ou Shell, une option stratégique doit ainsi rester pertinente face à plusieurs scénarios d'évolution du prix du pétrole.

Un autre avantage de l'utilisation des scénarios lors de l'évaluation des options stratégiques est qu'elle peut permettre d'identifier les options les plus pertinentes dans différents contextes. Cela peut alerter les managers sur la nécessité d'un changement stratégique.

11.3.3 La pertinence vis-à-vis de l'avantage concurrentiel

Un des éléments clés de l'évaluation d'une stratégie est le fait qu'elle s'appuie sur l'avantage concurrentiel de l'organisation. Cette dimension peut résulter des analyses précédentes. Cependant, on peut s'intéresser spécifiquement à cet aspect.

Illustration 11.2

Classement des options chez HAL Conseil

Le classement consiste à confronter les options stratégiques aux résultats d'une analyse SWOT.

Lisa et Arthur étaient deux ingénieurs en systèmes d'information qui étaient retournés dans leur entreprise après avoir obtenu un MBA. Hassan était un de leurs amis, ancien consultant en informatique, qui suivait le même MBA une année après eux. Son projet de fin d'études consistait à évaluer la faisabilité de la création d'une activité de conseil en systèmes d'information avec Lisa et Arthur. L'année suivante, ce projet se concrétisa par la création du cabinet HAL Conseil par les trois amis. Leur stratégie consista au départ à externaliser les services informatiques des entreprises pour lesquelles ils travaillaient. En tant que consultant, Hassan avait déjà travaillé pour des start-up. Arthur était employé dans une société d'ingénierie et Lisa travaillait pour une petite chaîne de prêt-à-porter. Comme le soulignait Arthur : « Aucun de nos employeurs n'avait besoin de spécialistes de systèmes d'information à plein-temps : il était donc judicieux pour eux d'externaliser. »

Lisa commentait :

« La première année, tout s'est bien passé. Nos anciens employeurs apprécient nos services et nous avons développé notre activité auprès d'autres clients. Nous sommes à la fois les propriétaires et les consultants de HAL Conseil. Les frais généraux sont réduits, ce qui nous permet de nous verser de bons salaires. À présent, nous nous interrogeons sur la prochaine étape. Nous voulons faire croître l'entreprise, pas seulement pour gagner plus, mais pour ne pas être trop dépendants de quelques clients. Nous possédons une bonne expertise en termes de technique et de secteurs d'intervention, mais nous avons exploité tous nos contacts professionnels. Plusieurs options sont envisageables. Nous pouvons proposer des formations sur les liens entre les systèmes d'information et le management, ce que la plupart de nos clients ne comprennent pas bien. Notre problème est que nous n'avons pas de compétences en formation. Nous aurions donc besoin de développer cette capacité ou de recruter quelqu'un qui la possède déjà. Une autre option est d'avoir une approche plus commerciale et de prospecter de nouveaux clients. Cela implique de nous mettre en relation avec des industries que nous ne connaissons pas et cela nous prendra du temps – qui ne sera pas facturé – d'où une baisse de revenu pour un temps. En plus, cela risque de nous mettre en concurrence avec de gros cabinets. L'année dernière, nous avons aussi limité notre activité au marché local. Nous pourrions conserver notre expertise mais l'étendre sur le plan géographique. Le problème est notre manque de notoriété. Finalement, nous avons été approchés par un autre cabinet qui nous propose une fusion. Leurs compétences et leurs secteurs d'intervention sont complémentaires des nôtres, ils ont déjà

Comme nous l'avons vu dans le chapitre 3, l'avantage concurrentiel d'une organisation réside dans ses capacités stratégiques. Il convient donc de s'assurer que l'option stratégique considérée est sous-tendue par des capacités stratégiques qui cumulent les quatre critères VRIO :

- *Valeur* : quel est le potentiel de création de valeur au-delà des coûts de cette option stratégique ?
- *Rareté* : dans quelle mesure la capacité qui sous-tend cette stratégie est-elle distinctive, unique et difficile à acquérir par un concurrent ?
- *Inimitabilité* : l'option stratégique est-elle suffisamment complexe pour que les concurrents ne puissent pas aisément l'imiter ou lui trouver un substitut ?
- *Organisation* : l'organisation permet-elle de déployer au mieux la stratégie choisie (voir aussi la section 11.5) ?

Les différentes options stratégiques peuvent être comparées à l'aide des critères VRIO : dans une simple matrice, les options figurent en ligne et chacun des critères VRIO en colonne.

une activité de formation, mais ils sont plus gros que nous et je ne sais pas si nous sommes prêts à perdre notre identité. »

Lisa, Hassan et Arthur décidèrent de classer toutes ces options (voir le tableau ci-dessous).

Questions

1. Pensez-vous que Lisa, Arthur et Hassan devraient prendre en compte d'autres facteurs ou options ?
2. Comment pourriez-vous améliorer leur classement ?
3. Identifiez les options les plus intéressantes en termes d'acceptabilité et de faisabilité.

	Facteurs issus de l'analyse SWOT								
Options stratégiques	**Compatibilité avec nos compétences techniques**	**Compatibilité avec notre connaissance du secteur**	**S'appuie sur notre réputation**	**Consomme du temps non facturé**	**Permet de dépasser nos limites actuelles**	**S'appuie sur les besoins des clients**	**Augmente notre chiffre d'affaires**	**Accroît la concurrence**	**Classement**
1. Développer de nouveaux contrats	+	-	+	–	+	?	?	?	3–2 (B)
2. Démarcher de nouveaux clients	+	?	–	–	+	–	+	–	3–3 (C)
3. Développement géographique	+	+	+	–	+	+	–	–	5–3 (B)
4. Développer une activité de formation	–	+	+	–	+	+	+	+	6–2 (A)
5. Fusionner	+	+	?	+	+	?	?	+	5–0 (A)

+ = favorable ; – = défavorable ; ? = incertain ou hors de propos

A = préférable ; B = possible ; C = inadapté

11.3.4 Les arbres de décision

Les *arbres de décision* permettent également d'évaluer les options stratégiques au regard d'une liste de facteurs. Les options les plus pertinentes émergent progressivement, au fur et à mesure de l'ajout de contraintes successives, concernant par exemple la croissance, l'investissement ou le périmètre d'activité. L'illustration 11.3 donne un exemple d'utilisation de cette technique. Un arbre de décision permet de dégager une série d'opportunités de développement distinctes. Le processus d'élimination consiste à identifier les critères que les stratégies doivent remplir. Dans l'illustration 11.3, il s'agit de la croissance, de l'investissement et de la diversification. Comme le montre l'illustration, choisir la croissance comme un critère déterminant pour les stratégies futures donne un meilleur classement aux options 1 à 4 qu'aux options 5 à 8. À la deuxième étape, la volonté de limiter le montant de l'investissement classe les options 3 et 4 au-dessus des options 1 et 2, etc. Ici, le danger est qu'à chaque branche de l'arbre, le choix risque d'être trop simpliste. À titre d'exemple, comme le montre l'illustration, répondre par « oui » ou par « non » à la diversification ne permet pas de distinguer toute la gamme d'options qui peut exister entre ces deux extrêmes.

Illustration 11.3

L'arbre de décision stratégique d'un cabinet d'experts-comptables

Les arbres de décision permettent d'évaluer les options stratégiques par éliminations successives.

Un cabinet d'experts-comptables, dont l'essentiel des honoraires venait de la certification de comptes, vit son activité décliner significativement. Une série de nouvelles stratégies fut donc envisagée. En utilisant un arbre de décision stratégique, il fut possible d'éliminer une série d'options en les confrontant à quelques critères clés que tous les développements futurs devaient nécessairement inclure, tels que la croissance, l'investissement (acquisition de nouveaux locaux, informatisation, acquisition d'autres cabinets) et la diversification (vers le conseil fiscal, qui présentait des synergies avec la certification des comptes).

L'analyse de l'arbre de décision révéla que si les associés du cabinet souhaitaient privilégier la croissance, les options 1 à 4 étaient préférables aux options 5 à 8. Dans une seconde étape, il apparut que le besoin de limiter le montant des investissements favorisait les options 3 et 4 par rapport aux options 1 et 2.

Les associés avaient bien conscience des limites de cette méthode, en particulier du fait que les choix à chaque embranchement étaient généralement trop simplistes. Répondre *oui* ou *non* à la diversification excluait l'ensemble des options existant entre ces deux extrêmes, comme la modification de la démarche de certification des comptes (qui était une variante importante par rapport aux options 6 ou 8). Pour autant, cet arbre de décision constituait une bonne base de réflexion pour le filtrage des options stratégiques.

Questions

1. Inversez la séquence des trois paramètres afin de considérer en premier la diversification, puis l'investissement et enfin la croissance. Obtenez-vous les mêmes options ?
2. Ajoutez un quatrième paramètre à l'arbre de décision : le développement par croissance interne ou par acquisitions. Quelles sont les seize options que vous obtenez ?

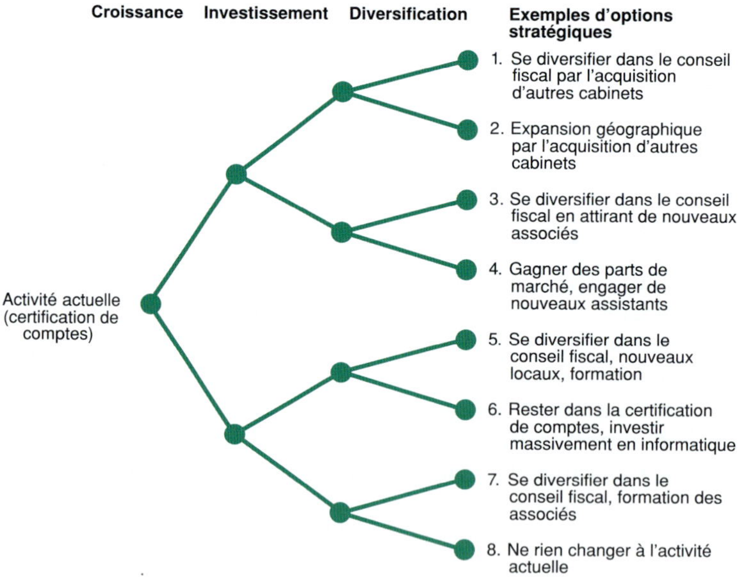

11.3.5 L'analyse de cycle de vie

Une *analyse de cycle de vie* (voir le tableau 11.4) consiste à déterminer si une stratégie correspond au stade de développement de l'industrie (voir la section 2.3.2). Le tableau 11.4 est une matrice à deux dimensions : (1) la phase dans le cycle de vie de l'industrie, de l'émergence au déclin, et (2) la position concurrentielle de l'organisation, de marginale à dominante. L'objectif de la matrice est de vérifier la pertinence de chaque stratégie au regard de ces deux dimensions. Le cabinet de conseil Arthur D. Little suggère un ensemble de critères permettant de positionner les stratégies sur cette matrice[10] :

- *Position concurrentielle forte.* Les concurrents qui détiennent une position concurrentielle forte peuvent généralement pratiquer des stratégies agressives tout au long du cycle de vie. Au départ, cela implique une croissance rapide, par exemple en renforçant l'avantage de coût grâce à la courbe d'expérience, ou en étendant son effet par un élargissement du périmètre d'activité. Plus tard, les concurrents dominants peuvent chercher à tirer avantage de leur force en excluant les concur-

Tableau 11.4 La matrice Arthur D. Little

Position concurrentielle	Phases du cycle de vie de l'industrie				
	Émergence	Croissance	Sélection	Maturité	Déclin
Forte	Croître rapidement	Avoir les coûts les plus faibles Se différencier Élargir le périmètre	Renforcer les avantages de coûts et de différenciation Écarter les concurrents les plus faibles par l'innovation ou la guerre des prix Acquérir les concurrents les plus faibles	Consolider l'industrie par des acquisitions Ponctionner les activités les plus faibles Réduire les coûts devenus superflus (différenciation, innovation)	Exclure les concurrents restants Exploiter le pouvoir de négociation Réduire les coûts
Moyenne	Croître rapidement Se différencier Se focaliser	Rattraper Se différencier Se focaliser Trouver une niche	Ponctionner les activités les plus faibles Rechercher des alliances ou des fusions	Se retrancher Restructurer Rechercher des alliances ou des fusions Vendre l'activité	Rechercher des alliances ou des fusions Fermer l'activité
Faible	Trouver une niche Rattraper	Se retrancher Restructurer Rechercher des alliances, des fusions ou des acquéreurs	Rechercher des alliances, des fusions ou des acquéreurs Se retirer	Rechercher des alliances, des fusions ou des acquéreurs Se retirer	Rechercher des alliances, des fusions ou des acquéreurs Se retirer

Source : adapté de Arthur D. Little.

rents les plus faibles par des prix agressifs ou par l'innovation, voire en les rachetant. En phase de maturité, il est important de ponctionner les activités les plus faibles du portefeuille, éventuellement en les cédant. L'innovation et la différenciation perdent de leur intérêt. Dans la dernière phase, les concurrents dominants doivent veiller à rester les derniers en place, ce qui leur laisse la possibilité d'exploiter leur pouvoir de négociation en pratiquant des prix élevés.

- *Position concurrentielle moyenne.* Au départ, les concurrents qui disposent d'une position concurrentielle moyenne doivent rapidement décider soit de la renforcer (par exemple, au moyen d'une alliance ou d'une fusion) soit de trouver une niche relativement protégée. Plus tard, il convient d'envisager la cession de l'activité à un concurrent disposant d'un solide avantage parental (voir la section 7.6).
- *Position concurrentielle faible.* Pour ces concurrents, il est indispensable de consolider très rapidement leur position ou de trouver une niche, faute de quoi il est préférable de fermer l'activité ou de la céder.

Cette matrice est utile pour évaluer une série de stratégies, mais elle ne fournit pas de réponses systématiques. Chaque organisation doit prendre des décisions en fonction de son propre contexte. Par ailleurs, le modèle du cycle de vie n'est pas prédictif et certaines industries ne suivent pas l'évolution habituelle : une innovation peut provoquer une dématuration et justifier de nouveaux investissements (voir la section 2.3.2).

11.4 L'acceptabilité

L'**acceptabilité** désigne l'adéquation entre la performance attendue d'une stratégie et les attentes des parties prenantes. Cette performance peut être évaluée selon trois dimensions : le *risque*, les *gains* et les *réactions des parties prenantes.* Il est conseillé d'utiliser plusieurs de ces approches lorsqu'on souhaite évaluer l'acceptabilité d'une stratégie.

11.4.1 Le risque

Afin d'évaluer l'acceptabilité d'une stratégie, il convient de déterminer son niveau de risque. Le **risque** désigne la probabilité et les conséquences de l'échec d'une stratégie. Le risque peut être particulièrement élevé pour les organisations qui mettent en œuvre des programmes d'innovation à long terme, lorsque l'évolution de l'environnement est particulièrement incertaine ou lorsque la stratégie suscite des angoisses collectives majeures, par exemple l'utilisation d'organismes génétiquement modifiés[11]. Il est important de fixer le niveau de risque acceptable pour l'organisation : est-on disposé à tout parier sur une seule initiative, au risque de tout perdre, ou préfère-t-on une approche plus prudente fondée sur des options moins ambitieuses mais plus prévisibles ? L'évaluation formelle des facteurs de risque figure dans les documents de référence publiés par les entreprises cotées, mais aussi dans les demandes d'investissement pour les projets majeurs. Les stratégies choisies doivent rester dans les limites de risque acceptables pour l'organisation. Les jeunes entrepreneurs peuvent ainsi avoir une plus forte tolérance au risque que les entreprises familiales établies. Au-delà des risques strictement financiers, il convient également de prendre en compte d'autres formes de risques, par

Illustration 11.4

L'analyse de sensibilité

L'analyse de sensibilité permet d'évaluer dans quelle mesure le succès d'une stratégie dépend des hypothèses qui la sous-tendent.

En 2014, la Compagnie rhodanienne de chimie était une entreprise qui proposait un seul produit sur un marché mature et relativement stable. Elle souhaitait utiliser cette position établie en tant que vache à lait afin de générer la marge brute d'autofinancement (MBA) nécessaire au lancement d'un nouveau produit lié à son activité actuelle. Des estimations avaient montré que pour rendre possible ce projet, il était nécessaire de disposer entre 2015 et 2020 d'une MBA de 4 millions d'euros (à la valeur de 2014).

Même si la performance attendue de l'entreprise sur cette période était une MBA de 9,5 millions d'euros (*hypothèse de base*), les dirigeants souhaitaient évaluer l'impact de trois facteurs clés :

- La possibilité d'une augmentation des *coûts de production* (main-d'œuvre, frais généraux, matières), qui pouvait s'établir à 3 % par an.
- La *capacité de production*, qui pouvait être réduite de 25 % du fait d'équipements vieillissants et d'un climat social incertain.
- Les *niveaux de prix*, qui du fait de la menace de survenue d'un nouveau concurrent pouvaient diminuer de 3 % par an.

Il fut décidé d'utiliser une analyse de sensibilité pour évaluer l'impact possible de chacun de ces facteurs sur la capacité de l'entreprise à générer 4 millions d'euros de MBA. Les résultats sont présentés sur les graphiques.

À partir de cette analyse, les dirigeants concluent que l'objectif de 4 millions serait atteint avec une capacité de production minimale de 60 %, ce qui semblait tout à fait envisageable. L'augmentation des coûts de production de 3 % par an n'empêchait pas l'entreprise d'atteindre son objectif avant 2020. En revanche, une baisse des prix de 3 % créait un manque à gagner de 2 millions d'euros.

La direction déduisit de tout cela que le facteur clé de succès de l'opération était la capacité de l'entreprise à préserver son niveau de prix en cas de survenue d'un nouvel entrant. Elle décida donc de déployer une politique marketing agressive afin de décourager les entrants potentiels.

Source : les calculs du test de sensibilité utilisent les programmes informatiques employés dans le cas *Doman* par P.H. Jones (Sheffield Business School).

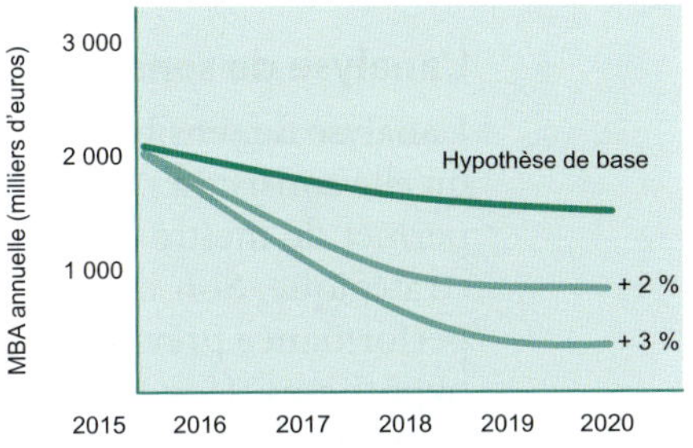

(a) Sensibilité de la MBA à l'évolution des coûts de production

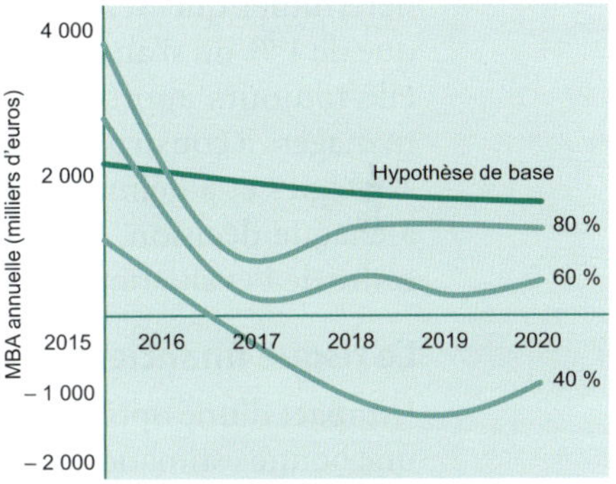

(b) Sensibilité de la MBA à l'évolution de l'utilisation des machines

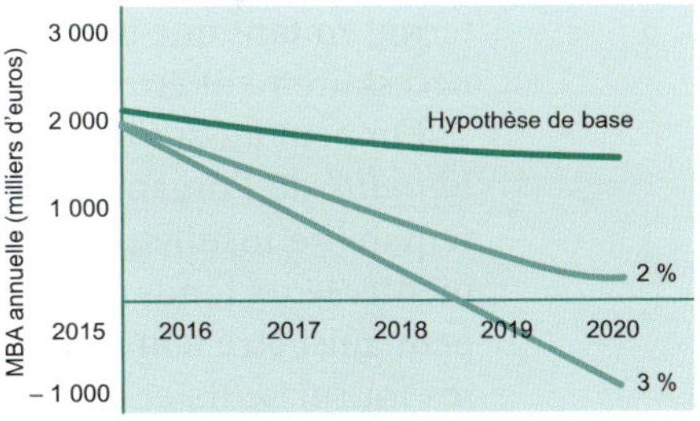

(c) Sensibilité de la MBA à la réduction des prix

Question

Que doit faire l'entreprise si sa politique marketing ne réussit pas à empêcher l'érosion des prix :

(a) Accroître son volume de ventes et l'utilisation de sa capacité de production ?

(b) Réduire ses coûts de production unitaires ?

(c) Autre chose ?

exemple ceux qui peuvent avoir un impact sur la réputation ou sur l'image de marque. La réalisation d'un diagnostic stratégique (voir la partie I) constitue un préalable indispensable à une évaluation du risque, mais d'autres techniques peuvent être mobilisées.

L'analyse de sensibilité[12]

L'analyse de sensibilité est quelquefois appelée *analyse conditionnelle.* Étant donné qu'elle consiste à répondre à des questions du type « que se passerait-il si… ? », elle permet de mettre en doute chacune des hypothèses qui sous-tendent une option stratégique. Son objectif est notamment de définir quelle est la sensibilité de la performance prévisible (par exemple, la rentabilité) par rapport à chacune de ces hypothèses. Une stratégie peut ainsi reposer sur l'hypothèse que le marché va connaître une croissance de 5 % par an ou que l'entreprise ne va pas être confrontée à une grève dans l'année qui suit, ou encore que des équipements coûteux pourront être utilisés à 90 % de leur capacité. L'analyse de sensibilité consiste à déterminer quel serait l'effet sur la performance si jamais la demande ne croissait que de 1 % ou si au contraire elle augmentait de 10 %. La stratégie envisagée serait-elle toujours appropriée dans ces deux cas extrêmes ? Cette technique aide les managers à construire une représentation fidèle des risques associés à chacune des stratégies et à définir le degré de confiance qu'on peut raisonnablement accorder à chaque décision. L'illustration 11.4 montre comment on peut l'utiliser dans le cadre de l'évaluation de la stratégie.

Le risque financier[13]

L'impact d'une option stratégique sur les principaux ratios financiers peut donner une bonne estimation du risque. Au niveau le plus général, le risque dépend notamment de l'évolution de la *structure du capital* de l'entreprise : des options qui impliquent un accroissement des emprunts à long terme détériorent le ratio d'endettement et donc augmentent le risque financier. Le risque n'est pas la dette à long terme en tant que telle, mais les frais financiers qu'elle implique : ceux-ci devront nécessairement être payés, même si la performance s'effondre.

On peut aussi s'intéresser à l'impact de chacune des options stratégiques sur la *liquidité* de l'organisation. Beaucoup d'entreprises sont victimes non pas d'une rentabilité insuffisante, mais d'un manque de liquidités et de l'incapacité à augmenter leurs fonds propres. Une petite entreprise recherchant une forte croissance peut ainsi être tentée de financer son développement en retardant le paiement de ses fournisseurs et en utilisant largement les découverts bancaires, ce qui accroît très fortement son risque financier. La survie de l'entreprise dépend alors de la probabilité que les fournisseurs ou les banquiers exigent d'être payés avant que la croissance ne devienne effective. Ce risque doit impérativement être soupesé avec la plus grande attention.

Le calcul du seuil de rentabilité

Le calcul du seuil de rentabilité (ou point mort)[14] est une approche simple et largement répandue qui permet de faire varier les hypothèses de plusieurs variables clés d'une stratégie. Il consiste à calculer le point mort, c'est-à-dire le montant de chiffre d'affaires permettant de couvrir les frais fixes et les frais variables. Il est utilisé pour évaluer les risques associés à différentes structures de prix et de coûts, comme le montre l'illustration 11.5.

Illustration 11.5

Le calcul du seuil de rentabilité de plusieurs options stratégiques

Le calcul du point mort est une manière simple de quantifier certains facteurs clés qui déterminent le succès ou l'échec d'une stratégie.

Une entreprise industrielle envisageait de lancer un nouveau produit sur un segment de marché où la plupart des offres concurrentes étaient vendues à des grossistes qui revendaient à des distributeurs. Le marché total (au niveau des fabricants) était estimé à 4,8 millions d'euros pour environ 630 000 unités. Le leader détenait une part de marché d'à peu près 30 %. Le marché était de plus en plus concurrentiel car les distributeurs augmentaient leur pouvoir de négociation. L'entreprise souhaitait évaluer les mérites respectifs de deux stratégies. La première (stratégie A) consistait à vendre aux grossistes une offre sophistiquée à un prix élevé. La seconde (stratégie B) consistait à vendre une offre banalisée directement aux distributeurs.

Le tableau résume le marché et la structure de coûts du leader et des deux stratégies envisagées. Il montre que l'entreprise doit conquérir environ 22 % de part de marché pour atteindre le point mort si elle suit la stratégie A et 13 % si elle suit la stratégie B.

Questions

1. Laquelle des deux options choisissez-vous et pourquoi ?
2. Quels seraient les principaux risques liés à cette option et comment chercheriez-vous à les minimiser ?
3. Élaborez une troisième option (stratégie C) et déterminez le profil d'obtention du point mort qui pourrait la rendre plus attractive que les stratégies A et B.

Marché et structure de coûts	Leader	Stratégie A	Stratégie B
Prix pour le distributeur	10,00 €	12,00 €	8,00 €
Prix pour le grossiste	7,00 €	8,40 €	
Total des coûts variables (TCV)	3,50 €	4,00 €	3,10 €
Contribution par unité vendue (prix unitaire – TCV)	3,50 €	4,40 €	4,90 €
Coûts fixes (CF)	500 000 €	500 000 €	500 000 €
Point mort en nombre d'unités à vendre (CF/contribution)	**142 857**	**136 363**	**81 633**
Taille totale du marché (unités)	630 000	630 000	630 000
Point mort en part de marché (point mort en unités/marché)	**22,6 %**	**21,6 %**	**13,0 %**
Part de marché actuelle	30,0 %		

11.4.2 Les gains

Les **gains** sont les bénéfices que les parties prenantes peuvent espérer retirer d'une stratégie. Dans les entreprises, les parties prenantes concernées sont les actionnaires et les prêteurs. Dans le secteur public, il s'agit des financeurs, généralement les autorités de tutelle. Les créations d'entreprise ou les projets d'investissement sont généralement évalués en fonction de leur gain espéré. L'évaluation des gains financiers et non financiers générés par une option stratégique constitue donc une mesure essentielle de son acceptabilité, du moins du point de vue de certaines parties prenantes. Il existe plusieurs approches permettant d'analyser ces gains.

Cette section se penche brièvement sur quatre d'entre elles. Il est important de souligner qu'il n'existe pas de standard absolu permettant de définir ce qu'est un gain élevé ou un gain faible. Tout dépend de l'industrie, du pays et des attentes des différentes parties prenantes. Il existe également un débat sur la méthode qu'il convient d'utiliser pour évaluer les gains.

Les analyses de rentabilité[15]

Les trois techniques d'analyse de rentabilité les plus courantes sont les suivantes (voir le schéma 11.3) :

- Le calcul du *retour sur capitaux engagés* (ou ROCE : *return on capital employed*) consiste à évaluer le taux de retour sur le capital investi dans une stratégie donnée. Dans le schéma 11.3(a), le taux de retour est de 15 % à la troisième année. Le ROCE (généralement le résultat avant impôts divisé par les capitaux engagés) est une mesure de la rentabilité des ressources mobilisées pour déployer une option stratégique donnée. La faiblesse de cette méthode est qu'elle ne prend pas en compte les flux de trésorerie.
- Le *délai de retour sur investissement.* Il s'agit du temps nécessaire avant que le flux cumulé de liquidités devienne positif, soit trois ans et demi sur le schéma 11.3(b). Cette méthode est utilisée lorsqu'il est nécessaire d'investir fortement pour financer une stratégie nouvelle. Il s'agit alors de décider si ce délai est acceptable et si l'organisation est disposée à patienter pendant cette durée avant de rentabiliser son investissement. La réponse varie, notamment d'une industrie à l'autre. Un capital-risqueur investissant dans une start-up Internet s'attend généralement à un retour rapide. À l'inverse, dans les grands travaux d'infrastructures publiques (ponts, tunnels, etc.), un délai de retour de cinquante ans est tout à fait acceptable. Lors de la construction du viaduc de Millau, inauguré en 2004, la société Eiffage a ainsi obtenu de l'État français une concession d'exploitation de soixante-quinze ans. Pour renforcer la précision du calcul du délai de retour sur investissement, il convient cependant d'actualiser les flux de liquidité futurs (voir le point suivant). En effet, 100 euros d'aujourd'hui valent plus que 100 euros dans trois ans, car les 100 euros d'aujourd'hui peuvent être placés et donc valoir plus que 100 euros dans trois ans. Par conséquent, plus un flux de liquidité est éloigné dans le futur, plus sa valeur diminue par rapport à la valeur actuelle.
- L'analyse de la *valeur actuelle nette* (VAN), qui découle de la précédente, est certainement la technique d'évaluation d'investissement la plus courante. Une fois que les flux nets de liquidités (gains minorés des dépenses) ont été évalués pour chaque année [voir le schéma 11.3(c)], ils sont actualisés afin de refléter le fait que les fonds générés plus tôt ont une valeur actuelle supérieure à celle des dépenses ou des gains plus tardifs. Sur le schéma, le taux d'actualisation de 10 % (après impôts et en tenant compte de l'inflation) représente la rémunération attendue par les investisseurs, qui est fonction notamment du niveau de risque qu'ils assignent au projet. Par exemple, le flux net de l'année 3, qui s'élève à 5 millions d'euros, est ramené à 4,13 millions (soit 5 divisé par 1 plus 10 % exposant 2) et celui de l'année 7, c'est-à-dire 2 millions, est ramené à 1,13 million (soit 2 divisé par 1 plus 10 % exposant 6). La valeur actuelle nette du projet est alors calculée en additionnant les flux nets de liquidités actualisés, pour toute la durée prévue, soit 8,78 millions. Cela signifie que le projet va générer un gain de 8,78 millions sur l'ensemble de sa durée. La VAN dépend fortement des

Schéma 11.3 L'évaluation de la rentabilité des options stratégiques

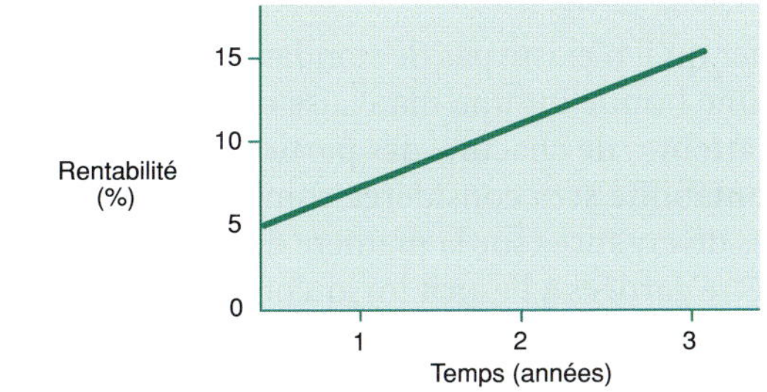

(a) Retour sur capitaux engagés

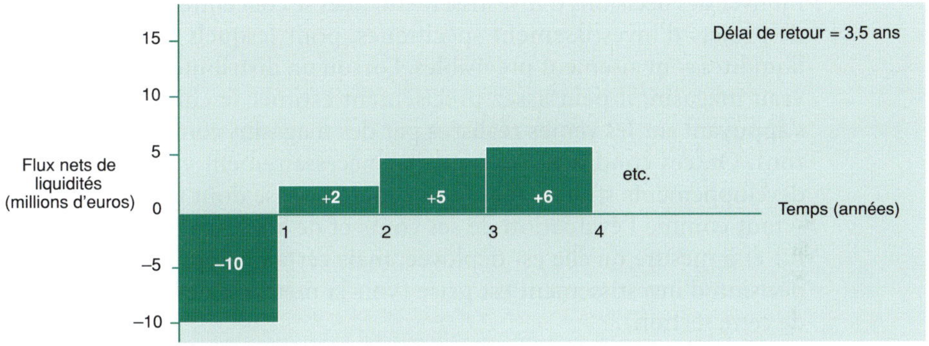

(b) Délai de retour sur investissement

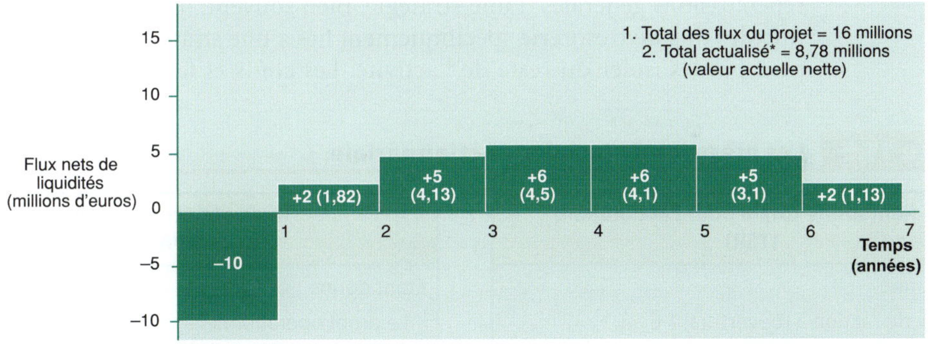

*En utilisant un taux d'actualisation de 10 %.
Les nombres entre parenthèses sont actualisés

(c) Valeur actuelle nette (VAN)

hypothèses de calcul : si les ventes augmentent moins que prévu, le montant de 8,78 millions ne sera jamais atteint. Il est donc conseillé de compléter le calcul de la VAN par une analyse de sensibilité, en faisant varier notamment le volume des ventes ou le taux d'actualisation. Le *taux de rentabilité interne* (TRI) est le taux d'actualisation qui aboutit à une VAN nulle. Dans l'exemple du schéma 11.3(c), le TRI est d'environ 32 %. Étant donné la très forte sensibilité de la méthode aux hypothèses, on ne peut pas se contenter de choisir la stratégie ayant la VAN la plus élevée. En revanche, on peut accepter que tout projet qui présente une VAN positive soit retenu pour faire l'objet d'évaluations complémentaires. La controverse qui clôt ce chapitre est consacrée à l'utilisation des méthodes d'actualisation dans différents pays.

Il est important de souligner qu'il n'existe pas de standard absolu permettant de déterminer ce qui constitue une bonne ou une mauvaise rentabilité : cela dépend de l'industrie, du pays et des attentes de chacune des parties prenantes. Il convient donc de déterminer quelle rentabilité sera considérée comme acceptable par chacune. Qui plus est, il existe des divergences sur la manière de mesurer la rentabilité. De fait, trois limites doivent être gardées à l'esprit lorsqu'on mobilise ce type d'approche pour évaluer des stratégies :

- *Le problème de l'incertitude.* Il ne faut pas se laisser mystifier par l'apparente rigueur méthodologique de ces outils. Ces méthodes ont été développées pour motiver des décisions d'investissement. Elles se concentrent donc sur l'évaluation de projets d'investissement spécifiques, pour lesquels les coûts et les flux de liquidités sont aisément prévisibles. Lorsqu'un distributeur ouvre ainsi un nouveau magasin, il peut assez précisément estimer le chiffre d'affaires futur en s'appuyant sur les ventes réalisées par des magasins comparables dans les environs. Or, ces conditions ne sont pas nécessairement vérifiées dans le cas des développements stratégiques. La manière précise dont une stratégie se déroule – tout comme l'évaluation de ses coûts et de ses gains – devient apparente au fur et à mesure qu'elle est déployée, mais certainement pas *a priori*, lorsque la décision d'investissement est prise (voir la méthode des options réelles à la fin de cette section).
- *Le problème de la spécificité.* Les évaluations financières ont tendance à se focaliser sur des coûts *tangibles* et des gains directs et ne prennent pas en compte les répercussions générales d'une stratégie. Bien souvent, il n'est pas facile d'identifier les flux de trésorerie spécifiquement liés à une stratégie donnée, car on ne peut pas les isoler du reste de l'activité. Les coûts et les gains d'une stratégie

Tableau 11.5 Les mesures de la valeur actionnariale

(a) Rentabilité totale pour l'actionnaire (TSR)	(b) Profit économique (EVA)
Étant donné • Le prix de l'action à l'ouverture, 1 € • Le prix de l'action à la clôture, 1,20 € • Le dividende versé, 5 cts	Étant donné • Le profit opérationnel après impôts, 10 millions • Le capital employé, 100 millions • Le coût du capital, 8 %
Alors • L'accroissement du prix (20 cts) plus le dividende reçu (5 cts)	Alors • Le capital nécessaire pour obtenir le profit opérationnel après impôts est le capital employé multiplié par le coût du capital : 100 × 8 % = 8 millions
La TSR vaut • 25 cts divisé par le prix de l'action à l'ouverture, 1 €, exprimé en pourcentage : 25 %	L'EVA vaut • Le profit opérationnel après impôts moins le coût du capital : 10 – 8 = 2 millions

peuvent aussi avoir des retombées imprévues. Le lancement d'un nouveau produit peut ainsi sembler déficitaire en tant que projet isolé, mais se révéler stratégiquement légitime s'il permet de renforcer la crédibilité d'une gamme complète aux yeux des clients.

- *Le problème des hypothèses.* La valeur des analyses financières est strictement limitée par celle des hypothèses qui les sous-tendent. Si les hypothèses de vente ou de coûts sont erronées, l'analyse obtenue l'est tout autant. C'est une des raisons pour lesquelles l'analyse de sensibilité – qui permet de faire varier les hypothèses – est particulièrement intéressante.

L'analyse de la valeur actionnariale[16]

Le mot *valeur* n'a pas le même sens selon qu'il s'applique aux clients (c'est alors le prix qu'ils sont disposés à payer pour une offre, c'est en général le sens adopté en stratégie) ou aux actionnaires (c'est le surcroît de profit qu'ils peuvent réaliser grâce à leur investissement, c'est le sens adopté en finance). L'analyse de la valeur actionnariale repose sur l'idée que les entreprises doivent être gérées avec l'objectif spécifique de maximiser la valeur pour les actionnaires, à la fois en termes de dividendes et d'appréciation de l'action. Or, l'exclusivité de cet objectif est idéologiquement contestable : le but d'une entreprise est, par définition, la génération de richesses, mais les modalités de partage de ces richesses relèvent du débat politique, pas de la stratégie.

Il existe deux principales mesures de la valeur actionnariale :

- *La rentabilité totale pour l'actionnaire* ou *total shareholder return* (TSR). Elle correspond à l'augmentation du prix de l'action au cours d'une année, plus les dividendes par action versés la même année, le tout divisé par le prix de l'action au début de l'année. Un exemple simple est donné dans le tableau 11.5(a). Cette mesure est intéressante, car elle réunit deux aspects de la valeur actionnariale : la hausse (ou la baisse) du cours de l'action et les dividendes. Cependant, elle implique que le prix de l'action soit connu. Elle est donc inapplicable pour les entreprises non cotées et peu pertinente pour les DAS d'une entreprise cotée. Qui plus est, elle ne constitue pas nécessairement une mesure fidèle du succès stratégique, car le prix d'une action peut varier pour des raisons qui ne relèvent pas de la responsabilité des dirigeants de l'entreprise.
- *Le profit économique* ou *economic value added* (EVA). Cette approche repose sur des données comptables. Elle introduit la notion de coût du capital, qui comprend deux volets : les attentes des actionnaires en termes de plus-values et de dividendes d'une part, et le taux d'endettement d'autre part. Si le résultat opérationnel (après impôts) est plus élevé que le coût du capital nécessaire pour l'obtenir, alors l'EVA est positive. Le tableau 11.5(b) donne un exemple de ce calcul. La notion de coût du capital permet de prendre en compte le risque : plus le risque est élevé, plus le coût du capital l'est aussi. Une stratégie risquée peut ainsi sembler rentable alors qu'elle ne couvre pas le coût du capital. L'EVA ne repose pas sur le prix de l'action, ce qui fait qu'elle peut être utilisée pour des sociétés non cotées, des DAS, voire des projets, à condition que le coût du capital soit ajusté selon le profil de risque de chacune de ces situations.

Même si l'analyse de la valeur actionnariale a permis de pallier certaines des insuffisances des analyses financières traditionnelles, elle ne supprime pas pour autant les incertitudes inhérentes à l'évaluation des choix stratégiques. On lui a ainsi reproché de privilégier les gains à court terme pour les actionnaires et de négliger les autres parties prenantes – les clients, les salariés et la société au sens large – qui ont pourtant un impact déterminant sur la survie de l'organisation à long terme[17]. Même si l'idée de valoriser les stratégies peut permettre d'apporter plus de réalisme et de clarté à des options souvent trop vagues, les entreprises qui utilisent l'analyse de la valeur actionnariale doivent veiller à tenir compte de ces limites[18].

L'analyse coût bénéfice[19]

Dans de nombreuses situations, l'analyse de la rentabilité donne une vision trop étroite du gain obtenu grâce à une stratégie, en particulier lorsque les répercussions indirectes sont importantes. C'est notamment le cas pour les grands projets d'infrastructure publique, comme l'implantation d'un aéroport ou d'un réseau d'égouts (voir l'illustration 11.6), ou pour les organisations impliquées dans des programmes d'innovation à long terme (comme l'industrie pharmaceutique ou aérospatiale). L'*analyse coût bénéfice* consiste à donner une valeur monétaire à tous les coûts et tous les bénéfices liés à une option stratégique, y compris les répercussions tangibles et intangibles sur les individus et sur d'autres organisations.

Même si la valorisation monétaire est souvent difficile en pratique, l'analyse coût bénéfice constitue une approche intéressante, à condition de bien comprendre ses limites. Son principal avantage est de forcer les individus à expliciter les différents facteurs susceptibles d'influencer les choix stratégiques. Même en cas de divergence sur la valeur qui doit être donnée à un coût ou à un bénéfice, cette analyse permet au moins de définir un cadre commun de réflexion à partir duquel les décideurs peuvent comparer les mérites respectifs des différents arguments.

Les options réelles[20]

Les approches précédentes supposent un certain degré de clarté sur les orientations et les résultats des options stratégiques. Or, dans un grand nombre de cas, le coût et le bénéfice d'une stratégie ne deviennent clairs qu'au moment de sa mise en œuvre. À titre d'exemple, le développement d'une nouvelle molécule dans un laboratoire pharmaceutique peut prendre une décennie. Si le coût est généralement limité au départ, ce n'est que lorsqu'un produit viable est obtenu que l'investissement nécessaire devient plus clair et ce n'est que plus tard encore, après le lancement, que la demande peut être calculée. Dans ces conditions, l'approche traditionnelle par la valeur actuelle nette risque de dévaluer un projet, car elle ne prend pas en compte les options de développement que celui-ci rend possibles[21]. Le développement d'une molécule peut ainsi ne pas déboucher sur un produit viable et le projet peut être arrêté. Au contraire, la recherche peut générer de nouvelles connaissances et servir de plateforme à de nouveaux produits ou de nouveaux procédés. Elle peut aussi aboutir à un accord de licence, voire à la vente de l'expertise accumulée à une autre entreprise. La stratégie peut donc être considérée comme une série d'*options réelles* (c'est-à-dire une succession de choix d'orientation au fur et à mesure que la stratégie prend forme). L'illustration 11.7 montre comment ces options réelles peuvent être évaluées. La prise en compte des options réelles accroît généralement la valeur attendue d'un projet, car elle ajoute le bénéfice potentiel des différentes options. Cette approche présente quatre avantages principaux :

- *Rapprocher l'évaluation stratégique et l'évaluation financière.* Les options réelles permettent une meilleure compréhension du gain et du risque stratégique et financier en considérant séparément chaque étape de la stratégie.

Illustration 11.6

Un projet de réseau d'égouts

Les investissements en infrastructures – comme un réseau d'égouts – nécessitent souvent de prendre en compte les coûts et bénéfices indirects associés au projet.

Une compagnie de distribution d'eau détenant le monopole de l'alimentation et de l'évacuation en eau courante dans une agglomération de 50 000 habitants devait investir dans de nouveaux réseaux d'égouts afin de répondre à une réglementation de plus en plus contraignante. Pour évaluer divers projets, elle utilisa une analyse coût bénéfice. Les chiffres ci-dessous proviennent d'une analyse réelle.

Bénéfices

Les bénéfices résultaient essentiellement d'une moindre utilisation des rivières comme déversoirs. Il existait aussi des bénéfices économiques liés à la construction des égouts. Les bénéfices suivants sont quantifiés dans le tableau :

- Bénéfice multiplicateur pour l'économie locale lié aux dépenses supplémentaires des individus employés par le projet.
- Bénéfice associé lié aux achats à des entreprises locales, y compris l'effet multiplicateur de ces dépenses.
- Réduction du risque d'inondation due au débordement ou à l'effondrement des vieux égouts. La probabilité d'inondation pouvait être quantifiée à l'aide d'un historique et le coût des dégâts, par un recensement détaillé des terrains inondables.
- Réduction des fermetures de rues pour cause d'inondation et de réparation des vieux égouts. Des statistiques sur le coût des retards pour les usagers, la mesure du trafic sur les artères concernées et la fréquence des fermetures dans le passé pouvaient être utilisées pour quantifier les économies.
- L'accroissement de la valeur d'agrément des rivières (par exemple pour la plaisance et la pêche) pouvait être mesuré en interrogeant les usagers ou en comparant avec les effets sur la demande constatés dans des situations analogues.
- L'augmentation de la valeur foncière et immobilière pouvait être mesurée en interrogeant des agences spécialisées, et là encore en comparaison avec des situations analogues.
- L'accroissement du nombre de visiteurs sur les installations de bord de rivière grâce à la réduction de la pollution.

Coût de construction

Il s'agissait du coût total moins celui de la main-d'œuvre non qualifiée. En effet, l'utilisation d'une main-d'œuvre non qualifiée n'était pas une charge pour l'économie locale, et son coût devait être déduit afin de parvenir au coût d'opportunité.

Bénéfice net

Une fois les coûts et les bénéfices quantifiés, des techniques classiques d'actualisation pouvaient être utilisées pour calculer la valeur actuelle nette du projet. Ensuite, l'analyse pouvait être poursuivie comme pour un projet classique.

Source : G. Owen, Sheffield Business School.

Questions

1. La liste des bénéfices vous paraît-elle pertinente ?
2. Est-il facile d'attribuer une valeur monétaire à chacun de ces bénéfices ?

Coût/Bénéfice	Millions	Millions
Bénéfices		
Multiplicateur et associés		0,9
Prévention des inondations		2,5
Moins d'entrave à la circulation		7,2
Agrément des rivières		4,6
Valeur des terrains		23,6
Accroissement du nombre de visiteurs		4,0
Total des bénéfices		42,8
Coûts		
Coûts de construction	18,2	
Moins coût de main-d'œuvre	(4,7)	
Coût d'opportunité	(13,5)	
Valeur actuelle des bénéfices nets (VAN)	**29,3**	
Taux de rentabilité interne (TRI)	**15 %**	

Remarque : les montants sont actualisés à un taux réel de 5 % sur 40 ans.

- *Évaluer des options émergentes.* Cette approche permet de donner une valeur à des options qui apparaissent grâce à une décision stratégique initiale.
- *Prendre en compte l'incertitude.* Les analyses de rentabilité obligent les managers à faire des hypothèses qui peuvent se révéler irréalistes. L'approche par les options réelles permet de surmonter cette difficulté. Elle est donc liée aux autres méthodes destinées à analyser un futur incertain, comme la construction de scénarios (voir

Illustration 11.7

L'évaluation des options réelles pour le développement de yaourts en Chine

L'approche par les options réelles peut être utilisée pour évaluer un projet composé d'étapes.

Une entreprise agroalimentaire française exportait des yaourts en Chine depuis plusieurs années et envisageait de construire une usine sur place. Les Chinois, dont la culture était peu portée sur les produits laitiers, commençaient en effet à apprécier certains types de yaourts. Le projet prévoyait que la production de l'usine serait vendue à des distributeurs locaux, mais que l'implantation industrielle pourrait ensuite servir de plateforme pour d'autres évolutions stratégiques. La direction de l'entreprise adopta une approche par les options réelles pour évaluer le projet, comme le montre le schéma ci-dessous.

L'évaluation du projet de construction de l'usine prenait en compte trois options : investir maintenant, investir plus tard ou ne pas investir du tout. Or, la construction de l'usine générait à son tour d'autres options, notamment l'arrêt des relations avec les distributeurs locaux pour ouvrir un réseau de distribution en propre. Là encore, on pouvait distinguer plusieurs possibilités : fallait-il investir dans ce réseau immédiatement après la mise en service de l'usine, investir plus tard ou ne pas investir du tout et continuer à travailler avec les distributeurs locaux ? La mise en place du réseau en propre ouvrait elle aussi de nouvelles options : il était par exemple envisagé de mettre au point, de produire et de distribuer des yaourts liquides, spécifiquement élaborés pour le marché chinois. Le choix était de nouveau d'investir immédiatement, plus tard ou pas du tout. D'autres options ultérieures étaient aussi envisageables.

Le comité de direction utilisa une approche par les options réelles afin de prendre en compte la valeur potentielle de ces différentes options.

Parallèlement, le comité demanda le calcul de la valeur actuelle nette de chacun des trois projets : l'usine, le réseau de distribution et le lancement de nouveaux produits. Pour chaque projet, le taux d'actualisation était ajusté de manière à prendre en compte le niveau de risque. L'obtention d'une VAN positive pour le réseau de distribution et le lancement de nouveaux produits constituait un argument en faveur de la construction de l'usine, dont ces deux projets dépendaient.

Le comité comprenait aussi que les coûts et les gains n'émergeraient que lorsque la construction de l'usine serait effective. Il prévoyait donc de revoir l'évaluation de chacune des options au fur et à mesure que l'information deviendrait disponible.

Questions

Quels sont les avantages de l'approche par les options réelles par rapport à d'autres méthodes en ce qui concerne (a) la construction de l'usine et (b) les deux autres projets ?

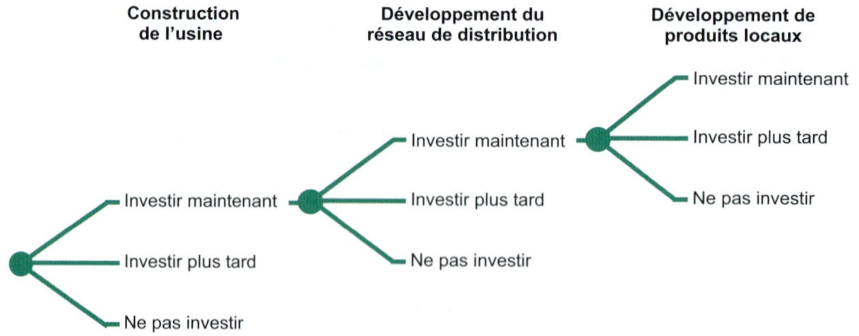

la section 2.2). L'approche par les options réelles souligne que lorsque l'incertitude est élevée il peut être préférable de différer les décisions le plus longtemps possible. En effet, les gains potentiels sont plus facilement évalués une fois que le projet est avancé. Cela peut éventuellement rendre viables des stratégies considérées au départ comme défavorables.

- *Combattre le conservatisme.* Un des problèmes des analyses de rentabilité telles que le calcul de la VAN est que le taux d'actualisation doit refléter le niveau de risque et d'incertitude. De fait, des projets ambitieux mais incertains sont généralement écartés. À l'inverse, l'approche par les options réelles donne plus de valeur aux stratégies ambitieuses. Il est donc conseillé d'utiliser les deux approches en parallèle : le calcul de la VAN donne une vision prudente, alors que les options réelles apportent une vision plus optimiste.

Il convient cependant de rappeler que l'approche par les options réelles n'est utilisable que lorsqu'une stratégie peut être structurée sous forme d'options, c'est-à-dire lorsqu'on peut clairement identifier des étapes – comme dans le développement d'une molécule –, chaque étape permettant d'envisager soit un abandon, soit un report, soit une poursuite du projet. Cette démarche est donc inadaptée pour des stratégies qui nécessitent un investissement massif dès le départ.

11.4.3 Les réactions des parties prenantes

Dans la section 4.4, nous avons montré que dans le but d'analyser le contexte politique et d'établir des priorités, il est possible d'élaborer une *cartographie des parties prenantes.* Ce type de cartographie peut être utilisé pour anticiper les réactions des parties prenantes à une nouvelle stratégie, et donc pour déterminer son acceptabilité. Les réactions des parties prenantes peuvent être cruciales dans de nombreuses situations :

- Les attentes financières des *propriétaires* (les actionnaires, l'État, etc.) doivent nécessairement être prises en compte, car elles conditionnent l'acceptabilité d'une stratégie. Une stratégie peut aussi impliquer une augmentation de capital, ce qui peut déclencher l'hostilité de certains actionnaires, soucieux d'éviter une dilution de leur pouvoir.
- Les *banquiers* et les autres prêteurs sont attentifs au niveau de risque de leur investissement et à la compétence avec laquelle leurs fonds sont gérés. L'historique de crédit de l'entreprise et son expérience dans la gestion du risque peuvent être utilisés par les prêteurs pour sélectionner les projets. L'impact sur la structure du capital est également important : va-t-il accroître le ratio d'endettement et donc réduire la capacité de remboursement ? L'entreprise sera-t-elle en mesure de payer les intérêts avec les profits qu'elle va générer ? Les banquiers évaluent par ailleurs la liquidité de l'entreprise, car si celle-ci se détériore, il peut être nécessaire de contracter un nouvel emprunt, ce qui accroît le risque.
- Les *autorités de régulation* sont des parties prenantes importantes dans des industries telles que les télécommunications, les services financiers, la pharmacie ou l'énergie. Elles peuvent limiter certaines orientations stratégiques, notamment en termes d'extension géographique.
- Les *employés* et les *syndicats* peuvent s'opposer à certaines décisions telles que des délocalisations, des externalisations ou des cessations d'activité, qui se traduisent par la perte d'emplois.

- Les *autorités locales* sont concernées par le maintien des emplois, mais aussi par le coût social des stratégies, par exemple en termes de pollution. On rejoint ici la discussion sur la responsabilité sociale de l'entreprise (voir la section 4.5).
- Les *clients* peuvent aussi refuser une stratégie en cessant d'acheter les produits de l'entreprise. Total et BP ont subi ce type de boycott après les catastrophes de l'*Erika* en Bretagne en 1999 et de la plateforme Deepwater Horizon en Louisiane en 2010. Le lancement d'un nouveau modèle économique peut aussi entraîner des réactions de rejet de la part des clients. La mise en place d'un site de vente en ligne provoque ainsi le contournement du réseau de distribution traditionnel, qui peut être tenté de prendre des mesures de rétorsion à l'encontre des autres activités de l'organisation.

Il est donc nécessaire de prendre en compte l'impact de la stratégie considérée sur les différentes parties prenantes. Les dirigeants doivent comprendre comment la capacité à répondre aux attentes des parties prenantes peut provoquer le succès ou l'échec des stratégies.

11.5 La faisabilité

La **faisabilité** consiste à déterminer si l'organisation possède les ressources et compétences nécessaires au déploiement d'une stratégie. L'évaluation de la faisabilité doit répondre à deux questions clés : (a) l'organisation détient-elle les ressources et compétences nécessaires à la stratégie ?; si non, (b) peut-elle les obtenir ? Ces questions s'appliquent à tous les types de ressources impliquées par une stratégie, notamment les ressources financières, les ressources humaines, mais aussi l'intégration des différentes ressources.

11.5.1 La faisabilité financière

L'évaluation de la faisabilité financière peut reposer sur une *prévision des flux de financement*[22] que nous avons détaillée dans la section consacrée à l'acceptabilité. Il s'agit de déterminer les fonds nécessaires au déploiement d'une stratégie, de calculer les flux de liquidités que cette stratégie dégagera et d'anticiper à quel moment elle nécessitera de nouveaux apports. On peut alors définir auprès de quelle source obtenir ces fonds.

Les sources de financement présentent chacune des avantages et des inconvénients expliqués dans les manuels de finance[23]. En dehors des questions de faisabilité, l'acceptabilité par les différentes parties prenantes – notamment les apporteurs de fonds – peut influencer le choix de la source de financement (voir la section 11.3.3). Ce choix est également fonction de la situation financière de l'organisation, de sa structure de possession (s'agit-il d'une entreprise cotée ?), de ses objectifs généraux et de ses priorités stratégiques. Selon qu'elle recherche une croissance rapide ou la consolidation de ses résultats passés, une entreprise aura ainsi des besoins financiers différents.

On peut distinguer le type de besoin financier en fonction de la phase de maturité de l'activité (voir le tableau 11.6). Bien entendu, cela implique que les sources de financement correspondantes soient disponibles. Si elles ne le sont pas, on peut s'interroger sur la faisabilité et l'acceptabilité de la stratégie choisie.

- Les activités en *démarrage* présentent un niveau de risque élevé[24]. Elles ne sont pas encore établies sur leur marché et elles nécessitent généralement des inves-

Tableau 11.6 Sources de financement et phases de maturité

Phase de maturité	Besoin de financement	Coût du capital	Risque opérationnel	Sources de financement	Dividendes
Démarrage	Élevé	Élevé	Élevé	Capital (capital-risqueurs)	Aucun
Croissance	Élevé	Faible/moyen	Élevé	Dette et capital	Faibles
Maturité	Faible/moyen	Moyen	Moyen	Dette, capital et autofinancement	Élevés
Déclin	Faible/négatif	Moyen/élevé	Faible	Dette	Élevés

tissements substantiels. Dans cette phase, une activité peut rechercher le financement de *capital-risqueurs*, qui eux-mêmes diminuent leur risque en détenant un portefeuille de participations. On peut aussi faire appel à des *investisseurs providentiels* ou *business angels*. Ces différentes sources de financement sont cependant coûteuses, car le niveau de risque est élevé.

- Les activités en *croissance* peuvent rester volatiles et risquées, ce qui implique que le coût du financement se maintiendra à un niveau élevé. Cependant, si l'activité commence à s'établir sur son marché, le coût du capital peut diminuer. Dans tous les cas, les investisseurs seront principalement attirés par l'offre, le modèle économique et les gains potentiels qui peuvent en découler. L'apport en capital – par exemple grâce à une introduction en Bourse – est alors le plus approprié.
- Les activités *matures* nécessitent généralement moins d'investissements. Si elles détiennent une forte position concurrentielle, elles génèrent des surplus de manière régulière, ce qui leur permet d'assurer un certain niveau d'autofinancement. Le risque est donc moins élevé. Si un financement est nécessaire, il peut être obtenu soit par endettement, soit par apport en capital, la fiabilité des gains pouvant garantir le paiement des frais financiers. Si l'augmentation de l'endettement ne débouche pas sur un niveau de risque trop important, la possibilité de se financer à faible coût accroît le profit de l'entreprise grâce à l'*effet de levier* (elle peut se financer à un taux inférieur à son propre taux de rentabilité).
- Les activités déclinantes risquent d'avoir des difficultés à attirer des apporteurs de capitaux. Cependant, l'emprunt reste possible s'il est garanti par les actifs résiduels. À cette phase, il est probable que l'attention se porte sur la réduction des coûts, ce qui fait que les flux de liquidités générés sont relativement importants. Ces activités constituent donc généralement des investissements à faible risque.

Le modèle du cycle de vie ne s'applique cependant pas toujours : il existe des exceptions. Une entreprise cherchant à développer de nouvelles activités innovantes de manière récurrente peut se comporter comme son propre capital-risqueur et accepter des niveaux de risque importants compensés par la détention de « vaches à lait » dans son portefeuille (voir la section 7.7.1). D'autres entreprises peuvent avoir besoin de vendre certaines de leurs activités matures pour financer le développement de nouvelles activités émergentes. Dans le secteur public, il est tout aussi important d'équilibrer le niveau de risque financier entre les activités : c'est grâce à l'existence de services dont les budgets sont certains que des expérimentations plus incertaines peuvent être conduites.

11.5.2 Les ressources humaines

Dans le chapitre 3, nous avons vu comment les organisations peuvent obtenir un avantage concurrentiel durable grâce aux compétences encastrées dans les savoir-faire, aux connaissances et à l'expérience de leurs membres. Le succès d'une stratégie dépend quoi qu'il arrive de ceux qui l'appliquent. Il ne s'agit pas seulement des managers, mais de tous les membres de l'organisation, notamment ceux qui sont en contact avec les clients. Trois questions se posent alors : les membres de l'organisation ont-ils les compétences nécessaires pour déployer la stratégie retenue ? Les systèmes en place aident-ils dans cette tâche ? Si elles ne sont pas présentes, les compétences nécessaires peuvent-elles être développées ou acquises ?

Pour répondre à ces questions, on peut commencer par mener les mêmes types d'évaluations que celles qui sont présentées à propos de l'avantage concurrentiel dans la section 11.3.3. Il convient d'identifier les capacités stratégiques qui sous-tendent la stratégie choisie, en particulier en termes d'expertise et de savoir-faire. La seconde étape consiste à déterminer si ces capacités existent véritablement dans l'organisation. Si tel n'est pas le cas, est-il réaliste de supposer qu'on pourra les développer ou les acquérir ?

La plupart des questions de faisabilité liées aux structures et aux systèmes sont présentées dans le chapitre 13 (consacré à l'organisation) et dans le chapitre 14 (consacré à la gestion du changement). Cependant, d'autres points peuvent être soulignés, notamment[25] :

- L'*organisation du travail*. La stratégie choisie va-t-elle significativement modifier le contenu du travail et les priorités ? Les managers doivent-ils concevoir différemment les tâches à effectuer ? Quels sont les critères essentiels de pilotage de l'activité ? Dans quelle mesure sont-ils nouveaux ?
- Les *incitations*. Comment les individus sont-ils incités à déployer la stratégie choisie ? Leurs aspirations de carrière sont-elles modifiées ? Y aura-t-il des évolutions significatives de pouvoir, d'influence et de crédibilité, et comment seront-elles reconnues et récompensées ?
- Les *relations*. Les interactions entre les individus sont-elles amenées à changer ? Quelles sont les conséquences en termes de confiance, de compétence et de valeurs partagées ? Quels conflits politiques peut-on anticiper ?
- La *formation*. Les systèmes de formation actuels sont-ils appropriés ? Il peut être nécessaire de prendre en compte l'équilibre entre le besoin d'assurer le déploiement de la stratégie à court terme et le développement futur des compétences individuelles et collectives.
- Les *recrutements*. Compte tenu de toutes ces questions, faut-il recruter de nouveaux salariés et à quel niveau dans l'organisation ?

11.5.3 L'intégration des ressources

Le succès d'une stratégie dépend généralement de la gestion de nombreux types de ressources, non seulement les individus et la finance, mais aussi les ressources physiques, l'information, la technologie et les ressources apportées par les fournisseurs et les partenaires. Il peut arriver – mais cela reste rare – qu'une stratégie s'appuie uniquement sur les ressources existantes. Le plus souvent, des ressources additionnelles seront requises. La faisabilité de la stratégie doit alors être considérée en fonction de la possibilité d'obtenir et d'intégrer ces ressources, à la fois internes et externes. Si cette intégration n'est pas effectuée, la stratégie a très peu de chance de réussir. Le plus souvent, les situations critiques ne sont pas provoquées par un seul problème, mais bien par l'incapacité à intégrer l'ensemble des ressources, des systèmes et des compétences nécessaires au fonctionnement de l'organisation.

11.6 Synthèse des critères d'évaluation

À l'issue de cette discussion sur les critères d'évaluation des options stratégiques, quatre limites doivent être soulignées :

- *Savoir arbitrer entre des conclusions divergentes.* Les conclusions obtenues en appliquant les critères de pertinence, d'acceptabilité et de faisabilité peuvent diverger. Une stratégie peut ainsi sembler très pertinente, mais être inacceptable du point de vue de certaines parties prenantes influentes. Il est donc important de rappeler que les différentes méthodes présentées dans ce chapitre constituent des aides à la décision, mais qu'elles ne doivent pas se substituer à la capacité de jugement des managers. La responsabilité des managers consiste justement à arbitrer entre des choix difficilement conciliables. Les méthodes d'évaluation leur permettent de mieux comprendre les enjeux de cet arbitrage, mais elles ne les soustraient pas à leur rôle de décideurs.
- *Maintenir une cohérence entre les éléments d'une stratégie.* La stratégie concurrentielle (prix, différenciation, focalisation), l'orientation stratégique (développement de produits ou de marchés, diversification) et la modalité de développement (croissance interne, fusion ou acquisition, alliance ou partenariat) doivent être cohérentes les unes avec les autres : elles doivent être considérées comme un tout et partager la même logique. Si ce n'est pas le cas, la situation peut rapidement devenir problématique. Une stratégie de différenciation fondée sur des compétences distinctives patiemment accumulées au cours du temps est ainsi rarement cohérente avec un développement par croissance externe.
- *Tout est dans l'application.* Ce n'est que lors du déploiement effectif de la stratégie qu'on peut réellement constater la pertinence, l'acceptabilité et la faisabilité des options retenues. Cela peut conduire à la refonte, voire à l'abandon de certaines options. En pratique, l'évaluation se déroule donc au moment du déploiement. C'est une des raisons qui justifient l'expérimentation et le recours à des démarches exploratoires peu coûteuses. Un des secrets des organisations qui réussissent un grand nombre de développements stratégiques est qu'elles en tentent un nombre plus grand encore.
- *La stratégie en pratique.* Plus généralement, il serait hasardeux de supposer que l'évaluation systématique des options stratégiques est la norme dans toutes les organisations. Dans les prochains chapitres, nous verrons comment traduire effectivement la stratégie en actions et en quoi consiste pratiquement le management stratégique.

Controverse académique

Quelle est la meilleure approche pour évaluer les décisions d'investissement ?

Selon les pays, les techniques utilisées pour évaluer les décisions d'investissement diffèrent dans la forme et dans l'esprit.

Il existe des différences d'un pays à l'autre sur les outils utilisés pour évaluer les décisions d'investissement. Chris Carr a montré que dans les pays anglo-saxons – notamment aux États-Unis et au Royaume-Uni –, l'intérêt des actionnaires domine, alors que dans d'autres pays – notamment au Japon et en Allemagne –, les intérêts d'autres parties prenantes sont aussi pris en compte (voir la section 4.3.2). Les principales différences sont les suivantes :

- Aux États-Unis et au Royaume-Uni, l'accent est mis sur les méthodes financières d'évaluation. Le calcul de la valeur actuelle nette (VAN) est largement répandu. Dans une étude menée sur une période de dix ans, 100 % des managers interrogés aux États-Unis ont déclaré l'utiliser. Le chiffre est de 50 % au Royaume-Uni. L'utilisation très fréquente de la VAN s'accompagne d'exigences en termes de taux de rentabilité pour les projets. Cette priorité donnée aux analyses financières est justifiée par le besoin de répondre aux attentes des marchés financiers et en particulier par les pressions directes qu'exercent les investisseurs pour obtenir des résultats à court terme.
- Au Japon et en Allemagne, une approche plus large de l'évaluation des stratégies est utilisée, l'accent étant mis sur la viabilité à long terme et la préservation des positions concurrentielles. La VAN n'est utilisée que par 28 % des managers en Allemagne et 18 % au Japon. D'autres méthodes d'analyse telles que le retour sur capitaux engagés (ROCE) et le délai de retour sur investissement sont plus largement employées, alors que les taux de rentabilité attendus sont plus bas, plus flexibles ou – au Japon – nettement moins présents. Tout cela peut s'expliquer par les relations proches que les entreprises entretiennent avec les institutions financières (notamment les banques) ou le poids plus élevé de l'actionnariat familial (en Allemagne), qui encouragent une perspective à long terme, réduisent la menace d'acquisition et l'exigence de résultats immédiats. De fait, les méthodes d'évaluation financière utilisées sont généralement moins sophistiquées que dans les pays anglo-saxons.

L'explication de ces différences réside dans les systèmes de gouvernement d'entreprise. D'ailleurs, en Allemagne, ce n'est que dans les entreprises familiales que des approches telles que le ROCE et le délai de retour sur investissement sont préférées, avec des exigences plus souples qu'aux États-Unis ou au Royaume-Uni : 5 à 7 ans de délai de retour au lieu de 2 à 3 ans. Dans les entreprises allemandes cotées en Bourse, on constate une évolution rapide vers l'approche anglo-saxonne.

Patrick Barwise, Paul Marsh et Robin Wensley soulignent qu'il ne devrait pas exister de conflit entre une approche financière et une approche plus stratégique : une bonne analyse financière peut compléter plutôt que contredire une bonne analyse stratégique. L'important est que les hypothèses utilisées pour les analyses financières soient cohérentes avec la recherche d'un avantage concurrentiel durable. Le rôle des analyses financières est alors d'éclairer plutôt que de masquer les points clés de à la stratégie.

Sources : C. Carr, « Are German, Japanese and Anglo-Saxon strategic decision styles still divergent in the context of globalization? », *Journal of Management Studies*, vol. 42, n° 6 (2005), pp. 1155-1188 ; P. Barwise, P. Marsh et R. Wensley, « Must finance and strategy clash? », *Harvard Business Review*, vol. 67, n° 5 (1989), pp. 85-90.

Questions

1. Quels sont les arguments en faveur de l'évaluation des options stratégiques (a) à partir d'approches financières et (b) à partir d'approches stratégiques plus larges ?
2. Quelle est l'approche utilisée dans votre pays et pourquoi ?

Résumé

- Lorsqu'on évalue une stratégie, il convient de prendre en compte non seulement sa *performance économique*, mais aussi son *efficacité organisationnelle.*
- L'*analyse d'écart* indique dans quelle mesure la performance réalisée ou prévue diverge de la performance souhaitée, et l'ampleur des initiatives stratégiques permettant d'y remédier.
- Le succès ou l'échec des stratégies peut être évalué grâce à trois critères :
  - La *pertinence* consiste à déterminer si la stratégie est en adéquation avec le diagnostic stratégique présenté dans la partie I. Elle concerne la logique intrinsèque de la stratégie.
  - L'*acceptabilité* d'une stratégie dépend de trois facteurs : le *gain* attendu, le niveau de *risque* et la *réaction* prévisible des parties prenantes.
  - La *faisabilité* consiste à déterminer si l'organisation maîtrise les ressources et compétences nécessaires au déploiement de la stratégie.

Travaux pratiques

• Signale des exercices d'un niveau plus avancé

11.1 Choisissez une entreprise cotée en Bourse qui vous est familière et comparez l'évolution du prix de son action avec (a) celle de l'indice du marché sur lequel elle est cotée (par exemple l'indice CAC40 en France, l'indice BEL20 en Belgique ou l'indice S&P/TSX au Canada) et avec (b) celle du prix de l'action de ses deux principaux concurrents. Qu'en déduisez-vous ? Vous pouvez utiliser par exemple les données fournies gratuitement par le site fr.yahoo.finance.com.

11.2 En vous inspirant de l'illustration 11.2, effectuez le classement des options stratégiques pour une organisation de votre choix.

11.3 En utilisant les critères de pertinence, d'acceptabilité et de faisabilité, évaluez les options stratégiques envisageables pour Accor (voir le cas à la fin du chapitre 10) ou une organisation de votre choix.

11.4 Effectuez l'analyse du risque des options stratégiques qui s'offrent à une organisation de votre choix.

11.5 Rédigez un rapport à l'attention d'un chef d'entreprise décrivant comment les sources de financement doivent être liées à la nature de l'industrie et aux types de stratégies suivies.

11.6 • En utilisant les exemples tirés de vos réponses aux questions précédentes, commentez l'affirmation selon laquelle « le choix stratégique est en fin de compte un sujet très subjectif. Il est dangereux de penser que les méthodes analytiques peuvent se substituer à la réalité ». Vous pouvez vous référer aux commentaires figurant à la fin de la partie II.

Exercice de synthèse

11.7 Expliquez en quoi les critères de pertinence, d'acceptabilité et de faisabilité peuvent différer selon qu'on les applique à une organisation du secteur public ou du secteur privé. Montrez en quoi ces différences sont liées à la nature de l'environnement (voir le chapitre 2) et aux attentes des parties prenantes (voir le chapitre 4).

Lectures recommandées

- Sur les techniques d'analyse financière appliquées à l'analyse et à l'évaluation stratégique, voir C. Thibierge, *Analyse financière*, 4e édition, Vuibert, 2011, G. Arnold, *Corporate Financial Management*, 4e édition, Prentice Hall, 2009, et L. Batsch, *Finance et stratégie*, Economica, 1999.
- Un article classique qui explore les relations entre la finance et la stratégie est celui de P. Barwise, P. Marsh et R. Wensley, « Must finance and strategy clash? », *Harvard Business Review*, vol. 67, n° 5 (1989), pp. 85-90.

Références

1. Sur la distinction entre performance économique et efficacité organisationnelle, voir P. Richard, T. Devinney, G. Yip et G. Johnson, « Measuring organizational performance: towards methodological best practice », *Journal of Management*, vol. 35 (2009), pp. 718-747.
2. Voir C. Mendoza, M.-H. Delmond, H. Löning, M. Besson, C. Bonnier et O. Bruel, *Tableaux de bord. Donnez du sens à vos indicateurs*, Groupe Revue Fiduciaire, 2011, R. Kaplan et D. Norton, *L'Alignement stratégique : Créer des synergies par le tableau de bord prospectif*, Eyrolles, 2007, et R. Kaplan et D. Norton, « Using the Balanced Scorecard as a strategic management system », *Harvard Business Review*, vol. 74, n° 1 (1996), pp. 75-85.
3. Voir R. Mergenthaler, S. Rajgopal et S. Srinivasan, « CEO and CFO career penalties to missing quarterly analysts forecasts », *Harvard Business School Working Paper*, n° 14 (2009).
4. Voir R. Wiggins et T. Ruefli, « Temporal dynamics and the incidence and persistence of superior economic performance », *Organization Science*, vol. 13, n° 1 (2002), pp. 82-105.
5. Voir J. Denrell, « Selection bias and the perils of benchmarking », *Harvard Business Review*, vol. 83, n° 4 (2005), pp. 114-119.
6. Voir K. Cohen et R. Cyert, « Strategy: formulation, implementation, and monitoring », *Journal of Business*, vol. 46, n° 3 (1973), pp. 349-367.
7. Voir V. Mayer-Schonberger et K. Cukier, *Big Data: A Revolution That Will Transform How We Live, Work and Think*, John Murray, 2013, et J. Liebowitz, *Big Data and Business Analytics*, Auerbach, 2013.
8. Voir X. Zhang, K. Bartol et K. Smith, « CEOs on the edge: earnings manipulation and stock-based incentive misalignment », *Academy of Management Journal*, vol. 51, n° 2 (2008), pp. 241-258.
9. Voir B. Lev, « How to win investors over », *Harvard Business Review*, vol. 89, n° 11 (2011), pp. 52-62.
10. La matrice Arthur D. Little est également utilisée pour gérer un portefeuille d'activités, au même titre que les matrices BCG ou McKinsey (voir la section 7.7). Dans ce cas, on positionne des DAS et non des options stratégiques sur la matrice. La version classique de cette matrice prévoit cinq positions concurrentielles, et non trois : dominante, forte, favorable, défavorable et marginale.
11. Voir M. Frigo et R. Anderson, « Strategic risk management », *Journal of Corporate Accounting and Finance*, vol. 22, n° 3 (2011), pp. 81-88.
12. Sur le détail de l'analyse de sensibilité, voir A. Satelli, K. Chan et M. Scott (eds), *Sensitivity Analysis*, Wiley, 2000.
13. Voir C. Thibierge, Comprendre toute la finance, 2e édition, Vuibert, 2013, et C. Walsh, *Master the Management Metrics That Drive and Control Your Business*, Financial Times Prentice Hall, 4e édition, 2005.
14. Le calcul du seuil de rentabilité est présenté dans tous les manuels de comptabilité ou de finance. Voir par exemple C. Mendoza, E. Cauvin, M.-H. Delmond, P. Dobler, V. Mailleret et E. Zilberberg, *Coûts et décisions*, 3e édition, Gualino, 2009 ; C. Thibierge, *Analyse financière*, 4e édition, Vuibert, 2011 ; G. Arnold, *Corporate Financial Management*, 4e édition, Financial Times Prentice Hall, 2009.
15. Sur l'analyse financière appliquée à l'analyse et à l'évaluation stratégique, voir Z. Bodie, R. Merton et C. Thibierge *Finance*, 2e édition, Pearson Éducation, 2007 ; L. Batsch, *Finance et stratégie*, Economica, 1999 ; G. Arnold (référence 13).
16. Le principal partisan de l'analyse de la valeur actionnariale a été A. Rappaport, *Creating Shareholder Value: The New Standard for Business Performance*, 2e édition, Free Press, 1998. Voir aussi O. Jokung, J.-L. Arrègle et W. Ulaga, *Introduction au management de la valeur*, Dunod, 2001. On peut aussi consulter le chapitre de R. Mills, « Understanding and using shareholder value analysis » dans l'ouvrage coordonné par

V. Ambrosini, G. Johnson et K. Scholes, *Exploring Techniques of Analysis and Evaluation in Strategic Management*, Prentice Hall, 1998.

17. Voir M.E. Raynor, « End shareholder value tyranny: put the corporation first », *Strategy & Leadership*, vol. 37 n° 1 (2009), pp. 4-11.
18. Voir P. Haspeslagh, T. Noda et F. Boulos, « It's not just about the numbers », *Harvard Business Review*, vol. 79, n° 7 (2001), pp. 63-75.
19. Sur l'analyse coût bénéfice, voir J.L. King, « Cost-benefit analysis for decision-making », *Journal of Systems Management*, vol. 31, n° 5 (1980), pp. 24-39. Un exemple détaillé sur l'industrie de l'eau peut être trouvé dans N. Poew, « Water companies' service performance and environmental trade-off », *Journal of Environmental Planning and Management*, vol. 45, n° 3 (2002), pp. 363-379.
20. L'évaluation par les options réelles peut rapidement se perdre dans des calculs fastidieux. Le lecteur qui souhaite mieux comprendre cette approche est donc invité à consulter R. Durand, P.-Y. Gomez, P. Monin, « Le management stratégique face à la théorie des options », *Revue Française de Gestion*, vol. 28/137 (janvier-mars 2002), pp. 45-60 ; T. Copeland, « The real options approach to capital allocation », *Strategic Finance*, vol. 83, n° 4 (2001), pp. 33-37 ; P. Boer, *The Real Option Solution: Finding Total Value in a High Risk World*, Wiley, 2002 ; M.M. Kayali, « Real options as a tool for making strategic investment decisions », *Journal of the American Academy of Business*, vol. 8, n° 1 (2006), pp. 282-287 ; C. Krychowski et B. Quelin, « Real options and strategic investment decisions: Can they be of use to scholars? », *Academy of Management Perspectives*, vol. 24, n° 2 (2010), pp. 65-78.
21. T. Luehrman, « Strategy as a portfolio of real options », *Harvard Business Review*, vol. 76, n° 5 (1998), pp. 89-99.
22. Voir par exemple C. Thibierge (référence 13).
23. Voir par exemple P. Atrill, *Financial Management for Decision Makers*, 4e édition, Financial Times Prentice Hall, 2006, chapitres 6 et 7, ainsi que Arnold (référence 13), partie IV.
24. Il existe beaucoup de travaux consacrés au financement des entreprises en démarrage. Voir par exemple D. Champion, « A stealthier way to raise money », *Harvard Business Review*, vol. 78, n° 5 (2000), pp. 18-19 ; Q. Mills, « Who's to blame for the bubble? », *Harvard Business Review*, vol. 79, n° 5 (2001), pp. 22-23 ; H. Van Auken, « Financing small technology-based companies: the relationship between familiarity with capital and ability to price and negotiate investment », *Journal of Small Business Management*, vol. 39, n° 3 (2001), pp. 240-258 ; M. Van Osnabrugge et R. Robinson, « The influence of a venture capitalist's source of funds », *Venture Capital*, vol. 3, n° 1 (2001), pp. 25-39.
25. Voir notamment C. Marsh, P. Sparrow, M. Hird, S. Balain et A. Hesketh (2009), « Integrated organization design: the new strategic priority for HR directors », dans P. Sparrow, A. Hesketh, C. Cooper et M. Hird (eds), *Leading HR*, Palgrave Macmillan.

Étude de cas

Carrefour à la croisée des chemins

En janvier 2014, le groupe Carrefour annonça un chiffre d'affaires 2013 de 84,3 milliards d'euros, en croissance de 2,5 %. Ces résultats signalaient une double évolution de l'activité du groupe : un maintien de la croissance internationale (+3,5 %), mais aussi, une première depuis des années, un retour à la croissance en France (+1,5 %). Cela semblait entériner le succès de la nouvelle stratégie initiée depuis début 2012 par le P-DG, George Plassat.

Depuis le début des années 2000, Carrefour subissait une érosion de son activité historique, les hypermarchés en France. Or, même si le groupe était fortement internationalisé (numéro 2 mondial derrière l'Américain Walmart et numéro 1 en Europe et en Amérique latine), 47 % de son chiffre d'affaires et 43,4 % de son résultat opérationnel étaient encore réalisés sur le marché français.

Carrefour était confronté à deux enjeux majeurs : l'un à l'international et l'autre sur son marché local. La concurrence mondiale était de plus en plus vive, notamment en Chine, où fin 2013 Carrefour comptait 235 hypermarchés. Dans cette course à l'expansion, Carrefour était en concurrence avec le géant Walmart, mais aussi avec le Britannique Tesco. Par ailleurs, sur ses marchés historiques, Carrefour devait affronter les groupes de maxidiscompte, dont les Allemands Lidl et Aldi, qui avec leurs prix bas et leurs gammes étroites avaient redéfini l'offre de référence en Europe. Lidl et Aldi étaient respectivement 7e et 8e distributeurs mondiaux, et par rapport aux niveaux de prix pratiqués par ces enseignes, les hypermarchés Carrefour étaient perçus comme trop chers.

Menacé à la fois en France et dans son expansion mondiale, Carrefour devait redéfinir sa stratégie, mais quelles options fallait-il privilégier : l'expansion internationale, le maxidiscompte, le e-commerce, le renforcement de l'hypermarché ?

L'expansion d'un pionnier de la distribution

L'entreprise Carrefour avait été fondée en France en 1959 par deux familles, les Defforey et les Fournier. Le premier magasin, un supermarché, fut ouvert en 1960 près d'Annecy, dans les Alpes, sur un emplacement où convergeaient cinq routes (d'où le nom Carrefour). Cependant, la véritable innovation fut l'ouverture en 1963, à Sainte-Geneviève-des-Bois, dans la banlieue sud de Paris, du premier hypermarché du monde, trois à cinq fois plus grand que les supermarchés de l'époque. Cohérent avec l'essor de la société de consommation, la diffusion de l'automobile et l'urbanisation, ce format de distribution – bientôt imité par Auchan, E.Leclerc ou Casino – connut un succès extraordinaire. Rien qu'en France, le nombre d'hypermarchés passa ainsi de deux en 1965 à 1 038 en 1995 et 1 900 en 2012.

Carrefour débuta son internationalisation dès 1969 avec la Belgique, puis vinrent la Suisse (1970), le Royaume-Uni (1971), le Brésil (1975), l'Espagne et l'Autriche (1976). Parallèlement, Carrefour lança en 1969 une enseigne de supermarchés (Champion) et en 1978 une chaîne de maxidiscompte (Ed). De même, lors de la vague Internet de la fin des années 1990, Carrefour inaugura son site de vente en ligne.

Le véritable bon de croissance de Carrefour fut cependant réalisé en 1999, au travers d'une fusion avec Promodès, un de ses anciens franchisés. Il s'agissait de constituer un groupe capable de faire barrage aux ambitions de Walmart, qui souhaitait acquérir un concurrent en France, après l'avoir fait au Royaume-Uni en 1998 (Asda) et en Allemagne en 1999 (Interspar). Comme Carrefour et Promodès auraient pu faire chacun l'objet d'une OPA de la part du groupe américain, ils préférèrent fusionner. Outre ses hypermarchés (Continent), Promodès apportait à Carrefour une enseigne de maxidiscompte (Dia), des supermarchés (Shopi) et des petits commerces de proximité (8 à Huit). Cette fusion donna naissance au 2e distributeur mondial, avec 6 480 magasins.

Menaces sur le cœur de métier

Depuis la fusion avec Promodès, Carrefour avait poursuivi son expansion, à la fois par croissance interne (une ouverture d'hypermarché par semaine dans le monde et environ 20 000 recrutements chaque année), mais aussi au travers du rachat de concurrents (en Italie, au Brésil, en Pologne, en Belgique, au Mexique, en Roumanie, au Portugal ou en Argentine), d'alliances (coentreprises en Suisse et en Grèce, création d'une plateforme d'achat sur Internet avec Sears et Oracle, etc.) et de franchises. En dépit de ces efforts d'internationalisation, en 2013 le groupe Carrefour avait encore réalisé en France environ la moitié de son chiffre d'affaires :

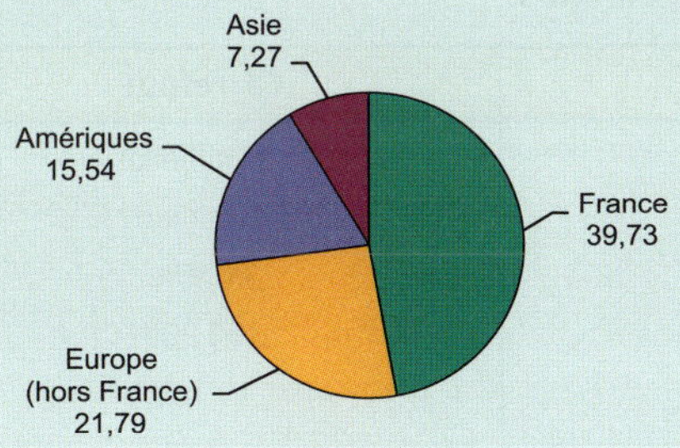

Figure 1

Répartition du chiffre d'affaires mondial de Carrefour en 2013 par zones géographiques, en milliards d'euros

Par ailleurs, plus de la moitié de son activité en France dépendait encore de ses 234 hypermarchés :

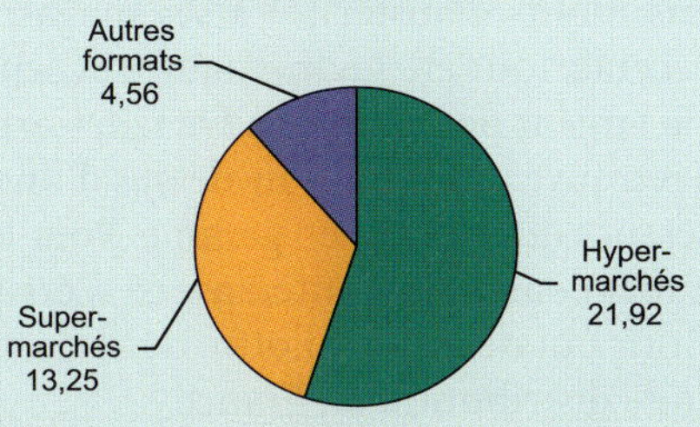

Figure 2

Répartition du chiffre d'affaires de Carrefour en 2013 en France par type de magasins, en milliards d'euros

Les hypermarchés français contribuaient ainsi à environ un quart de l'activité mondiale de tout le groupe Carrefour. Or, leur position dominante historique était menacée. Comme l'avait fait remarquer un observateur : « Le cœur du système Carrefour est aussi son point faible. »

La crainte principale venait de la croissance continue des groupes de maxidiscompte, notamment des Allemands Aldi et Lidl. Avec leurs magasins à l'aménagement sommaire (souvent de simples palettes de produits posées à même le sol), de taille réduite (entre 600 et 1 500 mètres carrés contre plus de 10 000 pour un hypermarché Carrefour) et proposant une gamme étroite (650 produits alimentaires de base contre jusqu'à 17 000 produits allant de l'alimentaire au textile en passant par l'électronique et la librairie), ils avaient connu au cours des années 2000 un succès croissant en France : le maxidiscompte avait représenté 14,1 % des ventes de produits de grande consommation en France en 2009, contre 8,8 % dix ans plus tôt. En Allemagne, cette part de marché atteignait 43 % en 2012.

Le résultat de cette montée en puissance du maxidiscompte avait été un déplacement de l'offre de référence sur le marché français : face aux niveaux de prix d'Aldi et Lidl, les consommateurs trouvaient Carrefour trop cher. Cette perception était aggravée par le fait qu'au moment où le maxidiscompte s'était implanté

Étude de cas

en France, Carrefour avait expérimenté une montée en gamme de ses hypermarchés, en donnant une légère touche de sophistication (en tout cas moins d'austérité) à ses magasins les plus récents, tout en augmentant très sensiblement la largeur de sa gamme. De fait, Carrefour s'était retrouvé positionné au-dessus d'une offre de référence qui baissait en gamme. Pour la première fois depuis quarante ans, ce n'était plus Carrefour qui définissait l'offre de référence de la grande distribution en France.

Ce phénomène de décalage de prix était encore renforcé par la présence sur le marché français d'un concurrent particulièrement agressif, E. Leclerc. Alors que Carrefour était un groupe multinational, E.Leclerc était une fédération d'hypermarchés indépendants, surtout présents en France (sur 643 magasins en 2013, seulement 123 étaient implantés hors de France, uniquement en Europe). Le positionnement historique d'E. Leclerc, avait toujours été les prix bas. Au début des années 2010, E.Leclerc était toujours perçu comme une enseigne bon marché, par rapport à laquelle l'offre de Carrefour semblait souvent trop onéreuse. Alors que Carrefour multipliait les services dans ses magasins (assurances, services financiers, vacances, billetterie, fleurs, etc.) et avait orchestré une campagne sur le développement durable, E.Leclerc continuait systématiquement à communiquer sur son niveau de prix.

Une concurrence globale exacerbée

En dehors de ces conflits sur son marché historique, Carrefour était soumis à une pression croissante au plan international, du fait de l'inévitable comparaison avec le leader mondial, Walmart, la plus grosse entreprise du monde qui, avec une ouverture de magasin toutes les neuf heures, réalisait à elle seule 2,5 % du PNB des États-Unis. La croissance de Walmart était quatre fois plus rapide, avec un chiffre d'affaires 5,5 fois plus élevé, un bénéfice 10 fois supérieur, 6 fois plus de salariés et une capitalisation boursière 10 fois plus importante que celle de Carrefour (voir le tableau 1).

Le cours de l'action Carrefour était un sujet sensible. Entre le sommet de 96 euros atteint au moment de la fusion avec Promodès et début 2014, le titre avait chuté de 74 %, à 25 euros. Quinze ans après la fusion, son intérêt était toujours contesté : chevauchement des systèmes informatiques et logistiques, redondance de nombreux postes à la direction générale, flou dans le contrôle des dépenses et surtout baisse continue de la part de marché en France. Les héritiers des familles fondatrices – dont les principaux étaient les Halley, fondateurs de Promodès – avaient conclu un pacte d'actionnaires, de manière à limiter tout risque d'OPA hostile.

Tableau 1
Comparaison de Walmart et Carrefour

	Walmart	Carrefour
Chiffre d'affaires 2012	343 milliards €	76,8 milliards €
Bénéfice net 2012	12,4 milliards €	1,23 milliard €
Croissance annuelle (2006-2011)	+5,1 %	+0,9 %
Salariés (2013)	2 200 000	364 969
Nombre de magasins	11 000	10 100
Nombre de pays	27	34
Nombre d'enseignes	69	20
Capitalisation boursière	180 milliards €	18,1 milliards €

Sources : carrefour.com, walmart.com.

Walmart était en effet toujours en embuscade. Alors que ses résultats d'implantation en Europe restaient décevants, ses impératifs de croissance l'obligeaient à considérer de nouvelles cibles. Le maintien de sa croissance annuelle de 5 % (sa croissance moyenne entre 2006 et 2011) impliquait de trouver chaque année un surplus de chiffre d'affaires de près de 25 milliards de dollars. Or, du fait de la réglementation restrictive sur les ouvertures de nouveaux magasins, Walmart ne pouvait s'étendre en Europe que par acquisitions. Une OPA de Walmart sur Carrefour était cependant très peu probable : les autorités de la concurrence s'opposeraient à une absorption de cette importance.

Un rapprochement de Carrefour avec Tesco était en revanche évoqué par certains analystes. Avec un chiffre d'affaires 2012 de plus de 78 milliards d'euros, Tesco avait doublé ses ventes en six ans et sa capitalisation boursière dépassait celle de Carrefour de plus de 15 %. Sa croissance laissait supposer qu'il pourrait rapidement ravir à Carrefour la place de numéro 2 mondial (voir la figure 3).

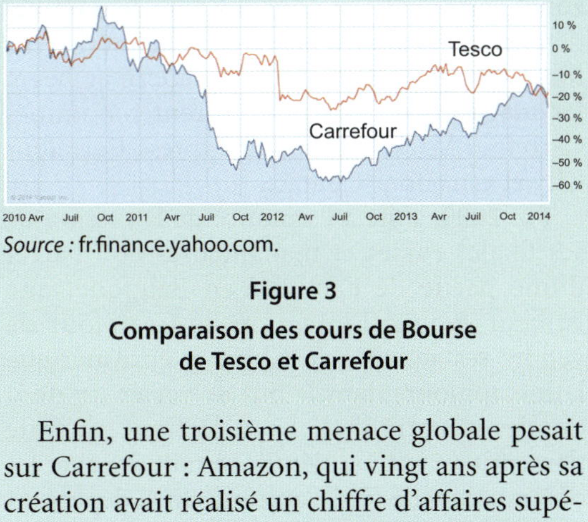

Source : fr.finance.yahoo.com.

Figure 3

Comparaison des cours de Bourse de Tesco et Carrefour

Enfin, une troisième menace globale pesait sur Carrefour : Amazon, qui vingt ans après sa création avait réalisé un chiffre d'affaires supérieur à 75 milliards de dollars en 2013 et comptait plus de 100 000 salariés, dont la moitié avaient été recrutés depuis 2011. Selon le directeur général de Walmart, Amazon était devenu son principal concurrent.

L'échec du premier plan de reconquête

Fin 2003, Carrefour mit en œuvre un plan de reconquête ambitieux. Face à la menace de Lidl et Aldi, Carrefour réagit en renforçant sa division maxidiscompte, qui selon les pays était présente sous les enseignes Dia ou Ed. Dans les hypermarchés en France, Carrefour lança une guerre des prix avec E.Leclerc, en important de sa filiale espagnole le concept des « produits n° 1 » (des produits basiques à très bas prix), et en inaugurant une nouvelle carte de fidélité plus avantageuse. Cette baisse des prix permit de stopper l'érosion du chiffre d'affaires, mais se traduisit par une diminution de la marge.

Parallèlement, Carrefour entreprit une série de cessions d'actifs, pour un total d'environ 1 milliard d'euros. Carrefour céda ainsi l'enseigne de produits surgelés Picard, ses centres d'entretien automobile, son activité optique, sa participation dans Cora et dans le distributeur américain de produits et services pour animaux PetSmart, ses magasins chiliens, japonais, hongkongais, ainsi que 19 hypermarchés et 13 galeries commerciales en Europe de l'Est et en Turquie. Enfin, le plan prévoyait une économie de coûts d'environ 500 millions d'euros, notamment dans la logistique et l'informatique.

En février 2005, alors que la baisse de part de marché en France n'était toujours pas enrayée et que les profits accusaient une réduction de 15 %, Daniel Bernard, le P-DG en poste depuis 1992, architecte de la fusion de 1999 et de l'implantation en Chine, fut remplacé par le Belge Luc Vandevelde (l'ancien directeur général de Promodès) et l'Espagnol José Luis Duran (l'ancien directeur financier).

Errements dans le gouvernement

La nouvelle direction décida d'accentuer la relance, avec l'ouverture de plus de 100 nouveaux hypermarchés, dont près de la moitié en Asie, et la poursuite de la politique de prix bas. L'action remonta à 45 euros, mais cela ne suffit pas à satisfaire la famille Halley (propriétaire de 13 % du capital du groupe) qui commença à

Étude de cas

connaître des dissensions internes, certains héritiers envisageant de vendre leur participation, d'autres de s'associer à un fonds afin d'augmenter leur pouvoir de pression.

Ce flottement permit à Bernard Arnault, le richissime propriétaire de LVMH, associé pour l'occasion au fonds d'investissement américain Colony Capital, d'entrer au capital de Carrefour en mars 2007, à un moment où l'action était cotée à environ 50 euros. Luc Vandevelde fut immédiatement remplacé à la présidence du conseil de surveillance par Robert Halley (le frère du fondateur de Promodès, victime d'un accident d'avion en 2003), alors que José Luis Duran était confirmé à son poste de président du directoire. Les nouveaux actionnaires accentuèrent encore la pression sur les résultats. Ils réclamèrent notamment – de manière à récupérer un dividende exceptionnel – la cotation en Bourse de 20 % d'une nouvelle filiale, Carrefour Property, dans laquelle seraient logés les actifs immobiliers de 240 hypermarchés et de 540 supermarchés.

Fin 2008, Bernard Arnault et Colony devinrent les premiers actionnaires du groupe avec 19,55 % des droits de vote. Leur opération d'« extraction de la valeur » tourna cependant au fiasco : ils avaient réalisé leur acquisition entièrement à crédit, en empruntant près de 3,3 milliards d'euros en 2007. Or, à cause de la crise, la cession ou même l'introduction en Bourse de Carrefour Property étaient devenues inenvisageables, alors que les dividendes que leur versait Carrefour (66 millions en 2007) ne permettaient même pas de couvrir les intérêts annuels qu'ils devaient aux banques (112 millions). Début 2011, l'action stagnait à 35 euros.

L'échec de Carrefour Planet

En novembre 2008, José Luis Duran fut remplacé par le Suédois Lars Olofsson, ancien vice-président de Nestlé. Les premiers mois de son mandat, en pleine crise économique, furent marqués par une pause dans la progression du maxidiscompte en France. Tout en passant ses magasins Ed sous l'enseigne Dia, Carrefour avait lancé avec succès une nouvelle marque de produits premier prix, Carrefour Discount, ce qui avait ramené dans ses magasins des clients Aldi ou Lidl. En 2012, la part du maxidiscompte en France était retombée à 12,7 %, Dia consolidait sa place de numéro 3 en talonnant Aldi, et Lidl commençait à réformer son modèle, en proposant des grandes marques dans ses magasins.

Cependant, une autre concurrence se développait très rapidement en France : les *drives.* Inventé par Auchan en 2000, ce concept consistait pour le client à faire ses achats sur Internet, puis à passer les récupérer en voiture devant un entrepôt spécialement aménagé. Le nombre de *drives* passa de 200 en 2010 à près de 2 500 en 2013. Or, sur ce format, qui concurrençait les hypermarchés, Carrefour était clairement distancé par Intermarché, U et E.Leclerc.

De fait, en 2009, Carrefour annonça un « réenchantement » de ses hypermarchés. Il s'agissait de se concentrer sur l'alimentaire et de céder les rayons structurellement moins rentables (textile, électroménager, etc.) à des distributeurs spécialisés. Ce concept fut testé sous l'enseigne Carrefour Planet. L'hypermarché devenait un petit centre commercial, avec des zones personnalisées pour chacune des familles de produits. Parallèlement, dans le but de renforcer la marque Carrefour, les supermarchés et les magasins de proximité furent renommés Carrefour Market, Carrefour Express, Carrefour City et Carrefour Contact.

Fin 2009, suite à l'annonce de la cession de ses filiales russes et thaïlandaises et à l'arrêt d'une partie de l'activité en Belgique, une rumeur évoqua l'intention de Carrefour de vendre ses activités en Chine et en Amérique latine, toujours dans le but de verser un dividende exceptionnel. La direction générale démentit, mais l'inquiétude restait vive chez les observateurs de voir Carrefour ainsi dépecé.

En juillet 2011, Bernard Arnault et Colony obtinrent enfin l'introduction de Dia à la Bourse de Madrid, ce qui permit de dégager un résultat exceptionnel de 2,5 milliards d'euros. Cependant, les résultats 2011 entérinèrent l'échec du format Carrefour Planet. Alors qu'une hausse de 18 % était attendue, les 81 Carrefour Planet ouverts avaient vu leurs ventes baisser de 1,4 % (par rapport à une baisse de 5,4 % pour les magasins non transformés), sachant que les transformations avaient nécessité en moyenne 4 millions d'euros par magasin.

De fait, en janvier 2012, Carrefour annonça le départ de Lars Olofsson. Il fut remplacé par Georges Plassat, ex-président du groupe de magasins spécialisés Vivarte, ex-président du directoire de Casino (1996-1997) et ancien directeur exécutif pour l'Espagne de Carrefour (1997-1999). Lars Olofsson n'était resté que trois ans en poste, mais il avait renouvelé deux fois la direction financière et la direction générale de la filiale française, sans succès.

Georges Plassat revient aux fondamentaux

Georges Plassat mena le redressement de Carrefour tambour battant. De mi-2012 à avril 2013, le groupe se retira de Grèce, de Thaïlande, de Malaisie, de Singapour, d'Indonésie, et surtout de Colombie, le deuxième marché le plus prometteur d'Amérique Latine après le Brésil. Le fruit de ces cessions fut consacré au désendettement du groupe (7 milliards d'euros de dettes) et à la rénovation des hypermarchés français, que George Plassat considérait comme une priorité. En revanche, Carrefour réafficha ses ambitions sur la Chine et le Brésil, devenus respectivement son deuxième et son cinquième marché en termes de ventes.

En opposition au centralisme prôné par son prédécesseur, le nouveau P-DG redonna du pouvoir aux directeurs de magasin et aux chefs de rayon. Loin de l'approche jugée conceptuelle et trop sophistiquée de Carrefour Planet, il privilégia une logique de commerçant de terrain, en communiquant avant tout sur la baisse des prix, grâce à des publicités comparatives ciblant directement E.Leclerc et à la création d'une « garantie prix bas Carrefour » sur 500 produits. Parallèlement, il accéléra l'ouverture de *drives*, dont le chiffre d'affaires doubla en 2013. Enfin, il entama une profonde réorganisation des services centraux, jugés pléthoriques et inefficaces. Dès août, un plan de départ de 500 personnes du siège fut annoncé. Il s'agissait de mettre fin à la logique bureaucratique et financière, qui selon lui tétanisait le groupe, pour revenir aux fondamentaux historiques de Carrefour.

De fait, George Plassat affichait publiquement son indépendance vis-à-vis de Bernard Arnault et de Colony Capital. En janvier 2014, plutôt que de céder les murs des magasins, il racheta à la société foncière Klépierre, pour 2 milliards d'euros, 127 centres commerciaux hébergeant certains de ses hypermarchés en Europe. Il restait cependant toujours envisageable de coter en Bourse la société créée pour l'occasion, dont Carrefour détenait 42 % du capital.

Sources : C. Lhermie, *Carrefour ou l'invention de l'hypermarché*, 2e édition, Vuibert, 2003 ; carrefour.com ; *L'Expansion*, 14 janvier 2011 ; *Les Echos*, 30 novembre, 2010 ; *Le Monde*, 23 octobre 2009 ; *L'Express*, 15 novembre et 26 octobre 2012 ; *Le Figaro*, 17 janvier 2014 ; *Capital*, 21 janvier 2014.

Questions

1. Quels critères retiendriez-vous pour évaluer la performance de Carrefour ? Expliquez en quoi ce choix serait différent si vous étiez (a) Robert Halley, président d'honneur du conseil d'administration de Carrefour et frère du fondateur de Promodès, ou (b) Bernard Arnault.
2. En utilisant une matrice TOWS (voir la section 3.6), identifiez les options stratégiques envisageables pour Carrefour. Classez ces options selon leur pertinence (utilisez l'illustration 11.2 comme exemple).
3. Complétez votre évaluation des options les plus pertinentes en utilisant les critères d'acceptabilité et de faisabilité. Quelles options choisissez-vous ?

Chapitre 12
Les processus stratégiques

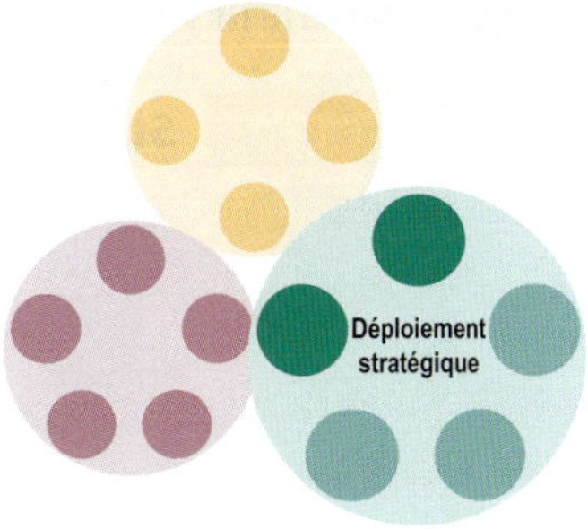

Objectifs

Après avoir lu ce chapitre, vous serez capable de :

- Comprendre la différence entre la stratégie délibérée et la stratégie émergente.
- Expliquer différents processus délibérés de développement d'une stratégie, notamment le rôle de la vision des dirigeants, les systèmes de planification stratégique et les stratégies imposées par l'externe.
- Expliquer différents processus émergents de développement d'une stratégie, notamment l'incrémentalisme logique, les processus politiques, l'influence des décisions précédentes et les systèmes organisationnels.
- Expliquer certains des défis auxquels les managers peuvent être confrontés lors du développement de la stratégie.

Concepts clés

Stratégie délibérée p. 470, planification stratégique p. 472, stratégie émergente p. 477, incrémentalisme logique p. 478, organisation apprenante p. 480, interprétation politique p. 480.

12.1 Introduction

Nous sommes habitués aux récits de stratégies gagnantes : la domination d'Internet par Google, le succès de l'iPhone d'Apple ou l'expansion de LVMH. De même, certaines stratégies connaissent des échecs retentissants : la faillite de Kodak, l'effondrement de Nokia ou celui de Fortis. Dans les parties I et II, nous avons vu comment les stratèges peuvent comprendre quelle est la position stratégique de leur organisation et quels sont les choix stratégiques dont ils disposent. Le chapitre 11 a détaillé les méthodes d'évaluation des stratégies qui en découlent. Ce chapitre est consacré à la manière dont les stratégies se développent, ou plus spécifiquement aux processus qui donnent naissance à des stratégies – gagnantes ou perdantes – dans une organisation. Dans le chapitre 15, nous verrons plus en détail quels individus sont impliqués dans ces processus, ce qu'ils font en pratique et quelles méthodes ils utilisent.

Le schéma 12.1 résume la structure de ce chapitre, organisé autour de deux explications du développement de la stratégie : la stratégie délibérée et la stratégie émergente[1]. La *stratégie délibérée* postule que les stratégies sont intentionnellement élaborées par les dirigeants. Il s'agit d'une vision rationnelle et analytique, corres-

Schéma 12.1 Stratégie délibérée et stratégie émergente

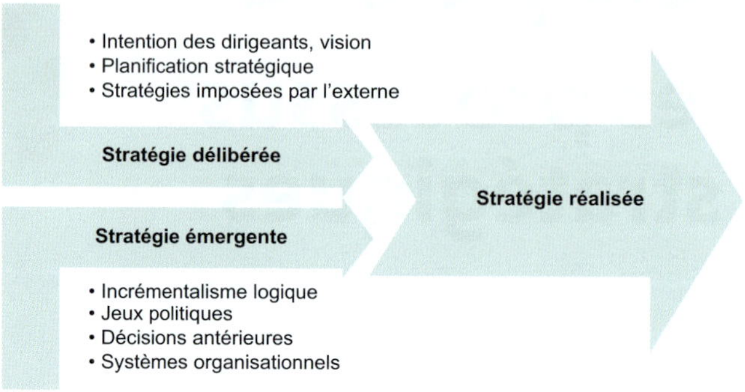

Source : adapté de H. Mintzberg et J.A. Waters, « Of strategies, deliberate and emergent », *Strategic Management Journal*, vol. 6, n° 3 (1985), pp. 257-272.

pondant au prisme de la méthode (voir les commentaires qui figurent à la fin de chacune des parties). La seconde explication repose sur la notion de *stratégie émergente*, selon laquelle les stratégies ne sont pas la conséquence d'un plan d'ensemble, mais émergent au cours du temps, ce qui correspond aux prismes de l'expérience et de la complexité (voir les commentaires qui figurent à la fin des parties). Comme le montre le schéma 12.1, ces deux explications ne sont pas mutuellement exclusives et elles influencent toutes les deux la stratégie qui sera effectivement déployée, la *stratégie réalisée.*

La section 12.2 est consacrée à la stratégie délibérée et aux processus qui lui sont associés : l'*intention* et la *vision* des dirigeants, les systèmes de *planification stratégique* et les stratégies *imposées par l'externe.* La section 12.3 présente les processus associés à la stratégie émergente. Elle débute par une présentation du concept d'*incrémentalisme logique*, puis explique l'influence des *jeux politiques*, les effets de *décisions antérieures* sur les stratégies futures et de quelle manière la stratégie peut résulter des *systèmes organisationnels.* La section 12.4 conclut en soulignant certaines *implications pour l'élaboration de la stratégie*, notamment :

- En quoi certaines approches sont plus ou moins pertinentes selon le contexte.
- La possibilité de gérer la stratégie délibérée et la stratégie émergente.

12.2 Les processus stratégiques délibérés

La **stratégie délibérée** est l'expression d'une orientation intentionnellement formulée ou planifiée. Elle peut résulter de la volonté d'un dirigeant, par exemple le directeur général ou le fondateur de l'entreprise. Il peut aussi s'agir d'un processus de planification stratégique impliquant de nombreux managers. Enfin, la stratégie de l'organisation peut lui être imposée par son environnement.

12.2.1 La personnification de la stratégie : le rôle du dirigeant

L'élaboration de la stratégie peut être fortement associée à un individu (ou parfois un petit groupe d'individus) qui semble l'incarner. Le rôle central de ces leaders stratégiques peut résulter du fait que les autres managers, qui acceptent volontiers de s'incliner devant leur personnalité, leur réputation ou leur position, admettent que les décisions stratégiques leur échoient. Dans certaines organisations, le rôle central d'un individu s'explique simplement par le fait qu'il ou elle en est le fondateur ou le propriétaire. C'est souvent le cas dans les PME, et cette influence peut persister lorsque l'organisation grandit[2]. On peut citer Bill Gates chez Microsoft, Mark Zuckerberg chez Facebook, Elon Musk chez Tesla, Richard Branson chez Virgin, ou encore (historiquement) Thomas Watson (IBM), Antoine Riboud (Danone), Henry Ford, Francis Bouygues, Ernest Solvay, Marcel Dassault ou Joseph-Armand Bombardier. Le leader stratégique n'est pas nécessairement le fondateur de l'organisation. Parfois, il personnifie une stratégie gagnante qui a permis de sortir brillamment d'une période de crise ou de doute. Jack Welch a bénéficié de cette aura chez GE, tout comme Michael O'Leary incarne le succès de Ryanair. La recherche a montré que les fondateurs n'ont généralement pas le même rôle stratégique que les dirigeants recrutés : les premiers ont plus de succès en termes de croissance rapide sur des marchés émergents, alors que les seconds, s'ils mettent généralement plus de temps à établir leur légitimité, sont mieux à même de diriger l'organisation dans des situations concurrentielles complexes[3].

Dans ces différentes situations, la stratégie peut être considérée comme le résultat de l'intention délibérée du dirigeant. L'origine de cette intention peut cependant être expliquée de plusieurs manières.

- L'*autorité*. La stratégie d'une organisation peut être dictée par un individu. Cette situation est fréquente dans les petites entreprises, où le dirigeant fondateur est en prise directe avec les activités opérationnelles. Danny Miller et Isabelle Le Breton-Miller, de HEC Montréal, soulignent que cette situation présente des avantages et des inconvénients[4]. Cela peut permettre une adaptation rapide des stratégies, ainsi que le déploiement d'idées « innovantes, audacieuses et décalées, très difficiles à imiter par les concurrents ». Cependant, les stratégies autocratiques peuvent aussi déboucher sur « l'arrogance, l'imprudence, l'excentricité et le manque de cohérence ».
- La *vision*. Les leaders peuvent être associés à une intention stratégique, une mission ou une vision (voir la section 4.2), même s'ils n'en sont pas nécessairement les initiateurs. Cette vision renforce la motivation des membres de l'organisation, suscite des croyances partagées et construit un cadre à l'intérieur duquel des stratégies détaillées peuvent être élaborées. Après avoir analysé la pérennité du succès d'une série d'entreprises américaines, James Collins et Jerry Porras ont ainsi souligné l'importance de cette personnification de l'intention stratégique[5]. Par exemple, la vision d'Ingvar Kamprad, le fondateur d'IKEA – « Créer un meilleur quotidien pour le plus grand nombre » – a guidé et motivé ses salariés pendant des décennies.
- La *décision*. Il est probable que quels que soient les processus stratégiques en place, des opinions différentes s'affrontent au sein de l'organisation, aucune ne reposant sur suffisamment d'arguments pour s'imposer de manière incontestable. Un des rôles des dirigeants est alors d'évaluer ces opinions, d'interpréter les données, puis de trancher et de faire accepter leur décision à tous.
- L'*incarnation*. Un dirigeant doit incarner la stratégie de son organisation, même s'il ne la dirige pas personnellement. Richard Branson ne dirige plus Virgin au quotidien, mais il en incarne toujours la stratégie (voir le cas du chapitre 7), notamment auprès du public.

L'illustration 12.1 donne quelques témoignages de dirigeants sur la manière dont ils influencent la stratégie de leur organisation.

12.2.2 Les systèmes de planification stratégique

Les stratégies délibérées se développent aussi au travers des systèmes de planification. La **planification stratégique** vise à élaborer la stratégie d'une organisation grâce à des procédures systématisées et séquentielles. Dans une étude consacrée aux systèmes de planification stratégique utilisés dans les grandes compagnies pétrolières, Rob Grant, de l'université Bocconi, a identifié les étapes suivantes[6] :

- *Directives initiales.* Le point de départ du cycle est généralement un ensemble d'hypothèses sur l'environnement externe (par exemple, les niveaux de prix et les conditions d'offre et de demande), mais aussi les priorités globales et les attentes de la direction générale.
- *Plans locaux.* À la suite de cette première étape, les unités opérationnelles (domaines d'activité stratégique ou divisions) élaborent des plans stratégiques. Les managers de la direction générale organisent ensuite des réunions avec les responsables des unités pour discuter de ces plans. Sur la base de ces discussions, les unités opérationnelles modifient leurs plans initiaux.

Illustration 12.1

L'influence des dirigeants sur l'élaboration de la stratégie

Les dirigeants et les fondateurs d'une organisation peuvent avoir une influence profonde sur sa stratégie.

Sur le gouvernement et la vision

Paul Polman, le directeur général de Unilever, expliquait[1] :

« Je ne pense pas que notre devoir est avant tout de servir nos actionnaires. Je dirais même l'inverse. Ce que nous croyons, c'est que si nous cherchons d'abord à améliorer la vie des habitants de cette planète avec des solutions véritablement durables, alors nous sommes plus en phase avec les clients et la société et cela se traduira par une meilleure rentabilité pour les actionnaires. Pourquoi investiriez-vous dans une entreprise qui n'est pas en phase avec les besoins de la société, qui ne prend pas au sérieux l'impact social de sa chaîne d'approvisionnement, qui ne pense pas au coût des externalités, ou à son impact négatif sur la société ? [...] Historiquement, trop de dirigeants ont juste cherché à satisfaire les actionnaires existants plutôt qu'à attirer ceux qui partagent notre vision. [...] La plupart des dirigeants vont rendre visite à leurs actionnaires. Nous, nous allons voir ceux que nous n'avons pas encore. »

Paul Polman réduisit la part des fonds d'investissement spéculatifs au capital de Unilever de 15 % en 2009 à moins de 5 % en 2012.

Domenico De Sole, ancien P-DG de Gucci Group, soulignait :

« Ce que je dis à tout le monde, c'est qu'il faut que la mission soit claire et qu'il faut tout le temps la rappeler. Un dirigeant ne doit pas arrêter de répéter les mêmes principes élémentaires et s'assurer que tout le monde, à tous les niveaux de l'organisation, partage la mission, partage le rêve et comprend ce qu'il faut faire[2]. »

Sur les arbitrages stratégiques

À propos du succès d'Amazon[3] :

« Il a fallu dix ans pour qu'Amazon dégage ses premiers bénéfices, mais pendant tout ce temps, son fondateur et dirigeant Jeff Bezos a insisté sur le fait que sa stratégie centrée sur le client était la meilleure pour assurer la force et le succès durables de l'entreprise. »

Jeff Bezos affirmait :

« S'il y a une raison pour laquelle nous avons fait mieux que nos concurrents pendant six ans, c'est parce que nous nous sommes totalement focalisés sur l'expérience client. Selon moi, c'est ce qui compte vraiment, pour toutes les entreprises. C'est d'autant plus vrai sur Internet, où le bouche à oreille est extrêmement puissant. »

Sanjiv Ahuja, ancien directeur général d'Orange, déclarait :

« En tant que dirigeant, vous êtes supposé prendre des décisions qui ne seront pas nécessairement populaires. C'est tout à fait normal, mais vous devez assumer com-

- *Plan global*. Le plan d'ensemble résulte de l'agrégation des plans rédigés par les unités opérationnelles. Cette compilation est effectuée par un département central de planification stratégique, qui joue un rôle de coordinateur. Ce plan d'ensemble est ensuite soumis à l'approbation du conseil d'administration.
- *Traduction en objectifs*. Un ensemble d'objectifs financiers et stratégiques est alors défini afin de permettre un contrôle de la performance des unités sur la base de priorités stratégiques clés extraites du plan.

L'illustration 12.2 présente schématiquement une démarche de planification stratégique dans un grand groupe.

Rob Grant a montré que certaines compagnies pétrolières (par exemple, ENI) adoptaient une approche plus formelle que les autres, en s'appuyant plus volontiers sur des rapports écrits et des présentations officielles, des cycles de planification plus rigides, moins de flexibilité et plus d'objectifs spécifiquement extraits des plans. En revanche, d'autres compagnies (par exemple, BP, Texaco et ExxonMobil) accordaient plus d'importance à des objectifs financiers d'ordre général. Les départements centraux de planification jouaient aussi des rôles différents. Dans certaines organisations, ils se comportaient avant tout comme des coordinateurs des plans des unités opérationnelles, alors que d'autres étaient plutôt des consultants internes.

plètement ces décisions difficiles. Quelquefois, c'est sur ces décisions que vous jouez votre poste, mais c'est normal. Vous devez les assumer[2]. »

Sur l'anticipation du futur

Lorsque Ray Kroc décida de développer l'enseigne McDonald's pour en faire le numéro un mondial de la restauration rapide, il exprima sa vision :

> « *Cette nuit-là, en 1954, dans ma chambre de motel, j'ai beaucoup réfléchi à ce que j'avais vu pendant la journée. Je ne pouvais pas m'empêcher d'imaginer des restaurants McDonald's dans toutes les villes des États-Unis. [...] Les frères McDonald's n'étaient pas du tout sur la même longueur d'onde que moi. J'étais obsédé par l'idée de faire de McDonald's la première et la meilleure des chaînes de restauration. Ils étaient contents de ce qu'ils avaient. Ils ne voulaient pas s'embêter avec plus de risques et plus de demandes*[3]. »

Sur le périmètre d'activité

Lorsque Michael Jackson devint le P-DG d'AutoNation – le plus gros distributeur automobile aux États-Unis –, le marché était de plus de 17 millions de véhicules par an. Cependant, les coûts fixes élevés de l'entreprise la plaçaient en situation difficile si l'environnement économique se dégradait. Dès son premier conseil de direction, Michael Jackson annonça donc qu'il voulait trouver un modèle économique qui maintiendrait AutoNation à l'équilibre même si le marché n'était plus que de 10 millions de véhicules :

> « *Tout le monde me regarda comme si j'avais six têtes. Finalement, nous nous mîmes d'accord sur le fait qu'il faudrait une crise du crédit pour que les volumes s'effondrent à ce point, car dans notre métier, rien n'est possible sans crédit. Alors nous sommes sortis de la finance et de la location/vente [...] Si nous n'avions pas pris cette décision, nous serions aujourd'hui dans une situation très difficile*[4]. ».

Sources :

1. *Guardian*, 24 avril 2012.
2. *Leading by Example*, Harvard Business School Press, 2007.
3. About.com, 8 mai 2012
4. D. Carey, M. Patsalos-Fox et M. Useem, « Leadership lessons for hard times », *McKinsey Quarterly*, juillet 2009.

Questions

1. Pouvez-vous donner d'autres exemples de l'influence des fondateurs ou des dirigeants sur la stratégie ?
2. Selon vous, quelles autres contributions un dirigeant apporte-t-il au déploiement stratégique ?

Les systèmes de planification stratégique peuvent jouer quatre rôles majeurs dans une organisation :

- La *formulation* de la stratégie, qui permet aux managers de comprendre les problèmes clés. La planification force à établir les objectifs généraux, encourage l'utilisation d'outils analytiques et incite à adopter une vision à long terme. Cependant, l'horizon de planification et ce que recouvre exactement la notion de long terme varient fortement d'une industrie à une autre. Dans la micro-informatique, il est à peu près impossible de se projeter au-delà de dix-huit mois. Dans l'automobile, où la vitesse de renouvellement des gammes ne cesse de s'accélérer, les plans à cinq ans sont devenus un maximum. Enfin, dans les entreprises qui s'appuient sur des investissements extrêmement lourds, comme dans l'industrie pétrolière, l'horizon de planification peut atteindre quinze ans (chez ExxonMobil), voire vingt ans (chez Shell).

Illustration 12.2

Le cycle de planification dans une multinationale

Un cycle de planification consiste à spécifier de quelle manière la stratégie est coordonnée entre la direction générale et les domaines d'activité stratégique.

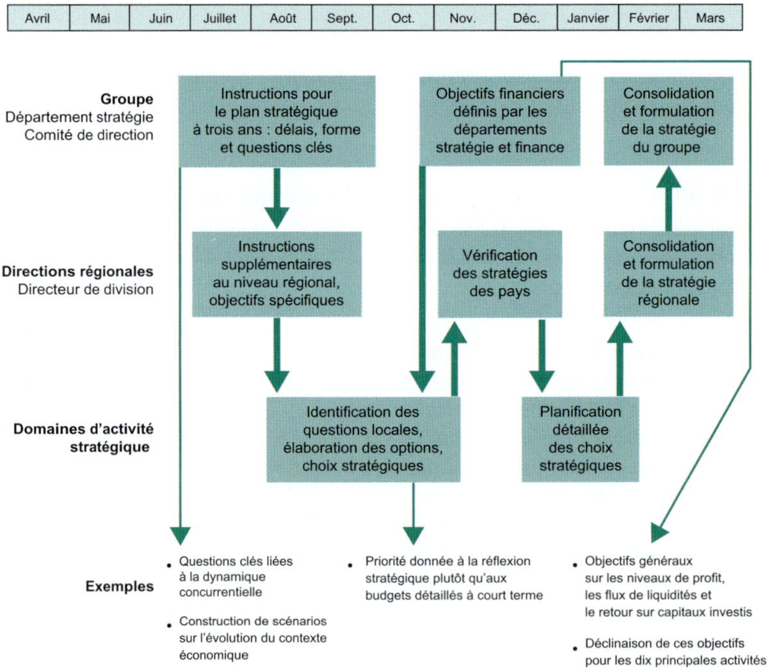

Questions

1. Quels problèmes stratégiques sont certainement les plus significatifs à chaque étape de ce processus et pourquoi ?
2. En quoi le processus de planification stratégique pourrait-il être différent dans d'autres types d'organisations, par exemple une collectivité locale ou une université ?
3. Quel rôle les autres processus d'élaboration de la stratégie décrits dans ce chapitre peuvent-ils jouer dans ce cycle de planification ?

- L'*apprentissage*. Rita McGrath et Ian McMillan[7] affirment que les managers peuvent profiter de la planification s'ils la considèrent comme une occasion d'apprentissage plutôt que comme un exercice obligé. Ils défendent l'idée d'une planification tournée vers la découverte, favorable aux questionnements et à la mise en doute des schémas de pensée établis.
- La *coordination*. Les systèmes de planification stratégique peuvent avoir pour fonction explicite de coordonner les stratégies des domaines d'activité avec les objectifs généraux de l'entreprise. Paula Jarzabkowski et Julia Balogun ont montré que les processus de planification stratégique sont des forums de négociation et de compromis qui permettent de réconcilier diverses perspectives[8].
- La *communication* de la stratégie voulue par la direction générale au travers de l'ensemble de l'organisation et la mise en place de jalons stratégiques à partir desquels la performance et les progrès pourront être mesurés.

On peut aussi souligner qu'un système de planification peut avoir d'autres rôles. En *impliquant* les individus dans le processus stratégique, il peut leur permettre de s'approprier plus facilement les décisions. Saku Mantere, de l'université d'Helsinki, a montré qu'il pouvait permettre à certains managers intermédiaires (qu'il appelle les « champions de la stratégie ») d'influencer la stratégie au-delà de leurs responsabilités opérationnelles[9]. La planification stratégique peut aussi donner un sentiment de *sécurité* et de *cohérence* au sein de l'organisation, notamment auprès des managers censés déterminer la stratégie et maîtriser son déploiement.

Pour autant, Henry Mintzberg a ouvertement critiqué l'intérêt de la planification stratégique en soulignant ses nombreux dangers[10]. Selon lui, il existe cinq principaux risques associés à l'utilisation des systèmes de planification :

- La *confusion entre la stratégie et le plan*. Les managers peuvent se considérer comme des stratèges avisés alors qu'ils ne font que suivre la procédure de planification. Or, la stratégie va bien au-delà du plan formalisé : elle consiste en l'orientation à long terme suivie par l'organisation (la stratégie réalisée sur le schéma 12.1), et certainement pas en un document écrit que le responsable conserve précieusement sur une étagère. Dans beaucoup d'organisations, il existe d'ailleurs une confusion entre les *processus budgétaires* et la planification stratégique[11]. Dans ce cas, la planification se réduit à la production de prévisions financières et ne consiste plus à s'interroger sur les questions présentées tout au long de cet ouvrage. Si les orientations issues du plan stratégique doivent effectivement être incluses dans le processus budgétaire, il s'agit bien de deux niveaux d'analyse distincts.
- L'*éloignement du terrain*. Les managers en charge du déploiement de la stratégie – le plus souvent des cadres opérationnels – peuvent être tellement accaparés par leurs tâches quotidiennes qu'ils préfèrent déléguer la responsabilité des problèmes stratégiques à des spécialistes ou à des consultants. Cependant, ceux-ci n'ont généralement pas assez de pouvoir dans l'organisation pour veiller à la mise en œuvre de leurs recommandations. La stratégie peut alors se réduire à un exercice purement intellectuel, détaché de la réalité des opérations. Pour que les systèmes de planification soient utiles et en phase avec la réalité du terrain, ils doivent impliquer les individus et s'appuyer sur leur expérience.
- La *paralysie analytique*. Ann Langley, de HEC Montréal, a montré que la planification stratégique peut s'enfermer dans d'interminables échanges de rapports analytiques entre des acteurs qui ne partagent pas les mêmes priorités[12]. En se

concentrant à l'excès sur des détails et des analyses approfondies – qui en elles-mêmes peuvent paraître tout à fait pertinentes –, on risque de passer à côté des problèmes majeurs auxquels l'organisation doit faire face. Il n'est pas rare de rencontrer des entreprises qui disposent d'informations exhaustives sur leurs marchés, mais qui n'arrivent pas à hiérarchiser ces données selon leur importance stratégique. On peut alors déboucher sur un trop-plein d'informations, sans vision claire de l'ensemble.

- La *déresponsabilisation*. L'ensemble de l'organisation risque de ne pas faire sienne une stratégie d'état-major, uniquement déterminée par les analystes du département de planification ou par une équipe de cadres dirigeants. Dans certains cas extrêmes, le plan stratégique devient même un document confidentiel, que seuls quelques responsables de plus haut niveau sont habilités à consulter. Par ailleurs, le processus de planification stratégique peut être tellement compliqué et morcelé que les individus qui n'y ont contribué qu'à leur propre échelle seront *incapables de l'assimiler dans sa globalité*. Cette incapacité est particulièrement problématique dans les grandes entreprises.
- Le *conformisme*. Les systèmes formalisés de planification, en particulier lorsqu'ils sont associés à des mécanismes de contrôle stricts, peuvent déboucher sur une organisation rigide et hiérarchique dans laquelle les idées et l'innovation seront étouffées et découragées. C'est la raison pour laquelle dans les grandes organisations, les nouvelles activités prennent parfois la forme d'*isolats*, afin de ne pas se plier aux systèmes de planification formalisés (voir la section 9.4.3).

La planification est l'outil de management le plus fréquemment cité dans l'enquête menée auprès des dirigeants par le cabinet Bain[13]. Cependant, les recherches qui ont tenté de prouver que les organisations qui recourent à la planification stratégique obtiennent de meilleures performances n'ont pas obtenu de résultats probants[14], en particulier parce qu'il est très difficile d'isoler l'impact quantitatif réel de ces systèmes. La planification semble cependant intéressante si elle est utilisée conjointement avec des processus émergents, ce que l'on peut appeler l'*émergence planifiée*[15]. Elle semble aussi intéressante lorsque l'environnement est dynamique et que les décisions stratégiques sont décentralisées (voir le chapitre 13), mais qu'une coordination entre les stratégies issues des différentes divisions est nécessaire[16].

De fait, le recours à des départements entiers d'analystes et de planificateurs est en déclin[17] et les managers opérationnels sont de plus en plus souvent chargés de l'élaboration de la stratégie et de la planification (voir le chapitre 15). La planification stratégique est moins utilisée pour déployer hiérarchiquement une stratégie délibérée, mais plutôt pour coordonner les stratégies qui émergent des activités opérationnelles.

12.2.3 La stratégie imposée par l'externe

Il existe des situations dans lesquelles la stratégie est imposée par des organismes ou des parties prenantes extérieures à l'organisation. Que ces stratégies aient été élaborées en utilisant les outils et les méthodes associés à une approche analytique ou qu'elles aient émergé progressivement (voir la section 12.3), du point de vue des managers de l'organisation à laquelle elles s'imposent, elles apparaissent comme délibérées.

Le gouvernement peut ainsi dicter une certaine trajectoire stratégique ou une orientation particulière dans le secteur public ou dans les industries soumises à son contrôle, ou encore choisir de déréglementer un monopole ou de privatiser une organisation publique. Ces choix peuvent être contraires à ceux des managers. Les entreprises privées peuvent aussi se voir imposer certains choix stratégiques ou du moins être particulièrement contraintes dans leur évolution. Les multinationales qui cherchent à se développer dans certaines régions du monde peuvent ainsi être obligées de créer des coentreprises ou de délocaliser une partie de leur production pour répondre aux exigences des gouvernements locaux. De même, une division opérationnelle au sein d'une entreprise divisionnalisée peut considérer que ses choix stratégiques sont imposés par le siège, tout comme la stratégie d'une filiale est très souvent un choix arrêté par sa maison mère. Enfin, les capital-risqueurs contraignent généralement les entreprises dans lesquelles ils investissent à modifier leur stratégie[18].

12.3 Les processus stratégiques émergents

Même si l'élaboration de la stratégie est généralement considérée comme le résultat de l'intention des dirigeants, ce n'est pas nécessairement le cas. On peut aussi considérer que la stratégie émerge peu à peu des actions et des choix opérationnels. Une **stratégie émergente** résulte ainsi d'une série de décisions, selon un schéma qui prend son sens au cours du temps. Selon cette explication, la stratégie ne résulte pas d'un plan élaboré par les dirigeants, elle se développe progressivement à partir d'un « flux de décisions »[19]. Cette accumulation de décisions peut être formellement décrite *a posteriori*, par exemple dans les rapports annuels et dans les plans stratégiques et donc apparaître comme étant la stratégie intentionnelle de l'organisation. Or, selon cette interprétation, le plan ne construit pas la stratégie, il la formalise.

Il existe plusieurs explications du phénomène de stratégie émergente[20], résumées dans cette section. Comme le montre le schéma 12.2, ces différentes explications peuvent être représentées au long d'un continuum, selon que le processus d'émergence est plus ou moins délibérément géré. Ces explications sont : l'incrémentalisme logique, les processus politiques, l'adaptation aux décisions antérieures et le rôle des systèmes organisationnels et des routines. Dans tous les cas, les processus stratégiques ne sont pas exclusivement centrés sur les dirigeants, mais concernent toute l'organisation.

Schéma 12.2 Le continuum des processus de stratégie émergente

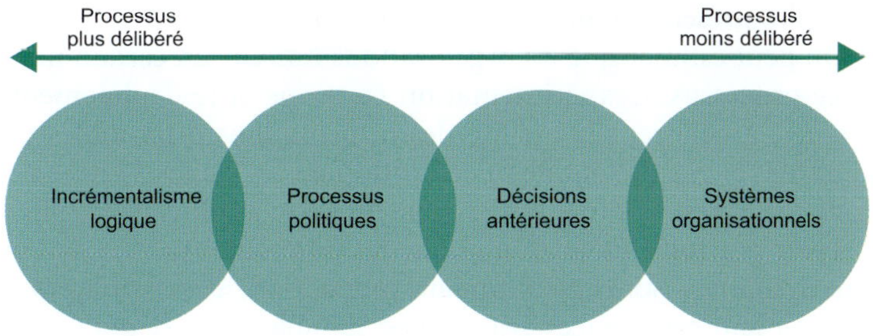

12.3.1 L'incrémentalisme logique

La première explication de l'émergence des stratégies est l'*incrémentalisme logique*. En effet, cette explication fait le lien entre l'intentionnalité et l'émergence en postulant que les organisations peuvent délibérément susciter l'apparition d'idées innovantes. L'**incrémentalisme logique** est l'élaboration de la stratégie par l'expérimentation et « l'apprentissage issu d'engagements ponctuels plutôt que d'une formulation globale de la stratégie ». Cette notion a été identifiée par James Brian Quinn à l'issue d'une recherche portant sur un échantillon de grandes entreprises multinationales[21]. Selon cette explication, l'élaboration de la stratégie se caractérise par quatre éléments :

- L'*incertitude environnementale*. Les bons managers savent qu'il est impossible de se débarrasser de l'incertitude de l'environnement par l'analyse de données historiques en ou tentant de prédire son évolution. Ils essayent plutôt de rester sensibles aux signaux faibles en maintenant une vigilance permanente dans toute l'organisation.
- L'*idée générale*. Les managers sont le plus souvent réticents à formuler prématurément des objectifs précis, car cela peut étouffer l'imagination et brider les expérimentations. Ils préfèrent donc établir une idée générale et imprécise de ce que doit être leur organisation dans l'avenir et essayent de l'atteindre par une série d'évolutions incrémentales.
- L'*expérimentation*[22]. Les managers s'appuient notamment sur la construction et le développement d'une activité de base solide, stable et adaptable, ce qui leur permet d'accumuler de l'expérience et éventuellement d'expérimenter des intrusions dans des activités parallèles. L'engagement sur une option stratégique particulière est donc en général hésitant dans une première étape. Ces expérimentations ne sont pas l'apanage des cadres dirigeants, mais peuvent aussi émaner des responsables opérationnels et plus largement de ce que Quinn qualifie de *sous-systèmes* dans l'organisation : par exemple, les individus impliqués dans le développement de produits, dans le positionnement, dans la diversification, dans les relations externes, etc.

Quinn affirme que l'incrémentalisme logique – en dépit de sa nature émergente – est une « pratique consciente, délibérée et proactive » qui permet aux dirigeants de prendre de meilleures décisions et d'assurer l'appropriation de la stratégie par les individus. C'est en ce sens que l'incrémentalisme logique fait le lien entre le délibéré et l'émergent : il s'agit d'activités intentionnelles, mais elles reposent sur des processus et des expérimentations issues des sous-systèmes. Cette vision de l'élaboration de la stratégie est cohérente avec la manière dont les managers eux-mêmes décrivent les processus effectivement à l'œuvre dans leur organisation (voir les exemples présentés dans l'illustration 12.3).

On peut estimer que les organisations retirent un certain nombre de bénéfices de ce processus. L'expérimentation continue et le déploiement progressif de la stratégie améliorent la qualité des informations disponibles pour les décisions courantes et permettent de mieux ordonner les étapes de mise en œuvre des décisions majeures. Comme le changement reste graduel, il est plus facile de le faire accepter par tous. Étant donné que les différentes parties de l'organisation – ou sous-systèmes – sont en continuelle interaction, leurs managers respectifs peuvent partager leur expérience sur ce qui est faisable et sur ce qui l'est moins. Le processus prend aussi en compte la nature politique de l'organisation, puisqu'une suc-

Illustration 12.3

Une vision incrémentaliste du management stratégique

Les managers ont généralement une vision adaptative de leur tâche. Ils doivent continuellement faire évoluer la stratégie pour rester en phase avec l'environnement, tout en maintenant l'efficience et en veillant à la satisfaction des différentes parties prenantes.

- « Vous savez, on peut faire une simple analogie. Pour avancer lorsqu'on marche, il faut créer un déséquilibre. Vous vous penchez en avant sans savoir si vous allez tomber et au dernier moment vous remettez un pied devant vous pour rétablir votre équilibre. Disons que c'est ce que nous faisons tout le temps et ce n'est pas confortable[1]. »
- « Je commence par des conversations très générales avec des interlocuteurs internes et externes à l'organisation. De tout cela, un schéma finit par émerger. C'est comme construire un puzzle. Au départ, seul un vague profil apparaît, comme la voile d'un bateau dans un puzzle. Puis soudain, le reste du puzzle devient clair. Et vous vous demandez pourquoi vous ne l'avez pas vu plus tôt[2]. »
- « La grande force de cette entreprise est d'être capable de faire ces excursions périphériques dans un peu n'importe quel domaine. [...] Il faut continuer à pousser dans cette direction. C'est comme des petits tentacules qu'on envoie tester la température de l'eau[3]. »
- « Nous ne sommes pas restés immobiles dans le passé, et je ne vois pas pourquoi nous le ferions dans le futur, mais ce que je veux dire c'est que notre parcours relève plus de l'évolution que de la révolution. Certaines entreprises trouvent une bonne formule et ne la quittent plus, parce que c'est ce qu'elles savent faire le mieux – par exemple [entreprise X] ne s'est pas vraiment adaptée au changement, alors ils ont dû déclencher une véritable révolution interne. Nous, heureusement, nous avons changé graduellement et je pense que c'est ce que nous devons continuer à faire. Nous cherchons toujours de nouvelles ouvertures sans pour autant quitter notre trajectoire[3]. »
- « Dans notre industrie, vous ne pouvez pas prévoir le futur : il change trop vite. C'est pourquoi j'emploie des gens particulièrement intelligents. Leur travail consiste à rester à l'avant-garde de ce qui se passe, de manière à participer à la création du futur. Je ne leur donne pas de plan stratégique à suivre. Mon travail consiste à discerner une stratégie à partir de ce qu'ils me disent et de ce qu'ils font. Bien entendu, ils ne sont pas toujours d'accord – pourquoi le seraient-ils : eux non plus ne connaissent pas le futur –, ce qui implique pas mal de débats, pas mal de tentatives et pas mal de bon sens[4]. »
- « L'analogie avec le jeu d'échecs est utile dans ce contexte. Aux échecs, l'objectif est clair : pour gagner, il faut capturer le roi de votre adversaire. La plupart des joueurs commencent par une ouverture spécifique, qui implique une réaction de l'adversaire. Si cette réaction est bien une de celles qui étaient anticipées, alors le mouvement suivant est presque automatique, puisqu'il s'appuie sur une stratégie établie à l'avance. Cependant, la beauté des échecs réside dans le fait que la réaction de l'adversaire reste imprévisible. Tenter de prévoir toutes les solutions aux échecs est impossible, alors les joueurs doivent se contenter d'anticiper les possibilités avec seulement quelques coups d'avance[5]. »

Sources :

1. Extrait d'interviews de managers conduites par A. Bailey.
2. Extrait de J.B. Quinn, *Strategies for Change*, Irwin, 1980.
3. Extrait de G. Johnson, *Strategic Change and the Management Process*, Blackwell, 1987.
4. Extrait de l'interview du directeur général d'une entreprise présente dans une industrie de haute technologie.
5. D'après un manager lors d'un cours de MBA.

Questions

1. En utilisant ces témoignages sur les processus d'élaboration de la stratégie, expliquez quels sont les principaux avantages de l'approche incrémentale. Y a-t-il des inconvénients ou des dangers ?
2. Le développement incrémental de la stratégie débouche-t-il nécessairement sur une dérive stratégique (voir la section 5.4) ? Comment l'éviter ?

cession de changements de faible amplitude sera confrontée à un moindre degré de résistance qu'une réorientation radicale. De plus, lorsque la stratégie est formulée de manière aussi progressive, elle peut être continuellement validée par les résultats obtenus. Ce réajustement permanent est particulièrement pertinent lorsqu'on considère que l'environnement est lui-même en évolution continue.

Du fait de l'importance qu'il donne aux phénomènes d'apprentissage, l'incrémentalisme logique fait écho à la notion d'*organisation apprenante*[23]. Grâce à une culture qui encourage les débats et les défis, une **organisation apprenante** est capable de se régénérer continûment par la variété des connaissances, des expériences et des compétences.

Les partisans de l'organisation apprenante soulignent que les structures formelles étouffent le plus souvent les connaissances organisationnelles et la créativité. Ils affirment que l'objectif du management, plutôt que de diriger les orientations stratégiques, devrait consister à encourager l'émergence en mettant en place des organisations ouvertes aux débats, dans lesquelles les connaissances sont facilement partagées et où l'expérimentation est la norme. L'accent n'est pas mis sur les relations hiérarchiques, mais plutôt sur les différents groupes d'intérêt qui peuvent coopérer et échanger des connaissances. La stratégie découle de ces échanges qui ont lieu à la base de l'organisation, le rôle du sommet consistant à la formaliser. On retrouve ici des points communs avec le prisme de la complexité discuté dans les commentaires qui figurent à la fin des parties.

12.3.2 L'influence des processus politiques sur la stratégie

La seconde explication de l'émergence des stratégies considère qu'elles résultent des marchandages et des jeux politiques qui opposent soit des hauts responsables, soit des coalitions internes et des parties prenantes externes. Les managers n'interprètent pas nécessairement les situations de la même manière, tout comme ils peuvent avoir des avis divergents sur les stratégies à mener. Ils essaient donc de défendre leurs intérêts et leurs points de vue, de manière à contrôler les ressources nécessaires aux projets qu'ils pilotent, mais aussi pour renforcer leur pouvoir. L'**interprétation politique**[24] postule donc que la stratégie résulte de processus de marchandage et de négociation entre des groupes d'intérêt internes et externes à l'organisation. C'est un univers florentin de luttes intestines, d'alliances et de trahisons, au-delà du folklore dépeint dans les films et les romans qui ont pour cadre les grandes entreprises.

La perspective politique suggère que les processus analytiques et rationnels associés à l'élaboration de la stratégie (voir la section 12.2.2 et le prisme de la méthode dans les commentaires qui figurent à la fin des parties) ne sont pas aussi objectifs et neutres qu'on pourrait le croire. Les objectifs affichés peuvent refléter les ambitions de certains responsables. L'information n'est pas politiquement neutre : la détention de l'information constitue un levier de pouvoir déterminant. Les individus et les groupes influents peuvent avoir un impact considérable sur les objectifs de l'organisation et sur les problèmes qu'elle considère comme prioritaires. Dans ces conditions, ce sont les négociations et les marchandages qui façonnent la stratégie, bien plus que des intentions délibérées et des analyses méticuleuses. Même les processus de planification stratégique peuvent devenir des arènes politiques dans lesquelles les managers forment des coalitions afin d'accroître leur influence.

Tout cela n'est guère surprenant. En effet, lorsqu'ils envisagent les questions stratégiques, les individus sont différemment influencés par :

- L'*expérience personnelle* issue du rôle de chacun dans l'organisation.
- La *compétition pour les ressources et l'influence* entre les différents sous-systèmes de l'organisation et les individus qui souhaitent préserver et renforcer leur pouvoir et leur position[25].
- L'*influence relative des parties prenantes* sur les différentes parties de l'organisation. Un département finance peut ainsi être particulièrement sensible à l'in-

fluence des institutions financières, alors qu'un département marketing sera fortement influencé par les clients.

- L'*accès à l'information* ou l'importance de cette information varie selon la position de chacun dans l'organisation.

Deux raisons expliquent comment la stratégie émerge progressivement des jeux de pouvoir. Premièrement, si différents points de vue prévalent dans l'organisation et si différentes factions exercent leur pouvoir, la recherche d'un compromis est indispensable. Deuxièmement, il est probable que ceux qui détiennent le pouvoir l'aient obtenu dans le cadre de la stratégie existante. Tout changement significatif risque donc de menacer leurs prérogatives. Dans de telles circonstances, un compromis construit autour d'une simple adaptation de la stratégie en cours a toutes les chances de s'imposer. L'illustration 12.4 montre comment les jeux politiques ont affecté l'élaboration de la stratégie de Hewlett-Packard.

Cependant, l'influence des jeux politiques peut aussi être positive. On peut ainsi estimer que les conflits et les tensions qui caractérisent l'activité politique sont une source d'idées nouvelles (voir le prisme de la complexité dans les commentaires de fin de parties) et une contestation des pratiques établies[26]. Les idées innovantes sont soutenues ou combattues par différents « champions » qui s'opposent sur ce qui doit être fait. Si ces tensions n'existaient pas, l'innovation ne parviendrait pas à s'épanouir. De plus, comme le montre la section 14.4.6, l'exercice du pouvoir peut être déterminant dans la gestion du changement.

12.3.3 L'influence des décisions antérieures sur la stratégie

La troisième explication de l'émergence des stratégies repose sur l'influence des décisions antérieures. À bien des égards, un changement progressif de ce type est préférable. Aucune organisation ne pourrait fonctionner de manière efficace si elle devait fréquemment réorienter sa stratégie en profondeur. La stratégie correspondant avant tout à un engagement pérenne dans les décisions d'allocation de ressources, une organisation qui modifierait constamment ses engagements signalerait en fait son absence de stratégie. Une fois qu'une orientation stratégique a été choisie, mieux vaut que les décisions futures la confortent. Par-delà cette justification délibérée, d'autres explications suggèrent cependant que la continuité des décisions peut résulter de la dépendance de sentier ou de la culture organisationnelle :

- *La gestion de la continuité.* Les stratégies résultent parfois d'une série de manœuvres, chacune ne prenant son sens qu'à la suite de celles qui l'ont précédée. Les décisions passées influencent les orientations futures selon le processus présenté dans le schéma 12.3. Un lancement de produit ou une décision d'investissement peut ainsi définir une orientation stratégique qui conditionne la décision stratégique suivante, par exemple une acquisition. Cette acquisition justifie à son tour une diversification. Selon cette approche, chaque nouvelle décision conforte la décision précédente et au cours du temps, l'approche stratégique d'ensemble de l'organisation est ainsi de mieux en mieux établie. Beaucoup de managers justifient les décisions successives selon cette démarche.
- *La dépendance de sentier.* La continuité peut cependant être moins délibérée. La dépendance de sentier (voir la section 5.2.1) décrit le fait que les décisions stratégiques s'inscrivent dans une trajectoire historiquement contrainte : elles ne peuvent que difficilement s'écarter du sillon creusé par les choix antérieurs[27]. On retrouve ainsi la progression incrémentale décrite dans le schéma 12.3, mais

Illustration 12.4

Jeux de pouvoirs chez Hewlett-Packard

Les processus politiques peuvent fortement influencer l'élaboration de la stratégie.

En 2012, le chiffre d'affaires de Hewlett-Packard (HP) dépassait les 120 milliards de dollars, mais ses profits diminuaient, tout comme sa part de marché. Pendant plus d'une décennie, les conflits entre dirigeants avaient empêché l'élaboration d'une stratégie cohérente.

En 2002, Carly Fiorina, alors directeur général, avait publiquement critiqué Walter Hewlett, membre du conseil d'administration et fils du fondateur, pour son opposition à l'acquisition de Compaq. Selon le magazine *Fortune*, certains membres du conseil révélaient à la presse des informations confidentielles et s'accusaient mutuellement de mensonge, allant jusqu'à refuser de siéger dans la même pièce.

Lorsque Mark Hurd devint le nouveau directeur général, l'accent fut mis sur la réduction des coûts. Même si le cours de l'action augmenta significativement, cela ne faisait que dissimuler le manque de motivation du personnel et l'absence d'innovation, freinée par le style autocrate de Mark Hurd. Après cinq ans, il quitta son poste en 2010. Un de ses proches, Joel Hyatt, accusa alors deux autres membres du conseil d'avoir diligenté une enquête qui avait précipité son départ.

Le directeur général suivant fut l'Allemand Leo Apotheker, qui avait été renvoyé du poste de directeur de SAP en 2010. Sa nomination fut une surprise, dans la mesure où SAP était une entreprise bien plus petite que HP. Pour autant, il parvint au départ à remotiver le personnel en mettant fin aux réductions de salaire mises en place par Mark Hurd et en s'engageant personnellement en faveur de l'innovation.

La décision fut prise de modifier le conseil d'administration. Ses membres résistèrent, tout en poussant au départ certains d'entre eux, dont Joel Hyatt. Le président du conseil, Ray Lane, demanda finalement à Joel Hyat et à un de ses alliés de démissionner, mais « pour des questions d'équilibre », il demanda aux deux administrateurs qui avaient commandé l'enquête sur Mark Hurd de faire de même.

En mai 2011, Leo Apotheker lança dans une note interne une alerte sur les résultats, dans laquelle il demandait de « veiller à chaque centime. » Cette note fut révélée au public, ce qui brouilla significativement les messages positifs envoyés aux investisseurs. Il devint rapidement évident que : « Apotheker semblait ne pas avoir confiance dans certains dirigeants historiques de HP [...]. C'était réciproque. »

Leo Apotheker estimait que HP devait se focaliser sur les entreprises afin de dégager des marges plus importantes. Il souhaitait vendre la division PC (HP était alors le numéro 1 mondial de cette activité) et investir significativement dans les logiciels. HP proposa aussi une tablette en 2011, mais elle était « peu attirante, lente [...] avec une batterie inférieure à la concurrence ». Ce fut un échec.

Leo Apotheker voulait aussi acquérir l'entreprise britannique de logiciels Autonomy. La directrice financière Cathie Lesjak discuta en privé avec lui de ce projet, mais elle expliqua ensuite au conseil d'administration que le prix était excessif et que l'acquisition n'était « pas dans l'intérêt de HP [...]. Cathie Lesjak était considérée comme un exemple de professionnalisme, et voilà qu'elle était en pleine insubordination, contestant directement un des éléments clés de la stratégie de son patron. »

En août 2011, le rachat d'Autonomy, le projet de cession de l'activité PC et l'arrêt de la tablette furent annoncés aux investisseurs. Le cours de l'action s'effondra, de nombreux clients de PC cessèrent de s'approvisionner auprès de HP et les actionnaires émirent des doutes sur la pertinence d'une acquisition majeure.

Mi-septembre, Leo Apotheker apprit son renvoi par la presse avant même d'en avoir été personnellement informé. Ray Lane affirma que les erreurs étaient entièrement dues à Leo Apotheker et non au conseil d'administration, qui ne l'avait pas choisi.

Meg Whitman fut alors nommée directeur général. Elle annonça que sa stratégie serait « une meilleure exécution de ce que nous faisons, afin de nous donner le temps d'élaborer une stratégie à long terme. » Le cours de l'action plongea de plus belle.

Source : *Fortune Global Forum*, 8 mai 2012.

Questions

1. Pouvez-vous citer d'autres cas de conflits politiques ayant influencé la stratégie de grandes entreprises ?
2. Sur quels leviers d'influence les dirigeants s'appuient-ils lors de ce type de conflits politiques ?

Schéma 12.3 Les décisions passées peuvent orienter la stratégie

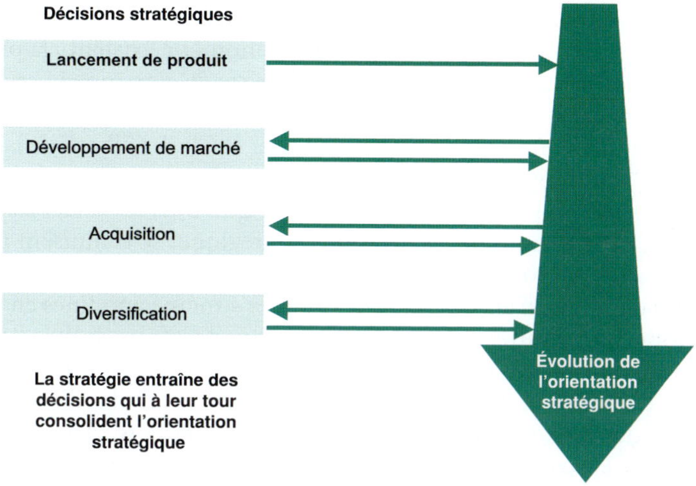

ici la décision initiale (le lancement de produit) est un échec. Une entreprise peut ainsi élaborer un produit à partir d'une technologie qu'elle a développée et qui lui semble prometteuse. Si ce produit ne connaît pas le succès prévu, l'entreprise n'abandonnera généralement pas la technologie sur laquelle elle a investi : elle cherchera plutôt à lui trouver d'autres débouchés, par exemple au moyen d'une acquisition. Cela lui permet d'étendre son offre et finalement de devenir un groupe diversifié, alors que son intention de départ – contrariée – n'était que de lancer un produit. L'entreprise renforce alors ses mauvais choix stratégiques initiaux et continue à creuser de plus en plus profondément le même sillon, jusqu'à ne plus pouvoir en sortir.

- *L'influence de la culture.* Nous avons déjà souligné l'influence de la culture sur la stratégie (voir la section 5.3). Selon cette interprétation, la stratégie découle des hypothèses implicites, des routines et des comportements partagés par les membres de l'organisation. Tous ces éléments forgent la manière dont les individus se représentent l'organisation et son environnement. Ils tendent aussi à délimiter ce qui est considéré comme un comportement approprié. La stratégie émerge alors de ces éléments culturels, ce qui crée là encore une forme de continuité dans les décisions, généralement rationalisée *a posteriori* par les managers dans les rapports annuels et les plans stratégiques. Des exemples de cette influence culturelle – et des problèmes qu'elle peut provoquer – sont présentés dans le chapitre 5. Le risque principal de la contrainte culturelle est l'apparition d'une dérive stratégique (voir la section 5.4).

12.3.4 L'influence des systèmes organisationnels sur la stratégie

La quatrième explication de l'émergence de la stratégie souligne le rôle des systèmes organisationnels. Plutôt que de supposer que les stratégies sont élaborées par les dirigeants au moyen de plans qui formalisent leur démarche d'anticipation, on peut considérer qu'elles résultent des actions quotidiennes des managers, au fur et à mesure qu'ils identifient des opportunités et résolvent des problèmes à l'aide des systèmes et routines établies. On retrouve ici le principe de l'incrémentalisme logique, mais plutôt que l'expérimentation délibérée, ce sont les systèmes de gestion et les pratiques quotidiennes qui façonnent les stratégies en conditionnant les décisions. Deux interprétations de ce phénomène existent : la première insiste sur le rôle des *processus d'allocation de ressources*[28], alors que la seconde met l'accent sur les mécanismes qui *orientent l'attention* des managers[29]. Ces deux interprétations confirment l'argument de Joe Bower et Clark Gilbert, de la Harvard Business School[30] : « L'impact cumulé de l'allocation des ressources par les managers à tous les niveaux a plus d'effet sur la stratégie que tous les plans élaborés par les dirigeants. » Par définition, les décisions stratégiques se traduisent par des allocations de ressources (voir la section 1.2.1). Réciproquement, on peut observer que certaines décisions d'allocation de ressources – même anodines en apparence (imputations budgétaires, clés de répartition des frais indirects, indexation des rémunérations, etc.) – peuvent progressivement forger une stratégie. Or, ces décisions d'allocation de ressources sont rarement le fait des dirigeants : elles résultent plutôt de choix techniques effectués par des spécialistes qui ne sont pas supposés modifier la stratégie (comptables, contrôleurs de gestion, logisticiens, etc.).

Un exemple classique de l'influence des processus d'allocation de ressources sur la stratégie est l'étude menée par Robert Burgelman, de l'université de Stanford, sur la manière dont Intel est passé des mémoires aux microprocesseurs dans les années 1980, du fait notamment d'une règle d'affectation des capacités de production[31] (voir l'illustration 12.5). On peut tirer deux enseignements principaux de cette explication de l'émergence de la stratégie, résumés dans le schéma 12.4 :

- L'*interprétation des situations grâce aux systèmes organisationnels.* Les managers donnent du sens aux problèmes auxquels ils sont confrontés grâce aux systèmes et aux routines auxquels ils sont habitués. Un directeur financier est ainsi avant tout concerné par les systèmes financiers et un directeur de la production par les systèmes industriels. Les responsables d'un domaine d'activité stratégique s'intéressent avant tout à leurs systèmes locaux, alors que les membres de la direction générale maîtrisent les systèmes globaux. Les systèmes de rémunération

Schéma 12.4 L'influence stratégique des structures, systèmes et routines

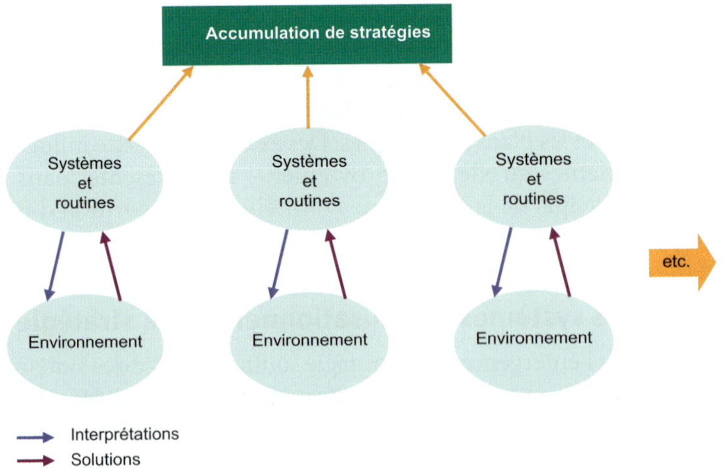

Illustration 12.5

Le développement de l'activité microprocesseurs chez Intel

Plutôt que l'intention des dirigeants, ce sont parfois les systèmes d'allocation de ressources qui déterminent la stratégie d'une entreprise.

Entre 1968 et 1985, Intel fut un fabricant de mémoires. Au début des années 1980, l'entreprise avait deux gammes de produits. C'est sur la mémoire dynamique (DRam) qu'Intel avait construit son succès et ses dirigeants – qui en étaient les inventeurs – étaient toujours impliqués dans son développement. Cependant, en raison d'une concurrence accrue, notamment de la part de fabricants japonais, Intel avait perdu des parts de marché sur cette activité et les Eprom (un autre type de mémoire) étaient devenues son activité la plus rentable. Une troisième activité émergeait : les microprocesseurs. Ils impliquaient cependant des processus différents, l'avantage concurrentiel reposant sur la conception des puces et non sur les processus de fabrication, comme dans le cas des deux autres activités.

À la fin des années 1980, c'est pourtant l'activité microprocesseurs qui était devenue le socle de la croissance et de l'identité d'Intel. Cette évolution ne résulta pas d'une décision planifiée des dirigeants, qui restèrent fidèles aux mémoires, mais d'une règle d'allocation de ressources mise en place par le premier directeur financier afin d'assurer la rentabilité de l'entreprise. Cette règle stipulait que la capacité de production était affectée en fonction des taux de rentabilité des différents produits.

L'activité DRam cherchait avant tout à élaborer des solutions sophistiquées permettant de répondre à des problèmes techniques. Or, sur ce marché, l'innovation n'était plus un argument commercial pertinent. Les responsables des DRam continuaient pourtant à défendre leur activité et réclamèrent que la capacité de production soit assignée en fonction des coûts de fabrication, mais la direction générale refusa de modifier la règle.

Au début des années 1980, les DRam ne représentaient plus que 5 % du chiffre d'affaires d'Intel, contre 90 % quelques années auparavant. Puisque les profits des DRam s'effondraient et qu'à l'inverse ceux des microprocesseurs augmentaient, la capacité de production fut progressivement réattribuée. Une fois prise la décision de conserver la règle d'allocation des ressources, la latitude stratégique des dirigeants diminua fortement : il ne leur était plus possible de sauver l'activité d'origine, à laquelle ils étaient pourtant attachés. Les managers en charge des DRam devaient concurrencer en interne une activité microprocesseurs de plus en plus innovante, dynamique et rentable. Or, plus ils étaient rentables, plus les microprocesseurs recevaient une part importante des ressources, au détriment des DRam. Finalement, les dirigeants réalisèrent qu'Intel ne serait jamais présent sur le marché des DRam 64K, alors que l'entreprise avait créé l'industrie. En 1985, ces mêmes dirigeants furent contraints de se retirer du marché des DRam.

Cependant, la décision de retrait des DRam n'était pas acceptée en interne. Une partie du personnel de fabrication ignora les instructions et essaya de démontrer que les difficultés étaient liées à la parité entre le dollar et le yen. Finalement, Andy Grove, qui était directeur général depuis 1987, décida d'arrêter aussi l'activité Eprom, ne laissant plus de doutes sur le fait que les microprocesseurs représentaient désormais le futur de l'entreprise. Le retrait des Eprom fut rapidement exécuté. Le personnel en charge de cette activité quitta l'entreprise pour fonder sa propre start-up.

Source : inspiré du cas « À l'intérieur d'Intel » de Jill Shepherd (Segal Graduate School of Business, université Simon Fraser), 8e édition de *Stratégique*.

Questions

1. Connaissez-vous d'autres exemples dans lesquels les processus d'allocation de ressources ont fortement influencé la stratégie d'une organisation ?
2. Quel est le rôle des dirigeants vis-à-vis des processus d'allocation de ressources ?

fondés sur la croissance annuelle peuvent encourager une vision à court terme au détriment des stratégies à long terme. Les clés de répartition des frais indirects peuvent exagérer la rentabilité de certaines activités et par conséquent leur donner un poids stratégique immérité. Dans les organisations de service public, le fait d'attribuer des objectifs aux managers focalise leur attention sur certains aspects, au détriment des autres. Les relations hiérarchiques verticales dissuadent les managers de coopérer avec leurs homologues dans d'autres services. Les responsables des domaines d'activité stratégique, proches du marché, donnent de l'importance aux routines et aux systèmes liés aux concurrents et aux clients, alors que les managers de la direction générale s'intéressent avant tout à l'arbitrage des ressources entre les activités, aux marchés financiers et aux autorités de régulation. C'est une des raisons pour lesquelles les préoccupations des managers intermédiaires à propos des évolutions des marchés peuvent être négligées par les dirigeants[32]. Alors que la notion de stratégie délibérée postule que l'attention des managers se concentre progressivement sur les « questions clés », cette interprétation souligne que (a) ce n'est pas l'analyse de la position stratégique d'ensemble de l'organisation qui accapare le plus d'attention, mais les systèmes locaux qui permettent de repérer les problèmes et (b) ces problèmes sont généralement définis au niveau local.

- La *résolution des problèmes stratégiques grâce aux systèmes organisationnels.* Les systèmes et les routines fournissent aussi des solutions sur lesquelles les managers peuvent s'appuyer lorsqu'ils sont confrontés à des problèmes. Cependant, les systèmes et les routines dont chacun dispose étant différents, les solutions proposées le seront tout autant. Un exemple classique est celui des solutions apportées en cas de recul de la performance d'une entreprise. Les responsables marketing vont préconiser une campagne de publicité afin de relancer les ventes, les responsables de la recherche et développement y verront un déficit d'innovation et les contrôleurs de gestion réclameront un suivi plus rigoureux et des réductions de coûts. Chacun s'appuie sur son contexte et sur les systèmes qui lui sont familiers pour résoudre les problèmes.

Là encore, il convient de souligner que cette interprétation n'est pas exclusive. Elle est notamment cohérente avec les processus politiques (voir la section 12.3.2) car la stratégie choisie résultera d'un arbitrage entre plusieurs perceptions et plusieurs solutions. Elle suggère cependant que ce n'est ni l'intention des dirigeants ni les processus de planification qui déterminent la stratégie d'une organisation, mais plutôt l'accumulation de micro-décisions fortement influencées par le contexte local, éventuellement formalisée par la suite au sein d'un plan stratégique apparemment cohérent. Les managers qui sont à l'origine d'initiatives locales réussies et innovantes ont tendance à utiliser des justifications rationnelles et à s'appuyer sur l'autorité formelle pour en assurer le développement[33].

12.4 Implications pour l'élaboration de la stratégie

Les processus décrits dans les sections précédentes ne sont pas mutuellement exclusifs : il est très peu probable qu'un processus à lui seul puisse expliquer l'élaboration de la stratégie dans une organisation[34]. Les processus de planification existent ainsi dans la plupart des grandes organisations, mais on y trouve aussi des jeux politiques. Le système de planification peut lui-même être utilisé dans le cadre d'une négociation. De même, on trouvera toujours un historique des décisions précédentes et des systèmes et procédures établis qui affectent les décisions futures. Par conséquent, la stratégie d'une organisation résulte tout à la fois de processus délibérés et émergents.

De plus, différents individus risquent de percevoir les processus d'élaboration de la stratégie de manière distincte. Par exemple, les dirigeants ont tendance à décrire les stratégies en termes rationnels, alors que les opérationnels les considèrent plutôt comme le résultat de processus culturels et politiques. De même, selon les managers des organisations publiques ou des agences gouvernementales, la stratégie semble bien plus imposée que pour ceux qui travaillent dans des entreprises privées[35]. Enfin, les salariés d'une PME familiale donnent bien plus d'importance à l'influence de certains leaders stratégiques, en particulier les propriétaires. La controverse qui clôt ce chapitre présente les différentes interprétations d'une même stratégie.

12.4.1 Les processus stratégiques dans différents contextes

Même s'il n'existe pas une seule bonne manière d'élaborer une stratégie, les managers doivent comprendre les avantages et les limites de chacun de ces processus. Toutes les organisations ne sont pas confrontées à des environnements identiques, tout comme elles peuvent différer en termes de taille, de forme et de complexité. Les différents processus d'élaboration de la stratégie sont donc plus ou moins adaptés selon le contexte. Le schéma 12.5 montre comment les processus stratégiques diffèrent selon deux caractéristiques de l'environnement, qui sont sa stabilité et sa complexité[36] :

- Dans des conditions *simples* et *stables*, les tendances historiques sont relativement faciles à comprendre et elles ont une forte probabilité d'influencer les évolutions futures de l'environnement. L'organisation est elle-même peu complexe : elle intervient par exemple sur un seul marché ou avec un portefeuille d'activité peu étendu. Les fournisseurs de matières premières et les entreprises de production de masse sont généralement dans cette situation. Dans ce contexte, si un changement survient, il est souvent prévisible. Il est donc logique d'analyser l'environnement d'un point de vue historique, en extrapolant les conditions futures les plus probables à partir des événements passés. Les fournisseurs de matières premières et les producteurs de biens d'équipement sont souvent dans un contexte de ce type. Dans les services publics, des données démographiques telles que le taux de natalité peuvent être utilisées pour déterminer les besoins futurs en écoles, soins et services sociaux. Par conséquent, dans un contexte de ce type, la planification stratégique est possible, notamment sous la responsabilité d'un service central. L'expérience passée et les décisions précédentes auront également un impact élevé, puisque peu de choses changent. Cependant, les conditions

Schéma 12.5 L'élaboration de la stratégie dans différents contextes

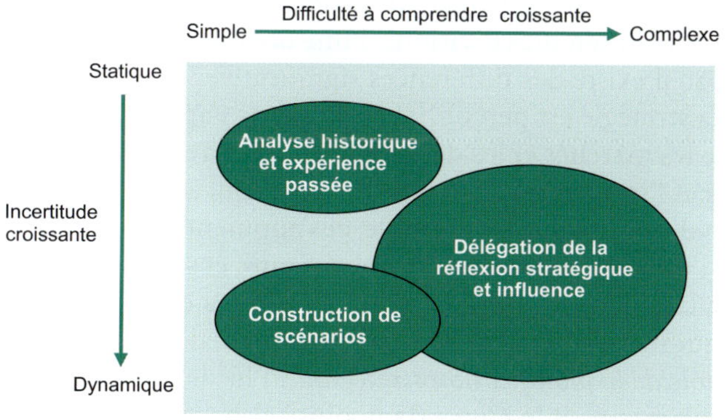

environnementales peuvent changer. Les organisations habituées à un environnement simple et stable peuvent alors éprouver des difficultés à s'adapter, car leurs processus d'élaboration de la stratégie ne s'y prêtent pas.

- Dans des conditions *dynamiques*, les managers doivent envisager l'environnement futur, pas seulement comprendre le passé. Le degré d'incertitude est donc plus élevé. On peut alors recommander l'utilisation d'outils de prévision plus structurés tels que l'élaboration de scénarios (voir la section 2.2.2). Il convient par ailleurs d'encourager les initiatives destinées à repérer les évolutions de l'environnement, notamment à la base de l'organisation. Pour cela, on peut organiser des séminaires de réflexion stratégique ou recourir à des méthodes permettant une large participation du personnel (voir les sections 15.2.5 et 15.4.1). On peut même créer des conditions organisationnelles qui poussent les individus et les groupes à être sensibles aux signaux de l'environnement, à la créativité et à la contestation des idées reçues, à la manière d'une organisation apprenante (voir la section 12.3.1).
- Un environnement *complexe* est difficile à décrypter. Une entreprise multinationale, un service public ou une collectivité territoriale sont des organisations diversifiées, qui sont donc confrontées à des environnements complexes. Dans ces circonstances, il est préférable de recourir à des solutions structurelles, par exemple en subdivisant l'organisation en sous-unités, afin que les managers disposant de la compétence adéquate soient responsables des décisions stratégiques à leur niveau (voir la section 13.2.2). Ces organisations peuvent aussi être confrontées à un environnement dynamique, à la fois complexe et incertain. Dans ces circonstances, les dirigeants doivent admettre que leur capacité à formuler des orientations stratégiques détaillées est non seulement limitée, voire dangereuse, étant donné que ce sont les spécialistes de chacune des activités qui sont véritablement informés de la réalité de l'environnement et de la disponibilité des capacités.

La manière dont la stratégie peut être élaborée dans différents contextes a plusieurs implications :

- *Le rôle des dirigeants dans l'élaboration de la stratégie.* Les dirigeants se considèrent-ils comme des planificateurs chargés de concevoir précisément la stratégie ? Comme ceux qui définissent l'intention stratégique générale que leurs subordonnés traduiront en stratégies détaillées ? Comme étant capables de détecter et d'encourager les stratégies qui émergent au sein de l'organisation ?
- *Les différents rôles à différents niveaux de l'organisation.* Une étude des relations entre les différentes divisions d'une organisation et sa direction générale a montré qu'il existe des différences significatives dans la manière dont l'élaboration de la stratégie est perçue[37]. Les divisions s'appuient sur leurs contacts informels avec les marchés et les décisions reposent avant tout sur l'expérience des managers. À l'inverse, les dirigeants du siège sont avant tout concernés par la construction d'une logique d'ensemble, et s'appuient par conséquent sur la planification, sur l'utilisation des ressources existantes et sur l'amélioration des stratégies déjà en place. Il apparaît donc que les postures et les rôles diffèrent selon le niveau, ce qui met en lumière la nécessité d'un dialogue.
- *Le rôle de la planification stratégique.* Plus le contexte est simple, plus la planification est possible. Cependant, plus l'élaboration de la stratégie est décentralisée, plus la coordination globale sera difficile. Dans ces conditions, la planification

stratégique peut jouer un rôle de communication et d'intégration des initiatives locales. Elle permet aussi d'expliquer formellement la stratégie aux différentes parties prenantes. Il existe cependant un risque que la planification se contente d'agréger les idées reçues sous une forme plus officielle, ce qui rationalise a posteriori les trajectoires établies. Afin d'éviter cet écueil, la planification stratégique soit être utilisée comme un moyen de contester les schémas de pensée établis.

- *Les points d'inflexion stratégiques.* Robert Burgelman et Andrew Grove affirment que les organisations sont confrontées à ce qu'ils appellent des points d'inflexion stratégiques, lors desquels la dynamique de leur industrie est fondamentalement modifiée[38]. Les managers de terrain sont généralement les premiers à repérer les symptômes de ce changement et à réclamer une évolution de la stratégie. Le problème pour les dirigeants consiste alors à réagir à ces inflexions tout en maintenant l'avantage concurrentiel et les niveaux de performance. Pour cela, ils doivent s'appuyer sur des points de vue éventuellement discordants et sur l'ambidextrie organisationnelle (voir la section 14.5.4).

12.4.2 Gérer les stratégies délibérées et les stratégies émergentes

Si nous avons distingué les stratégies délibérées et les stratégies émergentes, nous avons également insisté sur le fait que ces deux perspectives cohabitent dans la plupart des organisations. Plusieurs implications en découlent :

- La *stratégie non réalisée.* Certains aspects de la stratégie délibérée ne se concrétisent pas, pour diverses raisons : le plan se révèle irréalisable ; l'environnement a évolué entre-temps et les managers décident de ne pas appliquer la stratégie prévue ; la stratégie émergente finit par dominer. Il existe cependant un danger. Il n'est pas inhabituel qu'une organisation élabore une stratégie délibérée, par exemple à l'aide d'un système de planification, mais qu'elle suive en réalité une stratégie différente. La stratégie affichée par certaines entreprises peut ainsi être très éloignée de l'expérience pratique qu'en ont ses clients ; des agences gouvernementales affirment qu'elles servent les intérêts de la population, alors qu'elles s'enlisent dans la bureaucratie ; des prestataires de services mettent en place des centres d'appel incapables de résoudre les problèmes des utilisateurs ; des universités et des écoles clament l'excellence de leurs enseignements alors qu'elles sont avant tout intéressées par leur activité de recherche (ou réciproquement). Les dirigeants ne sont pas toujours assez proches des clients pour comprendre l'étendue de l'écart entre ce qui est annoncé et ce qui est effectivement réalisé. Les managers doivent s'assurer que cet écart reste minime.
- La *stratégie émergente.* Les processus sur lesquels reposent les stratégies émergentes sont généralement encastrés dans les routines organisationnelles et dans la culture, mais ils peuvent cependant être gérés. Le management de la stratégie concerne d'ailleurs autant cette capacité que les aspects plus formels tels que la planification. Pour influencer l'émergence, les processus d'allocation de ressources peuvent être modifiés, les jeux politiques peuvent être analysés (voir la section 4.4.3), la contestation des normes et des routines organisationnelles peut être encouragée. Une vision claire peut aider à orienter les stratégies émergentes, et un système de planification stratégique peut aider à en coordonner les résultats.
- La *stratégie voulue* (trajectoire n° 1) est celle qui est délibérément formulée et planifiée par les dirigeants (voir la section 12.2). Elle est fondée sur des analyses

rigoureuses et formellement présentée dans des documents officiels afin d'être systématiquement déployée. Or, les plans sont une chose, leur réalisation en est une autre : ce que l'organisation fait en réalité peut être influencé par d'autre processus.

- La *stratégie réalisée* (trajectoire n° 3) correspond à ce que l'organisation fait en pratique. Il peut s'agir du résultat de la stratégie voulue, mais aussi de la conséquence de la stratégie émergente. En réalité, on observe le plus souvent une combinaison des deux processus, qui sont chacun à même d'influencer ce qui survient en réalité.

Controverse académique

Stratégie délibérée ou stratégie émergente ? Le cas de Honda

Il existe plusieurs explications de l'élaboration de stratégies gagnantes.

En 1984, le chercheur américain Richard Pascale publia un article qui décrivait l'extraordinaire succès qu'avait connu Honda en lançant ses motos sur le marché américain dans les années 1960. Cet article a été à l'origine d'une discussion extrêmement féconde sur les processus stratégiques.

Dans son article, Richard Pascale relatait d'abord comment le cabinet de conseil en stratégie Boston Consulting Group (BCG) avait interprété le succès de Honda :

> *« Le succès des constructeurs japonais a pour origine la croissance de leur marché national dans les années 1950. Grâce à cette base arrière, ils ont bénéficié d'une structure de coûts très compétitive qu'ils ont utilisée comme tremplin pour pénétrer le marché mondial dans les années 1960 grâce à leurs petites motos. [...] La philosophie de base des constructeurs japonais est que la fabrication en grande série de chaque modèle assure une productivité élevée du fait de l'utilisation maximale de techniques automatisées de production de masse. Leurs stratégies commerciales visent donc à développer des modèles susceptibles d'être vendus en très grand nombre, ce qui explique l'attention particulière qu'ils portent à la croissance et à la part de marché. »*

Cette version correspondait donc à une vision rationnelle, fondée sur la construction délibérée d'un avantage de coûts grâce au volume de production.

La seconde version des événements relatée par Richard Pascale s'appuyait sur des entretiens avec les trois expatriés de Honda qui avaient effectivement participé à son implantation aux États-Unis :

> *« Pour tout dire, nous n'avions pas de stratégie en dehors de la curiosité de voir si nous pouvions vendre quelque chose aux États-Unis. C'était une nouvelle frontière, un nouveau défi qui s'inscrivait bien dans la culture du « succès malgré tout » cultivée par Monsieur Honda. Nous n'avions même pas discuté des profits ou du délai de retour sur investissement. [...] Nous savions que nos produits d'alors étaient bons, mais pas franchement meilleurs que ceux des concurrents. Monsieur Honda était particulièrement confiant dans le succès des modèles 250cc et 305cc, car il pensait que leur guidon en forme de sourcils de Bouddha était un très bon argument de vente. [...] Nous avions constitué notre stock de départ avec 25 % de chacun de nos quatre modèles : le Super Cub 50cc (un petit cyclomoteur) et les motos de 125cc, 250cc et 305cc. Bien entendu, les plus grosses cylindrées représentaient l'essentiel de la valeur du stock. [...] La première année, nous étions complètement dans le noir. Notre instinct – de même que celui de Monsieur Honda – nous avait dissuadés d'essayer de vendre des Super Cub. [...] Ils nous semblaient tout à fait inadaptés au marché américain, où tout était plus gros et plus luxueux. [...] Nous utilisions les Super Cub nous-mêmes lorsque nous allions faire les courses dans Los Angeles et ils attiraient beaucoup l'attention. Cependant, nous hésitions toujours à promouvoir nos 50cc de peur qu'ils détériorent notre image sur le marché très*

- Le *risque de dérive stratégique*. Les managers doivent veiller à éviter une dérive stratégique (voir la section 5.4), c'est-à-dire une évolution incrémentale de la stratégie à partir des influences culturelles et historiques qui écarte progressivement l'organisation des réalités changeantes de son environnement. Dans la section 12.3, nous avons souligné que le changement incrémental est la conséquence naturelle de la culture organisationnelle, de l'expérience individuelle et collective, des jeux politiques et des décisions antérieures. Cela implique que les processus d'élaboration de la stratégie doivent encourager les individus à contester leurs hypothèses implicites et leurs comportements acquis.

> *viril de la moto. Mais lorsque nos grosses machines ont commencé à casser, nous n'avions plus le choix. Bizarrement, les détaillants qui les distribuèrent n'étaient pas des marchands de motos mais des magasins d'articles de sport.* »

Il est clair que ces deux versions sont très différentes. Pourtant, elles décrivent le même succès. Depuis la publication de l'article de Richard Pascale, beaucoup d'experts ont débattu sur la signification réelle de ces récits. Henry Mintzberg a ainsi affirmé que : « L'élaboration d'une nouvelle stratégie est un processus créatif (de synthèse), pour lequel il n'existe pas de techniques formelles (d'analyse). » Il a souligné qu'il n'y avait eu aucune planification formelle dans le déploiement de la stratégie de Honda : « La stratégie devait être élaborée de manière informelle avant de pouvoir être programmée formellement. » Il a ajouté : « Alors que nous sommes frénétiquement *rationnels*, ils ont utilisé leur bon sens. Ils sont venus aux États-Unis en étant préparés à *apprendre*. »

Michael Goold, l'auteur du rapport d'origine du Boston Consulting Group, s'est justifié :

> « *Notre objectif consistait à discerner ce qu'il y avait derrière le succès de Honda, de manière à aider les managers à réfléchir aux processus stratégiques. Nous voulions identifier la logique des décisions et des actions stratégiques de Honda afin de comprendre ce qui avait bien ou mal marché.* »

Richard Rumelt a remarqué que :

> « *Les partisans des outils et des modèles ont raison de souligner la réalité de forces telles que les économies d'échelle, l'expérience accumulée et la construction des compétences fondamentales au cours du temps, mais ma propre expérience m'apprend qu'en réalité ces modèles servent bien plus souvent à expliquer les stratégies a posteriori qu'à les concevoir.* »

Richard Pascale a conclu que la nature fortuite de la stratégie de Honda a démontré l'importance de l'apprentissage, que les véritables raisons du développement de la stratégie étaient l'agilité de l'organisation, qui résultait de sa culture et non des analyses qu'elle avait menées.

Sources : R.T. Pascale, « Perspectives on strategy: the real story behind Honda's success », *California Management Review*, vol. 26, n° 3 (1984), pp. 47-72 ; H. Mintzberg, R.T. Pascale, M. Goold et R.P. Rumelt, « The Honda effect revisited », *California Management Review*, vol. 38, n° 4 (1996), pp. 78-116.

Questions

1. Les différents récits sont-ils mutuellement exclusifs ?
2. Parmi les différentes interprétations de l'élaboration de la stratégie présentées dans ce chapitre, lesquelles identifiez-vous dans l'histoire de Honda ?
3. Pensez-vous que Honda aurait connu un succès plus éclatant en planifiant son implantation de manière plus formalisée ?

Résumé

Ce chapitre était consacré aux différentes interprétations de l'élaboration de la stratégie. Voici les principales leçons qu'on peut en retirer :

- Il est important de distinguer la *stratégie délibérée* – l'orientation voulue par les managers – et la *stratégie émergente*, qui résulte des comportements et des activités de l'organisation.
- Le plus souvent, les processus d'élaboration de la stratégie sont décrits en termes de stratégie délibérée, comme les résultats de *systèmes de planification* établis par les dirigeants, de manière neutre et objective. Les systèmes formels de planification stratégique présentent des avantages et des inconvénients. Cependant, ils ne suffisent pas à décrire les processus stratégiques effectivement observés dans les organisations.
- La stratégie délibérée peut aussi résulter de la *volonté des dirigeants* qui l'incarnent et de *stratégies imposées* par des parties prenantes externes.
- La stratégie peut aussi émerger de l'activité de l'organisation :
  - Les organisations peuvent tenter d'utiliser de manière proactive l'*incrémentalisme logique* et l'*apprentissage organisationnel.*
  - La stratégie peut résulter de négociations et de marchandages liés aux *jeux politiques.*
  - Les éléments implicites de la *culture organisationnelle*, les *décisions antérieures* et la *dépendance de sentier* peuvent pousser à privilégier certaines stratégies.
  - Les *systèmes organisationnels*, notamment les processus d'allocation de ressources, peuvent favoriser certains développements stratégiques au détriment des autres.
- Le management des processus stratégiques soulève certains défis :
  - Différents processus stratégiques son requis dans différents *contextes.*
  - On peut mettre en place des conditions qui facilitent les stratégies émergentes.

Travaux pratiques

• Signale des exercices d'un niveau plus avancé

12.1 Procurez-vous le rapport annuel d'une entreprise qui vous est familière en tant que client(e), par exemple une chaîne de grande distribution ou une société de transport public. Identifiez les caractéristiques principales de la stratégie voulue – telle qu'elle est présentée dans le rapport – et de la stratégie réalisée – telle que vous la percevez en tant que client(e).

12.2 En utilisant les différentes explications figurant dans les sections 12.2 et 12.3, expliquez comment les stratégies se sont développées dans différentes organisations, par exemple Google (voir le cas à la fin de ce chapitre) ou Fiat (voir le cas à la fin du chapitre 14).

12.3 • Des systèmes de planification existent dans de nombreuses organisations. Quel rôle peut jouer la planification dans un service public tel que la Sécurité sociale, dans une entreprise multinationale comme Carrefour (voir le cas à la fin du chapitre 10) ou dans une entreprise innovante comme Rovio (voir le cas à la fin du chapitre 9) ?

12.4 • Le développement incrémental de la stratégie est courant dans les organisations, et les managers y voient de nombreux avantages. Cependant, le risque de dérive stratégique est réel. En utilisant les différentes explications présentées dans les sections 12.2 et 12.3, montrez comment cette dérive peut être évitée.

12.5 Montrez comment différentes interprétations des processus d'élaboration de la stratégie peuvent être plus ou moins adaptées à différentes organisations : une université, un magasin de prêt-à-porter de mode, une multinationale diversifiée et une entreprise de haute technologie.

Exercice de synthèse

12.6 • Vous conseillez le directeur général d'une multinationale qui a connu un grand succès, qui dispose de managers très expérimentés, mais qui est confrontée à un déclin de sa rentabilité et à une érosion de ses positions concurrentielles. Quelles pourraient être selon vous les causes de ces problèmes ? Quels processus stratégiques recommanderiez-vous pour les résoudre ?

Lectures recommandées

- Un des articles les plus cités sur les processus stratégiques est celui de H. Mintzberg et J.A. Waters, « Of strategies, deliberate and emergent », *Strategic Management Journal*, vol. 6, n° 3 (1985), pp. 257-272. Voir aussi H. Laroche, « From decision to action in organizations: decision-making as a social representation », *Organization Science*, vol. 6, n° 1 (1995), pp. 62-75.
- L'évolution du rôle de la planification stratégique est expliquée par R. Grant, « Strategic planning in a turbulent environment: evidence from the oil majors », *Strategic Management Journal*, vol. 24 (2003), pp. 491-517.
- Sur les différences entre stratégie délibérée et stratégie émergente, voir S. Elbana, « Strategic decision making: process perspectives », *International Journal of Management Reviews*, vol. 8, n° 1 (2006), pp. 1-20.
- Une passionnante étude de cas sur les effets des routines d'allocation de ressources sur la stratégie d'Intel est proposée par R. Burgelman, « Fading memories: a process theory of strategic business exit in dynamic environments », *Administrative Science Quarterly*, vol. 39 (1994), pp. 34-56.

Références

1. Voir H. Mintzberg et J.A. Waters, « Of strategies, deliberate and emergent », *Strategic Management Journal*, vol. 6, n° 3 (1985), pp. 257-272.
2. Voir T. Nelson, « The persistence of founder influence: management, ownership, and performance effects at initial public offering », *Strategic Management Journal*, vol. 24, n°°8 (2003), pp. 707-724.
3. Voir D. Souder, Z. Simsek et S.G. Johnson, « The differing effects of agent and founder CEOs on the firm's market expansion », *Strategic Management Journal*, vol. 33, n° 1 (2012), pp. 23-42.
4. Voir D. Miller et I. Le Breton-Miller, « Management Insights from great and struggling family businesses », *Long Range Planning*, vol. 38 (2005), pp. 517-530.
5. Voir W. Bennis et B. Nanus, *Leaders: the strategies for taking charge*, Harper & Row, 1985, et J. Collins et J. Porras, *Bâties pour durer*, First, 1996.
6. Voir R. Grant, « Strategic planning in a turbulent environment: evidence from the oil majors », *Strategic Management Journal*, vol. 24 (2003), pp. 491-517.
7. Voir R. McGrath et I. McMillan, *Discovery-driven Growth*, Harvard Business School Press, 2009.
8. Voir P. Jarzabkowski et J. Balogun, « The practice and process of delivering integration through strategic planning », *Journal of Management Studies*, vol. 46, n° 8 (2009), pp. 1255-1288. P. Spee et P. Jarzabkowski, « Strategic planning as communicative process », *Organization Studies*, vol. 32, n° 9 (2011), pp. 1217-1245, montre comment la stratégie émerge au fur et à mesure des itérations entre les différents acteurs.
9. Voir S. Mantere, « Strategic practices as enablers and disablers of championing activity », *Strategic Organization*, vol. 3, n° 2 (2005), pp. 157-184.
10. Voir H. Mintzberg, *Grandeur et décadence de la planification stratégique*, Dunod, 1994.
11. La confusion entre planification stratégique et planification budgétaire est particulièrement dénoncée par Richard Rumelt dans R. Rumelt, *Good Strategy/Bad Strategy: the Difference and Why it Matters*, Crown Business, 2011.
12. Voir A. Langley A., « Between paralysis by analysis and extinction by instinct », *Sloan Management Review*, vol. 36, n° 3 (1995), pp. 63-76.
13. Voir bain.com/management_tools/BainTopTenTools. Voir aussi G.P. Hodgkinson, R. Whittington, G. Johnson et M. Schwarz, « The role of strategy workshops in strategy development processes: formality, communication, co-ordination and inclusion », *Long Range Planning*, vol. 39, n° 5 (2006), pp. 479-496, et R. Whittington et L. Cailluet, « The crafts of strategy », *Long Range Planning*, vol. 41, n° 3 (2008), pp. 241-247.
14. Les études sur le lien entre la planification formelle et la performance financière n'arrivent pas à des conclusions convaincantes. Certaines études ont montré des bénéfices dans certains contextes. Il semble notamment que la planification soit bénéfique pour les entrepreneurs qui créent une nouvelle entreprise. Voir F. Delmar et S. Shane, « Does business planning facilitate the development of new ventures? », *Strategic Management Journal*, vol. 24 (2003), pp. 1165-1185. D'autres études montrent en fait les bénéfices de l'analyse stratégique et de la pensée stratégique, plus que ceux des systèmes formels de planification. Voir par exemple C.C. Miller et L.B. Cardinal, « Strategic planning and firm performance: a synthesis of more than two decades of research », *Academy of Management Journal*, vol. 37, n° 6 (1994), pp. 1649-1655.
15. P.J. Brews et M.R. Hunt, « Learning to plan and planning to learn: resolving the planning school/learning school debate », *Strategic Management Journal*, vol. 20 (1999), pp. 889-913.
16. T.J. Andersen, « Integrating decentralized strategy making and strategic planning processes in dynamic environments », *Journal of Management Studies*, vol. 41, n° 8 (2004), pp. 1271-1299. Voir aussi M. Ketokivi et X. Castaner, « Strategic planning as an integrative device », *Administrative Science Quarterly*, vol. 49, (2004), pp. 337-365.
17. Voir R. Grant (référence 6).
18. Voir B. King, « Strategizing at leading venture capital firms: of planning, opportunism and deliberate emergence », *Long Range Planning*, vol. 41 (2008), pp. 345-366.
19. Voir H. Mintzberg et J.A. Waters (référence 1).
20. Voir S. Elbanna, « Strategic decision making: process perspectives », *International Journal of Management Reviews*, vol. 8, n° 1 (2006), pp. 1-20, pour une présentation détaillée des différentes interprétations du changement incrémental.
21. Voir J.B. Quinn, *Strategies for Change*, Irwin, 1980.
22. Voir O. Sorenson, « Strategy as quasi-experimentation », *Strategic Organization*, vol. 1, n° 3 (2003), p. 337-343.
23. Sur le concept d'organisation apprenante, voir P. Senge et A. Gauthier, *La cinquième discipline, l'art et la manière des organisations qui apprennent*, First, 1991. Voir aussi M. Crossan, H.W. Lane et R.E. White, « An organizational learning framework: from intuition to institution », *Academy*

of Management Review, vol. 24, n° 3 (1999), pp. 522-537.

24. Sur la dimension politique du management, voir notamment P.-F. Ténière-Buchot, *L'ABC du pouvoir*, éditions d'Organisation, 1989 et V.K. Narayanan et L. Fahey, « The micro politics of strategy formulation », *Academy of Management Review*, vol. 7, n° 1 (1982), pp. 25-34.
25. Pour un exemple de l'influence des coalitions, voir S. Maitlis et T. Lawrence, « Orchestral manoeuvres in the dark: understanding failure in organizational strategizing », *Journal of Management Studies*, vol. 40, n° 1 (2003), pp. 109-140.
26. Voir P. Regnér, « Strategy creation in the periphery: inductive versus deductive strategy making », *Journal of Management Studies*, vol. 40, n° 1 (2003), pp. 57-82.
27. W.B. Arthur, « Competing technologies, increasing returns and lock in by historical events », *Economic Journal*, vol. 99 (1989), pp. 116-131.
28. Voir J.L. Bower, *Managing the Resource Allocation Process : A Study of Corporate Planning and Investment*, Irwin, 1972 et R.A. Burgelman, « A model of the interaction of strategic behaviour, corporate context and the concept of strategy », *Academy of Management Review*, vol. 81, n° 1 (1983), pp. 61-70, ainsi que R.A. Burgelman, « A process model of internal corporate venturing in the diversified major firm », *Administrative Science Quarterly*, vol. 28 (1983), pp. 223-244 et J.L. Bower et C.G. Gilberts, « A revised model of resource allocation process » dans J.L. Bower et C.G. Gilbert (eds), *From Resource Allocation to Strategy*, Oxford University Press, 2005, pp. 439-55.
29. W. Ocasio, « Towards an attention-based view of the firm », *Strategic Management Journal*, vol. 18 (1997), pp. 187-206.
30. Voir J.L. Bower et C.G. Gilbert, « How managers' everyday decisions create or destroy your company's strategy », *Harvard Business Review*, vol. 85, n° 2 (2007), pp. 72-79.
31. Voir R.A. Burgelman, *Strategy as Destiny: How strategy making shapes a company's future*, Free Press, 2002, et R.A. Burgelman, « Fading memories: A process theory of strategic business exit in Dynamic environments », *Administrative Science Quarterly*, vol. 39 (1994), pp. 34-56.
32. Voir J.S. McMullen, D.A. Shepherd et H. Patzelt, « Managerial (in)attention to competitive threats », *Journal of Management Studies*, vol. 46, n° 2 (2009), pp. 157-180.
33. Voir C. Lechner et S.W. Floyd, « Group influence activities and the performance of strategic initiatives », *Strategic Management Journal*, vol. 33, n° 5 (2012), pp. 478-496.
34. Voir S.L. Hart, « An integrative framework for strategy-making processes » *Academy of Management Review*, vol. 17, n° 2 (1992), pp. 327-351.
35. Pour une discussion sur les différences entre l'élaboration de la stratégie dans le secteur public et dans le secteur privé, voir N. Collier, F. Fishwick et G. Johnson, « The processes of strategy development in the public sector », dans G. Johnson et K. Scholes (eds), *Exploring Public Sector Strategy*, Pearson Éducation, 2001.
36. R. Duncan, « Characteristics of organisational environments and perceived environmental uncertainty », *Administrative Science Quarterly*, vol. 17, n° 3 (1972), pp. 313-327.
37. Voir P. Regnér (référence 26).
38. R.A. Burgelman, A.S. Grove, « Let chaos reign, then rein in chaos – repeatedly: managing strategic dynamics for corporate longevity », *Strategic Management Journal*, vol. 28 (2007), pp. 965-979.

Étude de cas

Qui pilote Google ?

En 2012, seulement quinze ans après sa fondation, Google affichait une valorisation boursière de 249,19 milliards de dollars. Avec un réseau de plus d'un million de serveurs, Google était le premier moteur de recherche au monde (66 % de part de marché, contre 15 % à Bing de Microsoft et 14 % à Yahoo!). La majeure partie des profits de Google provenait de la publicité. Le groupe était cependant exposé à de sérieuses menaces. Ses maigres résultats financiers de 2012 avaient conduit certains analystes à se demander si Google n'avait pas atteint les limites de sa croissance[1]. D'autres pensaient que son style de management très particulier ne survivrait pas à sa taille et à l'étendue de son périmètre d'activité.

Les débuts de Google

Larry Page et Sergey Brin eurent l'idée de Google lorsqu'ils étaient étudiants en doctorat en informatique à l'université de Stanford en Californie. En 1998, dans le cadre d'un cours, ils proposèrent un algorithme permettant d'améliorer le résultat des recherches sur Internet. La première version du programme fut hébergée sur les serveurs de l'université, dont la cellule de transfert de technologie poussa les deux étudiants à créer leur entreprise, qu'ils baptisèrent Google en référence au nombre 10^{100} (*googol* en anglais). Larry Page et Sergey Brin ne finirent jamais leur doctorat. En revanche, la réputation de Google grandit rapidement et en 2004 l'entreprise fut introduite en Bourse, pour 1,67 milliard de dollars.

Dès le départ, Google adopta une approche spécifique. Larry Page et Sergey Brin insistèrent pour que l'introduction en Bourse ne passe pas par l'intermédiaire de banques d'affaires pour déterminer le prix initial de l'action. Ils préférèrent lancer des enchères ouvertes, les acheteurs décidant directement du prix juste pour l'action. Cette approche originale – que certains qualifièrent d'arrogante – contribua à forger l'image peu commune de Google. Cette posture fut d'ailleurs confirmée lorsque l'entreprise mit en place une structure de gouvernement comprenant un conseil de surveillance et un directoire. Si cette structure était commune en Europe, notamment en Allemagne, elle était extrêmement rare aux États-Unis. Selon Page et Brin, l'avantage de cette structure était d'établir une distance supplémentaire entre eux et leurs actionnaires, ce qui accroissait la liberté des managers et leur permettait de diriger l'entreprise à leur guise. Page confirma cette démarche en écrivant une lettre ouverte à ses actionnaires, dans laquelle il insistait sur le fait que Google n'était pas une entreprise conventionnelle et qu'elle ne le deviendrait pas.

En 2001, Page et Brin recrutèrent Eric Schmidt, de dix-huit ans leur aîné, qui était alors P-DG de l'éditeur de logiciels Novel. Ils se partagèrent le pouvoir à la tête de l'entreprise. Schmidt était chargé de l'administration et des relations avec les investisseurs, à la manière d'un directeur général classique. Page était en charge de la structure sociale de l'entreprise, alors que Brin s'occupait des questions éthiques. Dans l'histoire des entreprises (et dans l'histoire en général), l'immense majorité des triumvirats avaient été des échecs retentissants : les jeux politiques et la confusion des rôles finissaient toujours par créer des conflits, jusqu'à ce qu'un des trois dirigeants finisse par évincer les deux autres. Pourtant, entre Page, Brin et Schmidt, tout se passa remarquablement bien pendant dix ans.

Google avant

À bien des égards, le fonctionnement du Googleplex (le siège de l'entreprise, situé à Mountain View près de San Francisco) donnait l'image d'une organisation désorganisée dans laquelle il était difficile de savoir qui était responsable de quoi. En 2009, Eric Schmidt expliqua que leur stratégie reposait sur une démarche d'essais et d'erreurs :

> « *Google est inhabituel parce que c'est une entreprise vraiment organisée à partir de sa base [...]. On a souvent l'impression que les gens chez Google font ce qu'ils pensent être le mieux et qu'ils tolèrent les dirigeants [...]. Nous n'avons pas vraiment de plan à 5 ans [...]. Nous nous focalisons sur ce qui nouveau, ce qui est excitant et comment on peut rapidement gagner avec une nouvelle idée*[2]. »

En termes de développement de produits, l'approche de Google consistait à lancer des offres partiellement abouties (des versions bêta), puis à laisser les utilisateurs les plus fanatiques les trouver, jouer avec elles, débusquer les erreurs et les corriger. Cette utilisation imaginative des clients impliquait un relâchement significatif du contrôle. Le flux d'activité, la qualité et dans une large mesure la nature même des projets en cours relevaient de la responsabilité des employés et non des managers. Google avait un taux d'encadrement très faible, avec un manager pour vingt employés, soit moitié moins que la moyenne des entreprises américaines (un pour dix) et beaucoup moins que la norme dans certains pays européens, notamment la France (un pour sept)[5].

Le directeur financier Patrick Pichette racontait qu'alors qu'il était dans une salle de réunion avec un homme d'affaires influent, il avait été chassé de la pièce par un groupe de jeunes ingénieurs qui voulaient l'utiliser pour leur réunion. Pour lui, la leçon était que chez Google les dirigeants étaient « un coût de structure », alors que les ingénieurs « écrivent le code et font que Google existe. »[3]

Les ingénieurs travaillaient en petites équipes autonomes et les contrôles qualité étaient effectués par des pairs plutôt que par des superviseurs. Cette grande liberté de fonctionnement débouchait naturellement sur une prolifération de projets, dont beaucoup n'étaient pas en phase avec les orientations stratégiques générales de l'entreprise. De plus, afin de stimuler l'innovation, le développement des connaissances et la mise au point de nouveaux produits, les ingénieurs étaient autorisés à utiliser la *règle des 70/20/10* : 70 % de leur temps devait être consacré à leur tâche, 20 % à la manière de l'améliorer et 10 % à leurs propres projets personnels. Cependant, certains observateurs estimaient que beaucoup d'ingénieurs utilisaient 30 % de leur temps à ces projets.

Eric Schmidt était particulièrement fier de cette approche désorganisée et antibureaucratique :

> « *Ce n'est pas moi qui dirige Google, c'est sa culture [...]. Il est beaucoup plus facile d'avoir des salariés qui chaque jour font exactement ce qu'ils veulent. Ils sont plus faciles à gérer car ils n'ont jamais aucun problème. Ils sont toujours passionnés par ce qu'ils font et travaillent toujours sur ce qui les intéresse [...]. C'est un modèle très différent du modèle hiérarchique traditionnel dans lequel c'est le patron qui décide de la stratégie et qui donne les ordres et où tout est mesuré et contrôlé. Bien entendu, cela crée un certain niveau de chaos*[4]. »

Le système présentait cependant des zones de rigidité, une des principales étant le recrutement. Google était un recruteur particulièrement recherché par les candidats à l'embauche, ce qui lui permettait de se montrer très sélectif. Pour chaque ouverture de poste au Googleplex, on comptait ainsi jusqu'à 100 candidats hautement qualifiés. Les salaires étaient bons, mais

Étude de cas

comparables à ceux que proposaient les concurrents. Les candidats étaient attirés par le mode de travail, par la possibilité de consacrer du temps à ses propres projets, et par les avantages en nature, nombreux et largement médiatisés (repas gratuits, piscine, massages, etc.). De fait, Google appliquait des critères de sélection particulièrement stricts et revendiquait ouvertement son élitisme. Les ingénieurs devaient être diplômés d'une école ou d'une université de premier plan et passer toute une série de tests et d'entretiens. Le processus suivait une démarche scientifique, selon lequel Google sélectionnait un profil psychologique précis, en phase avec les valeurs maison. Cela lui permettait de recruter et de retenir une population relativement prévisible et facile à gérer.

Le laisser-faire apparent se traduisait en fait par des niveaux d'exigence élevés. Le contrôle de la performance par les pairs se révélait draconien. Pour des individus talentueux, la réputation était un actif précieux, que chacun veillait à préserver par la qualité et la quantité de son travail. Comme la plupart des processus internes de Google, le contrôle par les pairs était conduit de manière rigoureuse. Les équipes de travail étaient toujours limitées à six personnes, le nombre de projets contraint, les délais toujours courts (pas plus de six semaines) et tout était mesuré. Comme le soulignait Eric Schmidt :

> « *Nous sommes très analytiques. Nous mesurons tout et nous systématisons chaque aspect de notre activité. Par exemple, cette semaine, nous avons lancé un tableur en ligne. J'ai déjà reçu un relevé horaire du nombre de personnes qui se sont inscrites pour l'utiliser, du nombre de personnes qui l'ont effectivement utilisé et de la taille de leur feuille de calcul*[5]. »

Google après

En octobre 2012, la capitalisation boursière de Google diminua de 10 % (soit 24 milliards de dollars) en seulement deux jours. La cotation de son action dut être suspendue tellement son prix chutait rapidement. Tout cela résultait d'une baisse de 15 % du montant que les annonceurs étaient disposés à payer pour chaque clic, qui avait entraîné au troisième trimestre une contraction du profit de Google de 20 % par rapport à 2011. Qui plus est, ces informations furent révélées par accident plus tôt que prévu, sans les explications de Larry Page.

La croissance météorique de Facebook (qui vendait lui aussi des espaces publicitaires) et le succès croissant des tablettes et des smartphones (où les publicités étaient plus difficiles à voir et donc moins chères) perturbait sévèrement l'équilibre de Google. Certains analystes commencèrent à dénoncer le manque de diversification de ses sources de revenu : l'essentiel de son chiffre d'affaires provenait de la publicité.

Google devait donc changer. Comme le disait Sergey Brin : « Nous voulons que 1 000 fleurs éclosent, mais maintenant il faut en faire un bouquet[6]. » Une approche plus économique et plus rigoureuse fut évoquée. Les fameux 10 % de temps libre des ingénieurs furent un moment mis en question, puis rapidement confirmés.

Le changement le plus significatif fut que Larry Page devint le seul directeur général en 2011. Sergey Brin consacra l'essentiel de son temps à des projets d'innovation et Eric Schmidt pris le poste de président. Larry Page souhaitait que l'organisation soit plus efficace et plus ciblée. Il mit fin à certains projets, demanda la fin d'une guerre par messages électroniques entre différentes factions exigea que la prise de décision soit plus rapide. Il stoppa la fuite des cerveaux vers Facebook en augmentant le salaire de ses 12 000 ingénieurs de 10 % et en octroyant de généreuses primes.

Google avait aussi réalisé plus de 100 acquisitions. Certaines étaient très importantes (comme Motorola ou YouTube), mais la plupart étaient de petites entreprises spécialisées qui permettaient à Google de développer de nouvelles offres. Rien qu'en 2011, on dénombra 79 acquisitions ou prises de participation significatives. Au cours du premier trimestre 2012, il n'y en eut aucune : Larry Page avait stoppé cette fièvre acheteuse.

Sergey Brin était retourné à l'innovation. Il était responsable des projets ultra-secrets Google X, qui concernaient notamment la robotique et l'intelligence artificielle, et qui n'étaient pas localisés dans le Googleplex. Google tentait de se diversifier. Google+ devait concurrencer Facebook et les smartphones Motorola devaient contester la domination de l'iPhone d'Apple. En 2012, les voitures automatisées de Google avaient déjà roulé plus de 300 000 heures sur les routes américaines, sans conducteur et sans accident. Cependant, les observateurs soulignaient que, rendu nerveux par la mauvaise performance des derniers produits lancés par Google, Larry Page insistait de moins en moins sur l'expérimentation et de plus en plus sur l'efficience opérationnelle[7]. Peut-être était-il temps de mettre en place une approche de la stratégie différente de celle qu'Eric Schmidt avait prônée en 2009. En 2012, Google recruta des stratèges chargés de travailler sur des « projets globaux et transversaux. »

En janvier 2014, Google revendit Motorola, en pertes, au Chinois Lenovo pour 2,91 milliards de dollars, après l'avoir acheté seulement un an et demi plus tôt pour 12,5 milliards. La moins-value était cependant moins importante qu'en apparence, car Google avait déjà revendu l'activité décodeurs de sa filiale pour 2,4 milliards de dollars, et restait propriétaire de son portefeuille de 17 000 brevets, qui avait largement justifié l'acquisition en 2012[8]. Quoiqu'il en soit, la redéfinition du portefeuille d'activités de Google était en marche.

Adapté d'un cas préparé par Phyl Johnson, Strategy Explorer.

Sources : les sources principales sont B. Girard, *Le Modèle Google*, M21 éditions, 2008 et G. Hamel, *La Fin du management*, Vuibert, 2008.

1. H. Peterson, H. Gye, L. Boyle et P. Campbell, « Could Google disappear? Analysts warn of Google's demise if the search engine fails to improve mobile advertising », *Daily Mail*, 20 octobre 2012.
2. « We Don't Really Have A Five-Year Plan », *Washington Post Leadership series*, 20 mai 2009.
3. M. Ahmed, « Its going Gangbusters at Goggleplex, where the code writers run the company and the chiefs are up the wall », *The Times*, 3 janvier 2011.
4. Voir référence 2.
5. B. Girard, *Le Modèle Google*, M21 éditions, 2008.
6. M. Ahmed, « Leaner, meaner, but dreams are still there to be chased », *The Times*, 24 novembre 2011.
7. youtube.com/watch?v=tk5P-KvnLgE, youtube.com/watch?v=4CSHuRirY0w.
8. *Le Monde*, 30 janvier 2014.

Questions

1. Quels ont été les processus stratégiques à l'œuvre chez Google ?
2. Quelles sont les forces et les faiblesses de la manière dont Google élabore sa stratégie ?
3. Selon vous, de quelle manière les processus d'élaboration de la stratégie de Google devraient-ils changer à l'avenir ?

Chapitre 13
Stratégie et organisation

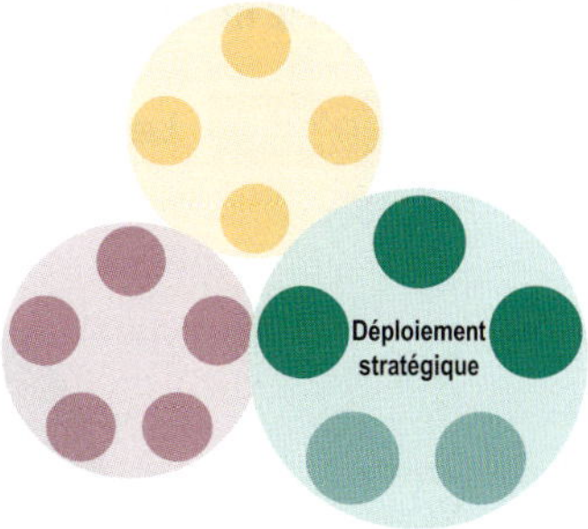

Objectifs

Après avoir lu ce chapitre, vous serez capable de :

- Décrire les principaux enjeux organisationnels, tels que le mode de contrôle, la gestion des connaissances, la capacité à évoluer et à répondre à l'internationalisation.
- Identifier les principaux types structurels, leurs avantages et leurs inconvénients.
- Comprendre les principaux processus de coordination (comme les systèmes de planification ou les objectifs de performance) et les circonstances dans lesquelles ils sont le plus appropriés.
- Montrer comment la stratégie, la structure et les systèmes peuvent être combinés afin d'obtenir des configurations structurelles, et quels dilemmes cela suscite.

Concepts clés

Structures organisationnelles p. 501, systèmes organisationnels p. 501, structure fonctionnelle p. 504, structure divisionnelle p. 505, structure matricielle p. 506, structure transnationale p. 509, structure par projets p. 511, planification p. 516, systèmes culturels p. 517, objectifs de performance p. 518, tableau de bord prospectif p. 519, carte stratégique p. 519, mécanismes de marché p. 520, configuration p. 523, 7S de McKinsey p. 523, organisation virtuelle p. 526.

13.1 Introduction

Les stratégies n'existent que parce que des individus agissent. Si Walmart veut déployer sa stratégie, il doit s'assurer que ses 2,2 millions de salariés vont dans la bonne direction. De même, une équipe de football ne peut pas gagner si ses membres n'interagissent pas. Les stratégies impliquent donc une organisation des tâches, c'est-à-dire des structures et des systèmes. Si l'organisation n'est pas en phase avec la stratégie, même le plus brillant des stratèges ne produira que des discours stériles.

Ce chapitre est consacré à la manière dont l'organisation contribue au déploiement de la stratégie. Nous mettrons particulièrement l'accent sur deux aspects : les *structures* et les *systèmes*. Les **structures organisationnelles** donnent aux individus des rôles formellement définis, des responsabilités et des positions hiérarchiques. Les structures constituent le squelette de l'organisation : ce sont les fondations sur lesquelles tout repose. Les **systèmes organisationnels** assistent et contrôlent les

Schéma 13.1 Les configurations organisationnelles : stratégie, structures et systèmes

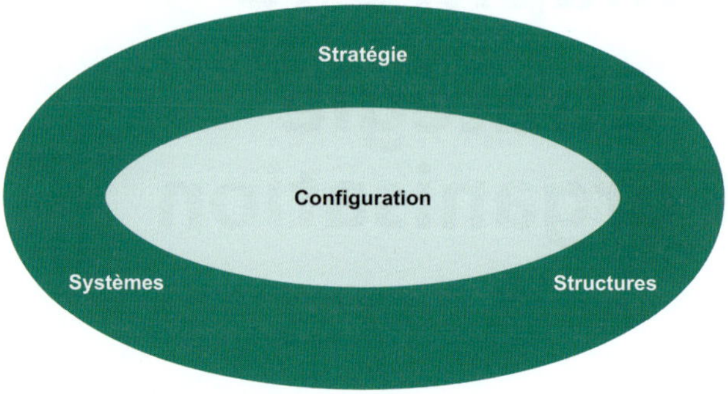

individus dans leurs tâches et leurs responsabilités. Les systèmes sont les muscles de l'organisation : ils assurent son mouvement et sa cohérence.

Le schéma 13.1 illustre les interdépendances entre la stratégie, les structures et les systèmes. Idéalement, ces trois éléments devraient mutuellement se renforcer de manière à former une *configuration* cohérente, comme nous le verrons dans la section 13.4. Cependant, nous verrons aussi qu'il est souvent difficile de configurer une organisation de manière qu'elle renforce la stratégie. La controverse qui clôt ce chapitre est consacrée au lien essentiel entre stratégie et structure. Parfois, les structures et les systèmes ne sont plus en phase avec la stratégie, ce qui altère son déploiement, voire provoque sa réorientation. On peut remarquer que dans le schéma 13.1, la structure et les systèmes ne font pas que suivre la stratégie, ils l'alimentent également.

Ce chapitre est donc consacré aux points suivants :

- Les *structures*, en d'autres termes les rôles, les responsabilités, les lignes hiérarchiques. Il existe plusieurs types de structures, dont les structures fonctionnelles, divisionnelles, matricielles, par projets et transnationales.
- Les *systèmes*, qui assistent et contrôlent les individus au sein d'une organisation. Ces systèmes incluent des mécanismes formels tels que la fixation d'objectifs de performance et la planification, mais aussi des éléments plus informels tels que la culture et les mécanismes de marché.
- Les *configurations*, c'est-à-dire les éléments qui se renforcent mutuellement pour constituer une organisation. Au-delà de la stratégie, de la structure et des systèmes, les configurations peuvent inclure le personnel, le style, les savoir-faire et les finalités, comme le rappelle le modèle des *7S de McKinsey*.

13.2 Les types structurels

Lorsqu'on demande à des managers de décrire leur organisation, ils ont tendance à dessiner son organigramme, de manière à présenter ses structures formelles. Les organigrammes définissent les niveaux de responsabilité et les rôles au sein de l'organisation. Ils sont importants pour les managers non seulement parce qu'ils spécifient quelles sont les responsabilités de chacun, mais aussi parce qu'ils influent sur les priorités de l'organisation et sur ses interactions avec son environnement. Comme le montre l'exemple de Qwikster (voir l'illustration 13.1), adopter une structure inadéquate peut se révéler très dommageable.

Cette section décrit cinq types structurels fondamentaux : structure fonctionnelle, structure divisionnelle, structure matricielle, structure transnationale et structure par projets[1]. De manière générale, les deux premières structures mettent l'accent sur une dimension – par exemple la spécialisation fonctionnelle ou les activités opération-

Illustration 13.1

Erreur de structure : Netflix rembobine Qwikster

L'introduction de Qwikster par Netflix est une erreur de structure particulièrement coûteuse.

En 2011, Netflix, le numéro un de la location de DVD et de diffusion de films sur Internet aux États-Unis, était confronté à un dilemme. Son activité de diffusion sur Internet connaissait une croissance très rapide et de puissants concurrents comme Amazon commençaient à s'y intéresser. À l'inverse, la location de DVD par correspondance entrait en phase de déclin. En septembre 2011, Reed Hastings, le directeur général et cofondateur de Netflix, décida de résoudre ce dilemme avec une solution organisationnelle. Il proposa de couper l'entreprise en deux entités distinctes : la diffusion sur Internet conserverait la marque Netflix, alors que la location de DVD reviendrait à une nouvelle organisation nommée Qwikster. Reed Hastings justifia ce choix en expliquant sur son blog : « Pendant les cinq dernières années, ma plus grande crainte a été que Netflix ne réussisse pas à transposer son succès dans les DVD en un succès dans la diffusion en ligne. La plupart des entreprises qui connaissent un grand succès ne parviennent généralement pas à s'adapter aux nouvelles attentes des clients, car elles ont peur de cannibaliser leur activité d'origine. Lorsqu'elles finissent par reconnaître leur erreur, elles se battent avec l'énergie du désespoir, mais il est déjà trop tard. Les entreprises meurent rarement parce qu'elles vont trop vite. Elles meurent souvent parce qu'elles vont trop lentement. »

D'autres raisons justifiaient la scission. L'activité DVD nécessitait de vastes entrepôts et une logistique considérable, alors que la diffusion reposait essentiellement sur des serveurs informatiques. Les concurrents de l'activité DVD étaient Blockbuster (voir l'illustration 9.3) et Redbox, alors que ceux de la diffusion étaient Amazon, iTunes et les câblo-opérateurs. Une fois devenus indépendants, les managers de l'activité diffusion ne seraient plus limités par la nécessité de protéger l'activité DVD, qui assurait toujours la plus large part des bénéfices de Netflix.

Pour les clients, en revanche, la scission était problématique. Ils devraient utiliser deux sites pour avoir ce qu'ils obtenaient auparavant sur un seul. Le site des DVD proposait beaucoup plus de films, généralement plus récents. Les recommandations de films sur un site ne seraient pas accessibles sur l'autre. Les clients de l'activité DVD ne recevraient plus d'enveloppes Netflix, alors que la marque était très appréciée.

De fait, les clients réagirent brutalement. Dans le mois qui suivit le lancement de Qwikster, Netflix perdit des centaines de milliers d'abonnés. Le prix de l'action Netflix chuta de plus de 60 %, effaçant plus de 3 milliards de capitalisation boursière. Reed Hastings plaisanta sur son mur Facebook en expliquant qu'il craignait que certains de ses actionnaires l'empoisonnent : « Je crois que je vais avoir besoin d'un goûteur. Cela dit, je ne peux pas vraiment leur en vouloir. »

Le 10 octobre 2011, trois mois après le lancement de Qwikster, Reed Hastings annonça sur son blog que la nouvelle entité ne serait finalement pas maintenue, et que toutes les activités resteraient sous la marque Netflix. Il justifia sa décision : « Il ne faut pas confondre vitesse et précipitation. Netflix est allé vite pendant des années. Cette fois, nous sommes allés trop vite. » En dépit de ce revirement, les répercussions du changement structurel étaient toujours visibles un an plus tard. La part de marché de Netflix dans la location de DVD en 2012 était passée de 35 % à 27 %, et le numéro un était désormais son concurrent Redbox.

Sources : Wall Street Journal, 11 octobre 2011 ; *Strategy+Business*, 2 avril 2012 ; *PC Magazine*, 17 septembre 2012.

Questions

1. Les avantages et les inconvénients de l'organisation proposée correspondaient-ils à ceux de la structure divisionnelle (voir la section 13.2.2) ?
2. Du point de vue des systèmes (voir la section 13.3) quelles autres solutions aurait pu adopter Netflix pour séparer ses deux activités ?

nelles – par rapport aux autres. À l'inverse, les trois structures suivantes tendent à combiner plusieurs dimensions, par exemple en essayant d'équilibrer les lignes de produits avec les zones géographiques. Pour autant, aucune de ces structures ne constitue une solution universelle aux défis organisationnels. La bonne structure dépend en fait du contexte spécifique auquel chaque organisation est confrontée. De nombreux chercheurs ont étudié les facteurs susceptibles d'influencer la structure des organisations (appelés « facteurs de contingence »), notamment leur taille, le niveau de diversification et le type de technologie utilisée[2]. Cela implique que la première étape dans la conception d'une organisation consiste à déterminer quels sont les enjeux auxquels elle est confrontée. La section 13.2.6 sera spécifiquement consacrée à la manière dont ces cinq types structurels répondent à la fois à l'enjeu traditionnel du contrôle et aux trois dimensions que sont la turbulence, les connaissances et l'internationalisation.

13.2.1 La structure fonctionnelle

Même dans une petite start-up, dès que plus d'une personne est impliquée, il est nécessaire de répartir les responsabilités. Pour cela, on peut recourir à une *structure fonctionnelle*. Une **structure fonctionnelle** répartit les responsabilités selon les fonctions essentielles à une organisation, telles que la conception, la production et la commercialisation. Le schéma 13.2 présente l'organigramme typique d'une structure fonctionnelle. On rencontre le plus souvent la structure fonctionnelle dans des organisations de taille petite ou moyenne et dans celles dont la gamme de produits ou services est peu diversifiée. De même, dans les vastes structures divisionnelles (voir ci-après), chacune des divisions est généralement organisée de manière fonctionnelle (comme dans le schéma 13.3).

Le schéma 13.2 résume également les avantages et les inconvénients d'une structure fonctionnelle. Ses principales qualités résident dans la clarté de la définition des rôles et des tâches, ainsi que dans la possibilité pour les dirigeants d'assurer un meilleur contrôle opérationnel. La spécialité fonctionnelle facilite aussi la concentration de l'expertise, ce qui permet d'améliorer le développement des connaissances, du moins en ce qui concerne les expertises fonctionnelles.

Cependant, ce mode d'organisation présente des limites, en particulier lorsque la taille augmente et que l'activité se diversifie. Dans un environnement turbulent,

Schéma 13.2 Une structure fonctionnelle

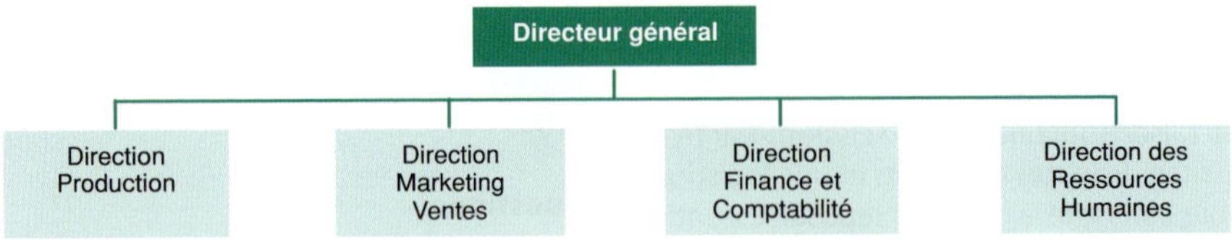

Avantages

- Le directeur général est en contact avec toutes les opérations
- Mécanismes de contrôle simples et peu nombreux
- Définition claire des responsabilités
- Présence de spécialistes à tous les niveaux de management

Inconvénients

- Les dirigeants sont accaparés par des problèmes routiniers
- Les dirigeants négligent les problèmes stratégiques
- Difficulté à gérer la diversité
- Manque de coordination entre fonctions
- Incapacité à s'adapter

accaparés par les décisions opérationnelles quotidiennes, les dirigeants peuvent être tentés de se réfugier dans leurs compétences spécialisées et de privilégier leurs responsabilités fonctionnelles. Chacun étant focalisé sur son propre champ d'expertise, personne ne coordonne globalement l'activité et l'organisation devient une juxtaposition de silos isolés, incapable de conjuguer les connaissances que les différentes fonctions ont développées. La capacité d'adaptation d'une structure organisationnelle peut ainsi se révéler particulièrement limitée. Enfin, le poids déterminant des fonctions limite la capacité à gérer un périmètre d'activité diversifié ou une couverture géographique étendue. Un service marketing centralisé peut ainsi être tenté d'imposer une approche publicitaire uniforme, quels que soient les besoins spécifiques de chacun des domaines d'activité stratégique.

13.2.2 La structure divisionnelle

Une **structure divisionnelle** est composée de divisions par produits, clients ou zones géographiques (voir le schéma 13.3). La divisionnalisation résulte le plus souvent de la volonté de surmonter les problèmes que rencontrent les structures fonctionnelles lorsqu'elles sont confrontées à la diversification de leur activité[3]. Son principal avantage est que chaque division est capable de se concentrer sur les spécificités de son propre environnement concurrentiel en utilisant ses propres départements fonctionnels. Une situation analogue existe dans les services publics, lorsqu'une administration est composée de *départements*.

Les structures divisionnelles présentent plusieurs avantages. Elles sont globalement flexibles, étant donné que la direction générale peut décider d'ajouter, de fermer ou de fusionner des divisions si les circonstances l'exigent. Par ailleurs, étant donné que les divisions correspondent généralement chacune à un domaine d'activité stratégique, il est possible de les piloter en contrôlant leur performance (voir la section 13.3.3). De plus, les managers peuvent plus facilement s'approprier la stratégie de leur division. Le découpage en divisions sur la base de zones géographiques – par exemple Amériques, Asie-Pacifique et EMEA (Europe, Moyen-Orient

Schéma 13.3 Une structure divisionnelle

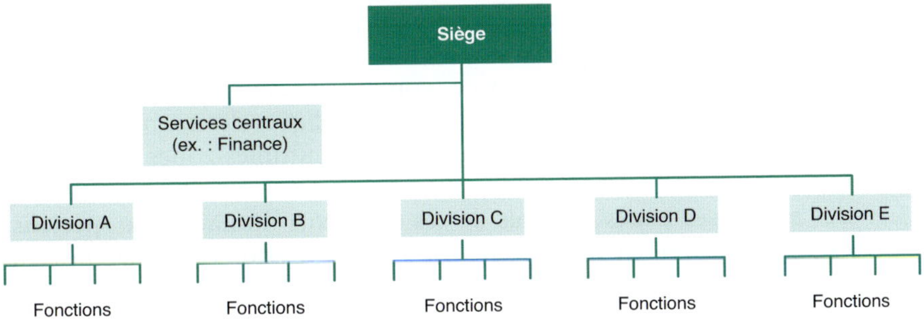

Avantages

- Facilite l'ajout ou le retrait d'activités
- Facilite la mesure de la performance
- Appropriation de la stratégie
- Spécialisation des compétences
- Bon apprentissage stratégique pour les managers

Inconvénients

- Risque de doublons
- Fragmentation et absence de coopération
- Risque de perte de contrôle central

et Afrique) – permet de gérer de grandes organisations internationalisées (voir la section 13.2.4). Il est également possible de se spécialiser à l'intérieur de chaque division, ce qui permet de développer des compétences spécifiques à une ligne de produits, à une technologie ou à un marché particulier. Enfin, confier à un manager la responsabilité d'une division constitue un excellent apprentissage pour ceux qu'on destine un jour à rejoindre la direction générale.

Les structures divisionnelles présentent néanmoins des inconvénients, qu'on peut regrouper en trois grandes catégories. Premièrement, si les divisions sont très spécialisées et autosuffisantes, elles deviennent *de facto* des entités indépendantes qui dupliquent les activités et les coûts des fonctions centrales. Dans ce cas, il peut être pertinent de scinder l'organisation en unités totalement distinctes. Deuxièmement, la divisionnalisation peut entraver la coopération et le partage de connaissances entre les unités opérationnelles : les divisions peuvent littéralement diverger. L'expertise est alors fragmentée, et les objectifs de performance attribués à chaque division n'encouragent pas la collaboration, mais plutôt la concurrence et les conflits sur le partage des ressources. Enfin, si les divisions deviennent trop autonomes, la structure risque de dégénérer en *holding*, le siège se contentant de posséder les divisions sans réellement les contrôler ni contribuer à leur performance. Le schéma 13.3 résume les avantages et les inconvénients d'une structure divisionnelle.

Les grandes structures divisionnelles complexes incluent généralement un second niveau de sous-divisions à l'intérieur de leurs divisions principales. Cela permet de limiter le nombre d'unités que le siège doit directement gérer, tout en répondant à des pressions éventuellement contradictoires. Une organisation peut ainsi inclure des sous-divisions géographiques à l'intérieur de divisions globales par produits (voir la section 13.2.4).

13.2.3 La structure matricielle

Une **structure matricielle** est une combinaison qui résulte le plus souvent du croisement de divisions produits et de divisions géographiques ou d'une structure fonctionnelle avec une structure divisionnelle[4]. Dans une structure matricielle, chacun doit rendre compte à au moins deux supérieurs hiérarchiques. Le schéma 13.4 donne des exemples de ce type de structure.

Les structures matricielles présentent plusieurs avantages. Elles facilitent l'apprentissage en diffusant les connaissances au-delà des frontières organisationnelles. Dans les organisations de services comme les cabinets de conseil ou d'audit, les structures matricielles permettent ainsi d'appliquer des connaissances particulières à différents segments de marché ou à de multiples zones géographiques. Pour répondre aux besoins d'un client, un cabinet de conseil peut ainsi s'appuyer sur des expertises issues à la fois de ses différents domaines de spécialisation (par exemple, la stratégie ou l'organisation) et de ses différents marchés (industries et implantations géographiques). Le schéma 13.4 montre comment une école de commerce peut combiner les connaissances de ses départements d'enseignement pour créer des programmes qui correspondent à différents types d'étudiants. Comme elles permettent d'intégrer plusieurs dimensions organisationnelles, les structures matricielles se révèlent très flexibles. Elles sont particulièrement attractives pour les organisations très internationalisées, car elles autorisent le cumul d'une perspective globale avec une adaptation locale. Une entreprise multinationale peut ainsi combiner des divisions géographiques, pour adapter son approche mar-

Schéma 13.4 Deux exemples de structures matricielles

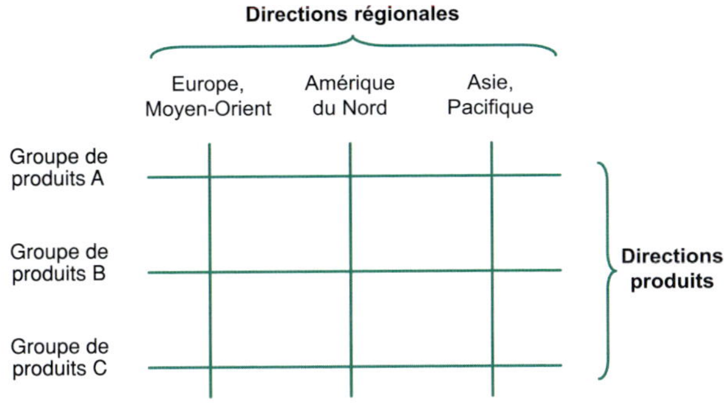

(a) Une multinationale

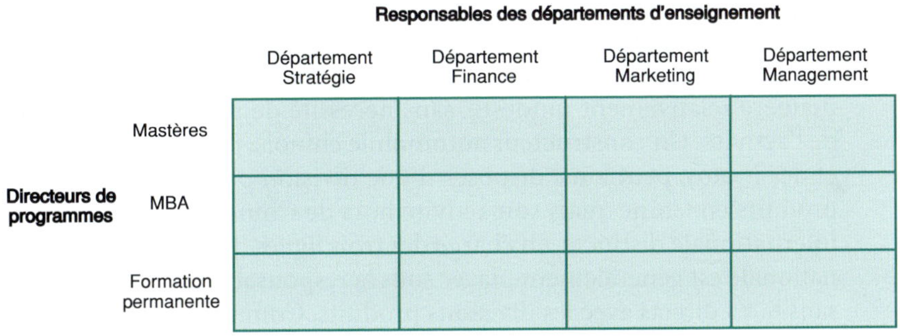

(b) Une école de commerce

Avantages

- Intégration des connaissances
- Flexibilité
- Possibilité de combiner plusieurs perspectives

Inconvénients

- Lenteur des décisions
- Manque de clarté dans les responsabilités et le partage des tâches
- Difficulté de contrôle des coûts et des profits
- Nombreux conflits potentiels
- « Réunionite »

keting aux spécificités de ses clients locaux, avec des divisions par produits, en charge de la coordination globale du développement et de la fabrication, afin de tirer avantage des économies d'échelle. Cependant, du fait que la structure matricielle remplace la ligne hiérarchique formelle par des interactions croisées, elle débouche souvent sur des problèmes. Ceux-ci sont généralement liés à la lenteur de la prise de décision : la recherche du consensus autour de chaque problème se traduit par de nombreuses négociations, une inflation du coût de communication et une forte consommation du temps des responsables. De plus, la plupart des opérationnels se trouvent sous la responsabilité d'au moins deux supérieurs hiérarchiques, ce qui ne manque pas de générer des conflits dans la définition des objectifs et dans l'évaluation des résultats. Les structures matricielles sont difficiles à contrôler et bien souvent difficiles à comprendre.

Comme pour les autres types structurels, tout dépend de la manière dont la structure matricielle est effectivement gérée (quels sont les systèmes associés). L'ingrédient clé du succès d'une structure matricielle est certainement la capacité des dirigeants à maintenir une atmosphère de collaboration tout en sachant gérer le désordre et l'ambiguïté qui en résultent. C'est pour cette raison que Christopher Bartlett et Sumantra Ghoshal affirment que cette approche implique un « état d'esprit » tout autant qu'une structure formelle[5].

13.2.4 Les structures multinationales et transnationales

Lorsqu'une organisation doit fonctionner à une échelle internationale, de nouveaux défis structurels apparaissent. Comme dans le schéma 13.5, quatre solutions sont envisageables. Trois d'entre elles sont de simples extensions à une échelle internationale de la structure divisionnelle (voir la section 13.2.2). La quatrième, la structure transnationale, est plus complexe.

Les trois structures multinationales simples sont :

- La *division internationale*. La création d'une division internationale consiste simplement à rajouter à la structure existante un département spécifique en charge de l'ensemble des activités internationales. Cette approche est souvent utilisée par des entreprises qui disposent d'un vaste marché local (par exemple, aux États-Unis ou en Chine), pour lesquelles l'internationalisation débute de manière relativement modeste, sans nécessité de réorganisation de l'ensemble de l'activité. Un constructeur automobile chinois, produisant aussi des camions et des motos, peut ainsi disposer d'une division pour chacune de ses lignes de produits en Chine, mais son activité hors de Chine sera gérée par une division internationale distincte, en charge des trois lignes de produits. La division internationale est généralement placée sous la responsabilité de la direction générale, sans liens directs avec les divisions produits. Comme le montre le schéma 13.5, la division internationale est donc centralisée mais peu coordonnée.
- Les *filiales locales*. Les filiales locales disposent généralement de l'ensemble des fonctions nécessaires à leur présence sur leur marché (conception, production, commercialisation, etc.). Elles correspondent à des divisions géographiques dans

Schéma 13.5 Les structures multinationales

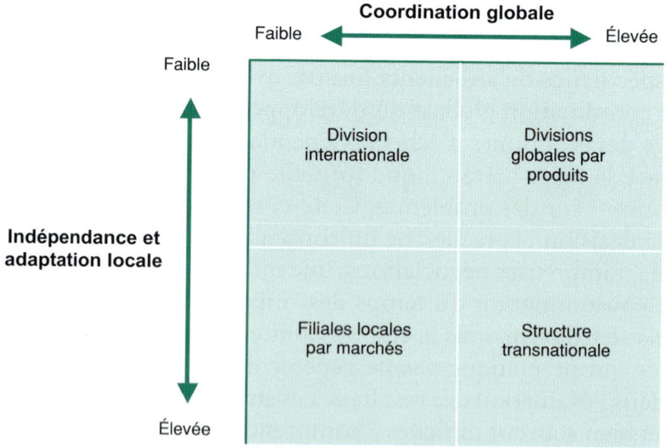

Source : d'après C. Bartlett et S. Ghoshal, *Le Management sans frontières*, Éditions d'Organisation, 1991.

une structure divisionnelle. Chacune dispose d'une forte autonomie et est peu coordonnée avec le reste de la structure. La mise en place de filiales locales est fréquente dans les activités de conseil, d'audit ou de publicité, dans lesquelles les économies d'échelle sont limitées et la nécessité d'adaptation aux spécificités locales est grande. Cette structure correspond à la stratégie multidomestique présentée dans le chapitre 8. Comme le montre l'illustration 13.2 avec l'exemple de Reckitt Benckiser, les filiales locales peuvent opérer non pas au niveau d'un pays, mais d'une région (par exemple l'Asie ou l'Amérique latine).

- Les *divisions globales par produits*. Ce type de structure est fréquemment utilisée lorsque les économies d'échelle sont importantes et les attentes des clients peu différentes d'une région à l'autre. En organisant la conception, la production et la commercialisation globalement plutôt qu'au niveau de filiales locales, on peut accroître l'efficience. Pour reprendre l'exemple du constructeur automobile chinois, il peut ainsi être organisé selon trois grandes divisions (une pour les automobiles, une pour les camions et une pour les motos), chacune étant responsable de sa ligne de produits au niveau mondial, y compris la Chine. Les produits ne sont alors pas adaptés aux spécificités locales. Cette structure est particulièrement adaptée à la stratégie globale présentée dans le chapitre 8.

La division internationale, les filiales locales et les divisions globales par produits ont chacune leurs avantages et leurs inconvénients, que ce soit les économies d'échelle, l'adaptation locale ou la coordination d'ensemble. La quatrième structure, la *structure transnationale*, cherche à cumuler les avantages des filiales locales avec ceux des divisions globales par produits.

Une **structure transnationale** combine l'adaptation locale avec la coordination globale. Comme le soulignent Christopher Bartlett et Sumantra Ghoshal[6], la structure transnationale est une forme de matrice qui met l'accent sur le partage des connaissances, la spécialisation et le management en réseau :

- Le *partage des connaissances*. Chaque unité locale est indépendante mais constitue une source d'idées et de compétences pour l'ensemble de la structure. Une idée développée localement est ainsi proposée aux autres unités opérationnelles.
- La *spécialisation*. Les unités locales bénéficient d'économies d'échelle en se spécialisant sur une activité particulière pour le compte de l'ensemble de la structure ou d'une vaste zone géographique. Une unité qui dispose de compétences particulières dans l'industrialisation d'un produit peut ainsi être responsable de la fabrication de ce produit pour le monde entier.
- Le *management en réseau*. Le siège gère ce réseau global d'expertises et de connaissances. Pour cela, il définit le rôle de chaque unité, puis maintient la culture et les systèmes qui permettent à l'ensemble de fonctionner harmonieusement.

Le succès d'une structure transnationale dépend de la capacité à construire *simultanément* des compétences globales, une réactivité locale et une capacité d'innovation et d'apprentissage collective. On parle d'ailleurs à leur propos de *glocalisation*, c'est-à-dire de l'osmose entre le global et le local. Cependant, elles exigent que les managers soient disposés à agir non seulement dans l'intérêt de leur propre activité, mais aussi au bénéfice de l'ensemble de la structure. On retrouve également le problème de dilution des responsabilités, caractéristique des structures matricielles[7].

Illustration 13.2

Reckitt Benckiser nettoie sa structure

Le nouveau directeur général de Reckitt Benckiser a mis en place une nouvelle structure pour accompagner sa nouvelle stratégie.

Reckitt Benckiser était une multinationale spécialisée dans les produits d'entretien et les produits pharmaceutiques. Elle était notamment connue pour les désodorisants Air Wick, la lessive Calgon, le shampoing Clearasil ou les préservatifs Durex. En 2012, elle avait réalisé un chiffre d'affaires de 11,5 milliards d'euros. Cependant, sa croissance était ralentie sur ses deux principaux marchés, l'Europe et l'Amérique du Nord, alors que ses concurrents Procter & Gamble et Unilever se développaient rapidement en Chine, en Inde ou en Russie. Reckitt Benckiser réalisait 38 % de son chiffre d'affaires dans les pays émergents, et seulement 2 % en Chine.

Le nouveau directeur général, Rakesh Kapoor, décida donc de réorienter la stratégie du groupe sur les marchés émergents, qui devaient selon lui représenter 45 % de l'activité en 2016. La part des dépenses de marketing allouées à ces marchés devait passer de 44 % à 55 % pendant cette période et ils devaient attirer 80 % des investissements.

Cette nouvelle stratégie reposait sur une nouvelle structure. En 2012, le rapport annuel de Reckitt Benckiser expliquait ainsi : « Une nouvelle structure organisationnelle doit accompagner notre stratégie. Afin d'accélérer la croissance, nous allons renforcer notre focalisation sur six des zones géographiques les plus porteuses au monde. Ces zones sont construites autour des marchés émergents que sont le Brésil, la Russie, l'Inde, la Chine, l'Afrique du Sud et le Moyen-Orient. […] Nous avons créé deux nouvelles divisions afin de mieux gérer ces marchés à forte croissance. » La division marchés émergents fut ainsi scindée en deux entités distinctes : LAPAC (Amérique latine et Asie) et RUMEA (Russie, Moyen-Orient et Afrique). Dans le même temps, les deux plus importantes divisions, l'Europe et l'Amérique du Nord, furent fusionnées en une seule, baptisée ENA, dont le siège était localisé à Amsterdam. Comme le précisait le rapport annuel : « Nous constatons une homogénéisation croissante des consommateurs, des distributeurs et de la concurrence sur les marchés développés. […] Les régions Europe et Amérique du Nord seront donc placées sous la responsabilité d'un seul directeur de zone, afin de renforcer notre réactivité, de bénéficier d'effets d'échelle et d'accélérer notre croissance. » La fermeture du siège nord-américain permettait au passage d'économiser plus de 35 millions d'euros par an.

La nouvelle structure de Reckitt Benckiser était très différente de celle de ses concurrents. Unilever était ainsi organisé en huit divisions régionales : Europe, Amérique du Nord, Amérique latine, Asie du Nord, Asie du Sud-Est et Océanie, Asie du Sud, Afrique et Afrique du Nord, Moyen-Orient et Russie. À l'inverse, Procter & Gamble s'appuyait sur deux divisions globales : entretien de la maison, et beauté et toilette (qui furent réorganisées en 2014 en quatre domaines d'activité globaux : beauté, femme et bébé, entretien de la maison, santé et toilette).

La réorganisation de Reckitt Benckiser suscitait des interrogations. Serait-il possible de diriger depuis Amsterdam l'activité nord-américaine, qui représentait 25 % des profits du groupe ? Serait-il possible d'y concurrencer Procter & Gamble, dont le siège des divisions globales était localisé à Cincinnati ? Pouvait-on vraiment considérer que l'Amérique du Nord et l'Europe ne faisaient qu'un seul marché ? Les Américains n'hésitaient pas à se laver les mains avec du liquide vaisselle, ce qui était très peu courant en Europe. Était-il pertinent de fusionner les deux principaux marchés alors qu'Unilever se composait de filiales plus petites et plus en phase avec chacune des zones ? Quoi qu'il en soit, les actionnaires semblaient convaincus : à l'annonce de la réorganisation, l'action Reckitt Benckiser gagna 3 %.

Sources : rb.com ; *Financial Times*, 8 février 2012 ; Reuters, 8 février 2012.

Questions

1. En quoi est-ce que la nouvelle structure est-elle en phase avec la nouvelle stratégie ?
2. Sur les mêmes marchés, les principaux concurrents de Reckitt Benckiser ont choisi de se structurer différemment : Unilever a mis en place des filiales locales plus petites et Procter & Gamble, des divisions globales par produits. En utilisant la section 13.2.4, discutez les avantages de ces différentes structures.

13.2.5 Les structures par projets[8]

Dans beaucoup d'organisations, les équipes sont constituées autour de projets qui ont une durée de vie limitée. Une **structure par projets** est une structure par équipes temporaires, dédiées à un projet et dissoutes une fois que celui-ci est achevé[9]. Cette approche est particulièrement adaptée aux organisations qui mènent de vastes et coûteux projets (génie civil, systèmes d'information, réalisation d'un film, etc.) ou à celles qui sont dédiées à un événement ponctuel (conférence, compétition sportive, projet de conseil, etc.). Dans ces conditions, la structure est constituée d'un ensemble mouvant d'équipes projets qui sont créées, conduites et coordonnées par un petit groupe de dirigeants. Beaucoup d'organisations utilisent des équipes de ce type en complément de leur structure traditionnelle, par exemple pour conduire une opération de changement stratégique.

Une structure par projets est par essence extrêmement flexible. De plus, étant donné que les équipes doivent atteindre des objectifs clairement définis dans un temps imparti, les niveaux d'implication et de contrôle sont élevés. Puisque les membres des équipes viennent généralement de divers départements à l'intérieur de l'organisation, l'échange de connaissances peut être facilité. Il est également possible de réunir des individus provenant de zones géographiques distinctes. Réciproquement, étant donné que le projet a souvent une durée de vie limitée, les membres de l'équipe accepteront plus volontiers de travailler temporairement à l'étranger. Cependant, cette structure présente aussi des inconvénients. En l'absence de contrôle stratégique, les projets risquent de proliférer de manière anarchique. De plus, la dissolution permanente des équipes peut gêner l'accumulation de connaissances au cours du temps. Enfin, il est indispensable de s'interroger sur la manière dont les membres de l'équipe sont sélectionnés et sur leur destin une fois que le projet est achevé, faute de quoi seuls les individus qui ne parviennent pas à s'intégrer dans la structure permanente seront spontanément volontaires pour rejoindre les équipes projets.

Au total, le développement des structures par projets est essentiellement lié à leur forte flexibilité, considérée comme cruciale dans un environnement turbulent où les connaissances et les compétences doivent être constamment redéployées et coordonnées de manière innovante.

13.2.6 Choisir une structure

Il apparaît que chaque structure (fonctionnelle, divisionnelle, matricielle, transnationale et par projets) présente ses propres avantages et inconvénients. Le choix d'un type structurel dépend donc du contexte et de la nature des défis stratégiques auxquels l'organisation est confrontée. Il est notamment possible d'évaluer la pertinence de chaque type structurel face à quatre enjeux majeurs :

- La nécessité de *contrôle*. Dans un monde où les organisations sont de plus en plus vastes et complexes, le besoin de contrôle est évident. Un cas extrême de complexité est celui du distributeur Carrefour, qui emploie 365 000 personnes dans 34 pays. Le contrôle est aussi important pour les investisseurs, les régulateurs et les groupes de pression qui observent avec attention la capacité des organisations à tenir leurs promesses stratégiques.
- Le *changement*. La turbulence et l'incertitude de l'environnement (voir le chapitre 2) obligent les organisations à rester flexibles et à être capables de changer de structure.

Tableau 13.1 Comparaison des structures

Critères	Fonctionnelle	Divisionnelle	Matricielle	Transnationale	Projets
Contrôle	XXX	XX	X	XX	XX
Changement	X	XX	XXX	XXX	XXX
Apprentissage	XX	X	XXX	XXX	XX
Internationalisation	X	XX	XXX	XXX	XX

Le nombre de croix indique la performance de la structure par rapport à chaque critère : 3 croix : élevée ; 2 croix : moyenne ; 1 croix : faible

- L'*apprentissage*. La création et le partage des connaissances sont essentiels à l'avantage concurrentiel (voir le chapitre 3). Une structure doit donc faciliter la concentration d'expertise et encourager les individus à partager leurs compétences.
- L'*internationalisation* (voir le chapitre 8) impose des défis spécifiques en termes de coordination, de communication et d'adaptation. La multinationale suisse Nestlé, présente dans 86 pays, possède ainsi 450 usines. L'internationalisation se traduit aussi par une plus grande reconnaissance des modes d'organisation d'un continent à l'autre.

Le tableau 13.1 résume de quelle manière les cinq types structurels se positionnent par rapport au contrôle, au changement, à l'apprentissage et à l'internationalisation. Il apparaît qu'aucune structure n'est idéale et que des arbitrages sont indispensables, comme l'illustrent les difficultés de Netflix (voir l'illustration 13.1). Si c'est le contrôle qui est recherché, mais que la flexibilité est moins essentielle, on peut privilégier la structure fonctionnelle. Si à l'inverse on souhaite améliorer l'apprentissage et la flexibilité à une échelle globale, une structure matricielle ou transnationale est préférable. Dans la réalité, peu d'organisations fonctionnent intégralement suivant l'un des types structurels que nous venons de présenter. Entre chacun de ces types purs, il existe en fait toute une gamme d'hybrides parmi lesquels l'organisation peut choisir la structure qui lui convient, sachant que ce choix est susceptible d'évoluer en fonction des circonstances (voir la section 13.4.1). Michael Goold et Andrew Campbell identifient ainsi neuf tests permettant d'évaluer un choix structurel spécifique[10]. Les quatre premiers tests mettent l'accent sur l'adéquation avec les objectifs et les contraintes de l'organisation :

- Le *test de marché*. Il s'agit de déterminer l'adéquation entre la structure et la stratégie, dans la lignée des travaux d'Alfred Chandler[11]. Si par exemple la coordination entre deux étapes du processus de production est déterminante pour l'obtention d'un avantage concurrentiel, elles devront très certainement être placées au sein de la même unité structurelle.
- Le *test de l'avantage parental*. La structure doit être cohérente avec la logique parentale adoptée par la direction générale (voir le chapitre 7). Si le siège entend se comporter comme un gestionnaire de synergies, il doit concevoir une structure qui met l'accent sur les mécanismes d'intégration en localisant certains services tels que le marketing ou la recherche au niveau de la direction générale.

- Le *test des ressources humaines.* La structure doit correspondre aux ressources humaines disponibles. Il est ainsi particulièrement risqué de passer brusquement d'une structure fonctionnelle à une structure divisionnelle si l'organisation ne dispose pas de managers capables de gérer des unités opérationnelles décentralisées.
- Le *test de faisabilité.* La structure doit être en phase avec les attentes des parties prenantes et les exigences réglementaires. C'est ainsi qu'après une série de scandales sur le manque d'objectivité des banques d'affaires, celles-ci sont désormais réglementairement obligées de séparer leurs départements de recherche et d'analyse de leurs départements en charge des opérations de fusions ou d'introduction en Bourse.

Goold et Campbell proposent également cinq tests fondés sur des principes généraux de choix de structure :

- Le *test de spécialisation.* Ce test repose sur l'intérêt de réunir des spécialistes afin qu'ils puissent développer leur expertise en collaboration. Une structure ne doit pas détruire des champs d'expertise constitués.
- Le *test de coordination.* Il s'agit de déterminer dans quelle mesure la structure sera à même de créer des liens entre des sous-parties de l'organisation qui ont naturellement tendance à rester indépendantes. La forte décentralisation d'unités opérationnelles jugées sur leur propre rentabilité risque de les dissuader de tisser des liens avec un laboratoire central de recherche et développement. Si des mécanismes de coordination ne sont pas mis en place, cela peut déboucher sur de considérables problèmes.
- Le *test de redondance.* Dans toute structure, il est nécessaire d'éliminer d'éventuels niveaux hiérarchiques inutiles, qui ne font qu'accroître les blocages et les coûts. La réduction du nombre de niveaux hiérarchiques est une tendance incontestable dans de nombreuses organisations. Pour autant, moins le nombre de niveaux hiérarchiques est élevé, plus la probabilité d'une promotion est faible pour chacun des membres de l'organisation. De fait, certaines administrations multiplient les grades, ce qui leur permet de promouvoir fréquemment leurs agents plutôt que de les augmenter.
- Le *test de responsabilité.* Ce test met l'accent sur l'importance d'une ligne de responsabilité claire, qui permet d'assurer le contrôle et l'implication des managers. Du fait de leur double ligne de commandement, les structures matricielles sont souvent accusées de diluer les responsabilités.
- Le *test de flexibilité.* Dans un environnement turbulent, il convient de s'assurer que la structure est capable de s'adapter à des conditions changeantes. Les divisions doivent être définies de manière suffisamment ouverte pour permettre à leurs managers de saisir de nouvelles opportunités au fur et à mesure qu'elles émergent. Comme l'a souligné Katherine Eisenhardt, les structures doivent être « modulaires », afin de permettre de rassembler deux parties de l'organisation si l'évolution de l'environnement l'exige[12]. Si tous les domaines d'activité stratégique sont comparables en termes de taille et de systèmes de management, il est plus facile de les transférer d'une division à une autre lorsque de nouvelles opportunités de collaboration apparaissent.

Les neuf tests de Goold et Campbell permettent d'évaluer efficacement les structures. Cependant, même si une structure satisfait à tous ces tests, elle doit aussi être cohérente avec l'autre dimension de la configuration organisationnelle : les systèmes. Les systèmes, eux aussi, doivent renforcer la stratégie et la structure.

13.3 Les systèmes

La structure est un élément clé du succès d'une organisation. Cependant, ce qui assure le fonctionnement effectif d'une organisation, ses « muscles », ce sont ses systèmes formels et informels[13]. Les systèmes permettent d'exercer un contrôle sur l'activité de l'organisation. Les petites organisations peuvent reposer sur la *supervision directe* d'un seul individu qui en assure personnellement la direction. La supervision directe peut aussi se révéler pertinente lorsqu'une organisation traverse une crise aiguë. Quand la survie de l'organisation est menacée, un contrôle autoritaire permettant de prendre des décisions rapides est parfois la seule chance de salut. Cependant, les organisations plus grandes ou plus complexes requièrent le plus souvent des structures et des systèmes plus élaborés afin d'assurer leur pérennité. Le succès limité du mouvement Occupy Wall Street entre 2011 et 2012 a démontré cette nécessité organisationnelle (voir l'illustration 13.3).

En tant que moyens de contrôle, les systèmes peuvent être répartis de deux manières. Tout d'abord, ils mettent l'accent soit sur le contrôle des moyens, soit sur celui des résultats. Les systèmes de contrôle des moyens concernent les ressources utilisées par l'organisation pour déployer sa stratégie, en particulier les ressources financières et les ressources humaines. Les systèmes de contrôle des résultats vérifient que les résultats correspondent aux attentes (objectifs de rentabilité, parts de marché, etc.). La seconde manière de classer les systèmes dépend de leur nature directe ou indirecte. Les systèmes directs reposent sur une supervision étroite ou sur un suivi rigoureux, alors que les systèmes indirects consistent plutôt à définir les conditions grâce auxquelles les comportements désirés seront suscités. Le tableau 13.2 présente les quatre systèmes que nous allons détailler selon ces deux dimensions.

Les organisations utilisent généralement un mélange de ces différents systèmes, mais suivant les enjeux stratégiques, certains prédominent par rapport aux autres. Comme pour les structures, c'est notamment le rôle de ces systèmes vis-à-vis de la turbulence, de l'apprentissage et de l'internationalisation qui importe. Comme nous le verrons, les systèmes fondés sur les moyens impliquent que les contrôleurs détiennent un degré d'expertise élevé sur les tâches opérationnelles. Dans beaucoup d'organisations où les connaissances jouent un rôle prépondérant, en particulier celles qui doivent innover et s'adapter, les contrôleurs ne comprennent généralement pas exactement ce que font les spécialistes qu'ils doivent coordonner. Mieux vaut alors utiliser des systèmes fondés sur les résultats : il est en effet plus facile de déterminer si une unité opérationnelle a atteint ses objectifs que de dimensionner méticuleusement ses ressources. Les systèmes de contrôle direct reposent avant tout sur la présence physique des managers, même si l'utilisation des technologies de l'information peut autoriser un certain contrôle à distance. C'est pour cette raison

Tableau 13.2 Les types de systèmes de contrôle

	Moyens	Résultats
Direct	Planification	Objectifs de performance
Indirect	Systèmes culturels	Marchés internes

Illustration 13.3

« Occupy Wall Street » : organiser l'anarchie

Faute d'organisation, le mouvement Occupy Wall Street n'est pas parvenu à assurer sa pérennité.

En 2011, certains jeunes New-Yorkais étaient furieux du niveau d'endettement, de la toute puissance du système financier et de leurs difficultés à trouver un emploi. Inspirés par le Printemps arabe et par les manifestations des « Indignados » à Madrid, plusieurs communautés et groupes anarchistes tentèrent de mobiliser les mécontents. Le mouvement Occupy Wall Street débuta comme un rassemblement anarchiste informel dans un parc de New York le 2 août 2011. Baptisé « Assemblée générale », ce rassemblement suivait les principes égalitaires – ou horizontaux – typiques de l'anarchisme. L'Assemblée générale était plus un lieu de débats que de discours formels. À la fin de la journée, elle avait rassemblé environ 50 participants, éclipsant une manifestation plus formellement organisée de l'autre côté du parc. Les anarchistes s'en tenaient aux décisions consensuelles et refusaient l'idée de dirigeants. La première grande décision de l'Assemblée générale fut d'occuper Wall Street le 17 septembre, ou du moins le parc Zuccotti, qui se trouvait à une centaine de mètres de la Bourse de New York,. Il s'agissait de « faire de Manhattan une place Tahrir ».

Le premier jour, 700 personnes se retrouvèrent dans le parc Zuccotti. Le nombre de participants fluctua par la suite, mais culmina à 30 000 un jour d'octobre. Le slogan « Nous sommes les 99 % », c'est-à-dire les gens ordinaires – par opposition aux « 1 % » qui monopolisaient les richesses de la planète –, connut un retentissement mondial. Des occupations similaires s'étendirent à travers l'Amérique du Nord, à Paris, Berlin, Londres, Sydney ou Tokyo, chacune se réclamant plus ou moins du mouvement new-yorkais, mais sans liens formels. Il était déjà assez difficile d'organiser ce qui se passait dans le parc Zuccotti.

Le mouvement s'en tenait aux principes horizontaux de l'Assemblée générale anarchiste, mais le nombre de participants était variable, et des tensions éclataient entre ceux que l'on appelait les « touristes » et les plus déterminés, qui maintenaient l'occupation de manière plus continue. Parfois, l'Assemblée générale rassemblait plus d'un millier de participants. La prise de décision était lente ou peu efficace. Aucun programme politique commun ne parvenait à émerger, et le rattachement officiel aux mouvements syndicaux locaux était refusé. Alors qu'une série de comités étaient apparus (« comité juridique », « comité de facilitation », etc.), il fallut des semaines pour installer des toilettes et une laverie dans le parc Zuccotti. Un des points de dissension était le fait de jouer du tambour : c'était un symbole du mouvement, mais cela attirait les protestations des riverains. L'Assemblée générale décida finalement que l'utilisation des tambours serait limitée à certaines heures, mais beaucoup de participants refusèrent de suivre cette règle et continuèrent à en jouer toute la nuit.

En novembre, la police finit par évacuer le parc Zuccotti et procéda à 200 arrestations. Le mouvement continua à organiser des manifestations sporadiques pendant l'hiver, mais avec de moins en moins de succès. Même si une certaine forme de hiérarchie avait émergé, avec des « organisateurs » désignés (mais pas de dirigeants), la fragmentation du mouvement était croissante. En décembre, on comptait 101 groupes de travail distincts, dédiés à toute une série de tâches, allant de la communication au sein du mouvement au yoga, sans aucune planification coordonnée des réunions. En avril 2012, à force de dissension et d'épuisement, l'Assemblée générale était proche de l'effondrement. Une modeste manifestation anniversaire fut cependant organisée le 17 septembre 2012 avec quelques centaines de participants, en coopération avec des syndicats locaux.

Un des plus anciens membres du mouvement expliqua au *Financial Times* : « Nous avions le nombre. [...] Notre principal problème était le contrôle du message. Si vous voulez avoir un mouvement efficace, il faut agir ensemble et pour cela il faut une infrastructure, une organisation. Je l'ai compris au moment où nous avions toujours plus de réunions sur les réunions et de conversations sur les conversations, plutôt que de décider d'une organisation efficace qui aurait réussi à faire entendre notre message. »

Sources : Business Week, 26 octobre 2011 ; *Financial Times*, 27 octobre et 17 septembre 2012.

Questions

1. Quels étaient les avantages de l'approche anarchiste en termes de structure et de systèmes ?
2. Quels éléments de structure et de systèmes ont été déficients au sein du mouvement Occupy Wall Street ?

que les organisations globales utilisent plutôt des systèmes indirects pour coordonner leurs filiales géographiquement dispersées. À l'inverse, le contrôle direct peut se révéler préférable dans les petites organisations implantées sur un seul site.

13.3.1 Les systèmes de planification

La **planification** consiste à spécifier et contrôler l'allocation des ressources, et à vérifier leur utilisation. Il s'agit donc de contrôler directement les ressources de l'organisation : ressources financières (élaboration d'un budget), ressources humaines (plans de recrutement), investissements à long terme (comme dans le cadre de la planification stratégique). Cette section se concentre sur le rôle de la direction générale, dans la continuité des sections 7.6 et 12.2.2.

Michael Goold et Andrew Campbell[14] distinguent trois *styles stratégiques* qui aident à comprendre les avantages et les inconvénients des systèmes de planification par rapport aux autres systèmes de contrôle. Ces trois styles diffèrent selon deux dimensions : l'*orientation* de la démarche de planification, que ce soit *haut-bas* (le plan est la déclinaison des choix des dirigeants) ou *bas-haut* (le plan est l'agrégation des choix des DAS), et l'*implication* des DAS dans l'obtention de leur performance. Comme le montre le schéma 13.6, les trois styles stratégiques forment un continuum au long de ces deux dimensions :

- La *planification stratégique* est le plus centralisé des trois styles. Il combine une forte influence du centre de l'organisation avec une faible implication des DAS. étant donné que c'est la direction générale qui fixe les orientations, les managers n'ont pas à être tenus pour responsables de résultats éventuellement décevants. Le centre spécifie strictement les ressources nécessaires à l'exécution du plan et contrôle directement la manière dont elles sont utilisées.
- Le *contrôle financier* implique très peu de planification de la part du centre. Chaque DAS élabore son propre plan, le négocie avec la direction générale, puis est tenu pour responsable de ses résultats. Le contrôle repose alors sur des indicateurs de performance. Les responsables des DAS jouissent d'une forte auto-

Schéma 13.6 Les styles stratégiques

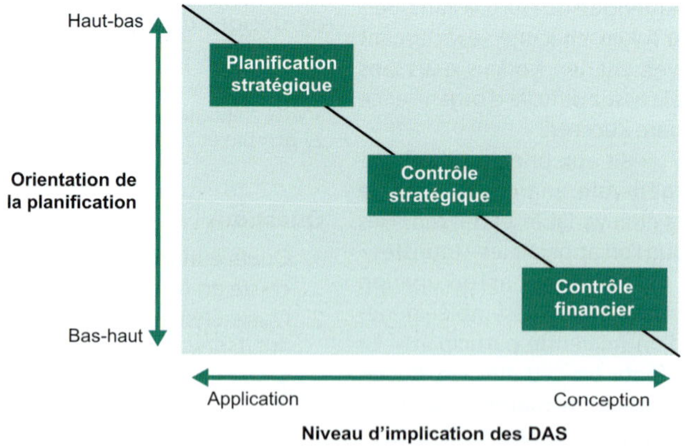

Source : adapté de M. Goold et A. Campbell, *Strategies and Styles*, Blackwell, 1989, p. 39.

nomie. Ils sont généralement récompensés en cas de succès et sanctionnés en cas d'échec. Ce style convient tout particulièrement aux gestionnaires de portefeuille (voir la section 7.6).

- Le *contrôle stratégique*, situé entre ces deux extrêmes, repose sur une démarche de planification stratégique plus consensuelle entre le centre et les DAS. Le centre se comporte généralement comme un mentor qui aide les DAS à repérer et à saisir les opportunités. Ce style repose généralement sur des systèmes culturels afin de conforter la confiance et la compréhension mutuelle (voir la section 13.3.3). Il est souvent associé aux gestionnaires de synergies et aux développeurs (voir la section 7.6).

Bien entendu, le choix entre ces différents styles est influencé par le contexte. L'approche très directive de la planification stratégique est pertinente lorsque de lourds investissements sont nécessaires, avec un niveau de risque élevé et une rentabilité à court terme limitée. Dans une compagnie pétrolière, c'est donc la direction générale qui décide d'investir dans le développement de nouvelles zones d'exploitation, plutôt que de déléguer ce type de choix aux unités opérationnelles, dont l'horizon temporel et les ressources sont nécessairement plus limités. Réciproquement, le contrôle financier est plus approprié lorsque les investissements sont réduits, relativement fréquents et bien connus. C'est le cas par exemple dans les industries matures et peu consommatrices de capitaux. Enfin, le contrôle stratégique doit être préféré lorsque les opportunités de collaboration entre les activités sont fortes et qu'il est nécessaire de faire bénéficier de nouveaux DAS de l'expérience de ceux qui sont déjà établis.

Le style de planification stratégique – et non la planification stratégique elle-même – est devenu moins fréquent dans les entreprises privées, où il est considéré comme trop rigide par rapport aux évolutions de l'environnement et trop directif pour permettre une bonne adaptation aux impératifs de terrain. Pour autant, il est important de souligner la logique interne de chacun des trois styles, y compris de la planification stratégique. Chacun a sa propre cohérence en termes d'orientation et d'implication. Les problèmes surviennent généralement lorsqu'une organisation déploie un système de planification qui s'écarte de la diagonale du schéma 13.6. Un système situé trop en bas à gauche se traduit ainsi par une déresponsabilisation excessive, alors qu'un système situé trop en haut à droite entraîne un sentiment d'injustice, les managers des DAS pouvant être sanctionnés alors qu'ils ne font qu'appliquer les plans élaborés par la direction.

13.3.2 Les systèmes culturels

Une organisation développe généralement une culture qui lui est propre, fondée sur des schémas de pensée et des croyances partagés, qui déterminent des modes de comportement implicites (voir le chapitre 5). Cependant, la culture peut parfois être utilisée comme un système de contrôle. En effet, il est tentant d'influencer la culture au travers de mécanismes délibérés, afin d'obtenir les comportements permettant le déploiement d'une stratégie[15]. Les **systèmes culturels** visent à aligner les comportements avec les objectifs d'une organisation. Les systèmes culturels exercent un contrôle indirect qui ne requiert pas de supervision : les membres de l'organisation s'autocontrôlent en se conformant à la culture commune. Par ailleurs, le contrôle repose sur les moyens, puisque la culture définit les normes de comportement.

Trois processus sont particulièrement importants lorsqu'on cherche à infléchir une culture :

- Le *recrutement*. La conformité culturelle peut être obtenue par la sélection du personnel. Les recruteurs recherchent des candidats directement compatibles avec la culture de leur organisation ou qui sont capables de s'insérer aisément dans un collectif, ce qui les pousse parfois à privilégier les candidats ayant une expérience des sports d'équipe.
- La *socialisation*. Les comportements peuvent être façonnés par les processus sociaux à l'intérieur de l'organisation. Les programmes d'intégration et les sessions de formation permettent de créer un sentiment d'appartenance. Les symboles jouent également un rôle dans la socialisation, par exemple au travers de l'identification à certains dirigeants, de l'utilisation d'un langage commun ou de codes vestimentaires.
- La *rétribution*. Les comportements appropriés peuvent être encouragés par la rémunération, la promotion ou l'attribution de récompenses symboliques. La volonté d'obtenir les mêmes rétributions que les membres les plus admirés de l'organisation provoque généralement leur imitation.

Il est important de souligner que les organisations sont soumises à de nombreux processus culturels qui échappent au contrôle formel des managers. Certains aspects de la culture contraires aux intentions des dirigeants peuvent se développer. Les systèmes culturels peuvent se heurter à une forme de résistance de la part du personnel : cynisme, inertie, absence d'implication, etc. Parfois, la culture peut même devenir le principal frein à une évolution de la stratégie (voir le chapitre 5). Réciproquement, l'influence positive de la culture se manifeste parfois sans que les managers aient à intervenir. Les cultures collaboratives peuvent ainsi encourager l'apparition de *communautés de pratique*[16], qui permettent à des individus ou à des groupes de spécialistes d'interagir et d'échanger leurs connaissances afin de générer des solutions de leur propre initiative. Parmi ces communautés autorégulées et informelles, on peut citer les ingénieurs de Xerox, qui échangent des informations sur les problèmes et les solutions au cours de petits déjeuners, mais aussi les informaticiens qui contribuent internationalement au développement des logiciels libres à travers Internet (voir l'illustration 4.1 sur Mozilla).

13.3.3 Les objectifs de performance

Les **objectifs de performance** se focalisent sur les *résultats* d'une organisation, que ce soit en termes de qualité, de prix, de part de marché ou de profit. Ces objectifs sont généralement connus sous le nom d'*indicateurs clés de performance* ou *key performance indicators* (KPI). La performance d'une organisation est jugée – en interne ou en externe – sur sa capacité à atteindre ces objectifs. En revanche, à l'intérieur de certaines limites, l'organisation reste libre sur la manière d'obtenir ces résultats. Cette approche est particulièrement adaptée à certaines situations :

- *Dans les grandes organisations*, les objectifs de ce type sont communément utilisés par les directions générales qui cherchent à contrôler les stratégies et les performances de leurs DAS sans pour autant s'impliquer dans le détail de leur obtention. Une cascade d'objectifs s'impose respectivement aux divisions, aux DAS, aux fonctions et même aux individus.
- *Sur les marchés régulés*. En l'absence de véritables mécanismes de marché, la plupart des services publics privatisés en Europe sont contrôlés par des autori-

tés de régulation qui leur imposent des *indicateurs de performance* (notamment sur la qualité de service), afin d'assurer une performance « concurrentielle »[17].

- *Dans les services publics*, où le contrôle des ressources a longtemps été l'approche dominante, on tente désormais de mettre en place des processus fondés sur les résultats (comme la ponctualité dans les transports publics) ou la performance (comme le taux de mortalité dans les hôpitaux).

Beaucoup de managers estiment qu'il est difficile de définir un ensemble d'indicateurs de performance pertinents pour leur organisation. Cette approche présente en effet au moins trois limites[18] :

- Des *indicateurs inappropriés*. On privilégie parfois des indicateurs faciles à mesurer, même s'ils ne sont pas les plus pertinents. De même, certains indicateurs résultent d'une mauvaise compréhension des véritables attentes des clients ou des usagers. Dans le secteur privé, la focalisation sur les indicateurs de rentabilité à court terme est fréquente, aux dépens de l'investissement et de la pérennité de l'entreprise.
- Des *objectifs inappropriés*. Les managers ont tendance à transmettre des prévisions pessimistes à leurs supérieurs, de manière à négocier des objectifs aisément atteignables. De leur côté, les supérieurs surcompensent le pessimisme de leurs subordonnés et fixent des objectifs trop ambitieux, ce qui peut soit démotiver leur personnel, soit encourager des prises de risque excessives, voire des comportements malhonnêtes.
- Une *concurrence interne excessive*. En fixant des objectifs de performance individuels ou à chaque sous-partie de l'organisation, on risque d'entraver la collaboration, l'échange d'informations et le partage des ressources. Chacun va mettre en avant son intérêt personnel. Ce type de comportement individualiste a joué un rôle majeur dans la fraude chez UBS (voir l'illustration 13.5).

Ces limitations ont suscité la mise au point de deux techniques qui prônent une vision plus équilibrée des objectifs de performance. La plus connue est le *tableau de bord prospectif*[19]. Un **tableau de bord prospectif** – ou *balanced scorecard* – combine des objectifs de performance qualitatifs et quantitatifs. Un tableau de bord prospectif conjugue généralement quatre dimensions : la performance financière (taux de rentabilité, flux de trésorerie, etc.), la satisfaction des clients (délais de livraison, niveau de service, etc.), les processus internes (efficacité opérationnelle, systèmes d'information, réduction des rebuts, etc.) et l'apprentissage et l'innovation (investissement en formation, recherche, etc.). Des indicateurs mesurant la performance au regard de ces quatre dimensions permettent de s'assurer qu'aucune d'entre elles ne sera privilégiée au détriment des trois autres et maintiennent une perspective à long terme (voir l'illustration 13.4).

La seconde technique permettant de mieux conjuguer les objectifs de performance est la *carte stratégique*, qui est issue du tableau de bord prospectif. Une **carte stratégique** combine une succession d'indicateurs de performance selon une logique qui contribue aux objectifs stratégiques. Le schéma 13.7 montre l'extrait d'une carte stratégique établie par une entreprise de livraison express. Elle combine les quatre dimensions (finance, clients, processus internes, innovation et apprentissage) en montrant notamment que la formation et la motivation des chauffeurs permettent de réduire les délais de livraison, donc d'accroître la satisfaction des clients et la croissance rentable. L'imbrication entre les différents objectifs montre la nécessité de les équilibrer : l'obtention de chacun dépend de l'obtention des autres. La carte stratégique permet donc de lutter contre la fixation d'objectifs de performance inappropriés et la concurrence interne excessive.

13.3.4 Les mécanismes de marché

Des **mécanismes de marché** peuvent être utilisés à l'intérieur d'une organisation afin d'y coordonner les activités[20]. Ces mécanismes de marché – ou marchés internes – impliquent un système formalisé de contractualisation pour l'obtention des ressources à l'intérieur de l'organisation. Le contrôle concerne avant tout les

Illustration 13.4

Un tableau de bord prospectif chez Philips

La définition d'un tableau de bord prospectif – ou balanced scorecard – permet de souligner que c'est l'interdépendance entre différents indicateurs de performance qui détermine le succès ou l'échec.

Avec près de 118 000 employés dans plus de 100 pays et un chiffre d'affaires de 24,8 milliards d'euros en 2012, le groupe néerlandais Philips utilisait un tableau de bord prospectif afin de gérer ses diverses lignes de produits (électronique grand public, éclairage, systèmes médicaux, appareils domestiques et soins personnels), réparties entre de nombreuses filiales à travers le monde. Quatre facteurs clés de succès avaient été identifiés au niveau du groupe :

L'apprentissage (connaissances, technologie, leadership et esprit d'équipe).
- Les processus internes (facteurs de performance).
- Les clients (création de valeur).
- La finance (rentabilité et croissance).

Philips utilisait ces quatre critères à quatre niveaux : au niveau stratégique, au niveau opérationnel, au niveau des DAS et au niveau des individus. À chacun de ces niveaux, les critères étaient déclinés au niveau inférieur pour obtenir des indicateurs plus appropriés. Cela permettait aux employés de comprendre de quelle manière leurs activités quotidiennes contribuaient aux objectifs d'ensemble. Au niveau des DAS, chaque équipe de direction déterminait ainsi les facteurs clés de succès locaux et les indicateurs correspondants. Des objectifs étaient alors fixés pour chaque indicateur, à partir de la différence entre la performance actuelle et la performance souhaitée pour l'année en cours et pour les deux à quatre années suivantes. Ces objectifs – qui devaient être spécifiques, mesurables, ambitieux, réalistes et progressifs – résultaient d'une analyse du marché et d'une comparaison mondiale avec la performance des autres DAS.

Les indicateurs au niveau des DAS incluaient notamment :

Finance	**Processus internes**
Profit économique Résultat opérationnel Trésorerie Marge brute d'autofinancement Rotation des stocks	Taux de réduction des temps de cycle Nombre d'innovations de procédé Utilisation de la capacité Temps de réponse aux commandes
Clients	**Apprentissage**
Rang dans les enquêtes clients Part de marché Taux de fidélité Plaintes et réclamations Notoriété de la marque	Leadership Pourcentage des ventes protégées par brevets Jours de formation par employé Participation dans les équipes d'amélioration de la qualité

Source : A. Gumbus et B Lyons, « The balanced scorecards at Philips Electronics », *Strategic Finance*, novembre 2002, pp. 45-49.

Questions

1. Supposez que vous êtes nommé(e) directeur général de Philips. Dressez un tableau qui présente de quelle manière vous pourriez utiliser le tableau de bord prospectif pour diriger votre organisation.
2. Supposez à présent que vous êtes un(e) employé(e) ordinaire de Philips. Quels sont à votre niveau personnel les avantages et les inconvénients du tableau de bord prospectif ?
3. Plus globalement, quels peuvent être les avantages et les dangers de l'utilisation des tableaux de bord prospectifs ?

Schéma 13.7 Un exemple de carte stratégique

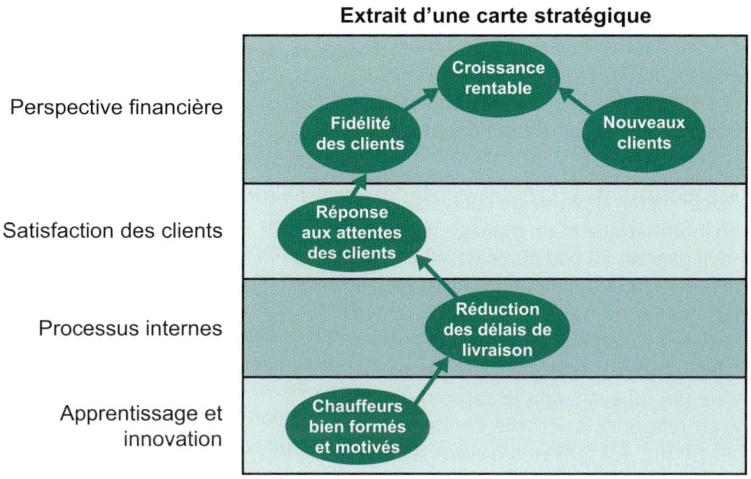

Source : R. Lawson, W. Stratton et T. Hatch, « Achieving strategy with scorecarding », *Journal of Corporate Accounting and Finance*, vol. 62, n° 8, p. 64.

résultats, par exemple le chiffre d'affaires obtenu à la suite de la signature de contrats. Le contrôle est par ailleurs indirect : plutôt que d'atteindre des objectifs de performance spécifiés à l'avance, les unités opérationnelles doivent vendre leurs offres en interne sur des marchés concurrentiels.

Les marchés internes peuvent être utilisés de plusieurs manières. Il est ainsi envisageable d'établir une concurrence sur l'attribution des budgets, par exemple en créant un service financier central se comportant comme une banque d'investissement. On peut aussi construire des relations clients-fournisseurs entre une fonction centrale – par exemple, la gestion des ressources humaines ou les systèmes d'information – et les activités opérationnelles qui utilisent ses services. Les marchés internes sont généralement très régulés. Le siège définit ainsi les *prix de cession interne* utilisés pour les transactions entre les unités, afin d'éviter les situations où un service abuserait de sa situation aux dépens des autres, ou établit des *contrats de service* afin de s'assurer que certains services clés – par exemple, l'informatique – travaillent bien dans l'intérêt collectif.

Les marchés internes fonctionnent bien lorsque le contrôle direct des ressources est inenvisageable, du fait de la complexité et de la turbulence. Cependant, ils peuvent aussi créer des problèmes. Tout d'abord, ils ont tendance à accroître le marchandage entre les unités, ce qui peut consommer une part considérable de l'énergie et du temps des managers. Par ailleurs, le pilotage des cessions internes de ressources peut se bureaucratiser. Enfin, une utilisation trop zélée des mécanismes de marché peut avoir un impact profond sur la culture dominante d'une organisation, au point de remplacer la collaboration et les processus relationnels par de la compétition et des liens purement contractuels.

Illustration 13.5

Banquier voyou ou banque véreuse ?

En 2012, le courtier Kweku Adoboli fut incarcéré pour une fraude s'élevant à 2,3 milliards de dollars. Cependant, ses actions ne résultaient-elles pas d'une profonde défaillance des systèmes chez UBS ?

En 2003, Kweku Adoboli était diplômé de l'université de Nottingham en informatique et en management. Sept ans plus tard, il gagnait 70 000 euros de salaire fixe plus une prime de 318 000 euros au bureau de Londres de la plus grande banque suisse, UBS. En novembre 2012, à 32 ans, il était condamné à sept ans de prison après avoir commis une des plus vastes fraudes de l'histoire qui lui avait valu le surnom de « Kerviel suisse », en référence à Jérôme Kerviel, le courtier ayant fait perdre 4,9 milliards d'euros à la Société Générale en 2008.

Tout comme Jérôme Kerviel, à force de travail, Kweku Adoboli était passé d'un poste de contrôleur des opérations à celui de directeur associé du bureau Delta One d'UBS. Il avait alors pour mission d'utiliser les fonds propres de la banque pour mener des transactions innovantes et le plus souvent très risquées. Dès 2008, Kweku Adoboli avait commencé à enregistrer des transactions fictives pour dissimuler certaines de ses pertes, grâce à sa connaissance des systèmes de vérification et de contrôle de la banque. Ces dissimulations permirent à Kweku Adoboli d'établir une solide réputation et d'empocher de considérables primes. Ce n'est qu'en septembre 2011, lorsqu'un des comptables d'UBS commença enfin à faire des vérifications, que Kweku Adoboli confessa sa fraude en envoyant un message électronique à ses supérieurs. À ce moment, ses différents engagements au nom d'UBS s'élevaient à plus de 10 milliards de dollars.

UBS résultait de la fusion de deux grandes banques suisses en 1998, l'Union de banques suisses (fondée en 1912) et la Société de banque suisse (fondée en 1854). En 2000, portée par une ambitieuse stratégie de croissance, la nouvelle banque avait à son tour fusionné avec un des principaux courtiers américains, Paine Webber. En 2006, UBS faisait partie des quatre plus grosses banques d'investissement au monde en termes de profits, alors qu'elle n'était que septième cinq ans plus tôt.

Cependant, cette stratégie de croissance avait une face cachée. Lorsque la crise financière devint menaçante en 2007, la banque vendit délibérément des actifs à ses clients afin de réduire son exposition : cela lui valut une amende de 150 millions de dollars de la part des autorités américaines. Par ailleurs, la banque avait pris des positions agressives sur les prêts hypothécaires à haut risque – les fameuses *subprimes* –, ce qui l'exposait à des pertes de 38 milliards de dollars. Le gouvernement suisse avait alors été obligé de se porter à son secours en 2008, ce qui avait entraîné le renvoi du directeur général et la suppression de 11 000 emplois. En 2009, UBS avait dû payer une autre amende de 781 millions de dollars pour avoir aidé des citoyens américains à échapper au fisc. Une des techniques utilisées avait consisté pour des salariés d'UBS à dissimuler des diamants dans des tubes de dentifrice. En 2011, UBS avait reçu une troisième amende (160 millions de dollars) pour fraude sur des emprunts municipaux.

Dans un tel contexte, certains observateurs estimaient que les dissimulations de Kweku Adoboli n'étaient pas surprenantes. UBS s'était engagée tête baissée dans la croissance, en récompensant très généreusement tous ceux qui y contribuaient. Les dirigeants n'avaient pas cherché à véritablement fusionner les trois entités. Le bureau Delta One de Kweku Adoboli ne comprenait que cinq personnes qui travaillaient en étroite collaboration et qui étaient vraisemblablement tout à fait au courant de ce que faisait chacune d'entre elles.

Un ancien banquier d'UBS déclara au *New York Times* : « Le problème n'est pas la culture. Le problème c'est qu'il n'y avait pas de culture. Il y avait des silos. Chacun était isolé. Les gens concluaient leurs propres transactions et c'était chacun pour soi. Beaucoup de gens ont fait beaucoup d'argent comme ça, et cela a suscité des jalousies et l'envie de gagner encore plus. Les gens pensaient d'abord à eux, puis peut-être seulement ensuite à la banque, si jamais ils y pensaient. »

Sources : *New York Times*, 24 septembre 2011 ; *Financial Times*, 19 septembre 2012 ; *Le Monde*, 20 novembre 2012.

Questions

1. Quels sont les systèmes d'UBS qui se sont révélés défaillants dans le cas de Kweku Adoboli et plus largement ?
2. Quels rôles la fusion et la croissance ont-elles joué dans les défaillances organisationnelles d'UBS ?

13.4 Les configurations

Dans l'introduction de ce chapitre, nous avons présenté la notion de configuration. Une **configuration** est un ensemble de composantes organisationnelles combinées au service d'une stratégie. Le schéma 13.1 a montré que la stratégie, la structure et les systèmes doivent mutuellement se renforcer. Cette section étend ces trois composantes en utilisant le modèle des 7S de McKinsey, avant de présenter différents dilemmes organisationnels qui peuvent résulter des configurations.

13.4.1 Le modèle des 7S de McKinsey

Le cabinet de conseil McKinsey a développé un modèle permettant de déterminer la cohérence des différentes composantes d'une organisation. Ce modèle des **7S de McKinsey** souligne l'importance de l'adéquation entre la stratégie, la structure, les systèmes, le style, les savoir-faire, le personnel et les objectifs fondamentaux[21]. Ces sept éléments peuvent être utilisés pour vérifier la cohérence d'une organisation (voir le schéma 13.8).

Nous avons déjà détaillé la stratégie, la structure et les systèmes. Les quatre autres éléments sont donc :

- Le *style*. Il s'agit du style adopté par les dirigeants de l'organisation. Il peut notamment être collaboratif, participatif, directif ou coercitif (voir le chapitre 14). Il influence la culture de l'organisation (voir le chapitre 5) et doit rester cohérent avec les autres composantes du modèle. Un style directif ou coercitif est ainsi incompatible avec une structure matricielle.
- Le *personnel*. Qui sont les membres de l'organisation et comment sont-ils promus ? Cela renvoie aux systèmes de recrutement, de socialisation et de récompense (voir la section 13.3.2). Pour qu'une stratégie soit effectivement déployée, il est indispensable de disposer des individus qui lui correspondent (voir la section 11.4.2). Une contrainte fréquente aux évolutions structurelles est la

Schéma 13.8 Le modèle des 7S de McKinsey

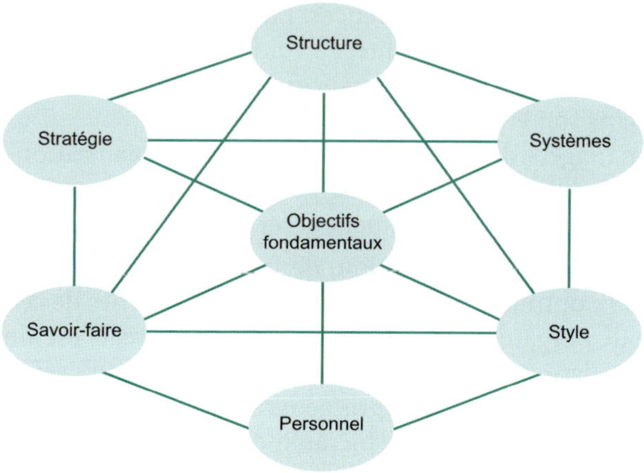

Source : R. Waterman, T. Peters et J. Philips, « Structure is not organization », *Business Horizons* (juin 1980), pp. 14-26.

disponibilité des individus capables de diriger les nouvelles entités (voir le test des ressources humaines dans la section 13.2.6).

- Les *savoir-faire*. Dans le modèle des 7S de McKinsey, il s'agit non seulement des savoir-faire individuels, mais plus largement des capacités stratégiques (voir le chapitre 3) : quelles sont les ressources et les compétences, comment sont-elles encastrées dans le fonctionnement de l'organisation ? De quelle manière par exemple les programmes de formation, les systèmes d'information et les politiques de rétribution génèrent-ils les talents individuels requis par la stratégie ?
- Les *objectifs fondamentaux*. Il s'agit de la mission, de la vision et des valeurs partagées de l'organisation dans son ensemble (voir le chapitre 4). Ils sont disposés au centre du modèle car tous les autres éléments sont censés y contribuer.

Le modèle des 7S de McKinsey souligne au moins trois aspects de l'organisation. Premièrement, organiser implique bien plus que de concevoir une bonne structure. Deuxièmement, toutes les composantes d'une configuration organisationnelle doivent se compléter de manière harmonieuse. Troisièmement, si on modifie une des composantes, les autres devront également évoluer afin de maintenir l'alignement d'ensemble. Changer une seule dimension peut bouleverser l'équilibre interne d'une configuration.

13.4.2 Les dilemmes organisationnels

Même si le modèle des 7S de McKinsey souligne l'importance de la compatibilité entre les différentes composantes d'une configuration organisationnelle, celle-ci est souvent difficile à obtenir en pratique. Certains arbitrages doivent être menés, ce qui provoque inévitablement des tensions. Vouloir parfaire une des composantes de la configuration peut nécessiter des compromis sur d'autres. Étant donné que ces tensions sont inévitables, cette section présente quelques manières de les gérer.

Le schéma 13.9 résume quelques-uns des dilemmes organisationnels. Les hiérarchies sont souvent nécessaires pour assurer le contrôle et l'action, mais elles sont en contradiction avec des réseaux qui encouragent l'échange de connaissances et l'innovation. La responsabilité verticale accroît la performance des subordonnés, mais elle peut conduire les managers à privilégier leurs propres intérêts, aux dépens des interactions horizontales. L'autonomie stimule les initiatives mais peut déboucher à terme sur des incohérences. La centralisation peut permettre la standardisation, mais réduit la flexibilité. La volonté d'optimisation d'une seule activité (par exemple, le marketing ou la finance) peut conduire à une dégradation de l'organisation dans son ensemble.

Les managers doivent admettre que toute organisation peut être confrontée à ce type de dilemmes et qu'il est généralement impossible d'optimiser toutes les dimensions. Cependant, on peut gérer ces dilemmes de trois manières :

- En *subdivisant* l'organisation, de façon qu'une de ses parties soit organisée de manière optimale par rapport à une des branches de ces dilemmes, alors que le reste de l'organisation est en phase avec l'autre. C'est ainsi qu'IBM a développé son PC dans une division spécialement créée pour la circonstance, délibérément maintenue isolée – y compris géographiquement – de ses autres activités, caractérisées par une culture de hiérarchie et de standardisation fortement antagoniste avec les innovations radicales[22] (voir la section 9.4.3 sur ces structures d'*isolat*).
- En *combinant* simultanément plusieurs principes organisationnels. Jay Galbraith défend ainsi le principe de structures hybrides, capables de combiner par exemple

Illustration 13.6

La dévirtualisation de Benetton

Une organisation virtuelle n'est pas nécessairement vertueuse.

Benetton fut fondé en 1955 par quatre orphelins sans ressources (Luciano, Giuliana, Gilberto et Carlo) dans la région de Trévise en Italie du Nord. Quarante ans plus tard, le succès était éclatant : Benetton était présent dans 110 pays, employait 6 000 personnes – mais en faisait travailler directement plus de 70 000 –, possédait 13 usines, vendait à 50 millions de clients 83 millions d'articles répartis en 7 500 modèles dans ses 7 000 points de vente, réalisait 70 % de son chiffre d'affaires à l'exportation (c'était la première enseigne étrangère aux États-Unis) et était coté à Milan, Londres, Francfort et New York. Grâce aux considérables profits générés par son activité textile, Benetton s'était diversifié dans le sport (Nordica, Prince, Kästle, Asolo, Killer Loop, Rollerblade, etc.). Son écurie de Formule 1 avait été championne du monde en 1994 et 1995.

Benetton contrôlait aussi Olivetti, Telecom Italia, Autostrade (le premier réseau d'autoroutes italien, qui avait obtenu en 2012 le contrat de l'éphémère écotaxe en France), ainsi que le groupe de restauration rapide Autogrill, présent dans toute l'Europe et aux États-Unis. Edizione Holding, le holding familial des Benetton, était aussi présent dans Grandi Stazioni (la société qui regroupait les treize plus grandes gares italiennes), dans l'aéroport de Turin, et dans les sociétés municipales de services collectifs de Trieste et de Parme. Si l'activité textile ne représentait plus que 2 milliards d'euros de chiffre d'affaires sur un total de 7 milliards, elle était encore le cœur historique et affectif de l'entreprise, car c'était elle qui avait fait de la fortune personnelle des Benetton une des premières d'Italie.

Le développement de Benetton avait reposé sur une organisation virtuelle particulièrement aboutie, qui lui avait permis de conserver la réactivité indispensable face aux phénomènes de mode, tout en atteignant une efficience comparable à celle d'une grande industrie :

- Pour la conception, outre une équipe d'une vingtaine de stylistes, qui n'étaient embauchés que pour quatre ou cinq saisons afin d'assurer le renouvellement des idées, les 4 000 nouveaux modèles annuels étaient conçus par un vivier international de 200 créateurs indépendants.
- Pour la production, Benetton travaillait avec près de 450 sous-traitants exclusifs. Presque tous localisés dans les environs de Trévise, il s'agissait d'entreprises de moins de 50 salariés, qui employaient au total 25 000 personnes, alors que Benetton, avec un millier de salariés en production, ne pouvait pas fabriquer plus de 2 ou 3 % de ses produits dans ses seules usines.
- Pour la distribution, les 7 000 boutiques appartenaient à des commerçants indépendants. À la différence d'une franchise classique, Benetton ne percevait ni loyer ni redevance sur l'activité de ses distributeurs, mais se rémunérait en leur vendant les produits avec une marge qualifiée de « raisonnable ».

Cependant, au début des années 2000, plusieurs signes semblèrent marquer qu'une page était tournée dans l'histoire du groupe. Le publicitaire Oliviero Toscani, qui avait beaucoup œuvré pour la notoriété de l'entreprise, fut renvoyé après une dernière provocation (une campagne contre la peine de mort aux États-Unis). Dans le même temps, le groupe espagnol Zara affichait un succès éclatant, alors que son organisation était exactement l'inverse de celle de Benetton : Zara possédait la quasi-totalité de sa chaîne de valeur, de la conception à la production et de la logistique aux magasins. Or, sa flexibilité était largement supérieure à celle de Benetton.

Luciano Benetton décida donc de revoir en profondeur le modèle économique qui avait fondé son succès. De nouveaux managers furent engagés et un plan de relance fut annoncé à la presse en décembre 2003. Certaines activités furent cédées (notamment l'essentiel des articles de sport) et la communication, revue. Alors que le nombre de magasins était ramené de 7 000 à moins de 6 000, le groupe ouvrit, sur ses propres fonds, 180 mégastores de plus de 1 000 mètres carrés. Face à ces mégastores, les petites boutiques du concept d'origine (de 50 à 100 mètres carrés) semblaient condamnées. Parallèlement, le recours aux petits sous-traitants de la région de Trévise laissa rapidement place à une délocalisation de la production en direction notamment de l'Europe de l'Est et de la Tunisie.

Certains observateurs soulignèrent que ce plan, accompagné d'un total de 430 millions d'euros d'investissements pour la période 2004-2007, se contentait d'appliquer les méthodes de Zara ou de H&M, mais avec quelques années de retard.

Entre 2005 et 2013, le chiffre d'affaires stagna aux alentours de 2 milliards d'euros, alors que le nombre de salariés bondissait de 7 900 à 9 700 et que le bénéfice était divisé par deux.

Sources : E. Andreani, « Pourquoi Benetton file un mauvais coton », *Capital*, avril 2013 ; F. Fréry, *Benetton ou l'entreprise virtuelle*, 2e édition, Vuibert, 2003.

Questions

1. Quels sont les principaux avantages et inconvénients d'une organisation virtuelle ?
2. Expliquez la logique du plan de dévirtualisation de Benetton annoncé en 2003.

Schéma 13.9 Quelques dilemmes organisationnels

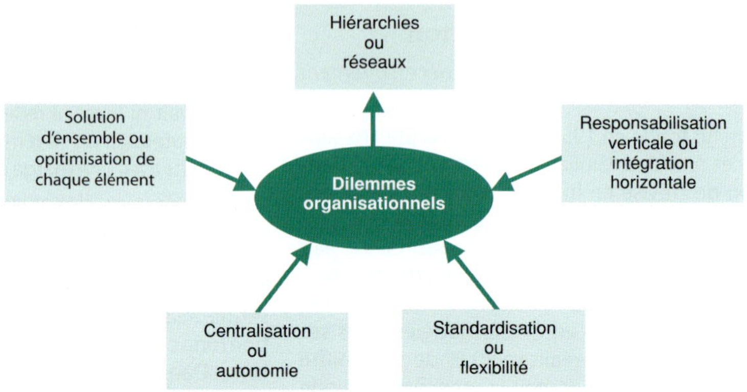

des fonctions centralisées de production et de recherche avec des unités décentralisées d'interface avec les clients[23].

- En se *réorganisant* fréquemment de façon qu'une branche des dilemmes ne puisse pas devenir inamovible. C'est ainsi que la fréquence de réorganisation des grandes entreprises est passée de une tous les quatre ans à une tous les trois ans au cours de la dernière décennie[24]. Du fait de cette accélération, beaucoup d'organisations se comportent comme des pendules, oscillant continuellement – par exemple entre la centralisation et l'autonomie – sans rester bien longtemps ni d'un côté ni de l'autre.

Une manière de résoudre ces dilemmes – en pratiquant à la fois la subdivision, la combinaison et les réorganisations fréquentes – consiste à mettre en place une *organisation virtuelle*[25], dont la quasi-totalité des ressources et des compétences est externalisée auprès de prestataires spécialisés (voir la section 7.5.2). La chaîne de valeur d'une **organisation virtuelle** est ainsi composée de plusieurs organisations capitalistiquement indépendantes. Il est important de souligner que le mot « virtuel » est ici un faux ami, qui ne fait pas référence à la *réalité virtuelle* mais à la *mémoire virtuelle*, procédé informatique par lequel les ordinateurs utilisent une partie de leur disque dur pour accroître leur capacité de calcul. Les organisations virtuelles sont parfaitement réelles, et elles doivent être capables de percevoir et d'anticiper les besoins de leurs clients de la même manière que des organisations classiques. D'ailleurs, peu de clients de Dell, de Calvin Klein ou de Nike ont conscience de la virtualité de ces entreprises.

Il est logique qu'une organisation décide de se spécialiser en ne conservant en interne que certaines activités – celles pour lesquelles elle détient de véritables capacités stratégiques – et en s'appuyant sur des prestataires externes pour toutes les autres. Reste à déterminer dans quelle mesure la plupart des fonctions peuvent être ainsi externalisées. On peut craindre en effet que l'excès d'externalisation débouche à terme sur de sérieuses faiblesses stratégiques, car l'organisation ne bénéficie plus de l'apprentissage lié à la réalisation effective des activités qu'elle sous-traite. Pour autant, on peut aussi affirmer que la véritable capacité stratégique des organisations virtuelles réside justement dans leur capacité à orchestrer des intervenants externes et à mobiliser des ressources qu'elles ne possèdent pas. Ce

Controverse académique

La stratégie et la structure : l'œuf et la poule ?

La structure doit être en adéquation avec la stratégie. Mais laquelle détermine l'autre ?

Même si lui-même s'est toujours opposé à une interprétation aussi univoque, la plupart des commentateurs des travaux d'Alfred Chandler[1], professeur à la Harvard Business School, ont établi une règle fondamentale du management stratégique : « Si la structure ne suit pas la stratégie, la performance sera limitée. » Si cette affirmation est cohérente avec une approche méthodique, elle sous-entend que la structure est subordonnée à la stratégie : elle peut facilement être déterminée une fois que les grandes décisions stratégiques sont prises. Cependant, certains auteurs affirment que cette représentation sous-estime dangereusement le rôle de la structure. Parfois, c'est la stratégie qui suit la structure.

Les travaux d'Alfred Chandler sont fondés sur l'analyse historique de grandes entreprises américaines telles que General Motors, Exxon et DuPont. DuPont était ainsi à l'origine le plus gros fabricant mondial d'explosifs à usage militaire. Cependant, pendant la Première Guerre mondiale, l'entreprise anticipa le retour de la paix en se diversifiant délibérément vers des activités destinées aux marchés civils, telles que la peinture et les plastiques. La fin de la guerre plongea pourtant DuPont dans une crise majeure : toutes ses nouvelles activités étaient déficitaires, alors que seule l'activité explosifs était rentable. Le problème n'était pas lié à la stratégie de diversification mais à la structure utilisée pour gérer les activités civiles. DuPont avait en effet conservé sa structure fonctionnelle, et la responsabilité de la production et du marketing de toutes les nouvelles activités était donc centralisée auprès de directeurs de fonctions qui étaient incapables de gérer une diversité croissante. La solution ne consista pas à abandonner la stratégie de diversification, mais à adopter une nouvelle structure, dans laquelle chacune des nouvelles activités était placée sous la responsabilité d'une division décentralisée. Depuis cette époque, DuPont a conservé cette structure divisionnelle, avec succès.

David Hall et Maurice Saias acceptent le rôle de la stratégie dans le choix de la structure, mais ils soulignent que le lien de causalité peut être inversé[2]. La structure d'une organisation détermine fortement le type d'opportunités stratégiques que ses managers sont capables d'identifier et de saisir. Il est ainsi facile pour une structure divisionnelle décentralisée de procéder à des acquisitions ou à des cessions : il lui suffit d'ajouter ou de supprimer des divisions sans que cela n'ait d'impact sur le reste de l'organisation. À l'inverse, il peut se révéler très difficile pour les managers d'une structure de ce type d'identifier les opportunités d'innovation et de partage de connaissances entre les divisions : ils sont trop éloignés du terrain. Selon cette interprétation, la stratégie suit la structure.

Terry Amburgey et Tina Dacin ont testé l'impact relatif de la stratégie et de la structure en analysant les évolutions stratégiques et structurelles de 200 grandes entreprises américaines sur plus de trente ans[3]. Sur cet échantillon, la stratégie de diversification a deux fois plus souvent précédé une divisionnalisation de la structure, que l'inverse. En d'autres termes, la structure suit la stratégie, mais pas toujours.

Henry Mintzberg a conclu de tout cela que « la structure suit la stratégie comme le pied gauche suit le pied droit »[4]. La stratégie et la structure sont liées par une relation réciproque et non univoque. C'était d'ailleurs le véritable sens des conclusions d'Alfred Chandler[5]. Henry Mintzberg souligne qu'une représentation de la stratégie et de la structure simplement fondée sur des méthodes peut conduire à de graves erreurs d'interprétation. Il n'est pas toujours facile de modifier la structure une fois que les grandes décisions stratégiques ont été prises. Les stratèges devraient donc s'assurer que les structures existantes ne contraignent pas les développements qu'ils envisagent.

Sources :

1. A.D. Chandler, *Stratégies et structures de l'entreprise*, Éditions d'Organisation, 1972.
2. D.J. Hall et M.A. Saias, « Strategy follows Structure », *Strategic Management Journal*, vol. 1, n° 2 (1980), pp. 149-163.
3. T. Amburgey et T. Dacin, « As the left foot follows the right? The dynamics of strategic and structural change », *Academy of Management Journal*, vol. 37, n° 6 (1994), pp. 1427-1452.
4. H. Mintzberg, « The design School: reconsidering the basic premises of strategic management », *Strategic Management Journal*, vol. 11 (1990), pp. 171-195.
5. A.D. Chandler, « Formation et transformation des capacités organisationnelles », *Entreprises et Histoire*, n° 10 (1995), pp. 13-19. Alfred Chandler souligne d'ailleurs avec malice qu'il avait d'abord envisagé d'intituler son ouvrage « Structure et stratégie », mais que c'est l'éditeur qui a changé le titre.

Question

David Hall et Maurice Saias suggèrent que les structures influencent les stratégies. Selon vous, quelles sont les organisations dont les structures sont les plus à même de contraindre les stratégies ?

débat est devenu central dans de nombreuses industries telles que le génie civil, l'édition, l'automobile ou le tourisme, où la plupart des intervenants externalisent des activités qui ont longtemps été considérées comme leur cœur de métier. Il s'agit en fait de ne pas sacrifier la capacité d'innovation à long terme au profit de la flexibilité à court terme. L'illustration 13.6 montre comment Benetton a fait le choix d'abandonner son organisation virtuelle.

Un dernier dilemme organisationnel concerne la logique interne de chacune des configurations : quel est l'élément qui détermine le choix des autres ? La controverse qui clôt ce chapitre est consacrée à cette épineuse question : la stratégie suit-elle la structure ou en est-elle la conséquence ?

Résumé

- Une organisation doit répondre aux enjeux majeurs que sont le contrôle, le changement, la connaissance et l'internationalisation.
- Il existe beaucoup de *types structurels* (structure fonctionnelle, divisionnelle, matricielle, transnationale, par projets). Chacun de ces types structurels présente ses propres forces et faiblesses, et répond différemment aux enjeux du contrôle, du changement, de la connaissance et de l'internationalisation.
- Toute une série de *systèmes organisationnels* permettent de déployer la stratégie. Ces systèmes peuvent se focaliser soit sur les moyens, soit sur les résultats. Ils peuvent aussi être directs ou indirects.
- Les différentes composantes d'une organisation – résumées dans le modèle des *7S de McKinsey* – doivent former une *configuration* cohérente, qui risque cependant de déboucher sur des dilemmes. Ces dilemmes peuvent être résolus par la *subdivision*, la *combinaison* ou la *réorganisation*. Une autre solution consiste à mettre en place une *organisation virtuelle*, qui externalise sa chaîne de valeur auprès d'organisations spécialisées.

Travaux pratiques

• Signale des exercices d'un niveau plus avancé

13.1 Procurez-vous l'organigramme d'une série d'organisations qui vous sont familières. Justifiez la structure de chacune.

13.2 En vous référant à la section 13.2.2 sur la structure divisionnelle, discutez les avantages et les inconvénients de la création de divisions à partir de différentes dimensions (produits, zones géographiques, clients, etc.) pour une organisation qui vous est familière ou pour Carrefour (voir le cas à la fin du chapitre 11).

13.3 • En vous référant au schéma 13.7, rédigez un bref rapport à l'attention du directeur général d'une multinationale afin d'expliquer en quoi une carte stratégique peut aider à suivre et contrôler la performance des divisions. Veillez à expliciter les avantages et les pièges de cette approche.

13.4 Supposez que vous occupez une fonction de manager dans un DAS d'une entreprise multiactivités. Quel est le style stratégique qui vous conviendrait le mieux ? Dans quelles circonstances ce style ne serait-il plus pertinent avec vos intérêts ?

Exercice de synthèse

13.5 Prenez l'exemple d'une opération récente de fusion ou acquisition (voir le chapitre 10) – idéalement entre deux organisations de taille équivalente – et analysez en quoi la structure des deux organisations a été transformée. Qu'en concluez-vous sur la stratégie de la nouvelle entité ?

Lectures recommandées

- Sur les structures organisationnelles, voir N. Aubert, J.-P. Gruère, J. Jabes, H. Laroche et S. Enlart, *Management, aspects humains et organisationnels*, 9e édition, PUF, 2010 ; J.-M. Saussois, *Théories des organisations*, La Découverte, 2007 ; S. Robbins, D. DeCenzo et P. Gabilliet, *Management*, 6e édition, Pearson Éducation, 2008 ; R. Daft, *Understanding the Theory and Design of Organisations*, South-Western, 2009.
- Les questions pratiques de conception des organisations sont présentées dans M. Goold et A. Campbell, *Designing Effective Organisations*, Jossey-Bass, 2002. Voir aussi le numéro spécial « Learning to design organisations », dirigé par R. Dunbar et W. Starbuck, *Organization Science*, vol. 17, n° 2 (2006).
- Sur les tableaux de bord prospectifs, voir C. Mendoza, M.-H. Delmond, H. Löning, M. Besson, C. Bonnier et O. Bruel, *Tableaux de bord. Donnez du sens à vos indicateurs*, Groupe Revue Fiduciaire, 2011.
- Sur les frontières de l'organisation, voir P. Besson (ed.), *Dedans, dehors. Les Nouvelles Frontières de l'organisation*, Vuibert, 1997.
- Pour un recueil de contributions sur les organisations, voir l'ouvrage dirigé par J.-M. Saussois, *Les Organisations, état des savoirs*, éditions Sciences Humaines, 2012.

Références

1. Sur les différents types structurels, voir J.-M. Saussois, *Théories des organisations*, La Découverte, 2007, ainsi que J.R. Galbraith, « The future of organization design », *Journal of Organization Design*, vol. 1, n° 1 (2012), pp. 3-6, et le chapitre de N. Argyres et T. Zenger, « Dynamics in organization structure », dans l'ouvrage coordonné par A. Grandori (ed.), *Handbook of Economic Organization*, Edward Elgar, 2013. Voir aussi N. Aubert, J.-P. Gruère, J. Jabes, H. Laroche et S. Enlart, *Management, aspects humains et organisationnels*, 9e édition, PUF, 2010, S. Rob-

bins, D. DeCenzo et P. Gabilliet, *Management*, 6e édition, Pearson, 2008, et J.-P. Bouilloud et B.-P. Lecuyer, *L'Invention de la gestion*, L'Harmattan, 1994.

2. L'idée que les organisations doivent s'adapter à leur contexte s'inscrit dans une longue tradition de recherche consacrée aux « facteurs de contingence ». Voir notamment B. Luo et L. Donaldson, « Misfits in organization design: information processing as a compensatory mechanism », *Journal of Organization Design*, vol. 2, n° 1 (2013), pp. 2-10 ; R. Whittington, « Organizational structure », dans *The Oxford Handbook of Strategy*, volume II, Oxford University Press, 2003, chapitre 213. Voir aussi N. Aubert et *al.* (référence 1) et S. Robbins, D. DeCenzo et P. Gabilliet (référence 1).
3. Cette vision de la divisionnalisation en tant que réponse à la diversité a été introduite par A.D. Chandler, *Stratégies et structures de l'entreprise*, éditions d'Organisation, 1972. Pour une application des thèses de Chandler aux entreprises européennes, voir R. Whittington et M. Mayer, *The European Corporation: Strategy, Structure and Social Science*, Oxford University Press, 2000.
4. Sur les structures matricielles, voir S. Thomas et L. D'Annunzio, « Challenges and strategies of matrix organisations: top-level and mid-level managers' perspectives », *Human Resource Planning*, vol. 28, n° 1 (2005), pp. 39-48, et J. Galbraith, *Designing Matrix Structures that Actually Work*, Jossey Bass, 2009.
5. Voir C. Bartlett et S. Ghoshal, « Matrix management: not a structure, more a frame of mind », *Harvard Business Review*, vol. 68, n° 4 (1990), pp. 138-145.
6. C. Bartlett et S. Ghoshal, *Le Management sans frontières*, Éditions d'Organisation, 1991.
7. Des recherches récentes montrent que les structures transnationales obtiennent des résultats généralement meilleurs que les structures centralisées ou décentralisées. Voir J.-N. Garbe et N. Richter, « Causal analysis of the internationalization and performance relationship based on neural networks », *Journal of International Management*, vol. 15, n° 4 (2009), pp. 413-431.
8. Sur le lien entre la stratégie et les structures par projets, voir P. Joffre, P. Aurégan, F. Chédotel et A. Tellier, *Le Management stratégique par le projet*, Economica, 2006. Voir aussi R. de Fillippi et M. Arthur, « Paradox in project-based enterprise: the case of film-making », *California Management Review*, vol. 40, n° 2 (1998), pp. 135-145. Sur les difficultés de ces structures, voir M. Bresnen, A. Goussevskaia et J. Swann, « Organizational routines, situated learning and processes of change in project-based organizations », *Project Management Journal*, vol. 36, n° 3 (2005), pp. 27-42.
9. Pour une discussion sur les structures par projets permanentes, voir T. Mullern, « Integrating the team-based structure in the business process: the case of Saab Training Systems », dans A. Pettigrew et E. Fenton (eds), *The Innovating Organisation*, Sage, 2000.
10. Voir M. Goold et A. Campbell, *Designing Effective Organisations*, Jossey-Bass, 2002. Voir aussi M. Goold et A. Campbell, « Do you have a well-designed organisation? », *Harvard Business Review*, vol. 80, n° 3 (2002), pp. 117-224.
11. Voir A.D. Chandler (référence 3).
12. La combinaison de plusieurs sous-parties d'une organisation en fonction des exigences de l'environnement est décrite dans K. Eisenhardt et S. Brown, « Patching: restitching business portfolios in dynamic markets », *Harvard Business Review*, vol. 25, n° 3 (1999), pp. 72-80.
13. Voir A. Pettigrew et E. Fenton (eds), *The Innovating Organisation*, Sage, 2000, chapitre 1.
14. M. Goold et A. Campbell, *Strategies and Styles*, Blackwell, 1987.
15. C. Casey, « Come, join our family: discipline and integration in corporate organizational culture », *Human Relations*, vol. 52, n° 2 (1999), pp. 155-179. Sur la socialisation des stagiaires, voir A.D. Brown et C. Coupland, « Sounds of silence: graduate trainees, hegemony and resistance », *Organizations Studies*, vol. 26, n° 7 (2005), pp. 1049-1070.
16. E. Vaast, « Les communautés de pratiques sont-elles pertinentes ? », *Actes de la XIe conférence de l'AIMS*, juin 2002 (disponible sur www.strategie-aims.com), et E.C. Wenger et W.M. Snyder, « Communities of practice: the organizational frontier », *Harvard Business Review*, vol. 78, n° 1 (2000), pp. 139-146.
17. Pour une série de cas sur les implications concurrentielles de la déréglementation, voir D. Helm et T. Jenkinson, *Competition in Regulated Industries*, Clarendon Press, 1999.
18. Voir L. Ordonez, M. Schweitzer, A. Galinksy et M. Bazerman, « Goals gone wild: the systematic side effects of overprescribing goal setting », *Academy of Management Perspectives*, vol. 23, n° 1 (2009), pp. 6-16, et E. Locke et G. Latham, « Has goal setting gone wild? », *Academy of Management Perspectives*, vol. 23, n° 1 (2009), pp. 17-23.
19. Voir C. Mendoza, M.-H. Delmond, H. Löning, M. Besson, C. Bonnier et O. Bruel, *Tableaux de bord. Donnez du sens à vos indicateurs*, Groupe Revue Fiduciaire, 2011 ; R. Kaplan et D. Norton,

L'Alignement stratégique : Créer des synergies par le tableau de bord prospectif, Eyrolles, 2007 ; R. Kaplan et D. Norton, « Having trouble with your strategy? Then map it », *Harvard Business Review*, vol. 78, n° 5 (2000), pp. 167-176.

20. Des entreprises telles que Royal Dutch Shell ont cherché à stimuler l'innovation au travers de mécanismes de marché. Voir G. Hamel, « Bringing Silicon Valley inside », *Harvard Business Review*, vol. 77, n° 5 (1999), pp. 70-84. Pour une présentation des difficultés des marchés internes, voir A. Vining, « Internal market failure », *Journal of Management Studies*, vol. 40, n° 2 (2003), pp. 431-457.
21. Le terme « 7S » provient du fait qu'en anglais *personnel* se traduit par *staff* et *objectifs fondamentaux* par *superordinate goals*. Voir R. Waterman, T. Peters et J. Philips, « Structure is not organization », *Business Horizons* (juin 1980), pp. 14-26.
22. R.A. Burgelman, « Managing the new venture division: implications for strategic management », *Strategic Management Journal*, vol. 6, n° 1 (1985), pp. 39-54.
23. J. Galbraith, « Organizing to deliver solutions », *Organizational Dynamics*, vol. 31, n° 2 (2002), pp. 194-207.
24. Voir R. Whittington et M. Mayer, *Organising for Success: A Report on Knowledge*, CIPD, 2002.
25. Les entreprises virtuelles sont analysées par F. Fréry, « Le contrôle de l'opportunisme dans les entreprises virtuelles », *Revue Française de Gestion*, vol. 34/185 (2008), pp. 65-79 ; D. Ettighoffer, *L'Entreprise virtuelle ou les nouveaux modes de travail*, 2e édition, Odile Jacob, 2002 ; H. Chesbrough et D. Teece, « Organising for innovation: when is virtual virtuous? », *Harvard Business Review*, vol. 80, n° 2 (2002), pp. 137-136.

Étude de cas

Sony désuni

A priori rien ne prédestinait Kazuo Hirai à devenir directeur général de Sony. Il avait débuté comme traducteur en japonais du groupe de hip-hop américain les Beastie Boys, avant de devenir concepteur de jeux vidéo, ce qui l'avait conduit à diriger l'activité PlayStation de Sony aux États-Unis. Cependant, en avril 2012, au moment où il prit la tête de Sony, à l'âge de 51 ans, le groupe était confronté à des difficultés majeures. Une des premières décisions de Kazuo Hirai fut de changer la structure organisationnelle de Sony. Son objectif était de créer un groupe plus intégré, « Un Sony ».

Présentation de Sony

Les activités de Sony allaient de l'électronique professionnelle (semi-conducteurs, appareils médicaux) aux produits grand public (téléviseurs, téléphones mobiles, ordinateurs, consoles de jeux), en passant par le cinéma et la musique. Sony était confronté à des concurrents aussi redoutables que l'Américain Apple et le Coréen Samsung. En dépit de remarquables succès historiques tels que le Walkman ou les téléviseurs Trinitron, Sony était désormais distancé. En cinq ans, le cours de l'action Sony avait chuté de moitié, alors que celui de Samsung avait doublé et celui d'Apple, quadruplé (voir la figure 1).

Sony avait pourtant tout fait pour enrayer ce déclin. En 2003, le groupe avait connu une crise majeure, lorsque son absence de réponse à la concurrence des fabricants asiatiques à bas prix avait provoqué un effondrement de ses profits et du prix de son action. Le groupe avait alors mené un vaste plan de réduction des coûts, ce qui l'avait conduit à supprimer environ 20 % de ses effectifs. En 2005, une décision alors révolutionnaire avait été prise : nommer pour la première fois un étranger à la tête du groupe, l'Américain d'origine galloise Howard Stringer, qui avait fait carrière comme journaliste et producteur d'émissions de télévision. Dès sa nomination, celui-ci avait annoncé qu'il casserait le système de management vertical de l'entreprise, qu'il décrivait comme une juxtaposition de silos plus ou moins indépendants. Il avait cherché à intégrer les activités « produits », essentiellement localisées au Japon, avec les activités « contenus » (musique, films), surtout dirigées depuis les États-Unis. Son slogan était « Sony Uni ». Cependant, il n'était pas ingénieur et il ne parlait pas japonais. De fait, les responsables des activités produits au Japon ignorèrent la plupart de ses instructions.

Les résultats 2011-2012 entérinèrent son échec. Sans le secours providentiel d'un produit comparable au Walkman ou au Trinitron, et toujours adossé à une coûteuse activité industrielle au Japon, Sony vit ses ventes reculer de 10 % et ses résultats devenir négatifs de presque un milliard de dollars. À 69 ans, Howard Stringer fut nommé président du conseil d'administration, et Kazuo Hirai, qui lui non plus n'était pas ingénieur, devint le plus jeune directeur général de l'histoire de Sony.

Nouvelle stratégie, nouvelle structure

Kazuo Hirai annonça que Sony serait désormais avant tout focalisé sur cinq priorités stratégiques. La première consistait à renforcer le cœur de métier, c'est-à-dire les images numériques, les jeux, les téléphones mobiles, les tablettes et les ordinateurs portables. Deuxiè-

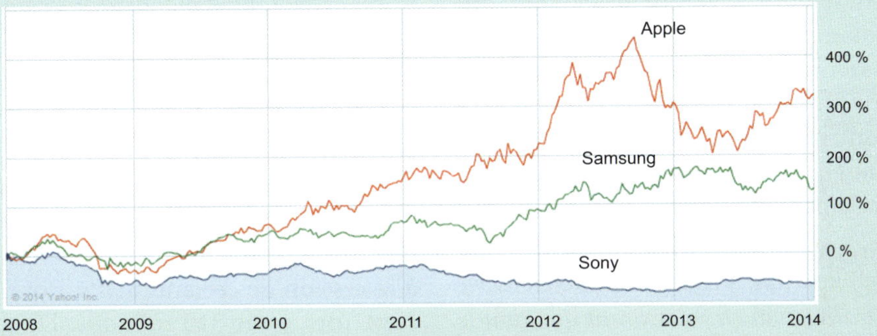

Source : fr.finance.yahoo.com. Les cours sont standardisés à zéro en 2008.

Figure 1

Évolution du cours de l'action Sony par rapport à celles de Samsung et Apple, 2008-2014

mement, il s'engageait personnellement à rétablir la rentabilité de l'activité téléviseurs, après huit années consécutives de pertes. Troisièmement, Sony allait se développer plus rapidement sur les marchés émergents, notamment en Inde et en Amérique latine. La quatrième priorité consistait à accélérer l'innovation, notamment en rapprochant des gammes de produits. Enfin, Sony se préparait à réaligner son portefeuille d'activités, en cédant certaines activités périphériques (dont un reliquat dans la chimie).

Ces priorités stratégiques s'appuieraient sur une nouvelle organisation du groupe, qui devait exprimer le principe « Un Sony ». L'ancienne structure reposait sur deux divisions centrées au Japon et proposant essentiellement des produits : la division produits et solutions professionnels (qui représentait environ la moitié du chiffre d'affaires), et la division produits et solutions grand public (20 % du total). On trouvait ensuite une série d'activités surtout localisées à l'étranger, notamment la musique, le cinéma et la coentreprise avec Ericsson dans les téléphones mobiles (voir la figure 2).

La nouvelle structure mettait fin aux deux grandes divisions, remplacées par douze branches d'activités indépendantes (voir la figure 3). L'arrêt de la coentreprise avec Ericsson fin 2011 permettait de rapprocher l'activité téléphones mobiles des ordinateurs Vaio. Les appareils médicaux, auparavant dispersés au sein du portefeuille – ce qui avait freiné leur développement – étaient désormais rassemblés dans une seule activité dont le directeur siégeait au comité exécutif. L'activité semi-conducteurs fut fusionnée avec l'activité solution produits (qui incluait les capteurs d'images). Sony Network Entertainment, la plateforme de téléchargement de jeux, musique et films, fut renforcée, de manière à proposer la totalité de l'offre du groupe.

Kazuo Hirai compléta ces changements structurels en renforçant les services centraux et la supervision, avec la nomination de plusieurs nouveaux directeurs. L'objectif était de tirer avantage du large portefeuille d'activités du groupe en créant des contenus exclusifs pour les produits Sony. Un des dirigeants était désormais responsable de la stratégie produits et de la plateforme de créativité. Il devait notamment s'assurer que l'expérience utilisateur (UX) serait cohérente au travers de toute la gamme de produits et de services du groupe. Le même directeur supervisait aussi la téléphonie mobile, les tablettes et les ordinateurs (cette responsabilité est signalée par un cadre sur la figure 3). De même, les activités imagerie numérique et solutions professionnelles étaient désormais placées sous la supervision d'un seul directeur (voir le second cadre sur la figure 3). Kazuo Hirai annonça qu'il dirigerait personnellement l'acti-

Étude de cas

vité divertissement à domicile et son, qui incluait notamment les téléviseurs. Il assura qu'il y consacrerait l'essentiel de son temps au cours des mois suivants.

Lors d'une réunion d'investisseurs en avril 2012, Kazuo Hirai commenta ces changements stratégiques et structurels :

« Le concept Un Sony/Un Management est vraiment important. J'ai constitué ma nouvelle équipe de direction en m'assurant que tout le monde est engagé à 100 % sur ce qui doit être fait et sur la manière dont nous allons le faire. Nous avons beaucoup de discussions en interne au sein de l'équipe. Une fois qu'une décision est prise, tout le monde avance dans la même direction et nous avançons vite. Je pense que c'est assez différent des restructurations et des changements que nous avons menés par le passé. »

Le groupe redevint bénéficiaire de 410 millions d'euros en 2013, pour la première fois en quatre ans, mais ce résultat était notamment lié à la cession de certains actifs, dont le siège de New York pour 810 millions. De fait, le *Wall Street Journal* déclara à propos de la nouvelle organisation : « Loin de clarifier les choses, ce schéma reste trop compliqué pour la plupart des investisseurs, qui doivent s'arracher les cheveux

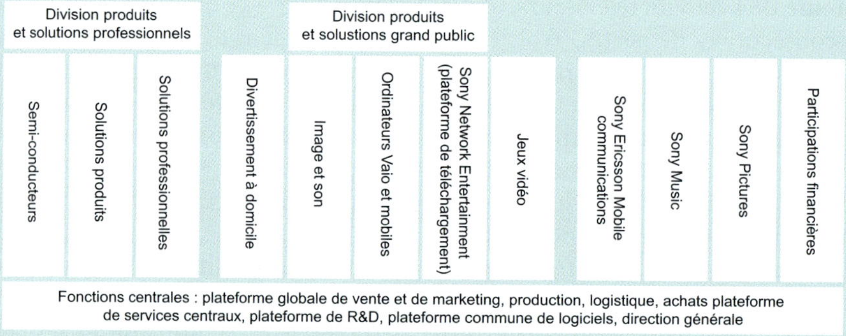

Source : adapté de sony.net

Figure 2

Structure de Sony en 2011

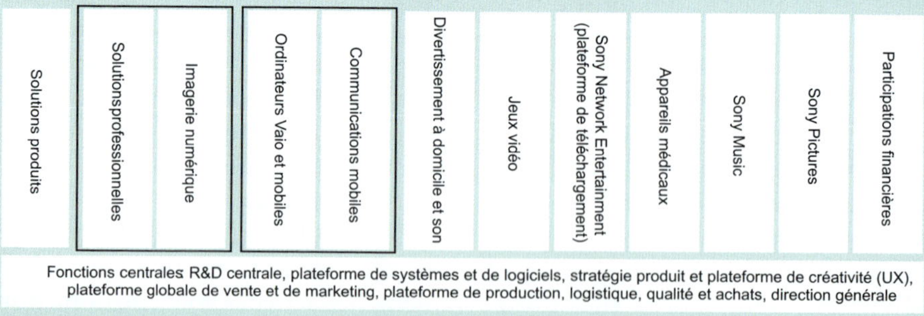

Source : adapté de sony.net

Figure 3

Structure de Sony en 2012

en essayant de le comprendre. Kazuo Hirai a beau rebattre les cartes, le cours de l'action Sony continue de plonger. »

De fait, en février 2014, quelques jours après que l'agence de notation Moody's eut relégué la note d'émetteur de dette de Sony en catégorie spéculative, Kazuo Hirai annonça deux décisions importantes :

1. La cession des ordinateurs Vaio au fonds d'investissement Japan Industrial Partners pour environ 300 millions d'euros. Sony n'était plus alors que le neuvième constructeur mondial de PC, avec une part de marché de 1,9 %. À l'annonce de cette cession, qui entraînait la suppression de 5 000 emplois, l'action Sony gagna 7,7 % en deux séances.
2. La seconde décision était la filialisation de l'activité téléviseurs, qui serait désormais gérée comme une entreprise autonome, dont le groupe restait – pour le moment – l'unique actionnaire. Selon le communiqué officiel de Sony, il s'agissait de « renforcer l'efficience et la réactivité de cette activité en la dotant d'une taille et d'une structure optimisées face à l'environnement concurrentiel actuel, et de la rendre ainsi pleinement responsable de ses opérations ».

Sources : sony.net ; *Le Monde*, 5 février 2014 et 7 février 2013 ; *Challenges*, 9 mai 2013 ; *Wall Street Journal*, 15 novembre et 2 février 2012 ; *Nikkei Report*, 2 mars 2012 ; conférence de presse Sony Corporation, 27 mars 2012 ; youtube.com/watch?v=jBxWZS4-rR8.

Questions

1. Évaluez les avantages et les inconvénients de la réorganisation décidée par Kazuo Hirai.
2. Au-delà des modifications structurelles, quelles autres recommandations pourriez-vous faire à Kazuo Hirai pour créer « Un Sony » ?

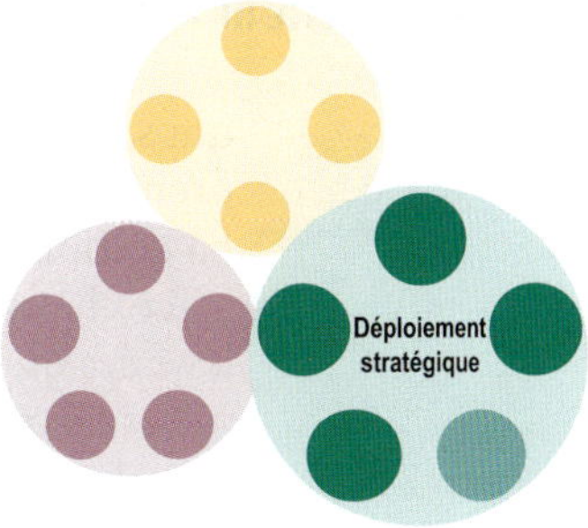

Chapitre 14
Gérer le changement stratégique

Objectifs

Après avoir lu ce chapitre, vous serez capable de :

- Comprendre les différents styles de gestion du changement stratégique.
- Expliquer comment le contexte organisationnel peut influer sur le changement stratégique.
- Mener une analyse de champ de forces afin d'identifier les leviers de changement et les blocages.
- Décrire les principaux leviers de conduite du changement.
- Identifier les différents types de changements stratégiques.
- Anticiper les pièges inhérents aux opérations de changement.

Concepts clés

Leadership p. 539, persuasion p. 541, collaboration p. 541, participation p. 542, direction p. 542, analyse de champ de forces p. 548, symboles p. 551, stratégie de redressement p. 559, ambidextrie organisationnelle p. 562.

14.1 Introduction

Lorsqu'en avril 2012 Georges Plassat prit la tête de Carrefour, le numéro deux mondial de la distribution était plongé dans l'incertitude. Les tensions au sein du conseil d'administration sur la stratégie à adopter s'étaient traduites par l'éviction de ses deux prédécesseurs, les résultats étaient en berne et une grande partie du personnel était désemparée (voir le cas à la fin du chapitre 11). À l'occasion de l'assemblée générale des actionnaires de juin 2012, Georges Plassat expliqua que Carrefour était « hébété » par sa lourdeur bureaucratique et son manque de réactivité et qu'il fallait « redonner le pouvoir aux équipes dans les magasins ». Il alla jusqu'à interpeller publiquement certains dirigeants et administrateurs pour bien montrer que sa priorité était désormais le terrain, n'hésitant pas à s'adresser directement à des chefs de rayon sans passer par la ligne hiérarchique. Son style était direct, parfois brutal, mais il était convaincu qu'il pouvait remettre la machine Carrefour en marche : « Peut-on regreffer la tête sur un canard ? C'est la question qui se pose à nous et je crois que oui. » Faire de la stratégie, ce n'est pas seulement prendre des décisions, c'est surtout faire en sorte qu'elles se traduisent en actions. La gestion du changement stratégique est le sujet de ce chapitre.

Le changement est inhérent à la stratégie. Dans le chapitre 11, nous avons soulevé des questions sur la faisabilité des stratégies : peuvent-elles être pratiquement mises en œuvre ? Dans le chapitre 12, nous avons présenté les processus d'élaboration de la stratégie. Dans le chapitre 13, nous avons vu comment s'organiser pour déployer une stratégie. Toutes ces considérations sont importantes lorsqu'on souhaite provoquer un changement stratégique. Cependant, gérer le changement, c'est avant tout s'assurer que ceux qui sont censés l'appliquer y adhèrent et le mettent effectivement en œuvre. Ce chapitre est donc consacré à la manière dont les managers peuvent conduire les membres d'une organisation à déployer un changement stratégique. Ce rôle est souvent attribué aux dirigeants, mais en fait il concerne tous les niveaux d'une organisation : tout manager doit parfois devenir un réformateur.

Le schéma 14.1 expose la structure du chapitre. La section 14.2 commence par présenter les différents *rôles* joués par les leaders stratégiques et les autres réformateurs, ainsi que les *styles* de conduite du changement qu'ils peuvent adopter. La section 14.3 explique ensuite comment il est possible de *diagnostiquer* la situation à laquelle l'organisation est confrontée. La section 14.4 examine alors en détail les *leviers* qui peuvent être employés pour conduire le changement, notamment par la prise en compte des *forces* susceptibles de *faciliter* ou de *bloquer* le changement. La section 14.5 résume ces différents points en présentant la *gestion des processus de changement* stratégique et leurs principales causes d'*échec.*

Schéma 14.1 Les éléments clés de la conduite du changement stratégique

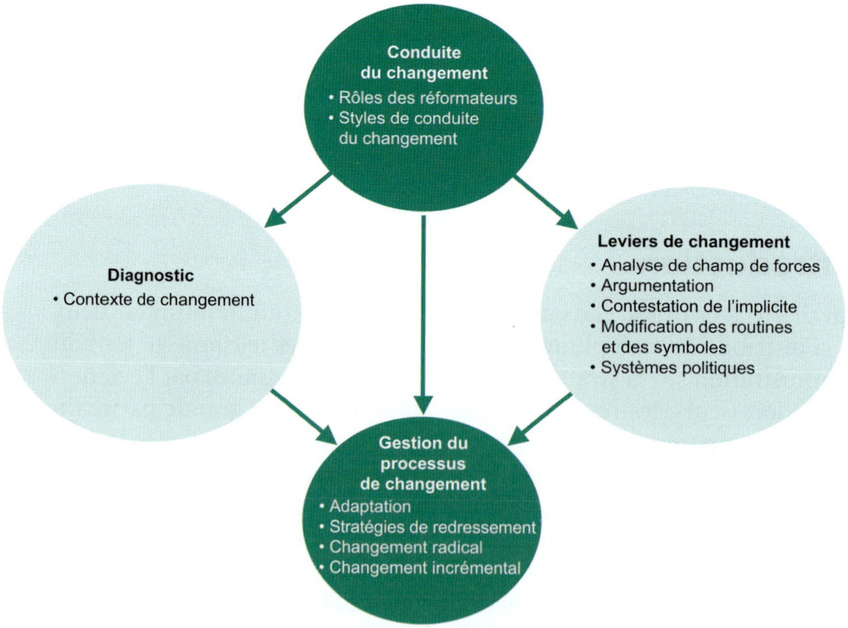

Ce chapitre repose sur trois hypothèses fondamentales :

- Tout dépend de la *stratégie*. Lorsqu'on souhaite gérer le changement, il est indispensable de prendre en compte la majorité de ce que nous avons expliqué au cours des parties I et II, notamment :
  - Les raisons qui motivent un changement stratégique (voir les chapitres 2, 3, 4 et 5).
  - L'intention stratégique (voir le chapitre 4) et les fondements de l'avantage concurrentiel (voir le chapitre 6).
  - Les choix concernant les orientations stratégiques et les modalités de développement (voir les chapitres 7 à 10).
- Le *contexte* importe aussi. La manière de gérer le changement ne sera pas identique dans toutes les circonstances et dans toutes les organisations. En fonction de la situation à laquelle ils sont confrontés, les managers doivent arbitrer entre différentes approches de gestion du changement.
- L'*inertie* et la *résistance* au changement sont probables. Les managers soulignent que le principal obstacle au changement stratégique est la tendance des individus à préserver leurs comportements acquis et leurs schémas de pensée implicites. Le chapitre 5 et le prisme de l'expérience dans les commentaires de fin de partie en expliquent les causes.

14.2 La conduite du changement : rôles et styles

Le **leadership** est la capacité à amener une organisation (ou un groupe au sein d'une organisation) à atteindre certains objectifs[1]. Sans leadership, les membres d'une organisation risquent de ne pas comprendre la raison du changement ou de manquer de motivation pour le déployer. John Kotter, de la Harvard Business School, fait la distinction suivante : « Le management consiste à gérer la complexité. [...] Sans un bon management, les entreprises complexes ont tendance à devenir chaotiques. [...] Le leadership, au contraire, consiste à gérer le changement[2]. »

14.2.1 Les rôles dans la conduite du changement

Alors que la conduite du changement stratégique est généralement associée aux dirigeants, elle implique en fait les managers à différents niveaux dans l'organisation.

Les dirigeants

La conduite du changement stratégique implique trois rôles principaux de la part des dirigeants, et notamment du directeur général :

- La définition d'une *vision stratégique*[3]. Les leaders doivent formuler une vision claire et convaincante du futur et la communiquer efficacement à la fois en interne et auprès des parties prenantes externes. S'ils ne le font pas, les membres de l'organisation risquent d'élaborer leur propre vision, ce qui peut engendrer beaucoup de confusion. La controverse qui clôt ce chapitre est notamment consacrée à ce point.
- L'*alignement* de l'organisation. Il s'agit de s'assurer que les membres de l'organisation agissent bien dans le sens du déploiement de la stratégie, sont motivés pour mettre en œuvre le changement et disposent des ressources et du pouvoir

qui leur permettront de le faire. Les leaders doivent donc construire et encourager des relations de confiance et de respect. Cependant, afin de surmonter des conflits politiques qui bloquent le changement, il est parfois nécessaire de remplacer certains responsables. C'est une des raisons pour lesquelles les équipes de direction sont souvent remaniées lors d'une opération de changement stratégique.

- L'*incarnation* du changement. Pour les membres de l'organisation et pour les parties prenantes externes, le leader stratégique incarne la stratégie future et la démarche de changement. Une très forte dimension symbolique est donc associée à ses paroles et à ses actes (voir la section 14.4.5).

Les managers intermédiaires

Dans la vision haut-bas du management stratégique, les managers intermédiaires sont trop souvent considérés comme de simples exécutants, censés s'assurer que les ressources sont correctement allouées et contrôlées, en mesurant la performance et les comportements de leurs équipes. Or, ils peuvent jouer de multiples rôles dans le management de la stratégie (voir la section 15.2.3)[4]. Dans le contexte de la conduite du changement, il convient de souligner quatre autres rôles qu'ils sont susceptibles de jouer :

- Ils peuvent *informer* leurs supérieurs sur la nécessité d'un changement. Ils sont en effet au plus près du marché ou des évolutions technologiques. Ils peuvent aussi être bien placés pour identifier ce qui peut bloquer le changement. Enfin, ils peuvent apporter toute une palette d'expériences susceptibles de stimuler la réflexion stratégique[5].
- Ils sont capables de *traduire* la stratégie formulée par leur hiérarchie. Les dirigeants peuvent fixer des orientations stratégiques, mais la manière dont elles sont interprétées sur le terrain (dans une région donnée pour une multinationale ou dans une direction fonctionnelle dans une administration) est bien souvent – de façon intentionnelle ou non – confiée aux managers intermédiaires. Si on veut éviter tout malentendu sur la stratégie désirée, il est donc vital qu'ils la comprennent et se l'approprient. Les managers intermédiaires peuvent ainsi contribuer très substantiellement au succès ou à l'échec d'une démarche de changement, car ils jouent un rôle clé de *médiateurs* entre ceux qui décident et ceux qui exécutent. De nombreux chercheurs ont montré que la manière dont les managers intermédiaires comprennent, expriment et expliquent la stratégie de leur organisation est cruciale[6].
- De la même manière, les managers intermédiaires peuvent assurer la *réinterprétation* et l'ajustement des réponses stratégiques aux événements imprévus, par exemple en termes de relations avec les clients, les fournisseurs, le personnel, etc. Il s'agit d'un rôle essentiel que seuls les managers intermédiaires – en contact quotidien avec ces différents interlocuteurs – sont capables de tenir.
- Conduite du *changement local*. Les managers intermédiaires endossent, au niveau local, les rôles d'alignement de l'organisation et d'incarnation du changement que jouent les dirigeants au niveau global.

Les managers intermédiaires jouent donc un rôle de médiation essentiel. La controverse qui clôt ce chapitre revient sur cette question.

14.2.2 Les styles de conduite du changement

On distingue généralement deux types de dirigeants :

- Les *dirigeants transformateurs* – ou *leaders charismatiques* –, qui insistent avant tout sur la construction d'une vision portée par une identité et des valeurs collectives, afin de susciter l'adhésion des membres de l'organisation. Des recherches suggèrent que cette approche a un impact positif sur la motivation et la performance[7], en particulier lorsque l'organisation est confrontée à l'incertitude[8].
- Les *dirigeants transactionnels*, qui se focalisent plus sur les éléments formels tels que les systèmes et les outils de contrôle. Il s'agit avant tout de réformer les structures et les systèmes, notamment les systèmes d'incitation, la gestion des projets et le suivi de la performance individuelle et collective.

On pourrait penser que ces styles dépendent avant tout des individus. Ce qui compte en ce cas, c'est de nommer la personne adéquate selon le contexte. Or, on peut aussi considérer que les leaders stratégiques qui réussissent le mieux sont justement ceux qui sont capables de changer d'approche selon les circonstances[9]. Il convient donc de présenter plus précisément les styles de conduite du changement et de voir comment chacun correspond mieux à certains contextes.

Le tableau 14.1 résume ainsi quatre styles de conduite du changement stratégique[10].

- La **persuasion** consiste à convaincre des raisons du changement et des moyens de sa mise en œuvre. Cette approche inclut généralement quatre phases[11] :
  - Convaincre les membres de l'organisation que le changement est impératif et pour quelles raisons la nouvelle orientation est la bonne. Cela implique de nouveau que la vision stratégique ait été clairement définie.
  - Étant donné que le changement sera différemment interprété au sein de l'organisation, il est nécessaire de formuler les étapes et les objectifs d'une manière pertinente pour chacune des fonctions et des unités, et de vérifier que chaque sous-partie comprend ce que l'on attend d'elle.
  - S'assurer que les progrès réalisés font l'objet d'une bonne communication.
  - Souligner les comportements qui vont dans le sens du changement et récompenser l'atteinte des objectifs.

Cependant, l'hypothèse selon laquelle une argumentation rationnelle saura faire évoluer des représentations collectives parfois intériorisées depuis des années est naïve. L'acceptation du changement ne peut être qu'apparente. Par ailleurs, la démarche d'éducation peut se révéler longue et coûteuse.

- La **collaboration** consiste à impliquer dans la définition du processus de changement tous ceux qui en seront affectés[12]. On peut par exemple les impliquer dans l'identification des problèmes stratégiques, la définition des priorités, la prise de décisions, la planification et la modification des routines organisationnelles. Cette approche permet d'accentuer l'appropriation des décisions et des processus de changement et de renforcer l'adhésion des membres de l'organisation. Les individus impliqués ont souvent tendance à moins surestimer les contraintes auxquelles l'organisation est confrontée. Cependant, les solutions identifiées par ce biais risquent de ne pas être en phase avec les attentes de la direction générale ou des parties prenantes externes. Les orientations risquent notamment de ne pas s'écarter de la culture établie, et le processus de changement obtenu, étant le résultat d'une négociation, peut n'être qu'un compromis,

Tableau 14.1 Les styles de conduite du changement

Style	Moyens/contexte	Avantages	Problèmes
Persuasion	Des discussions en petits groupes assurent la compréhension et l'intériorisation du changement. Une partie de la responsabilité est déléguée à ces groupes.	*Assure que le changement est accepté et compris.*	Consommateur de temps. Si un changement radical est nécessaire, une argumentation factuelle risque de ne pas suffire. Risque de n'obtenir qu'une acceptation de façade.
Collaboration	Large implication des membres de l'organisation dans la définition des priorités et les actions à mener.	Améliore l'acceptation, mais aussi l'appropriation des processus ou des décisions.	Consommateur de temps. Peu de contrôle sur les décisions obtenues.
Participation	Les réformateurs conservent la coordination et le contrôle et délèguent la mise en œuvre du changement.	Le processus et les décisions sont orientés et contrôlés, mais l'implication est réelle.	Peut être perçu comme une manipulation.
Direction	Utilisation de l'autorité afin de fixer les orientations et les moyens d'évolution.	Clarté et rapidité.	Risque de manque d'appropriation, ce qui peut déclencher des résistances.

Source : adapté de J. Balogun, V. Hope Hailey et É. Viardot, *Stratégies du changement*, 2e édition, Pearson Éducation, 2005.

un *statu quo* ou une simple adaptation de l'existant. Par conséquent, si on met en place ce type de processus, il convient de se réserver la possibilité de l'infléchir en cas de trop fort conservatisme, ce qui risque cependant de démotiver ceux qui ont participé à la démarche.

- La **participation** implique la coordination du processus de changement par une autorité qui délègue en grande partie la mise en œuvre. Il est par exemple envisageable que certaines étapes du processus de changement – comme la proposition d'idées nouvelles, la récolte de données, la planification détaillée, le développement de la logique d'évolution et l'identification des facteurs clés de succès – soient déléguées auprès d'équipes projets ou de groupes dédiés. Ces équipes ne sont pas investies de la responsabilité de l'ensemble du processus de changement, mais elles y sont impliquées, et leur contribution est clairement sollicitée. L'autorité en charge de l'intégralité du processus assure la cohérence et les progrès de l'ensemble. Le principal avantage de cette approche tient dans l'implication des membres de l'organisation non seulement au stade de proposition des réformes, mais aussi à celui de leur déploiement. Cette implication permet de susciter une véritable adhésion[13]. Le contrôle des orientations et des ressources par les dirigeants réduit aussi la possibilité de compromis et autorise des changements plus radicaux. Cependant, les membres de l'organisation risquent de considérer cette démarche comme une manipulation, ce qui peut entamer leur motivation et leur adhésion.
- La **direction** suppose le recours à l'autorité personnelle d'un responsable chargé de définir clairement l'orientation de la stratégie et la manière de la déployer. Il

s'agit d'une conception hiérarchique de la conduite du changement stratégique : les solutions doivent être « vendues » à ceux qui ont la tâche de les appliquer. L'intention stratégique doit alors être claire et les priorités précisément définies. Cette approche est parfois nécessaire lorsqu'un changement rapide est indispensable, par exemple pour répondre aux attentes de certaines parties prenantes externes. Le danger est cependant de provoquer une résistance, les membres de l'organisation refusant de se plier à des orientations qu'ils ne partagent pas. Il convient aussi de souligner que même lorsque les dirigeants estiment utiliser un style participatif, leurs subordonnés peuvent le percevoir comme directif, ce qui n'est pas nécessairement pour leur déplaire : bien des opérationnels considèrent en effet que ce n'est pas à eux de « faire le travail des chefs ». Dans sa forme la plus extrême, la direction peut déboucher sur la coercition, qui correspond à un changement imposé par l'autorité hiérarchique formelle. Il s'agit d'une utilisation explicite du pouvoir qui peut se révéler nécessaire par exemple lorsque l'organisation est confrontée à une crise grave.

Il est important de souligner que ces styles ne sont pas mutuellement exclusifs. Un changement peut ainsi être initié avec une direction claire accompagnée des leviers formels de changement généralement associés aux dirigeants transactionnels, puis être suivi par les approches plus collaboratives et participatives qui caractérisent les dirigeants transformationnels. De plus, différents styles peuvent être nécessaire dans différentes parties de l'organisation confrontées à des circonstances distinctes, ou à différents moments du processus. Au total, le style de conduite du changement varie selon le contexte. L'illustration 14.1 présente différents styles de conduite du changement.

14.3 Le diagnostic de la situation de changement

Il n'existe pas de solution optimale de conduite du changement. Il est ainsi nécessaire de procéder de manière différente selon qu'on cherche à faire évoluer une petite structure entrepreneuriale dirigée par une équipe jeune et motivée, une vaste multinationale fortement diversifiée ou encore un service public contraint par des structures formelles et des routines établies. Dans ces contextes radicalement différents, on ne saurait conduire le changement selon la même approche. La manière de gérer le changement dépend fondamentalement du contexte organisationnel[14].

À partir de cette constatation, Julia Balogun, Veronica Hope Hailey et Éric Viardot ont identifié une série de facteurs contextuels – le *kaléidoscope du changement* – qu'il convient de prendre en compte avant d'entreprendre une démarche de changement (voir le schéma 14.2). Différents facteurs contextuels ont un impact sur le style de conduite du changement :

- La *vitesse* à laquelle le changement doit être conduit peut fortement varier. Une entreprise confrontée à un effondrement de ses ventes ou de ses profits, du fait d'une évolution brutale de son environnement concurrentiel, ne dispose pas du même horizon de temps qu'une organisation qui peut anticiper le besoin de changement longtemps à l'avance et qui est ainsi capable de planifier méticuleusement les différentes phases d'évolution requises. La persuasion et la collaboration sont ainsi plus appropriées lorsqu'un changement incrémental est possible, mais lorsqu'un changement rapide est requis, un style plus directif est préférable.

- L'*étendue* du changement peut varier en termes d'*ampleur* (de nombreux éléments doivent-ils évoluer ?) et de *profondeur* (dans quelles proportions faut-il réformer la culture ?). L'étendue du changement nécessaire dans une entreprise globale comprenant de multiples marques et un long historique implique généralement la contribution d'une grande partie du personnel. À l'inverse, dans une petite entreprise où l'ampleur du changement est plus limitée, un style plus directif est possible.

Illustration 14.1

Les styles de conduite du changement

Les managers utilisent différents styles de conduite du changement.

Ne tergiversez pas

Terry Lundgren, directeur général de Federated Department Stores, un groupe américain de grands magasins :

> *« J'ai toujours plutôt bien écouté mes interlocuteurs et j'admets facilement que je n'ai pas toutes les réponses. Donc j'écoute. Mais une fois que j'ai écouté, j'agis. J'ai les infos, voilà ce que nous allons faire. Les gens ont besoin que les décisions soient prises. Si vous écoutez et que vous tergiversez, vous les mettez mal à l'aise et vous ne leur rendez pas service[1] ».*

Soyez un entraîneur, pas une nounou

Alan G. Lafley, directeur général de Procter & Gamble :

> *« Ma conception du leadership, c'est de relever le niveau d'aspiration pour obtenir une excellente exécution… Communiquez clairement vos priorités, simplement et fréquemment… Dans une large mesure, nos responsables de divisions doivent définir leur propre futur. Je joue un rôle d'entraîneur, mais pas de nounou. J'attends de mes managers qu'ils fassent des choix… Afin d'aider les managers à faire ces choix stratégiques, les dirigeants doivent parfois mettre en doute leurs certitudes… Il est vital de se comporter comme un modèle… Je sais que je dois être prêt pour les moments de vérité où l'organisation doit être alertée par mon niveau d'engagement[2]. »*

Soyez clair et donnez confiance

Carlos Ghosn conduisit le changement chez Nissan, puis chez Renault. En 2002, il déclara :

> *« Si les gens ne connaissent pas la priorité, ne comprennent pas la stratégie, ne savent pas où ils vont, ne savent pas quels objectifs sont prioritaires, vous allez au devant des problèmes. La confusion est le premier signe de ces problèmes. C'est le rôle du dirigeant de clarifier l'environnement, de s'assurer que tout est compris dans l'entreprise. […] Le principal défi, c'est de donner de la confiance en soi […] J'ai dû convaincre les gens de Nissan qu'ils pouvaient réussir[3]. »*

Déployez vos antennes

En 2010, la Canadienne Moya Greene devint directeur général de Royal Mail, le service postal national du Royaume-Uni, qui était confronté à un déclin rapide de son activité courrier et à une opposition des syndicats à la privatisation. En 2012, ce déclin semblait avoir été stoppé et les relations avec les syndicats étaient bien meilleures. Moya Greene souligna un point majeur dans la conduite du changement dans le secteur public :

> *« Mon expérience dans le secteur public m'a aidée à comprendre à quel point de bonnes idées peuvent être anéanties par des détails symboliques. Cela ne compte pas que l'idée que vous défendez résulte d'une analyse brillante ou d'années de négociation avec les parties prenantes. La plus petite étincelle peut devenir un phare – quelque chose qui ne s'éteint plus et qui transforme les perceptions. Si vous travaillez dans le secteur public, vous apprenez qu'il est capital de déployer vos antennes afin de capter les perceptions, et que ces antennes doivent rester bien réglées[4]. »*

Sources :

1. *Fortune*, 12 décembre 2005.
2. *Leadership Excellence*, novembre 2006.
3. K. Hughes, J.-L. Barsoux et J.-F. Manzoni, « Redesigning Nissan (A) Carlos Ghosn takes charge », INSEAD, 2003.
4. McKinsey & Co, septembre 2012.

Questions

1. En utilisant la section 14.2.2, comment décririez-vous chacun des styles illustrés ici ?
2. Y a-t-il des points communs et des différences entre ces quatre témoignages ?
3. Seules quelques-unes des parties prenantes sont mentionnées dans les exemples. Cela signifie-t-il que le style doit être le même vis-à-vis de toutes les parties prenantes ?

- La *préservation* de certains aspects de l'organisation peut être nécessaire, notamment les capacités sur lesquelles le changement sera construit. On peut évoquer, par exemple, le cas d'une entreprise informatique en croissance rapide qui décide de s'organiser de manière plus formelle afin de pérenniser son activité. La mise en place de structures plus rigides risque de contrarier les programmeurs ou les développeurs dont la compétence est pourtant vitale pour les stratégies futures.
- Une forte *diversité* d'expériences, d'idées et d'opinions peut faciliter le changement. Ce n'est en général pas le cas si la même stratégie a été suivie avec succès pendant des décennies : l'homogénéité de représentation du monde qui en résulte peut gêner la conduite du changement. Contester les schémas de pensée implicites et les routines sera nécessaire.
- Le changement peut se révéler coûteux, non seulement en termes financiers, mais aussi au regard du temps et des efforts nécessaires. L'organisation présente-t-elle une *disponibilité* de ressources suffisante pour conduire le changement ? Il relève de la responsabilité des dirigeants de dégager ces ressources.
- Qui a le *pouvoir* de mettre en œuvre le changement ? Trop souvent, on suppose que c'est le dirigeant qui détient ce pouvoir, alors que, face à la résistance de l'encadrement intermédiaire ou de certaines parties prenantes externes, cela n'est pas toujours vrai. Il se peut aussi que le dirigeant suppose que certains de ses collaborateurs ont le pouvoir de conduire le changement, alors qu'ils ne l'ont pas (ou qu'ils estiment ne pas l'avoir). Dans les organisations très hiérarchisées, un style directif est généralement la norme et il peut être difficile de s'en écarter, ne serait-ce que parce que c'est ce qui est attendu par tous. Dans les structures plus plates, qui reposent sur des approches en réseau ou les principes d'une organisation apprenante (voir la section 12.3.1), la collaboration et la participation sont préférables.

Schéma 14.2 Le kaléidoscope du changement

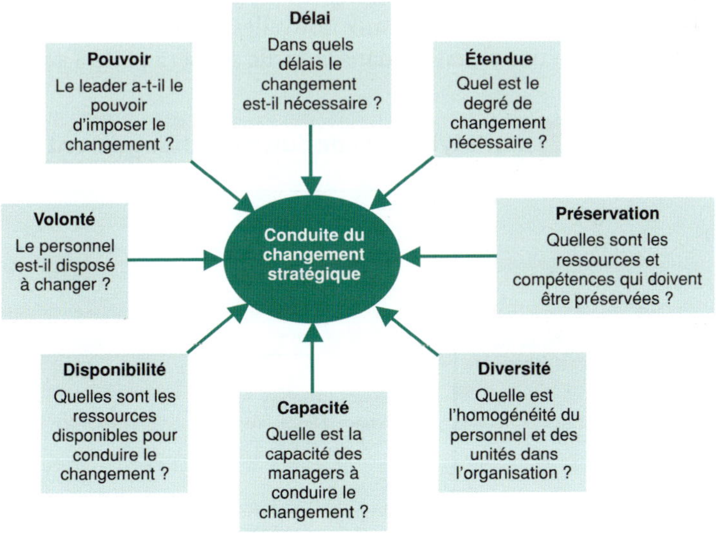

Source : adapté de J. Balogun, V. Hope Hailey et É. Viardot, *Stratégies du changement*, 2e édition, Pearson Éducation, 2005.

- L'organisation a-t-elle l'expérience nécessaire et la *capacité* de changer ? Certains de ses managers peuvent avoir conduit avec succès un changement stratégique dans le passé, tout comme les opérationnels peuvent être accoutumés à contester leurs certitudes et leurs pratiques de travail.
- Dans certaines organisations, on constate que la *volonté* de changer est répandue tout au long des différents niveaux hiérarchiques, alors que dans d'autres, on peut être confronté à des poches de résistances, voire à un conservatisme généralisé. Là encore, le style doit s'adapter au contexte.

L'illustration 14.2 donne l'exemple du contexte de changement stratégique au sein du ministère de la Défense britannique.

Le style de conduite du changement doit notamment varier en fonction de la volonté et de la capacité des membres de l'organisation à changer. Le schéma 14.3 suggère que lorsque la volonté est élevée mais la capacité faible, mieux vaut utiliser la persuasion, notamment au travers de la formation, de l'éducation et du suivi. Lorsque la capacité et la volonté sont élevées, la collaboration est envisageable et les dirigeants peuvent déléguer la quasi-totalité du processus. Lorsque la capacité est élevée mais la volonté faible, impliquer le personnel dans le processus tout en en conservant le contrôle (participation) est le style le plus approprié. Enfin, si la volonté et la capacité de changer sont faibles, mieux vaut avoir recours à la direction (si le changement doit être rapide) ou à la participation (si on dispose du temps nécessaire pour renforcer la volonté et la capacité).

La prise en compte du contexte soulève une autre question : le changement est-il envisageable en une seule fois, ou faut-il procéder par étapes ? Lors d'une étude portant sur les tentatives de changement dans des hôpitaux[15], il est ainsi apparu que le système de gouvernement et les structures empêchaient de désigner clairement une autorité en charge de la conduite du changement. Ce flou dans les responsabilités, associé à une forte pénurie de ressources, condamnait par avance toute tentative de changement radical. Dans ces circonstances, il est nécessaire de faire évoluer le contexte avant d'entreprendre le changement. Pour cela, on peut nommer de nouveaux responsables ayant déjà mené des opérations de changement ou possédant des compétences utiles aux nouvelles orientations, afin de conduire l'organisation jusqu'à une situation dans laquelle elle sera prête à accepter des évolutions

Schéma 14.3 Les styles de conduite du changement selon le contexte

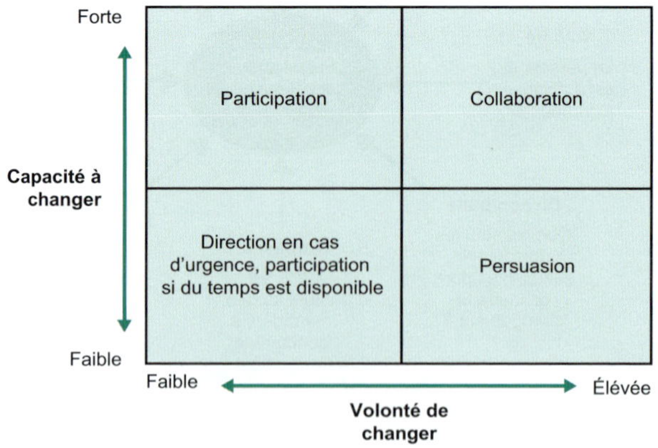

Illustration 14.2

Le ministère de la Défense britannique résiste aux réformes

Pour comprendre les difficultés de la gestion du changement, il est indispensable de prendre en compte le contexte.

En 2010, le ministère de la Défense britannique vit son budget réduit d'environ 8 %. Ce plan d'économie fut suivi en 2011 d'un plan stratégique qui prévoyait d'importants changements. Les huit recommandations principales concernaient les structures et les systèmes, mais le message sous-jacent concernait les individus et les comportements. Jusque-là, le ministère avait connu de nombreuses réformes, dont la plupart avaient eu très peu d'effets. Pourquoi ?

Étendue

En 2012, l'effectif du ministère de la Défense dépassait les 270 000 personnes, dont 85 000 civils. Par ailleurs, 300 000 personnes extérieures étaient impliquées dans ses activités. Ces individus étaient dispersés en de très nombreuses entités. Or, chaque fois qu'un changement était initié quelque part dans le système, soit il faisait l'objet de résistances et de difficultés issues d'autres parties de l'organisation, soit il y provoquait des répercussions qui n'avaient pas été identifiées par les responsables. Or, il était très difficile de changer simultanément toutes les parties du système.

Délai

Le ministère employait des militaires et des civils. Les militaires étaient habitués à de fréquentes réaffectations. Un total de 20 affectations différentes en 35 ans de carrière était la norme. L'horizon de temps était donc bref (moins de deux ans entre deux mouvements). Ceux qui souhaitaient avoir un impact rapide lançaient donc des initiatives, mais partaient le plus souvent avant d'en voir les effets. Or, les projets aboutissaient rarement car « vous ne vous faites pas un nom en appliquant les décisions d'un autre officier ». De leur côté, à de rares exceptions près, les civils ne changeaient pas fréquemment de poste. Leur horizon de temps était donc très différent.

Préservation

Un élément clé à préserver était la culture volontaire de l'armée. Cependant, les politiciens la prenaient rarement en compte et les réductions d'effectifs se traduisaient par une réduction des capacités disponibles.

Diversité

Même si les attentes et les valeurs pouvaient être significativement différentes entre les unités de combat, les fonctionnaires de l'état-major et les opérateurs privés, ces différentes sous-parties étaient elles-mêmes très homogènes en termes de processus et de comportements.

Capacité et disponibilité

L'armée manquait de compétences en conduite du changement et les formations sur ce sujet étaient rares. Avec la réduction des effectifs, beaucoup de rôles clés n'étaient plus remplis. De plus, le ministère n'avait pas pleinement conscience de cette déperdition en termes d'expérience et de savoir-faire. Une de ses réponses avait été le lancement en 2012 d'un slogan censé encourager le changement : « être, penser, faire : être un leader, penser défense, faire mieux. »

Volonté

Beaucoup de changements affectaient directement les rôles et les responsabilités des officiers supérieurs, ce qui déclenchait de fortes résistances. De plus, la multiplication des réformes, des projets et des initiatives de changement décrédibilisait le processus.

Pouvoir

En vertu de la tradition militaire, certains officiers supérieurs avaient fait ajouter le mot « transformation » à leur titre, ce qui laissait supposer que le travail était fait. Ces individus tenaient généralement un discours pertinent, mais qui était peu suivi d'effet, faute de ressources et d'exemplarité.

Source : adapté de D. Neal et T. Taylor, « Spinning on dimes: the challenges of introducing transformational change into the UK Ministry of Defence », *Strategic Change*, vol. 15 (2006), pp. 15-22.

Questions

1. Quels sont selon vous les principaux obstacles au changement auxquels le ministère est confronté ?
2. En utilisant le kaléidoscope du changement présenté dans la section 14.3, quelles sont les trois questions que vous souhaiteriez poser aux responsables du ministère à propos de la conduite du changement ?
3. Selon vous, quelle approche faudrait-il adopter pour améliorer la capacité du ministère à gérer le changement ?

significatives. Il convient aussi de reconnaître que, dans certains contextes, le changement doit être mené de manière graduelle. Dans l'étude portant sur les hôpitaux citée ci-dessus, les chercheurs ont estimé que la meilleure manière de conduire le changement consistait à mettre en œuvre une initiative limitée, à attendre qu'elle soit acceptée, puis à en tenter une nouvelle, et ainsi de suite.

14.4 Les leviers de changement stratégique

Cette section présente les différents leviers qu'il est possible d'actionner pour accompagner un changement stratégique, sachant que la plupart des opérations de changement réussies reposent sur plusieurs leviers[16]. Certains des leviers de changement ont déjà été discutés dans les chapitres précédents. L'importance de la clarté de la vision est étudiée dans la section 5.2. Les effets du changement sur les structures et les systèmes sont présentés dans le chapitre 13. Cependant, il existe encore bien d'autres leviers.

14.4.1 L'analyse de champ de forces

Une **analyse de champ de forces** identifie les forces qui facilitent le changement et celles qui l'entravent. Cet outil permet de soulever une série de questions plus approfondies :

- Quels sont les aspects de la culture existante qui peuvent faciliter les évolutions souhaitées et comment peut-on les utiliser et les renforcer ?
- Quels sont les aspects de la culture existante qui peuvent bloquer le changement et comment peut-on les surmonter ?
- Que doit-on mettre en œuvre pour encourager le changement ?
- L'illustration 14.3 présente comment une analyse de champ de forces a été utilisée pour décentraliser la prise de décision stratégique dans la filiale européenne d'un grand groupe industriel.

L'analyse de champ de forces utilise le kaléidoscope du changement, mais elle s'inspire également des outils et concepts suivants :

- La *cartographie des activités* (voir la section 3.4.3), qui permet de comprendre sur quels éléments repose le succès d'une organisation. Ces éléments peuvent servir de base à un changement. Ils peuvent également avoir pris la forme de comportements implicites qui ne sous-tendent plus l'avantage concurrentiel et qu'il sera difficile de faire évoluer.
- La *matrice pouvoir/intérêt* (voir la section 4.4.2), qui permet de comprendre quelles parties prenantes seront favorables au changement et lesquelles s'y opposeront.
- Le *tissu culturel* (voir la section 5.3.6), qui peut être utilisé pour expliquer la culture organisationnelle. Il aide à mettre en lumière à la fois les aspects intangibles de la culture (symboles, routines, processus politiques) et ses manifestations plus formelles (structures et systèmes de contrôle). Le tissu culturel peut ainsi être utilisé pour analyser la culture actuelle d'une organisation et pour envisager les modifications qui devraient être effectuées afin de déployer effectivement une nouvelle stratégie.

Illustration 14.3

Une analyse de champ de forces pour décentraliser la stratégie

Une analyse de champ de forces peut être utilisée pour identifier les aspects de l'organisation qui peuvent être des moteurs ou des freins au changement.

Une entreprise industrielle japonaise avait toujours été centralisée en termes de décisions stratégiques et de développement de nouveaux produits. Elle avait connu un grand succès au Japon et s'était fortement développée à l'international, le plus souvent en rachetant des entreprises locales. Ces filiales industrielles, largement indépendantes les unes des autres, étaient directement supervisées par le Japon. Des divisions commerciales régionales, elles aussi placées sous la responsabilité directe du Japon, étaient chargées de vendre toute la gamme de produits du groupe et d'identifier les besoins des clients.

En 2012, la direction japonaise décida de décentraliser les décisions stratégiques au niveau des responsables des zones géographiques. Cette réorganisation était motivée par la volonté de développer les marchés locaux, de mieux répondre aux attentes des clients dans chacune des zones et d'accompagner les évolutions concurrentielles (montée en puissance des clients européens). Il s'agissait d'élaborer et de déployer l'innovation et les stratégies concurrentielles au plus près des marchés et non au Japon.

Les managers européens furent chargés de concevoir un plan afin de mettre en œuvre cette décentralisation. Ils décidèrent d'utiliser une analyse de champ de forces afin d'identifier les principaux problèmes (voir le schéma).

Les forces en faveur du changement étaient l'évolution du marché et la volonté de la direction. Les managers locaux reconnaissaient au passage l'impact positif qu'aurait cette réforme sur leur propre évolution de carrière. Les principaux freins au changement étaient la structure existante, le manque de coordination au niveau de toute l'Europe, mais aussi l'absence de compétences stratégiques parmi les managers européens, jusque-là cantonnés à des tâches opérationnelles. L'analyse de champ de forces soulignait l'importance de la mise en place d'une infrastructure de coordination européenne et le besoin de systèmes d'information partagés. La formation des managers aux questions stratégiques était également requise.

Questions

1. Quels peuvent être les problèmes liés à la décentralisation de la stratégie au niveau d'une zone géographique ?
2. Menez une analyse de champ de forces pour une organisation de votre choix.

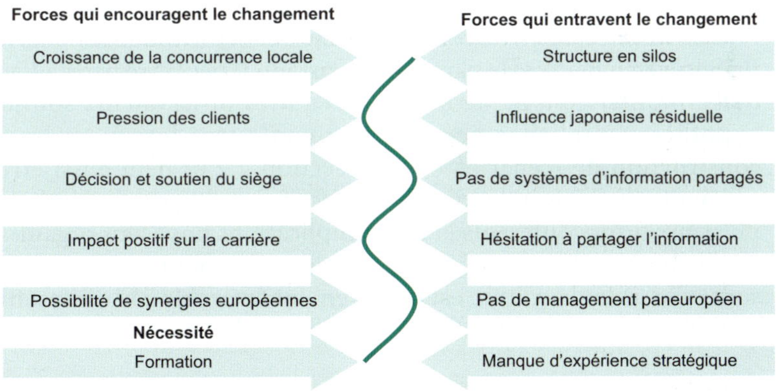

- Le modèle des *7S de McKinsey* (voir la section 13.4.1), qui permet de comprendre quelles composantes de la configuration d'une organisation sont susceptibles de promouvoir ou d'empêcher le changement.

Chacun de ces outils permet d'identifier les forces qui encouragent ou qui entravent le changement, mais ils peuvent également être utilisés pour repérer quelles forces additionnelles seraient capables de faciliter les évolutions.

14.4.2 Construire une argumentation convaincante

Quel que soit le style de changement adopté, il est indispensable de présenter une argumentation convaincante en faveur du changement. Le cabinet de conseil McKinsey[17] remarque que trop souvent l'argumentation est formulée selon des termes qui expriment les priorités des dirigeants, par exemple la réponse aux attentes des actionnaires ou la nécessité de l'emporter sur la concurrence. À l'inverse, lorsqu'on demande aux membres d'une organisation ce qui les motive, ils évoquent beaucoup d'autres facteurs : l'impact sur la société, sur les clients, sur leur équipe, sur leur bien-être. Une argumentation convaincante doit donc s'adresser à ces différentes dimensions et ne pas uniquement répondre aux préoccupations de l'équipe de direction. Bien entendu, il peut être difficile pour les dirigeants de comprendre et d'évoquer ces différents besoins de manière convaincante. Il est donc préférable d'impliquer des membres de l'organisation dans la création de récits de changement capables de traduire les impératifs de la direction générale en messages motivants pour la base. Par ailleurs, l'argumentation ne doit pas se limiter aux raisons du changement, mais doit également expliciter les actions qui permettront de l'obtenir.

14.4.3 Contester les schémas de pensée établis

Un des principaux enjeux du changement stratégique consiste à modifier des hypothèses implicites et des représentations collectives parfois établies depuis fort longtemps, c'est-à-dire à faire évoluer le paradigme de l'organisation (voir la section 5.3.6). Il existe plusieurs points de vue sur la manière de réussir cette évolution.

Certains estiment que des preuves tangibles – obtenues par exemple grâce à une analyse stratégique rigoureuse – suffisent à mettre en doute et donc à modifier le paradigme. Cependant, il apparaît plutôt que lorsque des représentations ont persisté pendant longtemps, elles résistent au changement. Les individus réussiront à reconstruire, réinterpréter et reformuler les analyses afin de les remettre en ligne avec le paradigme existant. Il peut être particulièrement difficile de surmonter ce type de blocage. D'autres observateurs soutiennent que les hypothèses implicites peuvent être contestées lorsqu'on les explicite[18]. La construction de scénarios (voir la section 2.2.2) peut aussi être utilisée pour surmonter les biais individuels et collectifs, en obligeant les individus à envisager plusieurs futurs différents et leurs implications pour leur organisation. D'autres recherches suggèrent que les organisations qui sont les plus aptes au changement sont celles dont la culture est ouvertement favorable à la contestation et au questionnement[19].

14.4.4 Changer les routines organisationnelles

Les stratégies ne prennent réellement forme qu'au travers des processus quotidiens et des routines organisationnelles. Ces routines ne sont pas toujours codifiées au sein de procédures formalisées. Elles peuvent aussi correspondre à des « manières de faire » spécifiques à l'organisation, qui ont tendance à perdurer et à orienter le comportement des individus. Comme nous l'avons souligné dans le chapitre 3, ces routines peuvent être à l'origine des compétences fondamentales et donc de l'avantage concurrentiel d'une organisation. Cependant, les mêmes routines qui soustendent le succès peuvent entraver le changement. Le lien entre le changement stratégique et les routines organisationnelles doit donc être considéré selon plusieurs angles :

- La *planification du changement opérationnel.* Si le changement stratégique est planifié, il est important d'identifier les facteurs clés de succès et les compétences qui en conditionnent la maîtrise. Le changement stratégique doit donc s'accompagner d'une reconfiguration des activités opérationnelles.
- La *contestation des hypothèses opérationnelles.* Changer les routines peut conduire à mettre en doute des croyances profondément ancrées, des convictions rarement contestées et des schémas de pensée établis. Il existe cependant plusieurs points de vue sur la manière de conduire ce changement. Selon Richard Pascale[20], « il est plus facile de changer les pensées par les actes que les actes par les pensées », ce qui signifie qu'il vaut mieux commencer par modifier les comportements avant de contester les a priori plutôt que l'inverse. En ce cas, il convient de bien choisir le style de conduite du changement (voir la section 14.2.2). Tenter de persuader les individus de la nécessité de changer peut se révéler moins efficace que de les impliquer effectivement dans le processus de changement.
- Le *changement des routines par la base.* Même lorsque le changement des routines n'est pas planifié par les dirigeants, les individus les font évoluer, ce qui peut provoquer de substantielles modifications de la stratégie[21]. Cela peut prendre la forme d'altérations progressives des routines existantes[22]. Des recherches montrent que les managers peuvent chercher délibérément à « contourner les règles ». Cela peut susciter des résistances, mais aussi le soutien de la part de certaines parties prenantes, jusqu'à permettre la mise en place de nouvelles routines[23].

La leçon générale est que, même si la modification des routines peut sembler anodine, son impact se révèle parfois déterminant. L'illustration 14.4 en donne quelques exemples.

14.4.5 Les changements symboliques[24]

Les leviers de changement n'ont pas toujours une nature explicite et formelle. Ils peuvent aussi revêtir un aspect symbolique. Les **symboles** sont des objets, des événements, des actes ou des individus qui expriment plus que leur réalité intrinsèque. Il peut s'agir de choses banales qui revêtent pourtant une signification extrêmement puissante dans le contexte de certaines situations organisationnelles. La création et la manipulation des symboles peuvent aller jusqu'à remodeler les croyances et les aspirations, car le sens devient alors apparent dans les activités quotidiennes de l'organisation. C'est une des raisons pour lesquelles la modification des routines est importante. Les symboles incluent aussi d'autres éléments trop souvent considérés comme négligeables, par exemple les mythes que les individus racontent, les signes de statut tels que les voitures de fonction et la taille des bureaux, les types de jargon et de technologie utilisés ou encore les rites organisationnels.

- Dans les organisations, la plupart des *rites*[25] concernent explicitement la mise en œuvre ou le renforcement du changement. Le tableau 14.2 dresse la liste des rites les plus fréquents et montre quel rôle ils peuvent jouer dans la conduite du changement. Pour gérer les rites de manière proactive, pour symboliser un changement, il peut être utile de créer de nouveaux rites ou de supprimer ceux qui sont en place.

Illustration 14.4

La modification des routines et des symboles

La modification des routines organisationnelles peut constituer un signal puissant lorsqu'on souhaite susciter un changement.

Modification des routines

- Un nouveau médicament ne peut être commercialisé qu'après avoir réussi une longue série de tests cliniques permettant d'obtenir une autorisation de mise sur le marché. La manière dont ces tests sont conduits est donc cruciale pour les laboratoires pharmaceutiques. L'approche traditionnelle consistait à récolter une quantité considérable de données cliniques, puis à rédiger un rapport expliquant l'ensemble du protocole utilisé. Ce processus était à la fois long et coûteux. Certains laboratoires décidèrent donc d'inverser la procédure en s'assurant *a priori* que les tests correspondaient bien à des exigences médicales ou réglementaires. La nouvelle approche commençait par la définition idéale du rapport, dont une première version était rédigée avant toute recherche clinique, puis par la détermination des protocoles permettant d'aboutir à ce résultat. Seules les données permettant d'atteindre cet objectif étaient ensuite récoltées.
- Dans une entreprise de distribution qui avait annoncé une stratégie focalisée sur le service aux clients, le directeur général ne se préoccupait ni du personnel ni même des clients lorsqu'il effectuait des visites dans les magasins. Il se contentait de consulter des états financiers dans le bureau du gérant. Il n'avait pas pris conscience de cette incohérence, jusqu'à ce qu'on le lui fasse remarquer. Par la suite, son insistance à s'entretenir avec le personnel et avec les clients durant chacune de ses visites devint un mythe qui se répandit dans l'ensemble de l'entreprise et facilita largement le déploiement de la stratégie.

Questions et défis par le langage

- Le directeur général d'une entreprise de distribution confrontée à une crise s'adressa au conseil d'administration de la manière suivante : « Je suggère que nous nous considérions comme des taureaux face à une alternative : l'abattoir ou l'arène. J'ai fait mon choix. Quel est le vôtre ? »
- Lorsque Greg Brenneman prit la direction de Continental Airlines – qui connaissait alors de graves difficultés –, il choisit son vocabulaire avec soin. Il s'agissait d'exprimer le plus clairement possible la nouvelle orientation. La stratégie dans son ensemble fut appelée « En avant », le plan marketing « Voler pour gagner » et le plan financier « Financer le futur ». Greg Brenneman expliqua ainsi sa détermination : « Saviez-vous qu'il n'y a pas de rétroviseur sur un avion ? La piste qui se trouve derrière nous ne nous servira à rien. »

Source : J.M. Higgins et C. McCallaster, « If you want strategic change, don't forget your cultural artefacts », *Journal of Change Management*, vol. 4, n° 1 (2004), pp. 63-73.

Symboles de changement

- Dans une entreprise textile écossaise, l'outillage associé à « la bonne vieille manière de travailler » fut rassemblé dans une cour située à l'arrière de la fabrique et détruit sous les yeux du personnel.
- La surveillante générale d'un service de rééducation pour des malades ayant été gravement atteints décida que si les infirmières portaient des vêtements de ville plutôt que leurs uniformes, cela signalerait aux patients qu'ils étaient sur la voie de la guérison et du retour à la vie normale. Par ailleurs, cela rappellerait aux infirmières qu'elles devaient veiller à la réinsertion des patients. Cependant, cette décision avait d'autres implications pour les infirmières : cela mettait en cause leur différence de statut avec le personnel administratif. Les infirmières préférèrent donc garder leurs uniformes. Même si elles admettaient que la présence des uniformes pouvait ralentir la rééducation des patients, elles considéraient que leur statut de professionnelles de santé devait être signalé.

Source : M.G. Pratt et E. Rafaeli, « Organizational dress as a symbol of multilayered social identities », *Academy of Management Journal*, vol. 40, n° 4 (1997), pp. 862-898.

Questions

Pour une organisation qui vous est familière :

1. Identifiez au moins cinq routines ou symboles importants dans l'organisation.
2. En quoi ces routines et ces symboles pourraient-ils être changés afin de soutenir une stratégie différente ? Montrez explicitement comment les symboles pourraient correspondre à la nouvelle stratégie.
3. Pourquoi ces leviers potentiels de changement sont-ils souvent négligés ?

- La modification de l'*environnement physique* de travail constitue un symbole particulièrement fort. On peut citer le déménagement de la direction générale, la délocalisation d'une partie du personnel, la modification des uniformes ou des tenues professionnelles, ou encore le réagencement des bureaux ou des ateliers.
- Le plus puissant de tous les symboles de changement est certainement le *comportement des réformateurs* eux-mêmes. Trop peu de dirigeants comprennent qu'après avoir proclamé la nécessité d'un changement, il est indispensable que leur conduite et leurs attitudes y correspondent.
- Le *langage* utilisé par les réformateurs est aussi important[26]. Consciemment ou non, ils peuvent employer un langage et des métaphores susceptibles d'exalter leurs troupes. À l'inverse, les réformateurs risquent de ne pas prendre conscience du pouvoir du langage et utiliser des termes et des expressions qui signalent en fait le maintien du *statu quo*, voire une réticence personnelle vis-à-vis du changement.

L'illustration 14.4 donne d'autres exemples de l'utilisation des symboles pour signaler le changement. La manipulation des symboles peut constituer un puissant levier de changement. Cependant, la signification des symboles dépend de la manière dont ils sont interprétés. Il peut donc arriver que l'utilisation de symboles par un réformateur ne soit pas interprétée comme prévu (voir à ce propos l'exemple des infirmières dans l'illustration 14.4). De fait, même si les changements symboliques sont importants, leur impact est souvent difficile à prévoir.

Tableau 14.2 **Les rites organisationnels et le changement**

Types de rites	Rôle	Exemples
Rites de passage	Consolider et promouvoir les rôles sociaux et l'interaction	Programmes d'incorporation des nouveaux employés Plans de formation
Rites de distinction	Reconnaître les efforts bénéfiques pour l'organisation Motiver	Cérémonies de remise de récompenses Promotions
Rites de renouvellement	Rassurer sur les actions menées Focaliser l'attention sur les problèmes	Utilisation de consultants Équipes projets
Rites d'intégration	Susciter l'engagement collectif Renforcer la justesse des normes	Fête de fin d'année
Rites d'apaisement	Désamorcer les conflits et limiter l'agressivité	Comités de conciliation
Rites de dégradation	Reconnaître publiquement les problèmes Supprimer ou affaiblir certains rôles politiques	Renvoi de dirigeants Rétrogradation ou « mise au placard »
Rites de défi	Lancer un défi collectif	Annonce d'objectifs ambitieux par un nouveau dirigeant

14.4.6 Les jeux de pouvoir et les processus politiques[27]

Dans la section 4.5, nous avons souligné qu'il est important de comprendre le contexte politique interne et externe de l'organisation. Le changement stratégique doit, lui aussi, être envisagé dans le cadre de ce contexte politique. Il est parfois nécessaire de construire un contexte favorable au changement et de s'appuyer pour cela sur un individu ou un groupe particulièrement influent. De fait, il convient le plus souvent de reconfigurer les *structures de pouvoir* de l'organisation, en particulier lorsqu'une transformation radicale est attendue. Le tableau 14.3 présente quelques-uns des mécanismes associés au pouvoir qui peuvent être utilisés dans la conduite du changement :

- Acquérir des *ressources* supplémentaires. Être associé à une source de ressources ou d'expertise importante, et surtout avoir la capacité d'allouer ou de retirer ces ressources peuvent constituer des atouts essentiels pour surmonter la résistance ou persuader les membres de l'organisation d'accepter le changement.
- L'association avec les *parties prenantes influentes* ou l'obtention de leur soutien permet d'établir une légitimité, ce qui peut être indispensable à un réformateur qui, personnellement, n'en bénéficie pas. De la même façon, l'association avec un réformateur respecté ou dont le succès est incontesté peut aider un manager à contourner la résistance au changement. Il peut aussi se révéler nécessaire d'*écarter* des individus ou des groupes qui s'opposent au changement : individus

Tableau 14.3 Les mécanismes politiques dans les organisations

Activités	Mécanismes			Problèmes clés
	Ressources	Élites	Alliés	
Fonder la légitimité	Contrôler des ressources Acquérir ou faire reconnaître une expertise Acquérir des ressources supplémentaires	Obtenir le soutien d'un membre de l'élite S'associer à l'élite	Identifier des personnes favorables au changement Construire des alliances Constituer des équipes	Temps nécessaire Possibilité d'incohérence idéologique Perception d'une menace par les élites en place
Surmonter les résistances	Retirer des ressources Utiliser la désinformation	Diviser ou renverser les élites S'associer à un réformateur S'associer avec une autorité externe respectée	Accélérer le changement Soutenir ou récompenser les réformateurs	Ne pas disposer d'une légitimité suffisante Potentiellement destructeur : reconstruire au plus vite
Obtenir l'adhésion	Distribuer des ressources	Éliminer les élites restantes Besoin d'un héros clairement identifié	Mettre partiellement en œuvre Infiltrer des « disciples » Soutenir les « fonceurs »	Risque de destruction de l'âme de l'organisation ou de retour en arrière

qui occupent des positions élevées dans l'organisation, réseaux d'influence internes qui incluent éventuellement des parties prenantes externes, ou encore tout un niveau hiérarchique dont la position est menacée par le changement.

- La construction d'*alliances* ou d'un *réseau* de contacts et de sympathisants, même lorsqu'ils ne détiennent pas un pouvoir par eux-mêmes, peut aider à surmonter la résistance de groupes influents. S'il est très difficile d'obtenir l'adhésion de tous les membres de l'organisation, il est probable que certains individus se montrent plus disposés au changement que d'autres. Le réformateur a donc intérêt à s'appuyer sur eux pour constituer une équipe de partisans prêts à défendre ses actions et ses opinions, et réciproquement à marginaliser les opposants. Cependant, les groupes qui détiennent un pouvoir dans l'organisation peuvent considérer que la construction de ce type d'équipes et les volontés de marginalisation menacent leur propre influence, ce qui peut renforcer les obstacles au changement. Une analyse du pouvoir et des intérêts grâce à la cartographie des parties prenantes (voir la section 4.4.2) peut donc être particulièrement utile lorsqu'on cherche à identifier les bases de futures alliances ou celles d'éventuelles résistances.

Cynthia Hardy souligne que les réformateurs peuvent accroître leur pouvoir en mobilisant les symboles, les rites et le langage qui légitiment le changement, le rendent désirable, inévitable, et l'inscrivent dans une perspective optimiste et enthousiasmante[28].

Pour autant, les aspects politiques du management sont particulièrement difficiles à maîtriser. Comme le montre le tableau 14.4, les jeux politiques peuvent tout aussi bien être utilisés pour empêcher le changement que pour le favoriser. Lorsqu'on cherche à surmonter les résistances, un des principaux problèmes est tout simplement de ne pas disposer d'un pouvoir suffisant pour le faire. Tenter d'affronter une opposition avec un pouvoir trop limité est en général condamné à l'échec. Il existe un deuxième danger : en rompant le *statu quo*, le processus peut devenir tellement destructeur que l'organisation ne parvient pas à retrouver un équilibre. Si le changement doit avoir lieu, la mise en place rapide de nouvelles valeurs partagées et le déploiement d'une nouvelle stratégie sont vitaux. De plus, comme nous l'avons déjà souligné, il est indispensable d'obtenir l'adhésion de l'ensemble des membres de l'organisation. Or, c'est une chose de convaincre quelques dirigeants au sommet de la hiérarchie, mais c'en est une autre d'obtenir l'engagement de tout le personnel. Le principal danger est constitué par le fait que les individus ont souvent tendance à considérer que le changement est temporaire, tout au plus une péripétie à laquelle ils doivent se plier en attendant qu'une autre réforme survienne.

14.4.7 Les tactiques de changement

Il existe aussi toute une série de tactiques qui peuvent être utilisées pour faciliter le processus de changement.

La chronologie

L'importance de la chronologie est trop souvent négligée lorsqu'on entreprend un changement stratégique. Choisir d'un point de vue tactique le moment idéal pour déclencher un changement est pourtant essentiel :

- Plus l'amplitude du changement est importante, plus il est nécessaire de s'appuyer sur une *crise réelle ou perçue*. Si les membres de l'organisation ont le

Tableau 14.4 Manœuvres politiques et changement

Résistance au changement
Détourner les ressources. Allouer le budget à d'autres projets. Donner aux personnes clés d'autres priorités ou d'autres tâches.
Exploiter l'inertie. Demander que chacun temporise jusqu'à ce qu'un acteur clé agisse, lise un rapport ou émette une réponse appropriée. Suggérer de commencer par évaluer les résultats d'un autre projet.
Conserver les objectifs vagues et complexes. Il est plus difficile d'entamer une action appropriée si les buts sont multidimensionnels et exprimés dans des termes généraux, grandioses ou abstraits.
Encourager et exploiter le manque de prise de conscience de l'organisation. Insister sur l'idée que « nous nous occuperons de l'aspect humain plus tard », sachant que cela ne manquera pas de retarder ou de détruire le projet.
« C'est une grande idée. Mettons-la en œuvre de manière méthodique. » Impliquer tellement de parties prenantes et d'experts que les multiples interprétations, opinions et intérêts divergents retarderont les décisions ou déboucheront sur des compromis stériles.
Dissiper l'énergie. Nommer une commission *ad hoc*, commander des études, récolter des données, préparer des analyses, rédiger des rapports, mener des missions à l'étranger, tenir des réunions, etc.
Réduire l'influence et la crédibilité du réformateur. Répandre des rumeurs nuisibles, en particulier auprès des partisans et des amis du réformateur.
Conserver un profil bas. Ne pas afficher clairement sa résistance au changement car cela offre une cible facile aux réformateurs.
Contrecarrer la résistance au changement
Établir une orientation et des objectifs clairs. La limpidité des buts permet une action efficace alors que l'ambiguïté et la complexité peuvent la ralentir.
Établir un plan d'action simple, composé d'étapes distinctes. Mêmes raisons que pour les objectifs clairs.
Endosser un rôle de facilitateur et de négociateur. Rester ouvert au marchandage. La résistance au changement peut rarement être surmontée par des arguments uniquement rationnels. Un savoir-faire relationnel est donc nécessaire.
Identifier et surmonter les résistances. Adopter une approche proactive face à la résistance pour mieux l'atténuer ou la combattre. Se référer à des valeurs ou des standards élevés ou à des autorités puissantes. Les avertir. Utiliser des intermédiaires influents. Infiltrer les réunions et les opposants. Les épuiser et attendre leur abandon.
Utiliser le face-à-face. L'influence personnelle et la persuasion permettent d'emporter l'adhésion plus efficacement que le recours à des notes internes ou des rapports impersonnels.
Exploiter la crise. Les individus répondent en général de manière plus positive à une crise explicite à laquelle ils sont collectivement confrontés qu'à des tentatives individuelles de modification de leur comportement.
Recruter des partisans dès le départ. Construire des coalitions et rassembler des alliés essentiels à la constitution des équipes. Il peut aussi se révéler tactiquement utile d'intégrer des opposants.
Constituer un comité de réforme, une équipe projet ou un commando. Incorporer des acteurs clés qui jouissent de poids, d'autorité et de respect au sein de l'organisation.

Source : adapté de D. Buchanan et D. Boddy, *The Expertise of the Change Agent: Public Performance and Backstage Activity*, Prentice Hall, 1992, pp. 78-79.

sentiment qu'il est plus risqué de maintenir le *statu quo* que d'entamer une réforme, celle-ci sera plus facile à mettre en œuvre. Les réformateurs peuvent ainsi tirer avantage d'une baisse de performance, d'une menace concurrentielle ou d'un risque d'OPA hostile en les utilisant comme catalyseurs afin de faire accepter une transformation radicale[29].

- Il peut exister des *fenêtres d'opportunité* pour les processus de changement. En général, la période suivant une opération d'acquisition permet aux nouveaux propriétaires d'introduire des changements significatifs qui auraient été refusés en temps normal. L'arrivée d'un nouveau directeur général, l'introduction d'un nouveau produit à succès, l'apparition d'une menace concurrentielle majeure peuvent aussi constituer des opportunités. Cependant, de telles fenêtres peuvent être de courte durée, ce qui laisse peu de temps au réformateur pour mener des actions décisives. Étant donné que le changement est souvent générateur d'anxiété, il peut se révéler utile de le programmer à une date qui permet d'éviter les craintes inutiles. Si une réduction de personnel ou un remplacement de responsables est nécessaire, il est préférable de l'effectuer avant le début de la phase de changement et non pendant. De cette manière, la réforme sera considérée comme une possibilité d'amélioration et non comme la cause des restructurations.
- Il est aussi important que les responsables du changement n'envoient pas de messages contradictoires sur la chronologie de la réforme. S'ils estiment qu'une évolution rapide est nécessaire, ils doivent éviter le maintien de procédures et de signaux qui sous-entendent des horizons de temps lointains. Le *marquage symbolique* du cadre temporel est donc essentiel.

Les succès à court terme

Un changement stratégique implique un grand nombre d'actions précises et de tâches ponctuelles. Il est primordial que certaines de ces tâches soient mises en œuvre rapidement et que leur réussite serve à motiver les membres de l'organisation. Dans une entreprise de distribution, on peut ainsi définir un nouveau concept de magasin et démontrer sa pertinence, remplacer des pratiques anciennes par de nouvelles approches, supprimer certains comités existants et définir plus clairement les responsabilités de chacun. Chacune de ces actions n'est pas significative dans le déploiement de la nouvelle stratégie, mais elle constitue un indicateur visible de son avancement. La constatation de ces succès à court terme peut aider à obtenir l'adhésion de tous.

Une des raisons souvent évoquées pour expliquer l'incapacité de changer est que les ressources disponibles ne le permettent pas. Ce problème peut être surmonté s'il est possible d'identifier des cibles clés sur lesquelles on peut focaliser les ressources et les efforts. C'est ainsi que William Bratton, qui est devenu célèbre pour avoir déployé la politique de tolérance zéro dans la police de New York, a commencé par focaliser tous les efforts sur les crimes liés au trafic de drogue. Selon les estimations, ces crimes représentaient – directement ou indirectement – de 50 à 70 % de la criminalité, mais seulement 5 % des ressources de la police de New York leur étaient consacrées. Le succès rencontré sur cette cible clé permit d'étendre la politique de tolérance zéro à d'autres types de crimes et délits, et d'obtenir les ressources nécessaires[30].

14.5 La gestion des processus de changement

Cette section rassemble les thèmes du chapitre afin de présenter les différents processus de changement et les enseignements que l'on peut tirer de leur éventuel échec.

Julia Balogun, Veronica Hope Hailey et Éric Viardot[31] identifient quatre types de changements stratégiques qui doivent être conduits différemment. Les axes du schéma 14.4 sont (a) l'ampleur du changement et (b) sa nature. En ce qui concerne l'*ampleur* du changement, il convient de se demander s'il peut être réalisé dans le cadre du modèle économique existant et de la culture actuelle. Il est alors possible de se contenter d'un *réalignement* de la stratégie. À l'inverse, une véritable *transformation* nécessite une évolution fondamentale de la culture et du modèle économique. La plupart des outils d'analyse présentés dans la partie I permettent d'évaluer l'ampleur du changement nécessaire : faut-il par exemple reconfigurer la chaîne de valeur (voir la section 3.4.2), développer de nouvelles capacités stratégiques (voir la section 3.2) ou changer la culture (voir la section 5.3) ? Il convient cependant de souligner qu'une nouvelle stratégie n'implique pas nécessairement un changement de grande ampleur. Une entreprise peut ainsi lancer de nouvelles offres sans que cela nécessite une modification profonde de son modèle économique ou de sa culture. Réciproquement, certains changements stratégiques ayant peu d'impacts sur l'activité peuvent impliquer des modifications culturelles. C'est le cas, par exemple, lorsqu'une entreprise industrielle décide de moins se focaliser sur sa technologie pour mieux répondre aux attentes de ses clients

L'autre axe du schéma 14.4 concerne la *nature* du changement. *A priori*, il est préférable pour une organisation d'évoluer de manière *incrémentale*. De cette manière, les individus peuvent en effet construire de nouvelles compétences, routines et croyances. Une approche plus *radicale* est cependant nécessaire dans certaines occasions, par exemple lorsque l'organisation est confrontée à une crise ou qu'elle doit changer très rapidement d'orientation.

14.5.1 L'adaptation

Comme nous l'avons vu dans les sections 5.4.1 et 12.3, la stratégie évolue souvent de manière incrémentale. Elle s'appuie sur les trajectoires passées plutôt que sur des changements radicaux. C'est ce qui correspond à l'adaptation sur le schéma 14.4.

Schéma 14.4 Les types de changements stratégiques

Nature du changement \ Ampleur du changement	*Réalignement*	*Transformation*
Incrémentale	Adaptation	Évolution
Radicale	Reconstruction (redressement)	Révolution

Source : adapté de J. Balogun, V. Hope Hailey et É. Viardot, *Stratégies du changement*, 2e édition, Pearson Éducation, 2005.

Le changement est alors graduel, et consiste à modifier progressivement l'existant, sans altérer ni le modèle économique, ni la culture. Dans cette optique, il est tout à fait possible de changer les produits ou les procédés de fabrication, de lancer de nouvelles offres ou de mener des diversifications liées. C'est la forme de changement la plus courante dans les organisations.

14.5.2 La reconstruction : les stratégies de redressement

La reconstruction est un changement rapide qui implique d'importants bouleversements organisationnels (réforme structurelle, plan de réduction des coûts, etc.), mais pas de modifications fondamentales du modèle économique et de la culture. Dans certaines circonstances (déclin de la performance, conditions de marché difficiles, etc.), un accent tout particulier doit être mis sur la vitesse de reconstruction : lorsqu'il s'agit d'éviter la disparition pure et simple de l'organisation (ou son absorption par un concurrent). Il est alors indispensable de mettre en œuvre une **stratégie de redressement**, c'est-à-dire une opération de changement rapide dont l'objectif est de réduire fortement les coûts et/ou d'accroître significativement le chiffre d'affaires. Les managers doivent être capables de donner la priorité aux décisions qui débouchent sur des améliorations rapides et significatives. Ce type de situation requiert généralement un style directif (voir la section 14.2.2). Les principaux éléments d'un plan de redressement sont les suivants[32] :

- La *stabilisation* de la crise. L'objectif est de reprendre le contrôle sur une situation dégradée. Cela passe en général par une focalisation à court terme sur la réduction des coûts et/ou sur l'accroissement du chiffre d'affaires, ce qui implique certains des points présentés dans le tableau 14.5. Ces points n'ont rien de très novateur : la plupart d'entre eux ne sont que de saines pratiques de gestion. La différence est la vitesse à laquelle ils sont déployés et le niveau d'attention que leur portent les managers. Les plans de redressement les plus réussis sont souvent ceux qui se focalisent sur la réduction des coûts directs opérationnels et sur les gains de productivité, alors que les opérations moins fructueuses privilégient la réduction des frais généraux. Cependant, trop souvent, les plans de redressement sont considérés comme de purs exercices de réduction des coûts, alors que la clé

Tableau 14.5 Réduction des coûts et/ou accroissement du chiffre d'affaires

Accroissement du chiffre d'affaires	Réduction des coûts
Réaligner l'offre avec les principaux segments de marché	Réduire les coûts de main-d'œuvre et les coûts administratifs
Revoir la stratégie de prix afin de maximiser le chiffre d'affaires	Se focaliser sur les gains de productivité
Focaliser l'activité sur les besoins des clients sur les segments visés	Réduire les coûts de marketing qui ne sont pas dédiés aux segments ciblés
Exploiter les opportunités additionnelles de création de chiffre d'affaires liées aux segments visés	Renforcer le contrôle financier
Investir les fonds dégagés par la réduction des coûts sur la croissance vers de nouvelles activités	Mettre en concurrence les fournisseurs, allonger le délai des dettes fournisseurs, réduire le délai des crédits clients
	Réduire les stocks
	Supprimer les services ou les offres non rentables

du succès consiste à déployer des solutions capables d'enrayer le déclin. Lorsque le déclin résulte principalement d'une inadéquation entre le modèle économique et les évolutions de l'environnement, il est inepte de supposer qu'une réduction des coûts permettra un retour durable de la rentabilité.

- Le *remplacement des managers*. Il est parfois nécessaire de remplacer les principaux managers. Cela inclut notamment un nouveau président ou un nouveau directeur général, ainsi que la nomination de nouveaux responsables, en particulier pour le marketing, les ventes et la finance. Ces remplacements sont justifiés par trois raisons. Premièrement, les anciens dirigeants étaient en fonction lorsque les problèmes sont apparus ; ils risquent donc d'être tenus pour responsables par les principales parties prenantes. Deuxièmement, il peut être nécessaire de nommer des managers qui ont déjà une expérience des plans de redressement. Troisièmement, étant donné que la nouvelle équipe a de fortes chances de venir de l'extérieur, elle peut apporter des approches différentes.
- Obtenir le *soutien des parties prenantes*. Le plus souvent, les parties prenantes n'ont pas été correctement informées du déclin de l'organisation. Afin de leur signifier que cette période est révolue et obtenir leur soutien, il convient donc d'informer clairement et fréquemment les principales parties prenantes (banques, actionnaires, employés) de la situation réelle et des améliorations obtenues. Une évaluation du pouvoir des parties prenantes (voir la section 4.4.3) est donc un préalable essentiel à tout plan de redressement.
- *Clarifier les cibles*. Il est fondamental d'identifier clairement quels sont les segments de marché les plus à même de générer des profits, et de focaliser les activités de l'organisation sur ces cibles. Il est d'ailleurs possible que le déclin de l'organisation soit lié à son incapacité à cibler clairement ses clients. Un redressement réussi passe, notamment, par une plus forte proximité avec les clients et par une amélioration des informations marketing à destination des dirigeants. La clarification des cibles peut déboucher sur l'abandon de certaines offres de produits ou services qui ne correspondent pas aux marchés visés, consomment le temps et l'énergie des managers et ne contribuent pas suffisamment à la performance. Cela peut aussi être l'occasion d'externaliser certaines fonctions périphériques.
- La *restructuration financière*. La structure financière de l'organisation doit parfois être modifiée. Cela implique en général une modification de la structure du capital, notamment l'émission de nouvelles actions et la renégociation des dettes auprès des banques.

Toutes ces actions impliquent que le management soit capable de hiérarchiser les décisions afin de donner la priorité à celles qui déboucheront sur des améliorations rapides et significatives.

14.5.3 Le changement révolutionnaire

Dans certaines situations, un changement stratégique et culturel rapide est nécessaire. C'est notamment le cas lorsque la stratégie a été trop orientée par la culture, au point que l'organisation n'a pas été capable de répondre aux évolutions de son environnement. Ce phénomène peut avoir duré pendant des années, jusqu'à provoquer une dérive stratégique (voir la section 5.4). La nécessité du changement est alors extrême, car la survie de l'organisation est en jeu.

Le changement révolutionnaire diffère de la reconstruction par deux aspects qui le rendent particulièrement difficile à conduire. Premièrement, il implique de concilier vitesse et changement culturel. Deuxièmement, le besoin de changement est en général moins évident pour les membres de l'organisation que dans le cas d'un redressement, ce qui peut les conduire à une certaine réticence. La nécessité du changement révolutionnaire peut résulter de nombreuses années de déclin relatif sur un marché, les individus étant intimement liés à des offres ou des procédés qui ne sont plus valorisés par les clients, ce qui entraîne une dérive stratégique. Il peut aussi arriver que le déclin soit perçu par les membres de l'organisation, mais qu'ils ne voient pas comment y remédier. La gestion du changement révolutionnaire implique le plus souvent :

- Une *orientation stratégique claire.* Dans ces circonstances, il est essentiel d'articuler une orientation stratégique claire avec des actions décisives. Cela peut inclure certaines des décisions présentées dans le cadre d'une reconstruction, par exemple l'abandon de certaines activités. Dans ce contexte, le dirigeant qui fixe les orientations est souvent tenu pour responsable du changement : il en devient le symbole, en interne comme en externe.
- Un *remplacement des dirigeants.* Le remplacement du directeur général, de l'équipe de direction, voire de certains membres du conseil d'administration est fréquent. Les dirigeants en place sont souvent trop associés à la culture existante. Leurs réseaux les poussent à utiliser les mêmes clients, les mêmes fournisseurs et les mêmes collègues. À l'inverse, les nouveaux venus peuvent apporter des réseaux différents, des points de vue inédits et des perspectives originales[33]. La nomination de nouveaux dirigeants permet aussi de signaler l'importance du changement en interne et en externe. Il en est de même pour les consultants, qui peuvent être utilisés pour obtenir une analyse neutre du besoin de changement ou pour faciliter le processus, mais dont la présence est un symbole compris par tous les membres de l'organisation.
- La *multiplicité des styles de gestion du changement.* Même si un style directif peut sembler évident, d'autres peuvent le compléter. Il peut être utile de persuader les membres de l'organisation de la nécessité du changement et d'obtenir la participation de ceux qui détiennent une expertise spécifique.
- L'*utilisation de la culture actuelle.* Il peut être possible d'utiliser certains éléments de la culture actuelle plutôt que de tenter de la réformer en totalité. Afin de distinguer les aspects qui peuvent se révéler utiles de ceux qui doivent être changés, on peut mener une analyse de champ de forces (voir la section 14.4.1).
- Le *suivi du changement.* Le changement révolutionnaire nécessite la définition et le suivi d'objectifs clairs et indiscutables que les individus doivent atteindre. En général, ces objectifs sont liés à des indicateurs financiers.

14.5.4 Le changement évolutif

Le changement évolutif implique une transformation incrémentale. On peut estimer que c'est le type de changement le plus difficile, car il implique de s'appuyer sur les capacités existantes tout en en développant de nouvelles. Or, comme nous l'avons vu dans le chapitre 5, dans une organisation qui a connu le succès, la nécessité d'un changement n'est généralement pas perçue. La tendance à préserver les stratégies éprouvées sera forte, et l'exploration de nouvelles solutions sera limitée. Comment dans ces conditions une organisation peut-elle changer son modèle économique et sa culture de manière incrémentale, tout en restant en phase avec un environnement changeant, afin d'éviter une dérive stratégique ? Comme nous allons le voir dans cette section, deux approches sont possibles.

L'ambidextrie organisationnelle

L'ambidextrie est l'aptitude à utiliser les deux mains avec la même facilité. En termes organisationnels, cela désigne la possibilité d'exploiter les capacités existantes tout en en développant de nouvelles. Il est bien entendu tout à fait normal qu'une organisation cherche à *exploiter* les capacités qu'elle a bâties au cours du temps afin d'obtenir un avantage concurrentiel. En ce cas, la stratégie est construite de manière incrémentale, à partir des pratiques et routines établies. Cependant, si un changement plus radical est nécessaire, l'*exploration* de nouvelles capacités et innovations est requise. On retrouve ici la notion de capacités dynamiques (voir la section 3.2.2) : les organisations doivent renouveler et recréer leurs capacités stratégiques.

Une organisation nécessite à la fois l'exploration de nouvelles capacités et l'exploitation de ses capacités existantes, ce qu'on appelle l'**ambidextrie organisationnelle**. Or, les processus associés à l'exploitation et à l'exploration diffèrent significativement en termes de styles de management, de systèmes organisationnels et de contextes culturels : il faut être spécialisé et flexible, efficient et innovant, tourné vers le futur sans renier le passé et multiplier les référentiels temporels[34]. Afin de résoudre ces paradoxes, quelques principes sont envisageables, dont certains figurent dans l'illustration 14.5 :

- L'*ambidextrie structurelle*. Beaucoup d'organisations contrôlent strictement leur activité principale, dédiée à l'exploitation, mais créent des unités séparées ou temporaires, parfois sur la base d'équipes projets, dédiées à l'exploration[35] (voir la section 13.2.5). Ces unités exploratoires sont généralement de taille relativement modeste et sont bien moins strictement contrôlées, l'accent étant plutôt mis sur l'apprentissage et l'émergence d'idées nouvelles[36].
- La *diversité plutôt que la conformité*. Des comportements contradictoires peuvent être bénéfiques, la diversité de points de vue étant nécessaire à l'apprentissage organisationnel (voir la section 12.3.1) et à l'émergence de jeux politiques. Cette diversité résulte notamment du débat entre des managers disposant d'expériences différentes. Robert Burgelman, de l'université de Stanford, affirme que dans toute organisation, à proximité du marché, il existe des managers qui ne sont pas satisfaits de la stratégie existante et qui pensent qu'elle est inadaptée à ce qu'ils observent sur le terrain[37]. Les dirigeants doivent alors être capables de canaliser ces « dissonances » dans un « débat intellectuel animé », de manière à faire émerger une logique stratégique claire.
- Le *rôle des dirigeants*. De fait, plutôt que de rechercher la conformité, les dirigeants doivent encourager et valoriser des points de vue différents et des comportements potentiellement contradictoires[38]. Cela peut impliquer la mise en place de multiples expérimentations afin d'établir ce qui fait sens. Cependant, les dirigeants doivent aussi détenir l'autorité et la légitimité nécessaires pour mettre fin à ces expérimentations lorsqu'il devient clair qu'elles n'apportent rien. De même, une fois qu'ils ont défini quelle doit être l'orientation stratégique, celle-ci doit être suivie par tous les membres de l'organisation, y compris ceux qui s'y opposaient.
- Des *systèmes plus ou moins stricts*. Tout cela suggère qu'un équilibre est nécessaire entre d'une part des systèmes d'élaboration de la stratégie qui exploitent les

Illustration 14.5

Tesco est-il ambidextre ?

Comment une entreprise peut-elle radicalement se transformer par une évolution continue ?

Très peu d'entreprises ont démontré une capacité à conduire des transformations radicales tout en maintenant une rentabilité élevée. En effet, les changements de ce type succèdent le plus souvent à une crise. Une étude a cependant identifié et analysé les processus managériaux à l'œuvre pendant quatre décennies dans trois entreprises qui ont réussi une transformation rentable. Les chercheurs ont repéré des « traditions » qui expliquent cette réussite. Ces traditions se développent au cours du temps et n'ont pas été introduites volontairement par un dirigeant. Elles n'ont pas été formalisées dans des documents ou des plans. Elles font partie de l'ADN de ces entreprises. Une de ces entreprises est Tesco, le numéro trois mondial de la grande distribution.

Une tradition de coalitions alternatives

Les trois entreprises avaient créé des coalitions parallèles de dirigeants. Le premier groupe, qui rassemblait généralement les membres du comité de direction, avait pour tâche de renforcer les capacités actuelles, les forces existantes et les succès avérés. Le second groupe, dont les membres étaient également des directeurs, mais d'un niveau légèrement inférieur, cherchait activement à développer de nouvelles stratégies et de nouvelles capacités. Ce système parallèle avait peu à peu été accepté comme un fonctionnement normal. Il avait été encouragé et finalement officialisé.

Par exemple, le modèle d'origine de Tesco consistait à « empiler haut et vendre pas cher ». Le fondateur, Jack Cohen, le perpétuait au travers d'un style de management très directif. Pour autant, une coalition alternative, rassemblée autour de Ian MacLaurin et de son équipe de managers opérationnels, a développé dans les années 1960 une approche plus moderne de la distribution, fondée notamment sur des indicateurs de performance évolués. Cette coalition alternative a pris la tête de l'entreprise dans les années 1980 et 1990. S'est alors développé un nouveau groupe autour de Terry Leahy, qui a conçu l'étape suivante de la stratégie de Tesco, la segmentation à partir de multiples formats de distribution. Terry Leahy a pris la direction de Tesco à son tour, des années 1990 à 2011.

Une tradition de contestation constructive

Le développement des coalitions alternatives résultait le plus souvent de situations conflictuelles. Chez Tesco, ces conflits remontaient à des luttes au sein du conseil d'administration entre des membres de la famille Cohen, puis entre les deux coalitions de managers dans les années 1960 et 1970. Au cours du temps, cependant, ces conflits étaient devenus moins intenses et plus respectueux, pour se transformer en « contestations constructives ». Cela ne se résumait pas à des dirigeants exprimant différents points de vue. Ces contestations se sont progressivement encastrées dans la culture. Si des managers voulaient progresser dans l'entreprise, on attendait d'eux qu'ils défendent leur point de vue lors des réunions avec les dirigeants.

Une tradition d'exploitation des heureux accidents

Les deux traditions de coalitions alternatives et de contestation constructive impliquaient que de nouvelles idées apparaissaient constamment. De fait, les entreprises étaient bien positionnées pour transformer des problèmes en opportunités. Les chercheurs appelaient « heureux accidents » les événements imprévus que la coalition alternative utilisait pour développer de nouvelles stratégies. Au début des années 1990, une récession économique toucha particulièrement Tesco, dont le portefeuille de clients était encore en construction. Voulant comprendre pourquoi l'entreprise ne connaissait plus le succès des années précédentes, le directeur général de l'époque, David Malpas, passa une journée à visiter les magasins des concurrents en compagnie d'un jeune homme prometteur, Terry Leahy. Ce dernier en profita pour lui expliquer que Tesco avait perdu ses clients de vue et qu'il fallait repenser l'offre. Terry Leahy connut une ascension rapide : toute une série de nouveaux formats de magasins furent lancés, la taille des services centraux fut significativement réduite, tout comme le nombre de niveaux hiérarchiques, alors que l'expansion internationale devenait une priorité.

Sources : M. Hensmans, G. Johnson et G. Yip, *Strategic Transformation: Changing While Winning*, Palgrave, 2013, et G. Johnson, G. Yip et M. Hensmans, « Achieving successful strategic transformation », *MIT Sloan Management Review*, vol. 53, n° 3 (2012), pp. 25-32.

Questions

1. En quoi ces traditions correspondent-elles au changement stratégique évolutif (voir la section 14.5.4), et en particulier à la notion d'ambidextrie organisationnelle ?
2. Si ces traditions mettent des décennies à se développer, peut-on provoquer leur apparition dans d'autres organisations ? Comment ?

capacités existantes – par exemple grâce à la planification stratégique – et d'autre part des systèmes plus souples qui encouragent les idées nouvelles et l'expérimentation. Par conséquent, il doit exister un ciment collectif, peut-être sous la forme d'une intention stratégique exprimée au travers d'une mission et de valeurs, de telle manière que les différentes sous-parties de l'organisation puissent converger tout en manifestant leurs spécificités.

Les étapes d'évolution

La seconde manière de déployer un changement évolutif consiste à passer d'une stratégie établie à une autre, parfois des années plus tard. Les managers doivent alors respecter les principes suivants :

- Des *phases intermédiaires.* Il est important d'identifier des phases intermédiaires dans le processus de changement. En termes de contexte de changement (voir la section 14.3), la volonté ou la capacité à mener un changement important peut être insuffisante au départ. Une approche par étapes peut permettre de faire évoluer ce contexte.
- Des *changements irréversibles.* Il peut être possible d'identifier des changements qui n'ont pas nécessairement un impact immédiat, mais qui peuvent avoir un effet irréversible à long terme. Ainsi, au début des années 1990, KPMG chercha à définir quelle devait être sa stratégie pour les années 2000. Suite à cette réflexion, de nouveaux critères de recrutement et de promotion au grade d'associé furent établis. Ce type de changement n'a pas d'effet notable avant cinq ou dix ans, mais une fois décidé, ses effets ne peuvent pas être inversés.
- Un *engagement sans faille des dirigeants.* Le processus de changement peut rapidement s'essouffler si les membres de l'organisation perçoivent que les dirigeants ne s'y sont pas totalement engagés.
- La *capacité à convaincre et à enthousiasmer.* Toute transformation organisationnelle implique un changement culturel. Dans le cas d'un changement évolutif, les membres de l'organisation risquent de ne pas percevoir que la culture en place constitue un problème. Il convient donc de mobiliser de multiples leviers de changement : recours à la persuasion et la participation, afin que chacun comprenne le besoin de changement et y contribue, signalement de la logique de changement d'une manière capable de convaincre et d'enthousiasmer toutes les parties prenantes, leviers qui garantissent l'amélioration de la performance économique.

14.5.5 Quelques leçons sur les échecs des processus de changement

Les recherches consacrées aux échecs des processus de changement permettent de tirer des enseignements sur les obstacles à éviter. Cette section résume sept principaux pièges[39] :

- L'*enlisement analytique.* L'accent est mis sur la planification du processus de changement plutôt que sur sa réalisation effective. On observe un flux continu de rapports et de propositions, qui nécessitent chacun un accord de la part des managers concernés. Des sous-commissions, des équipes projets et des groupes de travail sont mis en place afin d'examiner les problèmes et d'assurer l'adhésion. Tout cela peut provoquer une « paralysie analytique » (voir la section 12.2.2), dans laquelle le discours sur le changement se substitue aux actes. Cette dérive peut aussi être la conséquence d'une politisation du processus, les réunions devenant des forums où s'affrontent diverses coteries.

- La *ritualisation.* Les réformateurs doivent reconnaître que le changement n'est pas un processus monolithique : il peut nécessiter l'accumulation d'une série d'étapes, parfois pendant des années. Cependant, le risque est alors élevé que les membres de l'organisation considèrent l'opération de changement comme un rituel sans réelle signification. L'intention d'origine peut progressivement être érodée par d'autres événements au sein de l'organisation, par exemple un plan de réduction des effectifs.
- La *réinterprétation.* Le programme de changement peut être réinterprété au travers de la structure existante. Une entreprise industrielle a ainsi tenté de déployer une culture focalisée sur le client alors que celle-ci avait toujours été focalisée sur le produit. Cependant, le mot d'ordre de « service au client » a rapidement été traduit par « qualité de service », ce qui a permis aux membres de l'organisation de conserver la plupart de leurs schémas de pensée implicites et de leurs routines de comportement.
- La *tour d'ivoire.* Les membres de l'organisation considèrent que les porteurs du programme de changement – par exemple les dirigeants – sont déconnectés des réalités du terrain, notamment des besoins des clients et des compétences organisationnelles. De fait, puisque ces responsables ne sont pas crédibles, le changement est négligé. De même, les systèmes et les initiatives proposés peuvent être considérés comme non alignés avec le changement souhaité.
- La *conformité apparente.* Les individus risquent de se comporter conformément à ce que prévoit le programme de changement (en particulier lorsqu'ils savent qu'on les observe), sans pour autant y adhérer. Les réformateurs peuvent penser que le changement est en cours, alors qu'ils ne font que constater une conformité apparente.
- Le *refus de la contestation.* Les partisans du changement sont généralement confrontés à une résistance ou à des critiques. Ces comportements sont trop souvent considérés comme négatifs et nuisibles, alors qu'ils signalent que les membres de l'organisation se sentent réellement concernés par le processus. La contestation est une manière de réévaluer le changement afin de le rendre plus intelligible. Si la résistance existe, elle prouve que le processus de changement est en marche. Une résistance explicite – à laquelle il est possible de répondre – est d'ailleurs préférable à une résistance passive. Les réformateurs doivent donc considérer les critiques et les résistances comme des bases de négociation.
- Le *reniement.* Nous avons insisté à plusieurs reprises sur la nécessité d'un message clair à propos des orientations et des actions à mener. Cependant, si les dirigeants n'évaluent pas honnêtement la situation ou reviennent sur leurs engagements initiaux, ils perdront la confiance et le respect des membres de l'organisation, ce qui renforcera très probablement la résistance au changement.

La plupart de ces problèmes et défis sont reflétés par la controverse qui clôt ce chapitre.

Controverse académique

Peut-on gérer le changement ?

Dans quelle mesure et de quelle manière les dirigeants peuvent-ils conduire le changement ?

Selon John Kotter, un expert en leadership et en conduite du changement, le principal problème est l'incapacité des dirigeants à déployer la séquence chronologique nécessaire :

- Établir un sentiment d'urgence à partir des menaces et opportunités du marché.
- Former une coalition de parties prenantes influentes favorables au changement.
- Créer et communiquer une vision claire, afin d'orienter les efforts et s'assurer que le comportement du groupe de pilotage est cohérent avec la vision.
- Supprimer les obstacles au changement, faire évoluer les systèmes et les structures qui brouillent la vision, encourager la prise de risque et les idées, les initiatives et les actions originales.
- Obtenir des réussites à court terme.
- Consolider les améliorations et provoquer de nouveaux changements.

Cependant, Julia Balogun a étudié les progrès d'une opération de changement stratégique menée par des dirigeants, mais en se plaçant du point de vue des managers intermédiaires. Il apparaît ainsi qu'alors que les dirigeants croyaient être clairs sur leur stratégie, les managers intermédiaires interprètent le changement en fonction de leurs propres modèles mentaux et en relation avec leurs propres responsabilités, en discutant avec leurs pairs ou par le biais de rumeurs. Les dirigeants sont trop éloignés du terrain pour comprendre ou intervenir dans ces processus. Ils peuvent initier et influencer la direction du changement, mais pas le contrôler directement. Ils doivent :

Suivre de quelle manière les individus répondent à leurs initiatives de changement.

- Comprendre autant que possible la manière dont les individus donnent du sens au changement et répondre à leurs interprétations.
- Incarner le changement que les autres doivent adopter et éviter absolument les incohérences entre leurs propos et leurs actes.
- Se focaliser sur la création et la compréhension de principes généraux plutôt que sur des détails.

Hari Tsoukas et Robert Chia vont plus loin en affirmant que le changement constitue une propriété inhérente des organisations. La hiérarchie et le contrôle freinent cette qualité naturelle.

Les projets de changement articulent les discours qui permettent de rendre certaines choses possibles, même si ce qui se passe en réalité reste incertain une fois que le processus est amorcé. Ils ouvrent des possibilités qui doivent être concrétisées. Les projets de changement sont… localement adaptés, improvisés et élaborés… Que signifie alors la notion de « changement planifié » ? On admet en général que le changement résulte d'actions managériales délibérées. Cette interprétation est trop limitée. Si les managers cherchent effectivement à définir des modes de pensée et d'action au travers de plans, le changement organisationnel ne requiert pas nécessairement une action managériale intentionnelle : il est plutôt la conséquence du fait que des individus tentent de donner du sens à leur réalité et de donner corps à de nouvelles possibilités. Une focalisation sur la planification du changement ne permet pas de prendre conscience de la texture continûment évolutive des organisations.

Sources :

1. J. Kotter, « Leading change: why transformation efforts fail », *Harvard Business Review*, vol. 73, n° 2 (1995), pp. 59-67.
2. J. Balogun et G. Johnson, « Organizational restructuring and middle manager sensemaking », *Academy of Management Journal*, vol. 47, n° 4 (2004), pp. 523-550.
3. J. Balogun, « Managing change: steering a course between intended strategies and unanticipated outcomes », *Long Range Planning*, vol. 29 (2006), pp. 29-49.
4. H. Tsoukas et R. Chia, « On organizational becoming: rethinking organisational change », *Organization Science*, vol. 13, n° 5 (2002), pp. 567-582.

Questions

1. Quels sont les problèmes liés à chacune de ces deux interprétations de la conduite du changement ?
2. Si vous dirigiez une organisation, dans quelles circonstances suivriez-vous chacune de ces deux approches ?
3. Ces différentes vues sont-elles irréconciliables ? Vous pouvez vous référer aux commentaires de fin de partie.

Résumé

Le thème central de ce chapitre a été que les approches, les styles et les leviers utilisés pour conduire le changement doivent être adaptés au contexte. En gardant à l'esprit cette idée générale, nous avons souligné un certain nombre de points importants pour la gestion du changement stratégique :

- Il existe différents *styles de changements stratégiques* dans les organisations, que les réformateurs doivent utiliser selon le contexte et l'implication, et l'intérêt des différentes parties prenantes.
- D'autres aspects du *contexte organisationnel* doivent être pris en compte, qui peuvent être résumés grâce au *kaléidoscope du changement*. Ces aspects incluent les *ressources* et les *compétences* qu'il convient de préserver, le degré d'*homogénéité* ou de *diversité* de l'organisation, la *capacité* et la *volonté* de changer, ou encore le *pouvoir* dont disposent les réformateurs.
- L'*analyse de champ de forces* peut aider à identifier les facteurs susceptibles de bloquer le changement et ceux qui, à l'inverse, peuvent être utilisés comme leviers.
- Différents *leviers* peuvent être actionnés selon le type de changement requis et le contexte. Ces leviers incluent la construction d'une *argumentation convaincante*, l'identification et la contestation des *schémas de pensée implicites*, la nécessité de modifier les *routines* organisationnelles et les *symboles* et celle de maîtriser les *processus politiques* et les *tactiques* de changement.
- Différents *types* de changements existent, qu'on peut classer selon leur *ampleur* (selon qu'ils impliquent ou non une modification de la culture) et leur *nature* (selon qu'ils peuvent s'appuyer sur une évolution incrémentale ou qu'ils nécessitent une transformation radicale).
- Différents *processus* correspondent aux différents types de changements.

Travaux pratiques

• Signale des exercices d'un niveau plus avancé

14.1 Identifiez plusieurs cas de conduite du changement dans la presse économique et comparez les styles utilisés par les réformateurs concernés (vous pouvez aussi utiliser le cas sur Sergio Marchionne qui figure à la fin de ce chapitre).

14.2 En vous référant à la section 14.2.2, identifiez les éléments clés du contexte d'une organisation qui vous est familière (ou de celle présentée dans un des cas de fin de chapitre) et montrez comment ils peuvent influencer la conduite du changement.

14.3 Pour une organisation de votre choix (par exemple la même que dans la question précédente), utilisez une analyse de champ de forces pour identifier les facteurs qui bloquent le changement et ceux qui le facilitent. Déterminez quels éléments peuvent être gérés par un réformateur et comment.

14.4 • Dans le contexte d'un changement stratégique au sein d'une grande entreprise ou d'une organisation de service public, dans quelle mesure et pourquoi partagez-vous l'opinion de Richard Pascale selon laquelle « il est plus facile de changer les idées par les actes que les actes par les idées» ? (Vous pouvez vous aider des références 20 à 28.)

14.5 • Lisez un des nombreux ouvrages rédigés par des dirigeants qui ont conduit des changements majeurs dans de grandes organisations, par exemple celui de J. Welch, *Ma vie de patron*, Village Mondial, 2001, ou celui de C. Ghosn, *Citoyen du monde*, Grasset, 2003. Recensez les leviers et les mécanismes de changement utilisés par ce dirigeant à la lumière des approches présentées au long de ce chapitre. Ces approches se sont-elles révélées efficaces dans ce contexte ? D'autres mécanismes auraient-ils pu être utilisés ?

Exercice de synthèse

14.6 • Quels seraient les problèmes clés auxquels devrait faire face la direction générale d'une organisation diversifiée suivant une stratégie internationale (voir le chapitre 8), qui souhaiterait évoluer vers un portefeuille d'activités plus intégré ? Envisagez cette question en termes de (a) capacités stratégiques que la direction générale devrait détenir (voir les chapitres 3 et 7), (b) d'implications sur le contrôle et l'organisation des filiales (voir le chapitre 13), (c) de blocages vis-à-vis de ce type d'évolution, et (d) de moyens permettant de les surmonter (voir ce chapitre).

Lectures recommandées

- L'ouvrage de M. Raimbault et J.-M. Saussois, *Organiser le changement*, Éditions d'Organisation, 1983, est un bon complément à ce chapitre, tout comme celui de D. Autissier, F. Bensebaa et J.-M. Moutot, *Les Stratégies de changement – L'hypercube du changement gagnant*, Dunod, 2012.
- J. Balogun, V. Hope Hailey et É. Viardot, *Stratégies du changement*, 2ᵉ édition, Pearson Éducation, 2005, détaillent la plupart des idées présentées dans ce chapitre.
- Sur les différentes approches de la gestion du changement, voir M. Beer et N. Nohria, « Cracking the code of change », *Harvard Business Review*, vol. 78, n° 3 (2000), pp. 133-141.
- Sur l'ambidextrie organisationnelle, voir F. Simon et A. Tellier, « Créativité et réseaux sociaux dans l'organisation ambidextre », *Revue Française de Gestion*, vol. 34/187 (2008), pp. 145-159, ainsi que C.A. O'Reilly et M.L. Tushman, « Organizational ambidexterity in action: how managers explore and exploit », *California Management Review*, vol. 53, n° 4 (2011), pp. 5-22, et G. Johnson, G. Yip et M. Hensmans, « Achieving successful strategic transformation », *MIT Sloan Management Review*, vol. 53, n° 3 (2012), pp. 25-32.
- Pour une présentation des aspects symboliques du changement stratégique, voir le chapitre de H. Laroche, « Culture organisationnelle » dans l'ouvrage de N. Aubert et *al.*, *Management, aspects humains et organisationnels*, PUF, 2010.
- Il existe peu de textes consacrés aux aspects politiques du management. Le meilleur reste certainement N. Machiavel, *Le Prince*, Librairie Générale Française, 1983. On peut aussi consulter P.-F. Ténière-Buchot, *L'ABC du pouvoir*, Éditions d'Organisation, 1989.
- La recherche de L.C. Harris et E. Ogbonna, « The unintended consequences of culture interventions: a study of unexpected outcomes », *British Journal of Management*, vol. 13, n° 1 (2002), pp. 31-49, examine en détail les problèmes liés à la conduite du changement.

Références

1. Cette définition du leadership est adaptée de R.M. Stodgill, « Leadership, membership and organization », *Psychological Bulletin*, vol. 47 (1950), pp. 1-14. Pour une contribution plus récente, voir G.A. Yukl, *Leadership in Organizations*, 6ᵉ édition, Prentice Hall, 2005, et N. Aubert,

J.-P. Gruère, J. Jabes, H. Laroche et S. Enlart, *Management, aspects humains et organisationnels*, PUF, 2010. Voir aussi K. Balazs, *Ils ont décroché les étoiles ! Quand les grands chefs nous livrent leurs recettes de leadership*, Pearson Éducation, 2009.

2. J. Kotter, « What leaders really do », *Harvard Business Review*, vol. 79, n° 11 (2001), pp. 85-96.
3. Voir D. Ulrich, N. Smallwood et K. Sweetman, *Leadership Code: the Five Things Great Leaders Do*, Harvard Business School Press, 1999.
4. Voir S. Floyd et W. Woolridge, *The Strategic Middle Manager: How to Create and Sustain Competitive Advantage*, Jossey-Bass, 1996.
5. Voir E. Mollick, « People and process, suits and innovators: the role of individuals in firm performance », *Strategic Management Journal*, vol. 33, n° 9 (2012), pp. 1001-1015.
6. Voir notamment J. Balogun et G. Johnson, « Organizational restructuring and middle manager sensemaking », *Academy of Management Journal*, vol. 47, n° 4 (2004), pp. 523-549 ; J. Balogun, « Managing Change: steering a course between intended strategies and unanticipated outcomes », *Long Range Planning*, vol. 39 (2006), pp. 29-49 ; J. Sillence et F. Mueller, « Switching strategic perspective: the reframing of accounts of responsibility », *Organization Studies*, vol. 28, n° 2 (2007), pp. 155-176.
7. Voir T.A. Judge et R.F. Piccolo, « Transformational and transactional leadership: a meta analytic test of their relative validity », *Journal of Applied Psychology*, vol. 89 (2004), pp. 755-768.
8. Voir D.A. Waldman, G.G. Ramirez, R.J. House et P. Puranam, « Does leadership matter? CEO leadership attributes and profitability under conditions of perceived environmental uncertainty », *Academy of Management Journal*, vol. 44, n° 1 (2001), pp. 134-143.
9. Voir D. Goleman, « Leadership that gets results », *Harvard Business Review*, vol. 78, n° 2 (2000), pp. 78-90, et C.M. Farkas et S. Wetlaufer, « The ways chief executives lead », *Harvard Business Review*, vol. 74, n° 3 (1996), pp. 110-112.
10. Cette section est construite à partir des typologies utilisées par J. Balogun, V. Hope Hailey et É. Viardot *Stratégies du changement*, 2e édition, Pearson Éducation, 2005. et D. Dunphy et D. Stace, « The strategic management of corporate change », *Human Relations*, vol. 46, n° 8 (1993), pp. 905-920. Voir aussi une autre classification dans R. Caldwell, « Models of change agency: a fourfold classification », *British Journal of Management*, vol. 14, n° 2 (2003), pp. 67-83.
11. Voir D.A. Garvin et M.A. Roberto, « Change through persuasion », *Harvard Business Review*, vol. 83, n° 2 (2005), pp. 104-112.
12. L'effet de l'implication dans les processus stratégiques est étudié par N. Collier, F. Fishwick et S.W. Floyd, « Managerial involvement and perceptions of strategy process », *Long Range Planning*, vol. 37 (2004), pp. 67-83.
13. Voir A.M. Grant, « Leading with meaning: beneficiary contact, prosocial impact and the performance effects of transformational leadership », *Academy of Management Journal*, vol. 55, n° 2 (2012), pp. 458-476.
14. Voir J. Newton, J. Graham, K. McLoughlin et A. Moore, « Receptivity to change in a general medical practice », *British Journal of Management*, vol. 14, n° 2 (2003), pp. 143-153. Sur la conduite du changement dans les services publics, voir par exemple F. Ostroff, « Change management in government », *Harvard Business Review*, vol. 84, n° 5 (2006), pp. 141-147.
15. Voir J.-L. Denis, L. Lamothe et A. Langley, « The dynamics of collective change leadership and strategic change in pluralistic organisations », *Academy of Management Journal*, vol. 44, n° 4 (2001), pp. 809-837.
16. Voir D. Buchanan, L. Fitzgerald, D. Ketley, R. Gallop, J.L. Jones, S.S. Lamont, A. Neath et E. Whitby, « No going back: a review of the literature on sustaining organizational change », *International Journal of Management Reviews*, vol. 7, n° 3 (2005), pp. 189-205.
17. Voir C. Aiken et S. Keller, «The irrational side of change management », *The McKinsey Quarterly*, n° 6 (2009), pp. 101-109.
18. Pour un exemple de cette approche, voir J.M. Mezias, P. Grinyer et W.D. Guth, « Changing collective cognition: a process model for strategic change », *Long Range Planning*, vol. 34 (2001), pp. 71-95, ainsi que F. Ackermann, C. Eden et I. Brown, *The Practice of Making Strategy*, Sage, 2005.
19. Voir M. Hensmans, G. Johnson et G. Yip, *Strategic Transformation: Changing While Winning*, Palgrave, 2013, et G. Johnson, G. Yip et M. Hensmans, « Achieving successful strategic transformation », *MIT Sloan Management Review*, vol. 53, n° 3 (2012), pp. 25-32. Sur le contexte psychologique, les biais cognitifs et leur impact sur la manière dont les managers envisagent l'avenir, voir M. Godet, *Manuel de prospective stratégique*, Dunod, 2007.
20. Cette citation est tirée de R. Pascale, M. Millemann et L. Gioja, « Changing the way we change », *Harvard Business Review*, vol. 75, n° 6 (1997), pp. 126-139.
21. Voir C. Rerup et M.S. Feldman, « Routines as a source of change in organizational schemata: the role of trial and error learning », *Academy of*

Management Journal, vol. 54, n° 3 (2011), pp. 577-610.
22. Voir H. Bresman, « Changing routines: a process model of vicarious group learning in pharmaceutical R&D », *Academy of Management Journal*, vol. 56, n° 1 (2013), pp. 35-61.
23. Voir G. Johnson, S. Smith et B. Codling, « Institutional change and strategic agency: an empirical analysis of managers' experimentation with routines in strategic decision-making », dans l'ouvrage coordonné par D. Golsorkhi, L. Rouleau, D. Seidl et E. Vaara, *The Cambridge Handbook of Strategy as Practice*, Cambridge University Press, 2010.
24. Pour une discussion plus approfondie sur ce thème, voir J.M. Higgins et C. McCallaster, « If you want strategic change, don't forget your cultural artefacts », *Journal of Change Management*, vol. 4, n° 1 (2004), pp. 63-73.
25. Sur le rôle des rituels dans la conduite du changement, voir D. Sims, S. Fineman et Y. Gabriel, *Organizing and Organizations: An Introduction*, Sage, 1993. Voir aussi M. Trice et J.M. Beyer, « Using six organisationals rites to change culture », dans R.H. Kilman, M.J. Saxton, R. Serpa et *al.* (eds), *Gaining Control of the Corporate Culture*, Jossey-Bass, 1985.
26. Voir C. Hardy, I. Palmer et N. Philips, « Discourse as a strategic resource », *Human Relations*, vol. 53, n° 9 (2000), pp. 1227-1248.
27. Cette discussion utilise les observations sur le rôle des activités politiques dans les organisations, menées notamment par M. Crozier et E. Friedberg, *L'Acteur et le système. Les contraintes de l'action collective*, Seuil, 1977, H. Mintzberg, *Le Pouvoir dans les organisations*, Éditions d'Organisation, 1986, et J. Pfeiffer, *Power in Organizations*, Pitman, 1981. Cependant, le livre le plus intéressant sur les jeux politiques reste N. Machiavel, *Le Prince*, Librairie Générale Française, 1983. On peut aussi consulter P.-F. Ténière-Buchot, *L'ABC du pouvoir*, Éditions d'Organisation, 1989.
28. C. Hardy, « Understanding power; bringing about strategic change », *British Journal of Management*, vol. 7, special issue (1996), pp. 3-16.
29. M. Hensmans, G. Johnson et G. Yip (référence 19) parlent d'*heureux accidents* pour décrire ces événements dont le réformateur peut tirer profit.
30. Pour plus de détails sur la démarche de William Bratton, voir W.C. Kim et R. Mauborgne, « Tipping point leadership », *Harvard Business Review*, vol. 81, n° 4 (2003), pp. 60-69.
31. Voir J. Balogun, V. Hope Hailey et É. Viardot (référence 10).
32. Les plans de redressement sont présentés en détail par S. Slatter et D. Lovett, *Corporate Turnaround*, Penguin Books, 1999, et par P. Grinyer, D. Mayes et P. McKiernan, « The sharpbenders: achieving a sustained improvement in performance », *Long Range Planning*, vol. 23, n° 1 (1990), pp. 116-125. Voir aussi V.L. Barker et I.M. Duhaime, « Strategic change in the turnaround process: theory and empirical evidence », *Strategic Management Journal*, vol. 18, n° 1 (1997), pp. 13-38.
33. Voir J. Battilana et T. Casciaro, « Change agents, networks and institutions: a contingency theory of organizational change », *Academy of Management Journal*, vol. 35, n° 2 (2012), pp. 381-398.
34. Voir W.K. Smith et M. Tushman, « Senior teams and managing contradictions: on the team dynamics of managing exploitation and exploration », *Organization Science*, vol. 16, n° 5 (2005), pp. 522-536.
35. M.L. Tushman et C.A. O'Reilly, « Ambidextrous organizations: managing evolutionary and revolutionary change », *California Management Review*, vol. 38, n° 4 (1996), pp. 8-30.
36. R. Duncan, « Characteristics of organisational environments and perceived environmental uncertainty », *Administrative Science Quarterly*, vol. 17, n° 3 (1972), pp. 313-327.
37. R.A. Burgelman et A.S. Grove, « Strategic dissonance », *California Management Review*, vol. 38, n° 2 (1996), pp. 8-28.
38. R.A. Burgelman et A.S. Grove, « Let chaos reign, then rein in chaos – repeatedly: managing strategic dynamics for corporate longevity », *Strategic Management Journal*, vol. 28 (2007), pp. 965-979. Voir aussi C.A. O'Reilly et M.L. Tushman, « Organizational ambidexterity in action: how managers explore and exploit », *California Management Review*, vol. 53, n° 4 (2011), pp. 5-22.
39. Voir L.C. Harris et E. Ogbonna, « The unintended consequences of culture interventions: a study of unexpected outcomes », *British Journal of Management*, vol. 13, n° 1 (2002), pp. 31-49. Voir aussi J.D. Ford, L.W. Ford et A.D. Amelio, « Resistance to change: the rest of the story », *Academy of Management Review*, vol. 23 (2008), pp. 362-377, et D.A. Garvin et M.A. Roberto (référence 11).

Étude de cas

Sergio Marchionne conduit le changement

Avec la double nationalité italienne et canadienne, Sergio Marchionne parlait couramment anglais et italien. Il était diplômé en philosophie, titulaire d'un MBA et d'un doctorat en droit. Il avait débuté dans le cabinet d'audit Deloitte avant de prendre des postes de manager dans l'imprimerie, le divertissement et l'industrie chimique. Il avait finalement été élu au conseil d'administration de Fiat en mai 2003. Alors qu'il n'avait pas d'expérience de management dans l'industrie automobile, il avait été nommé directeur général de Fiat en 2004. Depuis cette date, il avait supervisé le redressement de Fiat, le troisième plus gros constructeur automobile en Europe, puis de Chrysler, le troisième plus gros constructeur automobile aux États-Unis.

Qu'il soit dans son bureau, dans une réunion officielle ou même à une cérémonie de remise de prix, Sergio Marchionne gardait toujours une image informelle et détendue. Il portait généralement un pull et non un costume. Il estimait que :

> *« Mon rôle en tant que directeur général n'est pas de prendre des décisions, mais de fixer des objectifs ambitieux et d'aider nos managers à réussir à les atteindre*[1]. »

Lorsqu'il sélectionnait les dirigeants des principales activités du groupe, il veillait tout particulièrement, parmi d'autres qualités, à leur esprit de décision, à leur créativité, mais aussi à leur capacité à contester les idées reçues et à conduire le changement. Il répétait qu'il fallait donner aux managers des responsabilités et la liberté d'expérimenter des idées nouvelles, ce qui impliquait qu'il y aurait « des succès et des erreurs. Il faut tolérer les erreurs[2]. »

Le redressement de Fiat

Lorsqu'il devint directeur général de Fiat en 2004, il était le cinquième à occuper ce poste depuis 2001. L'entreprise était en pertes, les produits avaient une mauvaise image de qualité, ses derniers lancements avaient été des échecs et les relations avec les syndicats étaient tendues. Il passa ses cinquante premiers jours à visiter l'entreprise, à écouter les salariés et à analyser la situation. Il découvrit que les dirigeants n'étaient pas habitués à endosser la responsabilité des décisions. Tout remontait au directeur général. La plupart du temps, les dirigeants communiquaient entre eux par l'intermédiaire de leurs secrétaires et ils passaient leur temps soit à régler des problèmes urgents, soit à chercher à les éviter. L'entreprise était dominée par les ingénieurs, et l'ingénierie était la voie royale pour devenir dirigeant. Les ingénieurs développaient seuls les nouveaux modèles, puis ils transmettaient les modèles finalisés aux commerciaux et au marketing, après avoir eux-mêmes fixé les objectifs de vente et les prix. Non seulement cette démarche était inefficiente, mais elle créait de vives tensions entre les départements.

Après des premières mesures destinées à réduire l'endettement du groupe, Sergio Marchionne décida de s'attaquer à ces problèmes de management. Il estima que chez les plus hauts dirigeants l'habitude d'en référer systématiquement au directeur général était tellement ancrée qu'elle ne pouvait plus être changée. Par conséquent, la plupart d'entre eux furent invités à quitter l'entreprise. Par ailleurs, 2 000 managers furent poussés en préretraite. À l'inverse, lors de sa visite de l'entreprise, il avait identifié des jeunes managers talentueux, souvent dans des

Étude de cas

fonctions telles que le marketing (jusque-là considéré comme une voie de garage) ou dans des zones géographiques telles que l'Amérique latine, où ils étaient moins influencés par la direction générale. De fait, ces managers avaient tendance à être plus autonomes et à prendre des initiatives personnelles. Il identifia ainsi 20 nouveaux dirigeants.

Plutôt que de recourir à des méthodes classiques d'évaluation, il s'impliquait personnellement dans la détection des managers à haut potentiel. Il pensait aussi que cet engagement personnel aidait à constituer une équipe partageant des valeurs communes. Ces nouveaux dirigeants devaient être responsables du redressement de l'entreprise :

> « *Lorsque je leur donne plus de responsabilités, je leur demande d'en assumer les conséquences. Un dirigeant qui n'atteint pas un objectif doit en assumer les conséquences. Je comprends que ne pas atteindre un objectif soit pardonnable [mais] si vous voulez construire de vrais leaders, les explications et les excuses ne doivent pas devenir une habitude. C'était une des caractéristiques du Fiat du passé et nous n'en voulons plus*[3]. »

Sergio Marchionne rassembla son équipe pour définir un plan ambitieux, annoncé en juillet 2004 : dégager 2 milliards de profits en 2007. Il admettait lui-même que cet objectif était très élevé. Certains pensaient même qu'il était irréaliste, mais il avait la vertu de forcer les managers à penser différemment et à contester les pratiques établies. Afin de renforcer l'intégration et d'accélérer les processus, Sergio Marchionne supprima plusieurs niveaux hiérarchiques, élimina toute une profusion de commissions diverses et les remplaça par un comité exécutif de groupe qui rassemblait des dirigeants venus de divisions aussi disparates que les tracteurs et les camions. Pour diriger l'activité automobile, il mit également en place une équipe de 24 personnes chargées de s'assurer que toutes les parties de l'entreprise communiquaient les unes avec les autres. Pour encourager encore le partage des idées, il déplaça des dirigeants d'une fonction à une autre et exigea que les membres du comité de direction acceptent plusieurs responsabilités dans plusieurs parties du groupe.

Il estimait que son propre rôle était de contester les idées reçues. Il citait en exemple le fait qu'il avait demandé pourquoi quatre ans étaient nécessaires à Fiat pour développer un nouveau modèle. Cela aida à identifier des processus qui pouvaient être supprimés, et la nouvelle Cinquecento fut développée et lancée en seulement 18 mois en 2006. « Vous commencez par retirer quelques goulets d'étranglement, et rapidement les gens comprennent et se mettent à supprimer leurs propres processus[4]. » Cette remise à plat était également aidée par le recrutement de nouveaux managers extérieurs à l'industrie automobile et par des étalonnages, non seulement avec des concurrents, mais aussi avec des entreprises telles qu'Apple.

Le changement ne concernait pas que les dirigeants. Beaucoup de salariés travaillaient dans des usines dont Sergio Marchionne avait constaté l'inefficience et l'aspect lugubre :

> « *Ce qui aurait été facile pour moi, ça aurait été de fermer deux usines et de rassembler les actifs ailleurs. Mais si j'avais fait ça, nous aurions eu une main-d'œuvre mécontente. [...] Nous avons ouvert des garderies d'enfants et des épiceries à côté des usines pour que les gens puissent plus facilement trouver un équilibre entre leur vie professionnelle et leurs obligations domestiques. Nous avons redécoré tous les vestiaires et les toilettes. [...] Nous l'avons fait parce que nous pensons que notre engagement à l'égard de notre main-d'œuvre va au-delà de ce qui est négocié dans les contrats de travail*[5]. »

Dès 2006, Fiat était bénéficiaire.

Le redressement de Chrysler

En 2009, Chrysler était proche de la faillite. Sa valeur boursière était nulle, ses investissements avaient été stoppés et 300 000 emplois étaient en jeu. Avec le soutien des gouvernements américain et canadien et du syndicat des ouvriers automobiles UAW, Fiat forma une alliance stratégique avec Chrysler et prit 20 % de son capital. Sergio Marchionne en devint le directeur général. Il estimait que Fiat et Chrysler pouvaient constituer un acteur global de premier plan dans l'industrie automobile en utilisant des synergies potentielles en termes de pouvoir de négociation auprès des fournisseurs, de capacité de distribution et de portefeuille de produits : les monospaces et les 4x4 pour Chrysler, les petits modèles et les moteurs efficients pour Fiat.

Lorsque Sergio Marchionne reprit Chrysler en 2009, il hérita non seulement d'un prêt public de 6 milliards d'euros qu'il fallait rembourser rapidement, mais aussi d'une main-d'œuvre tétanisée et, comme chez la plupart des constructeurs de Détroit à l'époque, d'une entreprise gangrenée par la bureaucratie. Un de ses premiers actes fut, dans une note adressée à tous les salariés de Chrysler, de souligner le parallèle avec Fiat : « Il y a cinq ans, j'ai trouvé Fiat dans une situation très similaire. Beaucoup pensaient que l'entreprise était un constructeur déclinant et léthargique, qui produisait des voitures de mauvaise qualité et était paralysé par la bureaucratie[6]. »

Comme Fiat, Chrysler était une entreprise très hiérarchisée, avec des managers qui refusaient de prendre des décisions : « Ce groupe était dirigé par le bureau du président. [...] Le dernier étage (appelé en interne "la Tour") est désormais vide. [...] Plus rien ne se passe là-haut. Je suis sur le terrain, avec les ingénieurs[7]. »

Là encore, Sergio Marchionne changea les dirigeants. Il identifia 26 jeunes managers, alors en poste à deux ou trois échelons sous la direction, qui jusque-là avaient été étouffés par la hiérarchie. Ils furent placés directement sous sa direction, alors que plusieurs niveaux intermédiaires étaient supprimés. La réorganisation impliqua aussi le départ des managers qui ne répondaient pas aux attentes de Sergio Marchionne.

Il mit de nouveau l'accent sur le contrôle des coûts. En 2009, le plan identifia ainsi des économies de 2,9 milliards de dollars à réaliser avant 2014, grâce au partage de pièces et de moteurs avec Fiat. Le développement de produits était également mis en avant. Pour cela, il s'appuya sur l'expérience de sa nouvelle équipe pour améliorer la gamme, comme Ralph Gilles, qui était en charge du design :

> *« Tout le monde savait ce qui n'allait pas avec nos voitures. Vous demandez à n'importe quel employé dans l'entreprise, il peut lister dix choses qu'il pourrait faire mieux. Et quand vous avez la chance de faire ces dix choses mieux, vous obtenez un produit qui dépasse la somme de ses parties[8]. »*

Un autre élément clé du redressement était de résoudre les problèmes de qualité. Chrysler était organisé de telle manière que chacune des marques avait son propre département qualité. Ces différents départements furent fusionnés et de nouvelles manières de mesurer la qualité, introduite afin de mieux superviser l'ensemble des marques. Cette attention au produit et à l'amélioration de la qualité s'accompagna d'une modernisation des usines. Seize modèles furent remis à jour en 18 mois. Lorsque l'usine de Jefferson North à Détroit fut rénovée, la main-d'œuvre fut chargée du nettoyage le plus approfondi depuis son ouverture en 1991. Ils accueillirent Sergio Marchionne lorsqu'il vint constater l'avancée des travaux, mais furent encore plus ravis lorsque le président Obama visita l'usine et la qualifia de « magnifique ». Les relations sociales n'étaient cependant pas toujours aussi positives. Les efforts de réduction des coûts avaient impliqué des suppressions d'emplois, des fermetures d'usines, des blocages des salaires et des ruptures d'accords syndicaux. Les syndicalistes protestaient régulièrement lors des discours de Sergio Marchionne.

En 2011, Chrysler annonça un profit opérationnel de 2 milliards de dollars (contre une perte nette de 652 millions en 2010) et remboursa tous les prêts gouvernementaux.

Étude de cas

De nouveaux défis

En juillet 2011, la participation de Fiat dans Chrysler monta à 53,5 % et en septembre 2011, Sergio Marchionne devint président de Chrysler. Cependant, de nouveaux défis s'annonçaient.

En 2012, Chrysler prospérait. L'investissement prévu était de 4 milliards de dollars (après 3,1 milliards en 2011) et les profits continuaient à croître. Fiat, en revanche, ne se relevait toujours pas de la terrible crise que l'industrie automobile européenne traversait depuis maintenant cinq ans, et qui avait particulièrement touché l'Italie. Les modèles Fiat étaient toujours classés avant-derniers en termes de qualité aux États-Unis[9]. L'entreprise était en pertes, les prévisions de ventes et les investissements en Europe étaient en baisse, et les usines italiennes tournaient à 50 % de leur capacité[10].

Sergio Marchionne essaya de promouvoir des efforts communs au niveau de toute l'industrie européenne pour réduire la capacité de production, et après une première fermeture en 2011, il menaça de fermer une deuxième usine italienne. Il en appela à l'intervention du gouvernement pour fermer plus facilement les usines non rentables et licencier leurs ouvriers. Sa proposition de réduction des capacités de production en Europe reçut très peu d'échos de la part de Volkswagen, BMW et Mercedes, qui n'avaient pas d'usines excédentaires sur le continent. Un observateur de l'industrie remarqua que les prochaines années de Fiat et de Chrysler seraient « riches en adrénaline[11] ».

De fait, en janvier 2014, Sergio Marchionne annonça presque simultanément la fusion complète de Fiat et de Chrysler (après le rachat des 41 % encore détenus par le syndicat UAW pour 4,35 milliards de dollars), le quasi-abandon de la marque Lancia, le retrait des modèles Dodge vendus sous la marque Fiat en Europe, et le déplacement du siège légal du groupe à Amsterdam et de son siège fiscal à Londres, alors que son action serait cotée à New York. Il restait encore à officialiser le nom de ce nouveau groupe[12].

Sources :

1. Sergio Marchionne, « Fiat's extreme makeover », *Harvard Business Review*, décembre 2008, p. 46.
2. Conférence de Sergio Marchionne, « Leading from hell and back », à la Ross School of Business, Michigan University, 13 janvier 2012.
3. *Harvard Business Review*, décembre 2008, p. 46.
4. *Harvard Business Review*, décembre 2008, p. 47.
5. *Harvard Business Review*, décembre 2008, p. 48.
6. Peter Gumbe, « Chrysler's Sergio Marchionne: the turnaround artista », *Time Magazine*, 18 juin 2009.
7. Resurrecting Chrysler, *60 minutes*, CBS, 25 mars 2012, youtube.com/watch?v=h3ppoyWNN7s.
8. Resurrecting Chrysler, *60 minutes*, CBS (voir référence 7).
9. J.D. Power and Associates (2012).
10. Tommaso Ebhardt, « Marchionne seen missing Fiat sales target by $19 billion », *Business Week*, 29 octobre 2012.
11. Tommaso Ebhardt (voir référence 10).
12. *Les Echos*, 26 janvier 2014.

Questions

1. En référence à la section 14.5, quel type de changement Sergio Marchionne a-t-il conduit chez Fiat et chez Chrysler ? Était-ce adapté au contexte ?
2. Comment décririez-vous le style de changement de Sergio Marchionne ? Était-il approprié au contexte ?
3. Quels leviers de changement Sergio Marchionne a-t-il utilisés ? Quels autres leviers aurait-il pu employer et pourquoi ?
4. Évaluez l'efficacité de la conduite du changement chez Fiat et chez Chrysler.

Chapitre 15
La pratique de la stratégie

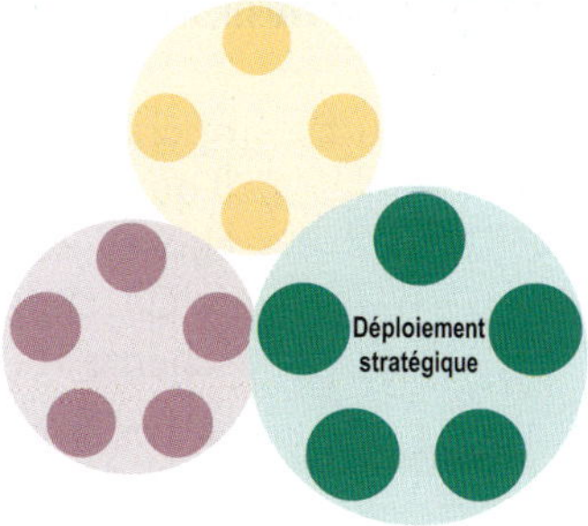

Objectifs

Après avoir lu ce chapitre, vous serez capable de :

- Déterminer qui devrait participer à chacune des étapes de l'élaboration de la stratégie, notamment les dirigeants, les consultants, les membres de la direction de la stratégie et les managers intermédiaires.
- Évaluer les différentes activités de la pratique de stratégie, notamment l'analyse, la promotion des problèmes stratégiques, les structures de prise de décisions et la communication.
- Identifier les éléments clés des différentes méthodes communément utilisées dans la pratique de la stratégie, notamment les séminaires de réflexion stratégique, les projets, les tests d'hypothèse et l'écriture de rapports et de plans stratégiques.

Concepts clés

Direction de la stratégie p. 580, promotion d'un problème stratégique p. 589, séminaires de réflexion stratégique p. 596, projets stratégiques p. 598, test d'hypothèse p. 599, rapport stratégique p. 599, plan stratégique p. 601.

15.1 Introduction

En 2012, à 37 ans, Marissa Mayer – qui jusque-là faisait partie du comité de direction de Google – devint directeur général de Yahoo! (voir le cas à la fin du chapitre 1). Elle s'engagea à s'immerger dans le fonctionnement de l'entreprise afin de formuler une nouvelle stratégie qui stopperait son déclin. Dans le même temps, elle donna naissance à son premier enfant.

Si vous étiez recruté(e) dans un département de stratégie ou deveniez le directeur d'un domaine d'activité stratégique dans une entreprise, que feriez-vous concrètement pour déployer une stratégie ? Qui impliqueriez-vous et comment ? Ce dernier chapitre est consacré à la manière dont les managers pratiquent effectivement la stratégie. Alors que le chapitre 12 a présenté de manière globale les différents processus stratégiques, ce chapitre adopte une démarche plus détaillée : que se passe-t-il concrètement *à l'intérieur* de ces processus ? L'objectif est d'examiner comment les individus contribuent en pratique à la fabrication de la stratégie, qu'ils soient dirigeants, membres du département stratégie, consultants ou managers opérationnels. Pour réussir, il ne suffit pas d'avoir une bonne stratégie, encore faut-il que cette stratégie soit mise en œuvre par les bonnes personnes, faisant les bonnes choses, de la bonne manière.

Ce chapitre comprend trois sections principales, comme le montre le schéma 15.1 :

- Les *stratèges*. Qui sont les différentes personnes impliquées dans la fabrication de la stratégie ? Comme nous l'avons vu dans le chapitre 12, il ne s'agit pas uniquement des dirigeants. Les stratégies sont souvent émergentes et elles impliquent des individus situés à tous les niveaux de l'organisation, voire de son environnement plus ou moins proche. La controverse qui clôt ce chapitre est consacrée à l'utilisation des consultants en stratégie. Le lecteur est invité à se demander quelle est sa position – actuelle et future – par rapport à ces différents types de stratèges.
- Les *activités stratégiques*. Que font les stratèges lorsqu'ils sont impliqués dans la construction de la stratégie ? Cela inclut notamment l'analyse stratégique présentée dans la première partie de l'ouvrage, mais aussi la gestion des questions stratégiques, la réalité de la prise de décisions stratégiques et la communication de ces décisions aux différentes parties prenantes.
- Les *méthodes stratégiques*. Quelles sont les méthodes utilisées par les stratèges dans le cadre de ces activités stratégiques ? Cela inclut notamment les séminaires qui permettent de formuler ou de communiquer une stratégie, les projets et les équipes de conseil, le test d'hypothèse et l'écriture de rapports ou de plans stratégiques.

Le schéma 15.1 résume ces trois dimensions dans une *pyramide de pratiques*[1]. Cette pyramide souligne trois questions qui traversent tout ce chapitre : *Qui* (qui doit participer à la fabrication de la stratégie) ? *Quoi* (quelles sont les activités menées à bien par les stratèges) ? *Comment* (quelles sont les méthodes utilisées lors de ces activités) ? La pyramide place les stratèges au sommet, ce qui souligne le rôle de leurs choix et de leurs compétences dans la fabrication de la stratégie. Ce sont les stratèges qui choisissent et déploient les activités stratégiques et les méthodes situées à la base de la pyramide. Le résultat final peut être significativement influencé par les choix et les compétences des stratèges en termes d'activités et de méthodes. Le reste de ce chapitre cherche à guider les stratèges afin de les aider à faire ces choix.

Schéma 15.1 La pyramide de la pratique de la stratégie

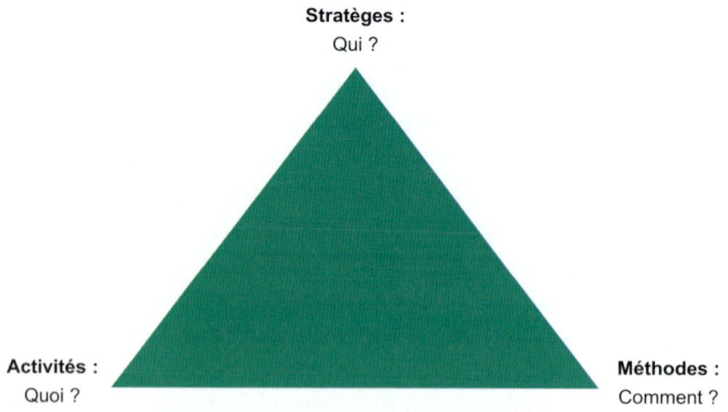

15.2 Les stratèges

Cette section présente les différentes catégories d'individus impliqués dans la stratégie, des dirigeants aux experts du département stratégie, en passant par les consultants. Un point essentiel est la manière dont les managers intermédiaires peuvent accroître leur influence sur la fabrication de la stratégie.

15.2.1 Les dirigeants

Il est communément admis que la stratégie est le travail des dirigeants : ceux-ci doivent s'extraire des tâches opérationnelles afin de se consacrer aux grandes questions stratégiques[2]. Si les dirigeants sont trop impliqués dans l'activité quotidienne de l'organisation, ils risquent d'être accaparés par des questions secondaires et de perdre de vue les orientations à long terme, voire de représenter les intérêts de leur propre fonction ou département plutôt que ceux de l'organisation dans son ensemble. Dans les entreprises, les titres portés par les dirigeants soulignent leurs responsabilités stratégiques : les dirigeants dirigent, les managers gèrent.

Dans beaucoup d'organisations, c'est le conseil d'administration (ou ses équivalents) qui assume la responsabilité de la stratégie (voir le chapitre 4). Cependant, les dirigeants jouent des rôles très différents selon qu'ils sont directeurs généraux, membres du comité de direction ou administrateurs non exécutifs.

- Le *directeur général* est souvent considéré comme le « stratège en chef », responsable en dernier ressort de toutes les décisions stratégiques. En général, les directeurs généraux des grandes entreprises consacrent un tiers de leur temps à la stratégie[3]. Michael Porter souligne l'importance d'un leader stratégique, capable de définir ce qui est cohérent ou non avec une stratégie d'ensemble[4]. Dans cette optique, le directeur général est l'auteur de la stratégie et il est responsable de son succès ou de son échec. La clarté de cette responsabilité individuelle permet incontestablement de focaliser l'attention, mais elle est risquée. Premièrement, cette centralisation peut déboucher sur une personnalisation excessive : en cas de problème, l'organisation est alors tentée de se contenter de changer de directeur général plutôt que d'examiner en détail les failles de sa stratégie. Deuxièmement, le directeur général peut finir par se considérer comme un héros et lancer des initiatives de plus en plus ambitieuses. Cet excès de confiance des leaders héroïques aboutit souvent à des échecs retentissants. La recherche de Jim Collins consacrée aux entreprises capables de surpasser leurs concurrents sur de longues périodes montre qu'en général elles sont dirigées sur des durées longues par des individus modestes et persévérants[5].
- Les *membres du comité de direction* ont aussi une responsabilité dans la stratégie. Par leur expérience et leur compétence, ils peuvent contribuer à la réflexion du directeur général. En théorie, ils devraient être capables de mettre à l'épreuve la vision du dirigeant et de stimuler le débat autour de la stratégie. En pratique, les membres des comités de direction sont le plus souvent contraints de trois manières différentes. En premier lieu, sauf dans les grandes entreprises, ils conservent une responsabilité opérationnelle susceptible de biaiser leur réflexion stratégique : un directeur marketing doit parallèlement résoudre des questions de marketing, tout comme un directeur de production est chargé de la bonne marche de la production. Deuxièmement, les membres du comité de direction sont habituellement nommés par le directeur général, ce qui réduit leur indépendance et leur faculté critique. Troisièmement, les comités de direction sont

souvent victimes du phénomène du *groupthink*, c'est-à-dire la tendance à préserver le consensus et à éviter tout conflit interne[6]. On peut limiter cette dérive en cherchant à diversifier les profils (en termes d'âge, d'expertise, de sexe ou de nationalité) et en maintenant une ouverture d'esprit grâce à la nomination d'administrateurs non exécutifs.

- *Les administrateurs non exécutifs* devraient théoriquement avoir une vue objective sur la stratégie, puisqu'ils n'ont pas de responsabilité interne. Même si on constate des différences entre les systèmes de gouvernement d'entreprise d'un pays à l'autre (voir la section 4.3.4), le président du conseil d'administration est souvent non exécutif. Il est chargé de faire le lien entre le directeur général et les actionnaires, ce qui lui donne la capacité d'amender significativement la stratégie. Cependant, en pratique, cette capacité est limitée. Les administrateurs non exécutifs exercent le plus souvent leur activité principale en dehors de l'organisation. Leur rôle est donc au mieux consultatif : ils peuvent contrôler et discuter les orientations stratégiques définies par le comité de direction. Ils doivent aussi s'assurer que l'organisation dispose d'un système rigoureux lui permettant de concevoir et de réexaminer régulièrement sa stratégie. Il est donc important que les administrateurs non exécutifs soient des individus expérimentés et respectés, disposant d'une réelle indépendance vis-à-vis du comité de direction et ayant à leur disposition toutes les informations nécessaires avant chaque conseil d'administration[7].

15.2.2 La direction de la stratégie

Une **direction de la stratégie** est composée d'individus dont la responsabilité formelle est de coordonner l'élaboration de la stratégie (voir le chapitre 12). Les petites organisations n'engagent que très rarement des experts chargés d'élaborer leur stratégie. En revanche, les directions de la stratégie sont relativement fréquentes dans les grandes entreprises et de plus en plus répandues dans le service public et dans les organisations à but non lucratif. Comme le montre l'illustration 15.1, il existe des offres d'emploi pour ce type de poste. Cette offre est caractéristique du rôle que peut jouer une direction de la stratégie dans une multinationale. Ses membres ne se contentent pas de travailler sur un plan stratégique à trois ans. Ils recherchent aussi des cibles potentielles pour des acquisitions, maintiennent une veille concurrentielle et aident les responsables de zones géographiques à élaborer leurs propres stratégies locales. De plus, leur rôle ne se limite pas à une tâche fonctionnelle et analytique : ils doivent aussi communiquer, savoir travailler en équipe et posséder une capacité de conviction.

Même si le poste présenté dans l'illustration 15.1 correspond à une offre externe, les membres d'une direction de la stratégie sont souvent recrutés au sein même de l'organisation, car ils bénéficient ainsi d'un avantage en ce qui concerne l'aspect non analytique de leur tâche : ils profitent de la compréhension intuitive du fonctionnement de l'organisation, connaissent les réseaux d'influence internes et sont plus crédibles auprès de leurs anciens collègues. De plus, le passage d'un manager par la direction de la stratégie peut constituer une étape de développement avant une nomination au sein du comité de direction. En participant à la stratégie, les managers prometteurs peuvent se faire connaître des dirigeants et comprendre le fonctionnement de l'organisation dans son ensemble.

Illustration 15.1

Offre d'emploi au sein d'une direction de la stratégie

L'offre d'emploi suivante permet de comprendre le fonctionnement d'une direction de la stratégie et les compétences requises pour en faire partie.

Poste : Membre de la direction de la stratégie
Type de contrat : Contrat à durée indéterminée
Date : 5 décembre 2013
Lieu : Paris La Défense

Notre client est un groupe multinational disposant d'un portefeuille de marques globales reconnues.
Afin de l'assister dans son expansion future, à la fois en termes géographiques et en termes d'offres, notre client a créé un nouveau poste dans une petite unité dynamique de développement stratégique basée à Paris La Défense, focalisée sur ses plans de croissance à court et moyen terme.

Votre rôle :

- Travailler avec le directeur de la stratégie et l'équipe de développement stratégique dans le cadre du processus de planification stratégique à trois ans du groupe.
- Aider et superviser les opérations d'acquisition, en menant à bien les diagnostics stratégiques préalables, l'évaluation des cibles, l'analyse des synergies et des marques, ainsi qu'une participation aux processus de négociation et d'exécution.
- Mettre en place une veille concurrentielle rigoureuse permettant d'analyser les marques, les marges, la performance ou la présence géographique de concurrents, et de communiquer ces informations au comité de direction.
- Définir le périmètre de projets de développement et en assurer la direction.
- Collaborer étroitement avec les responsables de zones géographiques afin de leur communiquer les plans de développement et les aider à les déployer.

Votre profil :

- Diplômé(e) d'une école de commerce ou titulaire d'un MBA.
- Expérience préalable dans une organisation multinationale.
- Fortes compétences analytiques et financières.
- Excellentes capacités de communication, capacité de travail en groupe, approche rigoureuse et capacité d'influence à un niveau de direction générale.
- Mobilité géographique

Source : adapté de www.timesonline.co.uk/class/jobs/job.

Questions

1. Souhaiteriez-vous occuper ce poste ? Quels en seraient pour vous les inconvénients ?
2. Quelles compétences et expériences possédez-vous déjà et quelles compétences et expériences devriez-vous acquérir avant de postuler à ce poste ?

Les membres d'une direction de la stratégie ne prennent pas de décisions par eux-mêmes. Cependant, ils mènent en général trois tâches importantes[8] :

- La *récolte d'informations et l'analyse*. Les membres d'une direction de la stratégie ont le temps, les compétences et les ressources nécessaires pour fournir les informations et les analyses nécessaires aux décideurs. Cela peut être provoqué par un événement déclencheur – par exemple une opportunité de fusion – ou s'inscrire dans le cadre du cycle de planification. Une organisation qui bénéficie d'informations et d'analyses de qualité est mieux préparée pour répondre rapidement et avec assurance à des circonstances imprévues. Les membres de la direction de la stratégie doivent présenter ces informations et ces analyses sous un format adapté à la communication des décisions stratégiques.
- Le *gestionnaires du processus stratégique*. Que ce soit pour le siège ou pour les domaines d'activité, les membres de la direction de la stratégie peuvent assister les managers dans leurs cycles de planification (voir l'illustration 12.2). Ils remplissent un rôle de médiation entre la direction générale et les DAS en clarifiant les objectifs et les attentes. Ils peuvent également aider les responsables opérationnels en leur fournissant des structures, des modèles analytiques et des formations internes. Ce rôle de médiation permet de faciliter l'alignement entre les stratégies des DAS et les objectifs généraux de l'entreprise. Or, des recherches[9] montrent que cet alignement fait souvent défaut : 60 % des organisations ne font pas de lien entre leurs budgets et leurs priorités stratégiques ; les indicateurs de performance de 70 % des managers opérationnels et de plus de 90 % des employés n'ont aucun lien avec le succès ou l'échec du déploiement de la stratégie.
- Les *projets spéciaux*. Les membres de la direction de la stratégie peuvent constituer une ressource précieuse pour assister la direction générale dans la conduite de projets spéciaux : par exemple une acquisition ou le déploiement d'un programme de changement stratégique. Ils travaillent alors en équipes avec des managers intermédiaires et quelquefois avec des consultants externes. De fait, ils doivent détenir des compétences en gestion de projets.

Au-delà de ces tâches, les membres de la direction de la stratégie travaillent généralement avec le directeur général et l'assistent dans sa réflexion stratégique. Beaucoup de directions de la stratégie sont d'ailleurs physiquement localisées à proximité immédiate de la direction générale. Même s'il s'agit généralement d'équipes réduites (moins de dix personnes, même dans un grand groupe), et que leur pouvoir formel est limité, le fait qu'elles soient proches du directeur général implique que beaucoup de managers chercheront à tester leurs idées auprès d'elles.

15.2.3 Les managers intermédiaires

Comme nous l'avons vu dans la section 15.2.1, la plupart des théories classiques du management excluent les managers intermédiaires de la fabrication de la stratégie : ils sont considérés comme trop impliqués dans les activités quotidiennes pour développer une perspective à long terme suffisamment objective. Ils doivent se contenter d'appliquer.

Or, il est préférable que les managers intermédiaires soient également impliqués dans la fabrication de la stratégie, pour au moins trois raisons. Premièrement, beaucoup d'organisations adoptent des structures décentralisées afin d'accroître l'autonomie et la responsabilisation face à un environnement concurrentiel dynamique. Les tâches hiérarchiques concernent ainsi des niveaux hiérarchiques moins élevés que par le passé. Deuxièmement, le niveau croissant des formations au management permet aux managers intermédiaires d'être plus qualifiés et plus confiants à l'égard de la stratégie : ils sont plus volontaires et plus compétents pour traiter ce type de questions. Troisièmement, la tertiarisation de l'économie implique que la principale source d'avantage concurrentiel est de moins en moins souvent le capital alloué par la direction générale, mais plutôt les connaissances détenues par les individus impliqués dans les activités opérationnelles. Les managers intermédiaires peuvent comprendre et influencer ces sources d'avantage concurrentiel d'une manière beaucoup plus efficace que les dirigeants.

Dans ce contexte, les managers intermédiaires peuvent jouer au moins quatre rôles en termes de management stratégique[10] :

- *Sources d'information.* Leur connaissance et leur expérience des réalités de l'organisation et de ses marchés sont généralement supérieures à celles de la plupart des dirigeants. Ils constituent donc une source potentielle d'information sur les évolutions de la position stratégique de l'organisation.
- *Interprètes de la stratégie.* Les dirigeants fixent une orientation stratégique, mais la manière dont celle-ci est explicitée et intériorisée dans des contextes spécifiques (par exemple, une direction régionale ou un département fonctionnel) relève – intentionnellement ou non – des managers intermédiaires[11]. Ils constituent donc des interprètes et des traducteurs de la stratégie. Si on veut éviter des erreurs de traduction ou des malentendus, il est par conséquent vital que les managers intermédiaires comprennent la stratégie voulue et y adhèrent.
- *Réinterprétation et ajustement* des réponses stratégiques au fur et à mesure que les événements surviennent (par exemple, en termes de relations avec les clients, les fournisseurs, le personnel, etc.). Il s'agit d'un rôle essentiel qui concerne spécifiquement les managers intermédiaires, du fait de leur contact quotidien avec ces différentes parties prenantes.
- *Générateurs d'idées.* Du fait de leur proximité avec les marchés et les activités opérationnelles, les managers opérationnels peuvent non seulement fournir des informations, mais proposer des idées inédites sur lesquelles peuvent s'appuyer de nouvelles stratégies.

Les managers intermédiaires peuvent également accroître leur influence sur la stratégie de différentes manières :

- *En occupant des postes clés.* Les managers intermédiaires responsables de parties déterminantes de l'organisation sont en position d'exercer une forte influence car ils détiennent des connaissances essentielles et leur adhésion à la stratégie est fondamentale[12]. De même, les managers en contact avec l'extérieur (par exemple, ceux qui exercent des fonctions marketing ou commerciales) ont une influence plus importante que ceux dont le rôle est purement interne (par exemple, le contrôle qualité ou les systèmes d'information).
- *En participant aux réseaux internes.* Les managers intermédiaires n'ont pas nécessairement un pouvoir hiérarchique élevé, mais ils peuvent accroître leur influence en mobilisant leurs réseaux organisationnels internes. En obtenant des informations auprès des membres de ces réseaux, ils peuvent construire une vision complète de la situation de l'organisation dans son ensemble, ce qui peut être beaucoup plus difficile pour quelqu'un occupant un poste fonctionnel au cœur de la structure. En mobilisant des réseaux, les managers intermédiaires peuvent

aussi plus facilement mettre l'accent sur certains problèmes et défendre certaines solutions. Les managers intermédiaires dont l'influence stratégique est la plus forte ont donc, en général, de bonnes qualités relationnelles.

- *En participant aux débats stratégiques.* La fabrication de la stratégie ne se déroule pas uniquement lors d'épisodes ponctuels et formalisés. Elle résulte aussi de débats permanents entre les responsables les plus respectés[13]. Les managers intermédiaires qui souhaitent participer à ces débats doivent multiplier les occasions d'interactions formelles et informelles avec les dirigeants, maîtriser le langage utilisé pour discuter de la stratégie dans leur organisation, se familiariser avec les principales questions stratégiques et développer leur contribution personnelle à ces questions.

Dans le secteur public, la distinction entre dirigeants et managers intermédiaires recoupe la division formelle entre élus politiques et responsables administratifs. Tout comme les dirigeants sont concernés par l'orientation stratégique, les élus sont responsables d'une politique. De même, les responsables administratifs sont chargés de la mise en œuvre. Cependant, trois évolutions mettent en cause cette division des rôles. Premièrement, l'importance grandissante de l'expertise donne une influence croissante aux administratifs spécialisés, alors que les élus sont souvent des généralistes. Deuxièmement, dans beaucoup de pays, la réforme des services publics a conduit à la création d'agences semi-autonomes, qui – tout en respectant certaines contraintes – peuvent prendre elles-mêmes des décisions, voire s'autosaisir sur certains sujets. Troisièmement, ces mêmes réformes ont provoqué des réformes de structure des services publics, avec une décentralisation accrue et une plus forte responsabilisation des responsables administratifs, qui, de fait, jouent un rôle de plus en plus stratégique[14].

15.2.4 Les consultants en stratégie

Ont fait souvent appel aux consultants dans l'élaboration de la stratégie. Il existe des cabinets internationaux spécialisés en stratégie, comme McKinsey, le Boston Consulting Group ou Bain[15]. Par ailleurs, la plupart des grands cabinets en organisation comprennent aussi un département spécialisé en stratégie. Enfin, on trouve aussi des cabinets de petite taille qui interviennent sur des missions de stratégie.

Les consultants peuvent jouer plusieurs rôles dans les processus stratégiques :

- *Analyser, définir des options et fixer des priorités.* Les dirigeants risquent d'avoir identifié de trop nombreux problèmes stratégiques, sur lesquels ils ne s'accordent pas. Face à une situation de ce type, les consultants peuvent apporter un regard neuf et extérieur, permettant de fixer des priorités et de générer de nouvelles options. Bien entendu, cela peut obliger les dirigeants à reconsidérer leurs idées préconçues.
- *Transférer des connaissances.* Les consultants répandent les idées, les opinions et les conclusions issues de leurs diverses missions. Ils jouent ainsi un rôle de transfert de connaissances entre les organisations, notamment par la dissémination des meilleures pratiques.
- *Promouvoir des décisions stratégiques.* En jouant tous ces rôles, les consultants peuvent eux-mêmes effectuer des choix stratégiques en influençant les décisions des dirigeants. De fait, plusieurs cabinets de conseil ont été accusés d'avoir entraîné leurs clients dans des situations difficiles. General Electric a ainsi accusé McKinsey de lui avoir affirmé que la crise financière de 2008 ne

serait que temporaire, ce qui a retardé la mise en œuvre de son plan de rationalisation.

- *Déployer le changement stratégique.* Les consultants jouent un rôle significatif dans la planification des projets et les sessions de formation et d'accompagnement qui ponctuent le changement stratégique. Cette activité a connu une croissance considérable au cours des dernières années, notamment du fait que les consultants ont longtemps été accusés de remettre à leurs clients des rapports et des présentations sous PowerPoint, sans prendre la responsabilité de la traduction effective de ces recommandations.

L'apport véritable des consultants en stratégie fait l'objet d'un débat (voir la controverse qui clôt ce chapitre). Pour autant, les consultants sont souvent accusés pour des échecs liés avant tout à l'incapacité de leurs clients à gérer le processus de conseil. Beaucoup d'organisations sélectionnent mal leurs consultants, ne leur donnent pas de directives assez précises au début de la mission et n'apprennent ou n'agissent pas assez lorsqu'elle se termine. Pour améliorer leur utilisation des consultants en stratégie, les organisations doivent prendre trois mesures principales[16] :

- *Acheter les services de conseil de manière professionnelle*, en faisant appel à la fonction achat de l'organisation. Plutôt que d'engager des consultants sur la base de leurs relations personnelles avec les dirigeants, comme c'est souvent le cas, le processus de sélection peut suivre des procédures standardisées, comme n'importe quelle démarche d'achat. Cela peut permettre de clarifier les objectifs initiaux, d'élargir la recherche à de nombreux cabinets, de mieux négocier les honoraires, d'assurer la complémentarité entre plusieurs projets de conseil et de contrôler correctement les résultats. Le groupe Siemens a ainsi professionnalisé son processus d'achat de conseil, ce qui l'a conduit à ne référencer que dix cabinets.
- *Développer des compétences de supervision* de manière à gérer un portefeuille de projets de conseil. La Deutsche Bahn et Daimler disposent de bureaux centraux de gestion de projets qui contrôlent et coordonnent les missions de conseils dans l'ensemble de leur organisation. Ces bureaux sont impliqués dans la décision d'achat, mais, de plus, ils imposent une structure stricte à chaque projet, avec des responsabilités claires, des processus de suivi et une évaluation formelle à la fin de la mission.
- *Collaborer efficacement avec les consultants* peut améliorer la conduite du projet et le transfert de connaissances. Lorsque c'est possible, les équipes projet doivent inclure à la fois des consultants et des managers de l'organisation cliente. Ceux-ci peuvent apporter un point de vue interne, décrypter les jeux politiques et parfois contribuer à la crédibilité et à l'acceptation des conclusions. De plus, ils acquièrent ainsi des connaissances et de l'expérience, ce qui leur permet d'aider à la mise en œuvre des recommandations une fois que les consultants sont partis.

15.2.5 Qui impliquer dans la fabrication de la stratégie ?

Un grand nombre d'individus peuvent être impliqués dans les questions stratégiques : le directeur général, le comité de direction, les administrateurs non exécutifs, les membres de la direction de la stratégie, les consultants et les managers intermédiaires.

Schéma 15.2 Qui impliquer dans la fabrication de la stratégie ?

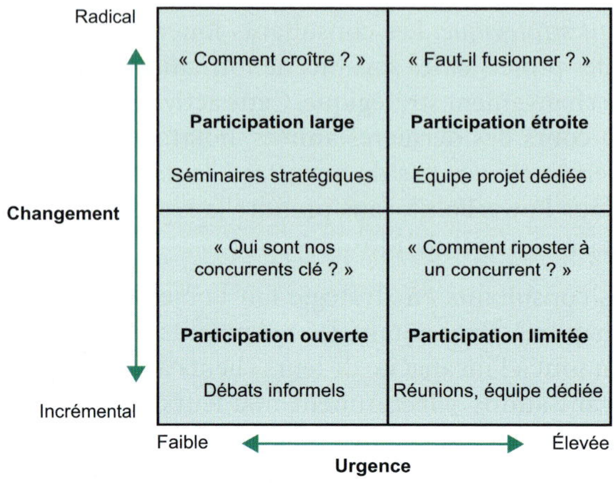

Au cours de ces dernières années, la tendance a été d'impliquer un plus grand nombre de personnes dans le processus, ce qui débouche sur ce qu'il est convenu d'appeler la *stratégie ouverte*[17]. Cette ouverture est double. Premièrement, il s'agit donc d'inclure plus de participants, venus à la fois de l'interne et de l'externe (par exemple, les managers intermédiaires, mais aussi les principaux fournisseurs ou clients). Deuxièmement, l'ouverture implique une plus grande transparence sur le processus lui-même, que ce soit là encore à l'égard de l'interne ou de l'externe (investisseurs, partenaires, régulateurs, etc.). L'ouverture reste cependant progressive et n'est généralement pas totale, car elle présente à la fois des avantages et des inconvénients. Les points positifs sont la capacité à faire émerger plus d'idées et à mieux s'assurer de l'adhésion de ceux qui ont participé au processus. En revanche, l'implication de nombreux acteurs peut ralentir l'élaboration de la stratégie et des informations sensibles peuvent être révélées à des concurrents. La section 15.3.4 revient sur ce dernier point.

Les recherches menées par McKinsey montrent que la nature des personnes impliquées devrait varier selon la nature du problème (voir le schéma 15.2)[18]. Les problèmes urgents qui peuvent provoquer une rupture stratégique majeure (par exemple, une opportunité de fusion ou d'acquisition) sont mieux traités par une petite équipe « commando » spécialement constituée de dirigeants, de membres de la direction de la stratégie et éventuellement de consultants. Les questions aussi critiques mais de plus longue haleine (par exemple, décider qui sont les concurrents clés) peuvent être traitées au travers de débats plus ou moins informels. Les problèmes urgents qui n'impliquent pas de changements majeurs (par exemple, la riposte à un concurrent) ne nécessitent qu'une participation réduite. Enfin, les questions qui peuvent avoir des répercussions importantes mais qui impliquent l'émergence progressive de décisions (par exemple, la recherche de nouvelles opportunités de croissance) peuvent profiter d'une participation plus ouverte, mais celle-ci doit être formellement organisée au travers d'une série d'étapes planifiées à l'avance, telles que des séminaires rassemblant un grand nombre de managers.

L'illustration 15.2 présente deux approches en termes d'inclusion : celle d'IBM avec ses sessions de « jam stratégique » qui s'appuient sur les technologies de l'information pour inclure le plus grand nombre possible de membres de l'organisation

Illustration 15.2

Stratégie ouverte chez IBM

La participation aux débats stratégiques est importante dans tous les types d'organisations.

Sam Palmisano devint P-DG d'IBM en 2003. Son prédécesseur, Lou Gerstner, avait brillamment redressé l'entreprise dans les années 1990. Comme le disait Sam Palmisano, Lou Gerstner avait dû « sauver une entreprise en flammes », alors que lui devait continuer le changement maintenant que l'incendie était éteint : « Au lieu de galvaniser les troupes avec la peur de l'échec, il fallait les galvaniser avec de l'espoir et des aspirations. » Il pensait qu'il était impossible de gérer une entreprise aussi complexe qu'IBM en s'appuyant uniquement sur des structures et des systèmes de contrôle.

Grâce à un investissement de 3 millions de dollars, IBM développa ainsi une plateforme technologique qui permettait à ses 300 000 employés, répartis dans 170 pays, de participer à des débats globaux à propos de questions stratégiques.

En référence aux improvisations structurées typiques de la musique de jazz, ces débats étaient appelés des « jams ». En général, les jams combinaient des sessions de créativité en face à face avec des discussions en ligne, des forums par thèmes sur l'intranet et une notation électronique des idées proposées. Tous les employés d'IBM avaient le même accès aux sessions de jam. Comme l'expliquait un des managers : « C'est comme la collaboration dans un orchestre de jazz. Chacun construit à partir des idées des autres selon un format structuré. Les jams sont un mélange de technologie et de discussion à bâtons rompus. »

IBM utilisa des jams pour discuter du rôle des managers, de l'intégration postfusion du cabinet de conseil PwC, des barrières organisationnelles à l'innovation et à la croissance du chiffre d'affaires et des valeurs de l'entreprise. Sur ce dernier thème, le jam avait duré trois jours, pendant lesquels 2,3 millions de pages avaient été consultées et des dizaines de milliers de commentaires échangés.

Sam Palmisano avait personnellement participé au processus et commentait ainsi cette expérience :

« C'est certain, le débat électronique était vif et brouillon. Mais il faut s'y habituer. Nous avions déjà fait trois ou quatre grands jams avant celui-là, alors nous avions une idée de la tournure qu'il pouvait prendre. Pourtant, rien n'aurait pu nous préparer au niveau d'émotion qu'a suscité ce sujet. »

Le processus continua après les trois jours. Les dizaines de milliers de messages furent classés en soixante-cinq idées clés, grâce à un système de notation en ligne et à Jamalyzer, un logiciel d'analyse de langage naturel développé par IBM.

La plupart des valeurs partagées qui émergèrent de ce processus correspondaient à celles qu'IBM affichait déjà : « dévouement au succès de chaque client », « innovation pour l'entreprise et pour le monde », « confiance et responsabilité individuelle dans toutes les relations ». Le point important est que ces valeurs n'étaient pas traduites dans les faits. L'étape suivante consistait donc à identifier où elles étaient le moins déployées. Cette identification fut rapidement étendue à tous les employés, grâce à une nouvelle session d'échanges. Tous les processus d'IBM qui ne respectaient pas les valeurs furent identifiés.

Sam Palmisano modifia alors les systèmes internes pour les réaligner avec les valeurs. Il changea le système de motivation financière de tous les directeurs d'activités et attribua des fonds aux managers opérationnels, qu'ils pouvaient dépenser à leur guise pour générer de l'activité et développer leurs relations avec les clients. La tarification utilisée par IBM fut rendue plus transparente pour les clients, ce qui imposa une profonde refonte de la politique de prix au niveau de toute l'entreprise.

Sources : P. Hemp et T. Stewart, « Leading change when business is good », *Harvard Business Review*, vol. 82, n° 12 (2004), pp. 60-70.

Questions

1. Selon vous, pourquoi était-il important pour IBM d'obtenir une participation d'un grand nombre de personnes sur les questions stratégiques ?
2. Si vous étiez dans une entreprise de plus petite taille ne disposant pas des ressources technologiques d'IBM, comment feriez-vous pour obtenir la participation des employés à la réflexion stratégique ?

dans le processus et celle du Centre du commerce international en Ouganda, qui a utilisé son statut d'organisation internationale pour réunir tous les acteurs d'une filière. Le secteur public utilise de plus en plus fréquemment une approche comparable au travers des démarches de consultation et de concertation organisées à propos de questions sensibles pour les populations locales, par exemple l'implantation d'une usine de retraitement des déchets ou d'une centrale nucléaire.

15.3 Les activités stratégiques

Dans la section précédente, nous avons présenté les principaux stratèges. Cette section est consacrée aux activités qu'ils mènent. Nous allons successivement présenter l'analyse stratégique préalable, puis la promotion des problèmes et la prise de décisions, et conclure avec la communication de la stratégie choisie. Bien entendu, dans la pratique, ces activités suivent rarement cette séquence logique (voir le chapitre 12) : des décisions sont prises sans analyse préalable et elles sont souvent réinterprétées lors de leur communication. C'est la raison pour laquelle cette section se conclut sur la nature souvent désordonnée des processus stratégiques.

15.3.1 L'analyse stratégique

Une grande partie de cet ouvrage est consacrée à l'analyse stratégique, qui constitue une part importante de la fabrication de la stratégie. Les managers utilisent le plus souvent une « boîte à outils » stratégique. Le modèle SWOT (comparaison des forces et faiblesses de l'activité par rapport aux menaces et opportunités de l'environnement) est l'outil d'analyse le plus largement utilisé en stratégie, mais même cette méthode relativement simple est mobilisée d'une manière assez éloignée de ce qui est préconisé dans la plupart des manuels de stratégie [19]. Les analyses SWOT débouchent ainsi trop souvent sur d'interminables listes de facteurs – parfois plus de cinquante – rarement étayés et raffinés. Ces catalogues de forces, faiblesses, opportunités et menaces reposent sur trop peu d'arguments factuels et ils ne conduisent pas à des actions concrètes sur quelques priorités clairement identifiées.

Pour autant, les critiques à l'égard de cette faiblesse analytique sont souvent excessives. En effet, il convient de prendre en compte les contraintes de coûts et d'objectifs. Premièrement, l'analyse est coûteuse, en particulier lorsqu'on a recours à des consultants. Qui plus est, il existe un risque de « paralysie analytique », lorsqu'on passe trop de temps à raffiner les analyses et trop peu à décider et à agir[20]. Les managers doivent déterminer de quelle quantité d'analyse ils ont réellement besoin. Deuxièmement, le but des analyses ne se limite pas toujours à fournir les informations nécessaires à une prise de décision stratégique. Ann Langley, de HEC Montréal, a montré que les analyses peuvent être utilisées pour des raisons bien différentes[21]. La mise en place d'un groupe de travail chargé d'analyser un problème peut même être une manière délibérée de *temporiser* la prise de décision. L'analyse peut aussi avoir une valeur *symbolique*, visant par exemple à rationaliser *a posteriori* une décision déjà prise. On peut demander à des managers d'analyser un problème afin de les faire *adhérer* à des décisions qu'ils risqueraient de rejeter. Les analyses peuvent aussi avoir une dimension *politique*, en servant les intérêts et l'influence de certains managers ou de certaines parties de l'organisation.

Les différentes justifications de l'analyse stratégique ont deux implications principales pour les managers :

- *L'analyse doit être conçue en fonction de son véritable objectif.* La nature et le nombre d'individus impliqués, le temps et le budget alloués, et le type de communication des résultats doivent dépendre des buts véritablement recherchés : informatifs, politiques ou symboliques. Les cabinets de conseil prestigieux sont souvent utilisés pour des analyses politiques et symboliques. De même, l'implication d'un grand nombre de managers intermédiaires dans la phase d'analyse permet d'accroître leur adhésion aux décisions.

- *L'investissement technique doit être approprié.* Dans la plupart des cas, l'amélioration de la qualité technique de l'analyse permet de renforcer la pertinence de la prise de décision. Cependant, dans certaines situations, l'insistance sur la perfection technique peut être contre-productive : une analyse SWOT qui soulève de trop nombreux problèmes est pour les managers un moyen d'exprimer leurs propres frustrations avant de commencer à véritablement réfléchir à la stratégie. Il est souvent préférable de les laisser s'exprimer plutôt que de discuter et de contester chacun de ces points, car cela pourrait inutilement froisser les participants et compromettre leur participation future.

15.3.2 La promotion de problèmes stratégiques

Une organisation est simultanément confrontée à de nombreux problèmes stratégiques. Dans les organisations complexes, certains de ces problèmes risquent de ne pas être appréciés à leur juste mesure par tous les dirigeants, voire d'être purement et simplement ignorés : ils peuvent être filtrés par la hiérarchie ou éclipsés par des questions peut-être plus urgentes mais parfois moins critiques. De plus, les dirigeants ne disposent en général ni du temps ni des ressources pour traiter tous les problèmes pour lesquels on les sollicite. En réalité, les problèmes stratégiques sont en compétition les uns avec les autres pour attirer l'attention des dirigeants et ce ne sont pas nécessairement les problèmes les plus importants qui l'emportent[22].

Les managers doivent donc « vendre » leurs propres problèmes stratégiques aux dirigeants et aux autres parties prenantes influentes. Dans le cadre de la **promotion**

Schéma 15.3 Les canaux formels de promotion des problèmes stratégiques

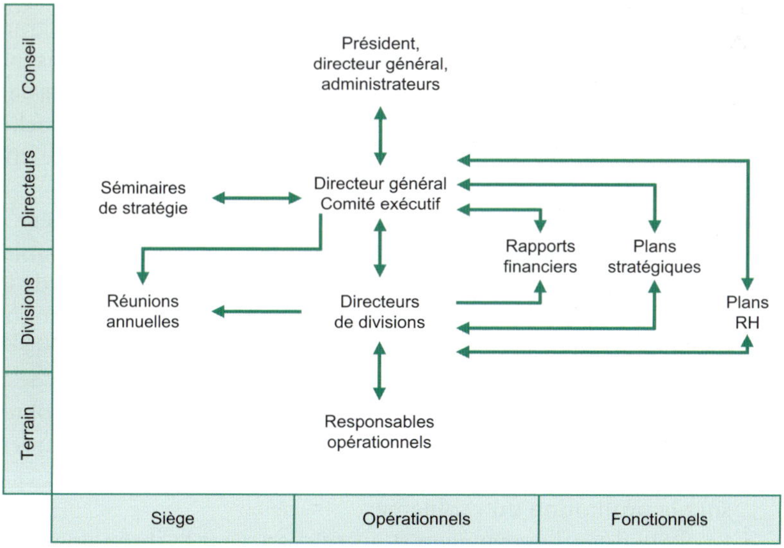

Source : adapté de W. Ocasio et J. Joseph, « An attention-based theory of strategy formulation: linking micro and macro perspectives in strategy processes », *Advances in Strategic Management*, vol. 22 (2005), pp. 39-62.

d'un problème stratégique, il convient de prendre en compte au moins quatre éléments :

- La *présentation du problème*. Il convient de veiller tout particulièrement à la manière de présenter et de formuler les problèmes : leur importance stratégique doit être soulignée en faisant référence aux *objectifs affichés* et aux *indicateurs de performance* utilisés par l'organisation. La présentation du problème doit aussi être cohérente avec les *normes culturelles* dominantes, mais la clarté et la brièveté l'emportent le plus souvent sur la complexité et la longueur. Il est préférable de présenter les problèmes en les accompagnant de *solutions potentielles*, car une question peut être écartée lorsqu'elle est considérée comme trop difficile à résoudre.
- Les *canaux formels et informels*. Les managers doivent savoir mobiliser les canaux d'influence formels et informels. À partir de l'exemple de General Electric, le schéma 15.3 montre quelques-uns des *canaux formels* le plus souvent utilisés pour promouvoir les problèmes stratégiques dans une organisation divisionnelle. Ici, on distingue trois types de canaux formels, selon qu'ils relèvent du siège, des responsables opérationnels ou des responsables fonctionnels. Au niveau du siège, cela inclut, notamment, une réunion annuelle entre les membres du comité exécutif et chaque responsable de division, ainsi que les séminaires de réflexion stratégique qui rassemblent chaque année les membres du comité de direction. Les canaux opérationnels incluent les interactions régulières entre les responsables d'activités, les directeurs de divisions et les membres de la direction générale. Enfin, les différentes fonctions (finance, ressources humaines, contrôle de gestion, etc.) utilisent des systèmes de rapports et d'audit. Les canaux formels ne sont pas limités à la transmission d'information vers le sommet de la hiérarchie : ils fonctionnent en général dans les deux sens. Un plan stratégique effectue ainsi une série d'allers et de retours entre les divisions et le siège avant qu'une position mutuellement satisfaisante ne soit arrêtée. De plus, les canaux formels ne suffisent souvent pas à assurer la promotion d'un problème stratégique : les *canaux informels* peuvent jouer un grand rôle et dans certaines cultures ils sont même décisifs. Ces canaux informels incluent notamment des conversations impromptues entre managers influents dans les couloirs, lors de déplacements, à l'occasion de repas ou lors d'un cocktail. L'illustration 15.3 montre comment ces canaux informels peuvent être importants pour les consultants.
- La *mobilisation de coalitions*. Les managers doivent déterminer s'il leur est possible de rassembler une coalition de soutiens et d'appuis capable de les aider à promouvoir leur problème stratégique. Une coalition ajoute de la crédibilité et du poids à un problème. De plus, la capacité à rassembler une coalition constitue un bon test de la validité du problème : si aucun autre manager n'est persuadé de rejoindre la coalition, il sera vraisemblablement difficile de convaincre les dirigeants de l'importance de la question. Cependant, pour obtenir l'appui de certaines parties prenantes, il est souvent indispensable de parvenir à des compromis ou de soutenir en retour leurs propres préoccupations, ce qui peut parasiter la promotion du problème.
- La *chronologie*. Les managers doivent aussi gérer la chronologie avec précaution. Un effondrement brutal de la performance ou la période précédant la nomination d'une nouvelle équipe de direction ne sont pas des moments propices à la promotion de problèmes stratégiques.

Illustration 15.3

Le dîner de consultants

Les consultants utilisent des canaux formels et informels pour influencer la réflexion stratégique.

Locco[1] était un grand équipementier automobile européen. Au milieu des années 1990, ses profits commencèrent à s'éroder. Le directeur général demanda à un cabinet de conseil de réaliser un diagnostic stratégique de l'entreprise. L'équipe de consultants comprenait un associé, un consultant senior et un consultant junior. Leurs recommandations devaient pousser Locco à modifier son offre et son approche du marché.

Comme pour toute mission classique, les consultants analysèrent en détail les données de l'industrie et de l'entreprise. Cependant, par-delà cet aspect formel, ils profitèrent de rencontres plus informelles avec les managers de Locco, et notamment de trois dîners successifs.

Chez le directeur général

Au début de la mission, le directeur général invita l'associé et le consultant senior à rejoindre l'équipe de direction à l'occasion d'un dîner qu'il donnait à son domicile « afin d'apprendre à nous connaître d'une manière plus informelle [...] et pour en savoir plus sur l'histoire de l'entreprise ». Il s'agissait également de construire une relation de confiance.

Les autres participants à ce dîner n'étaient pas tous du même avis. Le directeur marketing considérait que c'était une manière pour le directeur général d'influencer le projet : « Il aime faire ça. Quand vous êtes invité chez lui, vous pouvez difficilement le contredire. » Le consultant associé était prudent. Il craignait une manipulation, mais appréciait l'occasion de rompre la glace. Ce dîner lui permettrait également de mieux comprendre les jeux politiques au sein du comité de direction.

Au cours du dîner, la conversation se limita essentiellement au directeur général et aux deux consultants. Le directeur général exposa ses préoccupations à propos du projet : il ne voulait pas d'un plan de réduction des coûts entraînant des suppressions d'emplois. Lors du digestif, les membres du comité de direction évoquèrent d'autres sujets.

Au château

Lors de la troisième semaine de la mission, le consultant associé invita le directeur général dans un restaurant situé dans un château. C'était pour lui une manière de mieux connaître le dirigeant, d'obtenir son accord sur l'approche choisie pour le projet, mais également de clarifier sa compréhension des jeux politiques et de mieux comprendre quelle était son interprétation des problèmes de l'entreprise.

Au cours de ce repas, le consultant comprit qu'il existait deux « clans » qui n'avaient pas la même vision de la stratégie. Il en profita pour influencer le dirigeant afin qu'il approuve l'ordre du jour du prochain comité de direction.

À la pizzeria

Quelques semaines plus tard, le consultant invita plusieurs managers intermédiaires de Locco, qu'il considérait comme de « bons exécutants », à dîner dans une pizzeria, afin « d'échanger des informations et de récolter vos opinions et vos réactions sur nos analyses ». Certains des invités étaient sceptiques, mais ils vinrent tout de même. Aucun dirigeant n'était invité.

Lors du dîner, le consultant exposa son analyse initiale, en particulier son diagnostic des compétences stratégiques. Il souleva quelques problèmes liés aux jeux politiques au sein du comité de direction. Après le repas, Il considéra que la discussion avait été un succès : « Certains d'entre eux savent exactement pourquoi l'entreprise a un problème [...] ils ont même déjà des idées de solutions [...] mais on ne les écoute pas. » Les managers qui avaient participé au dîner étaient dans l'ensemble plutôt positifs et affirmèrent s'être « bien amusés ». Certains de ceux qui n'avaient pas été invités se sentirent menacés.

1. Il s'agit d'un pseudonyme utilisé par les chercheurs.

Source : adapté de A. Sturdy, M. Schwartz et A. Spicer, « Guess who's coming to dinner? Structures and the use of liminality in strategic management consultancy », *Human Relations*, vol. 59, n° 7 (2006), pp. 929-960.

Questions

1. Pourquoi des rencontres informelles de ce type sont-elles utiles ?
2. Les consultants auraient-ils pu influencer le projet d'une manière plus formelle ? Comment ?
3. Si vous aviez été un des managers invités à la pizzeria, qu'en auriez-vous pensé ?

15.3.3 La prise de décisions stratégiques

Les décisions stratégiques ne sont pas toujours rationnelles. Le psychologue Daniel Kahneman a contribué à développer une approche appelée l'*économie comportementale*, qui cherche à améliorer la qualité de la prise de décision en prenant en compte le comportement humain[23]. Kahneman souligne que même les dirigeants présentent des biais cognitifs : leurs processus mentaux les poussent à négliger, distordre ou exagérer certains problèmes. Or, par définition, il est difficile pour un individu d'admettre qu'il est victime de biais cognitifs, puisque ceux-ci altèrent sa perception. Pour autant, Kahneman suggère que des processus de prise de décision bien conçus peuvent aider à limiter les effets de ces biais. Il présente ainsi cinq biais classiques et les manières de les réduire :

- Le *biais de confirmation* est la tendance à rechercher des informations qui confirment ce que l'on souhaite faire et à négliger celles qui pourraient l'infirmer. Pour contrer ce biais, il convient de s'assurer que l'on prend toujours en compte des opinions alternatives lors d'une prise de décision. Plutôt que de se demander s'il faut prendre la décision souhaitée, il faut la comparer avec d'autres.
- Le *biais d'ancrage* consiste à s'attacher à une information lorsqu'on prend une décision. Les éléments qui ont été validés dans le passé, mais qui pourraient ne pas l'être dans le futur, produisent souvent ce phénomène. Des managers peuvent ainsi prolonger des courbes de ventes historiques et négliger qu'elles puissent s'infléchir. Parfois, une première estimation d'un coût ou d'un chiffre d'affaires peut aussi devenir une évidence, au point que l'on oublie que ce n'était au départ qu'une approximation. Pour combattre ce biais, on peut introduire plusieurs méthodes d'analyse (voir le chapitre 11), de manière à révéler des hypothèses implicites ou à démontrer la nécessité de données complémentaires.
- Le *biais de saillance* désigne le fait qu'une analogie devient trop influente (*saillante*) dans la prise de décision. Les managers peuvent ainsi estimer qu'un projet est identique à une autre initiative réussie dans le passé et minimiser leurs différences. Par analogie avec le succès passé, ils vont alors surestimer les chances de succès futur. Dans une situation de ce type, il est important de rechercher d'autres analogies ou de mettre l'accent sur les différences entre le cas actuel et celui qui sert de référence. Une forme de biais de saillance est l'*effet de halo*, lorsqu'un manager ou une organisation qui a connu le succès dans un domaine particulier est supposé être tout aussi compétent dans un autre. Il convient là aussi de souligner les différences. Avoir réussi une série d'acquisitions n'implique pas par exemple que l'on soit capable de réussir une coentreprise.
- Le *biais d'affect* survient lorsque les managers son émotionnellement trop attachés à une option particulière. On parle parfois du *biais du champion* : les individus exagèrent l'intérêt de la solution qu'ils préfèrent. Si l'option a été formulée par une équipe, il est utile d'interroger séparément chacun des ses membres pour repérer d'éventuelles hésitations. On peut ainsi obtenir un point de vue plus neutre de la part des participants moins enthousiastes. Laisser le « champion » d'une solution la proposer maximise le risque de sélection des arguments les plus positifs.
- Le *biais de risque* correspond à la situation où les managers évaluent le risque d'une manière inappropriée. Ils surestiment généralement leur capacité à mener à bien des projets. Kahneman recommande de ne pas s'en tenir à un point de vue strictement interne lorsqu'on évalue ses capacités, mais d'observer parallè-

Tableau 15.1 La gestion des conflits

Règles du jeu	Établir clairement les comportements autorisés. Encourager les voix dissidentes. Garder le débat professionnel, éviter l'émotionnel.
Arbitres	S'assurer que le meneur est ouvert à la contestation. S'assurer que le meneur veille au respect des règles.
Terrain	S'assurer que chacune des parties a une chance de reporter le débat. Être clair sur les modalités de résolution (par exemple, consensus, décision ou vote).
Failles à exploiter	Est-ce que chaque partie cherche à défendre un objectif particulier ?
Relations	S'assurer que chacun respecte ses engagements et se comporte avec intégrité. S'assurer que les résultats seront testés dans l'organisation.
Niveaux d'énergie	S'assurer une tension suffisante afin d'obtenir un débat utile, mais la garder sous contrôle. Les meneurs comprennent-ils ce qui importe réellement aux participants ?
Résultats	S'assurer que le meneur annonce les mauvaises nouvelles sans froisser les perdants. S'assurer que les perdants conservent leur dignité et que la prise de risque est récompensée.

Source : adapté de S.A. Joni et D. Beyer, « How to pick a good fight », *Harvard Business Review*, vol. 87, n° 12 (2009), pp. 48-57.

lement comment d'autres organisations conduisent des projets comparables. Il est plus facile de constater les échecs d'autres organisations que de mettre en cause ses propres compétences. Réciproquement, les managers peuvent parfois se montrer excessivement pessimistes, du fait de l'*aversion au risque* : leur crainte de perdre est supérieure à leur appétit de réussir. L'aversion au risque peut être réduite en modifiant la politique d'incitation, notamment en clarifiant le fait que le succès sera plus fortement récompensé que prévu.

Le point de vue comportemental de Kahneman débouche ainsi sur des méthodes concrètes permettant de réduire les biais cognitifs lors de la prise de décisions stratégiques. Il encourage les dirigeants à prendre le temps de demander des analyses, des données et des points de vue complémentaires. Pour autant, il convient de se méfier de la paralysie analytique (voir la section 15.3.1) : dans les environnements dynamiques, les intuitions des managers expérimentés peuvent se révéler plus efficaces que des analyses approfondies[24]. Kahneman pense néanmoins que le coût des erreurs dépasse le plus souvent celui des opportunités manquées. Par ailleurs, l'importance de la prise de décision en stratégie ne doit pas être surestimée. Comme nous l'avons souligné dans le chapitre 12, beaucoup de stratégies sont émergentes et non délibérées.

Les apports de l'économie comportementale soulignent l'intérêt potentiel des conflits constructifs lors de la prise de décision[25]. Les conflits permettent en effet de révéler les biais et de contester l'autoévaluation trop optimiste des compétences managériales. Pour cela, il convient de veiller à la diversité au sein des équipes, de demander à certains membres de jouer les avocats du diable en critiquant les hypothèses trop facilement admises et les consensus mous. Cependant, pour être productif, le conflit doit être géré avec attention. Le tableau 15.1 propose des « règles du jeu » permettant de mieux gérer les conflits (voir également la discussion sur l'ambidextrie organisationnelle dans la section 14.3).

15.3.4 La communication de la stratégie

Décider de la stratégie n'est qu'une étape : les décisions stratégiques doivent être communiquées. Le développement des approches de stratégie ouverte donne encore plus d'importance à cette transparence (voir la section 15.2.5). Les managers doivent déterminer quelles parties prenantes ils doivent informer (voir le chapitre 4) et comment ils doivent adapter leur message à chacune. Les actionnaires, les principaux clients et les employés n'ont pas les mêmes attentes. Pour chaque nouvelle stratégie, il convient donc de choisir le mode de communication adéquat. Il est important de rappeler que la communication est un processus à double sens. Michael Beer et Russel Eisenstat[26], de l'université de Harvard, affirment qu'une communication efficace doit inclure à la fois le soutien appuyé des dirigeants et la prise en compte des préoccupations des parties prenantes influentes. En l'absence du premier, le message manquera de clarté, ce qui générera frustrations et confusions. En l'absence de la seconde, les préoccupations ressurgiront nécessairement, mais d'une manière qui risque de saper la stratégie.

A minima, la communication doit s'assurer que la stratégie est comprise. Si ce n'est pas le cas, deux conséquences ne manqueront pas de survenir :

- *L'intention stratégique sera réinterprétée.* Comme l'a montré la controverse qui clôt le chapitre 12, les membres d'une organisation réinterprètent inévitablement la stratégie voulue en fonction de leur contexte local et de leurs responsabilités opérationnelles[27]. Plus la réinterprétation est forte, moins la stratégie voulue a de chances d'être déployée.
- *Les routines établies perdureront.* Les vieilles habitudes sont difficiles à perdre. Les dirigeants risquent de sous-estimer la nécessité de préciser quels comportements sont attendus pour déployer la stratégie. Bien entendu, la communication n'est qu'une des manières de gérer un changement (voir le chapitre 14).

Lorsqu'on cherche à communiquer la stratégie auprès des salariés, quatre éléments principaux doivent être pris en considération[28] :

- La *focalisation.* Si les dirigeants n'arrivent pas à être clairs sur la stratégie, ils ne doivent pas s'attendre à ce que leurs subordonnés le soient. La communication doit être focalisée sur les éléments clés de la stratégie et éviter les détails inutiles ou les formulations complexes. Afin de communiquer l'importance pour General Electric d'être un acteur dominant sur chacune de ses activités, son directeur général, Jack Welch, avait ainsi focalisé sa communication sur un message explicite : « Soit numéro 1, soit numéro 2. »
- Les *moyens de communication.* Il est important de choisir les moyens adéquats pour communiquer une nouvelle stratégie. Les moyens de communication de masse tels que les messages électroniques, les lettres d'information, les vidéos institutionnelles, les intranets ou les blogs animés par les dirigeants permettent de s'assurer que tout le personnel reçoit le même message rapidement et ainsi d'éviter l'émergence de rumeurs. Cependant, la communication en face à face est importante car elle permet de démontrer l'engagement personnel des managers, et elle est l'occasion d'interactions avec les équipes. Les dirigeants peuvent ainsi organiser des séries de conférences et de séminaires leur permettant de

délivrer leur message à différents groupes d'employés. Ils peuvent également mettre en place un processus en cascade, où chaque niveau hiérarchique transmet le message stratégique à ses subordonnés directs, qui doivent ensuite faire de même. Pour être efficace, cette approche implique cependant que les principaux problèmes et les points essentiels de la stratégie soient clairement identifiés. Ces différentes techniques permettent aussi de faire remonter des informations depuis le terrain.

- L'*implication des employés.* Il est souvent utile d'impliquer directement les salariés dans la stratégie afin qu'ils comprennent ce qu'elle signifie pour eux à titre personnel et en quoi leur rôle doit évoluer. Les interactions, lors des séminaires et des réunions, peuvent faciliter ce processus d'implication, mais certaines organisations utilisent des moyens plus imaginatifs. Une organisation de service public britannique a ainsi invité tout son personnel à une conférence d'une journée lors de laquelle, après la présentation de la nouvelle stratégie, chacun devait coller sur un « mur des promesses » sa propre photographie accompagnée d'un engagement écrit à la main de modifier au moins un aspect de son travail pour mieux correspondre aux nouvelles orientations[29].
- *L'impact.* La communication doit utiliser des mots et des images puissants et faciles à mémoriser. À cet effet, il est pertinent d'utiliser des slogans capables de frapper les esprits, des images symboliques ou de courts récits caractéristiques. Un centre médical du Nouveau-Mexique a ainsi communiqué sa nouvelle stratégie avec un récit présentant l'organisation comme « les aventuriers de l'art perdu », ce qui véhiculait à la fois le courage face à l'adversité et le respect de valeurs anciennes[30].

15.3.5 Le désordre de la stratégie au quotidien

Il serait faux de considérer la stratégie comme un processus précis et linéaire, guidé par la rationalité managériale. Dans le chapitre 12, nous avons vu que c'est rarement le cas et que de multiples facteurs contribuent à l'élaboration d'une stratégie. Les analyses minutieuses et la conception attentive de la communication se surajoutent aux activités quotidiennes. Les dirigeants se rencontrent, déjeunent et discutent stratégie. Les managers passent la plupart de leur temps à discuter avec d'autres managers, soit en face à face, soit au téléphone, soit par messageries. Par conséquent, comme l'ont souligné les sections 12.3.2 et 12.3.4, les problèmes et les choix stratégiques peuvent être le produit des jeux politiques et d'événements fortuits. L'habilité politique des managers joue donc un rôle essentiel, tout comme leur capacité à construire des récits cohérents à partir de discussions fragmentées et d'opinions disparates[31].

15.4 Les méthodes stratégiques

Les stratèges utilisent un large éventail de méthodes pour organiser et guider la fabrication de la stratégie. Les méthodes que nous allons exposer ici ne sont pas des concepts ou des techniques analytiques au même titre que celles que nous avons présentées dans le reste de l'ouvrage : ce sont des approches permettant de gérer le processus de fabrication de la stratégie. La première de ces méthodes est le recours à des séminaires de réflexion stratégique, qui peuvent déboucher sur le lancement de projets. Ces projets stratégiques sont souvent soumis à des tests d'hypothèse.

Enfin, le résultat doit généralement prendre la forme d'un rapport ou d'un plan stratégique. Cette section détaille chacune de ces méthodes.

15.4.1 Les séminaires de réflexion stratégique

Les **séminaires de réflexion stratégique** constituent une méthode fréquente de fabrication de la stratégie[32]. Ces séminaires réunissent, le plus souvent hors de leur lieu de travail, des groupes de dirigeants qui réfléchissent de manière intensive pendant un jour ou deux à la stratégie de leur organisation. Les participants sont en général des membres du comité de direction, même si le recours à un séminaire peut être une bonne méthode pour obtenir l'adhésion de managers moins élevés dans la hiérarchie. Les séminaires sont utilisés pour formuler ou reconsidérer une stratégie, mais également pour définir son déploiement et pour communiquer des décisions stratégiques. Ils peuvent s'inscrire dans le cadre d'un processus régulier de planification stratégique ou être organisés de manière impromptue. De même, il existe des sessions de séminaires ou des séminaires uniques. Comme le montre l'illustration 15.4, au-delà de la fabrication de la stratégie, les séminaires de réflexion stratégique peuvent jouer un rôle dans la construction d'un esprit d'équipe ou dans le développement personnel des participants. En tout cas lorsqu'ils sont un succès.

Les séminaires de ce type contribuent positivement à l'élaboration de la stratégie. Cependant, des recherches suggèrent que leur forme peut influencer la nature du débat entre les participants : il convient donc de les organiser. Tout d'abord, quel que soit l'objectif du séminaire, celui-ci doit être clairement défini. Si l'objectif est de *mettre en doute* la stratégie existante ou de concevoir une *nouvelle stratégie*, les éléments suivants doivent être présents :

- Des *concepts* et des *outils* stratégiques permettant de questionner la stratégie actuelle.
- Un *facilitateur professionnel*, capable de présider et d'organiser les débats peut libérer les participants de cette contrainte et leur permettre de mieux se concentrer sur le sujet, de veiller à ce que chacun apporte sa contribution et de s'assurer que la discussion reste centrée sur le sujet.
- Le *soutien visible* de l'organisateur du séminaire (vraisemblablement le directeur général) à la mise en cause de la stratégie et à la démarche du facilitateur. Sans ce soutien, le séminaire risque fort d'être un échec.
- La *mise entre parenthèses* des relations hiérarchiques et fonctionnelles. L'organisation d'un séminaire dans un lieu éloigné et prestigieux permet de détacher les participants de leur routine opérationnelle et d'affirmer symboliquement l'importance de l'événement. Placés au début du séminaire, certains exercices apparemment ludiques destinés à « briser la glace » – quelquefois appelés « jeux sérieux » – peuvent aider à installer une ambiance de créativité et de contestation de l'orthodoxie[33].

En revanche, les séminaires dont l'objectif est de *vérifier l'avancement de la stratégie actuelle* nécessitent une organisation plus opérationnelle et le maintien des rôles fonctionnels et hiérarchiques.

Les séminaires peuvent cependant déboucher sur deux problèmes principaux. Premièrement, ils risquent de contribuer au renforcement des préjugés existants et d'être incapables de contester le *statu quo*, en particulier lorsqu'ils ne constituent qu'une étape routinière dans le cycle de planification stratégique et qu'ils n'impliquent que le comité de direction. Deuxièmement, les séminaires risquent d'être

Illustration 15.4

Deux séminaires de réflexion stratégique

Les séminaires de réflexion stratégique doivent être conçus en fonction des buts qu'ils sont censés servir.

Devant la croissance de leur activité, les dirigeants de la chaîne hôtelière Hotelco[1] décidèrent d'organiser deux séminaires de réflexion stratégique de deux jours afin de repenser la structure organisationnelle de l'entreprise. Un consultant avait été recruté pour faciliter le déroulement de ces deux séminaires.

Le premier séminaire

Le premier séminaire se tenait dans un hôtel de luxe à la campagne, loin des locaux modestes de l'entreprise. Il ne s'agissait pas seulement de « sortir du bureau » mais aussi de « libérer les esprits [...] et de vivre une grande expérience ».

Le facilitateur avait organisé le programme avec un des directeurs. Le style directif du P-DG faisait place à une approche participative orchestrée par le consultant, afin de « mettre tout le monde au même niveau ». Il avait mené des entretiens avec le personnel à propos des valeurs partagées et rédigé un rapport qui devait servir de base aux discussions : « Quelles sont nos valeurs ? »

Les dirigeants participèrent véritablement à la discussion : « Cela nous a ouvert l'esprit et nous avons compris sur quelles dimensions nous sommes bons [...] sur lesquelles nous sommes faibles et ce que nous devons faire pour y remédier. » Ils considérèrent le séminaire comme un succès et conclurent sur le fait qu'il fallait passer d'un mode de management autoritaire à une approche plus structurée et décentralisée, avec une responsabilisation des niveaux intermédiaires de manière que la direction se consacre avant tout à la stratégie.

Cependant, ces recommandations ne furent pas suivies d'effets. De retour à leur bureau, les dirigeants estimèrent que leurs conclusions étaient irréalistes et qu'ils « s'étaient laissé emballer ». Ce revirement significatif ne déboucha pas sur un consensus clair à propos de la réorganisation de l'entreprise.

Le second séminaire

Le second séminaire, deux mois plus tard, réunit l'équipe de direction et leurs sept subordonnés directs autour du même facilitateur. Il eut lieu dans un des hôtels de l'entreprise. De nouveau, le séminaire débuta par une discussion sur les valeurs d'Hotelco. Un des directeurs fit ensuite une présentation dans laquelle il évoqua l'idée de la création d'un comité opérationnel. Cependant, il apparut que tous les directeurs n'avaient pas le même avis sur ce projet, en particulier le P-DG. Le facilitateur expliqua :

> *Il a fallu que je réunisse les quatre directeurs dans une pièce à part et que je leur dise : « écoutez, tant que vous n'aurez pas réglé ça, vous ne ferez que créer des problèmes. » [...] Ils ont alors entamé un débat animé et ont oublié leurs sept subordonnés qui attendaient dans l'autre pièce.*

Les directeurs eurent l'impression que le facilitateur cherchait à imposer une solution plutôt que de les aider à trouver la leur.

Avec les directeurs dans une pièce et les subordonnés dans une autre, c'est le facilitateur qui se chargea de transmettre les messages et les commentaires, ce qui ne satisfaisait personne. Dans l'après-midi, le P-DG intervint et relança l'idée d'un comité opérationnel de sept membres, avec un niveau intermédiaire de trois directeurs de divisions.

Personne n'était heureux de ce séminaire. Un des sept qui n'était pas nommé directeur de division commenta : « Je ne savais plus où m'asseoir. J'avais l'impression que mon poste avait été dévalué. » Un directeur reconnut : « Nous les avons mal traités. »

1. Il s'agit d'un pseudonyme désignant un groupe hôtelier européen.

Questions

1. En vous référant à la section 15.4.1, évaluez l'organisation de ces deux séminaires.
2. À la place du facilitateur, auriez-vous organisé les séminaires différemment ?
3. Quels peuvent être les avantages et les inconvénients de ces séminaires par rapport à d'autres approches de l'élaboration de la stratégie dans une organisation de ce type ?

détachés de l'action, notamment lorsqu'ils s'écartent résolument de la routine. Il peut alors être très difficile de traduire les idées et l'enthousiasme du séminaire dans la réalité des activités opérationnelles.

Afin de s'assurer que les séminaires de réflexion stratégique seront suivis d'effets, il convient de veiller aux points suivants :

- *Établir une liste des décisions.* Il est important de garder suffisamment de temps à la fin du séminaire pour établir la liste des points décidés et des actions qui devront suivre. Pour autant, cela ne suffit pas à traduire les décisions en réalités opérationnelles.
- *Constituer des groupes de projets.* Les séminaires peuvent s'appuyer sur la cohésion obtenue à propos de certaines questions pour désigner des commissions chargées de les approfondir et d'établir un compte rendu pour une réunion suivante.
- *Prévoir les réunions suivantes.* Si un séminaire a consisté à questionner la stratégie existante et a débouché sur des idées radicalement nouvelles, il peut être utile d'organiser une série de réunions permettant de vérifier l'avancement de ces idées dans la réalité des opérations.
- *Faire la démonstration de l'engagement des dirigeants.* Le directeur général et l'équipe de direction doivent signaler explicitement leur engagement, à la fois par leurs déclarations et par leur comportement. Les dirigeants doivent être présents.

15.4.2 Les projets stratégiques

La fabrication de la stratégie et son déploiement prennent fréquemment la forme de projets menés par des équipes dédiées[34]. Les **projets stratégiques** impliquent des équipes d'individus chargés de travailler à des questions stratégiques particulières sur une période de temps définie. Les projets peuvent être institués de manière à identifier les problèmes ou les opportunités lors du processus d'élaboration de la stratégie. Par ailleurs, ils peuvent consister à déployer les décisions stratégiques. Traduire un plan stratégique ou un séminaire en une série de projets est une bonne manière de s'assurer que les intentions seront suivies d'actions. Les projets permettent également d'impliquer un plus grand nombre d'individus dans la fabrication de la stratégie.

Les projets stratégiques doivent être gérés comme n'importe quel autre projet. Il convient notamment de veiller aux points suivants :

- *Donner un mandat clair.* Les objectifs du projet doivent faire l'objet d'un accord et être gérés avec attention. Ces objectifs permettent de mesurer le succès du projet. Il est toujours dangereux de rajouter des objectifs une fois que le projet est lancé.
- *S'assurer de l'engagement des dirigeants.* L'engagement continu des dirigeants – notamment ceux qui ont commandité le projet – est essentiel. Étant donné que l'emploi du temps et les priorités de ces responsables peuvent rapidement évoluer, il est important de gérer ce point avec attention.
- *Fixer des étapes intermédiaires.* Des étapes intermédiaires, faisant l'objet d'évaluations spécifiques, doivent être planifiées dès le début du projet. Cela permet à la fois de mesurer l'avancée des actions et d'effectuer des ajustements si nécessaire.
- *Allouer des ressources appropriées.* La ressource clé est souvent la ressource humaine : il convient de veiller avec attention à la composition de l'équipe pro-

jet, notamment en termes de compétences (sans oublier la capacité à gérer un projet). Les projets stratégiques sont souvent des activités à temps partiel qui viennent s'ajouter aux tâches habituelles des managers; or, le risque est élevé que le quotidien submerge peu à peu l'exceptionnel.

Les projets risquent de proliférer et de se perdre dans des compétitions stériles. Les dirigeants doivent donc s'assurer de la cohérence de l'ensemble du portefeuille et veiller à fusionner ou à stopper certains projets ou programmes, afin d'éviter que l'organisation ne s'épuise dans une coûteuse prolifération.

15.4.3 Les tests d'hypothèse

Le plus souvent, les équipes projets doivent trouver des solutions à des problèmes complexes en respectant des délais contraignants. Le **test d'hypothèse** est une méthode utilisée par les cabinets de conseil et les spécialistes de la gestion de projets afin d'établir des priorités dans la recherche d'options.

Le test d'hypothèse est une démarche issue de la recherche scientifique[35]. La première étape consiste à proposer une représentation de la situation (l'*hypothèse descriptive*), puis à chercher à la tester grâce à des données empiriques. Une hypothèse descriptive en stratégie peut, par exemple, consister à affirmer que dans une industrie donnée l'obtention d'une taille critique est essentielle à la rentabilité. Afin de tester cette hypothèse, l'équipe projet doit commencer par rassembler des données sur la taille des organisations au sein de l'industrie, puis vérifier s'il existe une corrélation avec leur rentabilité. La confirmation de cette hypothèse descriptive de départ peut alors conduire à émettre plusieurs *hypothèses prescriptives* sur ce qu'une organisation donnée devrait faire. Pour une organisation de petite taille, il s'agirait de considérer les différentes modalités de croissance. Une première hypothèse prescriptive serait ainsi que les acquisitions sont une bonne manière d'atteindre la taille critique. Une seconde serait que les alliances sont préférables. L'étape suivante consiste alors à tester ces hypothèses prescriptives en mobilisant les données empiriques appropriées.

Les tests d'hypothèse consistent en fait à établir des priorités dans la fabrication de la stratégie. De fait, les tests d'hypothèse réalisés dans les entreprises diffèrent de la stricte démarche scientifique (voir l'illustration 15.5). L'objectif principal est de focaliser l'attention sur un nombre limité d'hypothèses attrayantes et non sur l'ensemble des possibles. Les données sont rassemblées de manière à conforter les hypothèses choisies, alors qu'en science, il s'agit de tester formellement et éventuellement de réfuter chaque hypothèse. Le test d'hypothèse en entreprise est une manière d'identifier des solutions robustes et satisfaisantes lorsque le temps et les ressources sont comptés, mais pas de découvrir une quelconque vérité scientifique. Pour identifier les hypothèses les plus intéressantes, un premier filtrage relativement grossier peut suffire. Ce filtrage sommaire peut s'appuyer sur l'expérience des membres de l'équipe projet et sur des données aisément accessibles. Il s'agit alors d'écarter rapidement les hypothèses les moins attrayantes, plutôt que de passer inutilement trop de temps à les réfuter avec méthode.

15.4.4 Les rapports et les plans stratégiques

Le produit fini des activités stratégiques telles que les séminaires et les projets est en général un rapport ou un plan stratégique. La volonté d'atteindre cet objectif final contribue à mieux structurer l'activité. Un **rapport stratégique** est le plus

Illustration 15.5

Test d'hypothèse dans une banque

Cette description d'une mission de conseil pour une grande banque montre comment la démarche de test d'hypothèse peut structurer un projet stratégique.

1. Définition du problème/de la question

La première tâche des consultants consista à définir le problème. Comme souvent, le problème stratégique concernait un écart entre ce que désirait le client (ici, un certain niveau de rentabilité sur un produit particulier) et la réalité (une rentabilité en déclin). En résumé, le problème des consultants était que la rentabilité de la banque sur ce produit était inférieure aux objectifs.

2. Élaboration d'un ensemble d'hypothèses descriptives sur les causes du problème

Les consultants rassemblèrent des données préliminaires et s'appuyèrent sur leur propre expérience pour générer quelques hypothèses descriptives sur les causes du problème. Ils savaient que certains concurrents avaient déjà décidé d'abandonner ce produit, que la rentabilité de celui-ci variait fortement d'un concurrent à l'autre et que des nouveaux entrants spécialisés avaient capturé une part de marché significative. Trois hypothèses émergèrent : la structure de l'industrie était fondamentalement peu attrayante ; la banque ne disposait pas des capacités stratégiques nécessaires ; enfin, la banque ne visait pas les bons segments de clientèle. À l'issue d'une analyse sommaire, les consultants rejetèrent les deux premières hypothèses : après tout, certains concurrents étaient rentables et la banque avait développé de solides compétences de par sa longue présence sur ce marché. Par conséquent, l'hypothèse descriptive retenue fut que la banque ne ciblait pas les bons segments de clientèle.

3. Test de l'hypothèse descriptive retenue

Ensuite, les consultants déterminèrent comment collecter les données nécessaires pour tester leur hypothèse. Ils réalisèrent une segmentation de la clientèle grâce à une série d'entretiens avec différents types de clients et dans différentes zones géographiques. Ils analysèrent les niveaux de services attendus par chacun des segments de clientèle et les tarifs qu'ils acceptaient de payer. Il apparut que les données validaient l'hypothèse descriptive : les agences de la banque étaient concentrées dans des zones géographiques où les clients acceptant de payer un surprix pour le produit concerné étaient très peu nombreux. Si l'hypothèse n'avait pas été confirmée, les consultants auraient testé les deux hypothèses rejetées à l'étape 2.

4. Élaboration d'hypothèses prescriptives

Les consultants purent alors formuler des hypothèses prescriptives sur les actions à mener pour attirer les segments de clientèle les plus rentables. La première de ces hypothèses consistait à redéployer le réseau d'agences. Pour confirmer cette hypothèse, les consultants collectèrent des données afin de comparer la rentabilité des agences selon leur localisation. Ils trouvèrent que les quelques agences qui étaient implantées dans les bonnes localisations présentaient une rentabilité significativement supérieure pour le produit concerné.

5. Formulation des recommandations

Les consultants préparèrent un ensemble de recommandations préliminaires à partir des hypothèses validées : ils recommandèrent de modifier la localisation des agences. L'acceptabilité et la faisabilité de cette recommandation furent vérifiées auprès de managers clés dans la banque. La recommandation fut ajustée à partir de ces vérifications. Enfin, les consultants firent la présentation formelle de leurs recommandations finales.

Source : J. Liedtka, Darden School of Management, université de Virginie.

Questions

1. Choisissez un problème stratégique majeur auquel est confrontée une organisation qui vous est familière. Formulez une série d'hypothèses descriptives sur ce problème. À l'aide d'une analyse sommaire, sélectionnez une de ces hypothèses.
2. Quelles données devriez-vous collecter pour confirmer l'hypothèse descriptive retenue et comment feriez-vous pour les obtenir ? Si l'hypothèse descriptive était validée, quelles hypothèses prescriptives formuleriez-vous ?

souvent centré sur une proposition particulière, par exemple l'investissement dans un nouvel équipement. Un **plan stratégique** est plus complet : il décrit l'orientation générale de l'organisation sur une durée relativement longue. Beaucoup d'organisations disposent de formats standardisés pour la rédaction des rapports et des plans stratégiques. Lorsque ces formats existent, mieux vaut les utiliser. Lorsqu'ils n'existent pas, il est judicieux de se fournir des rapports ou des plans récents qui ont été appréciés au sein de l'organisation et de s'inspirer de leur démarche.

Une équipe projet souhaitant rédiger un rapport stratégique devrait suivre les critères suivants[36] :

- *Se focaliser sur les besoins stratégiques.* L'équipe doit identifier la stratégie de l'organisation dans son ensemble – pas seulement celle d'une division ou d'un département – et lier étroitement son rapport à celle-ci. Un rapport stratégique ne doit pas sembler émaner de la fonction ressources humaines ou du département systèmes d'information, par exemple. Il doit être focalisé sur quelques questions clés, la priorité étant donnée à celles qui sont à la fois stratégiquement importantes et relativement aisées à traiter.
- *Étayer les arguments par des données clés.* L'équipe doit rassembler les données appropriées. Dans le cas d'un projet d'investissement, il est notamment essentiel d'obtenir les données financières permettant de calculer la rentabilité de l'opération. Pour autant, il ne faut pas négliger les données qualitatives, par exemple des citations frappantes tirées d'interviews avec des employés ou des clients, ou de courts rapports sur des succès ou des échecs récents de l'organisation ou de ses concurrents. Certains avantages stratégiques, même s'ils ne peuvent pas aisément être quantifiés, jouent un rôle prépondérant : fournir des données sur les mouvements de concurrents permet de justifier certaines décisions. De manière générale, il est indispensable d'identifier les sources utilisées pour obtenir les données, afin de démontrer que la démarche utilisée par l'équipe projet a été à la fois rigoureuse et complète.
- *Produire une argumentation claire.* Les analyses et les données ne suffisent pas. Il faut également expliquer *pourquoi* les propositions sont formulées. Les raisons qui justifient les recommandations doivent être explicites. On peut s'appuyer pour cela sur les techniques d'évaluation présentées dans le chapitre 11.
- *Justifier les solutions et les actions.* Les problèmes attirent plus aisément l'attention lorsqu'ils sont accompagnés de solutions. L'équipe doit expliquer en détail comment ses propositions doivent être mises en œuvre et qui en sera responsable. Les éventuels blocages doivent être identifiés et des scénarios alternatifs doivent être proposés. Dans tous les cas, la faisabilité du déploiement doit être démontrée.
- *Établir des critères de progrès.* Lorsqu'on cherche à démontrer la pertinence d'un investissement significatif, il est important de fournir des critères qui permettent d'évaluer les progrès du projet au cours du temps. Proposer des mécanismes de mesure de la performance accroît la crédibilité du rapport.

Les plans stratégiques ont les mêmes caractéristiques en termes de focalisation, de collecte de données, d'actions et de critères. Pour autant, ce sont des documents plus complets, qui peuvent être utilisés par des entrepreneurs pour justifier la création de leur start-up, par des domaines d'activité stratégique à l'intérieur d'une grande organisation, voire par une organisation elle-même pour structurer le déploiement de sa stratégie. Là encore, il existe plusieurs formats. Cependant, un plan stratégique incorpore en général les éléments suivants, qui devraient définir le programme de travail d'une équipe projet[37] :

- *Rappeler la mission et les objectifs.* Le plan doit débuter par une présentation de la mission et des objectifs, qui sert d'étalon par rapport aux recommandations proposées. Il peut être intéressant de vérifier si, par le passé, l'organisation a effectivement suivi les objectifs qu'elle s'était alloués (voir la section 4.2).
- *Conduire un diagnostic de l'environnement.* Ce diagnostic externe doit couvrir à la fois le macro-environnement et l'environnement concurrentiel (clients, fournisseurs, concurrents). L'équipe ne doit pas s'arrêter à l'analyse, mais en déduire des implications claires (voir le chapitre 2).
- *Conduire un diagnostic de l'organisation.* Ce diagnostic interne doit inclure les forces et les faiblesses de l'organisation et de ses offres par rapport à ses concurrents, et identifier clairement son avantage concurrentiel. Afin d'éviter les biais et de renforcer la crédibilité, l'équipe doit collecter des déclarations de clients à propos des forces et des faiblesses de l'organisation (voir le chapitre 3).
- *Proposer une stratégie.* La stratégie recommandée doit être explicitement liée aux analyses externe et interne, et contribuer à la mission et aux objectifs. L'équipe doit proposer une chronologie de mise en œuvre claire et réaliste (voir les chapitres 6 à 11).
- *Détailler les ressources nécessaires.* L'équipe doit fournir une analyse détaillée des ressources nécessaires et des options envisageables pour les acquérir. Les ressources les plus cruciales sont les ressources financières car elles permettent d'obtenir toutes les autres. Le plan doit donc présenter les comptes de résultat, les flux de trésorerie et les bilans sur l'ensemble de la période considérée. Les ressources humaines peuvent également être déterminantes, en particulier la disponibilité d'individus disposant de compétences spécifiques. Un programme réaliste et détaillé de mise en œuvre est également nécessaire.
- *Changements requis.* Quels changements la stratégie retenue impose-t-elle en termes de structures, de systèmes et de culture (voir les chapitres 13 et 14) ?

Controverse académique

Les consultants en stratégie sont-ils bons à quelque chose ?

Les consultants participent fréquemment à la fabrication de la stratégie, notamment en apportant des compétences analytiques et des techniques de gestion de projets. Pourquoi ont-ils une image si controversée ?

De nombreux ouvrages et articles critiquent les consultants en stratégie. Il est vrai que certains de leurs échecs ont été spectaculaires : McKinsey a ainsi été accusé d'avoir été à l'origine du manque de réaction de General Electric face à la crise de 2008.

Au moins trois types d'accusations sont adressés aux cabinets de conseil en stratégie. Premièrement, ils utilisent trop souvent de jeunes consultants tout juste diplômés des écoles de commerce, qui n'ont qu'une compréhension minimale du fonctionnement des organisations et des marchés. Deuxièmement, ils sont accusés de présenter leurs recommandations, puis de ne pas se préoccuper du déploiement. Troisièmement, ils sont perçus comme chers, avec des niveaux de rémunération personnelle excessifs et toujours en train d'essayer de vendre des projets supplémentaires inutiles. Les clients finissent par payer pour plus de conseils qu'ils n'en ont réellement besoin, la plupart étant irréalistes ou impossibles à mettre en œuvre.

Ces accusations sont peut-être injustes. La plupart des grands cabinets de conseil sont organisés par industries, ce qui leur permet de construire de réelles expertises sectorielles. De plus, ils recrutent de plus en plus de managers expérimentés. La plupart des consultants préfèrent travailler dans des équipes mixtes, qui intègrent des membres de l'organisation qu'ils conseillent : ces derniers pourront ainsi plus aisément mettre en œuvre les recommandations. Certains cabinets, tels que Bain, insistent d'ailleurs pour participer étroitement au déploiement des stratégies qu'ils conseillent. Enfin, les consultants évoluent sur un marché concurrentiel et leurs clients sont en général des acheteurs avisés, auxquels il est difficile de vendre des services inutiles. Le fait que le marché européen du conseil en stratégie a crû, de 3 milliards d'euros en 1996 à 12 milliards en 2010, montre qu'il existe une réelle demande.

On peut également souligner des succès. Donald Bergh et Patrick Gibbons ont ainsi montré que les marchés financiers saluent généralement l'annonce de l'arrivée de consultants dans une entreprise par une hausse de son cours de Bourse, ce qui indique un regain de confiance dans sa performance future. Par ailleurs, de nombreux dirigeants talentueux sont venus du conseil en stratégie. Lou Gerstner, qui a redressé IBM, Meg Whitman, qui a dirigé eBay puis HP, ou Sheryl Sandberg, directeur des opérations de Facebook, ont ainsi débuté leurs carrières chez McKinsey.

Les entreprises peuvent apprendre à mieux gérer les consultants : recruter ceux qui ont la bonne expérience, lier l'analyse et le déploiement, et surveiller étroitement les dépenses. James O'Shea et Charles Madigan concluent leur ouvrage réquisitoire contre les consultants en stratégie en citant *Le Prince* de Machiavel : « Il existe une règle infaillible : un prince qui n'est pas sage lui-même ne peut pas être sagement conseillé… Les bons conseils dépendent de la perspicacité de celui qui les demande, mais les bons conseils ne rendent pas perspicaces. »

Sources : J. Barthélémy, « Les consultants créent-ils de la valeur pour leurs clients ? », *Le Cercle Les Echos*, lecercle.lesechos.fr, 20 décembre 2012 ; Fédération européenne des associations de conseils en organisation (feaco.org) ; J. O'Shea et C. Madigan, *Dangerous Business: Consulting Powerhouses and the Business they Save and Ruin*, Penguin, 1998 ; C. McKenna, *The World's Newest Profession: Management Consulting in the Twentieth Century*, Cambridge University Press, 2006, et D. Bergh et P. Gibbons, « The stock market reaction to the hiring of consultants », *Journal of Management Studies*, vol. 48, n° 3 (2011), pp. 544-567.

Questions

1. Que peut faire un consultant en stratégie pour rassurer un client potentiel sur son efficacité ?
2. Pour quelles raisons certaines personnes pourraient-elles être suspectées d'exagérer les critiques à l'égard des consultants en stratégie ?

Résumé

- La pratique de la stratégie recouvre trois séries de choix : *qui* impliquer dans la fabrication de la stratégie ? *quelles activités* mener ? *quelles méthodes* employer ?
- Les directeurs généraux, les membres du comité de direction, les administrateurs non exécutifs, les membres de la direction de la stratégie, les consultants en stratégie et les managers intermédiaires sont fréquemment impliqués dans la fabrication de la stratégie. Leur degré d'implication doit dépendre de la nature du problème.
- Les activités concernées par la fabrication de la stratégie incluent l'*analyse*, la *promotion de problèmes*, la *prise de décisions* et la *communication*. Ces activités ne sont pas toujours conduites de manière logique. D'ailleurs, elles peuvent bénéficier des caractéristiques non rationnelles des individus qui les conduisent.
- Les méthodes utilisées dans le cadre des activités stratégiques incluent les *séminaires de réflexion stratégique*, les *projets stratégiques*, et la rédaction de *rapports* et de *plans stratégiques*.

Travaux pratiques

• Signale des exercices d'un niveau plus avancé

15.1 Visitez la page « carrières » ou « recrutement » sur les sites Internet des grands cabinets de conseil en stratégie (par exemple, mckinsey.com, bcg.com ou bain.com). Qu'est-ce que cela vous apprend sur la nature du travail de consultant en stratégie ? Aimeriez-vous exercer ce travail ?

15.2 Visitez le site Internet d'une grande organisation (publique ou privée) et évaluez la manière dont elle communique sa stratégie. En utilisant la section 15.3.4, déterminez la focalisation, l'impact et la capacité de mobilisation de cette communication.

15.3 Vous devez organiser un séminaire de réflexion stratégique. Suggérez quels participants vous allez solliciter et quel sera leur rôle si (a) le problème consiste à réexaminer la stratégie d'une organisation confrontée à une crise et si (b) le problème consiste à s'assurer qu'une organisation obtient l'adhésion de son personnel à un programme de profond changement stratégique.

15.4 • Reprenez n'importe lequel des cas présentés à la fin des chapitres de l'ouvrage et imaginez que vous êtes un(e) consultant(e) en stratégie. Proposez une hypothèse descriptive (voir la section 15.4.3) et définissez le type de données que vous devez collecter pour la tester. Quels types d'individus souhaiteriez-vous inclure dans votre équipe de projet stratégique (voir les sections 15.2.5 et 15.4.2) ?

15.5 • Munissez-vous d'un plan stratégique (vous en trouverez par exemple sur le site de l'université du Maryland, businessplanarchive.org) et, en utilisant la section 15.4.4, évaluez ses qualités et ses défauts.

Exercice de synthèse

15.6 • Pour une organisation qui vous est familière, rédigez un plan stratégique (dans le cas d'une organisation de grande taille, vous pouvez éventuellement vous limiter à un seul de ses domaines d'activité stratégique). Lorsque vous manquez de données, faites des hypothèses vraisemblables ou proposez des moyens permettant de les obtenir. Explicitez quelles seraient les différences selon que ce plan stratégique s'adresserait à (a) des investisseurs ou (b) des employés.

Lectures recommandées

- Sur l'implication des dirigeants dans la stratégie, voir F. Bournois, J. Duval-Hamel, S. Roussillon et J.-L. Scaringella (eds.), *Comités exécutifs, voyage au cœur de la* dirigeance, Éditions d'Organisation, 2007 Sur le rôle des managers intermédiaires, voir S. Floyd et W. Wooldridge, *Building Strategy from the Middle*, Sage, 2000.
- Sur les questions pratiques en termes de stratégie, voir S. Paroutis, L. Heracleous et D. Angwin, *Practicing Strategy: Text and Cases*, Sage, 2013.
- Sur la pratique de la stratégie, voir L. Rouleau, F. Allard-Poesi et W. Warnier, « Le management stratégique en pratiques », *Revue Française de Gestion*, vol. 33/174 (2007), pp. 15-24, ainsi que E. Vaara et R. Whittington, « Strategy-as-practice: taking social practices seriously », *Academy of Management Annals*, vol. 6, n° 1 (2012).
- Sur les méthodes pratiques de fabrication de la stratégie utilisées par les consultants, voir E. Rasiel et P. Friga, *The McKinsey Mind*, McGraw-Hill, 2001.

Références

1. Cette pyramide est adaptée de R. Whittington, « Completing the practice turn in strategy research », *Organization Studies*, vol. 27, n° 5 (2006), pp. 613-634. Voir également P. Jarzabkowski, J. Balogun et D. Seidl, « Strategizing: the challenges of a practice perspective », *Human Relations*, vol. 60, n° 1 (2007), pp. 5-27.
2. Voir notamment A.D. Chandler, *Stratégies et structures de l'entreprise*, Éditions d'Organisation, 1972.
3. Voir S. Kaplan et E. Beinhocker, « The real value of strategic planning », *MIT Sloan Management Review*, vol. 44, n° 2 (2003), pp. 71-76.
4. Voir M. Porter, « Plaidoyer pour un retour de la stratégie », *L'Expansion Management Review*, n° 84 (1997).
5. Voir J. Collins, *De la performance à l'excellence*, Pearson Éducation, 2006.
6. Voir I. Janis, *Victims of Groupthink: A Psychological Study of Foreign-Policy Decisions and Fiascoes*, Houghton Mifflin, 1972 ; R.S. Baron, « So right it's wrong: groupthink and the ubiquitous nature of polarized group decision making », dans M.P. Zanna (ed), *Advances in Experimental Social Psychology*, vol. 37 (2005), pp. 219-253.
7. Voir F. Bournois, J. Duval-Hamel, S. Roussillon et J.-L. Scaringella (eds.) *Comités exécutifs, voyage au cœur de la dirigeance*, Eyrolles Éditions d'Organisation, 2007, P. Stiles et B. Taylor, *Boards at Work: How Directors View their Roles and Responsibilities*, Oxford University Press, 2001.
8. Voir E. Beinhocker et S. Kaplan, « Tired of strategic planning? », *McKinsey Quarterly*, special edition on Risk and Resilience (2002), pp. 49-57, S. Kaplan et E. Beinhocker (référence 3), et D. Angwin, S. Paroutis et S. Mitson, « Connecting up strategy; are senior strategy directors a missing link? », *California Management Review*, vol. 51, n° 3 (2009), pp. 74-94.
9. Voir R.S. Kaplan et D.P. Norton, « The office of strategy management », *Harvard Business Review*, vol. 83, n° 10 (2005), pp. 72-80.
10. Voir S. Floyd et W. Wooldridge, *The Strategic Middle Manager: How to Create and Sustain Competitive Advantage*, Jossey-Bass, 1996.
11. Voir par exemple J. Balogun et G. Johnson, « Organizational restructuring and middle manager sensemaking », *Academy of Management Journal*, vol. 47, n° 4 (2004), pp. 529-549 ; J. Balogun, « Managing change: steering a course between intended strategies and unanticipated outcomes », *Long Range Planning*, vol. 39 (2006), pp. 29-49.
12. Voir A. Watson et B. Wooldridge, « Business unit manager influence on corporate-level strategy formulation », *Journal of Managerial Issues*, vol. 18, n° 2 (2005), pp. 147-161, et S. Floyd et W. Wooldridge, « Middle management's strategic

influence and organizational performance », *Journal of Management Studies*, vol. 34, n° 3 (1997), pp. 465-485.
13. Voir F. Westley, « Middle managers and strategy: micro-dynamics of inclusion », *Strategic Management Journal*, vol. 11, n° 5 (1990), pp. 337-351 et S., Mantere et E. Vaara, « On the problem of participation in strategy: a critical discursive perspective », *Organization Science*, vol. 19, n° 2 (2008), pp. 341-358.
14. Voir L.S. Oakes, B. Townley et D.J. Cooper, « Business planning as pedagogy: language and control in a changing institutional field », *Administrative Science Quarterly*, vol. 43, n° 2 (1997), pp. 257-292, et G. Mulgan, *The Art of Public Strategy*, Oxford University Press, 2009.
15. Sur l'histoire des grands cabinets de conseil en stratégie, voir W. Kiechel III, *The Lords of Strategy*, Harvard Business School Press, 2010. Sur le rôle des consultants, voir J. Barthélémy, « Les consultants créent-ils de la valeur pour leurs clients ? », *Le Cercle Les Echos*, lecercle.lesechos.fr, 20 décembre 2012, et L. Arendt, R. Priem et H. Ndofor, « A CEO-adviser model of strategic decision-making », *Journal of Management*, vol. 31, n° 5 (2005), pp. 680-699.
16. Voir S. Applebaum, « Critical success factors in the client-consulting relationship », *Journal of the American Academy of Business*, mars (2004), pp. 184-191, et M. Mohe, « Generic Strategies for managing consultants: insights from client companies in Germany », *Journal of Change Management*, vol. 5, n° 3 (2005), pp. 357-365.
17. Voir R. Whittington, B. Basak-Yakis et L. Cailluet, « Opening strategy: evolution of a precarious profession », *British Journal of Management*, vol. 22, n° 3 (2011), pp. 531-544, et D. Stieger, K. Matzler, S. Chatterje et F. Ladstaetter-Fussenegger, « Democratising strategy », *California Management Review*, vol. 54, n° 2 (2012), pp. 44-68.
18. Voir E. Beinhocker et S. Kaplan (référence 8), p. 56.
19. Voir P. Jarzabkowski, M. Giulietti et B. Oliveira, « Building a strategy toolkit: lessons from business », *AIM Executive Briefing*, 2009. Voir aussi T. Hill et R. Westbrook, « SWOT analysis: it's time for a product recall », *Long Range Planning*, vol. 30, n° 1 (1997), pp. 46-52.
20. Voir A. Langley, « Between paralysis by analysis and extinction by instinct », *Sloan Management Review*, vol. 36, n° 3 (1995), pp. 63-76.
21. Voir A. Langley, « In search of rationality: the purposes behind the use of formal analysis in organisations », *Administrative Science Quarterly*, vol. 34 (1989), pp. 598-631.
22. Voir J. Joseph et W. Ocasio, « Architecture, attention, and adaptation in the multi-business firm: General Electric from 1951 to 2001 », *Strategic Management Journal*, vol. 33, n° 6 (2013), pp. 633-660.
23. Voir D. Kahneman, D. Lovallo et O. Siboney, « Before you make that big decision », *Harvard Business Review*, vol. 89, n° 6 (2011), pp. 50-60, et D. Kahneman, *Thinking, Fast and Slow*, Allen & Unwin, 2012. Voir aussi le numéro spécial du *Strategic Management Journal* « The Psychological Foundations of Strategic Management », vol. 32, n° 13 (2011), dirigé par T.C. Powell, D. Lovallo et C.Fox, et R. Dobelli, *Arrêtez de vous tromper*, Eyrolles, 2012. Voir également le chapitre de F. Fréry consacré à la rationalité, dans A. Dayan, *Manuel de gestion*, volume 1, 2e édition, Ellipses/AUF, 2004. Ces idées sont liées au prisme de l'expérience (voir les commentaires des parties I et II).
24. Voir K.M. Eisenhardt, J. Kahwajy et L.J. Bourgeois, « Conflict and strategic choice: how top teams disagree », *California Management Review*, vol. 39, n° 2 (1997), pp. 42-62.
25. Voir R.A. Burgelman et A.S. Grove, « Let chaos reign, then rein in chaos – repeatedly: managing strategic dynamics for corporate longevity », *Strategic Management Journal*, vol. 28 (2007), pp. 965-979.
26. Voir M. Beer et R.A. Eisenstat, « How to have an honest conversation », *Harvard Business Review*, vol. 82, n° 2 (2004), pp. 82-89.
27. Voir J. Balogun et G. Johnson (référence 11).
28. Voir M. Thatcher, « Breathing life into business strategy », *Strategic Communication Management*, vol. 10, n° 2 (2006), pp. 14-18, R. Lengel et R.L. Daft, « The selection of communication media as an executive skill », *Academy of Management Executive*, vol. 2, n° 3 (1988), pp. 225-232, et A. Spee et P. Jarzabkowski, « Strategic planning as communicative process », *Organization Studies*, vol. 32, n° 9 (2011), pp. 1217-1245.
29. Voir R. Whittington, E. Molloy, M. Mayer et A. Smith, « Practices of strategising/organising: broadening strategy work and skills », *Long Range Planning*, vol. 39, n° 6 (2006), pp. 615-630.
30. Voir G. Adamson, J. Pine, T. van Steenhoven et J. Kroupa, « How story-telling can drive strategic change », *Strategy and Leadership*, vol. 34, n° 1 (2006), pp. 36-41.
31. Voir J.D. Ford, « Organizational change as shifting conversations », *Journal of Strategic Change*, vol. 12, n° 6 (1999), pp. 480-500.
32. Sur les séminaires de réflexion stratégique, voir G. Johnson, S. Prashantham, S. Floyd et N. Bourque, « The ritualization of strategy work-

shops », *Organization Studies*, vol. 31, n° 12 (2010), pp. 1589-1618, B. Frisch et L. Chandler, « Off-sites that work », *Harvard Business Review*, vol. 84, n° 6 (2006), pp. 117-26, P. Jarzabkowski et D. Seidl, « The role of meetings in the social practice of strategy », *Organization Studies*, vol. 29 (2008), pp. 69-95, et I. Clarke, W. Kwon et R. Wodak, « A context sensitive approach to analyzing talk in strategy meetings », *British Journal of Management*, vol. 23 (2012), pp. 455-473.

33. Voir L. Heracleous et C. Jacobs, « The serious business of play », *MIT Quarterly*, automne (2005), pp. 19-20.
34. Voir P. Joffre, P. Aurégan, F. Chédotel et A. Tellier, *Le management stratégique par le projet*, Economica, 2006, P. Morris et A. Jamieson, « Moving from corporate strategy to project strategy », *Project Management Journal*, vol. 36, n° 4 (2005), pp. 5-18, et J. Kenny, « Effective project management for strategic innovation and change in an organizational context », *Project Management Journal*, vol. 34, n° 1 (2003), pp. 43-53.
35. Cette section s'appuie sur E. Rasiel et P. Friga, *The McKinsey Mind*, McGraw-Hill, 2001, et H. Courtney, *20/20 Foresight: Crafting Strategy in an Uncertain World*, Harvard Business School Press, 2001.
36. Voir J. Walker, « Is your business case compelling? », *Human Resource Planning*, vol. 25, n° 1 (2002), pp. 12-15, et M. Pratt, « Seven steps to a business case », *Computer World*, 10 octobre (2005), pp. 35-36.
37. Sur la construction pratique d'un plan stratégique, voir R. Stutely, *Business plan: Concevoir un business plan efficace*, 3e edition, Pearson, 2012 ; C. Barrow, P. Barrow et R. Brown, *The Business Plan Workbook*, Kogan Page, 2008 et A.R. DeThomas et S.A. Derammelaan, *Writing a Convincing Business Plan*, Barron's Business Library, 2008.

Étude de cas

Microsoft 2.0

En février 2014, Satya Nadella fut nommé directeur général de Microsoft. Jusqu'alors vice-président chargé des activités à destination des entreprises et d'informatique dématérialisée, il était le troisième directeur général de Microsoft depuis la création de l'entreprise, 39 ans auparavant. Il succédait à Steve Ballmer, qui était présent chez Microsoft depuis 1980, et qui lui-même avait succédé à son ami Bill Gates en 2000. Lorsque Steve Ballmer annonça son départ en août 2013, il rappela dans un message adressé à l'ensemble du personnel qu'à son arrivée chez Microsoft, l'entreprise avait 30 salariés et réalisait 7,5 millions de dollars de chiffre d'affaires. En 2013, elle comptait 100 000 salariés et son chiffre d'affaires était de 77,8 milliards de dollars (+5,6 % par rapport à 2012), avec un résultat net de 21,9 milliards (+28,8 %). Pour autant, Steve Ballmer déclara au *Wall Street Journal* :

> « *Peut-être que je suis l'emblème d'une ancienne époque et que c'est le moment de faire autre chose. J'ai pourtant adoré tout ce que j'ai fait chez Microsoft. Le meilleur moyen pour Microsoft d'entrer dans une nouvelle ère est de choisir un nouveau patron qui va accélérer et changer les choses.* »

Quelques semaines plus tard, lors de l'assemblée générale des actionnaires, Bill Gates, cofondateur de Microsoft, qui en était encore président et principal actionnaire, rendit un hommage très émouvant à Steve Ballmer :

> « *Je voudrais remercier Steve Ballmer pour le travail accompli sur les 13 dernières années. C'est un véritable privilège de diriger des employés aussi talentueux.* »

Cependant, c'est à un autre responsable du groupe que l'on devait une partie de la stratégie de Microsoft : Ray Ozzie.

L'arrivée de Ray Ozzie

Entre 2005 et 2006, Ray Ozzie prit un rôle de plus en plus important au sein de Microsoft, jusqu'à devenir « architecte en chef des logiciels » de l'entreprise. De nombreux observateurs estimaient alors que Microsoft était distancé par des concurrents nés d'Internet, notamment par Google. De fait, la stratégie proposée par Ray Ozzie consistait à « webifier » Microsoft. L'élaboration de cette stratégie impliqua bien plus que de formuler une nouvelle ambition pour le groupe. Ray Ozzie dut faire face à des décisions difficiles, y compris au niveau des aspects les plus pratiques de la fabrication de la stratégie : conception d'un séminaire de réflexion stratégique, maintien de la pression après ce séminaire ou encore choix sur les moyens de communiquer les points essentiels de la nouvelle stratégie.

Ray Ozzie était souvent considéré comme un génie du logiciel. En 1989, il avait lancé le premier logiciel collaboratif à usage professionnel, Lotus Notes, racheté par IBM en 1995. Trois ans plus tard, il avait quitté IBM pour fonder Groove Networks, qui avait été racheté en 2005 par Microsoft. Ray Ozzie était ainsi devenu un employé de Microsoft.

Le montant qu'avait payé Microsoft pour acquérir Groove Networks n'avait pas été révélé, mais cela avait certainement fait de Ray Ozzie, déjà multimillionnaire, un homme encore plus riche. Sur certains aspects, cependant, sa situation n'était pas si confortable. Au départ, il avait dû se déplacer toutes les semaines entre son domicile de Boston sur la côte Est et le siège de Microsoft à Redmond sur la côte Ouest. Le changement par rapport à Groove Networks, une petite entreprise de 200 salariés, était considérable.

Microsoft était une entreprise présente dans de nombreuses activités. Elle était à l'origine de Windows, le standard quasi universel de la micro-informatique, de la suite bureautique Office, de la console de jeux vidéo Xbox, du portail Internet MSN et de la télévision par câble MSNBC. En 2005, le groupe avait réalisé un chiffre d'affaires de 40 milliards de dollars et disposait d'une trésorerie de 35 milliards. Microsoft était toujours dominé par Bill Gates, qui l'avait fondé en 1975 et qui était fier d'y avoir travaillé chaque jour depuis trente ans. En 2005, en plus de son poste de président du conseil d'administration, Bill Gates était toujours « architecte en chef des logiciels » de Microsoft.

Cependant, en 2005, le groupe semblait frappé d'immobilisme. Le chiffre d'affaires et le bénéfice continuaient à croître, mais le cours de l'action stagnait depuis plusieurs années. Après un pic à 60 dollars en janvier 2000, au plus fort de la bulle Internet, le cours fluctuait désormais autour de 25 dollars. Le modèle économique de Microsoft consistait à vendre des logiciels propriétaires en direct, soit aux utilisateurs, soit à des fabricants d'ordinateurs qui les préinstallaient sur leurs machines. Ce modèle était contesté par les logiciels libres et des entreprises Internet dont les logiciels étaient gratuitement accessibles mais rémunérés par la publicité (tels que Google ou Yahoo!). Face à ces innovations, Microsoft était souvent considéré comme ayant une génération technologique de retard.

Le premier séminaire

Ray Ozzie avait rejoint Microsoft en connaissance de cause. Avant même d'être recruté, il avait participé, en mars 2005, à un séminaire de direction avec les 110 principaux cadres du groupe, dont Bill Gates. Ce séminaire de deux jours avait été organisé par Steve Ballmer dans un hôtel de luxe équipé de deux terrains de golf surplombant l'océan Pacifique. Ce séminaire avait commencé par un exercice de constitution d'équipes dans lequel les managers s'étaient répartis en groupes de six ou sept personnes. Chaque groupe avait reçu un sac contenant les pièces d'un robot d'exploration de la planète Mars. L'objectif de l'exercice était de construire le robot le plus vite possible en utilisant le minimum de pièces. L'équipe de Bill Gates avait gagné. Le deuxième jour, les groupes avaient été répartis en une série de sessions de réflexion sur divers sujets stratégiques. Bill Gates, Ray Ozzie et plusieurs autres experts en technologie avaient été assignés à une session dont l'objectif consistait à définir les « fondamentaux » de Microsoft : ce que l'entreprise faisait mieux que quiconque et qui pouvait être utilisé dans toutes ses lignes de produits. Ray Ozzie décrivit cette session de la manière suivante :

> *« C'est la première fois que j'ai eu l'opportunité de voir de l'intérieur comment les gens se comportent avec Bill. Lorsque le groupe est entré dans la salle, Bill s'est naturellement retrouvé en bout de table et tous les autres se sont répartis sur les côtés. D'une certaine manière, ils se comportaient avec déférence, mais en même temps Bill n'était qu'un des membres du groupe, participant comme les autres à une discussion animée. »*

L'identification des fondamentaux de Microsoft était la question clé du séminaire. Cependant, Steve Ballmer sembla incapable de faire avancer la réflexion. Le groupe de managers qu'il chargea d'organiser un événement de plus grande ampleur afin d'approfondir le sujet refusa de le faire. Ils affirmèrent qu'il était prématuré de se pencher sur cette question et que d'impliquer plus de monde à ce stade risquait d'alarmer inutilement le personnel. L'énergie initiée par le séminaire semblait s'être évaporée,

Étude de cas

jusqu'à ce que Steve Ballmer demande à Ray Ozzie de creuser la question des fondamentaux. Il le chargea d'organiser un autre séminaire de réflexion stratégique en juin. Comme le confia Ray Ozzie : « J'étais plutôt anxieux. Je n'avais encore jamais travaillé avec ces gars-là. »

Le deuxième séminaire

Pour organiser ce deuxième séminaire, Ray Ozzie collabora étroitement avec Bill Gates, Steve Ballmer et d'autres membres du comité de direction. La réunion se déroula sur une seule journée, dans un petit hôtel situé près du siège de Microsoft. Seuls quinze hauts responsables furent conviés, mais Bill Gates n'en faisait pas partie. L'hôtel était exigu et assez sommairement équipé : tous les participants étaient assis les uns à côté des autres dans une petite salle mal chauffée. La qualité de la nourriture déclencha des protestations. Avant la réunion, tous les participants avaient reçu un rapport de 51 pages rédigé par Ray Ozzie, qui diagnostiquait les risques stratégiques auxquels Microsoft était confronté.

Ray Ozzie lança la réunion en réaffirmant ces défis. Il conserva son style caractéristique de « génie sympathique et détendu », mais il n'hésita pas à souligner les erreurs commises par Microsoft dans le passé. Cela déclencha une véritable catharsis : les participants osèrent révéler tout ce qui n'allait pas dans la stratégie technologique et organisationnelle de l'entreprise depuis des années. « C'était une succession d'histoires cachées, d'autocritiques et de confessions. » Pendant quatorze heures, ces dirigeants de Microsoft débattirent de l'avenir de l'entreprise. Leur conclusion fut que Microsoft devait profondément changer. À la fin de la réunion, Steve Ballmer demanda à ses collègues : « Si certains pensent que ce n'est pas une bonne idée, qu'ils le disent maintenant. » Il n'y eut aucune contestation.

Le suivi

Cette fois, Steve Ballmer et Ray Ozzie firent tout leur possible pour que le séminaire soit suivi d'effets. Ils planifièrent une série de réunions hebdomadaires d'une demi-journée chacune. Les participants au séminaire furent très fortement incités à y assister.

Pendant huit semaines, les quinze dirigeants discutèrent d'aspects spécifiques de la nouvelle stratégie dans une salle de réunion qui jouxtait le bureau de Steve Ballmer. Il existait encore beaucoup de controverses, mais les progrès étaient visibles. À la mi-septembre, Steve Ballmer annonça une série d'évolutions organisationnelles majeures et de promotions. La plus significative fut la fusion des divisions en charge de Windows et de MSN afin de créer une nouvelle division produits et services résolument tournée vers Internet. Dans le même temps, Ray Ozzie fut promu directeur de la technologie pour l'ensemble de Microsoft et on lui attribua un bureau au dernier étage, celui de la direction générale, à côté de ceux de Steve Ballmer et de Bill Gates.

La stratégie Internet commença à se déployer. À la fin octobre, Bill Gates et Ray Ozzie diffusèrent des notes internes. Celle de Bill Gates, datée du dimanche 30 octobre, qui avait pour sujet les logiciels de service sur Internet, fut envoyée à tout le comité exécutif et au groupe des meilleurs ingénieurs. Dans ce message, Bill Gates se remémorait une autre note qu'il avait rédigée dix ans plus tôt, intitulée « Le raz-de-marée Internet », qui avait déclenché une véritable révolution au sein de Microsoft, en réaction à la première génération des applications Internet. Il décrivait ensuite les défis posés par la nouvelle génération de services fondés sur le web. Il concluait en commentant la note de Ray Ozzie, qui figurait en pièce attachée à son propre message :

> *« Je suis certain que nous considérerons ceci comme étant aussi fondamental que le raz-de-marée Internet. Ray souligne les grandes choses que nous pouvons faire avec nos partenaires en utilisant l'approche des services Internet. La prochaine révolution est en marche. »*

Le mémo

La note de Ray Ozzie était datée du vendredi précédent et était adressée au comité exécutif. C'était un document de 5 000 mots (soit deux fois la longueur de ce cas) intitulé « La disruption des services Internet », qui commençait positivement en soulignant que Microsoft était au début du plus grand cycle de nouveaux produits de son histoire, avec notamment le lancement de la Xbox 360. Puis il rappelait que ces innovations survenaient alors que l'industrie était parcourue de profonds changements, comme à plusieurs époques par le passé. Microsoft avait dû repenser sa stratégie et son orientation environ tous les cinq ans depuis sa création.

Il rappelait trois des changements précédents, dont le raz-de-marée Internet, pour remonter jusqu'au début des années 1990. Il proposait ensuite un nouveau modèle économique fondé sur des logiciels Internet financés par la publicité. Il insistait sur le fait que chacun devait réfléchir à ces modifications de l'environnement, aux forces et aux faiblesses de l'entreprise et à ses propres responsabilités. Il soulignait qu'en l'absence de réponse rapide et décisive, l'entreprise courrait un risque considérable. Il utilisait systématiquement le mot « nous », afin d'insister sur le caractère collectif du défi.

La dernière partie du mémo de Ray Ozzie était particulièrement révélatrice. En invoquant « Bill » et « Steve », il insistait sur le fait que l'équipe de direction était totalement en phase avec la vision qu'il présentait. Pour le prouver, il citait la récente réorganisation de l'entreprise en cinq divisions, avec notamment la création d'une plateforme produits et services. Le mémo se terminait par une section intitulée « Prochaines étapes », qui précisait une chronologie selon laquelle les directeurs de divisions nommeraient des managers chargés de conduire des initiatives, de travailler avec Ray Ozzie, de réaliser des entretiens au sein de Microsoft et enfin de développer de nouveaux plans concrets. Ray Ozzie donnait l'adresse d'un blog interne qu'il animerait, sur lequel on pourrait trouver des documents sur ses propres réflexions passées et à venir. Il promettait aussi de mettre en œuvre des moyens de communication qui permettraient de conduire une véritable conversation.

L'épilogue

Le 1er novembre, Bill Gates et Ray Ozzie révélèrent conjointement la nouvelle stratégie lors d'une conférence de presse à San Francisco. En juin 2006, Bill Gates annonça qu'il se retirerait de Microsoft dans les deux ans. Ray Ozzie, qui avait déménagé dans un appartement situé près du siège de Microsoft, le remplaçait au poste d'architecte en chef des logiciels.

La « webification » de Microsoft se traduisit par une prise de participation dans Facebook en 2007, puis par une spectaculaire offre de rachat de Yahoo! En 2008, pour 44,6 milliards de dollars, qui cependant ne se concrétisa pas. En revanche, Microsoft racheta Skype en 2011, puis Nokia en 2013. La même année, Steve Ballmer annonça une profonde réorganisation de Microsoft, afin « d'innover avec plus de rapidité, d'efficacité et de talent dans un monde en perpétuelle évolution. » Il annonça également son départ du poste de directeur général. Il avait alors 57 ans.

Lors de sa prise de fonction en 2014, son successeur Satya Nadella, ingénieur indien âgé de 46 ans, entré chez Microsoft 22 ans auparavant, déclara :

> *« De grandes opportunités attendent Microsoft, mais pour les saisir, nous devons nous recentrer clairement, plus rapidement, et continuer à nous transformer. Une grande partie de mon travail consiste à accélérer notre capacité à apporter plus rapidement des produits à nos clients. »*

Bill Gates, âgé de 58 ans, avait annoncé quelques semaines auparavant qu'il se retirait du poste de président de Microsoft, mais qu'il continuerait cependant à siéger au conseil d'ad-

Étude de cas

ministration. Sa fonction était désormais « conseiller technologique », avec pour mission « aider Satya Nadella dans la définition de technologies et de produits ».

Quant à Ray Ozzie, il avait fait valoir ses droits à la retraite et quitté Microsoft en octobre 2010.

Principales sources : microsoft.com; *Le Monde*, 4 février 2014; *Les Echos*, 27 janvier 2014; *Wall Street Journal*, 17 novembre 2013; *Le Figaro*, 20 novembre 2013; D. Kirkpatrick et J.L. Yang, « Microsoft's new brain », *Fortune*, 15 mai 2006, pp. 52-63; « Bill Gates: Internet Software Services », disponible sur blogs.zdnet.com; « Ray Ozzie: the Internet Services Disruption », disponible sur scripting.com; « Microsoft to buy Groove Networks », MSNBC, 10 mars 2005.

Questions

1. Pourquoi le premier séminaire n'a-t-il pas permis de maintenir l'attention sur les « fondamentaux » de Microsoft ?
2. Pourquoi Ray Ozzie a-t-il réussi à susciter des actions après le second séminaire ?
3. Commentez la stratégie de communication de Ray Ozzie.
4. Comment interprétez-vous la nomination de Satya Nadella à la tête de Microsoft ?

Commentaires sur la partie III

Le déploiement stratégique

La partie III a été consacrée au déploiement stratégique. Même s'il s'agit de la dernière partie, cela n'implique pas que le déploiement suit nécessairement le diagnostic et les choix. Dans la section 1.2, nous avons présenté la structure d'ensemble de l'ouvrage, en insistant sur le fait que le management stratégique ne doit pas être considéré comme un processus linéaire : les concepts exposés tout au long de l'ouvrage sont en fait interdépendants. Nous avons adopté une présentation linéaire pour des raisons d'impact pédagogique, mais cela n'implique pas que ce soit effectivement le cas dans la pratique.

Dans ces commentaires, nous allons utiliser les prismes stratégiques pour comprendre quelles sont les interdépendances entre la formulation et le déploiement de la stratégie. Quelles sont les implications pratiques de chacun des prismes à cet égard ?

Remarquons que :

- Aucun des prismes n'est meilleur que les autres, mais ils fournissent des perspectives complémentaires sur la manière dont les managers font face à l'incertitude.
- Pour comprendre ce qui suit, vous devez préalablement avoir lu les commentaires figurant après la partie I et la partie II : si ce n'est pas déjà fait, lisez-les à présent.

Le prisme de la méthode

Le prisme de la méthode repose sur le principe qui veut que la pensée précède l'action. La stratégie est donc considérée comme un processus linéaire. Une analyse rationnelle et une méthodologie rigoureuses sont les préalables à tout déploiement stratégique. Dans ce cadre, les managers doivent successivement :

- *Établir un diagnostic.* Afin de persuader les collègues, les subordonnés et les autres parties, une analyse logique est indispensable. Elle repose notamment sur des critères d'évaluation rigoureux (voir le chapitre 11) et sur un rapport stratégique rationnellement construit (voir le chapitre 15).
- *Planifier le changement.* Les stratégies sont déployées grâce à une planification rigoureuse au travers de l'utilisation systématique des leviers de changement (voir le chapitre 14) et d'une gestion de projet (voir le chapitre 15). L'improvisation doit être évitée.
- *Renforcer l'action.* Les stratégies sont plus efficacement déployées si les structures organisationnelles et les systèmes de contrôle sont configurés de manière à les renforcer (voir le chapitre 13).

Le prisme de l'expérience

Le prisme de l'expérience doute du rôle de la rationalité dans le déploiement stratégique. Les biais et les conservatismes impliquent que la stratégie est fortement influencée par le passé. Le prisme de l'expérience suggère donc :

- *De combattre les biais.* L'évaluation de la stratégie et l'élaboration des plans stratégiques (voir les chapitres 11 et 12) dépendent de l'expérience de ceux qui les conduisent. Il est donc important de contester leurs schémas de pensée établis.
- *De constituer les équipes avec attention.* Si les stratégies sont influencées par les individus qui les élaborent et les déploient, il est essentiel de bien choisir qui en est chargé (voir le chapitre 15).
- *D'accepter la difficulté du changement.* Étant donné le poids de l'expérience dans les organisations, les difficultés de la conduite du changement (voir le chapitre 14) risquent d'être particulièrement aiguës.

Le prisme de la complexité

Selon le prisme de la complexité, les stratégies peuvent émerger de la périphérie et sont ensuite sélectionnées et conservées au travers de le processus organisationnels partiellement conscients. L'innovation ne découle pas simplement des instructions de la direction. Par conséquent, le prisme de la complexité encourage à :

- *Pratiquer l'ouverture.* Afin de favoriser l'innovation, il convient d'inclure le plus de personnes possible dans l'élaboration et le déploiement de la stratégie, au-delà des dirigeants (voir le chapitre 12 et la section 15.2).
- *Se méfier des normes.* Le prisme de la complexité souligne le poids des procédures qui ne sont pas remises en cause. Il est donc nécessaire de réévaluer les critères d'évaluation habituels et les systèmes organisationnels afin de débusquer les biais cachés qui influencent la sélection et la rétention des stratégies (voir les sections 11.3 et 13.3).
- *Être préparé à l'imprévu.* Étant donné le rôle de la surprise et de la spontanéité, la flexibilité est importante. Il faut être prêt à sacrifier certains aspects du plan stratégique (voir le chapitre 12).

Le prisme du discours

Au travers du prisme du discours, le langage influence fortement la manière dont les stratégies sont interprétées et déployées. Le discours peut faciliter ou empêcher le déploiement de la stratégie. Dans ce cadre :

- *Les mots importent.* Le pouvoir symbolique du langage peut faire la différence entre le succès et l'échec, notamment lors d'un changement radical (voir la section 14.4) ou dans l'évaluation de la performance (voir la section 11.2).
- *Les organisations sont politiques.* Le discours peut être utilisé pour promouvoir les intérêts de certains individus ou groupes au sein de l'organisation. Il convient donc d'être attentif aux discours visant à promouvoir les stratégies (voir la section 15.3), qui résultent parfois d'alliances et de réseaux de pouvoir (voir la section 14.4).
- *Le langage est un passeport.* Pour les managers et les consultants qui cherchent à faire partie de ceux qui discutent de la stratégie dans une organisation (voir la section 15.2), il est vital de maîtriser le langage adéquat et de l'utiliser avec confiance.

Lexique

Lexique général

A

L'**acceptabilité** désigne l'adéquation entre la performance attendue d'une stratégie et les attentes des parties prenantes

Les **acheteurs** sont les clients directs d'une organisation, mais pas nécessairement les clients finaux de son industrie

Une **acquisition** correspond au rachat d'une organisation par une autre organisation

Une **alliance** est une collaboration entre deux organisations concurrentes

L'**ambidextrie organisationnelle** est la capacité à concilier l'exploitation des capacités existantes avec l'exploration de nouvelles capacités

L'**analyse décisionnelle** – ou *business analytics* – consiste à expliquer et à prévoir la performance en identifiant des corrélations au sein de masses de données – *big data*

L'**approvisionnement global** – ou *global sourcing* – consiste à acheter les services et les composants auprès des fournisseurs les plus appropriés à l'échelle mondiale, quelle que soit leur localisation

La matrice **attraits/atouts** positionne chacun des DAS selon (a) l'attrait de leur marché et (b) les atouts concurrentiels de l'organisation sur ce marché

L'**avantage au premier entrant** donne au concurrent qui est le premier à proposer une nouvelle offre un avantage sur ceux qui le suivent

L'**avantage collaboratif** est la capacité d'une organisation à mieux gérer les alliances et les partenariats que ses concurrents

Un DAS détient un **avantage concurrentiel** lorsque l'écart entre la valeur qu'il crée pour ses clients et les coûts engagés pour cela est supérieur à l'écart équivalent chez ses concurrents

B

Les **barrières à l'entrée** sont les facteurs que les entrants potentiels doivent surmonter pour pouvoir concurrencer les organisations déjà en place dans une industrie

La matrice **BCG** positionne chacun des DAS selon (a) leur part de marché relative et (b) le taux de croissance de leur marché

C

Afin d'évaluer la compatibilité entre une organisation et un pays, le modèle **CAGE** distingue la distance culturelle, la distance administrative, la distance géographique et la distance économique

Un **canevas stratégique** compare les concurrents selon leur capacité à répondre aux attentes des clients, de manière à identifier de nouveaux espaces stratégiques

La **capacité stratégique** d'une organisation résulte des ressources et compétences qui contribuent à sa pérennité et à son avantage concurrentiel

Les **capacités dynamiques** caractérisent l'aptitude d'une organisation à renouveler et à recréer ses compétences afin de répondre aux exigences d'un environnement mouvant

Les **capacités seuils** sont celles qui sont indispensables pour intervenir sur un marché donné, à parité avec les concurrents établis

Une **carte stratégique** combine une succession d'indicateurs de performance selon une logique qui contribue aux objectifs stratégiques

La **cartographie des parties prenantes** identifie les attentes et le pouvoir de chaque groupe d'ayants droit, ce qui permet d'établir des priorités politiques

La **chaîne de gouvernement** montre les rôles et les interactions entre les différents acteurs impliqués dans le gouvernement d'une organisation

La **chaîne de valeur** décrit les différentes étapes permettant à une organisation d'obtenir une offre valorisée par ses clients

Dans le cadre de la gestion du changement, une analyse de **champ de forces** identifie les forces qui facilitent le changement et celles qui l'entravent

Un **champ sectoriel** est une communauté d'organisations partageant le même système d'interprétation

Les **choix stratégiques** concernent les options stratégiques envisageables pour une organisation, à la fois en termes d'orientations et de modalités permettant de les atteindre

Le modèle des **cinq forces de la concurrence** permet d'évaluer l'attractivité d'une industrie selon l'impact de cinq forces : la menace des entrants potentiels, la menace des substituts, le pouvoir des acheteurs, le pouvoir des fournisseurs et l'intensité concurrentielle

La **collaboration** consiste à impliquer dans la définition du processus de changement tous ceux qui en seront affectés

Les **compétences** sont les activités au travers desquelles une organisation utilise ou déploie ses ressources

Les **capacités distinctives** sont nécessaires pour obtenir un avantage concurrentiel

La **capacité stratégique** d'une organisation résulte des ressources et compétences qui contribuent à sa pérennité et à son avantage concurrentiel

Les **concurrents directs** sont les organisations qui proposent des produits ou services semblables aux mêmes clients

Une **configuration** est un ensemble de composantes organisationnelles combinées au service d'une stratégie

Les **connaissances organisationnelles** résultent de l'intelligence collective accumulée au travers des systèmes formels et des routines informelles d'une organisation

La **courbe d'expérience** montre que le coût unitaire d'une offre décroît avec l'augmentation de son volume de production cumulé

La **courbe de diffusion** montre que l'adoption d'une innovation suit une forme en S : diffusion d'abord lente, puis accélération, enfin saturation de la demande

La **croissance interne** – ou *croissance organique* – consiste à développer des stratégies à partir des capacités propres de l'organisation

La **culture organisationnelle** est un ensemble de croyances implicites et de comportements au travers desquels les individus donnent du sens au contexte organisationnel

D

Les **décisions opérationnelles** déterminent comment les différentes composantes de l'organisation (ressources, processus, savoir-faire des individus) déploient effectivement les stratégies définies au niveau global et au niveau des DAS

La **dépendance de sentier** décrit le fait que les événements et les décisions sont conditionnés par la succession d'événements et de décisions qui les ont précédés

Le **déploiement stratégique** consiste à mettre la stratégie en pratique

Une **dérive stratégique** apparaît lorsque les stratégies se développent de manière incrémentale à partir d'influences historiques et culturelles, jusqu'à empêcher l'organisation de rester en phase avec les évolutions de son environnement

Le **développement de marchés** consiste à proposer une offre existante sur de nouveaux marchés

Le **développement de produits** consiste à proposer une offre nouvelle sur des marchés existants

Un **développeur** est une direction générale qui cherche à utiliser ses propres compétences pour améliorer la performance de ses DAS

Le **diagnostic stratégique** consiste à comprendre l'impact stratégique de l'environnement externe, de la capacité stratégique de l'organisation (ses ressources et compétences), de ses objectifs et de sa culture

Le **diamant de Porter** suggère que l'origine géographique des entreprises leur procure un avantage résultant de quatre facteurs : les facteurs spécifiques, la demande, la stimulation mutuelle entre industries et la structure de la concurrence

La **diffusion** est le processus par lequel les innovations se répandent auprès des utilisateurs

Dans la matrice BCG, un **dilemme** est un domaine d'activité suiveur sur un marché en croissance

Le **dilemme global-local** désigne l'arbitrage entre la standardisation internationale des offres ou leur adaptation aux spécificités locales

Dans le cadre de la gestion du changement, la **direction** suppose le recours à l'autorité personnelle d'un responsable chargé de définir clairement l'orientation de la stratégie et la manière de la déployer

Une **direction de la stratégie** est composée d'individus dont la responsabilité formelle est de coordonner l'élaboration de la stratégie

La **diversification** consiste à élargir la gamme de produits ou de marchés sur laquelle intervient une organisation

La **diversification conglomérale** correspond au développement d'activités qui ne présentent aucun point commun avec les activités existantes

La **diversification liée** correspond à un développement vers de nouvelles activités qui présentent des points communs avec les activités existantes

Un **domaine d'activité stratégique** (DAS) – ou *strategic business unit* (SBU) – est une sous-partie de l'organisation à laquelle il est possible d'allouer ou de retirer des ressources de manière indépendante et qui correspond à une combinaison spécifique de facteurs clés de succès

E

Les **économies de champ** consistent à accroître l'efficience d'une organisation en appliquant ses ressources et compétences à de nouveaux marchés ou à de nouvelles offres

Un **écosystème d'affaires** est une communauté de fournisseurs, de distributeurs et de concepteurs de produits ou services complémentaires à une offre définie par une entreprise dominante

L'**efficacité** est le rapport entre les résultats atteints et les objectifs assignés

L'**efficience** est le rapport entre les résultats atteints et les moyens utilisés

L'**entrepreneuriat social** désigne la création d'organisations non lucratives qui mobilisent des idées et des ressources dans le but de résoudre des problèmes sociaux

L'**étalonnage** – ou *benchmarking* – consiste à comparer la performance d'une organisation avec différentes pratiques de référence, internes ou externes à son industrie

Dans la matrice BCG, une **étoile** – ou *star* – est un domaine d'activité leader sur un marché en croissance

L'**externalisation** consiste à confier à des prestataires externes des activités qui étaient auparavant réalisées en interne

F

Les **facteurs clés de succès** sont les éléments stratégiques qu'une organisation doit maîtriser afin de surpasser la concurrence

La **faisabilité** consiste à déterminer si une organisation possède les ressources et compétences nécessaires au déploiement d'une stratégie

Une **filière** est la succession de liens interorganisationnels et d'activités nécessaires à la création d'une offre

Les **fournisseurs** approvisionnent une organisation avec ce dont elle a besoin pour produire ses propres biens ou services

Une **fusion** est la décision mutuellement consentie par deux organisations distinctes de former une organisation unique

G

Les **gains** sont les bénéfices que les parties prenantes d'une organisation peuvent espérer retirer d'une stratégie

Un **gestionnaire de portefeuille** est une direction générale qui agit pour le compte des marchés financiers ou des actionnaires

Un **gestionnaire de synergies** est une direction générale qui cherche à accroître la performance des DAS en s'appuyant sur leurs synergies

Un **gisement de valeur** est une zone de la filière dans laquelle les profits sont particulièrement élevés

Le **gouvernement d'entreprise** désigne les structures et les systèmes de contrôle qui définissent les responsabilités des managers à l'égard des parties prenantes d'une organisation

Au sein d'une industrie, les **groupes stratégiques** réunissent les organisations dont les caractéristiques stratégiques sont semblables, qui suivent des stratégies comparables ou qui s'appuient sur les mêmes facteurs de concurrence

H

L'**hypercompétition** caractérise un environnement dans lequel la fréquence, l'amplitude et l'agressivité des interactions concurrentielles génèrent une situation de déséquilibre permanent

I

L'**incrémentalisme logique** est l'élaboration de la stratégie par l'expérimentation et l'apprentissage

Une **industrie** est un groupe d'organisations proposant des offres étroitement substituables

Une capacité **inimitable** est difficile à obtenir ou à copier par les concurrents

L'**innovation** est la mise à disposition d'un nouveau produit, d'un nouveau service ou d'un nouveau procédé issu de nouvelles connaissances

Afin d'accélérer et de renforcer l'innovation, l'**innovation ouverte** implique des échanges de connaissances entre une organisation et son environnement

Une **innovation disruptive** présente initialement une performance inférieure à celle des technologies existantes, mais elle finit pourtant par les supplanter

L'**intégration vers l'amont** consiste en un développement vers les étapes situées en amont de l'organisation dans la filière

L'**intégration vers l'aval** consiste en un développement vers les étapes situées en aval de l'organisation dans la filière

L'**intégration verticale** désigne l'extension d'une organisation vers des activités adjacentes de sa filière, que ce soit vers l'amont ou vers l'aval

Le modèle d'**internationalisation progressive** est un processus séquentiel au travers duquel une organisation accroît graduellement son engagement envers ses nouveaux marchés grâce à l'accumulation de connaissances et au renforcement de compétences

L'**interprétation politique** postule que la stratégie résulte de processus de marchandage et de négociation entre des groupes d'intérêt internes et externes à l'organisation

L'**intrapreneuriat** – ou *entrepreneuriat interne* – consiste pour une organisation à permettre à ses membres de développer de nouvelles activités en interne, comme ils pourraient le faire en tant qu'entrepreneurs en externe

L

Dans le cadre de la gestion du changement, le **leadership** est la capacité à amener une organisation (ou un groupe au sein d'une organisation) à atteindre certains objectifs

La **légitimité** concerne la concordance avec les hypothèses, les comportements et les normes qui caractérisent un champ sectoriel

La **logique dominante** d'une organisation désigne les compétences de sa direction générale qui bénéficient à son portefeuille de DAS

M

Un **marché** est un groupe de clients homogènes pour une offre spécifique (par exemple sur une zone géographique donnée)

Le modèle des **7S de McKinsey** souligne l'importance de l'adéquation entre la stratégie, la structure, les systèmes, le style, les savoir-faire, le personnel et les objectifs fondamentaux

Les **mécanismes de marché** impliquent un système formalisé de contractualisation pour l'obtention des ressources à l'intérieur d'une organisation

La **mission** d'une organisation est l'affirmation de son intention fondamentale et de sa raison d'être

Les **modalités de développement** sont les méthodes permettant de conduire une orientation stratégique

Le **modèle de *Stratégique*** comprend le diagnostic stratégique (contexte), l'évaluation des choix stratégiques (contenu) et le déploiement stratégique (processus)

Un **modèle économique** – ou *business model* – décrit de quelle manière une organisation gère ses revenus et ses coûts par la combinaison de ses activités

O

Les **objectifs** sont l'affirmation des résultats spécifiques qui doivent être atteints par une organisation

Les **objectifs de performance** concernent les résultats d'une organisation en termes de qualité, de prix ou de profit

Les **Océans Bleus** sont de nouveaux espaces de marché où la concurrence est minime

L'**organisation** doit être articulée de manière à bien exploiter les capacités stratégiques

Grâce à une culture qui encourage les débats et les défis, une **organisation apprenante** est capable de se régénérer continûment par la variété des connaissances, des expériences et des compétences

Une **organisation virtuelle** externalise sa chaîne de valeur auprès de plusieurs organisations capitalistiquement indépendantes

P

Le **paradigme** désigne l'ensemble des convictions implicites partagées au sein d'une organisation

Un **partenariat** est une collaboration entre des organisations qui ne sont pas concurrentes

La **participation** implique la coordination du processus de changement par une autorité qui délègue en grande partie sa mise en œuvre

Les **parties prenantes** – ou *ayants droit* – sont les individus ou les groupes qui dépendent d'une organisation pour atteindre leurs propres buts et dont cette organisation dépend également

La **pénétration de marché** consiste à augmenter la diffusion de l'offre existante sur les marchés actuels

La **persuasion** consiste à convaincre des raisons du changement et des moyens de sa mise en œuvre

La **pertinence** désigne l'adéquation entre une stratégie et les conclusions du diagnostic stratégique d'une organisation

Le modèle **PESTEL** répartit les influences environnementales en six grandes catégories : politiques, économiques, sociologiques, technologiques, écologiques et légales

Un **plan stratégique** fournit les données et les arguments en faveur d'une stratégie pour une organisation dans son ensemble

La **planification** consiste à spécifier et contrôler l'allocation des ressources, et à vérifier leur utilisation

Dans la matrice BCG, un **poids mort** est un domaine d'activité suiveur sur un marché statique ou en déclin

Un **point de bascule** est le moment où la demande pour un produit ou un service connaît brutalement une croissance exponentielle

Le **pouvoir** est la capacité des individus ou des groupes à persuader, inciter ou forcer les autres à modifier leur comportement

Selon le **prisme de la complexité**, la stratégie émerge de la variété et de la diversité qui irriguent et entourent l'organisation

Selon le **prisme de la méthode**, l'élaboration de la stratégie est un processus logique d'analyse et d'évaluation

Selon le **prisme de l'expérience**, la stratégie découle de schémas de pensée implicites et de routines d'actions individuelles et collectives

Selon le **prisme du discours**, le langage permet de comprendre et de faire évoluer la stratégie, mais aussi d'affirmer le pouvoir et l'identité des managers

Les **prismes stratégiques** sont quatre points de vue au travers desquels les questions stratégiques peuvent être différemment interprétées

Les **projets stratégiques** impliquent des équipes d'individus chargés de travailler à des questions stratégiques particulières sur une période de temps définie

La **promotion d'un problème stratégique** consiste à obtenir l'attention et l'appui des dirigeants, et d'autres parties prenantes influentes, au sujet d'une question stratégique particulière

R

Un **rapport stratégique** fournit les données et les arguments en faveur d'une proposition stratégique particulière

Une capacité **rare** n'est possédée que par quelques organisations

Une **recette** est un ensemble de présupposés, de normes et de routines partagés au sein d'un champ sectoriel à propos des objectifs et des stratégies considérés comme appropriés

La **responsabilité sociale de l'entreprise (RSE)** est l'engagement des organisations à se comporter de manière éthique et à contribuer au développement économique tout en améliorant la qualité de vie de leurs salariés, de leur famille et de la société au sens large

Les **ressources** sont les actifs qu'une organisation détient ou qu'elle est capable de mobiliser

Selon l'approche **ressources et compétences** – ou *resource-based view* –, l'avantage concurrentiel et la performance d'une organisation s'expliquent par la spécificité de ses capacités stratégiques

Le **risque** désigne la probabilité et les conséquences de l'échec d'une stratégie

S

Un **scénario** est une représentation plausible de différents futurs envisageables, obtenue à partir de la combinaison de variables pivots incertaines

La **segmentation stratégique** consiste à subdiviser une organisation en domaines d'activité stratégique

Un **segment de marché** est un groupe de clients ou d'utilisateurs dont les besoins spécifiques diffèrent de ceux des autres clients ou utilisateurs présents sur le marché

Les **séminaires de réflexion stratégique** réunissent, le plus souvent hors de leur lieu de travail, des groupes de dirigeants qui réfléchissent de manière intensive pendant un jour ou deux à la stratégie de leur organisation

La **stratégie** est l'orientation à long terme d'une organisation

La **stratégie d'entreprise** concerne le dessein et le périmètre d'une organisation dans sa globalité et la manière dont elle ajoute de la valeur à ses différentes activités

La **stratégie d'épuration** consiste à proposer, pour un prix réduit, une offre dont la valeur est inférieure à celle des concurrents

La **stratégie de différenciation** consiste à proposer une offre dont la valeur est différente de celle des offres des concurrents

La **stratégie de focalisation** – ou *stratégie de niche* – consiste à proposer une offre très fortement différenciée qui ne peut attirer qu'une frange de clientèle

La **stratégie de prix** consiste à proposer pour un prix inférieur une offre dont la valeur est comparable à celle des concurrents

Une **stratégie de redressement** est une opération de changement rapide consistant à réduire fortement les coûts et/ou à accroître significativement le chiffre d'affaires d'une organisation

La **stratégie de sophistication** consiste à proposer un produit ou service dont la valeur est jugée supérieure à celle des offres concurrentes

La **stratégie délibérée** est l'expression d'une orientation intentionnellement formulée ou planifiée

La **stratégie émergente** résulte d'une série de décisions, selon un schéma qui prend son sens au cours du temps

Une **stratégie globale** implique une forte coordination de multiples activités géographiquement dispersées dans de nombreux pays de par le monde

La **stratégie internationale** comprend toute une gamme d'options permettant à une organisation d'intervenir en dehors de son pays d'origine

La **stratégie par domaine d'activité** consiste à identifier les facteurs clés de succès sur un marché particulier

Les **stratégies concurrentielles** (ou **stratégies génériques**) sont les positionnements (réduction de prix, différenciation, focalisation) qui permettent d'obtenir un avantage concurrentiel au niveau d'un domaine d'activité stratégique

Une **structure divisionnelle** est composée de divisions par produits, clients ou zones géographiques

Une **structure fonctionnelle** répartit les responsabilités selon les fonctions essentielles à une organisation, telles que la conception, la production et la commercialisation

Les **structures organisationnelles** donnent aux individus des rôles formellement définis, des responsabilités et des positions hiérarchiques

Une **structure matricielle** résulte du croisement de divisions produits et de divisions géographiques, ou d'une structure fonctionnelle avec une structure divisionnelle

Une **structure par projets** est une structure par équipes temporaires dédiées à un projet et dissoutes une fois que celui-ci est achevé

Une **structure transnationale** conjugue la réactivité locale avec la coordination globale

Les **substituts** peuvent réduire la demande pour une catégorie de produits ou services en captant les attentes des clients

Le **SWOT** résume les conclusions essentielles de l'analyse de l'environnement et de la capacité stratégique d'une organisation

Les **symboles** sont des objets, des événements, des actes ou des individus qui expriment plus que leur réalité intrinsèque

Une **synergie** correspond à la situation où les chaînes de valeur de plusieurs DAS présentent au moins un maillon commun ; leur performance combinée est alors supérieure à la somme de leurs performances individuelles

Les **systèmes culturels** visent à aligner les comportements avec les objectifs d'une organisation

Les **systèmes organisationnels** assistent et contrôlent les individus dans leurs tâches et leurs responsabilités

T

Un **tableau de bord prospectif** – ou *balanced scorecard* – combine des objectifs de performance qualitatifs et quantitatifs

Le **test d'hypothèse** est une méthode utilisée dans le cadre des projets stratégiques afin d'établir des priorités dans la recherche d'options

La **théorie des jeux** encourage l'organisation à anticiper les manœuvres de ses concurrents avant d'envisager sa propre stratégie

Le **tissu culturel** est une représentation des manifestations comportementales, physiques et symboliques du paradigme d'une organisation

La matrice **TOWS** utilise les conclusions d'une analyse SWOT afin de formuler des options de développement stratégique

V

Dans la matrice BCG, une **vache à lait** est un domaine d'activité leader sur un marché mature

La **valeur** d'une offre est le prix qu'un client est prêt à payer pour l'obtenir

Les **valeurs fondamentales** sont les principes qui sous-tendent la stratégie d'une organisation et définissent de quelle manière elle devrait agir

Les **variables pivots** sont les facteurs susceptibles d'affecter significativement la structure d'une industrie ou d'un marché

Le **verrouillage** consiste pour une organisation à rendre ses clients dépendants de son offre, si bien qu'ils devront supporter des coûts de transfert élevés pour changer de fournisseur

La **vision** d'une organisation décrit le futur qu'elle aspire à créer

Une capacité est distinctive si elle satisfait les quatre critères **VRIO** : elle crée de la valeur pour les clients, elle est rare, elle est inimitable et l'organisation permet de bien l'exploiter

Y

Selon le modèle de **Yip**, les stratégies internationales sont déterminées par des facteurs de marché, des facteurs de coûts, des facteurs réglementaires et des facteurs concurrentiels

Lexique par chapitre

Chapitre 1 Introduction à la stratégie

La **stratégie** est l'orientation à long terme d'une organisation

La **stratégie d'entreprise** concerne le dessein et le périmètre d'une organisation dans sa globalité et la manière dont elle ajoute de la valeur à ses différentes activités

La **stratégie par domaine d'activité** consiste à identifier les facteurs clés de succès sur un marché particulier

Un **domaine d'activité stratégique** (DAS) – ou *strategic business unit* (SBU) – est une sous-partie de l'organisation à laquelle il est possible d'allouer ou de retirer des ressources de manière indépendante et qui correspond à une combinaison spécifique de facteurs clés de succès

Les **décisions opérationnelles** déterminent comment les différentes composantes de l'organisation (ressources, processus, savoir-faire des individus) déploient effectivement les stratégies définies au niveau global et au niveau des DAS

Le **modèle de *Stratégique*** comprend le diagnostic stratégique (contexte), l'évaluation des choix stratégiques (contenu) et le déploiement stratégique (processus)

Le **diagnostic stratégique** consiste à comprendre l'impact stratégique de l'environnement externe, de la capacité stratégique de l'organisation (ses ressources et compétences), de ses objectifs et de sa culture

Les **choix stratégiques** concernent les options stratégiques envisageables pour une organisation, à la fois en termes d'orientations et de modalités permettant de les atteindre

Le **déploiement stratégique** consiste à mettre la stratégie en pratique

Les **prismes stratégiques** sont quatre points de vue au travers desquels les questions stratégiques peuvent être différemment interprétées

Chapitre 2 L'environnement

Le modèle **PESTEL** répartit les influences environnementales en six grandes catégories : politiques, économiques, sociologiques, technologiques, écologiques et légales

Les **variables pivots** sont les facteurs susceptibles d'affecter significativement la structure d'une industrie ou d'un marché

Un **scénario** est une représentation plausible de différents futurs envisageables, obtenue à partir de la combinaison de variables pivots incertaines

Une **industrie** est un groupe d'organisations proposant des offres étroitement substituables

Un **marché** est un groupe de clients homogènes pour une offre spécifique (par exemple sur une zone géographique donnée)

Le modèle des **cinq forces de la concurrence** permet d'évaluer l'attractivité d'une industrie selon l'impact de cinq forces : la menace des entrants potentiels, la menace des substituts, le pouvoir des acheteurs, le pouvoir des fournisseurs et l'intensité concurrentielle

Les **barrières à l'entrée** sont les facteurs que les entrants potentiels doivent surmonter pour pouvoir concurrencer les organisations déjà en place dans une industrie

Les **substituts** peuvent réduire la demande pour une catégorie de produits ou services en captant les attentes des clients

Les **acheteurs** sont les clients directs d'une organisation, mais pas nécessairement les clients finaux de son industrie

Les **fournisseurs** approvisionnent une organisation avec ce dont elle a besoin pour produire ses propres biens ou services

Les **concurrents directs** sont les organisations qui proposent des produits ou services semblables à de mêmes clients

L'**hypercompétition** caractérise un environnement dans lequel la fréquence, l'amplitude et l'agressivité des interactions concurrentielles génèrent une situation de déséquilibre permanent

Au sein d'une industrie, les **groupes stratégiques** réunissent les organisations dont les caractéristiques stratégiques sont semblables, qui suivent des stratégies comparables ou qui s'appuient sur les mêmes facteurs de concurrence

Un **segment de marché** est un groupe de clients ou d'utilisateurs dont les besoins spécifiques diffèrent de ceux des autres clients ou utilisateurs présents sur le marché

Les **Océans Bleus** sont de nouveaux espaces de marché où la concurrence est minime

Un **canevas stratégique** compare les concurrents selon leur capacité à répondre aux attentes des clients, de manière à identifier de nouveaux espaces stratégiques

Les **facteurs clés de succès** sont les éléments stratégiques qu'une organisation doit maîtriser afin de surpasser la concurrence

Chapitre 3
La capacité stratégique

Selon l'approche **ressources et compétences** – ou *resource-based view* –, l'avantage concurrentiel et la performance d'une organisation s'expliquent par la spécificité de ses capacités stratégiques

La **capacité stratégique** d'une organisation résulte des ressources et compétences qui lui sont nécessaires pour survivre et prospérer

Les **ressources** sont les actifs qu'une organisation détient ou qu'elle est capable de mobiliser

Les **compétences** sont les activités au travers desquelles une organisation utilise ou déploie ses ressources

Les **capacités dynamiques** caractérisent l'aptitude d'une organisation à renouveler et à recréer ses compétences afin de répondre aux exigences d'un environnement mouvant

Les **capacités seuils** sont indispensables pour intervenir sur un marché donné, à parité avec les concurrents établis

Les **capacités distinctives** sont nécessaires pour obtenir un avantage concurrentiel

La **capacité stratégique** d'une organisation résulte des ressources et compétences qui contribuent à sa pérennité et à son avantage concurrentiel

Une capacité est distinctive si elle satisfait les quatre critères **VRIO** : elle crée de la valeur pour les clients, elle est rare, elle est inimitable et l'organisation permet de bien l'exploiter

La **valeur** d'une offre est le prix qu'un client est prêt à payer pour l'obtenir

Une capacité **rare** n'est possédée que par quelques organisations

Une capacité **inimitable** est difficile à obtenir ou à copier par les concurrents

L'**organisation** doit être articulée de manière à bien exploiter les capacités stratégiques

Les **connaissances organisationnelles** résultent de l'intelligence collective accumulée au travers des systèmes formels et des routines informelles d'une organisation

L'**étalonnage** – ou *benchmarking* – consiste à comparer la performance d'une organisation avec différentes pratiques de référence, internes ou externes à son industrie

La **chaîne de valeur** décrit les différentes étapes permettant à une organisation d'obtenir une offre valorisée par ses clients

Une **filière** est la succession de liens interorganisationnels et d'activités nécessaires à la création d'une offre

L'**efficacité** est le rapport entre les résultats atteints et les objectifs assignés

L'**efficience** est le rapport entre les résultats atteints et les moyens utilisés

Un **gisement de valeur** est une zone de la filière dans laquelle les profits sont particulièrement élevés

L'analyse **SWOT** résume les conclusions essentielles de l'analyse de l'environnement et de la capacité stratégique d'une organisation

La matrice **TOWS** utilise les conclusions d'une analyse SWOT afin de formuler des options de développement stratégique

Chapitre 4
L'intention stratégique

Les **parties prenantes** – ou *ayants droit* – sont les individus ou les groupes qui dépendent d'une organisation pour atteindre leurs propres buts, et dont cette organisation dépend également

La **mission** d'une organisation est l'affirmation de son intention fondamentale et de sa raison d'être

La **vision** d'une organisation décrit le futur qu'elle aspire à créer

Les **valeurs fondamentales** sont les principes qui sous-tendent la stratégie d'une organisation et définissent de quelle manière elle devrait agir

Les **objectifs** sont l'affirmation des résultats spécifiques qui doivent être atteints par une organisation

Le **gouvernement d'entreprise** désigne les structures et les systèmes de contrôle qui définissent les responsabilités des managers à l'égard des parties prenantes d'une organisation

La **chaîne de gouvernement** montre les rôles et les interactions entre les différents acteurs impliqués dans le gouvernement d'une organisation

La **cartographie des parties prenantes** identifie les attentes et le pouvoir de chaque groupe d'ayants droit, ce qui permet d'établir des priorités politiques

Le **pouvoir** est la capacité des individus ou des groupes à persuader, inciter ou forcer les autres à modifier leur comportement

La **responsabilité sociale de l'entreprise (RSE)** est l'engagement des organisations à se comporter de manière éthique et à contribuer au développement économique tout en améliorant la qualité de vie de leurs salariés, de leur famille et de la société au sens large

Chapitre 5 Culture et stratégie

La **dépendance de sentier** décrit le fait que les événements et les décisions sont conditionnés par la succession d'événements et de décisions qui les ont précédés

La **culture organisationnelle** est un ensemble de croyances implicites et de comportements au travers desquels les individus donnent du sens au contexte organisationnel

Un **champ sectoriel** est une communauté d'organisations partageant le même système d'interprétation

Une **recette** est un ensemble de présupposés, de normes et de routines partagés au sein d'un champ sectoriel à propos des objectifs et des stratégies considérés comme appropriés

La **légitimité** concerne la concordance avec les hypothèses, les comportements et les normes qui caractérisent un champ sectoriel

Le **paradigme** désigne l'ensemble des convictions implicites partagées au sein d'une organisation

Le **tissu culturel** est une représentation des manifestations comportementales, physiques et symboliques du paradigme d'une organisation

Une **dérive stratégique** apparaît lorsque les stratégies se développent de manière incrémentale à partir d'influences historiques et culturelles, jusqu'à empêcher l'organisation de rester en phase avec les évolutions de son environnement

Commentaires sur la partie I
Les prismes stratégiques

Selon le **prisme de la méthode**, l'élaboration de la stratégie est un processus logique d'analyse et d'évaluation

Selon le **prisme de l'expérience**, la stratégie découle de schémas de pensée implicites et de routines d'actions individuelles et collectives

Selon le **prisme de la complexité**, la stratégie émerge de la variété et de la diversité qui irriguent et entourent l'organisation

Selon le **prisme du discours**, le langage permet de comprendre et de faire évoluer la stratégie, mais aussi d'affirmer le pouvoir et l'identité des managers

Chapitre 6 Les stratégies par domaine d'activité

Un **domaine d'activité stratégique** (DAS) – ou *strategic business unit* (SBU) – est une sous-partie de l'organisation à laquelle il est possible d'allouer ou de retirer des ressources de manière indépendante et qui correspond à une combinaison spécifique de facteurs clés de succès

La **segmentation stratégique** consiste à subdiviser une organisation en domaines d'activité stratégique

Les **stratégies concurrentielles** (ou **stratégies génériques**) sont les positionnements (réduction de prix, différenciation, focalisation) qui permettent d'obtenir un avantage concurrentiel au niveau d'un domaine d'activité stratégique

Un DAS détient un **avantage concurrentiel** lorsque l'écart entre la valeur qu'il crée pour ses clients et les coûts engagés pour cela est supérieur à l'écart équivalent chez ses concurrents

La **stratégie de prix** consiste à proposer pour un prix inférieur une offre dont la valeur est comparable à celle des concurrents

La **courbe d'expérience** montre que le coût unitaire d'une offre décroît avec l'augmentation de son volume de production cumulé

La **stratégie de différenciation** consiste à proposer une offre dont la valeur est différente de celle des offres des concurrents

La **stratégie d'épuration** consiste à proposer, pour un prix réduit, une offre dont la valeur est inférieure à celle des concurrents

La **stratégie de sophistication** consiste à proposer un produit ou service dont la valeur est jugée supérieure à celle des offres concurrentes

La **stratégie de focalisation** – ou *stratégie de niche* – consiste à proposer une offre très fortement différenciée qui ne peut attirer qu'une frange de clientèle

Le **verrouillage** consiste pour une organisation à rendre ses clients dépendants de son offre, si bien qu'ils devront supporter des coûts de transfert élevés pour changer de fournisseur

La **théorie des jeux** encourage l'organisation à anticiper les manœuvres de ses concurrents avant d'envisager sa propre stratégie

Chapitre 7 La diversification et la gestion d'un portefeuille d'activités

La **diversification** consiste à élargir la gamme de produits ou de marchés sur laquelle intervient une organisation

La **diversification liée** correspond à un développement vers de nouvelles activités qui présentent des points communs avec les activités existantes

La **diversification conglomérale** correspond au développement d'activités qui ne présentent aucun point commun avec les activités existantes

La **pénétration de marché** consiste à augmenter la diffusion de l'offre existante sur les marchés actuels

Le **développement de produits** consiste à proposer une offre nouvelle sur des marchés existants

Le **développement de marchés** consiste à proposer une offre existante sur de nouveaux marchés

Une **synergie** correspond à la situation où les chaînes de valeur de plusieurs DAS présentent au moins un maillon commun ; leur performance combinée est alors supérieure à la somme de leurs performances individuelles

Les **économies de champ** consistent à accroître l'efficience d'une organisation en appliquant ses ressources et compétences à de nouveaux marchés ou à de nouvelles offres

La **logique dominante** d'une organisation désigne les compétences de sa direction générale qui bénéficient à son portefeuille de DAS

L'**intégration verticale** désigne l'extension d'une organisation vers des activités adjacentes de sa filière, que ce soit vers l'amont ou vers l'aval

L'**intégration vers l'amont** consiste en un développement vers les étapes situées en amont de l'organisation dans la filière

L'**intégration vers l'aval** consiste en un développement vers les étapes situées en aval de l'organisation dans la filière

L'**externalisation** consiste à confier à des prestataires externes des activités qui étaient auparavant réalisées en interne

Un **gestionnaire de portefeuille** est une direction générale qui agit pour le compte des marchés financiers ou des actionnaires

Un **gestionnaire de synergies** est une direction générale qui cherche à accroître la performance des DAS en s'appuyant sur leurs synergies

Un **développeur** est une direction générale qui cherche à utiliser ses propres compétences pour améliorer la performance de ses DAS

La **matrice BCG** positionne chacun des DAS selon (a) leur part de marché relative et (b) le taux de croissance de leur marché

Dans la matrice BCG, une **étoile** – ou *star* – est un domaine d'activité leader sur un marché en croissance

Dans la matrice BCG, un **dilemme** est un domaine d'activité suiveur sur un marché en croissance

Dans la matrice BCG, une **vache à lait** est un domaine d'activité leader sur un marché mature

Dans la matrice BCG, un **poids mort** est un domaine d'activité suiveur sur un marché statique ou en déclin

La matrice **attraits/atouts** positionne chacun des DAS selon (a) l'attrait de leur marché et (b) les atouts concurrentiels de l'organisation sur ce marché

Chapitre 8 Les stratégies internationales

La **stratégie internationale** comprend toute une gamme d'options permettant à une organisation d'intervenir en dehors de son pays d'origine

Une **stratégie globale** implique une forte coordination de multiples activités géographiquement dispersées dans de nombreux pays de par le monde

Selon le modèle de **Yip**, les stratégies internationales sont déterminées par des facteurs de marché, des facteurs de coûts, des facteurs réglementaires et des facteurs concurrentiels

Le **diamant de Porter** suggère que l'origine géographique des entreprises leur procure un avantage résultant de quatre facteurs : les facteurs spécifiques, la demande, la stimulation mutuelle entre industries et la structure de la concurrence

L'**approvisionnement global** – ou *global sourcing* – consiste à acheter les services et les composants auprès des fournisseurs les plus appropriés à l'échelle mondiale, quelle que soit leur localisation

Le **dilemme global-local** désigne l'arbitrage entre la standardisation internationale des offres ou leur adaptation aux spécificités locales

Afin d'évaluer la compatibilité entre une organisation et un pays, le modèle **CAGE** distingue la distance culturelle, la distance administrative, la distance géographique et la distance économique

Le modèle d'**internationalisation progressive** est un processus séquentiel au travers duquel une organisation accroît graduellement son engagement envers ses nouveaux marchés grâce à l'accumulation de connaissances et au renforcement de compétences

Chapitre 9 L'innovation et l'entrepreneuriat

L'**innovation** est la mise à disposition d'un nouveau produit, d'un nouveau service ou d'un nouveau procédé issu de nouvelles connaissances

Afin d'accélérer et de renforcer l'innovation, l'**innovation ouverte** implique des échanges de connaissances entre une organisation et son environnement

Un **écosystème d'affaires** est une communauté de fournisseurs, de distributeurs et de concepteurs de produits ou services complémentaires à une offre définie par une entreprise dominante

Un **modèle économique** – ou *business model* – décrit de quelle manière une organisation gère ses revenus et ses coûts par la combinaison de ses activités

La **diffusion** est le processus par lequel les innovations se répandent auprès des utilisateurs

La **courbe de diffusion** montre que l'adoption d'une innovation suit une forme en S : diffusion d'abord lente, puis accélération, enfin saturation de la demande

Un **point de bascule** est le moment où la demande pour un produit ou un service connaît brutalement une croissance exponentielle

L'**avantage au premier entrant** donne au concurrent qui est le premier à proposer une nouvelle offre un avantage sur ceux qui le suivent

Une **innovation disruptive** présente initialement une performance inférieure à celle des technologies existantes, mais elle finit pourtant par les supplanter

L'**entrepreneuriat social** désigne la création d'organisations non lucratives qui mobilisent des idées et des ressources dans le but de résoudre des problèmes sociaux

Chapitre 10 Fusions et acquisitions, alliances et partenariats

Les **modalités de développement** sont les méthodes permettant de conduire une orientation stratégique

La **croissance interne** – ou *croissance organique* – consiste à développer des stratégies à partir des capacités propres de l'organisation

L'**intrapreneuriat** – ou *entrepreneuriat interne* – consiste pour une organisation à permettre à ses membres de développer de nouvelles activités en interne, comme ils pourraient le faire en tant qu'entrepreneurs en externe

Une **acquisition** correspond au rachat d'une organisation par une autre organisation

Une **fusion** est la décision mutuellement consentie par deux organisations distinctes de former une organisation unique

L'**avantage collaboratif** est la capacité d'une organisation à mieux gérer les alliances et les partenariats que ses concurrents

Une **alliance** est une collaboration entre deux organisations concurrentes

Un **partenariat** est une collaboration entre des organisations qui ne sont pas concurrentes

Chapitre 11 L'évaluation des stratégies

L'**analyse décisionnelle** – ou *business analytics* – consiste à expliquer et à prévoir la performance en identifiant des corrélations au sein de masses de données – *big data*

La **pertinence** désigne l'adéquation entre une stratégie et les conclusions du diagnostic stratégique d'une organisation

L'**acceptabilité** désigne l'adéquation entre la performance attendue d'une stratégie et les attentes des parties prenantes

Les **gains** sont les bénéfices que les parties prenantes d'une organisation peuvent espérer retirer d'une stratégie

Le **risque** désigne la probabilité et les conséquences de l'échec d'une stratégie

La **faisabilité** consiste à déterminer si une organisation possède les ressources et compétences nécessaires au déploiement d'une stratégie

Chapitre 12 Les processus stratégiques

La **stratégie délibérée** est l'expression d'une orientation intentionnellement formulée ou planifiée

La **planification stratégique** vise à élaborer la stratégie d'une organisation grâce à des procédures systématisées et séquentielles

La **stratégie émergente** résulte d'une série de décisions, selon un schéma qui prend son sens au cours du temps

L'**incrémentalisme logique** est l'élaboration de la stratégie par l'expérimentation et l'apprentissage

Grâce à une culture qui encourage les débats et les défis, une **organisation apprenante** est capable de se régénérer continûment par la variété des connaissances, des expériences et des compétences

L'**interprétation politique** postule que la stratégie résulte de processus de marchandage et de négociation entre des groupes d'intérêt internes et externes à l'organisation

Chapitre 13 Stratégie et organisation

Les **structures organisationnelles** donnent aux individus des rôles formellement définis, des responsabilités et des positions hiérarchiques

Les **systèmes organisationnels** assistent et contrôlent les individus dans leurs tâches et leurs responsabilités

Une **structure fonctionnelle** répartit les responsabilités selon les fonctions essentielles à une organisation, telles que la conception, la production et la commercialisation

Une **structure divisionnelle** est composée de divisions

par produits, clients ou zones géographiques

Une **structure matricielle** résulte du croisement de divisions produits et de divisions géographiques, ou d'une structure fonctionnelle avec une structure divisionnelle

Une **structure transnationale** conjugue la réactivité locale avec la coordination globale

Une **structure par projets** est une structure par équipes temporaires dédiées à un projet et dissoutes une fois que celui-ci est achevé

Les **systèmes culturels** visent à aligner les comportements avec les objectifs d'une organisation

Les **objectifs de performance** concernent les résultats d'une organisation en termes de qualité, de prix ou de profit

Un **tableau de bord prospectif** – ou *balanced scorecard* – combine des objectifs de performance qualitatifs et quantitatifs

Une **carte stratégique** combine une succession d'indicateurs de performance selon une logique qui contribue aux objectifs stratégiques

Les **mécanismes de marché** impliquent un système formalisé de contractualisation pour l'obtention des ressources à l'intérieur d'une organisation

La **planification** consiste à spécifier et contrôler l'allocation des ressources, et à vérifier leur utilisation

Une **configuration** est un ensemble de composantes organisationnelles combinées au service d'une stratégie

Le modèle des **7S de McKinsey** souligne l'importance de l'adéquation entre la stratégie, la structure, les systèmes, le style, les savoir-faire, le personnel et les objectifs fondamentaux

Une **organisation virtuelle** externalise sa chaîne de valeur auprès de plusieurs organisations capitalistiquement indépendantes

Chapitre 14 Gérer le changement stratégique

Dans le cadre de la gestion du changement, le **leadership** est la capacité à amener une organisation (ou un groupe au sein d'une organisation) à atteindre certains objectifs

La **persuasion** consiste à convaincre des raisons du changement et des moyens de sa mise en œuvre

La **collaboration** consiste à impliquer dans la définition du processus de changement tous ceux qui en seront affectés

La **participation** implique la coordination du processus de changement par une autorité qui délègue en grande partie sa mise en œuvre

Dans le cadre de la gestion du changement, la **direction** suppose le recours à l'autorité personnelle d'un responsable chargé de définir clairement l'orientation de la stratégie et la manière de la déployer

Dans le cadre de la gestion du changement, une analyse de **champ de forces** identifie les forces qui facilitent le changement et celles qui l'entravent

Les **symboles** sont des objets, des événements, des actes ou des individus qui expriment plus que leur réalité intrinsèque

Une **stratégie de redressement** est une opération de changement rapide consistant à réduire fortement les coûts et/ou à accroître significativement le chiffre d'affaires d'une organisation

L'**ambidextrie organisationnelle** est la capacité à concilier l'exploitation des capacités existantes avec l'exploration de nouvelles capacités

Chapitre 15 La pratique de la stratégie

Une **direction de la stratégie** est composée d'individus dont la responsabilité formelle est de coordonner l'élaboration de la stratégie

La **promotion d'un problème stratégique** consiste à obtenir l'attention et l'appui des dirigeants, et d'autres parties prenantes influentes, au sujet d'une question stratégique particulière

Les **séminaires de réflexion stratégique** réunissent, le plus souvent hors de leur lieu de travail, des groupes de dirigeants qui réfléchissent de manière intensive pendant un jour ou deux à la stratégie de leur organisation

Les **projets stratégiques** impliquent des équipes d'individus chargés de travailler à des questions stratégiques particulières sur une période de temps définie

Le **test d'hypothèse** est une méthode utilisée dans le cadre des projets stratégiques afin d'établir des priorités dans la recherche d'options

Un **rapport stratégique** fournit les données et les arguments en faveur d'une proposition stratégique particulière

Un **plan stratégique** fournit les données et les arguments en faveur d'une stratégie pour une organisation dans son ensemble

Bibliographie francophone

ADLER E., LAURIOL J., « La segmentation, fondement de l'analyse stratégique », *Harvard l'Expansion* (printemps 1986), pp. 99-112.

ALBERT M., *Capitalisme contre capitalisme*, Seuil, 1993.

ALEXANDRE-BAILLY F., BOURGEOIS D., GRUÈRE J.-P., RAULET-CROSET N., ROLAND-LÉVY C., *Comportements humains et management*, 2e édition, Pearson Education, 2006.

ANSOFF I., MCDONNEL E., *Stratégie du développement de l'entreprise*, Éditions d'Organisation, 1989.

ATAMER T., CALORI R., *Diagnostic et décisions stratégiques*, Dunod, 1993.

AUBERT N., ENLART S., GRUÈRE J.-P., JABES J., LAROCHE H., *Management, aspects humains et organisationnels*, 9e édition, PUF, 2010.

AUTISSIER D., BENSEBAA F., MOUTOT J.-M., *Les Stratégies de changement – L'hypercube du changement gagnant*, Dunod, 2012.

BADOT O., *Théorie de l'entreprise agile*, L'Harmattan, 1997.

BALAZS K., *Ils ont décroché les étoiles ! Quand les grands chefs nous livrent leurs recettes de leadership*, Pearson Education, 2009.

BALOGUN J., HOPE HAILEY V., VIARDOT É., *Stratégies du changement*, 2e édition, Pearson Education, 2005.

BANCEL F., *La Gouvernance des entreprises*, Economica, 1998.

BARKER R., THIBIERGE C., *L'Évaluation des entreprises : modèles et mesures de la valeur*, Les Echos Éditions, 2002.

BARREYRE P.Y., *L'Impartition, politique pour une entreprise compétitive*, Hachette, 1968.

BARTHÉLÉMY A., SLITINE R., *Entrepreneuriat social : innover au service de l'intérêt général*, Vuibert, 2011.

BARTHÉLÉMY J., *Stratégies d'externalisation*, 3e édition, Dunod, 2006.

BARTHÉLÉMY J., « Les consultants créent-ils de la valeur pour leurs clients ? », *Le Cercle Les Echos*, lecercle.lesechos.fr, 20 décembre 2012.

BARTLETT C.A., GHOSHAL S., *Le Management sans frontières*, Éditions d'Organisation, 1991.

BASSO O., BIELICZKY P., *Guide pratique du créateur de start-up*, Éditions d'Organisation, 1999.

BASSO O., ROJOT J., *L'Intrapreneuriat*, Economica, 2004.

BATSCH L., *Finance et stratégie*, Economica, 1999.

BAUMARD P., *Analyse stratégique*, Dunod, 2000.

BERGER M., BOUDEVILLE J., *Management stratégique des PME/PMI. Guide méthodologique*, Economica, 1991.

BESSON P., *Dedans, dehors. Les nouvelles frontières de l'organisation*, Vuibert, 1997.

BLANC G., DUSSAUGE P., QUELIN B., « Stratégies concurrentielles et différenciation », *Gérer et Comprendre* (septembre 1991), pp. 75-86.

BLOCH A., MANCEAU D. (eds), *De l'idée au marché*, Vuibert, 2000.

BODIE Z., MERTON R., THIBIERGE C., *Finance*, 2e édition, Pearson Education, 2007.

BOUCHARD V.· *Intrapreneuriat, innovation et croissance*, Dunod, 2009.

BOUDÈS T., « La formulation de la stratégie d'entreprise comme mise en récit », *Management International*, vol. 8, n° 2 (2004), pp. 25-31.

BOUDEVILLE J., MEYER J., *Stratégies d'entreprise : formulation et mise en œuvre*, PUF, 1986.

BOUILLOUD J.-P., LECUYER B.-P., *L'Invention de la gestion*, L'Harmattan, 1994.

BOURNOIS F., DUVAL-HAMEL J., ROUSSILLON S., SCARINGELLA J.-L. (eds) *Comités exécutifs, voyage au cœur de la dirigeance*, Éditions d'Organisation, 2007.

BRANDENBURGER A., NALEBUFF B., *La Coopétition*, Village Mondial, 1996.

BRAVARD J.-L., FRÉRY F., MORGAN R., *Réussir une externalisation*, Pearson Education, Paris, 2007.

BROUSTAIL J., FRÉRY F., *Le Management stratégique de l'innovation*, Dalloz, 1993.

BROUSTAIL J., GREGGIO R., *Citroën : essai sur quatre-vingts ans d'anti-stratégie*, Vuibert, 2000.

BRULHART F., GUIEU G., MALTESE L., PRÉVOT F., « Théorie des ressources. Débats théoriques et applicabilités », *Revue Française de Gestion*, vol. 36/204 (2010), pp. 83-86.

CADIN L., GUÉRIN F., *La Gestion des ressources humaines*, 3e édition, Dunod, 2010.

CAHUC P., *La Nouvelle Microéconomie*, La Découverte, 1993.

CAILLUET L., « La fabrique de la stratégie : regards croisés sur la France et les États-Unis depuis les années 1960 », *Revue Française de Gestion*, n° 188-189 (2008), pp. 143-159.

CAPRON M., QUAIREL-LANOIZELÉE F., *La Responsabilité sociale d'entreprise*, 2e édition, La Découverte, 2010.

CHALIAND G., *Anthologie mondiale de la stratégie*, 4e édition, Bouquins, Robert Laffont, 2001.

CHANDLER A.D., *Stratégies et structures de l'entreprise*, Éditions d'Organisation, 1972.

CHARREAUX G., Wirtz P., *Gouvernance des entreprises, nouvelles perspectives*, Economica, 2006.

CLAUSEWITZ (von) C., *De la guerre*, Perrin, 1999.

Collectif, *MBA, l'essentiel du management par les meilleurs professeurs*, 2e édition, Éditions d'Organisation, 2008.

Collectif, *L'Art de la croissance*, Village Mondial, 2007.

COLLINS J., *De la performance à l'excellence*, Pearson Education, 2006.

COLLINS J., PORRAS J., *Bâties pour durer : les entreprises visionnaires ont-elles un secret ?*, First, 1996.

CORBEL P., *Management stratégique des droits de la propriété intellectuelle*, Gualino, 2007.

CORDIER D., FRÉRY F., *Les 7 familles de l'assurance*, Vuibert, 2003.

CROZIER M., FRIEDBERG E., *L'Acteur et le système. Les contraintes de l'action collective*, Seuil, 1977.

CYERT R.M., MARCH J.G., *Processus de décision dans l'entreprise*, Dunod, 1970.

D'AVENI R., GUNTHER R., *Hypercompétition*, Vuibert, 1995.

D'IRIBARNE P., *La Logique de l'honneur*, Seuil, 1989.

D'IRIBARNE P., HENRY A., SEGAL J.-P., *Cultures et mondialisation : gérer par-delà les frontières*, Seuil, 1998.

DAGNINO G., LE ROY F., YAMI S., « La dynamique des stratégies de coopétition », *Revue Française de Gestion*, vol. 33/76 (2007), pp. 87-98.

DAYAN A. (ed.), *Manuel de gestion*, 2e édition, vol. 1, Ellipses/AUF, 2004.

DEMIL B., LECOQ X., « Repenser le développement des organisations : les apports du modèle économique », *Revue Française de Gestion*, vol. 34/181 (2008), pp. 113-122.

DEMIL B., LECOQ X., WARNIER V., *Stratégie et business models*, Pearson, 2013.

DESREUMAUX A., LECOCQ X., WARNIER V., *Stratégie*, 2e édition, Pearson Education, 2009.

DÉTRIE J.-P., DROMBY F., MOINGEON B., « Comment perdre par raison et gagner par chance. Effets pervers et stratégie d'entreprise », *Gérer et Comprendre*, n° 35, juin (1994).

DOBELLI R., *Arrêtez de vous tromper*, Eyrolles, 2012.

DOZ Y., HAMEL G., *L'Avantage des alliances*, Dunod, 2000.

DRUCKER P., *L'Avenir du management selon Drucker*, Village Mondial, 1999.

DUMEZ H., JEUNEMAÎTRE A., *La Concurrence en Europe. De nouvelles règles du jeu pour les entreprises*, Seuil, 1991.

DUMEZ H., JEUNEMAÎTRE A., « Les stratégies de déstabilisation de la concurrence : déverrouillage et recombinaison du marché », *Revue Française de Gestion*, vol. 30/148 (2004), pp. 196-206.

DURAND R., GOMEZ P.-Y., MONIN P., « Le management stratégique face à la théorie des options », *Revue Française de Gestion*, vol. 28/137 (janvier-mars 2002), pp. 45-60.

ETTIGHOFFER D., *L'Entreprise virtuelle ou les nouveaux modes de travail*, 2e édition, Odile Jacob, 2000.

FERNEZ-WALCH S., ROMON F., *Management de l'innovation*, 2e édition, Vuibert, 2010.

FRÉRY F., *Benetton ou l'Entreprise virtuelle*, 2e édition, Vuibert, 2003.

FRÉRY F., « Valeur, imitation, périmètre : le modèle VIP », *L'Expansion Management Review*, n° 124 (2007), pp. 80-87.

FRÉRY F., « Le contrôle de l'opportunisme dans les entreprises virtuelles », *Revue Française de Gestion*, vol. 34/185 (2008), pp. 65-79.

FRÉRY F., « Les postures stratégiques de l'incertitude », *L'Expansion Management Review*, n° 133 (2009), pp. 20-27.

FRÉRY F., « Le management 2.0 ou la fin de l'entreprise », *L'Expansion Management Review*, n° 137 (2010), pp. 52-60.

FRÉRY F., GRATACAP A., ISCKIA T., « Les écosystèmes d'affaires, par-delà la métaphore », *Revue Française de Gestion*, vol. 38, n° 222 (2012), pp 69-75.

FRÉRY F., LAW-KHENG F., « La réinternalisation, chaînon manquant des théories de la firme », *Revue Française de Gestion*, vol. 33/177 (2007), pp. 163-179.

FRIEDMAN T., *La terre est plate : une brève histoire du XXIe siècle*, Saint-Simon, 2006.

GAREL G., MOCK E., *La Fabrique de l'innovation*, Dunod, 2012.

GARRETTE B., DUSSAUGE P., *Les Stratégies d'alliance*, Éditions d'Organisation, 1995.

GETZ I., CARNEY B., *Liberté & Cie : quand la liberté des salariés fait le succès des entreprises*, Champs Essais, 2013.

GETZ I., ROBINSON A., *Vos idées changent tout !*, Éditions d'Organisation, 2003.

GHOSN C., RIES P., *Citoyen du monde*, Grasset, 2003.

GIGET M., « Arbres technologiques et arbres de compétences », *Futuribles* (novembre 1989).

GIGET M., *La Dynamique stratégique de l'entreprise*, Dunod, 1998.

GIRAUD F., BONNIER C., FOURCADE F., SAULPIC O., *Contrôle de gestion et pilotage de la performance*, 3e édition, Gualino, 2009.

GIRAUD F., ZARLOWSKI P., SAULPIC O., LORAIN M.-A., FOURCADE F., MORALES J., *Les fondamentaux du contrôle de gestion*, Pearson, 2011.

GLADWELL M., *Le Point de bascule*, Intercontinental, 2003.

GODET M., *Manuel de prospective stratégique*, 2 tomes, Dunod, 2007.

GOULD S.J., *La Foire aux dinosaures*, Seuil, 1993.

GROVE A., *Seuls les paranoïaques survivent*, Village Mondial, 2004.

HAMEL G., *La Fin du management*, Vuibert, 2008.

HAMEL G., PRAHALAD C.K., « La stratégie à effet de levier », *Harvard L'Expansion* (été 1993), pp. 43-54.

HAMEL G., PRAHALAD C.K., *La Conquête du futur*, InterÉditions, 1995.

HAMMER M., CHAMPY J., *Le Reengineering*, Dunod, 2003.

HELFER J.-P., KALIKA M., ORSONI J., *Management stratégique*, 9e édition, Vuibert, 2013.

HERMEL L., ACHARD P., *Le Benchmarking*, Afnor, 2010.

INGHAM M., *Management stratégique et compétitivité*, De Boeck, 1995.

JACOMY B., *L'Âge du plip*, Seuil, 2002.

JALLAT F., *À la reconquête du client – Stratégies de capture*, Village Mondial, 2001.

JOFFRE O., PLÉ L., SIMON E. (eds), *Cas en management stratégique*, EMS, 2007.

JOFFRE P., AURÉGAN P., CHÉDOTEL F., TELLIER A., *Le Management stratégique par le projet*, Economica, 2006.

JOFFRE P., KOENIG G., *Stratégie d'entreprise – Antimanuel*, Economica, 1985.

JOFFRE P., LAURIOL J., MBENGUE A. (eds), *Perspectives en management stratégique*, EMS, 2005.

JOKUNG O., ARRÈGLE J.-L., ULAGA W., *Introduction au management de la valeur*, Dunod, 2001.

JOSSERAND E., « Le pilotage des réseaux. Fondements des capacités dynamiques de l'entreprise », *Revue Française de Gestion*, vol. 33/175 (2006), pp. 95-102.

KAPLAN R.S., NORTON D.P., *L'Alignement stratégique : créer des synergies par le tableau de bord prospectif*, Eyrolles, 2007.

KIM W.C., MAUBORGNE R., *Stratégie océan bleu*, Village Mondial, 2005.

KOENIG G., *Management stratégique*, Nathan, 1996.

KOLB F., *La Qualité. Essai sur l'évolution des pratiques de management*, Vuibert, 2001.

KOTLER P., DUBOIS B., MANCEAU D., *Marketing management*, 14e édition, Pearson Education, 2012.

LABASSE P., *Antoine Riboud, un patron dans la cité*, Le Cherche Midi, 2007.

LAROCHE H., NIOCHE J.-P. (eds), *Repenser la stratégie – Fondements et perspectives*, Vuibert, 1998.

LE LOARN S., BLANCO S. (eds), *Management de l'innovation*, 2e édition, Pearson, 2012.

LE MANH A., MAILLET C., *Le Meilleur des normes comptables internationales IAS-IFRS*, 4e édition, Foucher, 2010.

LE NAGARD-ASSAYAG E., MANCEAU D., *Marketing des nouveaux produits : de la création au lancement*, Dunod, 2005.

LE ROY F., *Stratégie militaire et management stratégique des entreprises : une autre approche de la concurrence*, Economica, 1999.

LE ROY F., YAMI S. (eds), *Management stratégique de la concurrence*, Dunod, 2009.

LEHMANN- ORTEGA L., DURAND R., DUSSAUGE P., GARRETTE B., LEROY F., *Strategor*, 6e édition, Dunod, 2013.

LEMAIRE J.-P., PETIT G., *Stratégies d'internationalisation*, 2e édition, Dunod, 2003.

LEMAIRE J.-P., RUFFINI P.-B., *Vers l'Europe bancaire*, Dunod, 1993.

LERVILLE-ANGER V., FRÉRY F., GAZENGEL A., OLLIVIER A., *Conduire le diagnostic global d'une unité industrielle*, Éditions d'Organisation, Paris, 2001.

LOILIER T., TELLIER A., « Comment peut-on se faire confiance sans se voir ? Le cas du développement des logiciels libres », *M@n@gement*, vol. 7, n° 3 (2004), pp. 275-306.

LOILIER T., TELLIER A. (eds), *Les Grands Auteurs en stratégie*, EMS, 2007.

LORINO P., *Méthodes et pratiques de la performance*, Éditions d'Organisation, 2006.

MACHIAVEL N., *Le Prince*, Librairie Générale Française, 1983.

MARMUSE C., *Politique générale*, 2e édition, Economica, 1996.

MARTINET A.-C., THIÉTART R.-A., *Stratégies : actualité et futurs de la recherche*, Vuibert, 2001.

MEIER O., *Management interculturel – Stratégie, organisation, performance*, 4e édition, Dunod, 2010.

MELKONIAN T., MONIN P., NOORDERHAVEN N., ROUZIÈS A., TIMMERS A., « Être juste, ou être exemplaire ? La fusion Air France-KLM à la loupe » *Revue Française de Gestion*, vol. 32/164 (2006), pp. 229-252.

MENDOZA C., BESSON M., BONNIER C., BRUEL O., DELMOND M.-H., LÖNING H., *Tableaux de bord. Donnez du sens à vos indicateurs*, Groupe Revue Fiduciaire, 2011.

MENDOZA C., CAUVIN E., DELMOND M.-H., DOBLER P., MAILLERET V., ZILBERBERG E., *Coûts et décisions*, 3e édition, Gualino, 2009.

MILLER D., *Le Paradoxe d'Icare*, Eska, 1993.

MINTZBERG H., *Le Pouvoir dans les organisations*, Éditions d'Organisation, 1986.

MINTZBERG H., *Grandeur et décadence de la planification stratégique*, Dunod, 1994.

MINTZBERG H., AHLSTRAND B., LAMPEL J., *Safari en pays stratégie*, 2e édition, Village Mondial, 2009.

MOUSSÉ J., *Éthique des affaires, liberté, responsabilité*, Dunod, 2001.

NONAKA I., INGHAM M., TAKEUCHI H., *La Connaissance créatrice : la dynamique de l'entreprise apprenante*, De Boeck, 1997.

OSTERWALDER A., PIGNEUR Y., *Business model : nouvelle génération*, Pearson, 2011.

PESQUEUX Y., BIEFNOT Y., *L'Éthique des affaires, management par les valeurs et la responsabilité sociale*, Éditions d'Organisation, 2002.

PORTER M.E., *Choix stratégiques et concurrence : techniques d'analyse des secteurs et de la concurrence dans l'industrie*, Economica, 1982.

PORTER M.E., *L'Avantage concurrentiel : comment devancer ses concurrents et maintenir son avance*, InterÉditions, 1986.

PORTER M.E., *L'Avantage concurrentiel des nations*, InterÉditions, 1993.

PORTER M.E., « Plaidoyer pour un retour de la stratégie », *L'Expansion Management Review*, n° 84 (1997).

PRAX J.-Y., BUISSON B., SILBERZAHN P., *Objectif : innovation*, Dunod, 2005.

QUÉLIN B., ARRÈGLE J.-L. (eds), *Le Management stratégique des compétences*, Ellipses, 2000.

RADJOU N., AHUJA S., BOILLOT J.-J., PRABHU J., *Innovation Jugaad. Redevenons ingénieux !*, Diateino, 2013.

RAIMBAULT M., SAUSSOIS J.-M., *Organiser le changement*, Éditions d'Organisation, 1983.

RANKINE D., FRÉRY F., HAWSON P., *Réussir une acquisition*, Pearson Education, 2006.

RIFKIN J., *L'Âge de l'accès*, La Découverte, 2000.

RIVOLI P., *Les Aventures d'un tee-shirt dans l'économie globalisée*, Fayard, 2007.

ROBBINS S., DECENZO D., GABILLIET P., *Management*, 6e édition, Pearson Education, 2008.

SAUSSOIS J.-M., *Capitalisme sans répit*, La Dispute, 2006.

SAUSSOIS J.-M., *Théories des organisations*, La Découverte, 2007.

SAUSSOIS J.-M. (ed.), *Les Organisations, état des savoirs*, Éditions Sciences Humaines, 2012.

SCHILLING M., THÉRIN F., *Gestion de l'innovation technologique*, Maxima, 2006.

SEIDEL F., *Guide pratique et théorique de l'éthique des affaires et de l'entreprise*, Eska, 1995.

SENGE P., GAUTHIER A., *La Cinquième Discipline – L'art et la manière des organisations qui apprennent*, First, 1991.

SIMON H.A., LESOURNE J., *Le Nouveau Management, la décision par les ordinateurs*, Economica, 1980.

SIMON F., TELLIER A., « Créativité et réseaux sociaux dans l'organisation ambidextre », *Revue Française de Gestion*, vol. 34/187 (2008), pp. 145-159.

SLYWOTZKY A., *La Migration de la valeur*, Village Mondial, 1998.

STOLOWY H., MOLINARI M., PUJOL E., « Audit financier et contrôle interne. L'apport de la loi Sarbanes-Oxley », *Revue Française de Gestion*, vol. 29/147 (2003), pp. 133-143.

STUTELY R., *Business plan : concevoir un business plan efficace*, 3e édition, Pearson, 2012.

TANNERY F., DENIS J.-P., HAFSI T., MARTINET A.-C., *Encyclopédie de la stratégie*, Vuibert, 2014.

TÉNIÈRE-BUCHOT P.-F., *L'ABC du pouvoir*, Éditions d'Organisation, 1989.

THIBIERGE C., *Analyse financière*, 4e édition, Vuibert, 2011.

THIBIERGE C., *Comprendre toute la finance*, 2e édition, Vuibert, 2013.

THIÉTART R.A., BARTHÉLEMY J., DONADA C., VANWIJK G., XUEREB J.-M., *Stratégies, concepts, méthodes, mise en œuvre*, Dunod, 2009.

TORRES F., LABASSE P., *Mémoire de Danone*, Le Cherche Midi, 2003.

TZU S., *L'Art de la guerre*, Economica, 1999.

VAAST E., « Les communautés de pratique sont-elles pertinentes ? », *Actes de la XIe conférence de l'AIMS* (juin 2002).

WELCH J., BYRNE J., *Ma Vie de patron*, Village Mondial, 2001.

Index des noms

Index des concepts